2018

NING XIA NIAN JIAN

宁夏年鉴

宁夏地方志编审委员会
宁夏回族自治区地方志办公室 编

方志出版社

图书在版编目（CIP）数据

宁夏年鉴 . 2018 / 宁夏地方志编审委员会，宁夏回族自治区地方志办公室编 . — 北京：方志出版社，2018.11

ISBN 978-7-5144-3409-5

Ⅰ . ①宁… Ⅱ . ①宁… ②宁… Ⅲ . ①宁夏—2018—年鉴Ⅳ . ① Z524.3

中国版本图书馆 CIP 数据核字（2018）第 261192 号

宁夏年鉴（2018）

编　　者：宁夏地方志编审委员会、宁夏回族自治区地方志办公室
责任编辑：冯　松

出 版 人：冀祥德
出 版 者：方志出版社
地址　北京市朝阳区潘家园东里 9 号（国家方志馆 4 层）
邮编　100021
网址　http://www.fzph.org
发　　行：方志出版社图书经销中心
电话（010）67110500
经　　销：各地新华书店
印刷装订：宁夏凤鸣彩印广告有限公司

开　　本：889mm × 1194mm　1/16
印　　张：33
字　　数：1200 千
印　　次：2018 年 11 月第 1 版　　2018 年 11 月第 1 次印刷
印　　数：0001~2000 册

ISBN　978-7-5144-3409-5　　定价 298.00 元

宁夏年鉴编辑委员会

（2018 年 11 月调整）

《宁夏年鉴》（2018）编务人员

编 辑 说 明

一、《宁夏年鉴》由宁夏回族自治区人民政府主办，宁夏地方志编审委员会、宁夏回族自治区地方志办公室编辑出版，是具有政府公报性质的区情年刊，创刊于2001年。

二、《宁夏年鉴》（2018）以马克思列宁主义、毛泽东思想、邓小平理论、“三个代表”重要思想、科学发展观、习近平新时代中国特色社会主义思想为指导，坚持辩证唯物主义和历史唯物主义的立场、观点、方法，存真求实，全面、客观、系统地记述宁夏贯彻落实新发展理念，努力实现经济繁荣、民族团结、环境优美、人民富裕，与全国同步建成全面小康社会目标的发展情况。

三、《宁夏年鉴》（2018）主要反映宁夏2017年各项事业发展状况、重大事件和最新成就。所载内容由各部委（办）、厅（局）、市、县（市、区）和宁夏军区等有关单位提供，数据由各有关部门提供，并经各主管部门审核。资料真实、全面，充分反映了宁夏的时代特色、年度特色及地方特色，为人们了解宁夏、促进宁夏对外开放提供信息咨询服务。

四、《宁夏年鉴》（2018）有专文、条目、大事记、表格、图片等多种表达形式，以类目、分目、条目组成框架结构的主体部分，条目为最基本的表述形式，少数分目中增设子分目。条目标题统一用黑体字加【 】表示。全书前有中英文目录（英文目录译至分目及子分目标题），后有索引，具有比较完善的检索功能。

五、《宁夏年鉴》（2018）设特载、专载、大事记、宁夏综览、中共宁夏回族自治区委员会、宁夏回族自治区纪律检察委员会、宁夏回族自治区人民代表大会、宁夏回族自治区人民政府、政协宁夏回族自治区委员会、民主党派和工商联、社会团体、公共管理、法治、军事、财税金融、农业、水利、工业经济和信息化、开发区和园区建设、交通邮政、商贸流通、住房和城乡建设、环境和资源、旅游体育、教育、科学技术、社会科学、文化、出版传媒、卫生和计划生育、民族宗教、市情概览、人物共33个类目。全书共列分目192个，子分目89个，条目1948个。

六、《宁夏年鉴》（2018）“人物”类目中的人物简介主要收录2017年全国“五一劳动奖章”、全国“三八红旗手”等获得国家级表彰的新闻人物简介。逝世人物主要收录2017年逝世在宁夏任职的正厅级（含正厅级待遇）以上级别的领导干部介绍。人物名录、集体名录收录中共宁夏回族自治区第十二届党委常委名录、宁夏回族自治区出席中国共产党第十九代表大会代表及获得省部级以上表彰的个人和集体。

七、《宁夏年鉴》（2018）公益图片对全区重要会议、重要活动、重大项目建设、社会各领域的亮点工作给予反映。

八、《宁夏年鉴》（2018）严格执行出版物汉字使用管理规定、法定计量单位、出版物数字用法、标点符号用法等规定，力求规范、统一。使用自治区、市、县名时，一般写明全称。宁夏回族自治区简称自治区或“宁夏”，有时简称“全区”。

九、《宁夏年鉴》（2018）所收录资料为供稿人或供稿单位署名，原文照录资料均注明出处。

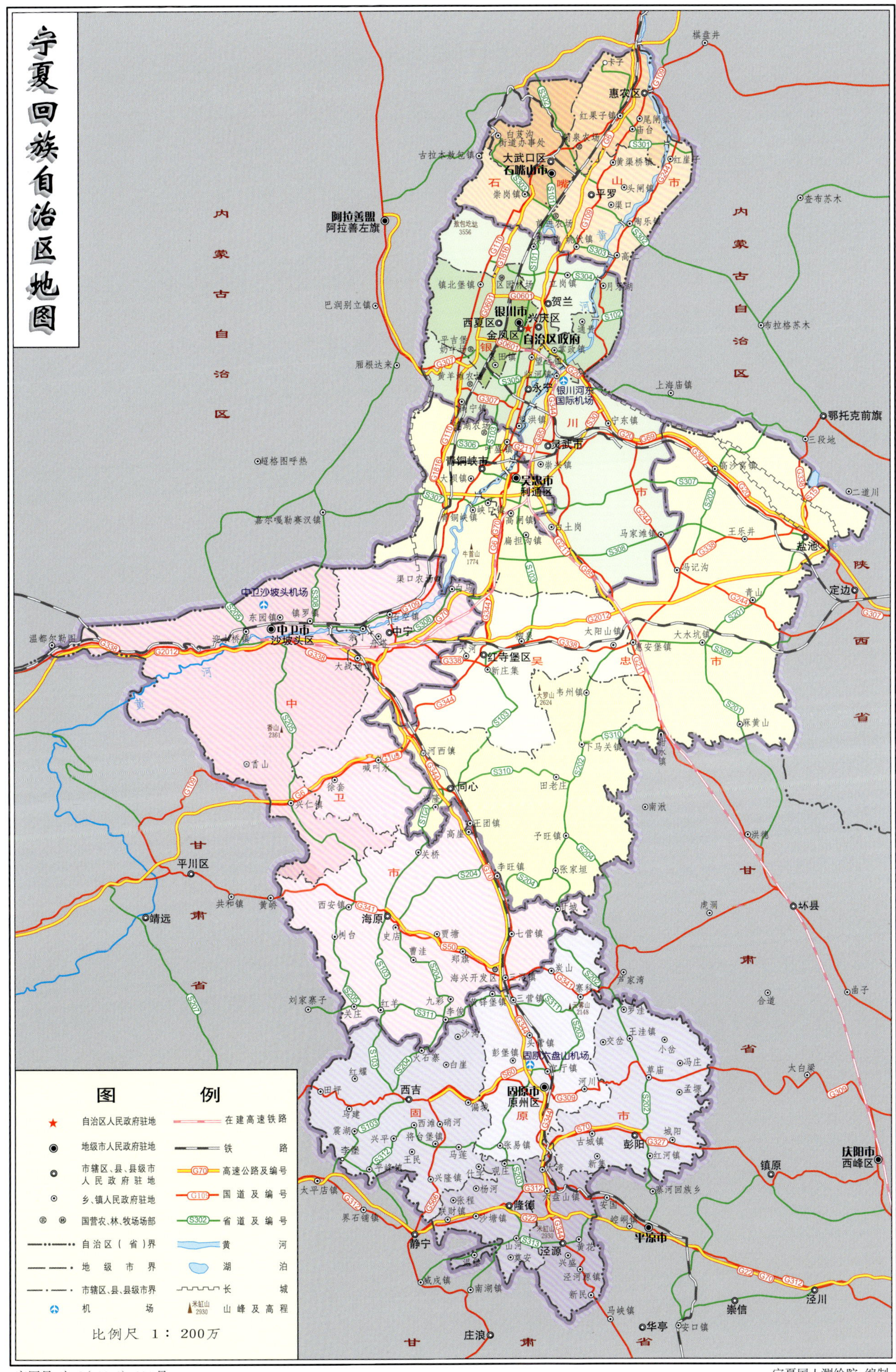

审图号:宁 S(2018) 006 号

宁夏国土测绘院 编制

宁夏回族自治区交通图

审图号：宁 S（2018）006号

宁夏国土测绘院 编制

▲2017年6月6—9日，中国共产党宁夏回族自治区第十二次代表大会在银川召开　（左鸣远　摄）

▲2018年1月26日，宁夏回族自治区第十二届人民代表大会第一次会议在银川召开（左鸣远　摄）

▲ 2018年1月25日，中国人民政治协商会议宁夏回族自治区第十一届委员会第一次会议在银川召开

（左鸣远　摄）

▲ 2017年9月27日，自治区党委、政府在银川召开自治区实施创新驱动战略推进会

（左鸣远　摄）

▲ 2017 年 11 月 13 日，自治区党委、政府在银川召开自治区实施生态立区战略推进会

（左鸣远　摄）

▲ 2017 年 7 月 4 日，自治区党委、政府在银川召开自治区总河长第一次会议　（左鸣远　摄）

2017 年 8 月 8 日，闽宁互学互助对口协作第二十一次联席会议在福州召开

（左鸣远　摄）

2017 年 8 月 18 日，“科技支宁”东西部合作推进会暨宁夏沿黄科技创新改革试验区建设启动会在银川召开

（左鸣远　摄）

2017 年 9 月 6 日，2017 中国—阿拉伯国家博览会在银川举行　（左鸣远　摄）

▲ 2017 年 7 月 25 日，港澳台百名企业家“一带一路”商贸投资宁夏行交流对接峰会在银川召开

（左鸣远　摄）

▲ 2017 年 8 月 19 日，亚布力中国企业家论坛夏季高峰会在银川国际交流中心开幕

（左鸣远　摄）

2017年8月21日，宁夏第三批“塞上英才”表彰大会在银川举行

（左鸣远　摄）

2017年12月20日，银川·中关村创新中心正式揭牌

（左鸣远　摄）

2017年12月14日，宁夏职业技术学院国家级专业技术人员继续教育基地建设座谈会暨揭牌仪式在银川举行

（左鸣远　摄）

2017 年 5 月 18 日，宁夏地方志办公室在银川举办全区"5·18 地方志宣传日"活动暨《宁夏通志》(25 卷)出版首发式

（张明鹏　摄）

2017 年 8 月 21 日，全区国有企业党的建设工作会议在银川召开

（左鸣远　摄）

2017年6月5日，石嘴山市高新技术产业开发区内，由杉杉集团投资45亿元的动力锂电池产业园投入使用

（左鸣远　摄）

宁夏厚生记食品有限公司是国家级农业产业化重点龙头企业，公司生产的“杞动力”“乡村豆”等产品，畅销全国29个省份的200多个大中城市，是国内最大的枸杞生产企业和蚕豆食品加工企业

（王猛　摄）

吴忠仪表注重加强与“一路一带”沿线国家的多边合作，成功打入伊朗、印度、巴西、韩国等十几个国家和地区的海外市场

（王猛　摄）

截至2017年年底，银川市葡萄酒庄及企业共有54家，全市酿酒葡萄基地达25.2万亩，工业总产值达45亿元，带动3万劳动力就业　　（王猛　摄）

中卫市积极发展云计算产业，已建成亚马逊AWS、云创公司两个新一代绿色数据中心和4×100G云计算信息高速公路，使中卫成为国家网络骨干节点　　（王猛　摄）

2017年10月10日，第二十三届国际灌排大会上，宁夏引黄古灌区被国际灌排委命名为世界灌溉工程遗产，这是宁夏第一个世界遗产

（王振升　提供）

ICID·CIID

INTERNATIONAL COMMISSION ON IRRIGATION AND DRAINAGE

Ningxia Ancient Yellow River Irrigation System

Located on Yellow River basin, Ningxia Hui Autonomous Region, China, is hereby included in the

ICID Register of

Heritage Irrigation Structures

As a milestone in the history of agricultural development of Ningxia Plain more than 2200 years ago with the unique, innovative and scientific water diversion structure.

Er. Bong Hoon Lee, Vice President & Chairman, Panel of Judges

Er. Avinash C. Tyagi, Secretary General

Dr. Saeed Nairizi, President

宁夏引黄古灌区世界灌溉工程遗产证书和奖牌

青铜峡叶盛贡米景观稻田　　　　（左鸣远　摄）

2017年，银川市兴庆区大新镇新渠稍村有7家农业示范园区落户银川国际鲜花港的丝路康花科技园，种植花卉700余亩

（左鸣远　摄）

2017年，全区奶牛存栏59万头，牛奶产量202万吨，人均牛奶占有量301公斤，居全国第二位，成母牛平均单产7400公斤，居省区第一位。图为平吉堡奶牛养殖场

（左鸣远　摄）

截至2017年，彭阳县古城镇皇甫村特色村寨保护项目改造民居住宅172户，建设民族特色砖雕、彩绘长廊1000米，新建特色凉亭1座，新建文化广场800平方米　（左鸣远　摄）

① ③ ④ ②

①2017 年 9 月 5 日，银川—伊朗德黑兰的国际货运班列正式开通　　（王猛　摄）

②2017 年 9 月 20 日，连通陕甘宁的银西高铁全线首座隧道（吴忠市盐池县惠安堡隧道）贯通　　（左鸣远　摄）

③2017 年 12 月 30 日，宁夏首条 8 车道高速公路建成通车。随着银川河东机场石坝互通立交、高沙窝西互通立交、水洞沟互通立交和宁东南等 4 个互通立交工程的正式建成通车，历时 3 年建设，全长 57.2 公里，概算总投资 29.5 亿元的青银高速公路改扩建工程如期完工　　（王猛　摄）

④2017 年 6 月 19 日，中卫至兰州高速铁路（宁夏段）开工建设　　（左鸣远　摄）

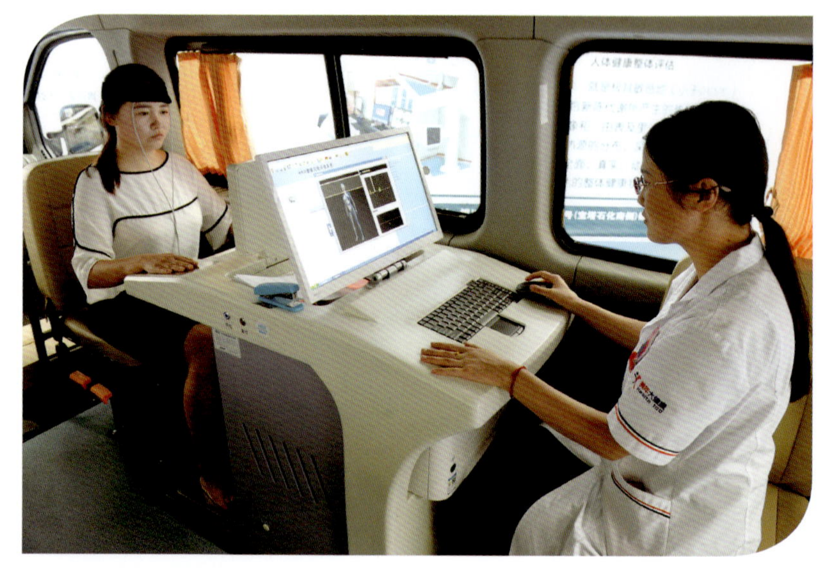

2017年8月24日，以“倡导健康生活、营造健康环境、发展健康产业”为主题的首届中国（宁夏）国际大健康产业博览会在银川国际会展中心开幕。市民在体验健康风险评估系统
（左鸣远　摄）

2017年10月29日，中国（银川）智慧城市与智慧生活博览会在银川国际会展中心举办。一位小朋友在体验VR模拟滑雪
（左鸣远　摄）

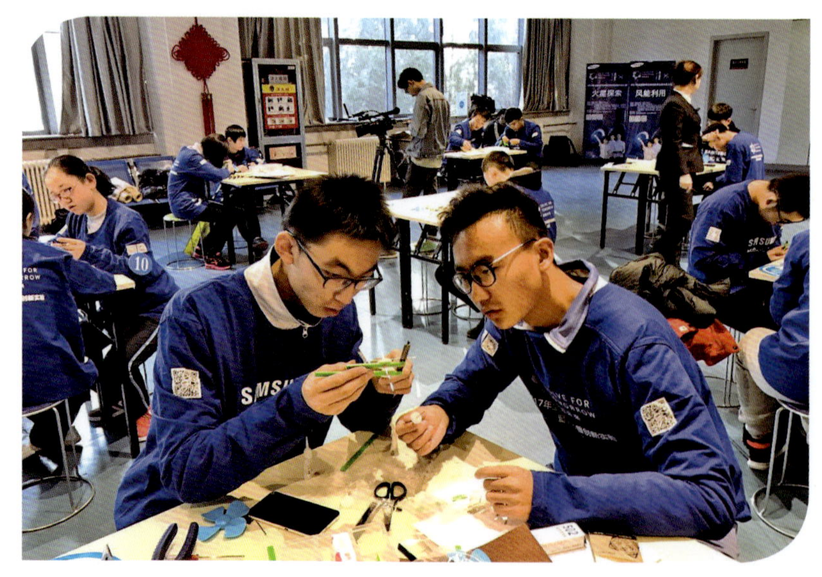

2017年12月2日，全国青年科普创新实验暨作品大赛银川赛区开赛
（左鸣远　摄）

2017 年 9 月 27 日，中央电视台“中国诗词大会”在宁夏六盘山红军长征纪念馆广场取景，固原市选派的 12 位领诵者和隆德县的 400 名中小学生齐诵《清平乐·六盘山》等经典诗词

（左鸣远　摄）

2017 年 1 月 16—17 日，“我们的中国梦”中国文联文艺志愿服务团“送欢乐下基层”慰问演出活动在固原举行

（左鸣远　摄）

2017 年 7 月 16 日，2017 中国贺兰山国际岩画文化艺术节在贺兰山国际岩画馆举办 （张明鹏　摄）

2017 年 9 月 1 日，第九届中国花卉博览会在银川花博园开幕 （左鸣远　摄）

2017年9月15日，首届全国百名镇长"贺兰山论剑"暨中国特色小镇媒体推进大会在银川开幕，"贺兰山论剑"论坛嘉宾交流特色小镇发展的创新模式　（王猛　摄）

2017年9月22—24日，贺兰山文化艺术节暨葡萄酒文化节在银川举办　（左鸣远　摄）

2017 年 5 月 29 日，有 2 万多人参赛的“丝绸之路”宁夏·银川国际马拉松赛在银川贺兰山体育场鸣枪开赛（左鸣远　摄）

2017 年 7 月 29 日，第十六届环青海湖国际公路自行车赛在中卫闭幕（王猛　摄）

2017年12月12日，宁夏首个“家风家训馆”在银川市金凤区长城中路街道宝湖社区正式揭牌　（蔡建军　提供）

2017年7月，银川市开展“机动车礼让斑马线”专项整治行动　（左鸣远　摄）

2017年10月17日，宁夏日报报业集团融媒体“中央厨房”试运行，该平台是宁报集团十九大宣传报道工作的重要平台　（王猛　摄）

2017年3月31日，自治区党政军领导与区直有关部门的干部职及驻宁官兵、武警战士和各界群众等3000余人在银川市黄河东岸北京路黄河大桥南侧滨河生态景观项目区参加春季义务植树活动（左鸣远 摄）

2017年7月21日，中卫市（沙坡头区）首届休闲农业与乡村旅游文化节在沙坡头区香山硒砂瓜休闲观光园启动（王猛 摄）

2017 年 12 月 9—13 日，中俄“合作—2017”联合反恐演训在银川举行　（左鸣远　摄）

2017 年 1 月 3 日，宁夏武警银川支队和石嘴山支队在贺兰山下进行长途野营拉练（左鸣远　摄）

魅力湖城银川市　（王猛　摄）

石嘴山沙湖是鸟类迁徙的加油站　（王猛　摄）

水韵吴忠　　（闫建中　提供）

中卫市一排排错落有致的稻田，构成了一幅鱼米之乡的精美画卷　　（王猛　摄）

固原市六盘山风光　（王猛　摄）

目　录

特　载

专　载

大事记

宁夏综览

中共宁夏回族自治区委员会

中共宁夏回族自治区纪律检查委员会

宁夏回族自治区人民代表大会

宁夏回族自治区人民政府

政协宁夏回族自治区委员会

民主党派和工商联

社会团体

公共管理

法　治

军　事

财税金融

农　业

水　利

工业经济和信息化

开发区和园区建设

交通 邮政

商贸流通

住房和城乡建设

环境和资源

旅游 体育

教　育

科学技术

社会科学

文　化

出版传媒

卫生和计划生育

民族宗教

市情概览

人　物

索　引

YEARBOOK OF NINGXIA(2018) CONTENTS

RECORDS OF GREAT SIGNIFICANCE

DOCUMENTS OF SPECIFIC MEANINGS

MEMORABILIA

GENERAI SURVEY OF NINGXIA

CPC NINGXIA HUI AUTONOMOUS REGION COMMITTEE

THE NINGXIA HUI AUTONOMOUS REGION COMMISSION FOR DISCIPLINE INSPECTION OF THE CPC

NINGXIA HUI AUTONOMOUS REGION PEOPLE CONGRESS

PEOPLE 'S GOVERNMENT OF NINGXIA HUI AUTONOMOUS REGION

COMMITTEE OF THE CPPCC NINGXIA HUI AUTONOMOUS REGION

DEMOCRATIC PARTIES AND THE FEDERATION OF INDUSTRY AND COMMERCE

SOCIAL GROUPS

PUBLIC ADMINISTRATION

RULE OF LAW

MILITARY AFFAIRS

FINANCE AND TAXATION

AGRICULTURE

WATER CONSERVANCY

INDUSTRIAL ECONOMY AND INFORMATIZATION

DEVELOPMENT ZONE AND PARK CONSTRUCTION

TRANSPARTATION AND POSTAL SERVICE

COMMERCE AND TRADE

HOUSING AND URBAN CONSTRUCTION

ENVIRONMENT AND RESOURCES

TOURISM AND SPORTS

EDUCATION

SCIENCE AND TECHNOLOGY

SOCIAL SCIENCES

CULTURE

PUBLISHING AND MEDIA

HEALTH AND FAMILY PLANNING

ETHNIC RELIGIOUS

OVERVIEW OF FIVE CITIES

PERSONAGE

INDEX

党和国家领导人与宁夏

习近平向2017中国—阿拉伯国家博览会致贺信

9月6日，2017中国—阿拉伯国家博览会在银川开幕。国家主席习近平致贺信，对会议的召开表示热烈祝贺。

习近平指出，中国同阿拉伯国家是好朋友、好伙伴。历史上，中阿因丝绸之路相知相交。在经济全球化深入发展的今天，中阿成为"一带一路"建设的重要合作伙伴，双方互利合作领域越来越广，成果越来越实。

习近平强调，在2017年5月举行的"一带一路"国际合作高峰论坛上，我提出要将"一带一路"建成和平之路、繁荣之路、开放之路、创新之路、文明之路，得到阿拉伯世界积极响应和广泛支持。本届博览会突出"务实、创新、联动、共赢"主题，契合"一带一路"国际合作理念，为中阿拓展合作搭建了重要平台。中国愿同包括阿拉伯国家在内的各国一道，推动"一带一路"建设共享机遇，共促和平。

（原载于《宁夏日报》2017年9月7日第1版）

张德江参加宁夏代表团审议

3月10日，中共中央政治局常委、全国人大常委会委员长张德江在宁夏代表团参加审议。在听取代表发言后，张德江说，编纂民法典是党中央确定的重要立法任务，是广大人民群众的热切期盼。要以强烈的政治责任感和历史使命感，圆满完成制定民法总则的任务，为编纂一部具有中国特色、体现时代精神的民法典奠定坚实基础。立法必须始终坚持党的领导，坚持人民主体地位，坚持从国情和实际出发，贯彻社会主义核心价值观。要遵循和把握立法规律，发挥立法的引领和推动作用，坚持法治和改革协同推进，加快形成完备的法律规范体系。

全国人大常委会副委员长、民建中央主席陈昌智、国务委员杨洁篪、全国政协副主席王正伟参加宁夏代表团审议。

（霍丽娜摘编自央视网2017年3月11日）

俞正声到宁夏调研民族宗教工作

5月8—10日，中共中央政治局常委、全国政协主席俞正声在自治区党委书记石泰峰、自治区主席咸辉分别陪同下，在宁夏调研。

5月8日上午，俞正声先到固原市原州区头营镇泉港移民村。他认真听取脱贫攻坚情况汇报，了解村上兜底户的脱贫状况和信教群众的日常生活。得知周围村子的阿訇都上过经学院，还时常参加培训，俞正声连说“不错”，他鼓励阿訇要好好给村民讲正信、讲中道，既念好《古兰经》，也要念好致富经。俞正声还来到村上的幼儿园了解情况。

随后，俞正声一行来到原州区南关街道宋家巷社区，了解社区物业、居民缴费等情况及管理上存在的困难和问题。在手工艺制作室里，他询问留守妇女们家庭情况及织活收入；在临时托老室，他查看居民健康登记簿、体验量子健康检测仪。在回族居民马忠祥家里，他一边问，一边认真地替马忠祥算家庭收支账。他鼓励马忠祥家对门的殷广德两口子一定要把孩子培养好，把邻里团结搞好，生活会越来越好。

固原市民族职业技术学校，现有在校学生3778名，是当地培养“拔穷根”实用性技能人才的摇篮。俞正声通过展板详细了解宁夏教育扶贫和职业教育情况，他来到实训楼，查看了护理、计算机组装和学前教育实训教室，并询问学生学习生活、费用开支及就业情况，勉励孩子们学有所成。

9日，俞正声来到宁夏共享集团、银川iBi育成中心的智慧宫传媒公司了解企业发展情况。他在共享集团细看工艺流程及铸件样品，向企业负责人了解制作工序及技术难点。在银川iBi育成中心，听取了园区产业聚集、企业培育、技术创新等情况，询问沼气、住房公积金、奶牛养殖等大数据建设及监控设备情况。他在企业参观了智慧宫“丝路书香·百部经典”翻译著作展，了解企业智能互译、出版数字、动漫影视制作、人才培养、信息交流等平台建设及网上“中国馆”运营情况。

俞正声一行还到永宁县纳家户清真寺，看望宗教人士及回族群众，他说，伊斯兰教要发展，必须把教职人员的培养摆在重要的位置。要认真贯彻落实全国宗教工作会议精神，坚持党的宗教工作基本方针，积极引导宗教与社会主义社会相适应，加强宗教界人士教育培养，不断提高宗教工作水平。要认真总结我国宗教中国化经验，支持宗教界对教义教规作出符合我国国情和时代进步要求的阐释，在社会发展进步中发挥积极作用。要提高宗教工作法治化水平，引导宗教界人士和信教群众遵法守法，促进宗教和顺、社会和谐。

9日下午，俞正声在银川主持召开有关省区民族宗教工作座谈会。在听取陕西、甘肃、青海、宁夏党委统战部及吴忠市、西吉县主要负责同志汇报发言后，俞正声指出，要深刻认识做好网上涉及民族宗教问题言论处置引导工作的重要性，加强正面宣传引导，扩大正确民族宗教政策的声音，加强对重点网络平台的管理，及时回应网上热点舆情问题，建立健全网络舆情管控引导工作机制，统筹推进线上处置和线下工作，营造风清气正的网络环境和舆论氛围。

10日上午，俞正声来到自治区政协机关，看望了机关干部职工。他强调，各级政协组织要认真学习研究党的十八大以来党中央的方针政策和习近平总书记系列重要讲话，贯彻十八大以来中央对政协工作的新提法、新要求，要以更加积极有为的态度和强烈的责任感履职尽责，更好地完成党交给我们的任务。

国家民委主任巴特尔、全国政协民族和宗教委员会主任朱维群、中央统战部副部长冉万祥、国家宗教局副局长张彦通陪同调研。自治区领导齐同生、姜志刚、徐广国、张超超、马顺清、马廷礼、纪峥、赵永清、许尔锋等分别参加调研或座谈。

（霍丽娜摘编自人民网2017年5月12日）

张平出席2017中国—阿拉伯国家博览会

9月5日，全国人大常委会副委员长张平在银川会见到宁出席2017中国—阿拉伯国家博览会的阿富汗第一副首席执行官穆罕默德·汗一行。

6日，2017中国—阿拉伯国家博览会在银川隆重开幕。国家主席习近平致贺信，对会议的召开表示热烈祝贺。全国人大常委会副委员长张平代表中国政府出席大会开幕并发表主旨演讲。

张平说，中国和阿拉伯国家是相互信任的好朋友、好伙伴，中阿战略合作关系成为发展中国家相向而行、相遇相知、共同发展的成功典范。在“一带一路”框架下深化中阿合作，顺应时代潮流，适应发展规律，符合双方人民共同利益，具有广阔前景。中国愿与阿拉伯国家秉承友好传统，坚持共商、共建、共享原则，共同推动“一带一路”建设行稳致远。

张平对深化中阿合作提出四点建议：进一步加强发展战略对接，共同推进开放互惠、互利共赢的新型合作机制建设；进一步提升贸易合作水平，共同落实好贸易畅通合作倡议；进一步拓展投资金融合作，实施产能对接行动；进一步深化能源资源合作，构建互惠互利、安全可靠、长期友好的中阿能源战略合作关系，共同谱写“一带一路”建设的辉煌乐章。

几内亚总统阿尔法·孔戴，阿富汗第一副首席执行官穆罕默德·汗，毛里塔尼亚国民议会第一副议长穆罕默德·哈尔希，埃及总统代表、贸工部部长塔里克·卡比勒，阿拉伯国家联盟助理秘书长卡玛勒·巴比克，出席开幕大会并致辞。与会嘉宾们围绕“务实、创新、联动、共赢”的会议主题，就进一步深化中阿经贸合作、推动“一带一路”建设，展望未来远景、合作重点和努力方向，表达了增进友谊、深化合作、促进发展的真诚愿望。

自治区党委书记、人大常委会主任石泰峰宣读了国家主席习近平的贺信并致欢迎辞，自治区党委副书记、自治区主席咸辉主持开幕大会并发言。自治区政协主席齐同生出席开幕大会。商务部副部长钱克明、中国贸促会会长姜增伟、福建省人大常委会副主任刘群英出席开幕大会并致辞。

自治区党委、人大、政府、政协有关领导；埃及、印度尼西亚、约旦、韩国、科威特、吉尔吉斯斯坦、黎巴嫩、毛里塔尼亚、摩洛哥、新西兰、阿曼、沙特、阿联酋等国家的43位部长级官员；18个国家部委，31个省、市、自治区及香港特别行政区的代表；14个国家的29位驻华外交官，117家中外大型商协会、1232家大型企业代表及国内外新闻媒体的记者参加开幕大会。

同日，中阿合作论坛第七届企业家大会暨第五届投资研讨会、2017中国—阿拉伯国家工商峰会在银川举办。全国人大常委会副委员长张平出席会议并发表主旨演讲，自治区党委书记、人大常委会主任石泰峰出席会议，自治区党委副书记、自治区主席咸辉致辞。会议形成了凝聚共识的《银川宣言》，17个机构签署了12个协议和备忘录、4个企业间项目。

张平在演讲时说，中国与阿拉伯国家是共建“一带一路”的天然伙伴，中阿双方合作潜力巨大、前景广阔，要大力弘扬丝绸之路精神，坚持共商、共建、共享原则，打造政治互信、经济融合、文化包容的利益共同体、责任共同体和命运共同体。要加强政策协调，促进经济融合；推动合作创新，扩大贸易投资；推进项目建设、加快设施联通；深化金融合作，促进资金融通。秉持传统友好、着眼长远发展、坚定合作信念，以务实合作拉紧利益纽带，推动中阿经贸合作迈向更深层次、更广领域和更高水平，共同开创中阿互利共赢、共同发展、共享繁荣的光明未来。

商务部副部长钱克明出席会议，中国贸促会会长姜增伟、阿拉伯国家联盟助理秘书长卡玛勒·巴比克、阿拉伯农工商会总联盟主席纳伊尔·卡巴里提、埃及贸工部部长塔里克·卡比勒致辞。

会议期间，举办了中国—阿拉伯国家商事法律合作研讨会、中国—阿联酋企业对接洽谈会、中国—东盟企业对接洽谈会以及科威特部长对话会等多场专题会议和对接洽谈活动。《中阿经贸关系发展进程2016年度报告》于会期正式发布。外交部中阿合作论坛事务大使李成文、科威特商工大臣哈立德·拉乌丹、阿曼杜库姆特区政府主席叶海亚·贾比利、阿拉伯银行联盟主席穆罕默德·萨巴赫、黎巴嫩投资发展局主席纳比勒·伊塔尼、黎巴嫩的黎波里经济特区主席拉娅·哈桑、中国贸促会副会长陈洲、香港中华总商会会长蔡冠深等21位部长级官员和负责人出席会议。自治区党委常委、秘书长纪峥出席会议，自治区副主席王和山主持会议。

沙特、巴林、阿曼、埃及、科威特等10个国家的19位驻华使节及31个国家、地区和国内13家部委、香港特别行政区及各省、市、自治区的各界代表近700名嘉宾参加会议。

（霍丽娜摘编自《宁夏日报》2017年9月7日第1~2版）

万鄂湘出席中国国民党革命委员会宁夏第十一次代表大会

5月16—17日，全国人大常委会副委员长、民革中央主席万鄂湘出席在银川召开的中国国民党革命委员会宁夏第十一次代表大会。在宁期间，自治区党委书记石泰峰、自治区主席咸辉拜会了万鄂湘一行，并向民革中央一直以来对宁夏的关心支持表示感谢。

万鄂湘代表民革中央向大会表示祝贺。他指出，近年来，民革宁夏区委会团结和带领全区民革各级组织和党员，紧紧围绕国家和宁夏中心工作，紧扣发展这一主题，充分发挥自身特点和优势，加强学习提素质、履行职能献良策、服务社会作贡献，参政议政、民主监督、政治协商、社会服务、队伍建设等各方面工作都取得了长足进步。他希望民革宁夏区委会更加紧密地团结在以习近平同志为核心的中共中央周围，牢固树立政治意识、大局意识、核心意识、看齐意识，充分发挥各级组织和广大党员的积极性、主动性和创造性，团结奋进，踏实工作，不忘合作初心，继续携手前进，切实承担起中国特色社会主义事业的亲历者、实践者、维护者、捍卫者的政治责任，为国家和宁夏经济社会发展作出新的更大贡献。

自治区党委常委、统战部部长马廷礼代表自治区党委、人大、政府、政协向大会的召开表示祝贺。民革中央副主席郑建邦，自治区领导马三刚、孙贵宝、刘可为、崔波、张守志参加拜会或出席大会。九三学社宁夏区委会负责人在开幕式上代表各民主党派宁夏区委会、自治区工商联致贺词。

会议选举张守志为民革宁夏第十一届委员会主任委员，曾玉强、李良、朴凤兰、张杰、张源沛当选为副主任委员。吴国军被任命为秘书长。

（霍丽娜摘编自宁夏新闻网 2017 年 5 月 18 日）

曹建明到宁夏调研检察工作

2 月 6—8 日，最高人民检察院党组书记、检察长曹建明就检察机关如何深入贯彻落实习近平总书记对政法工作、检察工作重要指示精神，做好 2017 年各项检察工作到宁夏检察机关调研。

6 日，曹建明一行赴“全国先进基层党组织”中卫市检察院调研慰问，其所辖 3 个基层检察院都被评为“全国模范检察院”或“全国先进基层检察院”。曹建明希望大家更好地把全面从严治党与全面从严治检结合起来，以党建带队建促业务，创造出更多更新的在全国可复制、可借鉴的“中卫经验”。在吴忠市同心县丁塘镇小山村，曹建明看望了带病坚守岗位的“全国模范检察官”同心县检察院副检察长马俊，叮嘱他保重身体，以自己的模范表率作用带领身边检察干警践行人民检察为人民的庄严承诺。在“全国先进基层检察院”同心县检察院，曹建明希望大家珍惜荣誉，深入学习贯彻习近平总书记关于政法工作、检察工作的重要指示精神，牢牢把握维护社会大局稳定、促进社会公平正义、保障人民安居乐业的总任务，加强检察监督，深化司法改革，更好发挥检察职能作用，推动各项工作再上新台阶。

7 日下午，曹建明听取了宁夏检察院党组书记、检察长李定达的工作汇报，与宁夏三级检察院干警座谈。曹建明强调，学习好、领会好、落实好习近平总书记的重要指示精神，是各级检察机关的重大政治任务。检察机关是党领导下的法律监督机关，各级检察机关每一位检察人员都必须毫不动摇地坚持党对检察工作的绝对领导，旗帜鲜明走中国特色社会主义法治道路。

曹建明指出，各级检察机关要找准服务经济社会发展大局的切入点和着力点，围绕党中央关于供给侧结构性改革、服务创新驱动发展、健康中国建设、加强产权保护、脱贫攻坚战略等重大部署，精准施策、精准发力。要立足检察职能，紧紧抓住影响人民群众安全感、幸福感的食品药品安全、电信诈骗、非法集资、重大安全生产事故等突出问题，进一步完善与相关部门协作配合机制，依法打击各类严重刑事犯罪，切实保障人民群众生命健康权益。要深入研究经济领域面临的各类风险，依法打击金融、房地产、实体经济领域各种犯罪活动，保障经济安全。要积极探索“专业化法律监督+恢复性司法实践+社会化综合治理”的生态检察模式，推动解决关系群众健康和社会稳定的重大环境问题，维护生态安全。

曹建明要求，各级检察机关要深入贯彻十八届六中全会、中央纪委七次全会、全国组织部长会议精神以及《关于新形势下加强政法队伍建设的意见》，认真总结推广“中卫经验”，推进“两学一做”学习教育常态化制度化，推动党内政治生活准则落实落地，持续加强对检察人员特别是党员干部的监督管理，着力强化检察人才队伍建设，继续做好抓基层、打基础的工作，更好地将全面从严治党与全面从严治检结合起来，真正实现以党建带队建促业务。

（霍丽娜摘编自《检察日报》2017 年 2 月 9 日第 1 版）

张庆黎参加宁夏代表团党的十九大报告讨论

10 月 19 日，党的十九大代表、全国政协副主席兼秘书长张庆黎在参加宁夏代表团党的十九大报告讨论时指出，报告站位高、接地气，非常精彩，特别给力，具有时代气息和强大的感召力，体现了大视野、大智慧、大手笔，鼓舞人心，催人奋进，是迈向新时代、开启新征程、续写新篇章的政治宣言和行动纲领，完全拥护。党的十九大代表、自治区党委书记石泰峰，党的十九大代表、自治区主席咸辉分别主持讨论。

张庆黎说，报告最突出的亮点有五

个方面：一是把习近平总书记系列重要讲话精神和治国理政新理念新思想新战略概括为新时代中国特色社会主义思想，确立为党的指导思想；二是明确作出中国特色社会主义进入新时代的重大政治判断；三是作出了我国社会主要矛盾已经转化为人民日益增长的美好生活需要和不平衡不充分的发展之间的矛盾这一重大政治判断；四是规划了第二个百年奋斗目标，提出新的两步走战略；五是特别告诫全党，中华民族伟大复兴绝不是轻轻松松、敲锣打鼓就能实现的，全党必须准备付出更为艰巨、更为艰苦的努力。

张庆黎指出，党的十八大以来，以习近平同志为核心的党中央以巨大的政治勇气和强烈的责任担当，统筹推进“五位一体”总体布局、协调推进“四个全面”战略布局，在改革发展稳定、内政外交国防、治党治国治军各方面取得了举世瞩目的伟大成就，使我们党的面貌、国家的面貌、人民的面貌、军队的面貌、中华民族的面貌发生了历史性变化。表现为：全面深化改革大刀阔斧，蹄疾步稳，破除了各方面体制机制弊端，使中国社会发展焕发出新的生机和活力；贯彻新发展理念，以供给侧结构性改革为主线，以提高经济质量和效益为中心，在经济发展进入新常态后持续保持中高速增长，增速在世界主要国家中名列前茅，可以说风景这边独好；全面从严治党向纵深推进，党内政治生态焕然一新，并带动政风社风民风极大好转，可以说挽救了党、挽救了国家、挽救了军队，赢得了党心民心；国防和军队建设全面重塑，政治建军、改革强军、科技兴军、依法治军，人民军队凤凰涅槃，浴火重生；中国特色大国外交有声有色，我国的国际影响力、感召力和凝聚力进一步提高。

张庆黎指出，党的十八大以来，我国发生了许多历史性变革，这些变革在政协工作中也得到了充分体现。表现为：党中央高度重视政协工作，进一步加强对政协工作的领导；进一步明确政协性质定位，明确人民政协是社会主义协商民主的重要渠道和专门协商机构；完善了协商议政的格局，改变了过去“年委员、季常委、月主席”的状况；明确了政协民主监督的重点是党和国家重大方针政策和重要决策部署贯彻落实情况；坚持政协委员和机关干部两支队伍一起抓，强调政协委员要懂政协、会协商、善议政、守纪律、讲规矩、重品行。要求高度重视政协机关建设，抓班子、带队伍，建设干干净净的政协机关、干干净净的干部队伍，使全国政协工作呈现出团结和谐蓬勃发展的良好局面。

张庆黎说，党的十八大以来，党和国家事业之所以取得举世瞩目的成就，最关键的是有全党全军全国各族人民衷心拥戴的领袖和统帅习近平总书记掌舵。我们相信，有十八大打下的坚实基础，有习近平新时代中国特色社会主义思想指引，有全国各族人民的共同团结奋斗，中国特色社会主义道路一定会越走越宽广，中华民族伟大复兴的中国梦一定能实现。讨论中，姜志刚、马顺清、许传智、纪峥、盛荣华、赵永清、白尚成、马中贵、王彦兰、彭友东、王彦翠、何健、赵亮、李泽峰等代表分别发言。大家一致认为，报告立意高远，视野开阔，既有鲜明的思想性、前瞻性，又有很强的战略性、全局性，凝聚全党智慧，顺应人民期待。

（霍丽娜摘编自央广网 2017 年 10 月 20 日）

王家瑞到宁夏调研脱贫攻坚工作

7 月 3—6 日，全国政协副主席、中国宋庆龄基金会主席王家瑞一行到宁夏，对宁夏脱贫攻坚工作进行调研。王家瑞一行先后到彭阳县城阳乡中心学校、古城镇卫生院、古城镇任河小学、孟塬乡万寿菊种植基地、小石沟村中蜂养殖基地、草庙乡朝那鸡养殖基地，实地了解彭阳县脱贫攻坚工作推进情况及中国宋庆龄基金会帮扶项目实施情况，走访慰问孤儿、贫困户代表，并召开专题座谈会，与自治区相关部门负责人座谈交流，共商推进脱贫攻坚工作举措。

王家瑞对宁夏脱贫攻坚工作和彭阳县扶贫项目实施情况给予充分肯定。他指出，党的十八大以来，以习近平同志为核心的党中央把贫困人口脱贫作为全面建成小康社会的底线任务和标志性指标，在全国范围全面打响了脱贫攻坚战，力度之大、规模之广、影响之深，前所未有。习近平总书记最牵挂、最关心的是困难群众生活问题，要深入贯彻落实习近平总书记在深度贫困地区脱贫攻坚座谈会上的重要讲话精神，把脱贫攻坚与经济社会发展紧密联系起来，把扎实落实好国家当前的脱贫攻坚政策与规划好未来长远发展相结合起来，解决区域发展中的重点难点问题，增强贫困地区发展潜力和动力，真正做到扶贫扶志，坚决打赢脱贫攻坚“硬仗中的硬仗”。中国宋庆龄基金会要运用自身在民间外交、两岸交流和青少年事业方面特色优势，结合彭阳的实际需求，发挥好平台作用，扎扎实实地将习近平总书记的各项要求落到实处。

自2001年11月彭阳县被确定为中国宋庆龄基金会定点帮扶县以来，基金会围绕教育卫生、劳动就业和社会保障等民生事业，引资引智，多渠道多层次开展帮扶工作，有力助推了彭阳县脱贫攻坚进程。

调研期间，自治区党委书记石泰峰到住地看望，自治区领导齐同生、马顺清、张乐琴，中国宋庆龄基金会党组书记、常务副主席杭元祥陪同调研或参加座谈会。

（霍丽娜摘编自宁夏新闻网2017年7月7日）

韩启德到宁夏调研互联网医疗和校园餐食管理工作

4月22—23日，全国政协副主席、九三学社中央主席韩启德率队到宁夏就“互联网+医疗”课题展开调研。全国政协副秘书长、九三学社中央常务副主席邵鸿，全国政协提案委副主任、九三学社中央副主席赖明，九三学社宁夏区委主委、区卫计委主任马秀珍陪同调研。

4月22日下午，调研组一行先后前往银川智慧互联网医院、宁夏互联网医院、银川市民大厅和银川市第一人民医院，现场考察银川互联网医院的整体运营、公立医院与互联网医院线上线下合作运营情况，就行政审批服务局对互联网医院的审批、医师多点执业备案、医保中心与智慧互联网医院对接等情况进行深入了解。

4月23日上午，九三学社中央互联网医疗推进情况调研座谈会在银川召开。调研组听取宁夏卫生计生委等相关部门代表、部分市属公立医院和互联网医院负责人关于银川市“互联网+医疗”推进情况的汇报，围绕互联网医疗服务和信息安全、医疗人员与实体医院、互联网医院关系等问题展开讨论。全国政协常委、副秘书长、九三学社中央常务副主席邵鸿，全国政协常委、提案委副主任、九三学社中央副主席赖明出席座谈会。自治区政协副主席安纯人主持座谈会。

韩启德指出，公平可及，是医疗体制改革的目的之一。有效利用大数据技术转化为实际产出和服务，对实现全社会统筹享受医疗资源分配提供了有效的探索途径。创新有风险，但改革需要创新。特别是对关乎百姓切身利益的改革，我们不能忽略百姓的需求和积极性，应坚持解放思想、审慎包容的态度，在政府有效作为的基础上，充分发挥市场在资源配置中的决定作用，重塑现代医疗体系，推动医疗健康事业发展。

在宁期间，韩启德会见了自治区党委主要领导同志。九三学社中央副秘书长兼参政议政部部长赵勇，国家卫计委医政医管局副局长郭燕红，北京大学常务副校长柯杨，国家心血管病中心副主任、中国医学科学院阜外医院副院长顾东风，科技部现代服务业总体专家组专家徐亮，首都医科大学附属北京友谊医院副院长谢苗荣，九三学社河北省委副主委、唐山市人民医院院长胡万宁，宁夏医科大学原任副校长林实，微医集团（浙江）有限公司董事长、中国卫生信息学会健康医疗大数据家庭健康专业委员会副主任廖杰远，微医集团（浙江）有限公司资深总监李赵子参加调研。

4月24—25日，全国政协副主席、九三学社中央主席韩启德率全国政协教科文卫体委员会、九三学社中央联合调研组，先后到吴忠市红寺堡区新庄集乡中心小学、第四中学，固原市原州区三营镇甘沟小学、原州区第七中学、固原市回民中学等地，通过实地查看、召开专题座谈会等形式，详细了解自治区改进校园餐食管理情况。

4月26日，全国政协改进校园餐食管理工作调研座谈会在银川召开。韩启德出席会议并讲话。全国政协教科文卫体委员会副主任李卫红；全国政协常委、副秘书长、九三学社中央常务副主席邵鸿；全国政协常委、提案委副主任，九三学社中央副主席赖明；全国政协教科文卫体委员会副主任马德秀出席会议。自治区政协主席齐同生主持会议，自治区副主席马力汇报宁夏改进校园餐食工作情况，自治区政协副主席安纯人、秘书长刘卉出席会议。

座谈会上，自治区教育厅、卫计委、工商局、质监局等厅局负责人汇报相关情况，并就加强食堂规范化建设、食品安全知识宣传、提升校园餐食水平等与调研组进行交流。调研组从自治区实际出发，结合自身所见、所思、所想，从完善学校食堂经费保障机制、广开渠道解决学生就餐、加强综合管理和教育引导等方面，为全区改进校园餐食管理工作提供了有益参考和借鉴。

韩启德对自治区改进校园餐食管理工作取得的成效给予充分肯定。他指出，校园餐食管理工作是提高青少年身体健康素质的重要环节，宁夏高度重视这项工作，在财力有限的情况下仍加大资金投入，完善政策措施，强化责任落实，吸纳社会力量，着力提高校园餐食管理和保障水平，取得了不少值得推广的好经验好做法，为保障中小学生健康成长发挥了重要作用。

韩启德提出，为进一步改进校园餐食管理工作，宁夏要准确定位，重点抓好农村义务教育阶段学生营养改善计划的落实，结合实际，分类指导，因地施策。要进一步完善监管体系，筑牢校园食品安全防线；开展加强科学动态监测评估，加强营养健康教育，培养科学健康的饮食习惯，不断提高学生身体素质。要大力宣传农村义务教育学生营养改善计划这项惠民政策，营造全社会共同推进的良好氛围，让党的惠民政策惠及更多孩子，确保广大学生健康成长。

（霍丽娜摘编自《华兴时报》2017 年 4 月 25 日第 1 版、4 月 28 日第 1~2 版）

韩启德到宁夏出席九三学社中央第十四次科学座谈会

10 月 11—12 日，全国政协副主席、九三学社中央主席韩启德到宁夏出席九三学社中央第十四次科学座谈会。来自国内社科、文物考古领域的专家学者汇聚银川。会议围绕“文物考古与丝绸之路”主题展开深入探讨与交流。九三学社中央常务副主席邵鸿，九三学社中央副主席赖明、从斌出席会议。自治区党委常委、统战部部长白尚成致辞。

韩启德指出，推进“一带一路”建设，是以习近平同志为核心的中共中央统筹国内国际两个大局作出的重大战略决策，“一带一路”沿线国家广泛认同、反响热烈，国内各方面各部门尽全力投入其中，众多项目落地实施、合作发展势头良好。举办这次科学座谈会，旨在从考古学角度，通过广泛深入研讨，发掘丝绸之路的信息和特点，补充文献记载的不足，丰富丝绸之路史的内容，使文物考古成果为丝绸之路研究充分利用，为“一带一路”建设提供历史借鉴和文化支撑。

韩启德指出，中华文明具有多民族融合的特点，漫长的历史发展形成了中华民族多元一体格局。“丝绸之路”上展开的文物考古工作，其诸多成果印证了这种多民族融合的进程一直持续。研究“丝绸之路”可以从历史角度更好地理解“中华民族”的概念，凝聚起实现中华民族伟大复兴中国梦的磅礴力量。

（霍丽娜摘编自《宁夏日报》2017 年 10 月 12 日第 1 版）

王正伟参加住宁全国政协委员座谈会

3 月 8 日，全国政协副主席王正伟参加了住宁全国政协委员座谈会。王正伟要求，要牢固树立“四个意识”，坚持正确政治方向，勇于担当，敢于发声，不断提升协商议政能力，进一步加强和改进政协民主监督工作，服务国家发展战略，助力宁夏区域经济发展。自治区党委、政府、政协主要领导同志出席座谈会并讲话。

全国政协十二届一次会议以来，16 位住宁全国政协委员充分发挥全国政协的高端平台作用，紧扣经济社会重大问题、全面深化改革难点问题、推动创新创造关键问题，联心携手并肩，忠诚履职建言，累计向大会提交提案 320 多件，立案 260 余件，其中 5 件提案被列入全国重点提案，许多提案被中央决策采用。

在观看了宁夏经济社会发展专题片、听取了委员履职建言的交流发言后，王正伟说，过去的一年，在以习近平同志为核心的党中央的坚强领导下，宁夏各级党委、政府带领全区干部群众团结一心全面完成各项目标任务，成绩显著、来之不易。这些成绩也凝聚着政协委员们的心血和智慧。住宁全国政协委员坚持正确政治方向，突出问题导向，深入调查研究，提出了一批有高度、有质量、有新意的提案，齐心协力办成了很多大事，为促进宁夏经济社会平稳发展贡献了力量。王正伟要求，政协委员要牢固树立“四个意识”，坚持中国共产党的领导，要更加紧密地团结在以习近平同志为核心的党中央周围，更加坚定地维护党中央权威。要健全体制机制，勇于担当，敢于发声，不断提升协商议政能力，进一步加强和改进政协民主监督工作，主动服务和融入国家发展战略，更加扎实地把党中央各项决策部署落到实处。要充分发挥人民政协凝聚人心、汇聚力量的作用，多做理顺情绪、化解矛盾、增进团结的工作，为迎接中共十九大胜利召开营造良好的社会环境。要坚定发展信心，贯彻落实新发展理念，把握稳中求进的总基调，围绕以创新做优做强做实实体经济献计出力，为宁夏持续健康协调发展贡献智慧力量，让宁夏的未来更加美好。

（霍丽娜摘编自宁夏新闻网 2017 年 3 月 9 日）

马培华到宁夏调研民建宁夏区委会组织建设发展情况

5 月 15 日，全国政协副主席、民建中央第一副主席马培华到宁夏调研民建宁夏区委会组织建设发展情况。在宁期间，自治区党委书记石泰峰拜会马培华一行，对民建中央一直以来给予宁夏经济社会发展的支持表示感谢。

马培华对民建宁夏区委会的工作给予充分肯定。认为宁夏区委会注重思想建设，深化政治共识，会员思想政治觉悟不断提高；深入实际调查研究，参政议政工作得到党委、政府高度重视，成果丰硕；加强基层组织建设，会员素质不断提高，组织发展不断扩展。马培华要求新的领导班子要继承民建优良传统，始终坚定正确的政治方向，做好换届交接，引导广大会员不忘合作初心，自觉接受中国共产党的领导，坚定不移走中国特色社会主义道路；要结合国家大政方针政策，立足宁夏经济社会发展实际，调动会员积极性，发挥民建密切联系经济界的特色和优势，发挥会员特长，组建好专家队伍，在宁夏改革发展的重要领域深入调查研究，认真履职尽责，切实提高参政议政水平；以提高整体素质为目标，切实加强参政党自身建设，注重高素质会员的发展、培养、使用和推荐，不断丰富基层组织活动内容，进一步提升参政党活力和凝聚力。

自治区人大常委会副主任、民建宁夏区委会主委孙贵宝，自治区政协副主席崔波陪同拜会。民建宁夏区委会班子成员、机关干部、各市委会主委及部分骨干会员、会员企业家参加座谈会。

（霍丽娜摘编自人民政协网 2017 年 5 月 18 日 ）

王钦敏到宁夏出席全国工商联十一届十次常委会议和民营企业助推宁夏创新发展大会

7 月 11 日—12 日，全国政协副主席、全国工商联主席王钦敏到宁出席全国工商联十一届十次常委会议和民营企业助推宁夏创新发展大会并作重要讲话。

7 月 11 日，全国工商联十一届十次常委会议第一次全体会议在银川召开。王钦敏指出，2016 年习近平总书记视察宁夏时，希望宁夏在西部大开发中不断闯出新路，创造美好前景。宁夏认真贯彻落实总书记重要讲话精神，借助区位优势和资源禀赋，抢抓“一带一路”建设机遇，全力推动产业转型，取得了令人惊喜的成绩。自治区第十二次党代会描绘了宁夏未来五年发展的美好蓝图，也为民营企业在宁夏大展身手提供了良好条件。当前，宁夏正处于加快发展的战略机遇期，具有独特的经济发展条件，特别是在农业、能源、旅游等方面资源独特、潜力巨大。全国工商联将发挥桥梁纽带作用，服务经济发展大局，服务“一带一路”建设，组织、引导更多民营企业来宁投资兴业，切实引导民营企业聚焦深度贫困地区，创新产业帮扶模式，加强与宁夏的深度合作，支持和帮助宁夏经济社会发展再上新台阶。

全国工商联党组副书记、副主席樊友山主持会议。自治区领导齐同生、姜志刚、纪峥、白尚成、王和山出席会议或参加会见。全国工商联副主席谢经荣、黄荣、林毅夫、杨启儒、王永庆等出席会议。

7 月 12 日，王钦敏出席在银川举行的民营企业助推宁夏创新发展大会并讲话。自治区党委书记、自治区主席咸辉讲话。中央统战部副部长、全国工商联党组书记徐乐江，自治区领导齐同生、姜志刚、纪峥、白尚成、王和山，全国工商联副主席樊友山、谢经荣、林毅夫、杨启儒、王永庆、王志雄、卢文端、史贵禄、苏志刚、张建宏、茅永红、周海江等出席会议。自治区党委常委、自治区常务副主席张超超主持会议。

王钦敏在讲话中说，全国工商联和

宁夏共同举办“民营企业助推宁夏创新发展大会”,既是践行习近平总书记视察宁夏重要讲话精神的具体举措,也是工商联特别是民营企业参与西部大开发,服务地方经济发展的具体行动。宁夏民营经济对经济社会持续健康发展作出了重要贡献,所占比重已超出50%,正在从传统中低端领域向中高端领域迈进。全国工商联和自治区人民政府签署推进宁夏“丝路经济园”建设合作协议,是双方发挥各自优势,引导民营企业参与自治区建设和开拓发展空间的有益尝试,有助于发挥民营企业的积极作用,有助于缩小东西部差距,有助于促进宁夏经济社会进步。各级工商联要在前期工作的基础上,积极支持企业和政府间的对接,做好签约项目的进一步落地、落实。希望各位民营企业家抓住“丝路经济园”建设的重要契机,开拓视野,加强技术创新、管理创新和商业模式创新,顺应供给侧结构性改革要求,加快企业发展,为宁夏建设作出贡献。

会上,全国工商联副主席樊友山与自治区副主席王和山签署了《关于推进宁夏“丝路经济园”建设的合作协议》。各市、县及宁东与相关企业签订了项目合作协议。中国民间商会部分副会长,全国工商联秘书长、常委,中央统战部、全国工商联有关负责同志,自治区政府、政协秘书长及区直有关部门、各市县区负责同志和部分企业家代表参加会议。

(霍丽娜摘编自《华兴时报》2017年7月12日第1版、2017年7月13日第1版)

卢展工率全国政协特邀常委视察团到宁夏视察精准扶贫工作

7月10—14日,全国政协副主席卢展工带领全国政协特邀常委视察团到宁夏就“少数民族地区精准扶贫”工作进行视察。

视察团先后在海原县、西吉县、固原市原州区、银川市兴庆区、永宁县等地,走村入户到企业,深入了解宁夏精准扶贫工作实施情况、创新做法和有益经验,与自治区相关部门负责人座谈交流,共同研究破解少数民族地区深度贫困之策。期间,自治区党委书记石泰峰到住地看望了视察团一行,自治区领导齐同生、马顺清、张柱、崔波陪同视察或出席座谈会。

视察团指出,党的十八大以来,宁夏回族自治区党委、政府深入学习贯彻习近平总书记扶贫开发战略思想,坚决贯彻落实以习近平同志为核心的党中央各项决策部署,坚持精准扶贫、精准脱贫,健全工作机制,凝聚强大合力,集中解决了一系列重点难点问题,宁夏扶贫攻坚取得了显著成绩,特别是中南部地区的面貌发生脱胎换骨的变化。

视察团建议,要深入而系统地总结30多年来宁夏扶贫开发工作中的经验和教训,探索完善脱贫攻坚工作的长效机制。要加强组织领导,集中优势兵力打攻坚战,重点在深度贫困地区公共服务、基础设施、异地搬迁、生态补偿、医疗救助等方面加大力度,形成深度贫困地区脱贫攻坚的强大力量。要在产业扶贫上精准发力,在做大做强上下功夫,要加大金融扶贫力度,注重发挥好龙头企业、龙头合作社、大户的带动作用,积极培养农村致富带头人。要调动各方积极性,形成帮扶合力,在继续发挥好东西部合作的基础上,大力引导企业、高校、社会组织等力量参与到扶贫开发中来。要坚持扶贫与扶智、扶志相结合,激发内在动力和自我发展能力,引导贫困群众通过自己的辛勤劳动脱贫致富。

视察团认为,宁夏要在着力精准、着力攻坚、着力提升、着力统筹、着力激活、着力持续上做文章,以“踏石留印、抓铁有痕”的力度,“滴水穿石、人一我十”的精神,不忘初心,继续前进,扎扎实实做好各项工作,坚决打赢脱贫攻坚这场硬仗。

(霍丽娜摘编自《宁夏日报》2017年7月15日第1版)

工作报告

在中国共产党宁夏回族自治区第十二次代表大会上的报告

自治区党委书记　石泰峰

（2017年6月6日）

同志们：

现在，我代表中国共产党宁夏回族自治区第十一届委员会向大会作报告。

这次大会，是在全面建成小康社会决胜阶段召开的一次重要会议。大会的主题是：紧密团结在以习近平同志为核心的党中央周围，高举中国特色社会主义伟大旗帜，深入贯彻习近平总书记系列重要讲话精神和治国理政新理念新思想新战略，团结带领全区各族人民，振奋精神、实干兴宁，为实现经济繁荣、民族团结、环境优美、人民富裕，与全国同步建成全面小康社会目标而奋斗。

一、五年砥砺奋进，各项事业发展取得显著成就

自治区第十一次党代会以来，我们在以习近平同志为核心的党中央坚强领导下，团结带领全区各级党组织和广大干部群众，全面贯彻党的十八大和十八届三中、四中、五中、六中全会精神，深入贯彻习近平总书记系列重要讲话精神和治国理政新理念新思想新战略，认真贯彻落实习近平总书记视察宁夏时的重要讲话精神，牢固树立政治意识、大局意识、核心意识、看齐意识，主动适应经济发展新常态，自觉践行新发展理念，按照“五位一体”总体布局和“四个全面”战略布局要求，奋力推进开放宁夏、富裕宁夏、和谐宁夏、美丽宁夏建设，全区各项事业发展取得新的重大进展。

综合实力显著增强。全区地区生产总值达到3150亿元，年均增长9.1%；累计完成全社会固定资产投资1.54万亿元，年均增长18.4%；地方一般公共预算收入达到388亿元，年均增长12%。供给侧结构性改革取得初步成效，产业结构不断优化，煤化工、现代纺织、新能源等新型工业集聚发展，特色农业品牌效益凸显，服务业对经济增长的贡献率达到50%。相继实施或建成一批交通、水利、能源等重点项目。新型城镇化和城乡发展一体化扎实推进，城镇化率达到56.3%，提高6.5个百分点。

人民生活明显改善。城镇居民人均收入达到27153元、年均增长9.4%，农村居民人均收入达到9852元、年均增长10.7%。35万生态移民基本完成，累计减贫59.7万人。社会事业全面发展，教育发展主要指标高于全国平均水平，在全国率先实现基本医疗保险、大病保险、疾病应急、医疗救助制度“四个全覆盖”，城乡就业持续扩大，保障性住房和危窑危房改造惠及220万群众，社会保障能力明显增强。

改革开放持续深化。重点领域和关键环节改革取得重要进展，空间规划（多规合一）、司法体制、综合医改等国家级改革试点取得阶段性成果。积极参与“一带一路”建设，中阿博览会成为中阿共建“一带一路”的重要平台，内陆开放型经济试验区、银川综合保税区建设积极推进，对外交流合作不断扩大。

生态建设不断加强。深入实施重点生态工程，大力整治环保突出问题，水土保持、节水型社会、防沙治沙“三个示范区”建设加快推进，节能减排目标任务顺利完成，空气质量优良天数达到75%以上，生态环境和城乡人居环境进一步改善。

民主法治有序推进。人民代表大会制度、中国共产党领导的多党合作和政治协商制度、民族区域自治制度、基层群众自治制度不断完善，爱国统一战线巩固发展，群团组织作用有效发挥，国防动员和后备力量建设持续加强，依法治区深入推进，科学立法、严格执法、公正司法、全民守法取得新的进展。

文化建设富有成效。深入开展社会主义核心价值观和中国梦宣传教育，群众性精神文明创建活动蓬勃开展。意识形态引导管理不断加强，主流思想舆论巩固壮大，网络空间不断净化。公共文化服务体系进一步完善，文化体制改革深入推进，文化事业和文化产业加快发展。

社会大局和谐稳定。民族团结进步创建活动持续开展，党的民族政策深入人心，全区各族人民共同团结奋斗、共同

繁荣发展的良好局面更加巩固。宗教工作法治化水平明显提升，宗教领域和谐稳定。社会治理能力不断提升，平安宁夏建设扎实推进，安全生产形势总体稳定。

党的建设全面加强。深入推进全面从严治党，党员干部“四个意识”不断增强。党的群众路线教育实践活动、“三严三实”专题教育和“两学一做”学习教育成效明显。市县乡换届圆满完成，各级领导班子建设不断加强，基层党组织战斗堡垒作用和广大党员先锋模范作用有效发挥。党内监督不断强化，“四风”问题有效遏制，党风政风持续好转，反腐败斗争成效明显，政治生态不断净化。

五年来取得的成绩来之不易、令人振奋。这是以习近平同志为核心的党中央坚强领导的结果，是历届自治区党委持续奋斗的结果，是全区各族人民团结拼搏的结果。在此，我代表中共宁夏回族自治区第十一届委员会，向全区广大党员和干部群众，向各民主党派、各人民团体和社会各界人士，向人民解放军驻宁部队和武警部队，向中央各部委、中央驻宁单位和各兄弟省区市，向长期关心支持宁夏建设发展的同志们、朋友们，表示衷心的感谢并致以崇高的敬意！

五年来积累的经验尤为深刻、弥足珍贵。这就是：坚持用中央精神指引宁夏发展，坚决向党中央看齐，始终在思想上政治上行动上同以习近平同志为核心的党中央保持高度一致；坚持把发展作为解决一切问题的关键，推动经济发展不断迈上新台阶；坚持深化改革开放，不断增强发展的动力和活力，在“一带一路”建设大格局中加快内陆开放步伐；坚持以人为本、执政为民，让全区人民共享改革发展成果；坚持与时俱进做好民族宗教工作，加强依法治区，不断创新社会治理；坚持党要管党、从严治党，不断增强各级党组织的创造力凝聚力战斗力。

在前进的道路上，我们还面临着不少困难和问题。主要是：发展不足的问题仍然突出，产业层次较低，基础设施建设滞后，城乡区域发展不平衡，资源环境约束趋紧；基本公共服务水平较低，脱贫攻坚任务艰巨，城乡居民收入低于全国平均水平；制约发展的体制机制障碍依然存在，创新能力不强，开放水平不高，市场活力不足，人才资源短缺；全面从严治党有待加强，有的基层党组织软弱涣散，有的党员干部宗旨意识淡薄，“三不为”现象不同程度存在，党风廉政建设和反腐败斗争形势依然严峻复杂。对这些困难和问题，我们必须高度重视，切实加以解决。

二、明确奋斗目标，增强全面建成小康社会的责任感和使命感

未来五年，对宁夏发展至关重要。我们要全面打赢脱贫攻坚战，全面建成小康社会，实现中华民族伟大复兴中国梦的第一个百年目标。完成这一历史使命，我们必须深刻认识并准确把握发展面临的条件、内涵和阶段性要求的新特点、新变化。当前，世界经济仍在深度调整，我国经济发展新常态的特征更加明显。总的来看，我们仍处于可以大有作为的重要战略机遇期，正处在经济转型发展的重要关口。新一轮科技革命、产业变革和我国加快转变经济发展方式、全面推进“一带一路”建设为宁夏发展带来了新的历史性机遇，同时我们也面临着在创新发展大潮中与东部发达地区发展差距进一步拉大的严峻挑战，面临着发展不足与生态脆弱的双重压力，面临着扩大总量与提升质量的双重任务，面临着培育竞争优势与补齐发展短板的双重难题。机遇与挑战交织并存，我们必须增强忧患意识，坚持问题导向，抢抓新机遇、应对新挑战，创新思路、创新举措，牢牢把握发展主动权，在新的历史起点上奋力前行。

党的十八大以来，以习近平同志为核心的党中央带领全党全国各族人民，进行具有许多新的历史特点的伟大斗争，开创了中国特色社会主义伟大事业和党的建设伟大工程新局面。习近平总书记围绕改革发展稳定、内政外交国防、治党治国治军发表了一系列重要讲话，形成了一系列治国理政新理念新思想新战略，为我们推进各项事业发展提供了强大思想武器。2016 年 7 月习近平总书记视察宁夏，为我们明确了“努力实现经济繁荣、民族团结、环境优美、人民富裕，确保与全国同步建成全面小康社会”的奋斗目标，厘清了发展的思路和重点，指明了发展的方向和路径。我们要紧扣这一目标定位，全面贯彻落实，坚定自觉地用习近平总书记视察宁夏时的重要讲话精神统一思想、统揽全局、统领发展。

今后五年，宁夏工作的总体要求是：紧密团结在以习近平同志为核心的党中央周围，高举中国特色社会主义伟大旗帜，以邓小平理论、“三个代表”重要思想、科学发展观为指导，深入贯彻习近平总书记系列重要讲话精神和治国理政新理念新思想新战略，认真学习贯彻党的十九大精神，按照“五位一体”总体布局和“四个全面”战略布局要求，牢固树立和践行新发展理念，坚持稳中求进工作总基调，以供给侧结构性改革为主线，大力实施创新驱动战略、脱贫富民战略、生态立区战略，扎实推进民主法治建设，扎实推进民族宗教工作，扎实推进文化繁荣发展，扎实推进改革开放，扎实推进全

面从严治党，振奋精神、实干兴宁，为实现经济繁荣、民族团结、环境优美、人民富裕，与全国同步建成全面小康社会目标而奋斗。

到2020年全面建成小康社会，是我们党向人民、向历史作出的庄严承诺；确保与全国同步建成全面小康社会，是习近平总书记对宁夏提出的明确要求，是全区各族人民群众的共同意愿。虽然宁夏是欠发达省区，但我们在全面小康路上决不能掉队，必须切实增强责任感和使命感，保持必胜的信心、昂扬的斗志，在创新中加速、在转型中追赶、在实干中突破，确保如期建成全面小康社会。

今后五年，我们的主要奋斗目标是：

——经济繁荣。打造西部地区转型发展先行区，供给侧结构性改革取得重要突破。经济增长高于全国平均水平，到2020年地区生产总值比2010年翻一番，人均地区生产总值超过6万元；产业结构更加优化、竞争力显著增强，发展方式加快转变，发展质量效益明显提升；市场活力迸发，创新创业涌动，内陆开放型经济试验区建设取得新进展，非公经济比重达到50%以上，科技进步对经济增长的贡献率达到55%，R&D经费投入强度达到2%以上，逐步缩小与全国的差距。

——民族团结。打造全国民族团结进步示范区，民族团结、宗教和顺的名片更加靓丽。“三个离不开”“五个认同”思想深入人心，各民族交往交流交融，手足相亲、守望相助，共同团结奋斗、共同繁荣发展的生动局面进一步巩固；坚持宗教中国化方向，宗教工作法治化规范化水平有新提升，宗教关系更加积极健康，宗教领域保持和谐稳定。

——环境优美。打造西部地区生态文明建设先行区，筑牢西北地区重要生态安全屏障，生态环境保护和治理取得重大成果。万元GDP能耗、碳排放和主要污染物排放总量控制在国家下达的指标以内；黄河干流宁夏段Ⅲ类水体比例保持在100%，空气质量优良天数达到80%以上，森林覆盖率达到16%，城市建成区绿地率达到38.5%。

——人民富裕。打造全国脱贫攻坚示范区，全区人民的获得感、幸福感不断增强。贫困人口全部如期脱贫，脱贫后的收入稳定、生活质量提高；到2020年城乡居民人均收入比2010年翻一番，年均增长8%以上，社会保障、基本公共服务走在西部前列；人民群众物质生活更加殷实，精神文化生活更加丰富，享有更充分的就业、更好的教育、更高水平的卫生与健康服务、更舒适的居住条件、更可靠的社会保障、更安全的社会环境。

实现新的奋斗目标，必须始终坚持坚定正确的政治方向。习近平总书记系列重要讲话精神和治国理政新理念新思想新战略，是指导全党推进伟大事业、伟大工程、伟大斗争的行动指南。我们要全面准确领会精神实质，学思践悟、融会贯通，引领宁夏各项事业沿着正确方向前进。我们要坚决维护以习近平同志为核心的党中央权威，坚决维护党中央的集中统一领导，把宁夏各项事业发展放在全党全国大局中去把握、去推进、去落实，确保中央政令在宁夏畅通无阻。

实现新的奋斗目标，必须始终以新发展理念引领发展。发展不足是宁夏最大的实际，我们必须坚持发展第一要务不动摇，做大经济总量、提高发展质量、增强综合实力。宁夏要实现新发展、新跨越，必须把新发展理念贯穿到经济社会发展全过程、落实到全面建成小康社会各方面，通过创新发展解决发展动能问题，通过协调发展解决发展不平衡问题，通过绿色发展解决人与自然和谐问题，通过开放发展解决内外发展联动问题，通过共享发展解决社会公平正义问题。要把创新作为驱动发展的新引擎，着力推进发展理念、体制机制等全方位、多层次、宽领域的全面创新，在创新上争当探索者、在转型上争当先行者，让创新成为宁夏发展最鲜明的时代特征。

实现新的奋斗目标，必须始终贯彻以人民为中心的发展思想。人民对美好生活的向往，就是我们的奋斗目标。必须把增进人民福祉、实现人民幸福作为我们的工作追求。要把打赢脱贫攻坚战作为全面建成小康社会的底线任务，在精准、稳定、可持续上下功夫，确保贫困地区和贫困群众与全区一道迈入全面小康社会。要大力发展富民产业，落实富民举措，千方百计增加城乡居民收入，确保居民收入与GDP同步增长，努力使农村贫困人口收入增速高于全区农村居民收入增速，农村居民收入增速高于城镇居民收入增速。要顺应民生需求新变化，保障人民平等参与、平等发展权利，促进人的全面发展，切实做好与人民群众息息相关的教育、文化、医疗卫生、社会保障等工作，多办民生实事，多解百姓难事，让人民群众有更强获得感和幸福感。

实现新的奋斗目标，必须始终保持奋发有为的精神状态。良好的精神状态，是做好一切工作的重要前提。面对全国你追我赶、竞相发展的态势，宁夏能不能闯出发展的新路，冲出转型的关口，翻过脱贫的大山，看的就是干部的担当，拼的就是全区人民的精气神。走好新的长征路，必须大力弘扬“不到长城非好汉”的精神。实现新的奋斗目标，不能靠等，不能靠要，必须振奋精神、擂鼓出征。要有等不起的危机感、慢不得的紧迫感、坐不住的责任感，有“明知山有虎、偏向虎山行”的胆识，不自满、不懈怠、不停滞，不断解放思想、开拓奋进，在转型发展上只争朝夕，在脱贫攻坚上精益求精，在深化改革上敢闯敢试，在打造创新发展高地、优化发展环境上持续用力，形成党员群众创先争优、各行各业比学赶超、各个市县百舸争流的浓厚氛围。

实现新的奋斗目标，必须始终践行实干兴宁。习近平总书记视察宁夏时发出“社会主义是干出来的”伟大号召，为我们不忘初心、继续前进注入了强大动力。要大力弘扬求真务实的作风，拿出人一之我十之、人十之我百之的干劲，拿出抓铁有痕、踏石留印的劲头，苦干实干加巧干，不空喊口号，不急功近利，不搞表面文章，不搞虚假政绩，不搞数字攀比，扎扎实实做出增强竞争力、增进百姓福祉的业绩。要坚持领导干部带头干，以上率下，以扎实干事的过硬作风、担当作为的过硬能力，决战决胜全面小康。

三、聚焦主要任务，奋力开创各项事业发展新局面

新起点开启新征程，新目标赋予新任务。实现新的奋斗目标，必须明确重点任务、抓住关键环节，统筹推进经济、政治、文化、社会、生态文明建设取得新突破、迈上新台阶。

（一）大力实施创新驱动战略，加快经济转型发展。越是欠发达地区，越需要实施创新驱动。宁夏的发展不足，从深层次看，主要是创新不足。在新一轮竞争中，宁夏传统的发展优势正在减弱，有的已经丧失，不创新就要被淘汰，创新慢了就要落伍、掉队。必须把发展的基点放在创新上，紧紧牵住科技创新这个牛鼻子，着力形成以创新为引领的经济体系和发展方式。通过创新驱动，解决制约经济发展的深层次问题，增强自我发展能力，让创新成为宁夏未来发展的核心竞争力，推动经济持续健康发展。

着力推进产业转型发展。产业转型升级是适应经济发展新常态的必然选择。必须从供给侧结构性改革上发力，充分发挥市场在资源配置中的决定性作用，更好发挥政府作用，持续推进“去降补”，着力解决产业层次不高、结构上倚重倚能、市场竞争力不强的问题，减少无效和低端供给，扩大有效和中高端供给，提高全要素生产率，增强产业整体实力。实施传统产业提升工程，加快用新技术新业态改造提升传统产业，煤炭、电力、冶金、化工、建材等传统产业，要坚持高端化、智能化、绿色化方向改造提升，全区工业企业技术改造投资年均增长15%。对过剩产能、落后企业，要加大兼并重组力度；对优势企业要延长产业链、提高附加值，做大做强。加快宁东能源化工基地建设，推动煤化工向精细化工方向发展，建好国家循环经济示范区，打造技术领先、行业领军、世界一流的国家级现代煤化工基地。发挥现代纺织园的聚集作用，推动现代纺织向上对接能源化工、向下开发高端产品。加快国家新能源综合示范区建设，坚持集约化、规模化、园区化发展方向，推动新能源产业聚集发展。对接《中国制造2025》，突出“专、精、特、新”，推进智能制造、装备制造业总体技术水平向国内先进行业迈进。推进宁夏东北部老工业城市和资源型城市产业转型升级示范区建设。实施特色产业品牌工程，着力构建现代农业产业体系、生产体系、经营体系，重点发展优质粮食、现代畜牧、酿酒葡萄、枸杞、瓜菜等产业，打造现代农业全产业链，培育一批质量上乘、科技含量高、市场容量大的特色农产品品牌，把宁夏“枸杞之乡”“滩羊之乡”“甘草之乡”“硒砂瓜之乡”“马铃薯之乡”和葡萄酒等品牌做大做响。实施新兴产业提速工程，加快发展大数据产业，推进西部云基地、新型智慧城市建设，争取建设国家级军民融合产业示范区，打造中阿网上丝绸之路经济合作试验区暨宁夏枢纽。做好“互联网+”的文章，推动大数据产业与工业、农业、现代服务业融合发展；推动生物医药产业集群化、产品多元化发展，扩大高端产品的研发生产，不断形成新的增长点和动力源。实施现代服务业提档工程，加快全域旅游示范区建设，把旅游业融入经济社会发展全局，推进旅游向全景全业全时全民的全域旅游转变，建设一批精品旅游景区，优化旅游综合配套服务，创新多形式、多业态、多元化商业模式，发展休闲旅游、体验旅游、康养旅游，吸引游客、留住游客，打造西部独具特色的旅游目的地。加快现代金融发展，实施“引金入宁”计划，培育多层次的资本市场，切实解决融资难、融资贵问题。加快发展电子商务、现代物流、会展博览、健康养老等产业，推进房地产业平稳健康发展，推动服务业发展提速、比重提高、水平提升。

着力推进创新驱动发展。以科技创新带动全面创新，着力解决创新投入不足、创新活力不强、创新人才缺乏等问题，切实增强发展的竞争力。强化企业科技创新主体地位，加大政策支持力度，引导各类创新资源和创新要素向企业聚集，支持企业采用新技术新工艺新流程，鼓励企业开展产学研协同创新，与科研院所、高校联合建设高水平的创新平台，培育一批“科技型小巨人”企业，发展一批有竞争力的高新技术领军企业，推进

大中型企业研发机构全覆盖，力争全区国家级高新技术企业达到100家以上。加大创新投入力度，建立稳定支持科技创新的财政投入增长机制，健全创新创业投资引导基金，创新科技投入方式，构建灵活有效的科技投融资机制，激励引导企业加大研发投入力度，基本形成财政投入为引导，企业投入为主体，金融、风险投资等多元化的投资结构。实施人才强区工程，大力培养创新创业人才，不求所有、不求所在、但求所用。实施更加灵活的人才政策，完善人才评价激励机制，优化人才发展环境。大力倡导创新精神、企业家精神和工匠精神，为创新人才搭建平台、搞好服务，最大限度发挥现有人才作用，着力培养本土人才、实用技术人才，积极引进高端人才、急需紧缺人才，努力打造更有吸引力的西部人才高地，汇集一批能够抢占科技制高点的创新力量。打造风生水起的创新生态，深化科技体制改革，完善创新政策，加强知识产权保护，优化科技创新服务环境，打通科技成果转化通道。大力营造勇于探索、鼓励创新的社会氛围，形成人人参与创新、支持创新、推动创新的生动局面，推动大众创业、万众创新，最大限度地释放全社会创新活力。宁夏创新资源短缺，要以创新的思维探索创新驱动发展新路。坚持走开放创新之路，加强与东部科技强省的创新联动，加强与国内外科研院所、科技型企业的创新合作，通过创新资源、创新成果合作共享，增加科技创新力量，提升创新发展水平。坚持走特色创新之路，有所为有所不为，围绕产业转型突出技术创新，重点在引进消化吸收再创新、实用技术创新、创新成果转化应用上下功夫。提升国家级和自治区级高新区、经开区、农业科技园区和各类创新载体带动创新、引领转型的能力，推动政策集成、资金聚集、资源整合，着力建设沿黄科技创新改革试验区，培育形成有竞争力的创新集群。

着力构建区域城乡协调发展新格局。协调是持续健康发展的内在要求。要强化全区“一盘棋”的理念，发挥宁夏空间规划的引领作用，坚持山川统筹、城乡一体，优化生产力布局，在协调发展中形成发展优势、增强发展后劲。中部干旱带和南部山区要立足于各自资源禀赋，扬长补短，摆脱传统发展路径依赖，积极探索生态优先、富民为本、绿色发展的新路子。沿黄城市带是宁夏推进新型工业化、新型城镇化和农业现代化的核心地带，要顺应以城市群为主体形态推进城市化的大趋势，以城际快速轨道交通为纽带，集约发展、集群发展、融合发展、引领发展，在新技术、新产业、新业态、新模式上率先突破。大力推进银川都市圈建设，发挥银川首府城市的辐射带动作用，推动银川、石嘴山、吴忠和宁东一体化发展，推进产业发展协作互补、基础设施互联互通、生产要素统筹配置、公共服务共建共享，形成同城效应、整体优势。着力推进城乡统筹发展，有序推进以人为核心的新型城镇化，加快农业转移人口市民化。城市发展要树立精明增长理念，尊重城市发展规律，创新城市治理方式，全面提高城市规划建设管理水平。城乡建设要更加注重自然生态保护和历史文化传承，更加注重发掘特色优势，不搞大拆大建、盲目扩张，不搞贪大求洋、破坏文脉，不搞统一模式、千城千村一面，推动城市乡村特色发展、错位发展、个性发展，让居民望得见贺兰山、看得见黄河水、记得住塞上江南风情。深入推进城乡发展一体化，统筹推进新农村建设，把基础设施、社会事业、公共服务的重点放在农村，着力培育一批具有生产效益、生活品质、生态价值的美丽宜居村庄。

着力推进基础设施建设。全面建成小康社会，基础设施建设要先行。抓住机遇，实施一批城乡重大基础设施项目，增强长远发展后劲。加快交通基础设施建设，打通主动脉，畅通微循环，促进公路、铁路、航空有效衔接，加快构建以快速交通为骨干、连通全国交通网络的综合交通运输体系。铁路建设要加快推进银西、中兰、包银等高铁项目建设和宝中快铁建设，到2022年地级市全部通高铁（快铁），全面融入全国高铁网，早日实现宁夏人民的“高铁梦”。航空建设要加快建立银川与国内主要城市空中快线，增加国内航班，增开国际航线，开通一批国内外直飞航线和货运包机，大力发展临空经济、通航产业，打造区域航空枢纽和货运集散中心。公路建设要进一步优化路网结构，提高路网密度，畅通省际出口通道，实现内联外通。加快推进重大水利工程建设，坚持开源和节流并重，构建节水、引水、供水“三位一体”水利基础设施体系，建设好全国省级节水型社会示范区，全面提升水资源保障能力和利用效率。实施西海固地区脱贫引水工程、高效节水现代化灌区建设工程，积极推进黄河黑山峡河段开发，从根本上缓解全区水资源紧缺矛盾，努力解决发展用水问题。加快推进新一代信息基础设施建设，强化信息资源综合开发利用，实施宽带乡村工程、城市基础网络完善工程，实现县乡村宽带网络全覆盖，大力提升经济社会信息化水平。

（二）大力实施脱贫富民战略，增强人民群众的获得感和幸福感。全面建成小康社会最直接的体现是人民富裕。现在，宁夏还有41.8万贫困人口尚未脱贫，全区居民收入和生活质量与经济发展水平还不够相称。如果这种状况不改变，与全国同步建成全面小康社会就不可能得到人民群众的认可。必须把脱贫富民作为今后五年发展的价值取向和工作导向，全力打赢脱贫攻坚战，大力实施富民工程，下大力气解决社会事业发展滞后、居民收入偏低等事关群众切身利益的问题，在提高经济发展水平的同时，实实在在提高人民群众的富裕程度和生活质量，让经济发展的成果更多转化为富民成果，让广大老百姓得到更多实惠。

坚决打赢脱贫攻坚战。确保2020年现行标准下农村贫困人口全部脱贫，这是自治区党委、政府向党中央立下的军令状，向全区人民作出的庄严承诺。要充分认识脱贫攻坚的艰巨性、复杂性，把打赢脱贫攻坚战作为民生工作的重中之重，坚定信心，一步一个脚印，稳扎稳打、扎实推进。要克服超越实际盲目乐观、急于求成的倾向，不搞层层加码、急躁冒进，防止“数字脱贫”“被脱贫”，确保小康路上一户不少、一人不落。在精准脱贫上下功夫，紧盯建档立卡贫困人口，因地制宜、因情施策、因势利导，统筹实施“五个一批”工程，做到扶持对象精准、项目安排精准、资金使用精准、措施到户精准、因村派人精准、脱贫成效精准。积极稳妥推进8万建档立卡贫困人口易地搬迁脱贫，统筹解决自发移民、劳务移民中存在的问题，做到搬得出、稳得住、管得好、逐步能致富。在稳定可持续上下功夫，完善贫困地区基础设施、公共服务，基本消除现有农村危窑危房，大力推进教育扶贫、健康扶贫、就业扶贫、科技扶贫，解决好因病因灾返贫问题，降低返贫率。建立支持贫困地区发展的长效机制，坚持不懈抓产业扶贫、金融扶贫、生态扶贫，推动资源要素向西海固聚集，加快移民安置区发展，发展壮大村级集体经济，增强贫困地区和贫困群众自我发展能力，用勤劳的双手创造脱贫致富奔小康的幸福生活。落实中央东西部扶贫协作战略部署，深化闽宁对口扶贫协作。争取部委、央企帮扶支持，动员社会力量广泛参与脱贫攻坚。在落实责任上下功夫，实行最严格的脱贫责任制，更好发挥区市县领导干部包抓、定点帮扶和驻村工作队、第一书记作用，真扶贫、扶真贫、真脱贫，做到领导工作实、任务责任实、资金保障实、督查验收实，使脱贫成效经得起检验。

大力实施富民工程。必须把增加城乡居民收入作为民生工作的关键来抓，让人民群众的生活更加殷实。推进产业富民，大力发展本地特色产业，把资源优势有效转化为富民优势，多发展适销对路、能给老百姓带来“真金白银”的致富产业，多实施一批增加老百姓收入的“短平快”项目，多培育一些吸纳就业能力强的企业，打牢群众增收的基础。实施更加积极的创业就业政策，提高劳动者创业能力和就业本领。要把创业富民作为重点来突破，抓创业机会、创业群体、创业培训，帮助引导更多的人在家门口创新创业，八仙过海、各显神通、各尽其能。建立健全覆盖城乡的公共就业服务体系，统筹做好重点群体就业，努力扩大中等收入群体，多渠道增加低收入劳动者收入，逐步缩小城乡、区域、行业收入差距。落实好强农惠农富农政策，挖掘农业生产经营性收入，增加务工工资性收入，释放财产性收入红利，拓展农民收入增长空间。

加快推进公共服务均等化。公平充足的公共服务供给是民生福祉的重要内容，必须坚持普惠性、保基本、均等化、可持续发展，增加优质公共服务供给。推进基本公共服务标准化，明确基本公共服务清单和分类建设标准，科学确定公共设施服务半径和覆盖人群，努力实现布局优化、普惠可及。推进教育现代化，推动教育资源均衡配置，加快发展普惠性学前教育，健全城乡一体的义务教育发展机制；完善现代职业教育体系，打造西部职业教育高地；加快一流大学、一流学科建设，增强服务地方经济社会发展能力，努力办好人民满意的教育。推进健康宁夏建设，全面推进综合医改，加强医疗联合体建设，促进优质医疗资源下沉，加强基层医疗服务能力建设，努力为人民群众提供全方位、全周期的卫生和健康服务。坚持计划生育基本国策，促进人口长期均衡发展。广泛开展全民健身运动。推进全民参保，稳步提高统筹层次和保障水平，加快住房保障和供应体系建设，加大社会救助力度，增强养老服务供给能力，大力发展残疾人和慈善公益事业，建立更加公平更可持续的社会保障制度。

（三）大力实施生态立区战略，深入推进绿色发展。良好的生态环境是最公平的公共产品、最普惠的民生福祉。必须立足宁夏生态环境脆弱的实际，牢固树立尊重自然、顺应自然、保护自然的绿色发展理念，像保护眼睛一样保护生态环境、像对待生命一样对待生态环境，坚决摒弃损害甚至破坏生态环境的发展模式，坚决摒弃以牺牲生态环境换取一时一地经济增长的做法，承担起维护西北乃至全国生态安全的重要使命，让宁夏的天更蓝、地更绿、水更美、空气更清新。

打造沿黄生态经济带。宁夏因黄河而生、因黄河而兴，我们要自觉承担起保护母亲河的重要责任，全力打造生态优先、绿色发展、产城融合、人水和谐的沿黄生态经济带。严格落实空间规划，科学布局沿黄地区生产、生活、生态空间。严格控制开发强度、提高开发水平，实行最严格的水生态保护和水污染防治制度，让母亲河永远健康。按照绿色循环低碳的要求，推动沿黄地区产能改造提升、园区整合发展、产业有序转移，发展节能环保的高端产业和循环经济，建设一批生态产业园区，构建科技含量高、资源消耗低、环境污染少的生态经济体系。推广绿色生活，普及绿色消费，推动生活方式向绿色低碳转变。

构筑西北生态安全屏障。把山水田林湖作为一个生命共同体，统筹实施一体化生态保护和修复，全面提升自然生态系统稳定性和生态服务功能。要构筑以贺兰山、六盘山、罗山自然保护区为重点的“三山”生态安全屏障，持续推进天然林保护、三北防护林、封山禁牧、退耕还林还草、防沙治沙等生态建设工程。贺兰山自然保护区要加大生态环境整治力度，突出构建绿色生态屏障，加强生态保护与修复，带动北部平原绿洲生态系统建设，营造多区域贯通的生态廊道。六盘山自然保护区突出构建水源涵养和水土保持生态屏障，带动南部山区绿岛生态建设，形成山清水秀、环境优美的生态廊道。罗山自然保护区突出构建防风防沙生态屏障，带动中部干旱带荒漠生态系统建设，确保人口和产业不突破环境承载能力。

铁腕整治环境污染。保护环境就是保护生产力，就是保障和改善民生。必须从源头抓起，依法依规治理污染问题，持续改善环境质量。提高环保准入门槛，严格控制“两高一资”行业发展，严格落实节能减排约束指标，促进各类资源节约高效利用，从源头上为生态环境减负。深入实施蓝天、碧水、净土“三大行动”，加强环境监管体系和能力建设，坚决打好污染防治战役，持续推进城乡环境综合整治，着力解决群众关心和影响经济社会可持续发展的突出环保问题。

完善生态文明制度体系。保护生态环境，必须实行最严格的制度、最严密的法治。坚持源头严控、过程严管、后果严惩，对重点生态功能区、敏感区和脆弱区实行红线管控，实行严格的耕地保护制度，开展生态保护补偿试点，大力推行河长制，构建产权清晰、多元参与、激励约束并重、系统完整的生态文明制度体系。完善绿色发展长效投入机制、科学决策机制、政绩考核机制、责任追究机制，落实党政同责、一岗双责，推行领导干部自然资源资产离任审计，实行领导干部生态环境损害责任终身追究制度。严格生态环保执法司法，落实生态环境损害赔偿制度，对各类违法行为零容忍，决不能把污染成本转嫁给社会。

（四）扎实推进民主法治建设，凝聚起全区上下共同奋斗的智慧和力量。人民民主是社会主义的生命。要坚持中国特色社会主义政治发展道路，坚持党的领导、人民当家作主、依法治国有机统一，充分发扬人民民主，深入推进依法治区，加强和创新社会治理，巩固和发展政通人和、安定有序、生动活泼的好局面。

坚定不移推进民主政治建设。坚持和完善人民代表大会制度，支持人大及其常委会依法行使职权，充分发挥人大代表作用。坚持和完善中国共产党领导的多党合作和政治协商制度，支持人民政协积极履行政治协商、民主监督、参政议政职能。加强同各民主党派和无党派人士的团结合作，重视做好党外知识分子、新的社会阶层人士等工作。落实基层群众自治制度，大力推进党务、政务、村务公开和各领域办事公开，扩大公民有序政治参与。加强和改进党对群团工作的领导，扎实推进群团改革。坚持党管武装，加强国防教育，促进军政军民团结。

坚定不移推进法治宁夏建设。法治是国家治理体系和治理能力的重要依托，必须加快依法治区进程，让法治成为宁夏未来发展核心竞争力的重要标志。加强党委对地方立法工作的领导，深入推进科学立法、民主立法，健全立法工作机制，加强重点领域立法，提高立法质量。加快法治政府建设，深化行政执法体制改革，提高政府工作法治化水平。全面深化司法体制改革，切实解决执行难问题，努力让人民群众在每一个司法案件中感受到公平正义。加强法治教育，扎实开展“七五”普法，实施法治惠民工程，让法治思维和法治方式成为宁夏人生活方式的重要内容。

坚定不移推进社会治理创新。创新社会治理是全面建成小康社会的重要方面，要创新社会治理体制和治理方式，完善社会治安防控体系，推进基层管理服务网格化智能化社会化，有效防范和打击敌对势力渗透破坏活动，严厉惩治各类违法犯罪行为，健全社会矛盾纠纷多元化解机制，建设平安宁夏，确保人民安居乐业、社会安定有序。全面加强安全生产和食品药品安全，落实企业主体责任和政府监管责任，增强防灾减灾救灾能力，维护人民群众生命财产安全。

（五）扎实推进民族宗教工作，维护社会大局和谐稳定。民族团结是各族人民的生命线。要始终高举民族团结旗帜，全面贯彻党的民族政策和宗教工作基本方针，着力打造全国民族团结进步示范区。

推动民族团结工作走在全国前列。坚定不移走中国特色解决民族问题的正确道路，坚持民族区域自治制度，巩固和发展民族团结的大好局面。深入开展民族团结进步宣传教育，继承和发扬民族团结优秀历史文化传统，唱响“中华民族一家亲、同心共筑中国梦”的时代主旋律，积极培育中华民族共同体意识，使“三个离不开”“五个认同”思想深深扎根各族群众心中。积极促进各民族交往交流交融，广泛建立相互嵌入式的社会结构和社区环境，创造各族群众共居、共学、共事、共乐的良好氛围。深化民族团结进步创建活动，创新活动载体和工作方式，推进“585”创建行动计划，大力培育和宣传民族团结进步先进典型，让民族团结之花开遍宁夏大地。

推动宗教工作走在全国前列。始终从党和国家工作大局上把握宗教，坚持宗教中国化方向，努力在“导”上想得深、看得透、把得准，牢牢掌握宗教工作主动权，不断提高宗教工作水平。依法加强宗教事务管理，保护合法、制止非法、遏制极端、抵御渗透、打击犯罪，加强场所、活动、人员规范管理，依法妥善处置涉及宗教因素的矛盾纠纷，坚决抵御境外宗教渗透，严防宗教极端主义影响，切实维护现有宗教格局稳定。着力构建积极健康的宗教关系，任何宗教不得干预行政、司法、教育等国家职能的实施，不得干预和影响社会生活。重视解决宗教领域的突出问题，准确把握政策尺度，切实解决和防止清真概念泛化等苗头性、倾向性问题，加强网络涉民族宗教舆情的管控引导工作。坚持寓管理于服务，支持宗教团体更好地发挥作用，加强宗教人士教育培养，倡导和谐共融的宗教关系，深入开展和谐寺观教堂创建活动，积极推进社会主义核心价值观、国旗、报刊、文化书屋进宗教场所，引导宗教界人士和信教群众爱党爱国、尊法守法、正信正行，创造和顺平静的宗教氛围。

（六）扎实推进文化繁荣发展，构筑共有精神家园。文化是民族的血脉，是凝聚人心的精神纽带。要坚定文化自信，增强文化自觉，促进文化繁荣发展。

全面提升社会主义核心价值观建设水平。深入开展中国特色社会主义和中国梦宣传教育，大力弘扬民族精神和时代精神，用社会主义核心价值观引领社会思潮、凝聚社会共识。注重落细落小落实，推动社会主义核心价值观融入社会生活，融入法规政策制度和社会治理。加强公民道德建设和社会诚信体系建设，深化群众性精神文明创建活动，大力倡导移风易俗，加强高校思想政治工作和青少年思想道德建设，推动学雷锋志愿服务活动制度化常态化，选树一批道德模范、最美人物，引导全社会崇德向善、见贤思齐。

全面提升新闻宣传和舆论引导工作水平。坚持党管宣传、党管媒体不动摇，坚持团结稳定鼓劲、正面宣传为主的基本方针，提升舆论引导能力和水平。牢牢把握正确的政治方向、舆论导向和价值取向，弘扬主旋律、传播正能量，及时解疑释惑、疏导情绪、增进共识，讲好宁夏故事、传播宁夏声音、展示宁夏形象。加强舆论阵地建设，建强主流媒体，加快传统媒体和新兴媒体融合发展，打造拥有强大影响力、竞争力的新型主流媒体。提升网络建设、管理、运用水平，营造风清气正的网络环境和舆论氛围。

全面提升文化发展水平。深入推进文化惠民工程，加快基层公共文化服务体系标准化、均等化建设，实现区市县乡村五级公共文化设施全覆盖。促进优秀传统文化传承发展。深化文化体制改革，加快推进文化产业发展，培育文化新兴业态，打造一批有实力、有活力、有竞争力的骨干文化企业。大力推进文艺创作，多出无愧于时代的精品力作。

（七）扎实推进改革开放，激活发展动力活力。深化改革、扩大开放是内陆地区破解发展瓶颈、增创未来发展新优势的必然选择。必须坚定不移推进改革开放，努力打造更具活力的体制机制，拓展更加广阔的发展空间。

推进全面深化改革取得新突破。全面落实国家深化改革战略布局，紧密结合宁夏实际，以国家赋予的各项改革试点任务为引领，全力攻坚克难，推动重点领域和关键环节各项改革取得更多实质性成效。以经济体制改革为重点，处理好政府与市场的关系，深化行政管理体制改革，加快政府职能转变，充分发挥市场在资源配置中的决定性作用，着力解决市场体系不完善、政府干预过多、服务管理不到位问题，用行政权力的减法换取市场活力的加法。大力推进“放管服”改革，严格落实“两个清单”制度，更加彻底地“放”、更加有效地“管”、更加优质地“服”。大力推广“互联网+政务”，加快政府服务网上线运行，加快构建“不见面、马上办”的审批模式，力争做到网上办、集中批、联合审、区域评、代办制、不见面。持续深化国企国资改革，稳妥推进混合所有制改革，健全现代企业制度，充分发挥国有资本投资运营集团作用，做大做强一批国有骨干企业，促进国有资产保值增值。鼓励支持引导民营经济发展，鼓励民营企业依法进入更多领域，公开公平公正参与市场竞争。要为民营经济发展创造良好的环境，切实帮助解决民营经济发展面临的准入难题、融资难题、降本难题，拓宽民营经济发展空间，推动宁夏民营经济“破冰前行”。深化农村改革，稳步推进集体产权制度改革，统筹推进“三权分置”，发展适度规模经营，让农民的“死资产”变成“活资本”。稳步推进城镇化、林业、水利、科技、财税、金融、商事、教育、社保等领域改革，为经济社会发展提供动力、增添活力。各级领导要亲力亲为抓改革，敢于担当，推动各项改革落地见效。

推进全方位多层次对外开放。主动融入和服务国家发展战略，积极参与“一带一路”建设，着力打造丝绸之路经济带战略支点，构建对内对外开放新格局。充分发挥中阿博览会的平台作用，以企业为主以经贸合作为重点，吸引和聚集一批国内外企业参与“一带一路”建设。用好内陆开放型经济试验区先行先试的政策优势，以综合保税区和各类开发区建设为载体，以政策创新、制度创新为突破口，大胆试验、大胆探索，积极借鉴复制自由贸易试验区改革经验，营造国际化、法治化、便利化的营商环境，全面提升开放水平。发挥宁夏在中国—中亚—西亚经济走廊的主要节点作用，积极主动走出去，加快贸易口岸和境外产业园区建设，推动区内企业的产品、项目、技术、服务“全产业链出口”。深化与京津冀、环渤海、长三角、珠三角等地区的战略合作，加大精准招商力度，着力引进培育一批优质市场主体。

四、扎实推进全面从严治党，为全面建成小康社会提供坚强保证

实现新的奋斗目标，根本靠加强党的领导，靠各级党组织坚强有力、各级干部示范带头，靠党执政的思想基础、组织基础、群众基础牢固扎实。全区各级党组织要自觉担当起全面从严治党的政治责任，把全面从严治党要求贯穿于全面小康建设全过程、落实到党的建设各方面，着力营造风清气正的政治生态。

（一）提高思想政治建设水平。坚持思想建党，提高政治站位，加强党性锤炼，切实提高广大党员干部的思想政治觉悟和理论水平。加强理想信念教育。理想信念是共产党人的政治灵魂和精神支柱。全区各级党组织要教育引导广大党员干部筑牢信仰之基、补足精神之钙、把稳思想之舵，始终保持对党绝对忠诚，坚定“四个自信”，传承红色基因，永远保持共产党人的本色。加强理论武装。推动党员干部深入学习马克思列宁主义、毛泽东思想和中国特色社会主义理论体系，深入学习贯彻习近平总书记系列重要讲话精神和治国理政新理念新思想新战略，深入学习党章党规。发挥党委中心组示范带头作用，推进“两学一做”学习教育常态化制度化，用马克思主义中国化最新理论成果武装干部、教育群众。加强意识形态工作。坚持党管意识形态，认真落实意识形态工作责任制，管好阵地、管好导向、管好队伍，牢牢掌握主动权，让正能量充沛、主旋律高昂。加强党内政治文化建设。倡导和弘扬忠诚老实、光明坦荡、公道正派、实事求是、艰苦奋斗、清正廉洁等价值观，推动形成清清爽爽的同志关系、规规矩矩的上下级关系。

（二）提高党内政治生活水平。认真执行党内政治生活若干准则，着力增强党内政治生活的政治性、时代性、原则性、战斗性。严格执行民主集中制。大力发展党内民主，完善党委（党组）议事规则和决策程序，做到科学决策、民主决策、依法决策。严格党的组织生活。认真落实“三会一课”、民主生活会和组织生活会、谈心谈话、民主评议党员等制度，用好批评和自我批评有力武器，确保党的组织生活经常、认真、严肃，充满活力。加强党内法规制度建设。着力构建内容科学、程序严密、配套完备、运行有效的制度体系，强化制度执行。严格党内监督。认真执行党内监督条例，突出对“一把手”和重点领域、重要岗位、关键环节的监督，织密监督之网，增强监督实效，做到有权必有责、用权必担责、滥权必追责。

（三）提高各级领导班子和领导干部的素质和能力。树立正确用人导向。坚持党管干部原则，坚持德才兼备、以德为先，全面落实“20 字”好干部标准，注重选拔理想信念坚定、“四个意识”强的干部，注重选拔求真务实、勤政为民、道德品行和群众口碑好的干部，注重选拔认真负责、敢于担当、善于谋发展促改革、工作实绩突出的干部，注重选拔廉洁从政、廉洁用权、廉洁修身、廉洁齐家的干部，注重把明辨大是大非立场特别清醒、维护民族团结行动特别坚定、热爱各族群众感情特别真挚的优秀少数民族干部选拔到领导岗位上，让忠诚干净担当务实的干部有舞台，让不守规矩、不干实事的干部没有市场；深化干部人事制度改革，破除论资排辈、求全责备等陈旧观念，克服“四唯”倾向，严肃选人用人纪律，坚决防止和纠正选人用人不正之风。选优配强各级领导班子。突出抓好党政正职和关键岗位、专业干部的配备，加强后备干部、优秀年轻干部培养使用，合理使用各年龄段干部，统筹女干部、少数民族干部、党外干部培养选拔，加强干部交流，优化班子结构，增强整体功能。强化干部教育管理。发挥党校、行政学院主渠道作用，大规模培训干部；认真落实领导干部个人有关事项报告和提醒、函询、诫

勉等制度，健全干部考核评价体系，推进干部能上能下，加强干部正向激励，鼓励干部干事创业；完善容错纠错机制，鼓励探索，宽容失败，大力营造想干事、能干事、干成事的浓厚氛围。

（四）提高基层党组织建设水平。牢固树立重视基层、关心基层、支持基层的鲜明导向，推动全面从严治党向基层延伸，夯实党的全部工作和战斗力的基础。加强组织建设。以基层服务型党组织建设为统领，强化党的基层组织的政治功能、服务功能，持续做好抓党建促脱贫攻坚工作，大力整顿农村软弱涣散党组织，构建城市区域化大党建格局，推动机关党建走在前、作表率，加强国有企业、高校党的建设，扩大非公有制经济组织、社会组织党的组织覆盖和工作覆盖，充分发挥基层党组织的战斗堡垒作用。加强基层保障。开展农村村级党组织“三大三强”行动，推动力量、投入、资源和工作向基层下沉，确保基层党组织有人干事、有钱办事、有场所议事。加强党员管理。从严加强日常管理，强化党员意识，提高党员发展质量，积极稳妥处置不合格党员，推动党员更好发挥先锋模范作用，保持党员队伍的先进性和纯洁性。

（五）提高党风廉政建设和反腐败工作水平。认真履行“两个责任”，把党风廉政建设和反腐败斗争引向深入。坚持作风建设永远在路上。推动作风建设常态长效发展，认真践行党的群众路线，落实领导干部调查研究、联系基层、接访下访等制度，引导党员干部深入基层一线、多办实事好事，推动转型发展向上攀登、联系群众向下扎根；深入贯彻中央八项规定精神，防止“四风”反弹回潮，着力解决不作为、慢作为、乱作为问题，调动党员干部干事创业的积极性创造性。切实加强党员干部家风建设，坚决反对特权思想、特权现象。坚持把纪律挺在前面。认真执行廉洁自律准则、纪律处分条例、问责条例，正确运用监督执纪“四种形态”，抓早抓小、防微杜渐，让咬耳扯袖成为常态，使纪律成为管党治党的戒尺和不可逾越的底线；强化对政治纪律和政治规矩执行情况的监督检查，督促党员干部自觉做到“四个服从”，牢记“五个必须”，防止“七个有之”。坚持旗帜鲜明反腐倡廉。保持惩治腐败高压态势，严肃查处领导干部违规插手建设项目招投标、政府采购、土地出让、侵吞国有资产、买官卖官、以权谋私、腐化堕落、失职渎职案件，严肃查处“小官大贪”、侵占挪用、克扣强占等侵害群众利益的腐败问题，加大追逃追赃力度，决不让腐败分子有藏身之地。加强纪检监察干部队伍建设，推进纪检体制和监察体制改革，发挥巡视利剑作用，全面推开巡察工作，着力构建不敢腐、不能腐、不想腐的有效机制，持续释放正风反腐的正能量。

同志们，蓝图已经绘就，目标振奋人心，奋斗正当其时。宁夏发展已站到新的历史起点上，党中央对我们寄予厚望，全区人民对我们充满期待。让我们更加紧密地团结在以习近平同志为核心的党中央周围，高举中国特色社会主义伟大旗帜，振奋精神、实干兴宁，以更加坚定的自信、更加饱满的热情、更加昂扬的斗志，走好新的长征路，为实现经济繁荣、民族团结、环境优美、人民富裕，与全国同步建成全面小康社会目标而努力奋斗！

（自治区党委综合一处郑自华提供）

在自治区第十二届人民代表大会第一次会议上的政府工作报告

自治区主席　成辉

（2018 年 1 月 26 日）

各位代表：

现在，我代表自治区人民政府，向大会报告政府工作，请予审议，并请各位政协委员和其他列席人员提出意见。

一、2017 年和过去五年工作回顾

2017 年，是具有重大历史意义的一年。举世瞩目的党的十九大胜利召开，确立了习近平新时代中国特色社会主义思想的指导地位，发出了我们党进入新时代、踏上新征程、开创新伟业的动员令，为决胜全面建成小康社会、夺取新时代中国特色社会主义伟大胜利、实现中华民族伟大复兴中国梦提供了根本遵循和强大动力。自治区第十二次党代会深入贯彻习近平总书记视察宁夏重要讲话精神，作出了实施“三大战略”“五个扎实推进”的重大部署，号召全区上下振奋精神、实干兴宁，为实现经济繁荣、民族团结、环境优美、人民富裕，与全国同步建成全面小康社会而努力奋斗。

一年来，在党中央、国务院的亲切关怀下，在自治区党委的坚强领导下，全区上下深入学习贯彻习近平新时代中国特色社会主义思想、党的十九大和习近平总书记视察宁夏重要讲话精神，按照“五位一体”总体布局和“四个全面”战略布局，认真落实自治区第十二次党代会部署要求，全力抓好稳增长、促改革、调结构、惠民生、防风险各项工作，经济社会发展取得新成绩。全年完成地区生产总值 3453.9 亿元，增长 7.8%；地方一般公共预算收入达 417.5 亿元，同口径增长 10.1%；城镇和农村居民人均可支配收入分别为 29472 元、10738 元，增长 8.5%、9%，比上年分别提高 0.7 和 1 个百分点；社会消费品零售总额达 930.4 亿元，增长 9.5%。

主要工作是：

（一）狠抓转型升级，经济发展稳中向好。推进供给侧结构性改革，落实“三去一降一补”任务，经济发展稳中有进、进中向好。加强经济运行分析研判、定向施策，出台“创新驱动 30 条”“降成本 30 条”、促进服务业发展等政策，累计降低实体经济成本 85 亿元，规模以上工业增加值增长 8.6%、利润增长 22.3%，质量效益进一步提高。开展项目推进年活动，吴忠至中卫城际铁路、银西和中兰高铁、京藏高速宁夏段改扩建等加快建设，煤制油、高端锂电池、差别化氨纶、宁浙特高压输电等投产运行，宁东基地工业产值突破 1000 亿元。实施 100 个重点技改项目，化解煤炭产能 593 万吨，取缔“地条钢”45.7 万吨，商品房待售面积同比下降 16.9%。推进产业结构优化升级，现代煤化工、装备制造、新能源等支柱产业增势强劲，工业更新改造投资增长 15.1%，高新技术产业投资增长 22.6%，清洁能源发电量占比达 17.3%。粮食生产“十四连丰”、产量达 368 万吨，草畜、瓜菜、枸杞、酿酒葡萄等特色农业品牌效应显现。全域旅游示范区建设稳步推进，全年接待游客和旅游收入分别增长 21.7% 和 20.4%，电子商务、健康养老、文化创意等新业态蓬勃发展。

（二）聚焦精准扶贫，脱贫攻坚成效明显。坚持精准扶贫、精准脱贫，年度脱贫攻坚任务如期完成，盐池县具备脱贫摘帽条件，又有 19.3 万人脱贫，贫困发生率下降到 6%。精准识别贫困人口，新补录建档立卡 3 万人。出台“脱贫富民 36 条”，制定产业、金融、教育、健康、就业等配套政策，投入扶贫资金 56 亿元，发放扶贫小额贷款 58 亿元，统筹整合涉农资金 70 亿元，实现建档立卡贫困人口“扶贫保”全覆盖。新建回购移民住房 1.06 万套，搬迁安置 4 万人。培训贫困劳动力 10.5 万人，贫困地区农民人均可支配收入达 8347 元，增幅高于全区农民 2.2 个百分点。

（三）深化改革开放，发展活力不断增强。坚决落实中央全面深化改革决策和自治区党委部署，大力推进 69 项重点改革任务。建成全区政务大数据平台，“不见面、马上办”政务服务事项达 62.7%，取消各类证照 81 项。加快“多证合一”等商事制度改革，全区新登记各类市场主体 3.3 万户。新引进组建金融机构 29 家，嘉泽新能源在上交所上市，实现 14 年来主板上市“零突破”。深化国资国企改革，混合所有制改革试点深入推进，区属国有企业“三供一业”分离移交基本完成。农村土地制度、自然资源统一确权登记、集体产权制度改革和国有林场、供销社、农垦体制改革不断深化。制定《内陆开放型经济试验区建设实施意见》，成功举办第三届中阿博览会、全国工商联常委会暨民营经济助推宁夏发展大会、网上丝绸之路大会等重大活动，全

年招商引资到位资金2245亿元，增长12.2%。开行银川至德黑兰货运班列，新增国际国内航线13条，航空旅客突破800万人次。全年进出口总额341亿元，增长58.9%，增幅居全国前列。

（四）突出环境治理，城乡建设协调推进。高标准完成空间规划（多规合一）试点任务，探索了一批可复制可推广的经验做法，受到中央深改组充分肯定。出台“生态立区28条”，加强生态环境保护，加大污染防治，水、空气质量和总量目标完成国家下达任务。从严从实抓好中央环保督察组反馈问题整改，大力推进贺兰山等自然保护区环境整治和生态修复，全面打响蓝天保卫战，拆除改造燃煤锅炉1640个，淘汰黄标车、老旧车4.7万辆，空气质量优良天数279天，比上年增加4天。建立五级河（湖）长制，集中整治入黄排水沟、重点湖泊水质污染，全面取缔企业入河湖直排口，黄河流域水质优良比例达73.3%。开展大规模植树造林和防沙治沙、湿地保护，完成营造林107.6万亩。启动银川都市圈建设，石嘴山成功创建全国文明城市，吴忠智慧城市、固原海绵城市、中卫交通物流枢纽城市建设步伐加快。改造老旧小区580万平方米，提标改造城镇污水处理厂36个，城市绿地率达36.7%。实施“百村示范、千村整治”工程，改造建设美丽小城镇26个、美丽村庄126个，完成农村生活污水处理及改厕3.2万户、阳光沐浴工程20万户，5个镇入选全国特色小镇。

（五）持续改善民生，社会事业加快发展。将70%以上财力用于民生事业，年初确定的民生实事全部完成。实施居民收入增长计划，城镇新增就业8.3万人，城镇登记失业率3.9%。新改建农村幼儿园220所，改造义务教育薄弱学校584所，宁夏大学化学工程与技术学科入选国家一流学科建设名单。推动优质医疗资源下沉，公立医院全部取消药品加成，乡镇远程会诊、村级标准化卫生室实现全覆盖。推进社会保障提标扩面，调增城乡居民基础养老金、机关事业单位和企业退休人员养老金；调整大病保险筹资和起付标准，实现工伤保险制度全覆盖；20万人（次）困难和重度残疾人享受生活或护理补贴。高标准建成一批乡镇综合文化站，实现贫困村综合文化服务中心全覆盖。广泛开展全民健身活动，第十三届全国运动会奖牌总数明显增长。启动“七五”普法。完善立体化治安防控体系，严打各类违法犯罪，社会治安总体稳定。强化食品药品监管，狠抓安全生产专项整治，国家安全生产考核取得优秀。积极支持驻宁部队改革，深入开展全民国防教育，国防动员建设水平不断提高。红十字、慈善等事业健康发展。人民防空、地震气象监测预警和应急救援工作不断加强。扎实开展民族团结进步教育和创建活动，全面治理民族宗教领域存在的突出问题，依法管理宗教事务，打击境外宗教渗透活动，保持了民族团结、宗教和顺、社会稳定的良好局面。

（六）改进优化作风，政府效能得到提升。坚持把学懂弄通做实党的十九大精神作为政府工作的首要任务，在政府系统广泛开展宣传宣讲活动，努力把十九大确定的重大理论观点、重大方针政策、重大战略部署落实到各级政府具体工作中。加强政府党组建设，建立重大事项向党委请示报告制度，提请自治区人大常委会审议通过地方性法规17件，制定、修改、废止政府规章41件，办复人大代表建议223件、政协提案488件。扎实推进“两学一做”学习教育常态化制度化，严格执行中央八项规定精神和自治区党委若干意见，坚持不懈整治“四风”，“三公”经费下降29.8%。坚决落实党风廉政建设责任制，加强行政监察和审计监督，加大督查督办力度，严肃查处各类违纪违法案件，政府公信力、执行力、落实力得到增强，群众满意度不断提升。

各位代表，2017年，我们完成了主要目标和任务。回顾过去五年，走过的路程很不平凡。五年来，全区上下主动适应经济发展新常态，积极应对各种风险挑战，稳中求进，砥砺奋进，“十二五”规划顺利完成，“十三五”规划扎实推进，经济社会发展取得重大成就。

我们坚定不移坚持党对一切工作的领导，坚决维护习近平总书记的核心地位，坚决服从党中央权威和集中统一领导，政治执行力得到新加强。紧密团结在以习近平同志为核心的党中央周围，强化“四个意识”，坚定“四个自信”，坚决贯彻落实党中央、国务院的一系列方针政策，坚决按照自治区党委的安排部署，创造性地抓好各项工作，确保了经济社会沿着正确方向发展。

我们坚定不移贯彻稳中求进工作总基调，落实新发展理念，抓好发展第一要务，综合实力实现新跨越。地区生产总值由2012年的2353亿元增加到3453.9亿元，年均增长8.3%；地方一般公共预算收入由264亿元增加到417.5亿元，年均增长9.6%；累计完成全社会固定资产投资1.7万亿元，是前五年的2.3倍，经济实力上了一个大台阶。

我们坚定不移推进供给侧结构性改革，加快培育发展新动能，经济转型升级迈出新步伐。三次产业比重由8∶49.7∶42.3调整为7.6∶45.8∶46.6，三产对经济增长的贡献率达53.1%。特色优势农业产值占比由 84.3%提高到 87%。高新技术和战略性新兴产业加快成长，大数据、电子商务等新业态快速崛起。科技进步贡献率突破 50%。

我们坚定不移加快新型城镇化建设，推进区域协调发展，城乡面貌发生新变化。银川河东国际机场三期、中南部城乡饮水、百万亩盐碱地改良等一批惠民生、利长远的重大基础设施建成投用，所有市、县(区)通上高速公路，城镇化率由 50.7%提高到 58%，森林覆盖率由 11.9%提高到 14%，生态环境持续改善。

我们坚定不移践行以人民为中心的发展思想，扎实办好民生实事，人民生活得到新改善。累计城镇新增就业 39 万人，城镇和农村居民人均可支配收入分别由 19507 元、6776 元增加到 29472 元、10738 元，年均分别增长 8.6%和 9.6%。完成生态移民 39.8 万人，累计减贫 71.9 万人，贫困发生率五年下降了 16.9 个百分点。逐年提高城乡低保、企业退休人员养老金、医保报销等标准，实现公立医院综合改革、基本医疗保险、大病保险、疾病应急、医疗救助等制度全覆盖，近 20 万被征地农民通过政府补贴参加养老保险，220 万群众居住条件得到改善，人民群众获得感幸福感安全感明显增强。

各位代表，五年的辉煌成就，为与全国同步建成全面小康社会奠定了坚实基础。这是习近平新时代中国特色社会主义思想科学指引的结果，是党中央、国务院亲切关怀，自治区党委正确领导的结果，是自治区人大依法监督、自治区政协民主监督，全区干部群众共同努力的结果。在此，我代表自治区人民政府，向全区各族人民，向大力支持政府工作的人大代表、政协委员、各民主党派、工商联、无党派人士和各人民团体，向中央驻宁单位、驻宁部队和武警官兵表示衷心感谢！向大力支持宁夏发展的中央和国家部委、兄弟省(区、市)，港澳台同胞、海外侨胞和国际友人致以崇高敬意！

在回顾成绩的同时，更要正视面临的挑战。我们清醒地看到，宁夏发展还存在不少困难和问题。人民日益增长的美好生活需要与发展的不平衡不充分之间的矛盾表现在多个方面，基础设施建设滞后，产业层次不高，资源环境约束趋紧，创新发展、转型发展任务繁重；基本公共服务均等化水平较低，脱贫攻坚任务艰巨，城乡居民增收压力较大，群众在就业、教育、医疗、社保、养老等方面还有不少难题；制约发展的体制机制障碍依然较多，融入“一带一路”、扩大内陆开放步伐还不快；政府自身建设还存在薄弱环节，职能转变和干部作风需要进一步加强。我们一定要高度重视，深入研究，精准施策，切实加以解决。

二、决战决胜全面建成小康社会

今后五年，是全面建成小康社会的决胜期，也是“两个一百年”奋斗目标的交汇期。中国特色社会主义进入新时代，社会主要矛盾发生新转化，社会主义现代化国家建设开启新征程。我们一定要把习近平新时代中国特色社会主义思想作为根本遵循贯穿始终，一定要把创新协调绿色开放共享作为基本理念贯穿始终，一定要把高质量发展作为根本要求贯穿始终，一定要把打好“三大攻坚战”作为底线任务贯穿始终，一定要把实施“三大战略”作为重要工作抓手贯穿始终，一定要把在发展中保障和改善民生作为为政追求贯穿始终。

今后五年，政府工作的总体要求是：紧密团结在以习近平同志为核心的党中央周围，高举中国特色社会主义伟大旗帜，深入学习贯彻习近平新时代中国特色社会主义思想和党的十九大精神，增强“四个意识”，坚定“四个自信”，坚持和加强党的全面领导，坚持以人民为中心的发展思想，坚持稳中求进工作总基调，坚持新发展理念，紧扣我国社会主要矛盾变化，统筹推进“五位一体”总体布局，协调推进“四个全面”战略布局，坚决打好“三大攻坚战”，全面落实自治区第十二次党代会安排部署，突出抓重点、补短板、强弱项，深入实施“三大战略”，认真落实“五个扎实推进”，不忘初心、牢记使命，振奋精神、实干兴宁，实现经济繁荣、民族团结、环境优美、人民富裕，与全国同步建成全面小康社会，为开启全面建设社会主义现代化国家新征程努力奋斗。

今后五年的主要任务是：

（一）打造西部地区转型发展先行区，加快构建创新引领的现代化经济体系。发展是解决一切问题的基础和关键，是党执政兴国的第一要务。要坚决贯彻以新发展理念为主要内容的习近平新时代中国特色社会主义经济思想，大力实施创新驱动战略，加快发展实体经济，加大科技创新、管理创新、模式创新，着力推动质量变革、效率变革、动力变革，努力实现更高质量、更有效率、更加公平、更可持续的发展。地区生产总值和地方一般公共预算收入增速高于全国平均水平。持续深化供给侧结构性改革，大力推进质量强区，实施好传统产业提升、新兴产业提速、特色产业品牌、现代服务业提档“四大工程”，加快新旧动能转换，构建特色鲜明、优势突出、效益较高的现代产业体系。谋划实施一系列交通、水利、信息化等重大项目，夯实高质量发展基础。全面推进银川都市圈、沿黄生态经济带建设，着力推动中南部地区绿色发展，大力实施乡村振兴战略，城镇化率达到62%。

（二）打造全国脱贫攻坚示范区，不断提高各族群众的收入水平和生活质量。发展成就由人民创造，应该由人民共享。要坚决贯彻以人民为中心的发展思想，大力实施脱贫富民战略，在发展中保障和改善民生，让改革发展成果更多更公平惠及全区各族人民。坚决打赢脱贫攻坚战，瞄准“两不愁、三保障”标准，聚焦“五县一片”深度贫困地区，落实“五个一批”措施，激发贫困人口脱贫致富内生动力，确保到2020年现行标准下农村贫困人口实现脱贫、贫困县全部摘帽。实施富民工程，发展富民产业，深化大众创业、万众创新，推动工资性收入、财产性收入稳步增长，城乡居民收入增长与经济增长基本同步。坚守底线、突出重点、完善制度、引导预期，统筹发展教育、医疗、文体、社保等事业，加快推进基本公共服务均等化，一件事情接着一件事情办，一年接着一年干，不断满足人民日益增长的美好生活需要。

（三）打造西部地区生态文明建设先行区，努力建设天蓝地绿水美的美丽宁夏。建设生态文明是中华民族永续发展的千年大计。要坚决贯彻习近平总书记“绿水青山就是金山银山”的重要指示，大力实施生态立区战略，走生产发展、生活富裕、生态良好的文明发展之路。严格落实空间规划，制定实施监督考核办法，完成生态环境保护红线勘界立标，出台“三区三线”管控细则，优化开发格局，控制开发强度，科学布局生产、生活、生态空间。加快调整经济结构，大力发展绿色经济、循环经济、低碳经济，重点抓好工业、交通、建筑、供暖等领域节能降耗，合理控制能源消费总量，有效解决大气、水、土壤等突出污染问题，空气质量优良天数比例达到80%以上。着力优化生态系统，统筹抓好“护山、治水、造林、养田、蓄湖、育草、固沙”工作，建设北部平原绿洲、中部干旱带防风固沙、南部山区绿岛三大生态系统，城市绿地率达到40%，森林覆盖率达到16%，构筑祖国西部生态安全屏障。建立健全市场化、多元化的生态补偿机制，切实加强环保监管考核，依法严惩破坏生态环境行为，推动形成人与自然和谐发展的现代化建设新格局。

（四）打造内陆开放型经济试验区，切实营造更具活力更有效率的发展环境。改革开放是当代中国发展进步的必由之路，也是宁夏实现追赶发展的必由之路。坚持以改革促开放，以开放促发展，统筹用好国际国内两个市场、两种资源，全面激发社会创造力和发展活力。推进重点领域和关键环节改革，坚持使市场在资源配置中起决定性作用，更好发挥政府作用，深化放管服、要素配置等改革，充分激发各类市场主体的活力。弘扬和保护企业家精神，大力支持民营经济健康发展，构建亲清新型政商关系。主动融入“一带一路”建设，最大限度用好内陆开放型经济试验区先行先试政策，营造国际化、法治化、便利化营商环境；发挥中阿博览会平台作用，推进陆上、空中、网上开放通道建设，打造丝绸之路经济带战略支点，构建多层次、宽领域、全方位开放发展新格局。

（五）打造全国民族团结进步示范区，推动形成共建共治共享的社会治理格局。民族团结是发展进步的基石，是各族人民的生命线。坚决贯彻习近平总书记新时代民族工作思想，各民族共同团结奋斗、共同繁荣发展，同心同德建设美好家园。全面推进民族团结进步事业，牢固树立“三个离不开”“五个认同”思想，促进各族群众手足相亲、守望相助，交往交流交融、共居共学共事共乐，使中华民族共同体意识更加深入人心。创新社会治理体制机制，有效预防和化解各类矛盾纠纷，加快公共安全、治安防控、社区治理等体系建设，提高社会治理的社会化、法治化、智能化、专业化水平。全面贯彻党的宗教工作基本方针，坚决依法制止利用宗教干预社会生活、公共事务，引导宗教与社会主义社会相适应。

各位代表，新时代开启新征程，新使命呼唤新作为。我们要以永不懈怠的精神状态和一往无前的奋斗姿态，踏踏实实工作，一步一个脚印，把美好蓝图变为现实！

三、扎实做好开局之年的各项工作

2018年，是贯彻党的十九大精神的开局之年，是改革开放40周年，是决胜全面建成小康社会、实施“十三五”规划承上启下的关键一年，也是自治区成立60周年，做好今年工作，意义特别重大。我们要以习近平新时代中国特色社会主义思想为指引，深入学习贯彻党的十九大精神，全面贯彻党中央、国务院决策部署，全面落实自治区第十二次党代会安排要求，开拓进取、奋发有为，确保各项工作开好局、起好步。

今年全区经济社会发展主要预期目标是：地区生产总值增长7.5%左右，全社会固定资产投资增长7%以上，地方一般公共预算收入同口径增长8%左右，社会消费品零售总额增长8%，城镇和农村居民人均可支配收入分别增长7.5%和8%，居民消费价格总水平涨幅控制在3%以内，城镇登记失业率控制在4%以内，节能减排降碳和环境质量改善完成国家下达任务。

重点抓好以下工作：

一是坚持稳中求进工作总基调，切实打好防范化解重大风险攻坚战。抓住主要矛盾，盯紧薄弱环节，标本兼治，综合施策，切实防范好、化解好各类风险隐患。

有效防控金融领域风险。培育多层次资本市场，丰富金融产品和业态，提高金融服务实体经济的能力。严格市场准入，建立地方金融监管制度，规范交易场所日常管理。完善金融风险预警监测平台功能，对苗头性、倾向性问题早发现、早整治。密切关注、及时处置重点行业债务关联问题，推动困难企业风险化解。加强互联网金融风险排查整治，严厉打击非法集资、吸存、传销等金融领域犯罪，一定守住不发生区域性、系统性金融风险的底线。

有效防控政府债务风险。坚持谁举债、谁负责、谁偿还，严格落实属地责任和主体责任。从严控制债务规模，通过地方预算安排、盘活各类资金和资产等方式，加快化解存量债务。积极争取国家部委对宁夏地方专项债券发行规模的支持，保障合理融资需求。严格规范政府投资基金、政府和社会资本合作以及购买服务等行为，积极稳妥处置隐性债务。完善地方债务风险应急处置、统计监测机制，强化责任追究，确保政府债务控制在合理区间。

有效防控房地产领域风险。建立多主体供应、多渠道保障、租购并举的住房制度。注重从供需两端发力，坚持分类调控、因城因地施策，严把商品房用地供应，加大棚户区改造货币化安置，鼓励有条件的农民进城购房，继续化解房地产库存。分类调控房地产信贷，支持刚性和改善性住房需求。开展房地产企业信用等级评定和履行社会责任评价，建立风险防控和矛盾化解机制。

二是大力实施脱贫富民战略，切实打好精准扶贫攻坚战。围绕“两不愁、三保障”，聚焦再聚焦、精准再精准，落地落实脱贫攻坚各项政策措施，确保隆德、泾源、彭阳3个县脱贫摘帽，140个贫困村脱贫出列，10万贫困人口实现脱贫。

聚焦深度贫困地区重点攻坚。瞄准“五县一片”特殊贫困地区，以解决突出瓶颈问题为重点，靶向实施“十大工程”，培育一批产业扶贫示范村、龙头企业、合作社和致富带头人；搬迁安置建档立卡贫困人口2.5万人，完成“十三五”易地扶贫搬迁任务；改造危窑危房2.2万户，补上基础设施和公共服务短板。提升西海固脱贫引水能力，建成中部干旱带7座水库，完成盐环定、红寺堡扬水工程更新改造，农村自来水普及率达到84%以上。

综合精准施策协同攻坚。深入贯彻习近平总书记东西部扶贫协作座谈会重要讲话精神，认真落实闽宁对口扶贫协作规划，广泛动员社会力量参与帮扶。统筹用好产业、金融、教育、健康、就业等组合政策，整合各类涉农资金，完善绩效考核评价体系，做到精准稳定可持续。因村因户施策，大力发展扶贫产业，扶贫小额贷款覆盖70%以上的建档立卡贫困户。继续抓好整村推进，进一步改善贫困地区的发展条件和环境。坚持培训与就业挂钩，完成精准脱贫能力培训8万人，安排特殊困难人口专项公益性岗位3500个，让贫困群众脱贫有技能、致富有路子。

强化责任落实奋力攻坚。深入开展脱贫攻坚作风建设年活动，专项治理扶贫领域作风问题。严格贫困退出机制，防止早退错退，防止“数字脱贫”“被脱贫”。对已脱贫人口继续帮扶，攻坚期内脱贫不脱帮扶、脱贫不脱政策、脱贫不脱项目，巩固提升脱贫成果。坚持扶贫与扶志、扶智相结合，加强宣传教育，倡导脱贫光荣，不吊高胃口，也不养懒汉，让贫困群众长志气、增动力。要在学习、思想、工作、生活上，加强对基层扶贫干部的关心关爱。

三是大力实施生态立区战略，切实打好污染防治攻坚战。强化绿色发展指数导向，认真落实“生态立区28条”，把污染治理好，把环境保护好，把生态建设好。

实施蓝天、碧水、净土行动。全民共治、源头防治、综合治理。强化“四尘共治”，全部淘汰城市建成区20蒸吨以下燃煤锅炉，加快重点行业脱硫脱硝、除尘提标改造，加强工地、矿区等扬尘治理，推进秸秆综合利用，提高空气质量优良天数。落实河(湖)长制，开展河湖岸线划界确权，推进“四大节水”行动，加强饮用水源地和湿地管护，抓好黄河、艾依河、沙湖、星海湖和固原“五河”治理。提升城镇和工业园区污水处理能力，强化设施运行监管，稳定实现一级A排放。有效整治城市黑臭水体，彻底消除黄河流域劣五类水质，黄河干流宁夏段三类良好水质比例保持100%。完成土壤污染状况详查，推行城乡生活垃圾分类处理。划定农用地土壤环境质量类别，降低化肥、农药使用量，推进残膜、粪污资源化利用，切实减少面源污染。

加强生态系统建设。开展大规模国土绿化行动，巩固天然林保护、禁牧封育、防沙治沙等成果，实施三北防护林、平原绿网提升、400毫米降雨量以上区域造林绿化等生态工程，完成营造林145万亩，治理荒漠化50万亩、水土流失800平方公里以上。以六盘山、贺兰山、罗山自然保护区为重点，推进规范化建设、监管和生态修复，完成中央环保督察反馈问题年度整改任务，确保核心区、缓冲区违法建设项目清零。

严格落实生态环保责任。完成环保执法机构垂直管理改革，实施环保督察制度。制定完善总量减排、排污权有偿使用交易等政策，严格执行生态环境损害赔偿制度。落实生态文明建设评价考核办法，坚决杜绝重大生态破坏事件发生。推行重点行业企业“网眼监控”，加强联合执法、移动执法，对一切环境违法行为“零容忍”。

四是大力实施创新驱动战略，进一步深化供给侧结构性改革。坚决把“创新驱动30条”落到实处，大力发展实体经济，推动结构优化、动力转换、方式转变，走高质量发展新路。

加速工业转型升级。全面实施《中国制造2025宁夏行动纲要》，开展创新发展、节能降耗、降本增效等专项行动，在高端铸造、仪器仪表等领域培育一批领军企业，打造智能制造示范引领区，带动新材料、装备制造、节能环保等新兴产业做强做大。开展新一轮行业对标升级计划，推进重点用能企业“百千万行动”，推广新技术、新工艺、新模式，引导企业、社会和金融资本加大技改投入，带动电力、冶金、化工等传统产业迈向高端化、智能化、绿色化。整合优化开发区布局，推进园区低成本化改造，改进考核办法，每县（市、区）集中发展1个重点园区，带动产业集聚、集群、集约发展。严格执行国家产业政策和能耗、环保、质量、安全等标准，深入推进“三去一降一补”，继续破除无效供给，全面落实减税降费政策，多措并举降低企业运营成本，妥善处置“僵尸企业”，让广大职工转岗不下岗、转业不失业、生活有保障。

推进服务业供给创新。加快发展全域旅游，提高景区景点和服务设施质量，推动旅游与文化、生态的深度融合，建成一批特色旅游乡镇、生态农庄和农家乐，打造精品旅游线路，丰富旅游产品供给，延伸旅游产业链条，提高旅游性价比，实现旅游收入300亿元以上。做大电子商务，加强与大型电商平台合作，推进快递下乡，带动网络交易额增长15%以上。发展大数据、云计算等信息服务业，推进“互联网+”与三次产业融合发展。培育共享经济等新业态新模式和健康养老、休闲娱乐等消费热点，提高服务业对经济增长的贡献率。

扩大精准有效投资。坚持投量、投向、投效并重，突出抓好90个重大项目，力争完成投资900亿元。大力实施焦炭制烯烃、石墨烯储能材料等优势产业项目，银西高铁、银川集中供热等基础设施项目，老年大学、“全面改薄”等民生事业项目，带动全社会完成投资4000亿元以上。出台加快民间投资的意见，放宽民间投资准入，优化投资发展环境，促进民间投资稳步增长。突出精准招商、产业招商、园区招商、以商招商，招商引资到位资金保持在2000亿元以上，为高质量发展增添后劲。

提升科技创新能力。落实“科技支宁”计划，加快沿黄科技创新改革试验区建设。推进产学研合作和协同创新，聚焦装备制造、现代煤化工、新材料、特色农业等领域，实施重点科技项目100个，培育国家高新技术企业10家、科技型中小企业100家。健全科技成果转移转化服务体系，支持高校、科研院所技术中心、工程实验室面向社会提供服务。坚持不求所有、但求所用，完善人才评价、激励和服务保障体系，积极引进高端人才、急需紧缺人才，培养用好本土人才、实用技术人才。发挥科技后补助资金、科技投资基金作用，引导企业加大科技投入，研发与试验投入强度达到1.3%左右。

五是认真实施乡村振兴战略，加快推进农业农村现代化。按照中央“产业兴旺、生态宜居、乡风文明、治理有效、生活富裕”的总要求，推动农业全面升级、农村全面进步、农民全面发展。

提升农业效益。坚持质量兴农、绿色兴农，加快农业由增产导向转向提质导向，推进绿色化、优质化、特色化、品牌化发展。实施藏粮于地、藏粮于技战略，严守耕地红线，确保粮食安全。着力提升草畜、瓜菜、枸杞、酿酒葡萄等附加值和综合效益，集中打造贺兰山东麓葡萄酒、宁夏大米、中宁枸杞、盐池滩羊、灵武长枣等一批区域公用品牌，进一步提高特色优势农产品的市场占有率。完善利益联结机制，培育家庭农场、农民合作社、新型职业农民等经营主体，支持农业产业化龙头企业加快发展。大搞农田水利基本建设，加强农业技术推广服务，夯实现代农业发展基础。

改善农村环境。以农村垃圾、污水治理和村容村貌提升为主攻方向，实施农村人居环境整治和乡村绿化行动，全力抓好12个国家和自治区级特色小镇建设，建成美丽村庄100个、美丽小城镇20个。配套完善供水、供气、电网、信息等农村基础设施，开展农村无害化卫生厕所建设，改造水冲式厕所3万户，安装太阳能热水器12万台，实现阳光沐浴工程全覆盖；推进“四好农村路”建设，新改建农村公路900公里。强化新建农房规划管控，促进教育、医疗、文化等资源向农村倾斜，加快建立城乡一体的基本公共服务体系。

增强农村活力。深化农村改革，完善

“三权分置”，做好第二轮土地承包到期后再延长30年政策衔接。扩大农村产权登记颁证范围，抓好农村集体资产股份权能改革试点，完成清产核资，推动资源变资产、资金变股金、农民变股东，壮大村集体经济，着力解决“空壳村”问题。完善村民自治制度，健全村规民约，推动移风易俗，树立文明乡风。加强农村基层组织建设，打造一支懂农业、爱农村、爱农民的“三农”工作队伍。

六是严格执行空间规划，加快推进区域协调发展。牢固树立全区“一盘棋”思想，促进城乡统筹、山川共济、协调发展。

发挥银川都市圈龙头作用。围绕基础设施互联互通、产业发展集群集聚、生态环境共保共治、公共服务共建共享、体制机制改革创新的要求，落实好《银川都市圈建设实施方案》。设立都市圈建设投资基金，抓好100项重点推进任务。加快银昆高速机场段改线、银川国际航空港综合交通枢纽、石嘴山至平罗高速公路等建设，完善高效便捷的一体化综合交通运输网络。实施城市网络提升和宽带乡村工程，打造统一的智慧城市公共应用平台。完成黄河宁夏段二期防洪工程，启动银川都市圈西线供水工程，推进黄河水资源共享共治。坚持错位发展、差异化发展，加强行业整合和企业联合，形成同城效应和整体优势，以银川都市圈辐射带动沿黄生态经济带发展。

推进中南部城镇协同发展。以生态优先、富民为本、绿色发展为引领，提升固原、中卫城市聚集力和承载力，完善县城综合服务功能，引导特色小镇健康发展，形成资源禀赋、生态环境、人口规模相适应的集约型城镇格局。全面展开中兰高铁建设，加快建设海原至同心、宁东至甜水堡等高速公路，打通连接周边的省际通道。强化生态补偿、利益分配、转移支付等制度安排，加大生态建设、基础设施、公共服务等投入，推动中南部地区绿色协调发展。

提升城镇建设管理质量水平。统筹新老城区、地上地下建设，实施一批地下综合管廊、海绵城市等基础设施项目，改造棚户区2.9万套，城市绿地率提高0.6个百分点。加强城市综合交通规划建设和组织管理，改造重点拥堵节点，优先发展公共交通，倡导绿色出行。深化城市管理执法体制改革，促进城市管理法治化、智能化、精细化。推行居住证制度，有序引导农业转移人口市民化。

七是持续深化重点领域改革，进一步释放发展活力。问题导向，聚焦重点，用改革的办法破解难题、激发动力。

深化放管服改革。按照国家统一部署，做好新一轮政府机构改革工作。编制区市县三级政务服务事项和行政审批中介服务、政府定价收费、职业资格等目录清单，建设全区统一的权责清单管理信息系统。开展减证便民行动，推进相对集中行政许可权改革试点。加快“证照分离”改革，有效破解“准入不准营”问题。全面实施统一社会信用代码制度，健全守信联合激励和失信跨部门惩戒制度。深化“互联网+政务”应用，建成全区电子证照库，80%以上事项能够“不见面、马上办”，营造公开、透明、便捷的政务服务环境。

加快市场化改革。完善国有资产管理体制，推动国资监管职能转变。深化混合所有制改革和员工持股试点，健全企业法人治理结构，加强国有企业经营管理考核，提高国有资本经营收益。推进价格改革和电力交易改革试点。着力解决民营企业反映的突出问题，全面落实支持中小微企业发展的政策措施，努力营造公平竞争的发展环境。

有序推进财税体制改革。完善预算管理，健全规范透明、标准科学、约束有力的预算制度，增强财政预算的严肃性和有效性。推进财政事权和支出责任划分改革，理顺区市县政府间财政关系。全面实施绩效管理，提高财政资金使用效益。调整优化财政支出结构，集中财力保重点、保民生。深化税收制度改革，实施环保、资源费转税改革，持续提高税收在财政收入中的比重。

八是深度融入“一带一路”建设，进一步提升开放发展水平。用好内陆开放型经济试验区先行先试政策，打造丝绸之路经济带战略支点，构建对内对外开放新格局。

开展政策创新。落实内陆开放型经济试验区实施意见，加快体制机制创新，全面推进贸易投资便利化，实施“准入前国民待遇+负面清单”为重点的投资管理制度，加强外商投资备案管理，在银川综合保税区全面推行“先进区、后报关”等监管制度创新。

推进通道建设。完善宁夏航空港口岸功能，加快肉类、水果、种苗、整车进口指定口岸建设，推动国内航空公司在宁设立运营基地和分公司，争取在银川河东国际机场设立免税店。启动国际班列始发（到达）站场建设，常态化运行银川至德黑兰国际货运班列，争取开通直达沿海港口的特需班列。提升中卫西部云基地和银川大数据中心国际通信网络性能，进一步搭建便捷畅通的网上通道。

加强对外经济合作。以综合保税区和各类开发区为载体，发展保税加工等外向型经济。加快跨境电子商务公共服务平台建设，支持对外贸易等健康发展。推进国际产能合作园区建设，支持宁夏企业对外投资，推动产品、项目、技术、服务全方位走出去，广泛拓展发展空间。

*九是着力弘扬社会主义核心价值观，进一步推动文化事业繁荣兴盛。*坚定文化自信，增强文化自觉，弘扬主旋律，传递正能量，构筑共有精神家园。

培育和践行社会主义核心价值观。把学习宣传贯彻习近平新时代中国特色社会主义思想和党的十九大精神引向深入。开展社会主义核心价值观“六进”活动，把社会主义核心价值观纳入国民教育、经济发展和社会治理全过程。推进精神文明“五大创建”活动，弘扬良好的社会公德、职业道德、家庭美德、个人品德。深化未成年人思想道德建设和大学生思想政治工作，积极开展志愿服务、道德模范评选活动，努力营造崇德向善的良好社会风尚。

健全公共文化服务体系。加强基层公共文化服务标准化建设，新改建一批乡镇文化站，改造提升一批行政村综合文化服务中心，扶持农民文化大院、民间文艺团队，推动公共文化体育设施免费开放全覆盖。实施自治区60大庆文艺创作工程，推出一批反映宁夏改革开放和时代风貌的文化精品。持续推进西夏陵、丝绸之路宁夏段申遗，做好非物质文化遗产保护传承和开发利用。办好自治区第十五届运动会等赛事，广泛开展送戏下乡、公益放映、全民阅读、全民健身等活动，不断丰富人民群众精神文化生活。

促进文化产业发展壮大。加快文化、旅游、科技融合发展，培育动漫创作、游戏开发、创意设计等文化新业态，推动银川iBi育成中心等文创产业园区建设，扶持镇北堡等特色文化小镇发展，培育一批竞争力强的骨干文化企业，开发一批具有宁夏特色的文化产品，构建统一开放、竞争有序的现代文化市场。

*十是尽力而为、量力而行，努力在发展中保障和改善民生。*按照保基本、普惠性、兜底线的原则，继续在幼有所育、学有所教、劳有所得、病有所医、老有所养、住有所居、弱有所扶等方面办好民生实事，让群众少些烦心事，多些顺心事、暖心事。

抓好就业创业增收。全面落实就业创业政策，着力化解结构性就业矛盾。抓好高校毕业生、就业困难人员等重点人群就业创业，购买政府公益性岗位7000个，培训城乡劳动力6万人，农村劳动力转移就业70万人以上，城镇新增就业7.5万人。按照国家统一部署，调整机关事业单位基本工资标准，实施地区附加津贴制度，推动企业建立以一线职工特别是技术职工为重点的工资增长机制，确保居民收入增长与经济增长同步。

坚持教育优先发展。推动城乡义务教育一体化进程，新建改造义务教育薄弱学校校舍16万平方米，改造运动场地40万平方米。加强学前教育监管。推动高中阶段教育普及，着力提高办学质量。大力发展素质教育，切实解决中小学生课外负担重、“择校热”“大班额”等问题，促进优质教育资源均衡配置。尽快实现省部合建宁夏大学，推动高等教育内涵式发展。深化产教融合、校企合作，建成现代纺织公共实训中心，改善9个贫困县区职业学校办学条件。支持特殊教育和民办教育发展，促进教育公平。加强师德师风建设，培训乡村教师2.5万人，提升教师队伍整体素质。

推进健康宁夏建设。深化综合医改，建设多种形式的医疗联合体，健全家庭医生签约服务制度，开展千名医师下基层活动，建设群众满意的基层医疗卫生机构300所。高效运用乡镇卫生院远程会诊网络，规范收费标准，提高服务质量。开展医保复合型支付方式改革，完善“一免一降四提高一兜底”医疗保障体系，对城乡“两癌”贫困妇女给予资金救助，减轻群众大病医疗费用负担。加强全科、儿科、产科和中医等紧缺专业人才培养。鼓励社会资本办医，提供多样化、多种类的医疗卫生服务。

提高社会保障水平。健全城乡居民基本养老保险制度，继续提高退休人员基本养老金和城乡居民基础养老金水平，加强健康养老服务体系建设。完善医保补助政策，拓展“社保卡”综合应用，扩大异地就医结算范围。加强社会救助，落实失业、工伤保险政策，提高城乡低保和孤儿养育津贴标准，为残疾儿童和贫困残疾人提供医疗救助。

加强社会治理创新。深化农村和社区网格化服务管理，推动社会治理重心向基层下移。健全矛盾纠纷预防调处化解机制，开展“大调解”专项行动，发挥人民调解员的作用，提高信访工作的专业化、法治化、信息化水平。深入推进“七五”普法。严厉打击各类违法犯罪，着力解决网上诈骗、倒卖个人信息等突出问题，维护社会大局和谐稳定。充分发挥工会、共青团、妇联等人民团体作用，增强凝聚力，画好同心圆。做好气象地震、消防安全、防灾减灾救灾工作，提升突发事件应急响应、处置和保障能力。深入开展安全生产专项治理，坚决遏制重特大事故发生。实现食品药品快速检测服务全覆盖，确保“舌尖上的安全”。全面准确贯彻党的民族政策，巩固发展平等团结互助和谐的社会主义民族关系。严格执行新修订的清真食品管理条例，加强对清真标识使用的管理。坚持宗教中国化方向，坚持用中华优秀文化浸润各宗教，坚决治理民族宗教领域存在的突出问题，坚决打击境外宗教势力渗透活动。加强国防动员和后备力量建设，实施军民融合发展战略，支持驻宁部队建设和改革。扎实做好哲学社会科学、新闻出版、广播电视、外事侨务、文史参事、统计档案等工作，在新时代实现新发展、书写新篇章。

四、建设人民满意的服务型政府

各位代表，习近平总书记指出："时代是出卷人，我们是答卷人，人民是阅卷人。"各级政府一定要把人民利益摆在至高无上的位置，把人民的信任和支持作为最大动力，以时不我待、只争朝夕的精神全身心投入工作，努力建设人民满意的服务型政府。

必须保持绝对忠诚。把政治建设放在首位，自觉用习近平新时代中国特色社会主义思想武装头脑、指导实践、推动工作。开展"不忘初心、牢记使命"主题教育，增强"四个意识"，坚定"四个自信"，坚决维护以习近平同志为核心的党中央权威和集中统一领导，在政治立场、政治方向、政治原则、政治道路上同党中央保持高度一致。坚持把党领导一切贯穿于政府工作全过程、各方面，坚决执行党的理论路线方针政策，坚决贯彻党中央、国务院决策部署，全面落实自治区党委工作安排，严格执行民主集中制，切实做到信念过硬、政治过硬、责任过硬、能力过硬、作风过硬。

必须坚持依法行政。落实法治政府建设实施纲要，深入推进科学立法、严格执法、公正司法、全民守法。切实增强宪法观念，尊崇宪法、学习宪法、遵守宪法，依照宪法法律行使职权、履行职责、开展工作。严格执行重大决策公众参与、专家论证、风险评估等法定程序，实现重大事项合法性审查全覆盖。推进综合执法改革，推行行政执法公示、执法全过程记录、重大执法决定法制审核。健全政务公开制度，建立政府规章、规范性文件动态清理制度。坚持政府重大决策出台前按有关规定向同级人大报告制度，自觉接受人大法律监督、工作监督和政协民主监督，主动接受社会公众监督和舆论监督。畅通政府和公众互动渠道，做好新媒体环境下舆情引导和回应工作，全面提高政府公信力。

必须做到担当实干。完成新时代任务，一定要加强学习，开拓视野，增强本领，不断提高推动改革稳定发展的能力。要发扬振奋精神、实干兴宁的作风，以钉钉子精神担当尽责，集中精力抓落实，确保自治区党委、政府确定的目标任务落地落实落细落到位。优化绩效考核和督查问责，落实正向激励和容错纠错机制，坚决纠正懒政、庸政、怠政行为。大兴调查研究之风，围绕改革稳定发展问题，围绕人民群众生产生活问题，察实情、出实招、办实事、求实效。各级政府要以造福人民为最大政绩，把百姓的安危冷暖时刻放在心上，想群众之所想，急群众之所急，让人民群众生活幸福美满！

必须恪守廉洁底线。严格落实中央八项规定和实施细则精神及自治区党委若干意见，驰而不息纠正"四风"。严格落实党风廉政建设"一岗双责"，始终把纪律和规矩挺在前面，强化不敢腐的震慑，扎牢不能腐的笼子，增强不想腐的自觉。认真落实国家监察体制改革部署，健全廉政风险防控机制，加强公共资金、国资国企、政府投融资等重点领域监管。强化过"紧日子"意识，严控"三公"经费，压缩一般性支出。广大公职人员要切实增强政治定力、纪律定力、道德定力、拒腐定力，筑牢思想防线，守住为政底线，不越制度红线，始终做到公正用权、谨慎用权、依法用权、廉洁用权，以实际行动树立政府的良好形象。

各位代表，今年是自治区成立 60 周年。60 年来，在党中央、国务院的正确领导和亲切关怀下，全区各族人民守望相助、团结奋斗，共同经历了波澜壮阔的发展历程，共同创造了举世瞩目的发展成就，共同谱写了民族团结进步的光辉篇章。我们一定要全面总结自治区成立 60 年来，特别是党的十八大以来，在以习近平同志为核心的党中央领导下的生动实践和宝贵经验，组织开展好自治区 60 大庆活动，充分展示党的民族政策的巨大优越性，充分展示民族区域自治制度的强大生命力，充分展示宁夏各族儿女艰苦创业、奋发有为的精神风貌，进一步激发全区各族人民在党的领导下创造幸福美好生活的发展豪情和奋斗精神。我们一定要深入贯彻落实习近平总书记新时代民族工作思想，始终高举民族团结进步旗帜，唱响中国共产党好、社会主义好、改革开放好、伟大祖国好、民族团结好的时代主旋律，各民族共同团结奋斗，共同繁荣发展，在决胜全面建成小康社会的征程中阔步前进！

各位代表，幸福都是奋斗出来的。让我们紧密团结在以习近平同志为核心的党中央周围，在习近平新时代中国特色社会主义思想的指引下，在自治区党委的坚强领导下，不忘初心、牢记使命，振奋精神、实干兴宁，奋力走好新时代的长征路，为实现经济繁荣、民族团结、环境优美、人民富裕，确保与全国同步建成全面小康社会而努力奋斗！

（原载于《宁夏日报》2018 年 2 月 5 日第 1 版、第 4 版）

宁夏精准扶贫奔小康

2017年,全区认真学习贯彻党的十九大精神,坚决落实习近平总书记精准扶贫精准脱贫战略思想,紧紧围绕国家下达的年度减贫任务,扎实推进脱贫富民战略,脱贫攻坚工作取得良好成效,顺利完成年度各项目标任务。

一、坚持以习近平新时代中国特色社会主义思想为指导,确保脱贫攻坚工作务实

(一)深入学习贯彻习近平总书记关于脱贫攻坚的重要战略思想

自治区党委、政府以习近平新时代中国特色社会主义思想为指导,深入学习习近平总书记关于脱贫攻坚的重要战略思想和来宁视察重要讲话精神,以脱贫攻坚统揽经济社会发展全局,把脱贫攻坚作为"十三五"经济社会发展的头等大事和第一民生工程来抓。自治区第十二次党代会把"脱贫富民"战略确立为自治区三大战略之一,作为今后几年发展的战略任务和重中之重。自治区多次召开党委常委会、政府常务会、政府专题会和扶贫开发领导小组会,传达学习习近平总书记2017年以来在新年贺词、中央政治局第39次集体学习、全国"两会"、扶贫成效考核情况汇报会、深度贫困地区脱贫攻坚座谈会等会议及场合的重要讲话和指示精神,紧密结合宁夏实际,研究贯彻落实意见。自治区党委、政府先后召开自治区脱贫攻坚推进会、脱贫富民战略推进会、贫困县(区)委书记座谈会、深度贫困地区脱贫攻坚座谈会、扶贫开发领导小组扩大会、专项督导督查部署会等全区性会议,高频次、大范围部署推进脱贫攻坚工作。自治区人大、政协多次开展脱贫攻坚监督调研、专题议政、建议提案督办,监督问效,建言献策,助推脱贫攻坚工作落实落细落地。

(二)实事求是调整完善脱贫攻坚目标

自治区党委、政府深刻领会中央脱贫攻坚大政方针和习近平总书记重要讲话精神,经过全面复查复核、审慎研究,并向国务院扶贫开发领导小组办公室充分汇报对接,及时调整完善全区脱贫攻坚目标任务。坚持稳中求进,实事求是,与中央保持高度一致,确保到2020年现行标准下农村贫困人口全部脱贫、贫困县全部摘帽,与全国同步建成全面小康社会。严格按照"两不愁、三保障"标准,坚持时间服从质量,不搞层层加码,不搞急功近利,调整完善了2017—2020年脱贫滚动计划,将原定2017年实现4个贫困县脱贫摘帽调整为1个贫困县摘帽,其他3个县保持工作力度不减、工作标准不降。全区反复调查测算分析,计划2018年实现3个贫困县摘帽、10万贫困人口脱贫;2019年4个贫困县摘帽、8万人脱贫;2020年1个贫困县摘帽、4.5万人脱贫。

二、坚持精准脱贫,圆满完成脱贫各项目标任务

(一)保质保量完成减贫任务

建档立卡贫困人口减贫计划完成情况。2017年全区减少建档立卡贫困人口19.3万人,贫困发生率下降到6.1%,圆满完成国家下达的减贫任务。贫困县脱贫摘帽计划完成情况。经县自查、市初审、第三方预评估,全区可实现1个贫困

县(吴忠市盐池县)脱贫摘帽。贫困地区农村居民人均可支配收入增长情况。2017年全区贫困地区农民人均可支配收入增长11%,达到8332元,增幅高于全区农民收入平均增幅2个百分点。

（二）强化精准识别退出

建档立卡贫困人口精准识别情况。开展建档立卡复查复核、查漏补缺,完善识别标准和程序,细化收支、教育、健康、住房等评价指标,实行动态管理,应纳尽纳,及时调整,强化识别精准度。充分利用宁夏精准扶贫云信息平台,积极与公安、人力资源社会保障、国土资源、工商等部门对接,对新识别贫困户的车辆、财政供养人员、房产、企业法人和股东等信息进行逐一比对、核查,新识别贫困人口13465人,做到不落一户、不漏一人。

建档立卡贫困人口精准退出情况。按照贫困人口人均可支配收入稳定超过国家扶贫标准,达到“两不愁、三保障”的贫困退出标准,各县(区)严格按照贫困户脱贫退出程序,认真落实“445”脱贫退出责任人签字;通过宁夏精准扶贫云信息平台,扶贫部门与民政、教育、住房城乡建设、人力资源社会保障、卫生计生等部门,对2017年拟脱贫贫困人口信息进行比对、核查,坚决杜绝脱贫不实、早退错退问题发生。

脱贫人口返贫情况。各县(区)采取“县不漏乡、乡不漏村、村不漏户、户不漏人”的方法,对2014—2016年已脱贫人口进行“回头看”,对因病、因灾、意外事故等原因返贫的,在年度建档立卡动态调整时标注返贫。截至2017年底,共标注返贫人口4580人,确保真脱贫、脱真贫。

（三）加大驻村帮扶力量

选派2267名有农村工作经验的干部,配齐配强贫困村第一书记和驻村工作队。加大区、市、县各级帮扶人员选派力度,实现建档立卡贫困户帮扶全覆盖。第一书记和驻村工作队落实扶贫项目资金达6.11亿元,为群众办实事2034件。切实加强驻村干部管理,对工作不力的驻村工作队和第一书记坚决撤换调整,共召回第一书记17名,调整驻村干部186名。根据全区第三方评估结果,全区因村因户帮扶群众满意度达99.1%,符合国家考核要求。

（四）努力提高扶贫资金使用效益

加大财政投入。2017年全区共投入各类财政扶贫资金56.06亿元,其中中央财政专项扶贫资金18.13亿元,增长19.4%,自治区财政专项扶贫资金5.44亿元,增长36%,占中央财政专项扶贫资金比例的30%,达到中央考核要求。加大财政涉农资金统筹整合力度,分配给9个贫困县(区)的财政涉农资金增幅均超过全区平均增幅,共整合使用财政涉农资金70.1亿元,支出率达92%,实现了“应整尽整”、及时支出,把好钢用在刀刃上。

加快资金支出进度。自治区组成联合检查组,开展扶贫资金支付情况专项督导检查,及时通报资金结余滞留情况,并对结余滞留问题较为突出的县(区)下发整改通知、约谈党政一把手,督促加快扶贫资金支付进度,全面彻底整改反馈问题,避免财政资金闲置沉淀。2017年底全区各级财政年度扶贫资金支出率为95%。

强化扶贫资金监管。构建县乡村“三级报备、三级审核、三级公开”机制,实现9个贫困县(区)扶贫资金审计全覆盖,加大对贪占挪用扶贫资金等违纪违法行为的查处力度。2017年全区各级纪检监察机关共查处扶贫领域腐败问题186起,给予党政纪处分240人,移送司法机关4人。

三、坚持精准扶贫,集中力量打好脱贫攻坚战

（一）夯实脱贫攻坚工作责任

按照中央要求,建立了自治区负总责、市县抓落实的脱贫攻坚责任制,自治区与5个市和20个有脱贫任务的县(市、区)党政一把手签订责任书,26个厅局牵头实施13项脱贫行动计划,逐级传导压力、层层压实责任。严格执行脱贫攻坚一把手负责制,9个贫困县(区)全部落实脱贫攻坚领导小组县(区)委书记和县(区)长“双组长”制。全面加强扶贫力量配备,自治区扶贫办(移民局)由自治区政府直属事业单位调整为政府直属机构;向9个重点贫困县(区)、50个深度贫困乡镇分别选派1名副书记,专司脱贫攻坚工作;建立领导干部包抓脱贫攻坚工作机制,省级、厅级、处级干部分别一对一包抓9个贫困县(区)、126个贫困乡镇、551个贫困村;各市、县(区)党政一把手负责担纲,肩扛责任,班子成员全员上阵,人人心中有压力、个个肩上有担子,确保把最强的力量安排在脱贫攻坚一线,以最强阵容推动脱贫攻坚。

（二）强化政策制度保障

2017年,自治区党委、政府出台《关于推进脱贫富民战略的实施意见》《宁夏回族自治区深度贫困地区脱贫攻坚实施方案》等政策文件。同时,针对全区脱贫攻坚中存在的薄弱环节和突出问题,经过深入调研、慎重分析研究,出台了《关于进一步加强银行业金融机构助推脱贫攻坚的实施意见》《关于加快推进产业扶贫的指导意见》《关于推进健康扶贫若干

政策的意见》《关于解决劳务移民社会保障有关问题的通知》《关于调整农村危房危窑改造补助对象分类和提高补助标准的通知》5个专项政策，进一步完善政策措施，切实增强脱贫攻坚的政策支撑和保障。自治区还建立了考核、约束、退出、评估、监督、审计和督查等多项机制，构成了事前、事中、事后全程规范的制度体系。脱贫攻坚成效考核权重由7%提高到46%，充分体现脱贫成效考核的“指挥棒”作用。对2016年考核优秀等次的县(区)通报表彰，各以奖代补500万元，一般等次的2个县，自治区党委领导约谈了县委、政府主要负责同志，传导压力，倒逼各县(区)各部门强化工作，落实主体责任。

(三)突出产业扶持带动

自治区《关于加快推进产业扶贫的指导意见》明确新增扶贫资金、财政整合涉农资金重点用于产业发展，自治区累计安排扶贫产业担保基金10亿元，大力发展特色产业，以产业带扶贫、扩就业、促增收，形成了盐池滩羊、海原肉牛、同心黑毛驴、西吉马铃薯等“一县一业”支柱产业和中药材、黄花菜、冷凉蔬菜、苗木等“一村一品”富民产业，构建了产业项目到户、技术培训到户、小额信贷到户、帮扶措施到户、农业保险到户的“一户一策”扶持体系。充分发挥种养大户、家庭农场、专业合作社和龙头企业等市场主体带动作用，已培育扶贫示范村109个、扶贫龙头企业124家，规范培育扶贫合作社375家，培养发展致富带头人2103名，带动5.5万贫困户、20万人脱贫增收。

(四)加大金融扶贫力度

各类金融机构广泛参与脱贫攻坚，2017年，全区新增扶贫小额信贷资金56亿元，户均贷款4.7万元，贫困户贷款覆盖面达72%。贫困县(区)全部建立风险补偿金和担保基金，总额达到36.9亿元，其中风险补偿金5.9亿元，担保基金31亿元。“扶贫+保险”模式实现省域全覆盖，“扶贫保”累计保费投入1.09亿元，风险保障全覆盖，有效增强了贫困群众抵御风险能力。

(五)加大扶贫就业培训

自治区连续二年每年安排2亿元，开展“订单式”“配送式”职业技能培训，全面提升贫困地区劳动力技能素质，加快贫困人口由普工向技术工、短工向长期工转变，努力增加务工收入。2017年培训贫困人口10.5万人次，实现有劳动能力、有就业意愿贫困人口培训全覆盖。坚持以就业促脱贫，开展省际劳务协作，农村劳务就业稳定在75万人次，总收入80亿元，劳务收入占贫困群众收入的40%，成为脱贫致富的“铁杆庄稼”。

(六)从严从实整改反馈问题

对2016年省级党委和政府扶贫开发成效考核反馈的11类问题、国家审计署审计反馈的49个问题、国务院扶贫办暗访核查反馈的10类问题，有关媒体反映的4类问题，自治区党委、政府高度重视、严肃对待、认真整改，先后召开党委常委会、政府常务会、扶贫开发领导小组会、考核反馈问题整改工作会全面安排部署；组成5个专项督查组，开展三轮督查，及时跟踪督办问效；各市、县(区)扎实行动，增加人员、加大投入、查漏补缺，全力以赴抓好整改落实。同时，举一反三、追根溯源，深刻查找在思想认识、政策制度、责任落实、工作作风等方面的差距和不足，坚决彻底、标本兼治、整纲肃纪，问责处理了一批责任人，共调查处理党员干部213人，其中党纪处分47人，政纪处分18人，诫勉谈话、提醒谈话、约谈148人。截至年底，除部分贫困户“等靠要”思想较为严重和产业发展链条不够完备、组织化程度仍然较低2个需长期整改问题外，其他问题均已按时限全部完成整改。

(七)对照标准解决实际问题

紧扣“两不愁、三保障”脱贫标准，着力强化义务教育、基本医疗、安全住房等薄弱环节。加大教育扶贫力度。投资4.7亿元，新改建幼儿园220所，新增入园幼儿2.3万人，基本实现1500人以上的建档立卡贫困村学前教育全覆盖；安排11.98亿元，改善贫困地区义务教育薄弱学校和普通高中办学条件；各级财政累计筹措资助资金6.75亿元，建立从学前教育到高等教育全覆盖、无缝隙贫困生资助体系，资助学生近49万人次。加大健康扶贫力度。实行贫困患者住院“零押金”“先诊疗后付费”；提高大病保障水平，筹资标准由人均32元提高到37元，报销比例提高10%；扩大医保目录，合规报销目录药品由2427个增加到2874个；提高大病医疗救助封顶线，由8万元提高到16万元，确保贫困患者住院费用实际报销比例不低于90%。贫困人口基本医保个人缴费由财政给予一定补贴，建档立卡贫困人口全部纳入了基本医保范围。加大危窑危房改造力度。针对贫困县(区)存量危窑危房面大量广、贫困人口住房条件差的实际，及时调整了农村危窑危房改造补助对象和标准，由原来的户均1万元~2.2万元对应提高到1.5万元~3.9万元，最大限度减轻贫困户负担，调动了改造积极性。2017年开工建设3.6万户(建档立卡户1.6万户)，完成计划2.2万户任务的163%。

(八)集中力量攻坚深度贫困

自治区党委、政府综合分析研判,确定全区深度贫困地区范围为西吉县、海原县、同心县、原州区、红寺堡区5个县(区)和中部干旱带西部片区"五县一片",涵盖170个深度贫困村、32.4万贫困人口。自治区党委、政府办公厅印发《宁夏回族自治区深度贫困地区脱贫攻坚实施方案》,集中安排资金、项目、举措,重点实施健康扶贫、残疾人扶贫、老年人养老保障、饮水安全巩固提升、危房危窑改造、贫困村整村推进与提升、扶贫产业提质增效、教育培训就业、易地扶贫搬迁、保障兜底"十大工程",着力攻克深度贫困堡垒。

(九)扎实推进易地扶贫搬迁

坚持严格科学选址规划,严把搬迁对象精准界线,严控住房面积标线,严守搬迁不举债底线,严抓工程质量红线,累计新建和回购移民住房19765套,搬迁安置移民12891户55632人,超额完成了2017年易地扶贫搬迁住房建设任务。

(十)千方百计夯实基础设施

着力补齐贫困地区水、路等基础设施短板,村均投入1760万元,完成363个贫困村巩固提升,其中302个村达到脱贫条件。加快扶贫水利工程建设,中部干旱带7座扶贫水库实现蓄水5座,2018年上半年将全部建成,受益人口16.4万人;实施农村饮水安全巩固提升工程,有效解决了300个脱贫销号村、9.1万人安全饮水问题。加大交通扶贫力度,投资8.1亿元,完成300个脱贫销号村村组道路改造建设任务。

(十一)多渠道抓好社会扶贫

深化闽宁扶贫协作,深入贯彻落实习近平总书记东西部扶贫协作座谈会重要讲话精神,坚持"联席推进,结对帮扶,产业带动,互学互助,社会参与"协作机制,召开闽宁协作第二十一次联席会议,出台《"十三五"闽宁扶贫协作规划》,扎实推进"携手奔小康"行动,共建闽宁示范村42个;拓展帮扶领域,在医疗、教育、文化、旅游等领域签订并落实部门合作协议15个。2017年福建省财政投入援宁资金5325万元,9个对口帮扶县(区)投入资金5900万元,争取社会帮扶资金635万元。加强中央单位定点帮扶,9家中央单位对全区9个贫困县(区)定点帮扶全覆盖。2017年共投入各类帮扶资金1.7亿元,支持对口贫困县(区)基础设施、产业、教育卫生事业发展。深入推进"百企帮百村"行动,426家民营企业与122个建档立卡贫困村结对帮扶,实施项目374个,投入各类帮扶资金17亿元,安置贫困人口就业3.2万人。

(十二)充分激发培育内生动力

坚持抓党建促脱贫攻坚,实施"两个带头人工程"(建强村党组织带头人队伍、壮大农村致富带头人队伍),开展"三大三强"促脱贫富民行动(加大投入力度,强化基本保障;加大培训力度,增强能力素质;加大选拔力度,选优配强基层党组织书记),着力打造先富带后富的"不走工作队"。2017年12月,全国贫困村创业致富带头人培育工作现场会在银川召开。坚持把"富口袋"与"富脑袋"结合起来,建立脱贫正向激励机制,对脱贫户发放脱贫光荣证书,倾斜安排支农惠农项目资金,通过典型示范、宣传教育、技能培训,培育贫困群众发展生产和务工经商的基本技能,贫困群众脱贫的积极性、主动性、自觉性进一步激发,"我要脱贫"的意识进一步增强。

(十三)狠抓作风转变

狠抓干部作风建设,盯住不严不实的人和事,见人见事、见事见人,毫不含糊、毫不留情,较真碰硬,查处调换了一批不作为、慢作为,懒政庸政怠政的党员干部,发挥了警示教育作用。同时,广大扶贫一线干部夙夜在公、忘我工作,冲锋在前、为民请命,无私奉献,流血流汗甚至牺牲,2017年,全区先后有5名扶贫干部倒在了扶贫第一线,因公殉职,最大的57岁,最小的32岁,平均年龄43岁,树立了可歌可泣的典型,释放了极大的正能量。

(自治区政府 王会宁提供)

宁夏实施创新驱动发展战略

2017年,全区科技工作认真贯彻落实习近平总书记到宁视察重要讲话精神,全面部署科技创新工作,自治区第十二次党代会把创新驱动战略确定为三大战略之首,专门召开创新驱动战略推进会,出台了《关于推进创新驱动战略的实施意见》。石泰峰书记、咸辉主席专题调研科技工作,并召开座谈会,对全区科技创新工作提出具体要求。2017年,全区坚决落实创新驱动战略,创新思路,狠抓落实,推动科技创新改革发展取得新成效。2017年,全区R&D投入强度达到1%,增幅达0.1%,再创新高。区域综合创新能力上升至全国第二十二位,科技进步贡献率突破50%。

一、科技交流合作开创新局面

认真学习、全面落实习近平总书记到宁视察时关于“欠发达地区可以通过东西部联动和对口支援等机制来增加科技创新力量”的指示精神，积极争取科技部支持，建立了“科技支宁”东西部合作机制，成立了“科技支宁”东西部合作协调领导小组。主动出击，赴东部及沿海地区积极与国家级大院高校及发达省区结对子，成功召开首届东西部科技合作推进会，与东部6省市和中国科学院、中国农科院、西北农林科技大学签署合作协议，签约科技合作项目104项，柔性引进创新团队12个。举办2017中阿博览会科技板块活动。

二、科技支撑发展取得新成效

聚焦煤化工、新材料、装备制造、农业特色产业、生态环保、军民融合等领域技术需求和产业发展技术瓶颈，实施重大科技项目17项、重点研发项目205项。铸造砂型3D打印、工程机械铝镁合金零部件等多项技术打破国外垄断，持之以恒支持小麦、水稻、枸杞等新品种选育，取得丰硕成果，应用生物技术攻克压砂瓜连作障碍实现重大突破。科技惠民计划实施成效显著，推广常见多发病防治等先进成果100余项。科技扶贫指导员“百人团”工程、“三区”人才计划、科技特派员创业行动深入推进，累计培训农民2万余人次，示范推广新品种、新技术、新装备1000多项。

三、科技创新能力得到新提升

沿黄科技创新改革试验区建设全面启动，成为“十三五”国家区域创新战略布局的重要组成部分。现代农业科技创新示范区建设总体方案正式实施，石嘴山、中卫两个国家农业科技园区通过验收。获批建设省部共建煤炭清洁利用与绿色化工国家重点实验室，启动自治区产业技术协同创新中心、临床医学研究中心建设，新建自治区科技创新平台34家，国家和自治区科技企业孵化器、众创空间、星创天地等41家，新认定国家和自治区高新技术企业、科技型中小企业190家。通过科技金融支持249家科技型企业获得贷款18.6亿元。支持企业科技创新后补助项目225项。全社会R&D投入总额达到35亿元。举办第二届宁夏创新创业大赛，赢得广泛社会反响，7家企业获全国行业总决赛优胜奖。

四、知识产权工作实现新突破

专利申请量和授权量分别增长39.5%和58.5%，增幅居西部地区前列，其中授权发明专利657件，同比增长17.3%，万人有效发明专利数达到3.3件。推动20家企业开展知识产权贯标工作，获批国家级知识产权试点和示范园区3家、知识产权优势企业7家。神华宁煤集团“一种旋流干煤粉气化炉”技术获中国专利金奖，东方钽业、共享集团、紫光天化、国网宁夏电力四家企业的4项技术获中国专利优秀奖。

五、基层科技创新亮点纷呈

2017年，5个地级市和宁东能源基地全面贯彻落实创新驱动战略，银川市实施“科技强市”战略，与北京经济技术开发区、中关村合作，飞地工业园、中关村创新创业园建设初见成效，银川产业技术研究院正式揭牌运行。石嘴山市实施科技创新“双倍增”行动计划，搭平台，引人才，建设石嘴山科技创业园。吴忠市与西北农林科技大学、杨凌国家农业高新技术产业示范区等结对争创国家农业高新技术产业示范区。固原市围绕特色产业，引进东部优质创新资源，共建创新平台，助力产业发展。中卫市建设军民融合创新示范区，引进卫星遥感、北斗导航等一批军民融合项目，打造新业态、培育新动能。宁东能源基地大力支持企业开展科技创新和引进培养人才，对企业申报重点科研项目、实施技术改造、组建创新平台等进行配套奖励。

（自治区政府　王会宁提供）

2017中国—阿拉伯国家博览会

在党中央、国务院的坚强领导、亲切关怀下，在外交部、科技部、农业部、国家网信办、国家旅游局等有关部委和各省区市的大力支持、积极参与下，由商务部、中国贸易促进会和宁夏回族自治区人民政府共同主办的2017中国—阿拉伯国家博览会（以下简称2017中阿博览会）于9月6—9日在宁夏银川市举办。

2017中阿博览会以“传承友谊、深化合作、共同发展”为宗旨，以“务实、创新、联动、共赢”为主题，举办了开幕大会、主宾国系列活动、主题省系列活动、中阿合作论坛第七届企业家大会暨2017中阿工商峰会、中阿农业合作论坛暨现代农业展、中阿国际物流合作洽谈会、中阿技术转移与创新合作大会暨高新技术与装备展、中阿高铁分会、网上丝绸之路大会暨云计算和大数据应用展、中阿国际产能合作论坛暨基础设施及产能合作展、中阿旅行商大会等13项会议论坛和10项展览展示活动。中共中央总书记、国家主席习近平向大会致贺信,全国人大常委会副委员长张平出席开幕大会并发表主旨演讲,几内亚总统阿尔法·孔戴、阿富汗第一副首席执行官穆罕默德·汗、毛里塔尼亚国民议会第一副议长穆罕默德·哈尔希、埃及贸工部部长塔里克·卡比勒、阿拉伯国家联盟助理秘书长卡马勒·巴比克出席开幕大会并分别致辞。78位中外部长级嘉宾,29位外国驻华使节,60个国家,117家中外大型商协会,1232家大型企业代表,共计9797名国内外嘉宾参会参展。本届博览会共签约项目253个,金额1860.5亿元人民币,在推动与各国政策沟通、设施联通、贸易畅通、资金融通、民心相通方面发挥了重要平台作用,取得了务实合作成果。

一、落实中央精神,服务国家战略

2016年1月21日,习近平总书记在阿盟总部演讲时指出:“第二届中阿博览会签署合作项目金额1830亿元人民币,成为中阿共建‘一带一路’的重要平台”。这既是对中阿博览会的充分肯定,也为办好中阿博览会指明了方向,增添了动力。按照习近平总书记关于“一带一路”建设、中阿合作以及来宁视察等系列重要讲话精神,宁夏于2016年6月全面启动2017中阿博览会筹办工作。在认真总结往届办会经验的基础上,积极与国家有关部委对接,听取使领馆意见,走访工商协会,召开理论研讨会,广泛征求并充分吸纳国内外各有关方面的意见建议,策划“商品贸易、服务贸易、技术合作、投资合作、旅游合作”五大板块内容,形成《2017中阿博览会总体方案》,报全国清理规范庆典研讨会论坛活动工作领导小组审批。2017年3月,全国清理规范庆典研讨会论坛活动工作领导小组同意2017中阿博览会于9月6—9日在宁夏银川举办。

2017年9月6日,中阿博览会在宁夏银川隆重开幕,中共中央总书记、国家主席习近平向2017中阿博览会致贺信,指出:“第三届博览会突出‘务实、创新、联动、共赢’主题,契合‘一带一路’国际合作理念,为中阿拓展合作搭建了重要平台。中国愿同包括阿拉伯国家在内的各国一道,推动‘一带一路’建设共享机遇,共促和平。”全国人大常委会副委员长张平出席开幕大会并发表主旨演讲,就中阿共同推动“一带一路”建设提出四点建议:一是进一步加强发展战略对接;二是进一步提升贸易合作水平;三是进一步拓展投资金融合作;四是进一步深化能源资源合作。张平副委员长特别提出:“中国愿与阿拉伯国家秉承友好传统,坚持共商、共建、共享原则,共同推动‘一带一路’建设行稳致远。”习近平主席的贺信为办好中阿博览会、推动中阿共建“一带一路”指明了方向,得到了与会各国政要、官员和国内外嘉宾的高度评价,纷纷表示要按照习近平主席的贺信精神,响应张平副委员长的四点建议,以中阿博览会为重要平台,共同发展中阿合作关系,推动“一带一路”建设,使中阿互利合作领域越来越广,成果越来越实。

二、紧扣“一带一路”建设,推动共商共建共享

2017中阿博览会深入贯彻“一带一路”国际合作高峰论坛精神,成为与会各方经贸交流合作的桥梁。广泛吸引“一带一路”沿线国家和地区参会参展,在埃及、约旦、黎巴嫩、科威特、阿曼等阿拉伯国家积极参与的同时,印度尼西亚、马来西亚、泰国等东南亚国家,南非、毛里塔尼亚等非洲国家,哈萨克斯坦、吉尔吉斯斯坦、蒙古等中亚、东北亚国家的客商也积极参会参展,国别数量达到60个,中阿博览会的平台作用得到了越来越多国家和地区的认可。充分发挥“中阿共办、部区联办、民间承办”机制作用,宁夏与有关各方共商筹备工作,有效提高了外方机构、国家部委和民间机构的参与程度。中国贸易促进会、阿拉伯国家联盟秘书处、阿拉伯农工商会总联盟与宁夏共同主办了中阿合作论坛第七届企业家大会暨2017中阿工商峰会,张平副委员长出席并发表主旨演讲。埃及贸工部、高教与科研部、旅游部,沙特阿卜杜拉·阿齐兹国王科技城共同参与主办了主宾国(埃及)系列活动、中埃投资推介会等重要活动。国家农业部与宁夏共同主办了中阿农业合作论坛暨现代农业展,商务部与宁夏共同主办了中阿国际产能合作论坛暨基础设施和产能合作展,科技部与宁夏共同主办了2017中阿技术转移与创新合作大会,中国铁路总公司与宁夏共同主办了2017中阿高铁分会等活动。各省(市、自治区)和国内商协会高度重视,利用中阿博览会平台积极组织参会参展,福建省主办了主题省系列活动,举办了福建省商贸活动推介会、名优特色商品展示等活动。北京、天津等29个省(市、自治区)、新疆建设兵团、香港、澳门特别行政区派出代表或组织企业参会参展。中国国际商会、中国物流与采购联合会、中国铁道学会、中国航空运输协会、中国商业联合会、中国国际技术转移协作网络、香港中华总商会、亚太创业产业协会等62家国内商协会及相关机构参会参展。中国贸易促进会汽车行业分会主办了中阿汽车合作分会暨中国品

牌汽车展，万达财富(北京)信用评估有限公司主办了中阿博览会信用论坛，体现了“政府搭台、社会承办、共同参与”的办会理念。

三、聚焦经贸合作，取得丰富成果

自治区第十二次党代会全面贯彻落实习近平总书记视察宁夏的重要讲话精神，就办好中阿博览会明确提出要以企业为主体，以经贸合作为重点，吸引和聚集一批国内外企业参与“一带一路”建设。按照这样的思路，宁夏聚焦经贸合作，务实举办各项会议论坛和展览展示活动，促成各类投资协议和合同 253 个，计划投资额 1860.5 亿元；商品采购合同 15 亿元，意向采购协议 150 亿元。其中：科技部分别与埃及、苏丹、摩洛哥签订了共建技术转移中心协议，中国贸易促进会分别与埃及、约旦、巴勒斯坦等 8 个国家签订了法律合作备忘录和合作谅解备忘录；北京、上海、河北等 10 个省、市，分别与阿曼、埃及、摩洛哥、伊拉克、毛里塔尼亚签订了 22 个合作项目，投资额 93.8 亿元；宁夏分别与埃及、沙特、毛里塔尼亚等 21 个国家和地区签订 66 个项目，投资额 207.05 亿元。这些合作协议的成功签署，推动了中国企业“走出去”、阿拉伯国家等与会各国企业“走进来”，促进了与会各国、各地区的双向投资与贸易往来。

四、着力创新办会，提升博览会实效

优化顶层设计，按照“中阿所需、宁夏所能”的办会理念，顺应“一带一路”沿线国家经贸合作需求，创办了中阿国际产能合作论坛、中阿国际物流合作洽谈会，承办了中阿合作论坛第七届企业家大会，有效提升了大会的吸引力和影响力；积极引入专业策展组展机构，创办了高铁展、产能合作展，有效调动了生产商、采购商、投资商的参与热情。完善办会机制，邀请制与报名制相结合，通过报名筛选参会的代表占到了参会参展总人数的 50%以上。按照“会议+展览+签约”模式，会前做好成果谋划和对接，会中做好成果落实和签约，会后做好成果跟踪和督查，确保项目的落地率和资金到位率。在各项活动中，既有常规性演讲、致辞，又设置专门场地，提供翻译、法律咨询等配套服务，方便参展商、采购商、贸易商对接洽谈、宣传推介。加强信息化服务，上线运行中阿博览会信息化管理服务系统，实现了嘉宾邀请网上报名、证件办理、宣传推广等方面的信息化应用。推动“互联网+展览”模式，运用高科技手段展览展示高铁建设、国际产能合作、云计算和大数据应用等领域的新发展、新动向、新成果。

五、传递中国声音，赢得广泛共识

2017 中阿博览会围绕传承和弘扬丝路精神，服务国家战略，开展了全方位、多角度、高密度、深层次的宣传报道。会前，商务部、中国贸易促进会与宁夏联合在北京召开新闻发布会，对 2017 中阿博览会开展宣传预热。中阿博览会期间，134 家国内外媒体 580 名记者到会报道，刊播原创稿件 980 余篇(条)，《人民日报》、新华社等中央媒体在头版头条刊登了《习近平向 2017 中国—阿拉伯国家博览会致贺信》，中央电视台阿语频道、人民网、新华网、中国网、央广网等电视和网络媒体现场直播了开幕大会，中央电视台《经济半小时》栏目专题报道中阿博览会，中国国际电视台阿语频道通过 Facebook、Twitter 海外社交平台发布了 75 条中阿博览会相关帖文，埃及、沙特等阿拉伯国家的主流媒体也同步报道了本届博览会。阿富汗第一副首席执行官穆罕穆德·汗回国后表示，通过参加本届博览会，深切感受到宁夏在丝绸之路经济带建设中发挥的重要作用，高度评价我国的民族宗教政策，期待以共建“一带一路”为契机，大力推动阿中经贸、人文等领域合作。主宾国埃及客商艾哈迈德·穆斯塔法用流利的中文表达了希望通过“一带一路”，深化务实合作、提升百姓生活水平的心声。黎巴嫩代表团对主办方在中阿博览会期间的活动安排和组织工作给予高度评价，希望通过中阿博览会进一步推动中黎经贸合作，并期望担任下一届中阿博览会主宾国。摩洛哥国家铁路总工程师穆罕默德·卡迪在参观高铁展后表达了期待未来与中国开展高铁合作的愿望。约旦、吉布提自贸区官员表示，希望借助“一带一路”倡议，通过中阿博览会平台，吸引更多中国投资。沙特住房大臣顾问阿卜杜拉·拉赫曼表示，中阿博览会是一个重要平台，有助于增加中阿共同投资机会、构建更深层次双边经贸关系。

六、注重完善细节，服务保障坚实有力

宁夏按照“务实、和谐、精彩、温馨”的要求，对标国际化、专业化，突出宁夏特色，圆满完成了各项服务保障工作。安全保卫落实整体防控、立体防卫、层圈过滤，全面保障了政要及会展场馆安全；接待服务细化方案、把控流程，统筹协调好宾馆、旅行社、运输公司等各环节；食品安全严把接待宾馆保障关、展会食品准入关、食品安全应急关，承接重大活动 34 次，派驻食品安全监督员 170 人次，快速检测 275 批次；医疗卫生坚持预防为主、全程保障，派驻了 22 名专职保健医生，提供 24 小时驻馆医疗保障；法律服务严把合法合规关口，审查各项合同(协议)54 份；翻译志愿服务精心组织、热情周到，130 多名翻译、300 名志愿者有力保障了各项活动顺利开展；环境氛围突出简朴大方，加强城市管理和绿化、美化、亮化、净化，营造了良好氛围；亮点观摩聚焦特色产业，组织约6000人次参观考察了9条观摩线路、20个观摩点，集中展示了宁夏经济社会发展成就。

办好中阿博览会，是国家赋予宁夏的重大任务和光荣使命。宁夏将在党中央、国务院的坚强领导下，深入总结，持续发力，扎实推进，把中阿博览会打造成国家级、国际性一流盛会，为深化经贸合作、共建“一带一路”做出新的更大的贡献！

（自治区政府 王会宁提供）

宁夏实施“蓝天碧水·绿色城乡”专项行动

一、全力整改中央环保督察反馈问题

2017年，自治区深入实施“蓝天碧水·绿色城乡”专项行动，突出抓好污染整治，扎实整改环保督察反馈问题，全力改善环境质量。

自治区把2017年确定为“中央环保督察整改落实年”，建立省级领导包抓重点环保问题工作机制，成立自治区环境保护督察工作领导小组及办公室，层层传导压力、落实责任，定期开展督查指导，每月通报整改情况。充分发挥媒体监督和社会监督作用，在“一台一报一网”累计宣传报道环保整改新闻902条，有力营造了社会监督整改工作的良好氛围，切实保障人民群众的知情权，得到了国家环境保护督察办公室的充分肯定。切实加大督查问责力度，推进各地、各部门落实责任，强化问题整改责任追究，依法依规对132名责任人问责情况进行公开通报曝光。

二、扎实推进大气污染攻坚

坚持把改善环境空气质量作为环境保护工作的核心，全面开展大气污染防治攻坚行动，制定颁布《自治区大气污染防治条例》，统筹推进环境空气质量改善。强化“煤尘”治理，加快推进银川市“东热西送”、西夏热电二期、中宁县天元锰业热电联产等集中供热工程。督促5个地级市划定高污染燃料禁燃区，建成22个封闭配煤中心。加强煤质监管和散煤污染治理，全区共淘汰各类规模燃煤锅炉1640台（含煤改气、煤改电457台），其中城市建成区内20蒸吨/小时以下燃煤锅炉淘汰1031台（含煤改气、煤改电360台）。深化“烟尘”治理，完成大气污染治理项目280个，火电机组超低排放改造11台370万千瓦，655座加油站完成油气回收改造。建立秸秆禁烧市、县、乡、村四级联防联控责任体系，被环保部通报的着火点数量与上年同期相比下降83.8%。细化“扬尘”治理，制定《加强全区城市扬尘整治工作方案》，各地督促建筑工地落实6个100%标准要求。建立“机械深度洗扫+人工即时保洁”机制，投入1.02亿元环保专项资金支持各地采购一批机械化清扫保洁车辆，全区城市道路机械化清扫保洁率达到64%，比上年提高18个百分点。实化“汽尘”治理，机动车排污监管平台建设顺利推进，组织开展油品专项执法检查、黄标车及排气不达标车辆集中整治，积极推广使用新能源汽车，完成80个充电桩基础建设，调拨300辆新能源公交车投入运营，全区共淘汰黄标车、老旧车47233辆。尤其是大气污染防治攻坚行动以来，媒体深度曝光的恶臭治理、燃煤锅炉整治等问题，引起了社会各界高度关注，环境质量也呈改善趋势，10月1日至12月31日，全区优良天数同比增加13天，PM10、PM2.5平均浓度分别为113微克/立方米、47微克/立方米，同比分别下降11.7%、23%，取得了明显成效。

三、深入推进水环境综防综治

坚持把保障黄河水环境安全作为环保工作的关键，加大资金投入，指导编制银新干沟、四二干沟等13条重点入黄排水沟综合整治实施方案，加快推进重点入黄排水沟综合整治，中卫市第一排水沟、第四排水沟和中宁县北河子沟人工湿地工程已建成发挥效益。封堵涉水企业入河、入湖、入沟直排口45个。城镇和工业园区污水处理设施建设和提标改造深入推进，全区31个省级及以上工业园区按照要求建成污水集中处理设施并逐步配套安装自动在线监控装置，全区36座城镇污水处理厂已完成提标改造33个，剩余3个预计2018年6月份调试运行。全区13条黑臭水体已完工12条，完工比率92%，其中银川市9条黑臭水体整治工程全部完成。督促开展不达标水体综合整治，石嘴山市、固原市加快实施沙湖生态修复治理、清水河城区段人工湿地、西吉县葫芦河氧化塘等25项工程建设，沙湖生态修复及湖滨缓冲带、渝河人工湿地三期工程等7个项目完成建设。安排自治区水污染防治专项资金1932万元，支持银川市、石嘴山市、吴忠市、中卫市实施水源地保护区规范化建设，加大水源地的执法力度，开展县级集中式饮用水水源地调查评估，完成了农村千吨万人集中式饮用水基础状况调查。全面推进农业农村污染防治,全区22个县(市、区)共划定畜禽禁养区254个,面积达到10578.56平方公里,依法关闭或搬迁养殖场(小区)36家,已完成10家,其他养殖场搬迁工作正在加快推进。

四、切实加强土壤污染防治及固废管理

严格落实土壤污染防治属地责任,与5个地级市人民政府、宁东能源基地管委会签订《土壤污染防治目标责任书》。全面启动土壤污染详查工作,制定《自治区土壤污染状况详查工作实施方案》,成立领导小组,细化分解重点任务,全区共划定农用地土壤污染状况详查单元319个,布设农用地土壤详查点位3036个,划定详查单元土壤环境质量国控监测点位556个,其中国控基础点位191个,背景点位22个,风险点位343个,完成土壤污染源重点行业企业空间位置遥感核查,建立全区土壤详查质控实验室、土壤样品库和流转中心。组织实施利通区、贺兰县污灌区土壤修复治理项目,确定并公布土壤重点监管企业107家。积极做好工业固体废物污染防治工作,强化涉危企业监督管理,完成全区60家涉危企业208个视频监控安装,取消危险废物区内转移审批,审批发放危险废物经营许可证23件、跨省转移危险废物94件14.78万吨。

五、着力解决环境突出问题

扎实推进自然保护区人类活动清理整治工作,开展"绿盾2017"全区自然保护区监督检查专项行动,全面排查全区9个国家级自然保护区和5个自治区级自然保护区人类活动(含2013年以来新增和规模明显扩大点位),共排查人类活动点位2173个,实行"整改销号"制度,建立排查整改台账,扎实推进整治工作。组织开展冬季大气污染防治攻坚执法,采取异地交叉执法的方式,累计检查企业727家,发现环境问题815个(其中违法问题273个),督促属地环保部门加快整改进度。加大银川周边制药及生物发酵企业环境监管,并实施挂牌督办,组织开展驻厂环境监察、零点夜查和厂界周边恶臭监测,对恶臭超标问题实施最高限处罚或按日计罚,启元药业、泰瑞制药、伊品生物全面停产整治。全面做好网格化环境监管工作,不断完善污染源"双随机"抽查工作机制。先后约谈6个地方政府、8个环保部门,全区实施行政处罚758起,罚没款金额8921.82万元,其中按日计罚10起,查封扣押70家,限产停产102家,移送拘留33起,移送涉嫌环境犯罪11起。全区放射源安全检查专项行动成效显著,督促38家企业54个问题完成整改,有力消除了安全隐患,环保部评估组给予全区专项行动充分肯定。

六、优化服务经济社会发展

印发《关于推进生态立区战略的实施意见》《自治区环境保护"十三五"规划》,为今后生态环境保护工作确定时间表和路线图。推进生态保护红线划定,科学评估重要生态功能区、生态敏感脆弱区评价,核准禁止开发区边界,确定全区生态保护红线的范围,红线范围占全区总面积的24.8%,形成"三屏一带两区"的生态安全格局。全面推进工业园区规划环评工作,建立定期调度推进机制,全区32个工业园区规划环评执行率达到81%。积极跟踪服务自治区重点项目建设,实施全过程紧盯,新建中卫至兰州铁路、银西高铁、京藏高速等自治区重点建设项目均已完成环评审批。取消了废旧放射源收贮行政事业性收费和辐射类所有经营性收费项目,大力推进污染物排放许可制改革,完成火电、造纸、水泥等14个行业119家企业排污许可证核发。

七、强化基础能力建设

大力推动生态环境保护领域改革,选取石嘴山市开展领导干部离任生态环境保护责任审计试点工作,积极推进生态环境损害责任终身追究制,规范领导干部在生态环境和资源保护领域履职用权行为,强化领导班子和领导干部考核生态环境建设指标权重。全力争取中央水污染防治专项资金,全区72个水污染治理项目进入中央项目储备库,项目总投资53.34亿元。自治区财政安排预算2.08亿元、地方债资金5亿元,全面推进大气、水、土壤治理工程建设。做好国家重点生态功能区县域生态环境质量监测评价和考核工作,2017年,中央下达全区国家重点生态功能区转移支付资金15.51亿元,同比增长9.4%。推进全区生态环境监测网络建设,全面完成全区县级环境空气质量自动监测站升级改造工作,实现环境空气质量新标准县级全覆盖。国控宁夏辐射环境质量自动监测站数据获取率位居全国第一名。

2017年,全区5个地级市平均优良天数(达标天数)为279天,同比增加4天,可吸入颗粒物(PM10)平均浓度为106微克/立方米,同比上升2.9%,细颗粒物(PM2.5)平均浓度为42微克/立方米,同比下降8.7%。剔除沙尘天气影响后,全区可吸入颗粒物(PM10)平均浓度为90微克/立方米,同比下降3.2%,细颗粒物(PM2.5)平均浓度为39微克/立方米,同比下降11.4%。全区监测的15个地表水国家考核断面(点位)中,水质优良(达到或优于Ⅲ类)比例为73.3%,达

到国家考核目标要求，劣Ⅴ类水质（清水河三营断面）比例为6.7%。开展监测的11个地级及以上城市集中式饮用水水源地中，除2个水源地个别项目存在超标现象（已协调环境保护部对不达标水源地进行替换），其余水源地均符合考核目标要求。全区地下水极差比例控制在6.7%以内，达到国家考核目标要求。

（自治区政府 王会宁提供）

宁夏引黄古灌区列入世界灌溉遗产名录

世界文化遗产、世界灌溉工程遗产、世界自然遗产、世界农业文化遗产等统称为世界遗产。世界文化遗产由联合国教育科学文化组织负责评审命名，是文化保护与传承的最高等级。世界农业文化遗产由联合国粮食及农业组织负责对全球重要的农业文化遗产进行评审、命名。世界灌溉工程遗产是国际灌溉排水委员会从2014年开始评选的世界遗产项目，旨在更好的传承和利用仍在发挥作用的古代灌溉工程，保护珍贵的历史文化遗产。评审条件为：建设年代在100年以上的灌排工程；为农业发展、粮食增产、农民增收做出了突出贡献；在工程设计、建设技术等方面领先于其时代；是持续性运营管理的经典范例等。国内陕西郑国渠、四川乐山东风堰等10处灌溉工程已成功申报。加上2017年成功申报的宁夏引黄古灌区、陕西汉中三堰、福建宁德黄鞠3处，我国已有13处列入世界灌溉工程遗产名录。

宁夏因黄河而存在、依黄河而发展、靠黄河而兴盛。宁夏自秦开始屯垦开渠，历经各个朝代的开凿延伸，历经沧桑变化从未中断，孕育了辉煌灿烂的黄河文明，逐步形成了覆盖宁夏平原的纵横交错、密如网织灌溉古渠系，为各个朝代粮食生产、巩固边疆做出了重要贡献，“天下黄河富宁夏”之说名不虚传，宁夏平原因此也被称为“塞北江南”。自秦汉以来，历代开凿的14条引黄灌溉古渠历史悠久、底蕴深厚、流润千秋、惠泽至今，符合世界灌溉工程遗产遴选和具备申报世界灌溉工程遗产的基本条件。

黄河自黑山峡小观音入宁夏境，过青铜峡，至石嘴山三道坎出境，流长397公里，其间冲淤形成宁夏平原。青铜峡以上为卫宁平原，青铜峡以下为银川平原，具有引黄河水灌溉的优越条件，习称宁夏引黄灌区，也称前套或西套。海拔高程在1090米至1230米之间。灌区引黄河水灌溉始于秦汉，是中国最古老的大型灌区之一，距今已有2000多年的历史，早在南北朝时期就有“塞北江南”美誉。

随着朝代的兴衰更替，灌区的发展盛进衰退，由小变大。历代都有增开新渠的记载，据《史记》《汉书》等史书记载，秦代蒙恬开疆、军民屯垦，汉代已有秦渠、汉渠、汉延渠、唐徕渠等古渠的雏形。南北朝有艾山渠和薄骨律渠。唐代有御史、尚书、特进等渠。北宋时西夏有昊王、李王渠。元代有蜘蛛渠。明代有羚羊、柳青、新生等渠。清代有大清、惠农、昌润、天水等渠。民国有湛恩、云亭、扶农等渠。随着历史的演变，现存古渠大都经历了由小到大、由短到长、由低到高的演进过程。有的冲毁淤废、有的重修合并后更换了名称、有的至今仍在使用。治水人物郭璜、刁雍、郭守敬、汪文辉、张九德、通智、钮廷彩等彪炳史册。汉代的激河浚渠、北魏的灌溉制度、西夏的卷埽技术、元代的控水闸堰、明代的石闸水则、清代的封表轮灌、渠底准石、插杠挡闸等技术沿用至今。历代文人墨客创作了200余首诗赋、30余篇碑记等都是古灌区历史发展的见证。到新中国成立前夕，全灌区直接从黄河引水的大小干渠共39条，总长1350公里，灌地192万亩。

新中国成立后，改造旧渠，开发新渠，灌区规模迅速发展。从20世纪50年代至70年代，分别对旧渠系进行了大规模的扩建改造，裁并扶农、太平、昌滂等旧渠，新开第一、二农场渠，跃进渠、西干渠、东干渠等干支渠。80年代至90年代重点对渠道进行除险加固和更新改造。90年后实施续建配套和节水改造工程，砌护渠道、改造建筑物、建设信息化，灌排系统日益完善，供水保证率大幅提高。灌区共有古渠14条，长1292公里，控制灌溉面积543万亩。

历史悠久的宁夏引黄古灌区是中国古代文明的生动体现，不仅属于宁夏，也属于中国、属于世界，同样属于未来。在政治军事方面。宁夏北连大漠、南接关中，战略地位突出，历代游牧民族的侵袭使宁夏成为中原王朝稳定西北、固边扩疆的战略要地，对推进中国历史进程起到了重要作用，宁夏引黄古灌区发挥了重要的粮食供给和军事保障作用。在历史文化方面。宁夏引黄灌区是中原农耕文化与北方游牧文化融汇交流的枢纽地带，还有长城文化、贺兰山岩画、西夏文化、黄河文化等历史遗存，是多元文化生成、繁荣和传播的重要驿站。在农业生态方面。秦汉时期在宁夏平原拉开了规模移民、引黄开渠的序幕，历代持续不断的兴修水利、屯田垦荒，为“塞上江南”的繁荣与富庶奠定了基础，使宁夏平原成为镶嵌在贺兰山、六盘山与三大沙漠之间的翡翠绿洲，是西北地区重要的粮食产区和生态安全屏障。

宁夏引黄古灌区列入世界灌溉遗产名录具有独特的优势：一是引黄灌溉条件优越。宁夏引黄灌区位于黄河上游前套，属干旱半干旱气候，黄河纵贯宁夏397公里，水势平缓、河面稍低于地面，在黄河上直接开凿渠口即可引水灌溉，引黄条件得天独厚。得益于黄河冲淤，宁夏引黄灌区土地肥沃、地饶五谷，因此享有“黄河百害、唯富一套”的美誉。唐肃宗见宁夏平原“兵食完备”，发出“灵武，我之关中”之赞叹。《明太宗实录》中也有记载：天下屯田积谷，宁夏最多。清康熙亲征葛尔丹途经宁夏时，更是感慨：汤汤南北劳疏筑，唯此分渠利赖多。二是引黄灌溉历史悠久。宁夏引黄灌溉的历史，可远溯到秦代，早在南北朝时期就有“塞北江南”的美誉，是我国四大古灌区之一。自秦汉移民开发以来，宁夏引黄灌区为历代统治者所重视。虽有朝代更替，盛进衰退，但水利建设却从未停止向前迈进的步伐。千百年来，宁夏平原即要防卫戍边，还要发展灌区农业，宁夏引黄灌区作为国家西北的重要粮仓，为驻守戍边的历代军队提供了可靠的后勤保障，发挥了重要作用。历代开凿的秦渠、汉渠、汉延渠、唐徕渠、七星渠、美利渠、羚羊寿渠、大清渠、惠农渠、西干渠、东干渠、跃进渠等14条古渠仍在血脉流润、惠泽至今，可以说2000多年的宁夏经济社会发展史就是一部流淌的水利开发建设史。三是引黄灌溉技术精湛。宁夏历代治水实践中，创造了许多先进的治水、管水、用水技术，沿用至今。汉代的激河浚渠，北魏的灌溉制度，西夏的卷埽技术，元代的控水木闸堰、滚水坝，明代的石闸布设，刻字“水则”，清代的渠底布设准底石、闸坝砌筑、封表轮灌、渠道岁修、插杠挡闸等技术及经验领先于其时代，为当地的农牧业及经济社会发展做出了巨大贡献。四是引黄灌溉文化璀璨。宁夏引黄古渠系开发建设过程中涌现出了的众多治水人物，秦代的蒙恬，西汉的汉武帝，东汉的虞诩、郭璜，北魏的刁雍，唐代的李听、郭子仪，元朝的郭守敬、张文谦、董文用，明代的汪文辉、张九德，清代的王全臣、通智、钮廷彩，民国的崔桐选等治水不朽业绩彪炳史册。历代的文人墨客还创作了大量的诗词歌赋，有唐代韦蟾的《送卢潘尚书之灵武》、明代朱栴的《汉渠春涨》、清代康熙的《横城堡渡黄河》等水利诗文200余首。还有明代孙汝汇的《汉唐二坝记》、清代通智的《修唐徕渠碑记》、清代钮廷彩的《汉渠碑记》等水利碑记30余篇。目前，遗存的文物有汉代的陶漏斗、陶水管、汉渠碑首、清代的钮公生祠碑等水利文物、器具、实物500多件。五是引黄古渠千秋流韵。宁夏平原自秦代蒙恬开疆、军民屯垦以来，汉代已有秦渠、汉渠、汉延渠、唐徕渠等古渠的雏形。南北朝有艾山渠和薄骨律渠。唐代有御史、尚书、特进等渠。宋夏时期新开昊王、李王渠。元代新开蜘蛛等渠。明代新开羚羊、柳青、新生等渠。清代新开大清、惠农、昌润、天水等渠。民国新开湛恩、云亭、扶农等渠。随着历史的演变，现存的秦渠、汉渠、汉延渠、唐徕渠等古渠大都经历了由小到大、由短到长的演进过程。有的冲毁淤废、有的重修合并后更换了名称、有的至今仍在使用。如今，宁夏引黄灌区总灌溉面积828万亩，灌区干渠、干支渠25条、总长2454公里(历史超过100年的渠道14条、总长1292公里，灌溉面积544万亩)，引水能力合计750m³/s，各类控制工程9265座。

为了传承保护好珍贵的引黄灌溉遗产，提升全区文化软实力，2016年10月，自治区审时度势，乘势而为，启动了宁夏引黄古灌区申报世界灌溉工程遗产工作。在2017年10月10日墨西哥召开的第二十三届国际灌溉与排水委员会执行理事会上，宁夏引黄古灌区成功列入世界灌溉工程遗产名录并授牌，实现了宁夏申遗“零”突破，“塞上江南”走向了世界。国际灌排委盛赞：宁夏引黄古灌区是世界灌排工程的典范，是古代水利工程的经典，代表着中国古代水利工程技术卓越成就。与长城一样，是秦汉以来中国历史进程的重要见证！

宁夏引黄古灌区成功列入世界灌溉工程遗产，填补了宁夏的申遗空白，申遗成功价值巨大，将有利于助推文化兴宁，可以有力增强全区各族人民的文化自信和自豪，向世界亮出了“塞上江南”的靓丽名片，使“塞上江南”有了文化之魂。将有利于助推产业兴宁，可有力提升全区特色产业、农副产品的品牌价值和文化深度，使宁夏引黄古灌区的特色产品增添千年的历史文化内涵。将有利于助推开放兴宁，可有力提高全区的国际知名度和影响力，促进全区全域旅游及相关产业发展。将有利于助推实干兴宁，可有力凝聚保护黄河、建设家乡的热情和力量，对宁夏政治、经济、文化、社会实现可持续发展起到的积极的带动效应！

（自治区政府　王会宁提供）

宁夏回族自治区2017年国民经济和社会发展统计公报[1]

宁夏回族自治区统计局　国家统计局宁夏调查总队

（2018年5月2日）

2017年，自治区党委、政府带领全区上下认真学习贯彻党的十九大精神，以习近平新时代中国特色社会主义思想为指导，全面落实习近平总书记视察宁夏重要讲话精神，按照自治区第十二次党代会的部署要求，坚持稳中求进工作总基调，牢固树立新发展理念，统筹推进“五位一体”总体布局、协调推进“四个全面”战略布局，不断深化供给侧结构性改革，稳增长、促改革、调结构、惠民生、防风险各项工作稳步推进，创新驱动、脱贫富民、生态立区“三大战略”取得积极进展，经济发展呈现“总体平稳、稳中有进、稳中向好”的运行态势，较好地完成了全年预期目标。

一、综合

初步核算，全年全区实现生产总值[2]3453.93亿元，按可比价格计算，比上年增长7.8%。其中，第一产业增加值261.07亿元，增长4.3%；第二产业增加值1580.53亿元，增长7.0%；第三产业增加值1612.33亿元，增长9.2%。第一产业增加值占地区生产总值的比重为7.6%，第二产业增加值比重为45.8%，第三产业增加值比重为46.6%，比上年提高1.2个百分点。按常住人口计算，全区人均生产总值50917元，增长6.7%。

图1　2013—2017年全区生产总值及其增长速度

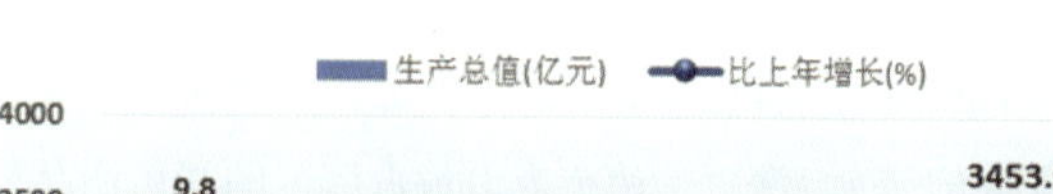

图2　2013—2017年全区三次产业增加值占地区生产总值比重

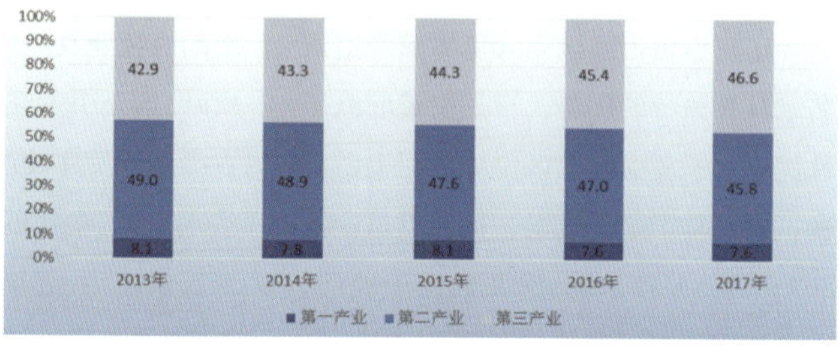

表1　2017年全区生产总值及其增长速度

指　标	绝对值(亿元)	比上年增长(%)
全区生产总值	3453.93	7.8
农林牧渔业	276.64	4.3
工业	1096.30	8.4
建筑业	484.36	3.7
批发和零售业	160.92	8.7
交通运输、仓储和邮政业	199.31	-0.9
住宿和餐饮业	58.66	6.5
金融业	314.69	6.8
房地产业	120.84	3.6
其他服务业	742.21	15.2
第一产业	261.07	4.3
第二产业	1580.53	7.0
第三产业	1612.33	9.2

年末全区常住人口681.79万人，比上年末增加6.89万人。其中，城镇常住人口395.33万人，占常住人口比重（常住人口城镇化率）为57.98%，比上年末提高1.69个百分点。全年全区出生人口9.12万人，出生率为13.44‰；死亡人口3.22万人，死亡率为4.75‰；自然增长率为8.69‰。

全年全区城镇新增就业8.25万人，农村劳动力转移就业75.53万人。年末全区城镇登记失业率为3.87%。全年全区农民工[4]总量为96.9万人，比上年增加5.5万人，增长6.0%。其中，外出农民工75.1万人，比上年增加3.2万人，增长4.5%；本地农民工21.8万人，增加2.3万人，增长11.8%。

表 2　2017 年年末全区人口数及其构成

指　标	年末数(万人)	比重(%)
年末总人口	681.79	100.00
其中:城镇	395.33	57.98
乡村	286.46	42.02
其中:回族	247.57	36.31
其中:男性	344.08	50.47
女性	337.71	49.53
其中:0~15 周岁(含不满 16 周岁)[3]	148.02	21.71
16~59 周岁(含不满 60 周岁)	444.18	65.15
60 周岁及以上	89.59	13.14
其中:65 周岁及以上	58.03	8.51

图 3　2013—2017 年全区城镇新增就业人数

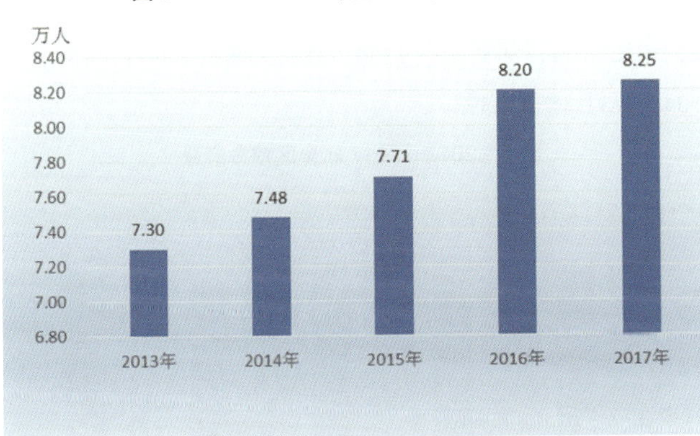

全年全区居民消费价格比上年上涨 1.6%；工业生产者出厂价格上涨 12.1%;工业生产者购进价格上涨 12.9%;固定资产投资价格上涨 5.9%;农产品生产者价格[5]下降 0.7%。

图 4　2017 年全区居民消费价格月度涨跌幅度

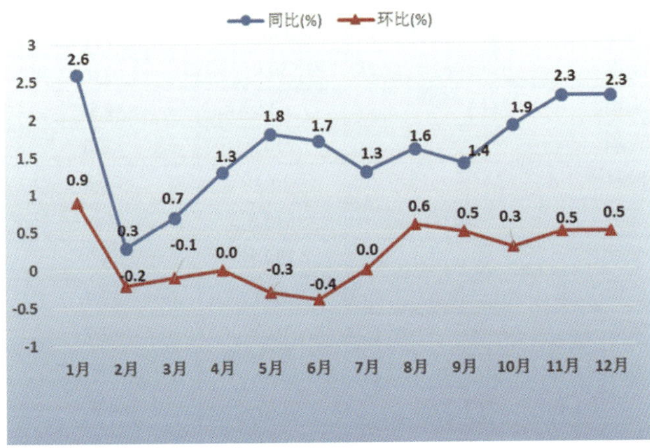

图 5　2017 年全区工业生产者出厂价格和购进价格同比涨跌幅度

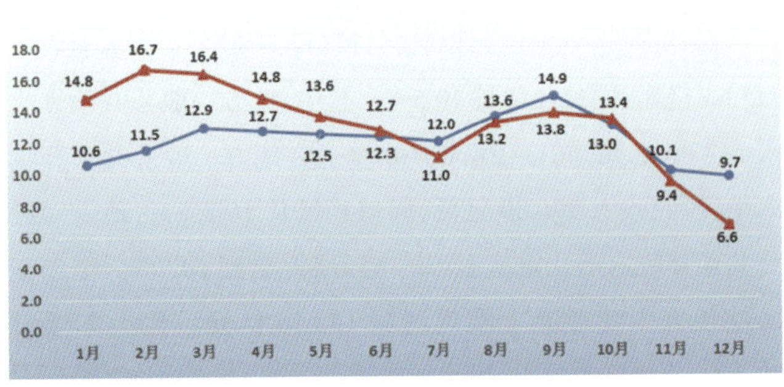

表 3　2017 年 12 月份全区居民消费价格指数

指　标	环　比	同　比	1-12 月累计比
居民消费价格总指数	100.5	102.3	101.6
其中:食品烟酒	101.4	100.6	99.5
衣着	100.4	104.8	101.2
居住	100.0	102.1	102.3
生活用品及服务	100.2	102.4	101.9
交通和通信	100.3	102.4	102.7
教育文化和娱乐	100.1	102.7	102.3
医疗保健	100.3	104.3	104.8
其他用品和服务	99.4	102.2	102.4

供给侧结构性改革扎实推进。全年全区规模以上工业企业每百元主营业务收入中的成本为 83.82 元，比上年下降 0.03 元;每百元主营业务收入中的三项费用为 9.65 元,比上年下降 0.78 元。年末，全区商品房待售面积 1036.68 万平方米,下降 16.9%,比上年末减少 210.61 万平方米。其中,住宅待售面积 482.25 万平方米，下降 32.6%，比上年末减少 233.32 万平方米。全年全区农林牧渔业投资增长 39.0%,信息传输、软件和信息技术服务业投资增长 16.3%,科学研究和技术服务业投资增长 64.7%,水利、环境和公共设施管理业投资增长 35.7%。

新动能新产业新业态加快成长。全年全区规模以上工业高技术产业[6]增加值比上年增长 24.3%,占规模以上工业增加值的比重为 4.2%。全年水电、风电、太阳能等清洁能源发电量 236.6 亿千瓦时,增长 24.0%;滚动轴承产量 2280.7 万套,增长 1.16 倍;数控金属切削机床 1709 台,增长 35.7%。全年全区高技术产业投资[7]219.63 亿元,增长 22.6%,占固定资产投资(不含农户)的比重为 5.9%;工业技术改造投资[8]433.23 亿元,增长 15.1%,占固定资产投资(不含农户)的比重为 11.6%。全年全区网上零售额[9]按卖家所在地分实现零售45.2亿元，比上年增长1.48倍，其中，实物商品零售额20.1亿元，增长42.5%；按买家所在地分，实现零售额236.7亿元，增长56.2%。

发展质量效益不断改善。全年全区一般公共预算总收入715.65亿元，同口径增长10.5%。其中，地方一般公共预算收入417.46亿元，同口径增长10.1%。在地方一般公共预算收入中，税收收入270.29亿元，同口径增长15.3%，占地方一般公共预算收入的比重从上年的63.6%提高到64.7%。全年全区规模以上工业企业实现利润152.10亿元，比上年增长22.3%。分经济类型看，国有控股企业实现利润20.66亿元，下降55.2%；股份制企业95.66亿元，增长2.8%，外商及港澳台商投资企业45.61亿元，增长72.9%。分门类看，采矿业实现利润42.83亿元，增长7.1倍；制造业79.79亿元，增长7.2%；电力、热力、燃气及水生产和供应业29.48亿元，下降34.0%。

图6 2013—2017年地方一般公共预算收入及增长速度

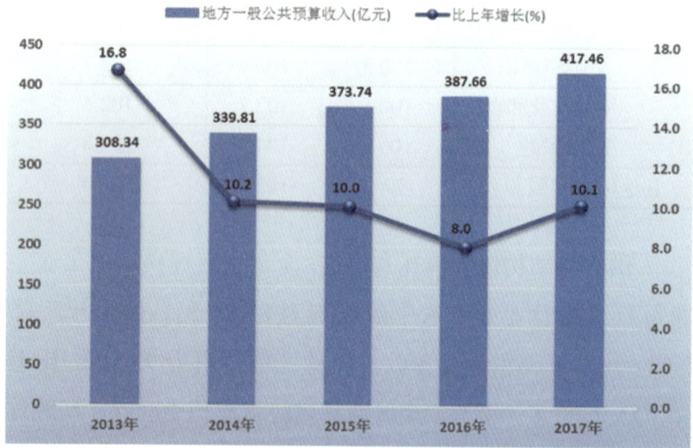

注：图中2016—2017年地方一般公共预算收入增长速度为同口径增幅，2013—2015年为同比增幅。

二、农业

全年全区粮食种植面积1163.3万亩，比上年减少4.1万亩。其中，小麦种植面积198.8万亩，增加9.5万亩；水稻种植面积112.9万亩，增加0.3万亩；玉米种植面积435.5万亩，减少9.8万亩；薯类种植面积242.8万亩，减少10.4万亩。油料种植面积96.4万亩，减少6.2万亩。蔬菜种植面积201.3万亩，增长2.6万亩。瓜果种植面积125.5万亩，减少5.1万亩。园林水果种植面积192.9万亩，减少11.6万亩。

全年全区粮食总产量368.2万吨，比上年减产2.4万吨，减少0.7%，实现连续十四年丰收。其中，夏粮产量42.4万吨，增产0.1%；秋粮产量325.8万吨，减产0.8%。全年全区小麦产量40.9万吨，与上年持平；水稻产量63.9万吨，增产1.5%；玉米产量214.9万吨，减产3.0%；马铃薯产量(折粮)36.6万吨，增产3.5%。

全年全区蔬菜产量610.8万吨，比上年增产3.0%；红枣产量10.4万吨，增产25.3%；枸杞产量11.7万吨，增产12.4%；葡萄产量19.0万吨，减产2.7%；油料产量13.4万吨，减产8.6%。

全年全区肉类总产量32.2万吨，比上年增长4.3%。其中，猪肉产量7.8万吨，增长4.0%；牛肉产量10.9万吨，增长4.7%；羊肉产量11.0万吨，增长4.7%；禽肉产量2.1万吨，增长0.1%。禽蛋产量10.6万吨，增长9.7%。牛奶产量153.3万吨，增长9.9%。水产品产量18.1万吨，增长3.6%。年末全区生猪存栏70.7万头，增长2.5%；生猪出栏99.2万头，增长3.2%；肉牛存栏79.9万头，增长4.6%；肉牛出栏71.0万头，增长4.1%；肉羊存栏554.7万只，减少4.5%；肉羊出栏622.7万只，增长4.1%；奶牛存栏38.4万头，增长5.1%；活禽存栏1150.7万只，增长8.1%；活禽出栏1104.5万只，增长1.5%。

图7 2013—2017年全区粮食产量

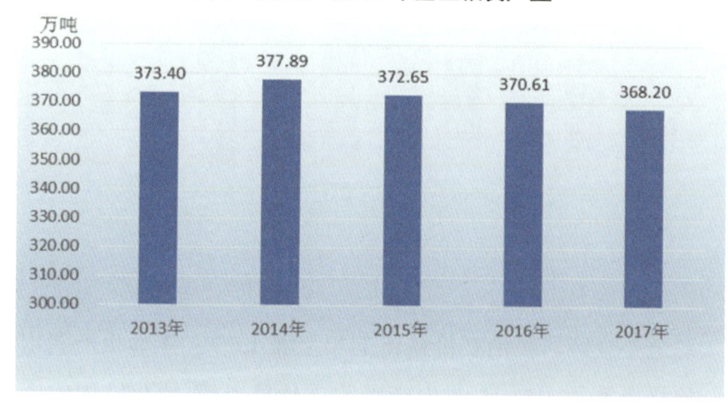

表4 2017年全区主要农林牧渔业产品产量及其增长速度

单位：万吨

指　标	产　量	比上年增长(%)
粮食	368.2	-0.7
小麦	40.9	0.0
水稻	63.9	1.5
玉米	214.9	-3.0
油料	13.4	-8.6
蔬菜	610.8	3.0
瓜果	199.1	-4.3
枸杞	11.7	12.4
葡萄	19.0	-2.7
肉类总产量	32.2	4.3
其中：猪、牛、羊肉产量	29.7	4.5
禽蛋	10.6	9.7
牛奶	153.3	9.9
水产品	18.1	3.6

三、工业和建筑业

全年全区全部工业增加值 1096.30 亿元，比上年增长 8.4%。规模以上工业增加值增长 8.6%。在规模以上工业中，分轻重工业看，轻工业增长 1.8%，重工业增长 9.9%。分经济类型看，国有控股企业增长 8.7%；股份制企业增长 9.7%，国有企业增长 8.0%，外商及港澳台商投资企业下降 2.8%；私营企业增长 4.0%；非公有制工业增长 6.6%。分门类看，采矿业增长 2.0%，制造业增长 8.4%，电力、燃气和水的生产和供应业增长 12.6%。

图 8　2013—2017 年全部工业增加值及其增长速度

全年全区规模以上工业中，煤炭行业增加值比上年增长 2.8%、电力行业增长 12.2%、化工行业增长 13.6%、冶金行业增长 9.7%、有色增长 6.7%、轻纺增长 0.4%、机械增长 7.3%、建材下降 0.1%、医药增长 9.0%、其他行业增长 8.0%。工业产品销售率为 97.0%。

年末全区发电装机容量 4187.6 万千瓦时，比上年末增长 14.0%。其中，火电装机容量 2583.2 万千瓦时，增长 19.3%；水电装机容量 42.6 万千瓦时，与上年持平；风电装机容量 941.6 万千瓦时，与上年持平；太阳能发电装机容量 620.2 万千瓦时，增长 17.9%。

全区具有资质的总承包和专业承包建筑业企业 761 家，全年完成建筑业总产值 549.21 亿元，比上年增长 7.4%。建筑业企业房屋建筑施工面积 2569.40 万平方米，下降 7.3%；房屋竣工面积 791.75 万平方米，下降 22.2%；竣工产值 338.67 亿元，下降 10.4%。按建筑业总产值计算的劳动生产率 24.30 万元/人，下降 9.2%。

表 5　2017 年全区主要工业产品产量及其增长速度

指　标	单　位	产　量	比上年增长(%)
原　煤	万吨	7643.6	8.1
发电量	亿千瓦时	1380.9	20.7
焦　炭	万吨	754.7	-1.8
原铝(电解铝)	万吨	115.0	9.4
农用化肥(折纯)	万吨	46.1	-15.7
精甲醇	万吨	644.2	19.4
电石(碳化钙)	万吨	344.6	9.7
水　泥	万吨	2177.7	11.8
铁合金	万吨	322.2	-5.5
乳制品	万吨	95.9	4.2
葡萄酒	万千升	3.4	9.7
金属切削机床	台	2094.0	35.5

四、固定资产投资

全年全区全社会固定资产投资 3813.38 亿元，比上年增长 4.2%[10]。其中，固定资产投资(不含农户)3725.12 亿元，增长 4.2%。

在固定资产投资(不含农户)中，第一产业投资 214.59 亿元，比上年增长 60.7%；第二产业投资 1372.49 亿元，下降 8.3%；第三产业投资 2138.03 亿元，增长 10.0%。工业投资 1356.97 亿元，下降 9.3%，占固定资产投资(不含农户)的比重为 36.4%。基础设施投资[11]897.99 亿元，增长 26.1%，占固定资产投资（不含农户）的比重为 24.1%。民间固定资产投资[12]2038.08 亿元，增长 5.5%，占固定资产投资(不含农户)的比重为 54.7%。

表 6　2017 年全区分行业全社会固定资产投资及其增长速度

指　标	投资额(亿元)	比上年增长(%)
全社会固定资产投资	3813.38	4.2
农、林、牧、渔业	260.67	39.0
采矿业	149.03	1.6 倍
制造业	815.81	-2.1
电力、热力、燃气及水的生产和供应业	392.53	-35.4
建筑业	15.52	26.9 倍
批发和零售业	42.04	-8.6
交通运输、仓储和邮政业	415.08	6.9
住宿和餐饮业	16.60	-19.1
信息传输、软件和信息技术服务业	72.57	16.3
金融业	2.95	2.1 倍
房地产业[13]	816.43	-6.6

续表

指　标	投资额（亿元）	比上年增长（%）
租赁和商务服务业	27.49	39.6
科学研究和技术服务业	28.36	64.7
水利、环境和公共设施管理业	467.18	35.7
居民服务和其他服务业	7.60	-62.3
教育	68.10	20.0
卫生和社会工作	86.41	89.3
文化、体育和娱乐业	55.73	26.5
公共管理和社会组织	73.26	1.2 倍

图 9　2013—2017 年三次产业投资占固定资产投资（不含农户）比重

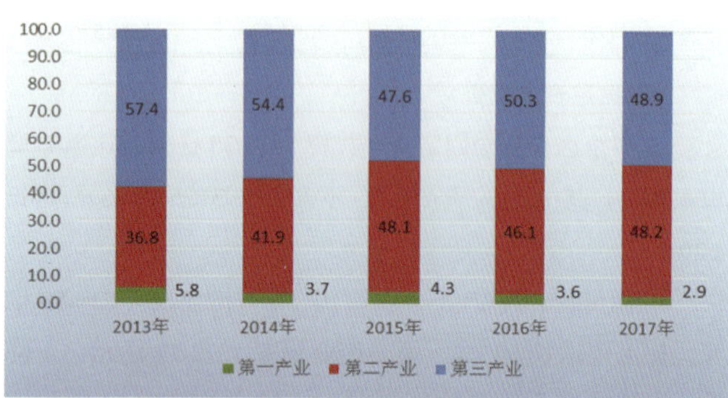

全年全区房地产开发投资 652.84 亿元，比上年下降 10.3%。其中，住宅投资 387.75 亿元，下降 10.9%；办公楼投资 37.01 亿元，下降 28.6%；商业营业用房投资 152.42 亿元，与上年持平。

表 7　2017 年全区房地产开发和销售主要指标完成情况及其增长速度

指　标	单　位	绝对数	比上年增长(%)
房地产开发投资	亿元	652.84	-10.3
房屋施工面积	万平方米	6836.71	-3.8
其中：住宅	万平方米	4346.91	-4.6
其中：本年新开工面积	万平方米	1187.61	-14.6
房屋竣工面积	万平方米	1328.62	2.6
其中：住宅	万平方米	883.54	-5.1
商品房销售面积	万平方米	1021.36	5.7
其中：住宅	万平方米	870.28	4.8
商品房待售面积	万平方米	1036.68	-16.9
其中：住宅	万平方米	482.25	-32.6
商品房销售额	亿元	464.13	13.3
其中：住宅	亿元	369.30	13.3
本年实际到位资金	亿元	678.50	0.0
其中：国内贷款	亿元	70.10	-27.6
自筹资金	亿元	241.57	-7.1
其他资金来源	亿元	366.83	14.0

五、国内贸易

全年全区实现社会消费品零售总额 930.45 亿元，比上年增长 9.5%。按经营地统计，城镇消费品零售额 854.26 亿元，增长 9.3%；乡村消费品零售额 76.19 亿元，增长 11.7%。按消费类型统计，商品零售额 769.49 亿元，增长 8.7%；餐饮收入额 160.96 亿元，增长 13.0%。

图 10　2013—2017 年社会消费品零售总额及其增长速度

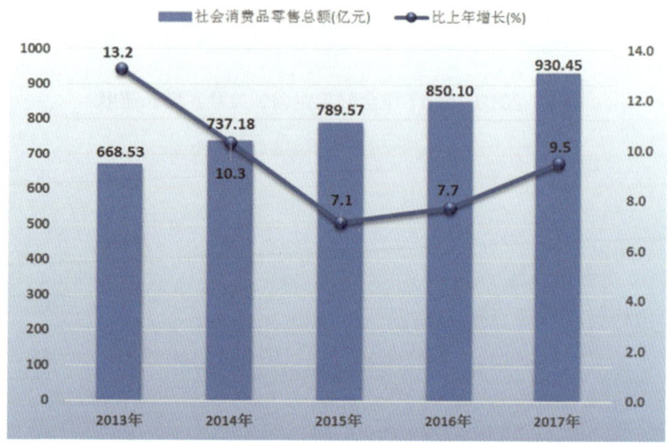

在限额以上企业商品零售额中，粮油、食品类零售额比上年增长 16.8%，饮料类增长 22.6%，烟酒类增长 7.9%，服装、鞋帽、针纺织品类增长 0.5%，化妆品类增长 17.9%，金银珠宝类下降 1.1%，日用品类增长 2.0%，家用电器和音像器材类增长 3.2%，中西药品类增长 7.8%，文化办公用品类下降 9.6%，通讯器材类下降 12.0%，石油及制品类增长 19.2%，汽车类下降 0.1%。

六、对外经济[14]

据银川海关统计，全年全区货物进出口总额 341.29 亿元，比上年增长 58.9%。其中，出口 247.71 亿元，增长 50.5%；进口 93.58 亿元，增长 86.7%。货物进出口差额（出口减进口）154.12 亿元。对“一带一路”沿线国家进出口总额 82.66 亿元，增长 14.4%。其中，出口 66.54 亿元，增长 21.7%；进口 16.12 亿元，下降 8.3%。

图 11　2013—2017 年货物进出口总额

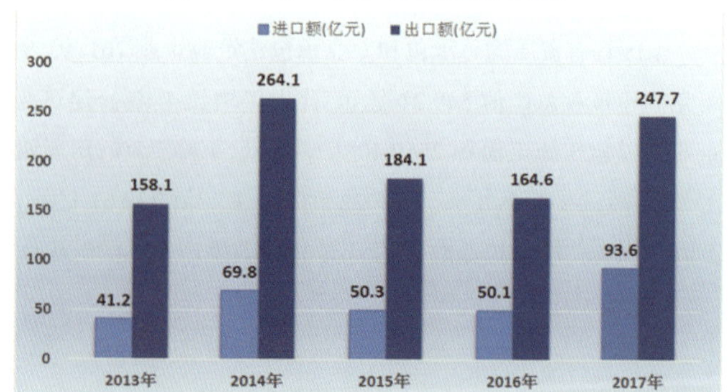

全年全区实际使用外商直接投资3.11亿美元，比上年增长22.8%。全区新批准外商直接投资项目24个，合同外资金额25.40亿美元，增长3.5倍。其中，租赁和商务服务业签订利用外商直接投资项目5个，合同额2.18亿美元，增长33.9%。

表8　2017年全区主要商品出口金额及其增长速度

商品名称	出口值(亿元)	比上年增长(%)
金首饰及零件	19.12	513.5
维生素C及其衍生物	3.70	330.1
新的充气橡胶轮胎	6.74	181.6
焦炭及半焦炭	1.68	96.5
果蔬汁	1.49	70.7
铁合金	4.32	88.1
赖氨酸酯及盐	3.98	58.2
机床及铸件	4.86	47.5

七、交通和邮电

全年全区货物运输总量3.93亿吨，比上年下降11.5%。货物运输周转量811.41亿吨公里，下降7.1%。全年旅客运输总量0.76亿人次，下降14.4%；旅客运输周转量158.11亿人公里，增长3.3%。

表9　2017年全区各种运输方式完成运输量及其增长速度

运输方式	货物				旅客			
	运输总量		运输周转量		运输总量		运输周转量	
	绝对数(万吨)	比上年增长(%)	绝对数(亿吨公里)	比上年增长(%)	绝对数(万人次)	比上年增长(%)	绝对数(亿人公里)	比上年增长(%)
总计	39289.44	-11.45	811.41	-7.13	7599.90	-14.44	158.11	3.31
铁路	6528.29	11.81	253.55	4.61	650.37	-1.25	43.26	-4.29
公路	31659.00	-15.40	500.18	-13.40	6518.00	-17.60	55.84	-13.32
航空	1.89	26.54	0.29	21.01	431.53	37.67	59.01	35.92
管道	1100.26	-0.94	57.40	7.21	-	-	-	-

年末全区民用汽车保有量132.16万辆，比上年末增长12.1%。其中，私人汽车保有量119.9万辆，增长13.2%。民用轿车保有量63.73万辆，增长13.1%，其中，私人轿车60.9万辆，增长13.5%。

全年全区完成邮政业务总量[15]15.32亿元，比上年增长0.8%。邮政业全年完成邮政函件业务365.7万件，包裹业务10.6万件，快递业务量3721.5万件；快递业务收入6.8亿元。全年全区完成电信业务总量[16]204.7亿元，增长1.17倍。年末全区电话用户总数854.2万户，其中移动电话用户792万户。互联网宽带接入用户159.2万户，比上年增加47.3万户。移动互联网用户682.5万户，比上年增加80.4万户；移动互联网接入流量20825.8万G，增长1.92倍。

图12　2013—2017年年末全区互联网宽带接入用户数和移动互联网用户数

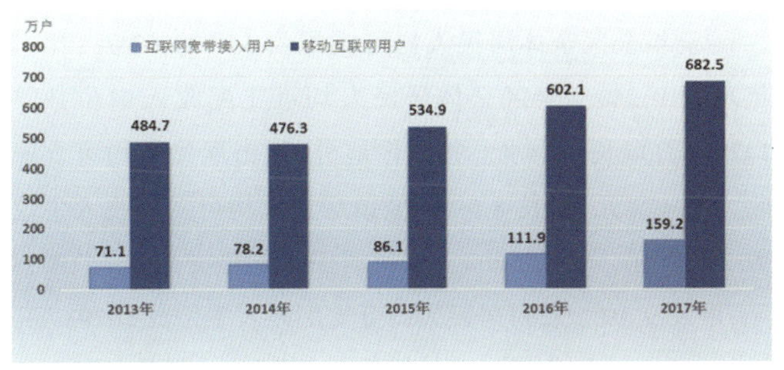

八、金融

年末全区全部金融机构本外币各项存款余额5867.22亿元，比年初增加406.58亿元。其中，人民币各项存款余额5848.45亿元，增加406.91亿元。全部金融机构本外币各项贷款余额6461.48亿元，比年初增加765.52亿元。其中，人民币各项贷款余额6332.61亿元，增加664.72亿元。

表10　2017年年末全区金融机构存贷款余额及其增长速度

指　标	年末数(亿元)	当年新增(亿元)	比上年末增长(%)
各项存款余额	5867.22	406.58	7.5
人民币存款余额	5848.45	406.91	7.5
其中：住户存款	2791.49	241.29	9.5
非金融企业存款	1591.31	103.58	7.0
广义政府存款	1342.82	31.26	2.4
各项贷款余额	6461.48	765.52	13.4
人民币贷款余额	6332.61	664.72	11.7
其中：短期贷款	2048.41	207.24	10.8
中长期贷款	3867.49	439.83	13.1
票据融资	412.96	20.96	5.4

年末全区上市公司13家，总股本103.00亿股，总市值916.64亿元，比上年下降13.3%。其中，流通市值572.81亿元，下降22.2%。全年证券交易额5939.75亿元，增长15.2%。全年全区在全国中小企业转让系统[17]挂牌公司66家，较年初增长17.9%，总市值219.16亿元。

年末全区省级营业性保险分公司20家，全年实现保费收入165.21亿元，比上年增长23.4%。其中，财产险收入56.04亿元，增长21.6%；寿险收入81.24亿元，增长19.1%；健康险收入23.53亿元，增长46.5%；意外伤害险收入4.40亿元，增长24.9%。支付各类赔款和给付49.56亿元，增长15.7%。其中，财产险赔款 26.96 亿元，增长 8.7%；寿险业务给付 15.17 亿元，增长 20.2%；健康险给付 6.19 亿元，增长 44.9%；意外伤害险赔款 1.24 亿元，增长 9.4%。

九、居民收入消费和社会保障

全年全区全体居民人均可支配收入[18]20562 元，比上年增长 9.2%。全区全体居民人均可支配收入中位数[19]14781元，增长 11.4%。按常住地分，城镇居民人均可支配收入 29472 元，增长 8.5%。城镇居民人均可支配收入中位数 23727 元，增长 6.9%。农村居民人均可支配收入 10738 元，增长 9.0%。农村居民人均可支配收入中位数 10293 元，增长 10.0%。按全区居民五等份收入分组[20]，低收入组人均可支配收入 5083 元，中等偏下收入组人均可支配收入 11009 元，中等收入组人均可支配收入 17807 元，中等偏上收入组人均可支配收入 29486 元，高收入组人均可支配收入 56122 元。

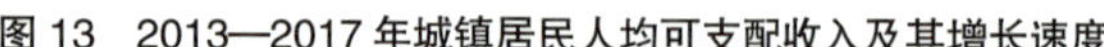

图 13　2013—2017 年城镇居民人均可支配收入及其增长速度

图 14　2013—2017 年农村居民人均可支配收入及其增长速度

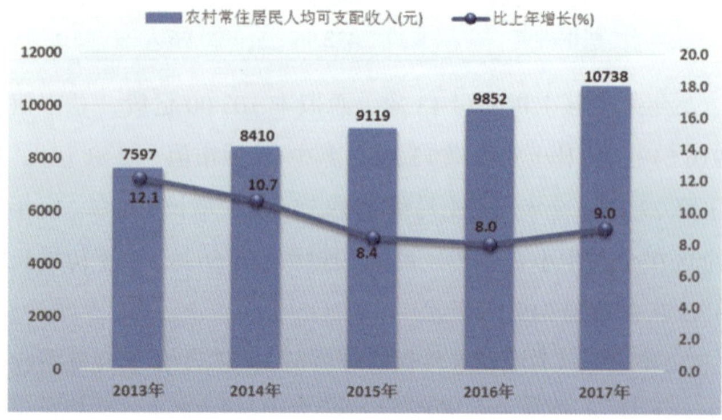

全年全区居民人均消费支出 15350 元，比上年增长 2.6%，扣除价格因素，实际增长 1.0%。按常住地分，城镇居民人均消费支出 20219 元，下降 0.7%，扣除价格因素，实际下降 2.4%；农村居民人均消费支出 9982 元，增长 9.2%，扣除价格因素，实际增长 7.8%。

图 15　2017 年全区城镇居民人均消费支出及其构成

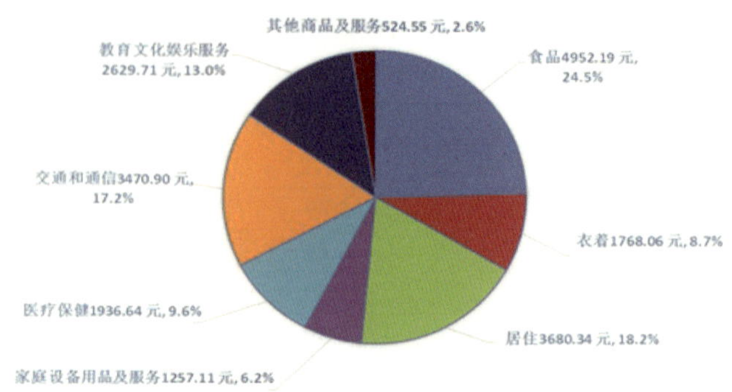

图 16　2017 年全区农村居民人均消费支出及其构成

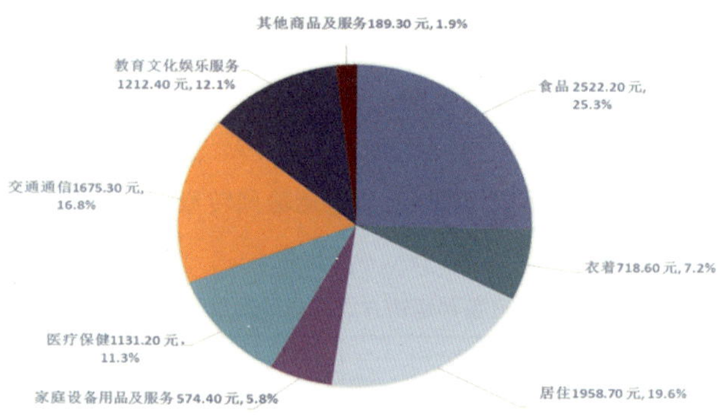

按照每人每年 2300 元（2010 年不变价）的农村贫困标准计算，2017 年末，全区农村贫困人口 23.9 万人，比上年末减少 19.3 万人；贫困发生率 6.0%，比上年下降 5.1 个百分点。

年末全区参加城镇职工基本养老保险人数 205.91 万人，比上年末增加 9.81 万人。参加城乡居民基本养老保险人数 185.48 万人，比上年末减少 0.72 万人。参加基本医疗保险人数 618.22 万人，增加 24.17 万人，其中，参加城镇职工基本医疗保险 123.46 万人，增加 5.99 万人；参加城乡居民基本医疗保险 494.76 万人，增加 18.18 万人。参加失业保险人数 88.55 万人，增加 2.85 万人。参加工伤保险人数 90.35 万人，增加 6.81 万人。参加生育保险人数 81.73 万人，增加 5.19 万人。年末全区共有 10.84 万人享受城市居民最低生活保障，38.11 万人享受农村居民最低生活保障，0.99 万人享受农村特困人员[21]救助供养。

十、教育、科学技术和文化体育

年末全区各级各类学校 3406 所（含小学教学点 552 所），教职工 104220 人。全年全区学前教育毛入园率

81.46%，小学学龄人口入学率99.93%，初中阶段毛入学率107.04%，高中阶段毛入学率90.33%，高等教育毛入学率45.95%，小学六年巩固率为96.02%，初中三年巩固率为95.02%。

表11 2017年全区各级教育招生、在校、毕业生人数

类 别	校数（所）	招生数（人）	在校学生数（人）	毕业学生数（人）
普通高等学校	19	39422	126392	33133
#研究生	3	2278	5341	1570
成人高等学校	1	11233	26398	10158
中等职业教育学校	28	25067	74742	24660
普通中学	310	145751	428017	142484
#高中（含完全中学）	63	49189	148837	53632
初中（含完全中学）	247	97652	279180	88852
普通小学	1353	96628	581350	99430
幼儿园	1130	114298	230515	97294
特殊教育学校	13	1009	5319	555

全年全区登记自治区级科技成果267项，比上年下降14.1%。其中，基础理论成果71项，应用技术成果176项，软科学成果20项。全年申请专利量8574件，增长39.5%，其中，发明专利2561件，增长2.0%。专利授权量4243件，增长58.5%，其中，发明专利授权量657件，增长17.3%。全年共签订技术合同984项，技术合同成交金额7.2亿元。年末全区拥有国家级工程技术研究中心3个，自治区级工程技术研究中心43个；国家重点实验室3个，自治区级重点实验室28个；国家级企业（集团）技术中心（含分中心）14个，自治区级企业（集团）技术中心62个；自治区级产业技术协同创新中心4个，临床医学研究中心6个，自治区技术创新中心174个。

年末全区文化系统共有艺术表演团体15个，博物馆75个。全区共有公共图书馆26个，文化馆26个，档案馆28个。有线广播电视实际用户68万户，其中，有线数字电视实际用户62万户。全区广播节目综合人口覆盖率为97.59%；电视节目综合人口覆盖率为99.37%。全区出版各类报纸19种，出版期刊37种，出版图书3909种。2017年，全区文化及相关产业增加值74.36亿元，比上年增长14.5%；占地区生产总值的比重为2.35%，比上年提高0.12个百分点。

全年全区运动员参加国际国内比赛共取得金牌59枚、银牌68枚、铜牌53枚。全年有159人达国家一级运动员等级标准，487人达国家二级运动员等级标准，26人获得国家一级裁判员等级称号。

十一、卫生和社会服务

年末全区共有医疗卫生机构4272个，其中医院209个；基层医疗卫生机构3966个，其中乡镇卫生院220个，社区卫生服务中心（站）166个，村卫生室2301个；专业公共卫生机构87个，其中疾病预防控制中心25个，卫生监督所（中心）25个。年末全区卫生技术人员49714人，其中执业医师和执业助理医师18187人，注册护士21568人。全区医疗卫生机构实有床位39820张，其中医院34822张，乡镇卫生院3354张。全年全区总诊疗人次[22]4026.85万人次，出院人数[23]115.73万人次。

图17 2013—2017年年末全区卫生技术人员人数

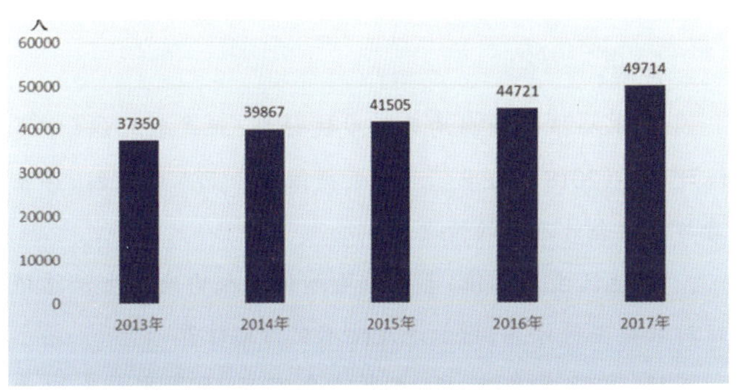

年末全区共有各类提供住宿的社会服务机构122个，其中养老服务机构94个，儿童收养救助服务机构10个。社会服务床位[24]17575张（不包括社区床位数），其中养老床位14905张（不包括社会日间照料床位3538张、社会留宿床位2891张），儿童服务床位1022张。年末全区共有社区服务机构和设施2658个，其中社区服务中心68个，社区服务站2081个。

十二、资源、环境和安全生产[25]

全年全区水资源总量10.77亿立方米。全年全区平均降水量332毫米，比上年增长10.3%。全年全区总用水量66.06亿立方米，增长1.8%。其中，生活用水3.00亿立方米，增长7.8%；工业用水4.52亿立方米，增长2.9%；农业用水56.37亿立方米，增长0.8%。万元地区生产总值用水量[26]194立方米，下降4.9%；万元工业增加值用水量39立方米，下降4.9%。人均用水量974立方米，增长0.7%。

全年全区完成营造林面积107.6万亩，其中人工营造林面积54.0万亩。森林抚育面积35.82万亩。截至年底，全区自然保护区14个，其中国家级自然保护区9个，自治区级自然

保护区5个。新增水土流失治理面积83.30千公顷。

预计全年全区城市污水处理率93.0%，比上年提高0.8个百分点；燃气普及率85.0%，比上年提高0.61个百分点；城市建成区绿地率36.50%，比上年提高0.36个百分点；人均公园绿地面积17.80平方米，比上年增加0.06平方米。[27]

全年全区五个地级城市平均空气质量优良天数为279天，优良天数比例为76.4%。细微颗粒(PM2.5)平均浓度为42微克/立方米，比上年下降8.7%。

全年全区累计发生生产经营性事故256起，比上年下降21.7%；死亡196人，下降14.8%。亿元GDP生产安全事故死亡人数为0.057；道路交通万车死亡率为2.05，下降6.8%；煤矿百万吨死亡人数为0.026，下降91.6%。

注释：

[1]本公报中数据均为初步统计数，正式数据以《宁夏统计年鉴(2018)》为准。部分数据因四舍五入的原因，存在着与分项合计不等的情况。

[2]地区生产总值、各产业增加值和人均地区生产总值绝对数按现价计算，增长速度按不变价格计算。

[3] 2017年年末，0~14岁（含不满15周岁）人口为138.74万人，15~59岁(含不满60周岁)人口为453.46万人。

[4]年度农民工数量包括年内在本乡镇以外从业6个月及以上的外出农民工和在本乡镇内从事非农产业6个月及以上的本地农民工两部分。

[5]农产品生产者价格是指农产品生产者直接出售其产品时的价格。

[6]高技术产业包括医药制造业，航空、航天器及设备制造业，电子及通信设备制造业，计算机及办公设备制造业，医疗仪器设备及仪器仪表制造业，信息化学品制造业。

[7]高技术产业投资包括医药制造、航空航天器及设备制造等六大类高技术制造业投资和信息服务、电子商务服务等九大类高技术服务业投资。

[8]工业技术改造投资是指工业企业利用新技术、新工艺、新设备、新材料对现有设施、工艺条件及生产服务等进行改造提升，实现内涵式发展的投资活动。

[9]网上零售额是指通过公共网络交易平台(主要从事实物商品交易的网上平台，包括自建网站和第三方平台)实现的商品和服务零售额。其中，网上零售额包括的服务，以及少部分用于生产经营用或被转卖的商品不统计在社会消费品零售总额中。

[10]根据第三次农业普查结果对全区2016年固定资产投资基数进行修订，2017年增速按可比口径计算。

[11]基础设施投资是指建造或购置为社会生产和生活提供基础性、大众性服务的工程和设施的支出。公报中的基础设施投资包括交通运输、邮政业，电信、广播电视和卫星传输服务业，互联网和相关服务业，水利、环境和公共设施管理业投资。

[12]民间固定资产投资是指具有集体、私营、个人性质的内资企事业单位以及由其控股（包括绝对控股和相对控股)的企业单位建造或购置固定资产的投资。

[13]房地产业投资除房地产开发投资外，还包括建设单位自建房屋以及物业管理、中介服务和其他房地产投资。

[14]货物进出口采用人民币计价。实际使用外商直接投资由于技术原因仍主要沿用美元计价。

[15]邮政行业业务总量按2010年价格计算。

[16]电信业务总量按2015年价格计算。

[17]全国中小企业股份转让系统又称“新三板”，是2012年经国务院批准设立的全国性证券交易场所。

[18]全区居民收入名义增速快于分城乡居民收入增速的原因是：在城镇化过程中，一部分在农村收入较高的人口进入城镇地区，但在城镇属于较低收入人群，他们的迁移对城乡居民收入均有拉低作用。但无论在城镇还是农村，其收入增长效应都会体现在全体居民收入增长中。

[19]人均收入中位数是指将所有调查户按人均收入水平从低到高(或从高到低)顺序排列，处于最中间位置调查户的人均收入。

[20]全区居民五等份收入分组是指将所有调查户按人均收入水平从高到低顺序排列，平均分为五个等份，处于最高20%的收入群体为高收入组，依此类推依次为中等偏上收入组、中等收入组、中等偏下收入组、低收入组。

[21]农村特困人员是指无劳动能力，无生活来源，无法定赡养、抚养、扶养义务人或者其法定义务人无履行义务能力的农村老年人、残疾人以及未满16周岁的未成年人。

[22]总诊疗人次指所有诊疗工作的总人次数，包括门诊、急诊、出诊、预约诊疗、单项健康检查、健康咨询指导(不含健康讲座)人次。

[23]出院人数指报告期内所有住院后出院的人数，包括医嘱离院、医嘱转其他医疗机构、非医嘱离院、死亡及其他人数，不含家庭病床撤床人数。

[24]社会服务床位数除收养性机构外，还包括救助类机构、社区类机构以及军休所、军供站等机构的床位。

[25]由于国家统计口径变化，2017 年仅统计生产经营性事故情况，且亿元 GDP 生产安全事故死亡人数计算公式进行了调整，该指标不与上年进行对比。

[26]万元地区生产总值用水量、万元工业增加值用水量和万元地区生产总值能耗按 2015 年价格计算。

[27]此数据为住建部门预计数，具体数据 5 月底前公布；城市指标为五个地级市和两个县级市数据。

资料来源：

本公报中城镇新增就业、登记失业率、社会保障数据来自自治区人力资源社会保障厅；财政数据来自自治区财政厅；水资源数据来自自治区水利厅；林业数据来自自治区林业厅；发电装机容量数据来自国网宁夏电力公司；铁路运输数据来自中国铁路兰州局集团有限公司；公路运输数据来自自治区交通运输厅；民航数据来自西部机场集团宁夏机场有限公司；电信业务总量、电话用户、宽带用户、移动互联网接入流量、互联网普及率等数据来自宁夏通信管理局；建成区绿地面积、污水处理率、燃气普及率等数据来自自治区住房城乡建设厅；货物进出口数据来自银川海关；外商直接投资等数据来自自治区商务厅；民用汽车数据来自自治区公安厅；管道数据来自中石油管道长庆输油气分公司和中石油东部管道有限公司银川管理处；邮政业务数据来自宁夏邮政管理局；货币金融数据来自人民银行银川中心支行；上市公司数据来自宁夏证监局；保险业数据来自宁夏保监局；城乡低保、农村特困人员救助供养、社会服务来自自治区民政厅；教育数据来自自治区教育厅；国家工程研究中心、国家工程实验室、企业技术中心等数据来自自治区科技厅；专利数据来自自治区知识产权局；艺术表演团体、博物馆、公共图书馆、文化馆数据来自自治区文化厅；广播电视、电影、报纸、期刊、图书数据来自自治区新闻出版广电局；体育数据来自自治区体育局；卫生数据来自自治区卫生计生委；环境监测数据来自自治区环境保护厅；安全生产数据来自自治区安监局；其他数据均来自自治区统计局和国家统计局宁夏调查总队。

（自治区统计局综合处马宏德提供）

大事记

DASHIJI

NINGXIA YEARBOOK

编辑◎黄 鑫

1月

3日 宁夏回族自治区率先在全国正式成立省级城市管理综合执法监督局。

4日 宁夏首个健康文化节——宝湖社区健康文化节启动暨宁夏首个健康中国文化书屋揭牌仪式在银川市宝湖社区举行。

5日 自治区党委常委会议审议通过《宁夏回族自治区党委实施〈中国共产党问责条例〉办法(试行)》。

是日 自治区全面深化改革领导小组第十七次会议审议通过《关于推进价格机制改革的实施意见》《关于推进全区检验检测认证机构整合改革的实施意见》等。

9日 中共中央办公厅、国务院办公厅印发《省级空间规划试点方案》。国家将在海南、宁夏试点基础上,将吉林、浙江等7省纳入省级空间规划试点范围。

9—13日 自治区政协十届五次会议选举崔波为自治区政协十届委员会副主席。

是日 由上海芭蕾舞团倾情演绎的芭蕾舞剧《白毛女》在宁夏大剧院上演。该舞剧是上海芭蕾舞团的“扛鼎之作”,根据1964年同名歌剧创作改编而成,曾荣获中华民族20世纪舞蹈经典作品金像奖,50多年来已上演1700余场。

10—14日 自治区十一届人大七次会议听取、审议政府工作报告和其他报告。通过了关于政府工作报告的决议等。选举李锐为自治区十一届人大常委会副主任。

12日 自治区文化扶贫工程——贫困村综合文化服务中心建设工作会议召开。会议要求到2017年10月底,全区全面建成中南部9县(区)606个贫困村综合文化服务中心,完善其他县(区)村级综合文化服务中心功能设施,实现全区村综合文化服务中心全覆盖。

14日 自治区党委常委(扩大)会议传达学习习近平总书记在中央政治局民主生活会上的重要讲话精神,研究贯彻落实意见。会议强调,省级领导干部作为“关键少数”中的“关键少数”,要带头学习、深刻领会习近平总书记重要讲话精神,思想上高度统一、政治上清醒坚定、行动上坚决有力,以上率下、从严要求,为全区作出示范。

是日 由全国24家省会以上城市联袂打造的《盖网·花儿盛开春风里》——2017“中华民族一家亲”中国少数民族迎春大联欢电视晚会在宁夏人民会堂举行。

15日 自治区党委、政府印发《关于深入推进农业供给侧结构性改革加快培育农业农村发展新动能的实施意见》。提出要加快发展特色优势产业,着力推进农业提质增效;拓展农业多种功能,发展壮大新产业新业态;强化农业科技创新驱动,加快培育发展新动能;深化农村改革,激活农业农村发展内生动力;夯实农业农村基础条件,按照宜居宜业目标推进新农村建设;推进绿色生产方式,增强持续发展后劲。

16日 宁夏农村工作会议在银川召开。会议深入贯彻中央经济工作会议、中央农村工作会议和自治区党委十一届九次全会精神,总结成绩,表彰先进,交流经验,分析形势,研究部署2017年“三农”工作。会议通报了2016年度农业现代化和农村全面小康建设综合考评情况,表彰奖励了2016年度农业现代化和农村全面小康建设先进集体、2016年度农村全面小康建设进位单位。贺兰县、盐池县、原州区、平罗县、利通区、沙坡头区万齐农业集团有关负责人作了交流发言。

是日 由宁夏回族自治区党委宣

传部、中央电视台科教频道联合出品的六集纪录片《贺兰山》首播。该片是继《神秘的西夏》之后，导演金铁木与宁夏合作的又一力作，全景展现了在“一带一路”战略背景下，宁夏人民真实鲜活的生活和丰富多彩的精神世界，以及追梦圆梦、激情创业的奋斗历程。

16 日至 2 月 5 日　“欢乐春节·神奇宁夏”宁夏文艺赴欧洲四国展演活动先后在法国、葡萄牙、比利时、德国举办，这是近年来宁夏首次在欧盟举办的一次大型对外文化交流活动。

17 日　宁夏工业和信息化工作会议、宁夏国有资产监督管理工作会议、宁夏旅游工作会议、宁夏深化重点水利改革暨水利工作会议、宁夏交通运输工作会议、宁夏住房城乡建设工作会议分别在银川召开。

18 日　银川综合保税区国际快件监管中心通过银川海关验收，成为宁夏首个国际快件监管中心，该中心将依托银川河东国际机场主要经营迪拜直邮国内快件物品的清关业务，宁夏由此打通了国际寄递物品从银川直接进出境的渠道，结束了宁夏企业及个人的国际寄递物品必须绕道其他省市清关出入境的局面。

是日　宁夏林业工作会议、宁夏国土资源工作会议分别在银川召开。

20 日　自治区纪委十一届八次全会传达学习习近平在十八届中央纪委七次全会上的重要讲话和王岐山所作的工作报告，许传智作了强化监督执纪问责，推进全面从严治党，为加快宁夏建设提供坚强保证的工作报告。会议强调要聚焦全面从严治党；巩固深化纠正“四风”成果；深化纪律检查体制改革。

24 日　宁夏反腐败国际追逃追赃工作会议在银川召开，正式启动全区“天网 2017”行动。自治区党委常委、纪委书记、自治区反腐败案件查处协调领导小组组长许传智出席会议并讲话。

25 日　自治区党委、政府发出《关于推进价格机制改革的实施意见》的通知。指出，将通过深化重点领域价格改革、建立健全政府定价制度、加强市场价格监管和反垄断执法、充分运用价格杠杆服务实现调控等措施来实现全区的价格机制改革。

2 月

6—8 日　最高人民检察院党组书记、检察长曹建明到宁夏中卫、同心、银川等地调研检察工作。

8 日　自治区政府常务会议审议通过《宁夏回族自治区“十三五”脱贫攻坚规划》《宁东能源化工基地“十三五”开发总体规划》《宁夏回族自治区现代农业“十三五”发展规划》《宁夏回族自治区民政事业发展“十三五”规划》。会议审议通过了《关于固原市西吉县将台乡撤乡建镇的意见》，同意撤销“将台乡”，设立“将台堡镇”；自治区农垦集团将太阳梁移民区移交中宁县管理，设立太阳梁乡。

10 日　自治区脱贫攻坚电视电话推进会传达学习全国扶贫开发工作会议精神，提出要紧盯目标不放松，集中力量补短板，坚决打赢脱贫攻坚战。

13 日　自治区政府印发《关于将区市县三级安全生产监督管理部门确定为行政执法机构的通知》，提出将自治区、设区的市（含宁东管委会）、县三级安全生产监督管理部门确定为行政执法机构。

15—19 日　国务院安全生产第六考核组在宁夏考核安全生产工作。

22 日　自治区宣传思想文化工作会议在银川召开，部署宣传思想文化工作。提出，实施思想理论武装、新型智库建设、主流舆论引导、核心价值观铸魂、文化扶贫惠民、网络空间清朗、外宣能力提升、媒体深度融合、骨干人才培养和文化改革发展促进十大工程，还就补齐公共文化服务供给、优秀传统文化传承、文化精品创作生产 3 个短板及加强文化领域安全工作提出了要求。会议表彰奖励了 2014 年至 2015 年度宁夏获得全国性奖项的 36 件文化作品，获文化部、新闻出版广电总局、中国文联等有关部委奖励的 35 件文艺作品。其中秦腔《花儿声声》、纪录片《神秘的西夏》、长篇小说《马兰花开》等作品获奖。

23 日　宁夏回族自治区政府与泰康保险集团在银川签署战略合作协议，泰康保险集团将在保险服务、社会保障体系建设、医疗养老及基础设施建设、扶贫开发、互联网产业和投融资合作等重点领域，引入多种金融资源和先进运营模式，为宁夏经济发展注入新的活力和血液。

24 日　自治区党委常委会议审议通过 2017 年自治区领导牵头推进重大项目工作“6+7”机制。3 月 16 日，自治区党委办公厅、政府办公厅印发《关于建立自治区领导同志牵头推进重大项目工作“6+7”机制的意见》。

26—28 日　自治区党委、政府主要领导带领宁夏党政代表团赴江苏、浙江两省考察学习打造龙头企业、培育新兴业态、推动科技创新等方面的经验。先后在南京、杭州签署了《宁夏江苏重点领域项目合作会谈纪要》《宁夏浙江重点领域项目合作会谈纪要》以及《宁夏回族自治区政府、浙商总会战略合作框架协议》,将在电力外送、产业发展、人才交流培训、社会事业等领域布局一些重点项目。

3月

2日　自治区党委办公厅、政府办公厅印发《自治区党委2017年统一战线重点工作计划》。

3—13日　住宁全国政协委员参加全国政协十二届四次会议。向大会提交提案91件。8日,全国政协副主席王正伟参加住宁全国政协委员座谈会。

5—15日　在宁全国人大代表参加十二届全国人大五次会议。向大会提交议案3件,建议46件。其中,关于供给侧结构性改革的意见被吸收采纳。

6日　《宁夏公共文化服务体系"十三五"建设规划》出台。规划包括规划背景、总体要求、主要任务和保障措施4个部分。

10日　中共中央政治局常委、全国人大常委会委员长张德江参加宁夏代表团审议时就编纂民法典等发表重要讲话。

11日　宁夏回族自治区政府与中国航天科技集团在北京签署战略合作框架协议，双方合作推动航天科技深度融入地方经济发展。

18日　自治区政府印发《宁夏回族自治区教育事业发展"十三五"规划》。

20日　自治区政府常务会议审议通过《宁夏"十三五"工业发展及两化融合规划》《宁夏节能降耗与循环经济"十三五"发展规划》《自治区与市县财政事权和支出责任划分改革实施方案》《关于实施支持农业转移人口市民化若干财政政策的通知》。

21日　"十二五"国家科技支撑计划"基层及少数民族地区高发疾病防治适宜技术研究及示范"项目延期课题验收会议在银川召开，由宁夏医科大学承担的"回族地区基层医疗机构卫生适宜技术研究"位列其中。

23日　宁夏演艺集团秦腔剧院院长李小雄凭借在秦腔《狗儿爷涅槃》中的出色表演荣获第二十七届"白玉兰戏剧奖""主角奖",成为宁夏第二位获此殊荣的戏剧工作者。

25日　宁夏回族文化文物特展在浙江省博物馆武林馆区开幕。展览精选142件(组)回族文物,从回族概况、民俗撷英和工艺奇葩等方面展示了回族悠久的历史、灿烂的文化及独特的民俗。

27日　自治区党委办公厅、政府办公厅印发《宁夏回族自治区创建全国禁毒示范省区工作方案》。

29日　西吉县将台堡红军长征会师纪念碑被中宣部命名为全国爱国主义教育示范基地。

30日　自治区十一届人大常委会第三十次会议决定任命马顺清为自治区人民政府副主席。

4月

6日　国务院安委会第八巡查组进驻宁夏开展为期一个月的安全生产巡查工作并发出《安全生产巡查公告》。

7日　自治区生态保护红线划定工作专题会议在银川召开。会议指出,生态保护红线全区只划定一条，自治区划定后,市县不再划定,实行分级管控。要结合国家相关要求，同步开展生态保护红线管控办法的研究，建立分级管理制度,充分发挥红线管控作用。

13日　2016年度全国十大考古新发现揭晓,青铜峡鸽子山遗址榜上有名。考古专家认为,鸽子山遗址的发掘,首次在西北沙漠边缘区建立了晚更新世末期到全新世早期的年代序列，为研究这一特殊地理单元史前人类活动及环境变迁提供了重要材料。

19日　神华宁煤集团甲醇分公司首次工业化试生产40吨纺丝级增韧聚甲醛产品，填补了国内聚甲醛产品的空白,将聚甲醛产品推进高端市场。

21日　宁夏回族自治区政府与中国铁建股份有限公司签订战略合作框架协议。双方将建立长期合作伙伴关系,进行多层次、多渠道、多模式的合作。

是日　自治区政府常务会议审议通过《宁夏农业水价综合改革实施方案》《关于公立医院实行人员总量管理的意见》并做出黄河宁夏段二期防洪工程设计变更的决定。会议还决定从2017年4月28日8时起，撤销全区已有的25个政府还贷普通公路收费站，取消普通公路收费。

22—26日　全国政协副主席、九三学社中央主席韩启德率九三学社中央调研组在银川等地调研互联网医疗推进情况,并在银川召开座谈会。韩启德希望宁夏通过互联网手段促进优质医疗资源下沉，解决医疗资源不均衡和信息不对称的问题;促进优质资源共享共建,更大范围地满足基层群众就医需求。24—26日,韩启德率全国政协调研组在吴忠、固原、银川等地调研改进校园餐食管理工作。

24日　自治区党委常委(扩大)会议传达学习习近平总书记在中央政治局常委会会议时审议《关于2016年省级党委和政府扶贫开发工作成效考核情况的汇报》的重要讲话精神,通报国家和宁夏2016年扶贫成效交叉考核有关情况。

25日　宁夏高校思想政治工作会议在银川召开。自治区主席咸辉主持会议。自治区领导齐同生、崔波、张超超、许传智、盛荣华、赵永清、马三刚参加会议。自治区教育工委、人力资源和社会保障厅、宁夏大学、宁夏职业技术学院、北方民族大学马克思主义学院、宁夏医科大学临床医学学科负责同志作了表态发言。

26日　自治区召开全区领导干部会议。中央组织部副部长姜信治出席并宣布中央决定：石泰峰同志任宁夏回族自治区党委委员、常委、书记；李建华同志不再担任宁夏回族自治区党委书记、常委、委员职务，另有任用。姜志刚同志任宁夏回族自治区党委委员、常委、副书记，崔波同志不再担任宁夏回族自治区党委副书记、常委职务。

28日　第九届中国西部（银川）房·车博览会在银川国际会展中心举行开幕式。

29日　中国国民党前主席连战一行到宁夏参观访问。

是月　宁夏文物考古研究所组织8家单位，在彭阳红河流域开展区域系统考古调查过程中发现了姚河塬商周遗址。遗址面积60余万平方米，经考古钻探发现有墓葬、马坑、车马坑、祭祀遗坑、铸铜作坊、制陶作坊、池渠系统、路网、壕沟等遗迹。从出土的陶片、青铜车马器等判断，该遗址从商代晚期延续到西周中期。

5月

4日　自治区政府印发《关于推进区属国有企业混合所有制改革的实施意见》《关于促进创业投资持续健康发展的实施意见》。

7—8日　宁夏回族自治区妇女第十一次代表大会在银川举行。自治区妇联主席董玲代表上届执委会作题为《保持和增强政治性先进性群众性 为确保与全国同步建成全面小康社会贡献半边天力量》的工作报告；选举产生自治区妇联第十一届执委会；表彰了全国、全区妇女工作先进集体、先进个人。

8日　宁夏确定高尚忠等33人为第四批自治区级非物质文化遗产项目代表性传承人。其中，民间故事2人，回族山花儿3人，舞狮1人，黄羊钱鞭1人，传统戏剧1人，曲艺1人，南营武术1人，六盘山木版年画1人，剪纸1人，刺绣2人，民间绘画1人，砖雕1人，泥塑2人，杨氏家族泥塑1人，古建筑彩绘技艺1人，赵氏木板雕花技艺1人，贺兰砚制作技艺3人，羊羔酒酿造技艺1人，麻编1人，花灯扎制技艺1人，中宁蒿籽面1人，枸杞传统栽培技艺1人，原州民间古建筑技艺1人，陈氏回族医技1人，高台马社火2人。

8—10日　中共中央政治局常委、全国政协主席俞正声深入固原、银川的乡村、社区、学校、企业和宗教活动场所，就民族宗教工作进行调研，并在银川主持召开了有关省区民族宗教工作座谈会。在听取陕西、甘肃、青海、宁夏党委统战部及吴忠市、西吉县主要负责人汇报发言后，他就全面贯彻党的十八大及各次全会精神和习近平总书记系列重要讲话精神、全面贯彻党的民族宗教政策等作了重要指示。

10日　银川市月牙湖通用机场正式启用。

15日　全国政协副主席、民建中央第一副主席马培华到宁夏调研民建宁夏区委会自身建设发展情况。

16—17日　民革宁夏第十一次代表大会在银川召开。全国人大常委会副委员长、民革中央主席万鄂湘出席会议并讲话，会议选举产生了民革宁夏第十一届委员会，张守志当选为主任委员。

18日　2017年全区“5·18地方志宣传日”活动暨《宁夏通志》首发式在银川举行，《宁夏通志》全书共25卷、34本、约2000多万字，由自治区政府主持，70多个厅局参与编纂，历时16年编写完成，是宁夏历史上一部集大成之方志巨著。

18—19日　民进宁夏第七次代表大会在银川召开，会议选举产生了民进宁夏第七届委员会，姚爱兴当选为主任委员。

19日　在全国公安系统英雄模范立功集体表彰大会上，盐池县看守所所长张广春、银川市公安局交警分局民警杨鸿胜被评为全国特级优秀人民警察；银川市公安局出入境管理局局长李雪霞等7人被评为全国优秀人民警察。青铜峡市公安局被评为全国优秀公安局；银川市公安局交警分局车辆管理所等5个单位被评为全国优秀公安基层单位。

是日　国家智能铸造产业创新中心在共享装备股份有限公司成立。这是宁夏首个国家级产业创新中心。

20—27日　在科技部举办的2017年科技活动周北京主会场，宁夏科技厅设计推荐的闽宁合作科技扶贫互动项目，被列为专题展重点项目，向全国展示对口帮扶的典范——“闽宁模式”取得的巨大成绩以及科技扶贫的重要作用，并筛选了食用菌等部分能代表闽宁合作科技成果的展品进行展出。

22日　在第二十八届“中国戏剧奖·梅花表演奖”颁奖仪式上，宁夏演艺集团秦腔剧院青年演员韦小兵获梅花奖。

是日　由国家文物局主办，中国博

物馆协会和中国文物报社承办，全国博物馆十大陈列展览精品评选结果在北京揭晓。由宁夏固原博物馆推出的“千年固原，丝路华章”入选本年度“全国博物馆十大陈列展览精品”之首，这是继1999年宁夏“西夏历史文化陈列“被评选为十大陈列展览精品后，宁夏陈列展览项目第二次入选夺魁。

22—23日　九三学社宁夏第六次代表大会在银川召开，会议选举产生了九三学社宁夏第六届委员会，马秀珍当选为主任委员。

23日　自治区政府印发《关于加快全域旅游发展的意见》。

是日　自治区文联主办的“到人民中去”——纪念毛泽东同志《在延安文艺座谈会上的讲话》发表75周年专场文艺晚会在银川市光明广场举行。

24日　自治区党委书记石泰峰主持召开自治区空间规划(多规合一)改革试点工作领导小组会议，听取有关情况汇报，审议通过了《宁夏回族自治区空间规划》《宁夏回族自治区空间规划条例》《关于建立生态保护补偿机制推进自治区空间规划实施的指导意见》等。

24—25日　农工党宁夏第七次代表大会在银川召开，会议选举产生了农工党宁夏第七届委员会，戴秀英当选为主任委员。

25—27日　中央统一战线工作领导小组第八调研检查组到宁夏就贯彻落实中央关于统一战线一系列重大决策部署特别是习近平总书记关于统一战线的系列重要讲话精神进行实地调研检查。

27—28日　民建宁夏第七次代表大会在银川召开，会议选举产生了民建宁夏第七届委员会，杨培君当选为主任委员。

6月

1—2日　中德财政合作中国北方荒漠化综合治理宁夏项目推广大会在银川举行。

2日　驻宁部队全面停止有偿服务工作军地协调领导小组会议在宁夏军区召开，自治区党委书记石泰峰强调要扎实做好驻宁部队全面停止有偿服务工作，坚决完成这项重大政治任务。

6—9日　中共宁夏回族自治区第十二次代表大会在银川举行。自治区党委书记石泰峰向大会作题为《振奋精神实干兴宁 为实现经济繁荣民族团结环境优美人民富裕 与全国同步建成全面小康社会目标而奋斗》的报告。提出了今后五年宁夏工作的指导思想和总体要求。大会通过了《中国共产党宁夏回族自治区第十二次代表大会关于自治区第十一届党委报告的决议》《中国共产党宁夏回族自治区第十二次代表大会关于自治区第十一届纪律检查委员会工作报告的决议》。选出了自治区第十二届党委委员74人、候补委员15人，纪律检查委员会委员41人，出席党的十九大代表30人。

9日　固原市原创音舞诗剧《红旗漫卷六盘山》在宁夏大剧院成功首演。

10日　自治区党委、纪委分别举行十二届一次全会，选举两委领导班子。选举石泰峰、咸辉(女，回族)、姜志刚、徐广国、张超超、马顺清(回族)、许传智、纪峥、盛荣华、赵永清、白尚成(回族)、张柱为自治区党委常委；石泰峰为书记；咸辉、姜志刚为副书记。自治区纪律检查委员会常委由9人组成，许传智任书记。

是日　自治区党委发出《关于深入学习宣传贯彻落实自治区第十二次党代会精神的通知》。

12日　埃及驻华大使奥萨马·马格杜布到宁夏访问。

13日　全区深化简政放权放管结合优化服务改革电视电话会议传达学习全国深化简政放权放管结合优化服务改革电视电话会议精神，对全区深化简政放权放管结合优化服务工作进行部署。

13—15日　第六届国际葡萄酒设备技术暨葡萄、果蔬种植展在银川国际会展中心举办。

14—16日　以“加强苏宁交流合作助推宁夏创新发展”为主题的“百名苏商走进宁夏”活动在银川举行。共达成13个签约项目，总投资126.19亿元。签约项目涉及现代农业、旅游开发、新能源、新材料、机械制造、环卫设施建设等多个行业。

16日　自治区党委在银川市召开领导干部大会，宣布中央任免决定。姜志刚担任中共银川市委委员、常委、书记；徐广国不再担任中共银川市委书记、常委、委员职务，另有任用。

18日　第十五届中国戏剧节在银川开幕。戏剧节以“艺术的盛会、人民的节日”为宗旨，以“中国梦·宁夏情”为主题，聚集了全国21个省(市、区)的27台优秀剧目。由宁夏创排的秦腔《王贵与李香香》成为戏剧节首场大戏。

是日　“声东击西—东亚水墨艺术的当代再造”展览在银川当代美术馆开幕，邀约来自中国及东亚其他国家和地区的27位艺术家，通过装置、绘画、视频等形式，展出总数超过120组件的代表作，呈现了不局限以水墨纸组作为素材的艺术创作。

19—20日　全国公安机关深化执法规范化建设现场推进会在银川召开。

20日　自治区党委常委会议传达

学习中共中央办公厅、国务院办公厅《关于甘肃祁连山国家级自然保护区生态环境问题督查处理情况及其教训的通报》精神，研究部署全区生态环境保护工作。

21—22 日　自治区第十一届人民代表大会第八次会议选举石泰峰为宁夏第十一届人民代表大会常务委员会主任。

26 日　宁夏首家民间小剧场—李思遥戏剧工作室正式运营，是宁夏首家由文化部门批准并授予资质的民营小剧场。

29 日　宁夏第十三届社会科学优秀成果奖经自治区政府第 96 次常务会议审定通过，共有 151 部(篇)作品获奖，其中，著作 40 部、论文 111 篇。

30 日　自治区政府与国家粮食局在银川签署《共同维护粮食安全 推进粮食产业经济发展战略合作协议》。

7 月

1 日　由国家粮食局主办的 2017 年“全国食品安全宣传周·粮食质量安全宣传日”主会场活动在银川举行。

3—6 日　全国政协副主席、中国宋庆龄基金会主席王家瑞一行到宁夏调研考察脱贫攻坚工作。

5 日　全国水产技术推广工作会议暨生态健康养殖技术集成现场会在银川召开。

7 日　“2017 华文教育·杰出人士、华校校董华夏塞上行”活动在宁夏举行。

8 日　全国职业教育东西协作行动计划落实协议书在兰州签署，北京、上海、宁夏等 16 个省(市、自治区)将在职业教育中对口帮扶。

9 日　国务院安委会安全生产巡查工作反馈电视电话会议在银川召开，会议反馈了对宁夏安全生产巡查情况：安全责任落实和压力传递存在梗阻和衰减；基础管理仍存在诸多薄弱环节；安全监管和执法力量不足；部分企业主体安全责任落实不到位；安全事故处理失之于宽。

10—12 日　全国工商联十一届十次常委会议暨民营企业助推宁夏创新发展大会在银川召开。全国政协副主席、全国工商联主席王钦敏出席会议并讲话。会上共签约合同项目 566 个，计划总投资 5188.29 亿元。

10—14 日　全国政协副主席卢展工带领全国政协特邀常委视察团深入海原县、西吉县、原州区、兴庆区、永宁县等地视察少数民族地区精准扶贫情况。

13 日　自治区党委印发《关于深入贯彻中央八项规定精神进一步加强和改进自治区党委常委会作风建设的若干意见》。

15 日　2017 首届“神秘西夏”摩旅节开幕式在银川市贺兰山国防园举行，来自西藏、新疆、甘肃、山西等地近 3000 名摩托车骑手汇聚于此，以车会友。

15—29 日　第十六届环青海湖国际公路自行车赛在青海、宁夏、甘肃举行，29 日在宁夏中卫市闭幕。

16 日　2017 年中国贺兰山国际岩画文化艺术节在贺兰山岩画遗址公园举行。艺术节主题是“岩画保护·文化传承·艺术创新·产业融合”，由联合国教科文组织国际岩画委员会、中国岩画学会、银川市政府等联合主办。开幕式上，中国文艺志愿者服务基地落户银川韩美林艺术馆，成为宁夏首个文联志愿者服务基地。同时，中国岩画研究中心博士工作站在银川贺兰山岩画景区揭牌，这是宁夏首家以岩画研究与人才培养而设立的工作站。

17—21 日　国务院脱贫攻坚督查组在固原市原州区、西吉县、彭阳县，对宁夏脱贫攻坚工作进行督查。

19 日　自治区全面深化改革领导小组召开第二十一次会议，学习中央全面深化改革领导小组第 36 次会议精神，审议通过《宁夏回族自治区空间规划(多规合一）试点工作总结报告》《关于开展全面深化改革督察的方案》。

是日　福建宁夏扶贫开发领导小组办公室在银川举行新闻发布会，两省区有关部门负责人就印发实施的《“十三五”闽宁扶贫协作规划》的有关问题作了说明。两省区的教育厅、旅游发展委、科技厅、人力资源和社会保障厅分别签订了合作协议。

20 日　国务院扶贫办，人民日报社，自治区党委、政府与福建省委、政府在银川召开深入贯彻落实习近平总书记东西部扶贫协作座谈会重要讲话精神座谈会。与会代表围绕“聚焦精准、深化帮扶、长期合作、实现共赢”主题交流发言。

21 日　宁夏首个民俗与文化相结合的“非遗学堂”在银川市湖畔嘉苑社区正式亮相。主办方通过整合包含国家级、省级、市级在内的共计 10 个非遗项目后，推出的“非遗学堂”包括剪纸、金丝沙画、糖塑、旗袍、关羽刀法等。市民可免费体验全部项目，并可以将自己参与制作的作品带回家。

22 日　由中国报业协会、自治区党委宣传部共同主办的喜迎十九大·翰墨颂盛世“新闻传媒杯”全国美术书法大赛优秀作品展在银川美术馆开幕。大赛共收到来自全国各地的美术、书法和篆刻作品 5000 余件，经过大赛评委会的认真遴选，共有 260 件优秀作品亮相本次展览。

24—26日 全区民族团结进步暨和谐寺观教堂创建互观互检经验交流会在银川召开。

25日 宁夏回族自治区政府与交通运输部签署了部区合作协议。

是日 以“沙与海的对话”为主题的跨区域南北旅游交流活动在中卫市举行，来自宁夏和海南两省区旅游主管部门、旅游业内人士等就共促两地全域旅游发展、旅游产品优势互补、创新旅游合作机制等内容进行深入交流。

8月

3日 在全国第三届全域旅游推进会上，宁夏被正式授予全国全域旅游示范区创建单位，银川市入选首批10个“中国旅游休闲示范城市”、盐池长城观光景区入选首批16家“全国通用航空旅游示范单位”。

5日 由国家体育总局水上运动管理中心支持，自治区体育局、宁夏农垦集团有限公司、自治区旅游发展委员会、宁夏日报报业集团主办的首届沙湖国际水上运动旅游文化节暨沙湖杯帆船邀请赛在沙湖生态旅游区隆重举行。

7—8日 自治区工商联第十次代表大会在银川举行。会议选举产生了工商联第十届领导班子，何晓勇当选为主席。

8日 闽宁互学互助对口扶贫协作第二十一次联席会议在福州市召开。两省区就深入贯彻落实习近平总书记在东西部扶贫协作座谈会上的重要讲话精神，进一步深化闽宁对口扶贫协作进行研究部署。

9日 2017首届中国·银川文化艺术创意节在银川美术馆开幕。本次文化艺术创意节以“创意生活·智慧银川”为主题，通过引入新型文化创意产业将前沿艺术、时尚新锐、创意美学相结合，造就了一场不同寻常的文化盛宴。

9—16日 台湾新党主席郁慕明率“中华儿女文史体验营”到宁夏参观访问。

11日 自治区党委、政府印发《关于推进安全生产领域改革发展的实施意见》。

15日 自治区政府印发《关于〈宁夏回族自治区新型城镇化“十三五”规划〉的通知》。

是日 第十五届全国检察长论坛在银川举行。

17日 宁夏回族自治区政府与中国邮政储蓄银行在银川举行战略合作框架协议签署仪式。

18日 “科技支宁”东西部合作推进会暨宁夏沿黄科技创新改革试验区建设启动会在银川举行。自治区科技厅与北京、天津、山东、江苏、浙江五省市科技部门及中国科学院西安分院首批签订科技创新合作项目104项，建立了“科技支宁”东西部合作长效机制。

是日 2017亚布力中国企业家论坛夏季高峰会企业家座谈会在银川召开，自治区政府与亚布力论坛发展研究基金会及各意向企业签署了战略合作协议，亚布力论坛企业与区内有关部门、市县（区）及合作企业签订了项目合作协议。19—20日，以“稳中求进的中国经济——‘一带一路’新动力”为主题的亚布力中国企业家论坛夏季高峰会在银川举行。

是日 由中国国家画院版画院、银川市人民政府、英国皇家版画协会主办的“银川对话——2017中国·英国版画作品联展暨中国·英国艺术家对话”启动仪式在银川美术馆举行。23位英国艺术家和34位中国艺术家的171幅版画艺术品亮相银川，这是继2016年中国·美国版画联展后又一次具有深远影响力的国际性版画艺术交流活动，它将全国乃至世界艺术界的目光再次聚焦到了银川。中国国家画院版画院银川国际版画创研中心揭牌仪式在银川华夏河图艺术小镇国际艺术家村举行，标志着中国国家画院版画院银川国际版画创研中心正式成立。

20—22日 以“清洁低碳、高效安全、生态绿色、开放共享”为主题的第八届中国能源科学家论坛在银川举行。

22日 宁夏特色优质农业品牌评选推介活动在银川举办。宁夏大米、中宁枸杞、西吉马铃薯、盐池滩羊肉、香山硒砂瓜、贺兰山东麓葡萄酒6个品牌被评为“宁夏农产品区域公用品牌”。

23日 自治区党委、政府印发《关于进一步统筹推进城乡社区治理的实施意见》。

24日 全区开展“三大三强”行动，推广“两个带头人”工程经验促脱贫富民战略实施工作会议在固原市召开。会议强调要加强贫困地区党的建设，充分发挥党的政治优势、组织优势和密切联系群众优势，形成攻坚克难、决战决胜的强大动能。

是日 宁夏六盘山干部学院揭牌仪式在固原举行。

25日 宁皖沪三省（区）在银川签署特种设备检测战略合作协议，通过打造特检机构跨省合作新模式，实现人员交流与培养、技术经验共享与科研项目共同研发、信息化共享、应急援助、建立决策沟通机制合作，建立全方位互相支撑合作关系。

28日 以欧洲议会人民党党团副

主席埃斯特班·贡扎勒斯·庞斯为团长的欧洲议会人民党党团代表团一行到宁夏访问。

是日 自治区党委、政府印发《关于切实加强耕地保护和改进占补平衡的实施意见》。

28—31 日 由自治区党委宣传部、宁夏贺兰山东麓葡萄产业园区管委会、国际葡萄与葡萄酒组织(OIV)共同主办的第六届宁夏贺兰山东麓国际葡萄酒博览会在北京、上海、江苏、福建、宁夏5 个省(市、自治区)同时举办,博览会以“品牌·健康·生态”为主题。期间举办了葡萄酒与健康产业高峰论坛、葡萄酒电影电视艺术节、“一带一路”国家侍酒师大赛等系列活动。

29 日 宁夏美术馆项目建设在银川开工,该馆项目总占地面积 39.63 亩,总建设面积约 3 万平方米,概算总投资近 4 亿元。建成后的宁夏美术馆将成为宁夏城市建设的标志性建筑,也将成为集收藏、展览、研究、学术交流和艺术教育与培训于一体的公共文化场所。

31 日 在第十三届全运会游泳比赛中,宁夏运动员许丹露以 4 分 42 秒53 的成绩勇夺女子 400 米个人混合泳决赛亚军。

9 月

1 日 第九届中国花卉博览会在银川开幕。

4 日 由国家旅游局、自治区政府和埃及旅游部共同主办的以“走进美丽中国·感受魅力丝路·畅游神奇宁夏”为主题的 2017 中国—阿拉伯国家旅行商大会在银川开幕。

是日 自治区党委印发《关于加强新形势下党的督促检查工作的实施意见》。

5 日 全国人大常委会副委员长张平在银川会见到宁夏出席 2017 中国—阿拉伯国家博览会的阿富汗第一副首席执行官穆罕默德·汗一行。

是日 银川—德黑兰国际货运班列首发。

6—9 日 2017 中国—阿拉伯国家博览会在银川举行。国家主席习近平致信祝贺;全国人大常委会副委员长张平出席开幕式并发表主旨演讲。埃及、印度尼西亚、阿联酋等国家的 43 位部长级官员,18 个国家部委,31 个省、市、自治区及中国香港地区的代表,14 个国家的 29位驻华外交官,117 家中外大型商协会,1232 家大型企业代表参加开幕大会。博览会举办了主宾国(埃及)、主题省(福建)系列活动;中阿合作论坛第七届企业家大会暨第五届投资研讨会、中阿国家工商峰会、国际物流合作洽谈会、技术转移暨创新合作大会、高铁分会、地学合作推进交流会、网上丝绸之路大会等。博览会签约项目共 253 个,其中:合同项目81 个,投资额 915.8 亿元;协议项目 154个,投资额 944.7 亿元;合作备忘录 17个;友好城市协议 1 个。

7 日 宁夏与新西兰马尔堡大区签署友好关系协议,双方将在经贸、农业、教育、文化等领域加强交往交流。

8 日 自治区全面深化改革领导小组第二十二次会议审议通过《宁夏回族自治区法官检察官单独职务序列实施方案(试行)》《宁夏回族自治区法官助理检察官助理和书记员职务序列改革实施方案(试行)》《关于自治区全面深化改革督察情况暨中央改革办督察反馈问题整改情况的报告》。会议强调要坚定不移将改革进行到底。

8—10 日 2017 年中国飞来者大会暨第三届银川西部航展在银川月牙湖通用机场举行。总投资约 19 亿元的 8 个通航合作项目正式签约。

14 日 自治区政府与中国人寿保险集团签订战略合作协议。双方将重点在投融资、银行业务、养老养生健康医疗服务等领域开展全方位合作。

19 日 由宁夏博物馆、贵州省博物馆、云南省博物馆、广西博物馆共同举办的《墨彩天成——徐悲鸿书画作品展》在宁夏博物馆开展。

22 日 宁夏与印度尼西亚共和国西努沙登加拉省建立友好区省关系协议书签署仪式在银川举行。两省区将在经济、贸易、科技等方面开展多种形式的交流与合作。

23—27 日 由陕西、甘肃、宁夏、青海、新疆五省(区)党委宣传部、文联和音协共同发起主办的第四届中国·西北音乐节在银川举行。

25 日 宁夏全域旅游微电影《心灵之旅》拍摄在水洞沟旅游区正式开机。这是宁夏首次以微纪录片的形式,突出“给心灵放个假”的旅游核心概念的尝试。

26 日 自治区党委、政府印发《关于推进创新驱动战略的实施意见》。

27 日 2017 中国国际煤化工发展论坛在银川开幕。第十届全国人大常委会副委员长、中国关心下一代工作委员会主任顾秀莲,自治区领导张超超、刘慧芳出席开幕式。

28 日 2017 亚洲都市景观奖颁奖典礼暨银川城市节启幕。银川共有 13 个城市(项目)获得 2017 亚洲都市景观奖,2 个项目获得亚洲都市景观范例奖。

29 日 宁夏甘肃 2017 年度两省

区宗教工作联席会议在固原召开。会议审议通过了新修订的《甘肃宁夏两省区宗教事务管理协作办法》。

是日　宁夏与马达加斯加安齐拉纳纳省签署建立国际友好省区关系备忘录。双方将在农业、旅游等领域加强交往交流。

是日　自治区党委印发《巡视工作办法》《巡视工作规划(2017—2022年)》。

10 月

7 日　第九届中国花卉博览会在银川市落下帷幕,据相关部门统计,花博会期间观展总人数超过 160 万人次。花博会展期 37 天,全国 31 个省、自治区、直辖市及深圳市、港澳台地区花卉协会和中国花卉协会的 14 个分支机构参展,涉及花卉企业 800 多家,花卉展品 22 大类,花卉品种 7000 多个。

9 日　自治区党委常委(扩大)会议传达学习《关于五年来中央政治局贯彻执行中央八项规定并以此带动全党加强作风建设情况的报告》精神,研究了全区贯彻落实意见。

10 日　在墨西哥首都墨西哥城召开的国际灌溉排水委员会执行大会上,宁夏引黄古灌区被列入世界灌溉工程遗产名录。这标志着我国黄河流域主干道上产生了第一处世界灌溉工程遗产,宁夏实现了世界遗产"零突破"。

10—11 日　三北工程精准治沙和灌木平茬复壮试点工作现场会在银川召开。

11—12 日　全国政协副主席、九三学社中央主席韩启德出席在银川召开的九三学社中央第十四次科学座谈会并讲话。

11 日　自治区党委、政府印发《关于推进脱贫富民战略的实施意见》。

11—14 日　在党的十八届七中全会上,决定崔波、马顺清为中央委员会委员。

18—24 日　在党的十九大上,石泰峰、咸辉当选为十九届中央委员会委员,姜志刚、马顺清当选为十九届中央委员会候补委员,许传智当选为十九届中央纪律检查委员会委员。

19 日　国家发展和改革委员会审核通过《银川市通用航空产业综合示范区实施方案》。

25—27 日　第十五届中国西部民歌(花儿)歌会在银川举行,来自西部 12 个省区(市)的 12 支优秀代表队的 200 余名歌手汇聚塞上放歌。

26 日　自治区党委在银川召开全区领导干部大会,传达学习党的十九大精神,对全区学习宣传贯彻工作进行部署。石泰峰强调,切实把思想和行动统一到党的十九大精神上来,迅速掀起学习宣传贯彻党的十九大精神的热潮。

27 日　由黄河出版传媒集团主办的 2017 宁夏(首届)非物质文化遗产博览会在银川国际会展中心开幕。

30—31 日　自治区党委十二届二次全体会议审议通过了自治区党委《关于学习宣传贯彻党的十九大精神的意见》。

31 日　由自治区文化厅主办,宁夏文化馆承办的"塞上工匠·宁夏传统工艺竞技精品展"在宁夏文化馆开幕。展览以场景化形式集中展示了木雕、砖雕、泥塑、刺绣、剪纸等 24 类非遗项目的 60 名传承人提交的千余件作品。

11 月

6 日　自治区党委、政府发布《关于推进脱贫富民战略的实施意见》,并召开实施脱贫富民战略推进会进行部署。

10 日　由环保部、国土资源部、水利部等七部门组成的国家级自然保护区监督检查专项行动第八巡查组进驻宁夏,对宁夏"绿盾 2017"工作机制建立、责任细化和落实、自然保护区违法违规等问题的整改进展情况等进行检查。

13 日　自治区党委、政府召开实施生态立区战略推进会。提出以更大的决心、更高的标准、更严的要求、更硬的举措,全面推进生态立区新的实践,加快建设天蓝地绿水美空气清新的美丽宁夏。并发布《关于推进生态立区战略的实施意见》。

是日　自治区党委常委会议学习《习近平谈治国理政》第二卷,安排全区学习工作。

是日　农业部公布的 40 个第一批国家农业可持续发展试验示范区名单,青铜峡市成为宁夏唯一入围的县市。

17 日　全国精神文明建设表彰大会在北京召开,石嘴山市被评为第五届全国文明城市,平罗县陶乐镇施家台子村村民白琴被评为第六届全国道德模范,贺兰县金贵镇银河村等被评为第五届全国文明村镇,银川市国家税务局等单位被评为第五届全国文明单位,宁夏师范学院等被评为第一届全国文明校园。

20 日　2017 首届中国银川互联网电影节闭幕式暨金杞奖颁奖典礼在宁夏大剧院落幕。此次互联网电影节共颁发最佳互联网网络剧、最佳互联网网络电影两个主竞赛单元的 10 项金杞奖奖项。

是日 中国影视知识管理联盟在银川正式成立。

23—24日 水利部水权试点验收委员会专家组对全区水权试点进行验收。

24日 自治区全面深化改革领导小组第二十四次会议审议通过《关于实行以增加知识价值为导向分配政策的实施办法(试行)》《宁夏回族自治区全面深化改革督察实施办法(试行)》。

25日 自治区深化国家监察体制改革试点工作动员部署会在银川召开。

28日 巴基斯坦穆斯林联盟（谢里夫派）党主席特使马立克·纳迪姆·卡姆兰率领干部考察团到宁夏考察。

30日 全区农村承包地确权登记颁证总结会暨深化农业农村改革工作会议召开，宁夏在全国率先完成农村承包地确权登记颁证工作。

是日 由中华文学基金会、浙江省桐乡市人民政府发起主办的第二届“茅盾文学新人奖”揭晓,宁夏著名文学评论家牛学智上榜。

12月

2日 国家文物局在国家考古遗址公园现场工作会上公布了银川西夏陵等全国12家文物单位为第三批国家考古遗址公园，这是宁夏首个获得国家考古遗址公园荣誉称号的文化遗址，结束了宁夏没有国家考古遗址公园的历史。

5—13日 中俄“合作—2017”联合反恐演训在武警宁夏总队某训练基地进行。

14日 宁夏回族自治区政府与中国东方航空集团有限公司签署战略合作框架协议，共同推动银川河东国际机场建设面向丝绸之路经济带沿线国家门户枢纽和西部地区区域性枢纽机场。

15—16日 全国贫困村创业致富带头人培育工作现场会在固原市召开，国务院扶贫办、中组部等7部门会签了《关于贫困村创业致富带头人培育工程的指导意见》。

17日 宁夏回族自治区政府与中国银行在北京举行战略合作框架协议签署仪式,并就拓展合作领域召开座谈会。

18日 大夏寻踪——西夏文物精品展在宁夏博物馆开展，该展集中展示了自新中国成立以来考古发掘的西夏文物158件(套),从西夏文字、铸造、瓷器、佛教、建筑等方面,全面、真实地展现了西夏文化的独特魅力。

19日 在联合国全球契约中国网络“2017实现可持续发展目标中国企业峰会”上,中铝宁夏能源集团等企业荣获联合国全球契约组织2017年度“实现可持续发展目标中国企业最佳实践奖”。

22日 自治区党委、政府印发《银川都市圈建设实施方案》,并在银川召开都市圈建设工作推进会。提出要坚持创新发展、集约发展、集群发展、融合发展，打造创新、绿色、智慧、宜居的银川都市圈。

26—27日 自治区党委十二届三次全会在银川举行。石泰峰向全会报告了自治区党委十二届一次全会以来的工作，提出了2018年经济工作的意见,并就抓落实提出要求。咸辉就2018年经济工作作了具体安排。全会提出,全区各级党组织和广大党员干部要不忘初心、牢记使命,振奋精神、实干兴宁,为实现经济繁荣民族团结环境优美人民富裕、与全国同步建成全面小康社会目标、开启全面建设社会主义现代化新征程作出应有贡献。

28日 在北京人民大会堂举办的第五届中国民生发展论坛上，宁夏中南部城乡饮水安全工程、盐池滩羊产业扶贫模式、同心县扶贫+精准扶贫模式、贺兰国家农业产业园,入选全国“2017民生示范工程”。

是日 第二届中国“一带一路”人力资源高峰论坛在银川举行。

是日 宁夏首个区级雷锋纪念馆在贺兰县举行开馆仪式。

（黄　鑫）

宁夏综览

NINGXIAZONGLAN

NINGXIA YEARBOOK

编辑◎霍丽娜

地理人文

【地理环境】宁夏回族自治区简称宁，位于祖国西北部的黄河中上游地区，地处北纬35°14′~39°23′，东经104°17′~107°39′。东邻陕西省，西部、北部接内蒙古自治区，南部与甘肃省相连，总面积为6.64万平方公里。从地理位置看，宁夏处于我国几何中心，在全国东、中、西三大带划分中，位于中部、西部过渡区域，是西北地区距离华北最近的省区，区位优势明显。地形南北狭长，南北相距456公里，东西相距约250公里。全境海拔1000米以上，地势南高北低，落差近1000米，呈阶梯状下降。黄河从宁夏中北部穿越12个县市，流程397公里。贺兰山是银川平原的天然屏障，主峰为敖包疙瘩，海拔3556米。宁夏平原是发展农业的理想绿洲，自古就享有"塞北江南"和"塞上明珠"的盛誉。在中国自然区划中，宁夏跨东部季风区域和西北干旱区域，西南靠近青藏高寒区域，大致处在中国三大自然区域的交会、过渡地带。在中国国土开发整治的地域划分上，宁夏位于中部重点开发区的西缘或西部待开发区的东缘，北部和中部系"三北"防护林建设工程的重点地段，南部属于黄土高原综合治理区和"三西"地区的范围。宁夏远离海洋，深居内陆，南端(固原地区南半部)属暖温带半干旱区，中部(固原地区的北部至盐池、同心一带)属中温带半干旱区，北部(银川平原)则为中温带干旱区，南北气候悬殊，是典型的大陆型气候。全年各地年平均气温为6.9℃~11.5℃，大部地区较常年偏高0.5℃~1.6℃，其中永宁、吴忠、中宁、固原偏高1.5℃以上。宁夏降水量南多北少，且大都集中在夏季。

【自然资源】宁夏有丰富的土地、光热资源和便利的农业灌溉条件。截至2017年年底，有耕地1650万亩，人均2.8亩，居全国第二位；引黄灌溉790万亩，是全国12个商品粮生产基地之一；有草场3665万亩，是全国十大牧区之一。年可利用黄河水40亿立方米，占分配总量的7%；已探明煤炭储量469亿吨，居全国第六位，其中宁东煤田探明储量393亿吨，被列为国家14个大型煤炭基地之一；有大中型火电20座，人均发电量居全国第一位；探明矿产资源50多种，人均自然资源潜值为全国平均值的163.6%，居全国第五位。宁夏地下水资源量30.5亿立方米。其中，银川平原、卫宁平原地下水资源量为24.9亿立方米，约占地下水资源总量的82%。全区地下水可开采资源量23亿立方米。其中，银川平原、卫宁平原地下水可开采资源量为20.2亿立方米，约占全区地下水可开采资源总量的88%。宁夏已查明矿产资源量位列全国前十位的有8种：煤第六位，镁第三位，冶金用石英岩第五位，冶金用砂岩第八位，水泥配料用板岩第二位，砖瓦用黏土第六位，建筑用辉绿岩第四位，石膏第七位。

【地形地貌】宁夏在地理上分为三大板块：一是北部引黄灌区，地势平坦，土壤肥沃，素有"塞上江南"的美誉；二是中部干旱带，干旱少雨，风大沙多，土地贫瘠，生存条件较差；三是南部山区，丘陵沟壑林立，部分地域阴湿高寒，是国家级贫困地区之一。黄河自中卫入境，向东北斜贯于平原之上，顺地势经石嘴山出境。平原上土层深厚，地势平坦，加上坡降相宜，引水方便，便于引流灌溉。宁夏地貌复杂，山地迭起，盆地错落，大体可分为：黄土高原，鄂尔多斯台地，洪积冲积平原和六盘山、罗山、贺兰山南北中三段山地。平均海拔1000米以上。按地表特征，还可分为南部暖温带平原地带、中部中温带半荒漠地带和北部中温带荒漠地带。全区从南向北表现出由流水地貌向风蚀地貌过渡的特征。宁夏地处黄土高原与内蒙古高原的过渡地带，地势南高北低。从地貌类型看，南部以流水侵蚀的黄土地貌为主，中部和北部以干旱剥蚀、风蚀地貌为主，是内蒙古高原的一部分。境内有较为高峻的山地和广泛分布的丘陵，也有由于地层断陷又经黄河冲积而成的冲积平原，还有台地和沙丘。

【贺兰山和六盘山】宁夏著名的山脉有贺兰山和六盘山。贺兰山绵亘于宁夏的西北部，南北长200多公里，东西宽15公里~60公里。山地海拔多在1600米~3000米，主峰达3556米。古人称之为"朔方之保障，沙漠之咽喉"。山势巍峨雄伟，既削弱了西北寒风的侵袭，又阻挡了腾格里沙漠流沙的东移，成为银川平原的天然屏障。山中有丰富的煤炭等矿产资源。山麓部分，1500米以下为荒漠草原带；1500米以上出现覆盖度较大、草本植物生长较高的山地草原及旱生灌木丛带；2000米以上，有以云杉、油松等为主要成分的森林；森林带以上，有一定面积的高山灌丛草甸带，是较好的夏季牧场。贺兰山的山脊是我国荒漠草原与荒漠、季风区和非季风区、外流区域和内流区域的分界线。山岭中间，也有一些较低矮的山口，成为东西交通要道。其中三关口是银川通往内蒙古阿拉善盟的重要通道。六盘山，古称陇山，位于宁夏南部，耸立于黄土高原之上，是一条近似南北走向的狭长山脉。主峰位于泾源县和尚铺村以南的米缸山，海拔2942米，山势高峻，山路曲折险狭，须经六重盘道才能到达顶峰，六盘山因此而得名。山腰地带降雨较多，气候较为湿润，宜于林木生长，有较繁茂的天然次生阔叶林，使六盘山成为突起于黄土高原之上的一个"绿岛"，也是宁夏重要的林区之一。

【历史沿革】宁夏历史悠久。元朝灭西夏后，以平定西夏、稳定西夏、西夏"安宁"之意，取名"宁夏"，宁夏因此得名。宁夏是中华远古文明的发祥地之一。灵武市水洞沟旧石器时代文化遗址中发掘出来的石器、骨器和用火痕迹表明，远在距今3万年前后，宁夏境内就有了人类活动。中华人民共和国成立后，在宁夏境内陆续发现了较多的"细石器文化""新石器文化"遗址。这些遗址表明，距今六七千年到三四千年前，宁夏南北的"居民"已由母系氏族社会进入父系氏族社会，开始从事畜牧业和农业生产，夏代即与中原地区有了密切的联系。商、周时期，境内有称为胡(北狄)、羌(西戎)，后又称为猃狁(熏育、荤粥)的游牧部落活动。周宣王时，曾派兵征讨陇山(六盘山)一带的猃狁戎，并筑大原城，《诗经》中曰"城彼朔方"即指此战役。春秋战国时期，固原南部属秦，其余地区分别为义渠、乌氏、朐衍诸戎部族的聚居地。秦惠文王更元五年(前320)，秦王曾巡视朐衍戎地(今盐池县境内)并"观北河"(银川平原黄河段)。秦昭王三十五年(前272)灭义渠诸戎国，将三陇大片土地并入秦国，归北地郡管辖，宁夏全境纳入中原王朝版图。秦始皇统一六国后，派兵北逐匈奴，在宁夏屯垦，沿黄河置县，开创了移民开发引黄灌溉农业的历史，今宁夏之地被誉为"新秦中"。汉代，宁夏各县先后分属北地郡和安定郡，移民屯垦，经济相当繁荣。三国两晋南北朝时期，宁夏地区政权更替，民族大融合进一步发展。唐朝宁夏属关内道，在灵州(今利通区境内)设大都督府、朔方节度使。天宝十四载(755)"安史之乱"爆发，太子李亨进入宁夏，在灵武郡(灵州一度改郡)登基继承帝位，即唐肃宗。当时，宁夏已成为中国东西交通贸易的重要通道之一。1038年，党项族首领李元昊，以宁夏为中心，建立地方割据政权，国号大夏(史称"西夏")。定都兴庆府(今银川市)，境土"东尽黄河，西界玉门，南接萧关，北抵大漠"，"方二万余里"，形成了和宋、辽(金)政权三足鼎立的局面。1227年蒙古灭夏，于中统二年(1261)在西夏故地设立西夏中兴等路省。至元二十五年(1288)降为甘肃省宁夏府路，始有"宁夏"地名。明朝设宁夏卫所屯田。清朝设甘肃省宁夏府固原州。1929年设宁夏省，辖除固原地区及海原县以外的现有市、县及内蒙古的阿拉善旗、额济纳旗和磴口县。1949年9月23日，宁夏省解放，辖区范围与民国时相同。1954年，撤销宁夏省将原属宁夏省的阿拉善旗、额济纳旗和磴口县划归内蒙古自治区。1958年10月25日，宁夏回族自治区成立，辖原属甘肃省的银川专区、吴忠回族自治州、西海固回族自治州及泾源县、隆德县。1969年，内蒙古自治区巴彦淖尔盟所属的阿拉善左旗和阿拉善右旗的5个公社并入宁夏。1979年，这些地区又划回内蒙古自治区。

【行政区划】截至2017年年底，自治区下辖银川、石嘴山、吴忠、固原、中卫5个地级市，灵武、青铜峡2个县级市，永宁、贺兰、平罗、盐池、同心、西吉、隆德、泾源、彭阳、中宁、海原11个县，兴庆、西夏、金凤、大武口、惠农、利通、红寺堡、原州、沙坡头9个市辖区，193个乡镇(103个镇、90个乡)，47个街道办事处。

【旅游资源】宁夏自古就有"塞北江南"的美誉。宁夏的"两山一河(贺兰山、六盘山、黄河)""两沙一陵(沙湖、沙坡头、西夏王陵)""两堡一城(将台堡、镇北堡、古长城)"，展现了深厚的文化底蕴和独特的自然风光。黄河、西夏、大漠等构成了宁夏别具一格的旅游资源。数百公里的秦长城、明长城遗迹横亘于塞上，被专家誉为“中国的长城博物馆”。风光旖旎的沙湖距银川市56公里，是全国35个王牌旅游景点之一。沙坡头的治沙成果蜚声中外，被联合国授予全球环保500佳。须弥山石窟初创于北魏，兴盛于北周，唐代至明朝均有开凿，是中国最重要的石窟艺术宝库之一。散布在贺兰山东麓40平方公里范围内的西夏王陵，记述了西夏古国的神秘历史和兴衰沧桑。华夏西部影视城、贺兰山岩画、青铜峡鸟岛、水洞沟遗址等景点和古迹，在国内外具有很高的知名度。宁夏鸣翠湖国家湿地公园、阅海湿地公园、花马寺国家森林公园、森淼生态旅游区、青铜峡黄河生态园、长流水旅游区、红玛瑙枸杞观光园等一批休闲度假旅游景区为广大游客提供假期休闲放松的场所。红色旅游文化资源也很丰富。1926年，中国共产党在宁夏建立了特别支部。1935年10月初，毛泽东等率领中央红军，翻越六盘山，经过西吉、海原、隆德、固原等地，到达陕北。在翻越六盘山时，毛泽东写下了著名的《清平乐·六盘山》。两百多位革命家、政治家、军事家、开国元勋、将帅先后在宁夏生活和战斗过。随着黄河金岸的建设，“天下黄河富宁夏”也有了新的内涵。黄河金岸是一项集防洪、交通、旅游、生态及土地开发等功能于一体的综合性工程，滨河大道形成了宁夏纵贯南北的一条交通大动脉。宁夏有着可进入性最强、安全系数最高、交通最为便利的沙漠景区。宁夏沙漠紧邻河流、湖泊、草原，旅游资源丰富多样。沙坡头、沙湖、黄沙古渡等景区都是利用奔腾的黄河和丰富的水资源，使沙水相依。宁夏还有类型多样的自然景观，兼收并蓄的多元文化特色，带给了宁夏丰富的观光旅游资源。宁夏博物馆、固原博物馆、宁夏科技馆、国务院直属口五七干校博物馆、中国枸杞馆、西吉钱币馆等展现了宁夏不同的文化。贺兰山东麓演绎“东方波尔多”传奇，形成一条南起甘城子、北至石嘴山的百余公里葡萄长廊。

【农业资源和物产】黄河流经宁夏397公里，素有“天下黄河富宁夏”之誉。农业综合生产水平在西北地区名列前茅，属国家级“两高一优”农业示范区，是我国四大自流灌区和七大商品粮基地之一。有待开发的荒地1000万亩，有可利用的草地3400万亩。宁夏光照充足，昼夜温差大，环境洁净，有利于发展优质高效的枸杞、牛羊肉、奶业、马铃薯、瓜菜、优质粮食、淡水鱼、葡萄、红枣、优质牧草、农作物制种、苹果、道地中药材等特色种养业和农村清洁能源、农业循环经济。良好的农业生产条件，形成了具有区域竞争力的13个特色优势产业。特别是枸杞、酿酒葡萄、甘草、瓜果、马铃薯、牛羊等特色产业，在西部乃至全国都有影响。依托丰富的农副产品和动植物药用资源，粮食加工、绒毛皮加工、肉奶制品、葡萄酿酒等优势产业发展势头良好，枸杞、抗生素、羊胎素等医药保健系列产品发展迅速，“塞北雪”“圣雪绒”“夏进”“西夏王”等一批知名品牌快速成长。沿黄河两岸水产养殖条件优越，全区人均水产品占有量居西北地区首位。贺兰山东麓地区气候、土壤、地理等条件接近法国优质葡萄产区——波尔多地区，是世界优质葡萄栽培的极佳生态区之一。

【人口发展】2017年年末，全区常住人口681.8万人，比上年末增加6.9万人，同比增长1%。其中，城镇常住人口395.3万人，占常住人口比重(常住人口城镇化率）为58%，比上年末提高1.7个百分点，乡村常住人口286.5万人，占常住人口比重为42%，与上年相比，城镇人口增加15.5万人，乡村人口减少8.6万人，城镇化率提高1.7个百分点，各县、市（区）中，城镇化率最高的西夏区是90%。全区回族人口247.5万人，占常住人口比重为36.3%。全区男性人口344.1万人，占常住人口的50.5%，女性人口337.7万人，占常住人口的49.5%；按照年龄结构，0~15周岁(含不满16周岁)人口148万人，占常住人口21.7%，16~59周岁(含不满60周岁)人口444.2万人，占常住人口比重为65.2%，60周岁及以上人口89.6万人，占常住人口比重为13.1%。按人口地域分布，银川市222.5万人，占全区常住人口总数的32.6%；石嘴山市80.3万人，占11.8%；吴忠市140.4万人，占20.6%；固原市122.82万人，占18%；中卫市115.8万人，占17%。受诸多因素影响，2017年，全区人口分布继续由南部山区向北部川区转移，增幅呈南低北高的态势。银川市、吴忠市、石嘴山市、固原市、中卫市人口分别比上年增长1.6%、1%、1%、0.6%和0.3%。县、市（区）人口增速最高的金凤区增长4.9%，最低的海原县下降1%。2017年，全区6岁及以上人口平均受教育年限为9年，比上年的8.9年提高0.1年，整体达到了9年义务教育水平。全年全区出生人口9.1万人，出生率为13.4‰；死亡人口3.2万人，死亡率为4.8‰；自然增长率为8.7‰，与上年相比回落0.3个千分点。

【发展环境】宁夏自然条件得天独厚，北部引黄灌区物产丰富，是有名的“塞上江南”；南部六盘山区气候宜人，是绝佳的避暑胜地。首府银川市是陕甘宁蒙毗邻地区500公里范围内的现代化区域中心城市，基础设施和居住生活条件好于周边地区。自治区党委、政府致力于建设在西部最优、比东部更优的“两优”发展环境，努力使宁夏成为投资发展高地、企业发展福地、干事创业基地。宁夏地处新亚欧大陆桥国内段的中枢位置，是我国华北地区、东北地区通往中东、中亚最便捷的陆空通道，具有承东启西、连南接北的区位优势。

（王会宁）

经济建设

【经济运行概况】2017 年，全区实现生产总值 3453.93 亿元，按可比价格计算，比上年增长 7.8%。其中，第一产业增加值 261.07 亿元，增长 4.3%；第二产业增加值 1580.53 亿元，增长 7%；第三产业增加值 1612.33 亿元，增长 9.2%。第一产业增加值占地区生产总值的比重为 7.6%，第二产业增加值比重为 45.8%，第三产业增加值比重为 46.6%，比上年提高 1.2 个百分点。按常住人口计算，全区人均生产总值 50917 元，增长 6.7%。全年全区居民消费价格比上年上涨 1.6%；工业生产者出厂价格上涨 12.1%；工业生产者购进价格上涨 12.9%；固定资产投资价格上涨 5.9%；农产品生产者价格下降 0.7%。全年全区一般公共预算总收入 715.65 亿元，同口径增长 10.5%。其中，地方一般公共预算收入 417.46 亿元，同口径增长 10.1%。在地方一般公共预算收入中，税收收入 270.29 亿元，同口径增长 15.3%，占地方一般公共预算收入的比重从上年的 63.6% 提高到 64.7%。全年全区规模以上工业企业实现利润 152.1 亿元，比上年增长 22.3%。分经济类型看，国有控股企业实现利润 20.66 亿元，下降 55.2%；股份制企业 95.66 亿元，增长 2.8%，外商及港澳台商投资企业 45.61 亿元，增长 72.9%。分门类看，采矿业实现利润 42.83 亿元，增长 7.1 倍；制造业 79.79 亿元，增长 7.2%；电力、热力、燃气及水生产和供应业 29.48 亿元，下降 34%。

【财政税收】2017 年，全区一般公共财政总收入 715.65 亿元，同口径增长 10.5%。分级次看，中央一般公共预算收入 298.2 亿元，同口径增长 10.9%；地方一般公共预算收入 417.5 亿元，同口径增长 10.1%，为年度预算的 102.3%。分地区看，固原市同口径增长 20.7%，中卫市增长 15%，吴忠市增长 10%，银川市增长 9.2%，石嘴山市下降 1.1%。分结构看，税收收入 270.3 亿元，为年度预算的 104%，同口径增长 15.3%，占地方一般公共预算收入的比重由上年的 63.6%提高到 64.7%。其中，增值税增长 48.1%、企业所得税增长 6.8%、个人所得税增长 52.8%、资源税增长 76.9%。非税收收入 147.2 亿元，同口径增长 1.7%。全年全区一般公共财政支出 1375.9 亿元，同口径增长 8.7%。分级次看，区本级支出 357.9 亿元，同口径增长 16.7%；市县级支出 1018 亿元，同口径增长 6.1%。分科目看，一般公共服务支出增长 16.8%、公共安全支出增长 5.6%、教育支出增长 12.4%、科学技术支出增长 40.3%、社会保障和就业支出增长 1%、医疗卫生与计划生育支出增长 21.7%、节能环保支出增长 58.7%、城乡社区支出增长 11.5%。12 月末，自治区财政共下达市县各类补助资金 696.8 亿元，较上年增加 77.8 亿元，同比增长 12.7%。全年用于保障和改善民生资金 1053.7 亿元，占支出比重 76.6%。全力支持三大战略实施。12 月末，投入科技支出 25.6 亿元；投入涉农扶贫资金 66.7 亿元；整合生态环保建设资金 20.2 亿元。

【结构调整】2017 年，全区规模以上工业企业每百元主营业务收入中的成本为 83.82 元，比上年下降 0.03 元；每百元主营业务收入中的三项费用为 9.65 元，比上年下降 0.78 元。年末，全区商品房待售面积 1036.68 万平方米，下降 16.9%，比上年末减少 210.61 万平方米。其中，住宅待售面积 482.25 万平方米，下降 32.6%，比上年末减少 233.32 万平方米。全年全区农林牧渔业投资增长 39%，信息传输、软件和信息技术服务业投资增长 16.3%，科学研究和技术服务业投资增长 64.7%，水利、环境和公共设施管理业投资增长 35.7%。

【新产业发展】2017 年，全区规模以上工业高技术产业增加值比上年增长 24.3%，占规模以上工业增加值的比重为 4.2%。全年水电、风电、太阳能等清洁能源发电量 236.6 亿千瓦时，增长 24%；滚动轴承产量 2280.7 万套，增长 1.16 倍；数控金属切削机床 1709 台，增长 35.7%。全年全区高技术产业投资 219.63 亿元，增长 22.6%，占固定资产投资（不含农户）的比重为 5.9%；工业技术改造投资 433.23 亿元，增长 15.1%，占固定资产投资（不含农户）的比重为 11.6%。全年全区网上零售额按卖家所在地分实现零售 45.2 亿元，比上年增长 1.48 倍。其中，实物商品零售额 20.1 亿元，增长 42.5%；按买家所在地分，实现零售额 236.7 亿元，增长 56.2%。

【国内贸易】2017 年，全区实现社会消费品零售总额 930.45 亿元，比上年增长 9.5%。按经营地统计，城镇消费品零售额 854.26 亿元，增长 9.3%；乡村消费品零售额 76.19 亿元，增长 11.7%。按消费类型统计，商品零售额769.49亿元，增长8.7%；餐饮收入额160.96亿元，增长13%。在限额以上企业商品零售额中，粮油、食品类零售额比上年增长16.8%，饮料类增长22.6%，烟酒类增长7.9%，服装、鞋帽、针纺织品类增长0.5%，化妆品类增长17.9%，金银珠宝类下降1.1%，日用品类增长2%，家用电器和音像器材类增长3.2%，中西药品类增长7.8%，文化办公用品类下降9.6%，通讯器材类下降12%，石油及制品类增长19.2%，汽车类下降0.1%。

【对外经济】2017年，全区货物进出口总额341.29亿元，比上年增长58.9%。其中，出口247.71亿元，增长50.5%；进口93.58亿元，增长86.7%。货物进出口差额(出口减进口)154.12亿元。对"一带一路"沿线国家进出口总额82.66亿元，增长14.4%。其中，出口66.54亿元，增长21.7%；进口16.12亿元，下降8.3%。全年全区实际使用外商直接投资3.11亿美元，比上年增长22.8%。全区新批准外商直接投资项目24个，合同外资金额25.4亿美元，增长3.5倍。其中，租赁和商务服务业签订利用外商直接投资项目5个，合同额2.18亿美元，增长33.9%。

【招商引资】2017年，全区共实施招商引资合同项目1143个，项目计划总投资6880.54亿元，当年计划投资3052.95亿元，实际到位资金2245.6亿元，完成目标任务2200亿元的102%，增长12.2%。其中，新建项目901个，计划总投资3066.9亿元，当年计划投资1922.3亿元，到位资金1379.7亿元；续建项目242个，计划总投资3813.64亿元，当年计划投资1130.65亿元，到位资金865.9亿元。国内投资项目1109个，计划总投资6639.34亿元，当年计划投资2892.95亿元，到位资金2188.6亿元；境外(含中国港澳台地区)投资项目34个，计划总投资241.2亿元，当年计划投资160亿元，到位资金57亿元。大项目带动作用明显，总投资10亿元以上的项目148个，到位资金1244.7亿元，占到位资金的55.4%。

【固定资产投资】2017年，全区全社会固定资产投资3813.38亿元，比上年增长4.2%。其中，固定资产投资(不含农户)3725.12亿元，增长4.2%。在固定资产投资(不含农户)中，第一产业投资214.59亿元，比上年增长60.7%；第二产业投资1372.49亿元，下降8.3%；第三产业投资2138.03亿元，增长10%。工业投资1356.97亿元，下降9.3%，占固定资产投资(不含农户)的比重为36.4%。基础设施投资897.99亿元，增长26.1%，占固定资产投资(不含农户)的比重为24.1%。民间固定资产投资2038.08亿元，增长5.5%，占固定资产投资(不含农户)的比重为54.7%。

【居民收入消费】2017年，全区全体居民人均可支配收入20562元，比上年增长9.2%。全区全体居民人均可支配收入14781元，增长11.4%。按常住地分，城镇居民人均可支配收入29472元，增长8.5%。城镇居民人均可支配收入中位数23727元，增长6.9%。农村居民人均可支配收入10738元，增长9%。农村居民人均可支配收入中位数10293元，增长10%。按全区居民五等份收入分组，低收入组人均可支配收入5083元，中等偏下收入组人均可支配收入11009元，中等收入组人均可支配收入17807元，中等偏上收入组人均可支配收入29486元，高收入组人均可支配收入56122元。全年全区居民人均消费支出15350元，比上年增长2.6%，扣除价格因素，实际增长1%。按常住地分，城镇居民人均消费支出20219元，下降0.7%，扣除价格因素，实际下降2.4%；农村居民人均消费支出9982元，增长9.2%，扣除价格因素，实际增长7.8%。按照每人每年2300元(2010年不变价)的农村贫困标准计算，全年全区农村贫困人口23.9万人，比上年末减少19.3万人；贫困发生率6%，比上年下降5.1个百分点。

【农业经济】2017年，全区粮食种植面积1163.3万亩，比上年减少4.1万亩。其中，小麦种植面积198.8万亩，增加9.5万亩；水稻种植面积112.9万亩，增加0.3万亩；玉米种植面积435.5万亩，减少9.8万亩；薯类种植面积242.8万亩，减少10.4万亩。油料种植面积96.4万亩，减少6.2万亩。蔬菜种植面积201.3万亩，增长2.6万亩。瓜果种植面积125.5万亩，减少5.1万亩。园林水果种植面积192.9万亩，减少11.6万亩。全年全区粮食总产量368.2万吨，比上年减产2.4万吨，减少0.7%，实现连续十四年丰收。全年全区蔬菜产量610.8万吨，比上年增产3%；红枣产量10.4万吨，增产25.3%；枸杞产量11.7万吨，增产12.4%；葡萄产量19万吨，减产2.7%；油料产量13.4万吨，减产8.6%。全年全区肉类总产量32.2万吨，比上年增长4.3%。

【工业经济】2017年，全区全部工业增加值1096.3亿元，比上年增长8.4%。规模以上工业增加值增长8.6%，增速比上年加快1.1个百分点，比全国高2个百分点。在规模以上工业中，分轻重工业看，轻工业增长1.8%，重工业增长9.9%。分经济类型看，国有控股企业增长8.7%；股份制企业增长9.7%，国有企业增长8%，外商及港澳台商投资企业下降

2.8%；私营企业增长4%；非公有制工业增长6.6%。分门类看，采矿业增长2%，制造业增长8.4%，电力、燃气和水的生产和供应业增长12.6%。全年全区规模以上工业中，煤炭行业增加值比上年增长2.8%、电力行业增长12.2%、化工行业增长13.6%、冶金行业增长9.7%、有色增长6.7%、轻纺增长0.4%、机械增长7.3%、建材下降0.1%、医药增长9%、其他行业增长8%。工业产品销售率为97%。年末全区发电装机容量4187.6万千瓦时，比上年末增长14%。其中，火电装机容量2583.2万千瓦时，增长19.3%；水电装机容量42.6万千瓦时，与上年持平；风电装机容量941.6万千瓦时，与上年持平；太阳能发电装机容量620.2万千瓦时，增长17.9%。

【建筑业】2017年，评选出自治区建筑科技计划项目12个，评定并推广新产品6项、新技术31项，银川绿地中心等4个项目列入住建部2017年科学技术项目计划。宁夏出台《关于大力发展装配式建筑的实施意见》，配套制定《宁夏绿色建材评价标识管理办法（试行）》《宁夏绿色建筑设计标准》等政策，在工程建筑领域推行新型建造方式，实施绿色建筑198万平方米、装配式建筑36.4万平方米，培育自治区级建筑产业化基地5家。推进“放管服”改革，行政许可审批事项办理时限平均由16.4个工作日压缩为5.3个工作日，将63项三级企业资质审批权下放设区市，在区直部门中率先实行“不见面审批”改革，全年晋升国家壹级（甲级）资质企业20家。全区建筑业实现增加值484.36亿元，占GDP的14%。全区具有资质的总承包和专业承包建筑业企业761家，全年完成建筑业总产值549.21亿元，比上年增长7.4%。建筑业企业房屋建筑施工面积2569.4万平方米，下降7.3%；房屋竣工面积791.75万平方米，下降22.2%；竣工产值338.67亿元，下降10.4%。按建筑业总产值计算的劳动生产率24.3万元/人，下降9.2%。全年全区房地产开发投资652.84亿元，比上年下降10.3%。其中，住宅投资387.75亿元，下降10.9%；办公楼投资37.01亿元，下降28.6%；商业营业用房投资152.42亿元，与上年持平。

【金融业】截至2017年年底，全区全部金融机构本外币各项存款余额5867.22亿元，比年初增加406.58亿元。其中，人民币各项存款余额5848.45亿元，增加406.91亿元。全部金融机构本外币各项贷款余额6461.48亿元，比年初增加765.52亿元。其中，人民币各项贷款余额6332.61亿元，增加664.72亿元。年末全区上市公司13家，总股本103亿股，总市值916.64亿元，比上年下降13.3%。其中，流通市值572.81亿元，下降22.2%。全年证券交易额5939.75亿元，增长15.2%。全年全区在全国中小企业转让系统挂牌公司66家，较年初增长17.9%，总市值219.16亿元。年末全区省级营业性保险分公司20家，全年实现保费收入165.21亿元，比上年增长23.4%。其中，财产险收入56.04亿元，增长21.6%；寿险收入81.24亿元，增长19.1%；健康险收入23.53亿元，增长46.5%；意外伤害险收入4.4亿元，增长24.9%。支付各类赔款和给付49.56亿元，增长15.7%。其中，财产险赔款26.96亿元，增长8.7%；寿险业务给付15.17亿元，增长20.2%；健康险给付6.19亿元，增长44.9%；意外伤害险赔款1.24亿元，增长9.4%。

【邮电业】2017年，全区完成邮政业务总量15.32亿元，比上年增长0.8%。邮政业全年完成邮政函件业务365.7万件，包裹业务10.6万件，快递业务量3721.5万件；快递业务收入6.8亿元。全年全区完成电信业务总量204.7亿元，增长1.17倍。年末全区电话用户总数854.2万户，其中移动电话用户792万户。互联网宽带接入用户159.2万户，比上年增加47.3万户。移动互联网用户682.5万户，比上年增加80.4万户；移动互联网接入流量20825.8万G，增长1.92倍。

【交通运输】2017年，全区货物运输总量3.93亿吨，比上年下降11.5%。货物运输周转量811.41亿吨公里，下降7.1%。全年旅客运输总量0.76亿人次，下降14.4%；旅客运输周转量158.11亿人公里，增长3.3%。截至年末，全区民用车辆拥有量184万辆，同比增长8.1%。2017年，全区载客汽车101.5万辆，比上年增加13.3万辆，同比增长15.1%。轿车63.7万辆，增长13.1%。全区民用载货汽车拥有量28.44万辆，比上年增加2.3万辆，同比增长8.8%。年内，全区进口车拥有量6.2万辆，同比增长10%。全年全区机动车驾驶人数208.1万人，比上年增加14.5万人，同比增长7.5%。全区摩托车拥有量25.3万辆，同比下降5%。三轮汽车、低速货车，因运输量小、速度慢和运输距离短等一系列制约因素在市场竞争中逐步被淘汰。全区三轮汽车和低速货车为0.8万辆和0.4万辆，比上年减少0.8万辆和0.5万辆，分别下降49.5%和54.6%。全区新注册车辆18.4万辆，比上年增加0.6万辆，同比增长3.4%。推进出租汽车行业改革，发布《关于网络预约出租汽车经营者申请线上服务能力认定工作流程》。银川、中卫两市出台出租汽车改革实施意见和网约车管理实施细则，制定出台《银川市私人小客车合乘管理规定(试行)》。全区除中卫外其他四市基本完成城市公交体制改革，银川和固原已基本实现与全国“交通一卡通”互联互通，全区城市公交IC卡售卡量突破百万张，银川清洁能源和新能源公交车使用率达100%。西吉县、沙坡头区被列入交通运输部50个城乡交通运输一体化示范县，全区行政村通客车率达99.3%，初步实现城乡客运基本公共服务均等化。全区已运营的30个三级及以上客运汽车站全部实现联网售票及实名制改造，全区70所驾校全部实现“计时培训、计时收费、先培训后付费”服务，选择驾培服务“新模式”参训学员达6.4万人，全区道路运输从业资格继续教育全部实现网络培训，培训人员达3.6万人次，受理12328交通运输服务监督电话6万个。

【公路建设】2017年，自治区确定的12个重点公路项目计划投资100.1亿元，截至12月底，共完成投资101亿元。其中，青兰高速东山坡至毛家沟、固原至西吉、青石嘴至泾源高速公路3个收尾项目已全面建成通车。青银高速银川至宁东年内进行收尾；叶盛黄河公路大桥主体工程10月底全部完成。5个续建项目中，其余256公里路段已全部开工建设；石嘴山红崖子黄河公路大桥进行大桥下部结构施工；泾源至华亭、西吉至会宁高速公路整体进展顺利；银昆高速银川河东国际机场段改线工程6月开工建设。银百高速宁东至甜水堡项目9月开工建设。将交通运输部车购税资金8.7亿元用于农村公路建设，安排全区14个县(区)1260公里农村公路，已完工1200公里，完成投资16.5亿元，完成年初确定的300个脱贫销号村对外连接道路的建设任务。投资661万元，实施公路安全生命防护工程5处161公里；投资876万元，实施灾害防治工程2处50公里；投资810万元，实施危桥改造工程9座。出台《宁夏农村公路条例》。制定《宁夏公路水运品质工程示范创建实施方案》。开展“安全生产月”和“平安交通”“打非治违”专项整治。落实红色旅游公路补助资金3.3亿元、银川河东机场综合枢纽补助资金5000万元。撤销全区28个(含先期撤销3个)政府还贷普通公路收费站，每年可降低物流成本近6亿元。

【旅游业】2017年，全区接待国内外旅游者总人数3103.16万人(次)，按可比口径比上年增长21.7%；实现旅游总收入277.72亿元，按可比口径比上年增长20.4%。其中，银川市接待国内游客1283.9万人(次)，占全区的41.7%，实现国内旅游收入149.53亿元，占全区国内旅游收入的54.3%，居五市之首。中卫市接待国内游客502.65万人(次)、固原市接待国内游客492.68万人(次)、吴忠市接待国内游客471.87万人(次)、石嘴山市接待国内游客327.42万人(次)。截至2017年年底，全区共有A级景区73家，其中AAAAA级旅游景区4家、AAAA级景区17家、AAA级景区32家、AA级景区20家；全区有旅行社135家，其中出境组团社24家、国内社111家；全区有旅游星级饭店99家，其中四星级33家、三星级60家、二星级6家。

(王会宁)

政治建设

【政风建设】2017年，宁夏下发《关于进一步巩固深化“回头看”推进中央八项规定精神落实的通知》。组织多次专项督查，发现各类问题100多个，跟踪督办整改。建立常态化工作机制，全区共查处违反中央八项规定精神问题144起，处理204人，给予党纪政纪处分165人，先后10次对39起典型问题公开通报曝光。针对“四风”新动向，在全区开展公款购买消费高档白酒专项排查活动，发现问题4个，问责处理8人。坚决整治“为官不为”问题，对中央环保督察移交问题、银川市“1·05”公交车纵火案、石嘴山市林利煤矿“9·27”重大瓦斯爆炸事故和固原六盘山自然保护区狩猎场项目相关违纪人员严肃追究责任，引导党员干部进一步增强依法履职、为民尽责意识。

【政务信息公开】2017年，全区各级行政机关承担政府信息与政务公开日常工作的专门机构有387个，具体承担政府信息与政务公开工作人员1889人。全区各级行政机关纳入财政预算的政府信息与政务公开专项经费共381.02万元，其中市、县(区)181.32万元，占47.6%；自治区本级199.7万元，占52.4%。全年全区各级行政机关主动公开政府信息共65.54万条，比上年增长23.7%；自治区政府各部门(单位)主动公开政府信息13.9万条，比上年增长33.6%，其中制发及主动公开规范性文件信息315条；市、县(区)各级行政机关主动公开政府信息49.92万条，比上年增长17.1%，其中制发及主动公开规范性文件信息735条。全年全区各级行政机关通过政府网站发布政府信息39.7万条，比上年增长20.9%，其中自治区政府各部门(单位)发布13.09万条，市、县(区)各级行政机关发布26.61万条。《宁夏回族自治区人民政府公报》发布政府信息252条，向乡镇以上党政机关、村(居)委会、公共企事业单位、政府信息公开查阅点和自治区人大代表、政协委员、政府参事、政府法律顾问等免费赠阅17.5万本。银川市、贺兰县等政府公报发布政府信息469条，比上年增长30%。全区各级行政机关通过政务微博发布政府信息3.86万条。全区各级行政机关通过政务微信发布7.87万条，比上年增长78.9%。全区各级行政机关通过报刊、电视广播等传统渠道、利用新闻网站等发布政府信息23.7万条，比上年增长43.4%，其中自治区政府各部门（单位）发布2.97万条，比上年增长85.2%；市、县（区）各级行政机关发布20.73万条，比上年增长38.9%。全年全区各级行政机关受理政府信息公开申请共1608件，比上年增长81.5%，其中自治区政府及各部门（单位）受理1054件，比上年增长2倍；市、县（区）各级行政机关受理554件，比上年增长40%。全区各级行政机关受理的1608件政府信息公开申请中，按时办结1604件，延期办结4件。自治区政府及办公厅受理23件，全部按时办结。全区各级行政机关向公民、法人和其他组织提供政府信息，全部实行免费。全区各级行政机关受理因信息公开提起的行政复议案件29件，其中维持行政行为17件，占58.6%；纠错7件，占24.1%；其他情形5件，占17.3%。全区发生因信息公开导致的行政诉讼案件26件，其中维持或驳回9件，占34.6%；纠错6件，占23.1%；其他情形11件，占42.3%。全区因公民、法人和其他组织认为行政机关不依法履行信息公开义务而提起举报投诉1件。全国人大会议的代表建议，政协全国委员会议提案，自治区人大会议、自治区政协会议中交付自治区政府主办协办的，全部按照要求办理答复并依法进行公开，主动向人大代表和政协委员通报情况，并对办理结果不满意的实行二次办理。全区各级行政机关在本级政府网站开设专栏，集中公开不涉密的办理或答复结果。

【重点领域信息公开】2017年，全区县级以上政府及其财政、统计等部门，通过《宁夏日报》、政府门户网站及部门网站“专题数据”专栏、政务“两微一端”、编发“统计快报”等，按月公开本级政府财政收支等情况，定期发布经济数据、经济形势图解、表解等各类统计信息。全年自治区统计局发布统计信息387件，发布统计分析报告等230余件。全区县级以上政府及其审计部门，依法公开自治区重大政策措施落实情况。自治区审计部门公开《2016年度自治区本级预算执行和其他财政收支情况审计结果》《关于2016年度自治区本级预算执行和其他财政收支审计结果落实情况》《关于7个利用国外贷援款项目2016年度财务收支及项目执行情况的审计结果》等信息。全区各级地税部门充分利用本系统21个微博微信平台和电子税务局、税点通、地税手机报、“12366”热线4个第三方平台，定期转载、发布和解读国家、自治区新出台的减税降费政策措施，以及促进创业创新、保障改善民生等税收优惠政策和改革动态；公开《宁夏回族自治区地方税收减免管理暂行办法》；及时发布办税指南，推行办税“二维码”，开展“便民办税春风行动”和“税收宣传月”等活动。全区县级以上财政、物价部门公开收费目录清单制度。自治区财政、物价部门在自治区政府门户网站设立了“行政事业性收费和政府性基金政策”专栏公布宁夏行政事业性收费目录和政府性基金目录清单。2017年，自治区对58项收费、基金项目进行清理和规范，公开相关信息。自治区经济和信息化委公开政策实施主管部门、实施主体、申报方式等信息。自治区物价局、非公经济局设立惠企减负政策查询和涉企收费清单网络查询平台。全区各级人力资源社会保障部门通过本部门网站、新闻媒体等，公开重大社保惠民政策。向社会公布7668家全国跨省异地就医定点医疗机构名单，方便群众异地就医联网直接结算。

【重大项目建设信息公开】2017年，全区重大基础设施建设、城市建设、产业建设、信息化建设、国家新能源综合示范区建设、现代特色农业提升工程、开放宁夏建设、“三去一降一补”、“两个确保”脱贫、创建全国老工业城市和资源性城市产业转型升级示范区、工业园区优化整合和低成本改造等16个领域涉及的重点项目，推进项目投资完成、工程进展情况、重大建设项目稽查、专项稽查等方面信息公开。建成宁夏投资项目在线审批监管平台，自治区、市、县三级投资项目申报审批全部在线办理。建成宁夏公共资源交易网及电子交易平台、信息服务平台、行政监督平台，实现全区公共资源交易“一张网”覆盖，全区公共资源交易配置全流程基本实现了透明化运行和信息共享。全区各级各有关部门涉及的工程建设招投标、政府采购、国有产权交易、国有土地使用权和矿业权出让等，全部或绝大部分纳入宁夏公共资源交易一网三平台，基本实现“网上全公开、网下无交易”。

【廉政建设】2017年，全区纪检监察机关共受理信访举报6098件（次），处置问题线索5851件，初核5002件，立案2395件，处分2341人，与上年同期相比分别上升6.8%、59.8%、62.8%、87.5%、88%。严肃查处了张八五、张湧、周舒等严重违纪案件，对许学民等人立案审查。聚焦脱贫攻坚、农村集体“三资”（资金、资产、资源）管理、惠农资金等领域，开展专项整治，建立联席会议、线索登记、对账销号、排查复查、挂牌督办、通报曝光机制，严肃查处虚报冒领、侵吞挪用、优亲厚友、吃拿卡要、挥霍浪费、监守自盗6个方面突出问题618个，处理887人，给予党纪政纪处分785人，自治区纪委先后13次对29起典型问题公开通报曝光，为打赢脱贫攻坚战提供坚强保证。

（王会宁）

文化建设

【文化事业】截至2017年年底，全区文化系统共有艺术表演团体15个，博物馆75个，公共图书馆26个，文化馆26个，档案馆28个。实施优秀文艺作品创作计划。启动实施自治区60大庆文艺创作工程，制定工作推进方案，组织创排秦腔《王贵与李香香》、交响组曲《家乡的花儿》、京剧《花漫一碗泉》等剧目8部；策划自治区60大庆文艺晚会，创排《煤海丹心》《筑坝塞上》《守望者》等剧目；推广宣传《宁之夏》等歌曲；征集“中国梦·宁夏情”自治区成立60周年主题美术作品100余幅。6个艺术项目获2017年国家艺术基金资助，扶持资金1000万元。组织创排自治区第十二次党代会精神文艺节目在全区巡演11场。实施宁夏戏曲振兴计划，举办第二届“中国梦·塞上情”梅花贺新春活动。印发《宁夏“戏曲进校园”实施方案》，“戏曲进校园”演出585场。实施艺术精品传播计划。秦腔《王贵与李香香》、舞剧《花儿》、京剧《庄妃》和儿童剧《菲亚·飞呀》参加第十五届中国戏剧节展演，京剧《庄妃》参加第八届中国京剧节展演、舞剧《花儿》参加第十五届深圳文博会优秀剧目展演，交响乐《家乡的花儿》参演第五届中国西部交响乐周。京剧《庄妃》等2部剧目入选2017年度全国舞台艺术创作项目，话剧《闽宁镇移民之歌》入选国家舞台艺术精品创作工程十部重点扶持剧目，秦腔《王贵与李香香》入选少数民族地区创作提升计划重点原创剧目，舞蹈《花·花儿》入围第十一届“荷花奖”决赛，眉户戏《丁香花开》入选全国基层院团戏曲展演并获好评。2人分获第二十八届中国戏剧“梅花奖”、第二十七届上海白玉兰戏剧表演艺术奖主角奖。加快公共文化设施建设，宁夏美术馆开工建设，固原市“三馆”进入内外装修，隆德县“两馆”、红寺堡区文化馆完成主体工程。建成8个乡镇标准化综合文化站，扶持村综合文化服务中心、农民文化大院、民间文艺团队186个。吴忠市第三批国家公共文化服务体系示范区创建工作受到文化部督导组好评。完成宁夏图书馆、固原博物馆理事会组建。推进县级“两馆”总分馆制建设，制定《关于推进县级公共文化馆图书馆总分馆制建设的实施方案》。

【文化惠民】2017年，制定出台《宁夏文化扶贫工程贫困地区村综合文化服务中心项目实施方案》《宁夏文化扶贫工程贫困地区村综合文化服务中心项目建设管理使用办法》，建立项目数据库，突出项目建设实施对象精准、资金投入精准、设施建设精准、服务保障精准，建立问题、任务、责任三个清单和领导干部包抓、“三员”协助管理和项目建设督报督办三个机制，统筹整合项目资金1.5亿元，建成贫困地区606个村综合文化服务中心，完成555个村综合文化服务中心基础设施建设，实现贫困地区村综合文化服务中心全覆盖，得到中央和自治区领导的充分肯定。组织“送戏下乡”惠民文艺演出1988场，完成任务的124%，实现全区所有乡镇、街道全覆盖；开展广场群众文化演出1815场，完成任务的121%；公共文化场馆免费开放服务群众近150万人(次)。持续开展“欢乐宁夏”群众文艺会演、“清凉宁夏”广场文化演出、“春雨工程”全国文化志愿者宁夏行活动等群众文化品牌活动，城乡群众文化生活不断丰富活跃。“欢乐宁夏”全区群众文艺会演自下而上、层层选拔，共演出96场，参演节目1000余件，观众累计达20多万人(次)。开展“欢乐宁夏过大年”系列群众文化活动和“送欢乐下基层”演出活动，10大类271项文化活动惠及群众300多万人次。创新举办“新春乐”全区第十三届社火大赛暨元宵节巡演活动，《人民日报》头版刊发宁夏社火巡演图片及文字报道。

【文化产业】推进文化园区建设，银川iBi育成中心创建国家级文化产业示范园区通过专家组评审答辩，岩羊青年文化创意产业园、吴忠文化创意园等园区建设有序推进。扶持剪纸、刺绣等非遗项目产业化发展，推进海原非物质文化遗产创意基地、西吉马兰回乡刺绣示范园等园区发展，带动群众增收致富。开展自治区级文化产业示范园区、基地、示范户评选命名，评选命名自治区文化产业示范基地7家、示范户10家。扶持培育市场主体，镇北堡特色葡萄文化小镇等10个特色文化产业项目获得中央文化资金2690万元支持。利用自治区文化产业发展专项资金对6家国有文化企业、52家中小微文化企业进行扶持培育。推动银川市开展国家首批文化消费试点城市工作，创出政府补贴、企业让利、大众受惠模式，受到文化部通报表扬。发展文化创意产业，支持宁夏明道文化发展有限公司、宁夏飞通信息科技有限公司争创国家动漫企业，支持宁夏智慧宫文化传媒公司等4家企业与台湾仁创投资股份有限公司合作开发文化创意产品。组织举办首届宁夏动漫节、首届银川文化艺术创意节、宁夏博物馆文创产品设计大赛等文化创意活动，推出一批文创产品。组织宁夏文创产品参加北京第十二届文博会、第十届海峡两岸文博会等。推动文化产业融合发展，与旅游融合，提升《西夏盛典》等旅游演艺剧目品质，推动文艺剧目、非遗项目进景区，以文化推动全域旅游发展。与特色农业融合，推进贺兰山东麓葡萄文化长廊建设，积极培育特色文化小镇，宁夏枸杞文化小镇入选首批中国起源地文化产业示范基地。推动文化与科技融合，支持宁夏秒银互联网科技有限公司自主研发手机广告精准分配平台，成为移动互联网手机广告第一品牌。在全国率先开展规模以下文化及相关产业监测统计工作，建立协调联动机制、动态监测机制、网络直报机制，建立全区统一的规模以下文化产业统计单位名录库，实现应统尽统，全区文化产业统计监测工作得到文化部领导肯定，在2017年全国文化产业工作会议作了经验交流。印发了《关于进一步深化文化市场综合执法改革的实施意见》，制定了贯彻落实任务分工方案和督查方案，推动改革政策落地生根。

【文物和非遗保护】2017年，印发《关于进一步加强文物工作的实施意见》，召开全区文物工作会议，推进文物保护工作。完成全区第一次全国可移动文物普查工作，完成《宁夏长城保护总体规划大纲》编制，划定公布自治区文物保护单位保护范围和建设控制地带。继续推进世界文化遗产申报工作，完成西夏陵申遗资料申报、陪葬墓加固保护和环境整治，实施西夏博物馆迁建等基础设施建设和西夏陵展示利用工程，完成西夏陵国家考古遗址公园挂牌考核评定工作，西夏陵列入第三批国家考古遗址公园。编制固原北朝隋唐墓地保护规划，实施北朝隋唐墓地遗址M1401展示工程。实施重点文物保护工程项目，推进明长城中卫姚滩段、战国秦长城原州区长城梁段等重点区段长城加固保护及将台堡革命旧址等革命文物保护工程。开展鸽子山考古发掘及贺兰山古代遗址考古调查和彭阳红河流域考古调查工作，鸽子山遗址考古入选2016年全国十大考古新发现。完成彭阳红河流域早期秦文化考古发掘，召开彭阳姚河塬商周遗址专家论证会。提升博物馆展陈水平，完成固原博物馆展览提升，固原博物馆“千年固原 丝路华章”荣获第十四届“全国博物馆十大陈列展览精品”奖。筹备宁夏博物馆“朔色长天”宁夏通史展陈提升，全区博物馆推出和引进地方特色展览40多个。加强非遗保护传承，公布第四批自治区级非遗代表性项目31项、第四批自治区级非遗代表性传承人33名，资助一批优秀保护传承基地(点)和代表性传承人，对7名国家级和20名自治区级代表性传承人传承技艺实施抢救性保护。出台《文化市场经营场所分级管理评定办法（试行)》《文化市场“双随机一公开”实施细则》等文件，推进文化市场“双随机一公开”监管和移动执法。与河南省实施综合执法对口交流协作项目，推进文物法人违法三年整治行动，中卫文物保护作业案案卷被文化部评为全国文化市场重大案件规范案卷。

【文化交流】2017年，实施部省对口合作交流项目，组织文艺团组赴坦桑尼亚、贝宁两国开展“中国风·欢乐颂”宁夏风情文艺展演、“古风秦韵”中国秦腔艺术展演、“神韵宁夏·醉美非遗”中国宁夏传统工艺展演、美术培训等文化交流活动，受到当地观众热烈追捧和我国驻外使馆的肯定。开展中非合作计划，组织宁夏文艺团组赴南非、莱索托开展“中国风·欢乐颂”宁夏风情文艺演出，5场精彩表演得到了当地政府及民众的广泛好评，中国驻莱索托使馆专门致电文化部、外交部、自治区政府给予高度赞誉。参与“欢乐春节”访演，组织宁夏文艺团组在欧盟4国9个城市开展“欢乐春节·神奇宁夏”访问展演17场。举办第十五届中国戏剧节(国家级三大艺术节会)，这是宁夏首次主办的规模最大、时间最长、参展剧目最多的国家级艺术盛会，荟萃了全国19个省(市、区)22个剧种27台优秀剧目，在银川、石嘴山、吴忠市展演。举办第三届宁夏舞蹈节“中传锦绣杯”WDC国际标准舞世界积分赛(中国站)和全国青少年国际标准舞锦标赛，来自37个国家的选手来宁参赛。举办第十五届中国西部民歌(花儿)歌会、第四届西北音乐节、第二届宁夏少数民族文艺调演等活动。组织话剧《回民干娘》《喊水村移民纪事》《铁杆庄稼》扶贫主题三部曲在西北地区4省区巡演12场、秦腔现代剧《花儿声声》《狗儿爷涅槃》在黄河流域9省区巡演11场、舞蹈诗《九州花儿美》在苏浙沪长江三角洲地区巡演9场，宁夏杂技团赴台湾演出25场。开展区域文化交流活动，开展沪宁两地戏剧“梅花奖”、“白玉兰奖”艺术家“深入基层 扎根人民”活动，邀请江苏省淮剧团现实题材精品剧目《小镇》在宁交流演出，举办了江苏国画院副院长杨耀宁“再造自然”杨耀宁山水画作品展。

【广播影视】2017年，全区有线广播电视实际用户68万户，其中，有线数字电视实际用户62万户。全区广播节目综合人口覆盖率为97.6%；电视节目综合人口覆盖率为99.4%。开展全区广播电视安全生产保障大检查和隐患排查，对网络信息安全进行定级备案，做好元旦、春节、全国“两会”、“一带一路”国际合作高峰论坛、金砖国家领导人第九次会晤、党的十九大、自治区第十二次党代会等广播电视安全保障工作。投资6亿元的大型东方魔幻电影《阿修罗》进入后期制作；电影剧本《这一道沟 那一道梁》入选国家优秀剧本扶持项目，并于9月开机拍摄；联合国内知名影视制作机构共同打造的8集大型纪录片《六盘山》、30集电视剧《灵州盛会》剧本创作基本完成。打造《美丽中国／宁夏故事》，支持《解码一带一路》《权威发布》《经典诵读》等电视品牌栏目和《中华奇石》等期刊。开展广播电视公益广告大赛、优秀网络视听节目征集评选活动。将2017年确定为“农村电影提质增效年”，印发《农村电影提质增效年工作方案》，分级开展农村电影标准化放映培训，层层签订目标责任书，逐级建立台账，将农村电影放映任务和责任落实到人。先后在全区开展以“百年小康路，长征再启程”“迎接党的十九大，共圆小康中国梦”等为主题的放映活动。全年共放映公益电影43256场，观众411.44万人（次），完成全年放映任务108.1%，连续九年提前超额完成自治区公益电影放映民生实事任务。国家财政投入1432万元，为全区716个贫困村综合文化服务中心配置广播器材。推进中央广播电视节目无线数字化覆盖工程，充分利用现有无线发射台站，增配数字广播电视发射机，更新改造节目源、天馈线等配套系统，投入3348万元，实施中央广播电视节目无线数字化覆盖一期、二期工程，建成45个发射台站，实现中央和地方15套电视节目、15套广播节目的无线数字化覆盖，为城乡居民提供更高质量的无线数字广播电视公共服务。实施城乡电子阅报屏建设工程，采取“政府主导、社会力量参与”的方式，吸引社会资本6亿元，在人群密集的区域分期建设10000个电子阅报屏，实现区、市、县、乡镇、村五级公共文化网络全覆盖。投资800万元，实施西吉、隆德、彭阳、红寺堡广播电视播出机构制播能力建设项目。助力脱贫富民战略，多方筹资160万元，为4070户贫困家庭免费安装“户户通”卫星接收设备。坚持事业产业两轮驱动，制定《产业调研和项目布局储备工程实施方案》，筛选、论证、储备入库项目69个，计划投资392.58亿元。11个项目入选国家新闻出版广电改革发展项目库，32个项目申报国家新闻出版广电总局文化产业项目，申报金额12.78亿元。其中《广电网络与新闻出版业务融合技术应用》等10个项目获国家文化产业发展专项资金扶持1760万元，累计争取国家各类专项资金1.14亿元。投资4000万元推进广电产业发展，其中投资1500万元实施宁夏智慧家庭云平台项目一期建设，完成家庭云一期云电视平台建设；投资2500万元完成全区BOSS用户管理系统、计费认证系统、GIS地理资源管理系统建设。51集电视剧《灵与肉》被列为党的十九大展播剧目。宁夏与中央电视台对接合作，将西吉、海原、盐池、同心四县确定为央视科教频道纪录片品牌栏目《中国影像方志》第一批拍摄对象，拍摄4集（每县1集）电视纪录片。中央电视台相关频道在宁夏采访报道，以纪录片、风光片等方式形成《走进宁夏》，借助央视平台提高宁夏的知名度。“宁夏智慧宫文化传媒有限公司建设丝绸之路阿拉伯国家影视播放服务平台”“中阿广播电视交流合作项目”等项目入选“丝绸之路影视桥工程”。承办全国电视剧内容管理工作会议、全国软件正版化工作会议，成功举办首届“宁夏乡村读书节”、宁夏城乡电子阅报屏建设签约仪式，举办了贺兰山东麓葡萄酒电影电视艺术节。充分发挥公益广告在传播文明、引领社会新风尚方面的重要作用，推动“讲文明树新风”活动深入开展，全区报刊刊发公益广告915条（次），各级播出机构新创公益广告4832条，制作时长3256分钟，播出18.44万次，播出时长17.3万分钟。

【新闻出版】2017年，全区出版各类报纸19种、期刊37种、图书3909种。在全区各新华书店设立十九大专柜、专架进行重点陈列、重点宣传、重点发行。围绕自治区第十二次党代会，策划出版了《砥砺奋进的五年》《盐池故事》等一批精品图书。申报《红旗漫卷西风——红军在宁夏的岁月》《永远的丰碑——典藏宁夏红色文物》等图书参加主题出版物评选活动。小说集《灰袍子》阿文版入选国家图书版权输出奖励计划二期重点奖励书目，《西夏佛教序跋题记研究》等入选国家出版基金项目。推荐十大类28个项目争取列入自治区中华优秀传统文化传承发展工程。全年审批图书出版选题3291种、电子音像出版选题21种，上报重大选题7件、民族宗教类选题5件，申请书号2101个，核发图书书号1053个、电子音像出版物版号11个。审查电影剧本16部、电视剧本4部，其中通过国家新闻出版广电总局备案公示电影13部、电视剧3部。对直管的83家出版物印刷企业进行年检，81家通过年检；对全区98家出版物发行(批发)单位进行年度核验,23家新华书店、6家本版出版物发行(批发)单位、67家社会办出版物批发单位通过年度核验,2家社会办出版物批发单位暂缓年度核验;对全区90家广播电视节目制作经营机构进行年检,合格80家;对全区1638个新闻记者证进行年度核验,通过1623人;登记著作权作品350件。图书出版主要以民族宗教类出版物专项检查、"三审三校"制度执行情况专项检查、"问题地图"专项检查和两批次图书编校质量检查为抓手,完成2009年以来涉及民族宗教类出版物的400余种样书、样盘的审读、审听、审看,确认269个品种为涉民族宗教类出版物。全年撰写报刊审读报告300余篇,编辑出版《宁夏报刊审读》11期。对61家印刷复制企业、发行单位进行专项检查,7家因违规经营受到行政处罚。查处违规广告18次,下发行政告知书18份,停播违规广告38次,约谈播出机构3家。开展多种形式的版权知识宣传教育,普及版权保护知识,提高全社会的版权保护意识。开展"4·26世界知识产权日"系列宣传活动,开展了2017年知识产权宣传进高校活动,分别在宁夏大学、北方民族大学举办"版权保护及维权"知识讲座,通过现场回答版权问题咨询、发放版权知识小册子、播放《版权追踪》公益宣传片等多种形式,宣传版权知识。盐池县国产软件应用试点工作顺利通过国家验收,工作经验在全国软件正版化工作会议上推广。先后查处《今日西吉》《西吉大城小事》微信公众号网络侵权案,石嘴山市夏德晓复印店未经著作权人许可复制其作品案,博学书店侵犯著作权案,《征战天下》网游侵权案等,查办了国家版权局挂牌督办的"8·14"软件侵权案、"7·11"未经著作权人许可复制发行其作品案,打击了侵权盗版行为。持续开展"净网""秋风""护苗""固边""清源"等五大专项行动和"扫黄打非"进基层工作,全区共出动执法人员6200多人(次),检查各类书店、报刊亭、音像店、印刷复制企业1640余家(次),签订《出版物、音像、印刷场所经营管理责任书》900余份;查处假冒网站1家、违法网络经营主体12家,清理各类网络有害信息3万余条;销毁各类侵权盗版及非法出版物4.5万余册(盘),立案查处印刷发行非法出版物及利用网络传播淫秽物品案件11起,其中2起申请全国"扫黄打非"办公室挂牌督办。印发《关于推进实体书店发展的实施意见》,投资1350万元,实施同心、盐池、西吉新华书店改扩建工程。全区包装印刷业年销售收入超过10亿元,实现总利润1亿元。出版新书和重印图书近3000种,实现销售收入1865万元。

(王会宁)

社会建设

【社会保障】截至2017年年底,全区参加城镇职工基本养老保险人数205.91万人,比上年末增加9.81万人。参加城乡居民基本养老保险人数185.48万人,比上年末减少0.72万人。参加基本医疗保险人数618.22万人,增加24.17万人,其中参加城镇职工基本医疗保险123.46万人,增加5.99万人;参加城乡居民基本医疗保险494.76万人,增加18.18万人。参加失业保险人数88.55万人,增加2.85万人。参加工伤保险人数90.35万人,增加6.81万人。参加生育保险人数81.73万人,增加5.19万人。年末全区共有10.84万人享受城市居民最低生活保障,38.11万人享受农村居民最低生活保障,0.99万人享受农村特困人员救助供养。建立"先参保、再开工"长效机制,工程在建项目、新建项目工伤保险参保率持续保持100%,"同舟计划"目标任务提前完成。深化养老保险制度改革。出台机关事业单位养老保险"1+5"政策(1个实施意见+5个配套政策),退休金社会化发放率达100%。19.18万被征地农民按新政策参加养老保险,其中2012年以来被征地农民参加养老保险10.33万人,两项参保率均达100%,走在全国前列。第四次上调城乡居民基础养老金,最低标准达120元。企业退休人员养老金实现"十三连增",人均调增162元。第二次调增机关事业单位退休人员养老金,人均调增193元。将城乡居民基本养老保险原12个缴费档次调整为100元、300元、500元、1000元、2000元、3000元6个,"多缴多得、长缴多得"激励机制得到完善。制定出台城镇职工基本医疗保险自治区级统筹经办规程和调剂金管理办法,"三医联动"和医保支付方式改革协调推进,颁布实施2017版药品目录,城乡居民医保财政补助标准由472元调整到502元,个人缴费一、二、三档分别由90元、250元、505元调整到130元、270元、545元,大病保险筹资标准由32元提高到37元,基金调剂能力和抗风险能力进一步增强,保障水平稳步提升。综合施策做好医保扶贫工作,在全面落实农村建档立卡贫困家庭参保人员享受政府补助参加基本医保、大病保险政策的同时,实施降低大病保险起付标准、扩大合规药品目录等倾斜政策,通过实行政府兜底保障,贫困患者当年住院医疗费用实际报销比例达91.7%。实现医保个人账户定点医疗机构“全区通”和跨省异地就医住院费用直接结算。全区2390家医保协议药店实现同城化、无障碍刷卡购药，与全国31个省区(市)和新疆建设兵团的8499家跨省定点医疗机构实现联网结算，全年结算区内和跨省异地就医370.96万人(次)。将扶贫保、民政救助、财政报销、政府兜底等政策全部纳入“一站式”结算平台，实现健康扶贫医疗保障“一站式”结算。开展养老保险重点指标专项核查和医疗机构监控工作，发现社会保险基金要情75起，追回社保费和违规资金2474.71万元。将1.4万名医师纳入医保诚信管理，医保服务协议签订率达100%。在医保结算系统启用医疗机构医保医师标识，将违规查处结果与医保服务资格关联，对493名医保医师实施扣分，暂停医保服务资格24人。

【创业就业】2017年，城镇新增就业8.25万人，完成年度任务的110%；城镇登记失业率3.9%，低于控制目标0.13个百分点。先后出台《关于进一步引导和鼓励高校毕业生到基层工作的实施意见》《关于做好当前和今后一段时期就业创业工作的实施意见》和《创业担保贷款管理办法》以及贺兰山自然保护区国有企业职工安置和民营企业帮扶政策。实施“塞上骄子回乡行”“外语+”复合型人才回乡创业“千百十”、高校毕业生创业引领等计划，组织全国创业引领者专项活动暨创业培训讲师大赛宁夏分赛等系列服务活动，并取得全国总决赛亚军的好成绩。新建成创业孵化园区15家，累计建成202家，其中新创建国家级创业孵化示范园区2个、自治区级创业孵化示范园区9个。全年创造新岗位3.56万个，带动就业6.65万人。实施高校毕业生就业创业促进计划，建立高校毕业生就业工作部门联席机制，设立高校毕业生就业工作站18个，鼓励和支持高校毕业生到基层就业创业，高校毕业生就业率达95.1%。做好农村劳动力转移就业工作，深化与内蒙、福建、江苏、浙江等省市的劳务协作，开发就近就地转移就业岗位，农村劳动力转移就业75.53万人，实现工资收入79.34亿元。开展春风行动、就业援助行动、家政服务提质扩容行动、家政服务劳务对接扶贫行动等活动，开发购买公益性岗位9276个(自治区7800个，市、县、区1476个)，帮助城乡困难人员就业，其中3500个岗位专门用于安置农村建档立卡贫困家庭劳动力，为全国首创。推进就业扶贫工作，在全国率先组织开展就业扶贫百千万行动，创建就业扶贫示范基地152个，遴选就业扶贫劳务经纪人1312名，全区建档立卡贫困家庭劳动力实现就业11.97万人。援企稳岗效果明显。使用失业保险基金为2288家企业发放援企稳岗补贴1.17亿元，通过降低社保缴费基数和费率为2.14万家企业83.8万职工和21.3万名灵活就业人员减负17.75亿元。为5.15万名灵活就业人员发放社保补贴1.36亿元。完成贺兰山国家级自然保护区环境整治中44家退出关停企业4313名职工安置任务。建立政府引导、社会参与、市场运作的培训新模式和“企业订单、培训机构列单、培训对象选单、政府买单”的培训新机制，组织岗位技能提升培训1.6万人，创业培训1.23万人，城乡劳动力就业技能培训4.35万人，分别完成年度任务的107%、123%和124%。加强就业信息和失业动态监测，升级完善“一卡通”就业信息系统，开发“宁夏就业扶贫综合信息平台”，推动建立“创业培训+担保贷款+创新服务”三位一体帮扶机制，开展公共就业服务专项活动，全年区、市、县联动组织各类招聘会420场(次)，6.91万人达成就业意向。

【劳动关系】2017年，全区城镇新增就业8.25万人，农村劳动力转移就业75.53万人。年末全区城镇登记失业率为3.9%。全年全区农民工总量为96.9万人，比上年增加5.5万人，增长6%。其中，外出农民工75.1万人，比上年增加3.2万人，增长4.5%；本地农民工21.8万人，增加2.3万人，增长11.8%。自治区成立了协调劳动关系三方委员会，建立解决企业拖欠工资问题联席会议制度，完善“12333”投诉举报和第三方网上欠薪舆情监测协查机制，将构建和谐劳动关系纳入自治区经济发展和平安宁夏建设重点考核指标，推进综合执法体制改革，加强劳动关系预警监控。启动实施治欠保支(治理拖欠农民工工资行为，保证农民工工资支付到位。)三年行动计划，紧盯工资保证金收缴、劳动合同签订、实名制管理、分账管理、22%进度款拨付、工资银行卡发放“六项”主要监控指标，抓实属地责任、部门联动、支付主体责任和劳动保障监察效能4项措施，开展农民工工资保证金差异化缴存管理制度改革试点，会同住建厅对30家拖欠工资失信企业进行公开曝光，面向社会公布11件重大劳动保障违法行为，高压治欠、综合治欠机制进一步固化。全区各级劳动监察机构受理农民工工资案件2453件，为2.99万农民工清欠工资3.9亿元，同比分别下降29.3%、51.4%和58.3%，拖欠工资问题举报投诉案件数、拖欠金额和涉及人数呈大幅下降态势。企业劳动合同签订率达93.9%。全区各级仲裁机构立案受理劳动人事争议案件5146件，仲裁结案率达94.3%。各级调解组织受理劳动争议 5866 件，调解成功率达 67%，高出目标任务 7 个百分点。全区人社系统接待群众来信来访 5274 件次，涉及 1.4 万人次，办结率 98%。

【人才工作】2017 年，出台《关于深化职称制度改革的实施意见》《关于加强新形势下引进海外人才工作的实施意见》等文件，深化职称制度改革，批准宁夏大学等 21 家单位开展自主评审。选拔院士后备人才、第三批“塞上英才”、青年拔尖人才等高层次人才 226 名；31 名专家享受国务院政府特殊津贴、2 名专家入选国家百千万人才工程，评选“塞上技能大师”16 名、“自治区技术能手”30 名。新建国家级继续教育基地 2 家，国家级高技能人才培训基地 1 个、技能大师工作室 7 个。开展高层次急需紧缺人才引进和宁夏籍海外人才归巢行动，组织 128 家企事业单位到北京、西安、吉林、湖北等地高校和人才市场集中招揽急需紧缺高层次人才，签订就业意向性协议 1184 人。首次为 22 家企业兑现引才补助 553.45 万元。协办全国“煤制油化工智慧基地建设”博士后论坛，争取国家级高级研修项目 4 个，并选派 43 名（其中少数民族 7 名）高层次专业技术人才参加外省（区）举办的 37 期国家级研修项目，组织各类专业技术人员培训班 100 期培训 1.3 万人，网上在线培训 15 万人。实施贫困地区专业技术人员素质能力提升计划，培训 1959 人。参加国家举办的各类技能大赛，有 9 名选手获得“全国智能制造应用技术技能大赛”二等奖，实现零的突破；举办各类技能竞赛 8 项，新培养高技能人才 6062 人。新建院士工作站、专家服务基地 15 个、海外人才工作站 2 个，柔性引进院士和知名专家 47 名、海外高端人才 50 名、外国专家 641 人次，选派 212 人出国（境）培训。实施外国人来华工作许可制度，办理外国人来华工作许可 289 件。开展第七届宁夏“六盘山友谊奖”评选表彰活动，10 名外国人才获奖。组织 500 名专家深入基层开展服务活动，帮助基层培训技术骨干 1 万名，解决技术难题 300 个，3 万余名群众受益。

【医疗卫生】截至 2017 年年底，全区共有医疗卫生机构 4272 个，其中医院 209 个；基层医疗卫生机构 3966 个，其中乡镇卫生院 220 个，社区卫生服务中心（站）166 个，村卫生室 2301 个；专业公共卫生机构 87 个，其中疾病预防控制中心 25 个，卫生监督所（中心）25 个。年末全区卫生技术人员 49714 人，其中执业医师和执业助理医师 18187 人，注册护士 21568 人。全区医疗卫生机构实有床位 39820 张，其中医院 34822 张，乡镇卫生院 3354 张。全年全区总诊疗 4026.85 万人（次），出院 115.73 万人（次）。推进综合医改。分级诊疗制度逐步完善，全区 100%的三级医院、63.5%的社区卫生服务机构、35%的乡镇卫生院已纳入医联体范围。家庭医生签约服务全面推开，常住人口、重点人群签约率分别达32.7%、62.9%，县域内就诊率达 84%。现代医院管理制度稳步推进，以药补医机制全面破除，医疗服务价格改革成效初显，薪酬制度改革破冰启动，人员总量管理稳步实施，公立医疗机构费用年均增幅控制在较低水平，位列全国前三。全民医保体系全面建立，基本医保补助标准从 240 元提高到 502 元，城镇职工、城乡居民基本医疗保险政策范围内住院报销比例分别达 76%、72.7%。按病种付费推进有力，全区三甲医院推行按病种付费病种数达 107 个。药品供应保障新机制运行平稳，药品采购价格平均降幅达 15.2%。基本建立医用耗材跨省区联合采购机制，完成 13 个类别高值医用耗材阳光采购，挂网产品 2.45 万个。重点对社会办医、大处方、欺诈骗保、药品回扣等领域进行监管。持续加强基础设施和人才建设，投资 2.73 亿元，新改扩建了 10 个医疗机构。加强县乡医院以及妇产科、儿科建设，扩大全科医生培养，招收全科医师转岗培训学员 182 名，招录助理全科医师 50 名。推动大数据健康医疗与“卫生云”衔接，促进云计算、大数据、物联网、移动互联网等信息技术与健康服务的深度融合。居民电子健康档案、全员人口、电子病历三大数据库基本建成，医疗卫生云平台、远程会诊覆盖所有县区，走在西部前列，进入全国第一方阵。持续强化基层服务能力，为各级疾控中心、预防接种单位配备了冷链设备，为 132 家乡镇卫生院配备了 CR、DR 等设备，为 9 个贫困县（区）妇幼保健计划生育服务中心全部配置了预防出生缺陷、保障母婴安全设备。为 9 个贫困县（区）7.8 万名 6～24 月龄儿童免费发放营养包，为 3.2 万名新生儿免费筛查 48 种先天遗传代谢性疾病。开展“千名医师下基层”活动，1000 名医师全部到基层医疗卫生机构开展对口支援工作，促进优质资源下沉，群众看病就医更加方便。人均基本公共卫生服务项目经费由 45 元提高到 50 元，项目扩大至 14 大类 54 项。实施地方病防治，筛查干预包虫病、布病 9 万余人。完成宁夏食品安全枸杞地方标准制定。高效处置突发公共卫生事件和重大突发事件，处置青铜峡婴幼儿食源性疾病、西夏区润晨画室学员腹泻、海原曹洼重型货车交通事故等各类突发事件 116 起，完成 17 项重要活动的医疗卫生保障任务。抓实“爱国卫生日”活动，实施城乡环境卫生整洁行动，新建农村卫生厕所3.25万座，普及率提高到72%。完成3年改善医疗服务行动满，推出“先住院、后付费”、预约诊疗、优质护理、日间手术、远程医疗、检验检查结果互认、医疗纠纷人民调解等多项便民惠民措施，群众看病就医体验不断改善。实施了一批妇幼健康惠民项目，60多万妇女儿童受益。实施中医药传承创新工程，建立了55个重点中医（特色）专科。94%的公立中医医院达到二级甲等以上水平，79%的乡镇卫生院和91%的社区卫生服务中心设置了中医科，62%的村卫生室能够提供中医药服务。生育服务优化。实现生育登记网上办理，流动人口均等化服务覆盖面扩大。成立危重孕产妇和新生儿救治中心，推广使用母子健康手册。落实计划生育家庭奖扶政策，统一城乡扶助待遇，提高扶助标准，建立一次性抚慰金制度，兑现各类计划生育奖励扶助资金近5亿元。对外交流合作。推进京宁、沪宁、闽宁、甘宁卫生合作，自治区级、市级、县级多所医院分别与北京、福建、上海、天津等多所医院签订一对一长期帮扶协议。300余名专家来宁指导和义诊，选派300多名骨干外出进修学习，5年引进人才338名（全职引进58名），其中院士5名、博士49名。自治区政府聘请23名国内著名医学专家为“宁夏医学发展顾问”，建立院士工作站4个。引进（签约合作）团队88个。连续举办三届北京中医药专家宁夏行活动。开展国际合作，举办首届中阿卫生合作论坛、中阿博览会“走进埃及医疗绿色健康行”、“韩红百日援宁”等活动。2012年以来派出援助贝宁医疗队员5批110余人（次）。进一步减负贫困患者。建立高效的精准救治体系，通过“三个一批”分类救治贫困患者2.86万人次。制定了20多个政策指导性文件，形成“政府主导、部门联动、社会参与、定期督导”的工作机制。建成了健康扶贫“一站式”结算平台，方便贫困患者看病报销。将建档立卡贫困患者全部纳入医疗救助范围，财政每年拿出5000万兜底保障资金，确保贫困患者住院费用实际自付比例不超过总费用10%、当年住院自付费用累计不超过5000元，切实减轻贫困患者就医负担。

【社会服务】截至2017年年底，全区共有各类提供住宿的社会服务机构122个，其中养老服务机构94个，儿童收养救助服务机构10个。社会服务床位17575张（不包括社区床位数），其中养老床位14905张（不包括社会日间照料床位3538张、社会留宿床位2891张），儿童服务床位1022张。全区共有社区服务机构和设施2658个，其中社区服务中心68个，社区服务站2081个。

【民族团结进步创建】2017年，自治区出台《关于依法治理民族事务促进民族团结的实施意见》，召开全区民族工作联席会议，加强顶层设计，明确工作任务。完善《全区民族团结进步创建工作考核细则》和全区民族团结进步创建活动示范单位测评指标体系。举办全国民族宗教研究知名专家宁夏行活动和民族地区社会治理与实践创新高端论坛，开展全区民族团结进步暨和谐寺观教堂创建互观互检活动。推进“585”创建行动计划，评选命名第七批全区民族团结进步创建活动示范单位100个，推荐固原市原州区、彭阳县、银川市金凤区3个县（区）和10个单位申报全国民族团结进步示范单位。开展民族团结进步宣传教育，加大民族宗教理论政策宣讲力度，精心组织“中央媒体民族地区走基层”活动，邀请11家中央媒体对宁夏民族团结进行采访报道。在媒体开设民族团结进步宣传专栏，开展全区中小学民族团结主题才艺表演活动，同宁夏电视台开展“同心共筑中国梦”民族团结进步创建系列报道，拍摄微电影宣传民族团结进步先进典型。举办“中华民族一家亲2017中国少数民族迎春大联欢电视晚会”，完成第二届全区少数民族文艺调演，承办“中华民族一家亲文化下基层宁夏行活动”，组织中央民族歌舞团的艺术家和北京的医疗专家深入红寺堡区和彭阳县开展送医、送书、送戏等活动。开展“民族团结月”活动。成立民族宗教舆情中心，全年网络涉民族宗教舆情数量相比上年大幅下降，未发生较大的涉民族宗教舆情。启动《自治区民族团结进步条例》修订工作。全区开展各类清真食品检查9536家（次），限期整改643家，依法取缔171家。制定《关于进一步加强和改进新形势下宗教工作的实施意见》《贯彻落实全区宗教工作会议精神重点任务分工方案》。全年共举办各级各类宣讲培训300余场次3万余人参加。学习宣传贯彻国务院新修订的《宗教事务条例》，以宗教工作“三支队伍”为重点，通过举办培训班、召开座谈会等形式，切实抓好学习贯彻，增强法治意识。启动《自治区宗教事务条例》制定工作。执行宗教活动安全管理暂行办法，加强对宗教活动的依法管理，严格控制宗教活动数量，全区规模较大的宗教活动全部实现了安全有序，活动参与人数和频次较上年下降12%。严格宗教活动场所审批，新建生态移民安置区清真寺5座，引导采用中式建筑风格，强化建筑质量安全管理。抓好朝觐服务管理工作，严格落实网上排队报名制度，全程接受社会监督，召开朝觐安全工作会议，完成朝觐工作任务。把引导宗教与社会主义社会相适应作为宗教工作的根本方向，开展“看宁夏、知宁夏、爱宁夏”主题教育实践活动，制定《宁夏回族自治区阿訇日常行为守则(试行)》，举办践行社会主义核心价值观文化交流活动。推进“四进”宗教活动场所活动，累计在1200多个宗教活动场所升起国旗，建成文化书屋1100多个。向宗教活动场所增订《中国民族报》《宗教法制报》《中国宗教杂志》等报刊。组织20名伊斯兰教界代表人士，分别从社会主义核心价值观、清真寺建筑风格等20个方面进行专题解经，引导信教群众正信正行。分层次举办中青年宗教教职人员、重点宗教活动场所管委会主任、宗教界代表人士研修班等培训17期，培训1000多人(次)。率先在全国开展伊斯兰教界人士在职研究生教育。加强与甘肃、青海等省区协作，召开甘宁两省区宗教工作联席会议。开展“达洼宣教团”非法活动专项治理行动，先后查处各类非法宗教活动61余（起），涉及人数629人，行政拘留204人，训诫教育600余人（次），专项治理工作受到中央统战部和国家宗教局的充分肯定。做好“阿化沙化”苗头性倾向性问题和伊斯兰教经文学校(班)专项治理行动，完成道路标牌和旅游景点等场所阿文标识的整治工作。抓好“清真”概念泛化治理工作，督促指导382家生产企业对不合格清真标识进行处理，收回166家生产经营单位的《清真食品准营证》。

【物价调控】2017年，制定推进价格机制改革责任分解方案和任务台账，调整《宁夏回族自治区定价目录》，竞争性领域和环节价格基本放开。推进跨省跨区和区域电网输电价格改革工作，促进跨省跨区电力市场交易。加强城镇燃气配送环节价格监管，在市场竞争充分的基础上稳妥有序放开燃气类车用气销售价格。实施居民用电、用气、用水阶梯价格制度，在全区范围内执行用电、用气阶梯价格政策，12个市县已完成阶梯水价制度改革。放开民办营利性普通高中收费，下放非营利性民办普通高中、初中、小学收费标准制定权限。修订宁夏民办教育收费管理办法，强化民办教育收费事中事后监管。明确将养老服务政府定价限定在政府投资建设的养老机构，完善养老服务价格支持政策，加快产业升级发展。修订《宁夏回族自治区价格条例》，实行三级《收费目录清单制度》和动态调整机制，《宁夏回族自治区区管经营服务性收费项目目录》由19项缩减为13项，落实《政府定价成本监审办法》。推进医药价格改革，宁夏作为全国第二批综合医改试点省份，在全国率先放开药品价格，创新药品价格监管方式方法。首批放开三甲医院5大类65项价格；基本确定114项按病种收费价格；取消药品加成，实施全区三甲医院调整医疗服务收费1506项价格补偿政策，出台《市场调节价药品价格行为规则(试行)》。制定《宁夏回族自治区水利工程供水价格管理实施办法(试行)》；按照《宁夏农业水价综合改革实施方案》要求，对宁夏扬黄灌区农业用水骨干工程供水成本进行监审。区分基本和非基本需求，出台中南部城乡饮水安全工程水价政策，解决中南部群众安全饮水问题。大幅降低用能成本，运用电价政策年降低企业运行成本7.2亿元；降低非居民用管道天然气基准站价格为企业减负0.9亿元；对节能环保达标行业重点企业优惠电费4.02亿元；有效降低物流成本，清理和规范铁路货运价格，执行地方铁路货运低价政策，取消28个政府还贷普通公路收费，降低银川铁西联络线过轨费收费标准和梅鸳铁路专用线货物运输价格，为企业减负7.2亿元；清理规范行政事业性收费，取消、停征41项中央出台的行政事业性收费，取消地方审批设立的行政事业性收费15项(其中涉企收费6项)，年减轻企业负担约1.8亿。组织85个检查组1874人次，对铁路、银行、住建、国土等235家单位的涉企收费行为进行检查，查处违规收费案件12件。对企业举报13家电厂涉嫌价格垄断行为开展反垄断调查并予以提醒告诫，这是宁夏开展的第一次大规模反垄断调查活动。全年各级价格举报中心共受理各类价格咨询、举报、投诉件10998件。宁夏“互联网+”价格监管工作模式取得良好的社会成效，“12315”价格监管平台已成为群众反映价格诉求、维护价格权益的主要渠道。充分发挥价格调控资金作用，支持25个市县(区)建设了154家农副产品平价商店、27个政府主导的国有平价农贸市场。2016—2017年，宁夏蔬菜价格政策性保险投保面积实现15.08万亩，涉及全区16个市县13个蔬菜种植品种，自治区价格调控资金补贴保费5942.82万元，在蔬菜价格下跌时及时向承保农户赔付1.28亿元，赔付率达172%。在全区14个市县择优选择21个项目开展蔬菜生产基地冷链设施建设试点工作。构建和完善价格监测预警和平价商店监测监管、价格门户网站等信息系统建设，深化民生价格信息发布工作，合理引导价格预期，物价总水平保持稳定。对水利工程供水、管道天然气、自学考试等多行业领域开展定价成本监审工作；拟定《宁夏公办幼儿园学前教育定价成本监审办法》《宁夏中小学教育培养定价成本监审办法》；修订《宁夏城市供水定价成本监审办法》《宁夏污水处理定价成本监审办法》等多个行业成本监审办法。高质量完成涉纪案件中的价格认定任务，实施调处价格争议、认定政府赔补偿及居民财产受损补偿等工作，充分发挥价格公共服务职能。96%以上的商品和服务价格实现市场调节，市场决定价格机制基本建立，少数仍由政府定价的重要公用事业、公益性服务、网络型自然垄断环节全面实行清单化管理。

【教育事业】截至2017年年底，全区各级各类学校3406所（含小学教学点552所），教职工10.42万人。全区学前三年毛入园率达81.5%，比上年提高3.5个百分点；小学学龄人口入学率99.9%，初中阶段毛入学率107%，高中阶段毛入学率90.3%，高等教育毛入学率46%，小学六年巩固率为96%，初中三年巩固率为95%。出台《宁夏第三期学前教育行动计划（2017—2020年）》，新建改建幼儿园220所，新增幼儿学位2.3万个；实施政府购买学前教育服务试点工作，全区普惠性幼儿园达到710所，占到全区幼儿园总数的78%以上，"入园难"问题得到缓解。全区22个县区全部通过自治区评估验收，19个通过国家评估认定，国检通过率位列西部省区前列。出台《宁夏第二期特殊教育提升计划（2017—2020年）》，依托自治区特殊教育学校成立残疾人职业教育中心，推进实施残疾儿童少年医教结合和职业教育试点工作。进城务工人员随迁子女接受免费义务教育比例达到99%。全区营养改善计划连续六年保持食品安全和资金运行"零事故"，全区4个县（区）和8所学校分别被评为全国"阳光校餐"工作优秀县和优秀学校。启动"基础教育质量先进县"创建工作，优质教育资源覆盖面达44%。深化高中教育改革，实施普通高中特色学校创建活动，创新教育、艺术教育、体育教育等多样化特色化发展水平提升。实施现代职业教育质量提升计划，全区5所职业院校成功申报第二批国家现代学徒制试点单位，组织职业院校参加全国赛事并获得团体一等奖1项和三等奖13项、个人二等奖2项和三等奖8项的历史最好成绩，《中国教育报》专门刊发《宁夏：贺兰山下崛起职教高地》文章进行宣传报道。2017年，宁夏高校有1个学科进入ESI世界前1%、3个学科进入全国前25%、10个学科进入全国前50%；宁夏大学入选国家"双一流"建设高校，化学工程与技术进入国家一流建设学科行列。宁夏"教育云"服务和管理功能增强，累计评估验收教育信息化建设达标县7个，建设信息化示范学校66所，"一师一优课、一课一名师"晒课率和优课率均居全国第二。推进实施乡村教师支持计划，义务教育阶段农村学校教师补贴标准比原来增加一倍多，组建"黄大年式教师团队"12个，新增2名教师入选国家"万人计划"和"百千万人才工程计划"。出台《自治区人民政府关于统筹推进县域城乡义务教育一体化改革发展的实施意见》，采取10项措施强力推进各项改革任务。全区考试招生制度综合改革基础性工作全面完成，连续五年实现高校招生录取"零点招""零补录"，连续九年"零投诉"。实施民办学校分类登记，集中开展民办教育培训机构和语言类培训机构集中摸排清查整治活动，关停和取缔了一批无证无照办学机构。完成2017年国家义务教育质量监测工作，得到国家义务教育质量监测中心的表彰。中小学校责任督学挂牌督导制度全面落实，2个县（区）被评为全国中小学校责任督学挂牌督导创新县。推进中小学创新素养试点工作，初步建立高校"双创"教育体系，建设一批创新创业学院和创客空间。全区有199所学校被命名为全国校园足球特色学校。实施校园足球引智计划，与德国等5个国家学习交流，培训足球教练500余人；承办全国青少年校园足球赛事4场（次），灵武一中获得联赛高中组片区第一名、全国总决赛第十一名；灵武二中获得全国青少年校园足球超级联赛西部第一名、全国第四名。2017年全区体育单招录取174人，其中足球专项考生30人，录取至复旦大学、北京体育大学等高校。出台《教育精准扶贫"十三五"行动方案》《高校结对帮扶贫困县助力脱贫攻坚工作实施方案》《关于农村留守儿童教育工作实施方案》等配套制度，召开全区打赢教育脱贫攻坚战推进会，推动教育扶贫任务的落实。推动教育资金、项目、政策资源向深度贫困地区聚焦，实施"全面改薄"项目，新建、改扩建校舍18万平方米，改造运动场55万平方米，为416所学校配备教学仪器、图书等230万台件套册，宁夏四年批复的校舍建设项目竣工率和设备采购完成率分别占五年总规划的83.4%和80%，提前完成国家提出的年内"超七成"要求。实施国家和地方高校招生倾斜政策，全年录取贫困地区学生402人。落实全区幼儿园、普通高中和高职院校建档立卡贫困家庭学生以及宁夏生源农林、师范专业高职学生减免学费、补助生活费等政策，累积下拨资助金2亿元，惠及6.8万人（次）。

【科学技术】2017年，全区登记自治区级科技成果267项，比上年下降14.1%。其中，基础理论成果71项，应用技术成果176项，软科学成果20项。全年申请专利量8574件，增长39.5%，其中发明专利2561件,增长2%。专利授权量4243件,增长58.5%,其中发明专利授权量657件,增长17.3%。全年共签订技术合同984项,技术合同成交金额7.2亿元。年末全区拥有国家级工程技术研究中心3个,自治区级工程技术研究中心43个;国家重点实验室3个,自治区级重点实验室28个;国家级企业(集团)技术中心(含分中心)14个,自治区级企业(集团)技术中心62个;自治区级产业技术协同创新中心4个,临床医学研究中心6个,自治区技术创新中心174个。8月18日,召开首届"科技支宁"东西部合作推进会,与北京市、天津市、江苏省、山东省、浙江省科技管理部门及中科院西安分院签署科技合作协议,签约四大类104个合作项目。104个项目中的50个科研攻关项目、8个平台建设项目立项实施。银川、石嘴山、吴忠、中卫四市和宁东基地等"4+1"主体制定各自的沿黄试验区建设实施方案,在首届"科技支宁"东西部合作推进会上正式启动沿黄试验区建设工作。制定现代农业科技创新示范区建设总体方案。举办中阿技术转移与创新合作大会,签约19个科技合作项目,启动中阿技术转移综合信息服务平台,展出了一批我国具有国际先进技术水平的高新技术成果和装备。制定《关于推进创新驱动战略的实施意见》(简称创新驱动"30条")。在自治区实施创新驱动战略推进会上正式印发实施。争取国家项目资金支持,多次赴科技部、中科院等对接,获批国家各类科技资金1.37亿元。强化重点领域科研攻关,围绕煤化工、新材料、新能源、先进装备制造、"1+4"特色农业、生态环保、医疗卫生等重点领域,组织实施自治区科技计划项目570项,安排资金2.61亿元,登记自治区科技成果136项;推进"十三五"首批9个重大科技项目实施工作。推动技术转移转化,认定登记技术合同870份,实现合同交易额5.75亿元,比上年同期增长11.2%。推荐认定高新技术企业45家(其中重新认定23家,新认定22家),认定自治区科技型中小企业143家,制定自治区科技小巨人企业认定管理办法。下达225个后补助项目,补助资金达8970.21万元。对2016年首次认定的19家高新技术企业给予1900万元奖补支持。鉴定企业研发项目165项,推动企业研发费用加计扣除政策落实。促进科技金融结合,给予138家中小微企业贷款贴息2000万元,撬动银行贷款15.2亿元;通过风险补偿资金支持117家(次)企业获得银行贷款3.8亿元。2家合作保险公司对12家企业开展科技保险,累计承保额度超过5000万元。建立全区首家省部共建煤炭清洁利用与绿色化工国家重点实验室,组建2家自治区产业技术协同创新中心、6家临床医学研究中心、7家重点实验室和2家工程技术研究中心,对107家自治区科研平台进行绩效评估。推荐20家"星创天地"全部获得科技部备案,全区"星创天地"总数达到30家。推动吴忠金积工业园、中卫工业园培育创建自治区高新区。遴选15名自治区科技创新领军人才培养对象,通过东西部科技合作柔性引进科技创新团队24个。出台贯彻落实国家加快知识产权强国建设若干意见的实施方案、知识产权保护和运用"十三五"规划等政策措施。11家企业申报国家知识产权(示范)优势企业,在20家企业开展知识产权管理规范贯标工作,对187家企业的专利给予补助资金925万元,全区拥有专利专员的企业达到243家,企业专利专员增至346人。查办专利纠纷、假冒专利案件64件。开展电子商务领域专利执法维权"闪电"专项行动,办理电子商务领域专利侵权案件246件。继续安排资金1000万元支持104名科技人员在中南部102个重点贫困村,集中开展技术培训与指导服务300余场次,培训农民8000余人(次);引进集成示范种养殖新品种、新技术、新装备、新模式100多个。在固原市选择3个重点贫困村开展科技精准扶贫整村推进示范工作,宁夏科技扶贫工作在全国科技活动周上得到国务院副总理刘延东的肯定。举办第六届中国创新创业大赛(宁夏赛区)暨第二届宁夏创新创业大赛,40家企业获奖,推荐18家企业参加全国行业总决赛,6家企业获得优胜奖。1200多名科技特派员在南部山区贫困村开展创业式扶贫,已累计引进新品种、设备达723项,示范推广的新技术达462项,开展各类培训班1683期,培育科技示范户2435户,培训农户45635人(次)。

【扶贫攻坚】截至2017年年底,全区贫困人口减贫19.3万人,贫困发生率下降到6%。全年重新识别、补录符合条件的贫困人口4.2万人,剔除识别不准的1.2万人,共有未脱贫人口41.8万人,较上年底净增3万人。制定《关于推进脱贫富民战略的实施意见》《宁夏回族自治区深度贫困地区脱贫攻坚实施方案》等政策文件,出台了《关于进一步加强银行业金融机构助推脱贫攻坚的实施意见》《关于加快推进产业扶贫的指导意见》《关于推进健康扶贫若干政策的意见》《关于解决劳务移民社会保障有关问题的通知》《关于调整农村危窑危房改造补助对象分类和提高补助标准的通知》等5个专项政策性文件,其中产业扶贫和金融扶贫的两个政策性文件，国务院扶贫办向全国转发。脱贫攻坚成效考核权重由7%提高到46%。自治区累计安排扶贫产业担保基金10亿元发展特色产业，形成盐池滩羊、海原肉牛、同心黑毛驴、西吉马铃薯等“一县一业”支柱产业和中药材、黄花菜、冷凉蔬菜、苗木等“一村一品”富民产业。培育扶贫示范村109个、扶贫龙头企业124家，规范培育扶贫合作社375家，培养发展致富带头人2103名，带动5.5万贫困户、20万人脱贫增收。全年全区共投入各类财政扶贫资金56.06亿元，其中中央财政专项扶贫资金18.13亿元，增长19.4%；自治区财政专项扶贫资金5.44亿元，增长36%，占中央财政专项扶贫资金比例的30%；各级财政年度扶贫资金支出率为95%，达到中央考核要求。分配给9个贫困县（区）的财政涉农资金增幅均超过全区平均增幅，共整合使用财政涉农资金70.1亿元，支出率达92%。全年新增建档立卡贫困户扶贫小额信贷资金56亿元，户均贷款4.7万元，贫困户贷款覆盖面达72%。贫困县（区）全部建立风险补偿金和担保基金，总额达36.9亿元，其中风险补偿金5.9亿元，担保基金31亿元。“扶贫+保险”模式实现省域全覆盖，“扶贫保”累计保费投入1.1亿元。构建县乡村“三级报备、三级审核、三级公开”机制，实现9个贫困县（区）扶贫资金审计全覆盖。连续两年每年安排2亿元，开展“点单式”“配送式”职业技能培训。年内，培训贫困人口10.5万人次。农村劳务就业稳定在75万人次，总收入80亿元，劳务收入占贫困群众收入的40%。选派2267名有农村工作经验的干部，配齐配强贫困村第一书记和驻村工作队。加大区、市、县各级帮扶人员选派力度，实现建档立卡贫困户帮扶全覆盖。第一书记和驻村工作队落实扶贫项目资金达6.11亿元，为群众办实事2034件。切实加强驻村干部管理，共召回第一书记17名，调整驻村干部186名。紧扣“两不愁、三保障”脱贫标准，着力强化义务教育、基本医疗、安全住房等薄弱环节。投资4.7亿元，新改建幼儿园220所，新增入园幼儿2.3万人，基本实现1500人以上的建档立卡贫困村学前教育资源全覆盖；安排11.98亿元，改善贫困地区义务教育薄弱学校和普通高中办学条件；各级财政累计筹措资助资金6.75亿元，建立从学前教育到高等教育全覆盖、无缝隙的贫困生资助体系，资助学生近49万人次。实行贫困患者住院“零押金”“先诊疗后付费”；提高大病保障水平，筹资标准由人均32元提高到37元，报销比例提高10%；扩大医保目录，合规报销目录药品由2427个增加到2874个；提高大病医疗救助封顶线，由8万元提高到16万元，确保贫困患者住院费用实际报销比例不低于90%。贫困人口基本医保个人缴费由财政给予一定补贴，建档立卡贫困人口全部纳入了基本医保范围。及时调整了农村危窑危房改造补助对象和标准，由原来的户均1万元~2.2万元对应提高到1.5万元~3.9万元。2017年，开工建设3.6万户（建档立卡贫困户1.6万户），完成计划2.2万户任务的163%。确定西吉县、海原县、同心县、原州区、红寺堡区5个县（区）和中部干旱带西部片区“五县一片”为深度贫困地区范围，涵盖170个深度贫困村，32.4万贫困人口。印发《宁夏回族自治区深度贫困地区脱贫攻坚实施方案》，集中安排资金、项目，重点实施健康扶贫、残疾人扶贫、老年人养老保障、饮水安全巩固提升、危房危窑改造、贫困村整村推进与提升、扶贫产业提质增效、教育培训就业、易地扶贫搬迁、保障兜底“十大工程”。累计新建和回购移民住房19765套，搬迁安置移民12891户55632人，超额完成全年易地搬迁住房建设任务。村均投入1760万元，完成363个贫困村巩固提升，其中302个村达到脱贫条件。中部干旱带7座扶贫水库实现蓄水5座，2018年上半年将全部建成，受益人口16.4万人；实施农村饮水安全巩固提升工程，解决了300个村、9.1万人安全饮水问题。投资8.1亿元完成300个贫困村村组道路改造建设任务。召开闽宁协作第二十一次联席会议，制定《“十三五”闽宁扶贫协作规划》，推进“携手奔小康”行动，帮扶层级向乡镇、村级延伸，共建闽宁示范村42个；在经济帮扶基础上，向医疗、教育、文化、旅游等领域拓展，签订科教文卫、旅游等领域部门协议15个。2017年，福建省财政投入援宁资金5325万元，9个对口帮扶县（区）投入资金5900万元，争取社会帮扶资金635万元。9家中央单位对宁夏9个贫困县（区）定点扶贫全覆盖，2017年共投入各类帮扶资金1.7亿元，支持对口贫困县（区）基础设施、产业、教育卫生事业发展。深入推进“百企帮百村”行动，426家民营企业与122个建档立卡贫困村结对帮扶，实施项目374个，投入各类帮扶资金17亿元，安置贫困人口就业3.2万人。

【安全生产】2017年，全区累计发生生产经营性事故256起，比上年下降21.7%；死亡196人，下降14.8%。亿元GDP生产安全事故死亡人数为0.06；道路交通万车死亡率为2.05，下降6.8%；煤矿百万吨死亡人数为0.03，下降91.6%。

【体育事业】2017年，宁夏运动员参加国际国内比赛取得金牌59枚、银牌68枚、铜牌53枚。有159人达国家一级运动员等级标准，487人达国家二级运动员等级标准，26人获得国家一级裁判员等级称号。修改完善《宁夏回族自治区体育类组织评估实施细则(试行)》，对自治区级30个体育类社会组织考核。宁夏有5个体育类社会组织荣获全国“群众体育先进单位”。制定《关于加快发展健身休闲产业的实施意见》《宁夏体育产业基地管理暂行办法》《自治区“一地一品”全民健身品牌赛事活动评选办法及考评细则》《自治区体育竞赛参判员管理办法》等文件，完善《自治区体育类社会组织评估实施细则》。指导各市、县(区)制定出台本地《全民健身实施计划(2016—2020年)》，成为全国第二个完成区、市、县三级《实施计划》的省份。全年共举办各类赛事活动1034项(次)，参与群众超过200万人(次)。开展全国沙滩排球巡回赛(吴忠站)、亚太地区大学生五人制足球锦标赛、“全民健身挑战日 健康宁夏动起来”等一批重点赛事，举办了全民健身季、全民健身节、科技体育嘉年华等品牌活动。首次举办银川国际马拉松赛、举办第六届吴忠黄河金岸国际马拉松赛，荣获中国马拉松博览会“铜牌赛事”和“人文风情特色赛事”。环青海湖自行车赛银川和中卫赛段有世界各地的22支队伍1200多人参加比赛。筹备全区第十五届运动会，主会场吴忠黄河奥林匹克中心已经完成主体工程。对606个贫困村综合文化体育服务中心设施情况进行摸底排查，利用体育彩票公益金2252万元开展项目建设。筹集资金2600多万元，提档升级137个行政村和10个乡镇农民健身工程，投入1340万元扶持各县区新建、改扩建体育场地设施，超额完成1公里健身步道和2个多功能运动场。命名50个自治区级体育产业基地，争取列为国家级精品体育旅游景区1个、精品体育旅游赛事1个、体育旅游示范基地1个。宁夏青少年足球训练基地和体育科技监测中心项目完成了可行性研究报告、设计概算编制、设计招标、监理招标等工作。ITF国际男子网球巡回赛首次进入宁夏，银川作为此项赛事2017年在中国的收官之战，吸引来自15个国家和地区的70多名网球选手参加。举办2017全国青少年“未来之星”阳光体育大会，来自全国各地包括港澳地区的34支队伍1700多名青少年参加大会。举办2017中国(西部)体育休闲健康产业博览会，46个体育协会、国内外近百家企业200多个品牌参展。宁夏体育职业学院挂牌成立，填补了宁夏体育职业教育的空白。全区体育彩票销售突破10亿元，同比增长14.1%。投资480万元建设亲水攀岩馆项目，项目建成后将填补宁夏攀岩项目空白。印发《宁夏中小型体育场馆和学校体育设施向社会开放补助资金管理办法》，争取国家大型体育场馆补助资金1088万元，对考评符合条件的37个中小型体育场馆给予补助。举办全区青少年锦标赛，来自全区各市县的4585名运动员和教练员参加12个大项的比赛。协助教育部门开展的校园足球四级联赛超过1.5万场(次)。参加全国青少年足球联赛、U系列足球联赛等，共申报200所全国青少年校园足球特色学校，大武口区、灵武市、兴庆区被命名为全国青少年足球特色县区。盐池县承办陕、甘、宁革命老区青少年足球联赛。“智慧体育”上线试运行，完成智慧体育云平台网站集群、综合管理平台、微信公众平台、手机APP的建设，已上线试运行。

【城乡建设】2017年，自治区印发《宁夏新型城镇化“十三五”规划》，参与空间规划试点，协助划定“三区三线”，优化完善《宁夏回族自治区城镇体系规划》，指导各地级市和3个试点县推进城市总体规划与空间规划衔接融合，加快“多规合一”进程。银川市获批全国首批城市设计工作试点。探索利用卫星遥感监测系统辅助城乡规划监察，查处违法建设21.83万平方米。深化城镇化专项改革，分类指导银川等地开展国家城镇化综合试点，推动自治区居住证管理办法和人地钱“三挂钩”政策全面落地，全区城镇化率预计提高1个百分点以上。出台《宁夏城镇地下管线管理条例》，2016年项目46.12公里全部复工，2017年项目开工12.14公里，累计完成投资52.35亿元。推行海绵城市建设理念，固原市海绵城市试点进展顺利，建成一批海绵型小区、公园、绿地、道路示范项目，完成投资20.78亿元。印发开展城市“双修”工作的实施意见，银川市、中卫市被列为全国试点。固原市、永宁县创建国家园林城市(县城)，全区城市建成区绿地率达36.7%。启动生活垃圾分类示范，城市道路机械化清扫率达64%；加快城镇污水处理厂提标改造，黑臭水体整治工程基本完工12条，全区城市生活污水处理率达91%、生活垃圾处理率达89%。全区房地产完成开发投资652.8亿元，同比下降10.3%；商品房销售1021.4万平方米，同比增长5.7%，其中住宅销售870.3万平方米，同比增长4.8%；商品房待售面积和去库存周期保持在合理区间。城镇棚户区改造套均补助5.2万元为历年最高，53432套改造任务全面完成，棚改货币化安置比率达80.6%，消化商品房库存1.89万套近200万平方米；提高农村危窑危房改造补助标准，开工38324户、竣工 36603 户，超额完成年度改造任务。改造老旧住宅小区 580 万平方米，全区住宅小区物业服务覆盖率达 68%以上。被确定为建筑施工安全生产标准化考评等 3 项全国试点，未发生较大及以上安全生产事故。专项整治老旧房屋等安全事故易发多发领域，对 192 家企业和 254 名关键岗位人员实行诚信记分等处罚，对 27 个典型案例进行公开曝光。废除限额以下政府投资项目招投标随机抽取中标制度，制定《宁夏建筑市场招标代理机构信用评定管理细则》，修订《宁夏建筑业信用体系管理办法》，对不诚信企业实行“黑名单”管理和联合惩戒，营造“一处失信、处处受制”良好氛围。出台全区建筑企业资质升级审批 2 年动态达标政策，评选全区首批建筑业骨干龙头企业 20 家，评定自治区“西夏杯”优质工程 23 项，银川河东机场 T3 航站楼通过 2017 年度“鲁班奖”专家组评审。

【美丽乡村建设】2017 年，开工建设美丽小城镇 25 个、美丽村庄 127 个，完成投资 23.3 亿元。出台《关于加快特色小镇建设的若干意见》，完成特色小镇建设政策顶层设计，各市、县（区）建立覆盖全域、分级培育的特色小镇创建体系，首批自治区级 10 个特色小镇建设全面启动，10 个特色产业示范村庄规划全部编制完成，完成投资 31 亿元；闽宁镇、红果子镇等 5 个小镇进入国家第二批特色小镇行列，国家级特色小镇总数增加至 7 个。全面启动新一轮农村环境综合整治，指导各县（市、区）制定辖区农村垃圾治理、污水处理及改厕实施方案和考评办法，建立完善农村环境卫生长效管理机制，完成农村生活污水处理及改厕计划 3.2万户。

（王会宁）

生态文明建设

【生态修复】2017 年，全区完成营造林面积 107.6 万亩，其中人工营造林面积 54 万亩。完成森林抚育面积 35.82 万亩，补植补造 60.7 万亩，荒漠化治理 90 万亩，全区森林覆盖率达 14%。截至年底，全区自然保护区 14 个，其中国家级自然保护区 9 个，自治区级自然保护区 5 个，新增水土流失治理面积 83.3 千公顷。成立专项整治领导小组，出台配套政策，投入 14 亿元保障贺兰山环境整治工作。169 处整治点已全部进行了整治，完成总任务量的 80%。实施规划设计、造林小班、造林模式、造林措施、项目管理、成林转化“六精准”，分类提升山川沙不同区域造林绿化的质量与效益。在西吉县和平罗县分别启动六盘山重点生态功能区降水量 400 毫米以上区域造林绿化和引黄灌区平原绿洲绿网提升工程，共完成营造林 75 万亩，完成总投资 3.49 亿元。谋划南华山及外围水源涵养林提升和同心（红寺堡）生态经济林工程。注重顶层设计，提高全区林地保有量，自治区首次明确空间规划地类中“灌木林覆盖度 30%”以上的认定标准，保留宜林地地类，在全国率先新增湿地二级地类，实现与国际接轨。林地保有面积由 77 万公顷提高至 156 万公顷，为实现宁夏森林覆盖率目标奠定了基础，也为全国林业系统参与空间规划提供了“宁夏样本”。国有林场改革主体任务全面完成，湿地产权确权试点在全区全面推开，集体林权制度改革不断深化，林业内生动力有效释放，发展活力不断增强。法治林业建设持续推进，修改《宁夏回族自治区六盘山贺兰山罗山国家级自然保护区条例》相关条款，以更加严格地规定加大六盘山、贺兰山、罗山国家级自然保护区的保护力度。出台《林业有害生物防治办法》《关于完善集体林权制度的实施方案》《自然资源统一确权登记（湿地产权确权）试点工作方案》，林业有害生物成灾率控制在 5.6‰以内。出台打击处理涉林违法犯罪和深化森林公安改革等指导意见，开展“利剑”“绿盾 2017”“飓风”等严打专项行动，侦破国家森林公安局挂牌督办案件 3 起。深化毗邻省区森林公安警务合作，启动“陕甘青宁”跨区域办案协作机制，特别是对贺兰山环境整治过程中顶风作案的犯罪行为重拳打击。针对林政监管不到位等问题，问责干部 78 名。取消 3 项行政许可事项，全年受理政务服务事项 360 项，办结率 100%。

【节能减排和污染防治】2017 年，全区城市污水处理率 93%，比上年提高 0.8 个百分点；燃气普及率 85%，比上年提高 0.61 个百分点；城市建成区绿地率 36.5%，比上年提高 0.36 个百分点；人均公园绿地面积 17.8 平方米，比上年增加 0.06 平方米。完成火电、造纸、水泥等 14 个行业 119 家企业排污许可证核发。城市道路机械化清扫保洁率比上年提高 18 个百分点，3 家生物制药企业实行停产整治。完成 4 条排水沟和 12 条黑臭水体综合整治，封堵涉水企业直排口 45 个，33 座城镇和 31 个工业园区按要求建设污水处理设施，提前一年完成国家“水十条”任务；划定畜禽禁养区 254 个 1 万多平方公里，水污染防治顺利通过国家考核。全面启动土壤污染详查，布设农用地详查点位 3036 个，利通区、贺兰县污灌区土壤修复治理初见成效。做好工业固体废物污染防治工作，涉危企业规范化考核达标率明显提升。二氧化硫、氮氧化物、化学需氧量、氨氮总量减排完成国家下达的考核任务，全区优良天数比例达76.4%，细颗粒物(PM2.5)年均浓度为39微克/立方米，较2015年下降17%，较好完成了“十三五”年度考核任务。可吸入颗粒物(PM10)年均浓度为90微克/立方米，“大气十条”考核结果为合格。地表水达到或好于Ⅲ类水体比例为73.3%，符合国家考核要求，尤其是黄河干流首次实现了出入境均达到Ⅱ类优水质的历史性突破。

【环境保护】2017年，推动生态环境保护地方立法，颁布《自治区大气污染防治条例》，修订《自治区六盘山、贺兰山、罗山国家级自然保护区条例》《自治区自然保护区管理办法》。确定生态保护红线的范围1.28万平方公里，占全区总面积的24.8%，形成“三屏一带五区”(三屏指贺兰山、六盘山、罗山三个生态屏障；一带指黄河岸线生态廊道；五区指东部毛乌素沙地和西部腾格里沙漠边缘两个防风固沙区及中部干旱带水土流失区，东南黄土高原丘陵水土保持区，西南黄土高原丘陵水土保持区。)的生态安全格局，宁夏与京津冀和长江经济带区域内的省区(直辖市)等14个省区第一批通过国家审核。32个工业园区规划环评执行率达87%。国家环保部完成新建中卫至兰州铁路、银西高铁、京藏高速等自治区重点建设项目环评审批。扎实推进“绿盾2017”专项行动，全面排查9个国家级和4个自治区级自然保护区人类活动点位2173处，实行“整改销号”制度，完成整治1419处，保护区内所有采矿、采砂、工矿企业全部拆除。不断完善污染源“双随机”抽查工作机制。自治区环保部门先后约谈6个地方政府，立案查处环境违法案件815件，行政处罚759起，罚款金额8925.81万元，是2016年的3倍。提升风险防控能力，修订区、市两级突发环境事件、重污染天气应急预案，确定重点风险源企业332家，199家国控企业实现在线监控，妥善处置环境突发事件。开展放射源安全专项检查，完成38家企业54个问题整改。开展第二次全国污染源普查准备工作，完成610家企业伴生矿放射性矿污染源普查初测。建成22个县级空气自动监测站，实现环境空气质量新标准县级全覆盖，率先在全国完成国家地表水事权上收采测分离。辐射环境质量自动监测站数据获取率全国领先。建成全国首个排污费改税宣传教育基地。环境污染责任保险工作取得明显成效。取消废旧放射源收贮等行政事业性收费，“不见面、马上办”行政审批事项占40%，办结时限缩减50%。全年全区五个地级城市平均空气质量优良天数为279天，优良天数比例为76.4%。细微颗粒(PM2.5)平均浓度为42微克/立方米，比上年下降8.7%。

【落后产能淘汰】2017年，淘汰燃煤锅炉1640台、黄标车和老旧车47233辆，完成治理项目280个，火电机组超低排放改造11台370万千瓦，655座加油站完成油气回收改造。

(王会宁)

NINGXIA YEARBOOK

中共宁夏回族自治区委员会

ZHONGGONGNINGXIAHUIZUZIZHIQUWEIYUANHUI

编辑◎贾虎林

重要会议

【中国共产党宁夏回族自治区第十二次代表大会】2017年6月5日—9日在银川举行。大会批准石泰峰代表中共宁夏回族自治区第十一届委员会所作的报告，大会肯定了中共宁夏回族自治区十一届委员会的工作，一致赞同报告对过去五年成就和经验的总结。大会同意报告提出的今后五年全区工作的总体要求和奋斗目标。

【中国共产党宁夏回族自治区第十二届委员会第一次全体会议】2017年6月10日在银川举行。石泰峰主持会议。十二届自治区党委委员、候补委员出席全会，十二届自治区纪委委员列席全会第二阶段会议。全会经无记名投票方式，选举产生了中国共产党宁夏回族自治区委员会常务委员会委员、书记、副书记。石泰峰、咸辉、姜志刚、徐广国、张超超、马顺清、许传智、纪峥、盛荣华、赵永清、白尚成、张柱当选为自治区党委常委，石泰峰当选为自治区党委书记，咸辉、姜志刚当选为自治区党委副书记。全会审议通过了中共宁夏回族自治区第十二届纪律检查委员会第一次全体会议选举结果的报告。在全会结束时，石泰峰作了讲话。

【中国共产党宁夏回族自治区第十二届委员会第二次全体会议】2017年10月30—31日在银川举行。全会由自治区党委常委会主持。自治区党委书记石泰峰讲话并就《中共宁夏回族自治区委员会关于学习宣传贯彻党的十九大精神的意见》讨论稿作了说明。全会审议通过了《中共宁夏回族自治区委员会关于学习宣传贯彻党的十九大精神的意见》。

【中国共产党宁夏回族自治区第十二届委员会第三次全体会议】2017年12月26—27日在银川举行。全会由自治区党委常委会主持。自治区党委书记石泰峰受常委会委托，向全会报告了自治区党委十二届一次全会以来的工作，提出了2018年经济工作的意见，并就抓好2018年工作落实提出要求。自治区党委副书记、自治区主席咸辉就2018年经济工作作了具体安排。全会审议并同意石泰峰所作的工作报告和咸辉关于2018年经济工作的讲话。

【2017年自治区十一届党委常委会议】

会　议	时　间	议　题
自治区十一届党委2017年第1次常委会议	1月3日	传达国家主席习近平2017年新年贺词精神，研究贯彻意见；研究关于成立自治区依法治区领导小组事宜；研究自治区政府工作报告有关经济指标调整问题。
自治区十一届党委2017年第2次常委会议	1月5日	传达学习全国党内法规工作会议精神，研究贯彻意见；审议《自治区党委实施〈中国共产党问责条例〉办法(试行)(送审稿)》；审议《关于推进农业供给侧结构性改革，加快培育农业农村发展新动能的实施意见(送审稿)》，研究2016年各县(市、区)农业现代化和农村全面小康建设综合考评情况暨表彰奖励的意见。
自治区十一届党委2017年第3次常委会议	1月6日	学习习近平总书记在十八届中央纪委第七次全会上的讲话精神，研究贯彻意见。
自治区十一届党委2017年第4次常委会议	1月14日	传达学习习近平总书记在中央政治局民主生活会上的重要讲话和《中共中央关于中央政治局民主生活会情况的通报》精神，研究贯彻意见；传达学习全国宣传部长会议精神，研究贯彻意见。

续表

会议	时间	议题
自治区十一届党委 2017 年第 5 次常委会议	1 月 20 日	传达学习全国组织部长会议精神，研究贯彻意见；传达学习全国统战部长会议精神，研究贯彻意见；传达学习中央政法工作会议精神，研究贯彻意见；听取区直机关党建工作情况汇报。
自治区十一届党委 2017 年第 6 次常委会议	2 月 10 日	传达学习中央领导有关批示精神，研究贯彻意见；传达学习 2017 年对台工作会议精神，研究贯彻意见；听取关于 2016 年度效能目标管理考核结果及 2017 年度考核工作建议的汇报；听取关于 2016 年落实党风廉政建设责任制检查情况的汇报；研究自治区人大常委会 2017 年立法计划草案的请示；研究自治区党委组织部关于审定第十二届自治区党委委员、候补委员和纪委委员候选人名额结构及推选工作方案的请示；听取自治区党委第十四轮巡视工作情况汇报。
自治区十一届党委 2017 年第 7 次常委会议	2 月 20 日	宣布中央有关干部职务任免的通知，研究干部事宜；研究自治区党委组织部关于调整部分自治区议事协调机构领导成员和组成人员的请示。
自治区十一届党委 2017 年第 8 次常委会议	2 月 24 日	研究关于建立 2017 年自治区领导牵头推进重大项目工作“6+7”机制的请示；安排部署全国两会期间自治区有关工作。
自治区十一届党委 2017 年第 9 次常委会议	3 月 21 日	研究有关干部职务任免事宜。
自治区十一届党委 2017 年第 10 次常委会议	3 月 27 日	传达学习全国新的社会阶层人士统战工作会议精神，研究贯彻意见；听取自治区党委第十五轮巡视工作情况汇报。
自治区十一届党委 2017 年第 11 次常委会议	3 月 30 日	研究贯彻落实习近平总书记视察宁夏及“银川会议”精神系列活动方案。
自治区十一届党委 2017 年第 12 次常委会议	4 月 24 日	传达学习中办、国办《关于 2016 年省级党委和政府扶贫开发工作成效考核情况的通报》，研究贯彻意见；讨论《自治区第十二次党代会报告（讨论稿）》；研究贯彻落实习近平总书记视察宁夏及“银川会议”精神重点工作建议方案；传达学习全国宣传部长座谈会精神，研究贯彻意见；传达学习推进“两学一做”学习教育常态化制度化工作座谈会精神，审议自治区《关于推进“两学一做”学习教育常态化制度化的实施方案；传达学习全国追逃追赃工作培训班精神，研究贯彻意见；审议《关于加强国家安全工作的实施意见（送审稿）》；研究自治区政府党组关于审定自治区第三批“塞上英才”建议人选名单的请示。
自治区十一届党委 2017 年第 13 次常委会议	4 月 26 日	宣布中央关于自治区党委领导调整的决定。
自治区十一届党委 2017 年第 14 次常委会议	5 月 2 日	讨论研究加强自治区党委常委班子自身建设；听取国家部委联合专项督查组督查六盘山国际旅游休闲度假区暨狩猎场项目情况汇报，研究整改意见。
自治区十一届党委 2017 年第 15 次常委会议	5 月 12 日	传达学习俞正声视察宁夏时的讲话精神，研究贯彻意见；讨论自治区第十二次党代会报告、纪委工作报告；听取自治区安委会关于国务院安委会安全生产第八巡查组对宁夏工作巡查情况的汇报，研究整改意见；研究自治区人大常委会党组关于筹备召开自治区第十一届人民代表大会第八次会议有关事项的请示。
自治区十一届党委 2017 年第 16 次常委会议	5 月 16 日	会议传达中央纪委有关精神。
自治区十一届党委 2017 年第 17 次常委会议	5 月 22 日	审议《中共宁夏回族自治区第十一届委员会报告（送审稿）》《中共宁夏回族自治区第十一届纪律检查委员会工作报告（送审稿）》；研究自治区党委办公厅关于召开中共宁夏回族自治区第十一届委员会第十次全体会议的请示；研究自治区党委办公厅关于中共宁夏回族自治区第十二次代表大会日程安排的请示。
自治区十一届党委 2017 年第 18 次常委会议	6 月 1 日	研究有关干部事宜。
自治区十一届党委 2017 年第 19 次常委会议	6 月 2 日	宣布中央关于马廷礼职务任免的通知。

【2017 年自治区十二届党委常委会议】

会 议	时 间	议 题
自治区十二届党委 2017 年第 1 次常委会议	6 月 12 日	审议《中共宁夏回族自治区第十二届委员会常务委员会工作规则(送审稿)》;研究《自治区第十二次党代会精神宣讲工作方案(送审稿)》;研究加强十二届自治区党委常委班子自身建设、带头抓好党代会精神学习贯彻工作。
自治区十二届党委 2017 年第 2 次常委会议	6 月 20 日	研究《自治区第十二次党代会报告主要任务分工落实方案(送审稿)》;传达中办、国办《关于甘肃祁连山国家级自然保护区生态环境问题督查处理情况及其教训的通报》,研究自治区人民政府党组《六盘山国际旅游休闲度假区暨狩猎场项目生态环境问题整改方案(送审稿)》,听取贺兰山国家级自然保护区环境整治情况汇报;传达学习中央宣传部构建中国特色哲学社会科学工作座谈会暨 2017 年度国家社科基金项目评审工作会议、迎接党的十九大暨“砥砺奋进的五年”重大主题宣传动员会议精神,研究贯彻落实意见。
自治区十二届党委 2017 年第 3 次常委会议	6 月 29 日	传达学习习近平总书记在深度贫困地区脱贫攻坚座谈会上的重要讲话精神,研究贯彻意见;审议《党委(党组)网络意识形态工作责任制实施细则(送审稿)》;审议自治区纪委《关于国家环境保护督察办公室移交宁夏环境保护督察责任追究问题的审查报告(送审稿)》;审议自治区纪委《关于对六盘山国际旅游度假区暨狩猎场项目中有关责任人违纪违规问题的审查报告(送审稿)》;研究自治区党委常委工作分工事宜。
自治区十二届党委 2017 年第 4 次常委会议	7 月 10 日	传达学习中央纪委扶贫领域监督执纪问责工作电视电话会议精神,研究贯彻意见;听取自治区党委巡视工作领导小组关于党的十八大以来自治区党委巡视工作情况汇报;审议《关于深入贯彻中央八项规定精神进一步加强和改进自治区党委常委会作风建设的若干意见(送审稿)》。
自治区十二届党委 2017 年第 5 次常委会议	7 月 17 日	传达学习全国金融工作会议精神,研究贯彻意见。
自治区十二届党委 2017 年第 6 次常委会议	7 月 21 日	听取自治区政府党组关于上半年全区经济运行情况和做好下半年经济工作的汇报; 传达学习第八次全国信访工作会议精神,听取全区信访维稳工作情况汇报,研究部署迎接党的十九大信访维稳工作;传达学习全国司法体制改革推进会精神,研究贯彻意见;传达学习全国城市基层党建工作经验交流座谈会精神,研究贯彻意见。
自治区十二届党委 2017 年第 7 次常委会议	7 月 24 日	传达中央《关于对孙政才同志涉嫌严重违纪问题立案审查的通报》(中发电〔2017〕11 号)。
自治区十二届党委 2017 年第 8 次常委会议	7 月 28 日	学习省部级主要领导干部“学习习近平总书记重要讲话精神,迎接党的十九大”专题研讨班精神,研究宁夏学习贯彻意见。
自治区十二届党委 2017 年第 9 次常委会议	8 月 14 日	传达学习习近平总书记在中央政治局常委会会议上关于上半年经济形势的重要讲话精神, 研究贯彻意见;学习《中国共产党巡视工作条例》《关于市县党委建立巡察制度的意见》,研究贯彻意见;审议《关于激励干部想干事能干事干成事的若干意见(送审稿)》;审议《宁夏县(市、区)党政正职综合业绩考核评价办法(试行)(送审稿)》;审议《关于在全区村级党组织中开展“三大三强”促脱贫富民行动的实施意见(送审稿)》;审议《关于在全区农村基层推广“两个带头人”工程经验的意见(送审稿)》。
自治区十二届党委 2017 年第 10 次常委会议	8 月 22 日	传达学习省区市人大政府政协领导班子换届工作座谈会精神, 通报自治区人大政府政协领导班子换届有关情况。
自治区十二届党委 2017 年第 11 次常委会议	8 月 28 日	传达学习习近平总书记重要批示,听取自治区政府党组关于全区政府性债务管理有关情况汇报;听取自治区政府党组关于 2017 中阿博览会筹备工作情况的汇报;审议《关于加强新形势下党的督促检查工作的实施意见(送审稿)》。
自治区十二届党委 2017 年第 12 次常委会议	9 月 7 日	研究会议推荐自治区人大政府政协领导班子成员、法检“两长”换届人选名单有关事宜。
自治区十二届党委 2017 年第 13 次常委会议	9 月 13 日	通报中央组织部批复的自治区人大政府政协领导班子成员、法检“两长”换届人选考察对象名单,并研究确定了换届人选考察对象。
自治区十二届党委 2017 年第 14 次常委会议	9 月 22 日	传达学习中央群团改革工作座谈会精神,研究贯彻意见;传达学习全国社会治安综合治理表彰大会精神,听取自治区党委政法委关于迎接党的十九大全区综治信访维稳工作汇报;审议《关于推进创新驱动战略的实施意见(送审稿)》;审议《自治区党委巡视工作办法(送审稿)》《自治区党委关于市、县(区)

续表

会　议	时　间	议　题
		党委建立巡察制度的实施意见（送审稿）》《自治区党委巡视工作规划（2017—2022年）（送审稿）》；传达学习第二十三次全国地方立法工作座谈会精神，研究贯彻意见；研究自治区人大常委会党组关于自治区十二届人民代表大会代表名额分配有关事宜的请示；研究自治区党委组织部关于调整部分自治区党委议事协调机构领导成员的请示；研究自治区机构编制委员会关于自治区扶贫办由政府直属事业单位调整为政府直属机构的请示。
自治区十二届党委2017年第15次常委会议	9月29日	传达学习贯彻落实中央关于宗教工作重大决策部署经验交流会精神，研究贯彻意见；传达学习新疆若干历史问题研究座谈会精神；传达学习深化人才发展体制机制改革经验交流会精神，研究贯彻意见；传达《中共中央关于孙政才严重违纪案审查情况和处理决定的通报》；审议《关于推进脱贫富民战略的实施意见（送审稿）》；审议《关于推进生态立区战略的实施意见（送审稿）》；研究自治区党委统战部关于自治区第十一届政协委员协商提名的安排意见和自治区第十一届政协委员推荐名额分配方案；审议《关于做好自治区第十二届人大代表选举和第十一届自治区政协委员协商提名的通知（送审稿）》；研究自治区党委办公厅关于召开自治区党委十二届二次全体会议的请示。
自治区十二届党委2017年第16次常委（扩大）会议	10月9日	传达学习《关于五年来中央政治局贯彻执行中央八项规定并以此带动全党加强作风建设情况的报告》（中办发〔2017〕58号），研究贯彻落实意见。
自治区十二届党委2017年第17次常委会议	10月27日	传达学习党的十九大和十九届一中全会精神，研究贯彻意见；传达刘云山关于十九届中央委员会委员、候补委员和中央纪律检查委员会委员候选人预备人选建议名单的说明；审议《自治区党委关于学习宣传贯彻党的十九大精神的意见（讨论稿）》；审议自治区党委十二届二次全体会议讲话（讨论稿）；听取自治区政府党组关于前三季度全区经济运行情况和做好第四季度经济工作的汇报。
自治区十二届党委2017年第18次常委会议	11月6日	传达学习中宣部学习贯彻党的十九大精神研讨班精神，研究贯彻意见。
自治区十二届党委2017年第19次常委会议	11月13日	安排部署宁夏学习《习近平谈治国理政》第二卷工作；传达学习《中共中央政治局关于加强和维护党中央集中统一领导的若干规定》，研究贯彻意见；传达学习《中共中央政治局贯彻落实中央八项规定实施细则》，研究贯彻意见；听取党的十八大以来自治区党委贯彻落实中央八项规定精神、加强作风建设情况的汇报；传达学习全国推开国家监察体制改革试点工作动员部署会议精神，研究贯彻意见；审议《自治区深度贫困地区脱贫攻坚实施方案（送审稿）》；审议《关于实施人才强区工程助推创新驱动战略的意见（送审稿）》；研究调整自治区60大庆筹备工作委员会组成人员的请示。
自治区十二届党委2017年第20次常委会议	11月24日	传达学习全国精神文明建设表彰大会精神，研究贯彻意见；传达学习省区市党委组织部长、统战部长、中央和国家机关等有关单位负责人会议精神，研究贯彻意见；听取全区大气污染防治工作情况汇报；审议《自治区深化国家监察体制改革试点工作实施方案（送审稿）》；审议《关于加快全域旅游示范区建设的意见（送审稿）》。
自治区十二届党委2017年第21次常委（扩大）会议	11月28日	传达学习《中共中央关于对张阳严重违纪违法问题及自缢身亡情况的通报》（中发电〔2017〕15号）。
自治区十二届党委2017年第22次常委会议	12月4日	传达学习中央政治局委员、中央书记处书记、中央纪委副书记杨晓渡在宁夏调研指导深化国家监察体制改革试点工作时的讲话精神，研究贯彻意见。
自治区十二届党委2017年第23次常委会议	12月8日	学习习近平总书记署名文章《弘扬"红船精神"走在时代前列》，传达学习弘扬"红船精神"座谈会精神，研究贯彻意见；审议《自治区党委常委会关于坚定维护以习近平同志为核心的党中央集中统一领导的若干规定（送审稿）》；审议《关于深入贯彻中央八项规定精神、进一步加强和改进自治区党委常委会作风建设的若干意见（修订稿）》；审议《银川都市圈建设实施方案（送审稿）》；研究自治区政府党组关于审定2018—2020年脱贫攻坚滚动计划及2018年脱贫攻坚计划的请示；研究关于召开自治区党委十二届三次全体会议的请示；研究关于召开自治区十二届人大一次会议、自治区政协十一届一次会议的请示。

续表

会 议	时 间	议 题
自治区十二届党委2017年第24次常委会议	12月11日	传达学习习近平总书记关于进一步纠正“四风”、加强作风建设的重要批示精神，研究贯彻意见。
自治区十二届党委2017年第25次常委会议	12月15日	研究自治区党委组织部关于审定宁夏推荐第十三届全国人大代表、全国政协委员等有关人选的请示。
自治区十二届党委2017年第26次常委会议	12月21日	传达学习中央经济工作会议精神，研究贯彻意见；审议《关于新形势下加强政法队伍建设的实施意见(送审稿)》。
自治区十二届党委2017年第27次常委会议	12月25日	传达学习习近平总书记在中央政治局常委会会议审议《关于地方政府隐性债务专题调研情况的汇报》时的重要讲话精神，研究贯彻意见；传达学习习近平总书记在中央宣传部呈报的《弘扬脱贫攻坚精神，推动农村物质文明和精神文明协调发展—寻乌县扶贫调研报告》上的重要批示精神，研究贯彻意见；听取自治区人大常委会党组、政府党组、政协党组、高级法院党组、人民检察院党组工作汇报；研究自治区政府党组关于2018年经济社会发展主要预期目标建议的请示；讨论石泰峰代表常委会向自治区党委十二届三次全会所作的报告稿和咸辉关于2018年经济工作的讲话稿；传达学习全国组织部长会议精神，研究贯彻意见；研究自治区机构编制委员会关于审定《自治区纪委监委机关主要职责内设机构和人员编制方案(送审稿)》的请示。

【宁夏禁毒工作暨创建全国禁毒示范省区启动会议】2017年3月28日在银川召开。会议传达学习国家禁毒办和自治区党委、政府主要领导对宁夏创建全国禁毒示范省区的重要批示精神，动员部署创建全国禁毒示范省区工作。自治区领导崔波、左军、许尔锋、张学武出席会议并为2016年全区毒品预防教育示范学校和社区戒毒社区康复工作示范点授牌。会上，自治区政协副主席张学武宣读了2016年全区毒品预防教育示范学校和社区戒毒社区康复工作示范点命名决定。国家禁毒办常务副主任、公安部禁毒局局长梁云出席会议并讲话。

【贫困县(区)委书记座谈会】2017年8月2日在银川召开。自治区党委书记石泰峰在会上强调，要深入贯彻落实习近平总书记关于脱贫攻坚的一系列重要讲话精神，认真贯彻落实自治区第十二次党代会精神，政治站位要高、精神状态要好、工作作风要实、管党治党要严，以脱贫攻坚统领经济社会发展，大力实施脱贫富民战略，坚决打赢脱贫攻坚战。自治区领导马顺清、纪峥、盛荣华、张柱参加会议。

【群团改革工作推进会】2017年10月12日在银川召开。会议学习贯彻习近平总书记关于群团改革工作的重要指示和中央群团改革工作座谈会精神，安排部署下一步工作。自治区党委副书记姜志刚主持会议并讲话。自治区党委常委盛荣华、赵永清、白尚成参加会议。自治区总工会、团委、妇联、科协、石嘴山市、金凤区长城花园社区6家单位负责人作了交流发言，自治区深改办通报了群团改革进展情况。

(赵　瑞)

重要活动

【会见接见】2017年2月6日，自治区党委、政府主要领导在银川拜会了最高人民检察院党组书记、检察长曹建明，并对曹建明一行来宁考察调研、慰问检察干警表示欢迎，向最高人民检察院长期以来对宁夏工作的支持帮助表示感谢。曹建明对宁夏经济社会发展和检察工作取得的成绩给予了充分肯定。2月28日，自治区党委、政府主要领导在杭州会见了阿里巴巴集团董事局主席、浙商总会会长马云，并对阿里巴巴集团和浙商总会给予宁夏的关注和支持表示感谢。马云对自治区党委、政府给予阿里巴巴集团的支持和信任表示感谢，并介绍了阿里巴巴目前的发展经营情况。3月30日，侯金知同志先进事迹首场报告会在银川举行。报告会前，自治区党委、政府主要领导接见了报告团成员。3月31日，自治区党委主要领导在银川会见了来宁考察访问的德国驻华大使柯慕贤一行，并对柯慕贤一行的到来表示欢迎。柯慕贤说，在宁德国企业对宁夏的发展持有十分积极乐观的态度，明确表示将扩大在宁投资生产规模，德国驻华使馆将积极向德国各界宣传推介宁夏，为宁夏与德国在各领域开展合作提供有力支持。4月20日，石嘴山市与中国银泰投资有限公司、浙江省旅游集团公司在银川签订战略合作框架协议。签约仪式前，自治区党委主要领导会见了浙商总会执行会长、中国银泰投资有限公司董事长沈国军。4月29日，自治区党委书记石泰峰在银川会见中国国民党前主席连战一行。5月6日，自治区党委书记石泰峰在银川会见到宁出席自治区妇女第十一次代表大会，调研妇女工作发展及改革创新情况的全国妇联党组书记、副主席、书记处第一书记宋秀岩。5月23日，亚马逊全球公共政策副总裁迈克尔·庞克到宁考察亚马逊合作数据中心项目建设情况。期间，自治区党委书记石泰峰会见了迈克尔·庞克一行。石泰峰希望亚马逊继续发挥自身优势，加大在宁投资建设力度，延伸大数据产业链，聚集带动更多云计算上下游企业到宁投资发展，支持宁夏将中卫打造成中国的“凤凰城”。6月12日，自治区党委书记石泰峰在银川会见了埃及驻华大使奥萨马·马格杜布。石泰峰对奥萨马·马格杜布来宁考察访问表示欢迎，表示将做好主宾国各项活动的服务保障工作，努力为国与国关系的良好发展做出地方贡献。9月5日，自治区党委书记石泰峰、自治区主席咸辉在银川会见了到宁出席2017中国—阿拉伯国家博览会的国家部委和各省（区、市）党政代表团负责人、中国世界500强及国内500强央企和民企嘉宾。9月6日，自治区党委书记石泰峰在银川会见了出席2017中国—阿拉伯国家博览会的几内亚总统阿尔法·孔戴。孔戴欢迎宁夏企业到几内亚投资建厂，将先进的技术带到几内亚，实现双方互利共赢。9月22日，自治区党委书记石泰峰在银川会见了澳门特区立法会主席贺一诚率领的澳门特区全国人大代表团一行。11月28日，自治区党委书记石泰峰在银川会见了由巴基斯坦穆斯林联盟（谢里夫派）党主席特使马立克·纳迪姆·卡姆兰率领的干部考察团。

【视察调研】2017年3月6日，自治区党委副书记、自治区政协副主席崔波到吴忠市利通区，对基层群团服务站和妇联工作进行调研。崔波指出，社区建立群团服务站是群团改革的一项重要措施，明确由妇联组织牵头负责，希望妇联真正牵起头来，把这项工作抓紧抓好，把群团服务站建好用好。3月14—15日，自治区党委副书记、政协副主席崔波在灵武市、青铜峡市调研基层党建，检查综治信访维稳、农业农村、乡镇建设等工作任务落实情况。崔波要求，要切实抓好农村星级服务型党组织创建，把星级评定结果与村级为民发展资金、村干部工资挂起钩来，提高基层创建积极性，巩固基层党建工作成效。5月10日，自治区党委书记石泰峰到宁东能源化工基地调研，深入了解产业转型发展及重点项目建设、工业企业运行情况。他强调，要认真贯彻落实习近平总书记视察宁夏时的重要讲话精神，瞄准一流抓创新、砥砺奋进抓转型、坚定信心抓生产，为宁夏产业转型升级再立新功。调研期间，石泰峰参观宁东基地展示中心，了解宁东能源化工基地建设发展历程。7月7日，自治区党委书记石泰峰到永宁县闽宁镇原隆村、福宁村调研基层党建工作，并召开座谈会，就学习贯彻自治区第十二次党代会精神，推进“两学一做”学习教育常态化制度化，进一步加强农村基层党建工作提出要求。

（赵　瑞）

组织工作

【“两学一做”学习教育】2017年，全区组织部门按照中央精神，结合宁夏实际，精心制定《实施方案》，突出日常教育，落实“三会一课”制度，组织“四个合格”（政治合格、执行纪律合格、品德合格、发挥作用合格）专题研讨，集中开展“五联五促”活动（即：由县乡村三级党组织安排党员干部定点联系宗教事务部门，促进党的民族宗教政策落实；联系宗教活动场所，促进“和谐寺观教堂”创建；联系宗教界人士，促进宗教人士积极作用发挥；联系宗教活动场所民主管理组织成员，促进宗教事务管理规范；联系广大信教群众，促进各族群众团结和睦），各级党组织书记讲党课2万多场（次），43万多名党员开展学习讨论。党的十九大召开后，第一时间将学习宣传贯彻习近平新时代中国特色社会主义思想和党的十九大精神作为“两学一做”学习教育首要政治任务，开展专题研讨，对区管干部进行全覆盖培训，对县处级干部进行集中轮训和示范培训，累计培训厅处级干部1600余人，推动党员干部学懂弄通做实，营造学思践悟、实干兴宁的浓厚氛围。

【党的建设制度改革】2017年，出台20多项针对性较强的政策制度，《关于激励干部想干事能干事干成事的若干意见》，从10个方面提出务实管用的措施办法；《县（市、区）党政正职综合业绩考核评价办法（试行）》突出分类考核，科学设置差别化指标，“不以GDP论英雄”的干部考核导向更加鲜明；领导班子运行情况定期分析研判、重点班子考察考核、领导干部谈心谈话等制度，在精准科学选人用人、从严从实管理干部方面进行新探索；“三大三强”行动（加大投入力度、强化基本保障，加大培训力度、增强能力素质，加大选拔力度、选优配强基层党组织书记）和“两个带头人”（建强村党组织带头人队伍、壮大农村致富带头人队伍)工程,为破解农村基层党建"三缺"(缺人、缺钱、缺场地)和村干部"一大三低"(年龄偏大、文化程度偏低、能力偏低、群众公认度偏低)问题开出了"对症良方";人才强区18条新政突破性大、含金量高、操作性强,为宁夏人才事业发展提供了制度保障。

【干部队伍建设】2017年,完成自治区第十二次党代会组织工作任务,代表推选工作和"两委"候选人产生过程,均为历次党代会中条件把关最严格、程序最严谨、听取意见最广泛的一次,得到中组部督导组充分肯定。做好自治区人大政府政协换届筹备工作,配合和保障中组部完成换届考察。落实好干部标准,突出政治标准和"五个注重"(注重选拔理想信念坚定、"四个意识"强的干部;注重选拔求真务实、勤政为民、道德品行和群众口碑好的干部;注重选拔认真负责、敢于担当、善于谋发展促改革、工作实绩突出的干部;注重选拔廉洁从政、廉洁用权、廉洁修身、廉洁齐家的干部;注重把明辨大是大非立场特别清醒、维护民族团结行动特别坚定、热爱各族群众感情特别真挚的优秀少数民族干部选拔到领导岗位上),坚持知事识人、依事择人,围绕经济社会发展需要,统筹盘活干部资源,培养选拔一批党和人民需要的好干部,自治区党委常委会调整任免502名区管干部。推进干部双向挂职,择优选派157名干部到区内外挂职锻炼,接收来宁挂职干部159名,面向"双一流"高校招录选调生110名,统一招录公务员1031名,为全区干部队伍输入新鲜血液。选调200名中管、区管干部参加中央"一校五院"学习,举办经济转型升级、生态环保、脱贫攻坚等专题培训班63期,培训3100人次。落实提醒函询诫勉、推进干部能上能下、个人有关事项报告和抽查核实等制度,完成全区2112名超配干部整改消化任务,领导干部个人有关事项如实报告率达92.3%、同比提高10个百分点。

【基层党组织建设】2017年,全区农村基层党建经费新增1.4亿元,培育发展"两个带头人"8600多人,整顿转化软弱涣散村党组织173个。从全区各级机关和企事业单位选派新一轮驻村工作队1184个、干部2267名,召回第一书记17名,推动抓党建促脱贫攻坚工作往实处做、向深里走。统筹推进各领域基层党组织建设,研究制定高校思想政治工作、民办中小学校和幼儿园党的建设工作的意见,召开全区国有企业党的建设工作会议,做实机关党建和离退休干部党组织建设,全区非公有制经济组织和社会组织党组织覆盖率分别为84.9%和76.6%。做好发展党员和党员教育管理工作,推行支部主题党日活动,切实抓好党费收缴使用管理。深化市县乡党委书记抓基层党建"四个清单"(问题清单、责任清单、任务清单、整改清单)和述职评议考核,推动形成了抓书记、书记抓党建工作良好格局。

【人才队伍建设】2017年,制定《关于实施人才强区工程助推创新驱动发展战略的意见》,配套出台党委联系服务专家、高层次人才优厚待遇实施办法、深化职称制度改革等10多项人才政策,在西部省区率先将人才队伍建设职责列入部门单位"三定"方案,推进"西部之光""基层之星"人才研修计划。围绕特色产业、重大建设项目、重点学科发展,谋划实施79个重大人才项目,支持资金1.8亿元,评选资助院士后备人才5名及科技领军、青年拔尖和托举人才245名,评选表彰第三批"塞上英才"19名、塞上名家名师等105名,6人入选国家"万人计划",首次对132项自然科学和社会科学基金项目研究团队给予奖励。开展福建、湖南院士专家宁夏行等活动,全职引进博士67名,柔性引进国内外高水平人才创新团队24个,吸引340多名高层次人才来宁开展合作,人才集聚效应更为显现。

【自身建设】2017年,坚持"严管厚爱、高进优备"的基本要求,在全区组织系统开展"四严四做"(即严明政治纪律,做政治合格的组工干部;严守组工规矩,做执行纪律合格的组工干部;严格修身律己,做品德合格的组工干部;严实工作作风,做发挥作用合格的组工干部)主题实践活动,先后在大别山、江西干部学院举办组工干部党性教育培训班,培养专业能力、专业精神,着力打造模范部门和过硬队伍。加大组织工作信息化建设力度,开展党组织和党员基本信息采集,推进干部档案数字化和党员教育、公务员管理信息化。用心用情用力做好老干部工作,既着力体现对老干部的关心爱护,又注重发挥老干部的积极作用。党建研究和智库建设、组工宣传和舆情引导等工作取得新成效。

(吴剑勇)

宣传工作

【概况】2017年,全区宣传思想文化战线以迎接宣传贯彻党的十九大和自治区第十二次党代会为主线,牢牢把握"两个巩固"根本任务,创新手段载体,组织实施了思想理论武装、新型智库建设、主流舆论引导、社会主义核心价值观铸魂、文化扶贫惠民、网络空间清朗、外宣能力提升、媒体深度融合、骨干人才培养和文化改革发展促进“十大工程”,全面推行重点工作项目化、项目推进清单化、清单落实责任化的“三化”管理,全系统自上而下建立任务、问题、责任“三个清单”,谋大事、抓重点、攻难点,一些重点领域、重要方面取得了重大进展。

【理论武装】持续加强对习近平新时代中国特色社会主义思想的学习宣传和研究阐释。开展党的十九大、自治区第十二次党代会理论宣讲,组织各类宣讲近3000场次。围绕党的十九大精神、自治区第十二次党代会精神,组织全区社科理论界专家学者撰写理论文章,加大宣传阐释力度,组织刊发理论专版40多个,发表解读阐释访谈文章100余篇,刊发评论员文章、塞上论坛专稿80多篇。实施马克思主义理论研究和建设工程,推进中宣部马工程重大课题研究。加强报刊网络理论宣传阵地建设,重点支持党报党刊理论版、理论网站(频道)建设,开通“微理论”学习交流互动平台,形成有影响力的全媒体理论宣传矩阵。新型智库建设。加强宏观规划和顶层设计,组织申报国家社科基金年度项目220项,获批立项45项,资助金额近1000万元。制定《宁夏新型智库建设经费管理办法》《宁夏新型智库申报办法》等配套文件,推进思想理论建设、民族团结进步、融入“一带一路”建设、经济发展战略、公共政策、科技创新六类智库建设。意识形态领域管理。召开全区宣传思想工作座谈会,加强对网络意识形态工作管理,出台《党委(党组)网络意识形态工作实施细则》。加强意识形态工作风险点排查,联合多部门深入5个地级市、22个县(市、区)和11个区直部门(单位),对自治区第十二次党代会精神宣讲及意识形态工作责任制落实情况进行专项督查。印发《报告会研讨会论坛讲座培训班申报审批管理办法》,加强和规范全区意识形态阵地管理。成立宁夏新型智库理事会,构建民族团结进步等六大智库体系,推出《宁夏精准扶贫实践研究》等一批研究成果,部分重点研究成果被自治区党委、政府决策采纳。

【新闻舆论】加强重大会议活动新闻宣传。提前组织谋划、精心设计载体,完成党的十九大、贯彻落实习近平总书记东西部扶贫协作座谈会重要讲话精神、全国两会、自治区第十二次党代会和中阿博览会等“五大宣传战役”,提升宣传报道水平。党的十九大召开前,在《人民日报》策划了“创新驱动”“脱贫富民”“民族团结”等八个整版对宁夏进行全面宣传报道,在中央电视台新闻频道策划了《还看今朝·宁夏篇》大型报道,产生了积极反响。完成了党的十九大、全国两会、自治区第十二次党代会、全国工商联常委会等重要会议、重大活动的宣传报道工作任务。做好各类主题宣传报道。深度宣传报道习近平新时代中国特色社会主义思想在宁夏的成功实践。加大先进典型宣传报道力度,在自治区主要媒体开设“党代表风采”“时代先锋”“道德模范在身边”等专题专栏,深入报道各行各业先进典型的感人事迹,有效传播了社会正能量。加强舆论引导工作。印发《关于规范和改进时政新闻宣传报道实施细则》《自治区党委宣传部新闻出版阅评工作制度》,突出以人民为中心的宣传导向,面向基层,服务大众,强化对各媒体监督管理,加大审读把关力度,提升舆论引导水平。加强全区新闻发布工作,全年共组织召开各类新闻发布会60多场次。联合区外知名高校举办新闻发言人培训班,提高全区新闻发言人综合能力和水平。组织开展“聚焦十九大·新征程再出发”“深度聚焦党代会、深化拓展走转改”等系列下基层采访活动和万名宣传思想文化系统干部下基层活动,推出一批见思想、见水平、见精神的调研成果和深度报道。深入贯彻中央八项规定精神,制定规范和改进新闻宣传报道工作的实施细则,使新闻宣传工作更好地围绕中心、服务大局、贴近群众、服务实践。争取中央电视台“广告精准扶贫”项目,免费播出宁夏枸杞、贺兰山东麓酿酒葡萄、固原马铃薯、西吉西芹、盐池滩羊肉等五个宁夏特色农产品品牌广告,为拓宽宁夏特色农产品销售渠道、增加农民收入、助力脱贫攻坚搭建了重要平台。开展“全国卫视看宁夏”“海外华文媒体宁夏行”等大型采访活动,提升宁夏对外传播的覆盖面和影响力。《我和总书记面对面》等3件新闻作品荣获中国新闻奖,《尼罗河畔吹来中国风—中阿博览会走进埃及》对外宣传活动荣获全国“2017年度对外传播十大优秀案例”。

【社会主义核心价值观建设】社会主义核心价值观学习实践具体化系统化。新建、完善社会主义核心价值观主题公园35个、主题广场78个、主题街道67条、示范社区64个,使核心价值观更好地落到基层、融入生活。公民道德建设。开展第六届全国道德模范、第五届自治区道德模范、第三届“宁夏好人”推荐评选活动。印发《宁夏回族自治区礼遇帮扶道德模范实施办法(试行)》,完善礼遇帮扶道德模范常态长效机制。举办“文明宁夏 平安出行”公益活动,倡导绿色低碳生活方式。永宁县被命名为第五届全国未成年人思想道德建设先进城市,平罗县回民高级中学等四家单位被命名为第四届全国未成年人思想道德建设先进单位。精神文明创建。在全国率先出台《关于推动移风易俗树立文明乡风的指导意见》,建立行政村红白理事会2200多个，修订村规民约，开展全区“最美家庭”揭晓暨好家庭好家风巡讲活动，选树一批文明家庭和先进典型，宣传倡导移风易俗、树立文明乡风，有效遏制了农村高价彩礼蔓延的势头。加大群众性精神文明创建力度，印发《关于深化群众性精神文明创建活动的指导意见的通知》，开展“五大创建”活动，石嘴山市被授予第五届全国文明城市称号，银川市获得全国文明城市“三连冠”，2017年共有16个村镇被授予全国文明村镇称号，35个单位被授予全国文明单位称号。截至2017年底，宁夏全国文明村镇累计达40个，全区县级及以上文明村占比达44.4%，文明乡镇占比达61.6%，提前完成“十三五”确定的目标。志愿服务工作。出台《关于支持和发展志愿服务组织的实施意见》，开展“学雷锋志愿服务月”等活动2500余场次，参与志愿者达20余万人(次)。健全完善国防教育领导体制和工作机制，加强基层国防教育工作，开展国防教育“六进”活动，举办国防教育报告会200场，听众达20余万人次。开展创建“文明旅游景区”“文明旅行社”“文明旅游饭店”、争当“文明员工”活动，优化宁夏全域旅游发展环境。

【文化建设】公共文化服务体系建设。筹集资金3.76亿元，按照“七个一标准”，建成宁夏贫困地区606个村综合文化服务中心，改造提升555个村综合文化服务中心，在全国率先实现贫困地区村综合文化服务中心全覆盖。精准实施文化扶贫项目，加快基层公共文化服务体系建设标准化、均等化进程。公共文化服务。举办“欢乐宁夏”“清凉宁夏”广场群众文化演出1800余场、送戏下乡近2000场、戏曲进校园近600场。协调中国文联、中国视协来宁举办“送欢乐 下基层”慰问演出、“中国梦·宁夏情——送欢乐下基层”文艺演出。举办庆祝建军90周年文艺演出，组织中国扶贫宣传形象大使刘媛媛公益演唱会。举办第十五届中国戏剧节和第四届中国西北音乐节。文艺精品创作。电视连续剧《灵与肉》被列入庆祝党的十九大胜利召开首批推荐播出剧目。策划拍摄纪录片《六盘山》《走进宁夏》，电视剧《灵州盛会》《沙漠绿洲》。话剧《闽宁镇移民之歌》入选国家舞台艺术精品创作工程重点扶持剧目。秦腔《卧虎令》、京剧《庄妃》分别入选第二十八届“梅花奖”评选、第八届中国京剧节。李小雄荣获第二十七届上海白玉兰戏剧奖“主角奖”，韦小兵荣获中国戏剧“梅花奖”。宁夏作家赵华的科幻小说《大漠寻星人》获中国儿童文学奖。文化体制改革。出台《关于推动国有文化企业把社会效益放在首位、实现社会效益和经济效益相统一的实施意见》《关于进一步深化文化市场综合执法改革的实施意见》，推动文化体制改革向纵深发展。印发《国有文化企业改革发展问题落实责任清单》，切实解决国有文化企业改革发展问题。扶持龙头文化企业。组织开展全区文化企业统计，加大培育扶持力度，发挥镇北堡西部影城、宁夏盛天彩数字科技股份有限公司等国家文化产业示范基地作用，实施银川市演艺中心、银川iBi育成中心、西夏风情园等一批具有拉动作用和示范效应的项目。

【网信工作】加强网络基础建设和管理。开展网络空间净化专项活动和网上“扫黄打非”专项行动，打击网上侵权假冒行为。开展非法买卖银行卡信息专项整治行动等。网络宣传有声有色。做好党的十九大和自治区第十二次党代会网上宣传工作，刊发转发各类稿件6000余篇(条)。策划组织“迎接党的十九大”系列网络主题活动之“脱贫攻坚看宁夏”、全国网络媒体看宁夏、“温暖中国—宁夏网络媒体新春走基层”等网络宣传主题活动。组织开展2017中阿博览会及2017网上丝绸之路大会的网上宣传。开展重大网评舆论引导60余次，有效引导了网上舆论。深入推进网络内容建设工程、中国好网民工程，开展“我是家乡代言人”百场网络直播活动，600余万人观看、互动。落实网络意识形态工作责任制，制定网络意识形态工作责任制实施细则，及时发现处置苗头性倾向性问题，主要负责人约谈有关市县及高校负责同志15次。提升网络舆情应急处置能力，对网上涉宁负面舆情进行有效应对和及时处置。

【干部队伍建设】在全系统开展“争做学习型干部、争创学习型机关”等专题教育活动，举办各类专题讲座14场次，宣传思想文化系统参学人员达6000余人(次)，有效解决了理论学习“灯下黑”问题，推动宣传思想文化系统干部学在先、走在前、作表率。抓好全国文化名家暨“四个一批”人才、自治区第二批“塞上文化名家”等培养工作，全区宣传思想文化系统入选自治区人才项目8个，获批支持资金近800万元。制定《全区宣传思想文化系统人才奖励激励管理办法》，落实自治区各类人才专项补助经费，激发宣传思想文化系统人才积极性和创造性，不断优化人才成长环境。

（杨学明）

统战工作

【党的十九大精神学习宣传贯彻】2017年，制定《全区统战系统学习宣传党的十九大精神工作安排》，采取区直统战系统、各民主党派、工商联、新的社会阶层及宗教场所等多形式多层次的宣讲，掀起学习党的十九大精神的热潮，切实用习近平新时代中国特色社会主义思想武装头脑、指导实践。围绕深入学习贯彻习近平总书记系列重要讲话精神，有针对性地在统一战线开展坚持和发展中国特色社会主义学习实践活动、践行社会主义核心价值观主题教育活动、理想信念教育实践活动，引导统一战线成员树牢“四个意识”，坚定“四个自信”，不断增强维护习近平总书记核心地位和党中央集中统一领导的思想自觉、政治自觉和行动自觉。

【助力脱贫攻坚】2017年，召开统一战线助力脱贫攻坚推进会，表彰贡献突出的38家民营企业。全年，区直统战系统、五市统战部门及同心、西吉、海原、原州区4个贫困县（区）共组织动员25家商协会、230家民营企业与64个建档立卡贫困村结对帮扶，实施项目192个。在中央统战部与国家扶贫办联合举办的全国“万企帮万村”精准扶贫行动论坛上，宁夏宝丰集团有限公司、宁夏大地循环发展股份有限公司受到表彰。

【民主党派工作】2017年，制定下发《关于协助各民主党派做好区委会换届工作的实施意见》《关于自治区工商联（民间商会）2017年换届工作的意见》。对民主党派区委会班子人选和工商联（民间商会）领导班子人选中的非公经济人士开展综合评价，自治区工商联完成换届。自治区党委制定《2017年政党协商计划》，先后就出席十九大代表、自治区第十二次党代会报告、全区党风廉政建设和反腐败及法检两院工作情况等征求党外人士意见建议，推进政党协商工作制度化、规范化。完善参政议政成果采纳落实机制，引导民主党派、无党派人士围绕自治区第十二次党代会确立的“三大战略”“五个扎实推进”深入开展调查研究，积极建言献策。研究制定《自治区党委领导同志联系民主党派区委会及自治区工商联工作机制》，形成党委领导联系统战系统单位制度化、常态化的工作机制。落实《自治区党委统战部与民主党派代表人士开展谈心谈话工作制度》，组织召开民主党派谈心会，同党外人士沟通思想、凝聚共识。研究制定《关于支持各民主党派区委会开展脱贫攻坚民主监督工作的实施方案》，支持各民主党派区委会对口宁夏9个重点贫困县（区）开展脱贫攻坚民主监督工作。协助民主党派区委会赴对口县（区）20余次，围绕贫困人口精准识别、扶贫资金项目管理使用等情况开展专项民主监督，把监督和帮扶有机结合起来。

【民族团结进步创建与教育】按照《自治区民族团结进步创建活动“十三五”规划》，深入实施民族团结进步创建“585”行动计划，召开全区民族团结进步创建互观互检现场观摩会，对全区16个县（区）的37个民族团结进步创建示范点进行观摩交流。成立民族团结进步创建指导中心，从宁夏统战智库中抽选4名专家，深入全区122个拟命名的民族团结进步创建活动示范单位开展第三方测评，督查推进基层创建活动。针对不同群体开展“六项”特色教育，推进民族理论、民族政策、民族知识进教材、进媒体、进头脑。在全区开展党的民族宗教理论政策下基层“百场万人”大宣讲活动，共组织各级各类宣讲培训300余场（次）4万余人参加，带动各级党政负责人深入学、深入基层一线讲，推动宣讲活动向乡镇展开。

【“三支队伍”教育培训】2017年，制定《2018—2020年全区宗教工作“三支队伍”教育培训规划》，抓好党政领导干部、宗教工作干部、宗教界人士教育培训工作，全区层面全年共举办各类培训班16期、培训近1000人（次）；指导各市、县（区）开展自主培训，累计培训人员3000余人（次）。开展以“学中华优秀传统文化、学宗教政策法规、学宗教经典教义，争做促进民族团结、社会和谐的优秀教职人员”为主题的“三学一做”主题教育活动。

【宗教事务管理】2017年，实施教职人员公开考试、择优认定、备案管理，制定阿訇日常行为规范，划出“十不准”行为底线，试行教职人员资格退出机制。以“和谐寺观教堂”创建活动为载体，指导各宗教活动场所制定和完善场所管委会工作职责、议事规则等制度，按规定程序选聘宗教活动场所管委会成员和教职人员。指导各宗教活动场所成立民主理财监督小组，开设银行结算账户，定期公布财务收支情况，自觉接受监督。

【非公经济服务】2017年，开展以“守法诚信、坚定信心”为主题的理想信念教育实践活动，先后在浙江大学、宁夏社会主义学院举办非公经济骨干人才研修班等培训。自治区党委统战部、经信委、人社厅、工商局、工商联等5家单位联合开展了第三届全区非公有制经济人士优秀中国特色社会主义事业建设者评选表彰。

【光彩事业】2017年，组织全区民营企业家参加中国光彩事业凉山行活动、中国光彩会五届理事会第二期理事培训。自治区党委统战部与教育厅举行宝丰集团·燕宝慈善基金会2017年奖学金发放仪式，向2.6万名学生发放奖学金2.8亿元。

【党外知识分子和新的社会阶层人士统战工作】2017年，开展全区新的社会阶层人士统战工作专题调研，制定出台《关于加强我区新的社会阶层人士统战工作实施方案》。成立宁夏欧美同学会，设立3个专门委员会，并在上海社会主义学院举办培训班。在全区党外知识分子中开展践行社会主义核心价值观活动。创办党外知识分子“心声”大讲堂，建立“宁夏新阶层”公众微信号及“联谊园”“群英汇”“网络新媒体”等5个微信平台，推动主题活动开展。组织宁夏党外知识分子联谊会、宁夏留学人员联谊会会员开展“创新创业、担当有为”主题实践“吴忠行”活动。与上海知联会联系推动落实援助海原县七小和宁南医院等建设项目。

【港澳台及海外统战工作】2017年，赴香港、澳门就新一届自治区港澳政协委员推荐安排等工作进行考察访问。实施“黄廷方奖学金”发放活动，为同心县等190名贫困学生发放奖学金40万元。组织宁夏党外知识分子代表赴台进行经贸文化交流活动。加强与台湾岛内经贸文化社团沟通交流，共接待世界知名海外台商、中国和平统一促进会海外理事、中国统一联盟台湾桃竹分会来宁夏参观考察。安排全国台联台胞千人夏令营宁夏分营活动。加强与华人华侨及归侨侨眷、黄埔同学会员及亲属、定居台胞及台资企业的联系。

【理论研究与宣传】2017年，围绕统一战线一系列重大决策部署的贯彻落实，开展多党合作、民族宗教、非公经济、新的社会阶层等系列专题调研，其中撰写的《宁夏民族团结“相互嵌入”社区创建研究》得到刘延东、孙春兰等中央领导及自治区主要领导的批示。举办全国民族宗教领域知名专家宁夏行活动和民族地区社会治理理论与实践创新高端论坛，探讨民族地区社会治理的理论实践途径。开展多党合作、民族团结宣传、民营企业助力经济转型、统一战线助力脱贫攻坚宣传行动，推动形成统战工作社会共知、大家共做、各方推动的大统战格局。开展中央媒体宁夏行活动，在《宁夏日报》开设“宁商风采”“中华民族一家亲，同心共筑中国梦”专版和专栏，录制“民族团结花正红专题片”，讲好宁夏统一战线好故事。宁夏统一战线理论研究会获得全国社科联创建新型智库先进社会组织荣誉称号。

（马彩虹）

深化改革

【概况】2017年，自治区全面深化改革工作，按照自治区第十二次党代会的部署要求，聚焦影响经济社会发展的体制机制性突出问题，一手抓顶层设计，一手抓改革落地，各领域改革不断向纵深迈进，全面深化改革呈现改革方案密集出台、改革力度持续加大、改革亮点不断涌现的良好局面，领导小组确定的69项重点改革任务基本完成，其他100多项各领域的改革举措全面落地。

【经济体制改革】供给侧结构性改革。2017年，出台《关于降低实体经济企业成本的实施意见》，完成煤炭、钢铁等去产能任务，淘汰化解落后和过剩产能。制定《关于化解房地产库存的若干意见》，实施支持农民进城购房补助、加大商品房预售许可、预售资金和房地产经纪行为监管等举措，推进房地产去库存。推进公路收费制度改革，撤销25个政府还贷普通公路收费站，降低企业物流成本。推进财税体制改革。出台《自治区与市县财政事权和支出责任划分改革方案》，着力优化区、市县财政管理体制。推开“营改增”试点，推进建筑业、房地产业、金融保险业、生活服务业等行业税收体制改革，累计减税90亿元，实现规模以上工业企业利润增长47.9%。出台《关于推进价格机制改革的实施意见》，建立收费目录清单制度和动态调整机制，年内经营性服务收费项目由19项缩减为13项。推进国资国企改革。研究制定领导人员业绩考核、监事会管理、内部审计等10多项具体改革方案，形成比较完备的国资国企改革政策制度体系。开展国有企业分类分层监管改革，规范薪酬考核，建立以管资本为主的国资监管体系，促进国有资产保值增值。完善企业法人治理结构，在2家二级企业开展高级管理人员市场化选聘试点。推进混合所有制改革，引入非公资本新成立宁夏数据科技股份公司等4家混合所有制企业。出台《自治区国有控股混合所有制企业开展员工持股试点的实施意见》，在宁夏丝路风情旅游网络公司等5家企业启动员工持股改革试点。金融改革。出台《改善金融发展环境支持金融业健康发展的若干意见》及配套奖励政策，全年新增上市挂牌企业131家，企业上市取得历史性突破。开展普惠金融试点改革，探索出“张易模式”“蔡川模式”等，中央改革办到宁夏督察普惠金融工作时，对宁夏“信用+产业+金融”普惠金融工作做法给予充分肯定，提出“要把宁夏作为普惠金融创新发展的前沿和观察哨，要争取创出典型，为全国普惠金融工作提供借鉴”。商事制度改革。推行“多证合一”改革试点，出台《关于推进“多证合一”改革实施方案》，实现“三十三证合一”。推开国际贸易单一窗口建设，推动与华为、京东等知名企业战略合作，实现进出口环节从“串联”向“并联”模式转换。城镇化改革。扩大新型城镇化综合改革试点范围，新增银川市、平罗县、盐池县、宁东镇、红果子镇等试点地区，在壮大产业基金规模、实施PPP投融资模式、规范政府债务管理等方面进行了探索。农业农村改革。推进农村土地“三权分置”改革，加快农村土地确权登记数据库建设，在全国率先完成全省域数据汇总上报，实现了“以图管地”。总结推广平罗县农村产权流转交易市场建设经验，全区19个县区建成统一规范的农村产权流转服务中心，在吴忠市探索开展农村集体产权交易市场多元化服务改革试点。总结推广金凤区农村集体资产股份权能改革试点经验，全区83个行政村开展农村集体资产股份权能改革试点。扩大农村产权确权范围，在惠农区、隆德县、中宁县、沙坡头区探索开展设施大棚、仓储、大型农机具、设施用地经营权等权种确权，实现农村产权应确尽确。

【政治体制改革】法治和社会治理。2017年，加大立法改革，制定、修改、批准和废止地方性法规29件。建立自治区党委法律顾问制度，党内法规制度体系不断完善。开展法治政府建设示范性创建，出台政法队伍建设实施意见，建立社会矛盾多元化解决机制，严格落实安全生产责任制，矛盾纠纷调解率达98.2%，生产安全事故下降23.2%。行政审批制度改革。建立自治区、市、县三级“两个清单”制度，自治区直属部门6264项行政权力清理调整为1941项，精简幅度达69%。取消中央指定地方实施的行政许可事项51项、行政审批中介服务事项25项。推进在线审批，推行“不见面、马上办”审批模式，累计受理办理各类投资项目6187个，审批登记时间压缩60%、当日办结率提高80%。推广银川市相对集中行政审批改革经验，取得明显成效，6月13日，国务院总理李克强在全国“放管服”改革电视电话会议中对宁夏推行“一枚印章管审批”经验做法给予肯定。综合执法体制改革。在全国率先完成省级城管综合执法机构设置，实现自治区层面住建领域行政处罚权集中行使，银川、石嘴山、中卫市成立城市综合管理委员会。司法体制改革。抓好司法责任制、人员分类管理、职业保障制度和人才物统一管理改革，建立法检系统司法人员分类管理制度，推行员额制，遴选入额法官926名，入额检察官707名。推进检察院全面提起公益诉讼工作，出台《检察机关办理及审批民事行政公益诉讼的工作规定》，公益诉讼立案25件，提出诉前检察建议17件。推进公安工作体制机制改革，探索推行“一村（社区）一警”模式。深化户籍制度改革，实行城乡统一户口登记制度，实现全区“网格化”管理全覆盖。群团改革。按照中央推进群团改革的时间步骤安排，持续抓好自治区总工会、共青团、妇联、科协、侨联等改革方案落实，制定印发文联、法学会、青联、学联、少先队等改革方案。

【文化体制改革】推进媒体融合、文化市场监管、公共服务体系建设等改革，文化领域体制机制逐步完善。2017年，深化传统媒体和新兴媒体融合改革，构建起主流舆论全媒体覆盖体系。开展文化市场综合执法改革，出台《关于进一步深化文化市场综合执法改革的实施意见》，探索文化市场“双随机一公开”监管和移动执法。建立以城带乡联动机制，促进城乡文化资源互联互通均衡发展，年内完成贫困地区606个村综合文化服务中心建设项目，实现贫困地区综合文化服务中心全覆盖。在全国率先探索建立规模以下文化及相关产业监测统计制度，经验做法在全国交流。

【社会体制改革】扶贫工作机制改革。2017年，落实“五级书记”抓脱贫工作责任制，压实县委书记、县长“一线总指挥”责任，加强涉农资金统筹整合力度，更加聚焦投入贫困地区。理顺对口扶贫协作机制，深化闽宁对口扶贫协作。市县综合医改试点。认真落实医改配套政策，调整医院服务价格，全区卫生支出占卫生总费用比重大幅下降，公立医院医疗费用同比增长幅度降至5.4%，全民医保体系基本建立。医保结算制度改革。与全国7688家跨省异地就医定点医疗机构实现住院费用联网直接结算。养老保险制度改革。城乡居民养老保险提标扩面，把被征地农民全部纳入城镇职工养老保险，提高养老保险待遇标准，全区80余万名企业退休人员、城乡居民受益。收入分配制度改革，出台《关于实行以增加知识价值为导向分配政策的实施办法（试行）》。产权保护制度改革。建立了党委牵头，人大、政府、法院、工商联、行业协会等组织共同参与的产权保护协调工作机构。

【生态文明体制改革】推进空间规划、生态保护、环境监管等改革，生态环境保护制度框架基本形成。2017年，完成空间规划（多规合一）改革试点。8月29日中央全面深化改革领导小组第38次会议审议通过《宁夏回族自治区关于空间规划（多规合一）试点情况的报告》，指出“党中央授权宁夏开展‘多规合一’试点以来，在编制空间规划、明确保护开发格局、建设规划管理信息平台、探索空间规划管控体系、推进空间规划管理体制改革等方面，探索了一批可复制可推广的经验做法”。开展生态保护红线划定工作。《宁夏回族自治区生态保护红线划定方案》已经国家环保部审核通过，正式上报国务院批复。强化环保责任落实，开展领导干部自然资源离任审计试点，编制自然资源资产负债表。开展环境保护管理制度改革。上收区控环境空气质量监测事权，22 个大气自动监测站实施社会化运行维护。

【加强党的集中统一领导】2017 年，全区维护习近平总书记的核心地位，坚决维护党中央权威和集中统一领导，向习近平总书记亲力亲为、敢于担当、知行合一、攻坚克难抓改革看齐，在推进改革中自觉做到重要改革方案亲自部署、重大方案亲自把关、关键环节亲自协调、落实情况亲自督察，确保党中央的各项决策部署在宁夏政令畅通、落地生根。完善领导改革的体制机制，自治区第十二次党代会以来，自治区党委领导将更多精力投入到抓改革上，自治区深化改革领导小组（以下简称深改组）会议由“与常委会套开”改为专门召开，平均一个月召开一次。规范领导小组议事程序，修改完善领导小组、专项小组规则和领导小组办公室工作细则，凡是提交自治区深改组会议审议的改革文件，必须经各专项小组或政府常务会研究，再提交自治区深改组审议。建立党委领导协调解决重大改革问题机制，对拟上会的改革方案存在的困难和问题进行协调，条件成熟、达成共识后再上会。充分发挥各专项小组和牵头单位在推进改革中的作用，新增设司法体制改革专项小组，9 个专项小组年内共召开小组会议 50 多次，分领域推进改革任务落实。自治区深改组会议多次听取各专项小组改革推进情况汇报，督促改革任务落地落实。加强对市县改革工作的指导，自治区深改组会议专门听取五个地级市、两个县抓改革落实情况汇报，在深圳举办全区全面深化改革培训班，建立全区全面深化改革信息化平台，把市县改革完成情况纳入自治区效能考核，推动改革“最后一公里”落实。加强宣传引导，组织协调中央、地方主流媒体系统宣传改革推进落实情况，重点反映各地思路好、措施实、效果显的改革典型案例，空间规划（多规合一）、“两个带头人”工程、金融扶贫、农村土地产权改革、集中审批制度、商事制度等经验做法走在全国前列。

（马晓立）

决策研究

【决策服务】2017 年，自治区党委政研室做好党的十九大和自治区第十二次党代会文稿服务。组织编写自治区第十二次党代会报告辅导读本，编印《辅导读本》2 万册，下发全区各级各部门学习参考。党的十九大召开后，组织起草党的十九大精神传达提纲、自治区党委《关于学习宣传贯彻党的十九大精神的意见》等重要文稿，为全区上下学习宣传贯彻党的十九大精神和自治区第十二次党代会精神起到了很好的指导作用。做好自治区党委重要文件起草工作。先后起草自治区党委《关于对党的十九大报告议题征求意见的报告》《关于对十八届中央纪委工作报告征求意见的报告》《关于对党章修正案征求意见的报告》及有关重要文件征求意见的报告等，经审定后上报中央；起草自治区党委《关于推进全面从严治党若干问题的意见分工方案》《关于解决自主迁徙居民有关问题的指导意见》等重要文件 10 余个；参与起草自治区党委政府关于实施创新驱动战略、推进银川都市圈建设、加快全域旅游示范区建设等政策文件 20 余个，评估自治区党委办公厅交办的备案文件 30 余份。做好自治区党委主要领导文稿服务。先后起草完成自治区党委主要领导在实施创新驱动战略推进会、生态立区战略推进会、农村工作会议、金融工作会议、全域旅游推进会、银川都市圈调研座谈会、工业园区调研座谈会、国有企业党建会议、自治区党委中心组学习会等重要会议上的讲话稿 40 余篇，完成自治区党委主要领导参加学习党的十八届六中全会专题研讨班、全国金融工作会等会议参阅材料 20 余篇。

【调查研究】全年形成《政研工作专报》35 期、各类分析报告 10 余篇，自治区领导批示 19 期（篇）、30 次，占 46%，批示率较上年大幅增加。8 篇理论文章入选 2017 宁夏蓝皮书，多篇课题研究成果被全国党建研究会、自治区党建研究会、统战部评奖。

【农业农村工作研究】抓好顶层设计。2017 年，围绕农业农村现代化，先后起草年度自治区 1 号文件《2017 年农村工作要点和任务清单》《宁夏农业现代化暨农村全面小康建设综合考评方案》等政策文件 8 个；参与制定《关于推进脱贫富民战略的实施意见》等文件 10 余个，发挥好政策指导作用。抓好农业农村改革。起草制定《关于解决农垦改革发展相关问题的意见》《关于健全农业保险体系推动农业保险创新发展的实施方案》，组织论证了《宁夏推行河长制工作方案》《宁夏农业水价综合改革实施方案》等农村改革政策性文件 10 余个。对农村改革情况进行中期督查，全面推进农垦、供销社、国有林场改革，推进 11 项自治区级改革试点任务落实。宁夏农村改革和农垦改革的做法得到国务院副总理汪洋的充分肯定，作出重要批示：“宁夏农村改革因地制宜，有声有色，要注意总结推广”。抓好“三农”问题研究。先后完成 2016 年排名靠前县区农民收入分析、2017 年一季度全区农民收入分析、全区葡萄酒产业发展、农业大数据分析报告10余篇，均得到自治区领导重要批示，批示率达100%，一些研究成果已转化为自治区党委、政府决策。抓好综合协调和督察考核。对上主动对接，及时了解掌握中央对农业农村工作的重点考虑及全国工作动态，报送《宁夏创新乡村治理和村民代表大会》《党管农村工作领导体制机制》等材料10余篇。横向加大统筹，开展全区机关干部“下农村、送政策、促发展”活动，筹备召开农村工作会、农办主任座谈会、农办系统干部培训班等5场次，研究部署强农富农政策。对下开展督察，先后对社会化服务体系试点建设、美丽乡村建设、特色小镇培育等进行专项督察4次，编辑《三农要情》7期，推动全区“三农”工作持续健康发展。

【《宁夏工作研究》】全年编印发行《宁夏工作研究》12期4.9万册，自治区领导批示8次。突出政策宣传。始终把握党刊的政治性，坚持政治家办刊的原则，开设中央精神解读专栏，深入宣传党的十九大精神，全面及时准确地传达诠释党的路线方针政策，正确引导舆论，切实把中央的声音传播好，把各级党组织的创新实践展示好，把时代楷模、先进典型宣传好。突出战略部署落实。当好党委的“喉舌”，开设重大战略部署专栏，聚焦自治区第十二次党代会，及时反映党委重大决策部署落实和全区经济社会发展新成绩。突出问题研究。聚焦全区改革发展稳定重大问题，开设热点难点问题专栏，为全区各级党员干部提供展示理论学习成果的舞台，及时反映人民群众最关心、最直接、最现实的利益问题，反映广大群众的所思所盼所想。开设素质提升、“第一书记”手记等专栏，把刊物打造成各级干部交流思想、检验成绩的平台，成为各级干部理论学习、素质提升的阵地。

（赵建伟）

保密工作

【宣传教育】2017年，全区保密系统组织开展保密法治宣传月活动。各地各部门通过举办专题讲座、编印保密法规汇编、举办保密知识电视竞赛、开展红色保密教育等形式开展保密宣传教育，掀起了学习保密法律法规热潮。结合“两学一做”学习教育，组织市、县（区）保密干部67人赴红旗渠干部学院接受党性教育培训。分4个批次，集中组织全区保密干部、涉密人员和自治区保密师资850余人进行保密培训，颁发“培训合格证书”“保密师资资格证书”，完善了持证上岗制度。组织骨干力量，到固原市各县（区）进行辅导授课，950余名保密师资人员和保密干部参加培训。按照中央有关要求，组织28名在职省军级领导干部集中观看保密警示教育片。各地各部门组织领导干部和涉密人员观看大型保密文献记录片《胜利之盾》和保密警示教育片，全区观看者近1.5万人（次）。

【监督管理】2017年，组织开展自查自评督查，对18个区直机关单位落实保密自查自评工作情况进行抽查，提出整改意见。各地、各部门通过开展保密自查自评工作，找准薄弱环节，落实整改措施，促进保密工作落实，形成了常态化机制。依据有关保密法律法规，严肃开展各类泄密案件和违规行为查处工作，督促整改提高，严格责任追究。严格书面审查、现场审查、认定委员会审定等工作程序，以资质单位自查和双随机抽查为抓手，逐步规范资质单位保密管理。全年共审批军工资格2家，印制资质3家，集成资质11家，对13家军工资格进行复查，撤销集成资质1家。对全区高考试卷印制厂家进行保密检查，检查验收试卷保密室28个、人事部门保密室5个。完成普通高考、公务员招考等全区统一考试保密监督管理，对主考单位进行年检。对全区重要军事设施周边环境安全保密情况进行跟踪督查，对存在的问题提出整改意见，协同当地政府予以解决。

【技术服务】2017年，按照国家《网络保密监管设施建设总体方案》要求，研究编制全区电子政务网络监管系统项目建设方案。落实《党政机关和涉密单位网络保密管理规定》，完善防护措施，提升防范能力。按照《全国保密系统信息化建设方案》部署，规划建设全区保密综合业务信息管理平台，升级网络结构。开发建设机关单位自查自评、涉密人员管理、涉密信息设备和决策支持4个系统，为推进保密工作信息共享奠定了基础。充分利用互联网门户网站、社会网站保密检查平台和违规外联、重要涉密单位互联网出口保密监测平台，对全区互联网及涉密机进行网络保密检查，及时清理违规信息，督促整改泄密隐患。立项“基于分级保护的主机安全基线配置核查与安全加固系统的开发”科研项目，研发涉密计算机保密防护软件，在50余家机关单位安装试用。

（李　靖）

党史研究

【资政研究】2017年，全区党史研究部门围绕学习研究宣传贯彻党的十九大精神、自治区第十二次党代会精神，撰写并刊发《深入学习贯彻党的十九大精神》等

13篇研究专题文章，撰写出版《宁夏回族自治区第十二次党代会精神学习研究》，及时有效地配合和服务于全区各级党组织和党员领导干部对党的十九大精神、自治区第十二次党代会精神的学习、理解和把握，受到自治区党委领导的肯定，社会反响良好。坚持以宁夏改革开放史系列研究专题与专著撰写为重点，不断深化宁夏改革开放和社会主义现代化建设新时期的党史研究。围绕宁夏人大、政协、宣传、纪检监察、组织工作五大专题，开展专题研究与专著的撰写出版工作。《宁夏人大工作改革与发展史研究》专著完成统稿。为庆祝自治区成立60周年，由自治区党委党史研究室编写的《宁夏回族自治区60年（简史）》《宁夏回族自治区100件大事》《宁夏回族自治区60年记忆》和《宁夏工作文献选编》《宁夏回族自治区60年重要文献选编》5部献礼图书进入统稿阶段。坚持提高《党史研究参阅》和《党史资政专报》的质量水平，逐步加强刊物的全面性、系统性、权威性、及时性和针对性，持续深化党史资政研究。撰写并刊发《深入学习贯彻自治区第十二次党代会精神 着力推动宁夏各项事业取得新突破》等资政研究专题文章27篇，撰写并刊发《勇于担当 实干兴宁》《充分认识十九大报告的重大意义》《坚持以政治建设为统领 着力推动全面从严治党向纵深发展》等《党史资政专报》17期。编辑出版2016年度《以史鉴今 资政育人》系列丛书2部，为全区各级党委、政府提供了决策参考。按照“党的理论创新每前进一步，党史研究工作就要跟进一步”的要求，努力站在党的理论创新研究的最前沿，开展有关重大理论和现实问题课题研究。围绕党的十九大精神，深入学习研究习近平新时代中国特色社会主义思想，撰写了《深刻理解中国特色社会主义进入新时代》《全面认识党的十九大报告中的重大创新》等理论文章，完成《准确理解中国共产党初心与使命的科学内涵、主要内容和主要特征》等研究专题，撰写完成研究专著《不忘初心 牢记使命》。全年共撰写各类研究专著15部，已出版8部；撰写刊发《党史研究参阅》52期；在《光明日报》《宁夏日报》《共产党人》等区内外报刊上撰写刊发各类理论文章、研究文章70余篇。

【党史宣传教育】2017年，以党员干部和青少年为重点，多种形式地开展党史学习教育。自治区党史研究室与自治区关心下一代工作委员会联合编辑出版图书《知史爱党·知史爱国——青少年党史知识学习读本》；自治区党委办公厅编写完成《党的重大历史事件和党史知识问答》党员教育知识手册；编写《宁夏的历史与发展》，为中央和国家有关部委干部来宁视察提供了资料和讲稿。以宣传党的十九大和自治区第十二次党代会精神为着力点，不断扩大党史宣传力度。在《光明日报》刊发《新征程中传承和弘扬“红船精神”》理论文章。在《宁夏日报》整版刊登中国共产党宁夏回族自治区历次党代会专版文章；在《党史信息报》整版刊登“砥砺奋进的五年”专题文章，图文并茂地介绍了自治区十一次党代会以来的新发展新理念新成就。继续在《宁夏日报》开设“党史论坛”专栏，刊载理论文章50余篇，全方位、多层次、多视角地宣传和展示党的历史和宁夏地方党史。编发《宁夏党史》8期。加大新媒体宣传力度，提高党史网络宣传教育工作的覆盖面和影响力。先后创作了“庆祝党的十九大”“中国共产党宁夏回族自治区历次党代会”“自治区第十二次党代会《报告》精神解读”等18个微场景。自治区党史研究史联合宁夏教育电视台录制“学习宣传党的十九大精神”特别节目《微党课》，成为全区党史宣传宣讲教育工作的一大创新。依托基层党建工作手机信息平台，编写发布红色短信20余条。开展网络净化和治理行动，自觉抵制历史虚无主义影响，守好意识形态领域党史这块重要阵地。围绕党的十九大和自治区第十二次党代会这两个重大党史事件，及时研究编写宣讲专稿，召开集中备课会，定主题、提要求、分任务，充分调动自治区党史专家的积极性，主动深入全区各企业、机关、学校、军营、社区，广泛开展宣讲活动120场。

【党史纪念活动】2017年，围绕学习贯彻习近平总书记“7·26”重要讲话精神，自治区党史研究室、宁夏延安精神研究会联合召开座谈会；围绕学习研究宣传贯彻党的十九大精神，自治区党史研究室、自治区党委老干部局、宁夏延安精神研究会召开座谈会，并在全区党史系统开展“深刻理解 准确把握 积极学习贯彻党的十九大精神”征文活动和理论研讨会。组织全区市、县（区）党史工作者参加全国、全区举办的各类征文活动，全年共上报论文200余篇。

【党史文献征编和研究】2017年，自治区党史研究室以《宁夏工作文献选编》精编工作为重心，力抓党史文献资料征编工作。8月，召开《宁夏工作文献选编》第四次编辑工作会议，并按照会议精神，对精编的135篇文稿进行补充、修订完善。书稿精编工作已完成，进入送审、立项报批、出版等程序。同时，制定出台自治区党史研究室《宁夏文献工作(2017—2021)规划》，为科学合理谋划文献工作奠定了基础。加强文献资料库建设，基本实现了规范化、标准化管理。

（朱　华）

区直机关党的工作

【学习宣传贯彻党的十九大精神】2017年，自治区直属机关工委下发《区直机关迎接宣传贯彻党的十九大主题宣传战实施方案》《关于迅速掀起迎接宣传贯彻党的十九大主题宣传活动的通知》，组织区直部门（单位）聚焦党的十九大、打好主题宣传战；利用宁夏机关党建微平台全方位宣传十八大以来的成就和十九大召开盛况，以“亲，来一起为祖国打CALL吧”为题推介浏览“砥砺奋进的五年”大型成就展网上展馆，营造喜迎十九大的浓厚氛围。在党的十九大召开后，下发《关于学习宣传贯彻党的十九大精神的通知》《自治区党委书记石泰峰同志在工委调研时的讲话》等文件，举办区直机关党务干部学习贯彻党的十九大精神培训班、报告会，召开区直机关以十九大精神抓好机关党建着力推进“三大战略”（创新驱动、脱贫富民、生态立区）专题研讨会、中心组学习经验交流会，开展“学习十九大、扬帆新时代”微信有奖答题活动，引导区直机关学在前、做在前，兴起学习宣传贯彻党的十九大精神热潮。区直机关共举办各类、各层面宣讲活动500多场（次），近12万人（次）参与答题。

【服务自治区第十二次党代会】2017年，围绕自治区第十二次党代会开展工作。制定《区直机关出席自治区第十二次党代会代表选举工作方案》，严格按照相关的程序，严把推荐、考察、遴选、公示等环节，召开区直机关党代表会议，选举产生出席自治区第十二次党代会代表85名，其中，省级领导干部代表9名，完成党的十九大代表候选人初步人选、自治区第十二届“两委委员”候选人初步人选的推选遴选任务。下发《关于以“三个带头”要求学习贯彻自治区第十二次党代会精神的通知》《区直机关学习宣传自治区第十二次党代会精神方案》，召开以“三个带头”（带头学习、宣传、贯彻）要求学习贯彻党代会精神座谈会，形成关于《以人民为中心转作风抓党建》《以创新思维抓党建促发展》两个指导意见，奠定以人民为中心抓党建、以创新思维抓党建的新时期机关党建工作新思路。举办区直机关党支部书记学习贯彻党代会精神暨提升党建工作能力培训班，提高机关党建工作的针对性和实效性。

【“两学一做”学习教育常态化制度化】2017年，对区直机关“两学一做”学习教育常态化制度化进行督导调研，下发《关于扎实做好“两学一做”学习教育的通知》，重点抓好“三查三做”，即“查严守政治纪律方面不足，做政治坚定的明白人；查服从服务大局方面不足，做胸怀全局的实在人；查落实决策部署方面不足，做履职尽责的带头人”，推动经常性查找解决问题。开展“我的初心、我的成长——做政治合格共产党员”活动，以“追忆初心——重温入党经历”“对照初心——回顾成长历程”“不忘初心——践行初心事迹”为主题，分三个阶段对党员进行深刻的党性教育和思想洗礼。“七一”前夕，以“我的初心——走好新的长征路”为主题，举办区直机关庆“七一”主题党日活动，自治区新一届常委班子和有关省级领导干部共1400多人参加，引起广大党员的强烈反响和心灵共鸣。组织广大党员回望初心、检点今昔，挖掘身边先进事迹，分享个人成长感悟，积极参加征文活动，编辑出版《初心永恒》文集，举办“献礼党的十九大——《初心永恒》出版发行交流会”，展示主题实践活动成果，为区直机关组织和党员提供了党性教育和自我教育的良好教材。

【基层党组织规范化建设】2017年，突出讲政治的要求，修订基层党组织星级考核办法和细则，增加政治建设考核内容。制定《政治合格共产党员基本标准》《基层党组织政治合格基本标准》，将服务型党组织建设与政治合格党组织、党员紧密结合起来。制定《区直机关基层党组织规范化建设的意见》《关于落实全面从严治党要求进一步规范“三会一课”制度的意见》，推动建设组织规范、功能突出的机关基层党组织。制定《机关党委书记抓党建工作责任清单》，落实区直部门（单位）党组（党委）书记兼任机关党委书记和党支部书记“一岗双责”制度，完善三级书记联述联评联考制度，建立机关党委书记履职情况报告制度，推动压实机关党建主体责任和“第一责任人”职责。完善支部工作台账，督促指导区直24个部门（单位）完成换届选举工作，任免机关党委书记、专职副书记52人（次）。规范党费收缴使用管理，划拨经费45万元，慰问老党员、困难党员800余人（次）。对区直机关近4万名党员信息进行采集登记，信息采集率、入库率、完整度均达100%。

【巡视整改】2017年，重视巡视问题整改落实工作，召开整改巡视反馈问题专题民主生活会，深入剖析原因，提出整改意见，制定整改方案，明确整改责任清单、任务清单、销号清单，明确责任领导、责任部门、责任人和完成时限，以“严、细、实”的作风抓好整改落实。把问题整改贯穿机关党建工作的全过程，针对机关党建长期存在“灯下黑”“两张皮”的问题和自治区党委巡视指出的党建方面问题，成立宣讲调研督导组，开展大规模调研督导和问卷调查，形成调研报告上报自治区党委，引起高度关注。

【群众评议机关作风】2017年，坚持以人民为中心，以解决“三不为”（不愿为，不会为，不敢为）问题为重点，科学改进评议办法，围绕群众关注的从严治党、干部“不作为”、服务态度、廉洁自律、办事效率、职能作用发挥等方面存在的问题，通过群众抽样评议、“两代表一委员”评议、媒体监督测评、政务服务中心测评和跟踪测评等途径参与全区2657个单位和公共服务行业评议，组织149616名群众参与评议，自治区党委办公厅、政府办公厅和吴忠市等部门、地方的作风建设受到广大群众的充分肯定。在《宁夏日报》、宁夏新闻网、《新消息报》、宁夏广播电视台公共频道等媒体开设栏目，累计接到群众反映问题660多条（件），及时向有关部门进行反馈并回复结果，办结率达80%以上，增强了各级机关提升服务、改进工作、解决问题的主动性。

【群团工作】2017年，开展“实干兴宁创佳绩，喜迎党的十九大”主题演讲活动、“金秋助学”“合作医疗”等帮扶活动，“助力脱贫攻坚·关爱留守儿童”“植绿护绿·青春添彩”等公益活动，举办“不忘初心跟党走”优秀青年事迹报告会、纪念“三八”妇女节表彰暨先进事迹报告会等。推选自治区“五一劳动奖”1个、“五一劳动奖章”8名、“工人先锋号”3个；推荐全国、全区“五四红旗”团委、优秀团员、团干部，评选区直机关向上向善好青年150人；评选推荐全国巾帼文明岗5个、巾帼建功标兵1个，自治区巾帼建功先进集体5个、巾帼建功标兵8个。

【精神文明建设】2017年，加强区直机关文明单位创建动态管理，复查验收30家到届的文明单位，命名自治区检察院、自治区人社厅、自治区新闻出版广电局、自治区质量技术监督局、自治区团委、自治区妇联、自治区残联、宁夏地震局8个单位为区直机关“文明单位”。加强思想道德建设，选树道德模范、身边好人、文明家庭等，组织“道德讲堂”36场次，报送各类典型72名，评选各级各类先模46名，征集“好家庭好家风好家训”作品457项。开展“保护母亲河”“蓝天碧水，绿色城乡”“鲜花朵朵送雷锋”等保护环境、敬老助残志愿服务活动55场（次）。

（郭文坤）

机构编制

【行政审批制度改革】2017年，自治区编制部门持续简政放权，推动更加彻底地“放”。与国务院取消行政审批事项相衔接，分四批次取消中央指定地方实施的行政许可事项51项、行政审批中介服务事项25项、行政审批中介服务和证明材料27项。围绕解决企业和群众“办证难、办事难”等问题，开展“减证便民”行动，自治区政府取消81项增加企业和公民负担证照，降低市场准入门槛，减轻企业和群众负担。督查调研全区简政放权政策措施落实情况，汇总35个具体问题的“问题清单”，逐项反馈责任部门，制定措施整改落实，推动各项改革政策措施的落地。加强权力监管，推动更加有效地“管”。编制自治区37个部门行业系统权力清单指导目录，规范完善清单内容，指导各地各部门做好权力清单统一规范工作，实现同一层级政府职权数量基本相当，相同职权在纵向不同层级、横向不同区域，名称、类型、依据、编码等要素内容基本一致，推进各级政府事权规范化，法律化。依托“互联网+”，建立全区统一的权责清单管理系统，将各地各有关部门权力清单信息录入系统，实施网上公示，接受社会和公众监督，督促政府部门全面正确履行职责，推动权力在阳光下运行。聚焦企业群众办事，推动更加优质的服务。以相对集中行政许可权改革和涉企行政许可规程两项试点为突破口，创新审批管理和服务方式，推动审批服务提质增效。在银川市推行不动产登记“一站式”服务，建立53项不动产登记规程，做到即办件立等可取，承诺件限时办结，整体时限由5~20个工作日压缩为2~5个工作日；在石嘴山市按申办企业类别，建立“食品经营”等4类常见经营企业设立登记、经营许可工作规程，申请材料平均压减18%，办理时限平均压减44%；在灵武市试点“群众办事不出社区（村）”，通过开发社会治理综合服务信息平台，建设乡镇（街道）服务中心、社区（村）便民服务站，推行“网上办、代办制”，35项便民服务事项全部实现家门口网上服务；在青铜峡市试点“企业办事不出园区”，通过建立工业园区社会投资项目建设施工许可审批规程，审批时限由178个工作日压减为47个工作日。

【事业单位分类改革】2017年，推动承担行政职能事业单位改革试点。中央编办研究批复宁夏改革试点方案，将全区540个承担行政职能的事业单位全部纳入改革试点范围，完成141个事业单位行政职能剥离回归和“转行政”工作，515项行政职能全部划归机关，41项执法职能交由执法机构承担，65个事业单位予以撤销，399个行政执法单位纳入下一步综合执行执法体制统筹推进。通过改革，从根本上解决了事业单位长期存在的定位不清、职责交叉、政事不分等问题，理清了政府与事业单位的边界，破解了政府职能体外循环的难题。11月，中央编办、中央改革办先后对宁夏改革试点工作进行评估验收和督察，给予充分肯定。推进公益类事业单位改革。探索推进公立医院人员总量管理改革试点，自治区政府印发《关于公立医院推行人员总量管理的意见》，加强公立医院人员力量，破解公立医院编制不足、编外用人的难题，增强公立医院发展活力，提高医疗服务能力和服务水平。推进生产经营类事业单位改革。对全区生产经营类事业单位进行摸底调研，掌握全区生产经营类事业单位的基本情况。在学习借鉴先行省区经验和做法的基础上，研究起草《关于从事生产经营活动事业单位改革的实施意见》，针对涉及的配套政策，反复征求组织、财政、人社等部门意见进行修改完善，按程序提请自治区党委、政府研究审议后印发实施，推进事企分开。推进行业体制改革。推进检验检测认证机构整合改革。抓好自治区实施意见的落实，完成自治区质监局所属检验检测机构整合改革工作，完善适应宁夏质检系统检验检测需要的体制机制，创造条件推进特种设备检验检测认证机构转企改制，推动宁夏检验检测服务业做大做强。推进国有林场改革。按照自治区国有林场改革任务分工，重新制定区属2个林场机构编制方案，明确功能定位，并督促指导市县做好相关工作，推动国有林场改革不断深入。推进水管、煤田地质、安全生产执法等行业体制改革，做好相关体制机制和机构编制调整工作。

【重点领域体制改革】2017年，推进综合行政执法改革。按照中央和自治区安排部署，坚持“条块并进、点面结合”的工作思路，统筹推进改革。开展市辖区综合执法改革试点。吴忠市、银川市、固原市开展市辖区综合执法改革。吴忠市试点方案着力构建统筹城乡、市区一体、三级贯通、全域覆盖的行政综合执法体制机制，整合执法资源，推动执法重心下移。推进重点领域综合执法。自治区住建厅在城市管理领域全面推行综合执法改革，组建自治区城市管理综合执法监督局，规范市县城市管理综合执法机构设置，明确相关职责配置和执法事项，构建区、市、县三级城市管理综合执法体系。在劳动监察、卫生计生、文化市场等行业推进综合执法改革，加大简政放权力度，整合归并执法队伍，优化资源配置，实行行业内一支队伍管执法，提升相关行业的执法能力和水平。推进经济发达镇的行政管理体制改革。做好改革调研摸底、试点镇筛选、意见制定和论证等工作。对全区103个镇进行摸底统计，对照宁夏《经济发达镇认定标准》(试行)，确定试点范围。研究起草《关于深入推进经济发达镇行政管理体制改革实施意见》，从扩大管理权限、优化组织架构等6个方面提出了具体改革任务和措施，构建符合宁夏基层政权定位、适应城镇化发展需求的新型行政管理体制，推进相关行业专项改革。做好监察、军民融合、群团、司法、金融、环保、人才发展、多规合一、盐业等机构和专项改革的体制机制调整工作。监察体制改革，坚持机构、编制、职数“三不增”原则，抓住职能划转、人员转隶等关键环节和重点，研究提出改革涉及的机构编制、职能调整意见，明确了监察委员会职能职责，整合反腐败资源力量，构建完善的反腐败体制。群团改革。对自治区总工会、共青团等群团机关改革方案进行严格审核把关，按照总量不增、职能转变的要求，优化调整机关职能，推动群团职责任务和机构设置更加贴近实际需要。人才发展体制改革中，明确自治区人才工作协调小组成员单位职责分工，强化了行政机关、事业单位及企业的人才队伍建设职责任务。

【机构编制管理创新】2017年，坚持严管严控，严守编制总量。严格执行中央和自治区各项控编减编措施，严格机构编制审批权限和审批程序，严格不同编制种类的使用范围。对确需增加的机构编制需求，坚持机构撤一建一、编制总量内动态调剂。通过深化改革、核减部分事业单位长期空编、上收市县超标准配备教职工编制等方式，全区共收回事业编制378名，盘活紧缺的事业编制资源。结合宁夏实际，研究提出核减全区事业编制的意见，确保各级各类编制员额严格控制在中央核定的总量内。深化创新挖潜，保障发展急需。坚持有保有压，优化结构，盘活存量，推动编制向民生事业倾斜、向重点领域倾斜、向基层一线倾斜，最大程度发挥现有机构编制资源的使用效益。推进政府购买服务，自治区编制办公室与财政厅联合印发《事业单位政府购买服务改革工作实施方案》，对适合社会力量承办的服务事项逐步由“养人养机构”向购买服务转变，减少编制供给，腾出更多编制用于满足宁夏经济社会发展急需。加强监督检查，严格编制管理。建立机构编制监督检查与审批联动机制，对检查中发现的各地各部门机构编制问题建立整改台账，限期整改，对整改落实不到位的暂停受理机构编制事项申请。自治区编制、巡视、审计部门加强沟通联系，制定机构编制巡视、审计年度工作计划，配合自治区党委巡视组和审计厅对自治区党办、政办等20多个部门开展了机构编制巡视、审计，严肃机构编制纪律，提升机构编制管理工作的权威性和有效性。优化登记服务，提高管理质量。在做好事业单位登记管理、年报审查、公示等工作的同时，依托微信平台方便、快捷的特点，开通“宁夏事业单位登记管理局公众服务号”，率先在全国将事业单位登记管理服务平台从PC端延伸至手机端，方便了事业单位办事。建立事业单位公示信息抽查工作机制，对自治区本级17个事业单位法人年度报告公示信息进行抽查，检查结果向社会公示，加强了事业单位法人事中事后监管。做好机关、编办直接管理机构编制的群众团体和事业单位法人统一社会信用代码工作，完成法人事业单位“三证合一”，推进全区社会信用体系建设。

（胡　尊）

档案工作

【概况】2017年，自治区推进县级综合档案馆建设。完善项目督办制度，对大武口区、海原县、灵武市、盐池县建馆项目实时监管。自治区支持县级档案馆建设，下拨专项资金600万元，支持贺兰县和西吉县建馆项目，青铜峡市档案馆项目列入自治区60大庆献礼工程。中央下达预算内专项资金4285万元，自治区政府补助资金1600万元，全区县级馆实际建设面积33137.18平方米，列入国家规划的21个项目已建成16个。推进国家重点档案保护与开发工作。建立全区重点档案保护与开发项目库。与社科和党史等部门开展课题合作。执行《国家重点档案专项资金管理办法》，做好项目的验收及上报。2016年实施的《红军长征在宁夏——档案史料汇编》《陕甘宁边区的盐池史料汇编》《原州革命历史人物史料汇编》项目通过验收，2017年国家重点档案目录基础体系建设等7个项目有序实施。推进数字档案馆和馆藏档案数据库为重点的档案信息化建设。“宁夏回族自治区数字档案馆系统建设项目”被确定为自治区24个信息化拟建设项目之一。做好“宁夏政务协同办公门户（一期工程）”项目建设。加大“区直机关电子公文管理应用系统”推广使用力度，使用单位增至67家，同比增加48%。完成国家档案局全国档案业务系统连通任务。建立电影海报、胶片等多门类、多载体档案数据库。完成57.5万页馆藏档案数字化扫描，馆藏档案数字化率达66%。石嘴山市档案局（馆）完成馆藏全部民生档案数字化工作。吴忠市档案局（馆）搭建全市数字档案馆工作平台，提前超额完成自治区档案局下达的2020年数字化任务。惠农区档案局农村土地确权档案全部实现了信息化管理。红寺堡开发区馆藏档案数字化率达94%。

【服务经济社会】服务中心工作。2017年，全区档案部门主动介入做好自治区第十二次党代会、第三届中阿博览会会议文件、声像档案、实物档案的收集工作。为迎接自治区成立60周年，与自治区民委联合编纂《宁夏民族团结档案资料选编》。与自治区党校合建自治区党性教育主题教室。银川市档案局（馆）组织拍摄电视专题系列纪录片《西部岁月之牵挂》《西部岁月之奠基人》，在中国教育电视台和银川电视台公共频道播出。固原市档案局启动编纂《固原撤地设市以来重大事件档案实录》。吴忠市档案局完善爱国主义教育基地功能，充分发挥教育和宣传作用。永宁、贺兰、盐池、原州、泾源、彭阳等县（区）档案局（馆）结合馆藏档案编辑出版了一批具有地方特色的编研成果。服务经济建设。参加国家档案局组织的国家电网“灵州—绍兴±800KV特高压直流输电工程”和陕西榆横矿区杭来湾、金鸡滩煤矿项目档案专项验收，对宁夏河东国际机场三期扩建工程、盐环定扬黄续建宁夏专用工程等17个项目档案组织验收，指导和检查实施神华宁煤煤制油项目、中南部（固原地区）城乡饮水安全水源工程、同心至沿川子高速公路项目、宁夏广电“宽带乡村”和中小城市基础网络完善工程等项目单位的档案工作。开展全区“信息化建设项目档案工作推进周”活动，相关单位对以“八朵云”为代表的46个“智慧宁夏”信息化项目进行检查指导，其中20个项目通过档案专项验收。服务社会民生。制定以精准扶贫档案为重点，农村土地确权档案、地名普查档案、住房保障档案相结合的“1+3”民生档案工作规划。赴贵州、广西两省区学习精准扶贫档案工作先进经验，深入红寺堡区、盐池县、泾源县部分乡镇、村和农户家中调研，指导精准扶贫档案工作。推进土地确权档案规范进馆。召开全区住房保障暨档案规范化管理观摩推进会。“全区市民休闲森林公园建设”档案验收工作顺利完成。中卫市、原州区、海原县档案局加强土地确权档案、精准扶贫、生态移民工程项目档案检查指导。银川市档案局贯彻落实国家档案局《城市社区档案管理办法》，创新开展城市社区档案管理试点工作。自治区档案局（馆）深化档案审批制度改革，向社会公布档案审批服务事项清单，启动“不见面、马上办”模式，群众足不出户就能申请办理审批事项。做好查阅利用服务，为下岗职工、企业、宣传教育、党史研究和高校学生提供查阅利用服务。中卫市档案局优化档案服务，简化利用程序，开通电话查档、信函查档、网上预约查档服务。

【基础工作】2017年，自治区档案局(馆)开展特色档案、名人档案、实物档案、零散档案征集工作，接收自治区卫计委、科技厅、原宁夏农垦局等单位各门类档案资料。石嘴山市档案局(馆)接收各类重大活动档案资料进馆。吴忠市档案局(馆)征集反映全市经济和社会发展成就的档案资料。大武口区档案局(馆)接收劳务移民档案进馆。自治档案局对28个区直单位、9家区属国有企业档案工作进行检查和调研，先后对自治区残联等8个单位档案规范化管理进行验收。帮助宁夏农垦集团、宁夏西部创业等9家区属国有企业解决档案工作中发现的问题。调研长城能源化工、中铝能源下属3家子公司，审核中石化宁夏分公司、宁夏银星发电公司等单位《文件材料归档范围和保管期限表》。对全区15个市、县、区档案工作进行督查。

（赵立薇）

党校工作

【干部培训】2017年，自治区党校共完成各类班(次)136期、培训学员12651人(次)。其中，举办常规主体班次有厅级干部进修班、中青年干部理论培训班、县处级干部进修班等26个，培训干部998人；举办专题培训班有全域旅游专题研讨班、全区精准扶贫专题培训班、自治区第十二次党代会精神专题研讨班等共37个，培训干部4815人；党委在党校举办的专题研讨班有加强和改进新形势下高校党建和思政工作专题研讨班、县处级学习宣传贯彻党的十九大精神示范培训班等共23个，培训干部2671人；自治区党校、扶贫办、人社厅、政法委等部门共同举办2017年全区县乡纪委书记培训班、全区老干部局(处)长培训班、宁夏交通厅处级干部学习贯彻党的十八届六中全会精神集中轮训班等共73个，培训干部6863人。招录自治区党校研究生253名。

【教学工作】2017年，承办区管干部学习宣传贯彻党的十九大精神培训班5期、培训学员712人(次)，承办处级干部示范培训班3期、培训300人(次)。抽调29名骨干教师开展“送党的十九大精神下基层”宣讲105场(次)。在干部教育培训网络学院平台等网络媒体开设学习党的十九大精神专题课程20门。8位教授走进宁夏电视台解读党的十九大精神，向自治区党委报送16篇专家的感受和认识，组织教研人员撰写党的十九大精神理论宣传文章26篇。围绕党的十九大精神确立重点研究课题20项，组织推出一批有份量的研究成果。承办区管领导干部学习党代会精神专题研讨班5期，培训学员965人(次)。将秋季学期培训内容调整为“创新驱动战略”“脱贫富民战略”“生态立区战略”等7个研究方向，主体班学员每学期由400人增加到740人。抽调30名骨干教师，开展“送党代会精神下基层”宣讲102场次。为全区干部提供在线学习服务。组织撰写并在《宁夏日报》《共产党人》等发表学习宣传贯彻自治区第十二次党代会精神理论宣传文章25篇。在全区党校、行政学院系统开展学习宣传贯彻党代会精神征文评选活动并结集出版。坚持党校姓党，突出主业主课，增加马列经典著作、马克思主义基本理论、中国特色社会主义理论体系教学内容，将习近平新时代中国特色社会主义思想作为教学重点，推动党的理论教育和党性教育进教材、进课堂。

【科研工作】2017年，获准立项国家社科基金项目和省部级项目15项，申请结项8项。发表理论宣传文章70篇。2项成果获得校(院)优秀学术著作出版资助。编辑发行《科研参考》8期。成立校(院)决策咨询委员会，组建决策咨询部，制定实施《建设高端智库的实施意见》，设立10项校(院)智库课题开展研究，获准立项自治区第一批智库课题4项，被自治区党委宣传部列为自治区级重点培育智库。加强对中央、自治区重大决策部署及经济社会发展热点问题研究，通过《干部思想动态研究》《调研咨询专报》报送调研咨询报告11篇，其中5篇调研咨询报告得到石泰峰书记、咸辉主席等自治区领导的6人次批示。举办全区党校、行政学院系统决策咨询骨干培训班，培训100余人(次)。

（王建鑫）

老干部工作

【党组织建设】2017年，起草印发《全区离退休干部党组织建设“一完善六强化”工作方案》，召开全区工作部署会，总结交流离退休干部党组织建设经验，研究离退休干部党建工作措施。指导各地各单位在加强建制性离退休干部党组织建设基础上，针对离退休干部居所多变、需求各异的特点，在社区、活动场所、社团组织中探索建立“地缘型”“趣缘型”“业缘型”党支部，着力构建“离退休干部党支部+”的非建制性组织形式，增强党支部凝聚力，方便老干部就近就便接受教育、开展活动、发挥作用。实施离退休干部党建工作项目化管理，下拨80万元对各地各单位工作成效突出、示范性强的创新型项目给予经费支持。推进特色品牌创建工作，在区直单位中开展片区协作试点，自治区公安厅、宁夏广播电视台等单位开展“忆光辉岁月、喜迎十九大”朗读会、“解读十九大、展望新时代”报告会等活动。

【思想政治建设】2017年，以“激活党员意识，提高党性修养水平，发扬优良传统，凝聚和释放正能量”为主题，分类指导、协调推进全区离退休干部党员“两学一做”学习教育制度化常态化。下发组织离退休干部学习党的十九大精神和自治区十二次党代会精神的指导意见，分别邀请党的十九大代表和自治区十二次党代会代表为离退休干部做专题辅导报告，召开座谈会畅谈感想和体会，举办离退休干部党支部书记培训班，在宁夏老干部工作网站设置党的十九大精神和自治区十二次党代会精神学习专栏，在离退休干部中掀起学习热潮。

【老干部活动】2017年，开展畅谈建言活动。以“畅谈十八大以来变化、展望十九大胜利召开”和“建言十九大”为主题，组织离退休干部全方位、多角度畅谈十八大以来全党全国及宁夏新成就新气象新变化，召开专题座谈会100场次，走访老同志500余人，近3000名离退休干部参与活动。梳理老同志的意见建议2000多条，形成专题报告上报中组部和自治区党委。开展征文、歌咏、朗诵、书画、摄影比赛活动。9月13日，在宁夏大剧院举办颁奖汇报演出。全年，自治区关工委老同志联系协调社会各界帮扶贫困山区高中生863名，为贫困县区82所学校学生发放文具和衣物，为18所学校捐赠近万册图书。

【服务管理】2017年，开展元旦、春节、重阳节等重大节庆日走访慰问活动，发放慰问金200多万元，对易地安置和异地居住在10个省的离休老干部进行走访慰问，及时把党和政府的关怀送到离退休干部中。自治区有关部门研究制定《区直单位离退休干部服务管理办法》，指导各地各单位规范离退休干部服务管理项目和标准。研究起草《关于建立特殊困难离退休干部帮扶机制的意见》，探索为区属改制破产企业离休干部购买服务，通过政府招投标程序，确定了宁夏宁居通家政服务公司为区属改制破产企业205名离休干部提供家政、医疗保健、精神慰藉等服务。

（杨远志）

NINGXIA YEARBOOK

中共宁夏回族自治区纪律检查委员会

ZHONGGONGNINGXIAHUIZUZIZHIQUJILVJIANCHAWEIYUANHUI

编辑◎郭勤华

综　述

【概况】2017年，全区各级纪检监察机关深入贯彻党的十九大、十八届中央纪委七次全会和自治区第十二次党代会精神，坚守职责定位，牢固树立“四个意识”，落实全面从严治党各项要求，持续用力改进作风，旗帜鲜明惩治腐败，深化运用监督执纪“四种形态”，着力解决群众身边不正之风和腐败问题，党风廉政建设和反腐败工作取得了新进展、新成效，全面从严治党不断向纵深推进。11月17日，中共宁夏回族自治区纪律检查委员会（监察厅）机关被中央精神文明建设指导委员会评为“全国文明单位”。

【管党治党责任】2017年，及时对党风廉政建设和反腐败主要任务进行分解，明确工作标准和完成时限，督促各地各部门落实分工要求。抓好责任制检查考核，对存在的问题建立台账，督促整改，对单销号，形成抓落实的长效机制。认真落实《自治区党委关于推进全面从严治党若干问题的意见》，推动各地各部门建立全面从严治党责任清单、问题清单和问责清单，落实签字背书、全程纪实等制度，推动“两个责任”（党委负主体责任、纪委负监督责任）落到实处。认真贯彻《中国共产党问责条例》和《宁夏回族自治区问责实施办法》，对责任落实不力的严肃问责，全区查处落实“两个责任”不到位问题80起，问责追究15个党委、纪委的责任，问责处理137人，给予党纪政纪处分37人，对4起典型问题公开通报曝光，推动失责必问、问责必严成为常态。

【党内政治生活】2017年，履行党内监督专责和机关职责，督促各级党组织认真执行党内政治生活若干准则，维护好党内政治生态。严格落实述廉述责、约谈提醒、派员参加民主生活会等制度，加强对党员领导干部的监督，督促党员领导干部带头弘扬正气、抵制歪风邪气。围绕中央和自治区党委重大决策部署，加强监督检查，对违法乱纪的坚决查处，以严明的纪律确保政令畅通。会同自治区党委组织部成立自治区第十二次党代会纪律监督组，组织全体代表签订《严格会风会纪承诺书》，集中观看警示教育片《警钟》《镜鉴》，加强会风会纪监督，坚决防止拉票贿选等违反换届纪律的行为，确保党代会风清气正。以自治区“两委”委员人选和出席党的十九大代表为重点，严把干部选任政治关、廉洁关，自治区纪委回复党风廉政意见征求函1164人（次），坚决防止“带病提拔”“带病上岗”。

【惩治腐败】2017年，坚持有腐必反、有贪必肃，全区纪检监察机关共受理信访举报6098件（次），处置问题线索5851件，初核5002件，立案2395件，处分2341人，与上年同期相比分别上升6.8%、59.8%、62.8%、87.5%、88%。严肃查处了张八五、张湧、周舒等严重违纪案件，对许学民等人立案审查。聚焦脱贫攻坚、农村集体“三资”（资金、资产、资源）管理、惠农资金等领域，开展专项整治，建立联席会议、线索登记、对账销号、排查复查、挂牌督办、通报曝光机制，严肃查处虚报冒领、侵吞挪用、优亲厚友、吃拿卡要、挥霍浪费、监守自盗6个方面突出问题618个，处理887人，给予党纪政纪处分785人，自治区纪委先后13次对29起典型问题公开通报曝光。

【发挥巡视利剑作用】2017年，完成上届党委巡视全覆盖任务，对巡视发现的问题认真梳理、及时反馈、紧盯整改，取得积极效果。新一届自治区党委认真学习贯彻新修订的《巡视工作条例》和《中央办公厅关于市县党委建立巡察制度的意见》，修订自治区巡视工作办法，制定五年巡视规划，出台《关于市县（区）党委建立巡察制度的实施意见》，全面推开并不断规范巡察工作，构建巡视巡察上下联动、整体推进的监督格局。完成第一轮对司法厅等8个单位的巡视，发现并推动解决党的领导弱化、党的建设缺失、全面从严治党不力等方面的问题86个，移交问题线索32件，其中涉及厅级干部8人、处级干部15人。

【表彰先进】2017年9月1日，中共中央纪委机关、人力资源社会保障部授予自治区纪委第二纪检监察室、盐池县纪委全国纪检监察系统先进集体荣誉，授予自治区纪委组织部离退休干部服务处副处长田虹全国纪检监察系统先进工作者称号。对自治区纪委第一纪检监察室主任科员尹学保、自治区纪委派驻自治区教育厅纪检组副组长王爱华、永宁县委常委纪委书记王晓东、平罗县委常委纪委书记朱辉、泾源县委常委纪委书记马永宝、海原县纪委第一纪检监察室主任马杰进行嘉奖。

【全区首家县级监察委员会成立】12月21日，贺兰县第十八届人民代表大会第二次会议选举县委常委、纪委书记刘勇为贺兰县监察委员会主任。在随后召开的县人大第九次常委会上，任命了由县监察委员会主任提名的县监察委员会副主任及委员，并在现场举行了宪法宣誓。标志着全区首家监察委员会成立。

（马昌贵）

重要会议

【新闻发布会】2017年1月18日，自治区纪委监察厅召开新闻发布会，向社会通报了2016年全区党风廉政建设和反腐败工作取得的进展和成效。自治区纪委常委、秘书长张自军出席会议并作了新闻发布，自治区纪委宣传部部长胡斌主持会议。

【十一届自治区纪委第八次全会】2017年1月20日，中国共产党宁夏回族自治区第十一届纪律检查委员会第八次全体会议在银川召开，自治区党委主要领导出席会议并讲话。会议传达学习了习近平总书记在十八届中央纪委第七次全会上的重要讲话和王岐山同志所作的工作报告，审议通过了自治区党委常委、纪委书记许传智代表自治区纪委常委会作了强化监督执纪问责、推进全面从严治党，为加快宁夏建设提供坚强保证的工作报告。

【廉政建设和反腐败工作情况通报会】2017年1月23日，自治区纪委监察厅召开机关离退休干部职工2016年全区党风廉政建设和反腐败工作情况通报会。自治区党委常委、纪委书记许传智出席会议并讲话。自治区纪委常务副书记陶进主持会议。委厅领导李金英、殷学儒、张自军、雍万祥出席会议，离退休干部代表作了发言。

【反腐败国际追逃追赃工作会议】2017年1月24日，全区反腐败国际追逃追赃工作会议在银川召开。自治区党委常委、纪委书记、自治区反腐败案件查处协调领导小组组长许传智出席会议并讲话。自治区人民检察院检察长李定达出席会议，自治区党委组织部、检察院、公安厅、人民银行银川中心支行作了交流发言。正式启动全区“天网2017”行动。

【纪检监察机关执纪审查工作会议】2017年2月15日，自治区纪委召开2017年全区纪检监察机关执纪审查工作会议。自治区党委常委、纪委书记许传智出席会议并讲话。自治区纪委常务副书记陶进主持会议，自治区纪委副书记殷学儒安排部署了2017年执纪审查工作。会上，签订了2017年执纪审查安全工作责任书，通报了全区纪检监察机关2016年度执纪审查工作互查互评情况。会后，举办了为期3天的执纪审查工作业务培训班。

【自治区政府廉政工作会议】2017年3月31日，自治区政府召开廉政工作会议，自治区主席、自治区政府党组书记咸辉讲话。自治区党委常委、自治区副主席张超超主持会议。自治区领导咸辉、张超超、马顺清、许传智、王和山、马力、许尔锋出席会议。会议学习贯彻党的十八届六中全会、中央纪委十八届七次全会、国务院第五次廉政会议和自治区党委十一届九次全会、自治区纪委十一届八次全会精神，总结2016年全区政府系统廉政建设工作，安排部署政府系统廉政建设工作。会上，咸辉与自治区政府各位副主席、党组成员签订了党风廉政建设责任书。自治区副主席与分管部门负责同志签订了党风廉政建设责任书。

【自治区反腐败案件查处协调领导小组会议暨自治区国际追逃追赃工作会议】2017年5月5日，自治区反腐败案件查处协调领导小组会议暨自治区国际追逃追赃工作会议在银川召开，自治区党委常委、纪委书记许传智出席会议并讲话。会议传达学习全国追逃追赃工作培训班精神，并对宁夏国际追逃追赃工作进行再动员、再部署。

【纪检监察信访举报工作座谈会】2017年5月11日，全区纪检监察信访举报工作座谈会在银川召开。自治区纪委常务副书记陶进出席会议并讲话。5个地级市纪委、驻国资委纪检组负责同志分别作了交流发言。各市、县(区)纪委分管信访举报工作的负责人、信访室主任，自治区纪委各派驻纪检组负责人参加会议。会议传达学习全国纪检监察信访举报工作会议精神，回顾总结十八大以来全区信访举报工作，对做好下一阶段工作进行安排部署。

【十一届自治区纪委第九次全会】2017年5月23日，中国共产党宁夏回族自治区第十一届纪律检查委员会第九次全体会议在银川召开，会议审议通过自治区十一届纪委向自治区第十二次党代会的工作报告。自治区党委常委、纪委书记许传智主持会议并讲话，自治区纪委常务副书记陶进就自治区十一届纪委向自治区第十二次党代会的工作报告起草情况作了说明。自治区党委巡视办副主任、五市纪委书记列席会议。

【十二届自治区纪委第一次全会】2017年6月10日，中国共产党宁夏回族自治区第十二届纪律检查委员会第一次全体会议在银川召开。全会选举并经自治区党委十二届一次全会通过，产生了新一届自治区纪委常委和书记、副书记。许传智同志当选为中共宁夏回族自治区纪律检查委员会书记，郑震、殷学儒、张自军当选为副书记，王秀春、刘跃成、周刚、孙锋彪、张晓明当选为常委。自治区党委常委、纪委书记许传智主持会议并讲话。

【自治区党委书记调研座谈会】2017年6月19日，自治区党委书记石泰峰在自治区纪委监察厅调研，先后到纪委信访室、案件监督管理室、党风政风监督室，了解信访问题受理处置、问题线索督办落实、纠正"四风"及解决基层涉农扶贫领域腐败问题等工作情况，看望干部职工。在自治区纪委召开了座谈会，就贯彻落实自治区第十二次党代会精神、做好全区党风廉政建设和反腐败工作进行座谈。自治区党委常委、纪委书记许传智参加调研座谈，汇报了近年来全区纪检监察工作情况，对贯彻落实石泰峰书记讲话精神提出了要求。自治区党委秘书长何健参加调研座谈。自治区纪委监察厅班子成员、各厅部室主要负责人参加会议。

【全区纪检监察工作推进会】2017年7月19日，自治区纪委监察厅召开全区纪检监察工作推进会，学习贯彻中央纪委书记王岐山在扶贫领域监督执纪问责工作电视电话会议上的讲话精神以及自治区第十二次党代会精神和自治区党委书记石泰峰在自治区纪委调研时的讲话精神。自治区党委常委、纪委书记许传智出席会议并讲话，自治区纪委常务副书记、监察厅厅长、预防腐败局局长郑震主持会议。自治区纪委各副书记、常委，自治区党委巡视办主任，五市纪委书记，自治区纪委驻农牧厅、国土资源厅纪检组负责人先后发言。各派驻纪检组组长、副组长，委厅机关、巡视机构全体干部参加会议。

【新任领导干部集体廉政谈话会】2017年9月28日，自治区纪委召开全区新任领导干部集体廉政谈话会，对2016年10月以来提拔使用的115名新任职领导干部进行集体廉政谈话。自治区党委常委、纪委书记许传智出席会议并讲话。会后，新任职领导干部参加了廉政法规知识测试。

【制定《自治区深化国家监察体制改革试点工作实施方案》】2017年10月27日，中共中央办公厅《印发〈关于在全国各地推开国家监察体制改革试点方案〉的通知》，自治区党委高度重视，及时对全区改革试点工作提出要求。当天下午，自治区纪委召开常委(扩大)会议，及时传达学习中央方案，研究制定《自治区深化监察体制改革试点工作实施方案》基本框架提纲，经许传智同志审定后，着手起草宁夏区改革试点工作《实施方案》。

【监察体制改革试点工作前期准备会】2017年10月29日，自治区纪委召开深化国家监察体制改革试点工作前期准备会，对监察体制改革试点工作进行部署，会议决定在纪委机关成立工作小组及办公室，并提请自治区成立工作小组及办公室，对转隶人员情况进行摸底调查，制定实施方案。

【纪检监察系统学习贯彻党的十九大精神大会】2017年10月31日，自治区纪委监察厅召开全区纪检监察系统学习贯彻党的十九大精神大会，传达学习党的十九大、十九届中央纪委一次全会精神和全区领导干部大会、自治区党委十二届二次全会精神，对全区纪检监察系统学习贯彻工作进行安排部署。自治区党委常委、纪委书记许传智出席会议并讲话。自治区纪委常务副书记、监察厅厅长、预防腐败局局长郑震主持会议。自治区纪委监察厅领导、巡视办主任、5个地级市纪委书记、自治区纪委各派驻机构负责人、委厅机关、巡视机构全体干部参加会议。

【纪检监察系统宣教综合业务培训班】2017年11月1—2日，自治区纪委在银川举办全区纪检监察系统宣教综合业务培训班，同时召开纪检监察系统宣教工作座谈会，全区纪检监察系统80多名宣教业务骨干参加培训。自治区纪委常委孙锋彪主持会议，自治区纪委副书记张自军就认真学习贯彻党的十九大精神，做好新时期党风廉政宣传教育工作提出要求。自治区党委宣传部有关处室负责人、自治区纪委各派驻机构负责人、部分中央驻宁媒体和宁夏主流媒体负责人与全体参训学员一同参加了座谈会。

【纪检监察信访举报工作座谈会】2017年11月7日，自治区纪委召开全区纪检监察信访举报工作座谈会，自治区纪委副书记殷学儒出席会议并讲话，自治区纪委常委王秀春主持会议。五市纪委分管副书记、信访室负责人参加会议。会议传达学习党的十九大精神和自治区党委十二届二次全会精神，梳理排查当前信访举报工作存在的问题和不足，提出“两推进”“三聚焦”“四解决”的新思路新举措，加强和规范信访举报工作。

【纪检监察系统学习贯彻党的十九大精神专题报告会】2017年11月10日，自治区纪委监察厅举办全区纪检监察系统学习贯彻党的十九大精神专题报告会，邀请国家行政学院原副院长、博士生导师、全国政协委员周文彰教授作党的十九大精神专题辅导。会议由自治区纪委常务副书记、监察厅厅长、预防腐败局局长郑震主持。自治区纪委监察厅领导，五市纪委书记，自治区纪委各派驻纪检组组长、副组长，区属国有企业纪委书记，自治区纪委监察厅机关、巡视机构全体干部参加专题报告会。

【自治区深化国家监察体制改革试点工作动员部署会】2017年11月25日，自治区党委在银川召开自治区深化国家监察体制改革试点工作动员部署会。自治区党委书记、自治区深化国家监察体制改革试点工作小组组长石泰峰出席会议并讲话，自治区深化国家监察体制改革试点工作小组副组长许传智、纪峥、盛荣华、马三刚、李定达等参加会议。会议对《自治区深化国家监察体制改革试点工作实施方案》作了说明，对检察机关做好深化国家监察体制改革试点工作提出要求。自治区深化国家监察体制改革试点工作小组及办公室全体成员，各市、县（区）相关负责同志及有关部门负责人参加会议。

【中央纪委九室调研座谈会】2017年11月25—26日，中央纪委九室主任陈章永一行7人，到自治区纪委就“学习贯彻党的十九大精神”“扶贫领域监督执纪问责”和“监察体制改革试点推进情况”（简称“三项任务”）进行检查调研。期间，召开“三项任务”调研座谈会，查阅有关工作资料，与自治区人大、组织部、政法委、编办、检察院五个部门分管同志进行个别谈话，听取自治区纪委“三项任务”开展情况汇报。

【杨晓渡调研宁夏深化国家监察体制改革试点工作】2017年12月2—3日，中共中央政治局委员、中央书记处书记、中央纪委副书记、监察部部长，中央深化国家监察体制改革试点工作领导小组副组长兼办公室主任杨晓渡到宁夏调研指导深化国家监察体制改革试点工作，先后深入灵武市及梧桐树乡、石嘴山市及大武口区星海镇实地考察，在自治区纪委机关看望纪检监察干部并召开座谈会，深入了解改革试点工作情况，自治区党委书记、人大常委会主任，自治区深化国家监察体制改革试点工作小组组长石泰峰汇报了宁夏回族自治区改革试点工作情况，自治区人大、纪委、组织部、政法委、检察院等改革试点工作成员单位主要负责同志作了发言。调研结束后，宁夏区党委、纪委第一时间召开常委会议，专题传达学习杨晓渡同志讲话精神，研究了贯彻落实意见。

【深化国家监察体制改革试点工作领导小组第一次会议】2017年12月8日，自治区党委书记、自治区深化监察体制改革试点工作小组组长石泰峰主持召开工作小组第一次会议，听取了自治区深化监察体制改革试点工作小组办公室《关于监察体制改革试点工作进展和各市实施方案制定情况汇报》，审议了五个地级市《实施方案》。石泰峰就做好下一步工作提出了具体要求。

（马昌贵）

纪律监察

【纠治“四风”】2017年，自治区纪委着眼在坚持中深化、在深化中坚持，制定《关于进一步巩固深化“回头看”推进中央八项规定精神落实的通知》，聚焦“查漏洞”“抓死角”，强化对距离主管监督部门较远、平时关注较少、编制人数不多、财务相对独立的区属“小散远直”单位的督查，深挖细查隐形变异“四风”问题，推动反“四风”工作从面上纠治向纵深推进。先后组织4轮专项督查，发现各类问题140个，跟踪督办整改，已问责处理35人。坚持经常抓、抓经常，看住关键节点，聚焦“关键少数”，建立常态化工作机制，全区共查处违反中央八项规定精神问题215起，处理331人，给予党纪政纪处分246人，先后12次对41起典型问题公开通报曝光，持续释放越往后越严的强烈信号。按照中央纪委统一部署，针对“四风”新动向，在全区开展公款购买消费高档白酒专项排查活动，发现问题4个，问责处理8人。坚决整治“为官不为”问题，对中央环保督察移交问题、银川市“1·05”公交车纵火案、石嘴山市林利煤矿“9·27”重大瓦斯爆炸事故和固原六盘山自然保护区狩猎场项目相关违纪人员严肃追究责任。

【践行“四种形态”】2017年，推进“两学一做”学习教育常态化制度化，督促党员干部深入学习党章党规党纪，分期分批组织全区331个单位1.8万名党员干部到自治区廉政警示教育中心接受警示教育，对115名新提拔任用的区管干部进行集体廉政谈话，汇编违纪干部忏悔录和警示录，拍摄警示教育片，警示广大党员干部自觉遵规守纪。把党风廉政宣传纳入党委宣传工作格局，开展五年成就系列宣传报道，摄制三集电视专题片《只有进行时》，营造反腐倡廉良好舆论氛围。严格执行《自治区纪委机关谈话函询办法(试行)》，对苗头性、倾向性问题及时开展谈话提醒、约谈函询，让红脸出汗成为常态，对回复没有问题的按不低于30%的比例进行抽查，对不如实说明问题、隐瞒情况、欺骗组织的严肃处理。全区各级纪检监察机关运用“四种形态”共处理党员干部6369人（次），其中第一种形态3963人(次)，占62%；第二种形态1915人(次)，占30%；第三种形态353人(次)，占6%；第四种形态138人(次)，占2%。

【惩治腐败】2017年，坚持有腐必反、有贪必肃，始终保持惩治腐败高压态势。全区纪检机关共受理信访举报6098件，处置问题线索5851件，初核5002件，立案2395件，处分2341人（其中厅局级32人，县处级193人），分别比上年同期上升6.8%、59.8%、62.8%、87.5%、88%。其中自治区纪委立案37件、处分36人，严肃查处了张八五、张湧、陈延、吴万俊、董锋、司继涛、叶铁强严重违纪案件，对杨银学、王永忠、许学民、周舒立案审查，持续强化不敢腐的氛围。严格执行监督执纪工作规则，保证执纪审查质量和安全。采取集中学习、举办讲座、讨论交流等多种形式，组织全区纪检监察干部认真学习监督执纪工作规则，力求学深学透、入脑入心。对现有执纪审查制度进行系统梳理，研究制定宁夏区实施办法，健全完善内控机制，保证执纪审查质量，防止权力滥用。认真贯彻全国执纪审查安全工作电视电话会议精神，严格落实安全工作责任制，层层签订安全责任书，对全区纪检监察机关执纪审查安全工作进行专项检查，排查安全隐患，堵塞管理漏洞，坚决守住不发生安全事故的底线。坚持追防并举、重在防控原则，扎实开展“天网行动”，完善人员监管、证照管理、边境管控、资金监控、应急处置等措施，织密防逃网络，全年追回外逃人员10名。深入整治涉农扶贫领域腐败问题。贯彻中央纪委扶贫领域监督执纪问责工作电视电话会议精神，大力解决群众身边不正之风和腐败问题。聚焦脱贫攻坚、农村集体“三资”管理、惠农资金等领域，在全区开展查处涉农扶贫领域腐败问题专项行动，建立联席会议、线索登记、对账销号、排查复查、挂牌督办、通报曝光机制，严肃查处骗取冒领、截留挪用、优亲厚友、吃拿卡要、挥霍浪费、监守自盗等六个方面的突出问题，坚决纠正以形式主义、官僚主义对待扶贫工作、做表面文章等问题，为打赢脱贫攻坚战提供坚强保障。全区共查处涉农扶贫领域腐败问题618起，处理887人，给予党纪政纪处分785人，移送司法机关21人，先后13次对29起典型问题公开通报曝光。

【监察体制改革试点】2017年，自治区党委对改革试点工作高度重视，第一时间传达学习中央关于深化国家监察体制改革决策部署、习近平总书记关于深化国家监察体制改革重要指示精神，切实把思想和行动统一到中央要求上来。全国推行国家监察体制改革试点工作动员部署电视电话会议召开后，自治区党委先后3次召开常委会议，认真传达学习会议精神，做出工作部署，提出明确要求。自治区纪委加强对改革试点工作的指导、协调和服务，在委厅机关成立改革试点工作小组及四个工作小组启动相关工作，积极与中央纪委有关部门对接，了解最新情况，汇报工作进展。自治区检察院党组多次召开会议专题研究部署检察机关配合改革试点的相关工作，确保党中央重大决策部署落到实处。自治区人大、组织部、政法委、编办等涉改部门，按照自治区党委的统一部署，紧密联系宁夏实际，发挥主动性和创造性，审慎稳妥、上下统筹深化改革试点各项工作，确保高质量地完成改革任务，为国家监察体制改革提供宁夏方案。自治区党委把深化国家监察体制改革试点工作作为重大政治任务来抓，及时成立由自治区党委书记任组长的自治区深化监察体制改革试点工作小组。11月25日，召开全区深化国家监察体制改革试点工作会议，全面安排部署。自治区纪委组成调研组，先后多次到山西、浙江等试点省和五市及相关部门调研，对全区监察厅(局)、预防腐败局及检察院涉改部门机构设置、人员编制、实有人数、办公场所、思想状态等情况进行全面摸底，拉出转隶清单，建立转隶台账。各市、县(区)纪委按照自治区纪委要求，主动与涉改部门转隶人员进行谈心、谈话、家访，体现组织的关心关怀。借鉴试点省市经验，结合宁夏实际，及时研究制定《实施方案》初稿，广泛征求各方面意见建议，经自治区党委常委会审议，12月8日，以党委办公厅文件印发全区。加强工作指导。加强对市、县(区)试点工作的指导，及时解答相关政策性问题，并加强督促检查，确保各项任务按照时间节点、保质保量地推进。自治区改革试点工作小组会议及时审定五个地级市《实施方案》和“三定”(定机构、定职能、定编制)方案,确保改革试点工作沿着正确的方向前进。建立改革试点工作小组领导同志和工作小组办公室联系指导市县制度,工作小组组长、副组长分别联系1个地级市,工作小组和办公室有关同志分别联系2~3个县(区),点对点指导、面对面督查,确保改革工作整体推进。建立改革试点工作情况周报制度,每周汇总全区各市、县(区)工作情况,及时报中央深化国家监察体制改革试点工作领导小组办公室。建立自治区纪委常委分片包抓工作机制,及时了解掌握各地工作进展情况,有针对性地提出改进工作的意见和建议。截至12月30日,全区除沙坡头区,其余21个县(区)全部产生了监察委员会并依法履职,(沙坡头区于2018年1月7日产生),初步建立起了集中统一、权威高效的监察体系,从制度上实现了对所有行使公权力公职人员监察全覆盖,改革试点工作取得阶段性成果。

【自身建设】重视常委会自身建设。2017年,完成自治区纪委换届,制定出台加强常委会自身建设的意见和议事规则,切实提高新一届纪委常委会思想政治水平和领导能力。推进体制机制改革。出台《派驻机构工作考核办法(试行)》,明确考核内容、考核方式、评价因素和奖励措施,督促指导派驻机构认真履行职责。推进监察体制改革试点工作,自治区党委切实担负起主体责任,成立由党委书记任组长的自治区改革试点工作小组,研究制定改革方案,召开改革试点工作会议进行动员部署。自治区纪委发挥专责作用,成立机关工作机构,加强与自治区人大、检察院等涉改部门的沟通协调,形成推进改革合力;摸清涉改部门基本情况,协同推进解决改革问题,做实做通做细涉改人员思想工作,为推开监察体制改革试点工作夯实基础;建立工作小组及其办公室领导同志联系指导市、县(区)改革试点工作制度,对市县监察体制改革试点工作进行督查指导,及时协调处理推进中的问题,改革试点工作进展顺利。加强干部教育培训。依托中央纪委监察部"一院两中心"和自治区党校等培训机构,培训纪检监察干部1218人(次),干部队伍素质能力得到提升。加大干部上下内外交流力度,通过划转、选调、遴选、招考、接收军转干部,选拔122名干部充实到委厅机关和派驻机构,交流使用干部26人(次),充实力量,优化干部队伍结构。强化内部监督管理。认真落实机关内部党建工作责任,加强经常性思想政治教育,把教育管理抓在日常,把纪律规矩严在平时。对纪检监察干部违纪违法行为零容忍,全区共受理反映纪检监察干部信访举报87件,谈话函询23人,给予党纪政纪处分17人,组织处理16人,严肃查处了自治区纪委第三纪检监察室陶友谊等违纪问题。

(马昌贵)

NINGXIA YEARBOOK

宁夏回族自治区人民代表大会

NINGXIAHUIZUZIZHIQURENMINDAIBIAODAHUI

编辑◎杨　云

党的建设

【思想政治建设】2017年，传达学习党的十八届七中全会、十八届中央纪委七次全会、全国两会、习近平总书记在省部级主要领导干部专题研讨班上的讲话、全国地方立法工作座谈会精神以及自治区第十二次党代会、自治区纪委十一届八次全会精神等内容。党的十九大召开后，及时制定学习宣传贯彻意见和实施方案，多种方式方法开展学习宣传活动，确保十九大精神全员覆盖、入脑入心。

【制度建设】2017年，制定关于从严执行中央八项规定和自治区若干规定的办法、落实全面从严治党责任实施办法和规范"三重一大"事项决策实施细则，严格控制因公出国出境、公务接待等规定。制定《关于党员干部作风考问制度》，把干部队伍中存在的轻微违纪行为或苗头性问题消灭在萌芽状态、解决在初始阶段。制定《机关工作微信群暂行管理办法》，监督管理机关党员干部微信使用行为，消除可能存在的不良隐患。修订和废止《机关公务接待工作管理规定》等10项不符合中央新规定新要求的制度。

【组织建设】推进机关基层党组织标准化建设，制定《关于严格和规范党支部组织生活的实施意见》《机关党委和党支部学习制度》《机关党委关于党员干部学深熟记弄懂党的基本理论基本规章的安排》，依托"宁夏机关党建微平台""机关支部书记微信群" 等开展经常性思想政治学习。强化党建责任落实，采取重点督查、定期检查、随机抽查等方式，按照每月不低于20%的比例，对机关党建工作进行监督检查。增强党员干部党务工作能力，采取办班培训、示范观摩等方法，帮助党支部正副书记熟悉支部工作重点、规律和要求，掌握基本方法和技能。开展"做政治合格共产党员"活动，采取多种形式引导机关全体党员尊崇党章、遵守党纪。深化星级服务型党组织创建工作，制定《基层服务型党组织星级管理考核方案》，对机关各级党组织进行星级动态管理。组织机关工会第二届换届选举，健全机关工会和妇委会组织。

【廉政建设】按照自治区党委和自治区纪委关于反腐倡廉的部署，及时召开党组会议，对党风廉政建设进行研究部署，细化分解工作任务，层层签订了责任书。班子成员认真学习贯彻石泰峰书记就加强自治区党委常委班子自身建设提出的"四个表率"和在自治区党委十二届一次全会讲话中提出的"四个要"的要求，认真履行"一岗双责"，在住房、用车、出国等方面严格执行有关规定，按要求对个人重大事项进行报告，自觉接受组织监督。强化警示教育，组织机关干部观看反腐倡廉影视片、警示片，制作党风廉政建设宣传栏，开辟人大网站党风廉政专栏。支持派驻纪检组工作，认真听取建议，落实相关责任。

【工作作风转变】落实党的组织生活制度，坚持机关重大问题召开党组会议集体讨论，涉及机关全局性的问题，发扬民主，在广泛听取机关党组织和党员干部意见的基础上慎重决策。党组成员坚持过好双重组织生活，以普通党员的身份积极参加党支部组织生活，自觉接受党组织的监督管理。严格执行《中共中央政治局贯彻落实中央八项规定实施细则》《关于深入贯彻中央八项规定精神进一步加强和改进自治区党委常委会作风建设的若干规定》，规范视察、调研、考察等活动。组织机关102名党员干部分别到对口的32个基层点开展活动，制定帮扶措施，梳理发展思路。落实党政干部选拔任用工作条例，规范和细化既定程序，注重群众的知情权、参与权和监督权。

（李小静）

立法工作

【概况】2017年，自治区人大常委会共审议通过法规19件，其中制定4件，修订修正13件，废止2件，批准设区的市法规10件。

【立法引领和保障】2017年，修订自治区空间发展战略规划条例，坚持把国家关于生态文明建设、空间规划改革精神作为核心体现和主要内容，加强空间规划的编制、实施和监督管理，提高了规划的执行力；修订自治区六盘山贺兰山罗山国家级自然保护区条例，成为保护宁夏绿水青山的法制保障；制定修订的自治区城市地下管线管理条例、畜禽屠宰管理条例、价格管理条例等法规，维护社会和谐稳定提供了重要的法律保障；按照国家取消和减少有关行政审批和行政许可事项的要求，修改自治区统计管理条例、岩画保护条例、法律援助条例等法规，废止自治区户外广告管理条例、个体工商户条例，推动改革决策得到有效实施。

【重点领域立法】2017年，制定自治区大气污染防治条例，在燃煤和工业污染防治、机动车污染防治、扬尘污染防治等方面作出明确规定，这是全区实施生态立区战略以来，出台的首部环境污染防治领域的单行法规。修订自治区清真食品管理条例，严格规范清真食品许可范围，对“清真”概念做出明确规范，体现中央精神和自治区党委要求，有效防止“清真”概念泛化。制定的自治区农村公路条例，对农村公路的责任主体、规划建设、公路养护、公路运营、资金筹集与管理等做出明确规定，推动农村公路管理法治化，这是全区第一部规范农村公路建设和管理工作法律责任的地方性法规。

【指导市立法工作】2017年，对设区的市年度立法计划按照急需、可行、有特色的原则，统筹安排立法项目。建立设区的市地方性法规质效评估制度，完善考评工作。按照立法法规定，严格遵守立法权限，做好合法性审查工作，提前介入法规的调研、论证修改，从立法技术规范、合法性审查等方面加强指导，提高立法质量，维护国家法制统一。

【科学和民主立法】2017年，健全立法公众意见表达机制，对关系人民群众切身利益的法规草案，采取征求人大代表意见、召开座谈会、听证会等多种方式，广泛征求社会各界建议，引导公民有序参与。开展立法协商，对自治区食品加工小作坊小经营店和食品小摊点管理条例、畜禽屠宰管理条例等法规，征求自治区政协委员的意见建议。将专业性强、群众关注度高的大气污染防治条例草案，委托第三方起草，探索地方法规起草新机制。推进法规公示征求意见制度，对新制定和修订的自治区农村公路条例等10件法规草案通过人大网向社会征求意见。加强规范性文件备案审查工作，共接收审查、报备的规范性文件75件，查出纠正5件违法违规的规范性文件，做到有案必备、有备必审、有错必纠。自治区人大常委会完成全国人大14部法律草案在全区征求意见建议的工作。在民法总则草案征求意见过程中，自治区人大常委会提出的赋予农村集体经济组织法人地位的修改意见，被写入民法总则草案，明确农村集体经济组织的“法律名份”，这一实例作为民法总则中的“宁夏声音”。

（李小静）

监督工作

【经济社会发展监督】2017年，听取审议经济社会发展计划执行、招商引资等工作情况的报告，督促政府采取措施，加快供给侧结构性改革步伐，转变经济发展方式，优化产业结构，培育新的经济增长动力，增强全区经济持续健康发展的后劲。审议财政预算执行情况报告和审计工作报告，及时调整区本级预算，依法确定全区地方政府债务限额。推进区本级预算联网监督工作，建立区本级预算联网监督中心，实现对预算的全口径审查和对预算执行的全过程监督。听取审议农田水利基本建设、粮食工作等专项工作报告，并对农田水利基本建设工作情况报告开展满意度测评，建议政府坚持不懈开展农田水利基本建设，加大粮食结构调整，实施“粮安工程”，促进农村发展、农业增效和农民增收。

【民生实事监督】2017年，听取审议民生计划落实、社会救助、医疗卫生体制改革、民族团结进步创建等专项工作报告，并就社会救助、医疗卫生体制改革开展专题询问，建议加强社会保障体系建设，完善医疗体制改革，让改革发展成果更多更公平惠及全体人民。高度重视教育事业的发展，检查高等教育法、自治区民族教育条例贯彻实施情况，督促有关方面加强农村普惠性学前教育，普及高中阶段教育，发展职业教育，办好人民满意的教育。常委会对自治区农村扶贫开发条例实施情况开展执法检查，要求把精准扶贫和精准脱贫，从“输血”式扶贫变为“造血”式扶贫，使贫困地区在摆脱贫困后能够可持续发展。听取审议自治区人民检察院侦查监督工作情况的报告，完善侦查监督工作机制,强化跟踪监督,抓好侦查监督队伍建设。

【生态文明建设监督】2017 年,听取审议全区环境状况和环境保护目标完成情况的报告,对自治区大气污染防治条例、环境保护"一法一条例"等法律法规的实施情况开展执法检查。继续开展以"保护碧水蓝天,建设美丽宁夏"为主题的"中华环保世纪行——宁夏行动"活动,经督察,中央环境保护督察组反馈的一些突出问题得到解决。

【增强监督实效】2017 年,完善专题询问工作,利用互联网发布公告征询意见建议,邀请自治区人大代表参加询问,跟踪督办整改承诺事项,推动突出问题得到解决。综合运用执法检查、集中视察、专题调研等法定监督形式,完善工作机制,扩大监督的成果,增强监督实效。加强审议意见落实情况的跟踪问效,开展审议意见落实情况"回头看",专题调研审议意见落实情况,督促"一府两院"及时落实和改进,提高监督工作实效。

(李小静)

决定重大事项

【自治区人民代表大会依法决定重大事项】2017 年,自治区第十一届人民代表大会第七次会议听取、审议并批准了"一府两院"工作报告、人大常委会工作报告,审查批准了 2016 年国民经济和社会发展计划执行情况与 2017 年国民经济和社会发展计划草案的报告、关于 2016 年全区及区本级预算执行情况和 2017 年全区及区本级预算报告、关于 2016 年民生计划执行情况和 2017 年民生实事草案的报告,作出有关决议。

【自治区人大常委会依法决定重大事项】2017 年,为贯彻实施好环境保护税法,作出了关于环境保护税适用税额和应税污染物项目数的决定,促进企业加快建立完善减少污染物排放机制,推进生态立区战略。听取审议了自治区综合交通运输体系战略规划等重大事项报告,提出意见建议,依法作出决定,有力地推动了自治区经济社会事业的全面发展。

(李小静)

代表工作

【联系代表和群众】2017 年,完善"双联"(人大常委会组成人员联系人大代表、人大代表联系人民群众)活动实施意见,召开"双联"工作座谈会。搭建代表联系工作平台和网络平台,畅通社情民意反映表达渠道。截至年底,全区建成代表之家 160 多个,代表联络站、活动室 1100 多个,建成乡镇人大代表工作室 193 个,设立街道人大工作委员会 24 个。把自治区、市、县(区)、乡镇四级人大代表混合编成 1300 多个代表小组,推动解决一批生态环境保护、社会治安、征地拆迁等民生难事。

【办理代表议案建议】2017 年,完成自治区十一届人大七次会议主席团交付的 4 件代表议案和 228 件建议。代表提出的制定修订的自治区大气污染防治条例、实施禁毒法办法等法规已审议通过。坚持常委会领导督办、"一府两院"分管领导领办的工作机制,加大督办力度,采取上门督办、现场督办等多种形式,推动《关于支持石嘴山市解决沙湖与星海湖水质问题的建议》《关于进一步加快养老政策实施的建议》等 9 件重点处理建议的办理工作。开展代表建议办理工作"回头看"活动,对历年的 17 项重点处理建议办理工作进行跟踪督办,办理成效显著。"一府两院"把办理代表议案建议作为接受人民监督的重要渠道,听取代表意见,做好办理工作。

【代表服务保障】2017 年,开展以宪法、地方组织法、选举法、代表法为重点的学习培训活动 2 期,培训各级人大代表和人大负责同志 170 多人(次)。围绕脱贫攻坚、创新战略实施等重大问题,开展集中视察,提出促发展、惠民生的高质量建议。做好代表知情知政服务保障工作,邀请 100 多名自治区人大代表列席常委会会议,80 多名代表参与常委会立法调研、执法检查和专题调研等活动,邀请 60 多名代表参加"一府两院"及有关部门专题活动。做好宁夏全国人大代表依法履职的服务保障,继续跟踪落实历年全国人大重点处理建议,推动全区全国人大代表重点处理建议的落实。坚持党管干部原则,依法行使任免权,全年依法任免国家机关工作人员 61 人(次)。开展宪法宣誓活动,维护宪法权威。

(李小静)

自身建设

【能力建设】2017 年,常委会加强政治、思想、组织、作风、纪律建设,把制度建设贯穿其中,保障各项工作顺利开展。学习领会习近平新时代中国特色社会主义思想和党的十九大精神、自治区第十二次党代会精神,举办专题讲座、学习研讨等活动,加强宪法法律和人大知识学习。修改自治区人大常委会议事规则、组成人员守则,改进审议方式,完善会议制度,提高议事决策效率和水平。加强对专门委员会和工作委员会的领导,修订完善机关工作制度,规范会议服务保障,加大干部学习培训力度，严格目标效能考核，强化协调配合，形成工作合力。

【作风建设】2017年，推进“两学一做”学习教育常态化制度化。坚持理论联系实际，围绕实施农村土地流转、全域旅游示范区创建等工作，开展调查研究。加大对人大制度和人大工作的理论研究和宣传，推荐的《一条建议，为16万群众解渴》等17件作品荣获中国人大新闻奖。开展信访工作“下基层”活动，听取人民群众意见，帮助解决实际困难。

【廉政建设】2017年，坚持把纪律挺在前面，严格执行中央八项规定及其实施细则和自治区党委若干意见，抓早抓小，防微杜渐，坚决整治“四风”问题。恪守廉政之道，严格执行《准则》和《条例》，开展批评和自我批评，常委会组成人员的政治定力、纪律定力不断增强，做到公正用权、依法用权。机关自觉接受自治区党委巡视监督，严肃抓好巡视问题整改，支持派驻纪检监察组的工作，发挥纪律监督作用，持之以恒正风肃纪。

（李小静）

重要会议

【自治区第十一届人民代表大会第七次会议】2017年1月10—14日召开，大会共举行三次全体会议、六次主席团会议。会议听取和审议自治区政府主席咸辉作的政府工作报告、自治区人大常委会副主任马三刚作的自治区人大常委会工作报告、自治区高级人民法院院长李彦凯作的自治区高级人民法院工作报告、自治区人民检察院检察长李定达作的自治区人民检察院工作报告，自治区人大常委会副主任肖云刚作的关于《宁夏回族自治区人民代表大会议事规则修正案（草案）》的说明，审查自治区国民经济和社会发展计划、财政预算、民生计划草案报告，通过各项决议草案。会议选举李锐为十一届人大常委会副主任，王永耀、刘彦宁、杨宏峰、杨勇、张作理、武胜利、武晓平、赵小平、高波、陶进、蒋元德为十一届人大常委会委员。表决通过十一届人大法制委员会、内务司法委员会主任委员名单。

【自治区第十一届人民代表大会第八次会议】2017年6月21—22日召开，大会共举行二次全体会议、五次主席团会议，自治区党委书记、大会主席团常务主席石泰峰主持第一次全体会议，自治区党委副书记、大会主席团常务主席姜志刚主持第二、三、四、五次主席团会议，自治区人大常委会副主任马三刚主持第二次全体会议和第一次主席团会议。会议选举石泰峰为自治区第十一届人大常委会主任，并进行宪法宣誓。在第二次全体会上，自治区党委书记、自治区人大常委会主任石泰峰讲话。

【自治区十一届人大常委会第三十次会议】2017年3月29—30日召开，会议通过《宁夏回族自治区人民代表大会及其常务委员会立法程序规定》《宁夏回族自治区统计管理条例》《宁夏回族自治区岩画保护条例》；做出宁夏回族自治区人民代表大会常务委员会关于废止《宁夏回族自治区户外广告管理条例》的决定、关于废止《宁夏回族自治区个体工商户条例》的决定；做出宁夏回族自治区人民代表大会常务委员会关于批准《石嘴山市市容和环境卫生管理条例》的决定、关于批准《固原市人民代表大会及其常务委员会立法程序规定》的决定、关于批准《吴忠市人民代表大会及其常务委员会立法程序规定》的决定、关于批准《中卫市人民代表大会及其常务委员会立法程序规定》的决定；听取和审议自治区政府关于2016年度自治区本级预算执行和其他财政收支审计结果落实情况的报告；审议自治区人大常委会执法检查组关于检查《宁夏回族自治区实施〈中华人民共和国工会法〉办法》《宁夏回族自治区私营企业工会条例》贯彻实施情况的报告、《自治区农村扶贫开发条例》执法检查报告；审议自治区人大常委会调研组关于宁夏农村土地流转情况调查报告、关于宁夏全域旅游发展情况的调研报告；通过关于人事任免的议案。

【自治区十一届人大常委会第三十一次会议】2017年5月23—25日召开，自治区人大常委会副主任马三刚、李锐、左军、肖云刚、吴玉才、刘慧芳、王儒贵、孙贵宝，秘书长徐力群及委员共53人出席会议。副主任马三刚主持会议并在会议结束时讲话。自治区政府副主席刘可为、许尔锋，自治区高级人民法院副院长李金英，自治区人民检察院检察长李定达及各市、县（区）人大常委会负责人列席会议。会议通过宁夏回族自治区空间规划条例；审议自治区政府关于2017年地方政府债务限额和自治区人大财政经济委员会的审查报告，做出宁夏回族自治区人民代表大会常务委员会关于批准2017年地方政府债务限额的决议；审议自治区政府关于2017年自治区本级预算调整方案和自治区人大财政经济委员会的审查报告，作出宁夏回族自治区人民代表大会常务委员会关于批准2017年自治区本级预算调整方案的决议；作出宁夏回族自治区人民代表大会常务委员会关于召开自治区第十一届人民代表大会第八次会议的决定、宁夏回族自治区人民代表大会常务委员会关于接受李建华辞去自治区人民代表大会常务委员会主任职务的决定；审议通过宁夏回族自治区第十一届人民代表大会第八次会议列席人员名单；听取和审议关于宁夏回族自治区第十一届人民代表大会第八次会议筹备情况的报告、宁夏回族自治区人民代表大会常务委员会代表资格审查委员会关于个别代表的代表资格变动和补选代表的代表资格审查报告、自治区政府关于全区社会救助工作情况的报告、自治区政府关于全区“三去一降一补”(去产能、去库存、去杠杆、降成本、补短板)工作情况的报告；审议自治区人大常委会执法检查组关于检查《中华人民共和国高等教育法》实施情况的报告、关于检查《产品质量法》和《产品质量监督管理条例》实施情况的报告。

【自治区十一届人大常委会第三十二次会议】2017年7月24—26日召开，自治区党委书记、人大常委会主任石泰峰，自治区人大常委会副主任马三刚、李锐、左军、肖云刚、吴玉才、刘慧芳、王儒贵、孙贵宝、袁进琳，秘书长徐力群及委员共58人出席会议。自治区党委书记、人大常委会主任石泰峰主持第一次全体会议并讲话，马三刚副主任主持第二次全体会议并在会议结束时讲话。自治区政府副主席张超超，自治区高级人民法院院长李彦凯，自治区人民检察院检察长李定达及各市、县(区)人大常委会负责人列席会议。会议通过《宁夏回族自治区城镇地下管线管理条例》《宁夏回族自治区价格条例》《宁夏回族自治区审计监督条例》；作出宁夏回族自治区人民代表大会常务委员会关于批准《银川市停车场规划建设和车辆停放管理条例》的决定；听取和审议自治区政府关于2016年全区及区本级财政决算草案的报告、宁夏回族自治区人民代表大会财政经济委员会关于2016年自治区本级财政决算审查结果的报告，并作出宁夏回族自治区人民代表大会常务委员会关于批准2016年自治区本级财政决算的决议；听取和审议自治区政府关于2017年自治区国民经济和社会发展计划上半年执行情况的报告、关于2016年度自治区本级预算执行和其他财政收支情况的审计工作报告、关于全区农田水利基本建设情况的报告、关于宁夏回族自治区综合交通运输体系战略规划和“十三五”规划编制情况的报告、自治区人民检察院关于侦查监督工作情况的报告、宁夏回族自治区人民代表大会财政经济委员会关于《宁夏回族自治区综合交通运输体系战略规划(2016—2030)》和《宁夏回族自治区“十三五”综合交通运输体系发展规划》审议意见的报告；审议自治区人大常委会执法检查组关于检查《宁夏回族自治区民族教育条例》贯彻实施情况的报告；作出宁夏回族自治区人民代表大会常务委员会关于接受张八五辞去第十二届全国人民代表大会代表职务的决定；通过关于人事任免的议案。

【自治区十一届人大常委会第三十三次会议】2017年9月26—28日召开，自治区党委书记、人大常委会主任石泰峰，自治区人大常委会副主任马三刚、李锐、左军、肖云刚、吴玉才、刘慧芳、王儒贵、孙贵宝、袁进琳，秘书长徐力群及委员共56人出席会议。自治区党委书记、人大常委会主任石泰峰主持会议并在会议结束时讲话。自治区政府副主席王和山，自治区高级人民法院副院长李金英，自治区人民检察院检察长李定达及各市、县(区)人大常委会负责人列席会议。会议通过《宁夏回族自治区农村公路条例》《宁夏回族自治区大气污染防治条例》《宁夏回族自治区旅游条例》《宁夏回族自治区禁毒条例》《宁夏回族自治区法律援助条例》；作出宁夏回族自治区人民代表大会常务委员会关于自治区第十二届人民代表大会代表名额分配和选举问题的决定；听取和审议自治区政府关于2017年1—8月全区及区本级财政预算执行情况的报告、关于自治区深化医药卫生体制改革工作情况的报告、关于全区民族团结进步创建工作情况的报告、关于全区招商引资工作情况的报告，自治区人大常委会代表资格审查委员会关于个别代表的代表资格变动情况的报告；审议《宁夏回族自治区食品生产加工小作坊和食品摊贩管理办法(修订草案)》《宁夏回族自治区畜禽屠宰管理条例(草案)》；通过关于人事任免的议案。

【自治区十一届人大常委会第三十四次会议】2017年11月28—30日召开，自治区党委书记、人大常委会主任石泰峰，自治区人大常委会副主任马三刚、李锐、左军、肖云刚、吴玉才、刘慧芳、王儒贵、孙贵宝、袁进琳，秘书长徐力群及委员共55人出席会议。自治区党委书记、人大常委会主任石泰峰主持会议并在会议结束时讲话。自治区政府副主席张超超，自治区高级人民法院院长李彦凯，自治区人民检察院检察长李定达及各市、县(区)人大常委会负责人列席会议。会议通过《宁夏回族自治区食品生产加工小作坊小经营店和食品小摊点管理条例》《宁夏回族自治区畜禽屠宰管理条例》《宁夏回族自治区清真食品管理条例》《宁夏回族自治区六盘山、贺兰山、罗山国家级自然保护区条例》；审查批准《银川市人民代表大会常务委员会关于废止〈银川市政府投资项目审计监督条例〉的决定》《石嘴山市工业固体废物污染环境防治条例》《吴忠市红色文化遗址保护条例》《固原市须弥山石窟保护条例》《中卫市城乡居民饮用水安全保护条例》；做出宁夏回族自治区人民代表大会常务委员会关于调整自治区第十二届人民代表大会代表选出时间的决定；听取和审议自治区政府关于提请审议《宁夏回族自治区环境保护税适用税额和应税污染物项目数的决定(草案)》的议案，并做出宁夏回族自治区人民代表大会常务委员会关于宁夏回族自治区环境保护税适用税额和应税污染物项目数的决定；听取和审议自治区政府关于2017年民生实事执行情况的报告、关于全区粮食工作情况的报告、关于2017年度全区环境状况和环境保护目标完成情况的报告、关于2016年度自治区本级预算执行和其他财政收支审计结果落实情况的报告、关于自治区十一届人大七次会议代表建议办理情况的报告，自治区人大常委会关于自治区十一届人大七次会议代表议案及部分建议处理结果的报告；通过关于人事任免的议案。

【自治区十一届人大常委会第三十五次会议】2017年12月28日召开，自治区人大常委会副主任马三刚、李锐、吴玉才、刘慧芳、孙贵宝、袁进琳，秘书长徐力群及委员共45人出席会议。自治区人大常委会副主任马三刚主持会议并在会议结束时讲话。自治区政府副主席马力，自治区高级人民法院院长李彦凯，自治区人民检察院检察长李定达及自治区人大常委会副秘书长、办公厅和各工作委员会负责人，自治区政府办公厅和有关部门负责人列席会议。会议做出宁夏回族自治区人民代表大会常务委员会关于召开自治区第十二届人民代表大会第一次会议的决定。

（李小静）

重要活动

【全国人大代表视察】2017年5月16日，全国人大常委会副委员长、民革中央主席万鄂湘到宁夏参加宁夏与“一带一路”发展问题座谈会。6月14—15日，全国人大农业与农村委员会副主任委员郭庚茂一行到宁夏调研特色农业发展和农村土地流转工作。6月29日至7月3日，全国人大环资委副主任委员罗志军一行到宁夏调研宁夏湿地保护管理工作、循环经济发展及资源综合利用情况。期间，自治区党委书记、人大常委会主任石泰峰陪同罗志军一行考察贺兰山矿山环境恢复治理及贺兰山东麓葡萄酒产业发展情况。7月13—15日，全国人大常委会办公厅《中国人大》工作座谈会在银川召开。全国人大常委会副秘书长窦树华出席并讲话。8月2—3日，西北五省区第二十四次人大财经工作座谈会在银川召开，来自全国12个省区市的代表围绕新形势下加强和改进人大财经工作的思路和举措进行探讨交流。9月4—8日，全国人大财经委、全国人大常委会预算工委专题调研及座谈会在银川召开，全国人大常委会副委员长张平率调研组赴石嘴山市、吴忠市和自治区财政厅，就全区扶贫攻坚、预算法实施等情况进行调研，并召开部分省市区预算法实施情况座谈会。9月11—15日，全国人大外事委员会副主任委员曹卫洲一行到宁夏调研国籍法和护照法执行情况。9月21—28日，澳门特区立法会主席贺一诚率领的澳门特区全国人大代表团一行对宁夏经济社会发展、空间战略规划实施、生态环境治理、现代农业、旅游扶贫开发等情况进行考察。9月26—28日，原十届全国人大常委会副委员长、中国关工委主任顾秀莲一行到宁夏出席2017国际煤化工论坛开幕式，并调研宁夏关工委工作。10月11—15日，全国人大常委会委员、山西昔阳县大寨村党总支书记郭凤莲等山西、黑龙江省全国人大代表一行调研宁夏检察工作。

【立法调研】2017年，2月15日、2月24日，常委会副主任肖云刚一行分别对银川市、中卫市2017年立法工作和备案审查工作开展情况进行调研。3月9—10日，常委会副主任肖云刚一行对关于制定盐池滩羊品牌保护条例进行调研，并对制定宁夏回族自治区畜禽屠宰管理条例进行立法调研。3月14—20日，常委会副主任吴玉才一行赴青岛、湖北、江苏就修订《宁夏回族自治区价格管理条例》开展调研。3月20—24日，常委会副主任孙贵宝一行赴浙江、福建、海南调研空间发展规划立法情况。4月6—11日，常委会副主任肖云刚一行赴湖南、安徽调研设区的市立法及备案审查工作。4月6—14日，常委会副主任王儒贵一行赴海南、重庆调研全域旅游发展情况和立法工作。4月17—21日，常委会副主任左军一行赴江苏、广东就修订《宁夏回族自治区实施〈禁毒法〉办法》开展调研。7月10—19日，常委会副主任吴玉才一行赴西藏就制定《宁夏回族自治区农村公路条例》进行立法调研。7月27—28日，常委会副主任王儒贵一行调研全区华侨权益保护工作。8月2—11日，常委会副主任孙贵宝一行赴青海、西藏调研水污染管理条例立法工作。8月8—17日，常委会副主任左军一行赴辽宁、黑龙江调研公共安全技术防范条例修订工作。8月27日，常委会副主任吴玉才一行调研全区招商引资工作进行。10月12—19日，常委会副主任袁进琳一行赴内蒙古、甘肃调研长城及文物保护立法工作。10月17—24日，常委会副主任肖云刚一行赴新疆开展清真食品管理条例立法调研。10月18—24日，常委会副主任王儒贵一行赴江苏、天津开展清真食品管理条例立法调研。11月6—15日，常委会副主任孙贵宝一行赴吉林、辽宁、山东调研绿色建筑立法工作。11月7—8日，常委会副主任肖云刚一行到固原开展清真食品条例、食品生产加工小作坊和食品摊贩管理办法立法调研。11月7日，常委会副主任王儒贵一行到银川、石嘴山开展清真食品条例立法调研。

【监督视察】2017年2月14日，常委会组织部分在宁全国人大代表和自治区人大代表调研全区税务工作，常委会副主任马三刚、刘慧芳、秘书长徐力群参加调研活动。5月3—5日，常委会副主任左军一行视察全区社会救助工作情况。6月30日至7月1日，常委会副主任左军一行视察全区检察机关侦查监督工作情况。9月6—8日，常委会副主任袁进琳一行视察全区医药卫生体制改革工作情况。

【专题调研】2017年2月28日，常委会副主任袁进琳一行调研永宁县文化产业发展、社区卫生室建设情况。4月5—15日，常委会副主任袁进琳一行赴广东、福建调研综合医改工作进展情况。4月8—12日，常委会副主任马三刚、秘书长徐力群一行赴云南调研常委会自身建设和旅游发展工作情况。4月24—26日，常委会副主任吴玉才一行调研全区“三去一降一补”工作情况。5月4—11日，常委会副主任刘慧芳一行赴贵州、广西调研省级人大代表换届选举、县乡人大工作。6月1日，常委会副主任吴玉才率人大常委会审议意见专家评审组到自治区政府调研，针对民生计划和为民办实事的审议意见落实情况听取政府承办部门的情况汇报。自治区党委常委、自治区政府常务副主席张超超参加会议。6月29日至7月1日，常委会副主任李锐一行调研全区农田水利基本建设情况，并就自治区农田水利条例和自治区河湖管理条例进行立法调研。7月6—12日，常委会副主任马三刚一行赴陕西省汉中、安康、商洛等地学习秦巴山区脱贫攻坚工作经验，秘书长徐力群参加考察学习。7月7—17日，常委会副主任袁进琳一行赴西藏、重庆调研医疗纠纷预防与处理工作。9月10—18日，常委会副主任袁进琳一行赴山东、吉林、江苏调研科技成果转化工作情况。9月12日，常委会副主任马三刚到信访联系点大武口区调研信访工作，秘书长徐力群陪同。

【重点建议督办】2017年7月7日，常委会副主任孙贵宝主持召开代表建议督办会，就《关于进一步加大对惠农陆路口岸扶持和发展的建议》办理情况进行督办。7月19日，常委会召开重点代表建议督办会，督办沙湖星海湖水环境治理重点建议办理情况。常委会副主任马三刚、刘慧芳，自治区政府副主席王和山，自治区人大常委会秘书长徐力群出席会议。8月17—18日，常委会副主任王儒贵一行对关于加快推进自治区农产品质量安全追溯体系建设的建议办理情况进行现场督办。8月22日，自治区党委书记、人大常委会主任石泰峰一行赴石嘴山市调研督办关于支持石嘴山市解决沙湖与星海湖水质问题的建议、关于加强沙湖湿地补水的建议。召开督办座谈会，听取自治区政府、石嘴山市、农垦集团、水利厅关于建议办理情况汇报，以及人大代表对建议办理落实情况的意见，自治区人大常委会副主任、党组副书记马三刚参加督办工作并主持座谈会，自治区领导马顺清、纪峥、刘慧芳参加督办工作。9月11日，常委会副主任李锐一行对关于中部干旱带和贫困地区水源、水利工程建设的建议进行现场督办。9月20日，常委会副主任左军一行对关于进一步加快养老政策实施的建议进行现场督办。9月21日，常委会副主任左军一行对关于尽快制定电动三轮车、老年代步车管理条例的建议进行现场督办。9月29日，常委会副主任马三刚一行对关于比照国家推进东北地区等老工业基地全面振兴相关政策及做法，支持石嘴山资源枯竭老工业城市转型发展的建议进行督办。9月30日，常委会副主任吴玉才一行对关于加快推广农作物秸杆综合利用循环经济示范项目，提高农作物秸秆利用效果的建议进行督办。10月19日，常委会副主任马三刚、刘慧芳一行对关于推广应用型钢筋工厂化加工配送新技术的建议进行督办。10月23—24日，常委会副主任刘慧芳一行对关于加快建设隆德县城乡饮水安全水源及管网联通工程的建议进行督办。10月30日至11月2日，常委会副主任孙贵宝带领“中华环保世纪行——宁夏行动”督察组赴固原市就贯彻落实中央第八环境督察组反馈意见整改情况进行调研督查。

【执法检查】2017年3月8—10日，常委会副主任左军一行检查全区贯彻实施《宁夏回族自治区实施〈中华人民共和国工会法〉办法》《宁夏回族自治区私营企业工会条例》情况。3月17—19日，常委会副主任吴玉才一行检查全区贯彻实施产品质量法和自治区产品质量监督管理条例情况。4月26—27日，常委会副主任袁进琳一行检查全区高等教育事业发展及贯彻落实高等教育法情况。5月3—4日，常委会副主任孙贵宝带领“中华环保世纪行——宁夏行动”督察组赴石嘴山市调研督查贯彻落实中央第八环境督察组反馈意见整改情况等；并受全国人大常委会委托，对《中华人民共和国固体废物污染环境防治法》贯彻执行情况进行检查。6月14—16日，常委会副主任王儒贵一行检查全区贯彻实施《自治区民族教育条例》情况。6月19日，常委会副主任孙贵宝带领“中华环保世纪行——宁夏行动”督察组赴宁东能源化工基地就贯彻落实中央第八环境督察组反馈意见整改情况等进行调研督查；并受全国人大常委会委托，对《中华人民共和国固体废物污染环境防治法》贯彻执行情况进行检查。7月5—6日，常委会副主任孙贵宝带领“中华环保世纪行——宁夏行动”督察组赴中卫市就贯彻落实中央第八环境督察组反馈意见整改情况等进行调研督查；并受全国人大常委会委托，对《中华人民共和国固体废物污染环境防治法》贯彻执行情况进行检查。7月19—21日，常委会副主任孙贵宝带领“中华环保世纪行——宁夏行动”督察组赴吴忠市就贯彻落实中央第八环境督察组反馈意见整改情况等进行调研督查；并受全国人大常委会委托，对《中华人民共和国固体废物污染环境防治法》贯彻执行情况进行检查。7月29—30日，常委会副主任孙贵宝带领“中华环保世纪行——宁夏行动”督察组赴银川市就贯彻落实中央第八环境督察组反馈意见整改情况等进行调研督查；并受全国人大常委会委托，《中华人民共和国固体废物污染环境防治法》贯彻执行情况进行检查。12月4—7日，常委会领导分别带领5个执法检查组，深入全区五个地级市和宁东能源化工基地，对贯彻实施《中华人民共和国环保法》和《宁夏回族自治区大气污染防治条例》，落实中央环保督察转办事项进行检查。副主任马三刚、李锐、左军、肖云刚、吴玉才、刘慧芳、孙贵宝、袁进琳和秘书长徐力群参加执法检查。

【培训交流】2017年4月12—14日，常委会举办市县区人大负责人及代表培训班，副主任刘慧芳出席开班仪式并讲话。4月5—9日，全区预算审查监督培训班在杭州举办，常委会副主任吴玉才出席开班仪式。7月4日，常委会举办全区乡镇人大主席培训班，副主任刘慧芳出席并讲话。8月4日，常委会召开推进县乡人大工作和建设座谈会，副主任刘慧芳出席座谈会并讲话，秘书长徐力群主持会议。会议传达全国人大常委会推进县乡人大工作和建设经验交流会精神，深入贯彻中央18号文件、自治区党委28号文件和自治区第十二次党代会精神，并就推动全区县乡人大工作和建设进行交流。

（李小静）

专门委员会

【法制委员会】2017年，法制委员会召开会议12次，向自治区人民代表大会会议、常委会会议和主任会议提出审议结果报告、修改情况报告50件，法规草案修改稿、表决稿50件；提出对设区的市地方性法规审查意见的报告、审查情况的报告40件，批准法规决定草案10件，较好地完成常委会交付的法规统一审议工作。做好立法计划编制工作，科学确定立法项目。提出2017年立法项目建议，通过《自治区人大常委会2017年度立法工作计划》。其中拟提请审议的自治区地方性法规草案17件，开展立法调研法规草案6件。加强统一审议工作，提高立法质量。根据国家改革试点和自治区党委重点工作部署，提请常委会审议通过自治区空间规划条例，为全区空间战略规划的编制、实施、修改和监督管理提供法律依据。根据年度立法计划，统一审议自治区城镇地下管线管理条例、农村公路条例等法规草案。规范市场主体和行为，维护市场经济秩序。统一审议自治区价格条例，为促进要素市场的合理配置和自由流动，促进市场竞争公平有序，实现城乡经济繁荣提供立法保障。为保障国家法制统一，审议审计监督条例等法规草案。围绕改善和保障民生，加强社会建设立法审议。为健全食品安全体系，构筑食品安全网络，统一审议自治区清真食品管理条例、畜禽屠宰管理条例、食品生产加工小作坊小经营店小摊点管理条例等法规草案。为保障公民权利、保护弱势群体利益，统一审议法律援助条例、禁毒条例等法规草案。围绕生态发展战略，加快生态立区立法审议。加强资源和生态环境保护立法统一审议工作。统一审议自治区大气污染防治条例，以及六盘山、贺兰山、罗山国家级自然保护区条例；为发展全区旅游事业，推进全域旅游，统一审议自治区旅游条例、岩画保护条例等法规草案。对五市报请批准的《石嘴山市市容和环境卫生管理条例》《固原市人民代表大会及其常务委员会立法程序规定》《吴忠市人民代表大会及其常务委员会立法程序规定》《中卫市人民代表大会及其常务委员会立法程序规定》《银川市停车场规划建设和车辆停放管理条例》《银川市人民代表大会常务委员会关于废止〈银川市政府投资项目审计监督条例〉的决定》《石嘴山市工业固体废物污染环境防治条例》《吴忠市红色文化遗址保护条例》《固原市须弥山石窟保护条例》《中卫市城乡居民饮用水安全保护条例》十部法规进行合法性审查。

【财政经济委员会】2017年，财政经济委员会按照自治区第十一届人大及其常委会确定的年度立法、监督和代表工作计划，先后组织召开9次财经委全体会议，审议计划、预算、民生报告草案12项，实施3次专题调研，完成各项工作任务。财经立法工作。按照常委会立法工作计划，完成《宁夏回族自治区价格管理条例》《宁夏回族自治区农村公路条例》的初审。围绕修订《宁夏回族自治区人民代表大会预算审查监督条例》，进行前期调研和准备工作。经济监督工作。做好“三去一降一补”专题调研工作。4月11—15日，赴河北、青海两省学习考察。4月24—26日，先后到石嘴山市、吴忠市调研。通过调研认为，全区虽然供给侧结构性改革取得初步成效，但稳增长与去产能之间的矛盾、库存压力、金融风险、续降成本、发展短板等一些突出矛盾和问题依然存在。提出加大对“三去一降一补”任务落实的顶层设计和协调力度，明确牵头部门及其工作职责，建立健全供给侧结构性改革的长效机制；坚持去旧与育新并重，围绕产业配套加大招商选商，完成5000亿元投资落地任务；加强房地产市场调控力度，对消化周期超过20个月以上的市、县(区)停止开发土地供应等建议，得到常委会组成人员的认可。组织实施招商引资工作专题调研。8月下旬，副主任吴玉才带队，对全区招商引资工作进行调研。9月中旬，财经委组织调研组，先后赴重庆、湖南、内蒙三省(市、自治区)，考察学习招商引资工作开展情况。调研组针对全区招商引资的顶层设计还不够清晰，传统招商的思维模式仍占主导，招商引资工作手段和方式方法创新不够，部分政策措施和区位优势发挥不够，招商环境和平台建设还有待进一步加强，一些招商主体对产业发展趋势的认识还不够清晰，定位不够精准，招商项目落实配套服务不够等问题，提出利用政策和区位优势不断优化和完善投资平台，转变招商思路，创新招商引资模式，提高招商引资工作质量等意见建议，为常委会会议审议专项工作报告奠定基础。做好财经类审议意见“回头看”。十一届人大履职期间，自治区人大常委会主任会议交办财经类审议意见共34件。财政经济委员会研究部署，指定专人负责，邀请5名财政咨询专家库成员组成专家评审组，以“第三方”的身份参与评估，将34件审议意见办理情况汇编成册，并就办理落实情况进行逐条评估，形成财经类审议意见专家评审报告。针对评审报告提出的问题，分别到自治区政府相关部门通报情况，听取改进措施，推动相关问题的解决。此项工作得到自治区人大常委会分管领导和主要负责同志的肯定。预决算审查监督工作。贯彻实施新预算法，强化预算初审，提高预算审查监督质量。督促财政部门较以往提前20天时间提交预算草案的主要内容，邀请预决算咨询专家库成员参与预审工作，增强预算初审的针对性。同时，整理年度决算报表及预审所需数据资料，邀请专家库成员参与，为决算初审提供翔实、可靠的依据，增强决算审查的实效。借助审计力量，加强政府债券资金监督。探索增强债券资金监督实效的新方法，推动审计部门开展债券资金专项审计。按照审计工作方案确定的时间进度，及时了解掌握审计工作进展情况，重点关注审计在债券资金管理使用、债券资金项目实施、政策制度执行等方面发现的问题，适时向自治区政府相关部门提出意见建议，并跟踪督促整改落实情况，收到良好的监督效果。实施部门预算跟踪监督，推动预算审查监督由程序性到实质性的转变。扩大跟踪监督部门的数量，选定农牧厅、经信委等多个有二次预算分配权、涉及民生项目、社会关注度较高的政府部门，对其预算编制、下达、执行以及决算情况进行全程跟踪监督。

【内务司法委员会】加强研究论证，提高立法质量。2017年，提请常委会审议内务司法方面法规2项，开展立法调研3项。做好修订实施禁毒法办法初审工作，在修订过程中，提出将原实施办法修订为禁毒条例的建议，并在毒品管制、戒毒管理服务等方面进行创新和突破，理顺全区禁毒工作体制，体现专业化和社会化相结合的禁毒理念。条例于十一届人大常委会第三十三次会议审议通过。协调推进法律援助条例修正工作，综合法工委、司法厅、政府法制办等方面意见，将法规修订案改为法规修正案，提请十一届人大常委会第三十三次会议进行审议，并一审通过。修正后的法律援助条例放宽经济困难标准、降低法律援助门槛、扩大法律援助覆盖面，强化法律援助为民服务的主旨。开展立法前期调研。对自治区公共安全技术防范条例、实施工会法办法和老年人权益保障条例搞好前期调研工作，总结全区各方面的实践经验，学习借鉴兄弟省区市好的做法，深入研究论证，注重调研成果转化。坚持问题导向，增强监督实效。协助常委会听取和审议“一府两院”专项工作报告2个，对2部法律法规实施情况开展执法检查，对1个专项工作进行专题询问。加强脱贫攻坚工作监督。推动落实自治区党委扶贫攻坚推进会精神，结合常委会审议意见处理情况“回头看”要求，提请常委会听取和审议自治区政府关于社会救助工作情况的报告，并开展专题询问。推动自治区政府加强社会救助与扶贫开发有效衔接，加强低保“进易退难”“政策保”及因罹患重大疾病、遭遇突发事故等贫困群体救助问题研究，做好全区社会救助工作。增强司法监督实效。协助常委会第三十二次会议听取和审议自治区检察院关于侦查监督工作情况的报告，与检察院联合制作反映全区检察院系统侦查监督工作的录像片，配合文字报告在常委会期间播放。组织实施工会法办法执法检查。结合中央和自治区群团改革工作部署，委员会组织常委会贯彻实施工会法办法和私营企业工会条例的执法检查。并向常委会第三十次会议提交执法检查报告，提出健全维护职工合法权益长效机制、加大工会经费保障等意见和建，推动自治区有关部门依法行政，依法维护职工合法权益。加强协调对接，提高议案建议办理质量。内司委办理议案有2件，承办代表建议2件，督办重点处理建议1件。对罗永红等10名代表提出的“关于修订《宁夏回族自治区法律援助条例》的议案”、陈建军等10名代表提出的“关于修订《宁夏回族自治区实施〈中华人民共和国禁毒法〉办法》的议案”，及时与人大常委会法工委、政府法制办沟通，将代表议案作为年度立法计划的重要补充，两件议案提请常委会进行审议。马俊代表提出“关于尽快制定《宁夏回族自治区电动三轮车、老年代步车管理条例》的建议”，结合全国人大计划修改《道路交通安全法》。郝振耀等11名代表提出的“关于对涉军法规执行情况进行检查调研的建议”。宁夏军区政治工作局，与回函已将此项建议列入2018年调研计划。对王海军代表提出的“关于进一步加快养老政策实施的建议”，常委会领导对建议办理主办单位提出办结的具体要求，民政厅作为主办单位就代表在议案中提出的问题，向代表一一答复，代表对办理工作表示满意。开展专题调研，发挥专门委员会作用。对全区监狱工作开展专题调研，分析研究全区监狱工作存在的问题，提出有针对性的意见建议，形成专题调研报告向自治区政府进行反馈。把法院执行难问题作为重点研究课题，深入基层走访调研座谈，形成改进和破解法院执行难的调研报告。结合监督司法工作实际，开展加强人大监督司法工作的制度建设的调查研究工作，在借鉴外省区经验和广泛征求各方意见的基础上，起草《关于组建自治区人大常委会监督司法专家咨询委员会工作方案（初稿）》《宁夏回族自治区人大常委会监督司法机关工作办法（初稿）》《关于自治区人大代表旁听人民法院案件庭审工作常态化办法（初稿）》，对强化司法监督工作进行有益探索。

（李小静）

工作委员会

【法制工作委员会】2017年，常委会审议通过法规19件，其中，制定4件，修订修正13件，废止2件；批准设区的市法规10件。配合法制委员会向自治区人民代表大会会议、常委会会议和主任会议提出审议结果的报告、修改情况的报告50件，法规草案修改稿、表决稿50件；提出对设区的市地方性法规审查意见的报告、审查情况的报告40件，批准法规决定草案10件，较好地完成常委会交付的各项立法服务任务。法制委员会做好立法服务工作。根据国家改革试点和自治区党委重点工作部署，及时将自治区空间规划条例等列入立法计划，通过法定程序变为地方性法规，为全区空间战略规划的编制、实施、修改和监督管理提供法律依据；加快推进环境保护立法步伐，制定自治区大气污染防治条例，为全区生态文明建设提供坚实的法制保障。提请常委会审议修改自治区六盘山贺兰山罗山国家级自然保护区条例、审计监督条例；按照国家取消和减少有关行政审批和行政许可事项的要求，立改废并举，提请常委会审议，修正统计管理条例、岩画保护条例、法律援助条例，废止自治区户外广告管理条例、个体工商户条例，切实保证法律法规的有效施行。面对城镇快速发展的实际，为提高城镇综合管理水平，加强城镇供水、排水、燃气、热力、电力、通信、广播电视等地下管线的建设管理，保障城镇安全运行，制定自治区地下管线管理条例；农村公路作为新农村建设的一项重要基础设施，在全力打赢脱贫攻坚战，实现与全国同步建成全面小康社会中发挥着重要的作用，为实施乡村振兴战略，建设好、管理好、运营好农村公路，促进全区农村经济社会发展，制定自治区农村公路条例；民以食为天，食以安为先，食品安全事关保障人民群众身体健康和生命安全，为加强对食品生产加工的管理，健全食品安全体系，构筑食品安全网络，制定修改自治区畜禽屠宰管理条例、食品生产加工小作坊小经营店和食品小摊点管理条例和清真食品管理条例。创新完善立法工作机制，发挥人大对立法的主导作用，推进落实立法工作者、实际工作者和专家学者相结合的三方联合起草法规工作机制，完成地下管线管理、农村公路等法规草案文本起草工作；开展立法工作协商，将大气污染防治条例、畜禽屠宰管理条例、食品生产加工小作坊小经营店小摊点管理条例草案，征求政协委员和民主党派人士意见、建议；发挥社会力量作用，委托第三方起草大气污染防治条例草案；在工作机制、制度规范上推进创新，对自治区空间规划条例、农村公路条例等10件法规草案通过人大网向社会征求意见，通过采取到立法联系点、基层联系点开展蹲点式、体验式等立法调研方式，多层次、多方位、多渠道拓展公民有序参与地方立法工作。依法做好设区的市立法工作的指导监督。法工委承办设区的市报请批准的10件法规的审查修改服务工作。在实际工作中，提前介入，及时了解设区的市立法计划的制定情况，根据各市的实际和工作能力，指导确定法规项目及法规调整规范的主要内容。严格把握设区的市的立法权限，在立法项目选择上、制度设计上、规范表述上，提出修改建议。对设区的市一审后的法规草案，广泛征求意见，归纳梳理，研究修改，及时将修改意见书面反馈设区的市人大常委会，把立法权限问题、合法性问题解决在设区的市人大常委会审议通过前。两次督导检查推进备案审查工作规范化、信息化建设。对全区11家报备单位备案审查工作情况，及时通报存在的问题。促使规范性文件报备责任单位落实报备责任，完善报备制度，实现备案工作的规范化。全年共接收报备规范性文件79件，向全国人大常委会、国务院分别上报法规29件。将规范性文件备案审查各阶段的工作任务核定量化，以责任表的形式确定承办单位、审查机构和人员工作责任和工作时限，确保备案审查工作任务的落实。开展规范性文件审查，对3件不符合法律、行政法规规定，涉及自然人、法人、其他组织合法权益、带有立法性质的规范性文件作重点审查，研究提出审查意见并反馈制定机关进行修改纠正。回应人民群众的诉求，对人民群众来信、来函反映规范性文件存在超越法定权限，限制或者剥夺自然人、法人和其他组织的合法权利，或者与法律、法规规定相抵触的规范性文件进行研究，提出审查意见，交由文件起草机关进行修改，并及时向提出审查建议的群众反馈办理情况，当事人对办理结果表示满意。加快备案审查信息平台建设，11月，开通与全国人大常委会、各市县（区）人大常委会的联网报备，使规范性文件报备实现电子化管理，提高备案审查工作的质量和效率。按照全国人大常委会法工委备案审查要求，及时修改自治区六盘山贺兰山罗山国家级自然保护区条例和审计监督条例。对涉及生态文明建设和环境保护方面地方性法规进行专项自查清理，审查需要修改的自治区地方性法规7件，设区的市地方性法规8件，已修改1件，其余法规将适时做出修改或废止。

【内务司法工作委员会】2017年，内务司法工作委员会对承担的5项立法任务、4项监督任务和5项议案建议处理任务，定责任事项、责任时限、责任单位、负责人、责任领导和分管领导。统筹做好年度立法项目的调研论证工作。对修订自治区实施禁毒法办法、修正法律援助条例、自治区公共安全技术防范条例、实施工会法办法和老年人权益保障条例5件法规实施立法调研。区内外调研相结合，深入研究重点和关键条款的内容，与各方面代表、基层群众等进行座谈，掌握第一手资料，对比对照研究，努力做到实际与理论相结合，提出将实施禁毒法办法改为禁毒条例等切实可行的意见。推进修改禁毒条例和法律援助条例立法。修订《宁夏回族自治区禁毒法条例》，法规内容涉及20多个部门和单位，建议常委会在拟定法规中规范政府各职能部门之间的职责划分以及公民、社会各利益主体的权利义务关系，合理划分职权。创新社会救助工作监督方式方法。以“发挥社会救助在脱贫攻坚中兜底保障作用”为主题，开展社会救助视察、听取和审议报告、专题询问等系列监督活动。先后赴固原、中卫、银川3市5个县（区），实地查看11个基层救助服务站点，有重点地了解城乡低保、教育救助、医疗救助、住房救助、五保养老、残疾人救助等情况。探索司法监督工作实效性。开展全区检察院系统侦查监督工作，重点对各级检察机依法履行审查逮捕职能，对立案和侦查活动进行监督，规范审查逮捕程序；对有案不立、有罪不究以及违法动用刑事手段插手经济纠纷等问题和刑讯逼供、非法取证、漏捕漏诉、滥用强制措施、违法查封扣押冻结财物等侦查违法行为进行有针对性的检查。做好实施工会法办法执法检查工作。结合全区工会系统的实际，选择对自治区贯彻实施工会法办法和私营企业工会条例执法检查为突破口，推动各级工会组织的改革。检查组分赴吴忠市、银川市，采取听取汇报、查看资料、座谈了解等形式，对青铜峡市医院、北方民族大学、阅海湾中央商务区以及6家企业进行检查，面对面与一线工人交流，询问职工福利和劳动合同签订等政策落实情况。与自治区政府、总工会等12家部门单位和企业进行座谈交流，了解各级工会组织、工会会员意见建议。检查组指出《工会法办法》和《私营工会条例》在贯彻实施中存在一些问题和不足，提出强化法律法规宣传教育；加快修订完善相关法规；建立健全维护职工合法权益长效机制；加强工会经费保障力度等方面合理化的意见和建议。通过执法检查工作，对行政执法活动实施全过程、全方位、多层次进行监督，促进相关部门依法行政，为依法维护职工合法权益，发挥工会职能作用创造良好的法治环境。3月，常委会组织执法检查组对自治区贯彻实施工会法办法和私营企业工会条例执法检查，向常委会第三十次会议提交执法检查报告。做好代表议案建议办理督办工作。承办自治区十一届人大七次会议上代表提出的议案2件、建议2件、督办重点处理建议1件。采取多种形式和方法对代表议案建议进行办理和督办。

【预算工作委员会】经济立法工作。2017年，完成《宁夏回族自治区价格管理条例》修订和《宁夏回族自治区价格监督检查条例》制定的前期调研及草案起草工作，完成对两个《条例》草案的初审。做好修订《宁夏回族自治区预算监督条例》和制定《宁夏回族自治区农村公路条例》的前期调研工作，为两个《条例》的修订和制定做好准备。预算和经济监督工作。完成自治区十一届人大六次会议审查和批准2017年发展计划、预算、民生计划，2017年自治区本级预算调整方案、2016年全区及区本级决算、自治区2017年国民经济和社会发展计划上半年执行情况、2016年自治区本级预算执行和其他财政收支审计情况报告、自治区2017年1—8月预算执行情况报告、2017年民生实事项目执行情况报告、2016年自治区本级预算执行情况和其他财政收支审计结果落实情况报告、关于“三去一降一补”情况报告的相关工作。抓好部门预算跟踪监督工作。总结近年来实施部门预算跟踪监督工作的经验和做法，把跟踪监督部门从上年的2个扩大到8个，对其预算编制、下达、执行以及决算进行全程监督。为保证监督效果，邀请自治区人大代表、预算审查监督专家库成员和常委会相关工作委员会人员参加，指定专人负责跟踪监督工作落实。重点处理代表建议的督办工作。三项重点处理建议。委员会专门召开会议进行研究，指定专人负责，制定督办方案，组织现场督办。针对人大代表对177号建议办理情况不满意的问题，专门致函自治区政府办公厅说明情况，再次专门召开协调会研究办理落实情况，并就研究办理情况复函自治区人大常委会办公厅。推进区本级预算联网监督工作。按照全国人大常委会办公厅印发的《关于推进地方人大预算联网监督工作的指导意见》，对推进地方人大预算联网监督工作作出部署。制定《推进全区人大预算联网监督工作实施方案》，成立工作领导小组，落实工作机构及人员，加快硬件设施建设。完成区本级预算联网监督中心建设并实现联网。首次审议环境保护税适用税额。为贯彻实施好该法，委员会首次对自治区政府提交的应税大气污染物和水污染物的具体适用税额的决定（草案）进行审议。

【教育科学文化卫生工作委员会】关注重点民生，强化监督工作。2017年，围绕教育、医疗等民生热点问题及常委会年度工作重点，依法加强对法律法规实施情况及政府工作情况的监督。具体组织《中华人民共和国高等教育法》实施情况执法检查。4月26—27日，副主任袁进琳带领由常委会委员以及自治区人大代表等组成的执法检查组，前往宁夏大学、宁夏医科大学、银川能源学院进行实地检查，召开执法检查汇报座谈会，听取高等教育发展联席会议成员单位对贯彻落实高等教育法情况的工作汇报，了解全区贯彻高等教育法工作情况。5月23日，自治区人大常委会第三十一次会议听取和审议执法检查报告。赴广东、福建省开展医药卫生体制改革专题调研，并与自治区卫计委、医改办等有关单位沟通，明确视察重点，拟定视察方案、专题询问实施方案并及时转发各有关单位。同时，委托石嘴山市 、固原市、中卫市人大常委会对本辖区的医改情况进行视察，确保视察工作的全覆盖和有效开展。10月26—27日，常委会听取和审议政府医疗体制改革工作情况的报告，并进行专题询问。相关审议意见已转自治区政府研究处理，专题询问工作取得较好效果。开展教科文卫领域常委会组成人员审议意见办理情况“回头看”工作。组织相关部门及时开展自查，针对各部门上报的自查情况，对照审议意见及办理报告，逐项进行排查和梳理，全面掌握教科文卫领域审议意见的办理情况。切实履行备案审查工作职责。共审查备案文件11件。提升代表建议办理工作。重点办理和督办的“关于制定《电子竞技产业促进条例》的建议”和“关于在有条件、有场地的公共活动场所及居住小区增添儿童运动健身器材并加强健身器材管理的建议”两个代表建议，办理情况已向代表作及时汇报并征求代表意见，两位代表对建议意见的办理情况均表示满意。加强对“关于保障全区新生儿健康的建议”督办工作，针对全区新生儿医学示范培训试验基地只有一名国家级培训师资，与香港儿科医学院基金会取得联系，促成香港儿科医学院来宁考察并签署新生儿复苏课程培训项目协议。全年开展并完成医疗纠纷预防与处理立法工作调研、地方科技成果转移转化立法调研、长城保护立法及工作情况调研和全民阅读条例调研工作，通过对调研掌握的情况进行分析研究，为全区今后开展相关工作打下基础。提前介入，推动《宁夏回族自治区食品生产加工小作坊小经营店和食品小摊点管理条例》修订工作。

【民族宗教外事侨务工作委员会】2017年，完成自治区旅游和清真食品管理2部条例的立法调研和修订工作，开展民族团结、宗教事务条例立法的前期调研，听取一个自治区政府专项报告、开展一次执法检查，按照全国人大常委会有关委员会的要求和自治区经济和社会等工作大局开展3次专项调研。对《自治区民族教育条例》的贯彻实施情况进行检查，配合常委会检查组实地视察包括高校、高中、初中、小学和幼儿园在内的17所院校。通过执法检查，较为全面了解全区民族教育发展以及条例的实施情况，为条例修订奠定基础。做好常委会听取和审议《自治区政府关于民族团结进步创建工作情况报告》的相关组织和服务工作，在前期广泛调研的基础上，组织工作座谈会，邀请区市政府、有关部门、街道办事处以及基层群众代表等，共同畅议民族团结工作，为常委会审议政府报告做基础准备。关注重点问题，督促审议意见的办理。归纳整理常委会组成人员的审议意见，及时将审议意见转交自治区政府办理，并与自治区政府办公厅及有关部门协商，了解审议意见的办理进度和时效，督促审议意见的办理和落实。按照全国人大常委会和自治区人大常委会工作安排，选定调研重点，明确调研主题，开展调研工作。为加快推进立法进程，组织和服务《自治区旅游条例》《自治区清真食品条例》的立法调研，确保两部条例修订工作的顺利进行；开展《自治区民族团结进步条例》和《自治区宗教事务条例》立法的前期调研，为两部条例修订奠定基础。为推进全域旅游工作发展，组织自治区旅发委深入区内外进行调研，并赴海南省学习其“点、线、面”协同发展的全域旅游经验和率全国之先的旅游立法经验，为全区开展全域旅游创建工作提出意见建议。受全国人大华侨委委托，赴全区开展华侨权益保护专项调研。了解全区执行《护照法》《国籍法》的情况，配合全国人大外事委完成两法执法情况的调研。

【代表联络与选举任免工作委员会】服务自治区十一届人民代表大会第七次、第八次会议。2017年，改进和规范会议程序，保障代表依法行使职权，为代表听取和审议各项报告做好服务工作。两次大会到会率均达93%以上，在第七次会议上通过修改《宁夏回族自治区人民代表大会议事规则》的决定；围绕自治区党委中心工作、政府重点工作和全区人民普遍关注的热点、难点问题，向大会提出高质量议案、建议230多件。贯彻中央关于加强和改进代表工作的精神，加强代表思想政治作风建设。常委会代表资格审查委员会召开会议2次，对各选举单位补选的25名代表资格进行审查确认；对28名调离、辞职、罢免代表出缺情况及时报告常委会备案、公告，强化对人大代表的履职监督，指导选举单位依法罢免3名严重违纪违法的人大代表的代表资格。贯彻落实中央和自治区党委要求，加强县乡人大建设。指导县乡人大根据宪法以及新修订的地方组织法、选举法、代表法的规定，落实中央18号、自治区28号文件要求，依法规范县级人大的会议制度和议事程序，提高县级人大常委会、主任会议的审议质量；指导乡镇人大建立和完善主席团会议议事规则、代表培训等制度，发挥乡镇人大主席团及主席的作用。创新学习培训内容和方式，提高人大代表依法履职的能力素质。开展以宪法、地方组织法、选举法、代表法为重点的学习培训，在区内和中国政法大学哈尔滨培训中心举办培训班2期，培训各级人大代表和人大负责人170多人(次)。坚持党管干部与人民依法行使人事任免权的结合。在常委会会议上，依照法定程序审议人事任免议案，严格执行票决制度，尊重常委会组成人员的表决结果。做好拟任免人员基本情况、任免理由、公示情况介绍工作，开展任前见面活动，增强任免工作的公开性、透明度和权威性，共依法任免国家机关工作人员61人(次)。在区内开展《宁夏回族自治区人大常委会人事任免工作条例》修订前期调研工作，赴区外开展人事任免工作调研。按照自治区党委的统一部署，配合相关部门做好自治区人大换届选举准备工作，确保换届选举工作严格依法有序进行。

【农业与农村工作委员会】服务常委会立法工作。根据2017年常委会立法计划，承担畜禽屠宰管理条例制定的相关工作。重点在全区定点屠宰、检疫检验、监督管理等方面，听取干部群众、屠宰企业、专家学者和政府相关部门人员的意见建议。与起草部门就起草工作的指导原则、总体思路、基本框架、主要内容等问题，共同研究探讨。对法规草案中涉及的一些重点、难点、焦点问题形成共识，确保法规草案起草工作如期高质量完成。该法规草案提交自治区人大常委会第三十四次会议二次审议后通过。做好备案审查工作。根据《宁夏回族自治区各级人民代表大会常务委员会规范性文件备案审查条例》的规定，先后对《自治区气候资源开发利用和保护办法》《自治区供销合作社关于开展“两个体系”建设的试点方案》《完善支持政策促进农民持续增收的意见》《关于加快推进宁夏特色优质农产品品牌建设的意见》《宁夏农业水价综合改革实施方案》《关于加快推进产业扶贫的指导意见》等6份规范性文件进行审查，并向法工委反馈审查意见。根据自治区人大常委会编制五年立法规划的要求，做好编制五年涉农立法规划准备工作，把农村改革发展最需要、农民群众最关心的重大问题作为立法工作重点，加强与对口联系单位的沟通和协调，指导和协助相关部门共同做好立法建议的申报。加强服务常委会监督工作。服务常委会做好农田水利基本建设的监督工作。与自治区水利厅联系，收集有关情况资料，制定视察工作方案。常委会视察组深入全区4市11个点，全面了解和掌握全区灌排系统、节水灌溉、盐碱地改良、农村水权水价改革等农田水利基本建设情况，以及河流沟渠的管护与推行“河长制”进展等情况，提出加快建立农田水利基本建设法治保障、推进水生态文明建设、提高农田水利基础设施管理维护水平和推进“河长制”等四点建议，并要求自治区政府在工作报告中做出回复。制定满意度测评工作方案，完成常委会组成人员对该项工作测评。经测评，对该项报告总体满意度达100%。先后开展自治区农村扶贫开发条例实施情况执法检查，开展为期半年的全区农村土地流转状况课题研究。形成的两份报告均受到自治区有关领导关注并做出重要批示。与自治区粮食局沟通协调，将工作任务、工作程序和工作计划做详细安排，服务常委会做好全区粮食工作的审议工作。做好代表议案建议办理督办工作。全年完成办理议案1件、督办重点处理代表建议2件，继续督办的重点处理代表建议2件，均已顺利完成。《关于制定〈盐池滩羊品牌保护条例〉的议案》办理工作，形成办理意见提交主任会议审议；对《关于加快推进自治区农产品质量安全追溯体系建设的建议》《关于加快建设隆德县城乡饮水安全水源及管网联通工程的建议》2件重点处理代表建议，农牧厅、水利厅均已办结答复代表；《关于加大原州区冷凉蔬菜产业发展支持力度的建议》《关于中部干旱带和贫困地区水源、水利工程建设的建议》2件继续督办代表建议的工作已完成。

【环境与资源保护工作委员会】立法工作。协助常委会完成《宁夏回族自治区空间发展战略规划条例》的修订、《宁夏回族自治区城镇地下管线管理条例》和《宁夏回族自治区大气污染防治条例》的制定工作。条例的及时修订为中央深改办批复的宁夏空间规划改革试点工作提供法制保障。针对全区城镇地下管线数量和规模不断扩大，构成状况越来越复杂且分属不同部门，统一规划建设机制不健全、管理水平不高等突出问题，提出立法建议并列入常委会年度立法计划，实现当年立项当年完成立法任务的工作目标，为促进城镇地下管线规划、建设、运行维护和管理起到作用。监督工作。11月，常委会第三十四次会议依法听取审议全区环境状况和环境保护目标完成情况报告。自治区环保厅完成报告起草工作并报环境与资源保护工作委员会审查。修改完善草水、大气、土壤及固体废物污染防治情况3个专题调研报告，为常委会会议提供参阅。撰写宁夏环保世纪行活动报告。围绕自治区生态立区战略，以“保护碧水蓝天，建设美丽宁夏”为主题，开展6次调研督查活动。开展法律监督、舆论监督和群众监督，跟踪督查落实中央环境督察组反馈意见整改情况，宣传全区环境保护先进典型和经验，强化环境违法行为的法律责任，督促各级政府加大对环境违法行为处罚力度，维护环境法治权威和社会公众环境权益。议案建议办理。协助常委会完成“关于制定《宁夏回族自治区大气污染防治条例》的议案办理工作，关于沙湖、星海湖水质治理重点处理建议、关于推广应用型钢筋工厂化加工配送新技术重点处理建议的现场督办工作。

（李小静）

NINGXIA YEARBOOK

宁夏回族自治区人民政府

NINGXIAHUIZUZIZHIQURENMINZHENGFU

编辑◎马 静

综 述

【概况】2017年,全区完成地区生产总值3453.9亿元,增长7.8%;地方一般公共预算收入达417.5亿元,同口径增长10.1%;城镇和农村居民人均可支配收入分别为29472元、10738元,增长8.5%、9%,比上年分别提高0.7个和1个百分点;社会消费品零售总额达930.4亿元,增长9.5%。

【经济结构调整】2017年,全区推进供给侧结构性改革,落实"三去一降一补"任务,经济发展稳中有进、进中向好。加强经济运行分析研判、定向施策,出台"创新驱动30条""降成本30条"、促进服务业发展等政策,累计降低实体经济成本85亿元,规上工业增加值增长8.6%、利润增长22.3%,质量效益进一步提高。开展项目推进年活动,吴忠至中卫城际铁路、银西和中兰高铁、京藏高速宁夏段改扩建等加快建设,煤制油、高端锂电池、差别化氨纶、宁浙特高压输电等投产运行,宁东基地工业产值突破1000亿元。实施100个重点技改项目,化解煤炭产能593万吨,取缔"地条钢"45.7万吨,商品房待售面积同比下降16.9%。推进产业结构优化升级,现代煤化工、装备制造、新能源等支柱产业增势强劲,工业更新改造投资增长15.1%,高新技术产业投资增长22.6%,清洁能源发电量占比达17.3%。粮食生产"十四连丰"、产量达368万吨,草畜、瓜菜、枸杞、酿酒葡萄等特色农业品牌效应显现。全域旅游示范区建设稳步推进,全年接待游客和旅游收入分别增长21.7%和20.4%,电子商务、健康养老、文化创意等新业态蓬勃发展。

【脱贫攻坚】2017年,全区坚持精准扶贫、精准脱贫,年度脱贫攻坚任务如期完成,盐池县具备脱贫摘帽条件,又有19.3万人脱贫,贫困发生率下降到6%。精准识别贫困人口,新补录建档立卡3万人。出台"脱贫富民36条",制定产业、金融、教育、健康、就业等配套政策,投入扶贫资金56亿元,发放扶贫小额贷款58亿元,统筹整合涉农资金70亿元,实现建档立卡贫困人口"扶贫保"全覆盖。新建回购移民住房1.06万套,搬迁安置4万人。培训贫困劳动力10.5万人,贫困地区农民人均可支配收入达8347元,增幅高于全区农民2.2个百分点。

【城乡环境治理】2017年,全区高标准完成空间规划(多规合一)试点任务。出台"生态立区28条",加强生态环境保护,加大污染防治,水、空气质量和总量目标完成国家下达任务。推进贺兰山等自然保护区环境整治和生态修复,全面打响蓝天保卫战,拆除改造燃煤锅炉1640个,淘汰黄标车、老旧车4.7万辆,空气质量优良天数279天,比上年增加4天。建立五级河(湖)长制,集中整治入黄排水沟、重点湖泊水质污染,全面取缔企业入河湖直排口,黄河流域水质优良比例达73.3%。开展大规模植树造林、防沙治沙和湿地保护工作,完成营造林107.6万亩。启动银川都市圈建设,石嘴山成功创建全国文明城市,吴忠智慧城市、固原海绵城市、中卫交通物流枢纽城市建设步伐加快。改造老旧小区580万平方米,提标改造城镇污水处理厂36个,城市绿地率达36.7%。实施"百村示范、千村整治"工程,改造建设美丽小城镇26个、美丽村庄126个,完成农村生活污水处理及改厕3.2万户、阳光沐浴工程20万户,5个镇入选全国特色小镇。

【改革开放】2017年,全区推进69项重点改革任务。建成全区政务大数据平台,"不见面、马上办"政务服务事项占比达62.7%,取消各类证照81项。加快

“多证合一”等商事制度改革,全区新登记各类市场主体3.3万户。新引进组建金融机构29家,嘉泽新能源在上海证券交易所上市,实现14年来主板上市“零突破”。深化国资国企改革,混合所有制改革试点深入推进,区属国有企业“三供一业”分离移交基本完成。农村土地制度、自然资源统一确权登记、集体产权制度改革和国有林场、供销社、农垦体制改革不断深化。制定《内陆开放型经济试验区建设实施意见》,成功举办第三届中阿博览会、全国工商联常委会暨民营经济助推宁夏发展大会、网上丝绸之路大会等重大活动,全年招商引资到位资金2245亿元,增长12.2%。开行银川至德黑兰货运班列,新增国际国内航线13条,航空旅客突破800万人(次)。全年进出口总额341亿元,增长58.9%,增幅居全国前列。

【民生事业】2017年,70%以上财力用于民生事业,年初确定的民生实事全部完成。实施居民收入增长计划,城镇新增就业8.3万人,城镇登记失业率3.9%。新改建农村幼儿园220所,改造义务教育薄弱学校584所,宁夏大学化学工程与技术学科入选国家一流学科建设名单。推动优质医疗资源下沉,公立医院全部取消药品加成,乡镇远程会诊、村级标准化卫生室实现全覆盖。推进社会保障提标扩面,调增城乡居民基础养老金、机关事业单位和企业退休人员养老金;调整大病保险筹资和起付标准,实现工伤保险制度全覆盖;20万人(次)困难和重度残疾人享受生活或护理补贴。高标准建成一批乡镇综合文化站,实现贫困村综合文化服务中心全覆盖。广泛开展全民健身活动,第十三届全国运动会奖牌总数明显增长。启动“七五”普法。完善立体化治安防控体系,严打各类违法犯罪,社会治安总体稳定。强化食品药品监管,狠抓安全生产专项整治,国家安全生产考核取得优秀。积极支持驻宁部队改革,深入开展全民国防教育,国防动员建设水平提高。红十字、慈善等事业健康发展。人民防空、地震气象监测预警和应急救援工作不断加强。开展民族团结进步教育和创建活动,全面治理民族宗教领域存在的突出问题,依法管理宗教事务,打击境外宗教渗透活动,保持民族团结、宗教和顺、社会稳定的良好局面。

【自身建设】加强政府党组建设,建立重大事项向党委请示报告制度,提请自治区人大常委会审议通过地方性法规17件,制定、修改、废止政府规章41件,办复人大代表建议223件、政协提案488件。“两学一做”学习教育形成常态化制度化,严格执行中央八项规定精神和自治区党委若干意见,坚持不懈整治“四风”,“三公”经费下降29.8%。

(王会宁)

重要会议

【自治区扶贫开发领导小组会议】2017年1月5日在银川召开。会议通报了国家对宁夏2015年扶贫开发成效考核和2016年脱贫攻坚督查的情况,听取了2017年脱贫攻坚的工作要点、贫困县和贫困村脱贫销号方案和资金安排计划等情况。会议指出,脱贫攻坚要用力精准,定期对建档立卡数据进行核查,从实际出发有针对性地开展工作,在产业布局、项目安排、金融支持、就业扶持等方面统筹考虑贫困线上、线下人口,以产业带扶贫、拓就业、促增收,形成可持续脱贫机制,提高脱贫质量,强化技能培训,实现工资性收入快速增长。

【全面深化改革领导小组第十七次会议】2017年1月5日在银川召开。自治区主席咸辉、常务副主席张超超、副主席姚爱兴、王和山、马力、刘可为出席会议。会议审议通过了《自治区全面深化改革领导小组2016年工作总结报告》《自治区全面深化改革领导小组2017年工作要点》《关于推进价格机制改革的实施意见》《关于推进全区检验检测认证机构整合改革的实施意见》。会议认为,2016年改革力度进一步加大,各项改革任务进展总体顺利。自治区全面深化改革领导小组共召开了6次会议,审议了18个重要改革文件。年初确定的68项重点改革事项全部完成,承担的47项国家级、20项自治区级改革试点任务稳步推进,各领域改革向纵深推进。会议强调,2017年要进一步突出重点,坚持以经济体制改革为主轴,着力在空间规划(多规合一)试点、国企国资、行政审批、财税体制、城镇化、金融、农业农村等重点领域和关键环节改革上取得新突破,牵引和带动其他领域改革协同推进、不断深入。

【安全生产电视电话会议暨2017年自治区安委会第一次全体(扩大)会议】2017年1月11日,国务院召开全国安全生产电视电话会议后,自治区政府立即召开全区安全生产电视电话会议暨2017年自治区安委会第一次全体(扩大)会议。会议贯彻落实了全国安全生产电视电话会议精神,总结安排部署全区安全生产工作。自治区主席、自治区安委会主任咸辉出席会议并讲话,自治区副主席、自治区安委会副主任马力主持会议并就贯彻落实会议精神提出具体要求。自治区政府与五市和宁东管委会签订2017年安全生产目标责任书。银川市政府、自治区交通运输厅主要负责人作交流发言。自治区政府秘书长,自治区安委会成员单位、自治区有关部门、五市政府、部分重点企业主要负责人在主会场参加会议,各市、县(区)分别设立分会场。

【自治区政府第六次全体(扩大)会议】2017年1月21日召开。自治区主席咸辉出席会议并讲话。会议传达学习了宁夏回族自治区十一届人大七次会议和自治区政协十届五次会议精神,自治区各位副主席就分管工作作了表态发言,安排部署2017年自治区政府工作报告和民生实事任务落实工作。会议强调,要紧紧团结在以习近平同志为核心的党中央周围,深入贯彻落实自治区"两会"精神,锐意进取,实干苦干,努力实现政府工作报告确定的全年目标任务。

【国务院安全生产第六考核组意见反馈会】2017年2月15—19日,国务院安全生产第六考核组对宁夏安全生产工作进行考核。2月19日,召开国务院安全生产第六考核组意见反馈会,自治区主席咸辉作表态发言,考核组组长、交通运输部副部长何建中反馈了考核意见。考核组认为,自治区党委、政府高度重视安全生产工作,认真落实党中央、国务院各项部署,全区安全生产形势保持基本稳定。针对考核反映出的问题和情况,建议自治区要进一步提高认识,进一步创新方法,进一步落实责任,营造良好的安全生产环境。自治区副主席、安委会副主任马力主持会议,政府秘书长及相关部门负责同志参加会议。

【机构编制工作会议】2017年2月22日召开。自治区主席、编委会主任咸辉出席会议并讲话。自治区党委常委、自治区副主席张超超主持会议。自治区党委常委、组织部部长盛荣华出席会议。2016年,全区共取消调整行政职权56项,自治区本级行政职权事项减少为1930项,行政许可事项由304项减少到288项,共核减收回事业编制549名,较好地完成了各项改革任务。咸辉指出,要准确把握机构编制工作新要求,把机构编制工作放在全区经济社会发展大局中去谋划、去推进,更好地服务"四个全面"战略布局,更好地服务供给侧结构性改革,更好地服务全区经济社会发展。

【新农民"互联网+"创业创新大会】2017年5月25日在银川举行。自治区党委常委、自治区副主席马顺清出席会议,并与农业部有关负责同志共同开通宁夏12316三农信息服务平台、宁夏大米网和e批生鲜网农产品批发市场"互联网+产销对接"平台。会议指出,发展"互联网+"现代农业是加快推进农业供给侧结构性改革、带动农民持续增收的有效途径和重要抓手。会议发布了20个新农民"互联网+"创业创新优秀案例,举办了"互联网+"创业创新论坛、新农民创业创新成果展示等活动。

【全面深化改革领导小组第二十次会议】2017年6月19日召开。会议审议通过了《关于推进安全生产领域改革发展的实施意见》《公立医院实行人员总量管理的意见》《关于规范全区公安机关警务辅助人员管理使用工作的实施意见》。自治区党委书记、自治区全面深化改革领导小组组长石泰峰主持会议并讲话。自治区主席、自治区全面深化改革领导小组副组长咸辉,自治区党委副书记、自治区全面深化改革领导小组副组长姜志刚,自治区全面深化改革领导小组全体成员出席会议。

【自治区总河长第一次会议】2017年7月4日在银川召开。会议对全面推行河长制提出要求。河长制是善水治理体系、保障国家水安全的一项制度创新,是落实绿色发展理念、加强生态文明建设的重要举措,是解决复杂水问题的有效措施,是倒逼产业转型升级的必然要求。自治区党委副书记、自治区主席、副总河长咸辉出席并讲话。会议听取了自治区河长制办公室工作情况汇报,审议并通过了自治区级河长设置方案、有关制度等文件。自治区领导姜志刚、马顺清、纪峥、张柱,自治区河长制重点责任单位负责人参加会议。

【全国工商联十一届十次常委会议第一次全体会议】2017年7月11日在银川召开。全国政协副主席、全国工商联主席王钦敏出席会议。自治区党委书记、人大常委会主任石泰峰,自治区党委副书记、自治区主席咸辉会前会见出席会议的嘉宾。王钦敏指出,2016年宁夏借助区位优势和资源禀赋,抢抓"一带一路"建设机遇,全力推动产业转型。正处于加快发展的战略机遇期,在农业、能源、旅游等方面资源独特、潜力巨大。全国工商联将发挥桥梁纽带作用,组织、引导更多民营企业来宁投资兴业,切实引导民营企业聚焦深度贫困地区,创新产业帮扶模式,加强与宁夏的深度合作,支持和帮助宁夏经济社会发展再上新台阶。全国工商联党组副书记、副主席樊友山主持会议。自治区领导齐同生、姜志刚、纪峥、白尚成、王和山出席会议或参加会见。全国工商联副主席谢经荣、黄荣、林毅夫、杨启儒、王永庆等出席会议。

【2017 亚布力中国企业家论坛夏季高峰会】2017 年 8 月 19 日在银川开幕。峰会以“稳中求进的中国经济——‘一带一路’新动力”为主题，自治区主席咸辉出席开幕式并致辞，自治区副主席王和山，亚布力中国企业家论坛名誉主席刘明康，亚布力中国企业家论坛轮值主席冯仑、理事长陈东升、主席田源等理事会成员及王石、李彦宏等企业家齐聚塞上，寻求经济发展动力，助推宁夏开放发展。开幕式上，中国银行、瑞安集团、香港贸香易发展局、华泰保险集团等知名企业代表从“一带一路”新动力和“企业家精神”两个方面发表主题演讲。

【第九届中国花卉博览会】2017 年 9 月 1 日在银川开幕。这是首次在西北少数民族地区举办的全国性花事盛会。花博会的会期是 9 月 1 日至 10 月 7 日，展期 37 天。原国务委员、第十一届全国人大常委会副委员长、中国花卉协会名誉会长陈至立出席。31 个省(区、市)、深圳市，香港、澳门特别行政区，台湾地区代表团，财政部、海关总署、国家质检总局、国家林业局等有关司局负责人，中国花卉协会各分支机构负责人，全国花卉界专家、企业家、花卉重点产区代表，宁夏回族自治区党委、人大、政府、政协的领导和各厅局负责人以及银川市社会各界代表和花博园建设代表参加开幕式。

【2017 中国—阿拉伯国家博览会】2017 年 9 月 6 日在宁夏国际会堂塞上江南厅举行。国家主席习近平致贺信，对会议的召开表示热烈祝贺。习近平指出，中国同阿拉伯国家是好朋友、好伙伴。在经济全球化深入发展的今天，中阿成为“一带一路”建设的重要合作伙伴，双方互利合作领域越来越广，成果越来越实。博览会突出“务实、创新、联动、共赢”主题，契合“一带一路”国际合作理念，为中阿拓展合作搭建了重要平台。全国人大常委会副委员长张平在开幕式上做主旨演讲。宁夏回族自治区党委书记石泰峰在开幕式上宣读国家主席习近平发来的贺信，并在开幕式上致辞。开幕大会由宁夏回族自治区主席咸辉主持。商务部副部长钱克明、中国贸促会会长姜增伟、福建省人大常委会副主任刘群英分别致辞。

【中埃投资贸易推介会】2017 年 9 月 7 日，2017 中国—阿拉伯国家博览会主宾国系列活动之一的“中埃投资贸易推介会”在宁夏银川举行。会议由中国商务部、埃及贸工部、埃及投资与国际合作部、苏伊士经济特区管委会、宁夏回族自治区人民政府主办，商务部外贸发展局、宁夏商务厅和博览局承办。埃及贸工部部长塔瑞克·卡比勒、苏伊士经济特区管委会副主席马哈福兹·麦尔祖格、商务部副部长钱克明、宁夏回族自治区人民政府副主席王和山、自治区政协副主席崔波等出席。来自埃方政府和企业界代表、央企代表和宁夏回族自治区相关企业负责人超过 200 人参加会议。推介会上，中埃双方签署合作协议 6 个，项目总额 50 亿元，涉及工业制造、汽车船舶、纺织、农业信息技术等领域。在本届博览会期间，中埃双方共签署 16 个合作协议。

【2017 中国水博览会暨中国(宁夏)国际节水展览会】2017 年 9 月 26 日在银川国际会展中心开幕。水利部副部长魏山忠，自治区主席咸辉、自治区副主席马顺清出席开幕式并参加会见。自治区政协副主席蔡国英，中国航天系统科学与工程研究院院长薛惠峰出席开幕式。展会由中国水利学会、自治区水利厅共同主办，围绕“新理念新技术助推水业转型升级发展”主题，设水资源、水生态与环境、城乡饮水安全、节水灌溉、智慧水利等 7 大展区，展出面积 15000 平方米，展会持续 3 天。展会期间，还举办了第十二届中国水务高峰论坛、第十届钱学森论坛、专题论坛、节水科普展、新技术新产品推介会等，内容涉及水生态文明建设、“一带一路”水资源问题、全面推行河长制、智慧水利、节水型社会建设等方面。这是中国水博览会第一次到西部举办，也是第一次与其他展会联合举办，展会吸引了来自美国、德国、法国、西班牙、以色列、澳大利亚、日本等国家和地区近 200 家展商参展。

【金融工作会议】2017 年 9 月 29 日在银川召开。自治区党委书记石泰峰出席会议并讲话，自治区主席咸辉主持会议，自治区领导姜志刚、徐广国、张超超、马顺清等参加会议。自治区金融工作局、人行银川中心支行、银监局、证监局、保监局负责人先后发言。会议指出，要努力做大金融总量，实施“引金入宁”计划，丰富金融业态。要大力培育多层次资本市场，优化融资结构。要优化金融服务，创新金融产品。要大力发展普惠金融，推进金融精准扶贫，更好地服务民生事业和社会发展。

【自治区军民融合委员会第一次会议】2017 年 11 月 29 日在银川召开。自治区党委书记、军民融合发展委员会主任石泰峰主持。军地领导咸辉、张超超、纪峥、郑威波、潘武俊、许尔锋、尚力峰、李勇、丁学仁出席会议。会议传达学习了习近平总书记在中央军民融合发展委员会第一次和第二次全体会议上的重要讲话精神，听取了自治区军民融合发展委员会工作情况和委员会办公室设置情况汇报。石泰峰强调，要认真学习贯彻党的十九大精神，深入学习领会习近平总书记军民融合发展重大战略思想，加快构建军民融合深度发展新格局，为实现中国梦强军梦作出宁夏贡献。

【银川都市圈建设工作推进会】2017年12月22日在银川召开。自治区党委书记、人大常委会主任石泰峰出席会议并讲话，强调要按照宁夏回族自治区第十二次党代会的部署，坚持创新发展、集约发展、集群发展、融合发展，打造创新、绿色、智慧、宜居的银川都市圈。自治区党委副书记、自治区主席咸辉主持会议，并对加快银川都市圈建设作了具体部署。自治区领导齐同生、姜志刚、张超超、马顺清、许传智、纪峥、赵永清、张柱、吴玉才、刘可为出席会议。会上，印发了自治区党委、政府《银川都市圈建设实施方案》，自治区发改委、银川市、石嘴山市、吴忠市、宁东管委会代表作了发言。

【2017年自治区政府常务会议】

会 议	时 间	主持人	会议内容
第82次	1月4日	自治区主席咸辉	传达学习全国政府秘书长和办公厅主任会议精神，研究了宁夏贯彻落实的意见，审议了《宁夏食品药品安全“十三五”规划（送审稿）》《宁夏回族自治区人力资源和社会保障事业发展“十三五”规划（送审稿）》《宁夏回族自治区气候资源开发利用和保护办法（草案）》《宁夏回族自治区政务服务办法（草案）》《关于2015年度自治区本级预算执行和其他财政收支审计结果落实情况的报告（送审稿）》。自治区常务副主席张超超，副主席王和山、马力、刘可为出席。
第83次	1月24日	自治区主席咸辉	听取了自治区人民政府办公厅关于2016年全区争取政策项目资金落实情况的汇报，审议了《宁夏卫生计生事业和人口均衡发展“十三五”规划（送审稿）》《宁夏公共文化服务体系“十三五”建设规划（送审稿）》《宁夏水利发展“十三五”规划（送审稿）》《评定吴涛、杨鸿儒为烈士的审查意见（送审稿）》，听取了自治区人民政府办公厅关于全区政务公开工作情况的汇报。自治区常务副主席张超超，副主席姚爱兴、马力、刘可为出席。
第84次	2月8日	自治区主席咸辉	审议通过了有关部门提请的《宁夏回族自治区“十三五”脱贫攻坚规划（送审稿）》《宁东能源化工基地“十三五”开发总体规划（送审稿）》《宁夏现代农业“十三五”发展规划（送审稿）》《宁夏回族自治区“十三五”推进基本公共服务均等化规划（送审稿）》《宁夏民政事业发展“十三五”规划（送审稿）》《关于设立中宁县太阳梁乡行政建制的意见（送审稿）》《关于固原市西吉县将台乡撤乡建镇的意见（送审稿）》等。副主席张超超、姚爱兴、王和山、许尔锋，政府秘书长王紫云出席。
第85次	2月25日	自治区主席咸辉	听取了自治区有关部门关于2017年1月全区经济运行情况汇报、发展改革委关于自治区60周年大庆项目修改调整情况汇报、自治区安委办关于国务院安全生产第六考核组对宁夏2016年度安全生产工作考核情况汇报、自治区食品药监局关于全区食品安全检（监）测能力项目建设情况汇报、自治区人力资源社会保障厅关于自治区第三批“塞上英才”“国内引才312计划”和第四批“海外引才百人计划”人员推荐选拔情况汇报，审议了《宁夏“十三五”全域旅游发展规划（送审稿）》《宁夏教育事业发展“十三五”规划（送审稿）》《关于废止〈宁夏回族自治区户外广告管理条例〉〈宁夏回族自治区个体工商户条例〉两件地方性法规的决定（草案）》和《〈宁夏回族自治区统计管理条例〉〈宁夏回族自治区岩画保护条例〉两件地方性法规的修正案（草案）》，审议通过了《自治区困难残疾人生活补贴和重度残疾人护理补贴办法（修订稿）》。自治区副主席张超超、姚爱兴、王和山、马力、刘可为、许尔锋，政府秘书长王紫云出席。
第86次	3月20日	自治区主席咸辉	学习贯彻了全国两会和自治区领导干部大会精神，听取了自治区有关部门关于当前全区经济运行情况汇报，审议了《宁夏“十三五”工业发展及两化融合规划（送审稿）》《自治区节能降耗与循环经济“十三五”发展规划（送审稿）》《关于推进自治区属国有企业混合所有制改革的实施意见（试行）（送审稿）》《自治区属国有企业违规经营投资责任追究暂行办法（送审稿）》《自治区与市县财政事权和支出责任划分改革实施方案（送审稿）》《关于实施支持农业转移人口市民化若干财政政策（送审稿）》《自治区市县党政领导干部自然资源资产和生态环境保护责任离任审计试点实施方案（送审稿）》，通过了政府工作人员任免事宜。自治区常务副主席张超超，副主席王和山、马力、刘可为、许尔锋出席。
第87次	3月30日	自治区主席咸辉	研究了部分自治区人民政府领导分工调整事宜，审议了《宁夏回族自治区居住证管理办法（送审稿）》。自治区常务副主席张超超，副主席马顺清、王和山、许尔锋出席。

续表

会　议	时　间	主持人	会议内容
第88次	4月14日	自治区主席咸辉	听取了自治区安全生产委员会关于2017年一季度全区安全生产情况汇报，安排部署安全生产工作，审议了《关于推进自治区安全生产领域改革发展的实施意见（送审稿）》；听取并研究了2017年一季度全区经济运行情况，审议了《宁夏环境保护"十三五"规划（送审稿）》《宁夏回族自治区促进开发区改革和创新发展的实施意见（送审稿）》《宁夏综合交通运输体系战略规划（2016—2030年）（送审稿）》《宁夏"十三五"综合交通运输体系发展规划（送审稿）》《宁夏回族自治区能源发展"十三五"规划（送审稿）》，通过了政府工作人员任免事宜。自治区常务副主席张超超，副主席马顺清、王和山、马力、刘可为出席。国务院安委会安全生产第八巡查组应邀列席会议。
第89次	4月21日	自治区主席咸辉	审议了《宁夏农业水价综合改革实施方案（送审稿）》，审议了黄河宁夏段二期防洪工程设计变更事宜，审议了《关于公立医院实行人员总量管理的意见（送审稿）》，审议了取消全区政府还贷普通公路收费事宜。自治区常务副主席张超超，副主席马顺清、马力、刘可为出席。
第90次	5月4日	自治区主席咸辉	审议了有关部门提请的《关于2017年度政府债务限额、政府债务新增限额（新增债券）安排方案（送审稿）》《2017年度区本级预算调整方案（送审稿）》《关于进一步推进政府和社会资本合作模式（PPP）的实施意见（送审稿）》《关于加快全域旅游发展的若干意见（送审稿）》《宁夏回族自治区城镇地下管线管理条例（草案）》《关于规范全区公安机关警务辅助人员管理工作的实施意见（送审稿）》《关于盐池县增设街道办事处的意见（送审稿）》等。自治区副主席张超超、王和山、马力、刘可为、许尔锋和政府秘书长王紫云出席会议。
第91次	5月17日	自治区主席咸辉	听取了自治区有关部门关于2017年1—4月全区经济运行情况汇报，审议了《自治区服务业发展"十三五"规划（送审稿）》《关于建立生态保护补偿机制推进自治区空间规划（多规合一）实施的指导意见（送审稿）》《宁夏回族自治区空间发展战略规划条例（修订草案）》《宁夏回族自治区价格管理条例（修订草案）》等。自治区副主席张超超、马力、刘可为、许尔锋和政府秘书长王紫云出席。
第92次	5月25日	自治区主席咸辉	听取了自治区政府办公厅关于2017年民生实事办理进展情况汇报，听取并研究了贺兰山国家级自然保护区环境保护和整治工作情况，听取了固原市关于六盘山国际旅游休闲度假区暨狩猎场项目整改工作汇报，审议了自治区国资委关于原宁东铁路公司出资太中银铁路资金置换有关事宜等。自治区副主席张超超、马顺清、马力、刘可为、许尔锋和政府秘书长王紫云出席。
第93次	6月2日	自治区主席咸辉	安排部署了开展国务院第四次大督查有关工作，听取了政府办公厅关于政务服务和政务公开工作情况汇报，审议了关于自治区政府融资平台（宁夏电力投资集团承担）有关事宜。自治区常务副主席张超超，副主席马力、刘可为、许尔锋，政府秘书长王紫云出席。
第94次	6月12日	自治区主席咸辉	传达学习贯彻中国共产党宁夏回族自治区第十二次代表大会精神，听取了自治区有关部门关于2017年1—5月全区经济运行情况汇报，审议了自治区发展改革委葡萄产业发展局《关于〈中国（宁夏）贺兰山东麓葡萄产业及文化长廊发展总体规划（2011—2020年）〉调整意见（送审稿）》。自治区常务副主席张超超，副主席姚爱兴、王和山、马力、刘可为、许尔锋，政府秘书长王紫云出席。
第95次	6月19日	自治区主席咸辉	听取了贺兰山国家级自然保护区生态环境综合整治工作进展情况汇报，审议了关于贺兰山国家级自然保护区生态环境综合整治的有关政策意见，研究决定了相关事项。自治区常务副主席张超超，副主席马顺清、马力、刘可为，政府秘书长王紫云出席。
第96次	6月22日	自治区主席咸辉	审议了自治区教育厅《关于中国（宁夏）现代葡萄与葡萄酒职业技能公共实训中心和中国（宁夏）现代纺织职业技能公共实训中心项目建设方案（送审稿）》，审议了自治区社科联《关于宁夏第十三届社会科学优秀成果奖（送审稿）》，审议了自治区财政厅关于自治区对宁夏机场公司投资股权确认有关事宜，通过了政府工作人员任免事宜。自治区常务副主席张超超、副主席马顺清、姚爱兴、王和山、马力、刘可为，政府秘书长王紫云出席。
第97次	7月12日	自治区主席咸辉	传达了国务院扶贫开发领导小组《关于2017年脱贫攻坚督查巡查工作方案》，研究部署宁夏迎接督查准备工作。审议了自治区卫生计生委《关于推进健康扶贫的若干政策意见（送审稿）》，审议了自治区住房城乡建设厅关于调整农村危窑危房改造补助类型和提高补助标准有关事宜，听取了自治区水利厅关于西海固地区脱贫引水工程前期工作情况汇报，审议了《宁夏回族自治区旅游条例（修订草案）》《〈宁夏回族自治区审计监督条例〉修正案（草案）》，通过了政府工作人员任免事宜。自治区常务副主席张超超，副主席马顺清、姚爱兴、马力、刘可为，政府秘书长王紫云出席。

续表

会 议	时 间	主持人	会议内容
第 98 次	7 月 17 日	自治区主席咸辉	听取并研究了 2017 年上半年全区经济运行情况；审议了自治区编办关于取消一批证照有关事宜;审议了《宁夏回族自治区大气污染防治条例(草案)》《宁夏回族自治区农村公路条例(草案)》《宁夏回族自治区禁毒条例(修订草案)》;审议了自治区审计厅《关于 2016 年度自治区本级预算执行和其他财政收支审计结果的报告(送审稿)》;审议了自治区人民政府法制办关于聘用自治区人民政府法律咨询委员会组成人员和法律顾问有关事宜。自治区常务副主席张超超,副主席马顺清、王和山、马力、刘可为、许尔锋,政府秘书长王紫云出席。
第 99 次	8 月 11 日	自治区主席咸辉	审议了自治区住房城乡建设厅《宁夏回族自治区新型城镇化“十三五”规划(送审稿)》,审议了自治区国土资源厅《关于切实加强耕地保护和改进占补平衡的实施意见(送审稿)》,审议了自治区政务服务中心《关于全区推行不见面审批服务改革工作方案(送审稿)》,审议了 2016 年度自治区质量奖和质量贡献奖评奖有关事宜,通过了政府工作人员任免事宜。自治区常务副主席张超超,副主席马顺清、姚爱兴、王和山、刘可为,政府秘书长王紫云出席。
第 100 次	8 月 16 日	自治区主席咸辉	会议听取了自治区有关部门关于 2017 年 1—7 月全区经济运行情况汇报,审议了关于拟安排财政资金有关事宜。自治区副主席马顺清、姚爱兴、王和山、刘可为,政府秘书长王紫云出席。
第 101 次	8 月 28 日	自治区主席咸辉	会议传达学习了习近平总书记关于防范金融风险规范政府举债重要批示和自治区党委常委会议精神,研究部署相关工作,审议了《关于进一步加强政府性债务管理的意见(送审稿)》,研究了全区公安系统模范集体和模范人民警察表彰事宜。自治区常务副主席张超超,副主席马顺清、王和山、马力、刘可为、许尔锋,政府秘书长王紫云出席。
第 102 次	9 月 13 日	自治区主席咸辉	审议了《关于推进创新驱动战略实施意见(送审稿)》《关于推进脱贫富民战略实施意见(送审稿)》《关于推进生态立区战略实施意见(送审稿)》,听取并研究了 2017 年 1— 8 月全区经济运行情况,听取了自治区党委农村工作领导小组办公室关于农垦改革发展相关问题及解决建议的汇报,审议了《宁夏回族自治区畜禽屠宰管理条例(草案)》《宁夏回族自治区食品生产加工小作坊和食品摊贩管理办法(修订草案)》《宁夏回族自治区法律援助条例(修正草案)》,通过了政府工作人员任免事宜。自治区常务副主席张超超,副主席马顺清、王和山、马力、许尔锋,政府秘书长王紫云出席。
第 103 次	9 月 28 日	自治区主席咸辉	审议了《关于深化自治区本级建设项目行政审批改革的实施意见(送审稿)》《关于做好今后一个时期就业创业工作的实施意见(送审稿)》,传达了国务院安委办《关于切实做好 2017 年国庆节期间安全生产工作的通知》,安排部署国庆期间有关工作,审议了提高全区最低工资标准、第七届“六盘山友谊奖”评奖、关于拟安排财政资金等事宜,通过了政府工作人员任免事宜。自治区常务副主席张超超,副主席马顺清、王和山、马力,政府秘书长王紫云出席。
第 104 次	10 月 9 日	自治区主席咸辉	听取并研究了 2017 年前三季度全区经济运行情况,安排部署做好党的十九大期间安全环保和信访维稳等有关工作,审议了关于废止和修改部分政府规章有关事宜。自治区常务副主席张超超,副主席王和山、马力、许尔锋,政府秘书长王紫云出席。
第 105 次	11 月 2 日	自治区主席咸辉	审议了《深度贫困地区脱贫攻坚实施方案(送审稿)》《关于完善集体林权制度的实施方案(送审稿)》《关于加强困境儿童保障工作的实施意见 (送审稿)》《关于深化统计管理体制改革提高统计数据真实性的实施意见(送审稿)》《宁夏回族自治区清真食品管理条例(修订草案)》以及关于拟安排财政资金有关事宜,通过了政府工作人员任免事宜。自治区常务副主席张超超,副主席马顺清、姚爱兴、王和山、马力、许尔锋,政府秘书长王紫云出席。
第 106 次	11 月 17 日	自治区主席咸辉	听取了自治区人民政府办公厅关于 2017 年政府工作报告和民生实事执行情况汇报，分析研判 1—10 月全区经济运行情况,审议了《关于加快全域旅游示范区建设的意见(送审稿)》《宁夏回族自治区环境保护税适用税额和应税污染物项目数的决定(草案)》《〈宁夏回族自治区六盘山、贺兰山、罗山国家级自然保护区条例〉修正案(草案)》《宁夏回族自治区林业有害生物防治办法(草案)》《关于 2016 年度自治区本级预算执行和其他财政收支审计落实情况的报告(送审稿)》以及关于拟安排财政资金有关事宜,通过了政府工作人员任免事宜。自治区常务副主席张超超,副主席马顺清、姚爱兴、马力、刘可为,政府秘书长王紫云出席。

续表

会　议	时　间	主持人	会议内容
第 107 次	11 月 29 日	自治区主席咸辉	审议了《自治区生态保护红线划定方案（送审稿）》《2018—2020 年脱贫攻坚滚动计划及 2018 年脱贫攻坚计划（送审稿）》《全区农村集体资产清产核资工作实施方案（送审稿）》《自治区政府投资基金管理办法（暂行）（送审稿）》《加强新形势下引进外国人才的实施意见（送审稿）》《自治区定价目录（送审稿）》，审议了关于设置永宁县团结西路街道办事处有关事宜，审议了《自治区人民防空工程建设管理规定（草案）》，通过了政府工作人员任免事宜。自治区常务副主席张超超，副主席马顺清、马力、刘可为、许尔锋，政府秘书长王紫云出席。
第 108 次	12 月 6 日	自治区主席咸辉	传达学习了习近平总书记等中央领导同志关于《内蒙古部分地区集中出现针对政府项目的讨薪事件》重要批示精神，听取发展改革委、财政厅、人力资源社会保障厅有关落实情况汇报，听取了各副主席关于调研督查情况的汇报，审议了《银川都市圈建设实施方案（送审稿）》《自治区生态文明建设目标评价考核办法（送审稿）》《自治区固定资产投资项目节能审查管理办法（送审稿）》，审议了关于调整完善全区农作物秸秆综合利用政策有关事宜，审议了关于拟安排财政资金有关事宜。自治区常务副主席张超超，副主席马顺清、马力、刘可为、许尔锋，政府秘书长王紫云出席。
第 109 次	12 月 21 日	自治区主席咸辉	传达学习了中央经济工作会议和自治区党委常委会议精神，研究 2018 年全区经济社会发展主要指标建议，审议了《深入推进宁夏内陆开放型经济试验区建设实施意见（送审稿）》《宁夏回族自治区促进开发区改革和创新发展的实施意见（送审稿）》《宁夏回族自治区水资源税改革试点实施办法（送审稿）》《自治区与市县环境保护税收入划分方案（送审稿）》《关于推进从事生产经营活动事业单位改革的实施意见（送审稿）》《宁夏回族自治区实施〈农田水利条例〉办法（草案）》《宁夏回族自治区自然灾害救助办法（草案）》，审议了关于拟安排财政资金有关事宜。自治区常务副主席张超超，副主席马顺清、姚爱兴、王和山、刘可为、许尔锋，政府秘书长王紫云出席。

（王会宁）

督查工作

【概况】2017 年，在全区共开展、参与各类督查活动 73 次，同比增长 116%；形成各类报告 104 期，同比增长 108%；办理自治区政府主要领导批示件 486 件，同比增长 136%；按照国务院办公厅及其督查室要求，以自治区政府或政府办公厅名义上报各类文件、材料 61 件，同比增长 85%；办理《人民网·地方领导留言板》和《主席信箱》群众反映问题 603 件。自治区政府领导先后在 20 余期报告、专报上作出批示。

【党中央、国务院部署的各项督查】2017 年，自治区对习近平总书记到宁夏视察重要讲话精神落实情况进行跟踪督查，督促相关部门抓好整改落实工作，15 个方面问题已陆续整改落实到位。对十八大以来自治区政府贯彻落实中央八项规定精神情况进行汇总报告。开展国务院第四次大督查全区自查和自治区实地督查工作，在宁夏电视台播出专题报道 3 期，在《宁夏日报》刊发报道 3 篇，参加第四次大督查实地督查组工作。在全区开展中央预算内投资项目专项督查工作，督查组对宁夏推动中央预算内投资项目工作成效给予肯定，并在呈送国务院领导的督查报告中对宁夏工作进行表扬。承办国务院部署的“约法三章”、解决拖欠农民工工资问题、“放管服”改革等 6 项重大督查任务，起草并及时上报自查报告 8 篇。梳理宁夏 2016 年中央预算内项目底数，建立督查台账，督促各责任单位及时解决项目建设中存在的问题，确保宁夏 2016 年中央预算内投资项目有序推进，并向国务院办公厅报送 3 次督查专报。

【自治区重点目标任务督查】2017 年，以“1+5”督查机制推进自治区重点目标任务完成。“1”是以落实自治区第十二次党代会、自治区政府工作报告为纲。出台《自治区人民政府办公厅关于 2017 年自治区政府工作报告和经济工作会议任务分工的通知》，科学分解全区经济工作会议、自治区政府工作报告确定的重点工作任务，明确责任单位，跟踪督办落实。依据政府工作报告和经济工作会议任务分工，把督查重点放在政府工作报告落实、重点项目建设、环保问题整改等大事难事上，以政府办公厅文件印发《2017 年自治区政府督查工作要点》，将 19 项重要工作列为全年督查重点，重点督办、合力攻关。“5”是指抓好自治区政府常务会议和主席办公会议决定事项的落实。采取常态化督办、动态化管理的措施，建立“两个会议”决定事项督办工作台账，逐项交办、滚动督办、月督季报，紧盯不放，确保会议决定事项全面落实。抓好主席批示事项的落实。坚持“即到即转、及时督办、按时反馈”,每月梳理汇总,及时形成《办理情况月报》,做到“件件有落实、事事有回音、月月有报告”。抓好重点工作专项督查。紧紧围绕民生实事、政策项目资金争取、贺兰山环境综合整治等重点工作开展督查,做到“快督、快办、快落实”。在贺兰山保护区环境综合整治工作中,对保护区内169个人类活动点环境综合整治情况开展5次现场督查,自治区政府领导先后7次在督查专报上作出批示。抓好领导交办事项的督查工作。按照自治区政府领导指示,对重点项目建设和固定资产投资情况、葫芦河水环境综合治理、“润承画室”学生食源性疾病救治、自治区本级1亿元以上项目支出进展、金融扶贫、食品药品安全、大气污染防治、退役士兵安置和权益保障等工作进行专项督查。抓好《主席信箱》《人民网·地方领导留言板》群众来信办理。印发《关于做好人民网地方领导留言版宁夏版块主席留言办理工作的通知》,对群众网上留言,安排专人负责,及时收集、转办、反馈。邀请宁夏电视台等媒体对相关部门群众来信办理情况进行明察暗访。9月,自治区政府办公厅被人民日报社人民网评为2017年人民网网民留言办理先进单位。

【工作创新】2017年,将自治区政府承办的223件人大建议和488件政协提案,交由98个单位具体承办。建立工作台账,对部分界定不清、落实难度大的建议提案,及时协调沟通,确保交办和落实到位;对答复不规范的建议提案,及时退回承办部门重新办理,提升办理质量。通过自治区政府领导督办重点提案实地调研、重点提案督办会专题片演示、建议提案跟踪督查、代表委员定期回访等方式,推进办理工作,解决了一批事关经济社会发展和人民群众切身利益的问题。承办3件全国人大建议和6件全国政协提案;会同自治区人大、政协开展重点建议提案督办活动23次;办理人大审议意见18件。初步建成自治区政府网上督查系统和移动督办软件,充分发挥信息化优势。邀请政府参事、行业专家参与督查,强化督查权威性;加强与党委督查室、业务厅局的联系沟通,抽调部门专业人员参与专项督查,增强督查针对性和实效性;邀请媒体参与重点项目建设、建议提案办理、群众来信办理的督查。深入基层一线督查调研,做到“调研一个事项,解决一批类似问题,推动一方面工作”。督查前梳理督查重点和问题线索,制定督查预案,细化督查内容,直奔现场,主动发现问题,督促解决问题。将发现问题与解决问题并重,对督查中发现因第三方责任导致工作难落实的问题,延伸督办,解决“中梗阻”问题。

(王会宁)

研究工作

【调查研究】突出农业供给侧改革,深入开展三农问题研究。2017年,以推进农民增收、农业增效、脱贫富民为关键,先后开展全区蔬菜产业供给侧结构性改革、全区红树莓产业发展情况、全区肉牛产业供给侧结构性改革、兴庆区休闲观光农业等调研,完成《深入推进宁夏农业供给侧结构性改革着力点》《红树莓产业发展情况调研报告》《以销定产拓市场做强宁夏蔬菜产业——我区蔬菜产业供给侧结构性改革调研报告》《关于呈报产业扶贫相关调研材料的报告》《优化政策环境促进农民工返乡创业的对策建议》等调研报告。围绕经济转型发展,开展产业结构调整研究。重点开展智慧型特色小城镇建设发展情况调研,提出推广普及全区智慧型小城镇建设的意见建议;开展全区物流业和大数据产业发展情况调研,研究并提出宁夏物流业和大数据产业发展新思路、新设想,完成《大力培育新经济加快转型促发展》《利用好国际创新资源的建议》决策参考。关注民生福祉,开展社会治理创新研究。开展健康宁夏建设情况调研,参照外省在公立医院改革、社区卫生服务建设等方面的成功经验,完成《健康宁夏建设情况的调研报告》《我区创新社会治理工作的调研报告》《借鉴外地经验以及推进健康宁夏建设系列决策参考3期》《台湾养老服务业发展经验及对我区的建议》《有效应对我区义务教育阶段城市大班额和农村教学点问题的几点建议》《我区服务业要积极推进供给侧结构性改革》等决策参考。

【决策咨询】2017年,完成《当前我国政府债务状况与财政政策空间评估》决策参考专报和《宁夏实施富民工程问题及对策研究》《实施生态立区战略打造西部生态文明先行区路径研究》《美丽宁夏建设研究》等课题,为自治区党委政府决策提供了优质的咨询服务。对《习近平总书记考察宁夏回访调研报告(征求意见稿)》、国务院《政府工作报告(征求意见稿)》《自治区空间规划(征求意见稿)》《自治区关于加快全域旅游发展的若干意见》《银川都市圈建设实施方案》等20多项规划、政策文件提出修改意见建议。参与起草《自治区空间规划文本》《关于深化供销合作社综合改革加快推进“两个体系”建设的实施方案》《支持石嘴山市加快转型发展的意见》《宁夏现代农业创新示范建设总体方案》等政策性文件。

【起草文件和撰写文章】2017年，参与起草自治区第十二次党代会主体报告中形势分析和美丽宁夏部分的内容及报告辅导读本中形势分析和富民工程部分的内容，牵头起草2017年《自治区政府工作报告》，完成自治区政府相关领导的讲话材料。起草国务院调研组关于宁夏“放管服”改革调研情况的报告，参与自治区政府组织的迎接国务院第四次大督查自查工作并参与起草督查自查报告，按照政府办公厅安排，起草国务院秘书一局要求的《加快推进“互联网+政务服务” 着力打造行政审批银川样板》经验材料，参加自治区政府5名领导带队的贯彻党的十九大精神及全年工作督查调研工作并起草调研报告，参加全区依法治区督查调研并起草督查报告。在《宁夏日报》《宁夏社会科学》《共产党人》等杂志上发表《深入推进宁夏农业供给侧结构性改革对策研究》《实施脱贫富民战略 产业支撑是关键》《增强智慧城市的引领带动作用》《实施创新驱动战略打造风生水起的创新生态》《加快放管服改革》等理论文章。

【信息服务】主办《宁夏经济》(双月刊)、《信息快递》、政务网站，服务自治区经济社会发展，为自治区领导干部和社会提供决策咨询服务。2017年，刊行6期《宁夏经济》，编印《信息快递》11期，将搜集整理提炼到的国内外、区内外有关经济社会发展和国计民生的重要信息资料，及时报送自治区主要领导参阅。政务网站按照“速度快、内容新、服务好、互动强”的要求，开设了政策咨询服务、资政成果交流、经济发展论坛等栏目，精选国际国内经济发展趋势信息，宣传国家与自治区发展成就和政策建议，解读中央和自治区重要会议精神，网站点击量日益增加。

（闫建铭）

信访工作

【来信来访】2017年，全区县级以上信访部门共受理群众来信来访36037件(人)次，同比下降35%。其中：受理的群众来信1719件(人)次，同比上升26.6%；接待群众来访4998批28272人(次)，同比批（次）和人（次）分别下降45.1%和46.3%；受理网上投诉6046件，同比上升368.7%。从信访层级看，自治区信访局受理群众来信来访网上投诉9962件（人）次，同比上升9.7%；市级信访部门受理群众来信来访网上投诉10046件（人）次，同比下降37.5%；县级信访部门受理群众来信来访网上投诉16029件(人)次，同比下降47.1%。全区到北京“重点地区涉访”总量为435人(次)，占全年控制指标数500人(次)的87%。其中银川市125人(次)，同比下降48.9%；石嘴山市55人(次)，同比下降83.5%；吴忠市62人(次)，同比下降65.8%；固原市84人(次)，同比下降16.8%；中卫市108人(次)，同比下降81.4%，但实际发生数超出全年控制指标21人(次)(中卫市全年控制指标为87人(次)；宁东管委会1人(次)。

【信访事项办理】2017年，全区信访工作机构及时受理率为96.6%，责任单位及时受理率为97.1%；按期办结率为96.8%；信访机构满意度参评率为91.9%，责任单位满意度参评率为90.9%；信访机构群众满意率为96.1%，责任单位群众满意率为84.1%。群众到自治区初信初访办结率为83.8%。

【营造信访大格局】2017年，各级领导高度重视信访工作。自治区党委书记石泰峰、自治区主席咸辉多次对信访工作作出重要批示；自治区党委常委会、政府常务会议对信访问题作专题研究；自治区党委副书记、银川市委书记姜志刚3次主持召开银川市信访工作专题会议，对建筑领域、社会保障领域的41件突出信访问题进行专题研究；自治区党委常委、政法委书记徐广国深入各市、县(区)及部分乡镇、社区，针对两个《每日通报》中的涉宁事项，坚持在第一时间安排部署，紧盯落实；自治区党委常委、常务副主席张超超对信访工作作出批示，并对金融领域引发的信访问题进行专题研究。其他省级领导化解重大疑难信访问题、推动解决信访事项68件。2017年，市、县级领导干部参加接访1708人次，共接待群众来访1062批6865人次，解决信访事项762件。西吉县创新建立“联合办公日”制度，与群众面对面沟通，研究解决信访问题。泾源县开展“受理10分钟接访1小时县长大接访”活动，现场协调、解决信访事项。金凤区、贺兰县、平罗县、惠农区、盐池县、红寺堡区、彭阳县、沙坡头区等县(区)坚持把信访维稳工作与经济工作放在同等重要位置，定期听取汇报、定期研究分析。县一级信访部门接待受理群众来信来访占全区信访总量的44.5%，同期市一级接待受理量占比为27.9%，自治区一级接待受理量占比为27.6%，大量矛盾和问题在基层得到妥善解决，有效防止了矛盾上行。信访联席会议成员单位对信访工作的重视程度普遍提高，全年共召开5次信访联席会议，共同议定7件重要事项。自治区综治办及时调度，明确每一阶段的工作重要目标、工作要求；自治区维稳办及时准确提供相关信息，公安部门及时出警、果断出击，处置了多起扰序违法行为；自治区司法厅指派94名律师团队进驻信访部门，帮助协调解决涉法涉诉信访事项；自治区团委、人力资源和社会保障厅调配大学生志愿者到信访部门实习，充实工作力量；自治区国土资源厅、住房和城乡建设厅、环境保护厅、总工会、妇女联合会等部门结合实际，主动开展信访工作。

【信访信息系统建设】推进网上信访。持续推进网上信访信息系统联通应用，自治区市、县(区)责任单位和乡镇(街道)录入、办理信访事项12763件(次)，实现信访事项登记办理“关口前移、重心下移”。在市县两级开通网上投诉平台的基础上，推动27个市、县(区)全部开通手机信访平台和微信信访平台，实现网上信访由“网上”向“掌上”延伸，网上信访量占比由上年的不足12%提升到2017年的50%，银川、石嘴山、吴忠三市占比已达到50%以上，网上信访量增幅位居全国前列。网上信访事项及时受理率、按期办结率、群众满意率和参评率指标分别达96.9%、98.9%、95.8%和91.8%，位居全国前列。网民给自治区党委书记、主席留言办理工作，按期办结率达到98.6%，被评为全国先进单位。创新建立联动机制。组建自治区综治信访维稳联动服务中心，解决进京赴银越级上访居高不下、滞留群众不能及时接返、党政机关门口缠访闹访等突出问题。编发《信访信息简报》58期，召开各类协调会30余次，协调解决重点信访突出问题26件，其中兴庆区唐徕小区延期交房、金凤区金发小区拆迁安置、宁东矿区煤炭货运司机利益受损、永宁县叶家湖二期整治工程合同纠纷等重复信访事项得到有效解决，受到中央“三办一部”(中央综治办、维稳办、联席办、公安部)联合通报表扬。强化法治信访。推进依法分类处理信访诉求，厘清信访与行政复议、仲裁、行政裁决、劳动监察等法定途径的受理范围，34个区本级职能部门出台本领域通过法定途径处理信访投诉请求清单。开展法治宣传教育，引导群众自觉守法、遇事找法、解决问题靠法，全年拍摄信访案例40余件，解读政策法规50余条，在宁夏公共频道“民生与信访”专栏播出67期（每期20分钟），有效形成法治宣传“矩阵”。

【信访源头防治】矛盾纠纷排查。坚持常态化排查制度，自治区每月、市每半月、县(区)每周、乡镇随时对受理过的信访事项进行梳理分析，排查出可能影响社会稳定大局的苗头性、倾向性问题，及时向责任地区和部门交办，并跟踪督导问效，有效防止矛盾激化；在重大活动、重要会议、重大节日来临前，对可能诱发进京非正常上访、可能演变成群体性事件、可能酿成事端的隐患问题进行有针对性的专项排查。2017年，全区各级信访部门共排查各类矛盾问题473件，确保了突发性信访问题和群体性事件的源头预防效果。信访信息报送。7月6日开始启动“零报告”制度。每日向全区各地通报北京重点地区涉访人员情况，将其纳入管控范围。向中央信访工作联席会议办公室和国家信访局报送信访信息116期，统计通报到区越级访5780人(次)，进京越级访639人(次)，到北京“重点地区涉访人员”396人（次），重要会议期间，宁夏没有发生一起瞒报、迟报、漏报重要信访信息的行为。及时总结解决群众关心的热点、难点问题的创新举措，全年共编发《自治区信访联席会议简报》15期、《情况交流》28期、《宁夏信访》杂志2期，在宁夏信访官方网站和微信公众号推送各类信息400余条，传递了信访工作正能量，全区12篇经验材料分别被中央联席会议简报、国家信访局网站和微信公众号采用并刊发。

【积案化解】2017年，建立“七个一”化解机制。对重大疑难信访事项，逐案实行“一名包案领导、一个工作专班、一套化解方案、一套帮教稳控措施、一定化解时限、一个化解结果、一个效果评估报告”的方式，深入解决信访工作中“干什么”“谁来干”“怎么干”的问题，压实主体责任。党的十九大召开前，自治区信访工作联席会议办公室梳理交办重点信访事项29件，重点稳控人员41人。推动信访积案化解。建立工作台账，对信访积案按照国家局交办、自治区排查、各地自查三个层级建档立案，对基层推动难度大、受政策体制因素影响多、一时难以解决、长期搁置的疑难问题，由各级领导包案，协调推动化解，2016年排查梳理的287件积案和2017年新排查的112件均全部化解。利用专项资金推动，在国家信访局拨付40万元专项资金的基础上，协调责任单位形成配套资金300余万元，推动解决重点疑难信访问题21件。统筹督查。研究制定自治区《信访事项实地督查工作实施办法》，以重点案件为牵引，把日常督导、个案督导和决策督导结合起来，推动各地各部门信访工作落实。自治区党委督查室、综治办、信访联席办先后组织开展4次专项督查，对全区各市、县(区)和40余个基层信访中心进行走访，提出整改建议200余条，督导解决信访事项300余件。

（曹丽娜）

外事及港澳台工作

【宁夏海外交流协会第四届理事会暨2017开放与创新——海外高端人才走进宁夏系列活动】2017年8月召开，由自治区外事办、中国人才研究会、自治区人才工作领导小组办公室、人力资源和社会保障厅等单位联合举办。美国、加拿大、澳大利亚等14个国家及地区的100余名海外高端人才、专家学者、侨领、华侨企业家及宁夏各界代表受邀参加活动。活动期间召开了宁夏海外交流协会换届选举大会，选举产生了宁夏海外交流协会第四届理事会领导机构，召开了第四届理事第一次全体会议。组织专家到农林、医药卫生、金融及大数据等单位和领域进行考察、技术咨询及洽谈合作。为海外高端人才和宁夏搭建了一条沟通的桥梁和纽带，对鼓励支持宁夏籍海外高层次人才积极参与宁夏经济社会建设发挥了积极作用。

【"欢乐春节"赴欧演出】2017年，组织"欢乐春节·神奇宁夏"文艺团队春节期间赴法国巴黎，葡萄牙波尔蒂芒、里斯本，比利时布鲁塞尔，德国慕尼黑、汉诺威等欧洲4国多个城市为当地观众献上多场独具宁夏特色的艺术盛宴。这次展演活动是近年来宁夏首次在欧盟国家举办大型的对外文化交流活动。

【友城工作】2017年，保持友好城市布局向丝路沿线国家拓展的良好态势，宁夏与印度尼西亚西努沙登加拉省、新西兰马尔堡大区签署友好关系，宁夏与马达加斯加安齐拉纳纳省签署友好省区备忘录。截至年底，宁夏与50个国家建立了57对国际友城。赴美参加城市治理项目，参加第二届中希城市论坛、第十九届中日韩友好交流大会，申报"第二十届中日韩友好大会""第二届中摩地方政府及经贸论坛"等活动的邀请和联络工作，邀请全国友协成为中阿博览会组委会成员单位。

【重要团组来访接待】2017年，接待了埃及驻华大使奥萨马·马格杜布、德国驻华大使柯慕贤、澳大利亚前外长鲍勃·卡尔、英国驻华使馆负责北方地区事务的利伯蒂·泰姆韦尔女士，美国驻华使馆代表团、日本岛根县政府健康部代表团、英国驻华使馆代表团、澳大利亚国家评估署官员、法国青年代表团，澳大利亚驻华公使、马来西亚马来民族(巫统)干部考察团、伊拉克党政考察团、阿曼代表团以及外交部驻外使节代表团等多个重要团组来访，结合宁夏实际，重点介绍"一带一路"建设和中国民族宗教、生态移民、环境保护政策落实情况，展示宁夏民族团结、宗教和顺、社会稳定、经济发展的良好对外形象，为深化相互了解、巩固友好关系、推动各领域务实合作发挥了积极作用。

【对外交流合作】2017年，利用民间渠道讲好"宁夏故事"，传播"宁夏声音"。推荐宁夏燕宝慈善基金会等3家社会组织为中国民间组织国际交流促进会会员单位，并参与中国社会组织推动"一带一路"民心相通行动计划及丝路沿线民间组织合作网络，派员参加中促会理事会及会员代表大会。

【因公临时出国(境)】管理和省级领导出访工作。编制上报2017年度全区人员因公临时出国计划。按照中央和自治区有关文件要求，科学合理、分类编制自治区党政机关、高等院校及科研院所、国有企业、因公赴港澳计划。坚持因公出国(境)规范管理，严格执行外事管理规定和年度出访计划，做好出访团组的审核报批工作。举办3期审批护照签证专办员培训班，为石嘴山市党校、宁夏农林科学院、自治区人民医院等开展外事知识进党校——因公出国(境)培训活动。服务保障省级领导出访14人(次)，对省级领导出访成果进行分工落实，责任到单位。推动宁夏与美国西弗吉尼亚州建立友好关系、开展煤化工领域合作和联合办学项目达成共识；推动阿位伯银行联盟和中国银行协会签订合作协议，促使双方建立长期交流合作机制；拓展与卡塔尔航空公司的合作，开通多哈—银川—国内城市航线，在打造中阿空中丝绸之路等方面起到重要作用。截至年底，完成出国团组439个1588人（次），出境团组100个298人（次）。实际出访人数与2016年总体持平；其中，党政干部出国280批次999人(次)，总量保持稳定；科研院所出国127批(次)358人次。企业出国32批(次)230人(次)。较上年总量减少17.3%。全年办理签证310个团组、APEC卡26张，发放邀请确认函172批226份854人次，核发外国留学生来华签证JW202表46批351人(次)，公证书42份。新制公务护照1220本、港澳通行证243本，出具出境证明249份、港澳签注308个。

【涉外管理】2017年，办理14批次外国高官、驻华使节到宁夏的报批手续，完成吴忠市政府承办的第十届国际葡萄与葡萄酒学术研讨会、中国材料研究学会和北京科技大学在银川举办的2017中韩纳米功能材料研讨会等6项国际会议、涉外活动的审批手续。会同有关单位赴沙特、阿联酋和阿曼开展"一带一路"建设境外安全保障及领事保护工作形势调研，妥善处置宁夏居民刘兆云在蒙古患重病事宜，协助中国驻外使领馆处理宁夏人员在阿布扎比和马斯喀特死亡善后事，向中国驻埃及、摩洛哥、新西兰、马来西亚和俄罗斯大使馆报备宁夏大学学生赴上述国家访学事项，发布预防性领事保护提醒29篇。全年稳妥处置缅甸、德国、阿联酋、肯尼亚籍外国人在宁夏涉外案(事)件6起。

【侨务事务】2017年，组织区内侨务工作者认真学习全国侨务工作会议和《国家侨务工作发展纲要(2016—2020)》精神，结合宁夏发展实际情况，编制印发《宁夏回族自治区落实〈国家侨务工作发展纲要(2016—2020)〉实施意见》。以侨为桥，讲述宁夏故事，传播宁夏声音。成功承办“中国寻根之旅夏令营——华盛顿营”“海外华裔青少年中国寻根之旅——塞上风情·西部行宁夏营”“中华文化大乐园——捷克布拉格营”以及“2017年华文教育杰出人才 华校校董华夏塞上行”等项目，使更多海外青少年了解中华文化。改善侨界民生，维护侨胞合法权益。按时发放老归侨生活补助金24人，慰问归侨、侨眷130户。

【慈善捐赠】2017年，引进雷学金慈善基金会在宁夏同心县实施助学金项目。该基金会将于2016年至2025年每年资助同心县在读大学生20名，总金额为560万元。主动联系香港中联办组织香港妇幼保健医生到宁夏考察，引进香港医疗机构向宁夏捐赠医疗设备项目，项目为期五年，已累计捐赠价值90万元的设备。香港慈恩基金会2017—2018年度向宁夏师范、贺兰一中、银川九中等6所学校提供助学金40万元，为17名孤儿提供救助金3.4万元。香港应善良基金会为宁夏大学30名优秀贫困学生提供助学金36万元。

【交流培训】2017年，赴新加坡举办“一带一路与开放宁夏建设”专题培训班。组织自治区党委、政府有关部门和银川市、固原市、利通区等17家单位相关干部参加。学习借鉴新加坡在经济发展和公共管理方面的成功经验，提高外事干部涉外工作的能力水平。赴福建举办全区侨务干部培训班，全区各市、县(区)39人参加培训，提高了宁夏侨务干部政策理论水平和实际工作能力。在银川举办2017全区翻译业务及涉外礼宾礼仪培训班，邀请中联部礼宾局副处长毕胜和西亚北非局阿语组组长杨迪、欧洲经合组织特聘英语翻译郑家鑫等专家授课，全区220多人参加培训。在上海外国语大学举办外语人才培训班，进行专业口笔译、外宣政策及翻译原则、中东局势和周边形势等内容培训，提高翻译人员和语言干部综合素质能力。选派外事工作人员到中国驻蒙古大使馆工作，到日本岛根县担任国际交流员，赴北京外国语大学、外交培训学院参加亚太暑期同传培训班和“一带一路”翻译学术研讨会及俄语培训，到外交部参与“一带一路”峰会的筹备及礼宾工作，赴法国第三大学巴黎高等翻译学校参加中法互译高级口笔译培训等，为构建全区对外开放新格局培养储备了一批高素质复合型人才队伍。

（何志杰）

【宁台合作】2017年，宁夏引进台资企业21家，获准成立银川市台湾同胞投资企业协会，这是宁夏首家台商协会。全国台企联常务副会长高锦乐、林易生、孙芳山，副会长卢明汉、詹介文，天津市、南京市、南宁市、苏州市、西安市、兰州市台协会等12家台商以及91家台资企业参加协会。参会企业涉及金融、化工、农业及食品加工业、房地产开发、装备制造、教育、健康养老等多个行业。共签订合作项目及协议8个，总投资39亿元左右。宁夏采取“对接会”“台商宁夏行”等方式，组织台商到宁夏考察，承接沿海台商产业转移。举办3个“对接会”。邀请52家台企在银川举办海峡两岸(宁夏)旅游商品展暨旅游产业对接会，签订3个合作项目，其间邀请3名台湾著名旅游专家到宁夏开办旅游商品设计创意设计实操培训班；在苏州举办海峡两岸(宁夏)电子信息对接会，20多家台资企业、45人参会，签订合作项目3个；在银川举办海峡两岸(宁夏)现代农业对接会，邀请20家台企，与宁夏涉农企业、工业园区交流对接，签订合作协议4个，达成合作意向7个。“江苏台企宁夏行”活动取得实效。江苏台办带领电子信息、机械加工、化工、农业和食品加工等领域的24家台企、37人到宁夏考察银川经济技术开发区、银川综合保税区、中卫云计算大数据基地，并召开银川市经济发展及重点产业招商引资恳谈会、中卫市云基地建设及大数据运用招商引资恳谈会，达成合作意向3个。

【宁台交流】经济交流。2017年赴台交流81批、632人(次)，与上年基本持平，台胞台商到宁夏旅游和商务考察24566人次，同比增长15%。来自于基层和青年、文化、教育、经贸等重点领域的交流占全年因公赴台交流的95%以上。自治区非公有制经济服务局组织全区24家食品行业领军中小企业赴台参访培训，与台湾有关商协会、知名企业、工业园区对接洽谈，学习发展理念和先进经验。国民党前主席连战率团到宁夏参访，表态将鼓励和引导更多台湾民众到宁夏观光旅游、投资置业。文化交流。新党主席郁慕明率台湾26所高校的30多名青年学子到宁夏举办“中华儿女文史体验营”活动。世界台湾商会联合总会组织的“世界知名台商大陆参访团”、中国统促会“第十五次海外统促会会长会议负责人宁夏参访团”“中国统一联盟桃竹分会宁夏参访团”“海外华文媒体看宁夏暨港澳台百名企业家宁夏行活动”“第八届海峡两岸人工湿地研讨会暨高层论坛”“中华台北奥委会台湾媒体从业人员观摩团”“第二届海峡两岸医院管理研讨会”“龙脉相传·青春中华——台胞青年夏令营”等大型活动(会议)在宁夏举办,扩大了宁夏的知名度以及在两岸事务中的影响力。教育交流。全年教育领域赴台44批430人(次),占全年因公赴台交流的三分之二以上,合作内容包括师资培训、师资引进、学术交流、短期研讨、交流参访和专业建设等多个方面。高等教育逐步从参观考察、参访交流等向学术交流、师资培训、青年互动式交流转变。赴台交流团组29批240人,其中交换生13批90人(次),随团研习、带队教师4批7人(次),占全部交换生团组的30%,达到了师资深度培训和赴台学生管理的双重目标;学术交流和课程研讨的专题参访5批79人次,同比增长13%;赴台参加研习营的3批52人(次),同比增长36%,推动了两岸学生的深层次交流互动;受邀参加在台湾举办的两岸学术会议、计算机竞赛等活动7批19人(次)。9所高职院校、14所中职院校与台湾相关院校建立合作关系。共有15批职业教育团组198人次入岛交流,赴台院校20多所,同比增长近100%。在台湾举办2017海峡两岸(宁夏)职业教育发展对接会,两地30多所院校共签署合作协议64项;宁夏职业教育园区管委会和台湾私立科技大学校院协进会签署交流合作协议,就推动两地职业教育深入交流合作达成共识。

【宁台“金犊创客行”活动】2017年,参加由旺旺中时集团主办的第二十六届时报“金犊奖”,推荐宁夏百瑞源枸杞有限公司参加大赛组委会在北京、台湾、上海等20多个城市举办的校园创意分享会。超过490万人次参与了获奖作品的网络票选活动。邀请两岸5位文创专家和45名青年学生到宁夏举办“宁夏金犊创客行”活动。成立自治区两岸文化创意产业合作工作协调小组,从文化创意商品研发、打造宁夏特色农产品品牌、打造文化创意旅游特色小镇、人才培训等7个方面明确了各相关部门的合作任务。促成台湾法兰瓷总裁陈立恒出资300万元与宁夏智慧宫文化传媒公司共同注册宁夏仁智文化创意有限公司,与宁夏文投文化旅游品开发有限公司签订合作开发《神秘西夏》电视专题片衍生品开发合同,成立宁台文化创意产业研究院。围绕农产品品牌设计包装、休闲农业及葡萄酒营销,先后邀请5位台湾文创专家到宁夏举办3次沙龙讲座,培训330人(次)。组织10家企业参加在南京举办的两岸企业家峰会暨大陆台资企业产品展销会,落实展位6个,与台湾企业签订文创合作协议4个。

【宁台基层联谊】2017年,举办“银川—高雄社区牵手系列活动”和“宁台青年创客行系列活动”。组织宁夏演艺集团在春节期间赴台演出,得到台湾南部基层民众的热烈欢迎。组织社区回访团入岛开展为期8天的“拜大年、迎新春”联谊回访活动,先后回访了高雄市三民区立德里、安泰里等6个里、10位里长及部分居民家庭。举办两场“兄弟情、一家亲”宁台社区元宵联谊会,邀请宁夏演艺集团杂技团在高雄荣民之家、仁爱之家等6家公益组织进行新春义演。高雄市22名基层代表和新北市25名基层代表到宁夏参访交流,与宁夏社区工作者开展主题交流活动,与宁夏演艺集团举办“塞上金秋·两岸情深——宁台一家亲”主题文艺晚会。通过参访交流,长城花园社区、宝湖社区分别与高雄苓雅区中正里、林围里签署结对交流合作协议,锦绣园社区、马家寨社区分别与新北市长泰社区发展协会和永德小区社区发展协会签署结对交流合作协议。

(吴灵捷)

参事文史工作

【参事工作】2017年,共开展6项专题调研。就绿色金融服务、古村落文化保护、全区各市县(区)工业园区建设发展现状及宁夏房地产去库存等课题,赴银川、石嘴山市、吴忠市、固原市、中卫市政府及厅(局)开展调查研究。《村活动场所调研报告》提出的建议,得到政府领导的批示及相关部门的重视。就新时期如何做好参事工作赴外省(市)开展调查研究,取得初步成效。共向自治区政府上报参事建议7份,政府领导批示5份。接待上海市、陕西省、黑龙江省、湖南省等政府参事到宁夏开展调研考察,组织发改委、财政厅、旅游局、非公经济局和商务厅等部门召开座谈会,交流宁夏在文化旅游、加快民营经济发展及参事队伍建设工作中的做法。组织宁夏参事参加国务院参事室召开的“国是论坛”和中国(四川)自贸试验区建设与西部发展研讨会,交流宁夏有关建设方面的做法和意见。参加西北五省“一带一路”省际合作论坛,参事写的《发挥人文优势　共创“丝路”辉煌》在《甘肃日报》发表。推选两批新聘的参事参加国务院参事研修班。

（王会宁）

【文史研究】2017年，《西夏书画艺术》完稿。编写《宁夏岩画艺术》，展示宁夏贺兰山岩画拓片以及以岩画为题材创作的印象岩画作品。组织馆员、研究员和馆外专家编撰《宁夏历代碑刻书法赏析》。编辑出版郑济洧笺注的《黄图安咏宁夏》诗词集，收录清代宁夏巡抚黄图安70多首描写和咏唱宁夏山川风貌、风俗民情的诗词。召开《宁夏文史》编辑工作会议，就栏目设置和办刊方向征求建议。完成《宁夏文史》第36期、37期和《盛世文苑》专刊第12辑的编辑出版工作。面向馆员征集纪念改革开放40周年口述史选题、文史资料征集工作选题。

【艺术创作交流】2017年，宁夏文史研究馆联合福建、新疆两省（区）文史研究馆先后在福建泉州、宁夏银川举办了以书画联展、考察调研、采风写生为主要内容的闽新宁“丝路回乡翰墨情”文化交流活动，联合甘肃文史研究馆共同在银川举办甘宁“丝路回乡翰墨情”文化交流活动，探讨新形势下如何利用自身优势和区位优势加强交流与合作。联合中央文史研究馆书画研究院、中国岩画学会在北京共同主办“远古的呼唤——宁夏岩画拓片暨张学智印象岩画‘一带一路’巡回展”，在银川进行巡展。举办“塞上春深墨香画韵——王系松、田冰、赵萍书法绘画联展”。

【统战联谊】2017年，组织馆员参加中央文史研究馆主办的“中华文化四海行·走进奉化”“中华文化四海行·走进湖南”“第三届文史翰墨”“国学论坛”活动，选送书画精品和研究论文开展艺术和学术交流；选送馆员书画作品参加中央文史研究馆主办的“美丽中国　幸福香港——文史书画名家联展”庆祝香港回归20周年；应内蒙古文史研究馆邀请，选送馆员创作的书画作品参展，庆祝内蒙古自治区成立70周年；选派馆员参加甘肃文史研究馆主办的“一带一路（敦煌）文史座谈会”并作会议交流发言。配合安徽、河南、湖北、武汉等省、市文史研究馆在宁夏完成民族团结进步、历史文化和非物质文化遗产保护与传承、文博事业发展等方面的考察调研工作；组织调研组到云南、贵州、上海、江苏等省、市文史研究馆考察学习，围绕丝路文化、丝路遗存、口述历史等内容进行考察调研。

【馆员服务】2017年，组织馆员重点学习党的十九大精神、习近平论传统文化传承讲话精神、自治区第十二次党代会精神、全国文史馆工作会议精神，自治区重要会议或文件等。推行馆员激励机制，评选优秀馆员，调动履职积极性。推荐馆员参加《政府工作报告》（意见稿）征求意见座谈会，列席自治区政协会议，畅通馆员建言献策的渠道。组织馆员赴固原市开展采风考察、诗词创作、笔会交流、讲座等活动，就固原地区全域旅游发展及生态保护建言献策。

【服务社会】2017年，组织馆员、研究员送文化进学校、军（警）营、企业，宣传中华优秀传统文化，丰富群众社会文化生活，倡导健康的社会风尚。春节前夕，组织馆员参加“文化惠风 温暖金凤——助学子公益书画笔会”，为基层群众书写春联，组织慈善笔会，捐赠书画作品用于公益助学；赴银川市强制隔离戒毒所、银川市禁毒教育基地参观并举行书画联谊笔会；赴宁夏农业现代有限公司（宁夏园艺博览园）参观考察并举行书画笔会；赴宁夏工商职业技术学院参观考察，赠送书画作品和文史书籍；参加宁夏育才中学校园文化艺术节开幕式，举行书画笔会。

（张玲燕）

地方志工作

【概况】2017年，宁夏地方志办公室继续以《地方志工作条例》及《宁夏回族自治区〈地方志工作条例〉实施办法》为指导，紧紧围绕贯彻《地方志事业发展规划纲要（2015—2020年）》和《宁夏回族自治区地方志事业发展实施方案（2016—2020年）》两个全面目标任务工作，按照“两全”（全面完成二轮修志，实现市县区年鉴编辑全覆盖）目标，围绕志书编纂、年鉴编辑、史话编写及地情资料类书籍编写出版和基层业务指导开展工作。指导评审并批复出版专业志书1部，督促启动3部市县二轮志书编修工作。出版宁夏地方史话系列丛书5部，完成《宁夏通志》（全25卷）的印刷出版和重印工作。完成全区省、市、县27部年鉴编辑任务。开展地方志宣传和业务培训工作，邀请北京市、江苏省地方志专家到宁夏举办年鉴、志书业务培训，全区200多名志鉴编纂人员参加。宁夏地方志办公室开展基层业务指导，先后12次派专人到修志单位培训人员千余人（次）。

【重要会议】2017年1月17日，自治区副主席姚爱兴主持召开宁夏地方志编审委员会会议，审定《宁夏年鉴（2016）》终审稿，讨论确定《宁夏年鉴（2017）》篇目大纲，讨论研究《宁夏回族自治区地方志事业发展实施方案》（讨论稿），宁夏地方志编审委员会委员及宁夏社科院主要领导出席会议。7月20日，宁夏地方志办公室召开全区地方志上半年工作总结暨石嘴山市修志工作观摩培训会，宁夏社科院副院长刘天明参会并讲话。银川市、石嘴山市、吴忠市、固原市、中卫市地方志办公室及大武口区地方志办公室负责人总结了上半年工作，并对下半年工作进行安排。方志出版社总编于伟平应邀对西部志书年鉴资助工程的申报要求、申报流程等进行讲解。11月13日，自治区副主席姚爱兴主持召开《宁夏年鉴（2017）》终审会及《宁夏年鉴（2018）》篇目审定会。

【赴京汇报工作】2017年4月7日，中国社科院副院长、中国地方志指导小组常务副组长李培林，中国地方志指导小组秘书长、中国地方志指导小组办公室党组书记、办公室主任冀祥德在中国社科院接见宁夏社科院副院长刘天明、宁夏地方志办公室主任负有强及银川市地方志办公室副主任杜平一行。刘天明汇报了宁夏地方志系统全面完成二轮志书编纂工作及省市县年鉴编辑工作全覆盖工作开展情况，《宁夏史话》《贺兰山志》《闽宁扶贫协作志》编纂工作及旧志整理、网站建设等方面的工作。随后，在中国地方志指导小组办公室举行座谈，中国地方志指导小组办公室主任冀祥德、副主任邱新立，方志出版社总编于伟平参加并讲话。其间，还到北京市方志馆参观并座谈，并向北京市地方志办公室赠送《宁夏通志》（全25卷）一套。

【志书编纂】2017年，印发实施《宁夏回族自治区地方志事业发展实施方案（2016—2020年）》。明确二轮志书编修、年鉴编纂工作责任部门和完成时限。要求未完成二轮修志任务的8个市（县、区）（兴庆区、金凤区、吴忠市、利通区、青铜峡市、同心县、中卫市、沙坡头区）在规定时间2020年底前高质量完成志书编纂任务。《银川市志》（1979—2005）、《大武口区志》（1993—2014）进入出版环节；吴忠市拟定《吴忠市志编修工作方案（草案）》和《吴忠市志篇目大纲》，并组织相关部门和专家进行初审；中卫市制定《中卫市志编修实施方案》，筹备召开《中卫市志》编修工作启动大会。宁夏地方志办公室先后指导启动《利通区志》《青铜峡市志》《宁夏环保志》《宁夏保险志》《红寺堡扬水工程志》《陕甘宁扶贫扬黄工程管理志》《金凤区志》《宁夏体育志》编修工作。截至年底，《红寺堡扬水工程志》《陕甘宁扶贫扬黄工程管理志》《贺兰山志》《闽宁扶贫协作志》已完成稿件撰写任务，并送相关专家审阅。指导出版了《乾隆银川小志（文白对照本）》《彭阳县移民志》《吴忠市强制隔离戒毒志》《宁夏哈巴湖国家自然保护区志》《吴忠市公安志》《吴忠市残联志》《盐池县检察志》《泾源县检察志》《永宁县王团志》《永宁县非公有制企业志》《石嘴山市创建全国文明城市志》《石嘴山市中医院志》《石嘴山市公积金发展年谱》《石嘴山市检察院志》《石嘴山市中级人民法院志》等行业部门志。

【《宁夏通志》（全25卷）编纂工作完成】《宁夏通志》（全25卷）是宁夏回族自治区党委领导、政府主持，宁夏地方志办公室组织实施，全区70多个厅局、数百人参与编纂的大型文化系统工程。全书25卷34册，2000多万字，是宁夏历史上一部集大成之方志巨著。自2001年启动至2017年，历时16年，以2017年5月最后一卷《宁夏通志·卷首》的出版为标志，完成了编纂出版任务。全书上限自经济社会发端，下限至2000年，客观记述了宁夏各个历史时期，特别是中国共产党十一届三中全会以来政治、经济、军事、文化、社会等方面不断发展的真实篇章，再现了宁夏人民改造自然、改造社会的巨大成就，保存了宁夏历史文脉，为各级领导在经济社会发展过程中科学决策提供了客观依据。《宁夏通志》下限与中国地方志指导小组要求的第二轮修志的下限一致，标志着宁夏第二轮省级专业志编纂任务的全面完成。

【年鉴编辑】2017年，《宁夏年鉴》（2017）编辑出版工作正常开展，全区26个市、县（市、区）继续推进2017年年鉴的编修工作，年鉴编纂工作走向常态化。8月，在中国地方志指导小组组织的全国地方志优秀成果（年鉴类）评奖中，《平罗年鉴2016》获一等奖，《银川年鉴2016》获三等奖，《宁夏年鉴2016》获提名奖。

【地情书及史话编纂出版】2017年，红寺堡区《美丽红寺堡》创刊，继续发行《耘梦》《罗山文苑》。灵武市启动《嘉庆灵州志迹（文白译注）》和《嘉庆灵州志迹译注》编写工作，《灵武历史纪年》进入出版阶段。永宁县出版《美丽永宁》地情资料。兴庆区地方志办公室编写的《筑梦兴庆》完成初稿，平罗县编辑出版《中共地下党在平罗县早期活动档案史料汇编》，银川市编辑出版《银川党史党建》。《宁夏史话（上、下）》《沙湖史话》《宁夏水利史话》《红寺堡史话》《沙坡头区史话》《六盘山史话》等著述的编写评审工作，已完成并进入出版阶段。

【信息化建设】2017年5月18日，宁夏地方志办公室申请开通的“宁夏区情网”正式上线运行。网站将宁夏地方历史文化、志书、年鉴及相关地情资料数据上传，达到了宣传、推介宁夏的目的，与全国地方志系统实现了资源共享、信息发布和修志经验交流。指定专人对网站上传数据进行严格筛选，严把政治、民族宗教及其他敏感问题关，杜绝出现不健康、具有负面影响的内容。适时关注网站发展动向，在重大节会期间，对网站运行情况实行24小时无间断管护，保证网络正常健康运行。微信公众号“方志宁夏”全年发布信息30次，关注人数达200人。贺兰县、青铜峡市先后开通“贺兰史志”“史志青铜峡”微信公众号。银川方志网制定《市志办信息发布保密审查制度》，规范网络管理。

【《宁夏史志》刊行】《宁夏史志》自1985年创刊以来，已编辑出版189期。2017年《宁夏史志》从第4期开始，将刊物改为全彩印刷。全年刊登特载、专载、理论研究、塞上春秋、史地寻踪、塞上人物、民情风俗、古迹遗踪、丝路文化、学术园地等各类稿件80余篇。

【方志馆建设】2017年，宁夏地方志办公室开辟方志资料展示室，集中展示最新的志书、年鉴、史话及地情资料类书籍。吴忠方志馆继续发挥宣传作用并不断加强建设力度。灵武市开展方志馆建设，对档案方志展进行规划，完成《档案方志展览厅建设项目建议书》及布展大纲。惠农区整理现有馆存资料，筹划惠农区方志馆建设工作。红寺堡区建成78平米的方志精品屋，收集区内外各种史书400本，配备投影仪、电脑等设备，布置书法、绘画作品，定期播放微电影、非遗传承纪录片等影像资料。

【“5·18”地方志宣传日】2017年5月18—19日，全区“5·18”地方志宣传日活动在银川太阳神酒店举行。自治区人大常委会副主任袁进琳，自治区政协副主席安纯人，中国地方志指导小组秘书长、中国地方志指导小组办公室党组书记、办公室主任冀祥德，自治区党委宣传部副部长彭生选，自治区政府副秘书长崔晓华，宁夏社科院党组书记张进海、院长张廉、副院长刘天明出席会议。来自全区各市县（市、区）地方志办公室、图书馆系统近200余人参加活动。举行了《宁夏通志》（全25卷）首发式、“宁夏方志网”开通仪式、冀祥德向宁夏回族自治区政府赠送《汶川特大地震抗震救灾志》仪式。张进海汇报《宁夏通志》编修工作情况，冀祥德作“依法治志”专题讲座。北京市地方志办公室副主任张恒彬、江苏省地方志办公室专家陈华应邀就志书编纂、年鉴编辑知识进行现场培训。活动期间向全区各市、县（市、区）地方志工作机构及相关单位赠送了《宁夏通志》。

【业务指导】2017年2月21日，宁夏红寺堡扬水管理处举办《红寺堡扬水工程志》启动会议，宁夏地方志办公室业务人员应邀授课；4月28日，宁夏保险协会召开宁夏保险行业写作培训班，宁夏地方志办公室业务人员应邀授课；5月4日，吴忠市利通区召开《利通区志》编修工作启动会，宁夏地方志办公室业务人员应邀授课。委派专家赴各单位讲授志书、年鉴编修理论及方法，先后对宁夏体育局、红寺堡扬水管理处、宁夏保险协会、利通区、兴庆区、贺兰县、金凤区、红寺堡区、青铜峡市志书编修人员进行培训，培训人员700余人。组织评审《贺兰山志》《闽宁扶贫协作志》《沙湖史话》《六盘山史话》《宁夏水利史话》《宁夏史话（上、下）》《红寺堡史话》《青铜峡史话》。

【年度考评】2017年11月下旬，宁夏地方志办公室采取自治区、市级两级考评办法，对全区各市、县（市、区）2017年度以修志编鉴为中心的各项工作，包括年鉴编纂出版工作、乡（镇）村志专业志的编修及家谱指导工作、有关市县二轮志书的编修工作、史话及各类地情资料编辑出版工作、资料信息化及方志馆建设工作、人员培训学习情况等进行考评。市级地方志机构考评内容还包括对所辖县（市）区业务指导工作。通过现场考核，综合测评，最终评选出市级一等奖1个，二等奖2个，三等奖2个；县级一等奖2个，二等奖4个，三等奖6个。

（张明鹏）

NINGXIA YEARBOOK

政协宁夏回族自治区委员会

ZHENGXIENINGXIAHUIZUZIZHIQUWEIYUANHUI

编辑◎郭勤华

重点提案督办

【概况】2017年,自治区政协坚持围绕自治区重大部署和群众普遍关注的问题,精选14件重点提案,分别是:《关于通过提升职业教育来巩固脱贫成果的建议》《关于促进我区青年创业发展的对策建议》《关于完善体制机制 促使中小企业发展优惠政策落地生根的建议》《关于加强农副产品深加工着力提高农业综合效益的提案》《关于促进社区服务业发展的建议》《关于加强对担保公司、小额贷款公司、投资公司监管力度的提案》《关于加快我区医药工业发展的建议》《关于加强我区饮用水水源地安全监管的建议》《关于改善红寺堡移民区土地盐渍化的建议》《关于发展智能制造促进我区装备制造业转型升级的建议》《关于支持我区培养基础性专业艺术人才的建议》《关于进一步加强我区困境儿童保障工作的建议》《关于推进健康扶贫阻断因病致贫的建议》《关于加强涉尘企业农民工职业健康监护力度,推进农民工职业健康检查工作的建议》,由自治区党委政府主要领导和政协领导牵头督办,依次带动一般提案办理,旨在推动提案整体工作上台阶。

【"关于推进健康扶贫阻断因病致贫"提案】2017年11月3日,自治区党委书记、人大常委会主任石泰峰对自治区政协十届五次会议第94号《关于推进健康扶贫阻断因病致贫》提案进行调研督办。宁夏卫计委等部门针对提案提出的问题和建议,迅速成立健康扶贫小组,先后6次召开协调会议,推进综合医改,出台"13+1"政策架构。自治区党委、政府先后出台若干政策意见,对全区"因病致贫因病返贫"农村建档立卡贫困人口建立基本医保、大病保险、商业保险、民政保险、财政兜底"四保障一兜底"的保障机制,筑牢健康扶贫的综合保障网。

【"关于加强全区饮用水水源地安全监管"提案】2017年11月14日,自治区主席咸辉到银川市南郊水源地,实地调研水源地保护、备用水源地勘测等情况,现场调研督办"关于加强会区饮用水水源地安全监管"的提案,并召开重点提案督办座谈会,听取提案发起人的意见建议和提案办理部门办理情况的汇报。自治区环保厅等承办单位,根据提案反映的具体问题,编制《宁夏水源地保护规划》,起草《关于进一步加强和规范城镇供水管理工作的意见》。逐步建立完善饮用水水源环境管理档案,建立完善饮用水水源风险评估机制,推进地下水环境监测信息共享。

【"关于完善体制机制促使中小企业发展优惠政策落地生根"提案】2017年10月10—11日,自治区党委副书记、银川市委书记姜志刚现场督办《关于完善体制机制,促使中小企业发展优惠政策落地生根》提案,并主持召开督办调研座谈会。姜志刚先后来到宁夏巨能机器人系统有限公司、宁夏隆基宁光仪表有限公司、宁夏电通物联网科技有限公司,对中小企业发展经营进行调研,实地了解政协提案办理情况。自治区非公经济局等部门办理提案,从市场准入、产权保护、财税扶持、降低成本、服务保障等方面给予支持。

【"中国制造2025"试点示范城市提案】2017年11月2日,自治区副主席张超超调研督办关于发展智能制造促进全区装备制造业转型升级、支持吴忠创建"中国制造2025"试点示范城市等3件提案。提案涉及全区装备制造业一系列重大问题,3件提案合并办理。自治区经信委等部门吸纳提案意见建议,加强顶层设计,推进《中国制造2025宁夏行动纲要》统筹规划,高标准搭建孵化平台,培育龙头企业,完善智能制造支撑服务体系；打造人才队伍，依托"海外引才百人计划"等重大人才工程，支持企业引进培养高层次人才，增强基础支撑；加大财政支持力度，将装备制造业和智能制造列为自治区新型工业化专项资金支持重点，推动全区制造业转型升级。

【重点提案办理协商会】2017 年 8 月 23 日，自治区政协副主席崔波主持召开重点提案办理协商会，听取承办单位提案办理情况。自治区农牧厅在编制《宁夏农产品加工业发展"十三五"规划》中吸收委员的意见建议，制定《关于促进农产品加工发展的意见》，推进全区农产品加工业发展。争取农业部农产品产地初加工补助资金 3200 万元，安排一批新型农业经营主体的枸杞、红枣、黄花菜烘干房和果蔬、马铃薯冷藏库（窖）项目建设。落实自治区财政产业化资金 2.58 亿元，按照责任、权利、资金、任务到县的原则安排到各县（市、区），大约三分之一用于支持龙头企业建农产品基地、发展精深加工和打造品牌。

（马贵琳）

专题协商民主议题

【协商计划与民主监督执行情况】2017 年，自治区政协围绕全区工作大局，紧扣自治区第十二次党代会提出的目标任务，广泛征集协商和监督议题，周密制定方案，开展调研协商，先后召开专题议政常委会、专题协商会、座谈会 47 次，提交建议案、专题协商和监督报告 11 篇，完成涉及国企改革、水资源管理、网络舆情、困难群众帮扶、环境保护等的 7 项协商计划和 11 项监督计划议题。

【国有企业改革】执行情况。议题由副主席张乐琴牵头负责，经济委具体承办。调研组设计调研问卷和表格，先后邀请自治区国资委、自治区七大投资集团公司、19 户自治区属混合所有制企业和 5 户申请开展混合所有制改革试点企业及部分参股中央企业和独立董事，分类别召开 6 场调研座谈会；赴银川市、石嘴山市走访 5 家企业，召开 7 场调研座谈会。自治区政协十届 32 次常委会议围绕议题进行专题协商议政。会后，形成《积极推进宁夏国有企业改革发展混合所有制经济的建议案》，报送自治区党委、政府及相关厅局。协商成果。建议案提出九点建议：加强政策宣传，凝聚改革共识；坚持分类有序推进改革，不断增强企业活力；发展混合所有制经济，促进产业结构优化；加强混改企业党的建设，不断完善法人治理结构；加大职业经理选聘力度，完善考核激励机制；稳妥开展员工持股，激发职工积极性完善民生兜底的综合政策保障体系；统筹社会扶贫力量；加大基础设施建设力度，强化产业扶持力度。建议案报送后，石泰峰书记在报告上批示："建议很好，请政府认真研究"；咸辉主席批示："请超超同志按照泰峰书记的批示，组织相关方面认真研究，积极吸纳"；张超超副主席批示："近期研究一次，请小成同志研处"。落实情况。建议案由自治区国资委牵头，经信委、组织部、人社厅、财政厅配合研究落实。相关部门认真研究所提建议，吸纳借鉴，出台《关于自治区国有控股混合所有制企业开展员工持股试点的实施意见》和《关于进一步完善区属国有企业法人治理结构的实施意见》，完善配套政策。加强监管，健全法人治理，加强党建工作；优化改革环境，调动全社会支持参与改革的积极性，推进宁夏国有企业混合所有制改革。

【构建水资源管理联动协同机制】执行情况。议题由副主席张守志牵头负责，政协办公厅和人资环委具体承办。调研组赴四川、重庆学习考察全面推行河长制工作情况；召开协调会，就监督调研内容及监督所依据的法律法规征求自治区水利厅、环保厅意见；赴银川市、石嘴山市开展监督性调研，与两市政府及自治区水利厅、环保厅、农垦集团等相关部门负责人互动交流，并与所涉及的 12 个部门的相关负责人开展座谈讨论。自治区政协十届 33 次常委会议围绕议题进行专题民主监督，自治区副主席马顺清向委员们通报全区水资源管理保护情况。会后，形成《关于我区构建水资源管理联动协同机制的建议案》，报送自治区党委、政府及相关厅局。协商成果。建议案提出六点建议，即统筹编制全区河湖水域保护管理规划；构建水环境治理体系新模式；健全完善具有阶段性针对水资源与水环境的保护机制；构建水环境保护信息共享与公众参与机制；构建水资源保护管理协同监管和联动执法机制；健全河长制督查考核长效机制。落实情况。此建议案由自治区水利厅牵头，发改委、国土厅、环保厅、住建厅、农牧厅、规划办配合研究落实。相关部门经认真研究提出健全完善河湖管理保护规划体系，整合涉河湖治理保护项目，制定出台系列配套措施；探索建立长效稳定的涉水行政审批事项事前联合审查论证制度，建立健全由上级河长统筹协调解决流域上下游、左右岸涉水事务议事决策和执行机制；开展水资源消耗总量和强度双控行动，探索推行合同节水管理，建立水资源承载能力监测预警机制，探索建立污水处理资源化利用鼓励性价格政策体系；建设生态保护红线监管平台，发布《自治区河湖管理条例》，探索创新河湖管理模式。

【创新思路优化环境】执行情况。议题由副主席安纯人牵头负责，教科文卫体委具体承办。调研组听取相关部门情况通报，先后到银川博文小学、银川外国语实验学校、灵武英才学校、宁夏大学新华学院、中国矿业大学银川学院等院校实地考察、座谈交流。召开咨政协商会，综合各方意见建议，形成《关于促进我区民办学历教育健康发展的专题协商报告》，经自治区政协十届61次主席会议审议通过，报送自治区党委、政府及相关厅局。协商成果。报告提出三点建议，即建立分类管理制度；加大政策支持力度；完善法人治理体系。落实情况。报告所提建议由自治区教育厅牵头，人社厅、财政厅、工商局配合研究落实。有关部门表示要认真吸收借鉴报告中的意见建议，力求把报告中的好思路、好办法、好措施运用好，把建议尽快转化为具体措施，推进工作开展。

【规范行政执法与行政诉讼】执行情况。议题由副主席张学武牵头负责，社法委具体承办。调研组就全区行政执法及行政诉讼情况进行专题民主监督调研。自治区政协召开专题民主监督协商会议，自治区高级法院、自治区政府法制办负责同志分别介绍宁夏行政执法及行政诉讼工作有关情况，自治区副主席许尔锋出席会议并讲话。会后，形成《关于我区行政执法及行政诉讼情况的专题民主监督调研报告》，经自治区政协十届61次主席会议审议通过，报送自治区党委、政府及相关厅局。协商成果。报告提出六点建议，即提高思想认识，切实增强法治政府建设的使命感；直面改革难题，提高行政执法效能和水平；规范执法行为，从源头减少行政争议；强化执法监督，让行政执法权力在阳光下运行；加强行政诉讼，推动政府依法行政；注重能力建设，提升行政机关的整体素质。落实情况。报告所提建议由自治区政府法制办牵头，高级法院配合研究落实。有关部门认真研究报告所提建议，采取4项措施规范此项工作，加大法治政府建设推进力度，推进政务信息系统整合共享；在全区推行“三项制度”工作，规范行政执法行为，研究制定全区《行政机关案件败诉问责办法》；健全行政执法部门“双随机一公开”抽查工作机制，规范事中事后监管行为，建立统一的行政执法监督网络平台，推行“电视问政”、委托第三方机构评估（试行）等方式；扩大司法公开范围，完善行政机关负责人出庭应诉考核评价机制；建立行政执法人员培训情况和考试结果档案，出台规范执法辅助人员管理相关规定。

【网络舆情引导】执行情况。议题由副主席田成江牵头负责，民宗委具体承办。调研组听取自治区党委宣传部、民委、公安厅等相关部门情况通报后，赴银川、吴忠、固原三市实地考察网信部门和宗教场所，先后召开4场座谈会，分别听取三市网信部门、宗教局、公安局等相关部门情况介绍，并与当地网信部门、通信管理部门及新媒体代表座谈交流。自治区政协召开专题协商会，会后形成《关于加强网络舆情正确引导巩固我区民族团结成果的协商报告》，经自治区政协十届58次主席会议审议通过，报送自治区党委、政府及相关厅局。协商成果。报告提出五点建议，即打造权威主题网络阵地，加大正面宣传引导；科学配备高科技信息人才，提高网络舆情综合应对能力；建立健全协同工作机制，完善应对体系建设；加强网络信息源头治理，降低负面效应影响；加强新媒体与主流媒体融合。报告得到自治区主要领导的高度重视，石泰峰书记批示：“报告中分析的问题应引起我们高度重视，所提建议很有针对性。请宣传部商有关部门认真研究，加强网络舆情引导。”落实情况。报告所提建议由自治区党委宣传部牵头，自治区党委统战部、网信办、民委（宗教局）、公安厅配合研究落实。提出以下办理意见，即规范网上民族宗教信息传播，从严规范网上民族宗教类活动用词用语，宣传阐释党的民族宗教工作方针政策；加强民族宗教网络舆情应对教育培训，加强网络评论员队伍建设，建立同民族宗教部门工作人员及专家学者组成的专业网评员队伍；完善舆情发现机制，畅通举报渠道，完善舆情研判、通报、应急处置机制；加强各类媒体管控，强化教育引导，及时清理有害言论和信息，对严重违规且整改不力的坚决关停整顿；探索推进新媒体与主流媒体融合发展。

【打造区域特色文化产业品牌】执行情况。议题由副主席洪洋牵头负责，文史委具体承办。调研组听取自治区发改委、文化厅、商务厅、银川市政府等相关部门（单位）情况通报，赴吴忠市进行实地考察，与当地文化主管部门及企业代表座谈交流。自治区政协召开专题协商会议，与专家学者和自治区发改委、文化厅等部门交换意见，会后形成《关于全区文化产业发展情况的调研报告》，经自治区政协十届63次主席会议审议通过，报送自治区党委、政府及相关厅局。协商成果。报告提出四点建议，即加强引导服务，优化文化产业发展环境；突出工作重点，加快文化产业发展步伐；促进融合发展，提升文化产业市场竞争力；重视人才建设，为推进文化产业发展提供智力支撑。落实情况。此报告所提建议由自治区党委宣传部牵头，文化厅、新闻出版广电局、发改委、经信委、人社厅配合研究落实。

【构建港澳委员履职新格局】执行情况。议题由副主席蔡国英牵头负责，港澳台侨和外事委具体承办。调研组在珠海举办港澳委员活动日，进行问卷调查，实地调研在宁港资企业，并赴港澳进行调研。自治区政协召开专题协商座谈会，自治区党委统战部、发改委、经信委、教育厅、农牧厅、文化厅、商务厅、港澳办、台办、旅游发展委、团委、侨联等部门负责同志参加会议。会后形成《进一步探索发挥港澳委员双重作用有效方式，为宁夏经济社会发展献计出力专题协商报告》，经自治区政协十届63次主席会议审议通过，报送自治区党委、政府及相关厅局。协商成果。报告提出六点建议，即加强组织领导，营造港澳工作的良好环境；促进港澳繁荣稳定，发挥好港澳委员中坚骨干作用；关注内地发展，鼓励港澳委员为宁夏经济社会建设献计出力，畅通交往渠道，推动人文交流向更高层次发展；加强信息化建设，为委员提供方便快捷的优质服务；提高履职能力，不断加强港澳委员队伍建设。落实情况。报告所提建议由自治区统战部牵头，商务厅、外办配合研究落实。

【开展自治区空间规划（多规合一）监督工作】监督情况。议题由副主席张乐琴牵头负责，政协办公厅和经济委具体承办。调研组邀请自治区发改委、国土厅、环保厅、住建厅、交通厅、水利厅、农牧厅、林业厅、规划办领导通报相关情况，分别到银川市、石嘴山市、中卫市、平罗县和中宁县开展实地调研。自治区政协召开专题协商会，自治区副主席刘可为出席会议并讲话。会后形成《关于我区空间规划（多规合一）开展情况的调研报告》，经自治区政协十届63次主席会审议通过，报送自治区党委、政府及相关厅局。监督成果。报告提出四点建议，即用十九大精神指导全区空间规划改革试点工作；推进空间规划改革工作；选准选好突破口，推动空间规划落地实施；加快空间规划信息平台和专业人才队伍建设。落实情况。此报告所提建议由自治区规划办牵头，改革办、发改委、国土厅、信建办配合研究落实。

【农村生活垃圾处理】监督情况。议题由副主席张乐琴牵头负责，经济委具体承办。视察组召开情况通报会，邀请自治区环保厅、住建厅相关领导通报全区农村生活垃圾处理情况；先后到泾源县、西吉县、中宁县、利通区视察监督。自治区政协召开协商座谈会，就农村垃圾处理工作中存在的问题与自治区党委农村工作领导小组办公室、财政厅、环保厅、住建厅、农牧厅、卫计委和五市人民政府相关领导进行协商沟通。会后形成《关于农村生活垃圾处理情况的视察监督报告》，经自治区政协十届61次主席会议审议通过，报送自治区党委、政府及相关厅局。监督成果。报告提出五点建议，即加强组织领导，统筹推进农村垃圾治理；强化资金保障，建立考核激励机制；合理制定标准，逐步提升农村垃圾治理水平；落实管理责任，建立健全农村垃圾处理长效机制；加大工作创新，探索农村垃圾分类减量处理新模式。落实情况。报告所提建议由自治区住建厅牵头，环保厅、农牧厅、财政厅、卫计委配合研究落实。有关部门通过以下措施落实报告中的建议，即出台《宁夏农村垃圾处理实施方案》和《宁夏新一轮农村环境综合整治行动实施方案》；自治区财政每年安排4亿元专项资金，支持各地建设完善垃圾收运体系，通过政府引导，鼓励民间资金采用BOT、特许经营、PPP等方式参与农村基础设施建设；编制《宁夏农村生活垃圾处理技术规程》，修订《宁夏实施〈村庄和集镇规划建设管理条例〉办法》；加大农村垃圾处理在自治区对各市（县、区）美丽乡村建设考评中的权重，定期开展督查和工作绩效考评；研究制定农村垃圾处理验收办法及标准，明确验收内容和程序，尽快启动对全区各县（市、区）的验收工作。

【帮扶城市困难人群】监督情况。议题由副主席刘小河牵头负责，提案委具体承办。调研组先后到银川、石嘴山、吴忠市及有关县区开展城市困难群体帮扶工作调研，召开专题座谈会4次，进社区入户走访低保户、下岗职工、残疾人等不同类型致贫城市困难家庭近30户。召开视察协商座谈会，与自治区教育、民政、人社、住建、卫生、总工会、团委、妇联、残联等部门协商交流，共商帮扶城市困难群体之策，形成《城市困难群体帮扶工作情况的视察监督报告》，经自治区政协十届60次主席会议审议通过，报送自治区党委、政府及相关厅局。监督成果。报告提出五点建议：建立低保边缘群体帮扶机制；加大造血型救助力度；推进社会救助信息共享平台建设；建立社会可持续救助模式；建立强有力的基层工作队伍。落实情况。报告所提建议由自治区民政厅牵头，教育厅、人社厅、住建厅、卫计委配合研究落实。提出以下措施推进城市低保边缘困难群体帮扶工作：研究制定《宁夏城市低保边缘家庭认定办法》，明确界定标准和认定程序；加大就业创业政策扶持，把个人创业担保贷款额度统一提高到10万元；把学前教育资助范围扩大到学前三年以及乡村小学附设幼儿园，动态调整普通高中国家助学金资助比例，适当提高寄宿生生活补助标准；实施参保扩面，完善养老保障政策；加大住房保障政策落实力度，把符合条件的住房困难城市低保边缘家庭纳入保障范围；研究出台《关于推进政府购买社会救助服务 加强基层经办服务能力的实施意见》；深入开展绩效考核工作，把城市低保群体救助工作纳入考核范围。

【中央环保督察组反馈问题整改监督】监督情况。议题由副主席张守志牵头负责，人资环委协调承办。视察组听取自治区环保厅相关工作汇报，了解全区整改工作整体进展情况；先后到银川市金凤区、西夏区、永宁县和吴忠市利通区，实地查看全区煤改电、煤改气、燃煤锅炉拆除和企业异味治理等情况，并与自治区环保厅、住建厅、经信委和银川市、吴忠市相关部门负责人座谈交流，就整改落实情况提出监督意见。视察结束后，形成《关于对中央第八环保督察组督查反馈意见整改情况的监督性视察报告》，经自治区政协十届62次主席会议通过，报送自治区党委、政府及相关厅局。监督成果。报告提出四点建议，即加强环境监管督查，确保整改方案稳步推进；推进银川市燃煤锅炉淘汰工作；推广煤改电（气）电能替代项目应用；全方位提升异味监测管控水平。落实情况。此报告所提建议由自治区环保厅牵头，经信委、银川市、吴忠市配合研究落实。按照《自治区贯彻落实中央第八环境保护督察组督察反馈意见整改方案》要求，全年完成整改的24个问题中的23个，剩余1项（清水河劣Ⅴ类水质问题）整改工作继续推进。自治区主要领导多次深入整改工作一线开展调研督办，下发《关于印发〈党委、政府及有关部门环境保护责任〉的通知》，厘清各部门环境保护监管责任。环保厅下发《宁夏回族自治区网格化环境监管体系考核办法》，推进银川市集中供热项目建设，强化措施推进银川市周边制药及生物发酵企业恶臭治理。

【监督性提案《关于完善体制机制促使中小企业发展优惠政策落地生根的建议》】监督情况。提案由自治区党委副书记姜志刚牵头督办，自治区党委办公厅协调落实。督办组先后来到宁夏巨能机器人系统有限公司、宁夏隆基宁光仪表有限公司、宁夏电通物联网科技有限公司，对中小企业发展经营进行调研，并实地了解政协提案办理情况；召开提案办理座谈会，听取提案办理工作汇报。监督成果。提案由自治区非公经济服务局牵头，财政厅、人社厅、国税局、地税局、物价局配合办理。通过以下措施促进中小企业发展：出台各项政策，阶段性解决企业发展突出问题，差别化电价政策落实优惠电量213亿千瓦时，降低企业成本3.8亿元；担保基金贷款发放5.9亿元，保费补贴1188万元；217户企业享受流动资金贷款贴息1.4亿元；发放工业企业融资租赁及保证保险保费补贴4500万元；商务厅外经贸融资担保资金，为34家外经贸企业提供担保业务108笔，在保余额5889万元；全区取消28个普通公路收费站收费，降低企业物流成本1000万元；国地税部门积极开展“银税互动”，为66户纳税守信小微企业发放贷款1.3亿元；“营改增”改革，全区增值税纳税人总体净减税16亿元左右；职工养老、失业保险缴费比例分别降低1个百分点和0.5个百分点，企业减负2.33亿元；大幅消减涉企收费和行政审批许可事项，建立协同督查、政策执行评价反馈及投诉处理服务机制等。

【监督性提案《关于加强我区饮用水水源地安全监管的建议》】监督情况。提案由自治区主席咸辉牵头督办，自治区政府办公厅协调落实。督办组到银川市南郊水源地，调研水源地保护、备用水源地勘测等情况，并召开重点提案督办座谈会，观看水源地保护专题片，听取提案发起人的意见建议和提案办理部门办理情况的汇报。监督成果。提案由自治区环保厅牵头，住建厅、水利厅配合办理。承办单位根据提案反映的具体问题，从以下方面加强全区饮用水水源地安全监管：编制《宁夏水源地保护规划》，开展饮用水水源地基础环境调查及评估，建立全区城镇集中式饮用水水源地基础环境信息库和城镇集中式饮用水水源地评估体系，起草《关于进一步加强和规范城镇供水管理工作的意见》；投入1528万元，对全区供水人口在万人以下、千人以上的382处农村集中式饮用水水源地进行围栏、打桩定界、设置标志牌等；制定突发环境事件应急预案并且定期开展应急演练。

【监督性提案《关于加强对担保公司 小额贷款公司 投资公司监管力度的提案》】监督情况。提案由副主席张守志牵头督办，人资环委协调落实。督办组召集自治区工商联、银川市工商联、银川市天盛律师事务所负责相关问题与提案单位进行意见交流，实地考察宁夏中房集团小额贷款有限公司，与自治区金融工作局、公安厅、工商局及部分企业负责人召开提案现场办理会，自治区工商联有关负责同志和部分政协委员在原提案的基础上提出意见、建议，认真履行政协民主监督职能。承办单位在广泛协商后认真梳理委员意见，重新答复提案单位。监督成果。提案由自治区金融局牵头，公安厅、工商局配合办理。自治区金融局成立重点提案办理工作领导小组，开展提案办理工作并提出以下措施：成立防范和处置非法集资工作领导小组，对投资公司开展专项整治；探索“三联”目标责任考核制度，加强防范检测预警体系建设，出台政策保障小额贷款公司持续健康发展；对小贷公司高利放贷违法犯罪行为进行排查，打击非法吸收公众存款违法犯罪行为；对融资担保机构、小额贷款公司实施监管评级，协调6家融资担保机构、7家小额贷款公司接入人民银行征信系统；强化广告监管，公布举报电话；扩大非法集资宣传教育覆盖面。承办单位还将通过加强监测预警、疏通投融资渠道、加强政策引导、开展行业培训等措施继续加强监管。

【监督性提案《关于加强涉尘企业农民工职业健康监护力度 推进农民工职业健康检查工作的建议》】监督情况。提案由副主席洪洋牵头督办，文史委协调落实。督办组召开提案现场办理会，听取提案单位九三学社宁夏区委会对提案情况的介绍，自治区安监局、卫计委、人社厅通报了提案办理情况，委员们提出强化职业健康防护意识、提高职业健康监护能力、规范职业健康监管体系等建议促进提案办理。监督成果。提案由自治区安监局牵头，卫计委、人社厅配合办理。自治区安监局依法对5家用人单位严重违法违规行为实施经济处罚17万元，制定《2017年全区职业病危害专项治理方案》，加大职业病危害专项整治力度，开展全区职业病危害评估，对《自治区职业病防治规划（2016—2020）》目标任务细化分解，制定细则，加强考核；督促市、县（区）政府落实属地管理，强化治理责任，加大资金投入，配齐配强监管人员，强化职业卫生监管人员专业知识培训；将企业安全生产和职业卫生培训教育纳入一体化，颁发一个培训证，编制《职业病防治法规汇编》，开展“安康杯”《职业病防治法》知识竞赛。

【监督性提案《关于进一步加强我区困境儿童保障工作的建议》】监督情况。提案由副主席蔡国英牵头督办，港澳台侨和外事委协调落实。督办组实地查看了吴忠市儿童福利院、利通区板桥乡巷桥村“儿童之家”等，召开重点提案督办座谈会，听取自治区民政厅、教育厅、公安厅、司法厅、财政厅等9个提案办理单位和银川市对提案办理情况的介绍。与会政协委员提出推进困境儿童保障工作健康发展、提升困境儿童保障服务能力、形成困境儿童保障工作齐抓共管合力等意见和建议。监督成果。提案由自治区民政厅办理。民政厅召开专题研究会议，制定办理实施方案，协调相关部门深入五市实地调研，联合自治区相关部门先后出台《关于加强和改进流浪未成年人救助保护工作的实施意见》《关于加强孤儿保障工作的实施意见》等政策文件，成立自治区农村留守儿童关爱保护工作领导小组，在全国率先建立孤儿养育津贴制度和困境儿童临时监护机制；将6.2万名家庭经济困难的未成年人纳入城乡低保，将贫困家庭重病重残儿童纳入医疗救助范围，给予资助参保并实施门诊医疗救助1.87万人、住院医疗救助3581人、重特大疾病医疗救助130人，对380名困境儿童给予应急性、过渡性救助；投入800多万元，为全区2252个行政村都配备了“三留守”关爱督导员；为全区4000多名贫困家庭中患先天性心脏病和白血病的儿童实施手术救治；成立宁夏儿童福利基金会，对困境儿童及家庭实施医疗救助、康复治疗、教育支持等慈善公益服务。

（马贵琳）

自身建设

【思想政治建设】2017年，坚持把学习贯彻习近平总书记系列重要讲话精神、党的十八届六中全会精神、党的十九大精神、新修改《党章》以及自治区第十二次党代会报告作为首要的政治任务，作为干部教育培训的必修课。先后购置发放《党的十九报告辅导读本》《党的十九大报告学习辅导百问》《党章》等各类学习教材5种650余册，并以党委中心组学习、专题党课、座谈研讨等形式，引导广大党员干部深入领会精神实质，不断增强“四个意识”，坚定“四个自信”，自觉在思想上政治上行动上同以习近平同志为核心的党中央保持高度一致。

【机关队伍建设】2017年，落实全面从严治党要求，发挥政协党组和机关党组的领导核心作用，“两学一做”学习教育成效明显。认真贯彻中共中央八项规定，规范调研视察，精简会议文件，严格公务接待，工作作风不断改进。支持自治区党委巡视组对政协机关开展专项巡视，深化巡视整改，建设忠诚干净有担当的干部队伍，机关“庸懒散松”得到有效治理。

【发挥委员主体作用】2017年，举办政协委员培训班，培训全区各级政协委员500人（次），广大委员的政治把握能力、调查研究能力、联系群众能力和合作共事能力得到有效提升。成立委员联络工作室，建立委员履职管理信息系统，开展履职考核。建立委员基层联系点制度，自治区和市、县政协委员上下联动，开展各类活动400余次，在理顺情绪、化解矛盾、促进和谐稳定等方面发挥了积极作用。从严抓好队伍管理，依章程对严重违纪违法的委员撤销委员资格，坚决维护了政协组织形象。探索更好发挥界别作用的方式途径，建立健全活跃有序的界别活动机制，以界别为单位推荐大会发言、提交集体提案、反映社情民意信息,注重发挥界别的专业纽带作用,支持具有界别特色地开展协商议政。

【服务保障和信息工作】2017年,争取全国政协指导，做好全国政协主席俞正声和多位副主席来宁视察调研的服务保障工作。制定、修订党组工作、专题协商、提案办理、大会发言、视察调研等45项制度,以政协章程为核心,覆盖会议组织、经常性工作、自身建设的制度体系更加完善。改进社情民意信息的收集与反映,共收到信息700多条。以理论创新推动工作发展,召开理论研讨会,征集汇编理论文章150多篇。完善政协新闻宣传工作机制,报道政协组织和广大政协委员的履职成果。

（马贵琳）

重要活动

【国务院政府工作报告征求意见座谈会】2017年1月22日，自治区政协主席齐同生主持召开国务院政府工作报告征求意见座谈会，全国政协人口资源环境委员会副主任项宗西，自治区政协副主席蔡国英、张乐琴、刘小河、张守志和秘书长刘卉出席。住宁全国政协委员党彦宝、孙涛参加会议。

【会见齐让一行】2017年2月20日,自治区政协主席齐同生在银川悦海宾馆会见全国政协人口资源环境委员会副主任,中国老科学技术工作者协会党委书记、常务副会长齐让。自治区党委常委、组织部部长盛荣华，自治区政府副主席姚爱兴,自治区政协副主席张守志参加会见。

【重大项目建设启动仪式】2017年2月24日，银川市2017年重大项目建设启动仪式暨永宁县“建设之春”项目开工仪式正式启动。自治区政协主席齐同生,自治区党委常委、银川市委书记徐广国等领导出席开工仪式。银川市共谋划储备2017年建设投资项目1359个，总投资5765.9亿元，年度计划投资2525亿元。其中重大建设项目100个，总投资1467.6亿元,年度计划投资406.4亿元。一季度计划开复工项目678个，占全年的49.9%;计划投资1079.66亿元,占全年的42.8%。其中,新建项目339个,年内计划投资444.99亿元。

【2017年度宁夏政协“兴华爱心基金重特大疾病救助资金”发放仪式】2017年4月6日,自治区政协举行2017年度宁夏政协“兴华爱心基金重特大疾病救助资金”发放仪式，自治区政协主席齐同生,自治区政协副主席蔡国英、张学武及秘书长刘卉出席。经过查访和遴选,2017年共确定救助对象60名,发放救助资金238万元。自治区政协秘书长,宁夏宝丰能源集团有限公司负责人，部分市、县(区)政协有关负责人及受助患者代表参加仪式。

【全国政协到宁调研“改进校园餐食管理”座谈会】2017年4月26日,全国政协改进校园餐食管理工作调研座谈会在银川召开。全国政协副主席、九三学社中央主席韩启德出席会议并讲话。全国政协教科文卫体委员会副主任李卫红;全国政协常委、副秘书长,九三学社中央常务副主席邵鸿;全国政协常委、提案委副主任,九三学社中央副主席赖明;全国政协教科文卫体委员会副主任马德秀出席会议。自治区政协主席齐同生主持会议,自治区副主席马力汇报宁夏改进校园餐食工作情况，自治区政协副主席安纯人及秘书长出席会议。

【全国政协主席俞正声到宁视察】2017年5月8—10日,中央政治局常委、全国政协主席俞正声到宁夏调研考察，自治区政协主席齐同生陪同。俞正声先后在固原调研了扶贫攻坚情况，在银川了解相关企业发展情况，在永宁县纳家户清真寺看望了宗教人士和回族群众。9日,在银川主持召开陕、甘、青、宁省区民族宗教工作座谈会。10日,俞正声主席看望自治区政协机关干部职工，发表重要讲话并与机关干部合影留念。自治区政协主席齐同生,自治区政协副主席崔波、蔡国英、安纯人、刘小河、田成江、张学武、张守志、洪洋及秘书长刘卉陪同。

【全国政协副主席马培华到宁调研】2017年5月15日,全国政协副主席、民建中央第一副主席马培华到宁调研民建宁夏区委会自身建设发展情况，马培华对民建宁夏区委会思想建设、调查研究、参政议政、基层组织建设等工作给予充分肯定。自治区政协副主席崔波、自治区政协秘书长刘卉陪同。

【全国政协调研组到宁调研】2017年7月3—6日,全国政协副主席王家瑞率调研组对宁夏脱贫攻坚工作进行调研。调研组先后到彭阳县城阳乡中心学校、古城镇卫生院、古城镇任河小学、孟塬乡万寿菊种植基地等处，实地了解彭阳县脱贫攻坚推进工作及中国宋庆龄基金会帮扶项目实施情况,并召开了座谈会,共商推进脱贫攻坚工作。自治区政协主席齐同生陪同调研。

【全国政协特邀常委视察团到宁视察】2017年7月10—14日，全国政协副主席卢展工率领全国政协特邀常委视察团到宁夏视察。视察团先后到海原县、西吉县、原州区、兴庆区、永宁县等地，就少数名族地区精准扶贫工作进行视察，并召开专题座谈会，共同研究破解少数民族地区深度贫困之策。自治区政协副主席、党组副书记崔波陪同视察。

【慰问关怀】2017 年 1 月 19 日，自治区政协主席齐同生赴吴忠市利通区看望慰问困难群众、困难党员、劳动模范。自治区政协秘书长刘卉陪同慰问。24 日，自治区政协主席齐同生走访看望了自治区政协省级离退休老同志。自治区政协副主席张乐琴、安纯人、张学武，秘书长刘卉、办公厅主任蔡明陪同看望。

（张贵琳）

重要会议

【十届五次委员会议】2017 年 1 月 9—13 日，中国人民政治协商会议宁夏回族自治区第十届委员会第五次会议在银川举行。大会应出席委员 431 人，开幕会实到 392 人，闭幕会实到 373 人。自治区政协主席齐同生主持闭幕会并致闭幕辞，自治区政协副主席蔡国英主持开幕会。会议审议通过了齐同生主席代表政协宁夏回族自治区第十届委员会常务委员会所作的工作报告和刘小河副主席所作的提案工作情况的报告；审议通过了《自治区政协 2017 年协商工作计划》和《自治区政协提案委员会关于十届五次会议提案审查情况的报告》。委员们列席自治区十一届人大七次会议开幕会，听取并讨论了自治区主席咸辉所作的政府工作报告，分组讨论了《自治区 2016 年国民经济和社会发展计划执行情况与 2017 年国民经济和社会发展计划草案的报告》、自治区“两院”工作报告以及其他报告，对上述报告表示赞同，并提出意见和建议。会议选举崔波为自治区政协十届委员会副主席，增补了 12 名自治区政协常委。会议期间，自治区党政、政府主要领导出席政协开幕和闭幕会议，听取委员大会发言，并参加联组讨论，与委员们共商改革发展大计。委员们以饱满的政治热情和高度负责的精神，深入协商议政，积极建言献策。

【十届二十七次常委会议】2017 年 1 月 4 日，自治区第十届二十七次常委会议在银川召开，会议研究自治区政协十届五次会议有关事宜，审议相关工作报告。自治区政协主席齐同生出席会议并讲话，自治区副主席马力通报自治区政协十届四次会议以来提案办理情况，自治区政协副主席蔡国英主持会议，自治区政协副主席张乐琴、安纯人、刘小河、田成江、张学武、张守志、洪洋和秘书长刘卉参加会议。会议审议通过关于召开自治区政协十届五次会议的决定、议程、日程；审议通过常委会工作报告（草案）及报告人建议名单、提案工作报告（草案）及报告人建议名单、列席人员范围、分组办法、小组召集人名单；审议通过自治区政协 2017 年协商工作计划（草案）；审议通过自治区政协 2016 年协商工作计划执行情况报告、自治区政协各专委会 2016 年工作总结和 2017 年工作要点；通过自治区政协十届委员会有关人事事项。

【十届二十八次常委会议】2017 年 1 月 11 日，自治区政协第十届二十八次常委会议在银川召开。自治区政协主席齐同生主持会议，自治区政协副主席蔡国英、张乐琴、安纯人、田成江、张学武、张守志、洪洋和秘书长刘卉出席会议。会议应到常委会组成人员 110 人，实到 90 人，符合规定人数。会议听取自治区党委组织部关于增选自治区政协十届委员会常务委员会组成人员建议名单的说明；审议通过增选自治区政协十届委员会常务委员会组成人员名单（草案），提交各组讨论；审议自治区政协十届五次会议选举办法（草案），提交各组讨论。

【十届二十九次常委会议】2017 年 1 月 12 日，自治区政协第十届二十九次常委会议在银川召开。受自治区政协主席齐同生委托，自治区政协副主席蔡国英主持会议，自治区政协副主席张乐琴、安纯人、刘小河、田成江、张学武、张守志、洪洋和秘书长刘卉出席会议。会议应到常委会组成人员 110 人，实到 94 人，符合规定人数。会议通过自治区政协 2017 年协商工作计划（草案）；通过自治区政协提案委员会关于十届五次会议提案审查情况的报告（草案）；通过自治区政协十届五次会议决议（草案）；通过自治区政协十届五次会议选举办法（草案）；通过增选自治区政协十届委员会常务委员会组成人员候选人名单，提交大会选举；审议通过自治区政协十届五次会议选举大会监票人、总监票人名单。

【十届三十次常委会议】2017 年 1 月 13 日，自治区政协第十届三十次常委会议在银川召开。自治区政协主席齐同生主持会议，自治区党委副书记、自治区政协副主席崔波，自治区政协副主席蔡国英、张乐琴、安纯人、刘小河、田成江、张学武、张守志、洪洋和秘书长刘卉出席会议。会议应到常委会组成人员 123 人，实到 106 人，符合规定人数。会议听取自治区党委组织部有关人事事项说明。

【十届三十一次常委会议】2017 年 3 月 21 日，自治区政协第十届三十一次常委会议在银川召开。会议传达学习贯彻全国两会精神和全区领导干部大会精神。

自治区政协主席齐同生出席会议，自治区党委副书记、自治区政协副主席崔波主持会议。受齐同生委托，自治区政协副主席蔡国英作了会议讲话，自治区政协副主席安纯人传达了全国政协十二届五次会议精神，介绍了16位住宁全国政协委员的履职情况。会议围绕贯彻全国政协十二届五次会议精神进行分组讨论；通报党风廉政建设和反腐败工作情况；审议通过有关人事事项。自治区政协副主席张乐琴、刘小河、田成江、张学武、张守志、洪洋和秘书长刘卉，办公厅主任蔡明出席会议。会议要求全区各级政协组织和政协委员要把学习贯彻全国两会精神作为当前的一项重要政治任务，提高政治站位，增强"四个意识"，以更高境界、更宽视野把握人民政协事业发展方向和要求，围绕中心、服务大局，务实重行、凝心聚力，为实现经济社会发展目标任务贡献政协智慧和力量。

【十届三十二次常委会议】2017年5月24日，自治区政协第十届三十二次常委会议在银川召开。自治区政协主席齐同生主持会议。自治区党委常委、自治区常务副主席张超超通报了全区发展混合所有制经济情况。自治区政协副主席崔波、蔡国英、张乐琴、安纯人、刘小河、田成江、张学武、张守志、洪洋和秘书长刘卉出席会议。会议传达了中共中央政治局常委、全国政协主席俞正声在宁视察重要讲话精神，就宁夏"积极推进国有企业改革，发展混合所有制经济"作专题报告。政协调研组和常委们围绕此次会议议题作了大会发言。会议还通过了有关人事事项。

【十届三十三次常委会议】2017年8月24日，自治区政协第十届三十三次常委会议在银川召开。自治区政协主席齐同生出席会议并讲话。自治区党委常委、自治区副主席马顺清代表自治区政府通报全区水资源保护情况。自治区政协副主席崔波、蔡国英、张乐琴、安纯人、刘小河、张学武、洪洋和秘书长刘卉出席会议。自治区政协副主席张守志主持会议。会上，自治区政协调研组就全区"构建水资源管理联动协同机制，促进水资源保护"作专题报告；自治区各民主党派负责人和常委代表们作大会发言。会议还审议通过了有关人事事项。

【十届三十四次常委会议】2017年11月3日，自治区政协第十届三十四次常委会议在银川召开。自治区政协主席齐同生主持会议并讲话。自治区政协副主席崔波、蔡国英、张乐琴、安纯人、刘小河、田成江、张学武、张守志、洪洋和秘书长刘卉出席会议。会议学习贯彻中国共产党第十九次全国代表大会精神，传达学习全国政协十二届二十三次常委会议精神，审议通过自治区政协《关于学习贯彻中国共产党第十九次全国代表大会精神的决议》，印发自治区政协党组《关于学习贯彻党的十九大精神的意见》，对学习贯彻十九大精神作了全面动员部署。

【全国政协十二届五次会议提案素材征集座谈会】2017年2月9日，征集全国政协十二届五次会议提案素材座谈会在银川召开。住宁全国政协委员召集人、自治区政协主席齐同生主持会议并讲话，项宗西、孙贵宝、姚爱兴、安纯人、张守志等住宁全国政协委员，自治区政协副主席蔡国英、刘小河，秘书长刘卉、办公厅主任蔡明出席会议。座谈会上，财政部相关部门负责人通报2016年中央预算执行和财政工作等情况，并听取住宁全国政协委员意见建议。自治区副主席姚爱兴通报2017年自治区政府重点工作，及需要住宁全国政协委员帮助呼吁的重要事项。委员们和与会同志就2017年全区提交全国政协会议的提案素材进行讨论。

【其他会议】2017年2月8日，自治区政协召开十届五次会议提案交办会，自治区政协副主席刘小河出席会议并讲话。自治区政协秘书长刘卉主持会议。4月11日，自治区政协召开加强网络舆情正确引导巩固民族团结成果专题协商会议，自治区政协主席齐同生，自治区政协副主席田成江及秘书长刘卉出席会议。7月1日，自治区政协召开机关专题党课辅导会，自治区政协主席齐同生做专题党课辅导，自治区政协副主席崔波、蔡国英、张乐琴、安纯人、刘小河、张学武、洪洋及秘书长刘卉出席会议。7月23日，自治区政协反映社情民意信息工作会在银川召开，自治区政协主席齐同生，自治区政协副主席崔波、蔡国英、张乐琴、刘小河、张学武、张守志、洪洋及秘书长刘卉出席会议。7月25日，自治区政协召开行政执法和行政诉讼专题民主监督协商会，自治区政协主席齐同生主持，自治区政协副主席崔波、张学武及秘书长刘卉出席会议。

（马贵琳）

专门委员会

【提案委员会】提案征集与审查。自治区政协全体会议之前，提前做好提案选题参考目录征集工作，根据自治区党委、政府工作重点，整理编印《提案选题参考目录》供委员选题参考；向自治区各部门、五市政府征集提案素材，为住宁全国政协委员选题和撰写提案做好服务；通过《华兴时报》《宁夏日报》、各市县（区）新闻媒体及网络平台等征集提案线索，进行分类整理，供委员、各民主党派、工商联、人民团体和政协专委会参考。十届五次会议以来，提案委共收到提案579件，其中，各民主党派、工商联和政协专门委员会提案171件，委员提案408件。经审查立案509件，将22件内容相近提案并案为9件，不予立案57件。召开提案委员会全体会议对提案进行审查。在提案审查中采取三级审查方式，同时邀请自治区党委、政府13个相关部门的同志参与提案初审，增强审查工作的针对性、严谨性。严格提案审查立案标准，对内容相近的22件提案作并案处理，对不符合立案标准的，转为群众来信处理，较往年不予立案数量有所提高。召开提案交办会，及时将审查立案的提案，送交自治区党委、人大、政府、政协办公厅和自治区高级人民法院，批转到相关承办部门办理。参加自治区政府系统提案交办会。提案委办公室编制《十届五次会议提案分类目录》供委员参考。重点提案遴选与督办。与自治区党委、政府办公厅协商，遴选确定由自治区党委、政府、政协领导督办的14件重点提案督办成效明显，并带动了一般提案的办理。对民主党派、工商联提案进行筛选，确定7件提案报自治区党委领导阅批。筛选20件事关全区经济社会发展的提案，编辑《重要提案摘报》报送自治区党委、政府领导批示办理，领导批示办理5件。提案工作调研。3—5月，副主席刘小河率提案委同志和部分政协委员，赴石嘴山、吴忠、固原三市专题调研提案工作情况，与自治区各民主党派、工商联和主要的提案承办单位及自治区政协专委会同志座谈交流，共召开6次座谈会，了解提案工作的好经验、好做法及在提案方面存在的问题及加强和改进的意见建议，起草调研报告。视察城市困难人群帮扶情况。7月，副主席刘小河率调研组先后到银川、石嘴山、吴忠市及有关县区开展城市困难群体帮扶工作视察调研。提出建立低保边缘群体帮扶机制等5点建议。自治区民政厅、教育厅等单位配合研究落实，并制定《宁夏城市低保边缘家庭认定办法》。联系基层工作。3月，副主席刘小河到政协委员基层联系点——自治区人民医院调研宁南医院发展情况，针对宁南医院相关提案办理，召开提案办理协商会，组织自治区卫计委、编办、发改委、财政厅、扶贫办、自治区人民医院、海原县政府等部门负责人座谈交流，共商解决宁南医院发展困境对策，并形成会议纪要，得到自治区有关领导重视，批示有关部门采纳落实。10月，会同自治区党委办公厅、政府办公厅，组织部分政协委员和各民主党派、工商联、政协专委会负责同志组成督查组，对提案主要承办单位办理工作开展督查，促进提案办理成效不断提高。《关于支持全区培养基础性专业艺术人才的建议》督办。9月12日，自治区政协副主席刘小河主持召开自治区政协重点提案办理专题协商会议，对自治区政协十届五次会议第330号提案《关于支持全区培养基础性专业艺术人才的建议》进行督办。为开好提案办理协商会，8月2日，刘小河带队到宁夏话剧艺术发展有限公司、宁夏演艺集团秦腔剧院有限公司和宁夏演艺集团专门进行调研和座谈。制度建设。制定《政协宁夏回族自治区委员会提案办理“双向评议”办法(试行)》，使“双向评议”工作更加规范化、制度化，强化对评议结果的运用，促进提案质量和办理质量的“双提高”。提案宣传。通过报纸、网络等媒体，刊发了十届五次会议提案综述，选择部分提案和提案办理结果在宁夏电视台、宁夏政协网、《华兴时报》等媒体上公开报道，增加了提案工作透明度；对自治区领导督办重点提案、提案现场协商办理、提案跟踪办理等活动及时组织新闻媒体进行宣传报道。对全区提案工作中的先进典型、优秀成果和市、县(区)提案工作的亮点通过《华兴时报》等新闻媒体组织采访和广泛宣传报道；总结梳理十届政协提案工作，编辑出版《十届自治区政协提案工作纪实》。住宁全国政协委员的服务工作。参与组织召开十二届全国政协五次会议提案素材征集座谈会，邀请自治区有关部门和五市政府、政协负责同志通报情况、提出建议。完成全国政协十二届五次会议提案素材的征集工作，为住宁全国政协委员征集五市、厅局提案素材60余件。住宁全国政协委员共向大会提交提案88件。其中《关于支持西部云基地建设一体化国家军民融合大数据中心先行示范区的提案》被全国政协列入重点提案。该提案还被全国政协评为优秀提案。

【经济委员会】调研履职。2017年，牵头组织“积极推进国有企业改革，发展混合所有制经济”政协常委会议政专题调研。经济委员会在研究国家和自治区政策的基础上制定调研方案，联合民盟、民建宁夏区委会及相关部门企业调研，以问题为导向集思广益形成调研报告提交政协常委会协商讨论，并综合吸纳常委们的意见建议，以政协建议案的形式报送自治区党委。党委石泰峰书记批示，“建议很好，请区政府认真研究”，党委办公厅要求相关部门研究提出办理意见。结合常委会专题调研，经济委员会召开民营企业参与国企改革暨转型升级座谈会，鼓励民营企业参与国有企业混合所有制改革。扶贫攻坚。经济委员会协助全国政协经济委围绕“实施精准扶贫中存在的问题和建议”议题开展协同调研，将宁夏实施精准扶贫中的有关情况向全国政协经济委进行了报告。调研全区深度贫困问题，形成《关于支持宁夏深度贫困地区脱贫攻坚工作的建议》。配合陕西省政协召开六盘山片区四省区政协精准扶贫交流推进会第三次会议，向自治区党委报送《关于六盘山片区政协精准扶贫交流推进会第三次会议情况的报告》。民主监督。就“全区空间规划(多规合一)开展情况”进行专题监督。宁夏是中央确定的空间规划(多规合一)改革试点省区之一，经济委在深入调研的基础上组织召开民主监督专题协商会，形成《关于全区空间规划(多规合一)开展情况的专题监督报告》报送自治区党委，就加强空间规划编制的科学性，处理好保护与发展的关系，选准规划落地实施的突破口，加强空间管控人才队伍建设等方面工作提出了监督意见，得到政府领导的重视。就“农村生活垃圾处理情况”开展视察监督。经济委员会和九三学社宁夏区委会联合组织视察并召开专题协商会议，向自治区党委报送《关于农村生活垃圾处理情况的视察监督报告》，提出加强组织领导，强化资金保障，合理制定标准，落实管理责任，探索农村垃圾分类减量处理新模式等监督建议。解决企业实际问题。2017年，经济委员会在调研中认真听取委员和企业反映的意见建议，先后形成《关于撤销中宁黄河大桥收费站的建议》《关于支持宁夏康亚药业有限公司研发国家一类新药“达瑞司他钾”的建议》《关于支持宁夏西部创业实业股份有限公司健康发展的建议》3份信息专报，得到了政府、政协领导的重视和批示。其中《关于撤销中宁黄河大桥收费站的建议》，推动了全区25个政府还贷普通公路收费站分两批撤销。提案和社情民意。经济委员会向政协会议提交提案2件，其中《关于加快全区医药工业发展的提案》被确定为自治区领导督办的重点提案。反映社情民意信息2期，其中《部分企业不接纳回族务工群众的情况亟待解决》得到自治区主席马力的批示和政府办公厅的回复。经济委员会被自治区政协评为2013—2017年度反映社情民意信息工作先进单位，《关于解决全区招标采购中本土品牌产品中标难题的建议》被评为优秀社情民意信息。委员解方代表经济委员会在政协十届五次全委会上作了《关于促进全区物流业健康发展的建议》的大会发言。拓展委员履职空间。全年，经济委员会组织本委委员先后到力成电气、宁夏地质局水环院青铜峡项目部、银川市兴泾镇和镇北堡镇、兴庆区花溪谷和国际鲜花港进行视察；组织侨联界别和经济界别委员对银川市城市地下综合管廊及智慧城市建设进行视察；跟随副主席张乐琴到中卫市兴海村、夏华产销合作社、文昌镇民族巷社区等基层联系点入户走访交流。委员会接待了新疆、甘肃、内蒙古、四川、上海、河北等省(市、自治区)政协到宁考察团。委员会组织委员到福建省、海南省考察空间规划（多规合一)改革试点开展工作，形成考察报告。

【人口资源环境委员会】2017年，承办自治区政协十届33次常委会，以银川市“入黄排水沟水污染防治”和石嘴山市“重点湖泊水环境治理”为切入点开展监督性调研，围绕“构建水资源管理联动协同机制，促进水资源保护”协商议政。组织各党派区委会开展民主监督，并在常委会上做大会发言。聚焦全区大气污染防治工作开展监督性视察。实地查看全区煤改电、煤改气、燃煤锅炉拆除和企业异味治理等情况，与相关部门负责人座谈交流，就整改落实情况提出监督意见，形成《关于对中央第八环保督察组督查反馈意见整改情况的监督性视察报告》报自治区党委、政府。并针对调研中发现的具体问题，报送《关于支持煤改电储热式电锅炉优惠电价的建议》。现场督办《关于加强担保公司、小额贷款公司、投资公司监管力度》监督性提案。实地考察宁夏中房集团小额贷款有限公司，组织提案单位与承办单位围绕加强监测预警，疏通投融资渠道，强化政策引导，建设征信体系等问题广泛协商交流，对构建金融市场监管体制机制提出建议，报自治区党委、政府。以协商调研为切口，推进经济社会协调发展。专题调研畜禽养殖废弃物污染治理和资源化利用。召开情况通报会，先后到银川市、吴忠市与有关部门、企业座谈沟通，提交调研报告。建议完善地方性法规，加大政策资金扶持与引导，构建技术标准体系，推广种养循环农业，加强环境污染治理联合执法。开展立法协商调研。组织委员参与政府法制办关于《宁夏回族自治区大气污染防治条例》《宁夏回族自治区实施〈农田水利条例〉办法(送审稿)》修改工作。组织相关领域专家针对《宁夏大气污染防治条例(草案)》开展自治区政协三级委员立法协商调研。就理顺大气污染监管体制，政府监督和社会监督明晰权责，进行责任处罚和法律建设等内容提出建议。联合调研社区矫正工作。联合民革宁夏区委会，了解全区在社区矫正法律体系建设中遇到的问题，与有关部门就明确社区矫正执行主体的职责与权限、社区矫正执行机构的法律地位、社区矫正工作人员的身份和权责、细化社区矫正执法人员的权责、通过立法对社区矫正工作中好的做法加以吸收和固定、有效解决立法前的过渡期等问题座谈交流，形成了提交全国“两会”的提案材料。委员会把资源利用和民生改善作为日常调研工作的重点，围绕发展农村集体经济、促进环保产业发展、垃圾分类处置、煤改电项目推广、浅层低温能开发利用、社区卫生服务及养老等方面，动员并组织本委委员深入调研，共提交25件提案、6份社情民意，社情民意反映数量位居专委会第二名。委员会机关工作人员深入永宁县紫金花造纸厂，调研秸秆综合利用情况，形成了《关于支持打造农作物秸秆综合利用产业园区的建议》，在自治区政协十届5次会议上做书面发言。受齐同生主席委托，对全区医疗垃圾管理处置开展调研，报送《关于加强全区医疗废物处置管理的建议》。与有关部门跟踪第368号《关于推广钙果(欧李)种植，促进压砂地后续产业发展的建议》的提案办理工作，推动了中卫市硒砂瓜接替产业的落实。以联系各方为纽带，提升委员会工作质量。开展委员届中述职和走访部分委员单位活动，及时收集整理宣传委员们工作中的先进事迹，密切与政协委员的联系。组织委员参加乡村建设专题讲座、“六·五”环境日宣传、环保公众开放日、保护黄河万里直播行动、宁夏金融改革创新高层讲座等活动，增强与对口联系单位的工作互动与配合。参加青铜峡市政协委员基层联系点和宁夏众一集团、永宁县中医院基层服务点活动。联系自治区住建厅，帮助协调解决政协定点帮扶单位同心县预旺镇土峰村510户居民农村环保厕所建设项目。促进政协委员基层联系点和“三联系”工作的开展。在办公厅的协助下，接待新疆、广西等省区来宁考察组，帮助兄弟省区政协人资环委关于生态文明和美丽乡村建设等情况视察调研。

【教科文卫体委员会】委员会重点工作。2017年，开展“关于促进全区民办学历教育健康发展”课题调研，邀请教育界专家、学者参加调研活动，分别召开5次座谈会，就全区民办学历教育发展及存在问题进行研究和探讨，经过专题协商会议征求意见建议后，形成《关于促进全区民办学历教育健康发展的调研报告》，报自治区党委、政府。视察全区食品药品安全工作。副主席安纯人带领教科文卫体委员会部分委员，分赴银川、石嘴山、吴忠三市，就食品药品安全工作进行视察并召开座谈会，向自治区党委、政府提交《关于全区食品药品安全工作情况的视察报告》。视察全区健康产业发展情况。部分委员赴银川市、吴忠市视察全区健康产业发展情况。视察组分别视察了银川“生命谷”、银川爱尔眼科、吴忠市经济工业园，召开座谈会2次，探讨全区发展健康产业措施。做好重点提案督办工作。副主席安纯人带队对《关于通过提升职业教育来巩固脱贫成果的建议》(16号)、《关于提高全区农村贫困妇女文化素养及职业技能水平的建议》(114号)提案进行督办。督办组协同自治区扶贫办、教育厅、人力资源和社会保障厅，到吴忠市红寺堡区乡镇村，视察扶贫车间、精准脱贫技能培训（编织刺绣、中式烹饪、创业致富带头人培训等）。在银川市视察宁夏职业技术学院现代农业实训中心、现代物流实训中心等，并召开座谈会。界别活动。医疗卫生界别活动。结合“5·12”护士节，组织部分医疗卫生界委员和自治区、市部分医院13名优秀护士代表，视察森淼现代林业科技园、国家重点实验室并召开座谈会，听取医护工作中存在的问题和困难。组织文化艺术界和教育界别委员在长庆小学开展书法进课堂活动。组织民盟18名委员视察全区高考录取工作。组织部分委员联合宁夏政协、石嘴山市政协、乌海市政协书画院的书法家进行笔会交流活动，以笔墨丹青抒发喜迎党的十九大豪迈情怀。开展委员基层联系点活动。到深圳政协教科卫体委员会基层联系点视察、了解脱贫致富发展情况，并看望了基层点一所小学和一所养老院。委员会交流。先后接待全国政协副主席韩启德带队调研“校园餐食管理”，广东、湖北、江苏、湖南、江西政协考察团来宁考察教育扶贫、民族文化保护、西部地区群众体育活动开展和体育产业发展情况，帮助兄弟政协协调安排考察内容、提供考察材料、组织召开座谈会等工作。组织部分委员到青海、四川考察少数民族地区民办教育情况。参加全国政协教科文卫体会议并在大会发言。委员会建设。严格按照自治区政协要求，采取多种形式，组织委员认真学习，着力提升委员“懂政协、会协商、善议政”的能力和水平。委员会坚持把推动制度建设作为一项重点工作。根据自治区纪委巡视组巡视反馈意见，结合委员会实际制定建立全面从严治党“三个清单”和《教科文卫体委员会治理“慵懒散松”问题清单及整改措施》，提高工作效率和质量。强化“四个意识”，围绕提高政策理论水平和业务工作能力，开展经常性的学习。

【社会和法制委员会】专题调研。行政执法及行政诉讼情况专题民主监督调研。在5个地级市政协调研的基础上，5月，张学武副主席带领社法委部分委员，赴中卫、固原、银川市实地考察，形成《关于全区行政执法及行政诉讼专题民主监督的调研报告》。8月，自治区政协以全区行政执法及行政诉讼工作为题召开专题民主监督协商会议。9月，自治区政协十届六十一次主席会议审议通过调研报告，报送自治区党委。自治区党委、政府主要领导分别作了批示，并被自治区党委办公厅评为2017年第三季度优秀调研报告。社区矫正工作专题调研。5月，副主席张学武带领社法委部分委员调研全区社区矫正工作，形成《关于全区社区矫正工作的调研报告》，并经自治区政协十届六十次主席会议审定，报送自治区党委办公厅。自治区党委常委纪峥、徐广国分别作了批示。利通区全域旅游工作专题调研。8月，副主席张学武带领三级政协部分委员，专题调研利通区全域旅游发展情况，形成《关于打造利通区休闲农业和乡村旅游产业观光带的建议》，报送自治区政府。立法协商专题调研。9—11月，副主席张学武带领社法委部分委员，先后对大气污染防治等3部《条例（草案）》开展专题调研，分别形成《条例（草案）》主要修改意见，报送自治区人大常委会。自治区人大采纳反馈意见建议30多条。起草《政协宁夏回族自治区委员会组织委员参与立法协商实施办法（试行）》。起草《政协宁夏回族自治区委员会立法协商实施办法（试行）》，并经自治区政协十届五十六次主席会议审议，报送自治区党委。自治区党委办公厅制定《关于在自治区政协开展立法协商工作的通知》，印发自治区人大常委会、政府、政协党组，区直有关部门（单位）党组（党委），各地级市党委。聚焦改革建言献策。先后组织委员对《关于推行法律顾问制度和公职律师公司律师制度的实施意见》等8部法规文件提出修改意见建议。界别委员活动。1月、4月、9月，副主席张学武、主任周建军分别带领无党派人士、妇联、社会福利和社会保障界别、教科文卫体部分委员，就全区家庭教育指导服务、红十字应急救护、城市二次供水安全等工作情况进行视察，并对视察中发现的问题分别以提案和社情民意形式进行了反映。开展重点提案督办工作。9月，副主席张学武带领督办组就“关于促进全区青年创业发展的对策建议”进行现场督办，并形成自治区政协“专题会议纪要”。做好自治区政协慈善工作。承办宁夏政协“兴华爱心基金重特大疾病救助资金”发放工作，向60名患者发放救助资金238万元；完成广东狮子会“星火计划”分配给全区20名小学骨干教师培训任务。做好提案和反映社情民意工作。全年上报各类提案和社情民意15篇。《关于供水企业统一接管二次供水设施的建议》等2篇提案被列为重要提案摘报。荣获2013—2017年度反映社情民意信息工作优秀单位。组织6名委员参加全区公务员招考笔试巡考等工作。应邀参加党政机关相关部门、直属事业单位等会议、活动16次，为委员履职创造了条件。共收到群众来信来访2件（次），及时转送有关部门办理。组织部分委员赴内蒙、黑龙江两省区学习考察，并形成考察报告；接待山东等8省（区、市）政协到宁考察工作。邀请相关单位、各民主党派、各市县（区）政协对口专委会负责同志共同开展调研视察，提高调研实效。4月，走访利通区古城镇委员基层联系点，适时走访委员所在单位，全年共走访委员所在单位9家。

【民族和宗教委员会】专题调研。2017年，委员会开展“加强网络舆情正确引导，巩固全区民族团结成果”专题调研，召开专题协商会，反复修改调研报告，经政协主席会议审议通过，形成《关于加强网络舆情正确引导 巩固全区民族团结成果的协商报告》报自治区党委，党委主要领导作了重要批示。在党委办公厅复函逐项答复落实后，自治区党委下发《关于加强网上涉宁民族宗教舆论引导和舆情管控工作的意见》。宁夏和甘肃省就涉及民族和宗教问题网络舆情管控建立联动机制。调研报告还作为全国政协主席俞正声到宁考察时的参阅资料。培训考察。9月，在石嘴山市举办全区宗教界和散居少数民族界政协委员培训班并开展实地考察活动。自治区政协主要领导和分管领导出席并讲话，邀请北方民族大学马克思主义学院副院长马惠兰教授就“落实十二次党代会精神，共同维护民族团结宗教和谐良好局面”进行专题讲座。通过参观考察石嘴山市生态文明建设，使宗教界和散居少数民族界政协委员切身感受到全区经济建设、社会发展取得的喜人成就。7月，委员会组织五大宗教负责人及宗教界人士代表一行9人，赴广西和安徽学习考察宗教界加强自身建设和管理等情况，坚定宗教中国化的信心。6月，副主席田成江带领民族和宗教委员会负责人、部分政协委员对中卫市海原县、固原市泾源县回族优秀文化遗产传承与创新工作进行视察。实地走访和召开座谈会，增强对回族优秀文化遗产传承与创新工作认识。2月，赴西夏区贺兰山西路办事处基层联系点开展活动，6月，赴同心县河西镇上河湾村开展联系点活动。8月，委员会联系香港福建希望工程基金会捐资120余万元，在固原市举办仪式，奖励全区“最美乡村教师”168名。重点提案督办。9月，对“关于促进社区服务业发展的建议”提案进行督办，对2016年重点提案“关于帮扶全区生态移民村发展设施农业的建议"开展跟踪督办"回头看"。沟通交流。在政协召开全委会和常委会之际，主动与党委统战部和民委(宗教局)加强交流联系，了解情况，互通信息。参与做好内蒙古、安徽、重庆、河南、深圳5地政协来宁调研考察工作。委员会始终把党的思想建设放在首位，开展"两学一做"学习教育，组织党员深入学习十八大、十九大精神，《党章》《廉洁自律准则》《纪律处分条例》等，推进"两学一做"学习教育常态化制度化。

【文史和学习委员会】征编文史资料。2017年，牵头征编《回族百年实录》大型丛书。委员会牵头承担全国政协的重点协作任务——《回族百年实录》大型系列丛书的征编工作。全年共收到来自21个省(区、市)的供稿1174篇、610余万字文史资料。先后召开3次编审会议，邀请自治区民委、宁夏大学、北方民族大学等单位有关专家、学者对回族史料进行审稿，最终采用318篇150万字(分三册)，拟于2018年上半年交付全国政协出版发行。征编出版《宁夏文史资料》第31辑，共采用文史资料73篇35万字。专题协商议政注重实效。组织委员就全区文化产业发展情况进行专题协商调研。形成《关于促进全区文化产业发展的专题协商报告》，对全区文化产业在科学规划、加大扶持、整合资源、培育龙头、打造品牌等方面提出建议。界别活动。组织科协界别委员就全区科普基地建设情况进行视察。呼吁相关部门做好科普基地与企业、产业的"联动"文章，加强资源共建共享，使科普教育基地充满活力。组织社科界别委员开展宁夏大数据发展情况专题讲座，为委员拓展视野、知情议政积极创造条件。提案督办。委员会对自治区政协十届五次会议第58号重点提案《关于加强涉尘企业农民工职业健康监护力度，推进农民工职业健康检查工作的建议》进行督办。委员们通过实地查看和座谈讨论，提出强化职业健康防护意识、提高职业健康监护能力、规范职业健康监管体系等意见建议，推进提案办理和落实。社情民意。2017年，委员会共提出社情民意9件，其中《关于加大对全区文化产业扶持资金投入力度的建议》《关于加强全区学前教育教师队伍建设的建议》等受到自治区分管领导高度重视。委员会被评为2013—2017年度反映社情民意信息工作先进单位。统战工作。争取全国政协文史和学习委员会对《回族百年实录》的业务指导。与外省区政协交流探讨少数民族史料征编工作、研究具体工作细节。接待海南省政协到宁考察历史文化遗迹、遗址。赴少数民族史料征编工作起步较早的云南、海南省考察学习。促进与对口单位及各市县(区)政协的工作协作。通过发函、走访等形式，专程向自治区文化厅、社科院、文史研究馆等对口单位广泛征集协商与民主监督议题，提高协商监督工作的有效性和针对性，扩大文史工作的社会影响力。借视察调研、联合征稿等机会，加强与市、县(区)政协的协作交流，互通信息、共享资源。文史宣传。以弘扬中华民族优秀传统文化为历史使命，在《华兴时报》宁夏政协网等报刊媒体上开办"宁夏文史""文史园地"等专栏专版，连续刊载政协委员、文史专员的优秀稿件，使文史资料面向社会、面向群众，扩大政协文史工作的社会影响力。全年累计精选刊载文史资料和交流文章39篇22万字。委员会借助媒体，扩大文史工作宣传实效的做法，被作为先进典型在全国政协系统推广。

【港澳台侨和外事委员会】建言献策。2017年5—8月，副主席蔡国英带领特邀、工会、台联界别部分委员和自治区文化厅、林业厅、旅发委、旅游投资集团等单位的相关负责人。采取实地考察、座谈交流的形式，先后到彭阳、泾源、隆德、西吉、海原等地对全域旅游发展情况进行考察，形成调研报告。对外交流。4月，由全国政协外事委员会副主任王国庆带领的全国政协调研组就宁夏同"一带一路"沿线国家人文交流合作情况进行专题调研，与自治区政府及自治区教育厅、科技厅、人社厅、文化厅、卫计委、外事办、宁夏大学、北方民族大学、宁夏社科院等单位交流座谈。调研组对宁夏深化同"一带一路"沿线国家人文交流合作提出了宝贵意见。对台交流。专委会组织港澳台侨和外事委员会部分委员和相关人员赴台湾考察学习台湾养老服务产业和文化旅游产业发展情况，实地考察台湾海峡两岸社区养老照顾发展协会、台湾私立顺健养护中心，台北市清福养老院、高雄市翠华园公办民营社区小规模多功能高龄老人服务中心和高雄市政府社会局富民长寿中心，观摩了养老服务设施的运作、养老服务项目的操作情况。与台湾旅行商业全联会等20几家旅行社的负责人交流座谈，推介宁夏优质文化旅游资源，探讨供宁台两地文化旅游合作发展之策。与中华两岸人民和平交流协会和中华产经文教科技交流协会座谈交流，达成两个民间往来意向，即自治区政协常委柯允君所属的宁夏日盛精细化工集团公司与台湾海峡两岸社区产业养老照顾发展协会达成养老服务合作意向；永宁县与台湾逸欢旅游集团、台北鹏展旅行社就永宁三沙源生态旅游项目进行深度对接，双方对合作开发台湾至宁夏永宁三沙源生态旅游项目至甘肃敦煌文化旅游线路初步达成意向。考察结束后形成考察情况报告，针对宁夏养老服务业和文化旅游业发展的现状提出了6条意见建议，并将报告分送自治区政协主席、副主席和自治区政府办公厅、民政厅、文化厅、旅游发展委员会等相关部门。利用政协平台优势宣传宁夏。5月23—26日，组织考察团先后赴银川、石嘴山考察全区特色旅游文化产业发展情况，实地考察石嘴山高新技术产业园区、宁夏晶谷新能源有限公司、永宁县供港蔬菜基地、银川iBi育成中心和银川综合保税区。了解全区优势投资项目、一带一路带来的商机和宁港商贸合作的前景。7月4日，自治区政协在广东省珠海市举办2017年宁夏政协港澳委员活动日，结合专题协商议题就“进一步发挥港澳委员双重作用”召开港澳委员座谈会，传达学习习近平总书记到宁视察重要讲话精神，俞正声主席视察宁夏时的重要讲话精神及自治区第十二次党代会精神，通报宁夏政协2017年上半年主要工作进展情况和港澳台侨和外事委员会2017年上半年主要工作任务完成情况及下半年工作要点及措施。提出恢复开通香港直飞银川航班，建立宁夏经济社会发展信息资讯平台，提升宁夏土特产品牌建设，提高举办大型展览会管理水平，加强港澳委员队伍建设，建立港澳委员培训学习机制，建立港澳委员信息数据库，建立港澳委员微信圈，建立港澳委员参与宁夏公益事业便捷通道等意见和建议，并形成专题报告上报自治区党委、政府有关领导和部门。专题协商调研。7月，在珠海举办港澳委员活动日，进行问卷调研，听取港澳委员对如何更好地发挥维护港澳长期繁荣稳定和为宁夏经济社会献计出力双重作用的意见建议。8月，对两家在宁港资企业进行实地调研，召开由统战部、发展改革委、商务厅、教育厅、文化厅、港澳办等有关部门负责同志参加的座谈会。10月，赴港澳走访中央政府驻港澳联络办公室、港澳省级政协委员联谊会、香港宁夏社团，召开港澳委员座谈会，就发挥港澳委员双重作用进行交流探讨。12月，自治区政协召开专题协商会，邀请自治区政府分管领导和有关部门负责人参加，在广泛听取了各方面意见建议的基础上，形成专题协商报告上报自治区党委办公厅。督办重点提案。9月18日，自治区政协副主席蔡国英带领部分政协委员对自治区政协十届五次会议第432号重点提案《关于加强困境儿童保障工作的建议》进行督办。实地查看吴忠市儿童福利院、利通区板桥乡巷桥村“儿童之家”，召开重点提案督办座谈会。会议听取宁夏政协委员、宁夏儿童福利院院长杜勇对提案情况的说明，听取自治区民政厅关于第432号重点提案办理情况的介绍，听取自治区教育厅、公安厅、司法厅、财政厅等8个提案协办单位和银川市的发言。与会政协委员就推动第432号提案办理成果的落实提出意见和建议。

（马贵琳）

NINGXIA YEARBOOK

民主党派和工商联

MINZHUDANGPAIHEGONGSHANGLIAN

编辑◎黄　鑫

民革宁夏区委会

【概况】2017年,民革宁夏区委会辖4个市级委员会,1个区直工委,3个县级委员会,2个小组,共有基层组织48个,其中总支3个,支部45个;民革宁夏第十一届委员会领导班子组成中,主任委员、副主任委员6名,常务委员13名,委员33名。全区共有党员1159人。其中,银川市委会368人;石嘴山市委会133人;吴忠市委会161人;中卫市委会181人;区直工委297人;直属固原支部19人。民革党员中各级人大、政府、政协和党派机关公务员197人,其中副省级1人,厅(局)级10人,县(处)级46人,乡科及以下126人;副高级以上职称210人。民革党员中担任政府及司法机关实职的19人;担任地级市人民政府副市长1人,副县长6人;担任各级人大职务29人;担任各级政协职务163人。民革宁夏区委会在民革中央和自治区党委坚强领导下,贯彻落实中共十九大、民革十三大和自治区第十二次党代会精神,依靠全体党员,把握参政议政工作重心,振奋精神,锐意进取。十届委员会各项任务全部完成。

【思想建设】2017年,中共十九大、民革十三大和自治区第十二次党代会召开后,区委会召开主委会议专题学习研究,制定出台学习贯彻大会精神实施意见,教育引导全体党员切实增强政治认同和方略认同,夯实新时代中国特色社会主义共同思想政治基础。开展“观故居,走多党合作之路”活动、“不忘合作初心,继续携手前进”主题教育活动,举办“不忘合作初心,继续携手前进——纪念民革成立70周年”知识竞赛选拔赛12场(次),择优选派的3名选手代表宁夏夺得民革全国知识竞赛季军,李佳敏荣获最佳表现奖。围绕“加入民革为什么、历史责任是什么、我为宁夏做什么”,选择银川市委会9个基层组织200余名党员问卷调查,形成《银川市民革党员思想状况分析调查报告》。推进“民革党员之家”建设,有效增强民革组织凝聚力和向心力。

【组织建设】2017年,发展新党员3批67人,其中公务员22人,中高级以上职称20人,全区共有党员1159人。民革党员厅局级政府实职2人,县处级政府及司法机关实职13人,公务员身份131人。择优推荐6名骨干党员参加中央社会主义学院和自治区党校主体培训班,选拔派出2名机关干部驻村扶贫,举办青年党员广州培训班、参政议政骨干培训班、新党员培训班3期,累计培训400余人(次),党员整体素质得到提高。王林伶、刘强、陈春娥等党员被评为民革全国组织工作、参政议政工作等先进个人。开展中共十九大和自治区第十二次党代会精神宣讲、基层组织专题调研等主题鲜明的下基层活动,各基层组织年平均活动次数达6次以上,各级组织活动的政治思想性明显提升。银川市委会获民革全国组织工作先进集体。

【对外宣传】2017年,在省级以上媒体和民革网站传输信息360余条,报送地方情况反映40余条,编印《宁夏民革》期刊4期,在《宁夏民革》期刊开辟“学习中共十九大和自治区第十二次党代会精神”“不忘合作初心,继续携手前进”专栏,宣传中国共产党领导的多党合作和政治协商制度优势。提升区委会微信公众号信息传输质量和时效,微信点击量达2000余人(次),银川市委会、石嘴山市委会相继开通市级组织微信公众号,“动动手指宣传民革”的理念深入人心。全年征集《切实发挥好新时期新形势下民主党派的民主监督职能》等优秀理论研究文章11篇。区委会提交的《民主党派调研型民主监督工作研究》获得2017年度宁夏统战理论研究优秀成果二等奖，区委会主要领导发表的《强化政治整合，努力践行政治认同下的责任担当》《深刻领会和准确把握中共十九大精神的核心要义，进一步增进政治共识和方略认同》等署名文章被《团结报》《宁夏统一战线》期刊全文刊载。区委会组宣处被自治区党委统战部评为2017年度全区统战系统信息报送先进处室。

【参政议政】2017年，区委会参加自治区党委政府民主协商会20余次，围绕国家和自治区改革发展开展调查研究30余场(次)，参与完成民革中央年度调研课题，形成的《关于确立"一带一路"西部发展战略的建议》，得到习近平、李克强等国家领导人重要批示。完成的《新常态下宁夏中小企业科技创新情况调研报告》《宁夏休闲农业与乡村旅游发展对策研究》等议政成果，得到石泰峰、咸辉等自治区领导阅示，为执政党科学决策提供了重要参考。组织党员围绕政协协商议题开展调研，高标准完成《加强国有资产流失风险防控，有序推进宁夏国有企业混合所有制改革》《优化水资源配置促进我区经济社会可持续发展》等重点调研成果。向自治区政协十届五次会议提交《关于加强我区葡萄产业标准化建设的建议》等集体提案16件，提交《民生工程要建成民心工程》等大会发言6件，提案得到自治区教育厅、住建厅、扶贫办、经信委等多个部门重视和主动对接。其中《关于通过提升职业教育来巩固脱贫成果的建议》作为自治区领导督办提案重点落实，全区民革议政建言的整体性和协同性明显增强。银川市委会获民革全国参政议政工作先进集体。

【社情民意】2017年，重新修订《民革宁夏区委会反映社情民意信息工作规则》，调整组建新一届反映社情民意信息员队伍，组织编印《民革宁夏区委会反映社情民意信息摘编(双月刊)》5期。全年各级组织报送社情民意信息254篇，区委会采用120篇，编报民革中央39篇，被采用3篇，《加大西北生态脆弱区地下水环境保护力度的建议》经民革中央报送全国政协信息局采用；编报自治区政协92篇，被采用28篇，《适当调整中高等职业教育规模的建议》被全国政协信息局单篇采用，《关于支持我区发展藜麦产业的建议》《我区"快递下乡"存在问题及建议》被自治区党委办公厅采用，部分信息还得到自治区领导的重要批示。在自治区政协反映社情民意信息工作会议上，区委会被评为2013—2017年度反映社情民意信息工作先进单位，余秀玲等4人被评为"反映社情民意信息工作先进个人"，《关于解决海关HS编码变化对宁夏羊皮制品出口影响的建议》被评为"优秀社情民意信息"。

【脱贫攻坚与民主监督】2017年，为自治区党委确定的定点帮扶村——吴忠市红寺堡区大河乡红崖村争取到高效节水蓄池项目2487.6万元，村级幼儿园报批建设项目800万元，孤寡老人饭桌项目25万元，全力助推定点帮扶村改善民生、脱贫致富。组建成立党员专家调研组，集中开展脱贫攻坚民主监督深度调研，高质量完成红寺堡区和泾源县脱贫攻坚民主监督情况报告，获得自治区党委领导和对口县区党委的认同。

【社会服务】2017年，争取中国医学基金会、中华慈善总会、香港仁丰慈善会医疗设备捐助项目，为全区8家基层医疗机构争取到价值2000余万元的医疗设备捐助，继续为宁夏医科大学25名"订单、定向"医科生发放2017年蒲公英助学金，在校学习期间每人每年3000元。开展法律咨询和普法活动9次援助500余人。各级组织协调开展"博爱·牵手"社会服务活动60余场(次)，争取到上海市委会"博爱图书·十年百馆"公益捐书项目、澳大利亚爱国华侨魏基成夫妇御寒冬衣捐赠项目、宁夏公益慈善事业促进会"壹基金"温暖包捐助项目等捐款捐物50余万元，直接受益群众达7000余人(次)。银川市委会、石嘴山市委会分别获民革全国社会服务工作先进集体。

【统一工作】2017年，区委会全面贯彻习近平总书记中共十八大以来系列重要讲话精神和对台工作重要思想，始终坚持一个中国原则，坚决推进反独促统。以纪念全民族抗战爆发80周年和南京大屠杀死难者国家公祭日为契机，大力弘扬伟大的民族精神和时代精神。加强与自治区政协港澳台侨外事委员会、自治区台办、侨联和黄埔同学会联系，完善祖统工作联动协调机制，发挥祖统工作整体功能，为促进两岸经济文化交流和人员往来发挥了应有作用。

(宋虎彪)

民盟宁夏区委会

【概况】2017年，民盟宁夏区委会有地方组织8个，其中，市级委员会5个，县级委员会3个，区直、高校各1个工作委员会；基层有67个支部，盟员2153名。当年发展新盟员106人，保持稳定增长；盟员中高级职称840人，占盟员总数39%；高学历223人，占盟员总数的10.4%。有全国政协委员2名；自治区人大代表5名，市级人大代表12名，县级人大代表5名；自治区政协委员27名，市级政协委员58名，县级政协委员83名。5月14日，召开民盟宁夏第十一次代表大会，会议选举冀永强为第十一届委员会主任委员；选举刘佳、何仲义、田桦、杜勇、贺耀为第十一届委员会副主任委员；田桦为驻会副主委，杨兴中为秘书长。第十一届委员会有常委13名、委员33名。

【学习宣传】2017年，学习贯彻中共十九大和自治区第十二次党代会精神，举办学习贯彻自治区第十二次党代会精神交流会，自治区党委统战部常务副部长沈凡做党代会报告精神解读，宁夏社科院社会学法学研究所所长李保平做了《自治区第十二次党代会精神法治宁夏建设》报告。增强盟讯、网站、微信公众号报道的信息量和实效性，开发"宁夏民盟APP"综合应用平台。被民盟中央群言杂志社评为"发行工作优秀单位"。申报民盟中央和自治区党委统战部理论研究课题，围绕脱贫攻坚民主监督、对口联系工作、基层组织建设、党外知识分子思想状况等方面开展研究。《新形势下加强民主党派成员思想引导工作的实践载体和长效机制研究》获中央统战部一局民主党派工作调研报告一等奖，《如如不动 了了分明——记民盟中央原副主席萨空了》获民盟中央理论研究课题一等奖，《西部少数民族地区农村义务教育学校布局调整的思考》被《群言》登载，两篇理论研究文章获自治区党委统战部优秀成果奖，区委会被评为自治区统战系统理论研究优秀组织奖。《宁夏民盟史》由民盟中央群言出版社出版发行。

【参政议政】2017年，在自治区政协十届五次会议上，主委冀永强做题为《产教融合 促进我区高校转型发展》的发言，副主委刘佳、盟员刘金星分别围绕文化产业发展和企业创新发展发言；向大会提交精准扶贫、高载能产业转型升级以及民生、环保、农业、文化等方面的书面大会发言和集体提案，其中《关于促进我区青年创业发展的对策建议》被列为自治区党委重点督办提案。多次组织召开提案办理协商会，确保提案办理发挥实效。《关于建立贫困残疾人生活补贴和重度残疾人护理补贴制度的提案》被评为全国政协第十二届委员会优秀提案。班子成员主持并带队开展重点课题调研，在调研中注重强化过程管理，创新调研模式，坚持"不调研、不发言"的原则，在充分调研本地区情况的基础上，注重跨区域的比较研究，确保参政议政工作在精准上出成果。围绕自治区政协常委会"积极推进国有企业改革，发展混合所有制经济"的专题议政主题，在参与自治区政协调研的基础上，选取区内4家企业调研，找准问题症结，并赴上海调研国企混改情况。在自治区政协十届三十二次常委会上，冀永强主委围绕推进宁夏国有企业混合所有制改革发言；在自治区政协十届三十三次常委会上，围绕"构建水资源管理联动协调机制，促进水资源保护"的议政专题，主委冀永强、副主委何仲义分别发言。自治区党委政研室以《推进我区国企混改的思考和建议》《库坝窖池联通 促进雨洪利用》为题将两次发言刊登于《宁夏工作研究》。区委会承担了《区域性整体贫困问题研究》《以加快西部地区绿色有机农业发展推动农业供给侧改革》民盟中央委托调研的课题和《关于推进石嘴山老工业基地加快转型发展的调研》《关于宁夏发展绿色有机农业的调研报告》等自治区党委重点调研课题，调研报告获得自治区主要领导书记石泰峰、主席咸辉的批示。调研报告《宁夏返乡务工人员就业创业情况研究》获民盟中央民生论坛优秀论文。银川市委会《中小学信息技术与课堂教学深度融合应用研究》被银川市科技局确立为2017年科技创新计划软科学项目。全年报送社情民意信息97件，其中《关于取消我区余热发电系统备用费的建议》被党办采用，并获自治区领导崔波、张超超批示；《周边省份有机枸杞产业布局对我区枸杞产业构成威胁应引起高度重视的建议》被党办采用；《关于加强义务教育阶段贫困寄宿生生活补助的建议》被自治区教育厅回函答复。区委会被自治区政协评为"反映社情民意信息工作先进单位"，《尽快解决全面放开"二孩"政策后适龄女教师集中生育引起的教师阶段性短缺问题的建议》被评为"优秀社情民意信息"。在成都举办参政议政业务骨干培训班，邀请对口联系单位、提案办理单位、脱贫攻坚民主监督县（区）和定点扶贫村的干部参加培训，扩大了多党合作事业的宣传。

【脱贫攻坚与民主监督】2017年，区委会班子主要成员五次带队到原州区、彭阳县的10个乡近30个村，调研脱贫攻坚实际情况，对精准扶贫项目、贫困村村集体经济发展和村民自治制度等落实情况进行走访。驻村扶贫干部通过蹲点、问卷调查、访谈等形式掌握基础情况，同时将学习、宣传党的政策贯穿在民主监督全过程中。结合扶贫工作的重点难点，向自治区党委提出关于加强扶贫产业适应性、发展贫困地区村集体经济、解决移民回流、调整"第一书记"派驻政策四项重点建议。建议涉及扶贫政策的实施制定，关乎贫困村发展的前景和贫困户自身利益，履行了民主监督、参政议政职能。脱贫攻坚民主监督由区委会牵头，在实践过程中，民盟的各级组织和盟员积极参与，广大盟员通过了解扶贫地区现状，激发了社会责任感，纷纷发挥自身优势，助力脱贫攻坚。国务院第三方评估小组专家、盟员文琦教授，就第三方评估工作的相关内容和注意事项对张易镇所有村干部和第一书记进行了培训，受到镇政府和村干部的好评；宁夏社科院社会学法学研究所所长、盟员李保平，认真调研基层矛盾较多的建档立卡贫困户资格审核问题，提出《我区扶贫工作精准识别过程中面临几个新问题的建议》；盟员魏文凯、李林分别为贫困户捐赠现金 5000 元、3000 元，并看望和慰问贫困户两次；盟员王芳平为宋洼村免费提供优质胡麻种子 600 斤，助力村集体经济发展。盟员自发投身脱贫攻坚的行动树立了良好的“民盟形象”。

【社会服务】2017 年，争取更多社会服务资源。发动全盟力量，上下齐动，开展社会服务活动。利用民盟中央教育资源优势，在银川、石嘴山、吴忠、中卫四市启动北京四中网校举办的民盟远程教育“烛光行动·千校计划”，通过“互联网+教育”让宁夏的学生共享到北京的优质教学资源；联系中国光华科技基金会、自治区侨联，争取到价值 54 万元的衣物，捐助给对口帮扶村和民主监督点的贫困村民；联合银川市政府举办“健康论坛——我的健康我管理”，邀请国家发改委鲍勇教授到银做专题讲座；针对扶贫点遗传病、地方病患者集中的情况，组织十余位盟员医生入户诊疗，针对性地提出治疗方案，努力防止因病致贫返贫现象的发生；组织文化、法律界别的盟员到扶贫点开展送文艺演出、书画作品和法律咨询下乡活动。固原市委会邀请专家举办“心理健康教育进校园”“文学进校园”活动；中卫市委会联合中卫市环保局为海原县李旺镇杨堡村学生捐赠 3.4 万元以及学习生活用品。举办沪宁民盟组织合作 30 周年座谈会，研究探讨了新一轮的合作途径，并签署《沪宁民盟组织合作框架协议书》。未来将通过培训交流、联合调研、经济研讨、干部挂职等继续深化合作，吸引上海优势教育资源和社会资源，提升盟组织跨区域合作、助力地区发展。抓住开展对口联系工作的契机，与自治区发改委、教育厅等对口联系单位协力落实《对口联系专题会议纪要》具体内容。在申报两个自治区发改委课题(《我区农村土地三权分置管理机制研究》《我区城市贫困与减贫措施的研究》)的基础上，参与国家发改委西部大开发重点项目课题申报。依托民盟中央专家系统，聚合盟内外的力量，申报国家发改委西部大开发前期预研项目《关于宁夏中部荒漠草原防沙治沙区多功能林建设项目前期研究》。与自治区教育厅、石嘴山市政府联合举办第四届教育研讨会；申报的自治区教育厅研究课题《中学生生命教育》通过中期验收。选派机关 1 名处级干部到自治区发改委挂职，组织机关干部和盟员 10 余人参加了国家发改委西部开发司举办的 5 个班次的培训，为盟员开拓视野，创新思维创造了条件。

（李　静）

民建宁夏区委会

【概况】2017 年，民建宁夏区委会在全区有 3 个地市级委员会、1 个直属工委、9 个总支、1 个基层委员会、51 个基层支部。民建宁夏区委会完成换届工作，产生了新一届区委会领导班子。坚持集体领导、民主集中、个别酝酿、会议决定的方针，认真贯彻执行民主集中制。坚持重大事项会议决定制度，共召开主委会议 7 次、常委会议 5 次、全委会议 1 次，每次会议都有突出的主题和明确的议题，就会内有关的重大问题和重要决策，集体讨论，集思广益，做到民主决策、科学决策。全年全区共发展会员 79 人，经济界占 78%，大学本科以上学历占 86%，具有各类专业职称占 32.9%。

【思想建设】2017 年，召开关于学习贯彻中共十九大精神专题工作会议，研究部署相关工作。印发《民建宁夏区委会关于学习贯彻中共十九大精神实施意见》。通过一系列活动认真学习贯彻中共十九大精神，以中共为师，与时俱进，理清了今后发展的目标和思路，增强了政治定力，更加坚定不移加强自身建设，不断提高履职能力和水平。开展坚持和发展中国特色社会主义学习实践活动、“不忘合作初心，继续携手前进”主题教育活动，引领广大会员坚定信念、提高履职能力，更加自觉地参与多党合作事业的实践。加强《宁夏民建》刊物和网站建设。采编优秀会员个人事迹，印发了《会员风采录》。共收集撰写信息 262 篇，99%上传宁夏民建网站，民建中央网站采用率 70%，在各大报刊、网站登载 50 多篇。各市委会、中卫总支先后创刊。

【组织建设】2017 年，组织开展了 2017 年骨干会员理论学习班、新会员理论学习班、社情民意信息工作培训班和区直工委会员学习班，累计受训 248 人(次)。调整了各专门委员会及其负责人，给机关年轻人压担子，促进其尽快成长进步。开展学习先进支部经验，并以在全区内通过横向、纵向的支部联动为抓手推动基层组织建设。成立北方民族大学支部，成为继宁夏大学支部、宁夏医科大学支部、宁夏职业技术学院支部之后的第四个高校支部。

【提案工作】2017年，在全国政协十二届五次会议上，提交题为《警惕农村天价彩礼伤害乡村文明生态》的大会发言，提交《关于建立国家级治霾体系的建议》等8件提案。在自治区政协十届五次会议上，提交5篇大会发言，杨培君主委代表区委会作了题为《关于切实降低企业税费负担的建议》的口头发言。提交《关于加快我区休眠企业清理 净化市场环境的建议》等62件提案均被立案。其中，《关于完善体制机制 促使中小企业发展优惠政策落地生根的建议》被自治区政协列为重点提案，由自治区党委副书记姜志刚牵头进行现场督办，并召开督办座谈会促进了提案的落实。在自治区政协十届三十二次常委会上，副主委解方代表区委会作题为《充分体现民营资本在国企混改中的"话语权"》的发言。在政协十届三十三次常委会上，副主委马中勇代表区委会作题为《"让系统化治水"成就宁夏的绿水青山》的发言。

【专题调研和社情民意】2017年，由主委、副主委担任组长，组织会内专家和会员骨干组成专题调研组，多次深入市(县、区)及相关部门，通过召开座谈会、发放调查问卷、实地访谈等多种形式开展调研，征求相关部门意见进行修改完善。形成《优化创新发展环境 减轻非公企业负担》等3篇调研报告。报送的《关于降低实体企业成本的调研报告》及《关于构建科学合理养老服务体系的调研报告》被民建中央作为全国政协十二届五次会议提案采用。聘任28位会员为社情民意信息员。举办社情民意信息培训班。区委会共编发社情民意信息65期，被自治区政协采用18篇。区委会被自治区政协评为2013—2017年度反映社情民意信息工作先进单位。《将宁夏六盘山区列为国家级生态补偿区的建议》《关于恢复宁夏科学技术进步奖每年评审一次的建议》被评为优秀社情民意信息。

【社会服务】2017年，继续实施爱德基金会"e万行动孤儿助养"项目，资助孤儿957人次，捐赠金额约72万元；在盐池、永宁、吴忠等地新增5个"思源·佑华教育移民班"；实施"思源·佑华教育育才班"项目，帮助品学兼优、家庭贫困的165名高中学生顺利完成学业；为原州区、泾源县、隆德县3家医院争取3辆救护车，累计为宁夏争取捐赠救护车74辆。组织企业家会员参加2017年江西非公有制经济发展论坛、2017(第十九届)中国风险投资论坛，组织会员赴巴基斯坦进行商务考察。

【脱贫攻坚与民主监督】2017年，区委会领导带队，先后前往同心县河西镇李沿子村、豫海镇城北村进行调研检查监督，随机走访贫困户，重点了解贫困人口精准识别、扶贫资金项目使用和管理等情况，根据调研掌握的情况和发现的问题，向统战部报送了"同心县脱贫攻坚民主监督情况汇报"。参与自治区党委、政府组织的脱贫攻坚专项督查组，撰写了灵武市专项督查报告。参加民建中央脱贫攻坚民主监督工作培训会，与其他省区交流探讨，学习先进经验。在定点帮扶村——同心县河西镇李沿子村，建立完善了建档立卡户精准识别、精准脱贫的基础台账、视频、图像等相关档案资料。对同心县河西镇李沿子村65公里农田渠道进行改造，已完成毛渠砌护35公里。经区委会协调，筹措资金4万元，用于农户发展特色种植补贴。通过积极引导，全村实现牛存栏500余头，母羊存栏8000余只，发展特色西瓜种植220亩。组织村民到红寺堡新民村参观黄花菜种植，了解公司+农户的合作模式，引导他们种植黄花菜以增加收入。

(段雷鹏)

民进宁夏区委会

【概况】2017年，民进宁夏区委会辖5个市委会，1个区直工委，2个县委会，共有85个基层组织，其中1个基层委员会，8个总支，76个支部。民进宁夏第八届委员会领导班子中，主任委员1名，副主任委员5名，常务委员13名，委员32名，主委姚爱兴。全年新发展会员76人。区委会机关内设办公室、组宣处、社会服务处，有工作人员20人。

【思想建设】2017年，先后召开常委会议、举办专题培训班，传达学习中共十九大精神，常委带头撰写理论文章28篇，交流学习心得体会20多人(次)。审议通过《民进宁夏区委会关于学习贯彻中国共产党第十九次全国代表大会精神的方案》，班子成员带头学习，带头作辅导报告，到各基层组织开展十九大精神宣讲，在各级组织和广大会员中迅速兴起了学习贯彻中共十九大精神的热潮。召开专题会议部署学习民进十二大和自治区第十二次党代会精神，通过广泛动员、专题辅导、个人自学等方式。发挥"关键少数"的带头示范作用，召开区委会领导班子民主生活会，班子成员间开展批评与自我批评，增强领导班子的凝聚力和战斗力。区委会主要领导先后两次前往民进中央学习实践活动联系点民进吴忠市委会调研，开展主题讲座、座谈交流、走访基层组织、宣传先进典型，完成民进中央要求的"四个一"规定动作。班子成员先后到各市委会及基层联系点开展调研，使学习实践活动常做常新。开展"我身边的先进”宣讲活动4次，树立先进典型11人。组织参加民进中央“我与民进共成长”主题征文活动，收到征文32篇，两篇文章荣获三等奖。吴忠市委会、银川市委会永宁县支部获民进中央“坚持和发展中国特色社会主义学习实践活动先进集体”，潘东获“民进坚持和发展中国特色社会主义学习实践活动先进个人”称号。举办学习贯彻中共十九大精神专题学习班，委员及骨干会员50多人参加培训，邀请自治区党校教授作十九大精神辅导报告。在宁夏社会主义学院举办各级组织新任负责人和新会员培训班。统筹抓好宣传引导。突出对中共十九大和民进十二大的宣传报道，通过《宁夏民进》会刊、网页、微信公众号等宣传平台，全面、深入、准确、生动地做好宣传报道。全年出版《宁夏民进》刊物4期。注重加强与国内主流媒体的合作，在人民网、新华网、《人民政协报》《宁夏日报》等媒体上刊载120余篇报道。为民进宁夏第七次代表大会专门制作《肝胆相照写春秋 荣辱与共续辉煌》专题片，全面展示五年来的工作成就。

【组织建设】2017年，民进宁夏第七次代表大会于5月18—19日在银川召开，大会认真学习中共十八届三中、四中、五中、六中全会和民进十三届五中全会精神，审议通过姚爱兴代表七届委员会做的《不忘合作初心 继续携手前进 为全面建成小康社会作贡献》工作报告，选举产生了民进宁夏第八届委员会和常务委员会、民进宁夏第八届委员会监督委员会和出席中国民主促进会第十二次全国代表大会的代表。选举产生的第八届委员会领导班子中高级以上职称占66.7%，班子成员在年龄、职称、界别等方面搭配合理，结构优化。区委会班子成员坚持分工联系基层组织制度，常委带头落实“五个一”。全年推荐会员885人(次)到各级党校、行政学院、社会主义学院等参加培训。拓展会员成长空间，推荐优秀人才担任各级各类领导职务，新任副厅级以上领导职务5人，正厅级非领导职务1人。宋琰当选宁夏书法家协会主席，李小雄当选宁夏戏剧家协会主席，李晓春当选美术家协会副主席，刘明、马冬雅连任音乐家协会副主席，梅廷彦、宋鸣续聘为自治区政府参事。宁夏大学委员会弘扬民进尊老敬老传统，举行“喜庆十九大·欢度重阳节”活动。金凤总支开展送机器人课程活动。平罗支部举办“喜迎十九大 厉害了我的国”文艺演出。青铜峡市委会开展手工编织技能培训。中宁县委会开展庆“六一”爱心捐赠活动。固原市直支部开展捐助慰问残疾儿童活动。基层组织活动还呈现纵向、横向联合的特点，医科大总支联合石嘴山市委会开展义诊活动。宁夏大学委员会被宁夏大学党委统战部评为2015—2016年度工作先进集体。会员李小雄入选中宣部文化名家暨“四个一批”人才，李晓春的油画作品《红柳》成功入选首届全国美术教育教师作品展，陈文军获第四届中国出版政府奖优秀编辑奖，哈丽娟入选教育部“全国万名优秀创新创业导师人才库”，朱彦华入选第三批国家“万人计划”领军人才，景俊创办的医院获全国诚信民营医院，黄镇获第五届全国“康有为奖”书法评展优秀奖，马月仙获教育部“2015—2016年度一师一优课、一课一名师”部级优课，马卫民获“第三界全区优秀中国特色社会主义事业建设者称号”，郑钦舜、李新月获自治区优秀教师，王壹获自治区“三支一扶”先进个人，张志高荣获宁夏首届“最美医生”称号。据不完全统计，民进各级组织共有80余名会员荣获市、县级的各类表彰奖励。吴忠、固原市委会获“民进全国机关建设先进集体”，韩春玲、曹立庆被评为“民进全国机关工作先进个人”。

【参政议政】2017年，区委会获民进中央表彰2017年民进省级组织参政议政工作先进单位。在十二届全国政协四次会议上，提交委员大会书面发言1件、提案4件，其中《关于大力推进“医养结合”模式，加快完善养老服务体系的提案》被评为政协第十二届全国委员会优秀提案和2017年民进中央参政议政成果一等奖。在自治区政协十届五次会议和政协常委会议上，区委会提交提案20件，大会发言9件，委员个人（联名提案第一提案人）提案38件。其中《关于加强农副产品深加工 着力提高农业综合效益的提案》被自治区政协列为重点督办提案，由崔波和刘小河两位副主席督办。李斌提交的《关于加强我区饮用水水源地安全监管的提案》被列为自治区政协十届五次会议重点提案，由自治区主席咸辉督办。柳萍提交的《关于支持我区培养基础性专业艺术人才的建议》被自治区政协列为重点督办提案，由自治区副主席刘小河督办。在自治区政协十届五次大会上作《关于进一步加大宁夏内陆开放型经济试验区体制机制创新的建议》的口头发言，有关建议被自治区党委政府《内陆开放型经济试验区建设实施意见》采纳。在自治区政协十届32次常委会上，作《打破制度的旧“樊篱” 激发国企改革新动力》的大会口头发言。深入开展调研。先后完成《“双一流”建设背景下宁夏高等教育内涵发展存在的问题与建议对策》《我区落实最严格水资源管理制度存在的突出问题和对策建议》《提升职业教

育质量 助推制造业发展》《关于我区国企改革的调研》《关于加强依法行政工作的调研》《关于在脱贫攻坚中增强贫困地区内生动力的调研》《关于我区文化产业发展的调研》《我区城市贫困人群的调研》《关于推进石嘴山老工业基地加快转型发展的调研》等调研报告。其中《“双一流”建设背景下宁夏高等教育内涵发展存在的问题与建议对策》得到自治区书记石泰峰等领导的批示。《宁夏高校党外知识分子统战工作的实践与思考》等3篇调研报告分获全区统战理论研究优秀成果二等奖、三等奖和自治区党委政研室优秀调研报告奖。修订完善《反映社情民意信息工作奖励办法(试行)》,调动各级组织和广大会员报送社情民意信息的积极性。注重加强与专家和特约信息员的沟通联系。向民进中央、自治区政协及自治区党委统战部报送社情民意信息61篇,民进中央采用1篇,区政协采用15篇,信息质量逐步提升。《关于深化我区交通扶贫的建议》《关于落实最严格水资源管理制度的有关建议》分别被自治区党委办公厅编入第204期、254期《要情汇报》,自治区党委书记石泰峰两次作专门批示。《关于做好贫困家庭劳动力技能培训工作的几点建议》得到自治区党委常委、政府副主席马顺清的批示。区委会被评为2013—2017年度自治区政协反映社情民意信息工作先进单位,高云海、罗莉、王菁被评为先进个人。银川市委会《关于加快我市智慧交通建设,利用大数据缓解城市停车难》等2件提案被确定为市政协重点提案。石嘴山市委会《加快石嘴山大数据建设 推进智慧石嘴山向前发展》被确定为市政协重点提案。吴忠市委会《关于加快绿色工业发展 推动经济转型升级的建议》等8件提案被确定为市政协重点提案。固原市委会《对提升全市社区卫生服务能力的思考》的大会发言得到时任自治区党委常委、固原市委原书记纪峥批示。中卫市委会《关于加大投入 促进城乡学前教育均衡发展的建议》等2件提案被确定为市政协重点提案。

【脱贫攻坚与民主监督】2017年,按照自治区党委统一安排,对口开展盐池、西吉县脱贫攻坚民主监督工作。制定《民进宁夏区委会开展脱贫攻坚民主监督工作实施方案》,多次组织专家深入乡村贫困户,通过明察暗访、召开座谈会等形式,开展脱贫攻坚民主监督调研。及时向2个县委、政府反映发现的问题,交换推动工作意见建议。完成《民进宁夏区委会关于盐池县脱贫攻坚民主监督工作调研报告》《民进宁夏区委会关于西吉县脱贫攻坚民主监督工作调研报告》《关于在脱贫攻坚中增强贫困户内生动力的调研报告》《关于做好贫困家庭劳动力技能培训工作的几点建议》等报告。配合民进中央调研组,先后赴利通区、青铜峡市和海原县调研宁夏实施脱贫富民战略、打造全国脱贫攻坚示范区的做法和经验,组织召开座谈会,形成《对宁夏发展壮大村级集体经济的意见》。

【政治协商】在习近平总书记参加的全国政协十二届五次会议民进、九三、农工联组会上,区委会领导作“加强农村基层党建,夯实农村治理基石”的发言。参加自治区党委政府召开的党外人士座谈会、意见征求会、情况通报会、自治区政协联组会20余次,围绕全区发展战略、重大方针政策、党委全会报告、政府工作报告、政协常委会工作报告、《中国人民政治协商会议章程》修改意见等,精心准备,积极发言,提出了切实可行的意见建议90余条。

【社会服务】关注教育文化。发挥界别优势,联合自治区教育厅、文化厅等单位,先后在宁夏图书馆和宁夏工商职业技术学院举办两期全区中小学幼儿园音乐教师传统戏曲素养培训班,在银川、吴忠等地的小学开展43场“戏曲动漫进校园”活动,共有7千余名师生参与活动。各市委会及基层组织开展捐资助学活动,为贫困学生、留守儿童、困难群众捐赠共计价值30余万元的学习和生活用品。按照民进中央《关于开展“书香·彩虹——安龙行动”图书捐赠活动的通知》要求,各市委会、区直工委迅速行动,为“书香·彩虹——安龙行动”捐赠4200册价值7万元的图书。情系社会公益。举办民进“迎新春、送春联——书画家进社区”活动,为群众书写对联近3000副。协调魏基成慈善机构为贫困群众捐赠价值120多万元御冬衣物。在第18个全国爱耳日到来之际,宁夏医科大学总支赴银川市兴庆区大新镇卫生院开展送医送药义诊活动。区委会机关支部、区直联合支部向宁夏社会福利院捐赠康复物资。联合中卫市委会、自治区人民医院支部在海原县李旺镇开展送医送药义诊、科技下乡、法律进农户等系列支教助农活动。联合固原市委会邀请畜牧专家赴隆德、泾源、彭阳免费举办科技支农培训10余场,培训农民超过500人(次),发放科技资料。开展定点帮扶。制定《民进宁夏区委会帮扶工作实施方案》开展精准扶贫工作,巩固脱贫销号成果。继续选派2名业务能力强的会员组建第二轮帮扶工作队,驻隆德县张程乡张程村开展定点帮扶。向张程村中心学校师生捐赠价值16万元的衣物,邀请区内畜牧专家为该村养殖户80余人开展养殖培训。

(曹立庆)

九三学社宁夏区委会

【概况】2017 年,九三学社宁夏区委所属有 4 个市委会、1 个直属工作委员会;共有 8 个基层委员会,45 个支社。全区有社员 1020 人,其中,具有高级职称的社员 579 人,占社员总数的 56.8%。严格程序,完成组织换届工作。在选出的 27 名委员中,研究生以上学历占 48.1%、高级职称占 74.1%、主界别占 66.7%,形成老中青梯次配备的良好格局。在社中央第 19 次常委会议上,社区委等 5 个省级组织交流发言。结合社务工作的需要,创新培训模式和内容,举办社区委第二十五期新社员学习班,92 名新社员参加培训。在河南省社会主义学院举办第六届委员会委员能力提升培训班,对新一届社区委委员及社区委机关干部进行培训。全年发展新社员 81 人,主界别 40 人,占 49.4% ;具有高级职称的 21 人,占 25.9%,具有研究生以上学历 23 人,占 28.4%;女社员 41 人,占 50.6%;新社员平均年龄 36.79 岁。

【学习宣传】2017 年,以主委会议、常委会议、中心组学习会议以及座谈交流会等形式集中学习了中共十九大、习近平总书记系列重要讲话、自治区第十二次党代会、社中央十一大、社区委第六次代表大会等精神。实施思想理论研究课题招标,完成涉及加强民主监督、增强组织活力等 8 个课题。向统战部报送 8 篇统战理论成果。推进主题实践活动。以“深化政治交接”为主题,把“不忘合作初心、继续携手前进”专题教育作为重点内容。围绕第四届 “九三学社中央坚持和发展中国特色社会主义论坛”开展征文活动,上报征文 9 篇,其中 4 篇被社中央收录论坛文集。推荐 2 名优秀社员参加社中央第四批“九三楷模”评选。在九三学社中央坚持和发展中国特色社会主义学习实践活动五年总结表彰大会上,社区被授予省级先进集体,成为 5 个被表彰的省级组织之一。社银川市委会被授予省级以下先进集体,社宁夏医科大学委员会刘志军被授予先进个人。联系主流媒体报道社区委重点工作,特别对社区委第六次代表大会进行了跟踪报道,扩大了九三学社在社会政治生活中的影响。共发布信息 270 余篇;在社中央网站及其他社外各类媒体平台发布消息 32 篇。编印《宁夏社讯》2 期,出版《九三学社宁夏第六次代表大会专刊》1 期。承办了社中央第三届全国青年论坛和以 “文物考古与丝绸之路” 为主题的社中央第十四次科学座谈会,韩启德主席及社中央 5 位副主席出席相关会议并指导。邀请社中央副主席丛斌到宁为全区社员作九三学社文化传承报告。

【组织建设】2017 年,支持青联按照“自组织、自管理、自发展”的原则开展活动。组织区直工委赴社云南省委、河南省委调研学习。区直工委文卫支社组织开展口腔义诊;科技和机关支社联合组织到神华宁煤集团和宁夏希望信息产业有限公司参观考察;北方民族大学支社与经济专门委员会联合召开参政议政能力提升经验交流会等活动。通过组织学习好的经验做法,提升了社的组织动员能力,激发了社的组织活力。

【提案工作】2017 年,向全国两会提交提案材料 12 件。向社中央报送提案 3 件,其中《关于促进 3D 打印技术在医疗领域应用的建议》被工信部和卫计委采用,并确定为九三学社界别提案。向自治区政协十届五次会议提交大会发言 4 件,集体提案 20 件全部立案,其中《发展高效节水农业,促进经济提质增效》被选为大会口头发言,《关于加强涉尘企业农民工职业健康监护力度,推进农民工职业健康检查工作的建议》《关于促进社区服务业发展的建议》被自治区政协列为重点督办提案。在自治区政协十届三十三次常委会上作了题为《构建水资源管理联动协调机制,促进水资源保护》的书面发言。

【专题调研】2017 年,牵头完成社中央多省联动《西部内陆湿地水污染治理》课题,配合社中央开展《促进科技型中小微企业创新发展》《关于精准扶贫中健康扶贫问题研究》调研,并形成高质量的调研报告。关于“促进科技型中小微企业创新发展”和“改进校园餐食管理”调研成果,在九三论坛和专题调研座谈会上发言。完成自治区党委部署的 2 项重点调研课题,形成的《完善科技创新投入机制,切实提升区域竞争力》《关于有效解决我区湖泊湿地水污染的建议》调研报告,得到自治区党委政府领导的批示。联合各市委会、专委会完成 11 项重点课题的调研,并形成高质量的调研报告。社区委被九三学社中央授予 5 年来参政议政进步最快奖项。

【社情民意】2017 年,向社中央和自治区政协报送社情民意信息 52 篇,其中 2 篇被社中央采用,19 篇被自治区政协采用,《关于为我区高校研究生设立国家助学金区级配套补助资金的建议》被自治区政府副主席姚爱兴批示。

【脱贫攻坚与民主监督】2017 年,按照自治区党委关于民主党派开展脱贫攻坚民主监督的统一部署,九三学社对口民主监督隆德县。社区委结合实际及地方需求,制定开展脱贫攻坚民主监督工作实施方案和年度工作方案,细化落实各项监督任务。建立民主监督工作领导沟通机制、工作联席会议制度,强化经常性沟通联系。社区委领导带队,组织区市两级机关干部、专家多次赴隆德县开展脱贫攻坚民主监督及健康扶贫调研。召开脱贫攻坚民主监督工作座谈会,将民主监督调研情况反馈给隆德县委、政府,督促其整改提高。参加自治区党委组织的脱贫攻坚专项督查。提升定点帮扶工作成效。继续在惠泽村实施"九三学社一带一路助推地方经济发展"项目。共筹措资金19万元,支持发展肉牛养殖、绿色蔬菜示范种植、黄花种植、滩鸡示范养殖等产业。协调自治区科技扶贫指导员先后举办设施温棚、肉牛技术培训班5场(次),培训300多人(次)。

【社会服务】2017年,组织社内医疗专家,联合吴忠红十字会开展"送科技、送文化、送温暖"和"健康扶贫进惠泽"等活动。赠送春联200余幅,慰问贫困户25户,发放慰问金12500元,健康义诊2场次,服务群众300余人(次)。将培育企业和发展产业相结合,引进企业发展特色产业,协助流转土地370亩,示范开展节水玉米示范种植和洋葱制种等。帮助基层提升医疗服务能力。牵线搭桥,促成吴阶平泌尿外科中心分别与固原市人民医院、宁夏回族自治区人民医院合作成立吴阶平泌尿外科固原中心和吴阶平泌尿外科宁夏联盟。在同心县、隆德县举办乡村医生培训班2期,培训基层医生400余人(次)。开展医疗技术精准帮扶活动。协调社内专家坚持每周六在同心县医院驻点开展门诊、教学查房、手术指导、培训讲座等活动。专家共接诊门诊患者1800余人(次),开展学术讲座42场(次),完成手术108台(次),教学查房60余次。通过帮扶,同心县医院在重点科室建设、医务人员技术水平、医院综合管理等方面均有了显著提高。开展社会品牌服务活动。在社中央大力支持下,联合社北京市委,组织医疗专家在隆德县、泾源县开展九三学社革命老区健康宁夏行活动。在两县举办健康科普讲座6场次,培训县乡村医生、机关工作者、离退休干部、社区群众700余人(次),并为两县捐赠价值2万元的健康科普书籍。各级组织联动开展健康行系列活动,开展健康义诊活动20多场(次),服务群众3000多人(次)。捐赠价值3万元的图书、药品等。促成大北农集团与隆德县对口合作签约,大北农公益基金捐赠1000万元支持隆德县教育、农业发展项目。

(雍 军)

农工党宁夏区委会

【概况】2017年,农工党宁夏区委会辖3个市委会,1个区直工委,1个市级总支,共有63个基层组织,1003名农工党员。区委会机关内设办公室、组织宣传处、参政议政处。全面贯彻中共十九大、农工党十六大和自治区第十二次党代会精神,深入学习领会习近平新时代中国特色社会主义思想,不忘合作初心、牢记历史使命,以坚持和发展中国特色社会主义学习实践活动为主线,以区委会换届工作为抓手,积极履行参政党职能。

【思想建设】2017年,中共十九大和农工党十六大召开后,农工党宁夏区委会及时下发《关于学习贯彻中共十九大精神的通知》《关于学习贯彻农工党十六大精神的通知》等一系列文件,通过中心学习组和区委会常委会专题学、机关干部讨论学、广大党员座谈学等方式,分层次学习传达中共十九大精神,带领广大党员深刻领会、准确把握中共十九大的精神实质和丰富内涵,把握习近平新时代中国特色社会主义思想的历史地位和指导意义,切实把思想和行动统一到中共十九大和农工党十六大精神上来,为实现中共十九大和农工党十六大确定的新的宏伟目标做出贡献。区委会举办农工党"不忘合作初心,重温光荣历史"主题宣讲活动,邀请农工党党史专家王宗宏作题为《血与火的考验——中国农工民主党的历史道路》的宣讲,150余名农工党员聆听宣讲;在上海社会主义学院举办区委会委员及机关干部培训班,开展"不忘合作初心,继续携手前进"专题教育培训,邀请民建中央副主席、上海市政协副主席周汉民等著名专家分别就上海自贸区建设、十八大以来中国外交、当代中国社会治理创新等作专题讲座,组织学员参观农工党"一干会址"(中国农工民主党第一次全国干部会议)和四行仓库抗战纪念馆;组织机关干部赴延安开展"不忘初心、牢记使命"革命传统教育,重走先辈道路、重温光荣历史。农工党十六大期间,农工党中央对全党2013至2017年坚持和发展中国特色社会主义学习实践活动进行表彰,宁夏农工党各级组织和党员共获得11个奖项。推动网站、微信、农工信息、年刊融合发展。全年在农工中央网站、农工中央微信公众号及宁夏统战信息上发表50余篇信息,编发《宁夏农工信息》40余期,区委会网站上传各类文章200余篇,广泛报道全区开展学习实践活动的成效,深入宣传党员履职成果、典型事迹。编辑出版《中国农工民主党宁夏回族自治区第七次代表大会会刊》《宁夏农工2017年刊》。承办2017年农工党全国宣传干部培训班。组织广大党员参与农工党中央和自治区党委统战部的理论课题研究，全年组织撰写各类理论文章20余篇，其中在《前进论坛》等刊物发表4篇，向区党委统战部理论研究会报送9篇，向农工党中央研究室报送11篇。

【组织建设】2017年5月26日，在银川召开农工党宁夏第七次代表大会，选举产生了新一届领导班子。11月底，宁夏代表团出席了中国农工民主党第十六次全国代表大会，区委会4名班子成员分别当选为农工党第十六届中央委员会常务委员、委员和中央监督委员会委员。区委会新一届领导班子成员分别参加了中央统战部举办的主委培训班、自治区党委组织部举办的2017年厅级领导理论学习班。区委会分别举办新党员及参政议政骨干、委员及机关干部培训班，各市级组织举办各类培训班10余次，参训党员560人(次)。区委会坚持在医药卫生、环境保护、人口资源领域和经济、金融、法律等界别发展高层次人才，截至2017年底，全区共有农工党员1003人。具有中高级职称794人（高级职称415人），占党员总数的79%；医卫界588人，占59%；文教界121人，占12%；科技界占1.3%；经济界占1.3%；新阶层占5.5%，司法机关占0.8%；其他占20.1%。代表人士队伍建设明显加强。截至年底，全区农工党员中共有正厅级干部2人、副厅级4人、正处级13人(含调研员)、副处级26人(含副调研员)。全区党员中有全国政协委员1人、农工党中央委员3人(常委1人)、自治区人大代表3人(常委1人)、自治区政协委员20人（常委6人)、自治区政府参事1人、市级人大代表11人、市级政协委员43人(常委9人)、县(区)级人大代表9人(常委3人)、县(区)级政协委员42人(常委8人)。农工党员喜获宁夏“塞上名医”“塞上英才”“全国少数民族医药工作表现突出个人”“最美银川人”等荣誉称号。区委会荣获农工党中央2013—2017年度“机关建设优秀省级组织”奖。

【参政议政】2017年，区委会领导参加自治区各类高层协商会议10余次。在修改自治区第十二次党代会报告中，提出党代会制定的五年目标任务要与宁夏“十三五规划”目标任务紧密衔接的建议，得到自治区党委书记石泰峰的重视，党代会报告采用；在自治区政协提案工作专题座谈会上，区委会就有效运用提案加强政协民主监督等8个方面作交流发言，建议被自治区政协全面采纳。区委会在自治区政协十届三十三次常委会上作《以河长制为抓手，切实解决入黄排水沟水质污染问题》大会发言，得到自治区政府高度重视。完成自治区党委重点调研任务。区委会领导班子分别带队，先后深入固原、石嘴山、吴忠等地调研，完成《宁夏城乡居民基本医疗保险存在的问题及对策》调研报告。领导班子成员带领4个调研组，赴海原县8个乡镇，对建档立卡贫困人口进行整群抽样调查、入户访谈，完成《我区精准扶贫存在的难点问题及对策》调研报告，调研报告分别得到自治区领导石泰峰、咸辉的批示；配合中央开展重点调研。区委会参与农工党中央《服务国家一带一路战略、推进健康丝绸之路建设》专题调研，完成《宁夏推进“一带一路”卫生交流合作现状及对策》调研报告。落实农工党中央《全国健康扶贫调研活动实施方案》，完成《宁夏区健康扶贫工作调研报告》；参加全国政协重点调研。区委会主要领导赴江苏、云南等地，参加全国政协副主席刘晓峰主持的“我国环境与健康法规”调研，提交《我国医疗废物处置管理法律制度亟待完善》提案。

【脱贫攻坚与民主监督】2017年，按照自治区党委统一部署，区委会全面开展对口海原县脱贫攻坚民主监督工作。区委会主动与海原县委、县政府联系，坚持问题导向，重点围绕“六个精准”等情况进行民主监督，深入建档立卡贫困户家中调研，完成《农工党宁夏区委会对口海原县脱贫攻坚民主监督工作调研报告》。通过开展脱贫攻坚民主监督工作，农工党区委会收获12项成果，1篇调研报告得到自治区党委书记石泰峰批示，3件提案和8件社情民意全部被采纳。

【提案工作】2017年，区委会向农工党中央报送提案17件，其中《加强禁毒社工队伍建设的建议》被采用，推进2017年国家十二部委出台《关于加强禁毒社会工作者队伍建设的意见》。向自治区政协报送提案21件，全部立案。《关于推进健康扶贫阻断因病致贫的建议》得到自治区党委书记石泰峰重点督办，催生出台了《宁夏健康扶贫行动计划(2017—2020年)》，贫困患者大病保险报销起付线由8000元下调至3000元，报销比例又提高5个百分点；《关于推进宁夏老年大学新校区建设项目立项的建议》得到党委高度重视，自治区发改委已立项，计划投资2亿元；《关于提高我区农村妇女文化素养及职业技能水平的建议》得到自治区政协安纯人副主席督办；《关于聚焦问题振兴宁夏中药企业的建议》推动自治区政府增加中药企业的研发投入；《关于加强我区人力资源和社会保障基层服务队伍的建议》推动基层人社服务机构招聘补充工作人员290名。

【社情民意】2017年，区委会向农工党中央和自治区政协报送社情民意信息66件，农工党中央采用8件，自治区政协采用27件，区委会在自治区政协各信息报送单位中排名始终保持在前两位。《关于解决我区主要入黄排水沟水质污染问题的建议》得到自治区党委书记石泰峰批示，《关于尽快解决基层医疗卫生机构药品不足问题的建议》得到自治区副主席马力批示，《关于出台促进校外托管机构健康发展指导意见的建议》得到自治区副主席姚爱兴批示，《关于构建医保诚信体系推进医保规范化管理的建议》得到自治区人社厅现场督办。《关于加快我国知识产权综合执法改革的建议》推动自治区政府出台《关于新形势下加快知识产权强国建设的若干意见的实施方案》。区委会获2013—2017年自治区政协反映社情民意信息工作先进单位称号。区委会筛选五年来被采用的提案30件，社情民意信息93件，编辑出版《农工党宁夏第六届委员会参政议政成果汇编》。

【社会服务】开展系列帮扶活动。区委会主委和医疗专家多次赴海原，为海原县400多名乡医村医做慢病防治和安全用药知识讲座，对红羊乡300多名村民进行面对面现场诊治，发放健康宣传资料500多份；为红羊村小学捐赠价值12000多元的文体用品，并慰问因病返贫家庭3户。区委会邀请专家对红羊乡50多名村民进行致富培训，引导村民拓宽思路，寻找致富方法。帮助推销积压农产品。红羊乡近4000吨马铃薯积压在窖，区委会号召全党联系企事业单位，帮助村民推销马铃薯，一周内把积压的马铃薯全部销光，为村民挽回经济损失520余万元。争取中国初级卫生保健基金会“区域卫生发展精准扶贫”项目，为银川市、吴忠市利通区22个乡镇卫生院无偿捐赠医疗设备352台，总价值5514.268万元。2015—2017年基金会总计为全区72个乡镇卫生院无偿捐赠医疗设备594台，价值10152.35万元，解决基层医疗机构设备紧缺难题，受到农工党中央和自治区党委统战部好评，区委会被评为2017年度宁夏统一战线助力脱贫攻坚先进单位。引进农工中央医药卫生工作委员会智能眼科筛查平台设备80台，价值100余万元，捐赠给基层卫生机构，用于免费开展眼部疾病筛查。开展“杏林春雨行动”癫痫病公益救助活动，邀请农工党中央10多名专家分别对吴忠市、中卫市和固原市的800多名癫痫病患者进行义诊筛查。品牌活动有新亮点。开展第十届“国际环境与健康宣传周”、第二十九届“国际科学与和平周”活动，区委会和各级基层组织组织全区医学、环保、法律专家到贫困山区开展义诊、环保宣传、法律咨询活动；免费实施窝沟封闭手术187例；举办健康知识讲座一百余场次；发放《农民家中的医生》《心理健康120问》等书籍和宣传材料2000余份，品牌活动累计服务群众3万余人(次)。

（吴冬玲）

宁夏工商业联合会

【概况】2017年，宁夏工商联现任领导班子成员共17人，其中，党组书记1人、主席1人、专职副主席3人、企业家兼职副主席12人。宁夏民间商会会长1人、副会长11人(其中，企业家副会长7人)。工作机构有办公室、经济联络处、会员处、宣传教育处、扶贫和法律服务中心。截至2017年底，全区共有县级以上工商联组织28个，商协会356个，会员77278人。

【思想建设】2017年，以“守法诚信、坚定信心”为重点深入开展理想信念教育实践活动，认真学习贯彻党的十八大、十九大精神、习近平总书记治国理政新理念新思想新战略及自治区第十二次党代会精神，引导工商联干部职工和广大非公经济人士增强“四个意识”(政治意识、大局意识、核心意识、看齐意识)。组织全区非公经济人士进行理想信念和革命传统教育，增强使命感、责任感。全区非公经济人士理想信念教育实践活动经验在全国工商联观摩交流会上发言。实施素质提升行动，先后在宁夏社会主义学院、固原市、浙江大学、银川市举办培训班4期，培训人员360人(次)。举办“知名企业家大讲堂”，邀请彭凡、薛荣、尹树高等区内外知名企业家围绕党的十九大精神、商会建设等专题进行讲座。起草构建新型政商关系助推宁夏非公经济健康发展的意见讨论稿，所提意见建议被有关部门采纳，积极引导非公经济人士讲真话，建净言，构建亲清政商关系。

【合作交流】加强创新驱动，为非公有制企业的壮大提供引擎。2017年，开展下基层进民企活动，传达自治区创新驱动战略推进会的精神；组织民营企业参加世界华商大会、兰洽会、政府与社会资本合作项目推介会、中国(宁夏)塔吉克斯坦投资贸易洽谈等活动，帮助企业学习引进先进经营模式、先进技术；充分发挥宁夏民营企业科技创新联盟作用，举办培训班、专题讲座和媒体宣传等，推动传统产业向高端、智能、绿色方向发展。举办全国工商联十一届十次常委会议暨民营企业助推宁夏创新发展大会。自治区政府与全国工商联签署“丝路经济园”建设合作协议，协助各市、县(区)、宁东管委会与企业签约合同项目566个，总投资5188.29亿元。筛选24个项目,带领五市工商联、商(协)会负责人赴苏浙沪鲁等地精准对接,促成一批项目落地宁夏,截至2017年底,已开工项目407个,占签约项目的71.9%。加强与发达省(市)工商联联系沟通,组织全国工商联直属商会会长、秘书长联席会议暨“百名企业家走进宁夏”等系列活动,签约项目19个,投资213.19亿元。与律师事务所、会计师事务所等中介机构的沟通联系,与陕西、甘肃、青海、新疆及新疆生产建设兵团等工商联联系,建立互利共赢合作机制。深化与宁夏电视台、宁报集团、《中国工商》杂志、《中华工商时报》等媒体合作,及时宣传报道民营企业发展政策、工商联重大活动。组织非公经济人士参加组织部、经信委等单位组织的各类政策解读培训。开展信息直报,挖掘分析企业问题和信息。组织召开银企合作恳谈会、金融产品推介会、融资对接沙龙,努力破解中小企业融资难。

【企业文化】以“两个覆盖”为重点,深化非公有制企业党建。全年发展党员33人,完成直属49个党组织607名党员基本情况登记录入。巩固党组织关系集中排查成果,设立财务专户,规范党费收缴。召开直属会员单位党委党组织书记述职大会,增强履职意识。通过举办专题辅导、知识竞赛、警示教育、趣味运动会、党建示范点观摩等活动丰富组织生活。加强服务型党组织建设,为两个健康提供有力思想组织保证。制定《关于推进民营企业文化建设的指导意见》,推进企业文化建设。加强普法宣传,送法律进企业,推动企业强化法治文化建设。弘扬优秀企业家精神,通过《中华工商时报》《宁夏商会》等媒体对全区非公经济人士和民营企业进行宣传报道,在《宁夏日报》“民营企业助推宁夏创新发展”专栏、“宁商风采”专栏,对共享集团等19家民营企业创新发展典型事迹进行宣传,树立民营企业良好形象。宣传报道各级工商联、商(协)会在理想信念教育、“五好”(领导班子好、会员发展好、商会建设好、作用发挥好、工作保障好)县级工商联创建、“四好”(班子建设好、团结教育好、服务发展好、自律规范好)商(协)会建设、助力脱贫攻坚、创新经济服务等方面的好经验、好做法,增强工商联的影响力。

【扶贫帮困与服务社会】2017年,推进“百企帮百村”,动员40家企业、商(协)会对40个贫困村进行帮扶,先后召开村企对接会20余场。建立和完善“百企帮百村”精准扶贫台账,加强专项督查并挖掘宣传扶贫攻坚典型。加强福建省工商联精准扶贫500万元16个项目的跟踪监管,确保项目达效。全区统战系统各单位共动员426家民营企业与122个建档立卡贫困村结对帮扶,通过产业、就业、技能、扶贫车间、公益捐赠等方式,实施项目374个,投入资金17亿元,安置就业3.2万人。宝丰集团和大地公司荣获全国“万企帮万村”精准扶贫行动先进民营企业荣誉称号。全国工商联副主席谢经荣对宁夏推进“万企帮万村”精准扶贫工作给予充分肯定。开展法律进非公有制企业、进商会、进工商联机关活动,通过召开对接会、与企业商会结对子、走访和发放律师通信录等形式,加强民营企业法律服务。开展与政府部门、司法机关的维权协作,建立多元化、多层次的法律服务网络。联合有关部门举办“民营企业招聘周”活动,大力开展非公企业人才培训,开展企业大走访,主动联企“问需”。

【参政议政】聚焦民营经济发展,全年共向全国工商联提交提案3件,被自治区政协立案34件,向自治区政协报送社情民意47条,其中《关于加强对担保公司、小额贷款公司、投资公司监管力度的提案》等被自治区列为重点提案;《关于进一步完善创业股权投资的补偿机制的建议》被自治区政协以《建言》的形式报送至全国政协;《关于深化非公有制经济组织党建工作的建议》被自治区政协表彰为优秀社情民意。深入五市110家民营企业调研,现场解决问题20余件,收集整理在生产发展、营商环境等方面的意见建议52条,有的在党委、政府征求意见会上直接建言反映,有的通过与有关部门协商提出解决问题的办法,促进惠企扶企政策的落实。开展规模以上民营企业调研,走访困难企业,形成调研报告4篇。宁夏宝塔石化集团有限公司、宁夏宝丰集团有限公司、宁夏天元锰业有限公司入围全国民营企业500强。

【基层建设】2017年,协商产生自治区工商联第十次代表大会代表392名。选举产生了第十届执行委员、常务委员和自治区工商联、民间商会领导班子成员,换届工作风清气正。同心县工商联被评为2016年全国“五好”(领导班子好、会员发展好、商会建设好、作用发挥好、工作保障好)县级工商联。30家商会被评为全区第一批“四好”(班子建设好、团结教育好、服务发展好、自律规范好)商会。开展商会清理整顿,共整顿商(协)会8家。截至年底,全区各级工商联共有会员77278个,宁夏团体会员增幅和商会组织登记率居全国前五位。

(赵红娟)

社会团体

SHEHUITUANTI

NINGXIA YEARBOOK

编辑◎马　静

宁夏回族自治区总工会

【概况】2017年，自治区总工会创新工作方式和服务模式，推进工会网上工作建设，打造“一网一卡一平台”管理服务新模式。围绕自治区重点工程、民生项目开展示范性劳动和技能大赛，激发广大职工建功立业的劳动热情和创造活力。继续深化送温暖、金秋助学、技能培训等工会品牌项目，工会帮扶工作更加精准。推动劳动法律法规的贯彻落实，完善职工维权形势分析会制度、信访情况定期上报制度、网络舆情通报制度，依法维护职工合法权益，促进全区劳动关系和谐。坚持全面从严治党，完善议事规则和决策程序，形成了“集体领导、民主决策、分工负责、责任到位”的权力运行机制。

【重要会议】2017年1月23日，自治区总工会十一届六次全委（扩大）会议在银川召开。自治区党委副书记、政协副主席崔波出席会议并讲话，自治区人大常委会副主任、总工会主席左军主持会议并对落实会议精神提出具体要求，自治区总工会常务副主席马利明作工作报告。会议传达了中央书记处对工会工作的重要指示精神、自治区党委对工会改革的指示及全国总工会十六届执委会第五次全体会议精神，审议通过了自治区总工会十一届常委会工作报告，听取了自治区总工会十一届经审会工作报告。崔波强调，要深刻认识当前工会工作面临的新形势，围绕工会改革，做好职工维权帮扶工作，组织动员广大职工群众为与全国同步建成全面小康社会而努力奋斗。9月13日，十一届七次全委（扩大）会议在银川召开。自治区人大常委会副主任、总工会主席左军主持会议并讲话。会议审议通过了马利明代表自治区总工会十一届常委会所作工作报告和《自治区总工会委员会委员工作制度（试行）》。10月17日，维护职工权益形势分析会在自治区总工会召开。会议围绕“基层工会所在企业经济运行情况、职工权益保障情况、维护职工合法权益中存在的问题、今后工作打算及意见、建议”五个方面，对全区工会1—9月维护职工权益形势进行分析研判。会后形成《全区工会维护职工合法权益分析报告》。

【工会服务平台启用暨职工服务网上线仪式】2017年1月23日在银川举行。自治区人大常委会副主任、自治区总工会主席左军出席会议并为劳模代表、困难职工代表发放首批宁夏工会会员卡。自治区总工会常务副主席马利明和自治区信息化建设办公室副主任陶少华为“宁夏工会工作服务平台”和“宁夏职工服务网”启用上线揭牌，黄河农村商业银行董事长张志旗致辞。

【工会改革】2017年1月24日，自治区党委办公厅印发《宁夏工会改革方案》，自治区工会改革全面启动。截至年底，方案中33项改革任务完成32项，细化后的203项具体工作完成196项，完成率为96%。优化内设机构设置。撤销法保部、民管部，成立权益部、网络部，调整优化部室职能，实现了与全国总工会机构设置上下对应、职能有效衔接。优化领导班子结构。采用“专挂兼”的方式，从企业和一线职工、劳模中产生1名区总挂职副主席、2名区总兼职副主席。常委会和全委会组成人员中劳模和一线职工比例分别达到26%和33%，提升了工会领导机构议事决策民主化程度。加强产业工会力量。成立宁夏教科文卫体工会、宁夏能源化工冶金通信工会、宁夏农林水财轻工工会3个驻会产业工会委员会，驻会产业工会机构改革、班子、职责落实到位，管理体系更加完善。优化机关人员配置。“减上补下、减上补新”得到落实，区总机关选派12名干部于2018年1月到非公企业、工业园区一线挂职锻炼，占机关干部总数的15%。从基层工会选调8名干部到区总机关挂职学习，干部双向交流的机制正式形成。优化工会经费配置。全区工会经费60%直接用于支持基层工会开展工作。年内，全区共评选出创新项目5个、亮点项目32个，给予专项补助资金支持。借助社会资源向广大职工提供专业服务，聘请专业律师开展维权工作，聘请心理咨询师开展职工心理健康咨询活动、由专职人员指导集体协商，委托职业学校开展职工技能培训等多项工作收到良好效果。加强社会化工会工作者队伍建设。出台《加强社会化工会工作者队伍建设的实施意见(试行)》，形成成熟的考评管理机制、职业生涯发展机制、工资调整机制，为每个社会化工会工作者涨薪200元以上，全区600多名社会化工会工作者成为基层工会工作的中坚力量。推进市、县(区)工会改革。各市、县(区)工会改革方案全部通过同级党委常委会审议，进入落实阶段。“一体化”(会、站、家)依法维权模式、经济技术专项行动、商圈工会联合会组建模式、基层工会主席轮值等创新工作实效明显。建立改革配套制度。研究制定《自治区总工会兼职挂职副主席产生和管理办法(试行)》《自治区总工会关于加强非公有制企业工会工作创新发展的实施意见》《自治区总工会机关干部减上补下和减上补新实施办法(试行)》《自治区总工会机关干部双向挂职交流实施细则(试行)》《宁夏工会系统信息化建设工作方案(2017—2018年)》等一批长效的制度文件，保证了宁夏工会改革措施的落地见效。

【交流与合作】2017年3月7日，福建省总工会常务副主席丁文清一行7人到宁夏座谈交流，就对接闽宁工会合作互助事项达成共识。8月8日，闽宁协作第二十一次联席会议在福建省福州市举行，两省区工会签订了互帮互学协议书。9月17日，自治区人大常委会副主任、总工会主席左军在银川悦海宾馆会见中国工会“一带一路”人文交流——第二期中巴青年职工“互学互鉴”研讨营一行。10月12日，全国总工会副主席、书记处书记、党组成员焦开河一行专题调研宁夏工会资产管理工作。10月19日，中国职工疗养协会康复医学专业委员会工作会议在宁夏工人疗养院召开。11月5日下午，宁夏总工会与海南省总工会在银川召开座谈会，就工会改革工作进行交流座谈。

【表彰先进】2017年4月25日，“五一”国际劳动奖颁奖会在宁夏大剧院举行。自治区领导咸辉、齐同生、崔波、马顺清、左军、张学武出席颁奖会并为获奖代表颁奖。表彰自治区“五一”劳动奖状15个，自治区“五一”劳动奖章60名，自治区工人先锋号40个，从中推选出全国“五一”劳动奖状1个，全国“五一”劳动奖章7个和全国工人先锋号7个。

【服务经济社会建设】创新驱动战略。2017年，组织6个行业、11个工种开展职工职业技能竞赛，带动1.31万家企事业单位、80.4万人次参与。全区职工提出合理化建议5.78万条，获得技术革新成果近7300项，申请专利2700余项。开展职工创新成果跨省交流，两项成果获“6·18”海峡两岸职工创新成果展金奖。创建区、市劳模和技能人才创新工作室达到486个，孙建宁劳模创新工作室被全国总工会命名为全国示范性劳模和工匠人才创新工作室。脱贫富民战略。筹集帮扶资金4636.5万元，实施分类帮扶，对精准录入的全区2.89万户困难职工实现全覆盖，其中对3300户因学致困家庭户均帮扶4000元。与自治区扶贫办对接，对2651户脱贫攻坚户在分类帮扶的基础上，每户每年增加救助1000元，直至销号。对6100名困难职工进行就业培训，其中5300人经培训已实现自主就业创业。派出2个工作组进驻同心县下马关镇开展工作，投入226万元改造基础设施，援建扶贫车间，帮助农民致富。与福建省总工会签订互帮互学协议，实施11项协作项目，福建省总工会直接投入帮扶资金215万元。生态立区战略。开展“我为节能减排做贡献”活动，向职工群众发出《坚决打赢大气污染治理攻坚书》，推进“环保型班组”建设，助力构建节约型、环保型企业。开展“安康杯”竞赛，加强劳动保护和职工维权，全区7200多家企事业单位、61.8万职工参赛。民主法治建设。提请自治区人大将《宁夏回族自治区实施〈中华人民共和国工会法〉办法》的修订提上2018年立法日程。推动《自治区企业工资集体协商办法》和《自治区女职工劳动保护办法》等法律法规贯彻落实。推动全区各市、县(区)普遍成立协调劳动关系三方委员会，建立70人专职集体协商指导员队伍，推进全区行业集体协商拓展到保安、物流、商贸流通、电子软件、民营医疗等新兴行业和羊绒、枸杞采摘等地方特色行业，全区建会企业工资集体协商建制率达93%，建会非公企业厂务公开民主管理建制率达85%。建立“一函两书”制度，有效维护女职工权益。健全工会信访机制，完善职工维权形势分析会制度、信访情况定期上报制度、网络舆情通报制度。举办企业工会劳动争议调解员培训班，提升企业工会干部调解劳动纠纷能力。2017年,全区各级工会共受理职工来信、来电、来访2622件,办结2585件,办结率达98.6%。自治区总工会被评为全区信访工作先进单位。文化繁荣发展。举办"五月你最美"自治区庆祝"五一"国际劳动节大会。制作播放微电影《匠心筑梦》《青春圆梦》和"劳动托起中国梦"等系列公益广告片,其中《匠心筑梦》荣获中宣部2017年社会主义核心价值观主题微电影优秀作品三等奖、第五届亚洲微电影节"金海棠奖"。组织全区各级工会开展宁夏道德模范、宁夏好人、全国职工职业道德建设标兵、学雷锋志愿服务先进典型推荐评选活动,举办全区职工劳动者歌咏大赛、"声音里的经典"全区职工故事演说大赛和"定格劳动最美瞬间"手机随手拍摄影大赛等活动,唱响"中国梦、劳动美"主旋律。建立具有宁夏特色的微信"工会君"语音播报和文字组合专栏。年内微信公众号通过开展线上活动吸引粉丝关注和转发量达100.15万人(次)。自治区总工会文工团全年深入企业车间、建筑工地、职工文化活动中心等举行慰问演出43场(次)、观看人数达2.75万人(次)。

【信息化建设】2017年5月底,正式设立自治区总工会网络工作部,成立以区总主要领导为组长的全区工会系统信息化工作领导小组,印发《关于推进工会网上工作有关事项的通知》,建立全区工会平台管理员队伍,指导市、县、产业工会深入推进网上工作。先后制定《宁夏工会工作平台管理办法》《宁夏总工会信息工作管理办法》和《宁夏总工会网站管理办法》,规范全区工会系统工作平台、网站及微信公众号的管理工作。以会员数据库建设为基础,加快推进工会组织、会员和工会干部实名制录入工作,夯实工会网上工作基础。截至年底,指导市、县(区)和产业工会完成全区工会会员、工会干部、困难职工和劳模实名制信息录入工作,录入工会实名制会员信息104.9万条,发放工会会员卡15.9万张,工会干部信息2.28万条、困难职工信息3.2万多条、劳模信息2698条。《工人日报》11月24日头版头条对此项工作进行了报道。投入专项资金,举办4期全区工会网上工作培训班;举办区总机关网上工作培训1期,协助市、县、产业工会举办信息化班10期,培训基层工会干部1000多人次,推动了工会网上工作平台和职工普惠化服务工作。完成"12351"职工服务热线系统设备招标和工会工作平台测试验收工作。通过宁夏职工服务网、宁夏总工会微信公众号和"12351"职工热线服务系统,实现了企业和职工网上建会入会和普惠服务。委托国家信息安全测评中心,对工会工作平台进行第三方验收测试工作,完成了对宁夏工会工作平台安全等级测试的招标工作,加强网络信息安全工作。依规投入400万元信息化建设专项资金,完成全区工会会议视频系统、多媒体培训电教室和工会工作平台升级的招标和建设工作。年底,多媒体培训电教室建成并交付工会大厦投入使用,工会会议视频系统已完成部分招标工作,视频会议系统已延伸至5个地级市总工会。宁夏工会工作服务平台按网上工会工作业务需求完成版本升级工作。加强对工会网络舆情的监测和分析,完成全区工会舆情监测系统的招投标工作,实行网络舆情月报制度。年度编辑刊发《网络舆情》12期,重点对国内主流网站、网络平台以及手机客户端进行涉工信息监测和统计,共检测到8274篇相关涉工舆论,未发生重大网上涉工舆情。将宁夏工会会员服务网服务项目平移至微信平台,企业及广大职工可通过"微服务大厅"实现网上建会、网上入会、参与普惠性服务等项目。与工人文化宫、工会大厦和工人疗养院商定7个普惠项目。通过职工服务网和区总微信公众号移动端正式上线服务,指导吴忠、灵武等市、县(区)工会开通9个商业性普惠项目。截至年底,自治区总工会与黄河银行合作发行的工会服务卡共搭载金融、文化体育、购物优惠等普惠性服务项目64项,向工会会员发放工会服务卡达13.7万张,对困难职工和劳模全覆盖,实现了困难职工帮扶资金、劳模补助资金一卡发放。

【工会组织建设】2017年,自治区总工会贯彻落实全国总工会2014—2018年工会组建工作规划,在职工50人以下的小型非公企业、商贸物流、新型工业园区开展建会工作。创新工会组建和会员入会模式,发展"一条街工会""楼宇工会""园区工会""商圈工会"等联合工会。截至年底,全区新建工会组织739个,新发展会员8.77万人。按照"会、站、家"一体化工作模式和相关标准,开展创建"模范职工之家""会员评家""四亮一诺""双爱双评"等活动,推动基层工会工作向制度化、规范化迈进。

【调查研究】2017年,研究起草自治区总工会《关于进一步加强调查研究工作的意见》《工会工作调研成果评选办法(试行)》《职工队伍状况舆情统计分析研判工作制度》3项改革性制度,为加强和规范新形势下全区工会调研工作奠定基础。开展全区物流货运司机入会情况调研并撰写《全区物流货运司机入会情况调研》,该调研报告被自治区党委办公厅信息调研处作为第三季度优秀调研报告编入《各地各部门三季度调研报告汇编》予以印发。开展全面两孩政策下青年职工后顾之忧专项调研，完成《全面两孩政策下宁夏青年职工生育意愿与生育诉求的调查分析》和《关于宁夏女职工劳动保护状况的调查研究》报告。委托合作调研重点课题4项。完成《全区农民工技能素质提升问题调研》《我区农民工群体融入城市的现状调研》《大数据新媒体时代宁夏工会服务职工的策略研究》等调研报告。其中，《我区农民工群体融入城市的现状调研》得到了自治区党委领导的充分肯定并予批示。组织和指导各级工会围绕工会改革、维权帮扶、信息化建设等重点工作认真调研，对撰写的424篇调研文章进行评奖，予以通报表彰。

【文献编纂和《宁夏工运》编辑】2017年，完成《宁夏工会年鉴(2015卷)》刊印工作。全书70余万字，彩图80余幅，图文并茂，内容完整、资料翔实。完成《宁夏工会年鉴(2016卷)》组稿、初审工作。全年完成6期《宁夏工运》组稿和编发工作。

(刘文平)

共青团宁夏回族自治区委员会

【青少年宣传教育】2017年，全区狠抓主题宣讲，全区各级团的领导班子成员和机关干部坚持学在前、做表率，带头面向基层团干部和团员青年宣讲；组建区、市两级宣讲队伍，赴基层开展宣讲260余场(次)，覆盖团员青年6万人(次)。抓线下活动，启动“高举团旗跟党走，青春践行十九大”主题系列活动，开展“学习十九大，我的青春奋斗史”青年典型宣讲、“永远跟党走”主题团队日、“实干兴宁路，青春聚能量”等活动，推动学习入脑入心。抓线上引导，依托微信、微博平台开展“青春瞩目十九大”微视频征集展播、“十九大·青年力”网络主题论坛、“学十九大精神大冲关”网络知识竞赛、“喜迎党代会·争做宣传大使”晒专属海报等主题活动，编发微博微信480余期，影响覆盖团员青年450万人(次)，将会议精神贯彻到基层、武装到团员、影响到青年。

【共青团改革】2017年，团区委和宁夏青联、学校共青团、少先队、各市县(区)共青团改革方案全部制定出台，在全国率先批复成立自治区级教育团工委，8个市县(区)相继成立教育团工委。优化领导机构和干部队伍构成，区级委员会、常委会中，基层一线青年比例较改革前分别提高7%、36%，团区委班子新增1名挂职成员、2名兼职成员，20名挂兼职干部选配到位。为每个乡镇街道配备1名西部计划志愿者担任青年工作专干，落实乡镇街道每年2万元共青团工作经费和村(社区)团支部书记每月100元工作补贴。严格落实直接联系青年制度，团区委机关第2轮选派27人(次)下沉14个县区开展工作，全区478名专职团干部联系青年2.8万名。

【网上共青团建设】2017年，全区“青年之声”平台浏览量1.14亿余人(次)，提问量78万余条，回答25.3万余条，点赞数近30万，入驻专家4585人，开展线下活动300余场(次)，在团中央考核中居中上水平。抢占网络舆论主阵地，设计开展“争做青年好网民”“青春瞩目十九大”等主题网络活动，全区共青团新媒体矩阵推送内容3.1万条，参与互动超过8万人次，传播覆盖800余万人(次)。宁夏共青团新媒体工作影响力稳居全区政务排行第一阵营。

【特需青少年结对帮扶】2017年，推广“团干部+志愿者+社工”联动服务模式，“家长心灵课堂”试点全面启动。自治区本级实施特需青少年帮扶项目1个，结对帮扶闲散青少年15名，帮扶成功2名。开展预防青少年违法犯罪专项调研，调研报告获中央综治委预防青少年违法犯罪专项组的肯定表扬。起草《宁夏预防青少年违法犯罪实施意见》，并由自治区党委政府联合印发。开展全区大学生禁毒辩论赛、知识竞赛，禁毒志愿服务主题剧《唤醒》在大中专院校巡演18场(次)。

【大学生创业】2017年，以教育培训、赛事组织、金融服务、园区建设为依托打造青年创新创业服务体系。开展宁夏青年创业分享团进校园活动16场。为青年量身定做“青创贷”“团青贷”等小额创业贷款项目，协调发放青年创业贷款2.28亿元。举办“创青春”宁夏青年创新创业大赛、“挑战杯”大学生课外学术科技作品竞赛，挖掘培育青年创业创新项目700多件。建成宁夏大学生创业园，被团中央授予“全国青年创业示范园区”。

【脱贫攻坚】2017年，向山区9县选派下沉干部、西部计划志愿者，投入青年中心项目建设经费80万元，援建的农村电商服务站年销售额2500余万元，培训区、市两级青年电商人才400余人，带动当地特色产业发展。希望工程募集款物7508.8万元。启动圆梦行动“建档立卡贫困户”大学新生助学计划，筹集资金2101.59万元，资助大学新生7222名，实现“建档立卡贫困户”学生资助全覆盖，援建希望小学16所、“神华爱心书屋”361个，募集143万元开展“大病急患救助计划”。动员青联委员、青企协会员在21个贫困村开展结对帮扶工作，累计捐款捐物72万元，结对帮扶贫困学生380名，帮助108名大学毕业生成功就业。针对贫困地区青年因婚致贫、因红白喜事大操大办致贫等问题，专门制作《天价彩礼要不得》《2·14——真爱无价》等漫画作品40余期，在广大青年中广泛传播，引导青年带头移风易俗，抵制高价彩礼，喜事新办，丧事简办。

【青年志愿服务】2017年，推广“志愿宁夏”APP，促进志愿服务队伍和项目固化。完成“丝绸之路”银川国际马拉松赛、中阿博览会、全国工商联常委会等大型赛会志愿服务保障工作。在全国率先将西部计划志愿者月生活补贴提高至3600元左右，首次以考试方式招募志愿者；建成全国首个西部计划志愿者团工委，研究出台《宁夏西部计划志愿者绩效考核办法》。实施关爱农民工子女志愿服务活动，399个青年志愿者组织先后与农民工子女较集中的村级组织或学校，建立“结对+接力”机制，开展2万余次学业辅导、自护教育、亲情陪伴、爱心捐赠等关爱服务和互助活动。举办第四届宁夏志愿服务项目大赛和示范创建活动，推荐的项目在全国大赛中取得示范项目提名4个、公益创业赛2银2铜的好成绩。

【典型选树宣传】2017年，评选第十一届宁夏青年“五四奖章”获得者20名、2014—2016年度全区优秀共青团员79名、全区优秀共青团干部60名、全区“五四红旗”团委(团支部)103个、自治区级“向上向善好青年”20名、全国“向上向善好青年”2名，受表彰人员更多向基层一线倾斜。开展全区“青年安全生产示范岗”创建和“青年文明号开放周”活动，30个集体获评区级示范岗，4个集体获评全国示范岗，500多个集体集中展示“青年文明号”良好形象。

【青年统战工作】2017年，召开宁夏青联第十届委员会全体会议，通过提高一线劳动者委员比例、界别调整、建章立制、加强自身建设等，不断发挥青联组织联系广泛的优势，服务自治区党委和政府中心工作。加强青少年民族团结教育，组织青联委员走进学校、社区等，开展青年民族团结教育宣讲、青年民族团结教育巡回演出等活动。

【青年交流合作】2017年，加强同欧亚国家(地区)青年人文交流合作，承接2017年香港大学生暑期来宁实习、香港宁夏社团联会“一带一路”建设宁夏考察、澳门青联委员国情考察等工作。选派60名青年赴国(境)外考察交流，帮助青年拓展视野。

【少先队工作】2017年，召开自治区少工委六届四次全体会议，基层一线优秀大队辅导员占比55%。开展“喜迎十九大 我向习爷爷说句心里话”“喜迎十九大——我是光荣的少先队员”主题活动，参与少先队员近50万人(次)。策划拍摄少先队规范化入队仪式微视频，在全区推广。举办全区少先队活动课精品课大赛、少先队辅导员培训班，建设6个自治区级少先队名师工作室。

【组织建设】2017年，推进社区、楼宇、互联网企业、两新组织建团，指导宁夏国投、交投、旅投等5个企业成立团委。巩固学校共青团基础性源头性战略性地位，探索“四步五法六评估”的“三会两制一课”工作方法，创建中学中职、高校共青团和少先队工作区级改革示范学校28所，推进学校团队改革工作。逐级开展共青团工作综合督导，实现区、市、县三级督导全覆盖，促进了基层组织有序活跃。加强全区发展团员调控工作，落实全区3.2万名团员发展计划。编印新版“入团志愿书”，对年度团员发展指标进行编号管理。严格团费收缴使用管理规定。创建12个区级“共青团员先锋岗(队)”。开展“学习总书记讲话 做合格共青团员”教育实践，全区各级团组织开展“不忘初心跟党走”网络主题团日、“我的青春我的梦”主题征文等各类学习培训、讨论交流、演讲比赛、专题组织生活会3250场（次），覆盖团员青年32万人(次)，强化了团员的先进性和光荣感。开展全区共青团重点工作督导调研（互学互比）活动，实现区对市、市对县级综合督导全覆盖。组织团干部一对一帮扶特需关爱青少年，选派驻村扶贫工作队，开展机关干部“三同”教育。全年举办各级团干部、少先队辅导员、网络宣传骨干、农村青年创业致富带头人、青少年事务社工人才等各类培训班12期，累计培训2000余人。

（王存博）

宁夏回族自治区妇女联合会

【概况】2017年，宁夏巾帼扶贫车间受到中华全国妇女联合会主席沈跃跃的肯定，妇联改革工作受到全国妇联通报表扬，“护航春蕾”捐资助学获得自治区政府领导批示表扬，“爱妮保”健康扶贫保险工作现场会在宁夏召开。自治区妇联连续五年荣获宁夏群众评议机关作风群团组织第一名。

【第五次全区妇女儿童工作会议】2017年2月28日，第五次全区妇女儿童工作会议在银川召开。会议传达了第六次全国妇女儿童工作会议精神，自治区妇联主席、自治区政府妇儿工委副主任董玲作题为《强化责任 合力攻坚 推动妇女儿童事业再上新台阶》的工作报告，马力在会上作讲话，并与相关成员单位签订了目标责任书。会议还表彰了全区实施妇女儿童发展规划先进集体30个、先进个人62名。

【宁夏妇女第十一次代表大会】2017年5月6—8日，宁夏妇女第十一次代表大会在银川召开。大会共有正式代表410名、特邀代表32名、列席代表40名。全国妇联党组书记、副主席、书记处第一书记宋秀岩，自治区党委书记石泰峰出席大会并讲话，自治区相关领导出席开幕式。自治区党委副书记姜志刚出席闭幕大会并讲话。自治区妇联主席董玲代表宁夏妇女第十届执行委员会作题为《保持和增强政治性先进性群众性 为确保与全国同步建成全面小康社会贡献半边天力量》的报告。会议选举产生自治区妇女联合会第十一届执行委员会。董玲当选为主席，高鹏、李咏梅、郝晓红、马英当选为副主席，常虹当选为挂职副主席，孙森、杨玲、赵耐香当选为兼职副主席。会议还表彰了全国、自治区妇女工作先进集体和先进个人。

【思想政治宣传】2017年，自治区妇联在十九大来临之际，开展"巾帼心向党·喜迎十九大"系列主题活动。利用新媒体展开宣传，面向基层群众组织专场巡演，各级妇联利用"妇女之家"、基层群团服务中心（站）开展喜闻乐见的宣传教育活动等，宣传国家五年来的辉煌成就、妇女事业的发展成就，使广大妇女及其家庭念党恩、颂党恩，为十九大召开营造浓厚氛围。十九大召开后，开展"巾帼心向党·建功新时代"主题宣传活动。采取"六学"，即班子带头学、干部集中学、支部组织学、专题培训学、引领妇女学、创新方式学；实现"两个做到"，即做到妇联干部学习培训全覆盖、做到广大妇女群众家喻户晓。利用微信公众号开展"新春随手拍""她知识"有奖竞答、"树新风送温暖"春联征集等活动，组织全区各级妇联开展"抵制高价彩礼倡导移风易俗"万人签名、"移风易俗"大篷车文艺演出等活动，引导广大妇女培育和践行社会主义核心价值观。

【扶贫助困】2017年，实施妇女创业担保贷款，争取自治区政府出台《宁夏回族自治区创业担保贷款管理办法》，发放农村妇女创业担保贷款11.99亿元，扶持2万名妇女创业，全区累计发放贷款80.56亿元，扶持16.17万人（次）农村妇女增收致富。首次创建扶持20个"巾帼扶贫车间"，组织贫困妇女参加电商培训，带动妇女灵活居家就业。继续实施"2+1"结对帮扶及"扶上马、送一程"优惠商业贷款惠民政策，发放4598.8万元商业贷款，扶持669名农村妇女创业。

【创业创新】2017年，首次创建20个"巾帼创业创新基地"，为妇女创业创新增收致富搭建了发展平台。扶持宁夏妇女手工制品品牌和知名工匠创新发展，首次扶持并命名25个"妇女手工创意工作室"。启动全区首届妇女创业创新大赛并组织全区优秀女性团队参加全国首届妇女创业创新大赛，宁夏选手获全国4个最高奖项之一的最具社会效益奖，也是西部地区唯一获的奖项。

【保障妇女儿童合法权益】加强源头维权。2017年，联合自治区高级人民法院、公安厅、民政厅、司法厅、综治办制定《关于进一步加强我区婚姻家庭矛盾纠纷预防化解工作的意见》，联合自治区人社厅、总工会制定《关于促进女性公平就业的意见》，将维护农村妇女的宅基地房屋权益纳入《推动全区农房宅基地一体登记工作的实施方案》。推动市级以上家庭暴力庇护中心、家暴损伤鉴定中心，县级以上妇女维权合议庭、妇女法律援助中心（站）、"12338"妇女维权热线、乡镇（街道）妇女儿童维权工作站、家庭暴力案件投诉站，村（社区）妇女维权工作站，区、市、县、乡镇（街道）、村（社区）五级维权网络建设，成立宁夏妇女儿童维权服务中心；联合宁夏女法官协会等对女性服刑人员开展帮教活动，联合公安厅开展以"关爱儿童 反对拐卖"为主题的打拐宣传和禁毒宣教活动等，让法律宣传与服务走进妇女之家。在全区举办70场"和谐婚姻家庭"大讲堂、调解婚姻家庭纠纷重点案件，实施"中国妇女法律援助行动"项目，加强"七五"普法，积极做好信访工作，推进平安家庭创建。

【家庭文明建设】2017年，自治区妇联发动妇女和家庭成员积极参与各类文明家庭创建活动，寻找各级"最美家庭"5721户，5.6万多户家庭、15.5万名群众参与活动。创新推动家庭文明建设工作实现"四个首次"，即首次联合自治区文明办出台《关于贯彻"注重家庭、注重家教、注重家风" 深入推进家庭文明建设的意见》，将家庭文明建设纳入精神文明建设的总体安排；首次联合自治区教育厅出台《自治区进一步加强家校共育工作的实施意见》，建立家长学校197所，为做好家校共育工作提供了指导意见；首次争取政府购买社会化服务开展百场宣讲活动，为家庭提供科学家庭教育知识；首次组建家风宣讲团，为65个脱贫销号村3000多名群众讲家风公益课，并建立家风工作室、家风公园等家风建设基地45个，弘扬家庭美德、强化家庭教育、倡导良好家风。

【关爱妇女儿童】2017年，争取各方资金和物资4344.7万元，全面落实"母亲健康快车”“春蕾计划”“消除婴幼儿贫血行动”“母亲小额循环项目”等13项惠民项目。争取资金1326万元救助1326名“两癌”患病妇女，实现全区农村贫困妇女“两癌”救助全覆盖，与中国人寿保险公司合作开展关爱妇女“爱妮保”工作；开展“护航春蕾”捐资助学活动，募集资金342.5万元，帮助力最困难的3337名学生顺利完成学业。

【组织建设改革】2017年，结合宁夏妇女第十一次代表大会，改革领导机构，配备兼职挂职副主席，提高基层代表比例，各族各界优秀代表分别占正式代表、执委、常委的63.4%、48.1%、47.4%，比上届分别提高了12.9%、6.1%、24.4%。完成机关部门职能调整，建立健全工作机制，制定印发《自治区妇联常委会工作规则》《自治区妇联联系人大女代表、政协女委员工作制度》等16项制度和管理办法。加快基层妇联组织改革。全区5个市22个县(区、市)妇联改革全部按当地党委研究通过的方案有序开展；全区244个乡镇(街道)妇联组织区域化建设、2723个村(社区)妇代会改建妇联均达到100%；全区乡镇(街道)、村(社区)妇联执委由原来的1999人增加到43966人，比改革前增加22倍。创新开展网上妇联建设。推进妇联系统新媒体矩阵和骨干队伍建设，创建“一呼百应”微信工作法，推广使用“妇联通”，提升宁夏女儿新媒体平台，84万人阅读127万次。延伸“巾帼学堂”学习载体，组织妇联干部赴兄弟省区观摩学习妇女工作先进经验，联合党委组织部在深圳举办女性人才创业创新培训班，举办市县妇联基层组织建设培训班等。全年组织各类培训和交流学习累计13757人(次)。

（杨　荣）

宁夏回族自治区文学艺术界联合会

【“送欢乐下基层”慰问活动】2017年1月13日，由中国文联、中国视协、宁夏文联主办的“我们的中国梦”中国文联文艺志愿服务团“送欢乐下基层”慰问演出在华电宁夏灵武电厂成功举办。赵化勇、张显、杜银杰、彭生选、郑歌平等中国视协、宁夏有关方面负责人参加活动。1月16—17日，慰问演出活动走进宁夏固原，先后在固原市、彭阳县两地开展慰问演出、书画辅导交流等活动，这是第十次全国文代会后中国文联组织的最大规模“送欢乐下基层”活动。5月3日，自治区文联党组织带领艺术家到西吉县新营乡大窑滩村开展“送欢乐下基层”扶贫慰问演出，向大窑滩村无偿捐赠了20幅书画和摄影作品，并为群众表演了秦腔折子戏，丰富了群众的文化生活。6月2日，“送欢乐下基层”慰问演出活动先后在吴忠市、银川市举行。9月10日，组织戏剧家走进泾源县为当地群众出演秦腔传统名剧《精忠报国》。9月22日，组织艺术家走进大唐平罗发电有限公司建设一线，为职工献上了集舞蹈、歌曲、杂技、曲艺、器乐演奏等形式多样的文艺节目。

【书法美术摄影剪纸创展】2017年1月16—20日，由宁夏文联主办，宁夏书法家协会、宁夏美术家协会、宁夏摄影家协会、宁夏民间文艺家协会和银川市行政审批服务局承办的“艺术服务人民”2017年书法、美术、摄影、剪纸年货大集展及现场书写、作品赠送系列公益活动在银川市民大厅举行。宁夏60位书法家、60位美术家、60位摄影家和15位民间剪纸艺术家共同参与，共送出近300幅名家书写的对联，180幅名家国画山水、花鸟、人物作品，180幅摄影作品和150幅剪纸作品。5月18日，由自治区文联、自治区文化厅、自治区文史馆主办的“翰墨情深——宁夏书坛五老书法作品展”在宁夏博物馆开幕。宁夏书法家王文钧、柴建方、田冰、马学智、吴善璋分别向宁夏博物馆赠送了两件书法作品，宁夏博物馆分别给5位书家颁赠了收藏证书。6月4—7日，中央政府驻澳门联络办公室文化教育部、中国文联港澳台办公室、澳门中华文化联谊会与宁夏文联在澳门共同主办“丝路：陆与海的交汇——2017宁夏艺术作品展”在澳门展出。共展出宁夏60余幅艺术作品，展示了宁夏经济文化建设风貌和风土人情。6月5—9日，自治区党委宣传部、自治区文联在银川悦海宾馆主办“振奋精神·实干兴宁——喜迎自治区第十二次党代会美术、摄影、书法展”。共展出书法作品30件、美术作品30件、摄影作品40件、书法长卷2件和美术长卷1件。8月18—20日，亚布力论坛2017夏季峰会在银川召开。宁夏书法家协会、宁夏美术家协会选送宁夏著名书法作品25件、美术作品16件参加“2017亚布力论坛书画展”，扩大了宁夏书画的艺术宣传和影响力。10月14日，由自治区党委宣传部、自治区文联主办的喜迎党的十九大——全区美术摄影书法作品展在银川美术馆开幕，展览共收到书美影作品1000多件，选出参展作品260件。11月16—20日，“弘扬宁夏精神 展现贺兰风采”书法美术摄影展在宁夏文化馆举行。展览共展出作品144幅，展现了贺兰县近年来各项事业取得的成就和贺兰县人民群众艰苦奋斗，创造美好生活的精神风貌。

【七届十次全委会】2017年2月17日，

自治区文联七届十次全委会议在银川召开，会议传达学习了中国文联第十次代表大会、中国作协第九次代表大会精神，总结了自治区文联2016年工作，授予固原市、银川市、吴忠市、中卫市、青铜峡市、贺兰县、金凤区、平罗县、盐池县、海原县文联文联系统先进集体称号。自治区文联党组书记、主席郑歌平做题为《为时代放歌为人民抒情，努力筑就宁夏文艺事业新高峰》的工作报告。

【获奖情况】2017年5月8日，全区“清凉宁夏”广场文化活动启动仪式暨2016年全区“清凉宁夏”示范演出活动颁奖晚会在银川光明广场举行，自治区文联荣获2016年全区“清凉宁夏”广场文化示范演出活动先进单位。5月22日，第二十八届中国戏剧梅花奖颁奖晚会在广州大剧院举行，宁夏演艺集团秦腔剧院优秀青年演员韦小兵凭借新编秦腔传统剧《卧虎令》摘得第二十八届中国戏剧“梅花奖”，成为宁夏戏剧舞台上第八朵“梅花”。9月23—27日，“第三届中国戏曲(黄河流域)红梅大赛”在山东省济南市举行，宁夏戏剧家协会选送全区8名优秀戏剧演员、演奏员参加此次大赛，宁夏秦腔剧院优秀演员孙晓鹏、王翠翠获得金奖，李昆明获银奖。宁夏京剧院优秀演员赵明洋获金奖，王赛赛、肖丽获银奖；宁夏青铜峡市演艺公司优秀青年演员包海娟、文祥鹏获银奖。9月29日，“喜迎十九大·舞动中国梦”2017六省(区)青年精英舞蹈展演在江西艺术中心成功举办，马斌获金奖、许梦楠获银奖、马瑗获铜奖，高军、刘峰、王富国获优秀指导教师奖，宁夏舞蹈家协会获“优秀组织奖”。

【采风活动】2017年5月16日，自治区文联组织文学、美术、摄影、书法采风团，在永宁县开展“深入生活，扎根人民”主题实践活动。自治区文联党组书记、主席郑歌平，自治区文联副主席、美协主席宋鸣和永宁县领导参加了采风创作活动启动仪式。百余名艺术家深入新华中心村、德龙酒业有限公司、昌盛光伏科技园、闽宁镇新镇区等地，实地了解永宁县在社会经济等方面取得的成就和巨大变化。

【文艺演出】2017年5月23日晚，自治区文联组织的“到人民中去”——纪念毛泽东同志《在延安文艺工作座谈会上的讲话》发表75周年专场文艺晚会在银川市光明广场举行。6月30日，自治区文联组织文艺志愿者在银川监狱举办文艺志愿服务公益演出。监狱警察、服刑人员2000余人观看演出。7月28日，为庆祝中国人民解放军建军90周年，自治区文联组织艺术家走进武警银川市支队一大队，开展送欢乐进军营慰问演出。

【培训工作】2017年6月9—11日，宁夏文学艺术院第三期文艺(书法)培训班暨备战全国青年书法展集训班，在宁夏军区开班。培训班选拔了全区优秀的青年书法作者30余人，对冲刺全国青年展进行了封闭式的书法创作集训。7月21—25日，由民族文学杂志社、宁夏文联、宁夏作协联合主办的2017《民族文学》朝鲜文版培训班暨多民族作家看宁夏活动在银川举行。培训期间，宁夏作家与来自北京、黑龙江、吉林、辽宁、广东等各地的10余位朝鲜族作家、翻译家就朝鲜族文学创作、翻译现况与发展中的问题，“一带一路”背景下朝鲜语杂志的办刊方向与品质提升等问题进行讨论与交流。

【首个中国文艺志愿者服务基地挂牌成立】2017年7月16日，中国文艺志愿者服务基地在银川市韩美林艺术馆挂牌成立。全国政协常委、知名艺术家韩美林等艺术家和文艺工作者出席了授牌仪式。银川服务基地是《中国文艺志愿者服务基地管理办法》颁布以来，首次在地方设立的服务基地。

【舞蹈展演】2017年7月20—21日，“2017中国·宁夏标准舞、拉丁舞世界公开赛”在宁夏体育馆举办。10月12日，由宁夏文联主办的以“百姓舞台、乐享健康”为主题的“喜迎十九大·舞动塞上情”第二届全区百姓艺术健康舞蹈展演在宁夏大剧院开幕。11月28日，由中国舞蹈家协会、宁夏文联、宁夏舞蹈家协会共同举办的“共祝中国梦·温暖农村娃”新农村少儿舞蹈美育工程——少数民族舞蹈课堂在西吉县新营乡启动。

【调研交流】2017年8月6—10日，中国曲艺家协会党组成员副秘书长曲华江、中国曲艺家协会顾问郭刚等一行5人到宁夏，调研宁夏曲艺发展情况和地方曲艺的生存状况，并提出解决制约地方曲艺发展的思路和应对措施。8月16日，自治区党委常委、宣传部部长赵永清到宁夏文联调研，对宁夏文联近年来取得的成绩给予肯定，并部署迎接十九大系列文艺活动的具体工作。

【第四届中国西北音乐节】2017年9月23—27日，由西北五省区宣传部、文联、音协联合主办，宁夏文联、宁夏音乐家协会承办的“中国梦·宁夏情——第四届中国西北音乐节”在银川市举行。宁夏团交响乐《花儿的家乡》、青海团大型民俗音乐剧《音画玉树》、陕西团原生态陕北民歌音乐剧《黄河歌谣》、甘肃团《浪漫之夜——兰州交响乐团音乐会》、新疆团《彩虹之夜交响音乐会》陆续上演，吸引了区内外业界及媒体的关注。演出团分赴石嘴山、吴忠、中卫、固原四市开展“深入生活、扎根人民”主题实践活动。

【同心县获“中国诗歌之乡”称号】2017年10月13日，中国诗歌学会在同心县举行“中国诗歌之乡”授牌仪式，并发起“贫困地区诗歌文化建设工程”联合宣言。截至年底，本土和同心籍中国作家协会会员4人、中国少数民族作家学会会员8人、省级会员27人，民间诗人、文学爱好者71人，在省级以上刊物发表诗歌、小说、散文等作品近千篇（首），出版文集50余本，6人次获得国家、省级以上的文学创作奖项，2人参加诗刊社青春诗会（宁夏共有4人参加）、3人参加鲁迅文学院搞研究班培训学习，76人参加鲁迅文学院少数民族班培训。

【协会会议】2017年12月6日，宁夏音乐家协会第七次代表大会在银川召开，全区音乐界70名代表出席大会。宁夏音乐家协会主席范晋国作题为《讴歌新时代，唱响主旋律，为建设开放富裕和谐美丽宁夏做出新贡献》工作报告。大会审议通过了六届理事会工作报告，修订了《宁夏音乐家协会章程》，选举产生了新一届理事会和主席团，范晋国当选宁夏音乐家协会主席。12月6日，宁夏舞蹈家协会第七次会员代表大会在银川召开，张伟向大会作题为《不忘初心 牢记使命，为宁夏舞蹈事业的繁荣发展而奋斗》的工作报告，大会选举了新一届理事会和主席团，张伟当选宁夏舞蹈家协会主席。12月6日，宁夏美术家协会第七次会员代表大会在银川召开，会议修改了《宁夏美术家协会章程》，选举产生了新一届美协领导机构，王雪峰当选宁夏美术家协会主席。12月6日，宁夏电影电视家协会第五次代表大会在银川召开，全区影视界代表56人参会。大会讨论修改了《宁夏影视家协会章程》，选举产生了第五届理事会和主席团，宁夏影视家协会第五届理事会由42人组成，杨洪涛当选为第五届主席。12月7日，宁夏摄影家协会第七次会员代表大会在银川召开，全区104位代表参加会议。大会审议通过了宁夏摄影家协会第六届主席团工作报告，修改通过了《宁夏摄影家协会章程》，选举产生了宁夏摄影家协会第七届理事会和主席团成员，张春荣当选宁夏摄影家协会第七届主席。12月7日，宁夏民间文艺家协会第七次会员代表大会在银川召开，全区50名民间文艺工作者参会。自治区文联党组成员、副主席刘伟作题为《传承和坚守民间文化，开创我区民间文艺事业新局面》的工作报告，大会讨论并通过了工作报告和新修改的《宁夏民间文艺家协会章程》，选举产生宁夏民协七届理事会和主席团，刘伟当选宁夏民间文艺家协会主席。12月7日，宁夏曲艺杂技家协会第六次代表大会在银川召开，全区59名曲艺杂技界代表参加大会，第五届主席团主席徐明智作题为《不忘初心牢记使命 继续前行 为繁荣发展我区曲艺杂技事业而努力奋斗》的工作报告。会议审议通过了报告，修订《宁夏曲艺杂技家协会章程》，选举产生了宁夏曲艺杂技家协会新一届理事会理事和新一届领导机构，张晓红当选宁夏曲艺杂技家协会主席。12月9日，宁夏文艺评论家协会在银川成立，全区文艺理论评论界四十多名代表参加宁夏文艺评论家协会成立暨第一次代表大会。大会通过了《宁夏文艺评论家协会章程》，选举产生了第一届理事会和主席团，郎伟当选为主席。12月11日，宁夏书法家协会第七次会员代表大会在银川召开，全区97名代表参加大会。宁夏书协第六届主席郑歌平做题为《不忘初心、砥砺奋进，推动宁夏书法事业繁荣发展》的工作报告。大会审议通过了工作报告，修订了《宁夏书法家协会章程》，选举产生了新一届的理事会和主席团，宋琰当选宁夏书法家协会主席，聘任柴建方、吴善璋、郑歌平、李洪义为名誉主席。12月12日，宁夏作家协会第八次代表大会在银川召开，中国作协党组成员、书记处书记吴义勤出席开幕式并发表讲话。宁夏作协第七届主席郭文斌做题为《坚定文化自信坚守创作导向 努力开创宁夏文学事业繁荣发展新局面》的工作报告。大会审议通过了工作报告，修订了《宁夏作家协会章程》，选举产生了新一届的理事会和主席团。郭文斌当选宁夏作协第八届理事会主席。12月14日，宁夏戏剧家协会第七次代表大会在银川召开，全区戏剧界52名代表参会。宁夏戏剧家协会主席柳萍做题为《面向新时代，担当新使命，为推动宁夏戏剧事业繁荣发展贡献力量》的工作报告。大会审议通过了第七次会员代表大会工作报告，修订了《宁夏戏剧家协会章程》，选举产生了新一届理事会和主席团，李小雄当选宁夏戏剧家协会主席。

（吴　岩）

宁夏回族自治区红十字会

【备灾救灾】2017年，自治区红十字会争取援助及筹集款物1126.78万元，受益群众5万余人。先后派遣5名队员参与斯里兰卡、古巴灾害救援，选送多名队员参加中国红十字会举办的救援队培训，并担负辅助指挥、教学及评估任务。自治区政府副主席马力、自治区政协副主席张学武一行、中国红十字会总会及贝宁红十字会代表团先后调研救援队建设，观摩救援队演练，均对救援队业务素质和精神面貌给予好评。参加全国备灾救灾物资应急物流演练，1 小时内集结人员车辆并完成物资发运准备，完全符合规范要求。在石嘴山市、吴忠市实施“博爱家园社区(学校)为本减灾项目”，促进了项目区防灾减灾体系建设。为海原县受旱灾影响群众发放价值 20.19 万元的大米，4300 多户群众受益。“5·8”世界红十字日及“5·12”防灾减灾日期间，指导市级红十字会开展防灾减灾宣传及应急演练活动。

【应急救护】2017 年，全区各级红十字会共培训救护师资 115 人，培训救护员 3124 人，普及应急救护知识 1 万多人(次)，“人人学急救，急救为人人”的理念深入人心。宁夏红十字会应急救护志愿服务队和 1 名师资分别被自治区党委宣传部、文明办评选为全区“最佳志愿服务组织”和“最美志愿者”。主动为全国工商联十一届十次常委会议培训志愿者，为全区 560 名纪检监察干部进行应急救护知识培训。联合自治区总工会、自治区卫计委，举办第四届全区红十字应急救护技能大赛。选拔优秀队伍参加第四届全国应急救护大赛，获优秀组织奖。建设面向社会的应急救护培训阵地，启动建设固原市红十字会应急救护培训基地，完善吴忠市红十字会应急救护培训基地培训功能，支持中卫市红十字会建设生命健康安全体验教室，开展生命健康安全教育。

【人道救助】2017 年，连续第 18 年开展“红十字博爱送万家”活动，全区各级红十字会共发放价值 256.13 万元的棉衣、棉被、食用油、大米等慰问物资，受益群众 4.08 万人次。全年发放资助款 130 余万元，及时救助 54 名先天性心脏病、白血病患儿。向石嘴山市、吴忠市、固原市中小学、特殊学校发放价值 62 万元的牛奶。协调北京报关协会捐赠 14 万元，为 7 名家庭贫困的大病患儿提供医疗救治资金。筹措生活物资，深入城乡社区慰问困难党员。向 55 名特困学生发放助学款 2.8 万元，资助他们完成学业。接收四川九寨沟、新疆精河地震捐款 8.07 万元并及时转赠灾区。按申报参与养老服务试点单位，开展养老服务工作调研，探索参与养老服务的方式、内容、保障、考核、监督等工作机制。

【捐献工作】2017 年，全年采集造血干细胞捐献血样 3800 人(份)，8 名志愿者实现捐献，挽救了 8 名白血病患者的生命。中国造血干细胞捐献者资料库宁夏分库入库志愿者 2.4 万名，百万人口入库率高于全国平均水平，有 30 名志愿者成功捐献了造血干细胞。宁夏造血干细胞捐献经验在全国会议上作了交流。在宁夏眼科医院设立眼角膜捐献接收站，实现了器官、遗体、角膜捐献工作整体推进。开展遗体和人体器官捐献者缅怀纪念活动，与银川福寿园人文纪念有限公司合作，启动遗体和人体器官捐献者缅怀园规划建设工作。新增人体器官捐献志愿者 116 人，实现遗体捐献 3 例。

【志愿服务】2017 年，宁夏理工学院红十字会申报的“阳光石嘴山——安全健康伴我行”项目通过大学生社会实践项目评审。筛选符合条件的学生参加 2017 年海峡两岸红十字青少年夏令营，加强两岸青少年交流。对全区红十字志愿者重新进行统计核实、认证登记，将 310 名骨干志愿者纳入重点关注培养范围。加快志愿服务管理系统的推广使用，逐步建立完善志愿服务登记统计管理体系，做到志愿服务系统有登记、管理单位有统计、志愿者个人有证书，实现志愿服务从发布、实施到反馈形成闭合回路的目标。

【交流与宣传】2017 年，接待贝宁红十字会代表团，就建立长期互访互学机制、救灾救援、红十字青少年、志愿服务等方面进行了深入的探讨交流，并初步达成建立友好红十字会的意愿。结合“5·8”世界红十字日宣传活动，在《宁夏日报》刊发专版，宣传全区红十字会系统亮点工作和取得的成绩。制作发放《宁夏红十字事业发展巡礼》画册，让社会了解红十字会、认识红十字会。评选表彰了 68 名全区“最美红十字志愿者”，展现红十字志愿者风采。新闻发言人做客宁夏广播电台新闻直播间，介绍红十字运动相关知识并回应群众关切的热点问题。开展“我是红十字人”“加强自身建设，树立良好公信力”等主题征文比赛，传播人道理念和红十字精神。指导各市级红十字会开展校园防灾避险应急演练、文艺演出、红十字应急救护知识竞赛等活动。

(吴少华)

宁夏回族自治区科学技术协会

【服务经济社会发展】开展助力创新工程。2017 年，宁夏科学技术协会(以下简称“宁夏科协”)制定《创新驱动助力工程实施意见》，并提请自治区深化改革领导小组会议审议通过。先后组织开展“院士专家助力宁夏材料产业对接会”“院士专家助力宁夏能源产业对接会”等品牌活动，邀请材料、能源、化工、农业等方面的

47名院士和331名专家到宁夏，针对213家企业的449项技术创新需求进行指导和服务，聘请69名院士专家为“宁夏创新驱动助力工程特聘专家”。新组建学会服务企业工作站3个、院士专家工作站7个、园区科技创新服务站1个、全国学会宁夏服务站2个。举办双创活动周主场活动和宁夏首届创新方法大赛，举办一线创新工程师认证培训班5期，培养认证一线创新工程师100余名，辅导企业产生创新成果200多项。实施科技信息企业推广应用服务项目。新增应用企业518家，在全国率先完成项目推送任务，宁夏科技咨询服务中心被评为全国6个示范科技信息企业推广应用服务站之一。开展科技精准扶贫工作。承办全国科技助力精准扶贫培训班，围绕科协组织在精准扶贫工作中的作用开展交流研讨。举办“科技专家助力脱贫攻坚行动”中卫科技服务活动，实施“科技专家精准扶贫科技服务专项”8个，组织500余名科技专家组成科技专家服务团，对设施农业、瓜果蔬菜、马铃薯、枸杞、硒砂瓜、果树、中药材、肉牛羊养殖、饲料配置等内容进行培训、咨询指导，服务贫困群众及当地科技人员10万人(次)，开展各类科技服务活动1200余场(次)，发放科技资料30余万份。开展“福建院士专家宁夏行”活动。联合自治区党委组织部、福建省科协，于8月开展“福建院士专家宁夏行”活动，邀请11名福建院士专家到宁夏开展技术指导、项目合作、学术交流等活动，针对宁夏60多家科研院所、高校、企业的90余项技术和人才合作需求进行对接，签署合作协议6项，加强了双方科技人才的交流与合作。开展决策咨询。引导组织广大科技工作者围绕宁夏经济结构调整、产业转型升级、创新体系建设、农业产业发展、民生等前沿热点问题通过专题调研、研讨等方式，全年向各级党委政府报送工作专报12篇、提交对策建议60余项。其中4次获自治区党委政府领导批示，并列入重点督办事项。分别与新华网和宁夏党建研究会联合建立科技智库平台。支持9家学会就贺兰山东麓葡萄酒产业旅游发展、气象服务、草原禁牧封育等10个方面开展专题调研。编辑出版《慢性病防治知识全知道》《种植技术指点通》《养殖技术指点通》等科普丛书。承接政府转移职能试点工作有序推进。制定《宁夏科协所属学会有序承接政府转移职能试点工作实施方案》，并提请自治区深化改革领导小组会议审议通过。支持区级学会在承接政府转移职能方面积极探索。区级学会中已有6家学会承接了政府部门委托的8项工作，涉及科技鉴定、项目论证、资格认证、职称评审等方面。

【《科学素质纲要》实施及科普工作】2017年，建立全民科学素质行动共建责任机制，将目标任务细化分解到34个成员单位和5市人民政府。召开全民科学素质工作会议，安排部署全年工作。开展专项督查，推进市、县政府将科普专项经费按标准列入财政预算，永宁县、兴庆区、贺兰县、盐池县人均科普专项经费超过了2元，其他市县达到了规定的标准。实施“全民科学素质行动计划”，举办青少年科技创新大赛暨机器人竞赛、全国科普日、第二届青少年科学节、大众科学讲堂、大手拉小手科普报告等系列活动200余项，参与人数达70万人(次)。吴忠市印发《吴忠市青少年科技创新市长奖评选办法》，鼓励青少年开展科技创新活动。9月18日至11月19日，首次举办宁夏公民科学素质网络(微信)竞赛和宁夏科普作品创作与传播大赛，探索了科普传播的新路径。开展科普信息化综合应用试点。在机关、学校、社区、农村建设科普中国e站424个，科普电子屏53块；与新华网及区市各电台、电视台进行合作，定期播出《宁夏科普》节目；建立宁夏科普工作群、科技专家助力群、科普使者群等11个微信、QQ群，开展科普知识互动问答等活动；建设领导干部和公务员科普传播平台，将科学知识学习纳入全区干部网络培训教育选修课程之中；在《科学素质纲要》目录任务成员单位的门户网站上增加科普栏目和科普内容，扩大科普宣传渠道。推进宁夏科技馆部分展区改造升级，为社会公众提供优质公共科普服务产品，全年接待观众60万人(次)；为全区6个科技馆争取到2407万元免费开放资金，争取中国科协科普大篷车3辆；建成农村中学科技馆9个，建成青少年科学工作室9个，服务当地学生22万人(次)；流动科技馆在全区巡展14站，科普大篷车走进30所学校和10个社区，覆盖人群30万人(次)。开展青少年科技活动和各类竞赛10余项，覆盖全区300余所学校，参与人数达到10万人(次)。

【学术交流】2017年，以“繁荣学术交流、服务创新发展”为主题，举办2017年“塞上学术月”活动，围绕工业技术、特色农业、医药科技等方面，支持16家全区学会集中举办了24场专题学术交流活动，共有13位院士和300余位知名专家进行交流，吸引了近万名科技工作者积极参与，使“塞上学术月”成为有特色、有品牌、有影响力的学术交流活动。全年开展学术交流活动1000余场(次)，邀请院士和知名专家500余名到宁夏访问交流，10万多名科技工作者参加了各类学术交流活动，交流学术论文23192篇。开展第十四届宁夏自然科学优秀学术论文评选活动，共评选出获奖优秀论文209篇。7月26日，举办第十三届宁夏青年科学家论坛，以石化产业创新发展及石化企业科技创新需求为主题开办3个专题论坛，交流学术论文148篇，吸引近2000名科技工作者参加论坛，出版论文集2册。12月22日，举办第十二届宁夏资深专家论坛，以宁夏秸秆资源综合利用及产业化发展为主题，邀请国内生物开发利用领域权威专家5名与企业、院所及生产一线科技人员进行学术交流和研讨。

【服务科技工作者】2017年，开展"全国科技工作者日"系列主题活动。报请自治区党委政府在西部地区率先设立"宁夏创新争先奖"，对首次评选出的5个先进集体、5名贡献突出的科技工作者和15名先进个人进行表彰奖励。在全区开展评选表彰、科技人物宣传、走访慰问、成果展示等系列主题活动500余场。自治区党委政府领导分别通过给全区科技工作者发贺信、看望科技工作者代表、出席庆祝表彰大会等形式，表达对广大科技工作者的关心和爱护。宁夏开展的"全国科技工作者日"系列活动得到中国科协的高度肯定，并专门发文向全国推广。开展"第二届最美科技人"评选表彰活动，全区24家单位推荐62名候选人，中色(宁夏)东方集团有限公司高级工程师周小军等10人获"最美科技人"称号。利用报纸、电视、网络等媒体，弘扬和宣传科技工作者感人事迹。向中国科协推荐院士候选人1名，中国青年科技奖候选人15名。实施"宁夏青年科技人才托举工程"，与自治区人才办联合出台《宁夏青年科技人才托举工程实施办法》，全年共选拔59名30岁左右，来自高校、科研院所、企业等科研一线科技人员，培养周期3年，每年给予稳定资金支持，为青年科技工作者成长成才搭建平台。发挥6个科技工作者状况调查站点作用，准确、及时地把握科技工作者的思想动态、利益表达、工作诉求等状况，及时为党委政府提供信息。

【组织建设】加强政治引领。2017年，通过邀请十九大代表作报告、召开科技工作者座谈会、举办全区科协系统专题培训班、组织科技工作者赴煤制油基地实践体验、开展网上有奖竞答等多种形式，发动学会及各级科协组织，开展党的十九大和自治区第十二次党代会精神学习宣传活动。推进科协系统深化改革。1月16日，自治区党委印发《宁夏科协系统深化改革实施方案》(以下简称《方案》)。《方案》结合宁夏实际，具体提出16项重点工作和50项改革措施。改革和健全科协组织体系，推进"开放型"科协组织建设。优化各级科协组织领导机构，增强科协组织的代表性，县级以上科协代表大会基层一线科技工作者的比例由50%提高到65%以上。改革和加强科技社团组织建设，增强一线科技人员和中青年科技工作者在科技社团代表大会、理事会、常务理事会的比例。支持和培育在新业态中组建科技社团，建立学会联合体。健全和完善联系服务科技工作者机制，推进"枢纽型"科协组织建设。完善联系服务科技人才工作机制，推行科协代表任期制，建立委员、常委和兼职副主席履职述职和通报制度。完善科协系统干部联系和服务科技工作者制度，每名机关干部定点联系服务1所高校(企业或科研院所)、2个学会和10名科技工作者，与科技工作者广交朋友。完善学术交流水平提升机制，实施"科技社团学术交流和人才素质提升计划"，加强全区与国内外、多领域、多渠道、多学科的民间科技交流与合作。创新和改进提供科技类公共服务产品的方式，推进"平台型"科协组织建设。出台"宁夏关于实施助力创新工程的意见"。实施"互联网+科普"等六大工程。强化科技社团服务能力，搭建承接政府转移职能平台，深入实施学会创新和服务能力提升工程，提升科技社团服务能力。加强和改进党对科协工作的领导。加大对科协工作的支持和保障，把科协经费纳入财政预算，合理增长，加大对学会学术交流及学会能力提升专项经费支持力度，设立助力创新工程专项经费，并对科协组织开展的社会化服务给予相应的政策倾斜和资金支持。将各级党委、政府支持保障科协工作的情况纳入年度目标考核和评价指标中。增强科协组织的政治引领，开展"创新争先行动"、选树和学习典型活动、科学道德和学风建设活动，塑造科技工作者良好社会形象。改进工作作风，每年选派10%左右的干部到基层锻炼。

【基层组织建设】截至2017年底，全区共有市级科协5个，县(市、区)科协21个，乡镇、街道科协230家、(村)社区科普组织800家，基层农技协和农技协联合会521家、会员78673人，市县科协全年组织举办科普宣讲活动3976次，举办实用技术培训3127场(次)，参加活动科技人员总数达1.98万人(次)，受众人数超过162万人(次)。石嘴山市和银川市邀请区内外专家开展洽谈对接和科技合作，为企业创新发展提供技术和智力支撑。银川市成立了科技创新服务中心，整合全市科技创新资源，搭建"一站式"科技创新服务平台。吴忠市科协利用中国科协科技助力精准扶贫专项资金200万元，统一建设科普e站50个。固原市科协打造“互联网+农业科普+产业扶贫”模式，建立16个示范村，发挥了农业科技在服务脱贫攻坚中的支撑作用。

【区级学会、企业科协、高校科协工作】截至2017年底，自治区科协所属学会共84个，学会共有团体会员2127个，个人会员60723人，分支机构276个。全区累计成立企业科协130个，园区科协9个、高校科协3个，院士专家工作站37个，老科技工作者协会10个。宁夏区级学会全年召开国家级、区级学术活动1000余场，科技工作者参加人数10万余人(次)。宁夏各区级学会共承接科研项目评估、职称评审、技术鉴定、人才举荐等39项政府委托的事项。指导、支持新成立园区科协3家、企业科协10家、老科协4家、乡镇(街道)科协110家、社区科普组织200家。培育成立农技协32个、农技协联合会18家，新发展农技协会员3652人。宁夏农技协、老科协、社会组织党委及11个全区学会实施换届，并规范运行管理。对全区学会进行梳理并加强管理，与组织不健全、不能依法依章开展工作、内部管理不规范、没有活力的13个学会解除了业务主管关系；对履职不力、组织涣散、治理结构不规范的21个学会限期进行整改；以项目试点形式支持12家全区学会实施秘书长岗位购买工作，为深化学会改革奠定了基础。宁夏生物分子检测学会举办第一届宁夏临床病原微生物国际学术研讨会，宁夏医院管理协会主办宁南山区医疗精准扶贫活动，宁夏地理学会举办宁夏全域旅游与产业融合研讨会，宁夏保健学会举办首届宁夏科普作品创作大赛暨互联网+健康科普创新发展研讨会，宁夏石油学会主办助力石化天然气产业创新发展高峰论坛，宁夏医学会举办第七届西部糖尿病论坛暨2017年宁夏糖尿病、内分泌学术年会，宁夏机械工业协会举办智能制造及装备创新发展学术研讨会。

（贺党立）

宁夏回族自治区社会科学界联合会

【对外交流】2017年1月9—10日，全国第十九次社会科学普及工作经验交流会在哈尔滨召开，宁夏被评为全国社会科学普及法制建设先进单位并予以表彰和授牌，宁夏社科联党组成员、副主席刘祎向其他各省、市介绍了经验和做法。6月29日，智库专家东西部扶贫协作高峰论坛在贵州省毕节市织金县召开。会议代表围绕“东西部扶贫协作”主题展开讨论，宁夏大学政法学院教授、宁夏社会学会常务理事李德宽在会议上做主题发言。会议期间，贵州省社科联与宁夏签订战略合作协议。7月17—19日，全国社科联第十八次学会工作会议在南宁召开。宁夏社科联党组成员、副主席、社会组织党委书记吴勇作“做好意识形态工作，促进社会组织健康发展”专题发言。会议对全国先进的社科类单位和个人予以表彰。宁夏社会学会、宁夏诗词学会、宁夏企业家协会获“全国社科联先进社会组织”称号；宁夏统计学会、宁夏中共党史学会、宁夏统一战线理论研究会获“创建新型智库先进社会组织”称号；宁夏翻译协会周玉忠、宁夏东西部合作促进会储建平、宁夏西部研究与发展促进会范文杰获“全国社科联优秀社会组织工作者”称号。

【宁夏监狱工作协会年会暨学术研讨会】2017年3月6日上午，“2017·宁夏社会科学学术年会分会——宁夏监狱工作协会年会暨学术研讨会”在银川举行。会上为2016年全区监狱系统19个课题组颁发结项证书，对3个理论先进集体、5名理论研究先进个人和5名优秀通讯员进行表彰。司法警官职业学院副院长薛芳教授围绕“一线监狱警察怎样做课题研究”进行专题辅导讲座。

【朔方人文科学大讲堂】2017年5月6日，由自治区社科联主办、自治区图书馆和大象传媒承办的朔方人文科学大讲堂《音乐与生活》专题讲座开讲，由宁夏流行音乐学会理事、宁夏大学葡萄酒学院党总支副书记马浩谦主讲，讲座分为节奏、旋律、即兴和融合四个部分，马浩谦介绍了钢舌鼓、拇指钢琴、中东鼓、手碟等一些不为大众熟知的乐器并即兴演奏，让观众对这些来自世界各国的乐器有更直观的感受。

【朗诵活动】2017年5月14日，著名作家哈若蕙、诗人马乐群以及社会各界人士与怡苑雅韵艺术沙龙的群友在银川市妇女儿童活动中心共同分享民间社会组织团体的艺术盛宴——《黄河情》诗朗诵。诗人黄怡林在朗诵会上致辞。朗诵者们用激情表达了对黄河—母亲河的热爱和黄河文化内涵的理解。5月25日，宁夏社会科学普及教育基地——宁夏大学马克思主义学院举办了经典美文朗读活动，特邀请宁夏朗诵艺术学会理事、主席团委员黄怡林老师作题为《朗诵让生活丰富多彩》的讲解，并对学生经典美文朗诵进行了指导。

【社科普及周】2017年5月17日，宁夏社会科学普及周在兴庆区第五小学启动，活动以朔方人文科学大讲堂为中心主线，以“进社区进企业进机关进基地进学校”为方向，区级中心讲堂与各市分讲堂同时启动。活动期间，银川市举行20场(次)社科普及五进系列活动，其他地市各举办10场次社科普及五进活动。5月26日，兴庆区第三小学6个班300余名学生到贺兰山岩画景区开展“珍爱自然·保护岩画”社科普及研学活动。

【宁夏企业家协会】2017年6月22日，宁夏企业家协会在银川举办2017宁夏社会科学学术年会分会。此次分会主题为“互联网商业模式创新”。特邀互联网+研究院创始人、清华xlab未来生活创新中心创始人、创客创投基金合伙人沈拓为150位企业家及管理者做为期一天的“互联网商业创新”培训。培训中，沈拓提出“互联网+”时代的四个关键词——连接、赋能、升维、重生，并进行了详细的阐述。

【宁夏社会学会】2017年7月2日，宁夏社会学会、宁夏社会保险事业管理局、北方民族大学在银川联合主办宁夏社会科学学术年会分会。会议以“社会保障事业发展与宁夏小康社会建设”为主题，区内高校、科研机构及职能部门的负责人、专家学者等参加了会议。与会专家及学者就社会保障的改革与发展、社会保障与宁夏人口老龄化、社会保障与宁夏劳动力转移、社会保障与经济发展等宁夏全面小康社会建设过程中社会保障事业可持续健康发展中的重大理论和实践问题进行了学术交流和探讨，并提出了相应的政策思路和措施建议。

【宁夏翻译协会】2017年7月14日，2017宁夏社会科学学术年会分会暨“一带一路”语言铺路、翻译搭桥学术研讨会在银川举办。区内外专家60余人参会。研讨会特邀陕西省翻译协会理事文世龙为大会作《陕北民歌英文翻译和演唱研究》的主题发言，8位参会代表作主旨发言。

【宁夏统计学会】2017年7月21日，宁夏统计学会在银川举办宁夏2017社会科学学术年会统计分会。会议以“研究三新经济，服务三新经济”为主题，共70人参加会议。6位优秀论文作者代表分别就《把大数据产业培育成宁夏新型支柱产业》《关于提高我区养老服务业供给质量的思考》《面临“三新”经济统计如何做》《银川市“三新”统计方法制度研究》《“三新”经济在中卫市现代服务业发展领域问题探究》《关于金融扶贫制度设计的思考》等内容进行交流研讨。

【2017第二届全国宁商大会】2017年8月9日，由宁夏企业家协会、宁夏外商投资企业协会等主办的“2017第二届全国宁商大会”在银川举办。大会以“宁商汇聚·实干兴宁”为主题，700多位区内外企业家、国内知名专家和学者、新闻媒体等参加大会。自治区人大副主任吴玉才、自治区政府副主席王和山等领导出席开幕式。大会围绕政府招商引资、产业发展动向、区域经济发展和政策趋势分析等核心内容，为企业家呈现更加开放、更加高端的智慧交流和分享平台，并现场发布“十大宁商人物”“宁商企业20强”“宁夏诚信示范企业”“宁夏最具创新力领军企业”和“宁夏最具品牌价值企业”等榜单。

【宁夏诗词学会】2017年8月12日，宁夏诗词学会举办2017宁夏社会科学学术年会分会活动，邀请宁夏毛泽东诗词研究会副会长兼秘书长邓成龙作题为《研究毛泽东诗词是时代赋予我们的神圣使命》的讲座。全区50多名会员和诗词爱好者参会。

【民族地区社会治理理论与实践创新高端论坛】2017年8月19—20日，由中国民族学学会、宁夏统一战线理论研究会、宁夏社会主义学院主办的“民族地区社会治理理论与实践创新高端论坛”在中央社会主义学院举行。宁夏回族自治区党委常委、统战部长、银川市长白尚成，中国民族学会会长、中央民族大学教授杨圣敏，中国宗教学会会长、中国社会科学院世界宗教研究所所长、研究员卓新平，中国社会学会原会长、清华大学社会科学学院院长、教授李强等全国各地30多位知名专家学者出席论坛。卓新平围绕“宗教工作对民族地区社会发展的现实意义”、李强围绕“基层社区治理的理论、实践与创新”、中国民族学会执行会长王延中研究员围绕“中华民族共同体建设新探索:宁夏实践与启示”等内容作主旨发言。与会专家学者提交论文29篇。宁夏社会主义学院被中国民族学学会常务理事会确定为中国民族学会民族地区社会治理理论与实践创新研究基地。

【宁夏社会科学学术年会】2017年8月24日，由宁夏社会科学界联合会主办，宁夏金融学会承办的2017宁夏社会科学学术年会在银川举办。党政机关、科研院所共300多人参加会议。年会以“振奋精神 实干兴宁 绿色金融助力转型升级与生态文明”为主题。特邀中国人民银行金融研究所副所长卜永祥和兴业银行总行程锋博士作为演讲嘉宾，分别以“构建中国绿色金融体系”和“供给侧改革背景下绿色金融政策与实务”为题开展学术讲座。

（史光明）

宁夏回族自治区残疾人联合会

【概况】2017年,全区残联系统全力推进“五大圆梦工程”和“十个全覆盖”,推动残疾人事业改革发展多点突破、全面提速。全年残疾人事业经费投入突破3亿元大关,较上年增长52个百分点。残疾人事业“十三五”发展规划10项主要指标均实现任务过半,其中6项指标提前完成。

【获奖情况】2017年,自治区残疾人联合会(简称“自治区残联”)被国家体育总局评为2013—2016年度群众体育先进单位,被自治区评为2012—2016年全区机关干部“下基层”活动先进单位,自治区党委组织部在《关于对党的建设工作“四个重要文件”学习传达落实情况督查调研通报》中3次表扬自治区残联。宁夏代表队在首届全国残疾人专职委员知识竞赛中获得“组织奖”;在全国残疾人权益保障法律知识网络竞赛中被评为“优秀组织单位奖”;在中国残疾人康复协会、中华全国总工会中国能源地质工会全国委员会、中国残疾人辅助器具中心、长江新里程计划协调组项目办公室主办,广西壮族自治区残疾人联合会承办的“第一届全国假肢制作技能竞赛暨长江百优工匠技能竞赛”中获优秀组织奖,3位参赛选手分别获得优秀选手奖;在中央宣传部、中央文明办等11个部门主办的2016年宣传推选学雷锋志愿服务“四个100”先进典型活动评选中,宁夏聋人协会、宁夏精神残疾人及亲友协会志愿者万江被授予“最美志愿者”称号;在2017年中国技能大赛——“宜生到家杯”全国残疾人岗位精英职业技能竞赛暨2017年全国残疾人就业服务机构工作人员职业指导竞赛中宁夏选手分别获得计算机程序“优秀技能奖”和剪纸“优秀拼搏奖”,代表队被组委会授予“道德风尚奖”;宁夏残疾人康复中心、宁夏残疾人劳动就业服务中心在全国中医反射疗法第四届技术论坛暨全国第四届中医反射疗法技能大赛中被组委会授予优秀组织奖和道德风尚奖。

【自治区残联六届四次全体(扩大)会议】2017年1月15日,自治区残联第六届主席团第四次全体(扩大)会议在银川召开,自治区党委副书记、自治区政协副主席崔波出席会议并讲话,自治区残联党组书记、理事长娄晓萍代表执行理事会作题为《不忘初心与时俱进勇担带领残疾人脱贫奔小康的历史重任》的工作报告。崔波在讲话中对全区残疾人工作给予充分肯定。

【残疾人民生保障】2017年,西部地区率先出台《宁夏回族自治区0~6岁残疾儿童康复救助办法》,实现有需求的0~6岁残疾儿童抢救性康复训练全覆盖。落实残疾人“两项补贴”制度,96027名困难残疾人享受生活补贴,110699名重度残疾人享受护理补贴。联合印发《宁夏回族自治区残疾人基本型辅助器具适配补贴办法》,对0~17岁残疾儿童少年辅助器具适配给予全额补贴,对18岁以上残疾人给予差额补贴。实施贫困残疾人家庭无障碍改造1215户,为3711名智力、精神和重度肢体残疾人提供政府购买托养服务。联合教育、民政、财政、住建等7部门出台《关于加强残疾人社会救助工作的实施意见》,建立“一门受理、协同办理”残疾人救助工作机制。推动将16项残疾人康复项目纳入医保报销范围,将13625名三、四级智力、精神和视力残疾人纳入城乡居民基本养老保险和医疗保险全额或者部分代缴范围,为全区820名残疾人个体工商户和盲人从业人员个人缴纳的社会养老保险给予补贴,残疾人医疗保险、养老保险参保率提高到90%以上,残疾人基本民生得到保障。

【残疾人脱贫】2017年,印发《关于切实做好残疾人就业工作的实施意见》,建立超比例安排残疾人的用人单位奖励制度,实现残保金网上年审,完成残疾人就业保障金征收管理体制改革。发展辅助性就业,自治区发改委、民政、财政、残联等8部门印发《关于发展残疾人辅助性就业的实施意见》,采取“机构+日间照料+辅助性就业”的模式,新建“憨娃”洗车服务中心等残疾人辅助性就业机构5所,安置残疾人达到42人。实施残疾人职业技能提升计划,开展“就业帮扶、真情相助”就业援助月活动、贫困残疾人家庭千名高级手工艺师培训行动和“千企万人”就业创业行动,完成残疾人职业技能培训3542人,扶持新建自治区级残疾人就业创业基地1所、盲人按摩机构28所,扶持1000名残疾人自主就业创业,新增就业3247名。实施“阳光助残小康计划”,扶持1500户贫困残疾人建档立卡户发展种植、养殖业,实现稳定脱贫。推动将符合条件的农村贫困残疾人全部纳入全区危窑危房改造计划的实施,完成改造781户。开展农村残疾人实用技术培训5000人次,落实补贴资金145万元,建成自治区级农村残疾人扶贫基地3个,9100名建档立卡贫困残疾人脱贫销号。中国残联残疾人脱贫攻坚督查组对宁夏加大贫困残疾人产业扶贫力度、创新精准扶贫服务模式予以充分肯定。

【残疾人康复服务】2017年,宁夏残疾人康复中心项目竣工并投入运行;启动县级残疾人康复托养机构项目6个,8个市、县(区)残疾人康复中心建设项目竣工。联合印发《关于进一步加强残疾人社区康复站建设的实施办法》,建成自治区级规范化社区康复站62个。出台残疾预防行动计划,推进全国残疾预防综合试验区试点工作。启动实施残疾人精准康复服务行动,11.5万残疾人得到基本康复服务,为20万残疾人发放精准康复服务手册,开展0~6岁残疾儿童免费康复训练853名,免费实施人工耳蜗植入手术35例,为残疾人免费配发辅助器具3.01万件,为5758名精神病患者提供服药或住院救助,开展肢体残疾人康复训练5017名、盲人定向行走训练1200名,装配假肢、矫形器540例,培训社区康复协调员1089名。康复服务覆盖率提高到81.6%,较上年增长近20个百分点,高出全国平均水平15个百分点。

【残疾人参与文化体育活动】2017年,自治区残联组织人员参加第九届全国残疾人艺术汇演,参演的7个节目全部获奖。组织"清凉宁夏"全区残疾人广场文艺演出活动,被自治区党委宣传部等5家单位授予示范演出先进单位。在全国各类残疾人体育赛事中,宁夏运动员摘得46金、46银、37铜,再次刷新历史记录。其中,2名残疾人运动员正式入选国家队集训,备战2018年平昌冬残奥会和2022年北京冬残奥会。中国残联指定宁夏代表国家参加首届东亚区融合学校足球联赛,获得银牌。

【残疾人公益慈善事业】2017年,自治区残联获取"重塑未来"项目、"众智汇"残疾人网络就业项目、"国龙骨关节置换手术项目、香港盛成慧助学项目等慈善救助项目等11个,捐赠物资资金总值1078万元,救助残疾人5万多人(次)。

【残疾人基本服务状况和信息数据动态更新】2017年,全区共有7个城区开展残疾人基本服务状况和信息数据动态更新手机移动终端APP试点调查工作。自治区按照每人26元(包月)的标准,对一线动态更新工作人员给予网络流量费补贴,手机由调查员自己配备。2017年动态更新调查录入结束后,采取随机分层整群抽样的方法,在全区22个县(市、区)中抽取44个村(社区),从县级残联抽调52名调查员异地交叉分配到抽中点开展事后质量抽查工作,抽查人数3697人,抽查比例16‰,形成全区数据质量评估报告,以自治区政府残工委名义通报各级政府残工委,要求差错率大于5‰的县(区)限期整改,并上报整改方案和整改结果。

【基层残联工作】2017年,银川市在全区率先出台发展残疾人辅助性就业实施办法,推动残疾人辅助性就业步入可持续发展快车道。石嘴山市出台加强残疾人事业项目资金管理及实施项目绩效评价方案,提升残疾人项目实施质量。吴忠市推进按比例就业和集中就业,全年安排残疾人就业2273人,较上年提高20个百分点。固原市建成全区首家残疾人汽车驾驶培训中心,填补了宁夏没有残疾人驾驶培训机构的空白。中卫市建立残疾人家政网络服务平台公司,提升传统家政服务模式,为残疾人提供高效、便捷、优质服务。

(张　飞)

宁夏回族自治区归国华侨联合会

【侨联七届三次、四次全委会议】2017年1月22日,自治区归国华侨联合会(以下简称"宁夏侨联")召开七届三次全委会议。全国政协委员、中国侨联副主席、宁夏侨联主席朱奕龙,副主席姜小玲、田桦等领导以及侨联委员等60余人出席会议。会议传达了中央书记处关于侨联工作的几点意见,中共中央政治局委员、国家副主席李源潮的讲话,中国侨联九届四次全委会议精神。朱奕龙代表宁夏侨联七届委员会向会议做工作报告。2月27日,宁夏侨联召开七届四次全委会议。会议传达学习了《宁夏侨联改革方案》,依据《中华全国归国华侨联合会章程》和法定程序,届中增补选举郑大鹏任宁夏侨联副主席兼秘书长,宁夏自治区党委常委、统战部长马廷礼从坚定政治方向、服务宁夏建设、加强侨联改革3个方面对侨联工作做了部署。

【扶贫助困】2017年春节前期,宁夏侨联开展"送温暖、献爱心"活动,先后走访慰问全区所辖五市共150余户老归侨、困难侨眷,发放10余万元的慰问品和慰问金。在全区侨界为贫困侨眷黄玉英发起爱心专项捐助活动,共募集善款3万余元。对接海内外侨社团、公益组织,做好对宁夏的扶贫帮困工作。通过澳大利亚魏基成慈善机构,为全区困难群众申请御寒冬衣18000余件。联络浙江新华爱心基金会为宁夏育才中学、固原一中资助4个珍珠班共200名贫困学生,联络香港慈恩基金会、北京雷学金慈善基金会等慈善组织为全区贫困学生开展捐资助教活动。

【侨联改革】2017年,宁夏侨联深入贯彻落实中国侨联改革的各项要求,制定《宁夏侨联改革进度时间表》和《宁夏侨联改革实施办法》,推动改革工作有序进行。吴忠市侨联成立方案获得批准,固原市侨联成立方案已报送市委研究。在高校、侨企等新华侨资源集中的单位新建2个“侨胞之家”。初步建立起专兼挂相结合的侨联干部队伍。向自治区人大、政府、政协换届领导小组推荐7名侨界政协委员人选，履行参政议政职能。在全区范围开展侨情普查，为增强侨代会的代表性和广泛性提供依据。组织全区百余名归侨侨眷、侨资企业、留学生代表开展“侨界群众经济社会发展成就观摩行”活动，广邀海外侨胞及港澳同胞到宁夏参加“2017海外侨胞故乡行——走进宁夏”活动。

【对外交流】2017年，与宁夏外侨办、外专局等单位共同承办“2017开放与创新——海外高端人才走进宁夏”系列活动，180余名海内外专家学者参加活动。联合宁夏外侨办、宁夏国际交流中心共同举办“2017年海外华裔青少年中国寻根之旅夏令营——塞上风情·西部行宁夏营”活动，来自美国、加拿大等国家及港澳地区的120名青少年参加此次活动。

【维权工作】2017年，宁夏侨联协调涉侨部门共同推动《中华人民共和国归侨侨眷权益保护法》和《宁夏回族自治区实施〈中华人民共和国归侨侨眷权益保护法〉办法》的宣传普及工作。举办“法律服务进社区”“送侨法进侨企”等系列活动，为侨界群众开展侨法义务咨询、侨法讲座等10余场。在归侨侨眷集中的街道、社区设立“侨法宣传角”，举办侨法培训班、座谈会等活动。

【侨资企业发展】2017年，宁夏侨联引导宁夏侨企响应大众创业万众创新和绿色环保发展的号召，在中国侨联新侨创新创业活动暨侨创论坛活动中，推荐宁夏1名侨资企业家增选为中国侨联新侨创新创业联盟副理事长，推选4名联盟理事及2名海外理事。联合北京市侨联组织20多家北京侨企到宁夏开展“新侨汇”一带一路西部行活动，促进宁夏侨企与外省侨企间的交流与合作，推动宁夏侨企加快转型发展。

【海外联谊】2017年，宁夏侨联与美国、加拿大、法国、西班牙、南非、智利、日本、韩国、新西兰、泰国等国家和中国港澳地区的30多个侨社团建立联系互动机制。邀请宁港青年交流促进会“2017宁夏一带一路商机考察团”、加拿大宋东江教授、美国马永莉教授等海外华侨华人先后到宁夏回访考察。联合宁夏香港同乡会连续第八次举办宁夏优秀学生赴香港夏令营活动。邀请美国大西北总商会、智利华商联合总会、加拿大宁夏商会、美国三角会计集团、澳门宁夏澳华牧业有限公司考察团等侨社团和海外侨胞先后到宁夏进行商务考察，达成合作意向。促成美国大西北总商会、美国汉昌集团与宁夏红枸杞产业集团签订三方战略合作协议。

【文化宣传】2017年，宁夏侨联在“第三届世界华侨华人摄影展”活动中，获“优秀组织奖”，选送的2幅作品分别获“社会摄影类佳作奖”和“自然摄影类佳作奖”。邀请宁夏侨联海外顾问、旅美书画家尚德林到宁夏参加“中国贺兰山国际岩画文化艺术节”，向海外宣传推介宁夏岩画艺术。联合宁夏外侨办承办“2017华文教育·杰出人士/华校校董华夏塞上行”活动，30多个国家的240多名海外侨胞到宁夏参加活动。邀请世界传统文化研究院院长叶宜霖，塞上鲁西书画院创始人李佳琴和院长叶祉均3位女士到宁夏进行文化交流。促成南非知名油画家、南非非洲人中国学会副会长崔宁到宁夏与北方民族大学开展学术交流活动。

（时晨亮）

公共管理
GONGGONGGUANLI

NINGXIA YEARBOOK

编辑◎王玉琴

经济事务管理

宏观经济管理

【概况】2017年，全区经济运行稳中向好，质量效益不断提高。供给侧结构性改革取得阶段性成效，“三去一降一补”任务顺利推进。退出煤炭产能593万吨，“地条钢”处置工作通过国家验收。商品房待售面积下降16.9%，工业产品库存下降10%以上。组建87家债委会，化解存量风险贷款590亿元。制定并落实“降成本30条”，降低实体经济成本85亿元。自治区80个重点建设项目完成投资突破千亿，基础设施建设、脱贫攻坚、扩大公共服务等补短板工程加快推进。经济运行保持在合理区间，质量效益稳步提升。初步核算，全年地区生产总值增长7.8%，服务业对经济增长的贡献率达到53.1%，投资、消费、进出口总额分别增长4.2%、9.5%和58.9%；地方一般公共预算收入突破400亿元，同口径增长10.1%；企业利润增长22.3%；城乡常住居民人均可支配收入分别增长8.5%和9%，农民收入增速快于城镇居民，山区收入增速快于川区。就业形势总体稳定，城镇新增就业8.3万人，城镇登记失业率3.9%。

【工业经济】2017年，全区工业经济较快发展，转型升级步伐加快。规模以上工业增加值增长8.6%，对经济增长的贡献达到40%。传统产业提升工程稳步推进，实施了100个技术改造、44个节能改造项目和15个工业园区低成本化改造，3家园区和4家企业被评为国家绿色示范园区和工厂(石嘴山经济技术开发区、宁东能源化工基地、银川高新技术产业开发区、共享装备股份公司、天元锰业有限公司、如意科技时尚产业有限公司、大地循环发展有限公司)。启动开发区(园区)的调整优化工作。宁东能源化工基地加快转型，400万吨煤制油项目实现满负荷稳定运行，100万吨聚烯烃建成投产，高端锂电池、高端电线电缆、差别化氨纶等一批项目发挥效益。舍弗勒高端轴承、共享模具3D打印、力成智能工厂等传统制造业加快向智能制造转变。战略性新兴产业发展专项顺利实施，支持大尺寸蓝宝石晶体、工业机器人研发制造等13个新兴产业项目。新能源产业加快发展，新能源占电力装机比重达到40%。工业领域试点示范创建取得新突破，宁东基地跻身国家现代煤化工产业示范区，共享装备和宁钢集团互联网融合创新发展项目纳入国家试点示范项目，神华宁煤、金世纪包装等18家企业列为国家级两化融合贯标试点。

【特色农业】2017年，全区特色农业稳步发展，品牌效应逐步扩大。农业供给侧结构性改革深入推进，现代农业产业体系、生产体系、经营体系基本建立，特色优势产业占农业总产值比重达到87%。粮食总产368.2万吨，实现“十四连丰”。现代畜牧、酿酒葡萄、枸杞、瓜菜等优势特色产业提质增效，建设草畜产业节本增效示范点646个，畜禽标准化规模养殖率达到67.8%；改造提升老葡萄园3.3万亩，建成酒庄86个；新建枸杞标准化基地5万亩，改造提升1.8万亩，集约化、标准化及新品种面积达到50%以上；瓜菜生产面积达到316万亩，总产698.8万吨。特色产业品牌工程建设成效明显，发布宁夏特色优质农产品品牌目录，打造了6个区域公用品牌、20个知名农业企业品牌、20个特色优质农产品品牌。中宁枸杞、沙湖大鱼头获得“中国百强农产品区域公用品牌”称号，盐池滩羊肉被授予国家级农产品地理标志示范样板。

【服务业】2017年，全区服务业提档工程加快实施，出台促进服务业加快发展的意见。安排服务业引导资金近2亿元，在现代物流、科技服务、健康养老等领域支持实施了39个项目。全域旅游示范区建设成效持续显现，游客接待量和旅游总收入分别增长21.7%和20.4%。落实“引金入宁”计划，新引进组建各类金融机构29家，新增新三板企业12家，总数达到66家。嘉泽新能成功上市，通联资本和宝塔石化获批发行6亿美元境外债券，结束宁夏企业没有在主板上市和境外发行债券的历史。个性化、体验式消费、城市商业综合体等新业态新模式加快发展，“互联网+”、大数据在医疗、交通、环保、城管等领域广泛应用，银川iBi育成中心等集聚效应持续显现，人口和地理空间基础信息库、智慧城市等基本建成。通航产业、电竞产业、共享经济、数字经济、楼宇经济发展势头良好。

【创新驱动战略】2017年，全区创新驱动战略深入实施，内生动力不断增强。制定出台“创新30条”，编制了创新驱动政策指南。加大创新投入力度，R&D投入占地区生产总值比重达到1%，组织实施自治区科技计划项目570项，登记科技成果258项。启动沿黄科技创新改革试验区建设，下达科技创新专项33个。召开第一次“科技支宁”东西部合作推进会议，签订科技合作项目104个。加强科技攻关，贺兰山东麓特色优质葡萄与葡萄酒生产关键技术研究、铸造用工业级3DP打印设备研发等17个自治区“十三五”重大科技项目启动实施。创新生态逐步形成，“双创”成果进一步扩大，全区创业孵化园达到205个，新认定国家高新技术企业45家，国家双创载体28家，组建各类创新平台30余家。新登记企业3.3万户，增长21.5%，日均诞生“创客”293户。银川经济技术开发区跻身国家“双创”区域性示范基地，吴忠仪表服务型制造“双创”平台、如意“互联网+”数字化智能纺纱、维尔铸造动车组铝合金枕梁3个项目列入国家“双创”平台试点示范。

【城乡统筹】2017年，全区加强顶层设计和政策配套，空间规划（多规合一）试点顺利完成，为全国探索出一批可复制可推广的经验做法。新型城镇化步伐加快，全区常住人口城镇化率达到58%。出台银川都市圈建设实施方案，为推动银川、石嘴山、吴忠和宁东一体化发展提供了路线图、时间表。统筹城乡建设，实施城镇化项目335个，建成美丽小城镇25个、美丽村庄127个，改造城镇棚户区5.3万套、危窑危房3.3万户，农村生活污水处理及厕所3.2万户。全力打好脱贫攻坚战，出台“脱贫富民36条”，加强水利、交通等基础设施建设，提高危窑危房改造补助标准，着力抓好产业扶贫、金融扶贫、教育扶贫、健康扶贫等组合措施落地，精准扶贫、精准脱贫，302个贫困村销号，19.3万人脱贫，盐池县具备脱贫摘帽条件。易地扶贫搬迁加快推进，新建和回购移民住房1.06万套，搬迁安置移民4.06万人。

【生态环保】2017年，全区加快生态立区战略推进，加大环境整治力度。印发实施“生态立区28条”。建立生态文明建设评价考核体系，生态保护红线划定进展顺利，永久基本农田红线划定工作全面完成。三北防护林、天然林保护、退耕还林等重点生态工程加快建设，营造林面积完成全年任务的108%。六盘山重点生态功能区降水量400毫米以上区域造林绿化和引黄灌区平原绿洲绿网提升工程启动实施，固原“五河”流域治理和艾依河、沙湖、星海湖一体化治理有序推进。中央环保督察组反馈意见整改工作扎实有效，476个问题已整改471项。开展“蓝天碧水·绿色城乡”专项行动，加大燃煤锅炉、黄标车、老旧车淘汰力度。开展了为期3个月的大气污染防治攻坚，对重点排污企业、重点行业实施了停产、限产、错峰生产等措施，空气质量优良天数比上年增加4天。建立河长制，取缔入河、入湖、入沟直排口9个，封堵涉水企业排污口37个，23个工业园区污水实现集中处理。土壤污染防治及固废管理得到加强。银川市、吴忠市低碳城市建设试点取得初步成效。

【改革开放】2017年，全区重点改革不断深化，对外开放稳步推进。深化“放管服”改革，建成覆盖全区的政务大数据服务平台，探索区域评、多评合一，加快“不见面、马上办”审批模式建立和“多证合一”改革，404项实现网上办理。商事审批事项减少75%，当日办结率提高到80%。自治区信用信息共享平台归集信息超过2000万条，涵盖14万个法人单位和295万自然人，并实现与国家信用信息共享平台全面对接。金融改革纵深推进，地方金融机构改制、贷款风险补偿机制、农村土地经营权抵押贷款试点取得新成效。农村综合改革“平罗经验”和集体资产股份权能改革“金凤模式”在全国推广。国企改革、输配电价格改革以及供销社、农垦、国有林场等改革继续深化。举办第三届中国—阿拉伯国家博览会，签约项目253个。对外通道建设加快推进，宁夏国际货运班列累计发运68列2802车。银西高铁、中兰高铁、吴忠至中卫城际铁路和京藏高速宁夏段改扩建工程进展顺利，新开国内航线11条、国际航线2条，旅客吞吐量突破800万人（次）。研究提出深入推进内陆开放型经济试验区实施意见。

【民生保障】2017年，全区民生计划顺利实施，38件民生实事基本办结。印发自治区"十三五"推进基本公共服务均等化规划，建立基本公共服务清单制度。组织实施教育现代化推进、全民健康保障、文化旅游提升、公共体育普及和社会服务兜底五大公共服务工程，新建续建社会事业项目470多个，基本公共服务能力和水平有了新的提升。加强重点人群就业保障，购买公益性岗位7000个，开展"4050"人员社会保险补贴工作，为5.1万名灵活就业人员发放社保补贴1.4亿元。坚持社会保障惠民，职工"五险"和居民"两险"基本实现适龄人群全覆盖。企业退休人员月均养老金达到2850元。城镇职工、城乡居民政策范围内医疗报销比例分别提高到76%和72.7%，在全国处于较高水平。加强安全生产，亿元生产总值安全事故死亡率由上年的0.15下降至0.07。

（张　鹏）

国有资产监管

【概况】截至2017年末，自治区委监管和统计资产24户企业资产总额6442.85亿元、净资产1341.62亿元，分别同比增长16.8%和33.7%；全年实现营业收入835.15亿元、利润70.94亿元、上缴税费102.1亿元，分别增长18%、1倍和52.4%；净资产收益率4.5%，增长2.5个百分点；国有资本保值增值率105.2%，增长2.3个百分点。

【国企改革】2017年，全区坚持将完善政策制度作为国企改革的基础工作和首要任务，在组织实施《关于深化自治区属国有企业改革的实施意见》《自治区属国有企业重组改革实施方案》等35个政策文件和配套政策基础上，针对持续深化改革的需要，结合全区实际，继续健全完善改革政策制度体系，制定出台《关于推进自治区属国有企业混合所有制改革的实施意见》《自治区属国有企业外部董事管理办法》《自治区国有控股混合所有制企业开展员工持股试点的实施意见》等6个配套文件，完善法人治理结构实施意见，转职能方案已提请自治区国有资产管理改革专项小组研究审议，国企国资改革制度体系建设基本完成。加快推进企业重组改革。将优化资源配置作为企业改革的重心，在2016年对32户区属国企实施改革重组的基础上，根据各集团公司发展战略和功能定位，指导宁夏旅投、国投等集团公司加大资源整合力度，指导和推进全区412户全民所有制企业公司制改制工作，逐步缩短企业管理链条、提升运营效率、增强管控能力。完善企业法人治理结构。把完善法人治理结构作为健全中国特色现代国有企业制度、深化国有企业改革的重要内容，推行外部董事占多数制度，面向社会公开选聘一批人选进入外部董事人才库，择优向宁夏建投等8户企业委派外部董事17名，优化董事会结构。完善监事会监督体系。代表自治区政府向监管企业外派监事会，加强监督力量，突出监督主业，监督的权威性和独立性不断增强。研究制定《关于在自治区属国有企业开展市场化选聘高级管理人员试点工作的方案》，指导宁夏农垦、宁夏国投所属2家二级企业开展高级管理人员市场化选聘试点，探索建立市场化选人用人机制。稳妥推进混合所有制改革。出台《关于推进自治区属国有企业混合所有制改革的实施意见》，为稳妥有序推进混合所有制改革提供政策遵循。宁夏德坤环保公司混合所有制改革试点成功，通过财务审计、资产评估、公开征集等程序引进战略合作方，募集资金1.16亿元，为推动国企混合所有制改革积累了经验。支持指导企业引入非公资本2.76亿元新设宁夏数据科技股份公司、宁夏国投基金管理公司等4家混合所有制企业，混合所有制改革取得新的进展。推进剥离企业办社会职能。将剥离企业办社会职能作为帮助企业减负增效、集中精力发展主业的重要抓手，制定《"三供一业"分离移交维修改造标准》《财政补助资金管理办法》等4个配套政策，签订分离移交框架协议43份，涉及企业38家、职工12.59万户，移交面积1113万平米，划拨维修改造补助资金3.4亿元。自治区企业、中央驻宁企业分离移交(签订协议)率分别达到93.7%和88.2%，超额完成国务院专项小组确定的目标任务。指导开展全区国企办学校、消防、医疗等社会职能剥离移交工作，促进企业瘦身健体、减负增效。

【国资监管】2017年，自治区国资委加快转变职能。准确把握出资人职责定位，依据国务院国资委推进职能转变方案精神，研究制订《自治区国资委以管资本为主推进职能转变的实施方案》，拟定监管事项21项、精简事项34项，通过自我革命、简政放权，为企业创造宽松的发展环境。规范产权管理。制定出台自治区属企业国有资产评估管理办法、资产评估项目公示制度，推进资产评估管理"规则、过程、结果"三公开；完成宁夏建投、宁夏旅投等5家公司所属153户企业产权(股权)划转，对宁夏爆破公司等4户企业1.21亿元净资产评估结果审查备案，进场公开交易，促进国有资产流转公开透明。强化财务监管。落实企业财务定期评价分析制度，强化财务动态监测与风险预警，定期分析企业盈利能力、资产营运效率、债务风险等状况，督促企业降负债、去杠杆，切实防控经营风险。对14户区属国企2016年度财务决算进行审计，揭示会计核算和风险管理等方面问题165个，加强督促整改，企业经营管理更加规范。实施分类考核。根据区属国企分类分层监管办法，结合企业战略定位和主业分布，确定宁夏国运等4户企业为功能类、宁夏农垦等5户企业为营利类，实施分类考核、分类发展。按照新考核办法，组织完成2016年度监管企业经营业绩考核工作，依据考核结果，按照“业绩升薪酬升、业绩降薪酬降”原则，合理核定企业负责人薪酬，充分发挥考核激励约束导向作用。严格责任追究。坚持依法合规、违规必究、严肃追责、纠建并举的原则，研究制订并提请自治区党委、政府出台《自治区属国有企业违规经营投资责任追究暂行办法》，建立起权责清晰、约束有效的违规经营投资责任追究机制。梳理全年以来企业资产损失情况，对13户企业19项资产损失问题提出分类处理意见，驻国资委纪检组按程序逐项审查，已函询4件、初核72件、立案7件，问责71人，强化企业领导人员责任意识和风险意识。改进监事会监督。加强和改进外派监事会工作，首次配备正厅级监事会主席，宁夏农垦集团监事会由内设改为外派，区属国有独资企业外派监事会实现全覆盖。坚持问题和风险导向，以检查财务、监督董事和高管人员履职行为为重点，强化监督检查，加大揭示问题建号销号和督促整改力度，切实堵塞国有资产流失风险和漏洞。全年提交各类监督报告84份，累计揭示各类风险和问题210个，提出意见建议261条。加大督促整改力度，完善建号销号制度，揭示问题整改率达72%，推动企业规范经营管理，防范国有资产流失风险。

【国企党建】强化管党治党主体责任。2017年，制定出台《自治区属国有企业党建工作责任制实施办法》和《自治区国资委党委2017年党建工作要点》，明确党委的主体责任和党委委员工作职责及任务，形成分工明确、责任具体、各负其责抓落实的长效机制。党委书记认真履行第一责任，班子成员严格履行“一岗双责”，督促支持纪检组落实监督责任，每年听取区属国有企业党委书记述职述责汇报，严格检查考核企业党委责任落实情况，分解任务、传导压力、压实责任，管党治党主体责任得到有效落实。推进“两学一做”学习教育制度化常态化。制订和修订《国有企业推进“两学一做”学习教育常态化制度化实施方案》《自治区国有企业党建工作考核办法》等文件，完善“两学一做”制度机制，推动“两学一做”学习教育融入日常、常抓不懈、见到长效。严格规范“三会一课”、民主评议党员、主题党日、民主生活会等党内政治生活，开展企业党组织书记带头讲党课，促使企业领导人员和党员职工筑牢“四个意识”。举办国有企业党组织书记专题研讨班、优秀党支部书记加强党性修养等培训班4期，培训党员干部213名，提高了党组织书记和党务工作者的能力素质和履职本领。夯实基层组织建设。严格落实党建工作责任制，逐级签订目标责任书，明确任务要求，压紧压实责任。全面解决国有企业基层党组织“应建未建”“应换未换”等问题，结合企业重组整合，同步设立企业党组织，按期进行换届。开展星级党组织评选创建活动，评定五星级党组织21个、四星级290个、三星级907个。推进“党建促进月”“立足岗位当先锋、推动改革作贡献”“党员示范岗”“党员责任区”等创建活动，引导广大党员破解生产经营难题，完成急难险重任务，促进国有企业持续健康发展。加强人才队伍建设，组织企业申报企业资本运营研修等4个自治区级人才项目，争取专项资金110万元，推荐和选派19名企业管理人员赴福建等4省区挂职锻炼，为企业发展奠定人力资源基础。持之以恒正风肃纪。开展落实中央八项规定精神“回头看”，对标《中共中央政治局贯彻落实中央八项规定实施细则》和《关于深入贯彻中央八项规定精神进一步加强和改进自治区党委常委会作风建设若干意见》，紧盯重要时间节点和问题多发领域，跟踪监督检查，强化制度落实，建立党员干部作风状况定期分析研判机制，对出现“四风”问题反弹和新的作风问题典型及时整治，下大力气解决作风漂浮、工作不实等问题。坚持聚焦主责主业，压实“两个责任”，制定“三个清单”，形成边界清晰、目标明确、任务到人的责任体系。加强廉政教育，做到抓早抓小，对5名个人和7个单位进行约谈函询。坚持无禁区、全覆盖、零容忍，全年给予党纪政务处分和组织处理13人、移送司法机关2人、追回资金195.31万元，始终保持执纪审查高压态势。

（李　巍）

工商行政管理

【概况】2017年，自治区工商局持续深化商事制度改革，落实“不见面、马上办”要求，着力打造良好营商环境，不断激发市场主体活力，全区市场主体总量达54.21万户，比上年底增长13.2%。构建事中事后监管机制，完善企业信用监管体系，强化“双随机、一公开”抽查，工商检查事项100%实施随机抽查。开展“放心消费在宁夏”创建活动，完善消费维权机制，拓宽消费维权渠道，全区消费环境持续改善。适应百姓消费升级和供给质量提升要求，有效推进商标品牌战略，商标注册申请量以40%以上的速度快速增长。贯彻落实全面从严治党要求，加强干部队伍建设、驰而不息整顿作风，为商事制度改革、加强事中事后监管等提供的保障。国办〔2017〕34号文件通报表扬宁夏四项工作，其中之一就有商事制度改革。自治区工商局连续五年获得自治区效能考核一等奖。

【法治建设】2017年，参加自治区法治政府建设示范创建活动，坚持以点带面深入推进法治工商建设。建立权力清单、责任清单动态管理机制。截至年底，自治区工商局实际保留行政职权224项。以科学立法理念和原则为指导，坚持“立、改、废”并举，提请自治区人大十一届常委会第三十次会议废止《宁夏回族自治区户外广告管理条例》《宁夏回族自治区个体工商户条例》。开展《宁夏回族自治区消费者合法权益保护条例》（草案）调研论证。制定出台《自治区工商局关于加强和改进行政复议和行政应诉工作的实施意见》，认真履行行政复议和行政应诉各项职责。认真开展案卷评查，评选优秀案卷15件。按照“七五”普法工作要求，多种形式推进“法律八进”，加大社会普法宣传力度。组织局机关和两个直属局74名干部参加执法资格培训和考试，强化执法人员的法治素养和法治意识。

【市场主体发展】企业基本情况。截至2017年年底，全区共有各类企业145777户，比上年年底增长19.7%。其中：内资（非私营）企业9684户，注册资本（金）4879.86亿元；私营企业135355户，注册资本（金）10351.57亿元；外商投资企业738户，注册资本2285449.26万美元。全年，新登记企业31848户，比上年增长16%。个体工商户基本情况。截至2017年年底，全区共有个体工商户379378户，比上年年底增长10.8%；资金数额390.02亿元，比上年年底增长22.5%；从业人员749182人，比上年年底增长12.5%。2017年新登记个体工商户69404户，比上年增长5.9%；新增资金数额1030401万元，比上年增长9.7%；新增从业人员149212人，比上年增长3.3%。外商投资企业基本情况。截至年底，全区共有外商投资企业738户，比上年年底增长13.4%；注册资本2285449.26万美元，比上年年底增长330.5%。2017年新登记外商投资企业203户，比上年增长95.2%；新增注册资本3327532万美元，比上年增长4403.6%。农民专业合作社基本情况。截至年底，全区共有农民专业合作社16966户，比上年年底增长15.7%；出资总额3697192.7万元，比上年年底增长19.3%；成员总数128911个，比上年年底增长13.8%。2017年新登记农民专业合作社2912户，比上年增长9.9%；新增出资总额622863万元，比上年增长2.8%；新增成员20252个，比上年增长37.6%。

【商事制度改革】2017年，率先启动“多证合一”登记制度改革。按照第十二次党代会提出的“互联网+政务服务”理念和“加快构建‘不见面、马上办’审批模式”要求，研究起草并争取自治区人民政府印发《宁夏回族自治区推进“多证合一”改革实施方案》，确定整合13个部门的证照33个。9月27日，举行“多证合一”改革启动仪式，发放首张“多证合一”营业执照。截至年底，共发放“多证合一”营业执照1.1万多份。推进企业登记全程电子化、电子营业执照、企业名称登记制度改革，10月30日，发出首张电子营业执照。提前1年在互联网开放全区企业、农民专业合作社个体工商户名称库，方便了群众，提高了办事效率。开展企业名称登记制度改革，成为全国为数不多的全省域三级企业名称库全部放开的省区，解决了企业“起名难、效率低”的问题。3月1日起，全区正式实行企业简易注销登记改革。截至年底，申请简易注销登记的企业490户，准予简易注销登记企业380户，占发布简易注销公告企业的38.1%，为大众创业、万众创新增添了活力。完善小微企业名录系统，集中公示扶持政策140件，提供导航53项，服务“宁商”经济发展取得成效。加强银商合作，与工行、农行等8家银行600多个网点签订合作协议，方便群众就近到银行办理企业登记和年报，帮助解决小微企业贷款难题。

【国家企业信用信息公示系统管理】2017年，完善国家企业信用信息公示系统（宁夏），涉企信息一个平台归集、一个平台公示、一个平台共享。实现自治区、市、县（区）三级政府部门、中央驻宁单位等共1088个部门互联互通，解决了“信息孤岛”难题。改进双告知系统，达到了“双告知”信息精确推送。截至年底，国家企业信用信息公示系统（宁夏）已归集全区各级政府部门注册登记、行政处罚、行政许可等八类434.7万条信息，国家企业信息公示系统（宁夏）访问量达7130万人次，查询量达4980万人（次）。

【工商抽查监管】2017年，制定《自治区工商局随机抽查事项清单》，梳理归纳17项抽查事项；建立自治区工商局执法人员名录库，年报企业信息抽查主体库；制定《自治区工商局随机抽查办法》和年报企业信息抽查、直销企业抽查检查、公用企业抽查检查等3类工作细则。全年全区共抽查4批次3464户企业。其中全区企业公示信息抽查3184户，全区流通领域成品油商品质量监督抽查87户，自治区工商局及直属局结合年报信息抽查对各自登记的投资类企业定向抽查183户，自治区工商局登记建筑类企业定向抽查10户。移入经营异常名录企业968户，占总抽查数的30.4%。

【企业信用监管】2017年，加强经营异常企业管理，落实企业信用监管“黑名单”制度，严格执行老赖企业、吊销企业法定代表人和高管任职限制规定。与税务部门建立清理长期未经营企业协作机制，与自治区总工会、自治区公共资源交易管理局等单位签订《失信企业协同监管和联合惩戒备忘录》。截至年底，向其他部门推送数据信息55万多条，全区累计移入经营异常名录企业25646户，经过改正“修复”，有8977户企业被移出了经营异常名录。

【年报公示】2017年，全区2016年度应公示年报企业108589户，已公示年报企业98309户，年报公示率90.5%，高于全国平均率，全国排名第二十三位；全区共有12200户农民专业合作社，292931户个体工商户公示了2016年年度报告，年报公示率分别为86.1%和92.3%。截至年报公示限定时间，在4个报送年度里累计共有42万户企业通过国家企业信用信息公示系统（宁夏）公示了年报信息，5.3万户市场主体主动公示行政许可、股权变更、行政处罚等信息21万条。

【无照经营查处】2017年，对全区范围内旅游景区周边及高速公路服务区经营户的无照经营和不亮照经营行为开展专项检查，取缔无照经营21户，清理无证流动摊贩110个，查处违法违规经营案件3起，罚款5.1万元，吊销证照1起，下发责令改正通知书81份，责令停产停业2户。

【防范和打击非法集资】2017年，加强防范非法集资宣传，开展防范非法集资宣传月活动。围绕商品交易、投资理财、互联网金融等新兴经济业态，先后对5户涉嫌违法、违规的“优卡特”类型电商超市下发“责令停业通知书”，并通报辖区相关部门介入调查；对宁夏北方商品电子交易中心等8家企业进行清理整顿“回头看”；对涉嫌非法集资的宁夏五环大德互联网科技有限公司等439家企业进行全面排查。截至年底，共排查相关企业（机构）1405户，吊销营业执照21户，发现涉嫌非法集资案件18件，移送公安部门立案查处5件。

【个体工商户履行社会责任评价】2017年，共有3460户个体工商户参与评价。工商部门深入银川、石嘴山、吴忠等地对个体工商户履行社会责任评价工作进展情况和存在问题进行调研，鼓励各单位探索引入第三方评价机制，以政府购买服务的方式，委托第三方机构开展评价。

【商标发展战略】2017年，落实《工商总局关于大力推进商标注册便利化改革的意见》，争取国家工商总局在银川和吴忠两地分别设立商标受理窗口，使商标咨询更直接、申请渠道更畅通、注册更便捷，申请人商标注册的时限由过去的一年多减少到半年，节约了企业商标注册成本，激发了企业创业和注册商标的热情。截至年底，全区有效注册商标32319件，比上年同期增长26.5%。其中：2017年商标申请量13368件，注册量7150件，分别比上年增长41.6%和20.5%。地理标志证明商标22件，比上年新增2件（青铜峡大米、惠农枸杞）。驰名商标55件，比上年新增2件（羊把式、灵州雪）。宁夏著名商标527件。

【注册商标专用权保护】2017年，开展“宁夏枸杞”商标注册和“盐池滩羊”保护工作，依法对27家违法使用“中宁枸杞”证明商标的经营户进行处理，对39户未经许可擅自悬挂“盐池滩羊”门头牌匾责令整改。宁夏5家驰（著）名商标企业荣获“2017中国国际商标品牌节”商标金奖，自治区工商局荣获“2017中国国际商标品牌节”贡献奖。构筑跨区域、跨部门协作机制，开展打击商标侵权“溯源”专项行动，与河南、陕西、青海、新疆等10省区市联合开展“丝路清风”跨区域打击侵权假冒专项行动，与质监、药监等部门联合形成“双打”良好态势。全区工商和市场监管部门共立案查处侵权假冒案件312件，案值191.58万元，罚没金额195.2万元，移送司法机关2件，案值23.7万元。“同心圆枣”被认定为地理标志商标，价格提升5倍，带动3000多贫困人口脱贫。“中宁枸杞”申请马德里国际商标注册，商标价值评估39多亿元。贺兰山东麓葡萄酒商标价值评估值达140多亿元。“盐池滩羊”被国家工商总局评为全国商标富农和运用地理标志精准扶贫典型案例。

【依法治理不正当竞争】2017年，依法终止宁夏电信、联通、铁通3家电信企业滥用市场优势地位强制搭售行为的反垄断调查，督促宁夏电信固定电话拆机9万户，宁夏联通固定电话拆机2360户，宁夏铁通固定电话拆机17636户。依法规制滥用行政权力排除限制竞争行为，对银川市环保局涉嫌滥用行政权力排除限制竞争行为开展反垄断调查。以集中整治公用企业限制竞争专项行动为重点，开展反不正当竞争执法工作。全区工商和市场监管部门共查处反不正当竞争案件122起，收缴罚没款95.72万元。针对媒体反映的宁医总院指定病人就医社会热点，依法对当事人冒用宁医总院名义开展经营活动行为进行查处；组织开展银川市殡葬行业专项检查。

【经济检查】2017年，印发《自治区工商局2017年"扫黄打非"工作实施方案》，对全区市场监管系统"扫黄打非"工作作出具体安排。全区市场监管系统出动执法人员560多人(次)，会同文化部门检查电子、印刷品市场及各类娱乐场所76家；会同自治区无线电管理委员会(以下简称"自治区无委会")印发《关于加强全区无线电发射设施监管的通知》，协调自治区无委会开展相关市场检查，得到了国家无委会的通报表扬；开展"黑广播"和电信网络违法犯罪活动打击工作。

【打击传销】2017年，以开展创建无传销城市为载体，提高打击传销工作效果。全区工商和市场监管部门取缔传销窝点348个，教育遣散传销人员3746人(次)，查处传销案件84起，收缴罚没款13.4万元。会同公安等四部门联合印发《创建无传销城市考评认定办法》《创建无传销县(市、区)考评细则》等，加大协同打击力度。截至年底，14个县(市、区)被命名为"无传销县(市、区)"，打击传销工作取得阶段性成果。

【直销企业监管】2017年，加强对直销企业信息披露和报备工作等重点环节的监管和行政指导，强化对新入直销企业的从业指导，开展对严重违法违规直销企业的行政约谈，推进直销企业落实自律承诺。召开在宁14家直销企业座谈会，安排直销企业开展自查自纠，指导直销企业建立快速、便捷的纠纷处理机制。开展直销企业"双随机"抽查，纠正个别企业制度不完善、不报送经营信息等问题。指导直销企业履行社会责任，直销企业投入扶贫济困公益资金140万元，持续开展扶持创业、捐资助学、精准扶贫等公益活动。

【"红盾护农"行动】2017年，安排部署"红盾护农"行动，推进农资打假工作。严格落实宁夏农资商品"一账通"制度，构建农资市场长效监管机制。继续开展"农资经营示范店"创建活动，与农牧部门联合认定"放心农资示范店"817户、"优秀农资示范店"74户。全区工商和市场监管系统共检查各类农资经营户3955户，检查农资市场275个(次)，抽检化肥745批(次)、农膜28批(次)，抽检结合率达98%，查处案件19起，案值45万元。

【合同行政监管】2017年，推进"守合同重信用"企业公示活动，公示2015—2016年自治区"守合同重信用"企业399家。开展"合同帮农"，加大对吴忠民族食品产业、特色农业，中卫硒砂瓜、中宁枸杞等地理标志特色农产品，石嘴山脱水蔬菜产业，贺兰县农村电商发展等帮扶工作力度，"合同帮农"工作经验在全国工商和市场监管系统合同行政监管会议上做了交流。

【网络交易市场监管】2017年，坚持"依法管网、以网管网、信用管网和协同管网"的理念，开展网络交易监管工作。清理经营主体数据库，推进网上亮照亮标工作。截至年底，全区涉网经营主体信息采集率达90%以上，提交贴标申请并审核通过的经营主体达80%，清理非法违规经营主体5434户。建立网监联合执法机制，开展2017网络市场整治专项行动，强化双十一、元旦、春节等重要时间节点网络交易定向监测。2017年，检查网站、网店4575户(次)，解决纠纷92件，删除违规字样8条。开展网上订餐平台和外卖配送机构综合治理，取消117家线上餐厅"清真"字样，线下处理128家。截至年底，全区网络交易市场主体总量27435个，其中：第三方交易平台48个，独立网站6709个，省外交易平台网店20678个，交易额76.35亿元。

【成品油市场监管】2017年，以城乡结合部、主要交通干线、成品油批发零售企业集中地区为重点，开展流通领域成品油抽检工作。全年共抽检车用汽油和柴油两大类，抽取87家加油站170个批(次)样品，合格样品151批(次)，整体合格率为88.8%，全区成品油流通市场秩序得到了有效规范。

【广告市场监管】2017年，强化《广告法》宣传，做好广告发布登记工作。截至年底，有40家广告单位依法办理广告发布登记。开展含"特供""专供"和利用国家领导人形象进行企业宣传等清理整治，查处"医药养生类广告表演者"虚假违法广告，依法对宁夏卫视频道播出的"老院长祛斑方""龙舒泰地龙胶囊""祝眠晚餐"等违法广告进行立案查处。全年全区共查办虚假违法广告案件65件，罚没金额71.6万元。处理广告投诉，保护消费者合法权益。全年收到消费者(职业举报人)投诉举报等138件，处理138件，挽回损失61万多元。

【广告监测】2017年，自治区工商局共监测广告686114条(次)，其中：电视广告439312条(次)，监测发现违法广告1585条（次），违法率为0.4%；广播广告239881条（次），发现违法广告428条（次），违法率为0.2%；报纸广告6921条（次），违法广告17条（次），违法率为0.3%。国家工商总局全国广告监管平台通报中一、二、三、四季度中宁夏广告条数违法率分别为 2.9%、2.1%、2.3%、0.9%，广告条(次)违法率分别为 0.2%、0.3%、0.2%、0.1%，严重违法广告同比下降 26.2%、40.5%、53.3%、75.9%。

【红盾质量维权行动】2017 年，全区工商和市场监管系统共查处并没收不合格商品 1203 件，下发责令改正通知书 83 份，查处消费领域违法案件 382 件，罚没金额 249.76 万元，取缔无照经营 15 户。开展汽车 4S 店专项整治，检查汽车 4S 店、汽车维修服务商、汽车配件销售商 960 户，行政约谈 180 余户，为消费者挽回经济损失 1000 多万元。开展电线电缆专项整治，收缴无 3C 认证电线 800 米、暂扣涉嫌销售不合格电缆 25 卷。开展预付卡专项整治，规范预付卡市场秩序。

【流通领域商品质量抽检】2017 年，共组织开展流通领域农资、成品油、净水器、电线电缆、汽车配件、钢材、日化产品、交通工具、汽车配件、服装鞋类及线上线下通信工具及配件等 15 类 20 种商品 1166 个批次的商品抽检，总体合格率为 80.2%，并及时向社会发布公示商品抽检结果。针对消费者反映的热点问题，首次开展了线上通信工具的抽检，对宁夏移动、电信和联通网上商城、宁夏 e 兔网、明天生活等 8 家网络交易平台进行了 52 个批(次)的抽查检测。

【创新互联网 + 消费维权模式】2017 年，坚持“把消费者放在心上，把心放在消费者上”，不断加强日常消费领域、互联网新兴消费领域和农村市场监管。在 198 家大中型商业零售企业和大型批发市场建立经营者首问、赔偿先付承诺制度，促进消费纠纷从源头上得到解决。加大“12315”投诉举报指挥调度网络系统维护力度，完善消费维权体系，拓宽消费维权渠道，创新消费维权机制，全区所有行政村、83%的学校、71%的社区设立消费维权站(点)。全年全区共受理各类消费维权诉求 52032 件，其中通过全国“12315”互联网平台受理消费者投诉举报 1246 件，通过“12315”热线、来人来访、语音留言等传统方式受理 50786 件，罚没款 20.7 万元。“12315”指挥中心投诉受理科被共青团中央、国家工商总局授予全国青年文明号。开展“网络诚信消费无忧”主题活动年，加大宣传教育力度，开展网络消费教育和比较实验活动，开展热点、难点和新消费领域体验式调查和评议工作。

【党的建设】2017 年，结合“两学一做”学习教育制度化常态化，开展“我的初心我的成长——做政治合格共产党员”以及“做党员、学党章、过党日、上党课、交党费”主题活动、星级党支部创建活动和党员社区报到活动，党员素质和水平得到提升。召开全系统“小个专”党建工作推进会，成立非公团工委，加强非公经济组织党团建工作，得到了国家工商总局、区直机关工委的充分肯定。截至年底，全区小微企业中成立党组织 1659 个，个体工商户中成立党组织 44 个，专业市场成立党组织 16 个。

【作风建设】2017 年，自治区工商局干部选任“一报告两评议”测评，群众满意度连续四年在全区名列前茅；连续五年获得自治区效能考核一等奖。全区群众评议机关作风，自治区工商局名列同组类第一名。深入基层调查研究，切实加强“放管服”制度探索、设计，强化商事制度改革等市场监管理论宣传研究，工商学会被总局评为全国工商系统先进单位，获得一等奖；宣传工作成绩突出，受到总局多次表彰奖励。

【脱贫攻坚】2017 年，自治区工商局帮助西吉县什字乡南台村、杨庄村筹集资金 1517.7 万元，修建村部和文化广场 1 座、村级幼儿园 1 座，硬化杨庄村村道 4 公里，改造旧房 76 户，为 387 户村民通上了自来水等。同时，捐赠办公用品和生活用品 30 余万元，发动工商局干部职工捐款 12800 元，衣物 237 件；协调爱心企业捐赠项目资金 14.6 万元，协调村妇女贷款 10 万元。截至年底，西吉县什字乡南台村已进入脱贫巩固期，杨庄村经第三方评估进入脱贫销号阶段。

【信息化建设】2017 年，完成宁夏法人共享库设计方案编制和 2017 年商事制度改革信息化支撑项目的方案编制与立项报审工作。加强企业“多证合一、一照一码”信息系统建设，完成企业名称自主申报、企业登记全程电子化、企业电子营业执照等系统。完成企业简易注销系统建设和个体工商户统一社会信用代码转换工作。加强“双随机、一公开”系统建设，推动部门间、地区间涉企信息交换和共享。加强宁夏商标查询统计系统建设，并于 11 月中旬上线运行。持续强化宁夏工商行政管理局门户网站功能，推进“互联网+政务服务”工作。截至年底，共主动公开文件 312 份，公示执法信息 4269条。

【2017 年消费维权十大典型案例】案例一：农机质量有缺陷，商家退款有诚意。平罗县田某、李某等 14 户农户投诉称，从石嘴山某公司以每台 22.5 万元的价格先后购买 14 台某品牌玉米收割机，使用约 1 年后有 12 台机器相继出现堵塞，有 2 台大梁断裂。监管人员先后多次到田某和李某等农户家实地查看，约谈生产商和经销商，并且经多方咨询了解，确认收割机存在质量缺陷。工作人员依据《产品质量法》调解，生产商和经销商积

极配合为14户农户退了收割机，并退还购机款315万元。案例二：虚假宣传诱老人，家人维权得解决。汤某的父亲参加养生讲座，购买上万元的保健品，汤某向大武口区消协投诉，将保健品退货。工作人员实地调查发现，该讲座存在引人误解的虚假宣传，以普通食品充当保健食品，诱导老年人上当受骗。依据《中华人民共和国消费者权益保护法》(以下简称《消法》)规定，经营者推销商品或服务时，不得作虚假或者引人误解的宣传，经多次调解达成一致意见，商家退还汤先生货款1.2万元。同时将该宣传案交由当地市场监管部门查处。案例三：收割机漏油闹心，投诉调解获退款。消费者马某在吴忠市利通区某农资销售公司购买了1台价值15万元的玉米收割机，使用半个多月后，出现漏油且发动机有明显噪音，经公司联系厂家售后人员上门维修未有效解决问题，马某向利通区消协投诉。经消协人员调查，向销售人员讲解农机“三包”及《消法》有关规定，最终双方达成协议，农机公司同意收回问题收割机，并全额退款给马某。案例四：液化气管老化泄漏，消费者烧伤得赔偿。消费者张某在惠农区一家火锅店用餐，因液化气管漏气致使消费者烧伤，消费者投诉到河滨市场监督所。经调查，事故系该火锅店液化气钢瓶气管老化漏气所致。经医院诊断，消费者张某面部及双手可见烧伤创面，局部可见水疱生成。依据《消法》规定，因经营者侵害了消费者的安全权，经调解达成协议，火锅店支付医药费710元，赔偿误工费及其他费用4000元。案例五：订购橱柜遭欺诈，经销商退一赔二。消费者曹某在大武口区某家居广场订购一组橱柜。橱柜到货安装时，曹某发现与订购品牌不一致。曹某找销售商要求退货，商家不予承认，曹某投诉到大武口区消协，要求商家加倍赔偿。消协经过实地调查和多次调解，最后双方达成一致，商家给曹某退货退款，并双倍赔偿2万元。案例六：房主单方毁约，中介先行赔付。刘某与房屋中介、房主签订了购买一套二手房协议，交定金5000元后，对房屋进行了评估，交评估费1553元。后房主单方毁约不卖房屋，中介又不退定金和评估费，刘某投诉到银川市西花园市场监管所。工作人员认真核实三方签署的协议，按照《合同法》房主已构成预期违约，根据先行赔付要求，中介公司先赔付刘某定金5000元、评估费1553元。案例七：免费美容有陷阱，消协维权讨公道。高某在大武口一家美容养生会所做免费美容过程中，美容师向其推销化妆品，并让其办理会员卡。高某拒绝办理会员卡，被美容师告知在给高某做美容护理时，已为其打开了一套售价5000元的化妆品，要求高某全款支付该化妆品费用，不买就不能离开。高某被迫转账支付后，美容师交给高某一张美容卡及一套化妆品。高某投诉到大武口消协，依据《消法》，经营者侵犯了消费者知情权和自主选择权，经调解，经营者退还高某5000元货款。案例八：保健产品陷阱多，老人消费需谨慎。银川市民杨某在银川富力城A座某保健食品销售公司活动现场听讲座，推销员称该处销售的海大345胶囊有排毒和清除血液垃圾的功效，承诺让杨某免费试吃，但前提是消费者必须为该产品做宣传，并收取4000元保证金。两个月后，推销员强行将两大箱该商品送给杨某，要求拉人服用方可免费吃。杨某提出质疑，要求退还保证金遭拒，投诉至消协。消协经调查了解，该公司推销员在销售时有误导、夸大、欺骗宣传和强制性消费等违规事实，遂依法作出处理，为消费者挽回了经济损失。案例九：领取赠品被摔伤，商家承担赔偿责任。李某的母亲在大武口区某保健品代销店领赠品时被挤下楼梯头部受伤，医院诊断为轻微脑震荡。李某向大武口消协投诉。经工作人员实地调查，发现该店组织老年人参加免费理疗活动，没有任何防范措施，在很多老年人哄抢时导致李某母亲摔伤。依照《消法》，经营者未尽到保护消费者人身安全的责任，经调解由该保健品店一次性赔偿4000元。案例十：装修协议藏玄机，消协维权退订金。消费者韩某与宁夏某装饰工程有限公司签订了房屋装饰设计协议，承诺了多项特惠，韩某在房屋尚未交工的情况下，先后交纳了7976元定金和设计费。随后，该公司要求韩某签订装修合同，否则将不予退还7000多元定金和设计费。韩某认为房屋尚未交工，不应急于签订后续装修合同，该装修公司设计师在沟通中语带嘲讽，韩某要求对方解除协议并退还交纳的费用遭到拒绝。依据《消法》，经营者侵犯了消费者人格尊严权利，因消费者也有过错理应承担部分责任，最终商家答应退还5000元。

【2017年消费投诉热点】商品类五大领域成投诉热点：交通工具类投诉量最高，质量认定及售后服务是焦点。主要表现在购车环节，消费者遭遇不公平格式合同条款，强制搭售保险、汽车配饰，订金不予退还等合同问题；在交车环节，商品交易商家不按承诺日期交车、不及时提供发票或合格证，导致车辆无法上牌等问题；在维修维保环节，发动机、变速器、刹车系统等质量问题认定难度大，售后方对“三包”规定执行不到位，消费者质疑。服装鞋帽类紧随其后，质量和承诺

是投诉核心问题。主要是做工粗糙、面料与成分标注不符、色牢度不够、易磨损起球等；鞋类商品在三包期内出现严重掉漆、开胶、开裂，商家不予退换等；此外商家服务态度不好、不履行对商品承诺也是投诉较多的问题。家居类产品的材质及服务的品质出现问题较多。主要表现为：产品与样品不符、使用性能与个性需求不符，产品品质与绿色、环保、健康期待不符，购买家居类产品，商家交货时间与约定时间不符、安装过程中出现瑕疵等商家又不主动担责。装修建材类产品，环保和使用性能最易引发投诉。板材、地板、瓷砖、洁具、油漆等装修材料环保性能不达标；瓷砖、地板有色差，洁具使用后漏水；订购木门、门套、柜门等尺寸与预订不符、材质与约定不符等。同时，商品类中家用电器行业持续热诉，产品质量不稳定及检测难，对换货设置门槛，增加消费者退换货难度；部分大家电故障维修中，存在过度维修现象；产品出现故障后，检测机构少、检测费用高。

服务类投诉热点集中在餐饮住宿服务等5个方面。其中，餐饮住宿服务消费频次高、体量大，该类投诉占据服务类投诉首位。餐厅内提供的饮食存在异物；优惠券、团购券使用条件与线上不符、网络订购与实际状况不符；预约订房成功后商家无故取消预约。美容美发洗浴服务投诉梯次上涨，反映的问题是：消费者以预付费方式消费，但商家又玩“失踪”；消费者与服务方签订办卡合同，但约定不详细，消费设限，退卡、退款难等；服务方介绍、推广、使用新产品，但不能明示产品成分，有误导消费倾向。文化、娱乐、体育服务投诉频次增加，主要问题是：预付费方式消费中商家关门，消费者退卡难问题；接受服务过程中，人身财产安全问题不能有效保障。加工制作、保养和修理服务问题主要表现为：制作产品工艺和选料不尽人意；安装过程不规范，返工耽误时间还要收取安装费；延期到货，耽误安装使用；制作规格尺寸与约定不符。消费者与服务方因配件质量、施工技术、收费标准等问题产生摩擦。房屋装修服务问题多，主要表现为：在签订合同阶段，对施工项目、收费标准约定不详细，在施工过程中易引发争议；施工过程中，装修公司不按合同施工，使用劣质材料、施工质量不规范、不达标、不合格、甲醛超标；违背合同结算期延期交工、低预算停工加价、高结算等引起消费者强烈不满。

（陈　洋）

质量技术监督

【概况】2017年，宁夏质量技术监督局以提高经济发展质量和效益为中心，以服务供给侧改革为主线，下大气力抓全面质量提高、加强质量安全监管、提升质监技术能力、深入推进质监改革，着力推进“质量强区”建设。宁夏质量技术监督局被自治区扶贫开发领导小组表彰为驻村帮扶工作先进单位；宁夏质量文化博物馆被国家质检总局和自治区分别评为“全国质检科普基地”和“宁夏科普教育基地”。宁夏计量测试院长度和电学室获全国总工会和自治区总工会“工人先锋号”称号。

【质量管理】2017年，组织起草《自治区党委人民政府关于开展质量提升行动加快推进质量强区战略的实施意见》。4月18日，国家质检总局副局长吴清海调研宁夏质监工作。8月28日，召开全区质量工作会议，自治区副主席王和山出席会议并讲话，表彰了4名自治区质量贡献奖获得者、113个宁夏名牌产品和名牌服务企业。完成2016—2017年度省级政府质量考核和对各市、县（区）质量工作考核。组织宁夏伊品生物科技、宁夏赛马水泥、宁夏昊王米业3家企业参加2017年品牌价值评价。宁夏红枸杞产业集团入围第三届中国质量奖提名奖，宁夏港中旅沙坡头旅游景区获评第三届全国旅游服务质量标杆单位，宁夏华夏西部影视城有限公司、中卫腾格里金沙岛旅游度假区有限公司获批全国旅游标杆示范培育试点单位。自治区6家质量奖获奖企业，全部导入卓越绩效管理模式；举办质量奖及卓越绩效模式高端培训班，对全区百余家企业和市场监管人员进行培训。开展质量比对、质量攻关、质量改进和QC小组成果发布等群众性质量活动，共评选出自治区优秀QC小组352个，质量信得过班组70个，获得全国优秀质量管理小组称号56个，全国质量信得过班组35个。

【消费品安全保障】2017年，首次推行监督抽查三随机、四公开模式，实现了更加公平的监督抽查环境；首次向社会发布产品质量监督抽查质量分析报告。会同自治区无委办、工商局建立了无线电发射设备生产经营长效监管机制，在全国执法座谈会上作经验介绍。开展化肥、农用地膜产品，儿童服装及婴儿床品质量专项抽查、“你送我检”“你点我查”活动，免费检验儿童用品51批（次）。开展2017年产品质量联动抽查，共抽检产品32批（次），合格率100%。2017年，共检查全区生产经营企业6724家（次），查办案件351起，涉案货值291万元，收缴罚没款336万元。

【特种设备安全监察】2017年，以涉及民生、人员密集场所、高风险特种设备为重点，相继开展特种设备安全隐患排查和治理，电梯安全隐患整治“回头看”，危险化学品安全综合治理，燃煤锅炉节能减排攻坚战，大型游乐设施、索道安全整治等专项治理活动。重点抓好党的十九大、自治区第十二次党代会等重要节会期间特种设备安全保障工作。全年共检查企业5049家，抽查设备26849台(部)，发现安全隐患3123个，完成隐患整改2992处。建成了“96333”宁夏电梯应急处置服务平台，实现了全区全域覆盖，截至年底，共接到各类电话1848起，解困1200余人(次)，救援时限远低于国家要求，得到了国家质检总局特设局主要领导的高度评价。

【标准化工作】2017年，发布371项地方标准，3项光伏扶贫地方标准填补了国内该领域空白。印发《关于贯彻落实生活性服务业标准化发展“十三五”规划的指导意见的通知》，明确在十大生活性服务业领域建立标准体系。青铜峡市婚姻登记服务标准化试点通过国家级试点项目验收，宁夏儿童福利院、石嘴山市政务服务中心获批社会管理和公共服务试点项目。贺兰山东麓葡萄酒被总局纳入“中—欧100+100”中方地理标志产品出口欧盟目录。“贺兰山东麓葡萄酒地理标志产品准入标准体系研究与建立”“宁夏枸杞产业标准体系研究”等课题取得新进展。完成13个阿拉伯国家标准化发展概况编纂，为服务宁夏“一带一路”部署提供了标准支撑。举办2017年度新丝路标准化战略联盟年会，为区域标准化合作进行有效探索。

【计量与认证认可】2017年，严格落实国家停征计量收费政策，全区累计免费检定计量器具19.5万台。对全区所有检验检测机构进行监督检查。全年新增计量建标90项。与中国计量大学、《中国计量》杂志社、北京航天计量测试技术研究所签署合作协议，助推重点项目创新发展。中国计量大学全国首个科研与培训基地落户宁夏。宁夏计量测试院长度和电学室加强科研攻关，“机动车区间测速系统”项目获国家专利，填补了全区空白。

【技术保障】2017年，宁夏质检院、纤检局、机电所实验室顺利搬迁并通过CMA、CNAS评审。与上海市、安徽省特检院签订战略合作协议，实现10多个领域全方位合作共享。全力服务宁夏首台加氢反应器的制造监检；首次引入衍射时差法超声检测(TOFD)技术，首次开展10t/h燃气锅炉能效测试工作。打破特种设备区域报检传统做法，在全区实行就近报检，缩短报检时间。“煤质颗粒活性炭标准样品的研制”科研项目填补了国内该领域空白。完成10400吨国储棉、1500吨山羊原绒的公证检验任务。实验室用小型快速山羊绒净绒率快速检测仪获批国家专利，编著出版发行《山羊绒质量检验基础》。

【质监改革】2017年，深化行政审批制度改革。坚决贯彻执行国家有关决策，落实机动车检验机构资格许可事项取消工作；停止征收产品质量监督检验费和计量收费。严格执行行政审批“两集中，两到位”和“五统一”，将所有行政审批事项和政务服务事项移交政务中心窗口集中办理。行政审批服务事项全部实现“不见面”网上审批；对17类工业产品生产许可试行“先证后核”，办理周期由27个工作日缩短为3个工作日。推进检验检测机构整合和事业单位分类改革。制定《自治区质监局关于检验检测机构整合改革方案》，经自治区编委批准，将宁夏锅炉压力容器检验所与宁夏机电特种设备安全检验所整合，组建宁夏特种设备检验检测院和宁夏特种设备安全技术检查中心，将宁夏计量测试院与宁夏产品质量监督检验院整合，组建宁夏计量质量检验检测研究院，各项工作已基本结束。完成了局属事业单位的分类改革任务。

【帮扶企业】2017年，帮助全区20个工业园区65家企业解决困难和问题120余件；邀请34名专家组成6个工作组，开展科技专家企业行活动9次，服务企业127家（次），实地解决企业问题86个，现场培训企业人员120人(次)，解决小微企业质量发展难题。开展“宁东基地质量竞争力指数评价”研究和分析工作，为宁东基地开展质量提升行动奠定基础。

【精准扶贫】2017年3月29日，自治区党委常委、固原市委书记纪峥一行到自治区质监局扶贫联系点彭阳县交岔乡庙庄村调研；11月2日，自治区党委常委、固原市委书记张柱一行到自治区质监局扶贫点固原市彭阳县交岔乡庙庄村、关口村检查指导扶贫工作。全年投入帮扶资金60余万元，在扶贫联系点彭阳县交岔乡庙庄村建成甘草茶叶厂，带动扶贫点经济发展。建成关口村村史馆、党员活动室，丰富村民文化生活。局机关和直属单位党员每人资助300元为建档立卡贫困户缴纳养老保险，启动“阳光雨露计划”，为10名贫困户学生每人每年申请助学金3000元至大学毕业。

【党的建设】2017年，开展党的十九大、自治区第十二次党代会精神宣传贯彻和“我的初心，我的成长——做政治合格的共产党员，做党旗下的质监人”活动。推进“两学一做”学习教育常态化制度化。4人被自治区表彰为机关向上向善好青年，8人被推荐为“自治区道德模范”“区直机关道德模范”“区直机关好人”候选人。加强党风廉政建设。制定出台全面从严治党“四个清单”，建立全面从严治党“四项机制”，签订党风廉政建设责任书、党员承诺书。加强干部监督管理，严厉查处违纪行为，共处理问题线索15件，初核12起，诫勉谈话1人，批评教育谈话10人，责令检查11人，给予党纪处分7人。

（张　琦）

海　关

【概况】2017年，关区报关单量为5011份，同比下降10.2%，监管进出口货值15.1亿美元，同比增长91.1%，进出口货运量171.1万吨，同比增长55.7%。监管进出境航班4148架（次），同比下降10.7%；监管进出境人员24.6万人（次），同比增长18.9%。快件业务方面，全年共办理快件业务6.2万票，征收税款62.4万元。征税：2017年，关区实际入库税收8.82亿元，同比增长72.9%；审批减免税金额1.06亿元，同比增长43.7%。全年全区外贸进出口总值341.3亿元人民币，同比增长58.6%；其中：出口247.7亿元人民币，同比增长50.4%；进口93.6亿元人民币，同比增长85.6%。全年共立刑事案件3起，与上年持平，总案值1316万元，涉嫌偷逃税330.95万元，依法对2名犯罪嫌疑人采取强制措施。对5起积案进行补充侦查，其中1起案件已侦查终结并移送起诉，4起案件已依法判决。在“国门勇士2017”缉枪专项行动中，查获火药枪1支、仿真气枪1支、通过境外渠道购买的枪管2支及枪支零部件若干。共查办行政案件16起，调查终结15起，调查终结率为93.8%；其中涉税案件11起，总案值6156.1万元，同比增长61.56倍，涉税327.6万元，同比增长2.11倍；非涉税案件5起。全年协助兄弟局查办案件8起，涉及10个关区，调取证据76份，抓获犯罪嫌疑人4人。对3起走私犯罪案件进行审查起诉，较上年增加1起；6起刑事案件（含积案）得到检法机关的判决和起诉决定，其中1起绝对不诉，其余5起全部作有罪判决，办结的6起刑事案件按规定参与本年度刑事执法考评。审理行政案件16起，年内结案15起，结案率93.8%，全年罚没入库13.3万元。提请银川市检察机关复议案件1起，提请自治区检察机关复核案件1起，举行行政处罚听证会1次，均为银川海关历史首例。

【服务企业】2017年，银川海关围绕自治区部署要求和对外开放重点项目，到全区五市、重点园区和各类型进出口企业走访调研，制定《银川海关促进宁夏外贸稳定增长的十项措施》，推进落实外贸领域供给侧结构性改革任务。充分根据调研时各地市和进出口企业提出熟悉运用进出口政策的需求，整理了海关通关政策、减免税优惠政策、航空口岸经济与海关监管政策等8个专题，通过举办海关政策宣讲会、网络平台政策推送、送政策上门等多种形式，为各地市、园区和企业提供“菜单式”政策宣传培训服务，编印2017年海关政策服务指南5000册免费发放，使企业成为国家政策的“知情者”和“受益人”，依法依规享受国家政策红利。对重点企业实行关企协调员服务机制。到神华宁煤、宝塔石化、天元锰业等区内主要重点企业实地调研，及时回应企业关切，研究具体支持服务措施，从税收优惠政策使用指导，到进口通关业务办理全程跟踪负责，实行专人跟进服务。针对此类企业期货贸易实际需求，量身提供保税仓储政策指导，在基础设施建设、软硬件系统上线、建立保税仓储管理制度等方面实行全程跟进、全面服务。并加快审批办理流程，派员赴口岸海关学习借鉴保税监管创新制度，天元锰业公用型保税仓库于9月20日通过验收，标志着全区首家公用型保税仓库正式投入运营，可为企业缓税、减少通关成本，增加企业对外贸易灵活度。据企业测算，按其一年进口矿石量计算，可节省成本1.29亿元。为企业量身提供海关政策“套餐”，帮助企业组合利用无纸申报、电子支付、担保放行等便利措施，协调解决企业口岸卸船、查验等问题，缓解了货物滞港压力，为企业节约通关成本。对于全区加贸企业普遍缺乏加贸管理经验的实际状况，结合全区橡胶、纺织等行业特点，创新加工贸易保税监管新模式，实行“量体裁衣”式服务，支持全区加工贸易良性有序发展。全区加贸企业数量和贸易值连续三年呈增长态势。

【“放管服”改革】2017年，全面公开办理流程、办理时限，设立1个窗口受理所有审批事项。下调关区出口查验率，取消全部进出口环节经营服务性收费，降低企业制度性交易成本。围绕“三去一降一补”（即去产能、去库存、去杠杆、降成本、补短板）部署，加大对能源类重点商品进口情况监控。加强宁夏进出口企业信用管理和信用评价机制建设，培育高资质企业，截至年底，全区认证企业达到53家，占有实际进出口业务企业数量的11%。对认证企业实行简化单证审核、优先办理进出口货物通关等便利措施。支持自治区生产型企业提升研发创新水平，帮助企业申请国家级企业技术中心认定和知识产权海关保护备案，培育宁夏自主知名品牌，增强国际市场竞争力。

【重点项目建设】2017年，在海关总署的大力支持下，石嘴山保税物流中心获批设立，填补了宁夏保税物流中心空白。银川综合保税区二期顺利通过验收，政策功能和发展空间不断拓展。银川国际快件监管中心顺利获批并于5月正式开展相关业务，填补了宁夏国际快件业务空白，自运营以来业务量增长迅猛，全年B类快件申报进口62274票，货值1188万元。全力保障银川—德黑兰国际货运班列顺利运行，支持“一带一路”建设。整合机场和综保区海关机构人员，打造区港联动一体化的海关监管模式，助力河东机场打造西部国际客货运枢纽和银川综保区发展。针对社会关注的航空口岸旅客便利化通关问题，加强海关监管科技装备配备和人力配置，提升进出境旅客便捷舒适度和满意度。整车进口口岸获批后，根据自治区主席咸辉的批示，开展整车口岸监管政策研究和现场调研，赴天津、北京考察学习，确定场所建设标准，向自治区撰写建议报告1份，向地方答复建设意见1份。贯彻中央扶贫工作部署，协调落实帮扶项目和投入扶贫资金650万元，先后开展美丽村庄、文化广场等一批项目建设，扶贫点114户建档立卡贫困户中已有103户脱贫，脱贫率达到90.4%。

【优化通关环境】2017年，根据海关总署统一部署，稳步推进“一次申报、分步处置”通关模式，于7月1日同步实现全国海关通关一体化，全区进口货物均可享受一体化通关、自报自缴等改革举措，通关效率大幅提高，企业通关成本进一步降低。协同推进“三互”大通关改革，推进自治区国际贸易“单一窗口”建设，主动向海关总署、国家口岸办了解研发、试点进程，与自治区商务厅密切沟通配合，9月27日全区通过“单一窗口”申报报关单实现了零的突破，进入全面推广阶段。年底，全区国际贸易“单一窗口”系统报关覆盖率94.3%，综合覆盖率84.6%，成为申报业务量综合覆盖率达30%以上的26个试点地区之一。落实总署监管环节“去繁就简”要求，找准影响通关时效症结，对超长时间报关单逐份分析，精准解决通关耗时超长问题。12月，全区进口通关时间3.9小时，比全国海关进口通关时间快4.3小时，较上年全国进口通关时间压缩84.4%；出口通关时间0.1小时，比全国海关出口通关时间快0.8小时，较上年全国出口通关时间压缩94.4%，全区通关时间大幅优于全国平均水平。持续做好复制推广自贸试验区海关监管创新制度工作，推广加工贸易工单式核销、仓储企业联网监管等海关监管制度，扩大适用企业范围。深化“双随机一公开”改革，合理设定随机查验的比例和频次，实行抽查结果与企业信用管理联动。开展“国门利剑”打击走私专项行动，对口岸封堵、市场清查、行业整顿进行综合治理，为维护自治区经济安全，保护公平贸易，加强诚信建设，促进全区重点、支柱产业健康发展发挥了重要保障作用。

【离境退税】2017年8月1日，境外旅客购物离境退税政策在全区全面实施，银川海关作为业务验核环节部门与自治区国税局、中国银行紧密联系配合，优化离境退税业务流程，加强政策宣传工作，为全区吸引旅客以及刺激本地枸杞等特色产品消费发挥了重要作用。在“快通关”上下功夫，多次组织学习离境退税业务政策，梳理海关验核流程，培训海关端业务操作，确保现场快速验核、缩短旅客通关时间；在“广宣传”上持续发力，通过举办针对国内导游的培训班，在旅检通道设立政策宣传栏，向旅客发放宣传页等方式，加大离境退税业务的宣传力度。11月7日，全区离境退税业务实现突破，该项业务量持续增长。全年，银川海关共验核离境退税业务申请单92票，验核申请单金额84404元，验核申请单退税额9284.81元。退税商品主要为宁夏本地特色产品枸杞子、芽茶、果干等。

【国际货运班列】2017年9月5日，首列“银川—德黑兰”国际货运班列正式开通。该专列由银川始发，经霍尔果斯口岸出境，途经哈萨克斯坦、土库曼斯坦，最终抵达伊朗德黑兰站，全程8243公里，是我国内陆地区至西亚的首条国际货运班列。首列装载49个40英尺和1个20英尺铁路集装箱，出口货物为轮胎、装饰品、陶瓷制品，总重量567吨，货值为160万美元。自2016年1月15日中阿班列开通以来，截至年底，在银川关区申报报关单1575票（进口454票，出口1121票），监管货运量5.35万吨（进口1.12万吨，出口4.23万吨），监管货值5231.29万美元（进口642.64万美元，出口4588.65万美元）。进口商品主要有樟子松板材、复合地板、葡萄酒、碎料板等共42种商品，监管货值355.82万美元，缴纳税款425.9万元，主要进口国为俄罗斯、法国。出口商品主要有轮胎、彩涂卷板、空调等共357种商品，主要来自山东滨州、山东潍坊、广东中山、山东聊城、江苏常熟等共93个国内地区。

【自报自缴】2017年9月7日，全区首票“自报自缴”报关单顺利实施，该报关单为宁夏小巨人机床有限公司申报海运进口货物，涉及货值2.91万美元，货运量3.84吨，从申报、缴税到海关放行整个过程不到1个小时，标志着全国海关通关一体化改革又一政策红利——“自报自缴”业务在宁夏落地，惠及企业取得实效。全年，银川海关自报自缴报关单350票，货值1904.07万美元，货重6629.42吨，开单征税2659.98万元，涉及进出口企业21家，呈增长趋势。

（张　帅）

检验检疫

【概况】2017年，全区共检验检疫出入境货物7859批、货值9.4亿元，同比分别降低18.9%和增长14.3%；检出不合格货物45批、涉及货值1564.2万美元，批次不合格率为0.6%；检疫查验出入境航班3776架（次）、人员22.5万人（次），同比分别增长了10.6%和18.2%，创同期历史新高。

【质量提升】2017年，落实《中共中央 国务院关于开展质量提升行动的指导意见》和第二届中国质量（上海）大会精神，结合宁夏产业发展实际，开展质量提升行动。全省域推广良好农业规范认证，支持中宁、同心两县获批全国首批GAP认证示范创建县，推动自治区政府出台全区推广GAP认证的指导意见。同心县、中宁县开展GAP认证的农产品企业已达到16家，种植面积约6万亩，养殖规模近3万头。推进“同线同标同质”工程，帮扶33家出口食品生产企业入驻“三同”信息平台，上线率达到33%，居全系统第二位，扩大了优质产能和市场空间。推进质量共治，巩固3个国家级出口质量安全示范区的建设成果，联合惠农区政府启动出口脱水蔬菜示范区建设，联合自治区葡萄产业发展局启动出口葡萄酒示范区建设。开展3期出口企业质量调查和帮扶活动，形成专题报告呈报自治区政府。帮扶肠衣企业首次通过日本官方检查，指导供港蔬菜基地通过香港食物环境卫生署检查。“12365”举报投诉平台处置有效，受理热线电话近500起。

【保障国门安全】2017年，持续推进口岸公共卫生和生物安全体系建设。启动“口岸动植检数字化标本馆及动植检专家鉴定系统”建设。开展口岸“绿蕾”专项行动、国门生物安全“六进”（进校园、进机关、进手机、进客舱、进车厢、进展馆）宣传活动，与全区17家旅行社签订《国门安全宣传合作协议》。全年共检出发热及其他症状的旅客59人次，确诊传染病12例，共截获禁止入境物2148批（次），其中有害生物26种，首次截获检疫性有害生物6种，空港食品安全继续保持“零投诉、零事故”。

【重点产品领域安全监管】2017年，推广出口危险化学品“点线结合”工作法，帮扶两种危险化学品实现首次出口。开展目录外抽查工作，涉及9个品种、45批（次）、383个样品，不合格率为33.3%。实施出口农产品分类管理，对枸杞、脱水蔬菜、果蔬汁产品实施监督抽检，现场查验比例总体下降70%以上。开展备案出口食品企业专项检查，依法注销2家企业、暂停资质3家企业。发挥西北认证执法联动机制的作用，对23家获证企业开展跨省区联合检查，对2家企业涉嫌非法认证进行联合协查。

【服务开放发展】2017年，支持宁夏融入“一带一路”建设和银川空港口岸业务发展。宁夏首个国际快件中心通过验收并试运行，累计查验核放入境快件5.68万件。服务保障中卫—欧洲、银川—德黑兰等国际货运班列顺利开通，全年共发行班列64列、2624车进出境货物。支持石嘴山保税物流中心（B型）建设。依托3个研究评议基地认真开展评议活动，宁夏特色产业技贸措施信息服务平台（及手机APP）上线运行。

【服务特色产业发展】2017年，宁夏检验检疫局加强政策引导和技术服务，支持重点扶贫项目——宁夏海原华润农业有限公司的活牛顺利供港，鲜食蔬菜直通供港。助力火锅调料首次出口塔吉克斯坦、薯条首次出口泰国、酒庄酒首次出口法国、闽宁镇鲜切花首次出口中东。对中阿博览会实施“三简、两免”通关便利化措施，展品全程通关时间从半天缩短至10分钟。

【创新检验监管模式】2017年，压缩通关时长，实施“自动审单、自动签发通关单、自动归档”，出境流程时限排名全系统第二位，入境流程时限排名第六位。深化出口食品企业备案“放管服”改革，备案时间缩短至3个工作日以内，全年新增备案企业23家，增量创历年之最。全面停征出入境检验检疫费用，为外贸企业免去350万元费用。实现原产地签发无纸化，制定《宁夏重点产品自贸协定税率目录》，自贸协定原产地证书可为企业减免关税700万美元。推广全国无纸化免费申报系统，全年为企业减免申报系统使用费50余万元，无纸化报检覆盖率达到95.2%。

【基础建设与行政管理】2017年12月，获批筹建国家葡萄及葡萄酒检测重点实验室。宁夏检验检疫局综合技术中心一次性增扩1000多个检测项目，整体检测能力达到38个领域2545项，连续三年被评为全区大型科学仪器协作共用先进单位。宁夏检验检疫局局中心机房服务器百分之百实现虚拟化运行。开展岗位“大培训、大练兵”活动，累计开展培训40余（次）。加强法治建设，建立并动态管理权力清单和责任清单。全年在各类新闻媒体刊发稿件511篇（次），其中省级媒体428条，央媒14条，召开新闻发布会共5次，开展宁夏口岸“黄金十年”

专题宣传等活动;2 项政研课题入选质检总局 2017 年政策理论研究课题,围绕监管创新、特色产品技贸措施研究、农产品扩大出口等重点工作立项的 14 个政研课题通过验收;在各类刊物发表政研文章 15 篇,政务信息报送及采用情况继续保持中央驻宁单位前列。严格预算执行进度,完成行政事业单位资产清查工作,实施公务用车制度改革。

(黎祝凤)

审计工作

【概况】2017 年,全区各级审计机关共审计 657 个单位,查处违规及损失浪费资金 47.79 亿元,提交审计报告 847 篇,提出审计意见建议 1287 条。自治区审计厅共审计 56 个单位,查处违规违纪资金 244 亿元,移送处理事项 10 项,提交审计报告 58 篇。2017 年,审计工作的主要特点是:审计建设性作用充分发挥。各级审计机关关注简政放权、行政审批、重大项目推进、重点资金使用等中央和自治区重大政策措施落实情况,促进各项政策措施落实到位,保障政令畅通。自治区审计厅在扶贫资金审计中,从资金需整合利用、项目应发挥效益等方面,及时向党委政府反映情况和提出建议,推动资金使用和项目实施进度。在评价领导干部履行经济责任情况时,与干部管理工作衔接,突出责任界定,更侧重于评价决策事项的科学合理、资金效益和行政效能,适应了干部管理部门的要求。制度建设不断完善。8 月,审计厅坚持依法审计理念,先后建立完善内部督查机制,印发《关于加强审计项目管理有关事项的通知》《关于进一步规范审计行为提高审计质量的实施意见》等 10 多项规章制度,规范审计行为。贺兰县审计局制定和完善了机关内部管理 10 项制度;吴忠市审计局研究起草《吴忠市关于进一步加强内部审计工作意见》,在建立健全内部审计工作机制、规范财务管理、促进廉政建设方面发挥了重要作用。审计管理得到加强。审计厅加强审计管理,从审计计划、现场控制、督查、审理等各方面采取有效措施,先后 4 次对厅机关和各地工作进行督查。审计成果有效转化。各地着眼于服务宏观决策和促进科学发展,加强对审计情况的综合分析研究,促进成果转化。审计厅对审计发现的普遍性、典型性和重大问题,及时向自治区党委、政府主要领导报送《审计专报》,既反映问题,又提出建议,为领导决策提供参考。中宁县审计局联合县人大财经委、两办督查室、监察局、财政局组成审计发现问题整改督查组,对审计发现问题的整改情况进行定期督查,对整改落实不力的单位和领导启动问责机制,促进审计发现问题整改工作得到有效落实。

【政策跟踪审计】2017 年,对全区贯彻落实重大政策措施和重要项目落地、重点资金管理使用等情况进行跟踪审计,揭示项目推进、资金使用、政策落实等方面存在的问题,监督检查各地各部门履职情况,并逐单位、逐项督促整改,促进项目加快实施或加快审批 109 项。自治区主席咸辉、副主席马顺清两次就政策跟踪审计作出批示,肯定审计监督在规范管理、促进政策措施落实方面发挥的积极作用。石嘴山市审计局对两区一县稳增长政策措施落实情况进行跟踪审计,共抽查 53 个单位 34 个项目,涉及资金 116426 万元,及时反映扶贫资金使用不规范、项目建设滞后等问题 33 个,提出审计建议 26 条。审计规范财政资金管理 14651 万元,促进资金及时到位 9025 万元,推进项目建设及调整 12 个,完善制度 2 项。

【政府投资审计】2017 年,全区审计机关围绕自治区发展目标和重点领域资金投向,对中南部城乡饮水安全水源暨联通工程等政府投资项目进行跟踪审计,涉及项目单位 122 个,审计资金 34.71 亿元。审计厅针对违规招投标、管理不规范等突出问题,从健全体制机制上提出建议,自治区政府主要领导要求发改委等部门根据审计建议修订政府投资相关制度,有效提高政府投资管理和效益。组织对政务信息系统进行专项审计调查,涉及 47 家政府部门,查出建设统筹规划不足、数据共享与业务协同不到位、存在安全隐患等问题,以促进政务信息系统整合共享。

【财政资金使用绩效审计】2017 年,在财政审计中以提高财政资金使用绩效、保障公共资金安全为目标,对各级政府本级及 154 个部门预算执行情况进行审计,发现预算执行率较低等问题,审计及整改落实结果分别向各级政府、人大常委会作了汇报,促进提高财政管理水平。中卫市审计局在规范一级预算单位资金管理的同时,深化二、三级预算单位审计监督,根据资金流向,加大延伸审计力度,扩大监督覆盖面。大武口区审计局本级预算执行审计涉及财政资金 17.8 亿元,共查出各类违纪违规问题 14 个。金凤区审计局着力揭示预算执行、资金分配、资金使用、资金安全、政策效果等方面存在的突出问题,并对存在问题的原因进行深入剖析,从体制、机制层面提出切实可行的建议,所提意见和建议得到了金凤区人大和政府高度重视和评价,2016 年度预算执行审计项目被自治区审计厅评为表彰项目。

【民生资金审计】2017 年,全区审计机关持续对扶贫、“三农”、社保医疗等民生资金和项目进行审计，涉及单位77个，查出闲置、违规改变用途等问题资金35.36亿元，促进民生资金和项目惠及广大群众。审计厅在对海原等9个县区开展两轮扶贫审计中，揭露脱贫攻坚领域腐败和作风问题，推动完善追责问责机制，有23人受党纪处分，101人被诫勉谈话、约谈或通报批评；固原市审计局制定《关于加强涉农资金审计的指导意见》，重点对贫困对象认定、项目安排、资金分配、资金拨付、项目报账、资金到户等及时开展审计监督，确保扶贫资金精准到户、精准到项目，保障脱贫效果。泾源县审计局重点对各乡镇和承担扶贫重点任务的部门扶贫资金使用情况及扶贫项目建设情况进行审计，查出了挤占挪用扶贫专项资金、向无资质的个人发包工程等一系列损害群众切身利益的问题和建设领域的违规问题。

【领导干部经济责任审计】2017年，审计机关围绕全面从严治党和加强对权力运行的监督制约，对223名党政领导干部和企业领导人员进行经济责任审计，重点关注领导干部在履行经济决策、经济管理、政策执行等方面的不规范行为，为党管干部提供参考。银川市审计局在全区率先提出把“一把手”任前经济责任、生态环境保护责任、安全生产责任等3项责任“打包”书面告知，前移审计监督关口，自治区领导干部经济责任审计联席会议提出要在全区推广。中宁县审计局建立经济责任审计联席会议制度，出台《中宁县深化经济责任审计的意见》等规范性文件，对经济责任审计的形式、范围、内容、程序、方法、结果与评价等做出了一系列具体的规定，使经济责任审计工作走向规范化、制度化。

【资源环境审计】2017年，全区审计机关依法对自然资源资产以及污染防治、生态保护修复等情况进行审计。审计厅以自治区“两办”名义印发《宁夏回族自治区市县(区)领导干部自然资源资产离任审计试点方案》，开展石嘴山市领导干部自然资源资产离任试点审计，并指导固原市、中卫市分别开展审计试点，揭示资源环境领域存在的突出问题，自治区党政主要领导批示当地政府认真整改，有力推动领导干部履行自然资源资产管理和生态环境保护责任，促进生态文明建设。石嘴山审计局开展贺兰山自然保护区石嘴山段清理整治项目跟踪审计，对关闭退出企业资产评估、采矿权价款退还、资金使用等进行全程跟踪审计。

【国有企业和外资审计】2017年，贯彻落实中办、国办《关于深化国有企业和国有资本审计监督的若干意见》，开展对国资监管部门和国有企业的审计，揭示国有资产流失、法人治理结构不健全等问题，推动各项改革措施的落实，促进国有资本的做优做大。对亚行贷款农业综合开发项目等7个国际金融组织和外国政府贷援款项目进行审计，涉及资金22.53亿元，发现损失浪费、套取赠款资金等问题，推进外资项目顺利实施，促进贷援款发挥积极效益。同时，各级审计机关把推进廉政建设作为审计监督的重要职责，加强对重大违法违纪、重大损失浪费、重大风险隐患、重大履职尽责不到位等问题的查处，全年向纪检监察、司法等有关部门移送问题线索10项；抽调各级审计机关骨干配合纪委和巡视办专案工作，配合自治区纪委查处涉农扶贫领域腐败问题，专题报告违规问题5件。

【2017年优秀审计项目】1. 石嘴山市审计局实施的平罗中学原任校长任期经济责任审计；2. 吴忠市审计局实施的吴忠市档案局2015年至2016年度财务收支情况的审计；3. 石嘴山市审计局实施的2016年度市本级预算执行和其他财政收支情况审计；4. 中卫市审计局实施的2016年度市本级财政预算执行及其他财政收支情况审计；5. 灵武市审计局实施的灵武市供销合作社联合社2014至2016年财务收支情况审计；6. 审计厅农业处实施的同心县2016年扶贫政策措施落实和扶贫资金分配管理使用情况的审计；7.同心县审计局实施的2016年度本级预算执行和其他财政收支情况的审计；8. 中卫市审计局实施的中卫市众和顺担保有限公司2016年4月至12月经营情况专项审计调查；9. 兴庆区审计局实施的兴庆区绿化养护中心原主任任期经济责任审计；10.审计厅外资处实施的自治区国土资源厅党组书记 厅长任期经济责任审计；11.银川市审计局实施的原银川物资集团公司总经理任期经济责任审计；12.银川市审计局实施的银川市2014—2015年度残疾人就业保障金征收管理使用情况审计；13.审计厅财金处实施的自治区财政厅具体组织2016年度本级预算执行情况的审计；14.审计厅经责局实施的固原市市长任期经济责任审计；15.平罗县审计局实施的县扶贫办2016年度扶贫资金管理使用情况的专项审计调查。

【2017年表彰审计项目】1. 青铜峡市审计局实施的2016年度市本级财政预算执行及其他财政收支情况的审计；2.隆德县审计局实施的隆德县水务局党总支书记 局长任期经济责任审计；3. 审计厅重投处实施的自治区住房和城乡建设厅党组书记 厅长任期经济责任审计；4.吴忠市审计局实施的吴忠市区2016年度

保障性安居工程跟踪审计;5. 审计厅行政事业处实施的自治区食品药品监督管理局原局长 党组书记任期经济责任审计;6. 审计厅企业处实施的自治区文化厅党组书记 厅长任期经济责任审计;7. 审计厅计投处实施的宁夏财政干部教育中心财务收支暨宁夏沙湖假日酒店资产负债损益审计;8. 海原县审计局实施的海原县交通运输局局长任期经济责任审计;9. 盐池县审计局实施的盐池县住房和城乡建设局局长经济责任审计;10.大武口区审计局实施的 2016 年度区本级预算执行及其他财政收支情况审计。

【2017 年审计标兵】1.程艳芳(石嘴山市审计局); 2.马丽娟(灵武市审计局);3.张西兰(中卫市审计局);4.孟光军(审计厅农业处); 5.顾志俊(同心县审计局); 6.冯淑琴(兴庆区审计局);7.马晓红(审计厅外资处);8.马丽(银川市审计局); 9.冯贵银(审计厅经责局);10.周婷(审计厅财金处)。

(金　荣)

统计工作

【概况】2017 年,全区统计系统全面深化统计改革,着力提高统计数据质量,提升统计服务水平, 全区各项统计工作取得了新成绩。

【统计改革】2017 年,贯彻中央和自治区关于深化统计管理体制改革重大决策,集全区统计系统之力,担当主体责任,聚焦统计治理,提高统计数据真实性,持续推进统计健康发展,提出的"接地气"、能落实的九大项 28 项具体措施得到自治区党委、政府主要领导和有关部门充分认可。经自治区人民政府第 105 次常务会议审议, 自治区全面深化改革领导小组第 25 次会议审定, 自治区党委办公厅、人民政府办公厅相继印发《关于深化统计管理体制改革 提高统计数据真实性实施意见的通知》《贯彻落实〈统计违纪违法责任人处分处理建议办法〉的通知》《宁夏市县(区)生产总值统一核算改革实施方案》《宁夏编制自然资源资产负债表试点方案的通知》。中卫市、盐池县、隆德县完成自然资源资产负债表试点工作,地方资产负债表编制工作有序推进。贯彻落实党中央、国务院推进生态文明建设的战略部署,制定《宁夏绿色发展统计报表制度》,开展生态文明建设目标评价考核,编制五市绿色发展指数。深化投资统计领域改革,在全区开展 5000 万元以上项目按财务支出法统计改革试点。拓展"三新"(新产业、新业态、新商业模式)统计范围,推进新兴现代农业、战略新兴产业、新产品、高技术产业、企业创新、新服务、互联网平台、电子商务等统计调查工作开展,完成全区首个《宁夏城市商业综合体发展报告》,贸易统计尝试购买社会服务取得重要成果。利用"五证合一"(营业执照、组织机构代码证、税务登记证、社会保险登记证和统计登记证)数据库成果及时维护更新全区统计名录库,利用工商、税务部门登记信息更新统计基本单位名录库。联合科技厅创新性建立部门 R&D 投入联席联训联审工作机制,开创宁夏部门统计新模式。按照国家统计局统一部署, 全面启动局队部分调查业务分工调整工作并集中组织培训。银川市统计局健全三新统计调查制度,得到国家统计局肯定。贺兰县统计局建立经济金融信息交流与共享合作机制, 金凤区成立商业综合体统计服务站, 为服务地方经济社会发展提供统计保障。

【统计服务】2017 年,主动监测预警。开展全区各市县(区)全面小康建设进程监测,建立工业经济新动力统计监测制度,开展沿黄经济区和非公经济统计和分析应用。首次搭建劳动力调查自建节点,改进就业与失业统计调查。完成城乡一体化住户、生态移民等多项调查。与文化、旅游、体育等部门协作开展全区文化及相关产业增加值核算、体育产业增加值试算,指导建立旅游产业统计监测制度。实施 14 项社情民意调查,为各级党委政府及有关部门制定政策、评价工作、改进服务提供重要参考。强化统计分析。密切跟踪全区经济走势, 加强对经济形势的预测预判预警, 全年撰写并呈报各类统计分析 240 余篇,20 余篇重点领域统计分析得到自治区主要领导批示, 自治区"两办"信息采用量位居前列。深化数据服务。服务自治区第十二次党代会《报告》起草和解读工作,编印出版《2016—2017 宁夏经济形势回顾与展望》, 全方位、宽领域、多角度展示自治区第十一次党代会以来全区经济社会发展成就。在中卫市举办以 "统计新动能, 服务新常态" 为主题的宁夏第八届中国统计开放日活动。做好新闻发布和数据解读,宏观经济基础数据库建设取得重要进展,手机 APP、网站、微信等新媒体,数据在线服务得到广泛应用。提升市、县统计服务能力, 百余篇报告得到市县党委政府领导批示, 固原市统计局建立全市季度经济形势分析机制, 石嘴山市统计局依托第三方建立"两创示范"工作统计监测体系并进行动态监测。

【统计普查】2017 年,完成全区第三次全国农业普查,全区共组织动员普查员、普查指导员和普查机构工作人员 2.1 万名,对 97.9 万农户、1.1 万个农业经营单位、2417 个村级单位和 240 个乡级单位进行了入户登记, 组织 391 名专业人员进行遥感测量，做好质量抽查和国家核查，及时发布全区农业普查主要数据公报，为推进全区“三农”工作提供重要统计支撑。完成1%人口抽样调查资料编印出版发行和人口变动抽样调查，开展“一套表”调查单位的全面抽查。启动全区第四次全国经济普查，推进投入产出调查，完成了调查前的准备工作。加强统计信息化建设，推动企业一套表软件应用，做好各项普查调查数据处理，启动宁夏统计业务资源池建设，实施网络机房改造项目，加强统计网络与信息安全建设，提升普查调查信息化保障能力。

【统计执法】2017年，完善统计立法，新修订的《宁夏回族自治区统计管理条例》通过自治区人大审议。开展重点执法检查，设立统计违法违纪“110”举报电话，推进统计执法“双随机”抽查，组织工业、投资、贸易等专业实施专项执法检查，维护统计数据的权威性。培养全区执法骨干队伍，45人通过国家统计局统计执法证考试，合格率居全国统计局系统第一。开展普法学习宣传，落实《中华人民共和国统计法实施条例》，在南开大学举办了法治培训示范班，开展“我与统计法治”征文、“美好生活·法治统计”摄影等活动。银川市统计局编印《画说统计》，吴忠市统计局在电视台《与我同行》设置了专题节目。

（王军建）

物价管理

【概况】2017年，全区物价部门以推进供给侧结构性改革为主线，贯彻落实中央和自治区关于深入推进价格机制改革的实施意见，紧紧围绕使市场在资源配置中起决定性作用和更好发挥政府作用，深入推进价格领域“放管服”改革，创新价格监管，完善价格调控，优化价格服务，96%以上的商品和服务价格实现市场调节，市场决定价格机制基本建立，少数仍由政府定价的重要公用事业、公益性服务、网络型自然垄断环节全面实行清单化管理，初步建立了以“准许成本+合理收益”为核心的科学定价制度，企业价费负担大幅降低，为激发市场发展动力活力、推进全区“三大战略”实施发挥了重要作用。全年全区居民消费价格总水平温和上涨。同比上涨1.6%，涨幅比上年扩大0.1个百分点，与全国持平。其中，城市上涨1.7%，农村上涨1.3%；食品价格下降1%，非食品价格上涨2.3%，消费品价格上涨1.2%，服务项目价格上涨2.5%。工业生产者出厂价格(PPI)同比上涨12.1%，涨幅比全国高5.8个百分点，结束了自2012年以来连续五年下降的态势；购进价格同比上涨12.9%，涨幅比全国高4.8个百分点。

【价格改革】电力价格改革。2017年，宁夏输配电价改革2015年被国家列为先行先试省份，在全国率先完成改革任务，初步建立“准许成本+合理收益”的电网输配电价监管框架，改变对电网的监管模式，逐步形成规则明晰、水平合理、监管有力、科学透明的独立输配电价体系。改革红利约7.6亿元全部用于降低大工业基本电价，有缓解全区大工业企业用电价格矛盾。推进跨省跨区和区域电网输电价格改革工作，提速全区电力体制改革步伐。医药价格改革。宁夏作为全国第二批综合医改试点省份，在全国率先放开药品价格，创新药品价格监管方式方法，制定出台市场调节价药品价格行为规则。首批放开三甲医院五大类65个项目医疗服务价格。下放5个地级市医疗服务价格管理权限。推进公立医院医疗服务价格改革，全面取消药品加成，按照价格、财政、医院三方承担的补偿比例（县级和三甲：70%:20%:10%；5个地级市：60%:30%:10%），出台价格补偿政策，县级公立医院调整7类1077项医疗服务价格；5个地级市调整市级医院医疗服务价格；三甲医院调整1506项医疗服务价格，出台《市场调节价药品价格行为规则（试行）》。健全油、气、水价格市场化机制。落实成品油调价“窗口”调整工作，实施第五阶段汽、柴油质量升级加价政策。实现非居民存量气与增量气价格并轨，建立与可替代能源价格挂钩的动态调整机制。先后放开直供用户用气门站价格、化肥用气价格、非管道车用气零售价格，明确储气设施相关价格由市场确定。加强城镇燃气配送环节价格监管，逐步构建起全区天然气输送、配气等垄断环节全产业链价格监管制度框架。农业水价综合改革，制定《宁夏回族自治区水利工程供水价格管理实施办法（试行）》；与水利厅联合调研全区五大干渠运行及管理情况，按照《宁夏农业水价综合改革实施方案》要求，对宁夏扬黄灌区农业用水骨干工程供水成本进行监审。区分基本和非基本需求，出台中南部城乡饮水安全工程水价政策，解决中南部群众安全饮水问题。完善环境保护价格政策。按照“污染付费、公平负担、补偿成本、合理盈利”原则，推进污水处理收费改革，建立督查通报制度，8个市、县已按国家要求调整到位。建立政府向污水处理企业拨付的处理服务费用与污水处理效果挂钩调整机制，引导企业主动治污减排。落实环保电价，全区燃煤电厂已基本执行脱硫、脱硝、除尘电价。运用差别电价促进去产能，对电解铝、水泥、钢铁等行业实行阶梯电价政策，促进产业结构调整和转型升级。交通价格改革。清理和规范铁路货运价格，自5月1日起降低银川铁西联络线过轨费收费标准和梅鸳铁路专用线货物运输价格，年减轻企业负担约272万元。降低全区地方铁路货运价格，每吨公里由0.23元降至0.19元，全年减轻铁路用户企业运输成本约1.1亿元。撤销全区28个政府还贷二级公路收费站，每年减少收费6亿元左右，降低了物流成本。取消出租车有偿使用费，实现全区出租车经营权无偿使用。创新公用事业和公益性服务价格管理。实施居民用电、用气、用水阶梯价格制度，在全区执行用电、用气阶梯价格政策，12个市、县已完成阶梯水价制度改革。放开民办营利性普通高中收费，下放非营利性民办普通高中、初中、小学收费标准制定权限。修订全区民办教育收费管理办法，强化民办教育收费事中事后监管。明确将养老服务政府定价限定在政府投资建设的养老机构，完善养老服务价格支持政策，加快产业升级发展。大幅缩减行政事业性、经营服务性收费项目。清理规范行政事业性收费，取消、停征41项中央出台的行政事业性收费，每年为企业减负近1.5亿。从7月1日起取消全区地方审批设立的行政事业性收费15项(其中涉企收费6项)，宁夏成为全国第十二个无地方审批设立的涉企行政事业性收费省份，年减轻企业负担约1000万元。截至年底，全区行政事业性收费从134项减至45项，清理、取消幅度达66.4%。将自治区定价的经营服务收费由19项减为13项(取消2项、放开4项)。

【价格管理】2017年，推进法制建设与价格改革同向而行。结合价格改革最新进展，加快建章立制步伐，提请自治区人大修订《宁夏回族自治区价格条例》(以下简称《条例》)，并于9月1日起正式实施，将改革成果以法律形式巩固下来。《条例》按照中央28号文件的指导思想，结合宁夏价格改革实际，对价格形成机制、政府定价制度、事中事后监管、价格公共服务等改革的重点内容做了创新性、系统性规定，把行政责任转变为法律职责、法律义务，有序推进依法治价和法治政府建设。2015年修订《宁夏回族自治区定价目录》，放开45项，下放管理权限6项，保留42项，缩减率63%。启动定价目录动态调整机制，放开交通运输、教育、养老、重要专业服务项目，实现了国家要求到2017年竞争性领域和环节价格基本放开的目标任务。完善规范政府定价程序制度。先后完成定价目录、听证目录、成本监审目录、权责清单、收费目录的制定修订工作并对外公布，显著提高价格行政行为透明度。分行业、分领域出台有线电视基本收视维护费、城市集中供热定价成本监审办法，拟订城市供水、公办幼儿园学前教育、中小学教育培养、污水处理4项定价成本监审办法。公开城市供水行业成本监审信息，建立成本信息公开制度。将政府定价过程中公众参与、合法性审查、风险评估、集体审议、专家论证、公平竞争审查等程序通过完善法律、建立规则予以固定。

【价格监管】2017年，建立常态化市场价格监管方式。以常态化市场巡查机制为基础，以切实解决群众价费诉求热点难点为突破，对网络零售企业、放开后的药品、驾驶员培训等价格行为进行规范，严格落实明码标价制度，在重大节假日对大型商超、旅游景区、餐饮、交通等领域开展市场检查巡查、提醒告诫，切实规范经营者价格行为，强化对放开价格的事中事后监管。加强民生领域价格监管。坚持日常监管和专项检查相结合。围绕与群众关系密切的电力、教育、房地产、旅游、物业、停车场等领域，开展专项检查。全年组织85个检查组1874人(次)，对铁路、银行、住建、国土等235家单位的涉企收费行为进行检查，查处违规收费案件12件。对企业举报13家电厂涉嫌价格垄断行为开展反垄断调查并予以提醒告诫，这是宁夏第一次开展的大规模反垄断调查活动，丰富了全区反垄断执法经验。建立公平竞争审查机制。推动全区公平竞争审查制度实施意见出台，建立自治区公平竞争审查工作联席会议制度，召开第一次全体会议。接受国家公平竞争审查联系会议对全区工作开展情况的督察，并邀请督察组专家对全区联系会议成员单位进行培训，推动全区公平竞争审查制度落实到位。完善价格社会监督体系。全年各级价格举报中心共受理各类价格咨询、举报、投诉件10998件。全区“互联网+”价格监管工作模式取得良好社会成效，“12315”价格监管平台成为群众反映价格诉求、维护价格权益的主要渠道。强化举报数据分析，每月定期发布分析报告，警示经营者，提醒消费者。利用“12358”价格监管平台二期，嵌入“双随机一公开”功能，提升价格监管的精准执法、快速响应和大数据分析应用能力，增强监管的预见性、针对性和有效性。

【价格调控和服务体系】2017年，建立“两手抓”的价格调控体系。发挥价格调控资金一手抓供应保市民“菜篮子”，一手抓生产保农民“钱袋子”的作用。支持25个市、县(区)建设154家农副产品平价商店、支持20个市、县(区)政府建设27个政府主导的国有平价农贸市场，对减轻市民“菜篮子”负担做了有益尝试。2016—2017年，全区蔬菜价格政策性保险投保面积实现15.08万亩，涉及全区16个市、县13个蔬菜种植品种，自治区价格调控资金补贴保费5942.82万元，在蔬菜价格下跌时及时向承保农户赔付1.28亿元，赔付率达172%，农民群众真正得到了实惠。在全区14个市、县择优选择21个项目开展蔬菜生产基地冷链设施建设试点工作，提升蔬菜生产的供给质量，增加农民收入，为精准脱贫造血添力。为织密社会安全保护网，完善物价补贴联动机制，扩大发放范围，将全区17万大中专院校在校困难学生纳入补贴范围，补贴的针对性和灵敏性增强，已成为民生保障领域的一项重要制度。健全价格监测分析和认定服务。坚持做好月度、季度价格形势分析，严格执行21项监测报告制度，全面落实全区5个地级市地产蔬菜批发价格监测日报制度。强化市场巡视、监测预警、应急值班等制度，及时掌握和预测经济与价格运行态势，建立民生价格信息发布工作机制，构建和完善价格监测预警和平价商店监测监管、价格门户网站等信息系统建设。强化成本调查监审工作机制，对水利工程供水、管道天然气、自学考试等多行业领域开展定价成本监审工作；拟定《宁夏公办幼儿园学前教育定价成本监审办法》《宁夏中小学教育培养定价成本监审办法》；重新修订《宁夏城市供水定价成本监审办法》《宁夏污水处理定价成本监审办法》等多个行业成本监审办法，力争实现"重点行业成本监审办法体系基本形成"的既定目标。加快价格认定工作转型，开展价格认定法制年建设活动，完成涉纪案件中的价格认定任务，实施调处价格争议、认定政府赔补偿及居民财产受损补偿等工作，发挥价格公共服务职能。

（王　军　刘　伟）

金融管理

【概况】2017年，全区金融系统围绕服务实体经济、防控金融风险、深化金融改革3项重点任务，深入实施金融助推脱贫攻坚、困难企业融资辅导、资本市场效能发挥、担保体系推进提升和金融风险防范化解"五大工程"，为自治区经济社会发展提供了有力的金融支持和保障。截至年末，全区共有银行机构56家，证券期货机构59家，保险主体22家，小贷公司176家，融资担保机构74家，初步形成了多层次、全方位、广覆盖的综合金融服务格局。金融机构本外币存款余额从2013年初的3507.16亿元增长到5867.22亿元，增长67.3%，贷款余额从2013年初的3372.12亿元增长到6461.48亿元，增长91.6%。保险业原保费收入由2013年初的62.69亿元增长到165.21亿元，增长163.5%；为全社会提供的风险保障由1.14万亿元，增长到13.09万亿元。

【信贷结构】2017年，引导金融机构扩大信贷规模，重点支持自治区重大战略、基础设施和重大工程建设，以及"三农"、小微企业等薄弱领域和社会民生改善。截至年末，全区金融机构本外币各项存款余额5867.22亿元，同比增加406.58亿元，增长7.5%。各项贷款余额6461.48亿元，同比增加765.52亿元，增长13.4%。表外业务融资余额2266.63亿元，同比增加267.27亿元，增长13.4%。全区银行业金融机构涉农贷款余额2169.61亿元，同比增加252.32亿元，增长13.2%，余额和新增额分别占银行机构各项贷款的34.2%和37%；涉农贷款增速高于各项贷款平均增速。

【融资服务】2017年，推动落实上市"绿色通道"、新三板扩容政策，组织举办IPO推进培训会，开展资本市场市、县轮训，资本市场培育呈现"主板突破、三板持续、四板踊跃、融资增长"的良好局面。嘉泽新能成功上市，宝丰能源申报IPO，百瑞源等8家企业进入辅导阶段，40多家企业列入上市企业后备库。新增新三板企业12家，总数达66家，位居西北五省第三，超过甘肃、青海两省总和，其中创新层企业11家，入围率全国领先。区域股权市场建设稳步推进，挂牌企业数量达到747家。债券发行呈现快速增长态势，全年累计发行各类债券1490亿元。境外发债和资产证券化取得突破，通联资本成功发行3亿美元境外债券，石嘴山银行开展全区首笔信贷资产证券化业务。

【金融扶贫】2017年，以中国人民银行批准宁夏打造全国首个以省为单位的金融扶贫示范区为契机，推广金融扶贫"盐池模式""蔡川模式"，纵深推进"一行一县""一司一县""一保一县"金融精准扶贫，助推脱贫攻坚。截至年末，全区金融精准扶贫贷款余额742亿元，较年初增加193.02亿元，增长35.2%。建档立卡贫困户扶贫小额信贷余额64.17亿元，较年初增加28.7亿元，增长80.9%，户均贷款4.6万元。在全国率先实现"一司一县"全覆盖，推动9家商业银行和19个保险公司分别与9个贫困县达成对口帮扶协议。"扶贫保"基本实现全覆盖，承保大病补充医疗保险72.8万人，贫困户家庭和借款人意外伤害保险18.9万户，特色产业种植险59.4万亩、养殖险53.5万头（只），保障额度992.5亿元。

【金融招商】2017年，坚持引进、组建、培育三管齐下，兴业银行银川分行挂牌运营，永宁县、西吉县、西夏区3家村镇银行相继开业，新设金融资产管理公司

1家、村级互助担保基金管理中心1家，批准筹建互联网小贷公司3家。民营银行组建工作稳妥推进，亚太人寿、中青人寿等4家保险公司设立工作持续推进，消费金融公司、法人证券公司等设立工作已对接。自治区支持金融业发展优惠政策落实，70余家新设机构获税收优惠减免；金融人才公寓投入使用，入住19人。

【金融风险防范】2017年，推动组建101家债委会，累计帮扶226家企业，涉及贷款1101亿元，帮助大部分企业实现稳贷、部分企业实现增贷。在全国首批建立非法集资监测预警平台，实现对地方金融机构舆情监测和风险预警定期推送。建立举报建立制度，开展非法集资和互联网金融风险专项整治，稳妥查处和规范一批问题机构。开展防范金融风险宣传教育和清理整顿各类交易场所“回头看”工作，现场联合检查30多次，8家商品类交易场所已全部停止违规交易，交易场所风险得到初步化解。

【金融创新】2017年，推动宁夏银行、黄河农村商业银行增资扩股、增强资本实力，原州区、贺兰县、西吉县等4家农信社成功改制为农商行，海原、泾源农信社改制工作稳步推进。开展农村金融改革创新和农村土地经营权抵押贷款试点工作，农村土地经营权抵押贷款余额达6.3亿元。探索开展助贷资金池和村级互助担保基金业务，为企业提供转贷资金195.58亿元，为农户贷款担保6589万元。盐池金融扶贫、彭阳普惠金融等4个示范区建设进展顺利。推动普惠金融发展的做法得到中央改革办督察肯定，强调将宁夏作为全国普惠金融创新发展的前沿和观察哨。

（张　娟）

社会事务管理

创业就业

【概况】2017年，全区落实和完善更加积极的就业政策，促进城乡劳动力实现比较充分和更高质量就业，全区就业形势持续稳定向好。城镇新增就业8.25万人，城镇登记失业率3.9%，低于控制目标0.13个百分点。

【创业带动就业】2017年，全区实施“塞上骄子回乡行”“外语+”复合型人才回乡创业“千百十”、高校毕业生创业引领等计划，组织全国创业引领者专项活动暨创业培训讲师大赛宁夏分赛等系列服务活动，并取得全国总决赛亚军的好成绩。新建成创业孵化园区15家，累计建成202家，其中：新创建国家级创业孵化示范园区2个、自治区级创业孵化示范园区9个。全年创造新岗位3.56万个，带动就业6.65万人。

【重点群体就业】2017年，全区实施高校毕业生就业创业促进计划，建立高校毕业生就业工作部门联席机制，设立高校毕业生就业工作站18个，鼓励和支持高校毕业生到基层就业创业，高校毕业生就业率达95.1%。做好农村劳动力转移就业工作，深化与内蒙、福建、江苏、浙江等省市的劳务协作，大力开发就近就地转移就业岗位，农村劳动力转移就业75.53万人，实现工资收入79.34亿元。开展春风行动、就业援助行动、家政服务提质扩容行动、家政服务劳务对接扶贫行动等活动，开发购买公益性岗位9276个（自治区7800个，市、县、区1476个），帮助城乡困难人员就业，其中3500个专门用于安置农村建档立卡贫困家庭劳动力，为全国首创。推进就业扶贫工作，在全国率先开展就业扶贫百千万行动，创建就业扶贫示范基地152个，遴选就业扶贫劳务经纪人1312名，全区建档立卡贫困家庭劳动力实现就业12.33万人。

【援企稳岗】2017年，使用失业保险基金为2288家企业发放援企稳岗补贴1.17亿元，通过降低社保缴费基数和费率为2.14万家企业83.8万职工和21.3万名灵活就业人员减负17.75亿元。为5.15万名灵活就业人员发放社保补贴1.36亿元。完成贺兰山国家级自然保护区环境整治中44家退出关停企业4313名职工安置任务。

【职业技能培训】2017年，实施劳动者素质提升计划，加强“订单、定岗、定向”培训，建立政府引导、社会参与、市场运作的培训新模式和“企业订单、培训机构列单、培训对象选单、政府买单”的培训新机制，组织岗位技能提升培训1.6万人，创业培训1.23万人，城乡劳动力就业技能培训4.35万人，分别完成年度任务的107%、123%和124%。

【公共就业服务】2017年，加强就业信息和失业动态监测，升级完善“一卡通”就业信息系统，开发“宁夏就业扶贫综合信息平台”，建立“创业培训+担保贷款+创新服务”三位一体帮扶机制，开展公共就业服务专项活动，全年区、市、县联动组织各类招聘会420场（次），6.91万人达成就业意向。

（吴　博）

社会保障

【概况】2017年，全区全民参保登记深入推进，城镇职工医疗保险实现自治区统筹，城乡居民养老保险缴费档次和补贴标准调整优化，异地就医结算与全国互联互通，保障水平稳步提高。

【全民参保登记】2017年，全区职工“五险”参保达到590万人(次)(企业职工养老176.01万人、机关养老29.9万人、失业保险88.55万人、医疗保险123.46万人、工伤保险90.35万人、生育保险81.73万人),城乡居民养老、医疗保险参保人数分别达185.48万人、494.76万人,超额完成年度参保任务。建立“先参保、再开工”长效机制,工程在建项目、新建项目工伤保险参保率持续保持100%,“同舟计划”目标任务提前完成。

【养老保险】2017年,自治区机关事业单位养老保险政策出台“1+5”(1个实施意见+5个配套政策),参保人员达29.9万人(在职职工20.1万人,退休人员9.8万人),养老金社会化发放率达100%。19.18万被征地农民按新政策参加养老保险,其中2012年以来被征地农民参加养老保险10.33万人,两项参保率均达到100%,走在全国前列。第四次上调城乡居民基础养老金,最低标准达到120元。企业退休人员养老金实现“十三连增”,人均调增162元。第二次调增机关事业单位退休人员养老金,人均调增193元。提请政府同意,将城乡居民基本养老保险原12个缴费档次调整为100元、300元、500元、1000元、2000元、3000元6个档,“多缴多得、长缴多得”激励机制进一步完善。

【医疗保险】2017年,自治区制定出台城镇职工基本医疗保险自治区级统筹经办规程和调剂金管理办法,“三医联动”和医保支付方式改革协调推进,印发2017版城乡居民大病保险药品目录,城乡居民医保财政补助标准由472元调整到502元,个人缴费一、二、三档分别由90元、250元、505元调整到130元、270元、545元,大病保险筹资标准由32元提高到37元。综合施策做好医保扶贫工作,在全面落实农村建档立卡贫困家庭参保人员享受政府补助参加基本医保、大病保险政策的同时,实施降低大病保险起付标准、扩大合规药品目录等倾斜政策,通过实行政府兜底保障,贫困患者当年住院医疗费用实际报销比例达到91.7%,缓解因病致贫、因病返贫问题。

【社会保险经办】2017年,巩固提升社保“五险合一”经办体制改革成效,全区43个社保经办机构整合成25个,14个机构实现了升格。完成了人员调整、岗位设置、业务融合。印发《社保“五险合一”业务经办规程》,推行“五证合一、一照一码”登记制度改革,按照“六统一”要求,推进多险合一高效经办,提升社保经办公共服务水平。实现医保个人账户定点医疗机构“全区通”和跨省异地就医住院费用直接结算。全区2390家医保协议药店实现同城化、无障碍刷卡购药,与全国31个省区(市)和新疆建设兵团的8499家跨省定点医疗机构实现联网结算,全年结算区内和跨省异地就医370.96万人(次)。跨省异地就医“六个一”,即全国首批22个与人社部签订目标责任书的省区之一,10个按照国家要求在2个月完成10例结算任务的省区之一,14个整省接入国家就医结算信息平台的省区之一,10个跨省备案人数较多的省区之一,实际数较多的省区之一(占全国11%),是受人社部表扬的结算人数较多10个省区之一,工作成效显著,走在全国前列。卫计委等部门建成并运行宁夏健康扶贫医疗保障“一站式”结算平台,将扶贫保、民政救助、财政报销、政府兜底等政策全部纳入“一站式”结算平台,实现了健康扶贫医疗保障“一站式”结算。

【社会保险基金监管】2017年,开展养老保险重点指标专项核查和医疗机构监控工作,发现社会保险基金要情75起,追回社保费和违规基金2474.71万元。将1.4万名医师纳入医保诚信管理,医保服务协议签订率达100%。在医保结算系统中启用医疗机构医保医师标识,将违规查处结果与医保服务资格关联,对493名医保医师实施扣分,暂停医保服务资格24人。

【人力资源社会保障公共服务】2017年,推进“互联网+人社”行动,实施信息系统“省集中”建设,推广“社保云”应用,实现“信息系统省集中、人社服务就在我身边、社保卡一卡通用一卡多用”三大目标。社保卡覆盖97.5%的户籍人口,涵盖人社业务应用92项,并逐步拓展到旅游、文化等领域应用;“省集中”平台覆盖全区670万服务人群,日均提供服务9.3万人(次);“12333”咨询电话、“网上人社”、“掌上12333”、微信、微博、自助终端服务等公共服务平台不断完善并加以推广,全年共为1082万人(次)提供数据查询和政务服务。

(吴　博)

人才队伍建设

【概况】2017年,全区实施更加灵活的人才政策,突出创新人才供给,完善人才评价、激励和服务体系,人才创新创业环境不断优化。

【人才制度改革】2017年,自治区党委、政府出台《关于深化职称制度改革的实施意见》《关于加强新形势下引进海外人才工作的实施意见》等规范性文件,完善人才评价、激励和服务等管理机制。坚持以品德、能力、业绩为导向,深化职称制度改革,批准宁夏大学等21家单位开展自主评审。

【重大人才工程项目】2017年,选拔院士后备人才、第三批“塞上英才”、青年拔尖人才等高层次人才226名;推荐31名专家享受国务院政府特殊津贴、2名专家入选国家百千万人才工程,评选“塞上技能大师”16名、“自治区技术能手”30名。新建国家级继续教育基地2家，国家级高技能人才培训基地1个、技能大师工作室7个。支持企业引进和培养高层次急需紧缺人才,为22家企业兑现引才项目补助资金553.45万元。举办第二届中国“一带一路”人力资源高峰论坛。

【人才培养】2017年,协办全国“煤制油化工智慧基地建设”博士后论坛,实施专业技术人员知识更新工程，争取国家级高级研修项目4个,并选派43名(其中少数民族7名）高层次专业技术人才参加外省(区)举办的37期国家级研修项目，组织各类专业技术人员培训班100期培训1.3万人，网上在线培训15万人。实施贫困地区专业技术人员素质能力提升计划,培训1959人。实施人力资源从业人员素质提升计划，培训高级管理人员75人。加强技能人才培训培养工作,组织参加国家举办的各类技能大赛,有9名选手获得“全国智能制造应用技术技能大赛”二等奖,实现零的突破;举办富有地方特色的各类技能竞赛8项,新培养高技能人才6062人。

【招才引智和专家服务工作】2017年,加大人才载体建设力度，持续开展高层次急需紧缺人才引进和宁夏籍海外人才归巢行动,新建院士工作站、专家服务基地15个、海外人才工作站2个,柔性引进院士和知名专家47名、引进全职博士75名。组织128家企事业单位到北京、西安、吉林、湖北等地高校和人才市场集中招揽急需紧缺高层次人才，签订就业意向性协议1184人。引进海外高端人才50名、外国专家641人次，选派212人出国(境)培训。全面实施外国人来华工作许可制度，办理外国人来华工作许可289件。开展第七届宁夏“六盘山友谊奖”评选表彰活动,10名外国人才获奖。组织500名专家深入基层开展服务活动,帮助基层培训技术骨干1万名,解决技术难题300个,3万余名群众受益。

（吴　博）

人事管理

【概况】2017年，全区推进人事管理创新,加强公务员队伍建设,强化公务员队伍管理。依法规范事业单位人事管理行为,规范事业单位人事管理,完成军转干部接收安置任务。

【公务员管理】2017年,全区推动实现精准科学招录,首次自主命题,为全区各级机关和参公单位招考公务员1085人。加强面试考官队伍建设，举办公务员录用面试考官培训班2期,新任考官167人。实施公务员素质能力提升工程，加强公务员职业道德建设,开展公务员“四类培训”，举办各类培训班30期，培训1.89万人(次),举办全区政府系统文秘人员公文写作比赛、全区公务员学习贯彻党的十九大暨自治区第十二次党代会精神知识竞赛。完成林业、综合治理等21个行业系统的国家部委联合表彰评选推荐工作，推荐报送60个先进集体和82名先进个人。做好承担行政职能事业单位改革工作,研究出台《关于做好承担行政职能事业单位改革试点人员过渡登记工作的通知》。完成民航宁夏机场公安局移交人员过渡登记工作。

【事业单位人事管理】2017年,研究制订事业单位专业技术人员创新创业实施细则,建成事业单位人事综合管理平台,配合推进公立医院、国有林场、文化体制、高校和科研院所等事业单位改革，优化岗位设置引导专业技术人员向基层一线流动,为各级各类事业单位公开招聘、遴选工作人员5219名,新聘任专业技术二级岗位人员35名。会同党委组织部等部门持续开展机关事业单位“吃空饷”问题专项整治行动。

【军转安置工作】2017年,坚持“阳光安置”,促进人岗相适,完成252名计划分配军转干部和246名自主择业军转干部接收安置任务。安置随军家属就业22名。

（吴　博）

收入分配与劳动关系

【收入分配】2017年,全区推进工资收入分配制度改革，公立医院薪酬制度改革试点扎实推进。开展企业薪酬调查,发布年度企业工资指导线，第十三次调整最低工资标准,一、二、三类区分别由1480元、1390元、1320元提高到1660元、1560元、1480元,平均增幅达12%以上。推动出台《关于实行以增加知识价值为导向分配政策的实施办法》,解冻事业单位调控线外奖励性工资增长，建立了平安建设考核奖。认真履行部门职责,推进实施脱贫富民战略，全区城镇居民可支配收入增长8.5%。

【农民工工资清欠】2017年,全区启动实施治欠保支三年行动计划，紧盯工资保证金收缴、劳动合同签订、实名制管理、分账管理、22%进度款拨付、工资银行卡发放“六项”主要监控指标,抓实属地责任、部门联动、支付主体责任和劳动保障监察效能4项措施，开展农民工工资保证金差异化缴存管理制度改革试点,联合住建厅对30家拖欠工资失信企业进行公开曝光,面向社会公布11件重大劳动保障违法行为,固化高压治欠、综合治欠机制。全区各级劳动监察机构受理农民工工资案件2453件(结案率98%),为2.99万农民工清欠工资3.9亿元，同比分别下降29.3%、51.4%和58.3%，拖欠工资问题举报投诉案件数、拖欠金额和涉及人数呈大幅下降态势，全区治欠保支工作形势总体平稳向好。企业劳动合同签订率达93.9%。

【劳动人事争议调解仲裁】2017年,全区各级仲裁机构立案受理劳动人事争议案件5146件,仲裁结案率达94.3%。各级调解组织受理劳动争议6390件,调解成功率达67%,高出目标任务7个百分点。全区人社系统接待群众来信来访5274件(次),涉及1.4万人(次),办结率100%。

（吴　博）

民政工作

【全区民政工作会议】2017年1月21日,全区民政工作会议在银川召开,自治区民政厅党组书记、厅长杜正彬作工作报告，会议深入学习贯彻党的十八届六中全会、全国民政工作会议精神,总结过往成绩,分析当前形势,部署今后工作,为推进“十三五”时期全区民政事业改革创新发展明确了方向和要求。

【基层民政工作】2017年,出台加强基层民政服务能力建设的实施方案，是全国第一个以省级政府名义出台的政策文件,民政部黄树贤部长作了“请党组同志阅示,政研中心阅研,宁夏的文件可印发32个工作组参阅”的批示。9月22日,自治区政府召开全区加强基层民政工作现场会,会议对创新基层民政管理机制、配强乡镇民政工作力量、保障基层民政工作经费、提高基层民政服务能力等提出了明确要求,按照乡镇规模、民政服务对象数量、服务半径等合理配备工作人员,3万人以上的乡镇(街道)民生服务中心社保和民政事项经办服务人员不少于4人,3万人以下的不少于3人,其他不占编制的专职人员不少于1名；将基层民政工作经费列入乡镇工作经费预算,按照3万人口以下、3万至5万人口、5万人口以上的乡镇(街道)每年民政工作经费分别不低于4万元、7万元、10万元。

【养老福利事业】2017年,出台《自治区“十三五”老龄事业发展和养老体系建设规划》,全面放开养老服务市场加快养老服务业转型升级等5项规范性文件。对护理型养老床位加大财政支持力度,新建和改造的护理型床位一次性补助由每张8000元、5000元分别提高到13000元、8000元。为全区近4万名80岁以上困难低收入老人购买意外伤害保险。修订困难残疾人生活补贴和重度残疾人护理补贴办法，将低保家庭中残疾人全部纳入补贴发放范围，惠及残疾人20.6万人。

【慈善事业】2017年中国慈善进步指数发布中,宁夏位列第七,是西部省区唯一连续五年进入前十名的省区。全年销售福利彩票17.74亿元，同比增加0.62亿元;筹集公益金5.11亿元。

【社会救助】2017年,各县(市、区)困难群众基本生活保障工作协调机制全覆盖建立。城乡低保管理规范,各类救助政策衔接紧密,全年安排社会救助资金26.27亿元,保障城乡低保对象49.1万人。大幅提高医疗救助标准,将因病致贫、因病返贫的贫困患者全部纳入医疗救助范围，重特大疾病年度最高救助限额由8万元提高到16万元,居全国第一。在全区范围实现医疗救助“一站式”即时结算，缓解贫困患者自行垫付医疗费用的困难。首次出台失能、半失能特困人员护理政策，安排专项资金，提高集中供养率。实施生活无着落流浪乞讨救助“寒冬送温暖”专项行动,全面排查整改救助和托养机构安全隐患。

【城乡社区治理】2017年,深化和谐社区创建,持续推进城市社区治理体制改革,开展社区减负增效“回头看”,社区网格化服务管理实现全覆盖。完成城乡社区服务站建设项目214个。依法完成全区第十届村委会换届选举,规范村民代表推选和村监会建设,配合自治区党委组织部开展治理“村霸”专项行动。健全完善“20+X”村民议事清单,全面推行做实村代会“55124”模式,完成基层群众性自治组织特别法人统一社会信用代码赋码工作。

【防灾减灾救灾】2017年,土地盐渍化纳入自然灾害救助，成为全国第一个享受此项政策的省区。以政府规章颁布《自然灾害救助办法》,出台《自然灾害生活救助资金管理办法》,印发《自治区综合防灾减灾规划(2016—2020)》,完善自治区防灾减灾委员会相关制度，在全国率先建立自然灾害救助绩效考评办法。将中南部地区因灾倒塌受损民房恢复重建和受损房屋修缮户均补贴标准由14000元、3000元分别提高到28000元、6000元;因灾倒塌民房重建补助、因灾遇难人员家属抚慰、过渡期生活救助在原补助标准上提高一倍。开工建设5个市、县救灾物资储备库,采购1000万元的救灾物资,创建全国综合减灾示范社区14个。

【优抚安置】2017年,自治区政府两次召开优抚安置专题工作会议，利用近2个月时间，对1978年至2014年期间符合安排工作条件退役士兵安置情况进行数据采集,摸清遗留问题底数;区、市、县三级政府分别成立工作专班,上下联动,推动解决安置遗留问题。联合财政厅、人社厅印发《关于做好退役士兵安置和权益保障工作的指导意见(试行)》。协调自治区政府督查室先后两次安排督查，现场解决实际困难，全区197名应安置未安置、243名安置后未上岗退役士兵遗留问题全部解决，实现"清零"任务。开展庆祝建军90周年系列活动，组织协调各级部门走访慰问驻宁部队及优抚对象，送去慰问(品)金1053万元，慰问驻宁部队194次，慰问演出54场，慰问各类优抚对象6500余人(次)。

【社会组织管理】2017年，加强社会组织党的建设，成立社会组织综合党委，将民间组织管理局更名为社会组织管理局，加挂社会组织执法监察局牌子。加快社会组织培育发展，争取财政资金1530万元，支持城市社区、社会组织开展公益创投项目134个；争取资金3790万元，建立自治区和市、县(区)社会组织孵化基地7个。全面推进行业协会商会与行政机关脱钩工作，全区纳入脱钩的行业协会商会达到293家。实施"百家社会组织结对精准扶贫"工程，全区140家社会组织参与实施167个结对扶贫项目。

【专项社会事务】2017年，《关于加强我区困境儿童保障工作的实施意见》出台，首次实行分类保障，扩大保障范围，建立孤儿养育津贴动态调整机制，实现孤儿养育津贴提标扩面，为困境儿童保障工作提供政策支撑。将农村"三留守"人员关爱保护工作纳入自治区民生计划，建设儿童之家200个，在全国率先为全区每个村配备了一名"三留守"关爱督导员，每人每年补贴3600元。开展"合力监护、相伴成长"专项行动，在全国率先建立服刑人员、被执行强制措施人员的未成年子女临时监护机制。建立全区婚姻登记信息系统，实现与民政部婚姻信息数据上传和全国联网审查。争取资金3840万元，实施殡葬服务基础设施建设和节地生态安葬补助。贺兰山国家级自然保护区环境保护殡葬整治取得成效，殡葬服务机构运营监管日趋规范。

【社会工作】2017年，强化专业社会服务，争取民政部及自治区社会工作服务项目资金1170万元，在贫困村、贫困社区实施"三社联动"、社区矫正、困境儿童、老年人、贫困人口等48个社会工作服务项目和35个志愿服务微公益创投项目，精准助力脱贫攻坚。推动事业单位持证社工职称待遇落实，举办各类社工教育培训20余场(次)、600余人。全年全区共取得社会工作者职业水平证书230人，其中取得助理社会工作师164人，社会工作师66人。加强志愿者队伍建设，在全国志愿服务信息系统记录注册志愿者达53万余人。

【区划地名工作】2017年，推进西吉县、中宁县、盐池县、永宁县等乡镇(街道)设立工作。编制新版宁夏行政区划图册，完成贺兰山国家级自然保护区内宁蒙界线和16条县级界线联检工作。全国第二次地名普查成果转化有序推进，标准地名图录典志编纂(绘)工作进展顺利。灵武市被民政部评定为宁夏首个"中国千年古县"，隆德县申报"中国千年古县"工作取得实质性进展。

【民政标准化】2017年，民政重点领域省级地方标准研发取得突破，先后颁布《社区居家养老服务基本规范》《养老机构生活照料服务规范》《养老机构安全应急处置》等7项地方标准，儿童福利机构社会工作标准为全国首创，社会救助家庭经济状况核对标准在全国率先制定。以政府规章颁布《自然灾害救助办法》，出台《自然灾害生活救助资金管理办法》，印发《自治区综合防灾减灾规划(2016—2020)》，完善自治区防灾减灾委员会相关制度。依法行政加快推进，细化规范民政系统政务服务事项66项，46项实现事项名称、事项编码、事项类型、设定依据"四统一"。

【信息化建设】2017年，民政云数据资源中心与自治区公安厅、人社厅、高级人民法院相关数据库实现对接。社会救助信息系统、社会救助家庭经济状况核对系统在全区推广应用，城乡低保审核审批实现了人员、家庭、经办、结果信息全过程精准监控。全年全区通过民政云"社会救助管理应用"办理业务近80万笔；民政云"社会救助家庭经济状况核对应用"受理核对业务申请近20万户(次)、51万人(次)，与相关信息共享单位实现数据交换近16万户(次)、42万人(次)；民政云"民政项目管理应用"实现民政项目的在线申请和审批共计539个，民政云"救灾仓库物资管理应用"完成了94批物资的入库登记，同时与自治区相关厅局进行数据交换13万余条。

(马　雷)

扶贫开发

【概况】2017年，自治区党委、政府先后召开自治区脱贫攻坚推进会、脱贫富民战略推进会、贫困县(区)委书记座谈会、深度贫困地区脱贫攻坚座谈会、扶贫开发领导小组扩大会、专项督导督查部署会等全区性会议，高频次、大范围部署推进脱贫攻坚工作。自治区人大常委会、政协多次开展脱贫攻坚监督调研、专题议政、建议提案督办，监督问效，建言献策，助推脱贫攻坚工作落实落细落地。经过全面复查复核、审慎研究，并向国务院扶贫开发领导小组办公室充分汇报对接，及时调整完善宁夏脱贫攻坚目标任务。按照2017—2020年脱贫滚动计划，将原定 2017 年实现 4 个贫困县脱贫摘帽调整为 1 个贫困县摘帽，其他 3 个县保持工作力度不减、工作标准不降。经县自查、市初审、第三方预评估，吴忠市盐池县实现脱贫摘帽。全年全区贫困地区农民人均可支配收入增长 11%，达到 8332 元，增幅高于全区农民收入平均增幅 2 个百分点。

【强化精准识别和退出】2017 年，建档立卡贫困人口精准识别情况。开展建档立卡复查复核、查漏补缺，完善识别标准和程序，细化收支、教育、健康、住房等评价指标，实行动态管理，应纳尽纳，及时调整，强化识别精准度。充分利用宁夏精准扶贫云信息平台，与公安、人力资源社会保障、国土资源、工商等部门对接，对新识别贫困户的车辆、财政供养人员、房产、企业法人和股东等信息进行逐一比对、核查，新识别贫困人口 13465 人。建档立卡贫困人口精准退出情况。按照贫困人口人均可支配收入稳定超过国家扶贫标准，达到“两不愁、三保障”的贫困退出标准，各县（区）严格按照贫困户脱贫退出程序，落实“445”脱贫退出责任人签字；通过宁夏精准扶贫云信息平台，扶贫部门与民政、教育、住房城乡建设、人力资源社会保障、卫生计生等部门，对全年脱贫贫困人口信息进行比对、核查，坚决杜绝脱贫不实、早退错退问题发生。脱贫人口返贫情况。各县（区）采取“县不漏乡、乡不漏村、村不漏户、户不漏人”的方法，对 2014 年至 2016 年已脱贫人口进行“回头看”，对因病、因灾、意外事故等原因返贫的，在年度建档立卡动态调整时标注返贫。共标注返贫人口 4580 人，确保真脱贫、脱真贫。

【驻村帮扶】2017 年，自治区选派 2267 名有农村工作经验的干部，配齐配强贫困村第一书记和驻村工作队。加大区、市、县各级帮扶人员选派力度，实现建档立卡贫困户帮扶全覆盖。第一书记和驻村工作队落实扶贫项目资金达 6.11 亿元，为群众办实事 2034 件。加强驻村干部管理，对工作不力的驻村工作队和第一书记坚决撤换调整，共召回第一书记 17 名，调整驻村干部 186 名。根据全区第三方评估结果，全区因村因户帮扶群众满意度达 99.1%，符合国家考核要求。

【扶贫资金】资金投入。2017 年，全区共投入各类财政扶贫资金 56.06 亿元，其中中央财政专项扶贫资金 18.13 亿元，增长 19.4%，自治区财政专项扶贫资金 5.44 亿元，增长 36%，占中央财政专项扶贫资金比例的 30%，达到中央考核要求。加大财政涉农资金统筹整合力度，分配给 9 个贫困县（区）的财政涉农资金增幅均超过全区平均增幅，共整合使用财政涉农资金 70.1 亿元，支出率达 92%，实现了“应整尽整”、及时支出。资金支出。自治区组成联合检查组，开展扶贫资金支付情况专项督导检查，及时通报资金结余滞留情况，并对结余滞留问题较为突出的县（区）下发整改通知、约谈党政一把手，督促加快扶贫资金支付进度，彻底整改反馈问题，避免财政资金闲置沉淀。年底全区各级财政年度扶贫资金支出率为 95%。资金监管。构建县乡村“三级报备、三级审核、三级公开”机制，实现 9 个贫困县（区）扶贫资金审计全覆盖，加大对贪占挪用扶贫资金等违纪违法行为的查处力度。全年全区各级纪检监察机关共查处扶贫领域腐败问题 186 起，给予党政纪处分 240 人，移送司法机关 4 人。

【精准扶贫】工作责任确定。2017 年，按照中央要求，建立自治区负总责、市县抓落实的脱贫攻坚责任制，自治区与五市 20 个有脱贫任务的县（市、区）党政一把手签订责任书，26 个厅局牵头实施 13 项脱贫行动计划，逐级传导压力、层层压实责任。严格执行脱贫攻坚一把手负责制，9 个贫困县（区）全部落实脱贫攻坚领导小组县（区）委书记和县（区）长“双组长”制。加强扶贫力量配备，自治区扶贫办（移民局）由自治区政府直属事业单位调整为政府直属机构；向 9 个重点贫困县（区）、50 个深度贫困乡镇分别选派 1 名副书记，专司脱贫攻坚工作；建立领导干部包抓脱贫攻坚工作机制，省级、厅级、处级干部分别一对一包抓 9 个贫困县（区）、126 个贫困乡镇、551 个贫困村；各市、县（区）党政一把手负责担纲，肩扛责任，班子成员全员上阵，人人心中有压力、个个肩上有担子，确保把最强的力量安排在脱贫攻坚一线，以最强阵容推动脱贫攻坚。全年全区先后有 5 名扶贫干部在扶贫第一线因公殉职，最大的 57 岁，最小的 32 岁，平均年龄 43 岁。政策制度保障。自治区党委、政府出台《关于推进脱贫富民战略的实施意见》《宁夏回族自治区深度贫困地区脱贫攻坚实施方案》等政策。针对全区脱贫攻坚中存在的薄弱环节和突出问题，出台《关于进一步加强银行业金融机构助推脱贫攻坚的实施意见》《关于加快推进产业扶贫的指导意见》《关于推进健康扶贫若干政策的意见》《关于解决劳务移民社会保障有关问题的通知》《关于调整农村危房危窑改造补助对象分类和提高补助标准的通知》5 个专项政策，完善政策措施，切实增强脱贫攻坚的政策支撑和保障。自治区还建立了考核、约束、退出、评估、监督、审计和督查等多项机制，构成了事前、事中、事后全程规范的制度体系。脱贫攻坚成效考核权重由7%提高到46%，充分体现了脱贫成效考核的“指挥棒”作用。对2016年考核优秀等次的县(区)通报表彰，并以奖代补500万元，对一般等次的2个县，自治区党委领导约谈了县委、政府主要负责人，以传导压力，倒逼各县(区)各部门强化工作，落实主体责任。产业扶持带动。自治区《关于加快推进产业扶贫的指导意见》明确新增扶贫资金、财政整合涉农资金重点用于产业发展，自治区累计安排扶贫产业担保基金10亿元，大力发展特色产业，以产业带扶贫、扩就业、促增收，形成了盐池滩羊、海原肉牛、同心黑毛驴、西吉马铃薯等“一县一业”支柱产业和中药材、黄花菜、冷凉蔬菜、苗木等“一村一品”富民产业，构建了产业项目到户、技术培训到户、小额信贷到户、帮扶措施到户、农业保险到户的“一户一策”扶持体系。充分发挥种养大户、家庭农场、专业合作社和龙头企业等市场主体带动作用，已培育扶贫示范村109个、扶贫龙头企业124家，规范培育扶贫合作社375家，培养发展致富带头人2103名，带动5.5万贫困户、20万人脱贫增收。

【扶贫就业培训】2017年，自治区连续两年每年安排2亿元，开展“订单式”“配送式”职业技能培训，全面提升贫困地区劳动力技能素质，加快贫困人口由普工向技术工、短工向长期工转变，努力增加务工收入。全年培训贫困人口10.5万人(次)，实现有劳动能力、有就业意愿贫困人口培训全覆盖。坚持以就业促脱贫，开展省际劳务协作，农村劳务就业稳定在75万人(次)，总收入80亿元，劳务收入占贫困群众收入的40%，成为脱贫致富的“铁杆庄稼”。

【整改督查】2017年，对2016年省级党委和政府扶贫开发成效考核反馈的11类问题、国家审计署审计反馈的49个问题、国务院扶贫办暗访核查反馈的10类问题、有关媒体反映的4类问题，自治区党委、政府高度重视、严肃对待、认真整改，先后召开自治区党委常委会、政府常务会、扶贫开发领导小组会、考核反馈问题整改工作会全面安排部署；组成5个专项督查组，开展三轮督查，及时跟踪督办问效；各市、县(区)扎实行动，增加人员、加大投入、查漏补缺，全力以赴抓好整改落实。共调查处理党员干部213人，其中党纪处分47人，政纪处分18人，诫勉谈话、提醒谈话、约谈148人。除部分贫困户“等靠要”思想较为严重和产业发展链条不够完备、组织化程度仍然较低2个需长期整改问题外，其他问题均已按时限全部完成整改。

【专项扶贫】2017年，加大教育扶贫力度。投资4.7亿元，新改建幼儿园220所，新增入园幼儿2.3万人，基本实现1500人以上的建档立卡贫困村学前教育全覆盖；安排11.98亿元，改善贫困地区义务教育薄弱学校和普通高中办学条件；各级财政累计筹措资助资金6.75亿元，建立从学前教育到高等教育全覆盖、无缝隙的贫困生资助体系，资助学生近49万人(次)。加大健康扶贫力度。实行贫困患者住院“零押金”“先诊疗后付费”；提高大病保障水平，筹资标准由人均32元提高到37元，报销比例提高10%；扩大医保目录，合规报销目录药品由2427个增加到2874个；提高大病医疗救助封顶线，由8万元提高到16万元，确保贫困患者住院费用实际报销比例不低于90%。贫困人口基本医保个人缴费由财政给予一定补贴，建档立卡贫困人口全部纳入了基本医保范围。加大危窑危房改造力度。针对贫困县(区)存量危窑危房面大量广、贫困人口住房条件差的实际，及时调整了农村危窑危房改造补助对象和标准，由原来的户均1万元至2.2万元对应提高到1.5万元至3.9万元，最大限度减轻贫困户负担，调动了改造积极性。2017年，开工建设3.6万户(建档立卡户1.6万户)，完成计划2.2万户任务的163%。

【深度扶贫】2017年，自治区党委、政府综合分析研判，确定全区深度贫困地区范围为西吉县、海原县、同心县、原州区、红寺堡区5个县(区)和中部干旱带西部片区“五县一片”，涵盖170个深度贫困村、32.4万贫困人口。自治区党委、政府办公厅印发《宁夏回族自治区深度贫困地区脱贫攻坚实施方案》，集中安排资金、项目、举措，重点实施健康扶贫、残疾人扶贫、老年人养老保障、饮水安全巩固提升、危房危窑改造、贫困村整村推进与提升、扶贫产业提质增效、教育培训就业、易地扶贫搬迁、保障兜底“十大工程”。

【基础设施建设】2017年，自治区补齐贫困地区水、路等基础设施短板，村均投入1760万元，完成363个贫困村巩固提升，其中302个村达到脱贫条件。加快扶贫水利工程建设，中部干旱带7座扶贫水库实现蓄水5座，受益人口16.4万人；实施农村饮水安全巩固提升工程，有效解决了300个销号村、9.1万人安全饮水问题。加大交通扶贫力度，投资8.1亿元，完成300个销号村村组道路改造建设任务。累计新建和回购移民住房19765套，搬迁安置移民12891户55632人，超额完成了全年易地扶贫搬迁住房建设任务。

【社会扶贫】2017年，自治区深化闽宁扶贫协作，坚持"联席推进，结对帮扶，产业带动，互学互助，社会参与"协作机制，召开闽宁协作第二十一次联席会议，出台《"十三五"闽宁扶贫协作规划》，推进"携手奔小康"行动，共建闽宁示范村42个；拓展帮扶领域，在医疗、教育、文化、旅游等领域签订并落实部门合作协议15个。福建省财政全年投入援宁资金5325万元，9个对口帮扶县（区）投入资金5900万元，争取社会帮扶资金635万元。加强中央单位定点帮扶，9家中央单位对全区9个贫困县（区）定点帮扶全覆盖。全年共投入各类帮扶资金1.7亿元，支持对口贫困县（区）基础设施、产业、教育卫生事业发展。推进"百企帮百村"行动，426家民营企业与122个建档立卡贫困村结对帮扶，实施项目374个，投入各类帮扶资金17亿元，安置贫困人口就业3.2万人。

【"两个带头人工程"】2017年，坚持抓党建促脱贫攻坚，实施"两个带头人工程"（建强村党组织带头人队伍、壮大农村致富带头人队伍），开展"三大三强"促脱贫富民行动（加大投入力度，强化基本保障；加大培训力度，增强能力素质；加大选拔力度，选优配强基层党组织书记），打造先富带后富的"不走工作队"。12月，全国贫困村创业致富带头人培育工作现场会在宁夏召开。通过典型示范、宣传教育、技能培训，培育贫困群众发展生产和务工经商的基本技能。

（高海林）

公共资源采购交易

【概况】2017年，全区6个交易中心累计完成交易16047宗，交易金额1205.34亿元。其中，国有建设用地网上竞价639宗，交易金额79.57亿元，溢价8.15亿元；采矿权交易105宗，交易金额2.41亿元，溢价1.33亿元；探矿权交易3宗，交易金额2.18亿元，溢价1.17亿元；政府采购项目8647宗，交易金额578.86亿元，节约资金111.23亿元；建设工程交易项目6600宗，交易金额538.77亿元；国有产权交易项目53宗，成交金额3.55亿元，实现溢价0.01亿元。招标采购药品和直接挂网药品共计6346个品规，平均降幅16.34%，高值医用耗材挂网采购，最终确认产品24465个，按全区有价格产品统计，平均降幅为5.7%；确定生产企业735家，经营（配送）企业459家。

【重要会议和活动】2017年2月15日，国家发改委法规司副巡视员孟玮到自治区公共资源交易管理局，对宁夏公共资源交易平台整合试点工作进行评估。3月22日，通过全国公共资源交易平台试点验收工作。3月29日，自治区主席咸辉到自治区公共资源交易管理局调研全区公共资源交易工作。5月19日，自治区副主席马力到自治区公共资源交易管理局调研全区公共资源交易工作。

【公共资源交易平台整合试点工作】2017年，按照国务院《公共资源交易平台整合试点工作方案》有关要求，自治区公共资源管理局以全区公共资源交易平台信息化建设为抓手，在全区实现统一的交易规则、统一的电子交易平台、统一的专家库，形成了公共资源交易的"宁夏样板"，在全国率先建成全区"一网三平台"、率先实行制度规则全区统一、率先实现专家库全区共享、率先实现一把CA行全区、率先实现全程电子化交易，顺利通过全国试点验收工作，得到国家验收组的高度评价和自治区党委、政府主要领导与分管领导的充分肯定，先后获全国"电子平台示范单位""2017年全国公共资源交易平台整合先进单位""2017年度全国公共资源交易十佳监管机构""2017年度全国公共资源交易优秀科技创新成果奖"等称号，吴忠市公共资源交易中心被评为"2017年度全国十佳公共资源交易中心（市级）"，吴忠市公共资源交易中心2017年农村阳光沐浴工程采购项目被评为"2017年度全国公共资源交易优秀示范项目"，吴忠市公共资源交易中心主任卢占周被评为"2017年度全国公共资源交易创新人物"。公共资源交易平台建设、全区统一专家库等5个方面形成典型案例，被国家发改委采用并向全国进行复制推广。

【制度建设】2017年，联合自治区发改委、经信委、住建厅、交通厅和水利厅，协助自治区政府制定出台《自治区2017年推进电子招标投标工作要点》《自治区"互联网+"招标采购工作方案（2017—2019年）》《关于进一步优化规范项目招标申请和进场备案工作程序的通知》。配合财政厅出台《关于自治区本级行政事业单位国有资产进场交易有关事项的通知》《宁夏回族自治区本级行政事业单位国有资产进场交易实施细则（试行）》，规范了国有资产进场范围。修改和制定了《宁夏公共资源交易服务中心当事人进场交易行为规范》《招标代理机构进场考核标准》《公证人员公证细则》《公共资源交易当事人进场行为考核表》《招标代理机构日常考核表》等制度规定，规范了公共资源交易主体的交易行为。

【建设工程交易】2017年，建成"公共资源交易音视频监督管理系统V1.0"，此系统利用先进的云技术，集视频监控、资源录制、直播、点播和资源管理等特色功能于一体，实现了音视频系统和"一网三平台"的深度融合，是信息化技术与行政监督融合创新的重要成果。建成网上开评标系统，实现了投标文件的自动导入、电子投标文件的解密、电子唱标、电子清标等重点流程电子化。配合自治区发改委、住建厅、财政厅等部门制定市场参与主体的信用信息管理办法，建成全区统一的信用信息库。修改和制定进场交易相关规定，明确进场当事人交易行为和职责，规范了开、评标现场秩序，对开标、评标过程中发现的围标串标、弄虚作假等违规行为，及时在宁夏公共资源交易网和信息发布大厅进行通报，并积极向有关行政主管监督部门反映。

【土地和矿业权交易】2017年，建成土地和矿业权集中报审服务系统、土地网上拍卖交易系统和城市地价分析系统，完善土地交易方式，提高土地出让信息公开水平，强化社会对土地出让交易的监督；通过“制度+科技”方式，土地出让已实现网上报审、竞买保证金转退等全流程电子化，连续六年“零投诉”。对银西高铁、城际铁路和京藏高速改扩建等国家和自治区重点工程建设配套的土地和矿产资源，采取主动介入、积极沟通，加快出让速度，缩短出让周期，提高交易效率。

【药品采购】2017年，建成药品电子招标平台，实现药品招标采购全程电子化；利用国家药品价格数据库数据，药品生产企业中标(挂网、成交)价格，在媒体上公示，听取社会反映，畅通投诉举报渠道，对价格明显异常的药品、特定药品等进行专门的追踪监测，实施药品价格动态监测。成功实践高值医用耗材(第一批)跨省联采工作，形成陕西、四川、宁夏等10个省的高值医用耗材联合采购模式。

【政府集中采购】2017年，与自治区财政厅建立“政府采购工作联席会议制度”，完善政府采购工作协调和沟通机制，研究解决政府采购工作中存在的问题，规范政府采购的监督管理，确保政府采购交易市场规范有序运行；完成自治区本级国家机关事业单位团体组织公务机动车辆定点加油站和印刷服务等公开招标工作，提升政府购买服务效率。对“网上超市”进行扩量，放开并降低“网上超市”供应商的进入门槛，完成第三批“网上超市”品目扩充工作，“网上超市”规模和范围不断扩大。

（李　蓉）

食品药品监督

【概况】截至2017年11月30日，全区共有食品、药品、保健食品、化妆品、医疗器械生产经营单位114911家，其中：各类食品生产经营单位111451家(食品生产加工单位，含小作坊6700家；保健食品生产企业7家；食品经营单位73365家；保健食品经营单位4957家；餐饮服务单位26422家)；大型食用农产品批发市场20家；通过GMP认证药品生产企业29家，药品经营企业2870家(含批发企业120家)；医疗器械生产企业26家，医疗器械经营单位510家（不含备案经营)；化妆品生产企业5家。

【政策法规和制度建设】2017年，自治区党委办公厅、政府办公厅印发《关于落实食品药品安全党政同责的意见》，自治区人大常委会修订出台《宁夏食品生产加工小作坊小经营店和食品小摊点管理条例》，自治区人民政府发布《宁夏食品药品安全“十三五”规划》和食品、药品安全突发事件两个应急预案，自治区人民政府办公厅印发《宁夏回族自治区食品安全工作责任约谈办法》。自治区食品药品监督管理局制定出台《宁夏食品生产企业质量安全体系检查管理办法》《宁夏餐饮业餐厨废弃物处置管理十条规定》《宁夏医疗器械飞行检查工作制度》《宁夏保健食品生产企业风险分级监督管理规定》《宁夏食品药品案件查办事权划分实施细则》等19个规范性文件，自治区食品药品监督管理局、自治区交通厅、自治区旅游委联合制定出台《宁夏旅游景区(高速公路服务区)食品销售日常管理暂行规定》，完善了监管政策法规制度体系。自治区食品药品监督管理局在自治区政务服务中心集中受理的36个主项172个办理项行政审批和公共服务事项100%实现“不见面、马上办”。组织对53件规范性文件进行公平竞争性审查并及时进行了废止和修订。

【食品安全监督管理】2017年，全区重点开展旅游景区、高速公路服务区、学校食堂、网络销售食品及网络订餐、农村食品、畜禽水产品、食盐流通、食品保健食品欺诈虚假宣传、食醋生产行业等食品安全专项治理行动，立案查处各类食品安全违法案件439起。全区各级食品药品监管部门完成食品抽检监测任务20401批(次)(含国家抽检任务、自治区级抽检任务、食用农产品抽检、评价性抽检和五市自行组织的抽检任务)，总体合格率达到99.1%，实现了对本地企业、本地产品的抽检全覆盖。召开抽检计划新闻发布会公布食品抽检信息。开展第二批自治区食品安全先进创建工作，自治区食安委考核验收命名5个食品安全先进县(区)，组织指导各市县创建了42个食品安全示范乡镇（街道)、664个示范单位。在食品生产环节，全区各级监管机构共检查食品生产企业5993家次，发现违法违规生产主体170家，完成整改217家次；对全区16.6%的食品生产企业进行体系检查，并采取“一企一函”的办法，先后发出“警示函”126份；组织对

1198 家食品生产企业和 5680 家食品小作坊信息档案进行完善，实行一企一档一栏管理；对 957 家食品生产企业进行动态风险考评；向金砖国家领导人厦门会晤供应的宁夏枸杞和盐池鑫海公司滩羊肉等食材没有发生质量安全问题；宁夏红枸杞产业集团有限公司获得第三届中国质量奖。全年全区新发放食品经营许可证 27922 件，其中食品销售 15803 件，餐饮服务 11208 件，单位食堂 911 件；注销食品经营许可证 3653 件，其中食品销售 2334 件，餐饮服务 1229 件，单位食堂 90 件。在食品流通环节，重点开展了国家级"放心肉菜示范超市"创建活动，银川市、石嘴山市共有 3 家超市参与创建。食盐流通领域质量安全监管体制改革基本完成，食品药品监管部门承担流通领域质量安全监管职责。在餐饮服务环节，全区餐饮服务环节共检查经营主体 102482 家次，发现违法违规经营主体 1202 家，完成整改 2711 家次；继续推进明厨亮灶和"4D"管理法，全区 97%左右的餐饮单位完成了明厨亮灶改造，大型餐饮单位和各类学校食堂实现了"明厨亮灶"全覆盖；对全区 2965 家中小学校和幼儿园食品安全风险隐患进行排查，约谈相关责任人 226 人；组织对 23473 家持证餐饮服务单位进行年度量化等级评定，评出 A 级餐饮单位 1271 家，B 级 12591 家，C 级 9611 家；开展"百日网络订餐"专项治理，对线上线下 6700 余家餐饮单位及 45 家配送站进行全面监督检查，全年各级监管部门组织完成各级各类会议、活动、体育赛事等重大活动食品安全保障 303 项，没有发生食品安全事件。

【药品安全监督管理】2017 年，全区有效期内药品生产许可证共 54 件（含中药饮片、医用气体等）。按照所生产产品分，生产原料药和制剂企业 26 家，生产化学药的企业 18 家，生产中药（含中药饮片）的企业 32 家，生产医用气体的企业 8 家，生产药用辅料的企业 4 家，生产特殊药品的企业 2 家。全区全面贯彻国务院关于深化药品审评审批制度改革的有关政策，按照自治区第十二次党代会精神，自治区食品药品监督管理局会同自治区科技厅、财政厅落实相关鼓励政策和项目资金，成立自治区仿制药研究重点实验室，自治区财政投入近 2000 万元用于仿制药质量和疗效一致性评价与新药研发，有 14 个品种开展一致性评价工作。全年共审核各类药品注册申请 118 项。开展中药提取物专项检查，对 4 家中药饮片生产企业实施收回 GMP 证书的风险防控措施。根据企业量化考核结果，对不同等次的企业实行差别化监督检查，全年共对药品生产企业实施日常检查、跟踪检查、专项检查、飞行检查共 87 家次。全年完成地产药品抽样 368 批（次），组织完成国家药品抽样 447 批（次），安排中药饮片专项抽验 805 批（次），流通环节监督抽验 926 批（次），发布药品抽检信息 18 期。全区共出动执法人员 3966 人（次），检查经营企业 3911 家（次），下发《责令整改通知书》596 份，对 126 家违法违规企业进行立案查处，对 67 家企业采取收回 GSP 证书的风险控制措施。开展全区执业药师虚挂兼职违规行为专项整治，共清理出虚挂兼职执业药师 123 名，工作成效得到国家食品药品监督管理总局的充分肯定，并在全国执业药师注册管理工作会议上作经验交流。推进全区医疗机构药械质量管理规范化建设，全区 225 家乡镇卫生院和民营医院通过检查验收。

【保健食品化妆品监督管理】2017 年，全区无新增保健食品生产许可证，注销 5 件，截至 11 月底实有保健食品生产许可证 14 件。从许可证生产范围看，含胶囊剂 10 件，颗粒剂 2 件，片剂 2 件，粉剂 2 件。自治区食品药品监督管理局制定出台《保健食品生产企业风险分级监管管理规定》《保健食品安全追溯体系建设》等工作制度，召开全区保健食品化妆品生产监管座谈会，对保健食品化妆品生产企业开展两轮次的全覆盖检查，注销保健食品生产"僵尸"企业 6 家，完成化妆品备案产品互查和现场检查 431 个品种，全区换发或核发保健食品"食品经营许可证"4500 份，完成保健食品抽检 116 批（次），化妆品抽检 550 批（次），公开发布抽检信息 7 期，对 7 个不合格产品和 51 个问题样品进行核查处置。开展食品保健食品欺诈和虚假宣传专项整治，筹资 150 万元，安排食品保健食品专项抽检 40 批（次），制定印发《保健食品销售"十不准"》，组织召开全区整治工作推进会、部门会商会、媒体约谈会，设计制作保健食品消费警示宣传画暨谨防保健食品会议营销 12 种套路陷阱和保健食品科普知识宣传折页，在全区基层社区开展保健食品科普大讲堂 300 余场（次）。

【医疗器械安全监督管理】2017 年，自治区食品药品监督管理局按照国家食品药品监督管理总局实施《医疗器械生产质量管理规范》（以下简称《规范》）公告要求，连续印发全面推进《规范》实施的工作文件及系列实施方案，召开医疗器械生产企业例会，对企业负责人进行培训，并送达《规范》实施告知书。组织各地监管部门结合实际分类帮扶指导，企业积极自查整改，完成软硬件改造升级。10

月，组织对全区所有第一类、第二类医疗器械生产企业实施《规范》情况开展了达标验收，全区26家医疗器械生产企业中，8家企业通过现场检查，2家企业需整改后复查，9家企业自行停产，注销2家生产备案凭证。继续在全区开展医疗器械经营示范创建工作，全区30%的第三类医疗器械经营企业已达标，各地创建医疗器械示范经营企业达到60家。按照医疗器械生产企业分类分级监管的要求，对全区18家重点监管的二类医疗器械生产企业进行2次全项目监督检查和跟踪检查，对检查中发现的生产企业135项不规范问题限期整改，并督促企业整改落实。组织开展医疗器械生产企业诚信档案信用等级考核，除5家企业因为一年没有从事生产不予评定外，最终评定守信企业11家，警示企业2家，失信企业3家，并将信用等级评定结果通过区局网站向社会予以公告。协调推进石嘴山市健康产业园建设，宁夏睿丽生物科技公司、杭州微医集团等多家区外医疗器械高新技术项目在宁夏落地。按照国家食品药品监督管理总局的统一安排，针对高风险无菌、植入性、角膜塑形镜、隐形眼镜、注射用透明质酸钠、避孕套等重点品种开展专项整治。制定实施《宁夏医疗器械飞行检查工作制度》，8月，抽调各市局医疗器械骨干检查员12人，分为3个检查小组，在五市组织集中开展全区医疗器械流通领域“回头看”飞行检查，通报曝光了10家涉嫌违法单位和38家违规经营使用单位。全年全区共检查医疗器械生产、经营和使用单位以及各类商铺2610家，责令限期改正152家，立案查处16起，注销“医疗器械经营许可证”12家，建立完善监管制度6项，通过局网站公示了2期共986家医疗器械生产、经营、使用单位的日常监督检查情况。全年加大对安全风险高、使用量大、影响面广的产品抽检力度，特别新增对电子血压计、电子体温计、隐形眼镜等开展专项抽样并委托区外送检，完成定制式义齿、热疗带等21个品种105批次区计划抽检任务和国家总局分配宁夏的医用缝合针、无菌注射器等16个品种38批次医疗器械产品抽检任务。对5批次不合格产品报告，按照规定程序移送稽查部门立案核查处置。在区局网站发布医疗器械质量公告4期。组织自治区药品不良反应中心开展牙科涡轮手机、空气压力波治疗仪2个重点品种不良事件监测工作。9月，自治区食品药品监督管理局顺利通过国家食品药品监督管理总局医疗器械审评审批现场检查能力考核。

【稽查执法工作】2017年，全区共查办各类食品药品案件756起，收缴罚没款共计729.77万元，责令停产停业12家，吊销许可证2家，查处无证生产企业14家，捣毁制假售假窝点1家，向公安机关移送涉嫌犯罪案件线索4件，及时向社会公开行政处罚信息；以专项执法检查为突破口，开展酱油和食醋专项整治行动，覆盖检查食醋生产企业经营企业（含添加剂）1551家，抽取冰乙酸样品25批次，成品醋50批次，发现食醋以假充真、以次充好系列案件线索18件，立案16起，罚款79.8万元，吊销食品生产许可证2件，移送公安部门1件；以案卷评查为抓手，开展稽查执法评查评比工作，提升全系统依法办案能力和水平；以信用体系建设为载体，发挥网格化监管优势，推动食品药品分类分级监管，完善信用信息联合激励和联合惩戒机制，推动信用信息采集公示。年内先后向工商、税务、检察、公安、金融等单位推送守信或失信信息3期6条，向信用宁夏网站推送12类信息11109条。

【监管能力建设】2017年，自治区食品药品监督管理局先后举办各类执法监管和业务能力培训班38期，培训基层一线监管干部3500余人（次）。自治区（银川市）食品药品检验检测中心建设持续推进。固原市4个县级检验检测资源整合项目进展顺利。新开工建设3个市级检验检测实验室和36个县乡快检室。在全区食用农产品批发市场、大型食品超市、农贸市场建立食品安全快检室126个。自治区药品检验所更名为宁夏药品检验研究院，完成《宁夏中药饮片炮制规范》修订工作，完成《道地中药材——宁夏枸杞》标准起草工作，申报获批宁夏药物创制与仿制药研究重点实验室项目；自治区食品检测中心更名为自治区食品检测研究院，新获批317个产品760个参数的检测能力，完成了《食品中狐狸源性成分定性检测方法》等9项食品安全地方标准的制定、修订工作。自治区食品药品审评查验中心通过了ISO9001质量体系认证，自治区药品不良反应监测中心承担的宁甘蒙三省区医疗用药物滥用变化趋势及影响因素研究课题通过国家药品不良反应监测中心验收，自治区药品不良反应监测中心共收到药品不良反应报告11199份，同比增长5.2%，其中新的和严重报告2481份，同比增长20.7%；收到医疗器械不良事件报告1822份，同比增长14.2%，其中严重报告41份；收到药物滥用调查表1534份；收到化妆品不良反应报告304份，同比增长45.5%。

【社会共治体系建设】2017年，自治区党委书记石泰峰、自治区主席咸辉分别对全区食品药品安全工作作出重要批示，自治区主席咸辉5月11日专程对食品药品安全工作进行调研，6月29日又莅临食品安全宣传周活动现场进行调研。9月12日至11月3日，自治区党委第一轮巡视安排第二巡视组对自治区食品药品监督管理局开展巡视。自治区政协主席齐同生批示安排13名自治区政协委员对各市、县食品药品安全工作进行视察。6月1日、11月9日，自治区副主席王和山带领自治区食品药品监督管理局局长马云海，先后2次赴国家食品药品监督管理总局汇报工作，总局领导对宁夏食品药品安全工作给予肯定。自治区人民政府督查室安排对各市县落实食品药品安全党政同责等情况进行专项督查。食品安全宣传周期间，自治区食安办组织19名市、县党政分管领导在《宁夏日报》专栏发表署名文章，就履行食品药品安全党政同责、属地负总责情况交流经验、承诺担当。自治区食品药品监督管理局开展科普宣传"五进"活动，开展科普大讲堂479场（次），设立社区食品药品安全宣传栏356块。新华网、《宁夏日报》、宁夏电视台、宁夏新闻网、宁夏健康网等各类媒体加大对食品药品领域有关工作动态、科普知识、法制建设等方面的宣传力度。全年自治区食品药品投诉举报中心共接收各类投诉举报信息10879件，同比增长45%。其中符合受理条件的投诉举报2667件，食品类2024件，药品类221件，保健食品类284件，化妆品类71件，医疗器械类67件。

（刘建军）

安全生产监督

【概况】2017年，全区安全生产形势保持了持续稳定趋好态势，生产安全事故起数和死亡人数同比分别下降21.7%和14.8%。发生较大生产安全事故6起，死亡23人，未发生重大及以上事故。亿元GDP生产安全事故死亡人数0.06，控制在年初计划0.12之内。

【安全生产责任体系】2017年，坚持权责统一，持续推进党政领导、部门监管、企业主体"三大责任"落实。建立健全《安全生产"党政同责、一岗双责"规定》《安全生产行政责任规定》《安全生产工作考核办法》《安全生产"一票否决"实施办法》等制度体系，提请自治区党委、政府增加安全生产考核权重，将安全生产任务分解到各领域，将监管触角延伸到最基层。

【安全生产改革】2017年，推进全国安全生产综合改革、隐患排查治理体系建设和企业应急管理标准化建设试点工作。强化顶层设计，制定出台《关于推进安全生产领域改革发展的实施意见》，自治区政府批准区市县三级安全生产监督管理部门为行政执法机构，与自治区编办联合印发加强基层监管能力建设的实施意见。不断推进"放管服"，公布"不见面"政务服务事项41项，占自治区安监局政务服务事项的81%。

【安全法治建设】2017年，推进依法治安，强化法规标准建设，制定出台《关于进一步加强安全生产监管执法的实施意见》《宁夏回族自治区安全生产风险管控与安全生产事故隐患排查治理办法》等一系列规章和规范性文件，实现建设项目安全设施与职业卫生有机整合。建立"双随机一公开"和重点监督检查相结合的执法制度。加大安全生产监管执法力度，开展"打非治违"专项行动，依法打击严重违法违规行为，严肃事故调查处理。

【基础安全保障】2017年，企业安全风险预防控制和隐患排查治理双重预防体系基本建立。持续实施专项整治，检查各类企业38360家（次），查治隐患41152项，投入整改资金6378.5万元。实施安全技术更新和改造，公共安全保障行动累计投入近27亿元，治理重大安全隐患420处。推进万名企业管理人员培训工程，培训3300人，解决了企业不会管、管不好的问题。推进国家危险化学品应急救援宁东基地建设，实施公众安全教育行动，社会公众和从业人员安全意识和应急避险能力不断增强。规范开展标准化工作，全区累计1200余家工矿企业达到三级标准化以上。

（张海东）

煤矿安全监察

【概况】2017年，宁夏加强煤矿安全法治建设，依法开展煤矿安全监察，开展煤矿安全全面"体检"工作和系列专项行动，推进安全生产责任落实，宁夏煤矿安全生产形势稳定好转。全年，宁夏煤矿共发生2起一般事故、死亡2人，百万吨死亡率为0.03，同比下降92.4%。

【安全生产领域改革】2017年，学习贯彻《中共中央 国务院关于推进安全生产领域改革发展的意见》，贯彻落实总局、国家煤监局工作部署，做好煤矿安全生产行政许可事项移交的各项准备工作。按照自治区党委、政府《关于推进安全生产领域改革发展的实施意见》重点任务分工，对涉及自治区煤矿安全监察局职责的5项工作任务，研究提出了具体的落实措施。

【煤矿安全监察】2017年，统筹安排煤矿安全全面"体检"和5个专项监察。运用安全"体检"成果，结合煤矿灾害、隐患、现场安全管理等实际情况，把矿井分为3类，实施分类监察，落实遏制重特大事故工作部署；研究确定2018年监察执法范围和监察矿井名单；组建6个工作组，分别由自治区煤矿安全监察局领导带队对5个产煤地市及宁东管委会煤矿安全监管工作进行联系指导。先后对存在重大隐患的神华宁煤集团公司白箕沟煤矿、羊场湾煤矿，依法予以停产整顿，进行大额处罚；并约谈该集团公司负责人，召开煤矿警示教育大会。全年共查处一般隐患1246条、重大隐患18条，行政处罚58次，罚款636.34万元，其中监察罚款542.07万元，事故罚款94.27万元。

【煤矿安全大检查】2017年，从3月至年底，联合自治区安监局对宁夏96处煤矿及10家上一级公司开展安全“体检”及“回头看”，督促煤矿企业落实隐患整改责任，消除事故隐患。共组织检查组68个，抽调监察员531人(次)，聘请专家225人(次)，出具体检报告106份，累计查处一般隐患991条，重大隐患7条，下达执法文书218份，责令停止使用设备3台，责令停工、停产整顿煤矿4处，暂扣安全生产许可证1处，行政罚款201.27万元，为实施分级分类监管监察提供了依据。按照国家煤监局的部署，派员赴江西省开展安全“体检”异地执法，对7处煤矿进行检查，查处隐患320条，行政处罚6次，罚款11万元，责令停止作业采掘工作面9个、停用设备1台。

【煤矿安全基础建设】2017年，落实《安全生产法》。推进煤矿安全生产标准化建设，推选标准化试点矿井4处，申报国家一级标准化煤矿5处。强化安全培训考核，全年共培训“三项岗位”人员9391人，考核合格发证8131人。推动煤矿企业提升职业病危害防治意识，推选2017年宁夏粉尘防治试点(示范)矿井1处。助推煤炭行业化解过剩产能，注销2017年宁夏关闭退出的29处煤矿的安全生产许可证，涉及产能1145万吨。加强应急值班值守，开展统计分析。加强矿山救援队伍建设，指导建立金家渠驻矿救护中队；牵头对河南、湖北2省6支救援队伍开展标准化互检；指导国家应急救援宁煤救护基地参加全国矿山救援技术竞赛，以赛促练，提升应急处置能力。

【事故查处】组织对羊四煤业公司“4·23”顶板事故、神华宁煤集团红柳煤矿“7·12”机电事故依法进行调查处理。对11人予以问责，其中，党纪政纪7人，移交司法2人。加强警示教育，要求发生事故的2处煤矿制作警示教育片，并在全矿及上级集团公司开展警示教育。核查群众举报，落实举报奖励制度，全年核查群众举报8起，对核实的1起举报奖励1人(次)2000元。

(王永生)

政法委及综合治理

【概况】2017 年，自治区不断加强和创新社会治理，积极探索综合施策新机制，着力破解排查和化解“两个责任”落实难题，确保全区政治安全、民族团结、宗教和顺、社会和谐稳定。全年全区公众安全感调查得分 94.08 分，为历年最高。自治区出台加强国家安全、政法队伍建设等一系列重要文件，对有关组织机构、人员配备等作出调整，石泰峰担任宁夏国家安全工作领导小组、依法治区领导小组组长，推动平安宁夏、法治宁夏和过硬队伍建设。全区政法机关以政治建设统领政法工作全局，确保中央和自治区党委决策部署落到实处，推进党的十九大维稳安保、平安建设、法治建设、司法体制改革和队伍建设，政法各项工作取得成效。

【维护国家政治安全和社会稳定】2017 年，依法稳妥处置敌对势力渗透破坏活动。分级管控区内重点人，挫败多起境内外敌对势力煽动非法聚集的图谋，巩固政治安全基础工作。打造反恐维稳铁桶工程。常态化开展重点关注人员摸排、情报信息搜集和案件线索核查，守住不发生暴恐案事件的底线。依法打击各类违法犯罪。深入推进“大收戒”等专项行动，挂牌督办、蹲点督战，全区刑事案件同比下降 15.2%，8 类主要刑事案件同比下降 18.2%，命案同比下降 14.7%，命案破案率持续保持 100%。完成各类重大政治维稳安保任务。围绕党的十九大、中央领导来宁视察以及十二次党代会等重大活动，开展“宁安行动”等“十大行动”。

【司法体制改革】2017 年，以司法责任制为核心的四项改革任务基本完成。落实司法体制改革各项任务。第二批遴选法官检察官 195 名，建立健全法官检察官员额动态管理机制，加大审(检)委会制度改革工作力度，强化院庭长办案和法官检察官主体责任，司法责任制得到落实。推进刑事诉讼制度改革，加快跨部门大数据办案平台建设，全区检察机关内设机构改革全面完成。全区法官检察官职务等级套改工作基本完成，实现了法检人财物由自治区统一管理。统筹推进各项改革任务。建立“12345”民生服务平台，实现与“110”报警服务平台对接联动，提升警务管理和实战效能。完成宁夏警官职业技术学院更名调整，改变了宁夏没有公安院校的现状。成立维护律师执业权利中心和投诉受理查处中心、司法行政机关律师惩戒委员会。推进公证机构改革，全区 4 家行政体制公证机构全部平稳改制。推进执法司法规范化建设。出台政法机关规范司法行为常态化建设意见和流程监控实施细则，网上办公办案系统、业务应用系统、智能辅助办案系统作用显现。

【服务经济社会发展】2017 年，服务自治区“三大战略”，发挥职能优势，改进服务方式，为改革发展保驾护航。营造公平有序的法治环境。检察机关落实保障非公经济发展“18 条意见”，法院系统出台服务保障开放宁夏建设、提升宁夏法治核心竞争力和创新驱动战略等一系列意见，营造良好法治氛围。开展基本解决执行难“百日攻坚专项行动”，执行工作得到最高院肯定，经验推向全国。深化法学研究部门与实务部门合作，发挥“宁夏法学智库”作用。维护市场经济秩序。加大惩防职务犯罪力度，开展扶贫资金专项检查，全年立案侦查并判处扶贫领域职务犯罪案件 54 件 88 人。依法审结各类合同纠纷 7.5 万件，妥善化解金融借款、民间借贷等案件 2.6 万件，侦办香港远东等一批涉众涉稳大要案件，促进市场要素有序流转。落实法治惠民政策。公安机关落实 30 项便民利民措施和 30 项服务经济发展措施，“零门槛” 落户政策及时落地。建成法院系统“点线面三位一体”的立体化诉讼服务新体系。法律援助标准提高两倍，办理各类法律援助案件1.6万件，法律援助覆盖人群达172万人。全区司法救助资金达1956万元。开展法治宣传工作。推动律师参与化解和代理涉法涉诉信访案件制度落实，推进“法律八进”和2017年度“百名法治模范”“十大法治人物”“十大法治新闻”评选表彰活动。

【矛盾纠纷排查化解】2017年，出台《宁夏回族自治区矛盾纠纷排查化解办法(试行)》《关于整合乡镇(街道)综治信访维稳工作资源的指导意见》《全区平安创建考核方案》等文件。将平安建设考核在全区效能考核中的比重由过去的2分提高到5分，促进平安建设各项基础性任务的落实。印发《关于做好党的十九大安保维稳工作的通知》《关于对党的十九大安保维稳工作开展督查的通知》。召开全区综治信访维稳工作分析会、推进会、专题会和综治委全体会、蹲点督导组汇报会，持续对维稳安保工作进行动员、部署、督导和落实。组织开展迎接党的十九大矛盾纠纷排查化解专项行动，每月召开协调会议对矛盾纠纷排查化解进行分析研判，每月通报排查化解情况，每月交办督办重点矛盾纠纷任务，督促各地各部门落实排查化解职责，推进工作常态化、制度化。全年全区共排查矛盾纠纷73491件，化解70453件，化解率95.9%。采取现场交办与跟踪督办、明察与暗访、蹲点指导与巡查协调、座谈走访和重点约谈、全程跟踪和全面覆盖相结合的方法，由自治区党委领导亲自带队，开展3次督查调研活动。自治区党委常委、政法委书记面对面、点对点现场交办矛盾问题。在党的十九大召开前，专门派6个蹲点督查组，督促落实化解稳控措施。全年共交办影响社会稳定的突出矛盾问题169件、重点涉法涉诉案件35件、涉党政机关未执行案件132件，化解率均在70%以上。

【创新体制机制】2017年，创新基层综治中心实体化运作机制。制定出台《关于整合基层乡镇(街道)综治信访维稳等工作资源的指导意见》，将乡镇(街道)综治中心建成集前台统一接待受理、后台统一分流处置的一站式一体化服务、协调有序开展工作的实战化运行平台，把综治、信访、司法行政等工作人员和社区民警、人民调解员、禁毒专干等相关人员统一纳入综治中心统筹管理，由综治中心统一调度，其他第三方身份人员按照“综治中心+N”的模式，通过协作联动机制参与。同时把社区(村)网格员、人民调解员、社会志愿者作为联动力量。建立“预警研判、受理分流、工作联动、管理考核”等工作机制，强化乡镇(街道)综治中心综治实战功能，将矛盾纠纷排查化解的责任逐级压实到基层乡村干部头上。全区236个乡镇(街道)综治中心全部挂牌并规范运行。创新信息共享联动运行机制。建立由自治区综治办牵头，信访、维稳部门配合的每日专报制度，探索“日搜集、日研判、日报告、日通报、日交办”运行机制，将《每日专报》中涉及的矛盾问题及时向属地通报交办。创新设立省级综治信访维稳联动服务中心。统筹省级综治信访维稳等工作资源，建立“信访联治、矛盾联调、工作联动”新机制。成立自治区综治信访维稳联动服务中心，实现了“联得紧、动得快、干得实、稳得住、零滞留、不过夜”的目标。

【信息化建设】2017年，自治区综治办开发全区网上矛盾纠纷排查化解信息系统，确定各级综治办和各级职能部门网上开展工作的责任领导和责任人，建立网上操作运行工作流程机制。推行网上运转工作流程，实现工作部署网上开展、排查登记网上操作、化解责任网上明确、化解过程网上监督、化解结果网上报告、督查督办网上反馈、分析研判网上会诊、责任追究网上留痕，对未履行排查、化解、报告职责，引发刑事案件、群体性事件、公共安全事件的，依据网上登记情况倒推责任追究，实施矛盾纠纷排查和化解“两个责任”落实情况网络全程登记留痕。全年，通过网上登记排查上报自治区的重点矛盾纠纷31322件，化解30355件，化解率96.9%。在推荐申报银川市、吴忠市列为全国“雪亮工程”示范城市的基础上，将剩余的3个地级市全部列入全国“雪亮工程”重点支持城市，在全国率先实现“雪亮工程”全域覆盖。市级社会治安综合治理信息平台初步建成，公共安全视频监控最大限度地整合接入，建立了以人脸卡口、人像识别比对等智能技防与人防结合的基层社区治安防控新体系，在银川市100个社区建成执行。

【专项治理】2017年，自治区综治办围绕容易引发矛盾纠纷的重点领域、行业、人群，注重源头治理，加大专项治理力度，逐一破解影响社会稳定和群众安全感的各项难题。加大年初确定的7项重点工作和9项深化工作整治落实力度，从源头上预防和减少各类矛盾纠纷的发生。年内，自治区综治办开展命案防控专项治理，全区命案发生数由2015年的96起减少到2016年的82起，再减少到2017年的70起；强化涉众型经济犯罪预防打击，破获电信网络诈骗和非法集资案件同比上升60.2%。加强以“雪亮工程”为重点的社会治安防控体系建设，八类主要刑事案件同比下降18.2%。加大拖欠职工(农民工)工资突出问题专项治理力度，因拖欠工资引发的群体性上访批次和人次同比分别下降15.2%和36.5%。开展道路交通安全、消防和煤矿安全生产隐患专项治理，年内全区未发生重大安全生产和公共安全事件。加强涉众型经济案件、涉军和涉电信网络诈骗等受损利益群体源头稳控。做好贺兰山生态环境综合整治维稳工作，制定《贺兰山生态环境综合整治社会稳定风险评估及维稳工作方案》。开展解决执行难"百日攻坚"行动，涉党政机关、"两代表一委员"、共产党员、公务员、国有企业未执行案件执结率分别达到80%、60%、31%、89.4%、71.8%；解决治安重点地区突出问题，对103个治安突出问题进行挂牌整治并取得明显实效。

【考核奖惩】2017年，自治区出台《全区平安创建考核奖惩方案》，明确奖励标准和惩戒措施，对考核优秀的县(市、区)给予表彰奖励；对考核优秀的部门(单位)、乡镇(街道)、村(社区)，按人均一个半月工资标准发放资金；对考核良好的部门(单位)、乡镇(街道)、村(社区)，按人均一个月工资标准发放奖金。同时，将命案发生数、重点地区涉访人员数、较大及以上群体性事件发生数、重大安全事故发生数四项约束性指导作为平安建设考核指导进行管理，对突破约束性指导和年度考评排名末位的县(市、区)，取消平安县(市、区)命名资格，实行重点管理，且效能考核中平安建设5分归零。被重点管理的县(市、区)，由自治区领导进行约谈，向自治区党委、政府作出书面检查，且党政主要负责同志和分管领导同志在重点管理期间不提拔、不调整。

(李　玮)

法治政府建设

【概况】2017年，自治区政府聚焦经济社会发展履职尽责，推动法治政府建设取得新进展，为加快法治宁夏建设做出新贡献。年内，印发《2017年法治政府建设工作要点》，召开全区法治政府建设工作电视电话会议。开展法治政府建设示范创建工作，首批确定32个单位作为自治区级法治政府示范创建单位，并组织考核验收。对各地各部门法治政府建设重要改革举措落实情况进行督察。自治区法制办落实自治区《法治政府建设实施方案(2016—2020年)》(以下简称《实施方案》)和自治区第十二次党代会任务分工，牵头或配合其他部门完成相对集中行政许可权试点改革、增加公民和企业负担证照清理、"不见面审批"服务事项清单梳理等相关工作。国务院法制办党组书记、副主任袁曙宏到宁夏督察法治政府建设工作期间对自治区法治政府建设工作及《实施方案》予以肯定。规范重大决策的合法性审查程序，自治区政府法制机构全程列席政府常务会，探索建立政府法律顾问参与政府常务会议和专题会议制度。参与贺兰山环境整治等工作，增强法制审核的深度和实效，提出高质量的法律意见，为自治区改革发展提供有力法治保障。全年，自治区政府法制办共审查各类规范性文件、协议500余件，降低了政府决策事项的法律风险。

【政府立法】2017年，共提请自治区人大制定、修改和废止地方性法规17件，提请自治区政府制定、修改和废止政府规章41件。编制立法计划，对立法项目进行任务分解。要求法规和规章草案做到"任务、时间、组织、责任"四落实。提前向起草单位提出15项起草建议，保证草案拟确立的措施具体明确、可靠管用。邀请自治区人大法工委、相关政府部门、专家学者开展地方性法规草案立法论证。推进重点领域立法。按照立法计划，抓好重点领域的地方性法规、政府规章项目办理工作。推进《宁夏回族自治区空间规划条例(修订)》《宁夏回族自治区农村公路条例》《宁夏回族自治区大气污染防治条例》等法规的立法工作。提升立法质量。自治区法制办规范草案办理流程，从法制统一、政策统一、管理体制、可行性等方面严格审查，提升办理质量。开展了区内外立法调研及召开立法论证会、征求意见会、座谈会200余场(次)，所有法规、规章草案都公开刊登立法公告，广泛向社会征求意见，保障了公众对于政府立法工作的知情权和参与权。

【依法行政】2017年，推进执法体制改革。对宁东管委会及银川市、平罗县、盐池县等市县推进城市执法体制改革工作情况进行专项督查。对推进城市执法体制改革任务分工进行合法性审查，为构建区、市、县三级城市管理综合执法体系，全面提升城市管理水平奠定了基础。指导银川市、吴忠市开展市辖区跨行业、跨领域综合执法改革工作，共审查银川市、吴忠市市辖区综合执法改革行政职权事项2920项。规范行政执法行为。自治区政府法制办提请自治区政府出台《宁夏回族自治区行政执法辅助人员管理办法》《宁夏回族自治区行政执法争议协调办法》，完善行政执法争议协调机制。全面建成"两法"衔接信息共享平台，不断扩大行政执法单位衔接范围，基本实现主要行政执法单位执法案件信息全覆盖。与自治区信建办沟通协商，完成自治区政府行政执法监督网络平台的筹备工作。责任清单动态管理。开展权责清单统一规范工作，审查自治区政府部门在行政审批中涉及的职权事项956项。完成自治区责任清单管理系统的研发、测试及应用，实现权责清单的统一动态管理。组织对建立权责清单的自治区37个政府部门和27个市、县(区)政府法制机构工作人员进行培训，指导各地、各部门开展责任清单录入工作。推进试点工作。争取国务院将中卫市确定为西北地区唯一一家同时推行改革的试点地区。指导中卫市确定试点模式，发挥中卫市在云计算方面的技术优势，打造了集行政执法、执法监督、法制业务等多功能于一体的"中卫市行政执法办案平台"，构建了"一网、一中心、一平台"的行政执法运行模式。行政执法人员资格管理。创新行政执法人员培训考试方式，实行在线培训考试，举办行政执法人员培训班71期，培训考试行政执法人员6789人，核发行政执法证件4223件、罚没确认证28件，办理执法证、监督证年检20000余件。

【规范文件监管】履行备案监督职责。2017年，自治区政府办公厅印发《关于2016年度政府规章行政规范性文件报送备案情况的通报》《关于实施行政规范性文件"三统一"和有效期制度的通知》，提升自治区规范性文件制发管理水平。自治区法制办编纂完成《宁夏回族自治区地方性法规政府规章汇编(2014—2016)》。自治区法制办对2017年各地各部门报送备案的115件规范性文件进行了审查。严格报备规章、规范性文件。全年报备政府规章、行政规范性文件72件，报备率、及时率、规范率均保持100%。及时清理政府规章和规范性文件。开展全区规章、规范性文件全面清理工作，对涉及盐业管理体制改革、"放管服"改革、生态文明建设和环境保护等工作的规章、规范性文件进行专项清理，召开全区政府规章规范性文件清理工作会议，加强清理工作的督促指导。自治区政府及其部门修改、废止、宣布失效规范性文件1030件；各市、县(区)及其部门修改、废止、宣布失效规范性文件819件。

【行政复议应诉】2017年，自治区法制办共收到行政复议申请61件，受理45件，审结28件。办理行政应诉案件33件(次)(其中6件在国务院裁决)。完善复议办案机制。加大对疑难、复杂行政复议案件公开听证与审理力度。指出有关单位依法行政中存在的问题并提出建议，及时纠正不履行职责的行政行为。提升复议应诉能力。自治区法制办举办两期业务培训班，对全区行政复议、应诉人员进行集中培训。指导自治区有关单位开展行政复议案件办理工作。仲裁联系指导工作。与中卫市人民政府联合召开宁夏仲裁工作座谈会，通报全区仲裁案件情况，就自治区仲裁工作中存在的问题、仲裁发展的困境以及开展仲裁工作的建议等进行了座谈。与中卫市人民政府和中国政法大学仲裁研究院共同主办"一带一路"仲裁发展交流会。

【法治宣传与研究】2017年，采取"法律咨询委员会+法律顾问"的政府法律顾问模式，建立健全以政府法制机构人员为主体、吸收专家和律师参加的法律顾问队伍，组建自治区政府法律专家库和政府法律咨询委员会，聘请10名专业律师担任自治区政府法律顾问，打造新型法律智库。制定《法律顾问和法律咨询委员会委员工作考核办法》和《法律顾问工作经费使用管理办法》，健全了相关制度。加强政府法制宣传。自治区政府法制办微信公众号上线，与宁夏广电传媒集团合作拍摄2017年宁夏法治政府建设专题片。通过自治区政府门户网站、宁夏政府法制网、《宁夏日报》、宁夏电视台、《宁夏法治报》、宁夏经济广播电台"法治之声"节目等媒介进行跨平台、多领域的宣传。全年在宁夏政府法制网编辑、发布政府法制信息700余条，在自治区政府办公厅《信息晨报》刊登信息4条，50余人(次)宣讲法律知识，扩大了政府法制工作影响力。全年编印《法治政府》期刊4期、《宁夏政府法制》7期、完成《关于自治区法律顾问制度建立及实施情况的调研报告》。《奋力开创宁夏法治政府建设新局面》《把社会主义核心价值观融入法治政府建设全过程》等文章分别在《宁夏日报》《共产党人》刊登。

(秦建伟)

公　安

综　述

【概况】2017年，全区公安机关围绕"打造西部最平安省份"的目标，牢牢抓住防控风险、服务发展这一主线，推动业务工作和队伍建设，不断创新发展，探索具有"时代特征、宁夏特点、公安特色"的民族地区公安工作发展之路，实现了维护稳定、打击犯罪、社会治理、执法服务、队伍管理5个方面的全面提升，在反恐维稳、禁毒工作、警情分流等事关全局、事关长远的重大方面和关键环节上取得了突破，为保障党的十九大胜利召开和维护全国大局稳定贡献了"宁夏智慧"和"宁夏力量"。

【法制建设】2017年，自治区公安厅率先在全国出台《关于依法办理涉嫌恶意欠薪非法讨薪等违法犯罪案件的指导意见》。在"互联网+"平台深化"放管服"改革。推动"互联网+公安政务服务"纳入自治区"互联网+"平台建设整体规划，实现行政审批事项和审批时限两个50%的压缩目标，创新推出30项便民利民措施和30项服务经济发展措施，在全国较早出台落实省市级户籍制度改革实施意见和流动人口服务、居住证管理办法等制度，推动落地"零门槛"落户政策。出台《全区公安机关推进全面从严治党治警实施意见》和全区公安机关从严治警八条禁令，整合纪检、督察、法制等部门构建具有公安特色的"大监督"格局，聚焦资金密集、权力集中的"热点岗位"，推动"12389"举报电话入驻所有窗口单位，建立民警违法违纪曝光台。7月，公安部在银川召开了全国公安机关深化执法规范化建设现场推进会，宁夏的经验做法得到推广。

【治安工作】2017年，实施"一村(社区)一警"社区警务战略，由点扩面、全面铺开，建成社区警务室599个，配备专职社区民警851人，统筹禁毒专干、司法调解员、网格员、村干部等社会力量3.1万人，建成并运行社区警务信息工作平台，创出"互联网+社区警务""村警联建""九小警务""民意通APP"等社区警务工作法，在全区推广侯金知"互联网+社区警务"工作法，建立社区警务微信群2067个、微信公众号84个，参与群众31万余人，公安机关接警数、刑事案件立案数和治安案件受理数同比分别下降5.1%、15.5%和3.2%，其中8类主要刑事案件、电信诈骗案件、毒品案件立案数分别下降16%、30.5%、51.3%。针对重点区域和重点领域，自治区公安机关开展精准化、常态化武装巡逻，强化源头监管和动态管控，最大限度地震慑防范了暴恐活动和违法犯罪，实现了全区连续四年未发生特大交通事故、连续十六年未发生较大以上或有影响的火灾事故、未发生涉枪涉爆恶性案事件。针对建筑工程领域讨薪要账扬言采取个人极端行为警情明显增多、涉众型经济犯罪极易引发利益受损群体进京非访、聚集上访、大规模群体性事件的态势，率先在全国出台《关于依法办理涉嫌恶意欠薪非法讨薪等违法犯罪案件的指导意见》，依法妥善处置了2016年以来1411起相关警情，全区群体性事件同比下降49%，处于近五年来最低值。依法果断处置了"7·03"大规模群体性聚集事件，确保了未激化扩散矛盾、未引发次生风险、未出现回流反弹。在十九大安保维稳期间，对涉稳重点人员实施监测管控，劝返拟进京非访人员多名，实现34起涉警信访积案清零完毕和涉军"零进京"上访目标。整改危爆、交通、火灾等各类安全隐患6300余处，破获非法买卖枪支弹药等违法犯罪案件20余起，对不落实实名登记管理制度的快递企业、汽车站、加油站等7家单位开出高额罚单，确保了全区道路交通事故数、死亡人数及火灾事故数、财产损失数同比分别下降12.6%、10.4%和23.1%、38.5%，全年全区未发生恶性刑事案件，未发生重大安全事故。

【刑事侦查】2017年，自治区命案破案率持续保持100%，连续侦破命案积案12起，抓获命案逃犯25人，全区刑事案件立案数同比下降15.2%，其中现行命案、抢劫、抢夺、盗窃、电信网络诈骗案件立案数同比分别下降14.6%、45.7%、45.6%、13.1%、28.6%，犯罪嫌疑人抓获数同比上升4.4%。

【禁毒工作】2017年，自治区公安机关推进任务指标量化考核、工作情况每月通报、后进县区挂牌约谈督办等硬性措施，完善党政主导主责、社会共治共享的工作格局，"推不动、收戒难、复吸率高"的难题得到有效破解，毒情形势得到根本扭转，特别是社区戒毒康复、吸毒人员管理、毒品预防教育等单项工作处于全国领先状态，步入常态化治理、正规化管理轨道。总结地区性长效治理毒品问题的新方法，向全国推广禁毒工作"宁夏经验"。宁夏被国家禁毒委确定为全国禁毒工作示范省区试点地区。7月，全国青少年毒品预防教育工程现场会在银川召开。

【经济案件侦查】2017年，自治区公安机关先后破获涉众型经济犯罪237起，抓获犯罪嫌疑人312人，挽回经济损失2.51亿元，劝返、缉捕国外逃犯7名，办结在全国有重大影响的"兴麟系"合同诈骗案、中银绒业公司骗取出口退税案、金通易达公司非法吸存案等央批、部批、部督大案要案，先后破获了吴忠"4·13"、石嘴山"国投联盟"等涉及全国大部分省区、涉案人员过万、涉案金额过亿的特大网络传销案。2017年，电信诈骗案件破案数同比上升112%。传统"盗抢骗"百名民警破案数、犯罪嫌疑人抓获数分列全国第二位、第六位。

【公安科技和信息化】2017年，建成应用公安云计算平台、大数据资源服务平台、智能化指挥调度平台、警务综合应用平台以及"云搜索"工具，实现全区视频监控图像联网对接，推广人脸识别智能门禁系统，在重点场所建成高清视频监控点位22887个、各类电子卡口1266处，为基层民警配发移动警务终端703个，整合内外部系统53个、数据23.8亿条，实现与民航、铁路、公路的数据共享，为警务实战提供有效支撑。按照“一市一平台、一市一中心”的建设标准，建立“12345”民生服务平台，实现与“110”报警服务平台的对接联动，银川市在前期试点的基础上，有效分流非警务警情40%以上，为基层公安机关减负增效，此举使银川市在公安机关减负增效方面走在了全国前列。针对重点人员和重点物品，充分运用流动人口、加油站、危爆物品等信息系统，研发推广散装汽油申购手机APP软件，严格落实实名登记和流向监控制度。

（杨　尧）

消　防

【概况】2017年，全区共发生火灾3300起，死亡2人，无人员受伤，直接财产损失2242.62万元；同比2016年，火灾起数下降21%，死亡人数减少8人，受伤人数减少1人，直接财产损失下降23%，火灾四项指数全面下降。全区连续十五年未发生重特大火灾事故，消防安全形势持续平稳。全区消防部队共接警出动7875次，出动警力116286人次、车辆17674台次，抢救疏散群众15630人，抢救财产价值28.65亿元。自治区党政领导先后30余次带队检查消防工作，20余次慰问消防部队官兵。自治区政府将消防工作纳入各地经济社会发展规划、党政领导政绩评价、社会治安综合治理等考核内容，并连续四年组织对五市政府和自治区各行业系统消防工作开展考核。组织召开了全区消防工作会议、电气火灾综合治理会议、夏季消防检查工作会议和今冬明春火灾防控会议等7次重大专题部署会议。自治区政府组织召开消防安全监管厅际联席会议，解读宣贯《消防安全责任制实施办法》，督促各行业部门落实消防安全主体责任。

【火灾防控】2017年，自治区消防部门以人员密集场所、高层地下建筑、社会福利机构和大型节庆活动场所为重点，先后开展夏季消防检查、冬春火灾防控、电气火灾防控和检查易燃易爆场所、彩钢板建筑等一系列整治行动，集中消除了一大批影响消防安全的火灾隐患和违法行为。自治区政府挂牌督办重大火灾隐患68家，通过采取行政处罚、组织约谈、跟踪督办、技术服务等措施，确保全部整改摘牌销案。围绕“重大活动消防安保”，先后完成了党的十九大、全国“两会”、“一带一路”国际合作高峰论坛等重大活动消防安保任务。全年全区消防部门检查单位场所8.18万家，督促整改7.89万处，行政处罚2616家，临时查封582处，责令三停659家，拘留267人，罚款1883.66万元，与上年同期相比，“查、改、封、停、罚、拘”六项执法数据同比分别上升19%、23%、45%、34%、56%、96.8%，因过失引起火灾或违反消防安全管理规定等被行政拘留人数超过前5年拘留人数之和。

【社会化消防工作】2017年，推动全区基层街道办、乡镇和社会单位利用信息化手段开展消防安全“网格化”和“户籍化”管理，提请自治区政法委将消防安全网格化管理纳入“智慧宁夏”八朵云建设的社会综合治理信息系统。全区1863家消防安全重点单位和3306家非重点单位人员密集场所消防管理基本达标；全区1863家消防安全重点单位和567个街道社区全部建设了“微型消防站”；协调自治区民政厅下拨补助资金4306万元，专门用于社会福利机构火灾隐患整改、简易消防设施安装，全区累计安装独立式感烟探测器11124个，简易消防设施2076套；全区市、县、28个国家级重点镇和102个建制镇的消防规划全部编制完成并有效落实；全区新增市政消火栓748个，建设总数达到9251个，建设率和完好率分别达到100%和98%。全区共建成83支乡镇消防队，招收政府专职消防队员707名，有效缓解了现役警力不足的矛盾。出台20项便民服务措施，缩短审批时限，简化审批流程，规范窗口服务标准，提高消防服务窗口办事效率。自治区建立重点建设项目消防审批“绿色通道”，对宁东煤制油项目、建发大阅城、机场三期建设等一些自治区重大工程项目，提前介入，主动提供消防服务，确保各项工程项目如期安全投入使用。

【消防安全宣传】2017年，自治区消防部门提请自治区党委宣传部、住建、安监等部门，将消防知识纳入领导干部、公务员和农民工培训内容。组织开展消防安全“进学校、进军训”活动，累计培训学校91所，培训师生63万人(次)。全年建成并投入运行消防科普教育基地34个，开放3000余次，接待群众60万余人。在宁夏电视台、《宁夏日报》《宁夏法治报》《华兴时报》等主流媒体开设18个专栏宣传消防知识。在自治区和五市电视台黄金时间推出《平安119》专题节目。联合自治区党委宣传部在全区范围内开展“全民消防我代言”公益行动，选聘3050名知名人士代言。推进消防公益视频进影院工程，累计播放消防公益视频17.6万场(次)，受教育群众达242万余人。开展消防安全公益培训，举办培训班2205期，累计教育培训人数达到30.8万人。

【灭火和应急救援】2017年，自治区消防部门推进数字化预案体系建设，分级制定数字化灭火救援预案1726份。开展实战化练兵比武活动，建立中队周考核、大队月对抗、支队季度比武三级练兵考核机制，举办全区消防部队党的十九大消防安保比武誓师大会，累计开展实兵、实装、实地演练1920次，熟悉重点单位466家。举办灭火救援攻坚组、基层指挥员等培训班5期，对350名官兵进行集中培训。制定印发《宁夏回族自治区规范和加强企业专职消防队伍建设实施办法》《宁夏消防总队多种形式消防队伍建设管理规定》《微型消防站联勤联训工作实施方案》等文件，规范了多种形式消防队伍的管理运行和保障机制，将微型消防站、专职消防队纳入总队统一调度范畴，累计对微型消防站开展培训活动1032次，培训微型消防站队员4932人(次)，提升队伍快速反应能力。印发《加强宁东能源化工基地灭火应急救援工作实施方案》，明确15项灭火救援具体工作措施，组建1支重型、5支轻型化工救援编队，指导宁东大型化工企业成立232支工艺处置队伍和12个工艺处置小组，提升宁东灭火救援准备工作水平。

【装备和营房建设】2017年，自治区消防部门落实《宁夏公安消防部队装备建设三年规划》(2016—2018年)，投入装备经费1.73亿元，采购了一批专业车辆装备器材，推动实现装备建设大发展。全年投入2.56亿元新改建消防站19个，新建和维修改造营房面积6.97万平方米。采用公租房、廉租房和限价商品房等形式，新增公寓房56套，公寓房总数达353套，保有率达到随军人数的72%。推进全区部队战勤保障体系建设，初步形成了以2个总队战勤保障基地为支点、3个支队战勤保障大队为骨干，社会联勤单位为依托的消防战勤保障体系。

(龚海龙)

检 察

【概况】2017年，全区检察机关坚持重拳反腐，强化监督，全面深化改革，检察职能作用得到进一步的发挥，推动平安宁夏、法治宁夏建设取得新进展。在高检院考核评价省级检察院核心数据中，自治区一共有18项处于上升态势。出台司法体制改革制度19件，下发专门通知5件，开展专项督查5次，推动了改革任务落地生根。石嘴山市人民检察院、兴庆区人民检察院、西吉县人民检察院被评为第五届全国文明单位。8个检察院被重新确定为自治区文明单位，2个检察院被命名为第十七批自治区文明单位。在全区群众评议机关作风活动中，自治区检察院排名大幅上升。在自治区召开的“两会”上，宁夏检察院工作报告全票通过。做好控告检察工作，推进信访改革取得新进展。加强信访窗口建设，注重服务管理，打造“阳光信访、责任信访、法治信访”，打通检察机关内外两个“绿色通道”，提升窗口建设和服务水平。兴庆区院、同心县院被评为“全国检察机关示范窗口”，自治区检察院等10家单位被评为“全国检察机关文明接待室”。

【惩治职务犯罪】2017年，全年共起诉影响非公经济发展案件30件46人。深化“黄河预防工程”，严肃查办了一批贪污、挪用、私分政府投资专项资金职务犯罪。全区检察机关共查办挪用公款犯罪案件14件15人。同步介入重大责任事故调查，查处石嘴山市发生的林利煤矿“9·27”重大安全生产责任事故案、中卫市腾格里金沙海旅游公司“5·03”重大安全生产责任事故案等一批发生在安全生产领域的渎职犯罪。全年全区检察机关共受理各类渎职侵权犯罪案件线索60件，共立案渎职侵权犯罪案件28件38人。开展加强产权司法保护专项活动，突出惩治侵犯知识产权等犯罪，起诉侵犯知识产权犯罪5件8人，保护了各类企业合法权益和企业家创业创新的积极性。规范行贿犯罪档案查询，严把市场廉洁准入关。针对一些地方虚报冒领扶贫资金和基层干部渎职犯罪突出等问题，自治区检察院与自治区扶贫办共同组成工作组赴全区9个重点扶贫县(区)进行扶贫工作指导检查。开展以“小专项”推动“大专项”工作，下发《全区检察机关反渎职侵权部门继续深入开展农村危房改造和城市棚户区改造两个专项工作的通知》，对城市棚户区改造领域中的资金审核发放、监管验收、房屋拆迁、征收补偿、发放款项等多个环节相关资料进行调取分析，发现2人涉嫌滥用职权、受贿的案件线索，并对其进行立案侦查。通过开展两个专项工作，全区检察机关共立案4件6人。坚决打击恶意欠薪，对一批涉嫌拒不支付劳动报酬而犯罪的公司企业法定代表人、项目经理等依法提起公诉。全区共起诉涉及侵害进城务工农民犯罪119件147人。

【维稳工作】2017年，全区检察机关经依法审查。打击各种敌对势力渗透破坏颠覆活动，高度警惕敌对势力插手利用特定利益群体新动向，突出打击一批热点案事件。参与打击网络政治谣言专项行动，依法打击故意传播虚假信息等犯罪，维护意识形态安全。严惩暴恐犯罪、制作传播暴恐音视频犯罪，参与网络反恐排查和综合治理。

【惩治严重刑事犯罪】2017年，完善与公安、法院等部门协作配合机制，依法惩处黑恶势力、涉爆涉枪、盗抢骗、制贩毒品、拐卖妇女儿童等各类严重刑事犯罪。开展严厉打击涉医违法犯罪专项行动。推进打击整治电信网络诈骗犯罪专项行动，防止电信网络诈骗的黑手伸向高校贫困学生。查办了“12·15”特大网络电信诈骗案，一次性批准逮捕66人，追捕2人。建立重大敏感案件报备制度，实施打击窃取泄露买卖公民个人信息专项行动，重点打击灰色产业群。全年起诉严重暴力犯罪300件428人，起诉食品、药品安全犯罪2件7人，起诉“两抢一盗”犯罪1243件1686人，起诉破坏环境资源犯罪60件105人，起诉黄赌毒犯罪376件510人，起诉涉黑犯罪2件20人，起诉邪教犯罪6件9人，起诉侵害残疾人犯罪33件45人，起诉涉及侵害老年人犯罪212件258人，起诉利用网络实施犯罪45件146人，起诉利用电信实施犯罪29件136人，起诉涉医犯罪19件22人。

【维护经济秩序】2017年，自治区检察机关重点打击易引发群体性事件的涉众型经济犯罪，参与整顿和规范市场经济秩序。充分发挥审查逮捕职能，高度关注涉案金额特别巨大、受害人数众多，社会关注度极高的涉众型经济犯罪案件，办理了“2·15”特大非法吸收公众存款、集资诈骗系列专案，批准逮捕非法吸收公众存款和集资诈骗犯罪嫌疑人102人。

【惩治危害食品药品安全和破坏环境资源犯罪】2017年，自治区检察机关落实生态利区战略，会同自治区公安厅、高级法院、林业厅深入盗采严重的贺兰山、六盘山、罗山调研，制定《关于规范自治区涉林有关问题执法司法的通知》，部署开展第三次为期两年的“破坏环境资源和危害食品药品安全专项立案监督”活动。共监督行政执法机关移送涉嫌环境资源类和食品药品类犯罪87件97人，公安机关立案64件68人，起诉破坏环境资源犯罪60件105人。

【加强未成年人司法保护】2017年，自治区检察机关会同相关部门建立健全社会调查、犯罪记录封存、分案起诉审理等机制制度。对141名未成年犯罪嫌疑人作出不批捕决定，对89人不起诉，对43人附条件不起诉。依法从严打击侵害未成年人犯罪，全年共批捕226人，起诉352人。建成未成年人观护帮教中心、基地（站、点）和青少年法治教育基地28个。

【惩治腐败】2017年，共立案侦查贪污贿赂犯罪案件204件264人。在《全国检察机关1—11月查办职务犯罪案件情况通报》中，自治区反贪部门多项重要办案指标在全国排名靠前。严查大案要案。坚持重拳反腐，依法查办了一批在全区有影响有震动的大案要案。全年全区查办贪污、受贿20万元以上大案50件，立案侦查贪污贿赂要案23人（含厅级干部6人），高于上年同期3个百分点。深查窝案串案。针对各行业系统领域的特点、规律和存在的突出问题，利用当前大数据提供的侦查信息化程度，先后查办了工程建设、电力系统、医疗卫生、食品药品监督等领域贪污贿赂犯罪，共立案17件28人，查办了吴忠市教育领域窝案串案10件10人。加大对扶贫开发领域贪污贿赂犯罪以及涉及“村霸”和宗族恶势力背后的保护伞查处力度。全年全区检察机关共立案侦查涉农领域贪污贿赂犯罪案件35件，立案侦查扶贫开发领域贪污贿赂犯罪案11件，查办征地拆迁、土地等领域贪污贿赂犯罪案件54件。查办了“村霸”金五六、禹虎虎等1案6人涉嫌贪污、行贿、受贿、介绍贿赂等数罪系列案。紧抓追逃追赃专项。全年全区反贪部门抓获潜逃人员7人，其中潜逃16年以上的逃犯4人，潜逃21年的2人，公安部B级逃犯2人。

【法律监督】2017年，坚守防止冤假错案底线。全年对侦查机关不应当立案而立案的，监督撤案480件；提出侦查活动违法纠正意见414件（次）；对不构成犯罪和证据不足的，决定不批捕1041人、不起诉394人。强化刑事诉讼监督。在自治区公安厅的大力支持配合下，在全区县级以上公安机关设立检察官监督办公室25个，在全国率先实现县级公安机关派驻工作全覆盖。全年追加逮捕198人，追加起诉148人；对认为确有错误的刑事裁判提出抗诉66件；监督纠正审判活动违法14件次。提升刑事执行活动监督。加强羁押必要性审查，持续监督纠正久押不决案件，对不需要继续羁押的多名犯罪嫌疑人、被告人建议释放或者变更强制措施。监督纠正一批减刑、假释、暂予监外执行不符合法定条件或者程序的案件。监督执行机关纠正了一批社区矫正罪犯脱管漏管的案件。推进民事行政诉讼监督。全年全区共受理各类民事行政检察监督案件2832件，督促行政机关履行职责1029件，支持起诉282件，跟进监督2件。7月，启动全区检察机关公益诉讼工作，共摸排发现公益诉讼案件线索42件，立案审查并提出诉前检察建议32件，行政机关已回复整改23件。提请自治区全面深化改革领导小组审议通过《关于支持检察机关全面开展提起公益诉讼工作 进一步推动法治宁夏建设的意见》。树立“生态检察”“绿色检察”理念，把行政监督重点扩展到生态环境和资源保护领域，重点对因不当排污、林地失火等造成生态环境污染和破坏，以及因盗采、不当取用等造成矿产资源、水资源浪费等损害国家利益、社会公共利益的行为进行监督，以检察建议督促相关行政机关依法履行职责973件，行政机关已采纳957件，督促收回国有资金4.21亿元。行政执法检察监督。年内，与572个行政执法机关签订协议，建立信息共享机制。共审查行政执法案件300件，监督行政执法机关移送涉嫌犯罪案件243件。督促行政机关依法收回土地出让金、排污费等国有资金23.52亿元。全年共监督行政执法机关移送涉嫌犯罪案件145件。

【检察改革】2017年，实施检察人员分类管理，一线办案力量显著增强。制定三级人民检察院检察官权力清单，建立了独任检察官和检察官办案组两种新型办案组织，健全检委会议事规则、司法责任追究、内部监督制约、绩效考核等机制。推进以审判为中心的刑事诉讼制度改革。与自治区高级人民法院、公安厅、司法厅联合制定刑事案件排除非法证据实施办法，坚决排除非法证据。与自治区公安厅联合制定检察机关介入命案规定，通过提前介入、引导侦查取证等工作，发挥检察机关审前主导和过滤作用。制定依法保障律师执业权利实施细则，主动向律师推送案件程序性信息，依法听取律师意见，推动形成新型诉辩关系。完善检察权运行监督制约机制。按照改革后人民监督员选任管理机制，配合司法行政部门新选任人民监督员93名，职务犯罪拟不起诉等11类情形案件全部接受人民监督员监督。深化案件管理机制改革，强化对检察机关司法办案活动的集中统一管理，依托统一业务应用系统，开展流程监控、数据分析、业绩考核，构建全程、同步、动态监管机制。配合国家监察体制改革。坚决贯彻中央和自治区党委决策部署，把国家监察体制改革作为一项重要的政治任务，全力配合做好改革工作。三级检察机关职务犯罪侦防部门转隶工作全部完成。

【队伍建设】2017年，实施岗位素能基本标准，建立以需求为导向的培训计划生成机制，构建适应改革要求的分类分层教育培训体系，分类推进检察官、检察辅助人员、司法行政人员素能培训。全年自治区检察院开展有规模的培训20期，培训干警2302人。参加高检调训362人(次)，参加自治区党校培训12人(次)。全年有2676人(次)参加省级以上组织开展的培训学习。在全国31个省级人民检察院队伍建设满意度调查中，自治区检察机关队伍建设满意度总分排第五名。中卫市人民检察院党总支被中共中央授予全国先进基层党组织，自治区人民检察院反贪局侦查一处被授予全国、全区“工人先锋号”。

【检察宣传】2017年，宁夏检察新媒体影响力传播力稳步提升，仅自治区检察院“今日头条”和“搜狐新闻”客户端累计阅读量达245万。贺兰县检察院抓获贪污公款240余万元、在逃16年的公安部B级逃犯李冰、高万成一案，被《人民日报》《法制日报》、中央电视台、人民网、央广网、央视网等20余家中央和地方媒体宣传报道。加强检察门户网站、“百度检察地图”等互联网平台建设。年初，在由正义网与中国信息化研究与促进网联合主办的全国百佳检察门户网站评选活动中，自治区银川市院、兴庆区院、金凤区院及永宁县院门户网站获评“全国百佳检察门户网站”。自治区检察院在新浪微博开设“宁检快讯”“普法第一课”话题栏目，阅读量接近10万。宁夏检察“今日头条号”、宁夏检察新浪微博影响力在全国检察机关4000多个新媒体账号中连续多周位居全国检察机关前十位。在由高检院新闻办发布的《2017年上半年全国检察新媒体运用报告》中，宁夏检察微博综合影响力位居全国检察机关第十位，检察新媒体省域综合勤勉度、检察微博省域勤勉度分别位居全国检察机关第十五位和第十四位。

（陈志扬）

法　院

【概况】2017年，全区法院共受理各类案件207152件，首次突破20万大关；审(执)结181897件，同比上升11.3%。受理各类重大案件2895件，审（执)结2612件，同比分别上升4.3%和5%，均为历史最高。近80%的基层法院受案数呈上升态势，6个法院受案数突破万件。全区法官人均结案175件，较2012年翻了三番，最高的达到385件，位居全国前列。先后为“一带一路”、脱贫攻坚、创新驱动、提升宁夏法治核心竞争力等提供司法保障和服务，细化措施、明确任务，切实保障中央、自治区重大战略部署顺利推进。做好涉诉矛盾纠纷排查调处，维护全国、全区重大会议、重要活动等社会安全稳定。依法维护国防利益和军人、军属合法权益，服务国防军队建设。主动研究审判工作新情况、新问题，提出司法建议40多条，为自治区党委、政府重大决策提供参考。

【民事审判】2017年，共受理各类民商事案件121831件，审结111035件，结案率为91.1%。加强对民间借贷、建筑施工合同、买卖合同、证券期货、担保纠纷、人民调解、诉讼保全、环境资源、知识产权等事关改革发展稳定案件的分析研判和司法应对。在西夏区法院探索成立宁夏首个环境资源保护法庭，审理中国生物多样性保护与绿色发展基金会诉中卫市8家企业环境污染公益诉讼纠纷等案件。推进知识产权审判“三合一”工作,依法审理宁夏银联商服技术有限公司与中国银联股份有限公司侵害商标权纠纷案等案件。开展家事审判方式改革试点,探索试行与家庭关系特点相适应的家事案件情感修复期、心理疏导、离婚证明、跟踪回访等制度。全区法院审结婚姻家庭类纠纷15452件,同比上升6.2%。落实未成年人犯罪记录封存制度、“圆桌审判”和社会调查报告制度,探索“合适成年人参与刑事诉讼”制度,审结涉未成年人犯罪一审案件264件。制定司法保护家庭暴力受害妇女的意见,与行政机关、妇联等相关部门建立协作机制,落实人身安全保护令程序,积极构建反家暴网络,保障弱势群体的人身及财产权利。

【维护社会安全稳定】2017年,自治区高院依法审理“兴麟系”合同诈骗案,阿布来提·阿布都拉等9人涉暴恐案,郭金发等52名被告人涉黑案,缅甸籍被告人蔡某某运输毒品案等重大、疑难、敏感、涉众型案件,取得良好政治效果、社会效果和法律效果。加大职务犯罪打击力度,制定出台《关于进一步规范自治区职务犯罪大要案审理机制的若干意见》,开展大要案观摩活动,加大指导协调,共审理夏夕云、张包平、陈延等职务犯罪案件613件。构建减刑、假释案件规范化、信息化、常态化机制,落实《最高人民法院关于办理减刑、假释案件具体应用法律的规定》,推进减刑、假释案件网上协同办案平台建设和狱内法庭建设,开展执法检查,邀请人大代表、政协委员旁听庭审,共审理减刑、假释案件2050件,确保减刑、假释案件审理在阳光下运行。全年全区法院共受理刑事案件10375件,审结9836件,结案率为94.8%。

【行政审判】2017年,共受理行政案件3401件,审结2784件,结案率为81.9%;受理国家赔偿案件61件,审结55件,结案率为90.2%。完善联席会议制度,善用协调处理机制,促进行政争议实质性化解;在6个基层法院试点行政一审案件集中管辖。推进行政机关负责人出庭应诉,配合自治区政府出台《行政机关负责人行政诉讼出庭应诉工作规定》,加大司法建议书推送力度,连续九年发布行政审判白皮书,定期通报行政案件审理情况和行政机关负责人出庭应诉情况,监督支持行政机关依法行政。

【司法惠民】2017年,以“全方位、零距离、智能化”为标准,全面构建诉讼服务大厅、诉讼服务网络、“12368”诉讼服务热线为一体的诉讼服务格局,实现“网上网下”服务联通并举,三级法院网络与最高法院实时对接。全部建成标准化诉讼服务大厅,合理划分服务功能区块,为当事人提供一站式服务。发挥基层诉讼服务点与法官结对服务站的综合辐射功能,通过巡回就地办案、网络预约诉讼服务、远程视频接访等方式,为群众节约诉讼成本近600多万元。加大司法救助和法律援助力度,为1985件案件减、缓、免诉讼费872.5万元,为200余名经济困难当事人发放司法求助金819万元。

【审判执行】2017年,受理执行案件200453件,执结181773件,同比分别上升56.3%、46.8%,执行到位金额217.7亿元。成立由自治区政法委主要领导牵头、54家成员单位参与的执行联动机制工作领导小组,实施“党委领导、政法委协调、法院主办、社会参与、部门配合”综合治理执行。执行信息化建设成效明显,三级法院全面建成执行指挥中心,初步实现统一管理、统一指挥和统一协调。执行网络查控取得重大突破,实现全国3595家商业银行和阿里巴巴、京东金融等互联网银行可查询、2607家银行可冻结、1016家银行可扣划,从根本上改变了传统的执行工作模式,全年通过执行指挥中心网络查控系统提交查询申请550.26万条(次),涉及案件数50.94万件(次),当事人64.91万名(次)。强化失信被执行人联合惩戒,及时公布失信名单,迫使有能力却拒不履行的被执行人主动履行义务。开展清理执行积案、涉民生案件集中执行、百日攻坚等专项活动,执行威慑更加有力,集中力量、重点突破。执行管理监督规范有序,实行执行案款“一案一账号”管理,配备全程同步录音录像的单兵、车载执法终端,有效防止消极执行、选择性执行情况的发生。

【社会治理】2017年,自治区出台《关于依法处理涉诉信访问题的若干规定》《涉法涉诉信访事项依法终结的实施意见》,建成三级法院联通的信访案件管理、视频接访等系统,开通网上申诉信访平台,建立律师参与化解和代理申诉信访机制,引导、帮助群众依法维权。注重发挥裁判规则示范引领作用,先后发布知识产权白皮书、维护妇女权益典型案例,引导公众行为合法,维权依法。参与社会治安综合治理,做好社区矫正工作,加强对服刑人员、被执行强制人员的未成年子女临时监护工作。配合相关部门做好打击侵犯知识产权、制售假冒伪劣商品、扫黄打非、禁毒、非法持有枪支弹药爆炸物品上报收缴等专项治理行动,向自治区防范和处置非法集资工作领导小组办公室报送首批非法集资严重失信人名单,促进形成共治共建共享的社会治理体系。

【化解矛盾纠纷】2017年，平罗县法院成立"农村产权流转交易案件合议庭"，联合司法行政、国土资源、人民调解等部门分流调处土地纠纷，促进农村农业农民政策落地生根。沙坡头区法院柔远法庭大调解工作机制成效明显，应邀在全国人民调解工作会议上作交流发言；盐池县法院联合司法行政部门在麻黄山乡设立惠民诉讼服务站，探索将部分简易案件调解前置，有效解决群众诉累。全年全区法院民事案件调解结案33042件、撤诉25062件，民事案件调撤率为54.6%。

【落实司法责任制】2017年，自治区制定《宁夏法院司法责任制实施细则》，明确各类人员权责清单，逐步形成权责明晰、监督有序、制约有效的司法责任体系。落实"让审理者裁判、由裁判者负责"的改革要求，确立法官办案主体地位，改革裁判文书签发机制，实现审判委员会工作职能由讨论个案到总结审判经验、统一裁判尺度的转变。全年全区法院由独任法官、合议庭直接签发文书的案件占总数的90%，提交审判委员会讨论案件同比下降37%。建立完善新型审判权运行机制，组建以法官为中心、以辅助人员为支撑的新型办案团队。截至年底，新建办案团队282个，成立专业法官会议92个，缩减管理层级，强化专业分工、提升案件质效。自治区高院出台《案件质量责任追究办法》，以推动办案质量终身负责制和错案责任倒查问责制来压实法官责任。推动审判监督管理转型，依托信息化手段推进办案全过程网上监管、留痕可查，推动建立健全各层级审判业绩考评体系，建立法官惩戒机制，实现放权不放任，用权受监督。

【司法公开】2017年，共发布各类案件信息473万条，符合上网条件的86619篇裁判文书在互联网公开发布。开展"法律八进""法院开放日"等活动，定期召开新闻发布会，主动公布法院重要司法举措和大重案审理情况，增强社会各界对法院工作的理解、监督和支持。自治区人大常委会对全区法院司法公开工作满意度测评达到98.3%。

【队伍建设】2017年，组织开展全区法院优秀庭审、优秀裁判文书"两评比"、岗位练兵、老法官"传帮带"、庭审观摩、业务交流等活动，提升法官适用法律、驾驭庭审等办案能力。"小米手机侵权案"入选全国典型案例，10余篇论文在全国法院学术论文评比中获二、三等奖，6家法院被命名为全国文明单位，兴庆区法院、同心县法院、金凤区法院被表彰为全国模范法院和全国优秀法院，陈美荣、史有明等17名基层一线优秀法官被树立为全国法院先进典型。2017年，共遴选产生两批1088名员额法官，占原有法官的69.7%、总编制数的34.7%。完成首批609名聘用制书记员的招录工作。落实院庭长办案常态化，全区院庭长在抓好监督管理、做好政务工作的同时，2017年结案87910件，人均结案134件，占总结案数的48.3%，实现了优质审判资源回归办案一线。

【司法监督】2017年，全区法院共查处违纪违法案件8件12人，均给予党政纪处分。自治区高院出台实施细则，在严格落实司法责任制的同时，强化审判执行关键节点的廉政风险防控。建成五位一体举报系统，畅通接受监督渠道。加大司法巡查、审务督查工作力度。反映干警司法行为不规范、审判程序不严格等问题的投诉明显减少。

【智慧法院建设】2017年，自治区高院落实《宁夏法院信息化十三五发展规划》，按照"统一规划、统一建设、统一管理、统一应用、统一运维"的设计思路，完成了执行业务系统整合、涉诉信访系统改造、自治区信用云对接共享、庭审公开平台、执行指挥中心视频会议系统、干警业绩档案系统和一键式报警系统等建设任务。编写制定宁夏法院数据质量与服务规范，在自治区高级法院和五市中级法院设立数据专员，初步完成全区法院大数据中心需求分析、功能设计和软件准备等工作，为后期数据汇聚交换和分析处理奠定坚实基础。完成审判系统与自治区信用共享平台的接口开发，实现刑事、民事、行政公开审理类裁判文书数据的自动推送共享。实现了审判执行全业务网上办理，诉讼服务全流程依法公开；以机器换人力，向科技要效率，创新运用文书智能提取回填、相似案例及适用法条自动推送、庭审语音识别、裁判文书自动纠错等人工智能技术，实现审判执行全方位智能服务。

【2017年宁夏十大法治新闻】中卫中院审结宁夏内幕交易第一案；自治区城市管理综合执法监督局挂牌成立；贺兰县法院发布全区首份悬赏执行公告集结社会力量破解执行难题；兼顾企业发展和环境生态保护——宁夏腾格里沙漠污染公益诉讼系列案一审调解结案；小米公司侵害商标权纠纷上诉案——2016年全国知识产权审判50大典型案例；宁夏打响清理整治攻坚战——擎起贺兰山生态保护伞：全区首届"法润银川"法治宣传创意作品大赛；银川中院公开宣判"兴麟系"合同诈骗案；花费6年半时间两位农民工终讨回巨额工伤补偿；自治区党委举行法律顾问聘任仪式，聘任5人担任自治区党委法律顾问。

（吴培渊）

司法行政

【概况】2017年，全面启动公共法律服务体系建设。召开重点工作推进会，研究制定宁夏公共法律服务实体平台、热线平台、网络平台3个平台建设实施方案，规划建设各级、各类公共法律服务平台。发挥律师法律服务作用。近300人(次)律师到自治区公检法各部门和自治区综治信访维稳联动服务中心值班，帮助化解矛盾、引导依法有序信访。开展“千名律师、百名公证员”进社区(村居)、“学雷锋律师服务月”以及女律师结对志愿服务下基层等公益活动。公证行业监督管理。自治区司法厅与自治区物价局联合出台《宁夏回族自治区公证服务收费管理办法》，开展公证质量大排查，结合司法部制定的公证工作“五不准”，采取学习培训、制度上墙、加强技防核验等方式，确保公证质量不断提升。进一步规范司法鉴定管理工作。启动了2017年司法鉴定行业履行社会责任评价工作，引入第三方评价机制，通过“以评促建”，强化司法鉴定行业履行社会责任意识。编制完成《2017年度国家司法鉴定人和司法鉴定机构名册(宁夏分册)》和统一公告工作，协商自治区物价局出台《宁夏回族自治区司法鉴定收费管理办法》和《宁夏回族自治区司法鉴定收费项目和收费标准》，维护司法鉴定行业秩序。推进依法行政和综合治理工作。坚持重大事项集体决策，组织开展法治政府示范项目创建，年内增补8名行政执法人员。完成全年司法考试任务。报名参加司法考试人数达到5422人。石嘴山考区计算机化考试试点工作，得到了司法部的肯定。

【监狱管理】2017年，推进“一区一品牌，一监一特色”文化建设工程，落实罪犯分类教育制度，推进重点罪犯“一人一策”教育。开展常态化社会帮教和开放日活动，加强罪犯技能教育。推广使用罪犯教育改造专网，开展多媒体教学。探索建立以危险性评估、改造质量评估为主要内容的改造新模式，根据风险等级开展科学动态评估，把评估结果作为执法改造活动的重要依据。提高执法规范化水平。开展历年罪犯减刑、假释、暂予监外执行案件专项检查，严格规范减刑假释监外执行。主动适应刑事政策调整变化，修订完善相关制度，做好新旧司法解释过渡期间执法工作衔接，确保刑罚执行平稳过渡。提升教育戒治质量。开展各种主题文化活动31场（次）。开展职业技能培训，获证率达94.5%。制定康复训练计划，购置专门器材，建设专用的康复训练场馆。构建所内医疗保障长效机制，将所内执业医师纳入全区全科医生转岗培训计划，并与银川市第一人民医院远程医疗系统实现互联互通。完善“三级”疾病防控机制，加强戒毒人员定期体检。戒毒场所规范化建设。自治区印发《关于进一步加强戒毒管理工作规范化建设的实施意见》，推进所务公开，修订完善场所安全防控工作规定。戒毒系统企业集团公司及其下属子公司完成登记注册，启动所企分开、政企分开工作，规范生产经营工作。

【法律援助】2017年，扩大法律援助范围。修订《宁夏回族自治区法律援助条例》，按照新标准，自治区符合申请法律援助的困难人群由55.8万人增加到172万人，覆盖人群达到全区总人口的25%。明确将农民在征地拆迁、生态移民安置过程中，办理“移民安置协议公证书”“生态移民搬迁协议公证书”等多项公证业务纳入法律援助范围。为受援人提供法律服务。全年共办理各类法律援助案件15566件，完成全年8000件任务量的194.6%，共为1.8万名受援人挽回或避免经济损失近3亿元。自治区“12348”法律服务热线共接听电话14214个，全区法律援助中心现场咨询人数44237人(次)，群众满意度达98.4%。提高法律援助保障水平。中央和自治区共拨付法律援助经费1670万元，较上年增加200万元。每季度定期开展案件评查，通过旁听庭审，三级审核，同行评估，专家评审，电话回访等方式实现以质定补，检查率达100%。自治区对“12348”法律咨询热线管理系统和宁夏法律援助案件管理系统进行了升级改造。加强法律援助宣传效果。与宁夏广播电视台通力合作，制作法律援助专题报道48期、播出96次，都市广播《刘平说法》节目播出262期，在各大新闻媒体上刊登宣传报道203篇。

【人民调解】2017年，召开全区人民调解“四张网”建设现场推进会，全面安排部署“四张网”(乡镇村居人民调解组织网络、城市社区人民调解组织网络、企事业单位人民调解组织网络和行业性、专业性人民调整组织网络)建设。巩固完善村居(社区)人民调解组织，推进县级人民调解中心建设，有序推进全区人民调解组织向矛盾纠纷多发易发领域延伸。建立各级人民调解委员会3702个，比上年增加8%。《法制日报》先后3次对自治区人民调解“四张网”建设进行宣传报道。宁夏充分利用社会资源，选聘具有基层调解经验和法学、心理学等相关专业技能人员和律师、基层法律服务工作者等担任人民调解员，参与人民调解工作。加大培训力度，提高调解队伍专业化水平。年内，共组织各类培训800场次，培训调解员20000余人。全区共有人民调解员24259人,比上年增加40%。全区共有4个调委会11名个人受到了司法部的表彰。开展矛盾纠纷“大排查 大调处”专项活动。围绕做好党的十九大和自治区第十二次党代会等重点时段矛盾纠纷和社会不安定因素排查调处工作，重点做好群体性事件、民转刑案件、群体性上访事件的排查化解预防工作。排查纠纷19880次,预防化解纠纷6478件,防止矛盾纠纷激化342件6310人。开展星级司法所创建攻坚年活动。申报五星级司法所126个组织验收考核，全区司法所均已达到三星级标准。共落实司法所副科级建制238个,选任司法所长217名,清理借调归队30人,协调办理调离人员12人。落实资金703.8万元,为基层司法所购置执法执勤车辆70台。

【社区矫正和安置帮教】2017年,完善社区矫正工作机制。自治区司法厅制定印发《宁夏社区矫正执行规定》,规范社区矫正社会调查评估、入矫、矫正、解矫执法工作。全面推广大武口区社区矫正保证人制度，社区矫正保证人制度实现全覆盖。扩大社区矫正服务试点范围。在兴庆区、大武口区、同心县和沙坡头区4个社区服刑人员较为集中、成分较为复杂、监管压力较为繁重的县(区)开展政府购买社区矫正社会服务试点工作，扩大福彩公益金项目试点范围。加强社区矫正工作队伍建设。抽调61名监狱戒毒警察派驻市县区司法局参与社区矫正工作。通过政府购买社会工作服务的方式,聘用公益性岗位人员117名、专职人民调解员180名、专业社工12名参与社区矫正工作，形成以社区矫正执法人员为主体、社会工作者为补充的工作格局。建立覆盖全区所有市、县(区),100个司法所的远程视频巡查系统，完成司法部远程视频巡查系统建设目标要求。社区矫正和安置帮教工作综合信息系统和社区矫正信息指挥中心建设进入试运行阶段。全区社区服刑人员再犯罪率较上年度降低0.26个百分点,服刑人员信息核查成功率在全国排名第三，信息核实工作在全国排名第四。完成全区19个安置帮教基地建设任务，实现安置帮教基地全覆盖。重点刑满释放人员衔接率达到100%。

【基层基础建设】2017年,司法厅机关批复预算经费总计4789.9万元,比上年预算增加了450.8万元，增幅达到10.4%;自治区将银川监狱、银川强制隔离戒毒所、中宁县徐套乡司法所等9个项目列入2016年投资计划，累计争取投资8054万元;编报了全区司法行政系统基础设施建设2018年投资计划及“三年(2018—2020年)滚动”投资计划,累计申请总投资53451万元，占全区政法基础设施建设三年总投资计划的48%。基础设施建设项目进展顺利。完成银川监狱三期工程(入监教育中心)主体施工工程、中卫监狱监墙、岗楼、大门及消防水池、配电室工程和兴庆(病犯)监狱病犯住院楼主体及监舍楼改造工程建设。以监狱大数据中心建设为抓手，推进跨省区远程视频会见和帮教系统建设。全区司法行政戒毒系统场所基本建设项目总建设面积达80888平方米，总投资达34341万元。加强信息化建设。成立宁夏司法厅信息化建设领导小组，统揽全系统信息化建设工作。筹建“12348”热线平台和“12348”宁夏法网建设。升级建设法律援助管理系统和刑满释放人员安置帮教管理系统，初步完成政法网络的迁移工作。

【法治宣传】2017年，自治区两办印发《关于全面落实普法责任制的实施意见》,自治区普法办下发《关于认真贯彻落实〈关于全面落实普法责任制的实施意见〉的通知》。自治区司法厅出台《关于建立以案释法制度的实施意见》,提出在法院、检察院、行政执法机关、法律服务机构建立以案释法制度。为强化重点对象学法用法工作，自治区司法厅协调自治区党委组织部和人社厅，将国家机关工作人员网上学法纳入宁夏干部教育培训网络学院平台。成立了由各类法学专家、教授、法律事务工作者共36人组成的自治区普法讲师团，全年共举办普法讲座30余场(次)。出台《关于进一步加强社会主义法治文化建设的实施意见》,完善社会参与和考核评价机制。自治区司法厅下发“法律八进”示范点创建考评指导标准。举办全区中小学法治教师培训班；联合银川女子强制隔离戒毒所在中学举办毒品预防教育报告会；开展了2017年“文明宁夏 平安出行”公益主题活动；开展全区妇女维权法律微知识竞赛活动。在《宁夏法治报》《华兴时报》、宁夏新闻广播、宁夏旅游广播、宁夏法治微信平台开设栏目,加大普法宣传力度。对宁夏法治微信平台进行升级改版，形成以“宁夏法治”微信公众号为核心的新媒体普法格局，点击量为全国司法行政微信排行榜第三名。在中央、自治区及地方各类新闻媒体和网络平台刊登司法行政新闻稿件4000余篇(次),头版头条100余条,稿件刊登量比上年增长了1倍。

【司法行政改革】2017年,选择石嘴山监狱、宁夏女子监狱开展了监企彻底分开试点工作,将自治区监狱服刑人员、强制隔离戒毒人员文化教育、职业技能培训纳入了国民教育规划和国家劳动职业技能培训总体计划。检察机关派驻司法行政戒毒场所检察室全覆盖。加强律师权益保障，与自治区高院等部门联合下发《关于依法保障律师执业权利的实施细则》，成立维护律师执业权利中心，建立维护律师执业权利快速联动处置机制和民事诉讼案件律师调查令制度。健全律师违规违法行为处罚机制，成立了投诉受理查处中心和司法行政机关律师惩戒委员会。畅通律师参政议政渠道，向自治区党委统战部及各民主党派和有关部门推荐近40名优秀律师作为政协委员候选人。争取自治区财政162万元律师培训专项经费，举办一系列培训。出台《关于建立司法鉴定管理与使用衔接机制的意见》，与自治区高院建立司法鉴定管理与使用衔接机制，鉴定人出庭制度有效落实；做好司法鉴定行业协会脱勾工作，完成新一届公证协会换届选举。全区4家行政体制公证机构全部平稳改制为事业体制。实现了律师行业党建工作全覆盖。

（张弼超）

军事

JUNSHI

宁夏军区

综 述

【政治思想建设】2017年,宁夏军区部队各项建设取得新的发展进步。深入学习贯彻习近平新时代中国特色社会主义思想,围绕"治国理政篇""强军兴军篇""国防动员篇"分专题系统学,突出习主席"7·26""沙场阅兵""庆祝建军90周年" 等重要讲话第一时间跟进学,军区党委中心组30余次集中学习。开展"维护核心、听从指挥"主题教育,推进"两学一做"学习教育常态化制度化,受到全军督查组肯定。吴忠军分区常年坚持"2221"学习制度(每月2天集中教育、每月2次党日活动、每周2次文化夜校、每周利用交班会进行1次随机教育),落实党委机关学习教育。坚持把学习贯彻十九大精神作为首要政治任务和头等大事,召开十一届十次党委全会动员部署,集中7天时间专题学习,组织十九大代表孟冠巡回宣讲,开展学习贯彻党章、重温入党誓词活动,制订20条推进措施。把听从指挥、执行号令、干好工作,作为全面深入贯彻军委主席负责制的实践落点。注重传承弘扬贺兰山精神,结合庆祝建军90周年,组织"适应新体制、展示新风貌"歌咏比赛和书画摄影展,提振强军兴军、建设"四铁"(铁一般信仰、铁一般信念、铁一般纪律、铁一般担当)部队的精气神。

【部队体系建设】2017年,推进改革教育,军区领导带头授课辅导,制定《十项纪律规定》,开展"搞好五比五看,树好五个样子"活动,凝聚广大官兵拥护支持投身改革的意志力量。组织清查人员、财务、装备等8个方面135项内容,向西部战区和西宁联保中心安全顺利转隶移交2个现役团、3个预备役团和5个直属分队。坚持公开透明、按岗定人、择优选人,按照编制、政策、条件和程序完成机构整编和官兵落编定岗。围绕新体制职能定位,协调理顺国动委、双拥办、国教办等军地协作机构运行关系,调整建立84个党组织,健全完善军区纪委、政法委、安全委员会等31个领导机构,制定《新体制下加强党组织建设的意见》《军区机关工作运行暂行规定》。

【国防动员建设】2017年,把主责主业担当在肩,常态检查作战值班,修订完善战备预案,调整民兵应急分队任务定位,抓好实案化演练。参加全国第四届学生军事训练营活动,取得4个单项第一,总成绩名列全国第三。银川警备区国防动员效能目标管理考评全区第一。固原军分区落实年度基干民兵训练任务,中卫军分区军事斗争准备检验评估总分第一。开展国防动员潜力调查,依托宁夏天元锰业、西部云计算基地等企业,筹划推动建立新质动员中心。组织完成全年新兵征集任务。探索具有内陆特色的军民融合发展模式,制定《宁夏军民融合深度发展"十三五"规划》,协调成立宁夏军民融合发展委员会。深挖重点领域、关键项目国防动员潜力,探索打造"智慧动员"方法路子。中卫军分区协调中卫市军民融合产业园建设,推进重点项目落实。军区连续六年组织"百场国防形势报告",推进国防教育进清真寺,协调自治区各级党政领导进军营过"八一"军事日。

【双拥共建】2017年,军区系统投入1350万元,定点参与帮扶7个贫困村、24所贫困学校、51个项目落实。军区机关投入500万元,接续抓好"两村六校双百"扶贫工程。协调驻宁部队参与自治区"蓝天、碧水、净土"三大行动,开展生态治理大会战,助力美丽宁夏建设。推进"四进一升"(系列讲话、国防教育、移风易俗、平安创建进清真寺,在清真寺常态升国旗)军寺共建促和谐活动,新增共建清真寺30座、升国旗26座。协调自治区党政军领导深入一线慰问跨区联训部队，解决演训保障实际问题，把拥军支前工作做出温度实感。石嘴山军分区加大军寺共建力度，新增共建清真寺7座。永宁县人武部被表彰为全国民族团结进步创建活动示范单位。吴忠军分区组织对40名立功受奖吴忠籍现役官兵家庭报喜、悬挂光荣牌匾，联合地方有关部门，为移防部队出台“基础设施优先投入、军属落户随时办理、子女上学全部接受、慰问走访直通连队”等一批拥军优待政策，解决185名军人子女入学、79名军嫂落户难题。

【从严治党从严治军】加强各级党委班子建设，召开专题民主生活会。传导正风肃纪压力，纵深推进肃清郭徐流毒影响，组织学习党纪党规和违纪通报，汲取重大反面典型违纪违法教训，落实违规宴请喝酒禁令、军级以上领导干部有关待遇规定等纪律要求，重视抓好军委审计组指出问题整改，常态开展作风建设明查暗访，军区纪委组织党风廉政建设专题调研。推进全面停止有偿服务和经适房超面积处理，石嘴山军分区多措并举解决历史遗留问题。抓基层打基础保稳定，分方向、分批次抓好考察帮建，组织交流干部“非转专”培训。转业干部安置率和通知发放率均达100%，连续六年超额完成老干部移交安置任务。着眼政治之年特殊形势抓安全保稳定，多次督导安全大检查，开展“百日安全活动”，组织民兵装备仓库综合整治和枪支弹药专项清理，加强重要目标和重点部位安全防范，全年实现无事故、无案件。

（杜承容）

综合事务

【国防部长常万全到宁调研】2017年12月4—7日，国务委员兼国防部长常万全在宁夏调研国防教育工作，军委国防动员部副部长曲松，西部战区副参谋长赵金松，宁夏军区司令员郑威波、政治委员潘武俊，自治区副主席、公安厅厅长许尔锋等军地领导陪同参加。调研期间，常部长先后深入中卫军民融合大数据中心查看火冰灭火器、飞艇生产等军民融合项目进展情况，前往同心县河湾村调研脱贫攻坚工作开展情况，参观利通区永昌社区国防教育宣传和红色忆苑、社区党校等多功能室，为青铜峡市余家桥烈士陵园敬献花篮，视察部分驻宁部队，前往银川市兴庆区景岳小学调研爱国主义教育开展情况，查看宁夏地球物理地球化学勘察院等。在调研座谈会上，自治区副主席、公安厅厅长许尔锋，宁夏军区司令员郑威波分别介绍情况，吴忠市、宁夏医科大学、西吉县等单位发言，国家部委和西部战区有关同志作发言，常万全作重要讲话。

【西部战区政委吴社洲到宁调研】2017年11月9—11日，西部战区政治委员吴社洲带工作组到宁夏地区检查调研战区直属单位建设情况，宁夏军区政治委员潘武俊陪同参加。工作组先后前往六盘山红军长征纪念馆参观并向纪念碑敬献花圈，实地查看驻银川、石嘴山、吴忠、固原、中卫地区战区直属单位建设管理情况，看望慰问基层连队官兵，参观宁夏军区军史馆并听取工作汇报。

【自治区庆祝建军90周年军事日活动】2017年7月31日，宁夏军区联合自治区党委办公厅组织庆祝建军90周年军事日活动，自治区党委书记、人大常委会主任石泰峰，自治区党委副书记、主席咸辉，自治区政协主席齐同生等领导，宁夏军区政治委员潘武俊，76集团军副军长曹均章等一行40余人参加。活动中，军地领导共同观摩76集团军某旅特色课目演示，参观军史馆，并与部队官兵、退伍军人和双拥共建单位进行座谈，石泰峰作了重要讲话。

【宁夏军区司令员郑威波到中卫市调研】2017年11月2日，宁夏军区司令员郑威波带领军区机关有关人员，在中卫军地领导陪同下，前往中卫市西部云基地，调研美利云数据中心、火冰新型环保消防灭火器生产基地、“宁夏一号及天线组阵”项目、达天飞艇建设基地等军民融合发展项目，促进军民融合产业深度发展。

【检查调研人民防空工作】2017年5月15日，自治区副主席刘可为、宁夏军区副司令员吴勇在自治区政府办公厅、住房和城乡建设厅、人防办、银川市政府有关领导的陪同下，采取听取汇报、实地查看、观摩展示等方式，对自治区人防宣传教育基地、银川市南门广场结建工程、香树花城人防平战结合样板工程、海宝公园人防疏散基地和人防机动指挥所等进行调研。

【自治区军民融合发展委员会第一次全体会议】2017年11月29日，自治区党委书记、军民融合发展委员会主任石泰峰主持召开自治区军民融合发展委员会第一次会议，学习贯彻中央军民融合发展委员会第一次、第二次全体会议精神，对全区军民融合发展工作进行动员部署。石泰峰强调，要认真学习贯彻党的十九大精神，深入学习领会习近平总书记军民融合发展重大战略思想，加快构建军民融合深度发展新格局，为实现中国梦强军梦做出宁夏贡献。自治区主席、军民融合发展委员会副主任咸辉，宁夏军区司令员、军民融合发展委员会副主任郑威波，宁夏军区政治委员、军民融合发展委员会副主任潘武俊，自治区副主席、军民融合发展委员会副主任张超超，自治区党委秘书长、军民融合发展委员会副主任纪峥，自治区副主席、军民融合发展委员会副主任许尔锋，以及宁夏军区副司令员李勇、副政治委员丁学仁和武警宁夏总队政治委员尚力峰等军民融合发展委员会委员参加会议。

【宁夏地区警备执勤任务】2017年6月30日至8月31日，根据军委训练管理部、军委国防动员部通知要求，宁夏军区按照“公安为主、军队配合、军地协作、突出重点、查控并举”的原则，指导警备纠察中队派出1个军车检查组，进驻宁夏石嘴山市惠农区京藏高速公安检查站，采取24小时全时执勤的方式，执行北戴河暑休期间警备执勤任务；8月2—12日，派出1个机动巡查组，在宁夏中卫入蒙方向主要通道执行内蒙古自治区成立70周年庆祝活动期间警备执勤任务。累计出动执勤兵力1696人(次)、车辆212台(次)，检查过往军车22台、过往军人51人，规范外出军人军车秩序、维护部队形象和声誉。

(杜承容)

战备建设

【军事设施保护】2017年，根据国家“十三五”能源战略整体规划和自治区能源发展要求，依据《中华人民共和国军事设施保护法》及实施办法等法律法规，宁夏军区先后完成巴音呼都格至巴彦浩特段公路、乌达北500千伏输变电工程、包银铁路银川至巴彦浩特段线路勘选3个地方建设项目的调档核查、现地勘察，向各相关单位出具工程项目建设拟选线路范围内是否影响军事设施的复函，支持地方经济建设。

【军队院校招生】2017年，全区共有615名上线应往届高中毕业生第一志愿填报军队院校，471名考生参加面试体检，合格241名，合格率51%。合格考生中，一本线以上184名，占总数76%；二本线以上57名，占总数24%。共完成7所院校的94名招生计划，其中，军队院校61名、武警院校33名，男生92名、女生2名，理科最高分616分、最低分408分，文科最高分533分、最低分503分。一、二本线上指挥专业面试体检合格考生全部进行征集志愿填报。

【“军警民”联合护线】2017年5月12—24日，宁夏军区协调自治区公安厅、通信管理部门和电信运营企业，在全区开展“军警民”联合护线宣传活动。沿辖区内军民共建共用共维光缆线路和通信基站开展走访座谈、巡护排查和舆论宣传活动，巡查光缆线路2000余公里、重要通信基站300余个，印发宣传单5000余张，悬挂线路警示牌1000余块，补栽标石500余块，发现和解决安全隐患7类39处，提升全区国防通信设施维护管理水平。

【学生军训】2017年5月24日，宁夏军区联合自治区教育厅组织召开自治区驻军任务对接会议，组织驻宁陆军、空军、战略支援部队、武警和军分区(警备区)等承训部队，会商帮训计划，明确帮训部队、承训时间和相关要求，协调落实2600名帮训官兵完成111所院校，共计15万余名学生军事技能训练任务，实现自治区学生军事技能训练帮训任务由协调性向指令性的根本转变，帮训官兵全部由现役军人承担。

【新大纲试训论证】2017年7月1日至10月10日，为贯彻落实中央军委国防动员部《关于组织国防动员单位军事训练大纲试训论证工作的通知》精神，宁夏军区按照“紧贴任务、全面试训，研训结合、系统论证”的基本思路，采取统一部署、示范观摩、全程督导、综合验收的方法步骤，组织军区首长机关、5个军分区(警备区)、16个人武部，对4类军事训练大纲143个课目进行试训论证。研究探索省军区系统按纲施训、依法治训的方法路子，为打造紧贴使命任务、符合实战要求、满足实际需要的新一代训练大纲提供实践支撑。

【第四届全国学生军事训练营】2017年7月30日至8月12日，根据教育部、中央军委国防动员部《关于参加第四届全国军事训练营活动》的通知要求，在辽宁大连和江苏南京举办第四届全国学生军事训练营活动。宁夏军区联合自治区教育厅筹划部署，推进落实。4月底，专项部署工作任务，全区111所大中专院校自行组织集训。7月初，组织第三届自治区学生军事训练营活动，从各市选拔推荐的230名学生中筛选48人进行26天的集中封闭式训练，经考核选拔最终确定8名学生代表自治区参加第四届全国学生军事训练营。经与全国32个省、市的255名选手的激烈角逐，取得识图用图、捕俘拳、军歌合唱和团体总分一等奖，电磁频谱管控二等奖，军事理论考核三等奖，以921分的总成绩夺得全国第三名。

【网络安全监管】2017年8月28日至9月12日，宁夏军区选派技术骨干，采取逐单位、逐网系、逐终端过的方法，分方向对全区各单位网络安全防护手段部署、安全策略配置、战备值勤制度落实情况进行专项检查，摸清安全底数，找准问题漏洞，消除风险隐患。与地方网络安全企业建立信息共享机制，掌握前沿网络安全动态，通过手机短信等媒介及时发布最新病毒信息和防范手段，提醒官兵强化网络安全意识，提高网络安全防护能力。

【宁夏大学射击训练】2017年9月17—

18日，宁夏军区按照“教学培训、射击预习、射击准备、实弹射击、点验撤场”的步骤，在陆军某部队靶场组织宁夏大学2017级3880名学生进行军事技能训练实弹射击考核，共消耗弹药19500发。

【国防动员业务考核】2017年12月21—22日，宁夏军区组织首长机关国防动员基础理论和基本业务考核。其中，基础理论考核军区首长参考率66.7%，首长机关参考率94.1%，平均成绩99.9；国防动员基本业务考核，机关参考率94.1%，完成《对新体制下省军区机关运行机制的几点思考》《高学历青年征集政策现状分析及完善区域保障政策的思考》等5篇研究成果，考核总分在省军区系统排名第二。

（杜承容）

动员工作

【高校征兵政策法规巡回宣讲活动】2017年5月22日至6月10日，自治区征兵办公室会同自治区民政、人社、教育等部门组成大学生征兵宣讲组，赴区内18所高校对征兵有关法规政策进行系统解读和宣讲，高校所在地市、县级兵役机关同步开展大学生征兵启动仪式、政策咨询和宣传报名等工作。各地发动高校辅导员、高三毕业班班主任以及社区网格员、村警，深入到应征青年之中开展“一对一、面对面”的宣传动员，举办国防教育专题辅导，介绍军营成长成才事例，激发高效学生参军热情。

【自治区国防动员建设效能目标管理情况考核】2017年12月27日至2018年1月5日，为推动全区国防动员全面建设创新发展，自治区国防动员委员会秘书长、宁夏军区副司令员李勇带领自治区国动委各办公室组成军地联合工作组，采取军地联动、实地查看、动态考核、随机抽检的方法，区分党管武装制度、动员体制机制、重点动员领域、优抚安置落实等内容对所属5个地级市进行国防动员建设效能目标管理考核，综合考评成绩为：银川市104.24分、石嘴山市98.32分、吴忠市99.46分、固原市96.62分、中卫市101.93分。

（杜承容）

政治工作

【“两学一做”学习】2017年，宁夏军区贯穿全年推进“两学一做”学习教育常态化制度化。注重科学筹划，研究提出“六抓”措施，明确细化28个规定动作。坚持以学为先，组织全体党员认真学习党章党规，跟进学习习近平主席系列重要讲话，不断强化“四个意识”。做到知行合一，全体党员人人签订“承诺践诺书”，立足本职积极践诺履诺，人人争做合格党员，涌现出党的十九大代表孟冠、灵武市人武部职工殷海洋等一批精通本职、勤勉敬业的先进典型。加强组织领导，十余次下发通知跟进指导，开展3次督导检查，认真落实“三会一课”等组织生活制度，注重紧贴改革强军抓好结合转化。接受全军工作组督查调研，推进学习教育常态化制度化工作受到肯定。

【部队代表团参会】2017年1月9—14日，宁夏军区协调保障12名人大部队代表参加自治区第十一届人大七次会议。1月10日，自治区政府主席咸辉亲赴部队代表团看望各位代表，与代表们共同审议自治区政府工作报告。6月20—22日，宁夏军区协调保障12名人大部队代表参加自治区第十一届人大八次会议。

【全区大学生“爱我国防”主题演讲比赛】2017年5—6月，为庆祝建军90周年，开展“赞颂辉煌成就、赓续红色基因、支持改革强军”主要教育活动，宁夏军区会同自治区党委宣传部、教育厅和国防教育办公室，组织区内18所高校大学生进行以“爱我国防，走好新的长征路”为主题的演讲比赛。比赛分为初赛、半决赛和决赛三个阶段，先后有4000多名大学生踊跃报名参赛，3万多名学生观赛，3名选手参加全国大学生网络专题演讲大赛，取得良好的教育效果，在全区产生热烈的反响。

【建军90周年系列活动】2017年7月31日，为庆祝建军90周年，宁夏军区举办“适应新体制、展示新风貌”歌咏比赛和“人民军队辉煌90年”书画摄影展等系列活动。歌咏比赛通过视频会议系统组织，7支代表队分别选唱不同歌曲，北方民族大学音乐专家现场打分评比，银川警备区获得第一名；书画摄影展军地参展作品达130余幅，主题突出，歌颂人民军队光辉的发展历程。通过系列庆祝活动凝聚广大官兵献身国防的意志力量，坚定“四个意识”（政治意识、大局意识、核心意识、看齐意识）。

【退役士兵专场招聘会】2017年6月21日，宁夏军区会同自治区民政厅、人力资源和社会保障厅等单位，联合举办宁夏地区2017年退役士兵就业专场招聘会，为退役士兵搭建就业平台，打通就业渠道，提供就业咨询。全区157家用人单位共计提供就业岗位3200个，涉及企业管理、市场营销、互联网应用、机械制造、汽车驾驶等多个领域，近2000余名退役士兵参加招聘会，1157名退役士兵与相关企业现场达成就业意向。

【师以下退休干部移交安置】2017年，宁夏军区坚持以务实举措破解难题，推动师以下退休干部移交工作顺利完成。注重压实共抓移交的政治责任，建立联席会议、督导检查、定期通报制度，组织

9个单位主官签订移交安置责任书，定期召开会议分析形势、研究措施，确保有力有序推进。注重强化服从移交的内省自觉，抓住部分人员退休命令与工作时间不一致、个人诉求与政策规定不相符、家庭实际困难多等重难点问题，采取“一对一”包干到人、业务部门上门宣讲政策、节假日走访慰问等方式。共妥善安置退休干部20名，顺利移交1名滞留部队10年的退休干部，移交率达到111%，连续六年超额完成任务。

【转业干部教育培训】2017年7月中旬至10月中旬，宁夏军区转业办协同自治区军转办分别用33天、5天时间，对计划分配和自主择业转业干部进行培训教育。计划分配干部重点围绕“政治理论、区情区貌、安置政策、能力转换、战友讲堂、心理课堂”六大内容展开；自主择业干部从“服务管理、政策待遇、宁夏经济社会发展形势介绍和参观自主择业干部创业典型企业”4个方面组织实施。通过教育培训，为转业干部树立自信、转换角色、适应环境打下良好基础。

【精准扶贫】2017年，宁夏军区投入1350万元，定点参与帮扶7个贫困村、24所贫困学校、51个项目落实。军区机关投入500万元，接续抓好“两村六校双百”扶贫工程(两村：海原县吴湾村、同心县河湾村，六校：红寺堡区东源小学、红寺堡区马渠小学、同心县韦州镇回民女子小学、海原县郑旗乡吴湾小学、海原县郑旗乡巨湾小学、西吉县红耀乡驮昌小学，双百：军属贫困家庭群体)，取得显著成效。12月初，国务委员、国防部长常万全到军区托管养殖项目合作社、韦州回民女子小学国防室、援建军民连心桥检查指导，对军区扶贫工作给予肯定和表扬。

（杜承容）

保障工作

【驻宁停偿会议】2017年6月2日，为推进停偿工作落实，宁夏军区协调召开驻宁部队全面停止有偿服务工作军地协调领导小组会议，领导小组副组长、宁夏军区政委潘武俊介绍基本情况，领导小组常务副组长、自治区主席咸辉向政府各部门提出具体要求，领导小组组长、自治区党委书记石泰峰作重要讲话。会后向各成员单位印发《推进驻宁部队全面停止有偿服务工作实施意见》，统一思想认识，明确工作任务，理顺工作关系，推动工作落实。

【驻宁停偿推进会】2017年7月19—20日，宁夏军区召开全面停止有偿服务工作推进会，驻宁部队全面停止有偿服务工作军地协调领导小组副组长、宁夏军区政委潘武俊，宁夏军区副司令员吴勇、副政委安宗让，自治区政府副秘书长黄明旭出席会议。会议听取银川市、石嘴山市、固原市和银川警备区、石嘴山军分区、固原军分区全面停止有偿服务工作进展情况和未关停项目处置意见汇报，讨论未关停项目的解决方法及对策，分析利弊得失，确定7个未关停复杂敏感项目的处置方案。

【军需能源保障】2017年，宁夏军区严密组织被装物资发放，累计为13个直代供单位发放被装物资76个品名29632套(件)，适体率98%以上；清查全区军粮供应，做好改革期间伙食保障，落实《团以上机关工作餐补助办法》，突出炊事安全管理，做好副食品区域联合采购和军营超市管理；按时上报军需能源管理标准经费计领实力、加油站实力等，完成全区100余万油料购置费审核充值，协调办理部分驻宁单位油料联勤保障事宜，安全回收吴忠、固原军分区26.38吨代储油料。

【医疗卫生保障】2017年，宁夏军区严格规定标准为3名官兵申报病退评残，为21名干部安排保健疗养，选送45名汽车驾驶学兵和8名卫生学兵技能培训；协调解放军第五医院，为260名干部和52名拟选套士官进行健康检查，为干休所全体老干部上门服务，加强6名医护人员到原军区机关门诊部，保障军区机关和直属队官兵就近方便就医。

（杜承容）

驻宁部队

【学习贯彻党的十九大精神】2017年10月中下旬至12月底，68006部队以习主席“走在前列”的指示为总标准，推动党的十九大精神学习贯彻落实落地、走实走深。组织全体官兵统一观看中国共产党第十九届全国代表大会实况，现场听取习主席报告，感悟盛会实况。围绕“党的十九大热词怎么读”为官兵宣讲解读，帮助官兵把握学习重点和理论要点，深刻领会习主席十九大报告精髓要义。围绕“不忘初心、牢记使命”开展主题党日活动，重温入党誓词，观看电影《血战湘江》，教育引导全体党员始终不忘初心使命，不断强化投身强军事业的政治自觉和行动自觉。围绕“不忘初心、牢记使命，勇担强军重任”主题，为全体党员作主题党课辅导，引导大家坚定信仰信念、矢志永远奋斗。组织官兵党的十九大基本理论知识考核，深刻领会大会精神。围绕“看齐核心、维护核心、追随核心，不断强化强化贯彻军委主席负责制的政治自觉”进行授课辅导，讲清军委主席负责制的历史沿革、重大意义和落实要求，强化官兵树牢“四个意识”。

【帮困解难】2017年6月,31670部队移防后坚持常委分片挂钩,深入班排与官兵谈心交心,对涉及官兵切身利益的6类248个现实问题逐一回复解决,分批安排360名官兵移防前回家解决实际困难,妥善解决驻地什邡、彭州18名官兵子女入学入托难题,协调解决官兵银行卡、手机卡账户变更注销等问题,最大限度解决官兵的后顾之忧。利用微信公众号传递改革正能量,《急事难事马上办,服务基层在路上》的做法被"西陆强军号"微信公众号转载。10月中旬,为切实保障军人军属合法权益,建立专业高效、服务基层、覆盖全员的法律援助工作机制,根据《关于加强维护国防利益和军人军属合法权益工作的意见》《关于进一步加强军人军属法律援助工作的意见》等法律法规,经与银川市西夏区司法局、银川市西夏区双拥办公室等部门积极沟通协调,正式挂牌设立军人军属法律援助站,为13名官兵提供法律咨询服务。

【隐蔽斗争形势专题辅导】2017年7月3日,31670部队邀请银川市国家安全局、公安局领导为全体官兵作隐蔽斗争形势专题辅导。专题辅导围绕当前国际国内形势、银川地区主要敌情特点以及对驻军部队面对隐蔽斗争中应注意把握的问题等3个方面,采取情况介绍、案例分析、反正对比等方式,深入浅出、形象直观地从政治、经济、军事和外交等领域,介绍当前隐蔽战线斗争的严峻形势,分析敌对势力颠覆、渗透和破坏的特点规律,剖析原因教训,针对部队工作特点,提出做好新形势下隐蔽斗争工作的对策建议。

【基层干部骨干理论轮训】2017年10月上旬,77156部队为充分发挥基层干部和理论骨干辐射带动作用,推动习主席系列重要讲话精神学习贯彻向基层延伸落地,组织为期5天的基层干部骨干理论轮训。轮训区分4个片区(4个营区),采取3种形式(全旅电视会议、片区集中学习、单位组织自学),突出抓好2类人员(全体基层干部,每个排至少1名理论骨干),对《习近平论强军兴军》(基层官兵使用)、习近平主席在庆祝建军90周年阅兵时的讲话、习近平主席在庆祝建军90周年纪念大会上的讲话以及"7·26"重要讲话等内容进行系统学习。

【巴基斯坦陆军"团队精神—2017"国际竞赛】2017年3月24日至4月8日,68216部队组建中国陆军代表队一行13人,赴巴基斯坦旁遮普省卡里扬市门格拉地区,参加第二届巴基斯坦陆军"团队精神"国际竞赛。此次竞赛以反恐渗透侦察作战行动为课题,共有巴基斯坦、斯里兰卡、中国、英国、土耳其、马来西亚、约旦7个国家15个参赛队参加。中国和巴基斯坦2支参赛队获得金牌。

【建军90周年系列文化活动】2017年8月1日至9月中旬,31660部队组织开展庆祝建军90周年系列文化活动。在驻训地举行升国旗仪式及观看建军90周年阅兵式。围绕"讲军史、忆传统、话使命"组织强军故事会,10名参赛选手围绕经典战例、英模故事和所在单位官兵的强军实践事迹等作了生动感人的讲演。以革命战争年代、和平建设时期、十八大后军队改革、奋进中的贺兰战神等专题,组织"赞颂辉煌成就、投身强军实践"图片展。

【"普惠兵心"工程】2017年,94136部队组织"兵情兵心"大摸底和"为旅献计"活动,满腔热忱地为官兵办实事、解难题,更新大屏幕电视机65台、健身器22套、连队音响17台、锣鼓16套、点唱机14台、篮球架2个、台球桌7个,投放88辆军营共享单车,为全体官兵健康体检,协调解决官兵子女上学和8名随军家属就业问题,救济20名困难党员、2名家庭受灾和困难官兵,"八一"建军节登门慰问入藏执行任务空勤家庭14户、困难官兵3名、小台站16个。

【甘肃会宁县水源勘察】2017年10月下旬,68612部队派出水源勘察分队共12人、车辆2台、装备2套,对甘肃会宁县翟家所乡杜湾村、柴家门镇宝川村、丁家沟乡梁庄村、杨崖集乡陇西川村及附近区域进行勘探作业,共布设测线9条、物理点36个,测线总长4390米,并化验了10眼水井、1眼泉水水质,查清甘肃省会宁县4个精准扶贫点位的水文地质情况底数,为科学决策提供依据。

【预备役干部骨干集训】2017年5月,吴忠预备役步兵团集中利用30天时间,采取封闭式管理、连队化生活、集中教与分组练的方式,组织预备役干部骨干进行集中强化训练。集训突出干部骨干单兵军事素质、基础课目组训法等内容的锻炼提升,提高预备役干部骨干综合素质,为完成整建制训练、执行急难险重任务培养骨干人才和中坚力量。

(杜承容)

国防动员

综　述

【概况】2017年,自治区国防动员围绕主责主业,履行新职能新使命,年度各项工作任务圆满完成,基础性工作不断进步,特色工作更加活跃,国防动员建设协调发展。从快建立工作机制。根据省军区系统体制改革和地方政府人事变化,及时研究提出国动委组成调整方案,加强军地组织领导和统筹指导；安排专门时间，走访调研国动委各专业办公室，重点了解掌握应急力量储备、基础设施建设、年度工作落实情况，共同研究梳理工作重心和建设重点，明确信息报送有关要求，规范潜力数据统计更新机制，协调解决矛盾问题，理顺领导管理和工作指导关系。从严落实检查考评。修订完善《2017 年市、县（市、区）国防动员建设效能目标管理考核细则》，优化考评方式方法，不断增强考评的实效；会同自治区国动委各专业办公室，组成联合工作组对各市年度国防动员工作落实情况进行检查考核、量化评估，推动国防动员建设中办事机构人员不固定、经费难落实、工作边缘化等重难点问题有效解决，促进国防动员工作规范化、制度化建设。从实开展动员演练。聚力提高服务保障打赢能力，组织国动委各专业办公室和机关相关办局人员参加西部战区国防动员要素指挥演练，研究探索战时国防动员指挥部"一中心、八部门"设置，规范程序，熟悉内容，提高战时动员组织指挥能力。从细核查潜力数据。先后组织 3 次动员潜力数据调查核对，围绕重点国防动员潜力要素、基本情况和重点目标单位 3 项内容，核查更新保交护线、医疗卫生、物资装备、人力资源 4 个方面 16 类 72 项 10 万余条数据信息，完善国防动员潜力数据体系。会同西部战区工作组对自治区本级和银川、吴忠、中卫 3 市国防动员潜力核查工作进行现地核查，检验吴忠市民兵重装运输分队和中卫市民兵水上应急分队人员、装备、编组落实情况，深入宁夏天元锰业等企业，了解掌握规模、产能、物资储备等核心动员潜能，扩充增加煤制航空燃油、舰用灭火设备、野战自热食品等新质动员内容，推动国防动员潜力调查工作实效。着眼应对支援保障作战动员需求，结合宁夏区情实际，研究拟制国防动员实质性准备工作计划，细化动员备战具体措施，提高国防动员实质性准备水平。

【国防动员潜力核查】2017 年 8 月 10 日，根据西部战区核准动员潜力的通知精神，自治区国防动员委员会在前期指导各市国防动员委员会和自治区国防动员委员会各办公室认真核查的基础上，区分"重点国防动员潜力要素""国防动员潜力基本情况""国防动员潜力重点目标单位信息"3 个方面，核实、更新、完善 10 万余条应急处突动员潜力数据，并按时向西部战区上报国防动员潜力统计数据。

【检查调研】2017 年 9 月 11—13 日，西部战区工作组对宁夏国防动员潜力核查进展情况、动员需求、联合训练和新大纲试训等方面进行现地核查调研。工作先后抽查退伍军人、动员装备物资在位情况，深入宁夏天元锰业等企业，了解掌握规模、产能、储备等核心动员潜能，拓展煤制航空燃油、舰用灭火设备、野战自热食品等新质动员内容，提升自治区国防动员实质性准备能力。12 月 11—13 日，中央军委国防动员部人防局副局长杨青山带工作组检查调研宁夏国防动员工作。工作组区分军区机关、军分区（警备区）、国动委各专业办公室 3 个方面，组织军地人员召开国防动员和干部考评工作专项座谈会，针对国防动员体制机制、法律法规、体系构建、任务落实等方面存在矛盾问题及意见建议进行分析研讨，宁夏军区政治委员潘武俊围绕推动完善国防动员体系情况作专题汇报，工作组对调研座谈给予充分肯定。

（杜承容）

人民武装

【民兵组织整顿】2017 年 1 月底，宁夏军区联合自治区政府下发《关于做好 2017 年民兵组织整顿工作的通知》，从"认真筹划准备、精心部署展开，优化结构布局、提高编组质量，严守政策规定、规范整组秩序，加强组织领导、确保工作落实"4 个方面，对年度民兵预备役组织整顿工作进行安排部署，要求基干民兵中党员比例达到 30%以上、转业退伍军人比例达到 30%以上、技术岗位人员专业对口率不低于 80%以上、经过军事训练人员比例不低于 50%。

【国防动员建设效能目标管理考核实施方案】2017 年 4 月 6 日至 5 月 8 日，根据自治区党委办公厅、人民政府办公厅《关于印发〈2017 年度自治区机关及市县效能目标管理考核方案〉的通知》精神，宁夏军区围绕党管武装、体制机制、重点领域、优抚安置四方面，组织国动委各办公室认真研究制定出台《2017 年度市、县（市、区）国防动员建设效能目标管理考核方案》，每年定期组织考核，考核结果与领导干部绩效考评、国防动员和党管武装先进评选挂钩，为第四季度实施考核打下坚实的基础。

【银川市春季党政干部研修班国防教育专题报告】2017 年 4 月 27 日，自治区国动委综合办公室专职副主任王送军为银川市举办的春季党政干部研修班进行《认清安全形势，强化国防意识，为实现强国梦强军梦作出应有贡献》国防教育专题报告，其中县处级领导干部研修班 50 余人、科级干部学习班 50 余人，其他人员 20 余人参加报告会。

【民兵保障分队挂钩训练】2017 年 7 月，宁夏军区以西部战区联合专项训练和新大纲试训论证为牵引，按照共同基础训练课目集中组训、专业训练课目借助空军部队挂钩联训、综合演练课目结合联合专项训练具体牵头组织的原则，完成空军民兵通信保障、安全警戒、伪装防护和工程抢修共5支分队260名基干民兵的训练任务，提升军种民兵保障分队军事训练质量，实践探索组织军种民兵保障分队与任务承训部队挂钩联训的方法路子。

【民兵组织建设】2017年10月15—20日，根据省军区系统调整改革后战备建设局负责组织指挥国防动员和后备力量建设、承担省人民武装动员办公室的新要求，战备建设局副局长王保贵带分管参谋赴陆军工程大学石家庄校区，参加军委国防动员部基于信息系统动员指挥培训。依据国务院、中央军委《我军后备力量建设“十三五”规划》和军委国防动员部《关于“十三五”时期民兵组织规模和年度训练任务调整有关问题的通知》，结合宁夏区情实际，研究部署“十三五”时期民兵组织规模调整工作。

【基层武装部建设调研】2017年10月20日至11月3日，宁夏军区紧紧围绕新时代新体制新使命对省军区落实主责主业的新要求，围绕党管武装、组织机构、专武干部、基本设施、规章制度、图表资料、工作实绩、创新工作和参建援建等9个方面，采取听、查、看、问等方法，组织基层武装工作调研，精选不同地域、不同类型、不同条件的11个乡(镇)、街道、企业基层武装部，摸清新形势下少数民族地区基层武装工作的特点规律，了解掌握武装工作存在的突出矛盾问题，为准确掌握全区基层武装部建设情况，研究提出抓好基层武装部建设的措施办法奠定坚实基础。

（杜承容）

国民经济

【应急演练】2017年1月20日至3月10日，为加强军民融合深度发展，检验和锻炼经济动员系统和各经济动员中心的应急保障能力，自治区经济动员办公室组织指导银川市3区2县经济动员部门开展实战化动员支前应急演练，银川市2个国家级、8个省级动员中心参加此次应急演练。

【异地考察】2017年3月20—23日，自治区经动办专职副主任王治平与中卫市市长万新恒、副市长朱凼凼到陕西华阴武器试验基地、西安交通大学、西安航天研究院、阎良区中航飞机制造公司考察，积极对接《中卫市国家级军民融合产业示范园区建设规划》编制工作，动态跟进中卫市军民融合产业园区项目建设。

【军民融合深度发展“十三五”规划】2017年5月12日，自治区经济动员办公室在开展调查研究和广泛征求宁夏军区和地方政府部门意见的基础上，聚焦区情实际，经军地专家讨论评审，高质量高标准完成《宁夏回族自治区经济动员“十三五”规划》和《宁夏回族自治区军民融合深度发展“十三五”规划》，报请自治区人民政府、宁夏军区联合下发《关于印发宁夏回族自治区军民融合深度发展“十三五”规划的通知》。

【调研工作】2017年，自治区经济动员办公室结合西部战区工作要求，重点对装备动员、医疗卫生、给养物资和能源保障4个方面、45类项目进行专项潜力调查，实地调研石嘴山市、中卫市、固原市和青铜峡市军粮保障供给和动员中心建设事宜，陪同军委后勤保障部军需能源局军粮办副主任吴海波到宁夏兴唐米业集团有限公司、宁夏法福来食品股份有限公司和宁夏昊裕油脂有限公司调研，常态掌握经济动员现状，推荐优质企业更好融入国防和军队建设。

（杜承容）

人防民防

【“准军事化”训练周活动】2017年3月24日，自治区人民防空办公室组织干部职工到武警银川市支队某部参观见学，观摩队列训练、擒敌术、装备操作等课目演示，参观内务建设、库室管理、荣誉室、安全工作、后勤保障等内容。3月27—31日，组织全体人员开展“准军事化”训练周活动。

【人防“进学校、进社区”宣传教育】2017年，宁夏人民防空工作坚持“政府主导、中介服务、社区学校组织、群众学生受益”工作思路，以普及人防法规、传播人防知识、强化人防意识、提升应急技能为主要工作内容，采取“政府购买服务”的方式在银川市50个学校、50个社区开展人防“进学校”、“进社区”宣传试点工作，累计受众2万余人。

【机动指挥所拉动训练】2017年8月3日，自治区人民防空办公室组织实施机动指挥所随机拉动训练。此次拉动以宁夏发生应急事件，接政府部门紧急通知，要求人防机动指挥所迅速开赴现场实施通信保障，并将现场音视频信息传输至自治区人防基本指挥所为背景，区分受领任务、人员集结、设备检查、车辆行进、展开作业、组织撤收等环节，采取不打招呼、随机拉动的方式，检验机动指挥所的应急准备工作和通信保障能力，为实施常态化训练积累了宝贵经验。

【人防战备数据工程建设】2017年，自治区人民防空办公室战备数据工程建设项目得到国家人民防空办公室批复，同意宁夏回族自治区本级人防战备数据工程建设项目书。8月28日，举办人防战备数据工程建设专题讲座，宁夏人防战备数据工程可研报告编制单位——中国电子系统技术有限公司工程师孔伟军，围绕人防战备数据工程的建设背景、总体状况等进行授课辅导，着重对宁夏人防战备数据工程建设方案、工程现状分析、总体设计、系统设计、数据中心设计等相关内容进行重点讲解，人防办全体干部职工参加。10月24日，召开人防战备数据工程建设可行性研究报告评审会。

【宣传贯彻自治区第十二次党代会精神】2017年6月15日，自治区人民防空办公室组织全体干部职工召开会议，专题传达学习贯彻自治区第十二次党代会精神。7月1日，印发《学习宣传贯彻自治区第十二次党代会精神实施方案》。7月14日，邀请宁夏社会科学院院长张廉作专题辅导报告。通过系列学习贯彻活动，广大党员干部进一步领会和把握大会精神实质，确保党代会各项任务落到实处。

【人防法实施20周年系列宣传教育活动】2017年9月15日，自治区人民防空办公室在银川市光明广场开展纪念《中华人民共和国人民防空法》颁布实施20周年系列宣传教育暨"9·15"全区人民防空警报试鸣日活动。活动以"贯彻落实《中华人民共和国人民防空法》、铸就坚不可摧的护民之盾"为主题，以提升全民国防观念、人防意识，增强应急技能为目标，以载体宣传为重点，通过展示、咨询、文艺演出、宣讲、竞赛、疏散演练等形式，集中时间、集中力量开展内容丰富、形式灵活、贴近群众、节俭高效的宣传教育活动。

【"宁甘2017"跨区联合训练】2017年10月30日至11月4日，自治区人民防空办公室联合甘肃省人民防空办公室组织"宁甘2017"跨区联合训练，宁甘两省区18个市、县共120余人参加，出动指挥通信及保障车辆24台。训练采取快速集结、紧急出联、异地组网、联合保障、指挥移交等方式，通过两地人防通信专业人员面对面、背靠背的训练演练，锻炼人防通信人员的联合保障能力，摸清两省区部分地域的气象水文、道路、电磁环境等基础信息，检验各种通信装备在不同条件下的组网能力，融合两地指挥信息资源，建立常备不懈、快速反应、联合保障的应对机制。

【全区人防系统行政审批业务管理培训】2017年11月28日，为深化人防行政审批改革，加快推进"不见面、马上办"审批模式，增强人防行政审批人员业务能力，自治区人民防空办公室组织全区人防系统行政审批业务管理培训，各人防重点城市人防办副主任、工程科科长、政务窗口行政审批人员以及区人防办工程处、质监站全体成员共40余人参加培训。培训对《宁夏回族自治区人民防空工程安全使用管理办法(征求意见稿)》《宁夏回族自治区人民防空工程质量监督管理办法(征求意见稿)》及《自治区人民政府关于推进人民防空建设持续健康发展的意见（征求意见稿）》3个规范性文件进行座谈讨论。

（杜承容）

交通战备

【国防交通基础设施建设】2017年2月，自治区交通战备办公室牵头组织兰州铁路局军代处、相关市(县)交通运输等部门协调青铜峡某训练基地铁路建设相关事宜。5—7月，在对驻宁部队进出道路建设调研摸底后，组织驻宁有关部队和交通运输厅相关处室召开"部队进出道路建设协调会"，安排部署报批的68262部队、68216部队等5个单位进出道路建设任务；在征求驻宁部队意见的基础上，筛选上报68006部队、31660部队两个营区、石嘴山陆军预备役工兵团3个单位、4条进出道路为2018年建设项目。8月，根据移防31670部队申请，协调宁夏公路管理局投资12万元，为该部平吉堡营区和青铜峡镇营区进出道路架设安全辅助设施，保障部队营区周围安全。

【部队摩托化机动交通保障】2017年6—9月，根据国家交通战备办公室和西部战区通知精神，自治区交通战备办公室组织全区交通战备系统共保障31656、31660、31681、31670、77156、31658、31664和31666等部队移防共计38批(次)，涉及银川市、吴忠市和中卫市及所属县(区)，累计保障移防部队车辆2630台(次)，投送总里程达4239公里，征用民用运力(大型客车)131辆(次)，交通管制107次，开通应急通道87次，整修道路180米、开辟修整场地面积2350平方米，完成部队移防交通保障任务，受到国家交通战备办公室、西部战区和移防部队的高度肯定。7—11月，先后完成31662、68216、68207、73101和31666等部队演训13批次保障任务，共计1297台轮式装备，确保部队演习(训练)顺利实施。10—12月，先后保障武警部队"合作-2017"中俄联合反恐演训活动和自治区人民防空办公室"宁甘-2017"跨区联合训练活动，确保演(训)活动的顺利开展。全年，累计出动各类交通保障人员762人（次），其中，公安交警460人(次)，交战系统302人(次)，出动保障车辆317台(次)。

【国防交通专业保障队伍建设】2017年6月，自治区交通战备办公室组织国防交通专业保障队伍技术骨干共计39人，在西安贝雷钢桥厂举办为期一周的“装配式公路钢桥架设培训班”，培训采取理论授课、观看录像、架设训练、汇报演练的方法组织实施，国防交通专业保障队伍技术骨干的责任意识和业务技能得到提升。国防交通公路工程专业保障队伍、道路运输专业保障队伍和桥梁抢修专业保障所在部门(单位)，能贯彻交通保障力量体系建设要求，结合工作任务抓好队伍的整组和训练，为做好国防交通工作打下坚实的基础。

【“军营一日，军民共建鱼水情”活动】2017年7月，自治区交通战备办公室组织交通运输厅机关、交通运输系统共130人在68216部队开展“军营一日，军民共建鱼水情”活动。先后组织参观该部队史馆，观看实战化课目汇报，进行实弹射击体验，与基层官兵座谈沟通，交通职工文工团进行慰问演出，提升交通运输系统党员干部国防意识，促进军民共建鱼水情深。

【《国防交通法》宣传贯彻培训】2017年11月，自治区交通战备办公室举办全区交通战备系统《国防交通法》宣传贯彻培训班。培训邀请国防大学军事管理学院、联合勤务学院和国家交通战备办公室等专家教授辅导授课，全区各级交通战备办公室，公安交管部门，民航、铁路战备办的分管领导和业务骨干，共135人参加培训。

(杜承容)

信息装备

【信息动员工作会议】2017年4月10日，自治区年度信息动员工作会议在银川召开，各基础电信运营企业和各地市信息动员办公室领导及相关同志参加。会议总结2016年国防信息动员工作，部署2017年工作任务，传达《关于2016年度市、县(区)国防动员和后备力量建设效能目标管理考核情况通报》精神，着力解决存在的国防动员和后背力量建设薄弱、机构设置不够健全、人员编制落实不到位、经费保障跟不上、专兼职工作人员业务不熟悉等问题；银川、吴忠、石嘴山、中卫信息动员办公室汇报2016年信息动员工作开展情况，宁夏军区有关人员进行信息动员重要性解读，就成立一类应急通信保障队伍组建方式交流意见。

【十九大应急通信保障】2017年7月24—28日，根据《工业和信息化部办公厅关于做好党的十九大网络运行安全和通信服务保障工作的通知》要求，自治区信息动员办公室对3家电信企业和铁塔宁夏区公司、中卫市和吴忠市分公司应急通信保障准备情况进行检查，重点对应急组织体系建设、应急值守和应急物资储备、应急预案制定及演练、国家通信网应急指挥调度系统的管理维护等方面存在的问题进行通报整改。10月11—24日，党的十九大会议保障期间，严密组织通信管理局和电信企业值班值守，按时参加全国应急通信保障视频会商联调，全区通信行业5000余人(次)参与保障，出动通信保障车辆1200台(次)、通信设备1000台(次)，保障油机800台(次)，十九大召开期间全区通信网络运行良好，无突发事件。

【信息动员潜力数据统计】2017年6月1—30日，自治区信息动员办公室开展年度国防信息动员潜力数据专项统计，更新和新增数据共计10800余条，内容涉及应急队伍、应急物资、应急预案、应急车辆等应急资源静态数据。其中，宁夏电信167条，宁夏移动323条，宁夏联通70条，宁夏铁塔9809条，银川市信动办100条，宁夏邮政局318条，宁夏广电13条。

【应急通信保障和信息报送】2017年，宁夏各电信基础企业累计组织应急通信演练100余次，中大型应急通信演练3次(宁夏移动公司承办的甘肃大区应急通信演练、宁夏电信公司参与的中卫云基地多专业联动演练和西北区2017年天翼神剑·丝路驰援应急通信联合拉练)，信息报送演练17次；参与各类应急通信保障任务100余次，出动应急保障车辆120余车(次)、人员600人(次)；完成自治区第十二次党代会、第三届中阿博览会、“一带一路”国际合作高峰论坛、银川“丝绸之路”国际马拉松赛、中国材料大会银川国际周、第九届中国西部(银川)房·车博览会等重大活动通信保障；定期维护保养应急平台、通信指挥车及终端，配合厂家完成中通指挥车设备升级；拨测企业卫星电话130余次，每月上报卫星电话拨测记录，每季度汇总信息报送和卫星电话拨测情况，印发应急通信工作季度简报，全年应急平台整体运行良好，共召开视频会议20次，对应急指挥系统IP巡检68次，机房巡查78次，年度应急通信保障和信息报送工作有序推进。

(杜承容)

国防教育

【青少年国防教育】2017年，全区各中小学组织开展以“讲英雄故事、学光荣传统、做红色传人”为主题的读书演讲活动，宁夏大学、银川大学、吴忠回民中学等30多所大学、中学邀请区内外军事专家举办国防形势报告会，严密组织《国防教育》读本进校园试点工作，宝湖实验小学等8所试点学校认真做好读本教学，积极组织对广大青少年学生进行国防形势宣讲,积累国防教育工作经验。

【国防教育专题报告会】2017 年 7 月 27 日,为隆重纪念中国人民解放军建军 90 周年,学习贯彻习近平总书记关于加强全民国防教育的系列重要讲话精神,增强各级领导和广大干部群众的国防观念和国防意识,自治区国防教育办公室邀请知名军事专家、国防大学战略部军训室主任王洪福教授作“我国海洋安全形势”专题报告,区直各部门和银川市干部职工,宁夏军区、武警宁夏总队干部战士2000 余人参加。

【全民国防教育日活动】2017 年 9 月 16 日,是国家第 17 个“全民国防教育日”,自治区国防教育办公室围绕“赞颂辉煌成就、赓续红色基因、支持改革强军”主题,开展参观国防教育基地、主题宣讲报告会、祭奠革命先烈、文艺演出、演讲比赛、主题诵读、征文比赛、合唱、制作展板巡展、主题班会、军训表演、街头宣传等多种形式的宣传活动。在为期一周的集中宣传活动中,各市总计举办报告会 83 场,印发宣传资料 20 多万份,印制知识手册 5 万多份,悬挂标语条幅 2000 多条,制作展板 300 多块,制作灯箱标语牌 87 块、进清真寺 60 多所,20 多万名中小学生参加了以“讲英雄故事、学光荣传统、做红色传人”为主题的主题班会,近万名干部群众进军营、进国防教育基地接受教育。

【国防教育业务培训】2017 年 9 月 27—30 日,为提高全区国防教育系统工作人员业务能力和政策水平,自治区党委宣传部、宁夏军区政治工作局、自治区国防教育办公室联合组织国防教育系统工作人员业务培训,全区 5 市 22 县(市、区)70 多名相关负责人和宣传干事参加。培训采取会训结合的方式,通过专题讲座、业务知识辅导、实地观摩和交流发言等多种途径,深刻理解以习近平同志为核心的党中央关于国防和军队建设的重要论述,提高依法履行国防教育的责任意识,提高理论和业务素养。

（杜承容）

人民武装警察

综　述

【军事工作】2017 年,自治区武警总队完成党的十九大安保任务。筹划指导部队打赢了以十九大安保为主线,以“1701”一级警卫为核心,以第三届中阿博览会、第九届中国花博会、宁夏国际马拉松赛安保为重点的“三场维稳战役”,维护了宁夏社会大局稳定。承办中俄“合作-2017”联合反恐演训。排查整治执勤隐患6 大类 237 项,撤收调整勤务部署 13 处,执勤秩序更加规范、执勤阵地更加稳固。指导部队完成自治区政府“7·3”群体性上访事件机动备勤、海原县南华山火灾扑救、重要敏感期设卡查控、援疆特勤排反恐轮战等任务,以及押解押运、警戒设卡 78 起,“两规”陪护 58 起,警卫、“两看”、“两规”执勤分队妥善处置执勤险情9 起,维护了宁夏社会稳定。拓展总队“训班子、考班子、班子带着部队练”经验,筹划组织参谋业务竞赛、首长机关带实兵冬季野营拉练、“卫士-17”系列演习和季度首长机关集中训练,提高两级首长机关军事素养和组织指挥能力。以备战中俄联训为牵引,依托总队训练基地,采取大集中方式,筹划组织以“八个集训”(基层军事主官《纲要》集训、特战骨干集训、侦察兵通信骨干集训、特勤分队“魔鬼周”极限训练、实战化快速射击集训、参谋业务集训、教练员集训和预提指挥士官集训)、“一个考评”(直属支队军事训练一级单位达标考评)和 2017 新训为重点的大练兵活动。直属支队在全力备战中俄联训的同时,以总评优秀的成绩顺利通过总部军事训练一级单位达标考评。优化提升总队训练场规划建设,完成综合训练场模拟街区、猎人训练场、实弹射击场和新攀登楼升级改造,实现所有基层单位训练场地和设施器材全达标。组织正规化试点观摩,印发正规化管理和着装规范“两个图册”,集中调整清理“家门口”士兵,开展经常性工作明察暗访和不打招呼突击检查,从严规范部队秩序,促使军人意识、军事属性、军队本色落地生根。开展暑期百日安全竞赛和“迎联训、促正规、树形象、保安全”教育整顿,常态组织“安全日”“安全工作大讲堂”和季度安全工作录像讲评,促进了安全工作规范化。重视抓好飞行、枪弹、信息保密等特殊领域安全工作,开展飞行安全整顿、枪弹专项清查、信息安全保密专项检查、普密管理党课辅导。承办武警部队西北片区侦察兵中级职业技能鉴定得到总部通报表扬。组织两级机关参谋业务比武竞赛、开展百日安全竞赛、战备月活动、筹备中俄联训等 8 项经验做法被武警总部转发,参谋部人员结合工作撰写的 142 篇稿件被《武警要讯》《武警军事工作简报》《部队管理》《武警学术》《人民武警报》等报刊杂志刊发。

【政治工作】2017 年始终把学习贯彻习主席系列重要讲话精神特别是党的十九大精神作为首要政治任务,结合军委、总部通知精神,拟制下发总队学习宣传贯彻方案,严密组织团以上领导干部理论轮训和党委中心组带机关理论学习,安排总队十九大代表深入基层巡回宣讲,营造大事大抓的浓厚氛围。注重把学习贯彻十九大精神与“两项重大教育”、政治能力训练紧密结合，认真抓好理论辅导、要点阐释、讨论辨析、实践感悟等环节，以《习近平论强军兴军》读本为基本教材，引导各级广泛开展“学强军思想、讲强军故事、干强军事业”和“做习主席的好战士”系列活动，打牢官兵忠诚核心、拥戴核心、维护核心的思想根基。始终把围绕中心、服务中心、保证中心作为根本指向，按照总部“三场维稳战役”部署要求，研究任务中政治工作特点规律，紧跟任务转换和形势变化，及时下发政治工作指示和宣传教育提纲。特别是结合中阿博览会、党的十九大安保及中俄反恐联合演训等大项任务，灵活运用“八个到现场”“八种基本方法”，全程跟进做好思想发动、政治考核、立功创模、典型宣传等工作，为圆满完成各项任务提供了坚强保证。贯彻落实武警党委1号文件精神，研究制定总队2017年度《抓建基层措施》《精准帮建计划》，严密组织基层三级主官《纲要》培训，常态落实“三帮一带”和当兵蹲连制度，不断提高“三个一线”自主抓建能力。采取一队一案、责任挂钩、跟踪问效的办法，区分层次对连续多年未跨入先进的单位实施精准帮建。特别是针对“大考之年”的特殊形势和要求，坚持把严防政治性问题、事故案件和自杀问题突出出来，常态开展法律、心理服务下基层活动，贯穿全年抓好个别人员排查转化和经常性预防工作落实。压紧压实“两个责任”，以鲜明态度和坚定决心，做好军委审计和武警党委巡视反馈问题的整改落实，协调建立总队党委巡察和基层风气监察联系点制度，形成有效的监督运行机制。始终聚焦改革强军这个时代要求，开展拥护支持改革教育，跟进做好政策宣讲、疑点阐释、解难帮困等工作，综合施策优化结构，着力稳定军心、坚定决心、增强信心。针对政治工作部自身改革任务，始终把讲政治、顾大局、重团结、有作为突出出来，结合职能任务调整，加强工作研究、改进指导方式、规范运行模式。

【后勤工作】2017年，总队保障工作按照自我保障7天以上优化完善战备要素，落实总队、支队、中队三级经费、野战食品和战备弹药储备标准，做好遂行任务保障准备。开展后勤专业兵“一专多能、一兵多用”训练，结合遂行野营拉练、特战分队“魔鬼周”训练和中俄“合作-2017”联合反恐演训等重大军事行动摔打锤炼队伍。协调厂家对配发的新式装备进行接装培训和实投实射训练。预算投入4813万元，推进基层基础设施、训练场地、机关体育训练场和私家车停车场、大营区生活服务中心和卫生队、医院住院楼加固等74项工程建设。开展“三库”清理整治和枪弹专项清查。组织后勤部(处)长集训，提高后勤规范化建设水平。总队集训做法被总部转发，《人民武警报》二版头条刊载总队集训情况。优化官兵住院环境，为军人病区更换励志标语、安装空调和净水设施，设置“医苑书架”，为3500余名官兵及家属进行体检，为70名官兵办理评残手续，投入73万余元为2名重病战士诊治，258名官兵康复出院。严格组织物资集中采购，依托自治区财政厅评审专家库抽取专家，规避了采购风险，提高了采购效益。全年完成31个项目招标采购，涉及金额1047万元，节约经费165万元。认真抓好枪弹、危险品安全管理和医疗行业清查整顿，推动军械信息化管控手段应用，严密组织油料专项整治，开展“交通安全月”活动。组织装备大检查，统一组织装备大点验，推进9辆超标越野车涂装分流和60辆战备车辆改装，装备正规化管理水平得到新提升。在《人民武警报》刊登头条1篇、发稿4篇，《中国特警》发稿1篇，《武警后勤》刊稿15篇，3篇经验做法被总部转发。督导基层落实财务、军需、营房人员轮岗制度，定期开展业务培训。3月，武警医院抢救固原断肢男童事迹引起各界高度关注。7月，武警医院联合《雷锋》杂志社召开“用大爱创造生命奇迹”新闻发布会。医院被总部表彰为“百日安全竞赛”先进单位。先后接收发放70多个品种20多万件(套)物资无差错，完成9台车辆涂装和495余台车辆维修，为基层配送18.7万斤肉蛋蔬菜。

【“1701”一级警卫勤务】2017年5月8—10日，中共中央政治局常委、十二届全国政协主席俞正声一行24人在宁夏银川、固原两市考察调研。宁夏武警总队完成中央首长在宁活动期间住地警卫、专机警卫、武装随卫和反恐处突机动备勤等任务。

【中俄“合作-2017”联合反恐演训】2017年12月1—15日，中俄“合作-2017”联合反恐演训在宁夏银川举行，此次演训是贯彻落实习近平主席和普京总统共同倡导的中俄全面战略协作伙伴关系的实际举措，是推动两支部队在安全领域交流合作取得的最新成果，是提高双方参训人员联合反恐水平和反恐作战能力的具体行动，也是继中俄“合作-2007”“合作-2013”“合作-2016”联合反恐演训之后的又一次高水平合作。演训为增强两国在打击国际恐怖主义领域的互信与合作做出了重要贡献。

【同心县中队获基层建设标兵中队】2017年2月24日，武警部队党委二届十次全会表彰了10个基层建设标兵中队，吴忠市支队同心县中队获此荣誉。同心县中队先后12次被总队评为基层建设标兵(先进)中队，荣立集体一等功1次、二等功3次、三等功9次。涌现出了“全国民族团结进步模范个人”宋林俊、第六届“中国武警十大忠诚卫士”郭春耀、第十二届“中国武警十大忠诚卫士”杨开飞等一大批先进典型。中队连续三十五年执勤无事故，先后成功处置周泽群非法宗教势力暴力抗法、“5·21”特大杀人案搜捕等急难险重任务26起，抓获毒犯123名，缴获毒品42公斤、毒资近亿元。始终模范尊重民族地区风俗习惯，充分发挥“一个引领、三个机制”作用。

【2017中阿博览会安保】2017年9月6—9日，第三届中国—阿拉伯国家博览会在银川举办。宁夏总队贯彻武警党委首长决策指示，按照地方党委政府统一部署。圆满完成开幕大会、巡馆活动、机场现场警卫、中外政要住地警卫、武装随卫和社会面武装巡逻、环宁公安检查站警戒设卡等11项任务，高标准实现了“四个确保”目标。

（孙永强）

支队建设

【宁夏总队银川支队】2017年，银川支队创新运用政工干部“生命线”、战士家长“微信群”和“五微教育”，开展“学强军思想、讲强军故事、干强军事业”群众性实践活动、纪念建党96周年主题党日和“庆八一·迎盛会”专题文艺晚会，支队助力地方精准脱贫和主题教育经验做法先后被武警部队和总队转发。打造“网络政工、数字政工、智慧政工、体验政工”，先后投入88万余元建成DV动漫教育中心、网上指导员之家、网上3D荣誉室、WiFi进军营、“双网进两堂”，举行转业干部退役仪式、第四届“快乐警营”欢送退伍老兵趣味运动会和“庆国庆、迎盛会”篮球联赛，有效助推了“四心”工程落实。先后动用347人(次)完成分流勤务7起、押解和狱外就医70余起，动用30余人(次)完成5起押运勤务。对不符合上勤规定的6个哨位(4中队、6中队、13中队和太阳岛执勤点）和1处警卫目标的勤务进行撤收，先后出动兵力5366人(次)，应对处置上访事件392起，成功处置区政府上访人员企图自焚和“7·03”大规模群体性上访事件。协同公安民警成功处置一起携带管制刀具涉稳类警情并成功抓获1名网上在逃人员，全年共完成56名“两规”对象陪护任务，成功处置3起拉拢腐蚀哨兵、2起陪护对象企图自杀事件。部队累计出动兵力近3000余人(次)，先后5次31天担负环银、环蒙安保圈警戒设卡任务，完成“1701”一级警卫勤务、环青海湖国际公路自行车赛、中阿博览会等重大安保任务。一中队特勤排16名官兵在2017年总队特战分队干部骨干比武竞赛的4个专业17个科目中取得10个科目第一、1个专业第二、2个专业第三和团体总分第一的好成绩。先后有2名优秀士兵被保送入学提干，10名战士被院校录取，9名战士考取士官学校。组织“十佳军嫂”评选和已婚士官家属体检活动，对11名困难党员、15名特困官兵、5名家庭受灾官兵进行救济慰问。与驻地卫计委、副食品配送公司、天豹运输公司和中石油银川分公司等单位形成了相互衔接、职能配套的后勤应急保障体系。

【宁夏总队石嘴山支队】2017年，石嘴山支队创新“互联网+”教育模式，推广“双网进两堂”，宁夏武警APP使用，改版支队政工网，开办警营电视台，拓展电子阅览室、五微教育中心、新闻广播采编室、3D网上史馆(荣誉室)功能，开展“一队一品”特色文化活动，精心组织“强军风采”歌咏比赛。常态化地对陶乐镇庙庙湖村5个贫困家庭进行精准扶贫。与庙庙湖村、富民村开展红色党支部共建，7月，富民村被自治区评为“精神文明新村”。先后发放2万余元药品器材，设立“春雷芬芳”专项基金账户，向5名特困学生捐助3.2万元助学金，向78名贫困生赠送3.6万元书籍和文具，支队开展精准扶贫做法被各大媒体专题报道，受到驻地群众和市委领导高度赞誉。先后投入兵力6000余人（次），完成春运执勤、武装巡逻，中央领导人来宁视察警卫、“一带一路”国际高峰论坛、内蒙古自治区70大庆、第三届中阿博览会等警戒设卡任务。党的十九大期间，协助公安机关先后抓获35名涉毒、2名贩毒和1名网上追逃人员，缴获冰毒50克、管制刀具等违禁物品56件。总队半年军事考核总评第一，特勤分队比武竞赛团体第二，5个单科目第一，一中队班长冯海杉获得突击专业第一名，立三等功。开展“伙食指导周”活动，官兵伙食满意率达到98%以上。突出保障战斗力鲜明导向，集中财力优先保障武器装备、物资储备和训练场地建设等项目。先后投入400余万元推进支队军械库、惠农区中队、市中队训练大棚建设、基层实体围墙改建和支队靶场改造。投入100余万元用于直属单位场地硬化、干部宿舍、机关澡堂维修等各项基础建设，提升部队“四项设施”配套率。

【宁夏总队吴忠支队】2017年，吴忠支队发挥典型示范引领作用，号召大家向身边的武警部队“基层建设标兵中队”——同心县中队学习。加强以威风锣鼓队、军乐队、仪仗队、电声小乐队为主要特色的文化队伍建设，灵活运用支队网上3D史馆、DV动漫教育中心、新闻采编室、数字图书室、“双网进两堂”、宁夏武警APP和“政工之家”活动平台。持续开展“百日大练兵”活动，分4批组织警（士）官集训，分3批组织勤训轮换，配合总队组织“魔鬼周”极限训练，累计用兵2960人（次），圆满完成了首长到吴忠的警卫、“两会”安保、马拉松赛安保、武装押解、武装巡逻、武装震慑、“环宁环银、出疆入京安保圈设卡”、罗山航空航模竞标赛安保和公安干警错带在押人员出监等重大临时勤务。制定“精准帮建实施方案”，开设周三“业务大讲堂”抓好辅导授课，全年共安排4批35人（次）工作组下基层蹲点指导，各类组织功能运转正常，官兵创先争优内在动力增强。有计划地推进支队车库建设、支队史馆改造、一中队营房及加油站修理所维修改造、二中队营区翻建后续建设、红寺堡区中队新建营房“四项设施”建设、青铜峡市中队营房维修、一中队天然气和供暖设施入网改造、二中队执勤设施维修改造等项目建设，每月组织卫生队军医到基层巡诊，每季开展“为兵服务到基层活动”，与吴忠市人民医院、开元加油站、军粮供应站等单位签订年度应急保障协议。

【宁夏总队固原支队】2017年，固原支队采取学原文、记要点、造氛围、抓结合、搞转化等办法，掀起学习十九大精神的热潮。采取“集体备课、示范讲课、分层授课、网上查课、推门听课”的方法，努力使教育走进兵心。建立5个优良传统教育基地，开展“访红色圣地、做红军传人；看驻地变化、铸强军之魂”主题实践活动。投入6万多元为中队购置落地触屏一体机供官兵随时浏览。与原州区圆德村开展“组织帮带和贫困帮扶”活动，投入扶贫资金8万多元，帮助完善了图书室、党员活动室和文化活动中心，注重运用“互联网+”思维，建立家长微信群，及时互通情况。完善二中队、隆德中队营区政治环境，完成直属大队WiFi进军营。圆满完成“1701”一级警卫和警戒设卡等各类临时勤务30起。支队被总队表彰为特战分队比武竞赛综合演练优秀奖。依靠官兵高标准完成直属大队综合训练场建设，节约经费160余万元，训练设施配套率达98%。细化“5个层面15个岗位”日周月季经常性工作规范。在直属大队二中队组织正规化管理试点，试点经验被总队转发。支队及二中队、泾源县中队分别被总部、总队表彰为“暑期百日安全竞赛优胜单位”。组织3批48人（次），累计68天的蹲连住班，常态化下基层检查指导累计217天。修订完善9类后勤应急保障预案、组织2批驾驶员复训。与建设银行、军粮供应站、味园连锁超市、天豹运输公司、中石油等签订资金、物资、运输、保障协议，开展联合演练，支队本级储备规模常年保持200人份。推广直属大队二中队农副业生产精细化种植经验，农副业生产收益成效明显。投入14万多元改建卫生队心理咨询室，累计投入550多万元，配备公寓楼生活设施、加固直属大队营房，经费保障接地气、暖人心。全年对13名困难官兵、6名困难党员实施救济，安排4名工作成绩突出的官兵疗养。

【宁夏总队中卫支队】2017年，中卫支队将“朗读者”“诗词大会”等新模式引入课堂，把“学素描、静心神”“青春舞步”“红色腰鼓忠诚心”等文化活动带进操场。协调中卫市扶贫办，3次深入贫困村现地调研，建立联合检查、联合表彰、联席会议等6项制度，与驻地9所学校112名贫困学生建立帮扶对子，年均捐款5万余元。协调农牧局专家传授种养殖技术、就业局提供就业服务、教育局增配校车、君元律师所无偿法律援助。自治区党委常委、统战部长白尚成一行80余人观摩支队民族团结创建工作，给予高度赞誉。被中卫市委、政府表彰为扶贫攻坚先进单位。投入20余万元整治8大类32个执勤隐患。投入9万余元完善3个中队训练场地，参加总队参谋业务比武竞赛荣获团体第二名，10名官兵入围中俄反恐联演联训，支队军事训练、勤训轮换做法被总队转发。先后协助抓获网上逃犯8人，成功处置抢劫自杀火灾等事件6起。出动兵力1500余人次，完成海原县“2·18”山林灭火，中宁“7·17”卫宁建材城机动备勤、等级警卫、国际自行车赛安保、设卡查控、武装押解和常态巡逻等重大勤务22起。开展“一队一特色”创建活动，打造一中队锣鼓队、二中队军史文化、四中队沙漠文化、海原县中队炫彩水鼓等特色文化。3月，获第二届全军“强军杯”业余足球比赛体育道德风尚奖。与市工会、妇联举办第四届“牵手寻爱”联谊活动，为18名官兵申请发放困难补助金4.7万元，为24名官兵解决公寓住房，组织148名官兵体检，汇聚建队力量，激励干事创业。协调推进海原县中队新营区搬迁，投入31万余元改装战备车辆、完善执勤和生活设施，解决基层训练场地、用水用气等实际困难36处。联系农牧林业局，免费争取11个品种5万余株树苗，部队周边绿化面积40多亩。

【宁夏总队机动支队】2017年，机动支队持续开展援疆官兵事迹报告、读书征文等配合活动。两次组织军事体育运动会，常态组织球类比赛。重点关注落榜考生、家庭受灾、重大疾患人员，研究制定《直属支队暖心服务实施办法》。参加总队参谋业务比武竞赛获得团体第一名和11个单项中的7个单项第一；参加总队首届特战干部骨干比武竞赛获得4个单项中的3个单项第一，3人荣立三等功；参加总部半年军事训练考核的4个课目中获得3个优秀、1个良好；两次参加武警部队军事训练一级单位监察考评都取得优异成绩。先后完成自治区"两会"、党代会、中阿博览会安保、中央首长来宁警卫等临时性勤务。共组织实弹射击113次，消耗弹药20余万发，动用车辆1.5万余台(次)，行程25万余公里，累计出动23000余人(次)完成大项临时性任务14起，均实现安全无事故。巩固"伙食管理精细年"活动成果，官兵伙食满意率达98%。结合冬季野营拉练，重点抓好指挥协同、人装结合、战地野炊、自救互救等科目训练，常态做好应急保障准备。

【宁夏总队医院】2017年，总队医院军人门诊接诊量11328人（次）、收容量392人(次)、手术量167台(次)，先后为总队2106名官兵及家属健康体检，3次派医疗小组深入基层(新训团)巡诊，组织19次远程会诊和9人外送治疗，投入73万余元为2名大病重病战士诊治，为基层部队培训卫生员35名，396名官兵康复出院奔赴一线。3月，全力救治2名军内重伤员和1名断肢男童。组织中俄联演联训等重大卫勤保障工作。

【宁夏总队训练基地】2017年，总队训练基地组织官兵在宁夏解放碑重温入党誓词、参观黄河军事文化博览园、十一升国旗和国旗下的演讲活动。开展牢记强军目标红色影片展播、献身强军实践红色故事联讲、先进事迹报告会和纪念建军90周年歌咏比赛等系列文化活动，组织官兵学民族政策、学回族文化、学民风民俗，开展警寺互访慰问、春蕾捐资助学、驻地扶贫帮困等活动，共捐款15000余元，为良田镇泾龙小学购买了学习和生活用品。全年完成中俄联演联训保障、院校招生考试、拟提拔指挥士官和新训干部骨干集训，网络新闻报道员、通信员、卫生员、炊事员、驾驶员和"四会"教练员等17个班次2733人的集训培训任务。开展"不忘初心跟党走、喜迎党的十九大"歌咏比赛、强军典型先进事迹报告会、"迈好军旅第一步"主题演讲、升国旗仪式和国旗下的演讲等系列活动。全年累计动用枪支29000余支、消耗弹药243120发，出车3600余台(次)、行车约17.8万公里。以"人车枪弹酒、水火电毒密"为重点，抓预防促安全，搞好隐患排查整治。向总队申请立项950万元，用于教学训练中心建设。全年投入约21.3万元搞好训练器材室、器械训练场和"双网进两堂"建设，投入55万元进行综合训练场绿化及管网建设，投入22.6万元用于营区屋面防水，饭堂热水管和学员队给排水管网、暖气节能改造，以及机关和两个基层分队饮水问题等基础设施建设。协调银川市哈纳斯天然气公司和银西高铁建筑公司，改造天然气站围墙和营区停车场以及大门口路面硬化，共节约有效经费30余万元；改变供暖方式，节约供暖费30万元。为2名战士申请特困和医疗补助，为2名干部士官协调办理子女入学入托，为63名官兵体检，看望慰问老党员老干部5人(次)，及时组织为家庭变故官兵捐款。

（孙永强）

NINGXIA YEARBOOK

财税金融

CAISHUIJINRONG

编辑◎杨　云

财　政

【概况】2017 年,全区公共财政总收入完成 715.6 亿元,同口径增长 10.5%,全区地方一般公共预算收入完成 417.5 亿元,首次突破 400 亿元关口,同口径增长 10.1%。其中,税收收入完成 270.3 亿元,同口径增长 15.3%,占一般公共预算收入的 64.7 %,较上年提高 1.1 个百分点。非税收入 147.2 亿元,同口径增长 1.7%。全区一般公共预算支出完成 1375.9 亿元,同口径增长 8.7%。其中,自治区本级支出 357.9 亿元,同口径增长 16.7%;市县级支出 1018 亿元,同口径增长 6.1%。从支出科目看,一般公共服务支出 88.5 亿元,增长 16.8%,占一般公共预算支出比重的 6%;公共安全支出 64.9 亿元,增长 5.6%,占比 5%;教育支出 171.5 亿元,增长 12.4%,占比 13%;科学技术支出 25.6 亿元,增长 40.3%,占比 2%;社会保障和就业支出 165.9 亿元,增长 1%,占比 12%;医疗卫生与计划生育支出 99.9 亿元,增长 21.7%,占比 7%;节能环保支出 58.2 亿元,增长 58.7%,占比 4%;城乡社区支出 214 亿元,增长 17.5%,占比 16%;农林水支出 214 亿元,增长 6.3%,占比 16%;交通运输支出 99.1 亿元,增长 35.7%,占比 7%;债务付息及发行费用支出 30.4 亿元,增长 30.8%,占比 2%;其他各项支出 143.9 亿元,占比 10%。全区地方政府性基金收入 108.6 亿元,同口径下降 13.3%,其中国有土地使用权出让收入 67.6 亿元,下降 13.4%。自治区政府性基金支出 126.1 亿元,同口径下降 9.3%,其中国有土地使用权出让支出 70.5 亿元,下降 17%。全区社会保险基金收入 396.4 亿元,增长 40.4%;支出 412.9 亿元,增长 48.6%。全区国有资本经营预算收入完成 3.83 亿元,上年结转 0.52 亿元,当年支出 3.81 亿元,结转下年 0.29 亿元,按照相关规定调出 0.25 亿元,统筹安排一般公共预算支出。增收因素:前三季度,宁夏生产总值同比增长 7.8%。经济转型升级推进,新旧动能协同发展,质量效益明显好转,供给侧结构性改革成效显现。价格因素。全区工业品价格快速上涨,对工业经济和税收的拉动作用明显,特别是工业税收对工业价格尤其敏感,其中煤炭等原材料加工行业税收受益明显。全区工业税收完成 270.3 亿元,同比增长 16.2%。政策性因素。前期个别地区出台个人所得税优惠政策,限售股转让个人所得税同比增收 7 亿多。减收因素:主要是政策性减收。“营改增”改革、2017 年取消、停征 43 项行政事业性收费和政府性基金,全年减税清费 155 亿元,比上年同期增加 51 亿元。国网宁夏电力公司增值税预征率从 1.5%下调至 0.5%,直接影响增值税年度减收 2 亿元左右。减半征收小微企业所得税优惠政策和提高科技型企业研发费用扣除比例(由 50%提高到 75%),导致全区企业所得税减收。

【财政收入结构】2017 年,全区地方税增收 23.7 亿元,占地方财政收入增量的 79.5%,拉动地方财政收入增幅 6.1 个百分点。其中,以增值税、所得税、资源税为代表的主税完成 184.2 亿元,同比增长 42.9%。以城建税、房产税等为代表的财产与行为税完成 85.1 亿元,同比增长 17.5%。分税种看,除企业所得税、城建税、契税个位数增长外,其他税种均呈两位数增长。2017 年,服务业税收完成 237.6 亿元,同比增长 17.2%,高于二产税收增幅 8.3 个百分点。服务业税收占比为 42.2%,与上半年(42.5%)基本持平,高于上年同期 1.8 个百分点。

【财政收支】2017 年,全区公共财政总收入同口径增长 10.5%,其中:地方一般公共预算收入首次突破 400 亿元关口,同口径增长10.1%，增速高于全国平均水平。税收收入占一般公共预算收入的64.7 %,较上年提高1.1个百分点,实现增长进度和质量双提升。中卫市、彭阳县、同心县收入质量较好,税收占比分别达到73.2%、74.7%、71.2%。固原市、西吉县、红寺堡区增幅较高,分别达到23%、32.4%、28.4%。全区一般公共预算支出完成1375.9亿元，同口径增长8.7%,支出均衡稳定有序增长，支出执行总体良好。固原市、灵武市、海原县和交通厅、水利厅等部门单位支出执行较好，预算执行从全国倒排跃升到名列前茅。

【外部资金运用】2017年,自治区财政争取中央各类转移支付资金817.7亿元，较上年增加74.5亿元,增长10%,是近年来争取中央资金最多的一年。发行地方政府债券318.2亿元,其中,新增债券133.2亿元,满足地方重大项目建设资金需求;置换债券185亿元,缓解了地方还本付息压力。争取各种国际贷款捐款10.86亿元。建立存量资金管理长效机制,累计盘活存量资金10.9亿元,统筹用于保障民生、重点项目建设等领域。整合设立政府投资基金，推行基金的专业化管理、市场化运作。设立中政企宁夏PPP合作基金,引入中国华融、中国港桥和江苏亨通等战略投资者，将为宁夏带来400亿元以上社会资本，截至年底已到位130亿元。各级政府出资33亿元，推进28个PPP项目落地，吸引社会投资176亿元,促进自治区重点工程、重点项目的实施。

【减税降费】2017年,全区落实减税降费政策，落实中小企业和重点群体税收优惠政策,简并增值税税率,清理规范行政事业性收费56项和政府性基金2项,全年减税清费202亿元，减轻企业负担189亿元,支持实体经济发展。推进供给侧结构性改革。落实“创新驱动30条”“降成本30条”“促进服务业发展”等政策。投入企业和产业发展资金41.3亿元，推动经济转型升级，培育壮大新经济、新业态、新动能,优化中小企业融资环境。筹措资金4.15亿元,支持煤炭行业完成化解产能593万吨。支持妥善处置“僵尸企业”和安置企业下岗职工。安排资金15.3亿元,推进技改项目实施和工业园区低成本化改造。向区属国有企业集团增资20亿元,提升国有企业发展竞争力。安排专项资金3.45亿元,支持区属国有企业职工家属区分离移交工作,减轻国有企业负担。拨付农业发展资金84.3亿元，支持现代农业做优做强，促进特色农产品向高品质、高效益、高附加值转换,支持农村金融、创业发展。安排资金17.2亿元,支持优质粮食、现代畜牧、酿酒葡萄、枸杞、瓜菜等农业特色优势产业发展，促进农业特色品牌创建和地方板块产业发展。加大投入力度,引领发展全域旅游、现代金融、大数据等新兴服务业。加快推进区域协调发展,统筹资金95亿元,保障银西高铁、城际铁路、空港综合交通枢纽、京藏高速改扩建、沿黄生态经济带、银川都市圈等重点项目和自治区60大庆项目建设。出台支持农业转移人口市民化若干财政政策，建立财政转移支付与农业转移人口市民化挂钩机制。安排4亿元资金,支持建成100个美丽村庄、31个美丽小城镇、10个特色小镇。加大对市县转移支付力度,下达市县转移支付资金686.8亿元，较上年增加77.8亿元,同比增长12.8%,稳步推进基本公共服务均等化，缩小区域间差距。

【机制保障】2017年,建立科技创新稳定增长机制。自治区财政R&D投入5.52亿元,引导企业和社会加大科研经费投入,强度达到1%。设立科技创新投资基金3亿元,落实科技后补助政策,完善以奖代补办法，支持创新平台建设、高新技术产业发展和人才引进。建立财政扶贫资金稳定增长机制。自治区财政直接投入各类扶贫资金96.2亿元,其中9个贫困县统筹整合70.16亿元，重点支持产业发展、基础设施建设、易地扶贫搬迁和危房危窑改造等项目。发挥政府投入的主体和主导作用,19.3万建档立卡贫困人口脱贫,302个贫困村脱贫出列，盐池县已具备脱贫摘帽基本条件。建立支持绿色发展保障机制。将推进贺兰山保护区环境整治作为重大政治任务,跟进研究,及时提出支持环境综合整治财政补助政策,自治区财政筹措资金11.27亿元,已安排5亿元,为按期完成环境整治任务提供财力保障。整合资金12亿元,支持“蓝天碧水·绿色城乡”专项行动计划,制定农作物秸秆综合利用、农业面源污染和畜禽粪物处理支持政策,支持实施“河长制”,推进黄河、沙湖、阅海等大型河泊水质生态治理,开展国土综合整治、高标准农田建设、引黄灌区盐碱地治理,促进水土气污染立体防治。

【服务民生】2017年，全区民生投入达到1053.7亿元,增长8.72%,占一般公共预算支出的76.6%。其中,教育、医疗卫生与计划生育、节能环保、城乡社区等支出分别增长12.4%、21.7%、58.7%、11.5%。加大对市县转移支付力度,下达市县转移支付资金686.8亿元，较上年增加77.8亿元,同比增长12.8%,推进基本公共服务均等化,保障市县重点项目建设和民生事业发展。支持教育质量提升。统一城乡义务教育经费保障机制，将农村“三免一补”政策扩大到城市，建立城乡生均公用经费随学生流动可携带机制。宁夏学前至高等教育各个阶段学生资助政策实现全覆盖。推动高等教育“双一流”建设，促进高等院校内涵式发展。支持社会保障体系建设。继续提高城乡居民基础养老金标准和医疗保险、最低生活保障、基本公共卫生服务经费补助标准，完善社会救助保障、特困人员供养、困境儿童保障标准动态调控平台机制。支持健康宁夏计划实施。推动公立医院综合改革，实行全面预算管理。新建267个村卫生室，提升基层医疗卫生机构服务能力。支持其他民生事业发展。推进文化惠民工程建设，建成606个贫困村综合文化服务中心，在全国率先完成贫困地区村综合文化活动中心建设全覆盖。继续推进保障性住房建设，支持建成各类保障性住房6.05万套，完成棚户区改造5.34万套，完成农村危窑危房改造2.2万户。提高城乡居民收入。落实强农惠农政策，增加农民补贴性收入7.8亿元。推进扶持村级集体经济发展试点。落实创业就业政策，支持开展就业技能、岗位技能提升、创业等培训6万人次，购买公益岗位7000个，安排大学生“三支一扶”、志愿者、村官就业4410个，提高群众就业创业能力和收入水平。

【财税体制改革】完善预算管理。2017年，审减追加事项140个，审减资金313亿元。追加预算降低到6.54亿元，较上年下降52.9%。加强财政专项资金管理。清理退出历年延续性项目、执行期满和一次性项目156个，腾出资金27.9亿元。2018年预算安排自治区本级专项压减至116个，较上年下降16%。推进预算绩效管理。对2018年39个重点项目绩效目标开展专家集中评审，将预算安排同绩效评价结果挂钩。开展项目绩效目标跟踪监控试点、重点项目专家集中评审和第三方绩效评价，实现部门绩效目标编审和整体支出绩效综合评价全覆盖。石嘴山市、隆德县、盐池县等市县和民政厅、粮食局、教育厅等部门单位，绩效管理工作走在全区前列。完善预决算公开制度体系。搭建预决算公开信息平台，除涉密单位和中央驻宁垂管单位外，自治区和市县预决算公开率均达100%。推进税制改革。深化“营改增”改革，开展水资源税改革试点，开征环境保护税。争取离境退税优惠政策，为中阿博览会营造良好的会商环境。加强政府债务风险管控。制定印发《关于进一步加强政府性债务管理的实施意见》，建立置换债券资金分账管理制度，健全债务风险预警、应急处置、统计监测机制，债务风险预警地区由2个减少为1个，风险提示地区由4个减少为3个。追回挤占挪用的债券资金46.8亿元。

【财政管理】2017年，探索城乡客运一体化、村集体经济发展试点等项目竞争性评审。提前1年在全区实现国库集中支付电子化管理全覆盖。自治区本级新版非税收入管理软件上线运行。实施国库现金管理制度改革，开展政府综合财务报告制度改革试点。在全国首家开展自治区本级政府采购合同线上信用融资试点。推进行政事业单位内控制度建设，完成行政事业单位国有资产清产核资，推进国有资产进场交易。加大以财政扶贫资金为重点的监督检查力度，清理偿还政府欠款工作取得较大进展。自治区财政严格执行财经制度，财政管理日益规范。审计署西安特派办在开展为期一年的财政预算审计中，未发现自治区财政厅违规违纪问题。

（袁海龙）

税务

国家税务

【概况】2017年，全区国税部门共组织税收收入416.3亿元，同比增长23.9%，增收80.2亿元。办理出口退税5.09亿元，同比下降2.9%；办理免抵调库增值税3.84亿元，增长2.2%；海关代征进口环节增值税7.86亿元，增长75.7%；组织社保基金等其他收入48.5亿元，增长61.4%。全年税收特点。税收总量突破400亿元。受前5个月“营改增”税制改革税源转移及神华宁煤集团等重点企业税收增长等因素影响，税收收入规模扩大，全年突破400亿元，税收增收额达到80.2亿元。收入增幅高于全国国税平均增速(22.9%)1个百分点，在全国36个省区市国税局中列第二十一位，西北五省区第五位。2014—2017年税收增速分别为4.1%、4.8%、19%和23.9%，呈现逐年上升态势。地方级收入增速快于中央级收入。中央级完成258.2亿元，同比增长16.1%，增收35.8亿元；1—5月“营改增”税源转移翘尾及煤炭资源税大幅增收影响，地方级税收完成158.1亿元，同比增长39%，增收44.3亿元，占税收收入总量的38%，同比上升4.1个百分点。其中，自治区级完成64.8亿元，增长70.5%；市县级收入完成93.3亿元，增长23.2%。税种收入结构基本保持稳定。间接税类(包括增值税、消费税、营业税和车辆购置税）完成344.6亿元，增长23.6%，占税收收入的82.8%，与上年持平。直接税类中，所得税(包括企业所得税和个人所得税)完成 57.1 亿元,增长 18.7%,占税收收入的 13.7%,同比下降 0.6 个百分点。受资源税、耕地占用税大幅增收影响,财产行为税完成 14.6 亿元,增长 58%,占税收收入的 3.5%,同比提高 0.75 个百分点。

【税收法治】2017 年,推进法治税务基地创建活动,与自治区政府法制办联合下发创建实施意见,联合验收评估,9 个县级局被命名为全区国税系统第二批法治税务基地。加强税收规范性文件合法性审查,共发布 7 件,废止和宣布失效 9 件。加强初任公务员税收政策法规培训,在 2017 年度全国税务系统税务人员执法资格统一考试中,通过率为 100%。制定《税务行政许可事项目录》《税务行政许可事项办理流程》《宁夏国税系统税收执法标准化指引》,简并优化税务行政许可事项办理程序,联合自治区地税局制定税务行政处罚裁量基准,统一国、地税税收执法尺度,实行重大税务行政处罚集体审议,减少税务行政处罚自由裁量空间。推进公职律师和法律顾问制度,选聘 2 名法律顾问,组织公职律师观摩税务行政诉讼案件庭审,独立参与税务行政应诉案件 3 起并全部胜诉。推行“一级督审”模式,将全系统督审职责全部上收到区局,对 7 个市级局及 50%的县级局开展税收执法督察,完成经济责任审计项目 32 个,发现并纠正问题 963 个,督促制定完善各项制度 18 项。推进内控机制建设,建立健全基本制度、专项制度及内控操作指引 35 项,形成“横向全覆盖、纵向一体化”的内控制度体系。

【落实税收政策】2017 年,落实国务院 6 项减税政策,将税务总局工作要求细化为 13 项措施,逐项明确分工和完成时限,实行滴灌式辅导、网格化管理和筛查式督查,确保落地生效。不折不扣落实西部大开发、高新技术、资源综合利用、创业就业、出口退税等各项税收优惠政策,做到应享尽享。全年依法办理各类减免抵退税款 150.1 亿元,占税收收入的 36.1%,推动供给侧结构性改革和地方经济发展。葡萄酒产业、枸杞产业、全域旅游发展、“一路一带”建设、支持重点群体创新创业等改革发展,开展经济税收课题研究,为自治区党委政府及相关部门决策提供服务,8 篇调研报告和专报得到自治区党政主要领导批示肯定或重视批办。与自治区地税局按时联合编报税收快报,分析税收经济运行情况,对政府有关部门 92 份征求意见文件提出意见建议 76 条。

【税收改革】2017 年,贯彻落实税务总局 30 条改革措施,结合宁夏实际细化为 99 项任务清单,完成税务总局第一批 14 项、第二批 13 项任务。取消第一批涉税事项和报送资料,精简涉税资料 1200 余种,简并税收业务 216 项,办税资料减少 52.6%。深化改革商事制度“多证合一、一照一码”,推进简易注销登记,有效激发市场主体活力,全区新增企业同比增长 15%,新增个体户同比增长 20%。推行实名办税制度,制定增值税发票分类分级管理办法,利用增值税发票管理新系统,提升防范和打击发票涉税违法行为的精准度。开展“便民办税春风行动”,先后推出 5 类 20 项 46 条便民措施和 21 项压缩办税时间措施。推进“互联网+政务服务”,建设纳税服务综合管理平台,推广网上申报缴税系统和文书受理系统,实行办税事项“全程网上办”“最多跑一次”清单,有 90%的申报和审批业务实现网上办理。推行增值税纳税申报“一表集成”系统,纳税人填写数据由 530 项减少到 83 项,创新增加风险防控内容 34 项,纳税人户均填表时间从 40 分钟缩短到 5 分钟以内。深化国地税合作,银川市、吴忠市被推荐为全国百佳国税地税合作市级示范区。共建网上办税服务平台,实现“进一个网页、办好两家事”。联合推进 24 小时自助办税区建设,在 34 个自助办税区配置 164 台自助办税终端。联合开发大企业税收管理服务系统,为 394 户大企业提供 13 项个性化纳税服务措施。开展“银税互动”合作,累计发放贷款 68 亿元,惠及小微企业 256 户。推行发票“线上申领、线下配送”,共寄递发票 27.3 万余份,开通委托邮政部门“双代”网点 148 个,代开发票 40 多万笔,代征税款近 5 亿元。

【税收征管】2017 年,按照宁夏深化国税、地税征管体制改革实施方案和税务总局部署,完成各项重点改革任务 59 项,其他 13 项也有序推进。推行纳税人分类分级管理,对税源科学分类,按规模、行业、特定业务或涉税事项类别设置管理机构,对全系统 62 个基层单位和部门进行职能转换,推动征管方式转变和征管质效提升。组建起 30 人的专业化团队,负责千户集团在宁夏成员单位及年纳税千万元以上的区级重点税源复杂涉税事项管理。出台《宁夏税收保障办法》,与 35 个成员单位建立协税护税机制,与自治区财政厅、地税局联合开发综合治税信息共享平台。

【税务稽查】2017 年,按照“统一选案、统一检查、统一审理、统一执行”的原则,在银川地区推行“一级稽查”工作模式,优化机构职能划分和人力资源配置,使银川地区稽查一线检查人员占比从 56%提高至 69%,解决稽查力量分散、效能不高、执法尺度不一等问题。强化税收违法

“黑名单”当事人联合惩戒措施，落实税收违法案件公布常态机制，曝光典型案件74起，27户税收“黑名单”当事人联合惩戒。推行税务稽查“双随机、一公开”监管，增强税务稽查的规范性、公平性。推进国税、地税稽查部门联合随机抽查，检查企业95户，查补收入8859万元。严厉打击骗取出口退税和虚开增值税专用发票等税收违法犯罪活动，立案检查105户，查处涉案税额11.4亿元，有效遏制发票违法犯罪多发势头，维护税收经济秩序。

（石文刚）

地方税务

【概况】2017年，全区地方税务机关组织各项收入399.2亿元，同比增长9.7%。其中税收收入入库146.7亿元，同比下降11.3%，列全国第十七位，扣除营改增因素，同口径增长19.1%，完成年度计划任务133亿元的110.3%，超收13.7亿元，税收收入中，地方级入库114.1亿元，同比下降17.2%，扣除营改增因素，同口径增长19.9%，完成年度计划任务104亿元的109.7%，超收10.1亿元；社保费收入219.9亿元，同比增长26.5%，增收46.1亿元；其他收入32.6亿元，同比增长31%，增收7.7亿元。

【税收改革】2017年，建立财政、水利、地税、国税四部门联动协调工作机制，完成697户纳税人信息接收工作，配合确定税额标准，制定《自治区水资源税征收管理办法》，水资源税征收工作12月1日启动实施。做好环境保护税开征准备工作，接收1515户缴费人档案信息，认定纳税人1372户，制定《环保税核定征收办法》。开展征管体制改革，提请自治区政府修订《宁夏回族自治区税收保障办法》，健全税收共治的法律基础，推动自治区政府建设以“财政牵头、部门配合、上下联动、信息支撑、齐抓共管”为主要内容的综合治税信息共享平台。完善国税地税联合办税常态化机制，推动“互联网+税务”建设，推广应用电子税务局，推行涉税信息“一次采集、分户存储、共享共用”，税收便利化改革成效显著。推行“双随机”抽查、“四统一”联合稽查，落实“黑名单”制度，实施执法全过程记录制度试点，税收监管方式创新。联合国税局制定《税务系统干部跨部门交流工作实施方案》《国地税干部教育培训合作工作意见》，互派干部46名。抓好改革事项的评估总结工作，促进改革横纵双向深化。制定《进一步深化“放管服”改革，优化税收环境实施方案》，提出深化简政放权、创新监管方式、优化纳税服务、改进税收执法、升级信息系统5大类27条举措。落实“不见面、马上办”审批模式改革要求，全系统“不见面”事项达到78%，区本级“不见面”事项达到100%；规范核定征收管理，公开核定信息，提高核定征收透明度；深化“多证合一”改革，优化信息交换和共享机制，有效降低纳税人制度性成本和办税负担。完成《方案》确定的第一阶段的17项工作。推进税收法治改革，调整权责清单，制定服务清单，落实公职律师制度，增强各级地税机关依法行政能力。清理税收规范性文件269件，修订《税务行政处罚裁量基准》，与自治区高级人民法院联合制定《关于建立涉税行政争议化解联席会议机制的意见》，实现司法审判与税收行政执法良性互动。创建法治政府示范基地，完成法治政府建设82项工作任务，2个基层单位被评为全区地税系统法治基地。

【税收征管】2017年，研究制定《税收管理员暂行办法》《个体工商户税收定期定额联合核定管理暂行办法》等税收征管基础制度，明晰税源管理责任，规范管理程序。开展减免税精细核算，启用电子缴款凭证，开发重点税源数据采集平台，推行重点税源网上申报，改进税收分析方式，开展税收票证专项检查。强化信息管税，制定《数据标准化和质量管理实施细则》，开发数据质量管理系统，严格数据校验，修正数据4.3万条，数据质量完整性、一致性、标准性指标达到100%。开展单管户提取比对及核实调整工作，处理3大类7项18.6万条异常户信息，数据质量全国领先，受到税务总局通报表扬。加强第三方涉税信息获取和应用，建立综合治税系统数据接口，采集第三方涉税数据27项112.5万余条。应用大数据排查涉税风险，按照“项目+团队”方式开展风险防控，堵塞漏洞，提升税源管理的针对性。全年推送风险任务5852户（次），应对入库各项税款7.74亿元，风险分析识别命中率达99.9%，贡献率达6%。实施欠税分类管理和动态监控，开展欠税清理专项检查，全年清缴欠税11.46亿元。以股权转让、医药行业等高风险纳税人为重点检查对象，实施精准稽查、专项整治，全年查补各项收入5.08亿元，同比增长40.1%。规范化精细化管理成效显著。协调国税部门通过自助开票终端征收地方附加税费，降低营改增后税费流失风险。提升个人所得税明细申报覆盖面，强化跨省企业、股权转让等企业所得税高风险事项管理，所得税管理更加科学。建设房产和土地涉税综合管理系统，实施《关于加强财产行为税税种征收管理的指导意见》《关于加强印花税征收管理的实施意见》《关于贯彻落实房地产交易税收服务和管理指引的实施意见》，修订《车船税实施办法》《房产税实施细则》和《城镇土地使用税实施办法》,开展对"规程、指引、办法"落实的专项督导,地方税管理更加精细。全年"九税"收入91.9亿元,同比增长20.9%,占总税收收入比重达到62.6%。推动完善机关事业单位养老保险财政保障机制,创造条件化解南部九县区属机关事业单位养老保险征缴难题,强化欠费清缴,清理欠费31.4亿元,推进与财政、人社、银行等部门社保费数据共享,优化征收服务,全年征收社保费突破200亿元。完善残保金税务征收工作机制,联合残联开展专项督查,残保金征收工作实现新突破。提请自治区政府修订《宁夏回族自治区税收保障办法》,健全税收共治的法律基础,推动自治区政府建设"财政牵头、部门配合、上下联动、信息支撑、齐抓共管"为主要内容的综合治税信息共享平台。

【纳税服务】2017年,推进"互联网+政务服务",优化提速网上办税,推广移动支付缴税。开展"便民办税春风行动",以"提升·创响"为主题落实提速减负等5类16项26条便民措施,减少3项办税事项,减少6项表证单书,简化461项涉税资料。设置简易办事窗口,推行登记管理等26个项目免填单服务,开展双向预约服务,加强错峰办税,办税时间压缩。为266户小微企业获得无担保贷款14.8亿元。与国税合作的37项基本事项和14项创新合作事项全部落实到位。

【税收优惠政策】2017年,共办理减免税3471户次,减免税收48.46亿元,为19户困难企业办理缓缴社保费3549.77万元,为困难企业降低成本、减轻负担,纳税人和社会满意度提升,宁夏地税局在2017年全国纳税人满意度调查中名列全国第十八名,西北五省第一名。

【表彰奖励】2017年,宁夏地税局获自治区2017年度效能目标管理考核自治区政府机关优秀等次,宁夏地税局督察内审处被中国内部审计协会表彰为全国内部审计先进集体,银川市金凤区地税局纳税服务科被共青团中央等22家单位联合授予"2015—2016年度全国青年文明号"荣誉称号。张熙获自治区"五一劳动奖章",刘光荣被评为全国税务系统先进工作者。

(李云杰)

银行业

【概况】2017年,全区金融业稳健运行,社会融资规模和信贷增量均创新高,金融市场融资规模扩大,跨境收支保持顺差,货币政策供给支持力度加大,金融支持供给侧结构性改革效果显现,省级金融扶贫示范区建设推进,金融监管协调机制建设取得新进展。存款增长明显放缓。截至年底,全区金融机构本外币存款余额5867亿元,其中人民币存款余额5848亿元,同比增长7.5%,较上年放缓5个百分点;全年新增存款407亿元,同比少增199亿元。从结构看,住户存款同比增长9.5%,较上年加快1.3个百分点;非金融企业存款和广义政府存款同比分别增长7%和2.4%,较上年分别放缓12.5个和4.9个百分点;非银行金融机构存款同比增长33.7%,全年新增31亿元,同比少增50亿元。从期限看,住户及企业部门存款中定期存款占比50%,较上年末上升1.6个百分点。新增贷款创历史新高。截至年底,全区金融机构本外币贷款余额6461亿元,其中人民币贷款余额6333亿元,同比增长11.7%,较上年加快0.9个百分点,比同期银行机构总资产增速快1.4个百分点。全年新增人民币贷款665亿元,创历年新高,同比多增115亿元。分机构看,全国性银行同比增长9.7%,地方性银行同比增长16.9%。截至年底,全区银行机构一般贷款加权平均利率为6.4%,较上年上升0.21个百分点,其中,全国性银行为4.9%,较上年下降0.04个百分点,地方性银行为7.9%,较上年上升0.45个百分点。社会融资规模增量为历年最高。截至年底,全区社会融资规模增量为865亿元,创历年来最高,比上年多335亿元。其中,人民币贷款占比为77%,比全国平均水平高5.8个百分点;表外融资规模继续扩大,委托贷款和未贴现的银行承兑汇票增加168亿元,占比为19.4%,较上年上升39.4个百分点;企业发行债券54亿元,到期兑付62亿元,企业发行股票14.6亿元,直接融资占比为0.7%,较上年下降13.4个百分点。信贷结构呈现新变化。截至年底,全区个人消费贷款余额818亿元,同比增长24.6%,带动住户贷款同比增长16.6%,较上年末加快8.9个百分点,住户贷款占全年全部新增贷款的37%,较上年提高18个百分点。基础设施行业贷款,增速由上年的1.8%提高至64.6%,创近十年来最高水平。中长期贷款同比增长13.1%,高于短期贷款及票据融资增速3.3个百分点,中长期贷款余额占比为61%,较上年末上升0.7个百分点。保障性住房开发贷款同比增长18%,较上年末放缓23.9个百分点,带动房地产贷款增速由上年末的16%回落至9.5%。金融市场融资规模扩大。宁夏银行获准发行25亿元二级资本债券并成功发行15亿元;石嘴山银行成功发行10亿元金融债券及9.7亿元信贷资产支持证券。全区地方法人银行机构有

16 家具备发行同业存单资格，全年累计发行同业存单 1085 亿元，较上年增长 73%；有 4 家具备发行大额存单资格，全年累计发行大额存单 18.8 亿元，较上年下降 59%；有 4 家开展同业拆借、债券回购等交易，累计净融入资金 8489 亿元，较上年下降 30%，同业拆借利率和债券回购利率较上年分别上升 0.54 和 0.63 个百分点。跨境收支保持顺差。全年全区跨境外汇收支总额 38.1 亿美元，同比下降 7.3%，实现顺差 5.8 亿美元，同比增长 10.9%，其中与"一带一路"沿线国家顺差 3.3 亿美元，同比增长 38.5%。银川通联资本在境外发行 3 亿美元债券，实现宁夏企业境外发债零突破。全年跨境人民币收支 32.5 亿元，较上年下降 49%。开办跨越人民币业务的企业增至 390 家，实现全区全覆盖。

【货币政策】2017 年，落实新宏观调控政策。完善宏观审慎评估实施细则，将表外理财业务纳入广义信贷，将涉农、小微信贷政策执行情况纳入结构性参数调整因素，做好将同业存单纳入宏观审慎评估指标准备工作。加强对地方法人银行机构流动性状况的监测分析，开展常备借贷便利操作，向地方法人银行机构提供流动性支持。落实差别化存款准备金政策，对考核达标的 7 家农行县级支行、14 家县域法人银行机构执行优惠的存款准备金率。优化再贷款和再贴现资金的杠杆撬动和正向激励机制，加强货币政策与财政政策、产业政策的协调配合，准确传递稳健中性货币政策意图，引导货币信贷平稳增长。加大金融支持供给侧结构性改革力度。构建区域性绿色金融政策框架，建立绿色金融示范行制度，督促金融机构优化信贷存量配置，扩大优质增量供给，支持钢铁煤炭行业化解落后产能。坚持"因城施策"原则，推动金融机构严格执行差别住房信贷政策，抑制投机型购房信贷需求，满足自住型、改善型住房信贷需求，促进房地产市场平稳健康发展。推进直接融资发展，拓宽融资渠道，促进降低杠杆率。引导金融机构开展市场化债转股和"投贷联动"，指导石嘴山银行发行 10 亿元金融债券和 9.7 亿元信贷资产证券化产品，支持非金融企业借助银行间市场、交易所等发行 59 亿元债务融资工具，指导一家企业首次成功发行 3 亿美元境外无抵押债券。加大对宁夏市场利率定价自律机制的管理，指导金融机构规范利率定价行为，落实降低实体经济成本政策要求。开展小微企业应收账款质押融资专项行动，印发《宁夏小微企业融资专项行动工作方案（2017—2019 年）》，解决小微企业融资难融资贵问题。推进农村"两权"抵押贷款试点工作，鼓励金融机构简化信贷审批流程。全国首个省级金融扶贫示范区创建效应显现。制定《宁夏金融精准扶贫模式和信贷产品推广方案》《金融扶贫示范区创建"一揽子"服务方案》等，构建"1+7"金融扶贫示范区创建政策体系。实施"一行一县""一行多品"金融助推脱贫攻坚行动计划，推进示范区创建。督促提高扶贫再贷款使用，优化央行资金杠杆撬动和定向支持机制。运用金融精准扶贫信息、政策评估和专项统计三大支持系统，保障示范区创建。发挥示范区先行先试作用，鼓励金融机构创新建档立卡贫困户和贫困地区产业、项目专项信贷产品。

【金融稳定工作】2017 年，多渠道构建金融监管协调机制。建立人民银行银川中心支行为牵头部门金融稳定联席会议机制，并于 10 月 25 日组织召开首次宁夏金融稳定联席会议。实施金融综合数据信息共享，确定银行、证券、保险以及小贷公司、担保公司等行业相关约 40 类近千个指标的共享信息内容、时限和方式，促进辖区金融监管信息资源共享。建立金融消保监管外部协作机制和反洗钱监管合作机制，处理大宗商品交易平台投诉、信访等 76 起。建立存款保险早期纠正机制。结合宁夏黄河银行特殊"控股"农信社改革模式，探索农信社风险的存款保险早纠机制，建立关注投保机构名单，对 1 家农商行存款保险风险实施早期纠正措施。对辖区 40 家投保机构存款保险评级工作及 17 家机构开展存款保险核查，督促各机构稳健审慎经营。开展风险监测预警和专项整治工作。监测煤炭、羊绒、工业园区及县域金融风险、担保圈风险传染等重点领域和问题，及时向金融机构发出风险提示。穿透式摸排辖区银行、证券、保险行业资管业务风险底数，评估对 6 家非银行金融机构稳健性，筛选 23 家重点企业建立银企联动信贷资产质量监测机制。开展金融风险专项整治行动，对辖区 111 家非重点对象进行随机抽查和集中整治，关闭 1 家虚拟货币交易平台，参与 ICO 认购金额已完成清退。宁夏金融工作局完成对 3 家地方性银行 5 个"微盘"交易平台所涉银行结算账户的处置。开展打击利用离岸公司和地下钱庄转移赃款专项行动，清理整顿非法集资、违规"聚合支付"。履行"风险为本"的反洗钱监管职责。利用反洗钱监管档案信息管理系统。对全区 385 家县级以上义务机构反洗钱工作进行规范管理。加强法人机构差别化分类监管，对 10 家义务机构实施反洗钱执法检查"回头看"，对 7 家银行、证券、支付机构开展反洗钱执法检查，对 3 家违规法人机构罚款36万元。开展反洗钱行政调查11次，按季度召开宁夏反洗钱情报分析专题会议，共接收分析14家义务机构上报重点可疑报告29份，其中向有权机关移送可疑交易线索16份，1条线索被列为全国重点督办案件。

【外汇管理】2017年，加大跨境融资风险防控力度。建立"四纵两横一延伸"式监测约谈机制，及时向地方党委政府反映重点企业涉嫌违规情况，增强风险监测、约谈的针对性和有效性。对18家银行机构、3家企业开展逃骗汇、非法套汇检查，筛查线索400余条，查实线索140条，行政罚款37万元。强化国际收支统计数据质量管控，提升事中事后监管能力，组织银行卡境外交易系统上线运行，完成专线接入上海灾备中心网络改造试点工作。搭建宁夏本外币境外放款登记业务协调管理机制，规范境内企业境外放款管理，防止异常资金跨境流出。实施跨境融资宏观审慎管理政策。指导企业利用全口径跨境融资、内保外贷和国内外汇贷款等政策，自主开展本外币跨境融资，拓宽融资渠道。推行窗口服务"首问负责制""一次性告知"等公开服务承诺，通过网上预审批、预受理等方式，为95家银行、涉外企业办理业务，100%实现当场受理、当场办结。

【金融服务】2017年，完善普惠金融工作机制。成立普惠金融工作领导小组，填报"中国普惠金融指标体系"，严控数据质量关口。跟踪国际普惠金融联盟动态，及时评估分析宁夏普惠金融发展状况并提出政策建议。完善金融消费者权益保护工作机制，细化"12363"金融消保投诉咨询热线操作办法，改进投诉受理转办机制，保障金融消费者合法权益。增强金融统计综合服务作用。开展"数据质量提升年"活动，配合总行做好债券统计系统建设工作，县域法人金融机构考核工作连续七年受到总行和银监会通报表扬。生产性服务业企业景气调查初步建立，推进企业财务数据审核系统试点工作，为总行修订完善"工业景气监测数据审核系统"提供参考。提高现代支付清算系统应用水平。推进"助农取款+农村电商"融合发展，促进改善农村支付环境。推动"云闪付"、金融IC卡等支付手段运用，基本实现在医院、旅游景区等场所支付全覆盖。加强银行账户管理工作，组织95个银行网点加入电票系统，开展关闭金融IC复合卡磁条交易风险排查。在全国率先实现支付系统报文传输平台在银川城市处理中心及本地备份接入系统的双活运行。实现国库系统创新运用。组织辖区2家代理支库上线TCBS系统，全区各级国库实现"收入直达入库、支出实时到账、资金零在途、风险多环节控制"目标。创新政府置换债券资金管理方式，在全国率先实现将资金全部纳入人民银行国库分账管理，提高政府置换债券资金运行效率。打造精品金融研究，承担并完成2项总行研究局调研任务，4项课题在总分行评审中获奖，出版专著《海合会国家金融制度》和译著《汇率低估的政治经济学分析》。受邀在总行研究局座谈会上交流宁夏农村金融改革经验做法，与宁夏社科联共同主办社科学术年会，邀请专家为金融支持宁夏扶贫和绿色产业发展进行研讨，提升金融研究影响力。加大征信合规管理。在全区推广上线"征信查询管理(前置)系统"，组织3家地方法人机构加快建设征信查询前置系统，实现"技防+人防"有效结合。开展征信系统信息安全自查3次，对17家机构进行现场检查并对违规问题限期整改。在全国率先试点政府采购应收账款线上融资，实现应收账款融资服务平台与政府采购平台的成功对接。扩大金融知识专题宣传普及面。以提供金融知识和防范风险为目标，深入学校、企业、社区、商圈、集市等，开展"金融知识普及月""6·14信用记录关爱日""网络安全宣传周"金融知识专题宣传，向公众宣传普及金融消费者保护、支付清算、征信、反洗钱、防范电信诈骗等金融知识。

（刘少华）

【银行业体系建设】2017年，支持自治区重点项目建设。截至2017年底，全区银行业金融机构新增贷款739.92亿元，同比增长12.7%，重点投向宁夏能源、交通、水利等领域。国开行、农发行累计投放国家专项建设基金272.07亿元、棚户区改造贷款444.5亿元。促进去产能去杠杆。制定《关于进一步推进市场化银行债权转股权工作的通知》，引导银行开展债转股业务。印发《关于深入推进宁夏银行业金融机构债权人委员会相关工作的通知》，推动组建债委会，帮扶困难企业渡过难关。配合地方政府稳妥有序开展"僵尸企业"出清工作。引导银行落实绿色信贷政策。做实小微企业金融服务工作。单列小微企业信贷计划124.21亿元，年末完成信贷投放计划，小微企业贷款增速高于各项贷款平均增速4.36个百分点，贷款户数同比增加2.8万户，申贷获得率97.1%，高出上年同期1.02个百分点，帮助银行筛选小微企业，支持小微企业发展。改善农村基础金融服务。指导宁夏大型银行设立普惠金融事业部，黄河农商行设立"三农"金融事业部。推进农村金融服务"村村通"工程，农村地区基础金融服务覆盖率达到100%。引导农合机构开展农村"两权"及林权抵押贷款试点工作。推动金融精准扶贫工作。探索形成“盐池模式”“蔡川模式”，率先在全国创建金融扶贫示范区，完成银监会金融扶贫例行新闻发布会。推动落实分片包干责任制，按季通报考核扶贫贷款投放情况。鼓励机构网点向贫困地区延伸，贫困乡镇的标准化固定网点覆盖率达到80%。规范银行业收费行为。开展银行业涉企经营服务性收费行为清理规范工作。完成宁夏银行业小微企业融资难融资贵专项检查“回头看”工作。开展“降成本”政策措施落实情况专题调研，宁夏银行业整体贷款、小微企业贷款、“三农”贷款、扶贫贷款加权利率较上年均出现下降。

【风险防控】2017年，防范化解信用风险。指导银行业金融机构制定年度不良贷款“双控”目标，按月监测、按季分析不良贷款变动情况。开展企业互联互保贷款风险隐患排查，并提出监管措施。防范流动性风险。印发《关于加强宁夏城商行流动性管理的通知》。建立农村金融机构流动性风险监测点制度，制定年度流动性风险防控和处置工作方案，按季开展流动性压力测试。督促宁夏银行4家主要股东作出流动性支持承诺，石嘴山银行与杭州银行签订头寸应急互助协议，指导黄河农商行与系统内各法人机构、村镇银行与主发起行建立流动性互助机制。严查交叉金融风险。建立城商行交叉金融产品台账制度，监测投资底层资产变动，做实穿透式监管。组织银行业金融机构排查交叉金融存量业务，制定高风险业务应对策略和退出时间表。及时提醒相关法人银行，妥善应对所投资债券违约问题。严控信息科技风险。组织银行业金融机构开展网络信息安全与客户信息保护自查工作。对4家机构开展开业前信息科技准入核查工作。监测房地产贷款风险。按季监测分析报告房地产信贷风险，开展房地产贷款风险专项调查。缓释融资平台贷款风险。按季监测分析地方政府债务全口径情况，组织银行业金融机构对地方政府融资情况进行自查，摸清风险情况，及时采取化解风险措施。治理违法违规金融活动。印发《2017年银行业防范和处置非法集资排查整治工作方案》，建立非法集资风险排查整治月报表制度，开展防范非法集资宣传月活动、清理整顿各类交易场所“回头看”工作。印发《关于做好与公安机关涉案账户资金网络查控专线建设的通知》，推动专线建设。

【体制改革】2017年，健全银行业组织体系。批准兴业银行银川分行开业，宁夏股份制银行数量达到7家。新批准4家村镇银行开业，宁夏村镇银行达到19家，在县(市、区)覆盖率为86%。稳妥推进农信社改制农商行，新批准农商行开业4家、正在改制2家，已经完成和正在改制的农商行已达15家。推动法人银行内部治理。加强股权监管，组织法人银行机构排查梳理股权管理制度、主要股东及关联方情况等，推动宁夏银行制定股权管理办法，农村中小金融机构完善股权管理制度，建立股东信息数据库和股东“黑名单”。批准宁夏银行发行25亿元二级资本债，石嘴山银行发行10亿元金融债券。加强信息披露监管，将银行业金融机构信息披露工作纳入年度监管评价。银行内部风险控制。开展法人银行“两会一层”风险控制责任落实情况专项检查，针对发现的问题，提出整改意见和问责要求。组织法人银行开展内控体系建设、运行情况评估，引导其构建垂直独立的内部风险架构，建立定期的压力测试、风险预警、恢复与处置机制，筑牢前中后台“三道防线”。

【强化监管】2017年，银行业市场乱象。开展银行业市场乱象整治、“违法、违规、违章”“监管套利、空转套利、关联套利”“不当创新、不当交易、不当激励、不当收费”专项治理工作，纠正银行业金融机构违规放贷、资金空转等行为，市场乱象整治取得阶段性成效。金融消费者权益保护。成立宁夏银行业金融机构消费者权益保护工作考核评价委员会。开展普惠金融宣传月、金融知识进万家、送金融知识进校园等系列宣传教育活动。对13家银行业金融机构2016年度消费者权益保护工作进行考核评价，对3家主要法人银行金融消费者权益保护工作体制机制建设开展监管督察。行政处罚力度加大。2017年，共对违法违规的银行业金融机构作出罚款395万元，对6名机构责任人作出警告处罚。

（王春梅）

证券业

【概况】截至2017年底，全区有13家上市公司，其中深交所主板公司8家，上交所主板公司5家。上市公司股本总额103亿股，无限售流通股股本63.39亿股，同比分别增长25.9%和13.1%；总市值916.64亿元，流通市值572.81亿元，同比分别下降13.3%和22.2%。新三板挂牌公司有66家，股本合计39.98亿股，同比增长12.4%，覆盖农牧业、制造业、纺织业、文体卫生、批发零售、信息传输软件和信息技术服务业、科学研究等行业。宁夏股权托管交易中心挂牌企业812家，股本合计262.7亿股，同比分别增长61.1%和12.2%。2017年，全区企业在证券市场累计融资52.38亿元，其中，1家上市公司首发募集资金2.44亿元，3家上市公司完成各类并购融资25.06亿元；14家新三板公司通过股票增发等方式融资7.88亿元；3家企业通过沪深交易所发行公司债融资16亿元；1家企业通过宁夏股权托管交易中心发行私募债券融资1亿元。宁夏无法人证券公司、期货公司和基金公司，共有11家证券分公司，45家证券营业部，1家期货分公司，2家期货营业部，1家独立基金销售机构和40家基金代销机构，另有55家私募基金管理人。宁夏证券经营机构投资者累计开立资金账户68.07万户，同比增加12.18%；全年证券交易额5865.02亿元，同比增长17.2%；实现营业收入2.46亿元，同比下降23.1%。期货投资者开户6862户，同比增加11.22%；客户权益3.68亿元，同比增长52.1%；全年期货交易量673.03万手，同比增长8.4%，交易金额3712.68亿元，同比增长36.2%。宁夏在中国证券投资基金业协会登记的私募基金管理人有55家，管理基金71只，同比增长115.2%，基金规模206亿元，同比增长127%。

【公司监管】2017年，对高风险上市公司始终保持高压态势，一司一策，贴身动态监管，发挥与证监会、交易所“三点一线”监管联动机制作用，妥善化解部分公司暂停上市风险。加强并购重组监管，督促重组公司披露信息。探索新三板挂牌公司监管模式，以自律监管为主，以创新层、做市商公司为重点，关注重要信息披露和违规问题查处。分批对新增挂牌公司开展“监管第一课”培训。严密防范债券违约风险。加强在辖区开展投行业务的证券公司及会计师事务所、律师事务所、资产评估机构等中介机构的监管，推动“归位尽责”。对发现的违规问题，依法从严采取措施。就拟上市公司培育和上市公司重大风险，争取党委政府政策支持为企业排忧解难。与上海证券报等媒体合作，推进“走进新三板”调研宣传，开展“又见宁夏”活动。与全景网连续十年开展“业绩说明会暨投资者网上集体接待日”活动，提升宁夏企业在资本市场的整体形象。

【证券期货经营机构及私募基金监管】2017年，督导证券期货分支机构落实投资者适当性管理要求，做实了解客户和了解产品，树立为投资者负责的理念。强化内控，管好高管、管好员工、管好信息系统。落实总部及分支机构“两级合规责任”。加强私募基金日常监测，掌握风险动态，组织风险自查。按照“问题导向+机构自查+随机抽查”模式，全年对23家次证券期货分支机构、基金销售机构和私募基金管理人开展现场检查。

【区域性股权市场监管和打非】2017年，与自治区金融工作局签订区域性股权市场监管合作备忘录。制定完善区域性股权市场监督管理实施细则及风险处置预案。精准打击非法证券期货活动，向自治区政府相关部门提供非法集资线索，完成互联网股权融资平台和持牌机构股权众筹风险专项整治工作。

【投资者宣传教育】2017年，联合自治区高院印发《关于进一步推进证券期货纠纷诉调对接工作的意见》，与宁夏仲裁委等签署“关于加强证券期货行业纠纷仲裁合作备忘录”，与中证中小投资者服务中心、行业协会建立纠纷解决合作机制，建设中证中小投资者服务中心宁夏调解工作站。形成以行业协会调解为基础，中证中小投资者服务中心专业调解为辅助，与仲裁、诉讼广泛对接协作的投资者纠纷多元化解机制。督导南京证券建成辖区首家省级实体投资者教育基地。联合行业协会及政府相关部门通过新兴媒体、线上与线下等多种方式开展投资者教育。组织开展“3·15消费者权益保护”“远离非法集资 共创和谐生活”等主题宣传活动。编印《投资者日记》系列丛书，开展“投资者保护——明规则、识风险”“防控债券风险，做理性投资人”专项宣传活动。在局外网、“宁夏投资者之家”微信公众号推送案例17期、微信162条，扩大宣传覆盖面，提高投资者自我保护能力。阳光处访，妥善化解投资者信访投诉。组织辖区证券期货分支机构签订《投诉处理承诺书》，落实市场主体处理投资者投诉的首要责任。

【多层次资本市场】2017年，建立后备企业资源库，提供政策咨询服务。辖区辅导备案企业数量从零增至8家，创历史最高。7月，嘉泽新能源成功上市，结束宁夏企业14年没有主板上市的历史，实现宁夏7年IPO零的突破。改善存量，提高上市公司质量。召开上市公司并购重组座谈会，采取实地观摩企业转型成果、专家专题讲座、企业介绍经验、开放式座谈等形式，引导公司健康并购重组行为。加快辖区多层次资本市场建设。推动企业新三板挂牌并融资，解决中小企业融资难题，辖区新三板保持发展良好。支持区域性股权市场规范发展，累计挂牌企业812家，涵盖22个行业，覆盖22个市县，实现全地域全产业覆盖。鼓励企业发行公司债券、资产证券化产品，扩大直接融资比重，全年有7家公司申请发行公司债券，核准规模45亿元，实际发行16亿元。

【脱贫攻坚】2017年，宁夏证监局推动机构履行社会责任，实现“一司一县”全覆盖。协调推动南京证券等12家公司分别与同心县等9个贫困县签署"一司一县"结对帮扶合作协议，率先在全国实现宁夏"一司一县"结对帮扶全覆盖。推动机构精准实施产业扶贫、资本扶贫、消费扶贫、智力扶贫、公益扶贫、党建扶贫等一系列措施。宁夏"一司一县"扶贫效果初显:将资本市场发展理念引入贫困地区。全年各公司共组织开展资本市场扶贫培训、座谈10余次,向政府和企业普及资本市场知识。提升贫困县产业发展能力。各证券公司帮助引进11家外地企业落户贫困县，其中南京证券引进香港新华集团与同心县签订"罗山东麓葡萄酒特色小镇建设合作协议"，项目总投资60亿元；长城证券帮助宁夏上陵牧业股份有限公司迁址盐池县实施规模化奶牛养殖。各公司与多家企业对接开展财务顾问、IPO、新三板及四板挂牌等服务。其中,南京证券推动47家中小微企业在宁夏股权托管交易中心挂牌，指导企业通过股权质押融资1600万元。嘉泽新能源成功上市,募集的2.44亿元资金,全部用于贫困县新能源项目，成为贫困地区企业享受资本市场脱贫攻坚优惠政策的典范,形成良好的示范引领作用。各证券公司累计捐赠扶贫款项及物资2025.12万元，扶贫资金涵盖产业发展、金融服务、教育、医疗、基础设施建设、贫困家庭帮扶等各方面。

（李永富）

保险业

【概况】截至2017年12月末,全区共有保险主体23家,其中:保险法人公司1家,财产保险省级分公司10家,人身保险省级分公司12家;各级分支机构501家,其中财产险267家,人身险234家。保险专业中介机构71家,其中专业代理法人机构7家，专业代理省级分支机构11家,地市及县级分支机构37家,专业经纪省级分支机构13家,地市及县级分支机构3家。保险兼业代理机构1568家,其中银行邮政类机构1201家。保险从业人员5.71万人,其中保险公司在职员工6288人,高管人员325人,保险营销员50502人。1—12月,累计原保险保费收入165.21亿元,同比增长23.4%,高于全国5.23个百分点,增速全国排名第十一位,西部地区12省区第三位。保险业资产总额358.28亿元，较年初增长16.8%。按险种类别分:财产险保费收入56.04亿元,同比增长21.6%;寿险保费收入81.24亿元,同比增长19.1%;健康险保费收入23.53亿元，同比增长46.5%;意外险保费收入4.4亿元,同比增长24.9%。按公司类型分:财产险公司保费收入60.81亿元，同比增长23.8%，占全区总保费的36.8%；其中车险保费收入43.04亿元,同比增长15.1%。人身险公司保费收入104.4亿元，同比增长23.2%,占全区总保费的63.2%;其中分红寿险保费收入41.46亿元，同比增长34.7%；银邮渠道保费收入23.01亿元，同比下降5.5%。

【保险服务】2017年1—12月，累计赔付支出总计49.56亿元，同比增长15.7%。其中财产险公司29.69亿元,同比增长11.6%；人身险公司19.87亿元，同比增长22.4%。截至2017年12月末，宁夏保险业共为全社会提供了13.09万亿元的风险保障，其中财产险公司保险金额为11.41万亿元，人身险公司期末有效保险金额为1.68万亿元;全区城乡居民通过商业保险积累的养老和健康等长期风险准备金达到303.74亿元。农业保险承保种植业作物949.97万亩、养殖业牲畜449.22万头（只），参保农户56.01万户次,签单保费5.36亿元,已决赔款3.55亿元，承担风险总额97.87亿元。城乡居民大病保险覆盖全区488.38万城乡居民,累计为131122人次支付医疗费用6.41亿元，受益人数81562人。涉及交通、医疗、教育、旅游、安全生产等领域的责任保险，累计承担风险总额3101.98亿元。

【法人保险公司】2017年,建信财险原保险保费收入2.45亿元，其中，健康险6428.14万元，企财险5464.95万元,家庭财产保险5023.75万元，意外险3716.14万元,车险2646.1万元,其他险种合计2254.48万元。各项赔款支出合计3240.71万元。截至年末,建信财险共有高管人员6人,职工人数140人。

【保险改善民生】2017年,宁夏保监局会同自治区人社厅等部门推进城乡居民大病保险向建档立卡贫困人群倾斜，做到"一降两提"，全区建档立卡贫困人口大病保险报销起付线下调至3000元,报销比例提高10个百分点，并对患有20种特殊病种的贫困患者，在此基础上报销比例再提高2个百分点。完善城乡居民医疗保障体系。指导承办单位依据上年"扶贫保"运行情况,按照保本微利原则拓展大病医疗补充保险的责任范围、优化理赔规则。升级后的大病医疗补充保险产品不设起付线，将城乡居民基本医保、大病保险补偿后需个人负担的医疗费用全额纳入理赔范围；保额提高至每人10万元；取消分级累进法报销规则，需个人负担的目录内费用统一按70%报销;增加目录外医疗费用报销责任,报销比例为50%,限额2万元;提高女性特定疾病报销比例。推动税优健康险试点。与相关单位沟通合作形成合力,起草《宁夏回族自治区人民政府办公厅关于加快发展商业养老保险的实施意见》(代拟稿),推动商业健康养老保险。商业健康保险保费同比增长43.2%,高出全国平均水平36.61个百分点,提供风险保障8211.23亿元。推进小额人身保险发展。九款小额人身保险累计为18.38万户家庭、53.2万人提供人身风险保障177.3亿元,解决低收入群体生产生活缺少保障的问题。

【保险扶贫】2017年,推动"扶贫保"优化升级,提高风险保障水平,实现建档立卡贫困户"扶贫保"全覆盖。截至年末,"扶贫保"已覆盖辖区建档立卡贫困人口,累计提供风险保障1137亿元,支付赔款4735万元。对接产业脱贫工程,构建"普惠"式保险保障体系。保价格、保收入、保成本的特色产业保险覆盖种植业、林果业、养殖业的24类52个品种,截至年末,累计提供了15.7亿元的风险保障,累计赔付1941.5万元,6437户(次)的受灾农户得到点对点精准补偿。对接健康脱贫工程,防范因病因意外致贫返贫。截至年末,3323名贫困大病患者和1712个遭遇意外事故的家庭得到2784.84万元的保险补偿。对接金融扶贫工程,撬动保险资金和信贷资源向贫困地区投放。险资直投项目不断落地,支农融资800万元,与相关县区签订扶贫支农协议,计划提供1.5亿元融资。

【责任保险发展】2017年,推动环境污染责任保险发展。截至年末,试点企业209家,为39家企业提供风险评估,累计提供环境风险保障7100万元。推进安全生产责任保险向全区工矿企业推广。截至年末,全区共投保397家企业,其中新投保企业256家,提供风险保障近75亿元,累计支付赔款1221.3万元。推动医疗责任保险平稳运行。截至年末,提供风险保障7.9亿元,受理医疗纠纷429件,保险赔付案件343件,赔付2292.09万元。推动食品安全责任险试点工作。《宁夏食品安全责任保险试点工作实施意见》已经印发。养老机构责任险、校园方责任险、承运人责任险、雇主责任险等业务覆盖面提高。

【服务地方重大项目】2017年,对接服务自治区60周年大庆重点项目建设。对接服务自治区60周年大庆重点项目建设,截至年末,为24个项目提供约513.08亿元的保险保障,支付赔款1760.04万元。在服务创新驱动战略方面,宁夏保监局推动辖区开展重大技术装备综合保险补偿工作。截至年末,首台(套)重大技术装备综合保险提供风险保障1.07亿元。在脱贫富民战略方面,宁夏保监局推动"扶贫保"优化升级,助推辖区脱贫攻坚,实现建档立卡户全覆盖。探索建立农业保险大灾风险分散机制,推进农业保险扩面增品提标,为建设现代农业、增加农民收入提供保险支持。在生态立区战略方面,发展绿色金融,推动环境污染责任保险试点工作,促进企业加强全过程环境风险管理。

【服务中小微企业】2017年,通过小额贷款保证保险等工具为中小微企业提高信用等级,帮助中小微企业顺利获得银行无抵押贷款,发挥保险风险管理的专业优势,建立利益共享、风险共担的合作机制。截至10月末,共为102家企业提供了超过1.8亿元的融资。"股贷保"模式充分发挥企业股权作用,提升了股权的内在价值,为辖区中小微企业提供多元化融资创新服务,拓宽了融资渠道。截至年末,为2家企业提供了341.75万元的融资。推动科技保险为科技企业发展提供风险保障和融资支持。截至年末,为18家科技企业提供6265.04万的风险保障。推动短期出口信用保险业务,服务"一带一路"战略。截至年末,政策性出口信用保险共覆盖宁夏境外业务5.4亿美元,较上年同期增长5.5%,全区受益企业超过160家,支持小微企业124家。

【监管服务】2017年,做好风险防范处置。聚焦重点公司、重点领域和突出风险集中发力,防范化解市场风险。组织保险机构开展互联网保险、大病保险、理财型保险、信用保证保险、非法集资风险等专项风险排查整治工作,将风险消灭在萌芽状态。紧盯满期给付和退保风险,加强对重点公司产品特点、渠道网点、销售团队、客户服务、舆论反馈等多维度的风险监测,抓好防范化解工作。强化与新闻媒体的沟通联系,开展重大事件信息报告专项培训,完善行业应急报告联系制度,加强舆情监测,共同打造风险防控大格局。治理市场乱象。加大对私自承诺高收益等不当经营行为的查处力度,巩固宁夏人身险业务结构不断优化的成果和趋势。开展"亮剑行动",遏制销售误导。查处恶意拖赔惜赔、无理拒赔等问题。深化农险承保理赔案件、大病保险工作、中介代理财务真实性等重点领域检查,推进违规套取费用专项整治,整治不当竞争乱象。治理以违规支付高额手续费、违规实施买赠行为等手段盲目恶性竞争的乱象。补齐制度短板。系统梳理监管制度、工作流程、制度执行等方面存在的短板,分条线排查风险乱象,共排查梳理出四大类41项问题短板,制定115项整改落实措施。召开通报会将文件精神直接传达到辖内支公司以上高管,为行业开列18项59条自查自纠任务清单，层层压实管理和督导责任，形成建档立卡动态追踪、阶段任务高效落地、长期任务常抓不懈的保障。

【重点领域改革】2017年，商业车险二次改革后各公司业务运行正常，承保理赔顺畅，市场总体平稳。推进蔬菜价格政策性保险试点，印发了《关于进一步做好宁夏蔬菜价格政策性保险工作的通知》，蔬菜价格大灾风险分散机制逐步完善，全年承保设施蔬菜和露地蔬菜9.77万亩，同比增长84.5%，提供风险保障总额3.56亿元，赔款1774.58万元，受益4981户（次）。创新探索建立保险扶贫“风险调节机制”，鼓励各县（区）利用财政资金、捐赠资金等多渠道筹资，设立风险调节基金池，保险公司将盈利部分返回风险调节基金池，截至年末，全区9个重点贫困县区已有4个县区探索建立了保险扶贫风险调节机制。

【保险行政执法】截至2017年末，宁夏保监局共开展车险、农险、大病保险、销售管理及银保业务财务合规性、银行类保险兼业代理机构经营合规性、保险法人专业中介机构、亮剑行动等11项现场检查，累计投入115人（次）对48家次保险机构（其中延伸保险分支机构15家次）、保险中介机构开展了现场检查。针对现场检查发现的问题，共对5家机构和14名责任人实施了9项次行政处罚。同时，对16家次机构下发了监管函，对4家次机构相关负责人进行了约谈。发挥风险防控联动机制功能，联合公安、司法、金融监管部门等形成行业内外共同打击保险违法犯罪行为合力，及时指导保险机构妥善化解处置风险。建立现场检查“双随机一公开”稽查工作机制，制定监管问责办法，从源头上规范监管权力运行。

【消费者权益保护】截至2017年末，宁夏保监局共收到保险消费者各类投诉咨询2535件，处理投诉事项341件，帮助保险消费者维护经济利益500.35万元。“亮剑行动”专项现场检查深入推进，宁夏保监局保险消费风险提示、保险公司服务评价、保险销售行为可回溯制度、保险公司投诉处理服务评价及量化考核工作深化。诉调对接拓展到3个地市，截至2017年末共受理案件76件，调解成功31件，涉及金额74.95万元。“3·15”集中宣传、专版专栏宣传、日常风险提示等工作齐发力推动消费者教育，以双公示、失信惩戒等为抓手深入开展信用体系建设。

（乔婷婷）

综 述

【概况】2017年,宁夏深入推进农业供给侧结构性改革,围绕发展走特色、高质、高端、高效的"一特三高"现代农业,聚焦"1+4"特色优势产业,实施特色优质农产品品牌工程,转方式、调结构、降成本、补短板、抓改革、强弱项,农业农村经济保持了持续稳定发展的良好态势。全区粮食总产达到368.2万吨,在调减籽粒玉米,扩大"粮改饲"的背景下,实现"十四连丰";全年农业增加值增长4.3%,全区农民人均可支配收入达到10738元,增长9%,高于同期全区GDP和城镇居民收入增速。

【特色产业】2017年,全区推进农业供给侧结构性改革,聚焦优质粮食、瓜菜、草畜、枸杞、葡萄"1+4"特色优势产业,实施特色优质农产品品牌工程,继续发展"一特三高"现代农业。优质粮食产业坚持稳定面积、调整结构、优化品质、主攻单产,全年播种面积1163.3万亩,推广绿色增产模式213万亩,粮食平均亩产稳定在300公斤以上,人均占有量稳居全国第五位。草畜产业构建种养结合、循环利用的发展模式,建设节本增效示范点646个,全区畜禽标准化规模养殖比例达到67.8%,高于全国12个百分点,肉、蛋、奶总产量分别达到54.2万吨、11.3万吨、218.7万吨。瓜菜产业优化布局、强化产销对接,种植面积达到315.9万亩,总产量698.8万吨,实现量价同增。渔业推进标准化健康养殖,全区水产品达到17.5万吨。农作物制种、小杂粮、油料、生猪、中药材、黄花菜、中蜂等地方板块产业发展壮大。

【产业化经营】2017年,全区推进龙头企业带动特色优势产业融合发展,国家级和自治区级农业产业化龙头企业分别达到19家、366家,销售收入亿元以上企业70家。集中打造6个区域公用品牌、20个知名企业品牌、20个特色优质农产品品牌,累计培育各类特色优质农业品牌300多个。有11个特色优质农产品获第十五届中国农交会金奖,盐池滩羊肉、中宁枸杞、沙湖大鱼头获"中国百强农产品区域公用品牌"。举办全区首届新农民"互联网+"创业创新大会,发布典型示范案例20个。

【农村土地改革】2017年,全区确权登记颁证面积1568.9万亩,占计划的96.5%。建成农村产权流转服务中心19个,在83个城中村、城郊村稳步推进集体资产股份权能改革试点,全区发展土地股份合作社78个,在9个县区开展农村土地经营权抵押贷款试点,累计贷款11.5亿元。培育新型经营主体,发展适度规模经营,全区家庭农场、农民合作社分别达到2698家、5918家,农村承包地流转面积达到304万亩,占家庭承包地面积27.5%。

【强农惠农政策】2017年,落实自治区党委、政府支持特色优势产业发展、脱贫富民、产业扶贫等政策措施,全年落实中央和自治区各类农业项目资金36.7亿元,招商引资落地项目248个,到位资金152.2亿元。实施"四个一"(建设100个产业扶贫示范村、培育100家扶贫龙头企业、规范培育1000家扶贫产业合作社、提升发展10000名致富带头人)产业扶贫示范工程,带动10万贫困人口稳定脱贫,占年度脱贫人口50%以上,中南部贫困县区农民人均可支配收入增速达到11.2%,高于全区2.2个百分点。

【农产品加工业】2017年,全区农产品加工产值达到645亿元,增长11.7%,农产品加工转化率增长2个百分点达64%;加工业产值与农业总产值之比达1∶8,农产品加工企业开工率达90%。落实农产品产地初加工补助资金2602万元,建成马铃薯冷藏窖460座14200吨、果蔬冷藏库208座14040吨、枸杞烘干房302座416吨；参与农业部主食加工提升行动，举办农业部加工局主导的产业扶贫暨主食加工提升活动，5家企业被农业部评为“主食加工示范企业”。在第二十届驻马店农产品加工会上，获金质产品奖11个、优质产品奖31个，分别占全国的37%和22%。

【休闲农业】2017年，全区继续开展休闲农业推进年活动和休闲农业示范创建行动，休闲农庄(园)发展到750家，新增66家，增长9.6%。年接待游客人数突破900万人次，增长26.7%；营业收入达20亿元，增长49.3%；联结种养面积35万亩，增长16.7%；吸纳农村劳动力就近就业2.25万人，增长22.2%。全区各地依托休闲农庄园共举办各类休闲农业节会和品牌推介活动87场次，直接拉动休闲旅游人数180万人(次)。新增中卫市沙坡头区和隆德县两个全国休闲农业示范县，全区休闲农业示范市县达到10个；银川森淼生态园、红柳湾山庄、灵武长枣庄园和隆德神林山庄4家休闲企业被评为国家五星级示范休闲农庄，利通区海军生态园等9家被评为四星级示范休闲农庄（园）；创建自治区示范休闲农庄(园)四星级23家、三星级79家，对45家自治区示范休闲农庄(园)实施了“以奖代补”扶持；利通区牛家坊村、沙坡头区鸣沙村、隆德县新和村3个自然村获“中国最美休闲乡村”称号，“盐池滩羊养殖系统”入选“国家重要农业文化遗产名录”。

【农产品质量安全】2017年，在兴庆区、永宁县、贺兰县、灵武市、平罗县、利通区、青铜峡市、中宁县、西吉县、彭阳县、沙坡头区11个县(区)的农业投入品在线监管中实施农业投入品登记备案制度。开展投入品定性清除行动，查处添加隐性成分、假冒伪劣农药等不合格农业投入品3800公斤，出动县(市、区)农业执法人员60多人，在宁夏德坤环保科技实业集团有限公司集中销毁。新建金凤区、西夏区、原州区、盐池县、同心县、隆德县6个县(区)两个系统。根据农业部前三季度监测数据，宁夏主要农产品检测合格率98%，高出国家控制指标2个百分点，其中，蔬菜类合格率98.5%、水果类97.5%、畜禽类99.7%、水产品类96%。

【“三品一标”认证】2017年，认证“三品一标”(无公害农产品、绿色食品、有机农产品和农产品地理标志)产品245个，全区有效期内“三品一标”产品达到610个，其中，无公害农产品261个、绿色食品251个、有机食品44个、地理标志农产品54个。组织实施无公害农产品综合检查、绿色食品企业年检与市场监察、农产品地理标志专项督查和普查、“三品一标”产品质量抽检等工作，共出动执法人员210人(次)，检查各类超市、批发市场和农贸市场98家，发放宣传资料1.2万份，完成41家绿色食品企业93个产品年检。

（陈荣鑫）

农业科技与教育培训

【农业技术推广】2017年，全区发挥特色产业“两组一会”(特色产业发展行政指导组、技术服务组和产业协会)作用，加快农业新品种、新技术、新装备推广应用部分。开展水稻、肉牛、滩羊品质提升，马铃薯主食加工等11箱关键技术研发，遴选推介主导品种139个、主推技术99项，推广种植水肥一体化、畜牧节本增效、生态循环利用等重大技术20项。专家团队现场指导服务新型农业经营主体300户，在关键农时蹲点指导服务千次，组织1089名农技员与新型经营主体开展“一对一、一对多、多对一”技术服务，培育各类科技示范户2万户。推进农科教、产学研协同创新，开展关键技术研发、推广重大实用技术。创新农民培训方式，培训新型职业农民1.36万人。全年粮食、奶牛、肉牛、滩羊良种化率分别达到94%、100%、90%和93%。主要农作物机械化水平达到73%，水稻耕种收综合机械化水平达到95%以上。农业科技入户率达到80%，科技进步贡献率达到59%。

【新型职业农民培育】2017年，以加快培养造就高素质现代农业生产经营者队伍为目标，以新型农业经营主体带头人为主要培训对象，实施“新型农业经营主体带头人轮训计划”“现代青年农场主培养计划”“新型农民培训计划”。新建农民田间学校19所，全区农民田间学校达112所。聘请农业专家或“田秀才”“土专家”现场讲课、实训实操，培训新型职业农民1.36万人，其中现代青年农场主200人。认定新型职业农民7762人，其中高级职业农民20人。开展新型职业农民跟踪服务5000多人（次）。建立培育实训基地150个。完成区、市、县三级培训师资库建设，入库师资852人。

【阳光沐浴工程】2017年，制定《关于2017年农村阳光沐浴工程建设的实施意见》，完成全区20万台太阳能热水器的安装任务，其中300个扶贫销号村实现全覆盖。完成沼气工程6处，其中日产沼气1.2~1.8方的3处，600方的3处。

【农业面源污染防治】2017年，落实控制农药化肥的使用量，减少灌溉浪费和基本实现农业现代化的“一控两减三基本”，全区高效节水面积达301万亩，农田灌溉水有效利用系数提高到0.51，推广测土配方施肥900万亩、绿色防控及统防统治600万亩；全区化肥和农药施用量分别为104.7万吨、2948.6吨，比上年分别减少使用1.3万吨和1.38吨，实现零增长；完成畜禽养殖禁养限养区划定，共划定禁限养区254个，搬迁养殖场33个。完成银北盐碱地农艺改良60万亩，畜禽粪污无害化处理率达88%；中南部11个县区农用残膜回收率达90%以上。落实秸秆禁烧主体责任，实施秸秆禁烧网格化管理，大力推进农作物秸秆资源化利用，秸秆资源化综合利用率达83%。

（陈荣鑫）

种子管理

【概况】截至2017年，全区种子经营企业达到127家，其中省级企业32家，市县级企业95家，注册资本3000万以上企业25家，500万以上71家，种子年销售额9.83亿元，总产值17.6亿元。春季市场共调度春小麦、水稻、玉米、马铃薯种薯生产用种23846万公斤，春小麦、水稻、玉米、马铃薯四大作物种子商品化率分别为45%、90%、100%、56%；全区主要农作物良种覆盖率达93.7%，落实农作物繁制种63.4万亩，生产各类农作物种子48170万公斤。全区主要农作物良种覆盖率93.7%。完成2017—2018年度国家救灾备荒种子储备任务75万公斤，其中马铃薯(救灾种子)15万公斤、杂交玉米（备荒种子)40万公斤、杂粮杂豆20万公斤。西吉县和平罗县被农业部认定为第一批区域性良种繁育基地，西吉县马铃薯良种繁育基地是全国十个马铃薯良种繁育基地之一，平罗县蔬菜良种繁育基地是全国十二个蔬菜良种繁育基地之一。

【品种管理】2017年，完成全区小麦、水稻、玉米、大豆4类主要农作物新品种区域试验36组462个品种223个试验点次，生产试验9组41个品种59个试验点次；落实国家小麦、水稻、玉米、大豆、马铃薯等农作物新品种区域试验12组121个品种30个试验点次，生产试验6组28个品种10个试验点次；农科院、农垦、润丰种业、科丰种业、早田种业5家科企单位开展玉米、水稻联合体试验8组65个品种67个试验点次；开展鲜食玉米自主试验1组7个品种4个试验点次；开展耐盐植物试验1组5个品种1个试验点次；召开宁夏第28次农作物品种审定会议，审定通过20个新品种；推荐小麦、水稻、玉米、马铃薯主导品种33个，引导农民科学选用优良品种。参加南繁科研育种单位18家，育种、加代、扩繁玉米、向日葵、瓜菜、小麦、水稻、大豆等6类作物950.7亩，较上年增加305亩。共受理登记非主要农作物品种31个，登记完成品种11个，品种涉及马铃薯、番茄、西瓜、胡麻、向日葵等，通过非主要农作物品种登记的实施，逐步规范全区非主要农作物的品种管理工作，促进种子市场健康有序发展。根据《种子法》和《主要农作物品种审定办法》的有关规定，经评审，全年全区水稻、玉米共72个品种通过同一生态区域引种备案。

【园区建设】2017年，全区建成农作物新品种展示示范园区31个，引进、试验、展示示范小麦、水稻、玉米、马铃薯、瓜菜、杂粮等农作物新品种7000多个、1万余亩；依托园区，围绕各地农业主导产业和种业优势特色，举办各类观摩会、培训班30余场次，培训农民5000人(次)，发放各类技术资料10000余份。

【质量监督】2017年，自治区、市、县三级种子管理部门联合行动，采取“建立随机抽取被检查对象、随机选派检察人员的“双随机”监督措施，在冬春季对全区31家种子企业和50个销售门市部开展种子质量监督抽查，抽查127份农作物种子样品，经检测，净度、发芽率、水分、纯度质量指标合格率均为100%；对引种备案的44个玉米品种，寄送至北京玉米检测中心进行真实性和转基因成分检测，切实加强引种备案品种种子的质量监管；在开花期抽查22家企业的杂交玉米制种田，抽检面积69019.5亩，合格制种田68571.5亩，抽检合格率99.4%，保证种子生产质量；按照检测规程接收委托检验并按时完成检测任务，全年共接收委托监测样品55份，涉及6类作物。

【市场监管】2017年，全区各级种子管理部门共组织市场检查1277个(次)，检查企业和门市部2124家（个），种子标签1427个，种子档案918个，查处违法行为15人(次)，种子案件2起，违法种子0.03万公斤，确保了春播供种品种安全、质量安全、用种安全；受理种子质量投诉135起，开展田间现场鉴定17起，挽回经济损失141.9万元。全年无种子重特大案件发生。

【非法转基因种子排查】2017年，对全区种子市场销售的170个玉米品种进行转基因检查；对制种企业提交的66个玉米品种组合的132个父母本样品进行转基因检测；播种期和苗期，对全区杂交玉米制种田进行拉网式检查，逐一核实制种企业的资质，调查亲本种子来源，核查繁种面积是否与申报面积一致，共检查制种田5.8万亩，检测79个杂交玉米制种组合的父母本样品474个；在成熟期，对玉米制种田进行专项抽查，检测41份玉米种子样品，所有样品均未检出Cry1Ab/Ac转基因成分。

（陈荣鑫）

农产品流通

【市场体系建设】2017年，自治区围绕优质粮食草畜、蔬菜、枸杞、葡萄等重点产业，以加强产销衔接为重点，突出高品质和地域特色，通过组织电商企业与生产企业、生产基地、合作社等开展宁夏特色优势农产品产销对接、田头市场建设等项目的实施。重点支持西吉县、海原县、平罗乐海山沙漠西瓜合作社、西夏区同庄村、兴庆区塞上岿然农民合作社5个田头市场建设。联合自治区物价局、财政厅等部门整合资金3200万元，支持全区21家农业企业开展鲜活农产品田间冷链物流建设。

【特色优质农产品品牌建设】2017年，全区制定《关于加快推进宁夏优质特色优质农产品品牌建设的意见》，建立宁夏特色优质农产品品牌目录。举办中国（宁夏）特色优质农业品牌评选推介宁夏特色优质农产品市县长专场推介、中国（宁夏）农产品品牌高峰论坛等，发布6个宁夏特色优质农产品区域公用品牌、20个知名农业企业品牌、20个特色优质农产品品牌和10个宁夏特色优质农产品外销窗口，举办宁夏特色优质农业品牌成果展。培育各类特色农业品牌300多个，打造宁夏大米、盐池滩羊、香山硒砂瓜、六盘山马铃薯、中宁枸杞、贺兰山东麓葡萄酒等一批区域公用品牌，培育一批企业品牌和产品品牌。盐池滩羊肉、中宁枸杞、沙湖大鱼头3个品牌获得2017年“中国百强农产品区域公用品牌”；中宁枸杞、中卫硒砂瓜、盐池滩羊、西吉马铃薯、灵武长枣获“2017中国消费者最喜爱的百强品牌”。盐池滩羊肉被选为2017年金砖国家峰会国宴指定用肉，成为全国高端羊肉的代表品牌。

【农产品产销衔接】2017年，开展“全国知名蔬菜销售商走进宁夏”活动，邀请全国十多个省（自治区、市）农产品批发市场负责人、蔬菜销售商108人走进宁夏，与区内规模以上蔬菜生产企业、合作社等开展产销对接。支持宁夏宁垦电子商务公司开展中宁枸杞网上博览会，支持顺丰宁夏公司开展宁夏特色经济“顺丰领先”活动电商产销对接活动。组织企业参加第十五届中国农交会，以及在郑州、成都、兰州、重庆、昆明、烟台、包头等城市举办的农业类展会。在第十五届农交会上，兴唐米业、塞外香米业、昊王米业的种植基地获“中国优质稻米基地”称号；昊王牌大米、广银牌宁夏大米、麦清香牌马铃薯大麻花、夏进牌枸杞养生奶、宁鑫牌盐池滩羊肉、百瑞源枸杞、览翠牌葡萄酒、西夏王葡萄酒等11个产品获得农交会金奖产品。盐池滩羊肉被授予国家级农产品地理标志示范样板。银川麦清香食品有限公司与北京海乐达食品有限公司签订马铃薯主食产品年供销合同680吨，金额4500万元；贺兰县源丰蔬菜专业合作社联合社与上海农电子商务有限公司签订蔬菜供销合同10万吨，金额1.6亿元；昊王米业集团有限公司与深圳泰中达公司签订1.5亿元销售协议。全区有95%的硒砂瓜销往北京、上海、四川等省（自治区、市）和蒙古、等国家与中国香港、澳门地区，脱水蔬菜出口欧盟、美国、东南亚等国家和地区。

（陈荣鑫）

种植业

【粮食作物】2017年，全区粮食播种总面积1163.3万亩，总产量达368.2万吨，平均亩产316.5公斤/亩。全区小麦面积198.8万亩，占全区农作物播种面积的17.1%，平均亩产205.8公斤，总产40.9万吨，占全区粮食总产的11.1%，其中川区73.6万亩，产量25.2万吨；山区125.2万亩，产量15.7万吨，人均占有量为61.2公斤。全区水稻面积112.9万亩，占全区农作物播种面积的9.7%，平均亩产566.3公斤，总产63.9万吨，占全区粮食总产的17.4%，人均占有量为95.7公斤。全区玉米面积435.5万亩，占全区农作物播种面积的37.4%，平均亩产493.4公斤，总产214.9万吨，占全区粮食总产的58.4%，其中川区229万亩，产量130.6万吨；山区206.5万亩，产量84.3万吨，人均占有量为321.8公斤。

【瓜菜产业】2017年，全区瓜菜种植面积为315.9万亩，占全区农作物播种面积的26.9%，其中：设施瓜菜面积90.8万亩、露地蔬菜103.2万亩（冷凉菜30.1万亩）、露地西甜瓜106.4万亩（硒砂瓜87.6万亩），瓜菜总产量698.8万吨，实现产值109.8亿元；农民人均蔬菜产业纯收入达到1268元。瓜菜产业已成为全区发展现代农业的重要载体和促进农民增收的支柱产业之一。形成设施瓜菜、越夏及冷凉蔬菜、供港蔬菜、麦后复种蔬菜、脱水加工蔬菜、露地西甜瓜等产业，以银川、吴忠、中卫为主的现代设施蔬菜、果树、花卉及供港蔬菜生产优势区，以中卫环香山地区为主的压砂瓜生产优势区，以石嘴山市为主的脱水蔬菜生产优势区，以固原市为主的冷凉蔬菜生产优势区的“六大板块、四大优势生产区”产业格局。

【农作物制种】2017 年，全区农作物繁制种基地面积 63.4 万亩，生产各类农作物种子 48 万吨；小麦、水稻、玉米种子商品化率分别达 45%、90%、100%；建设农作物品种展示示范园区 31 个，面积 1 万亩，展示示范新品种 7000 多种（次）；推广农作物优新品种 33 个，良种覆盖率达 93.7%。打造集农作物新品种、农机农艺、休闲观光为一体的综合园区 5 个。加强种子市场监管，全年未发生重特大及群体性种子案件，种子市场供应稳定。平罗县、西吉县被农业部认定为第一批区域性良种繁育基地。举办第四届宁夏平罗种业博览会，泰金种业、中青公司、上海种业集团等制种企业年蔬菜制种产量 3400 万公斤，占全国蔬菜种子需求量的 10%，宁夏蔬菜育繁种能力位居全国前列。组建宁夏稻麦种子企业战略联盟，全区育繁推一体化企业竞争能力明显增强。

【马铃薯产业】2017 年，全区马铃薯种植面积 242.8 万亩，较上年减少 10.5 万亩，平均亩产鲜薯 754.5 公斤，折主粮 150.9 公斤，总产 36.6 万吨，占中南部山区粮食总产的 24.8%。3 家脱毒快繁中心共繁育原原种 1 亿粒；建设原种生产基地 2 万亩，生产原种 3 万吨；建设一级种基地 9.6 万亩，生产一级种 14.8 万吨。示范推广一级种薯 199.5 万亩，一级种薯推广应用率 78.5%；建设马铃薯主食专用品种生产基地 2 万亩。全区 8 家马铃薯主食开发试点企业，共研发生产马铃薯馒头、包子、馓子、麻花、挂面、米粉、饼干、面包、薯饼等 4 大类 100 多个主食化产品，累计销售总量 1.63 万吨，销售总收入达到 1.84 亿元。

【农业技术推广】2017 年，全区创建绿色高产高效整建制县 8 个，绿色增产模式攻关示范点 24 个，示范推广 10 项绿色高产技术模式，总面积 213 万亩；西吉县马铃薯绿色高产高效创建示范点亩产 6246.98 公斤，创全区单产最高纪录。承办全国绿色高产高效创建推进会，宁夏代表交流了做法和经验。建设农机农艺融合示范园区 12 个，粮食、蔬菜水肥一体化示范基地 30 个，集成推广新技术 48 项，示范推广秸秆反应堆技术 1 万亩。水稻、小麦全程机械化率达 100%，玉米达 65%，马铃薯达 35%；建设农作物新品种展示示范园区 31 个，示范展示农作物新品种 126 个，良种覆盖率达 93.7%；累计推广测土配方施肥 900 万亩，测土配方施肥覆盖率 85%以上，开展病虫害统防统治、绿色防控 600 多万亩；推广麦后复种耕作制度改革 35 万亩、冬牧 70 复种“一年两熟制”示范 6.6 万亩。

【农业社会化综合服务】2017 年，全区新建农业社会化综合服务站 40 家，规范提升 40 家，服务站总数达到 80 家。各服务站拓展和发挥技术指导、农资供应、测土配肥、统防统治、农机作业、信息服务、土地托管、金融服务、电子商务、市场营销“十项功能”，服务总面积达到 136 万亩，实现水稻亩节本增效 106 元、玉米节本增效 83 元、蔬菜亩节本增效 156 元；托管、半托管示范基地小麦、水稻机械化率均达 100%，玉米达 78%，马铃薯达 43%；配方施肥应用率达 100%，统防统治率达 50%。7 月，中部干旱带盐池、同心、红寺堡等地玉米粘虫爆发，全区共有 40 多家农业综合服务站加入应急防控队伍中，投入植保无人机 150 架，有效控制了虫情危害，在保证粮食产量的同时将农民损失降至最低。

（陈荣鑫）

畜牧业

【概况】2017 年，全区奶牛存栏 60 万头，同比增长 1.7%；肉牛、肉羊、生猪、家禽饲养量分别达到 270 万头、1822 万只、423 万头和 3620 万只，同比增长 3.4%、3.1%、1.9%和 2%，全区肉、蛋、奶总产量分别达到 54.2 万吨、11.3 万吨和 218.7 万吨，同比分别增长 4%、3.2%和 8.3%，畜牧业生产保持持续稳定发展的好势头，生产形势近 5 年来最好。畜禽标准化规模养殖比重达 67.8%，提高 2.2 个百分点，标准化规模养殖成为全区现代畜牧业发展的主力。群体改良、高效繁殖、平衡日粮、精准化饲养、精细化管理等多项技术快速推广，奶牛单产 7600 公斤，肉牛胴体重 235 公斤，肉羊胴体重 18.2 公斤，达到国内先进水平。畜产品质量安全监测合格率保持在 99.5%以上，饲料监测合格率达到 99.7%，生鲜乳违禁添加物抽检合格率连续九年保持在 100%，生鲜乳主要指标达到欧盟国家标准。完善“盐池滩羊”商标使用管理办法，盐池滩羊成为 G20 峰会专用羊肉，入选第四批中国重要农业文化遗产名录，并进入商标富农和运用地理标志精准扶贫典型案例评选前十名。

【优化产业结构】2017 年，全区畜牧业产值达到 139 亿元，增加 5.5%，占农业总产值比重达 29.1%，提高 1.6 个百分点。奶产业向沿黄绿洲带集聚，羊产业向中部干旱带集聚、肉牛产业向环六盘山区和引黄灌区集聚，优势产区饲养量占总量的 70%以上。家庭牧场、专业合作社、养殖大户的养殖比重达 80%以上。草原生态持续恢复，综合植被盖度达53.5%，连续四年超过50%，畜禽废弃物资源化利用加快推进，种养结合、绿色发展模式成效初显。

【产业化扶持】2017年，制定龙头企业带动肉牛、滩羊产业融合发展推进方案，通过建立市场倒逼、龙头带动的产业推进机制，深化产业供给侧结构性改革，推进产业融合发展。争取中央项目资金5.64亿元，较上年增加5050万元。新建奶牛、肉牛、肉羊标准化规模养殖场65个，争取中央资金5780万元；建设高产优质苜蓿基地5.8万亩，争取中央资金3480万元，启动畜禽养殖场粪污资源化利用项目，争取中央资金3554万元。"粮改饲"试点范围由5个扩大到12个，中卫市、固原市实行整市推进，争取中央资金6756万元；奶牛养殖大县种养结合整县推进试点县由2个扩大到5个，占全国试点县总数的七分之一，争取中央资金7500万元。

【重点项目】2017年，中牧集团亿林肉羊育种创新基地开工建设，争取中央资金1000万元。宁夏伊利乳业股份有限公司4期扩建项目建成投产后，成为亚洲最大的液态奶生产基地；中国(宁夏)——阿根廷安格斯牛良种繁育中心奠基建设，建设期项目投资预计达到1亿元；中地集团高端系列乳制品加工项目和中国(宁夏)婴幼儿配方奶粉研究中心建设进展顺利；上海鹏欣(集团)和重庆恒都集团肉牛养殖基地项目积极推进。对全区畜禽养殖粪污资源化利用进行全面调查，基本摸清全区畜禽规模养殖场粪污资源化利用现状；全面落实《国务院办公厅关于加快推进畜禽养殖废弃物资源化利用的意见》，制定《宁夏加快推进畜禽养殖废弃物资源化利用工作方案》，明确总体要求、工作目标、重点任务和保障措施，制定了考核办法，建立完善畜禽养殖废弃物资源化利用各项制度，明确市、县(区)属地管理责任和规模养殖场的主体责任。

【畜牧业绿色发展示范县创建】2017年，开展畜牧业绿色发展示范县创建活动，探索畜禽粪污综合利用全产业链发展模式，贺兰县、泾源县被农业部正式命名为全国第一批畜牧业绿色发展示范县，灵武市、兴庆区、贺兰县、利通区、青铜峡市和沙坡头区6个养殖大县畜禽粪污资源化利用整县推进示范工作全面启动。完成禁养区划定工作，全区22个县(市、区)划定畜禽养殖禁养区254个，划定禁养区面积1.06万平方公里，完成禁养区内10个确需关闭或搬迁的规模养殖场(小区)的关闭和搬迁工作。

【"节本增效"示范推广】2017年，按照"主攻单产、提高品质、降低成本、提升效率"的要求，组装集成一批"老"技术，引进吸收一批"新"科技，对标国内外先进技术和指标，分级建立了奶牛、肉牛、羊"节本增效"示范点646个，其中，奶牛147个，肉牛214个，滩(肉)羊285个，覆盖规模养殖比例达64%、60%和82%。全年全区646个示范点降低成本6769万元，增加效益1.19亿元(其中，奶牛节本2556万元、增效8856万元，肉牛节本1336万元、增效1267万元，羊节本2877万元、增效1804万元)。

【社会化技术服务体系建设】2017年，在巩固提升吴忠市奶产业和泾源县肉牛产业2个社会化服务体系建设示范点的基础上，新建海原县肉牛产业和利通区奶产业2个示范点，大力开展良种繁育、疾病防控、O2O采购平台等多项技术服务。

【良种繁育】2017年，奶牛育种选育，组建选育群2万头、核心群1.5万头，选育群平均产奶量10611公斤、核心群平均产奶量11150公斤，最高个体单产14939公斤，达到国内领先水平。筛选出奶牛泌乳性状和抗病性状主效基因6个，在国内率先应用基因组选择技术开展青年母牛早期选育。肉牛新品种培育，引进国外验证优秀安格斯牛冻精3万枚，选配安格斯母牛1.2万头，完成生产性能测定与体型外貌鉴定1020头。

【优质牧草基地建设】2017年，实行引草入田，全年种植优质牧草161.7万亩，组织实施粮改饲试点、高产优质苜蓿示范、冬牧70黑麦草种植和利用试点项目。新建高产优质苜蓿示范基地6万亩，加工苜蓿青贮5.9万吨，推广种植青贮玉米63.4万亩，加工制作全株玉米青贮217万吨，分别超计划任务87.8%和114%。种植户销售青贮玉米比种植籽实玉米每亩平均增收350元，累计增收2.28亿元。

【畜禽标准化示范创建】2017年，开展畜禽标准化示范创建活动，拓展示范创建的内涵和形式，新创建自治区级示范场30家，国家级标准化示范场达到66家。全区各类规模养殖场(园区)达到2662个，奶牛、肉牛、羊、生猪规模养殖比例分别达98%、42%、51%和73%。

【安全监管】2017年，实施《饲料质量安全管理规范》，落实企业主体责任，创建国家级饲料质量安全管理规范示范企业6家，自治区级示范企业5家，居全国第一位。开展生鲜乳专项整治行动。奶站、运输车检查全覆盖，"两证一单"发放率达100%，违禁物和重金属等检测合格率达到100%；制发《关于加强奶牛散养户生产环节和生鲜乳质量安全监管的紧急通知》，抽检散养户生鲜乳82批(次)，合格率达到100%。

【草原生态保护与建设】2017年，制定《宁夏中部干旱带荒漠草原防沙治沙区生态保护与建设方案》，提出草原生态保护红线区划定范围意见，划定面积628.7万亩。落实全区2017年草原补奖禁牧补助总面积2599万亩，补助资金1.94亿元。全面完成2016年度退牧还草工程建设任务，退化草原补播改良10万亩、人工饲草地9.5万亩、建设舍饲棚圈2000户。推进草原生态文明建设，稳步推进草原改革，全面完成盐池县青山乡40万亩草原确权颁证登记，建立确权承包登记综合信息平台，制定草原确权承包技术规程，扩大草原确权承包试点范围，有序推进草原确权承包登记。率先开展草原自然资源清查和草原资源与生态监测，累计完成监测天然草地 1500万亩、栽培草地100万亩。开展草原鼠虫害防治479.6万亩。率先建立牧草种子监督管理平台，监督抽检项目日牧草种子11个品种42批次，累计516.3吨，为完成草原重大工程建设把好种子质量关。联合开展"绿盾2017"国家级自然保护区监督检查专项行动，对云雾山国家级自然保护区内的违法违规问题进行了全面梳理排查，未发现对生态环境影响较大的活动，并对遗留问题提出了整改意见。争取草原防火项目资金，加快草原防火基础设施建设和物资储备，修订《宁夏草原火灾应急预案》，开展全区防火实战演练，年内没有发生4级以上草原火灾；加快草原补播和优质牧草种植，补播改良退化草原10万亩，建设人工饲草地9.5万亩，移民迁出区种草45万亩。开展以"依法保护草原，推动绿色发展"为主题的草原普法宣传月活动，组织6次禁牧封育交叉督导检查。

（陈荣鑫）

水产业

【概况】2017年，宁夏坚持以"创新、协调、绿色、开放、共享"五大发展理念为引导，以渔业供给侧结构性改革为突破口和着力点，围绕渔业增效、渔农增收这一核心，推进精准化养殖转移、名特优新品种转移、全产业链发展转移"三个转移"。重点做好设施渔业建设工程，在贺兰、灵武、兴庆区、大武口区、青铜峡市、沙坡头区发展设施温棚养殖、池塘工程化循环水养殖，新建设施渔业基地10万平方米。实施池塘健康高效养殖工程，以银川市、石嘴山市、青铜峡市为重点，加快池塘健康养殖基地建设，配套先进的养殖技术和装备，打造高产高效渔业基地。实施稻渔生态综合种养工程，集成稻田综合种养关键技术和设施设备，重点在贺兰、灵武、永宁、青铜峡、沙坡头区示范推广稻鱼、稻蟹、稻虾、稻螺、稻鳅、稻鸭等多种形式的稻田生态种养3万亩。加快品牌渔业建设，优化养殖品种，发展黄河鲶鱼、黄河鲤鱼、黄河甲鱼等黄河系列品种主套养5万亩；扩大河蟹、对虾、泥鳅等高附加值的名优特新品种养殖规模。提升水产品品质，创建水产健康养殖示范场5个，检测水产品和水样本500个，产地水产苗种检疫率、产地水产品药残抽检合格率均达到国家要求。做好品牌宣传，借力各类博览会、展销推介会、电子商务、网络营销等开拓更多营销渠道，扩大宁夏渔业产品的品牌影响力和市场占有率。推进水产品品牌认证，抓好"宁夏鱼"等现有品牌的推介，启动"宁夏黄河鲤鱼"地理标志产品认证工作，推动"西夏马兰花""冰山苍鳌"等系列水产品开展绿色、有机认证，打造区域性、权威性渔业"宁"字号渔业知名品牌。以黄河金岸及艾依河、清水河、苦水河19个"国家湿地公园"为重点，结合全国休闲渔业示范基地创建活动，挖掘渔业文化，配套完善设施设备，大力发展垂钓、观赏鱼、渔家乐、会展科普、生态旅游等多种休闲渔业。推进一二三产业融合，吸引沿海有资金、有技术、有市场的渔业企业来宁投资渔业，发展名优品种高效养殖、水产品精深加工业和休闲渔业，提高全区渔业产业发展水平，推动渔业"接二连三"发展。推进生态渔业发展，开展调查摸底，研究制定渔业养殖水域滩涂规划，明确水域滩涂养殖的区域布局、功能范围等。推广以鱼控草、以鱼控藻、以渔净水等模式，重点支持固原地区发展甲鱼、冷水鱼增养殖。在黄河、泾河及其附属水域增殖放流经济鱼类2000万尾。做好黄河休渔制度。5月1日至7月31日，继续对黄河宁夏段397公里实施禁渔，严厉打击各类非法捕捞行为。加强5个国家级水产种质资源保护区管理。开展水生野生动植物保护宣传。规范国家重点保护水生野生动物经营利用行为。全年全区水产品产量18.1万吨、比上年增长3.6%，水产养殖面积4.71千公顷、比上年减少0.8%，从渔农民年均纯收入达到11879.64元、比上年增长6.8%。全区人均水产品占有量达27.2公斤，居西北地区首位。

【渔业结构调整】2017年，以设施渔业工程、池塘健康高效养殖工程、稻渔综合种养工程为重点，加快推进渔业转方式调结构。设施温棚面积达到44万平方米，低碳高效池塘循环水流水槽达到104条。新建、改造养殖基地1.2千公顷，配套物联网智能养殖等"互联网+现代渔业"养殖技术和装备。推广稻渔生态综合种养1.76千公顷，“宽沟深槽”稻虾（鱼、鳅、蟹、鸭）、陆基生态“稻渔共作”等种养新模式得到广泛示范。名优水产品产量占全区养殖水产品产量比重的6%以上。新建全国现代渔业技术综合示范点1个、全国水产科普教育示范基地1个、全国稻渔综合种养示范基地2个，沙湖大鱼头获“2017百强农产品区域公用品牌”称号。

【智慧渔业】2017年，以贺兰、灵武、平罗、青铜峡、沙坡头区等渔业重点县为主，建设集物联网智能养殖、渔业水体环境监控、水产品质量可追溯、鱼病远程诊断、市场信息服务等多种功能于一体的“互联网+渔业”养殖场点30多家，试验示范池塘机械化捕捞技术，探索“四化”（装备工程化、技术现代化、生产工厂化、管理工业化）养殖技术，养殖管理水平、渔业预警和事故防范能力显著提升。

【休闲渔业】2017年，以黄河金岸508公里滨河大道及艾依河、清水河、苦水河沿岸19个“国家湿地公园”为重点，集中打造“一岸三河”休闲渔业带。结合全国休闲渔业品牌培育活动，挖掘渔业文化，配套完善设施设备，发展垂钓、观赏鱼、渔家乐、会展科普、生态旅游等多种休闲渔业；新创建全国休闲渔业示范基地1家。

【生态渔业】2017年，开展重点河湖生态保护红线和禁养区、限养区划定，推进“以渔净水”，对沙湖等重点河湖实施增殖虑食性鱼类、种植莲藕等的生物操控治理；争取中央渔业资源保护项目资金718万元，在黄河宁夏段、泾河宁夏段及重点湖泊水域增殖放流经济鱼类4800万尾；继续对黄河宁夏段397公里实施禁渔，组织开展“水生野生动物保护宣传月”活动、“亮剑2017”系列渔政专项执法行动、违规渔具清理整治，民众水生生物资源保护意识得到较大提升。

【渔业安全】2017年，全区未发生渔业安全生产事故，渔业安全形势持续良好，新创建全区平安渔业示范县2个。开展水产养殖全程监管。落实养殖户主体责任和属地管理部门监管责任，加强养殖投入品、水产苗种监管，检疫、鉴评外调水产苗种和本地生产苗种204批（次），17个品种，15.2亿尾，合格率96%；全国产地区水产品例行抽检宁夏65批（次），合格率100%。全区设立监测点43个，对主要养殖品种及重点养殖水面的疫病测报与防控点实行直报制度。

（陈荣鑫）

饲料业

【概况】2017年，全区共有饲料生产企业60家，其中，配合饲料29家、饲料添加剂14家、单一饲料17家。全年饲料和饲料添加剂总产量95.9万吨，同比增长5.9%，商品饲料结构优化，总产量48.8万吨（其中，配合饲料355819.7吨、浓缩饲料116549.99吨、添加剂预混合饲料15756.6吨），饲料添加剂稳步增长，产量达到40.4万吨，其中，氨基酸39.1万吨（赖氨酸230726.3吨、苏氨酸63746.5吨、蛋氨酸96027.25吨）。维生素699.2吨（B12），酶制剂178.96吨，其他13084.05吨（其中硫酸锌6691.55吨），混合型饲料添加剂243.18吨（酶制剂），单一饲料产量6.6万吨。

【饲料质量安全管理】2017年，自治区实施《饲料质量安全管理规范》（以下简称《规范》），落实质量安全“产”“管”结合要求，健全监督管理体制，印发《饲料质量安全管理工作方案》，采取企业创建、专家指导、县级主抓、自治区级管总的工作方法，帮助指导企业建章立制，建立全程质量安全管理制度和追溯体系，促进降本增效、转型升级。全区有6家企业成功创建国家级饲料质量安全管理规范示范企业，占全区30家配合饲料企业的20%，占比居全国第一位，另创建自治区示范企业5家。坚持把生产许可审核作为饲料源头管理的重要措施来抓，把贯彻《饲料和饲料添加剂管理条例》（以下简称《条例》），实施《规范》与行政许可、质量监测等工作结合起来，推行专家审核流程、考核评价、例会制度，支持专家做好审核，技术难题交给专家解决，现场审核专家说了算，维护了专家的权威性和审核的公正性。在行政许可中，严格按照《条例》《规范》规定的厂房、设备、人员、制度等软硬件许可条件要求，对不符合条件的坚决不予核发饲料生产许可证，实现了网上申报网上审批，加快了“放管服”改革步伐。2017年，新审核发证7家，做到了把关严格、程序合法、内容规范、运行高效。

【专项检验检测】2017年，落实市、县饲料属地管理主体责任和企业产品质量第一责任，推行饲料生产企业检查记录、饲料和饲料添加剂经销店检查记录、饲料产品购销台账和“饲料和饲料添加剂经销店规范化管理公示栏”制度，实行“痕迹化”管理，开展2次拉网式检查和1次安全生产检查。采取联合执法、专项整治等方式加强执法监管，对检查出的问题，限期跟踪整改。开展违法使用兽用抗菌药物专项治理，按照农业部统一部署，制定工作方案，开展了拉网式检查，对全区60家饲料及饲料添加剂生产企业、10家兽药生产企业、236个经销店和重点养殖场检查实现全覆盖。现场抽取饲料样品334批（次），下发责令整改通知10

份。增加抽样监测频次和覆盖面，从市场上发现问题，倒逼企业落实各项管理措施。全面共抽查饲料样品804批(次)，经宁夏和广西壮族自治区兽药饲料监察所检测，合格率达99.7%，位居全国前列。养殖环节“瘦肉精”检测2020批(次)，合格率100%。严厉打击查处违法违规行为，对吴忠市丰农饲料加工有限公司冒用生产许可证违法生产饲料案件、2家企业无证违法生产饲料案件及1家经营蛋白质不达标饲料产品经销店进行及时查处，共无害化销毁违法饲料产品33吨，罚款13.925万元，吊销丰农公司生产许可证。

【政策资金支持】自2017年起，每年安排饲料管理经费50万元，实现财政预算开户零的突破，资金用于县级开展质量监管行政执法。申报成立自治区饲料产业专家技术服务组，争取配套项目经费59万元。制定奶牛、肉牛、肉羊、生猪、家禽、水产“养殖环节饲料安全使用规范”等一套7个宁夏地方标准，在全区各类规模养殖场推行；实施非粮饲料资源化研发利用项目，建立8个实验基地，取得阶段性成果。举办全区饲料统计人员培训班、市县饲料监管人员和企业主要负责人法规培训班、饲料化验员维修工技能鉴定培训班各1期。

（陈荣鑫）

农机管理

【概况】2017年，全区农机总动力达到600万千瓦，比上年增加3.4%；农用拖拉机拥有量达22万台，比上年增加3.3%。其中大中型拖拉机、联合收割机保有量分别达到6万台和0.9万台，比上年分别增长5.2%和3.6%，深松深翻、秸秆还田利用、粮食烘干等绿色环保机具快速增长。大马力、高性能、复式作业和畜牧业、设施农业等机械大幅增加，农业机械已成为支撑农业生产的重要物质装备。全区农作物耕种收综合机械化水平达到73%，比上年提高2个百分点，高于全国平均水平6个百分点。小麦、水稻生产实现全程机械化，水稻耕种收综合机械化水平超过98%，马铃薯耕种收综合机械化水平达67%，玉米耕种收综合机械化水平达87%，畜牧业、渔业、设施农业机械化快速推进。

【农机购置补贴】2017年，全区共落实农机购置补贴资金18749万元，其中中央资金17435万元，自治区资金1314万元。当年中央农机购置补贴资金12100万元，自治区资金900万元。补贴政策覆盖全区所有县(区)和国营农场。全区共实施农机购置补贴资金17145.7万元，完成全年资金总额的91.4%。其中：中央资金15980万元，完成当年中央下达资金的100%，完成全部中央资金总额的91.7%，自治区资金1165.7万元，完成自治区当年下达资金的100%，完成全部自治区资金总额的88.5%。共补贴各类农机具1.7万台(套)，受益农户1.13万户，带动农民直接投资6.36亿元。

【农机作业补贴】2017年，全区共落实农机深松整地、秸秆粉碎深翻还田作业补贴资金6660万元，实施范围涉及22个县(市、区)和农垦农场，共有118个农机作业服务组织参与实施，投入机具880台，完成农机深松整地和秸秆粉碎深翻还田作业补助面积166.5万亩，其中农机深松整地126.5万亩，秸秆粉碎深翻还田40万亩，完成中央下达计划任务的105%。

【农机作业服务组织】2017年，全区农机作业服务公司数量达到112个，其中新建19个，创建全国农机合作社示范社3个，农机合作社突破285个。对新建农机作业服务组织，经县(区)农牧部门和自治区农机部门验收合格后，采取以奖代补的方式给予25万元的机具库棚建设补助。推行“一条龙”和订单作业服务，引导农机作业服务组织拓展服务领域，提升社会化服务水平。开展农机作业服务组织评星定级，确保农机作业服务组织规范运行，持续发挥作用。

【主要农作物全程机械化】2017年，在全区开展全程机械化示范县创建活动，突破优势特色产业机械化发展瓶颈，提升农机化作业水平。在首批平罗县创建国家级主要农作物生产全程示范县的基础上，贺兰县、利通区、灵武市、青铜峡市被评为2017年全国主要农作物基本实现全程机械化示范县。建设农机农艺融合全程机械化示范园区30个，园区机械化作业水平达100%。新建粮食烘干中心11个，购置粮食烘干设备95台，解决了粮食生产全程机械化最后“一公里”的问题。引进芹菜收获机、深翻犁、捡拾清土打捆机、番茄分级机，研发了水稻穴直播机、热泵谷物烘干机等5种新型农机产品，填补了宁夏特色产业机械空白。

【农机安全监管】2017年，全区农机入户率、检验率和驾驶员持证率分别达94%、67%和96%。开展“平安农机”创建和农机安全专项整治活动，形成“政府负责、农机主抓、部门协作、群众参与”的农机安全监管体系。创建国家级平安农机示范市1个，全国农机安全监理岗位示范标兵4名，自治区级平安农机示范市、县各1个，岗位标兵12名。11月，在全国第四届中国农机手大赛总决赛中，全区贺兰县选手马海超获总决赛第二名，有11名选手进入全国百强行列。全年没有发生重特大农机安全事故，农机安全生产形势平稳。

【覆膜及残膜回收】覆膜是中南部地区农业增产、农民增收的关键措施，2017年，共落实中央旱作农业技术推广项目资金5670万元，各县（市、区）采取以旧换新、经营主体上交、专业化组织回收等多种方式，确保覆膜及农用残膜回收利用工作顺利进行，全年共完成春秋季覆膜面积162万亩，完成计划任务的108%。完成残膜回收面积153万亩，回收残膜7650吨，加工颗粒1500吨，残膜回收面积占上年覆膜面积170亩的90%。

（陈荣鑫）

葡萄产业

【概况】2017年，全区葡萄产业经过30多年的发展，进入品质好向品牌响转变阶段，全区葡萄产业在调整中促转型。全年完成标准化基地建设2.1万亩，改造提升老葡萄园3.3万亩，全区葡萄种植面积达57万亩；生产葡萄酒1.2亿瓶；酒庄接待游客40万人（次），带动生态移民就业12万人以上，综合产值超过200亿元。

【资源整合】2017年，对金山试验区41家小酒庄的1.8万亩葡萄园整合成产能超过500万瓶的"金樽"葡萄酒品牌，统一种植标准、统一灌装、统一检测、统一监管、统一分级、统一定价，提升市场竞争力，年销售额达到10亿元。经过资源整合，使贺兰山一带的葡萄酒酒庄已由原来的199家减少到130家。宁夏国际葡萄酒交易博览中心通过银行融资2亿元，与北京酒易酩庄公司合作，利用银广夏2万亩葡萄园，组建产能1000万瓶的玉鸽酒庄，全年生产300万瓶葡萄酒。

【市场营销】2017年，与万达酒店等合作，建成北京、上海、南京、郑州等8家贺兰山东麓葡萄酒展销体验中心，通过"线下体验、线上交易"，促进产区葡萄酒精准营销。发挥产区葡萄酒线上综合交易平台的作用，推动产区获奖的高品质葡萄酒通过一个出口销售。在京东开设了产区葡萄酒销售专柜，拓宽了销售渠道。做好精品葡萄酒贺兰晴雪、银色高地、张裕摩塞尔十五世、留世、迦南美地、保乐力加等，出口到新加坡、美国、英国、法国、澳大利亚、德国等20多个国家。支持西夏王等企业去库存3000万瓶，酒企库存由去年的4.5万吨下降到2万吨。

【产品推介】2017年，举办第六届贺兰山东麓国际葡萄酒博览会、第三届贺兰山东麓葡萄春耕展藤活动。举办第六届国际葡萄酒设备技术展，参加2017年法国波尔多葡萄酒与烈酒展、美国纽约专题推介会、波黑第20届国际经贸展等，组团参加第40届世界葡萄与葡萄酒大会，增进宁夏产区与国际间的交流合作，产区知名度和影响力得到提升。

【创建示范园区】2017年，启动创建三个国家级示范园区。借助国内外有关高等院校、科研机构、专业团队和智库的力量，成立了贺兰山东麓北京、上海、深圳3个研发中心，作为吸引人才的载体，推动创建葡萄产业国家生态文明试验区、国家文化产业园区、国家科技示范区。其中北京研发中心组织开展葡萄产业体制机制研究，推动创建国家级生态文明试验区。上海研发中心组织开展葡萄酒文化、品牌推广与市场营销研究。深圳研发中心组织开展葡萄产业科技创新及融合发展研究，推动创建国家级葡萄酒科技示范区。与西北农林科技大学葡萄酒学院签订"宁夏贺兰山东麓葡萄酒产区科技创新校地合作协议"，推动成果转化，强化人才培养。

【组建宁夏葡萄与葡萄酒产业标准化技术委员会】2017年，宁夏葡萄与葡萄酒产业标准化技术委员会制定《贺兰山东麓金山小产区葡萄园建园及酒庄酒生产管理规范》等标准，完成《葡萄及葡萄酒中花色苷的测定高效液相色谱法》等5项标准的审定工作。建立博士工作站，引进4名博士，指导开展品牌建设、市场营销、葡萄酒旅游、衍生产品开发等工作。推进"贺兰山东麓特色优质葡萄与葡萄酒生产关键技术研究"等重点项目。举办品牌塑造、市场营销、园区经济、葡萄种植、葡萄酒酿造等培训班，参训人员达4000余人（次）。

【规范管理】2017年，启动建设智能化产区，商务厅安排专项资金，推进葡萄产业质量监管与流通追溯体系建设，对全产业链进行全程化、可视化监管，率先在3个三级列级酒庄试点。提升产区专用标志及商标管理使用，出台《贺兰山东麓葡萄酒产区专用标志使用管理办法》《贺兰山东麓葡萄酒地理标志保护产品专用标志管理实施细则》《贺兰山东麓葡萄酒地理标志证明商标管理办法》等管理规则，遏制酒庄恶意抢注商标行为。建立监督与执法联席会议制度，与环保、农牧、林业、工商、质监、食药、检验检疫等8部门签订联合执法协议，重点对产区环境、种苗、商标、专用标志、葡萄酒质量安全等进行监管。对5家育苗企业繁育的22个品种（品系）、612万株嫁接、自根苗进行分类抽检，对不合格苗木现场烧毁，保证苗木供应质量；对葡萄酒庄（企业）17个批（次）的葡萄酒质量进行抽检，对9家葡萄酒庄（企业）29款产品食品添加剂及非法添加物情况开展专项抽查，促进酒庄依法依规生产。对产区环境进行综合整治，推进中央第八环境督察组督察反馈意见，银川市将违规纳入规划的保护区试验区 1764.5 公顷土地调出规划范围，并开展生态修复。委托中国环科院制定《酒庄废水及有机物综合利用技术指南》，印发各市县、各酒庄执行。协调搬迁恒泰元种禽养殖场等污染企业，改善产区发展环境。

（殷雪鹏）

林　业

【概况】2017 年，全区累计完成义务植树 500 万株。根据宁夏的自然生态状况，在南部山区、引黄灌区和中部荒漠草原区 3 个不同的生态功能区，分别启动实施 3 项重点生态林业建设工程。推进林业供给侧结构性改革，把提供优质的生态产品作为践行绿色发展理念的最佳途径，打造县域特色优势产业，发展林下经济。彭阳县种植红梅杏面积 20 万亩，建设文冠果树种选种试验示范区 1000 亩；西夏区、永宁县和贺兰县继续大力支持酿酒葡萄的种植，灵武市继续扶持灵武长枣发展；红寺堡完成经果林种植任务 4647 亩，试种巴旦木、红梅杏、榛子等新品种。自治区财政在造林开始下达造林绿化资金，统筹森林植被恢复费用于引黄灌区平原绿网提升工程，全面启动引黄灌区平原绿网提升工程和六盘山 400 毫米降水线造林绿化工程，完成营造林 100 万亩，补植补造 60 万亩，力争森林覆盖率提高到 14%。全区累计完成营造林任务 56.27 万亩，补植补造 20.57 万亩。

【造林绿化】2017 年，依托三北防护林、天然林保护、退耕还林等国家重大林业工程，启动实施六盘山重点生态功能区降水量 400 毫米以上区域造林绿化工程，完成营造林 65 万亩，其中新造林 22.5 万亩，未成林补植补造 27.5 万亩，退化林改造 15 万亩。启动实施引黄灌区平原绿洲生态区绿网提升工程，完成营造林 9.29 万亩，其中新造林面积 4.32 万亩，未成林补植补造 2.06 万亩，退化林分改造 2.91 万亩。全区共完成营造林面积 107.6 万亩，完成率为 107.6%，其中人工造林 54 万亩，退耕还林 14.3 万亩，封山育林 28.6 万亩，退化林分改造 10.7 万亩。完成未成林补植补造 60.8 万亩，荒漠治理 90 万亩，全民义务植树 1000 万株。全区林地变更调查结果显示，全年全区森林覆盖率达到 14%。举办第九届中国花卉博览会。固原市成功创建国家园林城市，永宁县被命名为国家园林县城。争取国家和自治区政策、项目支持，全年争取林业投资 17.2 亿元，其中中央投资 12.5 亿元，自治区财政资金 4.7 亿元。

【资源保护】2017 年，推进贺兰山国家级自然保护区生态环境综合整治工作，制定出台《贺兰山国家级自然保护区生态环境综合整治推进工作方案》和财力保障、两权价款和保证金退还、阶段性验收要求、职工安置、社会维稳等 8 个方面的配套政策。169 处整治点完成生态环境整治，占总任务量的 80%以上。其中，通过市级自查初验的 20 处，占总任务量的 11.8%，通过自治区级阶段性验收的 108 处，占总任务量的 63.9%，完成拆除并进入生态修复的 26 处，占总任务量的 15.4%。开展巡查 800 多次，严厉查处破坏森林和矿产资源案件。强化湿地保护与恢复，自然湿地保护率达到 51%。落实保护和发展森林资源目标责任制，严格林地用途管制和定额管理，严格林地林权管理和检查监督，申请使用国家林地定额 1425.7 公顷，保障自治区重大项目建设的具体实施。协助自治区环境保护厅划定并严守森林、湿地生态保护红线，及时调整林地、湿地等与其他地类重叠面积，初步确定全区林地面积 156 万公顷。

【法治林业】2017 年，自治区十一届人大常委会第三十四次会议作出决定，修改《宁夏回族自治区六盘山贺兰山罗山国家级自然保护区条例》相关条款，加大六盘山、贺兰山、罗山国家级自然保护区的保护力度。出台《林业有害生物防治办法》《关于完善集体林权制度的实施方案》《宁夏湿地保护修复制度实施工作方案》。联合自治区有关部门出台打击处理涉林违法犯罪和深化森林公安改革等指导意见，部署开展“利剑”“绿盾 2017”“飓风”等严打专项行动，立刑事案件 81 起，侦破 75 起，查处林业行政案件 443 起，抓获犯罪嫌疑人 96 人，批准逮捕 12 人，刑事拘留 31 人，取保候审 61 人，收缴国家Ⅰ级、Ⅱ级重点保护野生动物 17 只，重点保护野生动物制品 160 余件，收回林地 694.52 亩，收缴木材 747.87 立方米、作案车辆 53 辆，侦破国家森林公安局挂牌督办案件 3 起。启动“陕甘青宁”跨区域办案协作机制。针对林政监管不到位等问题问责干部 78 名。取消 3 项行政许可事项，全年受理政务服务事项 360 项，办结率 100%。启动全区野生动物人工驯养繁殖许可证、准运证清理规范工作。共办理野生动物驯养繁育许可年检 6 件，野生动物繁育许可审批 15件。

【林业改革】2017 年，完成国有林场改革主体任务，全区国有林场由 98 个整合为 90 个，定性为公益一类事业单位的国有林场由 66 个增加到 74 个，定性为公益二类事业单位的国有林场由25个减少为10个，定性为企业性质的国有林场由7个减少为6个。出台《关于完善集体林权制度的实施方案》，2017年新增林下经济4.2万亩，全区林下经济面积364.3万亩，实现产值近21亿元。在彭阳、西吉、隆德县开展集体林地“三权分置”改革试点。2017年新增集体林权流转面积0.5万亩，全区累计流转集体林地21.2万亩。全年新增各类林业经营主体86家，新型林业经营主体总数达到4595家。在青铜峡市、西夏区、贺兰县、永宁县等地继续做好非基本农田葡萄确权颁证工作，完成2713.4亩确权工作，起草《关于开展经济林确权颁证的指导意见（送审稿）》。在总结吴忠市湿地产权确权经验的基础上，制定《宁夏回族自治区自然资源统一确权登记(湿地产权确权)试点实施方案》，在银川、石嘴山、固原和中卫全面铺开湿地产权确权试点工作。

【林业产业】2017年，实施再造枸杞产业发展新优势工程，宣传《宁夏回族自治区枸杞产业促进条例》，制定《2017年再造宁夏枸杞产业发展新优势重点工作》，推进枸杞产业提升“六大”工程。良种培育工程。依托国家枸杞工程技术研究中心，完成世界级枸杞种质资源圃建设，完成宁夏枸杞全基因组测序，宁杞1号、5号、7号等枸杞优新良种覆盖率达100%，占全国枸杞主栽品种的98%以上。开展以枸杞功能性食品为核心的科研成果转化，枸杞特殊膳食、护肝产品、枸杞糖肽生产线在全区顺利建成投产，宁夏枸杞功能性产品产业化开发实现新突破。标准化基地建设工程。全年新建枸杞标准化基地5万亩，新建枸杞良种采穗圃5个、繁育基地5个，打造枸杞标准化示范基地10个，全区3个基地获国家原生态原产地称号、7个基地获中国重要农业文化遗产称号。低产低效园改造工程，通过品种改良、种植技术改优、农机农艺融合、标准化管理等方式对1.8万亩枸杞低产低效园进行改造提升。质量安全提升工程，联合农科院建立枸杞病虫害监测预报体系，在百瑞源、杞爱等枸杞企业，开展病虫害预测预报和统防统治一体化试点，病虫害统防统治率达60%以上。制定印发《关于进一步加强枸杞行业经营管理的通知》，规范枸杞农药残留和枸杞质量安全监管工作。修订出台《“中宁枸杞”地理标志证明商标使用管理办法》，建立“中宁枸杞”溯源监管服务系统，对19家企业发放追溯码85.9万枚，实现中宁枸杞从种植、加工、销售全产业链的追根溯源。龙头企业壮大工程。加大品牌建设力度，全区拥有“宁夏枸杞”“中宁枸杞”两个区域公用品牌，“宁夏红”“百瑞源”等5个国家驰名商标、13个宁夏著名商标、60余个企业自主品牌、3个国家级重点龙头企业、16个自治区龙头企业。在北京举办宁夏枸杞品牌战略研究发布会暨宁夏枸杞品牌建设高峰论坛，发布《宁夏枸杞品牌战略》研究成果，向社会公开6个宁夏枸杞优质基地和6个宁夏枸杞知名品牌，“宁夏枸杞”“中宁枸杞”被评为全国100个消费者最喜爱的农业品牌，“中宁枸杞”在全国农产品区域品牌价值评价活动中以161.56亿元的品牌价值进入全国农业区域品牌价值十强，“宁夏枸杞”地理标志证明商标注册申请已于9月被国家工商总局受理。文化引领工程。委托中科院专家团队，完成《枸杞的前世今生》《枸杞的保健养生》两本科普宣传书籍的撰写，启动《枸杞雅集》《枸杞通史》编纂工作，组织区内枸杞龙头企业先后在法国、意大利、俄罗斯、英国、澳大利亚、新西兰等国家和广州、成都等地开展多次宁夏枸杞专项推介活动，集中展览展示了宁夏枸杞9大类60余款产品和180余幅宁夏枸杞摄影剪纸等文化作品，宁夏枸杞知名度不断提升。全年全区枸杞及产品出口量与出口额分别达到7305.5吨和6105.6万美元。

【林业科技】2017年，全区组织申报中央财政项目11个，新储备中央财政林业科技项目10个，组织评审申报自治区财政林业科技项目20个。自治区财政林业科技示范项目高干水平棚架葡萄栽培技术成果转化推广1000亩，枸杞采摘器研发取得8个专利成果，国家公益林行业科研专项西北盐碱地生态植被恢复集成技术成果正式出口阿曼，技术服务合同值达到1980万美元。争取国家林业局批复建设4个创新平台，报请自治区质量技术监督局批准林业技术标准立项23项，组织制定、审定《宁夏灌区农田防护林造林技术规程》等9项林业地方标准，建成标准化科研推广示范基地10个，新建5个标准化林业站、5个科技推广站。组织引进杜仲、鲁蜡5号等9个优新树种，扩繁楸树优系、大金星山楂等3个树种，开展杂交构树等试验示范和核桃遗传资源调查编目工作。加强林木种苗建设，良种使用率达53.7%。突出枸杞产业、精准造林、荒漠化治理、特色林业发展等领域，重点推进林业共性关键技术攻关和吸收消化再创新，服务林业供给侧结构性改革。

【林业扶贫】2017年，共安排9个贫困县造林、管护等林业资金10.3亿元，占全区林业投资的57.2%，增幅28.7%。直接安排贫困县农民林业管护等资金人均526元。优先使用建档立卡贫困户的苗木和让其参与造林绿化,有效化解过剩苗木,累计使用当地苗圃良种壮苗近3亿株,林农苗木收入达10亿元以上。其中,退耕还林兑现退耕农户政策补助资金2.5亿元,安排海原县新一轮退耕还林3万亩,下达资金1500万元;精准造林工程安排资金1.61亿元,使用建档立卡贫困户苗木1219.6万株,苗木销售收入4221万元,贫困户劳动力参与造林62220人次,劳务收入3240万元。安排枸杞产业直补资金660万元,金融扶持资金530万元,指导发展林下种植面积123万亩,实现产值5.07亿元,带动17.36万农户参与。实施生态护林员精准到户扶贫,在2016年已经落实生态护林员6000名、中央资金6000万元的基础上,新增生态护林员1500名、中央资金1500万元,全部安排在全区贫困县(区),7500名生态护林员人均年管护补助1万元,带动近3万贫困人口脱贫。选派6名干部驻村帮扶,确定16个联系村开展"下基层"活动,安排泾源县、红寺堡区扶贫帮扶村产业发展资金300万元。

【信息化建设】2017年,依托国家和自治区主要新闻媒体平台,突出宣传林业改革、国土绿化、枸杞产业、资源管理、自然保护区建设等林业工作,特别是认真贯彻落实习近平总书记等中央领导同志关于宁甘蒙防沙治沙宣传的重要批示精神,讲好防沙治沙宁夏故事。6集大型纪录片《贺兰山》在中央电视台播出,开展"绿水青山宁夏行"系列宣传报道活动,配合中央电视台等拍摄"瀚海绿洲""防护林"等专题纪录片。全年在中央和自治区主流媒体发布林业消息2300多条(篇),采编报送政务信息385条(篇)。制定《自治区林业厅办公室关于进一步规范公文标识政府信息公开属性有关事项的通知》,定期对各单位(部门)报送信息进行通报,全年主动公开文件173份,依申请公开11份,电视问政1次。修订《全区林业系统政务信息报送工作制度(试行)》《自治区林业厅网络信息发布管理暂行办法》等5项制度,完成机房标准化改造提升和政府协同办公OA平台和移动办公平台建设,启动档案数字化规范化整理工作,稳步推进档案规范化管理。

【林业安全防治】2017年,全区全年共发布预警通报6期,测报准确率90%。加快有害生物防治体系建设,全区林业有害生物成灾率控制在5.6‰以内,无公害防治率为87.9%,苗木产地检疫率达100%,完成了年度目标任务。完善森林火灾应急管理和森林防火基础设施建设,修订《宁夏回族自治区森林火灾专项应急预案》《宁夏森林火灾信息报送规定》等应急管理制度,在全区组织开展为期1个月的森林火灾应急处置调度拉练。完善森林火灾预警机制,制作发布高森林火险气象等级信息6期,森林火险预警信息63期,全区连续五十七年未发生重大以上森林火灾和人员伤亡事故,森林火灾受害率控制在8.9‰以下。

(郭　栋)

水利

SHUILI

NINGXIA YEARBOOK

编辑◎郭勤华

综　述

【概况】2017年，水利部门全面贯彻中央治水兴水重要思想，深入落实自治区“三大战略”部署，治水思路更加完善，重大工程创新推进全区经济社会可持续发展提供水安全保障。

【推行河长制】2017年，全区五级河长体系提前建立。各级河长贯彻落实《自治区全面推行河长制工作方案》，规定的6项制度全部出台，乡级以上工作方案、县级以上河长办按要求全部到位。落实五级河长3770名、巡查保洁人员6510名，实现所有河湖水系河长制全覆盖，比中央要求提前1年全面完成河长制改革任务。各方共治格局基本形成。各级河长既挂帅又出征，县级以上河长先后巡河督导900余次。创新推进机制，将河长制与生态环境损害责任追究、人大监督和政协议政、精准扶贫相结合，形成河湖管理保护的有效机制。全区统一河湖管理平台基本建成，环保、国土、住建等27个部门与地方协同推进落实水污染、水生态、水环境等6大任务，构建了“党政责任链”“部门共治圈”和“公众齐参与”的格局，初步实现河湖管理保护由“分治”走向“共治”。河湖治理保护成效明显。全面推行河长制，形成全区河湖管理保护共识，河湖实现从“没人管”到“有人管”、从“多头管”到“统一管”的历史转变，全区水生态环境整体好转、局部优化。黄河干流宁夏段6个国控断面全部达Ⅱ类水质，全区监测的15个地表水国家考核断面13个达标，主要监测点水质为近年来最好。沙湖水质由劣Ⅴ类转为Ⅴ类，渝河水质由Ⅴ类转为Ⅳ类。

【河长制年度纪事】2017年1月17日，在银川召开全区深化重点水利改革暨水利工作会议，对推行河长制进行动员部署。7月4日，自治区党委书记、人大常委会主任、总河长石泰峰主持召开自治区总河长第一次会议。7月13日，自治区人民政府召开全区全面推进河长制工作电视电话会议。7月18日，联合自治区党委宣传部印发《宁夏全面推行河长制宣传方案》。8月23日，自治区河长制办公室制作河长制公益宣传片《宁夏河流湖泊有“河长”啦》，于8月24日至9月30日在宁夏电视台及区内各地方电视台滚动播出；全区5个地级市、22个县（区）、223个乡镇工作方案全部出台，全区河长制工作方案全部到位；启动编制《宁夏黄河岸线利用保护规划》《清水河流域综合治理规划》等2项规划。9月，全面开展河湖水生态环境现状摸底调查及河湖健康评价，建立7条省级河流“一河（湖）一档”，编制7条省级河流“一河（湖）一策”方案。开展巡河11次，召开河长制相关工作会议7次，市、县级河长开展河道巡查913次。开展综合整治，银川市搭建“智慧银川+河长制”工作平台，利用无人机完成河道巡查、问题发现等日常工作，聘请493名社区网格员为河长制网格义务监督员；吴忠市采取成立综合执法大队、政府购买服务、推行“河长+警长”模式；固原市彭阳县建立“公益岗位+民间河长”模式，选聘1069名建档立卡贫困户为地方民间河长、河湖保洁员。9月14日、22日，全区推行河长制工作（川区）观摩座谈会分别在灵武市、彭阳县召开；全区举办培训班等285场（次），培训人员达到1.5万余人（次）。全年印发河长制简报42期，向水利部报送信息27期，及时总结上报经验做法。12月2日，中央电视台录制的《宁夏灵武推进村级河长制 建设美丽新家园》在中央电视台《朝闻天下》播出；12月4日，自治区河长办制作的《河长制公益宣传广告》在宁夏交通广播电台播放。12月29日，自治区全面推行河长制新闻发布会在自治区人民政府举行，通报河长制推进情况。

【重点工程与项目建设】2017年，推进项目带动战略。谋划西海固地区脱贫引水、银川都市圈西线供水及引黄高效节水现代化生态灌区等45项总投资超500亿元的水利项目，建立235亿元的水利PPP项目库，全区首个水利脱贫攻坚PPP项目——中宁喊叫水扬水工程开工建设。争取中央资金。全年水利投资达70.3亿元，同比增长14%。完成投资69.91亿元。重点工程建设。推进黄河二期防洪、高效节水灌溉等国家172项重大水利项目，加快实施中部干旱带脱贫攻坚水源、红寺堡扬水泵站更新改造等自治区重点工程建设，加快构建“山川统筹、南北调剂、丰枯补给”水资源配置体系。民生水利建设。中南部城乡饮水安全工程入选全国民生示范工程。农村饮水安全巩固提升工程解决了17.39万贫困人口的饮水安全问题，全区自来水普及率达83.5%，盐池县率先实现自来水入户率、水质达标率双100%。超额完成农田水利基本建设任务，建设高标准农田103万亩，治理盐碱地27万亩，自治区人大常委会对农田水利测评满意度为100%。建成覆盖全区21个县区的山洪灾害非工程措施项目，实现区、市、县三级防汛抗旱预警预报体系基本全覆盖，有效应对184场(次)洪水过程，确保了安全度汛。昼夜奋战建成隆德县城乡抗旱应急调水工程，保障5.31万人饮水安全，战胜中南部地区连续130天严重旱情。全年分解下达重点水利项目投资计划30.36亿元，全面保障重点项目建设资金。完成中部干旱带脱贫攻坚水源工程(新建7座水库)主体工程、黄河宁夏段二期防洪工程、灌区续建配套与节水改造工程、清水河防洪治理工程和盐环定扬黄工程更新改造工程。压茬推进西海固地区脱贫引水、盐同红革命老区脱贫引水、红寺堡扬水更新改造、宁夏中部干旱带西线供水水源改造（固海6+1）、固海扩灌扬水泵站更新改造等重大水利工程前期工作。截至年底，列入自治区六十大庆项目的红寺堡扬水更新改造工程开工建设；列入自治区第十二次党代会报告的西海固地区脱贫引水工程项目建议书已经自治区发改委批复，取水许可审批事宜已明确，要件办理、可研报告、初设报告编审工作；盐同红革命老区脱贫引水、固海扩灌扬水泵站更新改造、银川都市圈供水等工程正在加快开展可研报告编制工作。

【水治理体制机制】2017年，宁夏水权试点率先通过全国验收，中央水流产权确权试点、水资源消耗“双控”行动等重点改革取得实质性进展。小型水管体制改革提速扩面，水资源税改试点启动实施。落实“放管服”改革，水利厅“不见面、马上办”的行政审批事项全部实现在线办理。推行先建机制后建工程，利通区、贺兰县积极探索农田水利专业化、物业化建设运营管理新模式，自治区72项重点水利改革稳步推进。信息水利纵深推进。加快实施“互联网+水利”六大行动，水利数据中心完成迁移上云，水资源国控项目建设应用名列全国前茅，彭阳“互联网+人饮”试点全面推广，三大扬水泵站自动化项目加快实施，利通区“智慧水务”初步建成，澳大利亚璐比垦测控一体化闸门生产基地落户宁夏，拓展了水治理空间。依法治水扎实推进。《自治区水资源管理条例》全面实施，《宁夏实施〈农田水利条例〉办法》颁布，《宁夏河湖管理保护条例》列入立法计划。

【水资源利用】2017年，节水型社会建设取得实效。通过实施“农业节水领跑、工业节水增效、城市节水普及、全民节水文明”四大节水行动，完成高效节水灌溉38万亩，盐池县高效节水面积超过80%，建成自治区级节水型企业21家、节水型机关115个、节水型事业单位264个，水资源利用方式加快转变。最严格水资源管理有效实施。率先开展空间规划试点水资源承载力评价，全面落实建设项目节水设施“三同时”制度，实行项目和用水“双限批”。依法关停公共供水管网覆盖范围内自备井278眼，对全区年取水50万立方米以上用户实施在线监测，国家水资源管理考核名次大幅提升。各业供水服务做出贡献。积极应对缺水严峻形势，统筹解决好生活、生产和生态用水，保障800万亩农田均衡受益，确保宁东等12个主要工业园区和固原等200多万人的城乡供水安全。完成生态补水量2.17亿立方米，促进沙湖、艾依河等湖泊水体水质明显改善。水生态文明建设成效明显。银川全国水生态文明城市通过验收，石嘴山全国水生态文明城市和固原国家海绵城市试点建设顺利推进，永宁县创新城乡水系建设、打造“塞上江南”田园风貌。彭阳、海原县水土保持力度持续加大，全区完成水土流失治理面积915平方公里。固原清水河、渝河、葫芦河及银川四二干沟、吴忠南干沟等综合治理取得阶段性成效，治理区水生态水环境持续改善。

【水资源治理】2017年，自治区加强水资源管理。实行水资源消耗总量和强度双控行动，推进国家水流产权确权试点和节水型企业建设。开展农业节水领跑、工业节水增效、城市节水普及、全民节水文明“四大节水行动”。加快城镇供水管网系统改造和生活节水器具普及，推进节水型县(区)达标建设,全年新发展高效节灌面积38万亩,累计达到303万亩。治理水污染。实施“碧水行动”,重点实施保护黄河行动和重点入黄排水沟治理,12月,黄河宁夏段出境水质达到Ⅱ类。调整完善自治区“十三五”城镇污水处理设施建设规划,全区34个城镇污水处理厂全部完成一级A提标改造,31个自治区级及以上工业园区均已完成污水集中处理,13条黑臭水体整治工程完成12条。调整种植业结构，推广测土配方施肥技术900万亩、银北盐碱地农艺改良技术集成120万亩、示范化肥减量增效技术62万亩,实施耕地保护与质量提升示范8.58万亩,建设水肥一体化示范1万亩,化肥、农药利用率分别提高到37%和38%，实现化肥、农药使用量零增长。划定畜禽禁养区254个。水环境治理。开展不达标水体综合整治,清水河、渝河、葫芦河等综合治理工程,沙湖水质由劣Ⅴ类提升为Ⅴ类,渝河出境断面水质从劣Ⅴ类提升到Ⅳ类。划定地表水源地9个、地下水源地生态保护红线和环境功能保护区46个。开展饮用水水质卫生监测，实现市县城镇监测全覆盖，农村乡镇覆盖率达90.1%。推进地下水超采区治理，依法关闭工业企业自备井216眼。启动“两处理、两改造”(农村垃圾、生活污水处理及改厨改厕)新一轮农村环境综合整治,完成农村生活污水处理及改厕3万户、美丽小城镇20个、美丽村庄100个、特色小镇10个,全区水环境明显改善。水生态修复。实施引黄灌区平原绿洲生态区绿网提升、六盘山重点生态功能区降水量400毫米以上区域造林绿化、景观水道绿化美化等一批生态工程,完成营造林面积107.6万亩。成立4个湿地自然保护区和24个湿地公园管理机构，全区湿地保护率达到51%。完成生态补水量2.17亿立方米，治理水土流失面积915平方公里。开展河湖管理范围划界确权和地下水监测、黄河宁夏过境段流域上下游横向生态保护补偿试点，建立甘肃宁夏两省区跨界河流水污染联防联控联席工作会议制度。执法监管。《宁夏河湖管理保护条例》纳入2018年自治区人大立法计划。启动“清河专项行动”,开展河湖管理专项执法检查,集中整治了一批侵占河道岸线、污染水体、非法采砂等“老大难”问题,依法关停取缔涉河湖非煤矿山30家、砂厂砖窑222家、洗砂场20家、侵占河道小微企业11家、万吨以下水质排放不达标的淀粉生产企业19家。

【供水服务】2017年,全区主要粮食作物有玉米、水稻、小麦,其他作物有瓜果蔬菜、枸杞、林草地等灌溉面积845.36万亩。全区工业及城市供水共完成26737万立方米，其中工业供水20224万立方米;城乡居民生活供水、行政事业单位用水、经营服务用水、特种行业用水、绿化供水、节水灌溉用水、水源供水、农村人饮等实现供水6513万立方米。农业供水引黄灌区各干渠共引水54.87亿立方米,各县(市、区)共取用黄河水51.78亿立方米,各市县所辖小型引(提)水工程引水2.37亿立方米,山区库井灌区用水0.79亿立方米。

【节水型社会建设】2017年,落实最严格水资源管理制度，推进节水型社会省级示范区建设,开展节水型城市、节水型县(区)、节水型灌区、节水型企业、节水型工业园区、节水型公共机构、节水型居民小区7项节水载体评价标准制订、修订工作。依据《宁夏回族自治区节约用水奖惩暂行办法》,对中卫市最严格水资源管理和节水型社会建设考核优秀以及西夏区、永宁县、贺兰县、灵武市、惠农区、利通区、青铜峡市、沙坡头区和原州区9个农业取用黄河水节约的县(市、区)进行奖励。全区完成高效节水灌溉38万亩,累计发展高效节水灌溉面积303万亩。

【民生水利建设】2017年,完成农村饮水安全巩固提升年度建设任务。通过管网延伸增加入户、管网联通、净水厂改造配套等措施加快实施农村饮水安全巩固提升工程,完成总投资3.38亿元,巩固提升了49.8万人的饮水安全水平,其中建档立卡贫困人口9.1万人，提高全区自来水普及率,实现了规模化供水工程、小型供水工程供水保证率和集中供水率水质达标率。制定《关于加强农村饮水安全巩固提升建设管理的通知》明确“十三五”任务目标,督促做好全区136项已建成农村饮水安全工程的验收准备工作。各县认真执行《宁夏农村饮水安全工程管理办法》，规范农村饮水工程管理,确保农村饮水安全工程正常运行。各地继续推行“基本水价+计量水价”的两部制水价,提升水费收缴率,建立地方政府财政补贴机制,稳定运行管护资金来源。按照习近平总书记“节水优先、空间均衡、系统治理、两手发力”的治水新思路,着力推进农田水利转型升级，夯实农业农村发展基础。全区共投入资金52.6亿元、治理水土流失面积915平方公里,实施119处农村饮水安全巩固提升项目，完成49.8万人饮水巩固提升。对全区高效节水灌溉项目实行“先建后补”,结合现代化生态灌区试点县建设，鼓励社会资本投入3500万元参与高效节水灌溉工程建设和运维，推动开展了投建管服一体化、“先建后补”、设计施工总承包等建设管理新模式，农田水利测评满意度达到100%。

【水生态文明和水文化建设】2017年，宁夏水权试点率先通过国家验收，将农业黄河水确权到引黄灌区5市18个县（区）和农垦集团的4293个干渠直开口，确权水量为45.64亿立方米。工业黄河水确权到5个县（区）和宁东能源化工基地60家工业企业，确权水量为1.27亿立方米。部署全区取水许可专项执法检查、水资源管理专项执法检查、自备井关停专项执法检查、河湖专项执法检查等系列执法检查工作，颁布实施6部地方性水法规和6部地方性水利政府规章。全区依法查处各类违法案件110多起，打击水事违法行为，维护全区良好水事秩序。开展对银川市贺兰山东麓自备井关停工作，依法关闭自备井283眼，逐步实现地下水采补平衡。

【宁夏引黄古灌区列入世界灌溉工程遗产名录】2017年10月10日，在墨西哥召开的国际灌排委执行大会上宁夏引黄古灌区成功列入世界灌溉工程遗产名录，也成为黄河干流上的第一个世界灌溉工程遗产。为了传承保护好宁夏珍贵的引黄灌溉遗产，提升宁夏文化软实力，2016年10月，自治区水利厅启动了宁夏引黄古灌区申报世界灌溉工程遗产工作。启动申遗工作以来，在自治区党委、政府的高度重视下，在水利部、国家灌排委的大力支持下，在相关厅局、地方政府的配合协作下，申遗工作顺利推进。4月，自治区主席咸辉亲赴大坝水利管理所调研水利工作并听取申遗情况汇报。6月，自治区区党委副书记姜志刚会见考评专家组并赴水利博物馆调研申遗及宁夏水文历史情况。自治区主管领导及厅领导多次与水利部、国家灌排委对接协调，确保了申遗工作的高效顺利推进。水利厅成立“申遗”工作领导小组，制定工作实施方案，邀请农业厅、文化厅、旅发委等专家进行座谈讨论，开展申遗各项资料梳理工作。国家灌溉排水委员会考评专家组现场考察、会议评审，同意将宁夏引黄古灌区列入2017年中国向世界灌溉排水委员会推荐的三个世界灌溉工程遗产之一。10月11日早10时，水利厅与吴忠市、青铜峡市联合在唐正闸旁召开申遗成功发布仪式，向社会各界宣布申遗成功喜讯，晚8时在黄河楼举办大型公益晚会，全社会共同分享申遗成功的荣耀与喜悦。9月26日至10月13日，全网涉及申遗一事的相关信息共有4289条信息。先后有中央电视台、《光明日报》、网易、人民网、新华网分别制作专题网页，《宁夏日报》头版头条、《新消息报》头版整版进行报道，《新消息周刊》以《长渠流润》为题刊发14期专题报道，系统介绍宁夏引黄古灌区历史文化及成就。

（张雪艳）

供水保障

【农业供水】2017年，全区全年共行水197天。其中：夏秋灌自3月29日开闸放水至9月8日停水，行水164天；冬灌自10月21日开闸放水至11月22日停水，行水33天。引黄灌区各干渠共引水54.87亿立方米，比水利厅下达计划57.38亿立方米少2.51亿立方米，少4.4%，比上年度多0.92亿立方米，多2%。全年共取用黄河水51.78亿立方米，比计划多1.47亿立方米，多2.9%，比上年度多0.3亿立方米，多0.6%。各市县所辖小型引（提）水工程引水2.37亿立方米，比下达计划0.8亿立方米多1.57亿立方米，多196%，比上年度多0.28亿立方米，多13.4%；山区库井灌区2017年用水0.79亿立方米，比水利厅下达计划0.97亿立方米少0.18亿立方米，少18.5%，比上年度多0.02亿立方米，多2.6%。2017年，全区实际灌溉面积845.36万亩，主要粮食作物有玉米、水稻、小麦，其他作物有瓜果蔬菜、枸杞、林草地等，玉米、水稻、小麦及其他作物所占比例分别为43.4%、13.6%、10.9%、32.1%。

【工业及城市生活用水】2017年，宁夏水务投资集团有限公司完成供水26737万立方米，较上年度21788增长23%，其中工业供水20224万立方米；城乡居民生活供水、行政事业单位用水、经营服务用水、特种行业用水、绿化供水、节水灌溉用水、水源供水、农村人饮等实现供水6513万立方米。宁夏宁东水务有限责任公司分别向宁东煤化工园区、临河园区、灵州矿区供水，共完成工业供水13881万立方米，比上年度增长20.8%；宁夏太阳山水务有限责任公司向吴忠市太阳山工业开发区工业供水475万立方米，比上年度增长35.1%，金积水厂向吴忠市慈善产业园区工业83万立方米，比上年度增长45.9%；宁夏长城水务有限责任公司向上海庙工业园、滨河新区红墩子工业园、宁东煤化工C区及宁东临河工业园B区实现工业供水3800万立方米，比上年度增长25.3%；宁夏六盘山水务有限公司实现向六盘山电厂、淀粉厂及盐化工基地供水263万立方米，比上年度下降1.7%；宁夏中宁水务有限公司完成向中宁县宁新工业园区和石空工业园区工业供水1147万立方米，比上年度增长17.2%；宁夏水投红寺堡水务有限公司完成向红寺堡区弘德慈善工业园区及城区工业供水71万立方米，比上年度增长

7%(黄河水工业用水);宁夏水投银川水务有限公司完成向贺兰生态纺织产业示范园区工业供水82万立方米,比上年度增长16.7%。宁夏水投平罗水务有限公司完成向宁夏精细化工基地园区工业供水422万立方米。宁夏宁东水务有限责任公司实现绿化供水1563万立方米,比上年度增长16.7%;宁夏太阳山水务有限责任公司向太阳山园区周边、盐池城乡居民提供生活供水及生态供水共计866万立方米,比上年度增长10%,金积水厂完成向吴忠市利通区农村人饮供水173万立方米,比上年度增长13.9%;宁夏中源水务有限公司实现向海原新区、海原县城、同心县城生活供水746万立方米,实现同心东部、同心西部节水灌溉供水119万立方米,较上年度下降50.4%;实现海原新区、同心东部、同心西部农村人饮供水272万立方米,较上年度增长55%。宁夏六盘山水务有限公司实现城市和西吉县城供水1533万立方米,较上年度城市供水增长8.5%。宁夏水投中宁水务有限公司实现城市、绿化、河南六乡农村人饮供水668万立方米,较上年度下降5.9%;宁夏水投红寺堡水务有限公司实现城市、绿化、农村人饮供水543万立方米,较上年度增长7.3%。宁夏水投平罗水务有限公司实现园区绿化供水30万立方米。

(张雪艳)

水利信息化及水利科技

【信息化项目建设】2017年,继续推进国家水资源监控能力建设项目(二期)。2015年至上年度初立项,工程建设周期是2016—2018年,项目总投资2944万元,到位资金2881万。项目内容主要有建设取用水户站点386处,水源地水质监测7处以及平台建设。2017年底,7处水源地全部建成,建设取用水站点320处,平台建设基本完成,完成投资2000万元。水利管理服务综合系统(一期)项目。项目包括宁夏水利电子政务公共应用系统升级扩容改造、宁夏水利数据中心向云平台迁移及升级改造、宁夏水利网络语音通讯系统建设、宁夏水利网络视频综合业务系统建设、应用中间件产品采购等内容,总投资1264万元。年底,项目已完成基础数据库改造迁移、宁夏水利电子业务应用系统扩容、水利数据中心向云平台迁移及升级改造的功能、水利网络语音通讯系统的开发和部署,完成了无纸化会议室改造和应用中间件等产品的采购及部署,项目总体进度达到90%。水利厅内部控制信息系统建设。2017年立项,完成流程定制开发、上线部署工作,进入试运行阶段。水利财务信息化升级改造项目。项目于上年度10月立项,2月16日开工。完成用友政务A++系统,包括预算指标管理、账务处理、财务报表、行政事业资产管理、薪资管理、跨单位账务查询6个业务应用子系统的安装及部署,Oracle数据库和Weblogic中间件的安装及部署,完成验收工作。宁夏水利调度中心运行维护服务项目。开展宁夏水利调度中心信息系统及网络基础设施、信息系统等级保护测评、信息化成果展示等内容的招标和运维服务,信息化运维服务质量提升。

【信息化管理】2017年,完成《黄河宁夏段干流水情监测系统建设实施方案》《国家水资源监控能力建设宁夏二期项目(2016—2018)年技术方案》《宁夏河长制综合管理信息平台需求分析报告》《宁夏水利财务信息化升级改造建设项目需求分析》《宁夏河长制(湖、沟)水量水质监测工程(一期)实施方案》等项目审查审批。编制完成宁夏引黄灌区高效节水现代化改造建设信息化规划。开展水利信息化规定规范编制工作,正式印发《宁夏水利信息化建设管理工作导则(试行)》《宁夏水利信息化公共应用系统统一部署分级使用管理办法(试行)》《宁夏水利信息化项目验收管理办法(试行)》《宁夏水利视频会议系统使用管理规范(试行)》。截至年底,完成104处水利专网改造工作。完成厅属基层单位225处自治区政务外网的接入,启动市、县(区)水利基层单位的互联网盲区消除工作,全年未发生网络安全事故。开展防汛抗旱指挥系统、水资源管理系统、水利厅门户网站3个信息系统和机房风险评估等4个项目的第三级等级保护测评工作。

【科技项目】2017年,新开项目29项,延续项目24项。与国家航天十二院合作,成立钱学森智库水治理(宁夏)研究中心,启动宁夏水治理研究,提出宁夏水治理发展战略研究总体设计方案和阶段成果。开展宁夏水利建设融资方式研究、宁夏辐射井技术应用评价与典型区推广分析研究、黄河宁夏段二期防洪工程高强度塑钢组合板桩引进与应用研究、宁夏河套灌区典型灌域水联网节水灌溉与水银行示范等重点研究。编制完成国家"水资源高效开发利用"重点专项《中卫市沙坡头区节水型社会创新试点实施方案》上报水利部。完成黄河宁夏段防洪工程模型试验及关键技术研究、宁夏黄河多泥沙大型升卧式水闸关键技术引进研究、宁夏淤地坝运行风险研究等10项课题验收,宁夏引黄灌区经济作物(酿酒葡萄)滴灌技术集成示范项目通过水利部验收，完成水利科技成果鉴定（评估）5项。“宁夏引黄自流灌区输配水关键技术研究”“宁夏中部干旱带扬黄灌区节水技术集成研究”2项成果获大禹水利科技三等奖。完成上年度宁夏水利科技进步奖评审工作，其中一等奖3项，二等奖8项，三等奖5项。《宁夏水权交易试点实施技术方案研究——以中宁县农业节水向工业流转为例》《干旱区枸杞滴灌灌溉制度试验研究》等7篇论文获得第十四届宁夏自然科学优秀论文奖。制（修）订《宁夏引黄灌区农田水利基本建设技术规范》《宁夏扬黄水泵抗磨蚀修复及防护技术导则》《宁夏节水型灌区评价标准》《宁夏旱情与旱灾等级》《宁夏小流域水土流失综合治理技术规范工程措施技术》和《宁夏压砂地建设技术规范》等14项地方标准，并由自治区质量技术监督局发布实施。

【科技交流】2017年9月26—28日，举办2017中国水博览会暨中国（宁夏）国际节水展览会，参展企业2000家，接待专业观众8000余人次。同时举办主题为“新理念新技术助推水业转型升级发展”的第十二届中国水务高峰论坛和以“钱学森智库聚焦宁夏水治理现代化——深入贯彻中央新时期治水方针”为主题的第十期钱学森论坛。自治区副主席马顺清做主旨报告，11位院士专家围绕新时期治水方针建言献策。45位国际代表作了研讨交流，参会人数达1800人（次）。先后6次赴国（境）外开展水资源环境承载能力监测预警等技术交流，台湾、香港、塔吉克斯坦等国家（地区）人员来宁开展水生态保护、节水灌溉技术交流考察。组织相关企业参加世界水日活动，展示先进滴灌设备，现场宣传节灌科普知识。参加由中国水利学会等7个学会联合举办的主题为“生态文明我知我行创新驱动我们行动”——第三届资源环境与生命科技创新知识网络大赛系列活动，参赛人数达2000余人，宁夏水利厅获优秀组织一等奖。

（张雪艳）

农村水利

【农村饮水安全】2017年，全区水利部门通过管网延伸增加入户、管网联通、净水厂改造配套等措施加快实施农村饮水安全巩固提升工程，完成投资3.38亿元，巩固提升49.8万群众饮水安全水平，其中建档立卡贫困人口9.1万人，全区自来水普及率已达到83.5%，规模化供水工程和小型供水工程供水保证率分别达到86.9%和95.2%，集中供水率达到97%，水质达标率得到提高。年内国家安排中央预算内投资3600万元，自治区落实配套资金8160万元，其中自治区财政专项资金4860万元、水利建设基金3300万元用于项目建设。各县（区）拓宽筹资渠道，通过整合涉农资金、专项建设基金、PPP融资、扶贫开发贷款、鼓励社会资本投入等措施，筹集2.3亿元用于农村饮水巩固提升，比上年增加1.8亿元。全区23个水质监测中心全部建成并发挥作用，配合卫计部门做好水质检测工作；与环保部门共同公布了89处千吨万人农村饮水安全工程名录，督促各县区设立标志牌，划定水源保护区；与宁夏电力公司对接，将全区178处农村饮水安全工程执行优惠灌排电价。彭阳县启动实施“互联网+人饮”，探索对农村饮水工程及供水管网的信息化、自动化控制和可视化集中监管，从根本上改变了农村饮水管理模式、服务模式和盈利模式。盐池县试点建设农村饮水水质在线监测系统，安装18个自来水供水站出厂水水质、水量在线监测设备，实现随时随地查询实时水质指标、预警和其他管理工作，全面提升当地农村饮水安全的管理水平。隆德、红寺堡、沙坡头、中宁等县（区）加快人饮信息化完善并探索管理新模式。盐池、红寺堡、同心和沙坡头等8县（区）按照城乡一体化模式加强工程管理，彭阳县通过购买服务、组建县级专业化维修养护队等方式加强管理，不断推进专业化运行维护。各地继续推行“基本水价+计量水价”的两部制水价，提升水费收缴率，建立地方政府财政补贴机制，稳定运行管护资金来源。

【农田水利基本建设】2017年，《宁夏实施〈农田水利条例〉办法》经《宁夏回族自治区人民政府令（第95号）》颁布实施；制定《引黄灌区农田水利基本建设标准》，经自治区质监局颁布实施。全区共投入资金52.6亿元、劳力1004万个工日、机械110万台班，完成土石方1.28亿立方米；新增防渗渠道3876公里，清挖沟道1.54万公里、渠道4.1万公里，整修农田道路3.6万条2.2万公里；新增节水灌溉面积68万亩（高效节水灌溉面积38万亩），恢复改善灌溉面积222万亩，新增灌溉面积5.5万亩，改造中低产田32万亩；建设高标准农田103万亩，治理盐碱地27万亩，新增年节水能力5402万立方米；治理水土流失面积915平方公里。

【高效节水灌溉】2017年，通过整合发改、国土、农发等项目资金共落实高效节水灌溉项目132个，总投资达10.63亿元，下达建设任务52.8万亩，超出年度计划16.8万亩，其中103个项目已完工，建设高效节水灌溉38万亩，其中喷灌6.26万亩，微灌29.46万亩，管灌2.28

万亩，超额完成年度建设任务，全区高效节水灌溉面积达到303万亩。自治区水利厅、财政厅印发实施《全区高效节水灌溉项目“先建后补”办法（试行）》；结合现代化生态灌区试点县建设，鼓励社会资本投入3500万元参与高效节水灌溉工程建设和运维，推动开展投建管服一体化、“先建后补”、设计施工总承包等建设管理新模式。结合现代化生态灌区建设抓紧落实《宁夏农业水价综合改革实施方案》。利通区率先完成《农业水价改革实施方案》的批复，制定了《水权交易管理办法（暂行）》，将水权细化至最适宜管理单元，建立水权交易平台，开展水权交易，年内完成交易水量184万方；利通区、贺兰县完成引黄末级渠系水价测算工作，并报请自治区物价局监审审批。

【引黄现代化生态灌区试点】2017年，启动利通区、贺兰县、红寺堡区3个现代化灌区建设试点。利通区编制完成《现代化灌区建设规划》《可行性研究报告》《农业水价综合改革实施方案》《水价调整方案》《水权交易管理办法》等顶层设计和前期工作，在金银滩镇二支渠、四支渠6.42万亩灌域实施灌溉自动化改造，完成PPP“两评一方案”编制工作。贺兰县完成《现代化生态灌区试点可行性研究报告》，协调推进贺兰县与相关企业签订框架协议，开展水价测算工作，编制水价调整方案并上报自治区物价部门审查审批，编制PPP“两评一方案”。引进社会资本方参与完成了1.2万亩高效节水灌溉工程建设任务，启动了满达渠、运河斗灌域测控一体化项目建设。红寺堡区完成现代化灌区建设项目可行性研究报告，开展了水价测算及水权分配到户等工作。沙坡头区政府与企业签订PPP模式合作框架协议，引进社会资本参与建设南山台扬水灌区1万亩自动化高效节水灌溉示范项目。创新农村水利项目投融资建设管理新模式。制定《创新水利投融资实施意见》。市县30项农村水利PPP项目进入水利厅项目库。10个县（区）政府与企业开展农村水利项目合作。利通区、贺兰县将渠道自动量测水设施建设、高效节水灌溉、智慧水利等工程的建设和管理打包推行PPP模式；与澳大利亚潞碧垦水利集团在利通区建立全国第一家测控一体化量测水设施生产基地。

【基层水利服务】2017年，在继续推进利通区金银滩社会化综合服务体系试点的同时，组织将试点经验推广到平罗县、盐池县、隆德县、沙坡头区。指导各县（区）编制完成试点方案，开展工程管理模式创新工作。借助续建配套信息化建设项目，建立全区农村水利信息综合管理平台，基本完成系统需求调研和系统构架原型开发工作。完成全区农业灌溉用水计量设施现状调查工作，摸清直开口以下农田灌溉计量设施需求情况并上报水利部。完成全区灌溉机井通电情况复核确认工作，落实抗旱节水保灌投资1.31亿元，完成2692眼机井、26座小型灌排泵站的供电设施改造工程。开展银北地区盐碱地监测评价和绩效评估工作，利用卫星遥感影像图解译方法和625个实地调查典型取样点进行解译对比；对地下水埋深观测、骨干排水道监测点水位变化数据、明沟排水措施盐碱地治理效果典型监测区土样监测结果进行对比分析。

（张雪艳）

节水和水土保持

【节水型社会建设】2017年，全区推进节水型社会省级示范区建设，开展节水型城市、节水型县（区）、节水型灌区、节水型企业、节水型工业园区、节水型公共机构、节水型居民小区7项节水载体评价标准制订、修订工作，标准通过自治区质监局审定并以自治区质监局公告2017年第40号公布，于2018年2月28日起实施。依据《宁夏回族自治区节约用水奖惩暂行办法》，水利厅对中卫市最严格水资源管理和节水型社会建设考核优秀以及西夏区、永宁县、贺兰县、灵武市、惠农区、利通区、青铜峡市、沙坡头区和原州区9个农业取用黄河水节约的县（市、区）进行奖励。

【节水与节水技术推广】2017年，全区总取水量66.06亿立方米，没有超过国家分配宁夏的用水总量控制指标。万元GDP（当年价）用水量191立方米，万元工业增加值用水量41立方米，农田灌溉水有效利用系数0.52。全区完成高效节水灌溉38万亩，累计发展高效节水灌溉面积303万亩，吴忠市提标改造市区3个污水处理厂，投资建设中水处理厂，完成金积热电厂中水管网铺设工作，盐池县高效节水面积超过80%。固原市在全市推广彭阳县“互联网+人饮”供水管理服务模式，县级人饮管理平台初步建立，通过农村安全饮水巩固提升工程，在各控制建筑物中安装控制系统，在用水户中推广智能水表。完成固原市区第一污水处理厂、第二污水处理厂以及西吉县、隆德县、泾源县、彭阳县污水处理厂提标改造，开工建设西吉县第二污水处理厂，对泾源县轻工业园区8家企业污水通过管网建设并网集中处理。中卫市沙坡头区在南山台扬水灌区共推广实施1.5万亩苹果交替控灌，采用PPP投资模式建设苹果膜下滴灌现代化节水型生态灌区试点。

【水土保持综合治理】2017年，编制完成《宁夏南部黄土丘陵水土保持区生态安全屏障建设实施方案》，规划2017—2020年新增水土流失治理面积2000平方公里。启动《宁夏南部水利水保建设规划》编制工作。小流域综合治理、坡耕地整治、病险淤地坝除险加固工程完成90%以上建设任务，在水利部通报中名列全国第一。全区治理水土流失面积915平方公里（其中南部黄土丘陵水土保持区治理715平方公里），完成预防保护面积1530平方公里，较年初确定的800平方公里和1200平方公里的目标任务分别超额完成14%和28%。

【水土保持管理】2017年，全区依法开展水土保持方案审批、水土保持设施验收及水土保持补偿费征收工作，推动全区生产建设项目水土保持监督检查逐渐呈现常态化，2017年共审批生产建设项目水土保持方案35项，组织生产建设项目水土保持设施验收26项，征收水土保持补偿费3409万元。与自治区财政厅、物价局等部门联合印发《宁夏回族自治区水土保持补偿费征收使用管理实施办法的通知》和《关于制定我区水土保持补偿费收费标准的通知》。

（张雪艳）

防汛防凌抗旱

【汛情灾情与防汛】基本汛情。2017年，全区共发生洪水过程184场（次），清水河、苦水河干流及其支流、贺兰山东麓、黄河左右岸部分沟道均发生洪水过程。清水河先后11次、苦水河先后6次、汝箕沟、大武口沟先后4次爆发洪水过程。清水河折死沟张湾水文站实测洪峰流量308立方米每秒（7月23日），苦水河红沟窑调查洪峰流量210立方米每秒（7月24日），贺兰山东麓贺兰口沟调查洪峰流量225立方米每秒（7月5日），贺兰山东麓中北段7月25—27日出现强降雨，西夏区、贺兰县、平罗县、大武口区降暴雨，甘沟至韭菜沟之间27条沟道全部发生洪水过程，范围之广为近年少有。灾害损失。据统计，暴雨洪水造成西夏、永宁、大武口、平罗、同心、红寺堡、海原等15个县（区）37个乡镇65个行政村4.37万人受灾，紧急转移安置受威胁群众663人；16间房屋倒塌，275户院落进水，16头大家畜死亡；10.57万亩农作物受灾，3.38万亩农作物绝产；183公里道路受冲，37.6公里沟道堤防护岸、33.8公里灌溉渠道、21.6公里人饮管道、3座小型水库（淤地坝）、5座扬水泵站、55座建筑物、8处水文设施受损。造成直接经济损失1.07亿元，其中水利防洪工程损失3318万元。防汛措施及成效。5月16日，自治区防汛抗旱指挥部召开全区防汛抗旱工作暨行政责任人培训会议，研究部署防汛抗旱工作，调整指挥部组成人员，签订防汛目标责任书。全区27个市、县（区）完成预案修编，落实防汛抢险队219支，组织修复加固黄河、山洪沟道、水库等水毁水利防洪设施219处，新建、维修、加固县级防汛抢险物资仓库12座。申请中央、自治区防汛资金4500万元，重点解决堤防老化失修、堤岸及丁坝坍塌严重以及水库坝坡老化失修、水毁严重等问题。编制完成《城市内涝防御知识》等4部防汛宣传系列动漫，在宁夏电视台及各市、县（区）电视台播放防汛宣传短片5000余次。强化防汛应急处置工作，汛期及时上传下达信息指令，做到信息畅通、指令到位。针对7月5日贺兰山东麓暴雨洪水，防汛部门提前紧急转移受洪水威胁群众600名，有效保障了人民群众生命安全。汛期实现水库无一垮坝，堤防无一决口，人员无一死亡和经济损失6年来最小的胜利。

【凌情灾情与防凌】凌汛形势。2016—2017年度凌汛期，受气温整体偏高和气候复杂多变等因素影响，黄河宁夏段呈现流凌封河推迟、开河提前、二次流凌、多段封河等特点。12月29日，黄河宁夏段首次出现流凌，1月20日，出现封河；流凌最大长度260公里，累计封河长度34公里；封河期河段水位最大涨幅2.3米。受气温回升影响，2月13日，麻黄沟河段出现开河，15日全部开通，为文开河。灾害损失。经统计，沿河惠农区、平罗县、贺兰县、灵武市、青铜峡市、中宁县、沙坡头区等地共有6公里河岸裂缝、滑塌；16座坝、垛及部分联坝、护岸工程出现沉陷。造成直接经济损失3000万元，其中水利设施直接经济损失2500万元。防凌措施及成效。上年度11月14日，自治区防汛抗旱指挥部提前召开全区防凌工作会议，对防凌工作进行全面安排部署，确保防凌各项责任落实到位。防汛办与水文局、气象局强化合作，先后开展会商5次。沿黄各地全面落实了以行政首长负责制为核心的各项防凌责任制，并将防凌责任人逐级落实到乡（镇）段落和重点工程，建立了较为完善的区、市、县、乡四级防凌责任体系。12月，自治区防汛办成立检查组，赴各地指导、督查防凌工作。沿黄各地加固坝垛60多座，封堵穿堤建筑物46座，封闭渡口3处，拆除浮桥4座。加强2座黄河大桥及黄河治理二期防洪工程等在建项目施工度凌管理，督促严格落实施工度汛（凌）方案有关要求。自治区防汛办编制印发了年度黄河宁夏段防凌技术方案，沿黄各地修订完善预案14个。组建县、乡级防凌机动抢险队30多支，有1.05万名抢险队员，储备铅丝、编制袋、木桩、块石等抢险物料，落实挖掘机、载重汽车等各类机械设备378台(套)，夯实黄河防凌工作基础。通过宁夏电视台和《宁夏日报》宣传防凌知识，开通“凌汛期专题服务短信”由主管部门发布各类防凌信息，中央电视台报道8次，宁夏电视台报道68次，《宁夏日报》刊登凌汛专栏19期，发布防凌服务短信65条。

【旱灾灾情与抗旱】抗旱形势。2017年全区气温偏高，降水偏少且时空分布不均，中南部大部地区连续130天无有效降雨，工程蓄水不足，土壤墒情较差，沟道来水偏枯，造成部分地区人饮受到严重影响，隆德县尤为突出。旱灾损失。全区累计有12个县(区)、64个乡(镇)、156个行政村、28.8万人、36万头大家畜、42万只羊的饮水受到影响，其中，固原市隆德、西吉、泾源人畜缺水问题尤为突出。全区农作物累计受旱面积达245万亩，其中，重旱113万亩、绝产32万亩，草原受旱面积约160万亩，主要分布在固原地区的隆德、西吉、原州、泾源，以及三大扬水干渠稍段的红寺堡、同心、盐池等地。抗旱措施及成效。针对2017年的旱情，自治区防汛抗旱指挥部提前组织水利、农牧、民政、气象、水文等部门先后3次紧急会商，制定《关于做好当前人畜饮水和农业抗旱工作的通知》《春季抗旱工作方案》《隆德县3—6月城乡抗旱应急供水方案》。先后13次组织工作组到中南部5个县(区)17个受旱点进行实地调查，开展旱情调研，指导各县(区)制定水量调配及调度方案，完善抗旱预案。紧急启动实施隆德县城乡抗旱应急调水工程，经过19个昼夜连续奋战，于5月25日提前完成工程建设并正式通水，标志着隆德县严重旱情基本解除，城乡5.31万人饮水困难得到有效解决，水利部陈雷部长、自治区咸辉主席给予批示并肯定。争取国家下拨4500万元特大抗旱经费，协调自治区财政先期筹措2000万元抗旱补助资金解决重旱区应急调水、供水工程维修、抗旱设施购置、水源改造等。组织全区22支县级抗旱服务队，累计投入650人，投入拉水车75辆520余次，为缺水群众和弱势群体应急拉水2350余吨，维修小高抽和饮水工程85处，投入抗旱机泵580台(套)帮助群众拉水送水、抗旱浇地。

(张雪艳)

水利工程建设管理

【中部干旱带脱贫攻坚水源工程】2017年，中部干旱带脱贫攻坚水源工程(新建7座水库)主体工程已完工。截至年底，项目累计完成投资9.82亿元，占批复总投资10.36亿元的95%。同心县下马关水库、马高庄水库、马家塘水库、海原县三塘水库、红寺堡区新庄集水库、盐池县石山子水库主体工程均已完工，具备蓄水条件。同心县预旺水库已完成92%。

【盐环定扬黄工程更新改造工程】盐环定扬黄工程更新改造项目于2016年9月27日正式开工建设。工程建设的主要内容是重建泵站7座，改造泵站5座，更换压力管道70.3公里，干渠砌护改造97.7公里，配套附属设施和自动化。截至年底，新建的7座泵站和改造的5座泵站土建工程主体已全部完成，完成压力管道铺设59公里，干渠砌护97.7公里。累计完成投资9亿元，占批复总投资的76%。选用国内一流设备，供水效率的提高使每年可节电4400万度。运行管理方式创新，梯级泵站合并后可减少一线工作人员100名左右，减少近三分之一。按照“无人值班、少人值守”的运行管理目标，实施信息化建设。每年向灌区安全供水1.2亿立方米，可保障40万亩人工绿洲的灌溉用水，灌溉为盐池县发展饲草产业和畜牧业提供了基础保障。

【盐碱地改良】2017年，在基本完成银北地区百万亩盐碱地改良工程建设任务的同时，启动实施银南地区盐碱地改良工程建设。共完成骨干沟道治理63条316.98公里，治理面上盐碱地24.33万亩，实施暗管排水2.66万亩，完成投资2.97亿元，占计划投资3.11亿元的95.5%。引黄灌区累计完成骨干沟道治理231条1377.11公里，累计完成田间排水工程治理74片102.33万亩，实施暗管排水2.66万亩，累计完成投资15.2亿元，超额完成年度建设任务。委托宁夏水科院开展银北地区盐碱地监测评价和绩效评估以及扬黄灌区盐碱地治理模式研究工作。银北地区骨干排水沟道经过综合整治，工程标准显著提高，区域排水能力明显提升。平罗、惠农、贺兰等县(区)和农垦集团前进农场、简泉农场、南梁农场盐碱地治理项目区盐渍化状况得到明显改善。据宁夏水利科学研究院实地监测，治理的项目区土壤脱盐率达到25%~30%，土壤盐渍化状况得到有效改善，治理的项目区粮食单产提高100公斤左右，作物出苗率提高40%~50%，粮食生产能力还将逐年提高。

【小流域水土流失综合治理工程】小流域水土流失综合治理工程涉及固原市的西吉县、原州区、彭阳县、隆德县、泾源县，吴忠市的同心县、盐池县和中卫市的海原县。计划治理水土流失面积255平方公里。全年,共完成水土流失治理面积336平方公里,占下达计划任务的132%,其中,旱作基本农田6640.93公顷、坝地100公顷、造林3844.07公顷,封禁治理23028.48公顷,小型水保工程1330座(处),道路466公里。完成总投资13644万元,包括中央资金11135万元,省级配套1794万元,县级配套或自筹715万元。

【中型以上病险淤地坝除险加固工程】2017年,中型以上病险淤地坝除险加固工程在原州、彭阳、隆德、西吉、海原、沙坡头、中宁、同心、盐池、灵武10县(市、区)实施病险骨干坝除险加固工程52座。2017年底,52座工程全部开工建设,完成总投资5927万元(中央资金4605万元,省级配套资金1106万元,县级配套或自筹216万元)。

【坡耕地水土流失综合治理工程】2017年,中央预算内项目涉及固原市的西吉县、原州区、彭阳县和中卫市的海原县,计划治理水土流失面积62.61平方公里。年内共完成水土流失治理面积66.65平方公里,占下达计划任务的106%,其中,旱作基本农田5176.57公顷,造林770.4公顷,封禁治理718.2公顷,小型水保工程500座(处),道路327公里。完成总投资6267万元(中央资金5075万元,省级配套1077万元,县级配套或自筹115万元)。

【黄河宁夏段二期防洪工程】2017年,完成投资任务9.25亿元,完成年度任务的92.5%,新建坝垛42道(座)、加固坝垛154道(座),新建护岸51.7公里,工程总长度82.6公里,安全生态效果明显。完成2015年、2016年81个标段分部工程验收和37个河道整治及四脚体预制单位工程验收工作。完成安全生产各类制度、应急预案等体系资料80余项,开展安全生产专项检查40余次,排查治理安全隐患50个。通过信息技术的运用,强化管理人员到岗在位和现场质量安全措施落实,全年未发生一起安全生产事故。在水利部重大水利工程专项稽察中,专家组认为黄河二期工程"是一个规范化、标准化的优良工程,施工技术值得水利工程推广学习"。

【中小河流治理项目】2017年,完成中卫3个窑等10个项目,完成中央下达投资1.6亿元,治理河长90公里,经治理的中小河流防洪标准提高到10~20年一遇。完成54个项目的竣工验收工作,确保项目效益发挥。

【山洪灾害防治项目】2017年,完成《2017年度山洪灾害防治非工程措施项目实施方案》并通过水利部黄委会合规性审查。完成上年度度山洪灾害项目青铜峡蚂蚁口子沟和永宁北一沟2条山洪沟治理项目,治理长度18.7公里。2013—2015年山洪灾害防治项目顺利通过水利厅竣工验收。

【银川城市防洪减灾体系建设项目】2017年,编制完成《贺兰山东麓综合防洪体系实施方案》,通过实施高家闸、沙井子沟等沟道治理和山洪灾害防治等项目,逐步完善银川市城市防洪减灾体系及贺兰山东麓防洪体系建设。指导各市县开展城市应急排涝能力建设,组织银川、石嘴山、固原等城市编制了城市防洪规划和城市应急抢险预案,从特大防汛费、防汛岁修资金中安排每个市、县8万元~10万元进行防汛排涝物资设备购置,提升城市应急排涝能力。

【工程管理】2017年,加强水库安全运行监管。督促各级政府切实落实好水库管理主体责任,及时向社会公开水库大坝三级安全责任人信息,印发《2017年水库安全运行管理督查(检查)工作方案》,组织对固原市重点水库的运行管理、质量安全、建设进度、度汛准备等工作进行现场督查。抓好稽察和监督检查,协同安质局印发《2017年在建水利工程建设项目稽察(督查)工作计划》《宁夏水利工程建设项目稽察管理办法(暂行)》《宁夏水利工程建设项目稽察经费使用办法》,编印《宁夏中小型水利工程建设项目稽察工作手册》。开展工程建设联合监督检查4次,检查工程14项,对7项工程开展高效节水灌溉项目进行稽察,重点加密扶贫攻坚水源工程和应急抗旱水源工程稽察督导检查频次。配合水利部完成稽察4次,稽察工程10项,配合黄委完成节水供水重大水利工程督查3次,督查工程9项。着力推动重点工程建设。中部干旱带脱贫攻坚水源工程7座水库投资完成率95%,新庄集等6座水库主体工程已完工并具备蓄水条件;盐环定扬黄工程更新改造项目完成年度投资7.8亿元,占年度投资计划的124%;六盘山区连片特困地区扶贫攻坚水资源高效利用、中部干旱带西线供水工程总体进展顺利;西海固地区脱贫引水工程可研已审查待批。年内完成对8个县(区)改革省级验收,全区改革完成率达45%,优化完善基层水利服务机构221个,17.1万处小型水利工程建立了工程档案,15.5万处工程落实了管护主体与责任,13.2万处工程已颁发了工程产权证书,修订完善各类工程运行管理制度200余项。

【市场监管】2017年,针对大规模民生水利建设的特殊性、复杂性和基层建设管理力量薄弱等问题,引导各地因地制宜推行设计施工总承包等建设管理模式,规范项目法人组建,完善项目法人考核制度，强化政府对项目法人的监督管理。推进“建设管理综合业务平台”二期升级建设，组织核实全区30家水利工程建设项目法人单位及责任人等信息。持续推行投标单位资格预审制，严把投标企业入口关，监督配合法人单位对7类水利工程项目开展施工、监理单位资格预审49批次，审查出不符合投标要求问题8项（次）。自治区水利工程电子招标投标系统建设完成研发并测试运行。对394家施工、77家监理、87家招投标代理单位进行信用评定，推动失信联合惩戒。及时在宁夏水利网公示质量监督机构信息，推进县级水利工程质量监督机构加快组建。在盐环定扬水泵站更新改造工程中创新监督模式，与吴忠市水利工程质量监督站联合开展质量监督工作，强化重点工程安全质量监督管理工作。推进水利建设市场信用体系建设，在完善信用信息平台、健全市场主体档案、开展信用评价、实行诚信红黑名单制度、建立守信激励失信惩戒制度等方面加大工作力度。推进宁夏水利市场主体信用等级向国家统一评价制度过渡，主动配合自治区信用信息共享平台建设。组织完成40家企业全国水利建设市场信用评定赋分，颁发市场从业信用证书471套，发布处罚通报3期、市场行为记录2期，对20家企业给予信用奖励，对2家违规企业进行通报，对30家企业及13名管理人员予以信用处罚。审批质量检测单位资质申请1家、资质延续5家、资质增项1家，审核水利工程监理资质延续9家、资质申请3家。

【水利规划】2017年，编制完成《宁夏水利发展“十三五”规划》，并由自治区政府正式批复印发，明确“十三五”期间水利发展路线图。在全国率先编制完成《宁夏引黄现代化生态灌区建设规划》，为宁夏引黄灌区开展现代化试点建设夯实了基础。编制完成《贺兰山东麓防洪体系建设规划》，构建多位一体的防洪减灾体系。完成《中型灌溉排水泵站更新改造项目规划》《城市应急备用水源工程建设规划》等专项规划编制工作，为灌区泵站改造和沿黄城市带应急水源等专项工程建设提供了依据。启动编制《黄河宁夏段河道岸线利用管理规划》《宁夏清水河综合治理规划》《宁夏南部山区（黄土丘陵区）水利水保生态建设规划》等专项规划编制，为水资源高效利用、水土流失治理、基础设施网络建设和生态环境改善提供顶层设计。配合完成自治区空间规划试点改革涉水任务，主导参与重点河湖及黄河生态保护红线的划定和技术审核工作，为创造空间规划（多规合一）可复制、可推广的“宁夏经验”提供水利支撑。

【安全管理】2017年，起草《自治区水利厅关于贯彻落实〈中共中央国务推进全区水利安全生产领域改革发展意见〉的实施办法》，研究制定推进安全生产领域改革发展的制度措施22项，明确全区水利系统安全生产和职业健康工作改革发展的目标任务，细化分解落实责任和时限。制定《2017年全区水利安全生产工作要点》，明确工作目标、任务、要求及措施。先后制定《自治区水利厅安全生产权力和责任清单》《水利厅安委会成员单位权力和责任清单》，厘清行业部门安全生产监管职责。印发《关于加强全区水利工程建设安全生产工作的通知》，建立水利工程建设安全监督备案制度，建立完善工程建设安全生产责任体系、加强安全生产费用管理、推进安全生产标准化建设。严格检查备案制度，全年对全区水利安全生产开展综合督查5次，专项检查8次，共排查各类隐患925项，整改907项，整改率达98%。全年全区水利领域公共安全保障行动重点项目完成投资11.71亿元，实施沈家河、寺口子、郝家台等三座水库除险加固；黄河宁夏段二期防洪治理90公里；治理中小河流10条，51公里；淤地坝除险加固44座。全年共投入安全生产经费4000余万元。制定《2017年水利安全生产标准化二级达标评审方案》，组成两个专家评审组，完成9个水管单位的安全生产标准化二级达标评审。审核1家水利工程管理单位申报标准化一级达标评审。加强信息化建设，并把安全生产管理信息化建设纳入《智慧水利“十三五”规划》。

【表彰奖励】2017年，获2016年度全国水利安全生产监督工作年度考核优秀等次。获自治区安全生产工作先进单位称号和安全生产目标责任奖。获2017年国务院安委办表彰的全国“安全生产月”和“安全生产万里行”活动先进单位。获2017年全国水利安全生产知识网络竞赛和安全生产隐患排查整治竞赛两项活动“优秀组织奖”。有4家单位获全国水利安全生产知识网络竞赛“单位竞赛奖”。1名同志获自治区安全生产先进个人。多名水利职工获得个人竞赛奖。

（张雪艳）

水生态文明和水文化建设

【灌溉管理】2017年，全区水资源由自治区水资源管理局统一调度，其中各大干渠取水口由自治区水资源管理局直接调度；沿黄小型工农业取水口、中南部库井灌区和黄河支流，由各市、县和用水单位按照水利厅下达的年度分水计划，制定水量调度方案进行调度。年度用水总量严格控制在“三条红线”指标之内。各支斗渠定额内用水指标，由各县（市、区）会商渠道管理单位，按照自治区发布的作物灌溉用水定额予以明确，保障供给。实施《“十三五”水资源消耗总量和强度双控行动方案》，各大干渠年度引水总量和时段引水流量严格控制在下达指标之内。县际断面和干渠控制断面实行“先交后用，交够再用”原则，保障灌区上下游、左右岸均衡受益。开展农田灌溉水有效利用系数测算工作，完成《2017年宁夏农田灌溉水有效利用系数测算分析成果报告》，全区农田灌溉水有效利用系数为0.52。

【水资源状况】2017年，全区降水总量171.77亿立方米，折合降水深332毫米，较多年平均偏多14.9%，较上年偏多10.2%，属丰水年。其中引黄灌区降水总量13.56亿立方米，折合降水深206毫米，较多年平均偏多15.2%，较上年偏多2.1%。地表水资源量8.65亿立方米，比上年偏多15.8%，比多年平均偏少8.8%；地下水资源量19.33亿立方米，水资源总量10.77亿立方米，地下水资源量与地表水资源量之间的重复计算量17.21亿立方米。总取水量66.06亿立方米，比上年增加1.17亿立方米。全年全区总耗水量33.95亿立方米，比上年增加0.47亿立方米。人均取水量969立方米，万元GDP（当年价）取水量191立方米，农业灌溉亩均取水量625立方米，工业万元增加值（当年价）取水量41立方米，灌溉水有效利用系数0.52。宁夏列入全国重要江河湖泊水功能区划的水功能区共计18个，全年国家考核14个重要水功能区，其中达标11个，现状达标率为78.6%。

【水资源管理】2017年，宁夏2016年落实最严格水资源管理制度考核排名进入全国前十名，受到水利部以奖代补奖励。组织完成一期工程竣工验收。二期工程实行设计、施工运维总承包模式，共完成312个取用水、7个水源地监测点和水资源管理系统建设，占计划的70%，启动开展第三次水资源调查评价工作。下达了年度关停任务，建立月报制度，开展4次专项督查。全区关闭自备井283眼，完成年度计划任务。加强对水源地保护。银川、石嘴山、固原3市6个重要水源地达标建设方案通过当地政府批复实施。配合环保厅对红寺堡柳泉、彭阳、盐池刘家沟水库、骆驼井水源地4个水源地保护区划分方案进行初审，自治区政府批复柳泉、彭阳、刘家沟水库3个水源地划分方案。开展银川都市圈西线供水工程前期工作。率先通过水权试点国家验收。完成水利部批复的《水权试点方案》目标任务，将农业黄河水确权到引黄灌区5市18个县（区）和农垦集团的4293个干渠直开口，确权水量为45.64亿立方米。工业黄河水确权到5个县（区）和宁东能源化工基地60家工业企业，确权水量为1.27亿立方米，成为首个通过验收的试点项目。印发《宁夏水资源使用权用途管制办法（试行）》《宁夏水权收储管理暂行办法（试行）》《宁夏水权交易管理暂行办法（试行）》。指导部分县区探索开展水权交易。编制《宁夏水流产权确权试点实施方案》，获水利部、国土资源部、自治区政府联合批复。

【水政监察】2017年，全区依法治水工作全面开展。2017年1月1日，《宁夏回族自治区水资源管理条例》正式实施。12月21日，自治区人民政府第109次常务会议讨论通过《宁夏回族自治区实施〈农田水利条例〉办法》，2018年2月1日起施行。截至年底，向全区颁布实施6部地方性水法规和6部地方性水利政府规章。先后部署全区取水许可专项执法检查、水资源管理专项执法检查、自备井关停专项执法检查、河湖专项执法检查等系列执法检查工作。全年全区依法查处各类违法案件110多起，巡查河道长度1.6万多公里，巡查湖泊水库面积6.4万平方公里，监管对象2400多个，现场排查1200余次，出动执法人员5100余人（次），出动车辆1700多车（次），现场制止违法行为151次，依法拆除河道管理范围内违规建筑物280多座、采沙场90多个，湖泊、库区和泄洪区内违法建筑物2万余平方米，严厉打击水事违法行为，维护全区良好水事秩序。水利厅重点对银川市贺兰山东麓自备井关停工作，石嘴山、中卫等地河道管理范围内在建项目，宁夏宝丰生态牧场有限公司和吴忠市金积工业园区同盛化工有限公司违规取水问题进行执法检查，并下发督查通报。表彰全区水利系统“六五”普法先进集体和先进个人。利用“世界水日”“中国水周”“12·4”全国法制宣传日、“安全生产月”等平台，开展学习宣传活动。3月22日，联合自治区团委等9个部门在光明广场举行“保护母亲河，建设美丽宁夏”节水护水志愿行启动仪式。配合银川市、吴忠市开展自治区住建厅向城市河沟渠湖倾倒废弃物和垃圾及违规取土、城市河沟渠湖违法建筑物拆除等行政处罚权的移交改革工作。印发《自治区水利厅关于贯彻落实〈最高人民法院 最高人民检察院关于办理非法采矿、破坏性采矿刑事案件适用法律若干问题的解释〉的通知》，加强与公安、检察机关建立有效协作机制。实施“不见面、马上办”行政审批全流程网上办理、投资项目在线审批等改革措施,全年受理水利行政审批事项168件,办结168件,群众满意率100%。

【文明行业创建】2017年,秦汉渠管理处和彭阳县水务局创建为全国文明单位,惠农渠管理处等4家单位创建为自治区文明单位,红寺堡扬水管理处创建为第八届全国水利文明单位,复查确认继续保留唐徕渠管理处为全国文明单位,复查确认汉延渠管理处、唐徕渠管理处、惠农渠管理处、水利水电勘测设计院有限公司为全国水利文明单位,渠首管理处被评为自治区"巾帼建功"先进集体。7名职工分获宁夏"五四奖章"、全国最美家庭等荣誉。"保护母亲河 节水护水志愿行"项目获全国青年志愿服务示范项目创建活动特别奖。

【水利博物馆】2017年,宁夏水利博物馆加入"全国水利博物馆联盟",被评定为"国家水情教育基地"。坚持免费对外开放,全年共接待各类考察团体210余批次、5200余人(次),接待游客近10万人(次)。确保申遗成功。2016年10月,宁夏引黄古灌区申报世界灌溉工程遗产(以下简称:"申遗")工作启动以来,自治区主要领导先后就"申遗"工作做出重要批示。水利厅及时成立"申遗"工作领导小组,办公室设在水博馆,重点抓好宣传助力、现场评估、专家评审、现场答辩等关键节点,确保"申遗"成功。10月10日,墨西哥召开的国际灌溉排水委员会执行大会上,宁夏引黄古灌区被正式列入世界灌溉工程遗产名录并授牌。10月11日,与吴忠市、青铜峡市联合召开申遗成功发布仪式,举办大型公益晚会。开展文物收集保护,做好文化宣传展示。将收集的旧式启闭机、闸门及石槽等设备放至新建的门机房内进行保护及模拟展示,收集展示清朝水利工程文物腰铁,制作有机玻璃罩保护展陈80年代青铜峡水利枢纽中央操控台,采购《宁夏旧方志集成》等图书,不断充实馆藏文物与书籍。协调新华网、人民网、腾讯网、《宁夏日报》、"宁夏今日头条"等媒体,以及"第十三届全国网络媒体宁夏行"对水博馆展陈情况进行宣传报道。8月29日至10月30日,展出书画作品近200幅,维修改造设施设备,对馆内泥人进行全面除尘、清洗和上色,使刁雍造船运粮及昊王开渠微缩场景更具灵动,更富生气。更换和完善北部节水展区的内容,增设宁夏引黄古灌区申遗成功陈展区,维修大型场景沙盘3处,更换褪色的墙体彩喷壁画2处。保护管理20世纪60年代大型门式启闭机等设备。对外墙210平米的浮雕进行全面清洗和重新上色描绘。

【水利风景区管理】2017年,组织灵武长流水风景区和银川市黄河横城风景区申报国家级水利风景区,6月8—9日,水利部水利风景区评审委员会专家组对银川市黄河横城风景区申报情况进行现场考评,最终确定银川市黄河横城景区晋级为国家级水利风景区。印发了《自治区水利厅关于做好第七批自治区水利风景区申报工作的通知》,组织对符合申报条件的宁夏天湖国家湿地公园景区和黄河外滩风景区进行现场考评,为宁夏后续水利风景区的建设管理和申报打下基础。9月22—23日,在银川召开西北片区水利风景区建设与管理工作座谈会,对银川市鸣翠湖国家水利风景区进行实地考察。组织相关人员和部分景区单位负责人参加水利部举办的典型国家水利风景区建设与管理经验交流会。11月29日,组织宁夏11家国家水利风景区单位负责人和相关处室,在宁夏分会场参加水利风景区建设与管理工作视频会议,学习和借鉴其他省市水行政主管部门和景区的建设管理方法。

(张雪艳)

工业经济和信息化

GONGYEJINGJIHEXINXIHUA

NINGXIA YEARBOOK

编辑◎王晓华

综　述

【概况】2017年,宁夏规模以上工业克服多重不利因素影响,保持稳中向好态势,工业增加值增速同比增长8.6%;工业技改投资增长15%,增速远高于全区投资增速,占全部工业投资比重的34.6%,较上年提高8.3个百分点;非公有制工业增加值增长8%,民间投资增长6%,占全区投资比重比上年同期提高1个百分点;扣除宁东煤化工项目影响后,全区单位GDP能耗下降1.8%;两化融合指数比上年提高5个点。

【经济运行调控】2017年,自治区经信委牵头制定和落实"降成本30条",全年降低实体经济企业成本70亿元。整合设立15亿元的融资专项资金,10亿元风险保证金撬动贷款100亿元以上。落实差别化电价电量370亿千瓦时,完成直接交易电量280亿千瓦时,共计降低用电成本11亿元。直接交易比重居全国第二,国家能源局专门向自治区政府致函表扬。规模以上工业企业利润实现41%的高增长。自治区经信委会同发改、统计、税务、电力、金融等机构联合发力、精准调控、压力共担。强化运行监测分析,提高预警预测能力,狠抓要素保障协调,紧盯重点地区和企业进行精准包抓。各市县认真落实主体责任,不等不靠、主动作为,出政策、配资金、强保障。宁东、固原、吴忠工业增速分别高于全区平均增速10.5、4.5和1.5个百分点。灵武市、平罗县、盐池县、彭阳县、沙坡头区等地区增速均在10%以上,为全区稳增长工作做出了重要贡献。60户工业龙头企业产值同比增长21%。神华宁煤、青铜峡铝业、银川隆基硅、中石化长城能源、德泓绒业、广银铝业等40户企业产值实现了两位数高速增长。

【提质增效】2017年,开展抓项目促投资专项行动。5个地级市和宁东基地组织实施"百千亿工程"、秋季项目大会战、项目建设年等活动,取得明显成效。吴仪自动化项目一、二期,共享3D打印设备产业化等项目建成投产,神华宁煤400万吨煤制油实现全线满负荷运行。全区303个2017年新建成投产项目和2016年建成2017年达产的项目新增产值332亿元。开展专业化招商专项行动。牵头编制《重点产业发展优势及产业合作图册》,将煤化工、新能源、新材料、现代纺织、装备制造、电子信息等产业合作重点以"菜单式"列出,让投资商实现"点菜式"选项目。招商小分队多次赴江苏、湖南等地开展招商活动,召开两次宁苏产业合作推进会,签订合作项目8个,总投资150亿元。自治区经信委会同各市、县、工业园区谋划储备了42个重大工业项目,总投资708亿元。宁东基地主动作为,沙比克70万吨煤基烯烃及新材料示范项目取得实质性进展,编制完成国家现代煤化工产业示范区总体规划,谋划布局了300万吨烯烃、50万吨芳烃和60万吨煤制乙二醇等一批现代煤化工项目,为"十三五"期间重大项目储备奠定了坚实基础。

【转型升级】2017年,抓创新培育新兴产业。落实"创新30条",实施新兴产业提速工程,支持和助推新兴产业项目建设,中利科技特种线缆、菲斯克汽车轮毂轴承等项目建成投产,现代煤化工和电子制造业分别增长15%、40%,远高于全区平均水平。组织14个行业和406户企业开展对标工作,培育自治区级企业技术中心5家,对全区76个企业技术中心进行绩效评价,给予支持资金2600万元。抓技改提升传统产业。实施新一轮技术改造行动计划,3亿元技术改造贴息资金集中支持100个重点技术改造项目。2个智能制造、3个绿色制造、1个技术改造项目获得国家专项资金支持。宝胜15万吨高端电线电缆一期、越华6万吨差别化氨纶一期、龙能科技高效锂电池和电池组件等一批延链、增链、补链项目相继建成投产。技术改造成为传统产业脱胎换骨、焕发生机的新引擎。抓节能推动绿色发展。自治区实施了44个节能改造重点项目,3家园区和4家企业被评为国家绿色示范园区和工厂,3个项目列入国家绿色制造系统集成项目。淘汰落后产能93.1万吨,超额完成自治区下达的任务。重点行业电力需求侧平台覆盖率达到50%,46户重点企业节电14亿千瓦时,电力需求侧管理工作被工信部通报表扬。

【园区建设】园区发展环境。2017年,自治区党委召开全区工业园区建设发展座谈会,推动落实《工业园区提质增效意见》和《工业园区发展提升规划》,规模和产业集聚优势逐步显现,入园规上工业企业达到885户,占全区规上工业企业的71%,实现总产值占比由2010年的50%提高到2017年的77%。推进园区低成本改造。制定《宁夏工业园区低成本化改造实施方案》,统筹资金1.8亿元(含1.2亿元考核奖励资金),撬动地方及社会投资22.3亿元,重点支持宁东物流园区和煤炭检验监测项目、贺兰蒸汽管网、银川经开区增量配电项目、同心工业园区标准厂房项目等16个低成本项目,提升园区基础设施配套水平,降低园区企业供能、建设和节能减排成本。支持园区污水处理厂建设。督促各园区加强园区内排水管网和污水处理厂等基础设施建设,重点支持石嘴山高新区、盐池工业园区、固原经开区等6个园区污水处理厂建设项目,逐步提升污水的回收能力和处理能力。支持全区31个工业园区全部建设污水处理厂,同时支持宁东、石嘴山经开区、银川高新区园区创建国家级绿色园区。对2016年度考核优秀的9个园区进行通报表彰,兑现奖励资金1.2亿元,对考核靠后的4个园区通报批评,召开了专题民主生活会,引导园区提升发展质量,促进产业优化发展和转型升级。

【非公经济发展】2017年,自治区党委分两次召开民营企业家座谈会和民营经济发展推进会,自治区党委书记石泰峰分别作重要讲话。自治区党委、政府研究制定《中小企业和非公经济创新发展三年提升计划》,推进财保贷、保证保险、小微企业风险补偿金等多种融资模式良性发展,累计为小微企业助贷10亿元。天元锰业和宝塔石化2户民营企业进入2017中国企业500强和中国制造业企业500强榜单。嘉泽新能源成功上市,实现14年来宁夏企业主板上市"零突破"。自治区经信委新培育认定171户"专精特新"中小企业,总数达到677户。全年有35家"专精特新"企业成长为高新技术企业,占年度认定高新技术企业的77.8%。培育小微企业"双创"示范基地已达到35个,其中国家级示范基地11个。"168"中小企业公共服务平台网络聚集服务机构594家,发布服务产品4745款,服务企业8837户(次)。自治区经信委开展中小企业和非公经济服务提升年活动,组织"下园区、进企业、送服务"活动148场,培训企业经营管理人才和领军人才5344人。落实涉企保证金清理等减负政策,实现了自治区本级设立的涉企行政事业性收费项目全部清零。

【煤电油气运监测】2017年,按月发布《宁夏煤电油气运运行情况通报》。重新修改和完善《宁夏回族自治区煤电油气运综合协调预案》。协调区内电厂与山东新矿内蒙古能源公司达成煤炭购销战略合作协议,打通区外煤炭进宁通道。调研5个地级市和宁东基地应急产业发展情况,形成调研报告。

【铁路运输保障】2017年,自治区经信委帮助金牛化肥、伊品生物、赛马水泥、锦绣集团等多次赴兰州铁路局协调解决铁路运输问题,帮助宁东铁路公司协调办理集装箱铁路货运资质。做好春运工作,取得春运期间交通运输零事故、服务质量零投诉的成效。表彰奖励了春运期间贡献突出的10家单位和21名个人。抓好铁路道口工作,保障安全稳定。开展铁路道口应急演练、组织铁路道口安全检查、进行道口人员安全教育培训和安全宣传、加大道口设施设备投入,建立道口监护人员日常考核机制。全区铁路道口安全生产形势稳定。

【重点项目】2017年,建立重点工业项目库。全年征集了计划总投资1000万元以上的工业项目392个,总投资约4153亿元。建立并完善工业(技改)项目监测研判机制。每月对全区工业(技改)项目建设、投资强度等情况开展分析研判,发现问题、找准原因,提出切实可行的对策建议;对投资1亿元以上的164个拟投产项目按月跟踪项目建设进度,按月测算项目投产对工业增长的贡献,并及时协调自治区统计局将投产项目纳入统计。重点推进2017年自治区100个重点技术改造项目。通过市、县工信部门推荐、行业处室把关,遴选确定了2017年自治区100个重点技术改造项目,从统计入库、投资进度、效益跟踪、设备减免税等方面,协调解决项目建设过程中存在的问题,力促项目加快建设。协调解决宁钢60万吨高速线材、亿美生物科技乳制品深加工等项目融资贷款难,金昱元广拓能源高性能树脂多联产循环项目土地性质变更等问题。

【技术改造】2017年，编制完成《自治区工业企业技术改造指导目录（2017年）》，研究提出了装备制造、化工、冶金、食药、轻工纺织、两化融合等12大行业，58个重点领域的先进产品、技术工艺，作为宁夏工业企业开展技术改造的重要指南。开展重点技术改造贴息项目。按照自治区“降成本”30条要求，印发《自治区工业企业贷款贴息项目管理暂行办法》，共分两批对符合国家产业政策和支持方向的52个重点技术改造项目、143亿元贷款给予2亿元贴息。支持国家项目资金扶持。组织申报国家工信部2017年度工业企业技术改造升级导向计划，宁夏宝塔实业公司高端轴承智能制造新模式应用等5个项目被列入其中，工信部将联合国家开发银行给予专项支持；为江苏瑞生新材料科技公司宁夏锂电池材料分公司年产1000吨NCM正极材料项目争取国家技术改造专项扶持资金3469万元。

【落实《中国制造2025》】2017年，制定印发《中国制造2025宁夏行动纲要2017年任务分工方案》，细化目标任务，责任落实到各地各部门，推动纲要的落实。推进吴忠市“中国制造2025”试点示范城市建设。吴忠市编制《关于推进吴忠市创建“中国制造2025”试点示范城市的实施意见》及《推进方案》，召开吴忠市创建“中国制造2025”试点示范城市暨产业基金启动大会，并设立5000万元吴忠市“中国制造2025”产业基金。组织申报国家服务型制造示范企业2家、示范项目2个、示范平台3个，其中3家企业（项目、平台）被评为服务型制造示范单位；自治区经信委组织申报2017年工业转型升级（中国制造2025）智能制造项目9个、绿色制造项目6个，其中宁夏隆基宁光仪表股份有限公司智能电网成套用电信息采集设备智能制造新模式应用、共享装备股份有限公司传统铸造车间智能化改造2个智能制造项目和宁夏厚生记食品有限公司休闲食品绿色关键生产技术开发与系统集成等3个绿色制造系统集成项目获得3100万元国家资金支持。

【政银担企合作】2017年，分两批推荐234个工业项目至担保机构，由宁夏担保集团、西部（银川）担保公司通过自治区担保基金，为43户企业担保贷款20亿元，给予保费补贴4000万元。设立工业运行专项调控资金1亿元，对企业流动资金新增贷款和当年投产的新建重点项目当年贷款给予贴息。全年，自治区经信委共为符合条件的406户企业253.5亿元流动贷款，给予2.5亿元贴息支持。开展工业企业贷款风险补偿资金相关工作。筛选确定资金托管方和合作银行，共为293户工业企业贷款525笔，贷款金额126.97亿元；组织区内12家金融机构和担保集团分别在银川、吴忠、中卫、石嘴山等地与企业开展融资对接和项目推介活动。

【招商交流】2017年，推动宁苏产业合作。为落实两省区年初签署的《重点领域合作会谈纪要》，7月19—22日，自治区经信委副主任王俭带队赴江苏省经信委进行对接并建立了两委合作机制。9月21日，江苏省经信委组织27家企业到宁夏参加产业合作推进座谈会，江苏振发新能源等5家企业与自治区经信委签订项目合作协议，总投资35.2亿元，有3个项目年内开工建设。做好全国工商联十一届十次常委会相关工作，完成陕西省代表团会议接待服务工作。做好亚布力中国企业家论坛2017夏季高峰会相关工作。联合非公局、博览局召开会议，向区内110余户国有、民营企业专题通报亚布力论坛的相关情况，并按照任务分工，自治区经信委会同宁东管委会拜会部分亚布力理事单位和会员企业。编制《宁夏重点产业发展优势及产业合作图册》，分析宁夏化工、新材料、冶金有色、生物医药、装备制造、现代纺织、电子信息等重点产业发展优势及合作方向，实施挂图作战，提升项目谋划质量。

【科技创新】2017年，实施行业对标促升级活动。印发《自治区经济和信息化委员会关于〈2017年行业对标促升级活动实施方案〉的通知》，在全区规模以上工业企业中，选定14个对标重点行业和406家对标企业启动行业对标，促进企业提高发展质量和效益。通过调查研究，围绕创新理念、产品质量、节能降耗、经济效益、成本管理、生产效率等方面，分行业制定对标指标。制定《行业对标促升级奖惩办法》，对标成效显著的给予奖励。落实162.4万元对标经费，购买专业机构的技术服务，研究建立适合宁夏实际的行业对标指标体系，帮助指导企业深入开展对标活动。制定《2017年行业对标工作考核细则》，对标纳入自治区经信委重点工作任务和处室效能考核，落实各处室责任，促进对标工作加快开展。推进管理办法修订工作。制定《宁夏回族自治区企业技术中心管理办法修订工作方案》，确定调研内容、工作目标和进度安排。开展2017年企业技术中心运行绩效评价，了解企业建设技术中心工作中出现的新情况、新问题，对修订《管理办法》提出政策建议。完成《自治区企业技术中心认定管理办法》，完善自治区企业技术中心管理制度和认定标准，增强政策导向性和针对性，征求有关厅局意见，加强企业技术中心管理工作。加强企业技术创新平台建设工作。组织对全区76个国家级、自治区级企业技术中心开展运行绩效评价，安排2600多万元专项经费，对符合条件的企业技术中心给予补助。制定印发《自治区经信委关于组织开展2017年自治区企业技术中心认定工作的通知》，拟认定5家左右自治区级企业技术中心。开展国家级企业技术中心申报工作，对各市推荐企业进行审核评价后，向国家择优推荐了宁夏宝塔石化等企业参加认定工作。配合自治区统计局做好规模以上工业企业统计人员培训工作，与自治区统计局沟通，掌握有关企业技术中心创新统计数据报送工作情况，对不向统计局报送科技统计数据的企业，一律不予认定。组织中色东方（宁夏）集团等2个国家技术创新示范企业通过了工信部的复核评价，宁夏红获得国家技术创新示范企业认定。推进工业企业质量品牌建设。制定了《工业质量品牌建设工作计划和实施方案》，加强品牌培育和先进质量方法推广，方案作为先进经验在工信部网站登载。开展2017年工业质量品牌建设重点项目申报，自治区经信委推荐的2个质量品牌建设项目获得工信部批复，得到支持资金30万元。推荐3家企业参加工信部2017年质量标杆遴选，鼓励企业提高产品质量标准，以标杆建设引领行业发展。落实品牌兴宁战略，组织企业参加工信部2017年第一期产业集群区域品牌建设经验学习交流活动，指导已认定的22家工业品牌培育试点企业加大品牌建设力度，建立完善品牌培育管理体系并实现体系有效运行。推荐如意科技等42家企业开展品牌试点示范建设，并通过工信部审核，以试点示范建设为契机，加快宁夏工业企业质量和品牌建设。宣传自治区经信委的新产品鉴定工作，持续做好自治区新产品鉴定工作，指导和鼓励企业研发新产品，加快科技成果转化。全年共组织完成9项自治区级新产品新技术鉴定。

【降低成本】2017年，自治区政府出台《自治区人民政府关于降低实体经济企业成本实施意见》（以下简称“降成本30条”）。“降成本30条”政策自1月1日实施至年底，全区降低实体经济企业成本85亿元，超出预期目标。其中降低用电成本11亿元，降低融资成本5.5亿元，降低物流成本6亿元，降低税费和制度性交易成本46.5亿元，降低人工成本16亿元。在“降成本30条”等相关政策拉动下，全年全区规模以上工业增加值增长8.6%。

【两化融合】2017年，以提升企业在信息化环境下的新型能力为主线，持续实施两化融合贯标试点示范工作，经自治区经信委筛选申报，宁夏18家企业被列为国家贯标试点企业，1家贯标试点企业被列为两化融合贯标示范企业。截至2017年底，全区共有国家贯标试点企业49家，自治区贯标试点企业10家，其中11家企业已通过贯标达标，初步构建了国家、自治区、市县、企业四级贯标试点体系。开展两化融合评估诊断工作，组织600家工业企业进行两化融合自评估、自诊断、自对标，帮助企业明确两化融合发展过程中存在的问题，引导企业科学推进两化融合工作。基于企业填报数据，进行两化融合整体性评估，形成《宁夏2016年两化融合发展水平评估报告》，为了解各市、各行业企业两化融合总体发展现状及制定两化融合政策，提供科学、客观依据。2017年，宁夏工业与互联网深度融合持续深化。在全区范围内开展2017年自治区互联网与工业融合创新试点示范工作，通过项目征集、专家评审、行业处室审核、综合评价等环节，在原材料、化工、装备、轻纺、食药和电子信息等行业遴选出宁夏钢铁（集团）互联网融合创新发展等10个互联网与工业融合创新试点示范项目，引导企业充分发挥互联网在企业生产组织、资源配置、产品形态和商业模式中的优化集成作用。争取国家各项试点示范企业，吴忠仪表服务型制造“双创”平台建设、宁夏如意“互联网+”数字化智能纺纱生产新模式、维尔铸造中国标准动车组铝合金枕梁生产制造3个项目被列为国家“双创”平台试点示范项目。贯彻国家和自治区关于军民融合发展的决策部署，推进航天航空、航海大数据等军民融合平台建设，中国航天科技、中国航天科工、中国电科等7家军工领域主力军企业落地宁夏，大荣实业高性能L-固化剂和达天飞艇载人/无人飞艇系列产品被列入《2017年度民参军技术与产品推荐目录》。宁夏禁化武工作部门连续三年被评为全国先进集体。

【云计算与大数据】2017年，协调推进银川大数据中心、中卫西部云基地建设。银川大数据中心一期已建成508个机柜，可承载1万台服务器；西部云基地各数据中心建设顺利，其中亚马逊AWS合作数据中心2.5万台服务器已商运；美利云数据中心1.1万台服务器已投入运营，二期4栋机房建设顺利。推进“宁夏工业大数据综合管理与应用系统”建设，该项目已建成并上线试运行。推进大数据在各行业的应用，带动企业转型升级。由自治区经信委申报的宁夏医科大学附属医院区域性医疗集团“一体化服务管理大数据平台”“智慧银川大数据基础服务平台”及“宁夏工业大数据综合管理与应用系统”3个大数据应用项目，被工信部评为全国大数据优秀服务和应用解决方案。

【信息化立项审批】2017年，自治区出台《宁夏回族自治区信息化项目管理细则》，发挥财政资金的投资效率，提高宁夏信息化水平。根据《宁夏回族自治区信息化项目和专项资金管理办法》《2017年全区信息化重点工作实施方案》和《关于征集2017年自治区信息化项目的通知》等有关要求，完善自治区信息化项目专家评审机制，采取通讯评审会议评审相结合、区外区内专家联合评的模式，立项批复了宁夏“互联网+政务服务”、自治区通信管理局通讯信息诈骗技术防范平台等11个信息化项目，共13406万元。

【工业控制系统安全管理】2017年，印发《关于加强全区工业控制系统信息安全管理工作的通知》，督促各市工信局加强对工业企业工业控制系统信息安全工作的指导和监督，保障宁夏工业生产安全运行。组织各市工信局对辖区工业企业工业控制系统信息进行安全检查，提高工业企业工业控制系统信息安全防护水平。在十九大召开期间，要求宁夏12个(套)存在漏洞的联网工业控制系统及时安装补丁，消除安全隐患；印发《关于加强党的十九大召开期间工业控制系统信息安全应急管理工作的通知》，加强对物理和环境安全防护、身份认证、远程访问安全等方面建设；及时发布有关网络漏洞、风险和预警信息，保障企业生产安全运行。

【信息基础设施和人才建设】2017年，实施电信普遍服务试点项目，按照分工，多次联合自治区通信管理局实地督查，协调解决问题，确保项目有序推进。截至年底，全区完成1333个行政村，7281个自然村的村村通光纤任务，试点地区已发展农村光纤宽带用户8.36万户、互联网电视用户8.45万户。推动自治区人民政府和中国航天科技集团公司共同签署《宁夏回族自治区人民政府 中国航天科技集团公司战略合作框架协议》，在智慧产业、节能环保、军民融合等领域开展产学研及人才引进与培养的合作，带动宁夏产业转型升级。在南京邮电大学举办两化深度融合高级研修班，组织全区重点工业企业管理和技术人员参加培训，为企业培养信息化专业人才，对提升企业信息化水平起到了重要作用。

【节能降耗】2017年，加强节能降耗，推进工业节约高效发展。完善规章制度。出台《自治区“十三五”节能减排综合工作方案》《“十三五”市级人民政府和宁东能源化工基地管委会能源消耗总量和强度“双控”考核体系实施方案》《“十三五”自治区各部门能源消耗总量和强度“双控”任务分工方案》等一系列规章制度，明确各地、各部门节能目标任务和工作职责，形成节能工作长效机制。强化节能考核。完成国家对自治区政府2016年度能源消耗总量和强度“双控”考核工作；开展对5个地级市和宁东基地2016年度节能工作的考核。向各市和宁东基地下达年度节能目标任务，强化各地节能主管责任，确保节能压力传导到位，节能政策执行到位。推进节能技改。实施青铜峡铝业宁东350kA电解系列隐患治理及节能技术升级改造等44个重点节能技改项目，贷款贴息10235多万元，推进重大节能项目改造和节能环保产业的发展。加强节能宣传。组织2017年节能宣传周活动，举办全区节能监察技术大比武和6次节能管理专题培训班，提升企业节能管理水平。加强节水管理，提升工业用水效率。自治区经信委会同水利厅、节水办继续开展2017年节水型企业创建工作，认定宁夏钢铁(集团)有限责任公司等5家节水型企业。联合水利厅和节水办举办全区合同节水管理培训班暨工业高效节水技术推介会，100多家企业和重点工业园区参加培训。推荐宁夏京能宁东发电有限责任公司申报国家重点用水企业水效领跑者，提升企业节水意识。推进绿色制造，构建绿色工业体系。印发《自治区绿色制造体系建设实施方案》，宁东能源化工基地等3个园区、如意纺织等4家企业列入工信部第一批绿色园区、绿色工厂示范创建名单，佳立公司马铃薯主粮化产品生产绿色设计平台建设等3个项目列入2017年度国家绿色制造系统集成项目并获资金支持1900万元，促进宁夏制造业绿色升级。组织确认木尔马建材等7家企业为资源综合利用型企业，完成8家企业的清洁生产审核，推动企业实施清洁生产改造。完成自治区气、水、土壤3个污染防治方案和蓝天碧水·绿色城乡专项行动方案中自治区经信委承担的各项任务。严格节能执法，提升能源利用效率。自治区经信委加强节能监察力度，组织对全区1家钢铁生产企业、3家电解铝生产企业和23家水泥生产企业进行阶梯电价政策专项监察，对全区20家330MW以上机组的火力发电企业、12家公共机构及商贸流通领域用能单位进行专项监察，对9家违法违规企业下达《限期整改通知书》。完善节能审查规章制度，报政府批准《自治区固定资产投资项目节能审查管理办法》，全年共组织完成了39个固定资产投资项目节能评估和审查工作，验收12个节能审查项目，对30多个能评项目进行现场及书面督查。

（卢机智）

煤 炭

【概况】2017年，全区原煤产量7353.4万吨，规模以上煤炭企业48家，实现工业增加值约140.7亿元，占规上工业比重由2015年的21%下降到2017年的13.4%。2015年至2017年的平均增速10.2%。

【煤炭资源】截至2017年年底，全区境内含煤面积1.17万平方公里，预测远景资源量2029亿吨，累计查明资源量338亿吨。其中达到勘探程度的资源量276亿吨，占总资源量的82%。宁东能源化工基地是全国14个亿吨级大型煤炭基地和重点建设的9个千万千瓦级大型煤电基地之一。截至年底，全区在册煤矿87个，核定生产能力8103万吨/年，正常生产煤矿46个。重点企业神华宁煤产能6000万吨/年，占全区总产能的74%。中铝王洼煤矿750万吨/年、宝丰集团510万吨/年。

【生产技术水平】2017年，全区国有重点煤矿采煤机械化和掘进机械化程度分别达到98%和92%，处于全国先进水平。宁夏是全国完成淘汰落后小煤矿任务的6个省区之一。共建成安全高效矿井13个，其中羊场湾、梅花井、枣泉、红柳等为无人值守矿井。煤炭加工转化和清洁利用水平较高。全区原煤入洗率79%，煤层气利用率49%，连续四年超额完成国家下达瓦斯抽采和利用目标。累计建成选煤厂18个，洗选能力1.1亿吨/年，原煤入选率达到91%，高于全国平均水平25个百分点。

（张 鹏）

电 力

【概况】2017年，全区电力规上企业123家，实现工业增加值216亿元，占规上工业比重由2014年的18.5%增长到2017年的20.6%。近三年平均增速2.15%。全年，全区统调装机容量3912万千瓦，其中，火电装机2308万千瓦，占比59%；水电装机42.2万千瓦，占比1.1%；风电装机942万千瓦，光伏装机620万千瓦，新能源装机1562万千瓦，占总装机的40%。±660千伏银川东至山东直流输电通道于2012年建成投运，截至年底累计向山东送电1715亿千瓦时；±800千伏宁东至浙江直流输电通道于2016年9月建成投运，2017年向浙江送电282亿千瓦时。建成国内首个750千伏双回路环网，实现了城乡用电同网同价。重点电力企业产值贡献大。重点企业中，宁夏电力公司年产值超过300亿元，华电灵武电厂、中铝宁夏能源年产值超过30亿元，国电石嘴山、京能水洞沟、国能鸳鸯湖、华能大坝、大唐大坝电厂年产值均超过10亿元。银东直流、灵绍直流外送能力达1200万千瓦，全年累计外送电量420亿千瓦时，同比增长41.3%。

【火力发电】2017年，宁夏优先发展超临界、超超临界节能环保机组，大型空冷火电机组装机容量1015万千瓦，特别是华电灵武电厂二期是世界首创100万千瓦超超临界空冷机组。鼓励发展符合国家产业政策的资源综合利用和热电联产机组，余压余热、煤矸石、资源综合利用自备机组装机容量264.3万千瓦。加大环保技术改造力度，新建机组同步建设烟气脱硫脱销装置，原有常规发电机组按进度实施脱硫脱硝改造，有7家火电企业794万千瓦装机已提前完成了超低排放改造。2017年统调火电机组平均供电煤耗降至321克/千瓦时，火电机组技术装备水平不断提高。

【电力新能源】2014—2017年，宁夏新能源装机年均增长38%，装机排名全国第五。2012年被列为全国首个新能源综合示范区。2015年宁夏从纳入规划、电网接入、优先发电等方面加大扶贫光伏的支持力度，鼓励发展1:1产业配套光伏项目。通过引导新能源发电参与区域市场交易，开展电能替代，加大外送协调力度，新能源弃电率从2016年11.6%下降到2017年的3.5%，处于国内领先水平。新能源已经成为宁夏电力工业发展的重要增长极。

【电力运行预测分析】2017年，宁夏以创新驱动为动力，以推进电力市场建设为主线，以降低企业用电成本为重点，通过深化电力需求侧管理，强化电力运行监测分析，开展电能服务管理等手段，立足区内外两个市场，确保内需和外送稳中有升。加强电力运行预测分析。在每月编制电力统计报表的基础上，通过自治区电力需求侧公共服务管理平台，短信群、微信群、手机APP等现代通信工具，坚持做到日报送、旬分析、月预测，精准分析行业用电动态、科学研判电力运行趋势，为自治区经信委提供准确的电力运行数据。

【电力市场改革】2017年，宁夏完成交易电量274亿，占全区售电量的42%，平均降低电价2.57分/千瓦时，给电力用户让利7.04亿元。创新性开展了新能源与火电打捆交易，解决了煤价高让利空间小的问题，促进了新能源消纳。推进新能源替代燃煤小自备机组发电。完成替代电量14.4亿千瓦时，扩大新能源消纳空间。统调火电机组利用小时数 5126 小时，比上年同期增加 141 小时，位居全国第二，新能源限电率控制在 5.3%，全国同占比类同处于最低水平。售电公司首次参与电力直接交易。首批备案的 10 家售电公司有 9 家参与了第四季度市场交易，完成交易电量 5 亿度，降低企业用电成本 353 万元，实现了售电公司作为市场主体参与直接交易的零突破。宁夏电力市场建设工作得到西北能源监管局专报肯定和自治区领导认可。外送电规模扩大。对接山东、浙江等省区，加大电力外送工作。全年外送电量 433.6 亿千瓦时，同比增长 41.4%。

【差别化电价政策】2017 年，继续对符合产业发展方向的行业企业实施电价补贴政策。对符合享受条件的新增企业，协调物价局和电力公司及时进行了增补。全年对有色、冶金、化工、轻工纺织、食品医药、装备制造、电子信息等行业 170 户企业优惠电量 380 亿千瓦时，让利 4.26 亿元。

【电力需求侧管理】2017 年，宁夏电力需求侧管理进一步提升。发挥电能监测平台的服务作用。截至年底已接入企业分为 11 大类，496 户企业安装终端采集系统，涵盖了宁夏主要工业行业，总监测容量达到 1561 万千伏安，铁合金、电石、碳化硅等重点行业监测率达到 50%以上，47 户企业实施了节电改造，节电近 14 亿千瓦时。银川隆基硅材料有限公司、吉元冶金等企业被国家工信部评为全国工业领域电力需求侧管理优秀示范企业。逐步形成“纵向到企业、横向到行业、覆盖全工业”的信息化、智能化管理网络。宁夏电力需求侧管理工作做法得到国家工信部的肯定，并以工业信息动态专报转发全国。

（张　鹏）

冶金和建材

【冶金工业】冶金工业是宁夏原材料的主要行业，形成了以钢铁和铁合金、碳化硅等高载能冶金炉料为主的冶金工业体系。2017 年，全区规模以上企业户数 75 户，实现工业增加值 58 亿元，占规模以上工业比重由 2015 年的 55%下降到 2017 年的 5.6%。近三年平均递减 3.8%。产品主要有钢铁、铁合金、活性炭、碳化硅等。其中，活性炭、碳化硅和铁合金产量分别占全国的 50%、20%和 10%。铁合金、碳化硅装备技术水平在全国处于领先地位。经过多年的技术改造和产业升级，铁合金、碳化硅行业主流装备已经由 6300 千伏安升级到 25000 千伏安以上，装备大型化、密闭化、节能化、自动化成为行业发展主流，铁合金行业拥有国内单台容量最大的 63000 千伏安矿热炉，25000 千伏安及以上矿热炉占全部炉型的 78%，微机控制及自动加料系统得到普遍应用，余热余压综合利用、低压无功补偿等节能技术全面推广，产品向特种合金、多元合金等方向发展，微合金钢炉料和特殊硅合金产品生产企业占全部铁合金企业的 60%，吉元冶金、中卫茂烨、三元中泰成为行业领军企业。炭基材料开发了耐高温、耐腐蚀的高等级碳化硅、氮化硅陶瓷制品、煤基高纯石墨等新产品，中钢滨河碳化硅公司的氮化硅陶瓷制品成功打入军工市场。铁合金、碳化硅产品单耗处于全国领先水平。

【建材工业】2017 年，全区规模以上建材企业 168 家，实现工业增加值 41.5 亿元，占规模以上工业比重由 2015 年的 4.6%下降到 2017 年的 4%，近三年年均递减 3.4%。培育了宁夏建材、瀛海建材、青龙管业、金晶玻璃、科豪陶瓷等一批骨干企业。宁夏建材资源条件优越。石灰石资源储量 5.2 亿吨，遍及全区 11 个市、县，可以满足建设大型水泥厂的需要；石膏是自治区除煤炭以外的第二大矿产资源，质量好，易开采，累计探明储量居全国第六位。宁夏建材装备工艺先进。新型干法水泥熟料产能占全部产能的 96%以上，日产 2000 吨及以上熟料生产线全部配套建设了低温余热发电装置。青龙管业生产的各种类型输水管在西北地区市场占有率第一，是西北地区最大的供排水管道生产企业。宁夏绿色建材发展迅速。全年全区固体废弃物约 1.5 亿吨，综合利用约 1.08 亿吨。水泥以及各类新型砖瓦砌块、建筑石膏墙板等产品是消纳粉煤灰、电石渣、冶炼废渣、脱硫石膏等废渣的主要途径，建材行业成为工业固废综合利用的主体。

【有色金属】宁夏有色行业主要由电解铝、金属锰、金属镁、钽铌铍等稀有金属材料组成。2017 年，全区有色工业规模以上企业 34 户，实现工业增加值 44.7 亿元，占规上工业比重由 2015 年的 4.9%下降到 2017 年的 4.3%。近三年的平均增速 4.4%。主要产品金属锰、金属镁等产量稳居国内第一梯队，分别占全国的 40%和 20%，天元锰业是区内唯一也是世界最大的金属锰生产企业，产能 80 万吨；国电投宁夏能源铝业是宁夏最大的电解铝企业，产能 99 万吨；中色（宁夏）东方集团的钽丝、钽粉全球市场占有率分别达到 60%和 25%。宁夏有色重点行业技术领先。全区 2 家电解铝企业，均采用国内主流 400 千安预焙电解铝工艺，电耗低于全国平均水平。天元锰业采用世界先进的多管式移动床还原炉焙烧技术，解决了进口锰矿石除铁技术瓶颈。中色（宁夏）东方集团突破了高比容钽粉及细直径钽丝生产技术，填补了国内空白，自主开发的超导铌腔加速梯度达到世界先进水平。宁夏有色产业链延伸取得进展。电解铝行业建成广银铝业30万吨铝加工项目、锦宁巨科20万吨铝板带箔生产线，铝资源的就地转化率40%。金属锰行业形成以石膏制酸—电解锰—锰渣综合利用，铬铁、镍铁—稀土彩钢板为主的循环经济产业链。金属镁行业形成“白云岩—兰炭—铁合金—金属镁—镁合金—镁合金压铸”的产业链模式。宁夏有色行业节能降耗取得成效。截至年底，累计淘汰电解铝落后产能21万吨，铜、铅、锌冶炼等落后产能10万吨。铝液交流电耗比“十二五”初期平均下降500千瓦时/吨，金属锰直流电耗平均下降1550千瓦时/吨。

【化解过剩产能】2017年，制定《宁夏钢铁行业化解过剩产能实现脱困发展实施方案（2016—2020年）》，开展淘汰落后产能、违法违规建设项目清理和节能监察3个专项行动。开展清理整顿电解铝违法违规项目专项行动，对佳盛远达公司在未落实产能置换建设年产62万吨铝合金板带箔及型材加工项目，提出处理意见。开展水泥玻璃行业专项督查，对督查中发现的问题，提出整改要求。强化依法依规，化解过剩和淘汰落后产能。贯彻落实工信部等16部门印发《关于利用综合标准依法依规推动落后产能退出的指导意见》精神，提请《自治区人民政府办公厅转发自治区经济和信息化委关于利用综合标准依法依规推动落后产能退出实施意见的通知》。发挥牵头总协调作用，在协调环保、质量、安全等部门开展工作的同时，指导化工、轻纺、食药、装备等行业按照条块化要求开展工作，完成年初确定的12个项目93.1万吨过剩和落后产能任务，13家水泥（粉磨）企业23台磨机392万吨落后产能退出市场。落实中央环保督察整改要求，从2017年起每年划拨1000万元用于支持固原市对年产1万吨以下马铃薯淀粉企业进行淘汰关停。纳入固原市基础数据库中44家企业均已关闭停产，除西吉县3家私自扩产还在协商，原州区2家因债务纠纷、拆迁原因不能拆除，8家正在签订协议外，31家已完成拆除。

【清理整顿“地条钢”】2017年，联合自治区发改委等八部门印发《关于严格控制钢铁违规新增产能 严厉打击“地条钢”生产销售的通知》，对开展清理整顿“地条钢”工作作出全面安排。对全区209家涉及钢铁冶炼、钢材制品及铸造企业进行排查，开展为期20天的违规新增钢铁产能、违法生产销售“地条钢”核查和集中清理整治工作。组织专项督查，通过明察暗访、听取汇报、查看资料、现场核查企业等方式对银川市、石嘴山市、吴忠市、中卫市相关工作执行情况进行检查。对检查发现的中卫市4家、银川市2家和石嘴山市“地条钢”企业，责令其限期拆除违规建设设施。

【项目建设】2017年，协调天元锰业四期30万吨电解锰、宁钢60万吨高速线材等一批项目已投产达效。加快太阳镁业2.5万吨盾镁电热法镁合金、兴尔泰50万吨碳化硅等一批项目建设。开工建设德运创润高纯钛项目二期、杉杉能源锂电池5.5万吨三元正极材料二期等项目。

（卢机智）

装备制造

【概况】截至2017年底，全区共有规模以上机械制造企业156家，实现工业增加值42.2亿元，增长7.3%，占规上工业的比重为4%。近三年的平均增速8.5%。培育了共享集团、吴忠仪表、小巨人机床、西北轴承和天地奔牛等一批骨干企业。宁夏拟订《自治区人民政府关于加快新能源汽车产业发展和推广应用若干政策》，上报自治区政府待批。组织申报国家智能制造专项，为共享铸钢、隆基宁光仪表2个项目争取专项资金2400万元；为吴忠仪表、天地奔牛2家企业争取国家首台套保险补偿资金280万元。完成3个政协提案办理，其中1个重点提案得到自治区常务副主席张超超的工作肯定。承办工信部装备司在银川召开的2017年8省区装备工业发展座谈会。在银川组织有关单位和工信部门、园区及有关企业，参加全国智能制造试点示范经验交流、新能源汽车产业发展、装备制造首台套政策补偿3个电视电话会议。全年全区装备制造业完成投资约90亿元，同比增长16%，其中25个重点项目完成投资50亿元，超额完成年度目标任务。工信部立项批复的国家6个智能制造项目、2个装备制造智能制造试点项目中，共享集团智能铸造工厂综合标准化试验验证项目已建成；力成电气集团智能配网成套开关设备数字化工厂总投资3.1亿元，已建成进入试生产阶段，得到国家部委、自治区领导和行业专家好评；神华宁煤百万吨级烯烃智能制造项目总投资3.7亿元，项目正在建设中。吴仪国家装备制造业智能制造试点示范项目、天地奔牛智能制造试点示范项目，隆基宁光仪表智能制造工厂项目、共享铸钢智能制造项目等其他项目建设进展顺利。开展装备工业对标升级活动。制定《2017年装备制造业对标实施方案》,修订和完善电工电器、铸造和仪器仪表3个子行业对标指标体系，开展41家企业、146次对标活动,分别在共享集团和北方民族大学举办2期、253人（次)对标专题培训班。完成《铸造数字化工厂通用技术要求》《铸造工艺数字化设计通用要求》《铸造3D打印砂型成形单元通用技术要求》《铸铁感应电炉熔炼浇注单元通用技术要求》4项标准编制工作,经中国铸造协会获批立项。

【仪器仪表】仪器仪表领域共有吴忠仪表、隆基宁光仪表等7家重点企业，2015—2017年呈现高速增长的态势,年均增长率15%，2017年实现工业增加值5亿元。其中,吴忠仪表生产能力和研制技术在全国同行业名列第一。通过实施“高端控制阀关键技术自主创新和产业化”“智能能源计量仪表”等项目,多项技术难题获得突破性进展。5种煤化工专用阀被工信部列入《国家首台(套)重大技术装备推广应用指导目录》。

【铸件铸造】铸件铸造领域有共享装备、共享铸钢、维尔铸造等10家重点企业。2015—2017年工业增加值年均增长20%,2017年实现增加值5.5亿元。其中,共享集团通过实施“大型高端燃气轮机铸件研发”和“铸造智能化工厂建设”等项目,突破了“球墨铸铁件UT标准”“液力缓速器”等世界性难题,多款产品为国家水电、核电、船舶等重大工程配套,50%以上的产品出口欧美日高端市场,80%以上客户为GE、西门子等世界500强企业,尤其是以3D打印等新兴技术创新为动能，以建设全面数字化工厂(车间)为抓手,在国内率先实现了大型3D打印机在铸造行业产业化应用,成为国务院认定的7个国家双创示范企业之一，发改委确定的国家智能铸造产业创新中心，工信部批准建设的国家增材制造创新中心。其3D打印技术和铸造智能工厂使打印材料及设备成本降低三分之二,效率提高3~5倍,是中国制造业新旧动能转换的示范企业之一。

【轴承制造】轴承领域有西北轴承、勤昌轴承、舍弗勒、菲斯克轴承等6家重点企业,2015—2017年工业增加值年均增长10%,2017年实现增加值3.5亿元。随着西北轴承、勤昌轴承等“高端轴承产业园”“高端轴承产业化基地”“高精密轴承智能制造工程”等项目的建设,以及“数字化热处理生产线”“数字化精密磨削生产线”等工程的顺利推进,宁夏轴承研制技术达到国内先进水平。

【机床制造】宁夏机床企业有小巨人机床、银川大河、新瑞长城等7家重点企业,2015—2017年工业增加值年均增长15%,2017年完成增加值5.3亿元。小巨人机床为中国首个“数字化、智能化”机床制造企业，其主打产品卧式加工中心研制水平达到世界先进水平，畅销国内外。小巨人机床和银川大河机床等企业通过执行“汽车零部件制造智慧工厂管理系统”“2MK2218X50YSG高档数控珩磨机床”等国家重大项目,自主创新有较大突破,获得授权专利90余项、制定标准20余项。

【电工电器】2017年,宁夏电工电器企业有力成电气、卧龙电气、凯晨电气等19家重点企业,2015—2017年工业增加值年均增长5%。2017年完成增加值8亿元。其中,力成电气、西北骏马电机和凯晨电气等骨干企业的研发成果在矿山机械、轨道交通、航空航天、石油石化等领域获得广泛应用，部分产品实现了替代国外进口。卧龙电气银川变压器利用生产高铁牵引变压器在国内市场占有率优势，承揽高速铁路电力系统交钥匙成套工程项目,带动全区高低压开关柜、高压线缆等产品进入高铁领域和南方电网发展。力成电气智能配网成套开关设备数字化工厂项目通过工信部2016年智能制造综合标准化与新模式应用项目立项批复,获得9000万元资金支持,已建成并进入试生产阶段。

【新能源装备】宁夏新能源装备制造业发展较快，由2011年的7家企业增加到2017年的25家,2017年实现增加值8.9亿元。随着全国首个新能源综合示范区的建立,一批重点项目的实施,带动了风电装备的轮毂、底座、叶片、塔筒、轴承、齿轮箱、减速器等部件的制造,以及光伏发电设备的单晶硅、多晶硅、切片、组件等配套产业的发展，形成了完整的产业链条。

【煤机制造】宁夏共有天地奔牛、西北煤机等10家重点企业,2017年完成增加值6亿元。其中，天地奔牛成功研制的“年产1200万吨综采工作面成套输送装备”“世界首台(套)高效节能智能控制刮板输送机”等项目，具有大吨位成套输送、高效节能、自动化、智能化等优势和特点。经国家级新产品鉴定,达到世界先进水平,填补了国内空白,对煤炭高效清洁开采，提升国内煤矿机械装备水平具有重大促进作用。

【军工管理】2017年,与自治区保密局对多家军工配套企业开展军工保密检查，并对军工科研生产许可进行年检。由国家投入2.8亿元的宁夏西材院铍铜材项目建成并通过国家验收。铍铝材项目获得国家专项资金1.3亿元。宁夏多个军工配套科研项目争取国家经费1163万元，并为企业落实军品免税资金60余万元。组织申报东方钽业公司2个项目、吴忠仪表基础研究2个项目。

【军民融合产业发展】2017年，宁夏军工企业加快推进军民融合产业发展。与国家军工集团对接合作，在高分、军民融合大数据、航天产业、卫星发射、武器装备试验等方面取得了进展。高分宁夏中心已初步建成投入运营，自治区政府与国家国防科工局领导在银川举行揭牌仪式，自治区经信委与国防科工局签订“高分辨率对地观测系统重大专项卫星数据共享与区域应用推广合作协议”。为创建宁夏军民融合创新示范区，自治区政府与国防科工局在北京召开专题协商会议，在军民融合产业8个方面达成协议。中国航天科技、中国航天科工、中国电科等军工集团所属的7家军工企业落户中卫市，军民两用飞艇、灭火剂、无人机测试试飞、核应用辐照站和保水剂等项目进展顺利。宁夏大荣实业公司的高性能L-固化剂、达天飞艇（宁夏）公司的载人/无人飞艇系列产品被列入《2017年度国家民参军技术与产品推荐目录》中。

【民爆行业】2017年，加大民爆行业管控力度，采取措施有力，强化安全隐患排查治理，全区民爆行业没有发生安全事故，得到了国务院安委会安全生产巡查组和工信部安全生产司的工作肯定和表扬。落实安全监管责任。认真落实《工信部关于建立民爆企业安全生产长效机制的指导意见》，督促市县（区）两级工信部门落实属地安全生产监管责任，强化企业安全生产主体责任。尤其是在召开党的十九大和中央高度重视安全生产工作的特殊年份，与民爆企业签订“特殊时段安全生产责任书”。加强行业隐患排查。10多次组织市、县（区）工信部门和行业专家开展安全生产大检查，共查出安全隐患和问题100多个，都已全部整改结束。强化安全教育培训。邀请国内行业专家举办企业负责人和安全管理人员培训班，60多人取得安全合格证书。配合环境整治工作。就《宁夏贺兰山国家级自然保护区总体整治方案》涉及广东宏大、天长民爆等4家企业需要关闭、拆除和搬迁，除1家民爆企业储存库拆除外，其他3家暂时保留不予搬迁。

（卢机智）

化工

【概况】化工行业是宁夏工业的主导产业，是近年来发展较快、占比最大、前景最广的行业。已形成以现代煤化工、石油化工、电石化工、盐化工、精细化工为主导的产业结构，涉及产品100多个（种）。2017年底，全区规模以上化工企业168户，实现工业增加值290亿元，占规上工业比重由2014年的16.8%提高到2017年的27%左右，近三年的平均增速17.2%。

【现代煤化工】2017年，全区现代煤化工行业总产值占化工行业的39%，产能1429万吨。宁东是国家4个（内蒙古鄂尔多斯、陕西榆林、新疆准东、宁夏宁东）现代煤化工产业示范区，已开发出煤制油、煤制甲醇、烯烃、醋酸等延伸产品。全球单套规模最大的神华宁煤400万吨煤制油项目（第一套装置）2016年成功投产，12月17日实现满负荷运行，技术及装备国产化率达到98.5%。煤制烯烃产能达到260万吨，其中采用德国GSP干煤粉加压气化技术和甲醇制丙烯（MTP）技术，为全球首次工业化应用；煤制甲醇产能620万吨，位居全国第三位（内蒙第一、山东第二）。

【石油化工】2017年，全区石油化工行业总产值占化工行业的32.5%，原油加工能力1400万吨。其中，中国石油宁夏石化公司原油年加工能力500万吨、宁夏宝塔石化集团750万吨。橡胶轮胎产能470万条，其中，银川佳通轮胎公司230万条、大地化工240万条。全年全区生产橡胶轮胎304.2万条，同比增长7.4%。

【电石化工】2017年，全区电石化工行业总产值占化工行业的13%，有电石生产企业31家，总装机容量273万KVA，产能546万吨，电石产能和产量均位居全国第三位（内蒙第一、新疆第二），产能占全国的18%。全区60%左右的电石用于生产PVC、石灰氮、双氰氨、PVA等深加工产品。密闭式电石炉占总装机容量的81%，高于全国平均水平3个百分点。氰胺系列产品总量稳居世界首位，是中国氰胺系列产品的重要出口创汇产地。

【盐化工】2017年，全区盐化工行业总产值占化工行业的5.5%，依托丰富的盐岩资源和煤炭资源，盐化工产业有了较快发展。有金昱元化工集团有限公司、英力特化工有限公司、日盛化工有限公司3家盐化工企业，聚氯乙烯产能70万吨，烧碱产能85万吨，纯碱产能15万吨，ADC发泡剂产能20万吨。金昱元化工集团有限公司盐化工一期项目（100万吨真空制盐、20万吨/年聚氯乙烯、16万吨/年烧碱、32万吨/年电石、100万吨/年固废资源化综合利用）于7月投产运行。

【化肥生产】2017年，全区化肥行业总

产值占化工行业的1.9%,有化肥生产企业8家,合成氨产能211万吨、尿素产能280万吨。其中龙头企业中石油宁夏石化公司，拥有以天然气为原料的三套化肥生产装置，是全国百万吨尿素生产企业之一。已建成的国内首套采用自主知识产权成套技术的第三套年产45万吨合成氨、80万吨大型尿素项目，打破了国外企业在大化肥行业的技术垄断。

【企业运行监测】2017年,建立完善全区30家重点化工企业、电石生产企业及大宗化工产品监测台账，加强对重点化工企业运行及汽柴油、聚烯烃、橡胶轮胎、PVC、电石、甲醇、焦炭等大宗化工产品的产量、销售、价格、库存、市场等情况的跟踪监测,按月分析行业运行情况。全年化工行业累计实现工业总产值约1235亿元,同比增长约23%,工业增加值同比增长13.6%,高于全区规上工业增加值,增速5个百分点。

【项目建设】2017年，推进神华宁煤煤制油及煤泥综合利用、大地化工全钢子午线轮胎、金昱元固原盐化工等建成项目投产运行,全年累计新增工业产值80亿元左右，对全区化工行业增长起到显著拉动作用;加强对全区亿元以上在建化工项目的监测力度,49个投资亿元以上化工项目全年累计完成投资221亿元,其中列入“2017年委100个重点技改项目”的20个化工项目累计完成投资205亿元,完成全年计划投资的111%左右。

【行业管理】2017年,泰益欣与宁夏中天化工2家企业进行兼并重组，实现资源优化。自治区经信委指导神华宁煤煤制油项目入统归类工作，使其增加值率翻了一翻。与中石油宁夏石化公司、银川市政府及相关部门沟通、对接,帮助企业完成45/80国产化大化肥项目规划用地许可、建筑工程规划许可等前置手续的办理。组织五市工信局及宁东管委会经发局开展全区氮肥、磷复肥生产企业有关情况摸底填报工作。

【禁化武工作】2017年,开展纪念《禁止化学武器公约》生效20周年宣传活动，扩大禁化武履约工作的传播面和影响力;完成全区禁化武2017年度数据宣布工作；开展监控化学品互联网发布信息专项检查工作；组织专家对宁夏泰瑞制药有限公司涉嫌违法使用第二类监控化学品情况进行现场核查，并将结果上报国家禁化武办。宁夏禁化武数据宣布、宣传及互联网信息发布管理等工作均得到国家禁化武办的认可和表扬，被国家禁化武办评为2017年度履约工作先进集体。

【安全生产】2017年,自治区经信委制定《加强全区化工行业安全生产工作的通知》,加强对重点化工企业安全生产工作的指导力度。对石嘴山市、中卫、吴忠、宁东等地工信部门加强化工行业安全生产工作开展情况进行督查，并抽查、指导10余家重点化工企业安全生产工作。组织各市及宁东管委会开展城镇人口密集区危险化学品生产企业摸底工作，初步掌握全区涉及人口密集区危险化学品生产企业情况。自治区政府办公厅下发《关于开展城镇人口密集区危险化学品生产企业搬迁改造前期工作的通知》,协调有关部门开展人口密集区危险化学品生产企业摸底工作。经安监、环保部门摸排，鉴于宁夏城镇人口密集区未发现不符合安全防护距离、卫生防护距离危险化学品生产企业的实际，自治区政府报送了宁夏城镇人口密集区危险化学品生产企业搬迁改造工作情况的函。

（卢机智）

轻工纺织

【概况】2017年,宁夏纺织行业以羊绒纺织和棉纺织为主，占全部工业比重的4%。全年全区规模以上纺织企业实现增加值39.2亿元,与上年持平。羊绒纺织:每年超过1万吨的原绒(占世界50%、全国的60%)在宁夏集散,供应了欧洲70%以上的精纺绒、中国60%以上的精品无毛绒,绒条、纺纱、毛衫等羊绒制品精深加工比重近50%。培育了“菲洛索菲”“圣雪绒”“绒典”等一批自主品牌,中银、嘉源、荣昌为代表的龙头企业。棉纺织:2013年,山东如意科技集团和山东恒丰集团相继来宁投资,填补了宁夏九十年代以后没有棉纺织产业的空白。截至年底,全区纱线产能130万锭。宁夏正在着力打造棉纺织产业链。宁夏越华新材料与能源化工企业对接,年产6万吨环保型差别化氨纶项目使用中石化长城能源化工(宁夏)公司生产的聚四氢呋喃,实现了产业链对接融合。该项目采用最先进的TMT进口设备,终端产品将直供优衣库、匹克、恒源祥等知名企业。如意在滨河新区布局了高档面料衬衫、西装、女装、袜子等项目,吴忠恒和织造建设了3500万米/年特宽幅面料、服装面料项目。

【纺织行业运行】2017年,坚持一月两分析,每月提前做好行业预分析工作。按月跟踪重点项目、企业、包抓县区发展情况,及时解决出现的问题。设计消费品工业增长情况表、轻工纺织行业占比情况表和轻纺行业主要产品、商品价格一览表,提高了运行分析精准度,为领导决策提供依据。全年全区轻纺行业在羊绒产业整体下滑的不利因素影响下，完成工业增加值67.4亿元。

【纺织项目建设】2017 年，协调推进如意、中银、恒丰、越华、紫荆花纸业等 10 个重点项目建设。截至年底，滨河如意西装、瑞纳时尚女装项目、越华氨纶等项目已投产。推进如意年产 1 亿米高档衬衫面料、12 万吨高性能差别化氨纶，恒达 50 万锭纱线及面料、紫荆花秸秆造纸循环经济等开工项目加快建设进度。与江苏、湖南等对接合作发展，天纺控、泰达纺织、丰源纺织等纱线项目已落地或达成合作意向。

【纺织行业服务】2017 年，指导企业争取国家专项和自治区新型工业化资金等优惠政策，全年共有 78 个项目争取到流动资金贷款贴息 4214 万元，11 个项目争取到重点技术改造项目贷款贴息 3642 万元。针对行业存在的问题和困难进行调查研究，提交了《关于解决羊绒产业当前问题的专报》。抓对标促升级工作。制定下发了《自治区轻工与纺织工业 2017 年对标工作实施方案》，委托自治区经信委新技术推广站和宁夏毛皮皮革协会，重点在纺织行业和皮革皮草行业开展对标升级工作。对标工作组及行业专家多次对棉纺、毛纺、皮革等行业示范企业进行现场调研及指导，协助企业制定较为详尽的对标项目及标杆值，力争实现企业在产能、生产效率、产品质量等方面的提升，在设备升级，能耗控制，人才引进，创新项目，品牌建设等方面的提高。棉纺、皮革行业企业对标工作进展迅速，如意科技、恒丰纺织、中银绒业、精艺裘皮等多家企业在行业对标工作中成为典型示范。加大人才培养。争取自治区人才高地创建资金 80 万元推进现代纺织产业人才高地建设，积极组织全区轻纺企业及个人参评国家先进集体、劳动模范等。

（卢机智）

食品医药

【概况】2017 年，全区食品工业实现增加值 56.5 亿元，同比下降 1.3%，占全部工业的 5%。葡萄酒、乳制品、枸杞加工等特色产业发展迅速，培育了伊品生物、宁夏红、蒙牛、伊利、夏进、中航塞外香、法福来、塞北雪等一批龙头骨干企业，建成了吴忠金积工业园、贺兰工业园、永宁工业园等产业聚集区。枸杞产业：宁夏枸杞种植面积达到 90 万亩，占全国枸杞种植面积的 45%，枸杞干果总产量达到 8.8 万吨，约占全国总产量的 55%，加工业企业达到 200 余家，枸杞加工转化率为 15%。乳制品产业：有乳制品规上企业 18 家，其中液态奶生产企业 8 家，乳粉生产企业 7 家，其他乳制品生产企业 3 家。其中，蒙牛、伊利、夏进三家乳制品龙头企业实现产值 68.9 亿元，占全区乳制品企业总产值的 80%以上。葡萄产业：按照“小酒庄、大产区”的发展模式，种植面积达到 60 万亩（其中酿酒葡萄近 50 万亩），酿酒葡萄品种 30 个，酒庄（企业）184 个，形成加工能力 27 万吨，综合产值（种植、加工、销售产值合计）近 200 亿元。全年全区规模以上医药企业 18 家，实现增加值 17.2 亿元，占规模以上工业的比重由 2014 年的 1.1%提高到 2017 年的 1.6%。2015—2017 年的平均增速 22.1%。培育了启元药业、泰瑞制药、金维制药等具有一定影响力的企业，主导产品硫氰酸红霉素、泰乐菌素、维生素 B12，产量在全国占比分别为 40%、60%、40%。全区拥有国家级企业技术中心 2 家，高新技术企业 8 家，院士专家工作站 1 个。成功开发出圣畅—吲达帕胺缓释片、色甘酸钠滴眼液等新产品，磷酸替米考星原料药、磷酸替米考星可溶性粉获得了国家三类新兽药证书和生产批准文号，完成平消片、祛痰平喘片等 4 个品种药品质量标准研究。特色中药产业初具规模。宁夏中药资源丰富，截至年底，全区中药材种植面积达到 150 万亩以上，主要品种是枸杞、甘草、秦艽、黄芪等。规模以上中药加工企业 9 家，拥有国家批准文号近 200 个。国内外认证成效明显。全区规模以上医药工业企业全部通过《药品生产质量管理规范》（2010 版）认证。主导品种红霉素、盐酸四环素通过欧洲药典指导委员会（EDQM）的 COS 认证，硫氰酸红霉素、泰乐菌素、盐酸四环素通过美国 FDA 认证、德国 GMP 认证。

【食品行业管理】行业对标工作。2017 年，组织 40 家食品企业召开 2017 年食品工业对标启动会，通报 2016 年食品行业对标工作开展情况，表彰 2016 年食品工业先进对标企业，安排部署 2017 年重点工作，并组织企业到对标工作先进企业开展现场观摩交流。制定《2017 年全区食品工业对标实施方案》，重点对全区 15 家乳制品企业开展对标工作。对列入对标工作的 15 家乳制品企业进行走访和摸底，制定对标诊断书，在对标中找差距，不断提升企业管理水平。行业培训工作。结合全区食品安全宣传周活动，组织行业内 46 家规上食品工业企业的 80 名质量管理负责人及相关人员参加食品工业企业诚信管理体系贯标培训班，让企业全面了解诚信体系建设工作，为开展食品工业企业诚信体系建设工作奠定了基础。重点产业调研。根据自治区经信委《关于开展重点产业发展专题调研的通知》要求，认真梳理行业发展现状，确定开展乳制品产业调研，为加快推进全区工业结构调整和发展方式转变提供有利依据。

【食品“三品”战略】2017年，围绕“增品种、提品质、创品牌”主线，加快全区消费品工业转型升级，促进产业结构调整，鼓励研发新品种，提高产品品质，创造自主品牌。将消费品工业确定重点实施“三品”战略重点产业全部列为“自治区工业企业贷款风险补偿资金企业和项目”支持范围，做大做强宁夏优势特色产品。支持贺兰山东麓葡萄酒、中宁枸杞、宁夏牛奶等优势特色产业发展，打造宁夏“红”“白”“紫”三张特色名片。全年新型工业化资金支持企业100多家，支持资金7146万元。

【医药行业监测管理】2017年，加强行业运行监测。按月做好行业运行动态分析监测，重点对行业内42家规上企业进行动态监测，及时了解重点企业运行情况，对运行中企业出现的问题及时查找原因，帮助企业协调解决。全区食品与药品行业规模以上企业完成增加值85亿元左右，与上年同期基本持平，占全区规模以上工业的比重约7.5%。定期跟踪监测行业重点项目。结合“100个重点技改项目”以及行业新建、续建项目，梳理重点项目8个。其中春升源生物科技、法福来食品、丽珠集团等三个项目已投产达效，泰益欣生物科技有限公司年产1550吨克林霉素盐酸盐项目中克林霉素盐酸盐、克林霉素磷酸酯生产车间已投产试车。亿美生物科技有限公司乳制品深加工二期扩建项目已陆续投产，正在建设三期山羊奶项目。抓好甘草麻黄草专营许可工作。为两家符合要求的甘草围栏种植企业换发甘草收购许可证。严格按照公安部等五部委《关于进一步加强麻黄草管理严厉打击非法买卖麻黄草买卖等违法犯罪活动的通知》要求，加强麻黄草收购审批事项管控，规范麻黄草收购行为，核发两家符合要求的麻黄草收购许可企业，做好收购企业的日常监督检查工作。抓好医药储备工作。加强与卫计委关于短缺药储备的沟通，牵头组织卫计委、财政厅对国药控股公司医药储备情况的监督检查，做好应急药品的调度。

【盐业改革】2017年1月22日，自治区政府印发《宁夏盐业体制改革实施方案》，启动全区盐业体制改革，跨省经营、质量监管体制改革、涉盐法规政策清理、市场保障供应等工作稳步推进。顺利完成国家盐业体制改革督察工作。按照《国家发展改革委办公厅、工业和信息化部办公厅关于开展盐业体制改革专项督察的通知》要求，自治区经信委开展盐改工作进行自查，形成自查报告，经自治区政府审定后报国家发展改革委、工信委。6月上旬，由国家发展改革委体改司巡视员王强带队的国家盐业体制改革督察组，对宁夏盐业体制改革工作落实情况进行专项督查。督查组对宁夏盐改工作给予高度评价，尤其是宁夏人员分流安置方案为推进盐改人员分流安置工作开辟了新路，值得推广和借鉴。组织5个地级市人民政府、工信局等相关负责人召开盐业体制改革工作会议，要求尽快建立盐业体制改革工作机制，形成相互配合、上下联动、齐抓共管的工作机制，5个地级市已成立盐业体制改革领导小组，统筹推进盐改工作。组织宁夏盐业公司、甘肃武阳盐化、四川乐山联峰、鄂托克前旗兴盛化工、辽宁益盐堂、青海盐业6家食盐跨省经营企业，并邀请自治区食品药监局召开全区食盐跨省经营企业座谈会。宣传贯彻《国务院关于建立完善守信联合激励和失信联合惩戒制度加快推进社会诚信建设的指导意见》，经信委、食品药监局分别从各自职能对食盐跨省经营企业在宁夏销售食盐提出要求，跨省经营企业承诺严格按照文件精神，规范食盐经营行为。

【烟草生产】2017年，烟草行业有湖南中烟吴忠卷烟厂和宁夏彭阳烟叶公司2家企业。其中吴忠卷烟厂卷烟生产计划16.2万箱，三类卷烟13.2万箱，主要产品有白沙精品、白沙精品二代等。全年全区烟草行业完成工业增加值15.7亿元，与上年持平，上缴税金全区排第三名。

（卢机智）

非公有制经济

【概况】2017年，全区规模以上非公有工业增加值同比增长6.6%，占规模以上工业增加值比重为38.5%；全区规模以上非公工业企业实现主营业务收入2528.4亿元，同比增长26%，实现利润总额130.6亿元，同比增长68%，高于全部规上工业45.7个百分点；全区非公企业、个体工商户和外商投资企业分别达13.6万户、37.9万户和738户，较2016年分别增长20.4%、10.8%和13.4%。

【政策支持】2017年，全区加强非公经济政策协调落实，发展环境有了新改善。加强统筹指导。自治区工业和非公有制经济发展领导小组印发《自治区中小企业工作要点》，召开全区中小企业座谈会、部分商协会座谈会，初步构建全区非公经济和中小企业联动机制。协助自治区党委办公厅召开全区民营企业家座谈会，梳理影响民营经济发展突出问题，提振企业家信心。研究制定完善民营经济发展措施、着力破解民营经济“三难”问题等11项主责任务和5项配合任务的具体推进计划和实施步骤，提高服务民营企业的针对性和时效性。推进政策落实。开展企业负担调查、融资环境评价等14个课题调研，开展《加快非公有制经济发展行动计划(2014—2017年)》实施情况自查，委托第三方进行政策评估，推动各项扶持政策落实。起草《自治区非公经济和中小企业创新发展提升计划(2018—2020年)》。通过在《华兴时报》、睛彩宁夏等媒体开设专栏、召开新闻发布会、分片区组织政策巡讲等方式，加强政策宣传，提供企业政策知晓度和运用能力。开展"下基层服务企业大走访"，对发现的42个问题逐项销号解决。持续降本减负。发挥自治区减轻企业负担厅际联席会议作用，落实国家各项减负政策，推进自治区"降成本30条"认真落实。强化涉企收费清单管理，开展涉企保证金清理规范，建立涉企收费清单在线查询平台，委托第三方进行调查监测，组织实施减轻企业负担督查和涉企收费专项检查，促进各项税费减免政策全面落实。全区涉企行政事业性收费从30项减少到25项，实现自治区本级收费项目清零；区管经营服务性收费从19项减至13项，涉企保证金从13项减至11项，全年全区减轻企业负担超过百亿元。强化资金扶持。调整财政资金支持方向，发挥自治区中小企业及非公经济发展专项资金的引导撬动作用，争取自治区财政资金近12亿元，通过购买服务、以奖代补、风险补偿等多种方式，引导支持中小企业转型升级、创新发展。

【创新创业】2017年，宁夏加强"双创"支撑，企业创业创新有了新进展。多层次助力企业创业创新。修订自治区小型微型企业"双创"示范基地建设《管理办法》，培育认定7个自治区级示范基地，推荐认定4个国家级示范基地，全区国家级示范基地达11个，数量并列居全国第二位。全区35家示范基地入驻小微企业3948户，实现产值79.1亿。指导石嘴山市做好全国"双创"示范城市创建工作，召开试点经验交流会，总结推广成功经验。自治区经信委会同科技厅等六部门认定第二批自治区众创空间10家，全年已认定自治区众创空间22家，7家众创空间获国家级众创空间备案。推进制造业与互联网融合发展，对9个企业"双创"平台进行奖励。启动建设自治区众创空间共享平台。协同科技厅等部门举办中国创新创业大赛(宁夏赛区)暨"宁夏银行杯"宁夏创新创业大赛，组织219家创新企业参赛，42家企业获奖。组织区内企业参加工信部主办的"创客中国"创新创业大赛。组织24家企业和创客团队参赛，2家企业和1个创客团队入围大赛200强。培育"专精特新"助力转型升级。认定第四批自治区"专精特新"中小企业171户、示范企业100户，全区"专精特新"中小企业、示范企业累计分别达到677家和295家。落实融资协调、人才培训等相关扶持政策，支持第一批357户"行业之星""成长之星""创业之星"企业发展。对2016年108户"小升规"工业企业给予奖励。示范引导企业技术和管理创新。推进高校、科研院所与企业产学研合作，征集技术难题61项，科技成果27项、技术专利15项，促成合作项目20个。遴选第二批20户试点企业开展建立现代企业试点。

【企业融资】2017年，全区创新融资服务，缓解企业融资困难有了新成效。设立10亿元自治区工业企业贷款风险保证金。协同自治区经信委、财政厅，整合财政资金，鼓励金融机构积极为中小企业提供信贷支持。制定《自治区工业企业贷款风险保证金及补偿资金管理办法》，建立业务协调联席会议制度和重点企业(项目)贷款协调磋商机制，遴选12家合作银行，配比风险保证金2.9亿元，建立《全区工业企业贷款风险补偿资金企业和项目名录库》，组织银企对接，开展融资业务专题宣传，撬动银行共向293户企业发放贷款100亿元以上。探索多渠道缓解融资困难。设立1亿元中小微企业政策性转贷资金，制订企业转贷资金管理办法，委托第三方机构运营管理，已发放转贷资金14笔7660万元。开展工业企业融资租赁补贴业务，通过第三方机构审计核查，为34家融资租赁企业发放补贴4455.07万元。与宁夏银行、农业银行合作建设"小额票据贴现中心"，为全区中小微企业持有的300万元以下小额银行承兑汇票办理贴现，两家银行已部署成立36个小票中心或窗口开展业务。会同人民银行等8部门印发《宁夏小微企业应收账款融资专项行动工作方案2017—2019年)》，推动应收账款融资工作。完善政银保担合作机制。推动区、市、县三级"助保贷""财保贷"、保证保险等业务良性发展，累计向299户企业发放贷款9.81亿元。鼓励保险机构为小微企业贷款增信，对符合保证保险保费补贴政策的人保财险给予补贴38.18万元。制定《宁夏小微企业信用评级标准(2017年)》，将助保贷和服务补贴券企业纳入评级范围，完成190户小微企业信用评级工作。助推中小企业直接融资。配合自治区金融工作局做好挂牌企业的宣传推荐工作，组织企业参加自治区和工信部组织的企业上市挂牌培训，推荐企业挂牌展示。全年全区已有66家企业挂牌新三板，5家企业在审，宁夏股权托管交易中心挂牌企业达到770家。

【服务体系】2017年,增强“168”公共服务平台网络资源集聚功能。制定自治区中小企业公共服务平台网络《运营管理办法》,构建线上发布需求,线上线下提供“找得着、用得起、有保障”的服务机制。截至年底,宁夏线上平台聚集服务机构达到621家,发布服务产品5582款,服务企业11610户次;线下带动服务资源1369家,开展服务活动2542场次,服务企业10236户。开展“下园区、进企业、送服务”活动,指导各窗口平台和小微企业服务补贴券签约服务机构开展服务活动148场次,发放服务补贴券400余万元;建立自治区46人小微企业创业导师队伍,开展项目策划、市场分析等贴身服务。培育服务机构品牌。培育自治区级示范平台,认定第七批区级公共服务示范平台10家,推荐的3家示范平台被国家工信部认定为国家级示范平台。自治区级示范平台达到67家,国家级示范平台达到10家,位居西部第五位。开展服务机构综合素质提升、互联网化专项培训,培训服务机构80多家、150多人。健全中小企业统计监测体系。与统计局、调查总队联合印发《进一步加强和完善规模以下企业统计调查工作的意见》,建立规下企业统计调查机制。加强中小企业运行监测工作指导,完善监测通报机制,扩大监测覆盖面,监测平台注册企业达800户,550户企业实现常态化数据直报。

【人才培养】2017年,加强非公经济人才培养和交流合作,企业开放发展有了新活力。起草上报《企业高级经营管理人才培养实施意见》,明确企业人才培养的重点任务和保障措施。指导第三方调查机构,抽样3029家非公企业开展人才状况调查,形成《宁夏非公企业人才信息调查分析报告》,并测算全区非公企业人才结构、分布比例等情况,为人才培养引进奠定基础。实施企业经营管理人才素质提升工程,围绕自治区主导产业、重点领域制定精准培训计划,分国外、区内、区内3个层次,培训人才4312人。组织实施领军人才培训,建立项目月报跟踪制度,完成区内外培训16期1032人(次),引领企业管理者开拓视野,更新理念,增强战略思维的能力和水平。组织28户企业参加第十四届中国国际中小企业博览会,举办宁夏固原“六盘山”生态产品推介会,达成合作11项,金额2000多万元。组织企业参加2017亚布力中国企业家论坛夏季高峰会,协同有关部门支持召开第二届宁商大会。与中行宁夏分行协作,建立宁夏中小企业跨境发展项目库,征集项目84个,开展跨境撮合,为宁夏企业在“一带一路”国家“走出去”发展搭建平台。

(卢机智)

信息产业

【概况】2017年,全区电子信息制造业共有规上企业15家,完成工业增加值32.3亿元,同比增长40.3%。2015—2017年增速均在40%左右。软件和信息技术服务业企业240多家,获得信息系统集成资质70家,新三板上市15家,完成软件业务收入15.3亿元,同比增长16.2%。全年全区电子信息行业规上企业完成工业总产值136.9亿元,同比增长44.3%;完成工业增加值32.3亿元,同比增长40.3%,高于全区工业增速31.8个百分点,约占规上工业比重2.8%。全年全区主要软件企业完成软件业务收入15.3亿元,同比增长16.2%,高于全国增速1.7个百分点。

【重点项目】2017年,光伏制造业占电子信息制造业工业产值的91%。光伏制造项目持续增加投资支撑了行业高速增长。银川隆基硅材料有限公司5GW单晶硅棒和5GW切片项目部分投产,新增产值约30亿元。宁夏隆基硅材料有限公司1GW单晶硅棒项目已全部投产,新增产值约2亿元;宁夏腾辉2GW光伏组件项目已部分投产,新增产值2.1亿元。锂电池项目中,龙能科技(宁夏)公司3.5亿安时高端锂离子电池芯项目开始试生产;宁夏杉杉能源公司一期1万吨锂离子电池正极材料项目已投产,新增产值约4亿元。

【信息技术服务】2017年,宁夏希望信息公司的公积金管理平台在宁夏、新疆全区应用;方达电子的全区医疗社保一卡通平台全年完成医疗结算100多亿元;亚视电子的远程课堂共享平台得到教育部部长陈宝生的肯定;电通物联网公司的电梯安全监管平台已经推广到13个省(自治区)。

【云计算和大数据】2017年,亚马逊AWS数据中心一期2.5万台服务器已经上线运营;美利云数据中心一期已交付奇虎360公司1.1万台服务器,二期已开工建设;中国移动数据中心土建工程已完工,开始安装机电设备;中兴智慧银川大数据中心一期布局服务器约1万台,二期已经开工建设。

(卢机智)

通信管理

【概况】2017年,宁夏信息通信行业推进产业转型升级,实现了行业平稳健康发展。全区共完成营业收入68亿元,同比增长 2.4%；完成电信业务总量 205 亿元，同比增长 117%。新增电话用户 67 万户，用户总数达到 854 万户，移动电话普及率达到 117 部/百人；固定互联网宽带接入用户数达到 159 万户，4G 移动电话用户数达到 588 万户。信息传输和信息技术服务业投资增长 41%，信息通信行业对地方服务业增长贡献率达到 43%，同比提高 23%；对地方 GDP 增长贡献率达到 20%，同比提高 10%。

【基础设施建设】2017 年，实施市县（区）"宽带宁夏"建设责任落实情况考核，加强各方落实"宽带宁夏""网络强区"建设职责。将宁夏广电、国动网络纳入全区共建共享协调机制。落实光纤到户国家标准，修订发布《宁夏住宅区通信配套设施建设标准》。确保实现银西高铁、吴卫城铁项目通信基础设施全线覆盖，《宁夏通信基础设施专项规划》编制完成。通信基础设施建设完成投资 23 亿元，全光网自治区基本建成。

【普遍服务】2017 年，实施电信普遍服务试点项目建设，完成光纤覆盖行政村 1306 个、自然村 7953 个，全区 2235 个行政村全部通光纤，20 户以上自然村 75%实现光纤到户覆盖，农村地区宽带平均接入能力达到 20 米以上，高于全国平均水平及工业和信息化部、财政部预定 12 米的目标。新建基站 1993 个，实现全区农村地区 80%区域 4G 网络覆盖。全区所有建档立卡贫困村实现光纤宽带、4G 网络、IPTV、电子商务"新四通"。

【市场监管】2017 年，深化"放管服"改革，执行"先照后证"规定，简化行政审批流程，强化事中事后监管，广电公司纳入行风考核体系，加大暗访、拨测力度，用户满意度指数达到 85.2。用户申诉受理中心通过"绿色通道"处理"12315"热线投诉近千件，全年办理用户申诉 22 件，每百万用户申诉率 17.53 件，不明扣费申诉率 0.54 件，无恶意扣费案件，均远低于部考核指标。

【提速降费】2017 年，全区固定宽带用户速率在 20 米以上的用户占比 97%，全国排名第四；50 米以上占比 85%，全国排名第四；100 米以上占比 41%，全国排名第十四。移动互联网流量累计达到 2.1 亿 G，较上年同比增长 192%，月户均手机上网流量超过 4.5G，全国排名第二。手机上网流量平均资费 13.1 元/G，同比下降 61%，降幅全国排名第七，资费水平全国第二低。

【实名制和防范诈骗】2017 年，推进实名制落实，累计关停 7.2 万户非本人使用号码，全部用户实名率达 100%，在部专项抽查中位列第一。反诈技术平台如期建成，拦截各类呼叫 1300 万（次），拦截诈骗号码 5.3 万个，向公安机关推送高度疑似诈骗电话号码 200 多个，全区通讯诈骗立案数量同比下降 29%，经济损失下降 30%。拦截垃圾短信息 2780 万条，拦截发送垃圾短信号码 64 万个。

【通信建设市场管理】2017 年，加强工程招投标监管，对 33 个项目开展专项检查。规范工程项目质量监督申报，核准通过 2697 项，申报率达到 91%；竣工备案 4049 项，备案率达到 65%。加强工程质量及安全生产季度检查，深化"打非治违"和专项整治，组织企业排查整治安全隐患 47 项，全区通信工程建设安全生产态势保持稳定。

【互联网行业管理】2017 年，开展 IDC/ISP 信息安全管理系统建设，与 11 家 IDC 企业的信息安全管理系统实现对接。整治"未备案先接入"行为，网站备案信息准确率明显提升。加强网站备案审核，通过常规备案 2075 个，变更 1853 个，注销 2312 个，全区备案网站主体达 9130 个，备案网站总数达 11227 个，配合关闭违法违规网站 16 个。

（王晓东）

NINGXIA YEARBOOK

开发区和园区建设

KAIFAQUHEYUANQUJIANSHE

编辑◎杨　云

综　述

【概况】2017年，全区30个工业园区共有工业企业1598户，其中规模以上工业企业896户，占全区规模以上工业企业户数的73%。入园企业数比上年减少170户。全年共完成工业总产值3284.2亿元，同比增长29.3%；实现工业销售产值3152.7亿元，同比增长31.5%；工业生产电力消耗667.4亿千瓦时，同比增长20.4%。其中，宁东能源化工基地成为全区首个工业总产值超千亿元的园区，达到1006.3亿元，同比增长49.1%。全年共实现主营业务收入3015.9亿元，同比增长27.5%；实现利润94.2亿元，同比增长35.8%；实现税金总额99.6亿元，同比增长74%；盈利企业实现盈利额206.6亿元，同比增长62.4%。

【银川市辖区内工业园区】2017年，银川市共有8个工业园区，即宁东能源化工基地、银川经济开发区、银川金凤工业集中区、银川望远工业园区（永宁）、银川德胜工业园区（贺兰）、银川生物科技园、银川高新技术产业开发区（灵武）、灵武市再生资源循环经济示范区。银川市8个工业园区共有企业621户，占全区工业园区企业的38.9%；其中规模以上工业企业341户，占全区规模以上工业企业的27.7%。全年共完成工业总产值1701.3亿元，同比增长30.6%，占全区30个工业园区总产值的51.8%；实现工业销售产值1622.8亿元，同比增长31.3%，占全区30个工业园区销售产值的51%；工业生产电力消耗219.9亿千瓦时，同比增长85.2%。全年共实现主营业务收入1482.9亿元，同比增长22.4%，占全区30个工业园区完成主营业务收入的49%；实现利润37.3亿元，同比增长4.5%，占全区30个工业园区利润总额的40%；实现税金总额67.9亿元，同比增长71.6%；盈利企业实现盈利额120.1亿元，同比增长78.3%。

【石嘴山市辖区内工业园区】2017年，石嘴山市共有4个工业园区，即石嘴山高新技术产业开发区（大武口）、石嘴山经济技术开发区（惠农）、石嘴山生态经济开发区（平罗）、宁夏精细化工基地。共有工业企业264户，占全区工业园区企业的16.5%；其中规模以上工业企业186户，占全区规模以上工业企业的15%。石嘴山市4个工业园区共完成工业总产值655.3亿元，同比增长36.1%，占全区30个工业园区总产值的20%；实现工业销售产值639.6亿元，同比增长44.6%，占全区30个工业园区销售产值的20.3%；工业生产电力消耗247.3亿千瓦时，同比增长4.6%。全年共实现主营业务收入647.9亿元，同比增长46.3%，占全区30个工业园区完成主营业务收入的21.5%；实现利润0.4亿元，扭亏增盈2.7亿元，占全区30个工业园区利润总额的0.4%，实现税金总额17.1亿元，同比增长64.9%；盈利企业实现盈利额19.6亿元，同比增长73.4%。

【吴忠市辖区内工业园区】2017年，吴忠市共有9个工业园区，即吴忠市太阳山工业园区、吴忠金积（立德慈善）工业园区、吴忠毛纺织产业园、吴忠特色装备制造产业园、青铜峡新材料基地、青铜峡嘉宝轻纺工业园、盐池工业园区、红寺堡（弘德慈善）工业园区、同心（同德慈善）羊绒产业园区。吴忠市9个工业园区共有工业企业436户，占全部工业园区企业的27.3%；其中，规模以上工业企业237户，占全区规模以上工业企业的19.2%。吴忠市9个工业园区共完成工业总产值478.4亿元，同比增长18.3%，占全区30个工业园区总产值的14.6%；实现工业销售产值453.1亿元，同比增长17.2%，占全区30个工业园区销售产值的 14.4%；工业生产电力消耗 35.2 亿千瓦时，同比增长 1.2%。全年共实现主营业务收入 399.5 亿元，同比增长 14.3%，占全区 30 个工业园区完成主营业务收入的 13.2%；实现利润 15.2 亿元，同比增长 1.4%，占全区 30 个工业园区利润总额的 16.1%；实现税金总额 0.6 亿元，同比减少 86.3%；盈利企业实现盈利额 19.2 亿元，同比减少 8.2%。

【中卫市辖区内工业园区】2017 年，中卫市共有 3 个工业园区，即中卫工业园区、中宁工业园区、中卫海兴（厚德慈善）开发区。2017 年，共有企业 139 户，占全区工业园区企业的 8.7%；其中规模以上工业企业 93 户，占全区规模以上工业企业的 7.5%。3 个园区共完成工业总产值 399.7 元，同比增长 25.6%，占全区 30 个工业园区总产值的 12.2%；实现工业销售产值 389.1 亿元，同比增长 28.5%，占全区 30 个工业园区销售产值的 12.3%；工业生产电力消耗 159 亿千瓦时，同比减少 1.9%。全年共实现主营业务收入 436.6 亿元，同比增长 31.3%，占全区 30 个工业园区完成主营业务收入的 14.5%；实现利润 33.5 亿元，同比增长 76.3%，占全区 30 个工业园区完成利润的 35.5%；实现税金总额 10.5 亿元，同比增长 4.1 倍；盈利企业实现盈利额 39.7 亿元，同比增长 55.6%。

【固原市辖区内工业园区】2017 年，固原市共有 6 个工业园区，即固原经济开发区、固原清水河工业园区、西吉闽宁（吉德慈善）产业园、隆德六盘山工业园区、泾源轻工产业园区、彭阳王洼产业园区。宁夏圆德慈善产业园、固原盐化工循环经济扶贫示范区合并到固原经济开发区。共有企业 138 户，占全区工业园区企业的 8.6%；其中规模以上工业企业 39 户，占全区规模以上工业企业的 3.2%。6 个园区共完成工业总产值 49.5 亿元，同比增长 52.8%，占全区 30 个工业园区总产值的 1.5%；实现工业销售产值 48.1 亿元，同比增长 63%，占全区 30 个工业园区销售产值的 1.5%；工业生产电力消耗 5.9 亿千瓦时，同比增长 1.3 倍。全年共实现主营业务收入 49 亿元，同比增长 70%，占全区 30 个工业园区完成主营业务收入的 1.6%；实现利润 7.9 亿元，同比增长 2.9 倍，占全区 30 个工业园区完成利润的 8.4%；实现税金总额 3.5 亿元，同比增长 3 倍；盈利企业实现盈利额 8 亿元，同比增长 2.8 倍。

（席　黎）

国家级园区建设

宁夏内陆开放型经济试验区

【概况】2017 年，试验区进出口总额 341.3 亿元，5 年年均增长 19.5%，其中，出口总额 247.7 亿元，年均增长 19%；进口总额 93.6 亿元，年均增长 20.8%。举办第三届中阿博览会，共签约项目 652 个，投资额 4750 亿元，涉及能源化工、农业及食品加工、装备制造、生物制药、新技术新材料、现代服务等多个领域。银川综合保税区注册企业达到 337 家，重点发展黄金珠宝、葡萄酒、现代纺织、航空物流、保税服务等产业，全年完成进出口贸易总额 161.4 亿元，在全国已封关运行的 65 个综合保税区中排名第十五位，在西部已封关运行的 14 个综合保税区中排名第六位。2017 年民航旅客吞吐量 793.6 万人次，年均增长 15.8%，其中出入境旅客 24.7 万人次。

【招商引资】2017 年，招商引资到位资金 2245 亿元。创新利用外资方式，外资投向涉及领域逐步扩大，2017 年实际使用外商直接投资 3.11 亿美元。鼓励和支持企业“走出去”，宁夏在全球 28 个国家和地区设立 130 家境外企业，其中 32 家设在“一带一路”沿线国家。中国—阿曼（杜库姆）产业园、中国—沙特（吉赞）产业园、中国—毛里塔尼亚海洋综合产业园分别列入国家重点推动建设国际产能合作示范区和境外经贸合作区。

（张　鹏）

银川综合保税区

【概况】2017 年，银川综合保税区实现进出口总额 23.76 亿美元，占全区进出口总额的 47%，占银川市进出口总额的 60%，进出口货运吞吐量达 3.2 万吨。全年开工建设项目 11 个，完成固定资产投资 6.81 亿元，同比增长 11.4%；完成工业总产值 7.5 亿元，同比增长 54.3%；招商引资签约项目 13 个，签约总金额约 52 亿元，到位资金 11 亿元，同比增长 10%。

【产业发展】2017 年，围绕黄金珠宝加工、现代纺织、航空物流、优质牛羊肉等主导产业，引进马来西亚、新加坡、中国香港等黄金珠宝加工产业转移项目，逐步形成黄金珠宝加工贸易产业集聚区，全年黄金珠宝产业完成进出口总额 7.5 亿美元。实施如意纺织 6 万锭高档纺精梳纱线项目，促成如意高档纱线项目扩能升级，启动如意全流程智能数字化纺纱项目开工建设，壮大现代纺织产业。借银川—迪拜等国际航线开通机遇和临空优势，建成运营国际裘皮（银川）集散贸易中心项目，进口北欧等地高档裘皮，实现宁夏航空物流进口大宗商品新的突破，全年累计进口高端裘皮 10 万张。获海关批准运营宁夏第一个国际快件中心，开展迪拜、欧美等地区与国内快件物品的清关和配送业务，全年累计进口分拨快件近6万件。

【通道拓展】2017年，推动宁夏航空口岸获批整车进口口岸资质，加快推进肉类、水果、种苗指定口岸建设。融入全国通关一体化，发展航空物流，引进培育跨境电商企业，逐步打造陆上、空中、网上开放新通道。支持企业建设孵化基地，引进央企建设丝路国际合作园，为外向型企业提供配套完善、成本最低的发展平台。

【政策创新】2017年，加快复制实施自贸试验区9项海关监管、4项检验检疫监管创新政策。创新开展棉花外发加工业务；创新黄金珠宝“客带货”运输方式进出境监管模式，在畅通物流渠道、拓展产品市场的同时，为企业节约物流成本超过400万元；复制开展工单式核销政策，指导园区企业建成ERP系统（企业资源计划系统），使原料、成品通关时间缩短70%；借助中国机械设备股份有限公司（CMEC）资源，创新开展供应链金融服务。

（石　佳）

宁东能源化工基地

【概况】2017年，宁东能源化工基地（灵武地区）完成固定资产投资410亿元，下降8%左右；工业总产值突破千亿元大关，达到1003亿元，增长29%以上；工业增加值309亿元，增长15%以上；本级财政收入20.4亿元，增长42%，成为全区首个实现产值过亿元园区。全年工业增速较上年同期提高6.3个百分点。全年新增规模以上工业企业19家，完成工业总产值90亿元，拉动工业增长11.2个百分点，其中煤制油项目新增工业总产值45亿元，拉动宁东工业增长5.7个百分点。

【重点项目建设】2017年，13个全区重点项目完成全年投资计划的148.1%，2个60大庆项目完成全年计划的111.7%。“银星一号”“银星二号”煤矿获得核准批复，建成金家渠煤矿和“银星二号”煤矿，煤制油项目两条生产线达产达效，建成100万吨煤化工副产品深加工制烯烃等一批项目，新增煤炭产能580万吨、火电装机容量330万千瓦、现代煤化工产能300万吨。60万吨焦炭气化制烯烃、4万吨生物基纤维等项目加快建设。沙比克70万吨煤基烯烃及新材料示范项目环评报告上报环保部待审查批复。编制完成《国家现代煤化工产业示范区总体规划》，谋划布局300万吨烯烃、50万吨芳烃和60万吨煤制乙二醇等一批现代煤化工项目。

【产业转型】2017年，实施煤制油领跑计划，建成100万吨聚烯烃产品，开工建设15万吨液体石蜡和高端润滑油项目；拉长产业链，建成20万吨废旧甲醇综合利用等一批项目，开工建设20万吨苯乙烯、10万吨混合芳烃及20万吨粗白油抽提等一批精细化工项目。加快传统产业改造升级，实施焦炭气化综合利用现代煤化工产业项目，完成中石化合成气脱瓶颈及醋酸填平补齐改造等项目；2017年，煤化工完成工业总产值达到410亿元，占整个工业经济比重的27%。培育发展新兴产业，高端锂电池、电线电缆、差别化氨纶等一批项目建成投产发挥效益，全年新增工业总产值10亿元，成为工业经济发展新的增长极。

【招商引资】2017年，引进现代煤化工、精细化工等7大类39个项目，总投资830亿元，完成全区下达招商引资签约目标任务的104%。组织招商小分队赴东部发达省份，引进液晶材料及医药中间体、微生物多糖絮凝剂生产等15个项目，总投资143亿元。借助中阿博览会等平台，引进45万吨/年甲醛及下游深加工、循环利用精细化工产品等11个项目，总投资208亿元。

【供给侧结构性改革】2017年，关闭退出煤炭产能15万吨；消化企业库存，工业在合理区间运行；化解政府债务，争取全区置换债券5.52亿元，还贷1.1亿元，清理政府工程欠款近1.2亿元；降低企业用电和铁路运输成本超过1亿元，获得全区低成本化改造专项资金3000万元，宁东能源化工基地被列入国家增量配电业务试点；补齐基础设施短板，修建各电压等级供电线路65公里、场地平整300万平方米；补齐融资担保短板，为企业担保贷款2.3亿元，争取中央预算内资金及全区各类专项资金近4亿元。制定不见面审批服务改革工作方案，构建“不见面、马上办”的审批模式，做到网上办、集中办、联合审；实行“多评合一”和投资项目在线审批，对企业入园所需的规划环评、水资源论证、水土保持、地质灾害等共性评价手续统一进行办理，降低企业制度性交易成本和前期费用负担。推行全程代办制，设置企业服务站和专职代办员，为所有招商引资入园项目提供注册登记、规划建设、竣工验收、生产运营等全方位、多角度的全程代办服务；继续推行“店小二”式服务，通过建立项目微信服务群和企业服务站微信公众号，及时了解掌握项目进展情况，协调办理存在的问题，宣传解读相关政策信息。

【科技创新】2017年，启动宁东能源化工基地沿黄科技创新改革试验区建设，申报东西部合作重点项目5个，争取专项资金427万元。加快建设煤炭高效利用与绿色化工国家重点实验室等5个创新平台。开展科技服务，协调金融机构为8家科技型企业融资7800万元。申报科技创新后补助项目21个，总经费1亿元。

推进煤化工产业人才高地建设，入选自治区“塞上英才”、科技创新领军人才等13人。组织经营管理和专业技术人才培训6期342人。国电投宁夏能源铝业集团“邓宏兴技能大师工作室”和“王彪技能大师工作室”分别入选国家级技能大师工作室和自治区级技能大师工作室建设项目。中央财政补助7800万元支持的7个循环化改造示范试点建设项目全部建成。围绕核心区总体及煤炭、电力和煤化工三大产业，建立园区循环经济评价指标体系，为园区循环化改造提供数据支撑。

（席　黎）

银川经济技术开发区

【概况】2017年，开发区完成规模以上工业总产值300亿元，同比增长20%；完成规模以上工业增加值62亿元，同比增长11%；完成固定资产投资76亿元，同比增长10%；实现财政收入11.2亿元，完成年度预算的118%；招商引资实际到位资金45亿元，同比增长10%。

【招商引资】2017年，开发区创新招商引资方式，与北京经济技术开发区签订《共建“一带一路”银川科技创新产业园战略合作框架协议》。完成银川科技创新产业园规划选址工作。编制完成《银川科技创新产业园工作方案（草案）》，开展“飞地工业园”的土地调查、摸底、整理工作。与北京航空材料研究院签定《战略合作协议》，与天津玉汉尧公司签订计划投资40亿元的石墨烯改性三元正极材料及导电浆料项目投资协议。坚持招大引强，与国内500强企业长江精工钢结构（集团）股份有限公司签订投资10亿元的装配式建筑生产基地项目投资协议、与宁夏银和新能源签订投资16亿元的半导体二期项目、与天通集团签订投资5亿元的工业蓝宝石二期项目。全年累计签订重大项目投资协议23个，合同资金超过200亿元。

【重大项目建设】2017年，总投资143亿元的55个固定资产投资机会项目全部开工。其中：投资35亿元的银川隆基硅年产5GW单晶硅棒、切片项目，768台单晶炉已全部安装完，120台切片机已完成安装，并生产单晶硅片；银和半导体大尺单晶硅和碳化硅项目部分设备投产运营；投资9亿元的舍弗勒高端轴承项目，高产量深沟球轴承、超长寿命铁路轴承等5条生产线已经建成，高产量深沟球轴承生产项目已投产，其他设备陆续投入使用；投资1.2亿元的小巨人卧式加工新工厂项目全面投产，产能提升3倍，月产达到70台智能机床；西夏热电二期、“三创工场”、生命与健康产业园等重大项目进展顺利。投入7000多万元实施宝湖路穿越包兰铁路立交桥道路工程、南绕城文昌匝道绿化工程六盘山路景观绿化工程等。

【四大主导产业发展】2017年，高端装备制造产业，紧抓开发区被列为国家装备制造业新型工业化示范基地和高端装备制造业标准化试点的转型发展契机，瞄准“中国制造2025”，提升科技创新能力，特别是机床制造“逆势上扬”，新瑞长城、大河数控等产值增速达到40%以上。巨能机器人、舍弗勒产值增速超过50%以上。乐业光伏、银恒紧固件、英奥特等新入规企业增势强劲，全年贡献产值4亿元。战略新材料产业，新材料产业发展势头良好，整个行业保持45%的增速。全年隆基硅产值突破60亿元，比上年翻一番；银和新能源产值超过7亿元，同比增长30%；天通蓝宝石产值突破1.5亿元，同比增长60%以上。生产性服务业，新经济产业培育成效明显，银川iBi育成中心文化出版、软件动漫、知识产权转化服务、智慧旅游及其延伸业态发展壮大，在国内尤其是西部地区战略引领优势显著。TMT育成中心科技研发、智能机器人、新媒体、物联网、电信等产业，累计获得知识产权63项。特色健康消费品产业，沃福百瑞成为全区最大的枸杞出口企业，张裕酒庄成为经开区工业旅游新名片，顶津食品全年贡献产值5亿元，蒙牛乳业全年产值突破27亿元。

【企业培育】2017年，开发区实施品牌培育工程。共享铸钢获得全国第二批制造业单项冠军产品，成为全区首家获此殊荣的企业；隆基宁光等4家企业的4项新产品新技术通过自治区鉴定。天通银厦、云巢网络科技等37家企业被认定为第四批自治区“专精特新”示范企业。实施“金豆子”培育工程。“金豆子”培育初见成效，希望信息、通宇电梯等10家企业成功在新三板挂牌；宁光仪表、金久生物、康亚药业完成股改；沃福百瑞、共享装备进行IPO前的辅导工作。实施“两化”融合示范工程。共享集团成为全区唯一入选2017年国家“两化”融合管理体系贯标示范企业，特种轴承、中科环保入选2017年国家“两化”融合管理体系贯标试点企业，共享铸钢等5家企业被命名为市级重点行业“两化”融合行业标杆企业。巨能机器人、汇川服装、软件工程院3家企业被国家工信部认定为服务型制造示范企业。破解企业融资瓶颈。开展银企对接工作，协助7家企业申请到邮储银行贷款4045万元。推荐园区工业企业申报“宁科贷”，42家企业获得“宁科贷”1.4亿元支持。设立总规模4.5亿元的育成凤凰投资基金，完成对天通项目二期投资。推进企业转型升级。开展争项目争资金工作，落实中央、自治区各类专项资金9500余万元。新认定高新技术企业5家(总数达41家)、自治区级科技型中小企业25家(总数达125家)，新增规模以上企业4家(总数达79家)，新增3家自治区级以上创新平台（总数达72家)。小巨人公司数控机床产品批量出口欧洲、日本等发达经济体；舍弗勒成为全球知名汽车厂商高端轴承供应商；共享模具3D打印及铸造智能化工厂项目取得实质性进展，首个国家智能铸造产业创新中心在共享集团成立。

【企业创新改革】2017年，开发区落实增量配电业务改革试点工作，与国网银川供电公司签订电力改革合作框架协议，确定合作模式和股权比例，启动配售电运营一体化的股份制公司组建工作。为企业争取电力优惠政策，隆基硅等8家企业获得2017年电力直接交易准入用户资格，全年共完成电力直接交易额8.6亿度，为企业节省电力成本2531万元。推进智能制造标准化试点园区建设。完成共享集团高端铸造智能制造工厂5项标准草案，3个标准试验验证平台建设。开发区管委会与新瑞机床、力成电气等企业主持或参与15项国家和行业标准的制订修订。“双创”工作扎实推进。中小在线公司的三创空间和绿展投资公司的银川加速器被认定为2017年第一批银川市众创空间；宁夏高新技术创业服务中心被认定为第三批国家小型微型企业创业创新示范基地。经开区获批第二批国家级“大众创业万众创新”示范基地。与北京经济技术开发区合作共建“一带一路”银川科技创新园。银川育成投资公司、广州开发区工业集团与沙特皇家委员会共同成立中沙产能合作平台公司——沙特丝路产业服务有限公司。首个赴沙投资项目广州泛亚聚酯项目一、二期可研报告已获沙方评审通过，并完成第一轮原料供应优惠合同和项目融资优惠谈判工作。

（席　黎）

石嘴山经济技术开发区

【概况】2017年，开发区完成规模以上工业总产值300亿元，同比增长27.2%；完成规模以上工业增加值72亿元，同比增长6.8%；惠农陆港口岸货物吞吐量592万吨，同比增长24.7%。新增规模以上企业3家；全年新增小微企业50家，带动就业800人，新增高新技术企业1家，新增科技型小微企业6家。

【工业经济转型】2017年，开发区落实促进工业转型升级的各项政策措施，支持企业新上项目、内部挖潜、技改扩建，促其投产达效，4家企业顺利入规。截至11月，完成规模以上工业总产值260亿元，同比增长36.8%；完成工业增加值同比增长6.8%。对朋特化工等10家企业实施兼并重组。设立“精细化工产业发展基金”，37家大用户直供电企业累计节省电费1亿多元。新增高新技术企业员家，科技型中小企业6家，宝马兴庆、新日恒力等企业与科研院所合作成立国家重点实验室和工程技术中心，新增授权专利23件。培育壮大新能源、精细化工及生产性服务业三大主导产业，初步形成工程塑料产业集群、精细化工产业集群，完善光伏产业链。推进科通余热发电、鹏盛化工氰胺产业循环化等30个项目建设步伐，项目实施率达96.7%，通过循环化项目实施，提升园区资源综合利用水平，推进产业链延伸，有效降低企业成本。加快低成本园区建设，争取自治区资金2000万元。设立“石嘴山经开区精细化工产业发展基金”，加速带动开发区精细化工产业园入驻企业成长和科技成果转化。助推石嘴山保税物流中心(B型)和开发区中小企业孵化基地建设，降低企业物流、仓储、租赁成本。加降低大生产要素成本，全年累计为开发区37家大用户直供电企业节省电费1亿元左右，清理“僵尸企业”26家，整理土地2000余亩。

【招商引资】2017年，赴山东、江苏等地开展招商活动，与杭州经开区和萧山经开区缔结为友好园区，杭州经开区支持资金1000万元用于中小企业创业创新基地建设。加快推进万香源食品添加剂、腾辉光伏组件、恒力月桂二酸等30个转型项目建设，实施市级重点项目13个。争取到位项目资金4200万元，全年招商落地项目54个，到位资金142亿元。

【陆港口岸升级】2017年，完成石嘴山保税物流中心基础设施建设任务并推进海关监管系统的建设和调试工作，与20余家目标企业签订入驻合作协议；完成唐山·曹妃甸石嘴山陆港挂牌工作，实现打通宁夏新的出海通道战略目标。全年陆港口岸实现货物吞吐量592万吨、报关1272单、征收关税10784.3万元，较上年分别增长24.7%、7.5%、60%。

（席　黎）

银川高新技术产业开发区
（灵武羊绒产业园区）

【概况】2017年，开发区完成工业总产值121亿元，实现工业增加值25亿元，实现出口交货值20亿元。累计完成固定资产投资5.94亿元，年产3万锭高支精纺特种亚麻纱线和1300万码亚麻面料、年产35万张牛皮加工技改扩建、年产8500吨新型彩印复合包装袋、年产100万件裘皮服装服饰清洁化生产技改等6个建设项目投产达效；乳制品深加工、年产200吨精纺羊毛纱、滩羊毛皮生产清洁化及废水循环利用改造示范等项目建成投产；高端大米烘干储存自动化包装云电商创客岛销储以及灵武长枣保鲜贮运深加工等项目顺利推进；日处理450吨山羊奶深加工项目喷雾干燥塔封顶。

【招商引资】2017年，先后对接国内纺织、装备制造等领域知名企业48家，落实签约项目13个、签约资金62.8亿元，高档白坯布、环保新材料、碳纤维、新能源汽车超级电池包、无纺布等总投资75亿元、12个项目对接洽谈中。共组织申报国家技术改造项目3项、“中国制造2025”专项1项、自治区新型工业化项目8项、科技厅补助项目3项、银川市科技创新专项8项。争取“羊绒产品绿色设计平台建设”国家绿色制造集成项目，落实到位资金1350万元。

【项目建设】2017年，园区总体规划和各专项规划全部完成，基础设施PPP项目加快推进。泓源新能源汽车制造、浩谷生物质能源综合利用等项目编制项目可研、林评、环评报告。先后对接各类项目30个并与园区达成投资意向，意向签约资金101.3亿元。委托北方设计院启动羊绒产业特色小镇总体规划编制，羊绒城楼宇和羊绒城专卖店精品一条街亮化完成设计，精品羊绒展示厅装饰装修项目设计。引进服装生产、服装设计、品牌运营、电脑绣花、高档包装等项目14个，打造宁夏浙商服装产业园。年产3.5万锭缘纶缝纫线项目完成设备安装，3000万米坯棉布、150万件服装加工项目部分设备进厂，电脑绣花、数码印花、拉链纽扣、包装印刷等6个项目进行设备采购。

【科技创新】2017年，推进科技型企业倍增工程，组织合丰源绒业等6家企业完成区级科技型中小企业申报，成丰科技等2家企业完成国家高新技术企业申报，万殷机械等5家企业完成区级“专精特新”示范企业申报。协助中银绒业等3家企业完成成果鉴定3项，协助企业申请专利18件。做活公共服务平台，“智慧园区”项目建成投运。探索国家羊绒及其制品质量监督检验中心和国家重点实验室市场化运营，完成各类纺织品检验检测1400余批(次)。30家中小企业入驻公共服务平台，注册服务机构15家。加大品牌培育力度，中国质量认证中心发布“灵武精品羊绒”区域品牌价值为69.54亿元，潜在价值估价为175.13亿元，“灵武精品羊绒”入选最具潜力区域品牌30强，“灵州雪”商标被评为“中国驰名商标”。加强人才队伍建设，组织中银绒业、荣昌绒业、西部皮草、成丰科技、亿美生物等企业完成区、市人才项目申报，全年申请各类项目资金300万元，先后为中银绒业人才工作、亚麻人才高地、成丰科技裘皮加工技术团队、荣昌绒业纺织及服装品牌团队等补助人才资金28万元。

【转型发展】2017年，园区加快企业并购重组，完成中银绒业资产评估和并购重组草案审议，进行部分资产置出。成立两个帮扶工作组进驻企业，委托第三方完成企业财务审阅。组建成立宁夏绒都国际羊绒制品股份有限公司和羊绒原料股份有限公司，最终实现“闭环式”运营。破解融资难问题，先后组织召开灵武羊绒产业政银企座谈会、羊绒行业融资协调会和两次金融机构债委会。协调融资担保公司为成丰科技、沁荣生物、卓立工贸等5家融资担保贷款1200万元。加大宣传“工业41条”等政策，组织兑现上年政策资金涉及高新区39家企业共计2377万元，其中：羊绒企业27家，奖励资金1449万元。推进园区低成本化改造，引进台湾巨皇集团启动园区分布式光伏发电项目。拆除嘉源绒业、精盛机械等8家企业燃煤小锅炉10台。

（席　黎）

石嘴山高新技术产业开发区

【概况】2017年，开发区实现产值105亿元，同比增长20%，高新技术产业产值比重达65%，装备制造、新材料、纺织等主导产业比重为90%，同比提高2个百分点。工业项目完成投资38.4亿元，同比提高20%，技改投资11亿元，增长23%。

【招商引资】2017年，采取挂职干部驻点招商、产业链配套招商等形式，落实招商引资项目38个，到位资金43.2亿元，争取各类资金7099万元，超额完成年度目标任务，引进河南多氟多、上海客商等实施重组金和化工、盘活盈谷实业等项目，加快兼并重组步伐，

【产业能力提升】2017年，实施21个传统产业提升改造项目和实施天地奔牛、维尔铸造等企业“两化”融合贯标试点和机器换人等项目。以杉杉能源为龙头，延长电池材料产业链，以埃肯铸造为龙头，打造全国绿色铸造产业基地，培育大窑饮品、德希恩保健品、维康恒医疗设备等大健康产业。清理盘活土地900亩，依法收储1934亩闲置低效土地。完成智慧园区及互联网创业柜台科技创新路演中心建设。

【产学研合作】2017年，西安交大国家技术转移中心石嘴山分中心挂牌成立，维尔铸造和碳基公司公共检测检验平台筹建中，孵化园三期1.6万平方米标准化厂房建成投运，争创国家级科技孵化器。培育高新技术企业4家，科技型中小企业13家，新增知识产权“贯标”推广企业4家、试点单位5家。

【园区建设】2017年，淘汰落后产能，关

停矿热炉4台，拆除6台燃煤锅炉，对7台燃煤锅炉实施清洁能源改造。建设德美斯物流园，搭建投融资平台，谋划设立高新区创新成长基金，120万立方米固废处置场完工投运，450万立方米固废处置场开工建设，建成35kV同塔四回供电线路4公里、110kV同塔四回供电线路7公里、杉杉能源110kV变电站1座，推进售电侧改革，成立高新区售电公司，年底开展直供电和直购电业务。

（席 黎）

银川国家农业科技园区

【概况】2017年，科技园围绕中阿博览会及第九届中国花卉博览会，对部分基础设施进行设计和规划，增设游客服务中心和木栈道，完成以稻草编织物为主的“稻梦空间”参观区、真人CS体验区、大田景观区、多彩蝴蝶园、南瓜文化园、家庭园艺超市及“开心农场”等项目的建设。接待各类参观团体将近3万人；园区游客人数和收入分别达到14万人和512万元，实施冰雪嘉年华项目、休闲农业项目、十三五科技项目、生物质循环利用技术引进与示范项目，与山东寿光园区签署园区合作共建协议。组织专家讲座和座谈10次，培训技术骨干432人，组织县乡技术人员的业务培训15次，培训技术骨干2000人次，农民2万人（次）。

（茹福华）

吴忠国家农业科技园区

【概况】2017年，科技园区以创建国家农业高新技术产业示范区与西北农林科技大学、杨凌农高区等签订“两地四方共创宁夏吴忠国家农业高新技术产业示范区合作协议”。有机农产品认证种类达到六大类，有机农产品认证基地22000亩。完成招商项目39个，到位资金21.6亿元，落实上争项目14个，到位资金1.02亿元。实现国民生产总值15.2亿元，增长27%；完成固定资产投资5.1亿元。奶产业发展势头强劲，奶牛存栏达到4.8万头，鲜奶年产量达到15.8万吨，实现销售收入6.6亿元；林果业完成新增面积8000亩，其中枸杞2600亩、油用牡丹650亩、文冠果2100亩，总种植面积达到4.6万亩，苹果、红枣等果树已进入丰产期，全年水果产量达2.6万吨，实现销售收入1.5亿元；设施农业面积达到8580亩，年产优质瓜果蔬菜3.4万吨，同时引进新品种23个、示范新技术13项，持续引领全区设施农业发展。

【科技合作】2017年，科技园全面落实与宁夏大学、宁夏农科院、西北农林科技大学等院、校、所的合作；引进沈阳农业大学院士团队，建设设施农业院士专家工作站；参与实施科技项目12个，示范草莓立体椰糠栽培、叶菜高产高频立体栽培等新技术12项；累计接待参观考察调研培训205次、人数达5000多人（次）。

（茹福华）

石嘴山国家农业科技园区

【概况】2017年，科技园通过国家科技部验收。核心区建设面积达到39700亩，其中农作物种业产业核心区15000亩、优质羊肉核心区5300亩、生态水产核心区7800亩、露地瓜菜核心区11600亩；示范区建成面积达到310400亩；辐射区面积1331200亩。

【科技创新】2017年，建成农业科技创新服务中心、农作物育种创新中心、设施渔业育苗中心、宁夏肉羊繁育中心。在各产业核心区选择9家重点企业开展信息化应用示范，建成农产品质量安全监管平台。与北京通州国际种业科技园区签署园区合作共建协议。

（茹福华）

固原国家农业科技园区

【概况】2017年，科技园通过国家科技部验收。市级以上农业龙头企业达到33家，其中自治区级龙头企业17家，市级龙头企业16家。宁夏佳立马铃薯产业有限公司等企业带动30多家公司、300多家合作社和家庭农场从事马铃薯冷凉蔬菜品种选育、原种繁育、种植、加工、仓储、物流、销售和服务，形成从下游产品到上游产品、产业链低端到产业链高端相关联的企业集群，促进农业循环经济发展。引进国内外名特优蔬菜作物20个种类，438个新品种，开展蔬菜新品种引进对比试验12项，全年蔬菜总产量60.78万吨，总产值8.26亿元。园区探索宁南山区“科技+项目+基地+公司（合作社）+农户”的科技扶贫新模式，提升农业效益，增加农民收入。园区核心区直接解决7530名劳动力就业，人均增加收入达1519.8元/年，示范区涉及农户8359户，直接解决农民32541人就业，年人均工资性收入增加600多元。

【拓宽外销渠道】2017年，建成“互联网+农业”信息平台，打开广州、深圳、重庆、郑州等城市的“六盘山”外销窗口8家，基地连接新百、味园超市直销窗口11家，延长产业链，拓宽销售渠道。

（茹福华）

中卫国家农业科技园区

【概况】2017年，科技园行政管理中心、培训中心和农产品展示中心相关配套设施建成并投入使用。启动农业科技研发区建设，研发中心、信息服务中心、农产品电子商务示范中心及检测中心大楼、专家公寓、农产品集散储仓库和冷藏保鲜库完成主体工程建设。建设绿色硒砂瓜生产基地3100亩，引进“金桥”“金花”两个新品种，推广控水控肥、增施有机肥、机械松砂、轮作歇茬、病虫害绿色防控等新技术，园区机械化作业水平达到80%左右，产销率达到96%左右。

【科技创新】2017年，开展标准化露地蔬菜生产技术的应用工作和特色蔬菜新品种的引进，并对番茄、辣椒、菜花等新品种进行示范推广；建设完成企业农产品质量追溯体系，完成仓储环境监测、大田生产环境采集、无线通信系统和气象站等设施的集成和测试，研发与集成应用水肥一体化节水灌溉技术、测土配方施肥技术、设施生态栽培技术和农产品质量追溯体系4项产业关键技术，建设集加工、储藏、销售、检测、实验示范、技术服务为一体的高标准枸杞产业基地。

（茹福华）

自治区级园区建设

中卫工业园区

【概况】2017年，中卫工业园区入驻企业95家，其中规模以上企业66家，实现工业总产值178亿元，同比增长8.6%；已完成固定资产投资49.8亿元，其中，基础设施建设投资4.2亿元。园区工业经济总体保持平稳发展态势。

【项目建设】2017年，园区解决宸宇环保项目总规设计、土地证办理，10kV用电线路架设；中化锂电池材料项目工商注册、土地摘牌，排水管网敷设；火冰灭火器项目土地证办理、供水管道铺设、出入道路建设；宁钢智能制造项目土地调规、用地报批、林木移位问题；利安隆新材料项目35kV用电线路，中小企业创业园排水管网改造，云基地供水保障管网建设等涉及项目建设和企业生产发展方面的实际问题，力促项目建设稳步推进。新开工建设中化集团锂电池材料、都阳公司11150吨/年单晶拉棒、宸宇环保无害化处置中心、“火冰”新型环保消防灭火剂（器）、中国移动数据中心（一期）、誉成云创数据中心、瑞泰科技4000吨2-氯-5-甲基吡啶/年、中材集团石英坩埚配套项目、中染公司16000吨/年染料滤饼等10个项目。利安隆公司6.8万吨/年高分子材料项目、沙金坪公司年产30万根/年铁路轨枕项目、宁钢集团60万吨/年高速线材等11个新建、续建项目建成投产。

【基础设施建设】2017年，园区共开工实施基础设施建设项目13项，其中新建项目9个，续建项目4个，共计完成投资2.07亿元。全年可完成2.27亿元，占全年1.5亿元目标任务的151%。供水方面，配合应理集团建设完善园区中水厂工程、云基地供水保障管网工程；供电方面，建设完成利安隆新材料有限公司35kV用电线路工程、宸宇环保项目10kV用电线路工程；供气方面，配合深中公司建设完成中卫至中宁天然气管道40公里，园区中低压调压站3座及配套中压燃气管线；供热方面，建设7公里集中供热管道，依托中电投热电联产项目向紫光公司、鑫三元化工、鑫华威公司供应热蒸汽；排水方面，完成园区中小企业排水管网改造工程、中化国际锂电池项目排水管网工程；垃圾处理方面，建成园区生活垃圾集中转运站。

【招商引资】2017年，园区招商引资项目17个，签约资金26.4亿元。先后有润华公司20万吨/年储能熔盐项目、山东红帆公司轨道交通产业园项目、奥博公司100万件PVC/年手套等7个项目落地。

（席　黎）

吴忠太阳山开发区

【概况】2017年，开发区完成工业总产值90.7亿元，同比增长32%；实现规模以上工业增加值28.4亿元，同比增长11%；完成固定资产投资110亿元，同比增长1%；地方一般公共预算收入7155万元，完成年度任务的133%；招商引资到位资金90.47亿元，完成年度任务的92%；上争项目资金6301万元，完成年度任务的74%。举行太阳山开发区秋季项目大会战开工仪式，集中开工15个项目；举办“大干实干100天，决战决胜全年目标任务”12个项目集中签约仪式，总投资达53.6亿元。全年完成工业总产值110亿元，实现规模以上工业增加值32亿元，完成固定资产投资130亿元，一般公共预算收入8600万元，招商引资98亿元，上争资金8771万元。

【项目建设】2017年，全年完成直供电交易量达8000万度，降低用电成本160万元；申报新型工业化发展补贴资金721万元和低成本化改造资金2000万元，下发企业减征通行费用卡700余张。实施各类项目35个，市级重点项目19个，除华宁恒升100万吨乙醇项目未能按计划完成投资，其余项目均顺利推进。庆华集团补气转型升级技术改造、太阳镁业2.5万吨电热法镁合金、太阳山污水处理厂提标改造等11个项目建成并投入试运行；宝瑞隆200万吨煤焦油及烷烃综合利用、大唐5万千瓦风电、泰富能源40万吨汽柴油质量升级、新增供水管网等23个项目完成基建及设备安装。

【扶贫攻坚】2017年，制定《太阳山开发区落实盐同红集中连片贫困地区区域发展与脱贫富民攻坚工作实施方案》，设立太阳山政务服务中心，通过“互联网+政务服务”，为辖区企业和盐同红集中连片贫困地区群众办理各类事项提供快捷通道；建立就业培训、教育帮扶、医疗联合工作机制；开工建设太阳山保障性住房工程，启动生物医药科技产业园规划；筹措资金支持太阳山镇黄花菜产业，落实下垣村脱贫帮扶工作。

（席 黎）

银川德胜工业园区

【概况】2017年，园区规模以上工业企业完成工业总产值91.3亿元；完成商贸销售额151亿元；完成固定资产投资41.95亿元；招商引资完成22.16亿元；完成税收总额11.5亿元，同比增长49%。依托宁夏金河科技股份有限公司，建设蒸汽岛项目，为企业统一提供蒸汽供应，实现园区内资源的循环、集约、共享；依托宁夏伊顺园有限公司，建设电商快递物流园公共仓储中心项目，组织企业的产品入驻公共仓，降低企业运营成本。

【招商引资】2017年，接待来访客商30家，签订进区合同13家，其中上亿元项目6个，实际到位资金12亿元；入库项目37个，完成投资33.5亿元。2017年实施重点建设项目15个，其中新建项目10个，总投资64.45亿元。转型升级技改扩建项目3个，基础设施建设项目2个；远高杭萧、艾尼科技、华泰家具、麦尔乐食品等7个项目已投产；中汽配、厚生记食品、华源耀康、天心医药等5个项目加紧建设。

【项目建设】2017年，协调银川市担保中心、工商银行、宁夏银行、建设银行、回商银行、交通银行、石嘴山银行、小额担保中心等金融机构，为72家企业贷款12.53亿元。联合财政、税务、市场监管局等部门对66家汽车4S店进行摸底调查。帮助园区企业争取各类扶持资金6865.2万元，同比增长63.6%。其中，指导胜威电气、山逗子杂粮等35家企业申报银川市工业扶持政策、自治区新型工业化专项资金、自治区中小企业及非公经济发展专项资金（“专精特新”）、技术研发中心、国家级高新技术企业等项目资金5865.2万元，争取工业园区低成本化改造项目（蒸汽岛管网建设项目）扶持资金1000万元。培育小升规6家（宁夏山逗子绿色发展有限公司、宁夏麦清香食品有限公司、宁夏巨腾电力、宁夏渝陵食品有限公司、宁夏润恒门窗有限公司、宁夏凤仪堂生物科技有限公司）；培育限下入限上商贸企业5家；培育规改股4家；完成个转企18家，培育股上市5家，培育“三名企业”16家，拥有自治区“专精特新”中小企业43家、示范企业23家，科技型中小企业26家。抓好电商工作，推动供给侧改革，抓好实体经济与电商深度融合，84家从事电商销售业务的工业、商贸企业累计实现销售额14.62亿元，其中，44家工业企业实现电商销售额2.28亿元、40家商贸企业实现电商销售额12.34亿元。推动发展科研成果转化、人才培养、技术咨询等院企合作模式，宁夏大学、西安电子科技大学等多家高等院校与金河乳业、天佳仪表、艾尼科技、凯晨电器等园区企业进行对接合作。园区拥有天佳仪表、大北农科技等国家高新技术企业6家，自治区企业技术中心6家，自治区工程实验室1个，共引进高层次人才18名、科技创新团队12支，实施产业人才创新项目23项。

（席 黎）

银川望远工业园区

【概况】2017年，园区共开工项目53个，计划投资15亿元，截至11月底，完成固定资产投资15.36亿元，同比增长11.1%。其中，政府投资项目2个，已完成投资0.21亿元；社会投资项目51个，已完成投资15.15亿元。园区57家规模以上企业实现工业总产值81.12亿元，同比增长3.7%；实现工业增加值22.07亿元，同比增长5.7%；实现工业销售产值74.7亿元，同比增长6.71%，实现出口交货值26.84亿元，同比增长28.1%；实现主营业务收入70.68亿元，同比增长8.6%；实现利润总额3.46亿元，同比增长11.2%；上缴税金2.26亿元，同比增长23.3%。全年，实现总产值90亿元，同比增长3%，商贸物流企业可实现交易额180亿元，同比增长9.8%。

【招商引资】2017年，共组织企业负责人，赴浙江、广州等地参加服务业扩大开放招商会、论坛等6次；引进中科院银川创业谷孵化基地落户宁夏创业谷，举办第六届中国创新创业大赛（宁夏赛区）等活动5次，提升园区及企业的知名度。加大招商引资力度，总投资20亿元的比亚迪新能源汽车生产基地及宁夏德朗宁铝业有限公司、宁夏宁钢联智能制造、泰和盛食品等48家企业成功落地。与中国中铁、长江汽车等企业对接的“一带一路”闽宁国际新能源汽车产业园项目已签署框架协议；对接武汉盈石、京东、华北制药、东风汽车、长江汽车等企业。

【主导产业经济运行监测】2017年1—11月，园区六大主导产业产值呈现“二增四降”发展态势。“二增”即生物发酵与制药、印刷包装两大产业呈现快速增长趋势，分别完成工业总产值45.66亿元、5.13亿元，分别占园区总产值的56.3%、6.3%，同比增长27.6%、19.5%，对园区经济贡献率分别为339.9%、28.8%，分别拉动园区经济增长12.6和1.1个百分点。“四降”即机械加工制造、建材及装饰、食品及农副产品加工、电气制造四大产业呈下降趋势。其中机械加工制造、建材及装饰、电气制造、食品及农副产品加工分别完成工业产值10.8亿元、6.47亿元、5.23亿元、5.62亿元，分别占园区总产值的13.3%、7.9%、6.4%、6.9%，同比增长-12.37%、-36.6%、-28.7%、-11.6%，分别拉动经济指标下降1.9、4.8、2.7、0.9个百分点。

【产业集群化发展】2017年，园区依托启元、泰瑞等生物制药企业，推进生物医药产业集群化发展。重点实施启元药业抗生素原料节能减排项目、原料药工艺装备提升技术改造等项目，加大生物制药企业水处理、异味治理等环保项目实施。截至11月，园区生物医药企业完成产值45.66亿元，同比增长27.6%，其中，启元、泰瑞两家药企完成产值37.96亿元，占生物发酵产业的83.1%。依托北方精工、正德源科技、凤凰城智能制造、人和管业等新型装配式建筑材料生产企业开展以商招商，推进装配式建筑产业化集群发展。截至11月园区建筑及建材产业完成产16.76亿元（上年同期21.85亿元），同比增长-23.3%，其中北方精工完成产值6.15亿元，占该产业的36.7%。支持和瑞包装、银浙包装产业园等包装印刷企业实施技改和扩规提档，推进造纸包装产业集群化发展。和瑞包装新增生产设备一套，企业产值产能相应增加。截至11月，园区印刷包装企业完成产值5.13亿元(上年同期4.29亿元)，同比增长19.5%，其中和瑞包装完成产值3.87亿元，在该产业占比75.4%，成为园区印刷包装龙头产业。依托闽宁产业城东西协作窗口优势，重点培育以新能源汽车及配套电池等生产制造为主的新能源车辆制造产业集群。重点建设比亚迪年产2000辆大巴车、年产50公里云轨项目，推进氢燃料电池产业聚集闽宁产业城。依托园区15家商贸物流市场，推进商贸物流产业集群化发展。协调中联信（宁夏）担保股份有限公司，为有融资需求的物流市场商户进行抵押融资。截至年底，共为41家企业提供超过4000万的发展资金。全年，园区商贸物流业实现交易额159.87亿元（上年同期146.1亿元），同比增长9.4%。其中17家限额以上商贸物流企业完成销售额21.11亿元，占园区商贸物流交易额的13.2%。利用国家和自治区鼓励新能源产业发展趋势，加大招商引资力度，引进国内知名光伏装备企业，推进光伏装备产业集群化发展。

【环保监督】2017年，健全园区消防档案，共有银川市重点消防企业2家（启元、泰瑞），永宁县重点消防企业6家，园区重点消防企业254家。每季度对262家企业(工业247家，商贸物流15家)进行排查整改。2017年，淘汰燃煤锅炉目标42台，重点治污企业启元药业、泰瑞制药已停产，进行异味治理。完成企业臭氧装置，保障活性炭每天正常投放，液氧、COD排放正常。

（席　黎）

石嘴山生态经济开发区

【概况】2017年，开发区实现工业总产值300亿元，同比增长21%，实现工业增加值48亿元，综合竞争力逐渐增强。主要经济指标亩投资强度达到170万元（目标165万元/亩），经济密度111万元/亩（目标55万元/亩），税收贡献率0.8%（目标0.7%），投入产出率103%（目标80%）。新增高新技术企业4家、科技型中小企业8家、骨干企业8家，孵化上市公司1家，节能降耗项目10个，信息化改造项目10个，“两化”融合贯标试点企业10个，信息化覆盖率85%以上。生态园区原有电石、铁合金等传统高载能企业102家，通过等量或减量置换，淘汰25台矿热炉，高载能企业减少23家，建成全密闭自动化大型矿热炉46台。12家企业利用矿热炉尾气发电，装机总容量23.5万千瓦，年发电量16.5亿度，节约成本4.9亿元。石嘴山科技产业园被工信部评为2017年度国家中小企业公共服务示范平台。

【招商引资】2017年，对接京津冀、长三角、珠三角14个招商项目，完成招商任务18.3亿元，招商项目12个，截至11月，实施73个工业项目，完成投资69.3亿元，同比增长35.6%。其中：新建项目34个，完成投资35.7亿元；技改项目23个，完成投资16.3亿元；续建项目16个，完成投资17.3亿元。

【园区建设】2017年，完成新调整的24个国家专项循环化改造项目中期评估验收申报工作。累计兼并重组企业50家，盘活资产17.9亿元、土地4000亩。其中，晟晏集团兼并重组38家，收购土地1365亩；大地公司重组资金链断裂的兴平公司，盘活资产7.2亿元、土地1600亩，增加就业岗位800个，2017年实现总产值14亿元，实现纯利润5000万。支持企业通过发行企业债券的方式解决资金困难，晟晏、吉元两家集团累计发行企业债券35.2亿元。全年基础设施投资完成3.36亿元，获得自治区上年度31个工业园区考核一等奖，争取奖励资金2000万元，支持园区蒸汽管网建设。总投资3916万元，完成3个排水主管网工程；投资1.99亿元，完成医药产业园日处理1.8万吨污水处理厂项目和循环经济实验区日处理3万吨污水处理厂工程。投资7786.36万元，完成7.5公里蒸汽管道建设任务。完成医药产业园和循环经济实验区给水管网8.99公里和0.6公里丰华路道路建设任务。

【科技创新】2017年，持续用好马兰花生态渔业公司柔性引进中国工程院院士麦康森为企业服务；德信恒通集团公司被自治区六厅局认定为企业技术中心，申报自治区金属管件制造工程研究中心，法人张勇入选科技部创新创业人才和第三批国家"万人计划"科技创业领军人才。大地公司魏彦辉获宁夏"塞上英才"荣誉称号。发挥石嘴山市企业家学院载体作用，分两期优选生态区25名企业董事长和总经理赴沿海发达地区进行培训学习，提高企业家队伍整体素质，加快经济转型升级步伐。德信恒通管业、龙江化工、宜鑫环保、贝利特化学4家企业通过国家高新技术企业认定，翔泰新材料、滨河碳化硅、丽珠集团宁夏新北江制药有限公司、龙江化工、绿源恒活性炭等企业被认定为自治区级科技型小微企业。

（席　黎）

青铜峡新材料基地

【概况】2017年，基地企业累计实现工业产值27.41亿元，同比（上年同期21.4亿元）增长28%，占年度目标（30亿元）的91.4%。实现工业增加值7.64亿元，同比（上年同期为5.95亿元）增长28.4%。实现工业销售值25.5亿元，同比（上年同期19.33亿元）增长31.9%。其中：规模以上企业，截至11月，实现产值2.72亿元，同比（上年11月2.19亿元）增长24.2%，1—11月，累计实现产值26.17亿元，同比（上年同期20.83亿元）增长25.6%。实现工业销售值24.25亿元，同比（上年同期18.73亿元）增长29.5%。截至11月底，园区完成固定资产投资23.63亿元（包括锦绣轻合金8.26亿元），同比（上年同期13.89亿元）增长70.1%；完成招商引资21.7亿元，占年度目标任务的114.2%。培育入规企业8家。

【主导产业】2017年，化工行业累计实现产值9.63亿元，占园区总产值的35.1%，同比（上年同期为6.34亿元）增长51.7%；建材行业累计实现产值3.04亿元，占园区总产值的11.1%，同比（上年同期为1.52亿元）增长100%；电力行业累计实现产值7.88亿元，占园区总产值的28.8%，同比（上年同期为5.92亿元）增长32.9%；冶金行业累计实现产值6.85亿元占园区总产值的25.%，同比（上年同期为7.6亿元）下降9.9%。

【重点企业】2017年，电力企业，青铜峡铝业发电有限责任公司1—11月累计实现工业总产值7.11亿元，同比（上年同期5.5亿元）增长29.3%；大唐新能源公司1—11月累计实现产值1324万元，同比（上年同期为1350万元）下降0.3%。大唐青铜峡风电（原大唐光伏与大唐风电合并）1—11月累计实现产值6398万元，同比（上年同期2939万元）增长117.7%。宁夏东吴农化有限公司1—11月累计实现工业总产值3.58亿元，同比（上年同期1.82亿元）增长96.9%。化工企业。宁夏京成天宝饲料添加剂有限公司1—11月累计实现产值2.7亿元，同比（上年同期1.75亿元）增长53.7%。青铜峡市中涛新材料有限公司1—11月累计实现工业总产值1.05亿元，同比（上年同期为0.73亿元）增长43.5%；利源工贸公司1—11月实现产值1.47亿元，同比（上年为1.43亿元）增长2.8%。冶金企业。宁夏普华冶金制品有限公司1—11月累计实现工业总产值2.11亿元，（上年同期2.65万元），同比下降19.9%；宁夏嘉祺隆冶金有限公司自8月10日开始复产，实现产值3916万元，同比（上年同期8222万元）下降52.4%；宁夏和兴耐火材料有限公司1—11月累计实现工业总产值3.02亿元，同比（上年同期3.16亿元）下降4.5%。青铜峡市鼎辉工贸有限公司当年投产并入规的新企业，1—11月累计实现产值4429万元。建材企业。青铜峡青龙新型管材有限公司，累计实现工业总产值1.59亿元，同比（上年同期2407万元）增长559.4%；天达环保公司和宏达砼业公司累计分别实现产值2164万元和1493万元，同比（上年同期1191万元、725万元）分别增长27%和186%；盛远建材公司累计实现产值1564万元，同比（上年同期4584万元）下降65.9%。

（席　黎）

中宁工业（物流）园区

【概况】2017年，园区共完成工业总产值211.4亿元，同比增长22.1%，实现工业销售收入204.1亿元，同比增长22.8%。实现工业增加值37.4亿元，同比增长19.9%。上缴税金4.3亿元，同比增长38.7%。截至11月底，实现利润（盈亏相抵）21亿元，同比增长162.5%，完成固定资产69.9亿元，完成招商引资12.7亿元，占全年任务的48.9%。

【重点项目建设】2017年，天元锰业公司新区330kV变电站项目。平整土地500亩，企业办理330变电站核准手续。兴尔泰120万吨硝基复合肥（稀硝酸30万吨、硝酸溶液40万吨）、60万吨水溶肥项目。硝铵框架楼主体完成，配料楼一层浇筑完工，消防水罐防腐完成，液氨罐扶梯平台、水压试验完成，周转仓库基础拉梁浇筑完成，消防泵房完成，监控室主体完成，事故水池完成，蒸发冷水池完成，雨淋阀室主体完成，管墩完成。兴尔泰15万吨/年碳化硅合成氨节能环保项目。

冶炼车间敞开式冶炼已具备投产条件。原料石英砂购入4500吨，无烟煤购入1000吨，按照规划购入无烟煤10000吨；气体回收罩三台焊接法兰盘；气体回收配电室、主控室、泵房基础设施全部完成，气柜完成8米高度焊接。深加工八马克、筛分，球磨设备承包鲁西化工加紧安装，雷蒙磨设备安装结束。25T大炉除尘设备主体拼接完成；2500kV变压器增容等待答复；新建办公楼宿舍设计图纸。沙坡头750kV输变电工程和宁夏华夏特钢有限公司铁路专用线项目进展顺利。

（席 黎）

固原经济技术开发区

【概况】2017年，开发区完成地区生产总值18亿元，工业总产值12.4亿元，工业增加值4.3亿元，财政一般预算收入1.36亿元；固定资产投资35亿元；招商引资到位资金32亿元。

【园区建设】2017年，实施基础设施建设项目16个，计划总投资7.1亿元。新材料产业园污水处理厂、东至河区供热供水、固体废物堆场、湿地生态恢复、公共服务生活配套和轻工产业园创业孵化园9栋标准厂房、公共服务生活配套7个项目(总投资6.65亿元)实行PPP模式，已于9月18日开工建设。圆德慈善产业园长城梁区供热项目通过自治区低成本化园区改造项目，由九龙集团公司实施。扎实推进增量配电业务改革试点工作，与国网固原供电公司签订合作意向书，由双方和金昱元公司共同出资组建开发区供电公司，为开发区辖区企业开展增量配电业务。

【招商引资和项目建设】2017年，落实签约项目16个，计划总投资49.3亿元。加快重点项目建设，续建、新建项目27个，全年计划完成投资20.1亿元。金昱元循环经济产业链16万吨/年离子膜烧碱、40万吨/年电石、20万吨/年高性能树脂、7200立方/日污水零排放项目于7月投入试生产。润宇塑业农膜棚膜加工项目，围绕金昱元高性能树脂延伸下游产业链，增加设备、扩大规模。福宁广业马铃薯淀粉深加工产业园项目，办理规划建设手续及场平等前期工作。金厚粮油胡麻油精深加工项目，年底试生产。六盘珍坊胡麻油加工及亚麻酸提取项目建设，计划年底建成投产。诚信新能源防火门、防盗门加工项目、西安圣锦农业防护网加工项目、鼎新房地产酒店用品批发市场项目、六盘山中药饮片产业园项目，完成生产厂房改造和采购设备。丰源20万锭纺纱、天楹集团垃圾焚烧发电一体化、东升山楂加工等项目进入开工建设前期。

【服务企业】2017年，引进软件外包、电子商务、互联网+产业等相关企业16家入驻。已与宁夏大学、北方民族大学、西北大学等6家院校达成实训实习基地合作、2+2人才培养模式、校企共建研发中心等协议，协同培养创业创新人才。帮助企业争取项目资金支持。全年共帮助指导64家企业完成高新技术和战略性新兴产业、新型工业化发展资金、专精特新等项目申报。认真落实中央第八环境保护督察组督察反馈问题整改、清水河综合治理等工作。对园区燃煤小锅炉进行全面摸底，逐个研究，争取补助资金，限期拆除。

（席 黎）

盐池工业园区

【概况】2017年，园区完成工业总产值84.81亿元，同比增长21.2%，实现工业销售产值78.02亿元，同比增长20.3%，实现利润总额4.8亿元，同比增长20.3%，实现税金总额3.43亿元，同比增长15.1%。园区实施新续建项目15个，完成固定资产投资30.6亿元。园区投资8200万元完成道路、供电、消防设施、污水处理等基础设施建设。

【项目建设】2017年，园区企业电力直接交易18500万度，降低企业用电成本100万元，争取各类扶持资金2000万元。中民新能、宁远化工、信合石膏、峰腾塑业等8家企业新纳入规模以上企业。督促中海外瑞丰30万吨煤焦油加氢、黄河汇通60万吨劣质重油、金裕海10万吨正丁烷乙构、江鑫油品储存物流、多司得滩羊深加工等在建项加快建设步伐。力促润广石化20万吨石脑油加氢、峰腾塑业8万吨聚丙烯、联宇化工5万吨苯加氢等项目开工建设。年内金裕海10万吨正丁烷乙构、多司得滩羊深加工、金家渠400万吨煤矿、顺宁6万吨高强粉等项目建成或投产。做好神华宁煤400万吨煤制油二期、哈纳斯520万吨液化天然气、宁鲁石化20万吨苯乙烯、恒汇丰12000乙醇钠及5000吨叔丁醇钠等项目的引进服务工作。

【低成本化改造】2017年，采取招商引资、PPP合作等模式，完善园区基础设施，夯实园区承载和配套能力，降低园区成本。完成高沙窝功能区500立方米污水处理厂、县城功能区2.25公里道路、青山功能区110kV变电及双回路供电线路、农副产品加工园0.75公里砾石路等工程建设。县城、高沙窝功能区2座消防站完成消防车辆及消防器材配备并投入运行。污水处理厂建成并投入运行。高沙窝工业集中区38公里供水、2500立方米污水处理厂项目开工建设。

（席 黎）

自治区慈善产业园区

立德慈善产业园区（吴忠金积工业园区）

【概况】2017年，园区实现工业总产值135亿元，同比增长11.4%；完成工业增加值39亿元，增长13%，其中规模以上企业完成工业总产值119亿元，增长12.2%；招商引资到位资金78亿元，完成目标任务（76亿元）的102%；上争项目资金6600万元，完成目标任务（6500万元）的101.5%；完成固定资产投资30亿元。园区新增申能吴忠热电、朗欣再生资源、金泽源木业等规模以上企业10家，总数达到61家。

【重点项目建设】2017年，实施工业项目43个，其中列入自治区级重点项目1个、市级重点项目15个、全市秋季工业大会战项目10个。中科垃圾发电、春升源咸味香精、法福来休闲食品、伊利利乐冠生产线、银珠蓝箭防水建材、中恒创越新型纤维等25个项目已建成投产，新增产值8亿元。自动化产业园二期、中科康拜环保板、杞叶青枸杞鹿胎素、伊康元饲料、中铁建钢结构等项目快速推进。

【招商引资】2017年，促成吴忠仪表与中国仪器仪表协会、众方生物与北京中医药大学实施战略合作，天津滨海财富公司与诚志万胜公司、新加坡力汇公司与杞叶青生物公司、河南三全集团与金瑞食品公司联姻合作，推进西安瑞丰药业B族维生素、上海光明高端分割肉等意向项目签约落地。以举办西部食品科技与产业高峰论坛和全国第二届亚麻籽产业发展论坛为契机，邀请中国自动化、内蒙古伊利、山东金锣、四川海底捞、山东鲁花等120多家国内知名大中型企业入园投资考察，引进伊利奶产业园、上海全宇维纶纤维、智源农机制造、东宝生物骨粒等项目19个，其中投资10亿元项目2个，亿元以上项目7个。建设投资30亿元的自动化绿色铸锻产业园项目和投资16.5亿元的伊利奶产业园项目。全年申报落实新型工业化、“互联网+”重大工程、工业转型升级等项目16个，帮助德富胜粮油、国军粮油等16家企业享受担保贷款补贴等扶持资金841万元，为夏进乳业、盛源、君星坊等26家企业协调贷款融资3.6亿元。

【人才培养】2017年，柔性引进中国工程院陈君石、张钟华等5名院士和20多名国内行业高端人才，成立国内首家亚麻籽产品及蛋白科学研究院士工作站和自动化院士工作站，编制《吴忠市亚麻籽产业发展规划》和《吴忠市亚麻籽全产业链建设责任分工方案》，组建清华大学研究生挂职基地、北京中医药大学特殊医学用途配方食品博士工作站等人才引进平台，进入园区挂职服务的高校博士、教授5名，入驻企业开展一对一帮扶的博士、教授16名。拓宽人才培养渠道，选派园区管委会干部和入园企业高层管理人员先后到清华大学、人民大学、浙江大学、外交部干部学院等国内一流高校及北上广等经济发达地区参观培训，并邀请大连理工大学、四川大学等专家教授到园区辅导培训。园区共引进各类产业高端人才860多名，联合宁夏民族职业技术学院、宁夏国策检验检测公司培养食品检测、机电数控、包装设计等实用技术人才1600名，举办企业转型升级、经营管理、科技创新等培训班80余期，培训人员1万余人（次）。

【科技创新】2017年，企业建立各类研发、创新平台56个，建成宁杨、恒通等自治区级企业技术创新中心14个、众方生物等企业研发中心10个，吴仪、鑫浩源2个国家级科技研究中心，培育智源农机等3家高新技术企业，挖掘申报各类科技专利160项，申报专利数占全市的三分之一。园区10家科技创新型企业和35名企业技术革新能手分别荣获市委、政府和园区管委会的表彰奖励。宁夏鼎盛阳光科技公司二氧化碳发泡挤塑设备技术填补国内空白；鑫浩源公司生物酶法明胶技术处于世界领先水平；吴忠仪表公司深海油井阀等新产品广泛应用于中石油500万吨炼油工程等国家重大项目，企业总经理马玉山荣获国家“何梁何利基金科学与技术创新奖”，并被确定为中科院后备院士。园区科技研发投入占园区GDP比重达到1.5%，“五优一新”产品销售收入占总销售收入的45.7%。

【管理服务】2017年，建成园区省级标准化食品检测中心、研发中心、168信息中心、科技创新中心等服务平台，帮助入园企业降低生产成本1.8亿元，节约产品检测、研发等费用8000多万元。构筑对外贸易发展通道，协助入园企业拓市场、创品牌，通过在苏州、青岛、郑州等城市设立优质特色农产品专营店实现销售收入8000万元。帮助企业开拓国际市场，组织夏进、红山河等企业参加国内外各类产品展示展销会16场（次），提高园区食品产品的知名度、美誉度和开放度。组织宁杨、法福来等企业赴吉尔吉斯斯坦、哈萨克斯坦、塔吉克斯坦等“一带一路”国家考察市场、洽谈合作，帮助企业实现出口创汇5000多万元。

（席　黎）

弘德慈善产业园区

【概况】2017年，园区实现产值131727

万元，增速18.5%；实现增加值44003万元，增速17.8%。其中，规模以上工业企业实现产值120270万元，增速20.7%；实现增加值41269万元，增速18.7%。固定资产投资持续增长，全年实现固定资产投资24.6亿元以上。1家企业在上海主板成功挂牌交易，4家（弘德包装、罗山酒庄、汇达酒庄、索米亚粮油）企业进入2017年度宁夏中小企业50强。

【招商引资】2017年，主要招商项目有特变电工、兴民纺织、玻璃制品、赛乐菲饲料加工等11个，引进资金总额20.5亿元，特变电工、兴民纺织、玻璃制品、赛乐菲饲料加工等重点项目均已开工建设。

【环境保护】把节能减排与环境保护作为重中之重，把好项目入口关，严格控制不符合产业政策、"两高一资"项目进入园区发展，坚决禁止高污染项目入园，发展低能耗、高附加值的高新技术产业和特色产业，同时开展现有企业的技术改造，核定节能减排指标，加快产品的升级换代，提升产业层级。实施的污水处理厂（PPP项目）已开工建设。

（席　黎）

同德慈善产业园区

【概况】2017年，园区有企业71家，投产企业57家，规模以上企业39家（新增6家），从业人员3250人，新增就业岗位750个，安排建档立卡贫困户400人。全年实现工业总产值36.5亿元，同比增长19%；完成工业增加值7.8亿元，同比增长19%；羊绒交易市场吞吐原绒1510余吨，交易额6.42亿元。

【羊绒产业】2017年，完成工业总产值25.5亿元，同比增长11%；完成工业增加值5.5亿元，同比增长11%。德海、军翔等规模以上羊绒加工企业发展迅速，伊兴羊绒等企业建成投产。

【园区建设】2017年，园区争取自治区新型工业化发展专项资金1942万元、自治区工业园区低成本化改造项目扶持奖励资金1000万元，用于园区新型工业化、低成本化建设改造。全年园区基础设施建设开工建设项目7个，完成投资14215万元，同比增长20%。投资6849.66万元的2.7万平方米同心县扶贫产业园标准化厂房及配套设施建设项目已完成建设，开始企业入驻招标工作。投资4399万元的同德慈善产业园新材料及装备制造产业区污水处理工程主体建设完工，完善配套附属设施建设。投资1687万元的同心县银平公路县城过境段（园区大道至原银平公路）拓宽改建工程（二期）、投资595万元的同心县银平公路过境段（改线段）排水管道工程建设项目、投资3399万元的同心县银平公路过境段（园区大道至原银平公路）拓宽改建工程（三期）、投资466万元的扶贫产业园供水工程、投资120万元的扶贫产业园供电工程均已建成投入使用。扶贫产业园污水处理厂、垃圾中转站项目和羊绒产业区垃圾中转站项目进行前期准备工作。

【新开工项目】2017年，园区开工企业新增投资和新开工项目各6个，总投资46200万元，年度完成投资44685万元。分别是投资3400万元的大兵民族毛毡年产400万平方米的毛毡建设项目、投资7000万元的盛丰源纺织生产线建设项目、投资6800万元的腾波年加工3000吨纺纱生产线建设项目、投资10000万元的澳普利发OPLV万套标准化门窗宁夏加工运营中心建设项目、投资16000万元的亿金300万套民族服饰项目。

（席　黎）

中卫海兴开发区（原厚德慈善产业园区）

【概况】2017年，开发区工业总产值完成14.5亿元，规模以上工业完成13.3亿元，工业增加值完成33923万元，固定资产投资25013万元。全年完成税收8100万元，个体工商户稳定在900家。

【工业经济】2017年，开发区成立拟上市挂牌企业育成中心，加快工业发展。投资3000万元的小微企业孵化园三期8栋标准化厂房及基础配套工程已完成建设并竣工验收。建设农副产品加工产业园，组织参加农产品博览会等展会，提高农副产品知名度和销量。

【金融扶贫】2017年，开发区与国家开发银行宁夏分行、宁夏上陵集团实业有限公司、三河镇人民政府、海原县俊华种养殖合作社多方合作，实施"飞牛"托管养殖金融扶贫项目，经国家开发银行宁夏分行审核，宁夏上陵集团实业有限公司已将三河镇"飞牛"托管养殖半年分红资金37.5万元，逐户打入500个项目贫困户"一卡通"银行账户，每户实现分红收入750元，拓宽贫困户增收渠道。

【商贸物流】2017年，开发区对小微企业和个体工商户信贷给予贴息补助。依托李旺实业物流中心搭建电子物流信息服务平台，重点开展农副产品信息发布、仓储运输、汽车租赁、快速投递等业务。鼓励李旺实业有限公司投资1.5亿元新建仓储面积8000平方米，道路硬化1.2千米，道路绿化、亮化1000平方米，开展蔬菜水果冷藏、运输、销售、配送业务，逐步建立冷链物流配送体系，缩短农副产品和工业产品物流时限。李旺实业物流中心二期项目主体全部完成。

【招商引资】2017年，开发区先后与20多家企业进行对接洽谈，邀请区内外客商来海兴开发区考察30次，考察对接各类项目27个；其中落地项目7个，计划总投资4.5亿元，到位1.1亿元，包括福建纺纱织布项目、大河源中药材饮片加工项目以及麦勒电器制造加工、岳氏太阳能环保型广告保洁箱及钢结构模块集成房屋项目、鼎旭屋顶分布式光伏发电项目、李旺物流中心项目、丽景街商业中心商网等；对接洽谈的有人人投北京总部企业融资、北京通捷智慧水务股份有限公司节水灌溉、上海正广通（集团）供应链管理有限公司物流、南京嘉远电动车及保利协鑫等20个项目。对接苏州市工业园区合作开发建设海兴工业园区，引进江苏振发新能集团10万套光伏模块装备制造项目落户海兴开发区。

（席　黎）

吉德慈善产业园区

【概况】2017年，园区全年完成工业总产值3.8亿元，同比增长12%；实现工业销售产值3.4亿元，同比增长13%；实现主营业务收入3.2亿元，同比增长10.5%；实现利润0.34亿元，同比增长13.5%；盈利企业实现盈利额0.34亿元，同比增长13.5%；工业生产电力消耗1100万千瓦时，同比增长17%。

【招商引资】2017年，园区招商项目7个，计划总投资55.23亿元。泽艾堂艾草种植加工、赛乐体系新型建筑材料加工2个项目建成投产。11月，与莆田高新技术开发区管委会签定“对口帮扶合作框架协议”，形成以对口援助为重点，以产业扶贫为主要内容，以交流共建为主要形式的合作新模式，编制完成招商引资项目。论证谋划一批补链、延链、强链的好项目，充实项目库，收储项目60个，涉及马铃薯、草畜、小秋杂粮、冷凉蔬菜、全域旅游、酒店服务等领域。制定《进一步创新和加强产业招商的实施方案》。明确园区招商引资工作关键要素，通过展会招商、以商招商等多种形式延伸补齐产业链条。以全产业链模式打造的宁夏西吉汇源综合扶贫开发项目、马铃薯循环经济产业园项目等重点项目成功落地。

【基础设施建设】2017年，对园区二期西区征地拆迁，完成项目土地储备300余亩。园区二期路网建设完成投资1100万元，其中，安强路建设项目已基本完成道路西段路基回填及东段路基开挖；祥强路建设项目已基本完成路基回填；永强路建设项目已完成秀山路至慈善大道段路面、人行道面层施工，慈善大道至滨河路段已完成路基回填。本土企业孵化（创业）园填土工程已完成项目审计；2.88万平米标准化厂房建设项目完成竣工验收；投入100万元对园区二期东区进行绿化亮化；投入16万元对闽宁产业园14栋厂房外墙及散水进行维修；协调引进安康医院落户园区。

（席　黎）

交通 邮政

JIAOTONG YOUZHENG

NINGXIA YEARBOOK

编辑◎王晓华

公路水路建设与运输

【概况】2017年,全区完成公路水路交通基础设施固定资产投资202.3亿元,全年共争取国家和自治区各项资金65.75亿元,其中交通运输部车购税补助资金45.54亿元,同比增长61%。青银高速银川至宁东段八车道高速公路建成通车,同心至海原、石嘴山至平罗高速公路和叶盛黄河公路大桥项目主体工程基本完成。截至年底,全区公路通车里程达3.46万公里,新增约621公里,公路网密度达52公里/百平方公里,超过了全国平均水平。按等级分,其中高速公路1609公里、一级公路1845公里、二级公路3820公里、三级公路6336公里、四级公路20822公里,等外公路129公里,二级及以上公路占公路总里程21%。按路面类型分高级路面26738公里、次高级路面2844公里、无铺装路面4979公里,高级、次高级路面占公路总里程的86%。截至年底,全区道路运输经营业户77956户,其中,客运经营业户171户,货运经营业户77785户;机动车维修业户5968户;汽车综合性能检测站41家;机动车驾驶员培训业户71家。全区共有营业性运输车辆121616辆,其中营运载货汽车95984辆(含危险货物运输车辆4261辆),营运载客汽车25632辆(含班线客车4195辆,旅游客车655辆,公交车4486辆,出租车16122辆,租赁及包车客车174辆)。2017年共完成公路客运量6518万人次、旅客周转量55.84亿人公里,分别同比下降17.6%和13.3%。完成货运量3.17亿吨、货物周转量500.18亿吨公里,同比下降15.4%和13.4%。截至2017年底,全区有水上旅游景区16个,其中国家AAAAA级旅游景区3个,有营运资质的水运企业22家。区内沿黄河15个县(市、区)的18个有船乡镇共设置营运性渡口13道,另有浮桥6座。全区共有各类船舶和水上浮动设施723余艘(架),总功率39417千瓦,总客位13519座。全区共有船员1198名,其中二类船员112名,三类船员1086名,全年共培训船员53名。全区从事水路运输人员约2100名。航道总里程为129.87公里,其中VI级航道104.69公里,VII级航道10.68公里,等外航道14.5公里。

【基础设施建设】2017年,争取交通运输部安排车购税补助资金45.54亿元用于全区2017年公路交通项目建设,较上年增加61%。落实红色旅游公路补助资金3.3亿元、银川河东机场综合枢纽补助资金5000万元、增加农村公路补助资金2.2亿元。自治区人民政府与交通运输部签订"加快宁夏交通运输发展合作协议",确定了"十三五"时期部区共建的任务和政策。青兰高速东山坡至毛家沟、固原至西吉、青石嘴至泾源高速公路3个收尾项目完成建设任务;京藏高速改扩建项目除平罗至四十里店28公里还在筹备招投标准备工作外,其余256公里路段全部开工建设;石嘴山红崖子黄河公路大桥下部结构施工有序进行;泾源至华亭高速公路进展顺利;西吉至会宁高速公路项目因临时用地和碎石、砂砾、砂子等地材料场及用地手续未批复等原因已停工;银昆高速银川河东国际机场段改线工程开工建设。青银高速银川至宁东四车道改八车道互通立交、绿化、机电、房建等收尾工程顺利完成;叶盛黄河公路大桥路基桥涵已基本完成,大桥主桥顺利合龙;同心至海原高速公路路基桥涵已基本完成;石嘴山至平罗高速公路桥涵已完成92%。

【行业管理和改革】2017年,编制《自治区交通运输系统权力清单指导目录》,对区、市、县三级交通运输部门行政许可、行政确认以及其他行政职权事项、名称、依据、行使层级、行使内容等进行统一规范；推进“不见面、马上办”政务服务模式，梳理区、市、县三级交通运输部门政务服务事项65项，实施政务服务事项名称、事项类型、行使层级、设定依据、申请材料、法定办理时限、承诺办理时限的统一办理（简称“七统一”），区、市、县三级交通运输部门政务服务事项“不见面、马上办”达到60%；开展行政处罚、行政检查、涉企收费清理规范工作，在交通运输厅网站公布地方交通运输部门行政处罚、行政检查、涉企收费清单；开展增加企业和公民负担证照清理，取消3项2013年以来国务院、自治区政府已取消行政职权事项对应的证照，所有权力清单范围内证照承诺办理时限均较法定办理时限平均压缩50%以上。

【公路管理和养护】科学养管体系建设。2017年，系统梳理部、厅现行执行或修订中的养管政策、法规、制度等共134项，初步完成标准化日常养管体系、桥隧养管支撑体系、路网安全运营体系与工程项目精细化建管体系构建工作。制定完善5项桥隧管理办法和规定，为规范桥隧养管树立了标杆。核心圈建设。确立“两网三体系六区”的养管核心圈总体目标，明确核心圈发展定位和建设要求，规范带动各分局养管核心圈建设，实现统一规划、分年建设、分项突破、整合升级的发展目标。投入3515万元，购置养护机械设备（车辆）80台，投资1641万元，用于小修保养工程交通安全设施材料采购。品牌服务建设。加大同高速交警联合执法力度，定期召开联席会议，建立完善1个平台和10个工作体系，实现全区高速公路管理统一指挥、科学调度、联勤联动、多方协作、快捷高效。启动高速公路预检劝返工作，实行治超治洒闭合管理。强化路巡路查，与施工企业协调沟通，做好施工现场交通管制，确保道路安全畅通。完成10个基层路政站队“三基三化”建设任务。打造“服务有+畅行宁夏”服务品牌。确定25个品牌创建工作示范收费站，在吴忠、青铜峡收费站创建“一室三墙”品牌形象视觉系统，示范带动全局创建工作。在74个收费站车道张贴“服务有+畅行宁夏”标语，在微信公众平台上发表刊登各类文章累计294篇，阅读量达到74115人（次），树立行业“一心做品牌、用心做服务”的形象。4月28日正式撤销剩余25个二级公路收费站，共分流安置人员1057名。公路日常养管专项活动。处治各类路面病害40.61万平方米、灌缝2987千米。投入各类机械设备1391台、人员52729人（次），清运堆积物2.55万立方米、清扫路面1227万千平方米。维修更换公路附属设施5万余根（块）等。投资654.36万元，实施公路沿线绿化美化项目；路政开展路域环境集中整治，清理公路两侧堆积物2.24万平方米，拆除非公路标志标牌2520处，拆除违章建筑44处，清理加水点18处，清理占道经营267平方米。投资2.02亿元，对下庙等7个治超检测站及收费站进行改造，并增设长山头、高家闸2个国省干线服务区，完成工作量4571万元。投资1175万元，用于站房维修。投资889万元，用于二级公路撤销收费站的拆除及维修改造。投资344万元开展基层站点庭院绿化美化及经果林建设。投资120万元，完成“煤改电”试点改造工作。人才队伍建设。建立工程技术人员人才培养库，组织各类业务培训班12期，培训人员1363名，观摩推进会2次，养护施工现场观摩5次217人。召开工程造价培训班1期、参加厅举办造价培训班1期，合计培训造价人员64人。举办6期路政人员培训班，培训人员300余人，选拔76名收费人员，开展微笑服务内训师达标考核培训，规范窗口服务标准。

【道路运输管理】2017年，全区有4个县区的11个建制村新开通农村公交线路，超额完成任务，建制村通客车率达到99.3%。鼓励发展冷链物流，保证农村鲜、活产品运输需要和产品质量。全区70所驾校已全部安装计时培训系统，为学员提供“计时培训、计时收费、先培训后付费”的服务，超额完成交通运输部2017年驾培服务新模式覆盖率达到80%的目标要求。选择驾培服务“新模式”报名参训的学员达到80761人，占到全部培训学员的45%。全区各级运管机构承办“12328”投诉热线21818件。指导无车承运人试点企业平台与交通运输部监测平台成功对接，累计上传运单数据10641单。建立监测运行情况搜集与分析研判机制，处理259辆无车承运试点运行监测系统平台信息异常车辆。做好全区汽车电子健康档案系统建设工作，完成全区30家三级及以上汽车站客运联网售票及实名制改造工作，覆盖率达100%。推广应用道路运输市场信用信息服务系统中的道路运输管理信息系统，在全区发放35129张IC卡营运证和从业资格证。2017年，全区开展道路运输驾驶员网络培训已累计45616人（次）。推行“一案一卷一公示”，全区运管机构已累计公示行政许可11103件、行政处罚4967件。推进跨地区、跨部门之间的协调联动，构建“打非治违”新常态。包车网络化管理实施以来，全区网上办理包车业务2万余件，为企业缩短办理时间，节约办理成本，提高办理效率。设立“电子围栏”系统，对教练车运行轨迹和区域进行监控，杜绝校外培训和异地培训，保证教学培训学时，提高学员学车的安全性。鼓励市民参与驾培行业秩序整治，随时随地记录并曝光身边不文明行为，督促驾培机构增强服务意识，提高管理和服务水平。

【海事管理】海事依法行政。落实行政许可、行政处罚“双公示”制度，完善海事信用体系建设工作机制和制度体系，开展守信联合激励和失信联合惩戒工作。开展“法律八进”活动，重点加强领导干部和海事行政执法人员法治思维和法治能力的培养。船舶检验服务。全年检验渡口渡船、旅游船舶、浮桥承压舟等492艘次，保障全区水上交通安全。自2017年4月1日起，停征“船舶及船用产品设施检验费（中国籍非入级船舶法定检验费）”，每年可为水运企业和船舶业主减负70余万元。学习贯彻新版《船舶检验管理规定》，规范船检管理，顺利通过交通运输部海事局组织的船舶检验机构资质复核。船员管理。结合宁夏实际，组织内河船舶船员适任考试1期，53人通过考试取得“适任证书”。完善船员管理工作制度，加强船员基础档案管理和任职管理。在重点水域开展“加强安全法治、保障安全生产”船员宣誓活动，强化监督和教育引导。依托交通运输部海事局协调管理平台和“宁夏公路水路建设与运输市场信用信息服务系统”，健全完善全区船员基本数据库，购置指纹仪等相关设备，对全区内河船舶船员的个人身份信息和船员证书信息进行采集。“放管服”改革。规范海事权力清单，将15项行政职权事项和权力运行责任清单全部录入“自治区权责清单管理系统”，按照“七统一”要求，进行目录化、编码化、动态化管理，在全区范围内统一规范职权名称、设定依据、申请材料等。按照交通运输部《航道通航条件影响评价审核管理办法》，将“航道通航条件影响评价”纳入“宁夏投资项目在线审批管理平台”，指定专人负责，明确办理条件、优化流程。

【工程建设管理】建设市场监管。2017年，审查批复18个公路建设项目施工图设计文件、设计变更文件17个，批复其他项目（交通组织方案等）5个，批复水运项目初步设计1个；对2016年度在宁夏承建公路工程建设项目的114家施工、监理、设计等企业进行信用评价，并公示评价结果。加强公路建设行业企业信用评价成果在招标文件中应用，促进诚信提高。快速协调解决每次有农民工因拖欠工资上访的问题。审查核备招标文件，全年共备案招标文件168份。“品质工程”示范创建。制定《宁夏公路水运品质工程示范创建实施方案》，成立公路水运品质工程示范创建工作领导小组，开展宁夏公路水运品质工程示范创建工作，重点打造2个自治区级公路水运工程示范创建项目，通过示范引领，引导全行业推进品质工程建设，提升宁夏公路水运工程质量安全水平。9月13日，在京藏高速公路改扩建项目上给机关党员干部实地讲解品质工程的概念和“品质工程”示范创建开展情况。

【依法行政】2017年，结合“四好农村路”建设加快推进农村公路等重点领域立法，《宁夏回族自治区农村公路条例》于11月1日正式颁布实施；开展法规规章、行政规范性文件清理，4部政府规章、1件自治区政府行政规范性文件经自治区政府修改并公布；推行公平竞争审查制度，营造公平竞争市场环境；开展交通运输建设和行政处罚、行政检查排查整治工作，举办全区交通运输系统第三期行政执法人员培训班，开展年度执法评议考核，建成交通运输行政执法人员与执法证件管理系统，首次实现执法人员在线考试和执法案卷评查，推进“十三五”交通运输行政执法综合管理信息系统工程建设工作。

【信息化建设】2017年，印发《宁夏交通运输信息化“十三五”发展规划》重点建设项目实施任务分工。开展“十三五”交通运输行政执法综合管理信息系统工程、国家公路网交通情况调查数据采集与服务系统工程（二期）、治超联网管理信息系统等部省联网项目的前期工作。完成全部二级以上车站和部分三级汽车站售票系统的实名制改造，确保全区汽车客运站客票实名制管理工作顺利开展。召开网络安全和信息化领导小组会议和网络安全工作专题会议，学习宣传《网络安全法》等法律法规和相关政策，提升各级领导干部的网络安全意识。开展网络安全专项检查、关键信息基础设施调查、电子邮件系统专项检查，夯实网络安全基础工作。采取专题会议研究部署、深入一线检查督查、开展7*24值班值守、每天定时通报等措施，保障党的十九大召开期间全区交通运输行业网络安全工作平稳有序。完成通信设备巡检312站（次），通信管道、光缆巡检2960公里，处理通信设备故障10次，应急抢修光缆中断事故13次，确保全区联网收费、监控通信数据的上传，未造成大面积长时间网络中断事故。做好全区高速公路身份卡、通行卡及费率的发行和维护管理，保证全区收费工作的正常进行。制作身份卡900余张，公务卡及包缴卡700余张。通过优化手机APP、升级短信平台、开发微网站等方式丰富出行服务手段，创新“互联网+出行服务”工作模式，提升出行服务能力，通过网站、微信、微博、短信平台发布各类出行服务信息2600余条，与宁夏交通广播（FM98.4）等媒体连线，主动推送路况信息10条，受众人群达70万（次）。

【交通科技和节能减排】科技研发和科技成果。2017年，开展交通运输行业信息化项目文档规范、SMC常温改性沥青的应用技术、钢混组合板梁桥标准化施工工艺及质量控制、公路桥梁健康管理大数据云平台关键技术、公路资产可视化管理平台、装配式预应力混凝土矮T梁应用、BIM技术在公路勘察设计中的应用、自治区公路建设市场信用信息部省两级互联互通管理系统等科研项目研究。“《宁夏回族自治区农村公路条例》立法研究”“宁夏回族自治区交通运输信息化发展研究”“银川北收费站60KW太阳能光伏并网发电项目”“宁夏回族自治区公路机电工程施工管理规程”“宁夏回族自治区绿色交通制度体系框架研究”等科技项目完成并通过验收。开展交通运输行业工程技术研发中心、BIM技术应用中心、养护技术中心的筹备工作。技术标准和技术规范。发布实施《乡村公路工程技术标准》（DB 64/T 1505—2017）。印发《宁夏回族自治区沥青路面乳化沥青厂拌冷再生技术规范（试行）》《宁夏回族自治区沥青路面就地冷再生技术规范（试行）》等。组织对《梁板预制自动喷淋养生施工工法》《T型刚构桥转体施工工法》《预制空心板侧模支撑体系工法》《盘扣式钢管支架施工工法》等进行关键技术鉴定。环境保护和节能减排。举办第二届绿色交通论坛暨道路桥梁养护新技术研讨会。开展节能宣传周和绿色出行能源紧缺体验活动，倡导骑行共享单车、办理高速公路电子不停车收费签约等。以扬尘污染整治为重点开展大气污染防治工作，采取召开专题会议及时传达上级有关会议精神及部署、研究贯彻落实具体措施、签订大气污染防治工作责任承诺书、加强自查与督查等方式，完成自治区大气污染整治专项行动第一阶段各项工作。

【四好农村路建设】截至2017年底，全区农村公路通车总里程达到2.6万公里（县道813公里、乡道9108公里、村道16124公里）、占公路通车总里程的75.1%，全区乡镇通硬化路率达到100%，基本实现了行政村通硬化路率，具备条件的行政村通客车率为99.3%。平罗县、青铜峡市、原州区被评为首批自治区级“四好农村路”示范县，其中原州区被交通运输部授予首批53个全国“四好农村路”示范县之一。截至年底，农村公路安全生命防护工程建设累计完成投资1.28亿元，整治农村公路安全隐患1235公里，保障了农村公路通行安全。《宁夏回族自治区农村公路条例》于9月28日自治区人大常务会第三十三次会议通过，自2017年11月1日起施行。编制完成的《宁夏乡村公路技术标准》于2017年12月15日正式施行。

【安全生产】2017年，全区交通运输行业共发生同等及以上责任事故11起，死亡17人，其中，道路运输行车事故10起，死亡15人，受伤19人；城际铁路工程建设事故1起，死亡2人；公路工程建设、水上运输领域未发生亡人事故。完善体制机制。召开5次安委会，研究分析安全生产形势，采取积极措施，确保安全生产形势持续稳定。修定《宁夏交通运输厅安全生产“党政同责、一岗双责”暂行办法》，制定印发《宁夏交通运输厅安全生产委员会及成员单位安全生产工作职责》，细化落实了综合监管责任、行业主管责任、属地监管责任以及生产经营单位的主体责任。安全源头管控和隐患治理。建立交通运输安全隐患排查治理长效机制，制定安全生产暗访、抽查工作制度，组织7次暗访；排查公路重大隐患点12处，投资0.59亿元加强安全生命防护和地质灾害防治工程。投资1.4亿元，对急弯陡坡、临水临崖等安全隐患路段实施生命防护工程和公路隐患整治工程，危桥维修加固改造22座。全区各级运管机构共排查道路运输企业6433家（次），排查出隐患499起已全部整改。加大对重点水域和重点船舶的日常监管力度，严厉打击“三无”船舶非法载客、无船员适任证书或相关证件驾驶操纵船舶、人车混装通过浮桥渡口等行为，特别是对非法违法从事渡运的渡口、渡船进行严厉打击。“平安交通”专项整治行动。以道路客运、道路危险货物运输、城市公交运营、水上运输以及公路铁路建设和安保工程为重点内容，落实安全生产监管责任和企业安全生产主体责任。针对道路水路客运、危险货物运输等重点领域，完善安全管理长效机制，加强安全生产风险和隐患治理动态管理、持续跟踪，有效管控重大风险、切实消除重大隐患，坚决防范和有效遏制重特大事故，促进交通运输安全生产形势总体稳定。水上交通安全监管。加强责任落实和源头管理，注重现场管理和隐患排查，完善应急管理，强化宣传教育，在重大节日和重点时段组织督查和抽查10次，共出动执法人员1300余人（次），检查船舶3761艘（次），查出船舶证书缺陷项目27项、船员证书缺陷项目3项，现场整改项目22项，滞留船舶8艘（次），确保水上交通安全无隐患。安全生产监管。做好重要节假日期间安全保障工作。开展专项督查，督导各地更换客车应急锤14676个。升级“宁夏重点营运车辆公共服务平台”并增加平台功能。举办“宁夏重点营运车辆公共服务平台”操作与管理培训班。全年全区总共报废、注销营运车辆3193辆，加强了机动车排气污染防治，改善了环境空气质量。公路铁路施工安全专项整治。在新建、改建、扩建项目的建设中，同步完善道路交通安全配套设施；对临水临崖、连续下坡、急弯陡坡路段要严格按标准上限安装防护栏、防撞墙等安全设施，设置标志标线。建立隐患台账，登记排查隐患，制定治理方案。安全生产月活动。采取现场宣讲、发放传单、悬挂安全标语、制作安全展板、电子显示屏、安全知识竞赛、安全生产培训等形式开展宣传活动，举办“企业家谈安全生产”讲座20场、7支宣讲团进企业宣讲45场、安全生产培训讲座40场、安全知识竞赛8场、主题展览3场、演讲比赛8场，发表文章14篇，开展安全生产主题活动和隐患排查主题活动21次。预防预控能力整治。开展道路危险货物运输专项整治工作，采取随机抽查、明察暗访、现场反馈等方式，对各运输企业安全制度落实、从业人员教育培训、监控平台使用、车辆技术状况、危险源辨识等方面开展检查，发现问题责令企业立即整改。开展“水上交通打非治违”“平安船舶、平安码头、平安渡口建设”“渡口渡船安全专项检查”“船员适任专项检查”等专项活动，组织执法检查52次，出动执法检查人员400余人（次），检查水运企业和渡口50家（次）。

【信用体系建设】2017年，对参与宁夏2016年度高速公路、普通国省干线公路及水运工程建设的105家从业单位进行信用等级评价，各市县运管机构对道路客运、货运、维修、驾培等企业在运输安全、经营服务行为等方面进行质量信誉考核，规范企业信用结果的评价。将26辆货运车辆计入交通运输部严重违法超限超载运输车辆失信黑名单，同自治区高级人民法院等7厅局联合印发《关于贯彻在招投标活动中对失信被执行人实施联合惩戒的通知》，禁止“老赖”参与宁夏交通运输工程建设。初步建成宁夏公路水路建设与运输市场信用信息服务系统并正式运行。实现了与自治区、交通运输部信用信息平台的数据共享，互联互通，截至年底，系统共归集从业户信息184925条、从业人员信息320373条、营运车辆信息257257条。制定《宁夏交通运输厅“双公示”实施方案》，及时向宁夏公共信用信息平台推送交通运输行政许可、行政处罚等信息。全年共向宁夏公共信用信息平台推送信用信息40773条。组织参加各类信用信息培训班。全年面向交通运输行业共开办信用信息相关培训7次，累计培训310余人。基本建成“宁夏信用交通”专题网站，制定“宁夏信用交通”专题网站建设方案，促进了交通运输信用体系建设的科学发展。

（马　宏）

铁路建设与运输

【铁路客运】2017年，银川客运段担当银川—北京西Z275/7次、银川—北京K1178/7次、银川—上海K359/360次和K1331/2次、银川—广州K1295/6次、银川—成都K1615/6次、银川—杭州K1805/6次、银川—西安K1087/8次、银川—西宁K815/6次、银川—兰州—陇南K9665/6（K9876/5）次、银川至中卫K9651/2次、银川—长庆桥—兰州—陇西7511/2（K9663/4、7502/1）次、银川—汝箕沟7524/3次、银川—定边7531/2次17对图定列车的旅客运输任务，其中直达列车1对、跨局快速列车8对、普通旅客列车4对，共73个乘务班组、34组车底。配备联网计算机199台、对讲机578台、列车交互机72台、餐车POS点餐机42台、列车行李车巡检设备8套、安全监控系统2套。段设行政办公室、党委办公室、劳动人事科、财务统计科、乘务科、安全和服务质量管理科、经营创新科、职工教育科、信息技术科、武装保卫科10个科室，北京车队、上海一车队、上海二车队、广州车队、成都车队、杭州车队、西安车队、兰州车队、平凉车队、高铁车队10个车队和供应车间、客运服务车间、平凉乘务车间3个车间及生产调度指挥中心，共有职工1831人。全年累计完成旅客到发量803.2万人，日均到发2.2万人。春运40天，旅客到发量87.57万人；4月1—4日“清明节”期间，旅客到发量10.28万人；4月29日至5月2日“五一”小长假期间，旅客到发量12.57万人；5月27—30日“端午”小长假期间，旅客到发量11.48万人；暑运62天，旅客到发量184.58万人；9月28日至10月8日“十一”黄金周期间，旅客到发量36.61万人。银川车站获得“全路客货运窗口用户满意单位”、铁路总公司“文明车站”、“‘铁路民族团结进步创建活动’示范单位”称号，客运车间售票班组获得宁夏“青年文明号”称号。

【安全管理】2017年，严格执行现场监督检查制度，强化各级管理人员岗位履职，采取入库、上站、上线等动态、静态检查相结合的方式，定期、不定期对各次旅客列车进行区段检查、往返包保检查指导，尤其是春暑运、黄金周、“两会”、“十九大”等重点时期，密织多层次、高密度的检查网络，有效管控各类安全风险。吸取“4·15”K680次客车与轨道车侧面冲突C类事故教训，开展“安全生产大检查”活动，排查整治劳动安全、乘降组织、车门管理、防火防爆、设备质量、作业“两违”、应急处置、食品安全等方面突出问题，深化安全风险管理，加强安全生产过程控制。对客车安全116条、劳动安全115条、安全关键45条等规章制度，按照安全风险4个等级、10个类别的要求，建立完善段、车队、班组3级安全风险库、隐患库。实行“一事一分析、一事一预警”，全年共计下发安全预警96期，“挂牌督办通知书”2期，召开安全专题分析会54场次，落实闭环管理，增强过程控制针对性。截至2017年12月31日，全段实现行车无责任事故491天。

【经营管理】2017年，坚持创新发展模式，强化市场意识，主动引流上线，实现经济效益稳步增长。压缩非生产性支出，探索经营创效工作良性运作途径，引入“成本倒推”管理法，将全年经营目标任务按人员工资、餐料成本、商品成本、保洁费用等额度，兼顾线路、客流等因素倒推、细化、分配到各车次、各车队、各月度，精准核算，严防超支。建立“逐月询价”的工作机制，打破餐料“全年一个价”的旧模式，实行“一月一价”，随行就市，降低成本。以“特色”“特供”销售渠道，在列车上增加主打地方风味的羊杂、手抓羊肉、宁夏金牌小吃等特色菜肴，并推出情侣餐、生日小宴等私人订制服务。商品销售增加了乳制品、宁夏特产及小百货等品种。推行“列车+”营销模式，与地方知名企业合作，在列车上推送自热米饭、面条等方便食品。对协助餐车售商品、快餐的列车员，按照营业额的10%给予提成奖励。通过灵活的市场营销、严格的成本控制，餐饮业和商品经营效益呈现稳步增长的态势。全年堵保收入预算3445万元，实现堵保收入3981.96万元，完成年度预算的115.6%。经营任务指标为4070万元、利润指标-730万元，段实际完成经营任务4089万元，利润-726.4万元，预算指标完成良好。

【职工教育】2017年，开展全员岗位培训、岗位技能达标、职业技能竞赛、星级职工创建评定、职工积分离岗培训激励约束机制、技能工作室建设等职工教育培训活动。全年共举办适应性培训784期26258人（次），主要有春运培训75期，培训2839人；暑运培训78期，培训2636人；防洪防汛培训78期，培训2820人；安全专项培训80期，培训2659人；消防安全培训80期，培训2659人。举办“兰铁工匠”客运系统培训班1期30人（次）；高铁岗位资格性培训1期32人（次）；对参加技能鉴定的92人进行集中培训，有85人通过鉴定，通过率为92.4%。在全段在岗列车长中推行月培训、月考核、半年评定的积分管理模式，对综合考评排尾和不称职的列车长进行考核、诫勉或免职处理。将26名有知识、懂业务、善管理的优秀人才充实到列车长、值班员等热点岗位，共有19名列车长受到诫勉，有2名列车长被免职。

【铁路营运】3月18日，银川客运段担当银川至岳阳、广州、湛江、漳州、武夷山旅游列车运输任务。3月24日，加开银川—中卫K9651/2次旅客列车，由银川客运段担当。5月11日，银川至兰州西旅客列车延长至西宁，兰州车队更名为西宁车队。6月23日，加开石嘴山至兰州西K6803/4次临时旅客列车，由银川客运段担当。7月1日，银川至中卫K9651/2次旅客列车车次改为K6851/2次。10月12日，银川乘务段担当的原银川至成都K1615/6次列车由定银、太中、包西、西康、襄渝线调整至包兰、宝中、宝成线运行。中途停靠青铜峡、中卫、同心、固原、平凉、宝鸡、广元、江油、绵阳等站。

（何 珍）

【货物运输】2017年，兰州局集团公司银川货运中心推进货运供给侧改革，拓展货运市场，提升运输经营效益。深化与神华煤业集团、中国石油西北销售公司、宁夏宝丰能源集团、宁夏天元锰业集团、青铜峡铝业股份有限公司等重点企业的战略合作关系，与61家重点企业签订路企战略合作协议，完善运量协调机制，协议企业发运量达2027.5万吨，占中心运量的68%。培育货运品牌，提升竞争能力，融入“一带一路”战略，全方位开拓新运输市场，形成以“点到点”货运品牌、集装箱专列和国际货运班列为引领的货运品牌集群，开行“点到点”货物列车184列，运输收入1.03亿元；开行中亚（欧）班列41列，发送量4.72万吨，运输收入2182.3万元，银川南货场成为宁夏内陆连接中亚（欧）向西货运的重要中转集结基地。全年完成运输收入55.5亿元、货物发送量3052.55万吨。其中集装箱发运125740TEU，同比增长40.6%。

（蒋国林）

民用航空建设与运输

【概况】2017年，宁夏机场公司围绕推动航空公司基地设立、优化三大城市群航线网络、加快发展国际航空业务三项重点任务，加快实施“双枢纽”战略，着力“引客入宁”做大市场。运输生产方面：全区民航实现运输起降7.16万架（次）、旅客吞吐量825.34万人(次)、货邮吞吐量4.23万吨,同比分别增长27.5%、26%和13.8%。银川机场年旅客吞吐量实现793.64万人(次),净增170万人(次),旅客吞吐量增速居于全国省会机场第五、周边省份第一,在全国229个机场排名上升到38位。航线网络方面:国际通航城市11个,航线13条,增加普吉岛等3条国际航线航班;川航继续运营第三年银川—迪拜航线。国内通航城市达到74个,航线89条;新开银川至珠海等11个国内城市航线航班,加密银川至北京等34个城市航班。银川至京津冀、长三角、珠三角通航点达到14个,航线39条,日均航班54班,旅客吞吐量296.4万人(次),占比达到37%,较上年同期新增珠海等3个通航城市、6条航线、13个航班,旅客吞吐量同比净增39.8万人(次)。通达能力得到提升,通航城市直航比例达到76.3%,同比提高1.7个百分点;除福州外,银川与27个省会城市实现直航。"空中快线"建设。建成"银京快线"和银川至广州、郑州和乌鲁木齐"准快线",日均航班分别达到11班、8班、7班和7班,同比均增加1班以上。干支协同方面:推动幸福航空在银川设立支线运营基地,支持国产民机发展,探索宁夏"幸福+"支线运输模式,落实普遍服务计划,助力交通扶贫,全年银川机场中转旅客达到3.8万人(次),同比增长3.9倍。中卫、固原机场双双突破15万人(次)。围绕闽宁合作,新开固原至福州航线航班。发挥民航专业优势,委托管理的月牙湖机场顺利颁证投运,实现与海南航校等10余家通航公司合作。货运发展方面:新开吐鲁番—银川—西安全货机航班,首次实现全货运航班运营。

【机场建设】2017年,银川河东机场T2航站楼国际厅改造。改造工程包括"三关"业务用房主体结构的改造等,国内部分通过行业验收并投入使用;实施联检单位设施设备招标采购安装,国际部分力争今年春节前投运。银川国际航空港综合交通枢纽建设。围绕"智慧、绿色、人文、开放"的建设理念,集中优质资源力量,精心编制施工方案,紧密对接高铁、高速公路施工,8月正式开工建设;在确保机场运行安全的前提下,克服施工空间受限、施工作业交叉等困难,完成换乘中心主体结构20%,桥梁工程30%,停车楼40%,累计投资约1.9亿元。加快银川机场总体规划修编;启动中卫、固原机场改扩建前期工作。

【航空安全】体系建设。填补管控缺漏,整合完善公司层面手册8部,优化合并部门层面岗位手册18部,建立班组手册、岗位责任清单和岗位标准流程卡,实现体系分类建设和分级管理。以规章标准为底线,加大监察力度,健全问责机制,并全面纳入年度战略解码考核指标,逐级签订安全责任书并开展全员考核,倒逼安全责任落实。隐患治理。前移安全关口,强化重要节点和关键时段的隐患治理排查,全年下发整改单60份,整治各类问题隐患256项;按照"抓住一个苗头,整改一类隐患"的理念,查找录入隐患240余项,列管危险源328项。

【航空服务】服务产品。升级畅想旅行中转产品,联合航空公司,研发并推出"幸福+"免费运营新模式,细分客户群体,推出"团队预约""特殊旅客爱心陪伴"等系列服务产品,提升旅客出行体验。运行效率。对标千万级机场,狠抓机场运行服务保障,实施HUD等新技术应用,提升机场运行效率,银川机场航班正常率在全国机场保持前列。FOC组建运行,实现AOC、FOC、TOC和SMC的"1+3"联动运行,机场指挥调度全面升级。信息化建设。投资800余万元建设机坪全景监控和人脸识别系统,引入一证通关系统,应用双视角安检仪,服务品质持续优化。城市候机楼建设。新增银川火车站和吴忠2座城市候机楼。

【民航改革】理顺股权问题。促成宁夏自治区政府与西部机场集团签署联合重组补充协议、增资协议等,解决制约机场持续健康发展的根本性难题。创新管理模式。建立以公司领导主抓、改革办系统推进、责任部门严格落实的三级工作机制,以二级单位为试点模拟公司化运行,建立信息化业务两级管理机制,推动机场商业及场区管理转型升级。建立适合岗位需求的人员编制数学模型,试点范围扩大至6家单位,初步建立人力资源配置机制和管理体系。完善体制机制,在辅业公司推行三项制度改革,持续激发辅业经营活力。中卫、固原公安局机场分局正式移交地方管理。

(吴骋骢)

邮 政

【概况】2017年,中国邮政集团公司宁夏分公司实现业务收入4.3亿元,同比增长1.1%。代理金融、包裹快递、报刊及电子商务业务收入均实现正增长。代理金融专业实现收入2.3亿元,同比增长6.4%,收入比重达到53.3%;储蓄余额市场占有率为5%,比上年提升0.3%。包裹快递专业同比增长12.9%,市场占有率从上年末的5.7%提升到7%。报刊专业增幅排名全国第一位。电子商务专业实现收入3005.7万元。实现药品配送额5.23亿元。企业存量资金同比净增加

6058万元。服务质量综合满意度达到86.1分,申诉满意率达到98.6%。全员劳动生产率同比提高10.7%,员工三年收入年均增长10.9%。

【领导视察】2017年8月15—17日,中国邮政集团公司党组书记、总经理李国华一行到宁夏视察宁夏邮政三大板块创新发展工作。8月17日,自治区党委书记石泰峰会见李国华一行。自治区人民政府与中国邮政储蓄银行在银川举行了战略合作协议签约仪式,自治区主席咸辉出席签约仪式。

【基础建设】2017年3月28日,银川邮件处理中心工程开工。该中心是宁夏邮政网络转型升级的重要节点工程,工程规划总建筑面积22万平方米,宁夏邮政借助揽投网改革,加大自提点建设力度,建成有效自提点1967处。推进邮乐购站点优化整合与选点建设,累计建成邮乐购站点683处。通过发展手机银行、微信商城、报刊微营销、"邮乐小店"、邮乐宁夏馆等,提升平台营销能力。2017年完成固定资产投资4222.89万元。加大网运设备投入,在中心局增加皮带机、传输机;做好投递场地改造、投递车辆配备工作,支撑金融、寄递类业务发展。

【改革创新】2017年,宁夏邮政推进揽投网改革,将以信函报刊为主的投递组网模式转变为包裹快递为主的组网模式,加大分区投递改革,完成10处投递作业场地搬迁改扩建工作,提升投递处理能力。提升网运能力,撤销银川至上海火车邮路,实现"火改汽";开通银川至阿左旗邮路;调整银川至西安汽车邮路运行计划,银川出口至华东、华南地区的邮件加快了1~2个投递频次。调整新增19条区内邮路,网路结构更加清晰,网运能力快速提升,确保了陆运网时限。加快推进邮件处理自动化、信息化,包状类邮件最高日处理能力由12万件提升至17万件。"双11"期间,宁夏邮政共处理包状类邮件146万件,同比增长52%;峰值日处理量17.28万件,同比增长49%,处理能力创历史新高,实现投递工作井然有序,全力支撑"寄递翼"发展。

【结构调整】2017年,完成经营组织架构改革工作,实现企业经营由"以产品为中心"向"以客户为中心"转型。发挥客户营销中心专业联动、综合营销职能,做好项目营销工作。加强线上线下渠道建设、运营、维护和管理,增强渠道平台对营销前端的支撑作用。加强集邮与文化传媒专业融合。完善区分公司职能部门设置。

(胡爱蘋)

NINGXIA YEARBOOK

商贸流通

SHANGMAOLIUTONG

编辑◎马　静

国内贸易

【概况】2017年，全区消费规模持续扩大。社会消费品零售总额930.45亿元，同比增长9.5%，增速比上年提高1.8个百分点。社会消费品零售总额930.45亿元，年均增长9.5%。餐饮娱乐、文化休闲等消费持续旺盛，共享式消费、体验式消费快速发展。实现餐饮收入161亿元，同比增长13%；居民观影人数达696.3万人次，票房收入2.2亿元，同比增长26.9%，比全国增速高13.4个百分点；全年旅游总收入277.72亿元，同比增长20.4%。居民消费结构持续改善，消费者对高品质、个性化商品的需求不断提升。全年超市业态的销售增速比上年回落3.8个百分点，专业店和百货店的销售增速分别比上年提高2.9和0.2个百分点。零售业实体店回暖态势明显，线上线下融合发展。商务厅重点监测的245家商贸流通企业实现商品销售额505.2亿元，同比增长10%。其中：135家重点零售企业销售额同比增长7.3%，增幅较上年多2.9个百分点。百货店、专业店、超市等零售业态销售额同比分别增长3.3%、7.5%和6.3%。农村和南部地市发展加快，消费市场不平衡状况不断改善。全区乡村实现社会消费品零售额76.2亿元，同比增长11.7%，高于整体增速2.2个百分点，高于城镇增速2.4个百分点。银川、石嘴山、吴忠、固原和中卫五市社会消费品零售额增速分别为9.4%、8.8%、9.7%、9.4%和11%。监测的重点零售企业中南部三个市全年销售额比北部两市（银川市、石嘴山市）高1.3个百分点，中卫市、固原市实现12.1%和8.4%的较高增速。石油及制品类保持两位数增长，继续发挥驱动力作用。受成品油价格上涨带动，全区石油及制品类零售额80.6亿元，同比增长19.2%，拉动社会消费品零售总额上涨1.5个百分点。重点监测的交通类商品销售额同比增长10.4%，增速比上年加快12.2个百分点，比重点零售企业整体高3.1个百分点。基本生活消费需求旺盛，改善类消费较快增长。全区食用类商品销售额增长7.9%，增速比重点零售企业整体高0.6个百分点；药品化妆品销售额增长9.5%，增速比重点零售企业整体高2.2个百分点；保值类、居住类商品销售额分别增长2.9%、2%，增速比上年分别加快2个和4.4个百分点。消费价格温和上涨。全区居民消费价格同比上涨1.6%，涨幅较上年扩大0.1个百分点，全年基本呈现平稳波动态势，升级类商品和服务消费价格上涨幅度较大。其中：食品价格下降1%，非食品价格上涨2.3%，消费价格上涨1.2%。全区4家大型批发市场全年牛肉交易量6966.27吨，羊肉交易量7918.82吨，蔬菜交易量767661吨，比上年同期分别增长55.4%、42.8%和7.8%。

【应急保障】2017年，全区强化市场调控保障，积极维护全区民生市场稳定。重新修订并印发《宁夏回族自治区生活必需品市场供应应急预案》，规范全区市场供应应急预防和处置工作；建立自治区救灾应急生活必需品商品储备；强化储备商品动态管理，制定印发《救灾应急商业代储商品管理实施细则》《储备肉活畜储备动态管理实施细则》。

【市场监测服务】2017年，制定批发、零售、餐饮、住宿四行业样本选取标准，新增300余家样本监测企业。每季度编制《宁夏内贸运行监测数据》，对全区消费市场以及行业、商品进行深度分析。依托宁夏生活必需品市场监测系统确定蔬菜品种，编制全区蔬菜批发价格指数。开展信息服务、新闻宣传。全区市、县级商务预报子站开通率达100%，位居全国前列。宁夏商务预报平台与宁夏财经网、宁夏新闻网开展多媒体合作，采取共建专栏等新方式，构建多渠道、常态化发布体系，提升公共服务能力。

（葛　晖）

对外贸易

【概况】2017年，宁夏进出口总额341.3亿元，比上年增长58.6%。其中，出口总额247.7亿元，比上年增长51%。进口总额93.6亿元，比上年增长86.7%。出口商品销往186个国家(地区)。出口销往前十名的分别是：美国、韩国、日本、印度、荷兰、英国、德国、马来西亚、泰国等国，出口额为151.4亿元，占出口总额的61.1%。进口商品来自70个国家和地区。进口购买前十名的主要国家分别是：韩国、俄罗斯、日本、安哥拉、南非、德国、加纳、马来西亚、美国等国，进口额为76.5亿元，占进口总额的81.7%。

2017年宁夏主要出口产品汇总表

商品名称	出口金额（万人民币）	占出口总额比重(%)
机电产品	562267	22.7
文化产品	354886	14.3
贵金属或包贵金属的首饰	191153	7.7
医药品	182898	7.4
金属制品	170731	6.9
服装及衣着附件	162644	6.6
电器及电子产品	131941	5.3
高新技术产品	124171	5.0
机械设备	119605	4.8
织物制服装	118102	4.8
其他	112796	4.6
未锻轧锰	97975	4.0
高新技术产品	95132	3.8
农产品	94536	3.8
针织或勾编服装	83884	3.4

2017年宁夏主要进口产品汇总表

商品名称	进口金额（万人民币）	占进口总额比重(%)
机电产品	176961	18.9
原油	158925	17.0
机械设备	124465	13.3
锰矿砂及其精矿	113700	12.1
高新技术产品	53255	5.7
计算机集成制造技术	49319	5.3
合成橡胶	32093	3.4
纺织机械及零件	26240	2.8
农产品	24261	2.6
仪器仪表	23269	2.5
金属制品	17091	1.8
金属加工机床	15905	1.7
纸浆	15684	1.7
针织机及缝编机	12217	1.3
棉花	11690	1.2

2017年宁夏主要出口和销售市场汇总表

国别（地区）	出口金额（万人民币）	占出口总额比重(%)
美国	452593	18.3
韩国	154934	6.3
日本	129825	5.2
印度	117288	4.7
荷兰	116833	4.7
英国	75414	3.0
德国	73956	3.0
马来西亚	54748	2.2
泰国	52579	2.1

2017年宁夏主要进口和购买市场汇总表

国别（地区）	进口金额（万人民币）	占进口总额比重(%)
韩国	143513	15.3
俄罗斯	86725	9.3
日本	73784	7.9
安哥拉	67375	7.2
南非	60098	6.4
德国	51541	5.5
加纳	43990	4.7
马来西亚	26490	2.8
美国	20560	2.2

【服务贸易】2017年，全区服务贸易总额36.3亿元。其中，出口2亿元，同比下降8.4%；进口34.3亿元，同比下降8.7%。贸易逆差32.3亿元。其中，运输出口额1425万元，同比增长438%；旅游出口2327万元，同比下降1.6%；运输进口1426万元，同比增长259%；旅游进口13.2亿元，同比下降11%。全区服务贸易进口远大于出口，其中进口以出境旅游为主，占进口的46%。

【对外贸易运行分析】2017年，全区对外贸易呈现回稳向好、结构优化、量质同增的发展态势。全年实现进出口341.3亿元，增长58.6%，增幅位居全国第一。其中，出口247.7亿元，增长51%；进口93.6亿元，增长86.7%。五市进出口全部实现增长，拉动全区外贸增速。银川市进出口271亿元，增长65.2%；石嘴山市进出口36.6亿元，增长63.4%；吴忠市进出口7.5亿元，增长130%；固原市进出口1480万元，增长10.3%；中卫市进出口26亿元，增长6.7%。农产品、机电和高新技术产品出口保持良好增势，纺织服装出口下降明显。农产品、机电和高新技术产品分别出口9.45亿元、55.34亿元和23.9亿元，增长18.6%、80.7%和7.9%；纺织服装出口下滑明显。全年出口22.6亿元，下降34.9%。大部分重点企业出口平稳增长，个别企业出口降幅依然较大。全区30家重点企业实现出口95.3亿元，增长16.6%，占全区出口总额38.5%。其中，17家实现增长，13家不同程度下降。金银街黄金珠宝、伊品生物、启元药业、共享装备等企业出口增势良好，分别增长365.3%、39.3%、51.1%和38%；中银绒业、德泓绒业、佳通轮胎、埃肯碳素等企业出口跌幅明显，分别下降73.6%、40.3%、4.9%和14.8%。对欧美日韩传统市场出口稳步增长，对“一带一路”沿线国家出口增速加快。传统市场中，对欧盟、美国、日本和韩国等分别出口47.7亿元、45.3亿元、13亿元和15.5亿元，增长78.7%、117.7%、6.1%和84.1%；新兴市场中，对阿拉伯国家、印度、马来西亚、泰国等“一带一路”沿线国家和地区分别出口10.6亿元、11.7亿元、5.5亿元和5.3亿元，增长10.6%、25.5%、19.2%和51.8%。2017年，国际大宗商品价格普遍上涨，有力拉动全区外贸增长。主要进口产品中，黄金进口19.4亿元，是上年同期的4.83倍，进口量是上年同期的4.5倍；进口平均价格由上年的262元/克上升为275元/克；原油进口15.89亿元，增长54.5%，进口量57万吨，增长37%，进口平均价格由上年的2468元/吨上升为2790元/吨；硅材料进口12.1亿元，是上年同期的28.9倍，进口量是上年同期的27倍，进口平均价格由上年的103元/千克上升为109元/千克。主要出口产品中，金属锰出口9.79亿元，增长45.7%，出口量增长31.5%，出口平均价格由上年的1万元/吨上升为1.1万元/吨；轮胎出口6.73亿元，增长181.6%，出口量4809万条，是上年同期的1.65倍，出口平均价格由上年的130元/条上升为139元/条；赖氨酸及盐出口3.97亿元，增长58.2%，出口量5.1万吨，同比增长48.6%，出口平均价格由上年的7246元/吨上升为7712元/吨。加工贸易实现快速发展，比重不断提升。恒丰纺织纯棉单纱加工、恒利民族服饰公司服装加工、祥福绒毛山羊绒加工等项目相继投产运营，全区加工贸易规模扩大，对外贸拉动作用提升。全年实现进出口45.7亿元，增长263%，占全区进出口总额的13.4%，拉动全区外贸增长15.5个百分点。其中，出口23.5亿元，增长311%；进口22.2亿元，增长223%。一般贸易实现进出口292.7亿元，增长46.4%。其中，出口223.8亿元，增长40.9%；进口68.8亿元，增长67.5%。

【外贸支持政策和措施】2017年，组织召开全区外贸企业政策解读会，利用调研、座谈会、业务咨询等多种形式和渠道解读国务院及自治区出台的各项促进外贸回稳向好政策，帮助企业把握并用好用足各项政策，减轻企业经营压力；强化政策引领，降低企业生产经营成本。运用外经贸发展专项资金10178万元支持中小企业开拓国际市场、扩大出口信用保险规模、降低内陆运输费用、扩大进口规模、建设进口贸易促进平台和外贸综合服务平台等。争取2018年外经贸发展专项资金5000万元，用于降低企业进口内陆运输费用；加大进口支持力度，鼓励企业扩大先进技术、关键设备、资源性产品和日用消费品进口，推进进口商品结构优化升级，全年进口实现大幅增长；打造进口贸易功能平台，支持银川综合保税区建设进口水貂皮分拨中心并实现进口水貂皮2165万元，初步形成集裘皮进口、仓储、展示、分拨、交易为一体的皮草供应链业务。

【开拓国际市场】2017年，实施出口市场多元化战略，组织8批次70多家企业参加美国纽约纺织服装展、德国科隆食品展、欧洲医药原料药展等国际知名展会，引导和支持企业巩固欧美、日韩等传统市场，拓展金砖国家、东盟、南美、中亚、西亚等“一带一路”沿线国家新兴市场；组织近60家企业参加第121届、122届广交会，成交额5971万美元。

【推进贸易便利化】2017年，推行国家标准版国际贸易“单一窗口”上线运营，举办中国(宁夏)国际贸易“单一窗口”推广应用培训班。截至年底，全区企业已通过单一窗口报关418单，报检4单，企业资质注册56家，原产地申报7单，农药放行2单。完善10部门贸易便利化工作机制，定期召开联席会议，协调解决企业难题，促进贸易便利化改革；完善“宁贸通”外贸综合服务平台建设，推动平台上线运营，并指导平台与锦程国际物流、西部机场货运、万马大件运输、中外运陆港物流等多家企业签订战略合作协议。整合优势资源，提升综合服务功能。

【培育外贸新业态】2017年，发展外贸综合服务企业。培育世达新科供应链服务公司和引进北方国际陆港物流公司为全区外贸企业提供“一站式”供应链服务。世达新科已同135家企业开展业务，完成出口委托单31单，进出口额255万美元，北方国际完成报关申报1200余单。发展跨境电商。与京东、阿里巴巴、亚马逊、敦煌网等平台合作，引进一批国外知名跨境电商企业，支持全区外贸企业入驻“全球贸易通”等第三方跨境电商平台，建立国际市场营销网络。

【融资服务】2017年，为全区外经贸企业提供融资担保和再担保服务。截至年底，担保公司累计为全区42家企业提供授信额度28850万元，累计为企业提供担保176笔，担保额度19786万元。与国家开发银行、中国银行、建设银行等金融机构签署战略合作协议，加大信贷投放，创新业务产品，提供结算便利以及协助规避潜在风险。建立健全信息沟通机制。实现政府、企业、银行等多方的信息互通共享，为全区外贸企业提供快捷、准确、便利的融资信息服务。

（葛　晖）

电子商务

【概况】2017年，宁夏网络市场交易额203亿元,同比增长15.8%。其中网络购物额180亿元,同比增长20%;网络零售额23亿元,同比增长15%。农村网络零售额20.68亿元,同比增长20.5%。其中农产品网络零售额约18.62亿元，同比增长20%。

【结构特点】地区分布。银川市电子商务网络交易额131.1亿元，同比增长15.7%，占比64.6%；石嘴山市23.2亿元,同比增长12.6%,占比11.4%;吴忠市19.4亿元，同比增长14.9%，占比9.5%；固原市10.9亿元，同比增长29.5%,占比5.3%;中卫市18.5亿元,同比增长30.4%,占比9.1%。交易类型。全区网络零售电商C2C销售额11.3亿元,同比增长15.1%;B2C销售额11.7亿元,同比增长15.7%。宁夏移动端交易额174亿元，同比增长69.9%，占总交易额的85.7%。电脑(PC)端交易额29亿元,同比下降60.2%。销售产品。网络销售枸杞13.7亿元,同比增长16.2%;销售生羊肉5014万元,同比增长31.5%;销售各类茶饮4125万元,同比增长67.9%。消费品类构成。居民网络购物180亿元。其中,衣着类消费额42.6亿元,同比增长18%;家庭设备类消费额18.5亿元，同比增长17.8%；娱教文化类消费额15.7亿元,同比增长11.3%;食品类消费额12.6亿元,同比增长5.9%；交通通信类消费额12.3亿元,同比增长9.8%;居住类消费额11.5亿元,同比增长10.6%;医疗保健品类消费额8.5亿元,同比增长14.9%;个人用品类消费额4.6亿元,同比增长4.5%。中青年成为网络消费主力军。大数据显示，全年全区消费者在京东超市的消费金额达到上年同期的1.9倍,26~45岁年龄阶层成为消费的主力军,占73%。大学及以上学历用户占69%。公司职员、校园人群及小城镇居民消费占75%。销售排名前五的商品分别为:食品饮料、美妆个护、服饰内衣、手机和母婴。“双十一”当天全区天猫系统平台卖家实现C2C销售额同比增长25.3%。其中,枸杞及枸杞制品销售额达1.8亿元,居全网销量首位。

【农村电商】截至2017年底,全区共建成15个县级电商服务中心,1209个村级电商服务站点,覆盖70%以上的行政村。示范县累计完成电商培训超过5.7万人（次）。建成京东、淘宝“地方馆”28个。活跃网店3712家。京东集团建立中国特产宁夏扶贫馆,对宁夏贫困县外销产品给予流量支持,全区通过京东平台外销产品金额达9.7亿元,同比增长220%。电子商务对完善农村市场体系、促进农村流通现代化、释放农村消费活力以及改变农村生产生活发挥了重要作用。9个国家贫困县均建成农村电商公共服务中心，村级电商服务站在建档立卡贫困村全覆盖，面向建档立卡贫困户开展“电商扶贫培训全覆盖”工程。近三年来电商累计带动建档立卡贫困户就业创业1627人,累计帮助建档立卡贫困人口销售总金额1441万元。

（葛　晖）

商务会展

【政策扶持】2017年,探索“政府引导推动、企业专业化运作”的发展模式,认真研究国务院《关于进一步促进展览业改革发展的若干意见》,落实自治区《关于加快发展会展业的实施意见》和《宁夏回族自治区会展业发展专项资金管理办法(暂行)》等相关政策,主动与自治区政府督查室、发改委、财政厅等部门沟通,确保政策贯彻执行。

【发展方向】2017年,根据《自治区十三五规划纲要》的任务部署和2015年自治区政府主席办公会议精神要求，委托专业机构对全区会展业发展进行了深入调研和考评,编制《宁夏会展业发展中长期规划》(含《宁夏会展业发展三年行动计划》及14个子报告)，厘清宁夏会展业“十三五”时期发展的思路和重点,明确发展的方向和路径，加快提升宁夏现代服务业发展水平，为产业供给侧结构性改革贡献力量。

【构建品牌体系】2017年，结合宁夏优势产业,围绕新能源、新材料、大健康、现代物流、智能制造等新兴产业,坚持引进、提升现有和自办三线并重的发展模式举办各类展会活动近20个,初步构建起了宁夏会展品牌体系。

【人才培训】2017年,会展处与中国贸促会(国际商会)培训中心引进注册会展经理(CEM)培训,组织第二批从业能力高级研修班共190人(次)的培训工作,形成了会展业从业人员多层次的人才梯队结构。11月4日,中国贸促会正式授权成立贸促会宁夏培训基地，宁夏成为全国第四个、西北第一个贸促人才培训基地。

（葛　晖）

招商引资与区域经济合作

【概况】2017年,全区共实施招商引资合同项目1143个，项目计划总投资6880.54亿元,当年计划投资3052.95亿元,实际到位资金2245.6亿元,完成目标任务2200亿元的102%，同比增长

12.2%。其中,进入统计部门固定资产投资项目库项目944个,完成固定资产投资1660.28亿元,占总额43.5%。从地区看,银川市、石嘴山市、吴忠市、固原市、中卫市和宁东基地分别完成到位资金660.7亿元、448.2亿元、9.91亿元、155.98亿元、189.8亿元和291亿元,同比分别增长10.3%、10.8%、5.1%、19.5%、19.9%和2.6%;从产业看,服务业到位资金642.57亿元,占28.6%;能源产业到位资金398.63亿元,占17.7%;煤化工、轻工制造、特色农业和农副产品加工、装备制造、新材料、生物制药、基础设施到位资金241.03亿元、203.44亿元、162.12亿元、149.56亿元、102.74亿元、49.43亿元、28.38亿元,分别占10.7%、9.1%、7.2%、6.7%、4.6%、2.2%、1.3%;采矿业到位资金9.19亿元,占0.4%。从规模看,总投资10亿元以上的项目148个,到位资金1244.7亿元,占到位资金的55.4%。其中:银川56个、石嘴山20个、吴忠23个、固原9个、中卫14个、宁东26个。

【招商引资举措】2017年,强化与京津冀、长三角、珠三角沿海发达区域合作,跟踪落实自治区与江苏、浙江、福建等省区合作协议,组织苏商、浙商、闽商等宁夏行活动,"走出去"举办宣传推介、企业家座谈会和经贸对接,借助全国工商联常委会、厦洽会等大型经贸展会,组织项目对接洽谈活动。京津冀、长三角、珠三角重点区域占全区招商引资到位资金总额的55.5%。复制推广自由贸易区改革试点经验108项,促成银川、石嘴山等园区分别与北京亦庄、安徽芜湖共建飞地园区,举办跨国公司宁夏行等活动,开展园区专题推介洽谈活动,先后引进日本如意瑞纳、阿根廷英肃德集团等知名企业,比亚迪新能源产业园、长城影视电竞大健康基地等项目落户各类园区,园区招商引资到位资金占全区总额的60%以上。按照空间发展战略规划和"一县一业"产业定位,指导各级招商主体编制产业招商项目册,开展枸杞、乳制品深加工和生物医药、精细化工、装备制造经贸洽谈活动,特色优势产业招商引资比例逐步提高,推动新能源、新材料、装备制造、生物医药、酿酒葡萄、枸杞等产业加快集聚。

【资金利用】2017年,全区新设招商引资企业24家,实际利用资金3.11亿美元,同比增长22.8%。从新设招商投资企业的国别和地区看,中国香港是主要的投资来源地,7家投资者均来自中国香港,占总数的29.2%,其次为萨摩亚、美国、日本、新加坡、韩国、意大利、阿根廷等国家和中国台湾。从新设招商投资企业的性质看,以合资企业和外商独资企业为主,分别为13家、10家,占新设总数的95.8%,另外1家为外商投资股份制企业。从实际利用资金的产业看,第一产业利用资金3065万美元,同比增长82.1%,增幅最大;第二产业利用资金1.9亿美元,同比增长25.1%,占总额的61.1%;第三产业利用资金9042万美元,同比增长6.8%。从实际利用资金的行业看,投资主要集中在制造业。其中,制造业实际使用资金1.69亿美元,占总额的54.2%;其次是信息传输及计算机服务业、农业,为实际使用资金7500万美元、3065万美元,分别占总额的24.8%、9.8%。

【产业发展】2017年,中国香港易高环保能源投资有限公司并购盐池县泉茂加气站,株式会社如意瑞纳日本、株式会社瑞纳并购银川瑞纳服饰有限公司,中国香港宝思(顾问)有限公司并购宝思环保科技(宁夏)有限公司,欣世有限公司并购合普生(宁夏)储能技术有限公司;华润风电(海原)有限公司、辛普劳(中国)食品有限公司、达力(银川)污水处理有限公司等陆续增加投资额。招商引资投向领域由传统的加工制造领域逐步扩展到服务业相关领域。新型服务业吸引外资呈上升趋势。新设投资企业中,批发、零售、住宿、餐饮、居民服务等传统服务业比重呈下降趋势,新兴生活性服务业和生产性服务业比重持续上升,涉及养生保健、信息咨询、文化旅游、休闲养老等方面的新设投资企业数量逐步增多。

(葛　晖)

服务业

【"51015"社区商业生活服务圈建设】2017年,对五市"51015"商业生活服务圈项目(社区商业、特色商业街区建设项目)进行深入调研,支持资金1400万元用于全区21个重点城镇社区商业项目和12个特色商业街区项目的建设。

【传统商贸企业转型升级】2017年,出台《关于推动实体零售创新转型的实施意见》,推动传统商贸企业转型升级和线上线下融合发展。鼓励五个市商务主管部门依托行业协会制定商圈服务标准,建立商家服务联盟。成立由金凤区阅海湾CBD、新华联购物广场、星悦城购物中心、金凤万达广场、悦海新天地北京华联购物中心、建发大阅城六大商圈组成的金凤区商业联盟,对商圈内经营场所的基础设施、服务质量、消费环境、自律管理等予以指导和规范。上半年,金凤区"六大商圈"实现客流量7000万人(次),营业额22.3亿元,较上年同期分别增长1.7倍、2倍,新增就业13000余人。以"互联网+流通"模式打造智慧商圈。推动银川市信息惠民试点城市和智慧银川建设,建立大数据资源交换、共享和开放机制。支持石嘴山市贺兰山商业大楼引入"互联网+流通"营销模式,运行石嘴山万宝智慧城市微信公众平台,平台链接二百兆免费WIFI,在步行街及商贸区实现美食搜索、在线地图、微信支付、线上选购线下体验一站式服务。

【品牌创建】2017年,开展"宁夏名优产品全国行"活动。组织区内253多家次优质特色农产品企业参加国内20个城市举办的大型展会,展会期间协议成交388.3万元,签订合同310.7万元,现场零售132.4万元。开展"闽宁合作再启动"工作。9月,在福建省泉州市开展"闽宁合作、真情回馈——宁夏优质特色产品走进泉州"专场对接会,全区19家商业企业、农产品经营企业与福建海晟连锁泉州周边120多户商户进行推介对接,现场签订107个销售订单,供货合同涉及60多个品种、50多万元的产品。支持吴忠市开展第二届中国亚麻籽产业发展高峰论坛暨宁夏亚麻籽产品及蛋白研究院士工作站揭牌仪式。

【餐饮业】2017年,协助有关市县和自治区餐饮协会组织吴忠市第二届餐饮美食大赛和2017盐池滩羊美食文化旅游节活动。鼓励宁夏知名餐饮企业"老毛手抓""强记阿婆粥饼店""阿里食府""安食六和"在北京、上海、济南、长沙、南昌等地和区内各县(区)开店。协助"杭帮菜"宣传推介活动,引进"杭帮菜"落户宁夏。鼓励银川市商务主管部门引进天津知名"中华老字号"落户银川。联合自治区党委宣传部、自治区文明办共同印发《关于在全区进一步深化"厉行勤俭节约反对餐桌浪费行动"的通知》。

【家政服务业】2017年,完成2500名家政服务人员培训任务,其中包括扶贫点同心县下马关镇三山井村60名、下垣村100名。制定并印发《关于促进家庭服务业健康发展暂行办法》(试行)。督促银川市商务局完成2016年宁夏家政公共服务平台项目建设。与自治区总工会、人社厅、妇联联合举办"家政通"杯2017年中国技能大赛——宁夏家庭服务业职工技能竞赛。与自治区团委、人社厅等单位联合举办第七届"创青春"宁夏青年创新创业大赛。与自治区人社厅、商务厅等6家单位共同组织"2017年世界青年技能日宣传活动"。举办第四届宁夏商业服务业优秀店长技能竞赛暨全国店长大赛创新标准试点技能竞赛。

(葛　晖)

物流业

【概况】2017年,全区社会物流总额完成6071.8亿元,同比增长23.7%,增速比上年同期回升17.2个百分点。工业品物流增长较快。全区工业品物流总额完成4114.1亿元,同比增长22.4%,增速比上年同期回升15.7个百分点。工业品物流占全社会物流总额67.8%,比上年降低3.8个百分点,拉动社会总物流增长15.3个百分点。批发业物流平稳增长。全区批发业物流总额完成1402.6亿元,同比增长30.4%,增速比上年同期回升22.5个百分点。批发业物流占全社会物流总额23.1%,比上年提高3.4个百分点,拉动社会总物流增长6.7个百分点。农产品物流需求稳定。全区农产品物流总额完成445.21亿元,同比增长9.5%,增速比上年同期提高8.9个百分点。进口货物物流快速增长。全区进口货物物流总额完成93.59亿元,同比增长86.7%,增速比上年同期回升74.3个百分点。其中,机电产品、原油、黄金三种商品占全区进口的56.6%,是拉动进口物流增长的主力,进口额分别同比增长90.4%、54.6%和480%。单位与居民物品物流总额稳中有升。民生相关单位与居民物品物流总额完成16.3亿元,同比增长7.5%,增速比上年同期回落4.91个百分点,比社会消费品零售总额低2个百分点。全区快递业务量完成3721.47万件,同比增长14.8%,增速比上年同期回落30.4个百分点,比全国增速低13.2个百分点,在全国31个省市中排位27;快递业务收入6.78亿元,同比增长15.7%,增速比上年同期回落5.5个百分点,比全国增速低9个百分点,在全国31个省市中排位27。12月,宁夏物流业景气指数为51%,业务总量指数54.7%,物流业新订单指数为51.9%,物流业服务价格指数为53.8%。

【物流总费用和增加值】2017年,降低物流费用工作成效逐渐显现,社会物流运行质量和效益稳中见升。全区社会物流总费用651亿元,同比下降0.5%,社会物流总费用占GDP的比重为18.8%,比上年同期下降2个百分点,是2010年以来最低值。从结构看,运输费用增速同比下降1%,占总费用79%;保管费用增速同比增长1.1%,占总费用14.7%;管理费用增速同比增长2.5%,占总费用6.3%。2017年,全区物流相关行业实现增加值360.23亿元,按可比价格计算,同比增长3.1%,增速比上年同期回升0.4个百分点;物流业增加值占全区GDP的比重为10.4%,比上年低0.7个百分点。其中,交通运输、仓储、邮政业实现增加值199.31亿元,同比下降0.9%,增速比上年同期回落2.2个百分点;批发零售业实现增加值160.92亿元,同比增长8.7%,增速比上年同期回升4个百分点。

【货运量及货运周转量】2017年，全区完成货运量39290.26万吨，同比下降11.5%，增速比上年同期回落12.9个百分点；全社会累计完成货运周转量809.2亿吨公里，同比下降7.2%，增速比上年同期回落7.5个百分点。铁路货运量及货运周转量平稳增长。全区铁路货运量完成6529.11万吨，同比增长11.8%，增速比上年同期回升8.1个百分点；其中，地方铁路完成货运量3785.11万吨，同比增长31.3%。铁路货运量占全区货运量的16.6%，拉动全区货运量增长1.6个百分点。完成铁路货运周转量251.34亿吨公里，同比增长4.6%，增速比上年同期回升4.3个百分点。公路货运量及货运周转量继续回落。公路货运量完成31659万吨，同比下降15.4%，增速比上年同期回落16.6个百分点。公路货运量占全区货运量的80.6%。公路完成货运周转量500.18亿吨公里，同比下降13.4%，增速比上年同期回落14.4个百分点。航空货运量及周转量增长较快。航空货运量完成1.89万吨，同比增长26.5%，增幅比上年同期回升9.3个百分点。航空完成货运周转量2857.37万吨公里，同比增长21%，增幅比上年同期回升2.7个百分点。管道货运量运行平稳。全年管道货运量完成1100.26万吨，同比下降0.9%，增幅比上年同期回升1.9个百分点。管道完成货运周转量57.4亿吨公里，同比增长7.2%，增幅比上年同期回升3.5个百分点。

【固定资产投资】2017年，全区物流及相关行业完成固定资产投资457.12亿元，同比增长5.3%，增速比上年同期回落41.8个百分点，比同期全社会固定资产投资增幅高1.1个百分点。其中，交通运输仓储邮政业投资额同比增长6.9%，增速比上年同期回落40.6个百分点；批发零售业投资额同比下降8.6%，增幅比上年同期回落52.1个百分点。

【重点物流企业效益】2017年，物流业整体市场需求好于预期，物流企业收入水平逐步上升，经营效益趋于向好。重点调查的48户物流企业累计实现物流业务收入51.21亿元，同比增长24.4%，增速比上年同期回升18.2个百分点；企业物流业务成本47.48亿元，同比下降60.1%，增速比上年同期下降67.2个百分点；物流人员劳动报酬2.57亿元，同比增长20.2%；物流业务利润2.97亿元，同比增长157.2%，其中，盈利企业数量占重点调查企业的68.9%。

【重点企业物流运行质量】2017年，重点调查的90户企业销售总额1298.01亿元，同比增长14%，增速比上年同期回升1.4个百分点；企业购进总额767.2亿元，同比增长31.1%，增速比上年同期回升50.2个百分点；物流成本86.33亿元，同比增长10.7%，增速比上年同期提高16.1个百分点。截至12月末，全区规模以上工业企业产成品存货周转天数为28天，同比减少6.3天。

（葛　晖）

对外经济

【概况】2017年，宁夏新设境外投资企业17家，境外直接投资额7.5亿美元，承包工程营业额1251万美元，对外劳务合作派出人数556人。其中，宁夏企业在蒙古、阿曼、沙特、阿联酋等“一带一路”沿线国家新设企业4家，累计投资1000万美元。商赢环球收购美国大型服装设计公司、天元锰业收购加纳矿业、涝河桥在澳大利亚新设畜牧养殖公司等重点境外投资合作项目加快实施。

【境外园区建设】中国沙特（吉赞）产业园。完成合资公司可行性研究报告编制、框架协议谈判，在第二届中沙高委会上签订了中国—沙特吉赞产业聚集区中沙合资公司《沙特丝路产业服务有限公司股东协议》，首个中资入园企业广州泛亚聚酯PTA项目已获沙特投资总局批复。中国—阿曼（杜库姆）产业园。4月，举行奠基典礼和签约仪式，来自宁夏、河北、大连等地10家企业与园区实施主体——阿曼万方有限公司签订了入园协议，签约项目总投资额达38亿美元，已完成总体规划设计及一期施工现场土地平整，39名阿曼留学生已开始在宁夏进行为期2年的培训。中毛海洋综合产业园。已基本确定国内合资公司各股东投资股比，并与毛塔政府签订项目投资框架协议，完成第一轮商务谈判，确定了“产业园区综合开发+股权投资”的商业开发模式。已争取到毛塔渔业部40万吨捕捞配额。

【国际产能合作论坛暨境外投资推介洽谈会】2017年，邀请商务部、发展改革委等有关部委和江苏、辽宁等11个省（市、自治区）政府，以及科威特华人华侨总商会、中国产业海外发展协会等15个国内外大型商协会积极参与，吸引包括“一带一路”沿线17个国家和地区的政府、企业和商协会嘉宾近700余人参会。举办主题演讲、高端访谈、投资推介、对接洽谈、项目签约五大版块活动，集中展示推介中白工业园、吉尔吉斯斯坦亚洲之星农业产业合作区等10余家中国在“一带一路”沿线国家推进建设的境外产业园区。集中签约项目18个，涵盖基础设施、矿产资源、能源化工等领域。

【“走出去”服务机制】2017年，争取自治区财政设立1亿元“走出去”融资担保资金，制定《自治区“走出去”担保基金管理办法（试行）》，改善宁夏“走出去”企业融资难、担保难问题。制定《宁夏产品境外销售中心宁夏商务境外经贸事务联络处管理及绩效考评暂行办法》，推动销售中心、联络处管理工作的制度化、规范化。编制《宁夏对外投资合作指引（2016）》《支持企业走出去政策汇编》等政策指导性文件。联合自治区发展改革委、外事办、外汇管理局等有关部门，建立完善宁夏境外投资企业服务和管理的联合工作协调机制，加大对外投资真实性审查。为5个地级市开通对外投资合作统计系统管理端口，实现数据共享和实时查询。落实《对外承包工程管理条例（2017修订版）》，督促企业按照新规定补缴备用金，清理整顿对外承包工程项下外派劳务的违法违规行为，监督对外承包工程企业做好业务统计工作，核查统计数据。加大全区对外劳务政策宣传力度。开展全区对外承包工程项下外派劳务市场规范工作，协调区内企业与上海外经集团、山东电建等兄弟省市外经企业开展合作，推动外派劳务与扶贫工作相结合。

（葛 晖）

口岸管理

【空中通道建设】截至2017年年底，银川河东国际机场已开通航线80条，其中，国际（地区）航线11条。新开国内航线11条，分别为银川至义乌、中卫、珠海、乌兰察布、大同、运城、汕头、泉州、左旗、乌海；新开国际航线3条，即银川—郑州—普吉岛、银川—芭提雅、银川—暹粒。截至12月底，旅客吞吐量达793.67万人（次），同比增长25.1%。其中，国际旅客吞吐量19.15万人（次），同比增长17.3%。阿航迪拜—银川—郑州航线执飞174班，运送出入境旅客7.6万人（次），占同期出入境旅客吞吐量的39.7%。

【航空合作】2017年，与阿联酋航空公司就“迪拜—银川—郑州”航线运行的客舱切位、票价、货舱切舱或包舱运输、运价等问题进行多次商谈，就下调“银川—迪拜”航线货运价格达成一致意见，为宁夏利用该航线开展与中东、非洲、欧美等国家进出口贸易合作，打造中国区域性西向航空物流中转中心提供有力支撑。与东方航空集团公司就共同打造区域性航空枢纽进行深度会谈，在完善银川河东国际机场航线布局、加大运力投放、驻场飞机喷涂、提升旅客运量、加强航空运营主体建设等方面达成合作共识，形成“宁夏回族自治区人民政府 中国东方航空集团公司战略合作框架协议”，上报待审。多方位开展银川—迪拜航线宣传推介。在甘肃、山西、陕西、内蒙古等7省（市、自治区）20个城市举办了银川—迪拜航线系列宣传推介会和3场大型路演活动。促进该航线客座率从最初的60%增长至80%以上。

【银川—德黑兰国际货运班列开通】2017年9月5日，银川—德黑兰国际货运班列成功开通。目的地为伊朗德黑兰，运载货物来源有宁夏大地轮胎、佳通轮胎，以及河北、山东、江苏等地区的机械设备、日用百货、陶瓷餐具、水晶制品、汽车配件6大类20多个产品。截至12月底，共计发运47车，出口货重0.025万吨，货值80.7万美元。来自天津、北京、新疆、江苏、浙江以及韩国驻中国办事机构咨询班列发运事宜的企业达30余家。银川—德黑兰国际货运班列与海运相比，可以节约20天时间，成为各类企业与丝绸之路经济带沿线国家开展经贸合作的重要支撑，是连通中国华北、西北与中亚、西亚国家低成本的便捷陆路通道。

【中亚国际货运班列】截至2017年底，宁夏中亚国际货运班列共计发运67列2755车，出口货重11.65万吨，出口货值4746.8万美元，宁夏本地货物出口39车。实现中亚五国全覆盖，带动了银川佳通、伊品味精、六盘山薯业、宁夏中维钢构科技板业、宁夏科豪陶瓷等本地企业出口轮胎、味精、马铃薯、切割机、瓷砖等本地产品至中亚。班列的开行，开辟了宁夏沿中卫—武威—阿拉山口铁路线至中亚、西亚的西向国际铁路运输通道，形成了以银川为中心，覆盖陇海线以北、京包—临哈线以南的区域性国际物流中心市场格局。

【口岸通关】2017年，推进口岸“信息互换、监管互认、执法互助”大通关建设，推动口岸查验单位业务流程再造，提高口岸整体通关效率。加快建立宁夏口岸通关时间检测、评估和公开制度，开展集装箱进出口环节合规成本专项治理行动。通过各项改革措施，年底前完成压缩口岸货物通关时间三分之一的工作任务。

（葛 晖）

市场体系建设

【农产品市场体系】2017年，在政府棚户改造区和低收入群体聚居区建成“菜篮子”连锁超市17个，覆盖社区50个，满足30万人的消费需求，改善和提升了居民消费环境和便民惠民服务功能。2017年，在上海、北京、天津等21个城市建立优质特色农产品展销中心，90多家农产品生产加工企业的14大类600多种产品入驻宁夏，实现销售额1.24亿元，扩大了宁夏优质特色农产品的知名度和影响力，促进宁夏与各地在经贸、文化、旅游等方面的交流合作。

【追溯体系建设】2017年，贯彻落实《国务院办公厅关于加快推进重要产品追溯体系建设的意见》，将葡萄酒、枸杞、牛羊肉、乳制品、粮油、瓜菜六大类产品列为重点，编制《宁夏回族自治区重要产品追溯体系建设项目示范工作总体规划》。与自治区财政厅联合印发自治区重要产品追溯体系建设示范实施方案、项目管理办法、项目申报通知。项目建设资金根据任务分工情况切块下达五个市及葡萄产业发展局。自治区区级追溯体系管理平台委托银川市建设并负责运行维护。完成宁夏中药(枸杞)材流通追溯体系建设任务。自治区商务厅与中宁县商务局，中宁县商务局与商户签订项目建设运行承诺书，保障追溯系统稳定运行。

【打击侵权假冒行为】2017年4月28日，召开全区打击侵权假冒工作电视电话会议，贯彻落实汪洋副总理在2017年全国打击侵权假冒工作电视电话会议的讲话精神。7月28日，自治区人民政府办公厅印发《2017年全区打击侵犯知识产权和制售假冒伪劣商品工作要点》，安排部署2017年宁夏打击侵权假冒工作任务。8月22日，与河南、山东、湖北、重庆、西藏、陕西、青海、甘肃、新疆等10省(市、自治区)打击侵权假冒工作领导小组办公室签署"'丝绸之路经济带'沿线10省(市、自治区)打击侵权假冒区工作协作联动框架协议"。10月17日，召开全区打击侵权假冒工作领导小组成员单位联席会议，部署打击侵权假冒"丝路清风"行动和外商投资企业知识产权保护行动；通报2016年度全国打击侵权假冒工作考核情况，安排2017年打击侵权假冒绩效考核及行政执法部门案件信息公开检查工作。11月初，对照全国双打办《绩效考核办法》，对各成员单位工作任务完成情况逐一进行落实，并形成宁夏2017年度打击侵权假冒工作绩效考核自评报告。在中国打击侵权假冒工作网宁夏地方子站发布消息90条，被中国打击侵权假冒工作网采用22条。

【诚信体系建设】2017年，开展全区单用途预付卡领域专项整治行动，申请50万元专项资金，支持、指导5个地级市商务主管部门建立预付卡企业档案，举办全区商务诚信体系建设暨单用途商业预付卡管理工作培训班。配合自治区发展改革委等部门诚信体系建设工作，按时向"公共信用系统平台"报送自治区商贸流通企业信用信息数据，全年共报送638家商贸流通企业基本信用信息12760条。开展了"诚信兴商宣传月""信用消费进万家"主题日及食品安全宣传周等活动，全区235家线上线下商贸企业、金融机构等参与活动。

【药品流通及商业保理管理】2017年，举办全区药品流通行业统计人员培训班，做好全区药品流通行业统计工作，及时、准确掌握宁夏药品流通行业动态发展情况，检查指导企业做好药品流通统计、监测工作。开展药品流通行业结构调查工作及直销企业食品、保健品欺诈和虚假宣传专项整治工作。制定设立商业保理公司须知，每月督促企业登录"商务部商业保理业务管理系统"，了解和掌握宁夏商业保理公司的业务数据和经营情况，防止风险。

(葛　晖)

供销合作

【概况】2017年，全区供销合作社系统累计实现销售741085.15万元，同比增长10.2%。其中：消费品零售额实现197081.7万元，同比增长2%，农业生产资料零售额实现102286.99万元，同比下降13.2%。分层级看，市县(区)供销合作社累计实现销售总额520863.96万元，同比增长5.5%，直属企业累计实现销售总额220221.19万元，同比增长22.9%。

【深化改革】2017年，按照市场化运作、规模化发展、社会化服务的发展思路，推动"社企分开"的双线运行机制，整合本级29家社有企业，组建成立注册资本5亿元的宁夏供销集团公司，建立社有企业现代管理制度，完善法人治理结构。

【"两个体系"建设】2017年，以"两个体系"(现代农业社会化服务体系和新型基层组织体系)建设为抓手，围绕优质粮食、草畜、蔬菜、枸杞、葡萄"1+4"等特色优势产业发展，在产业链的薄弱环节、关键领域、重要节点开展专业化、系列化、社会化服务。以社会化服务体系建设为核心，带动新型基层组织体系创新，把"两个体系"打造成为服务"三农"的生力军和服务平台。完成自治区财政支持供销合作社改革发展5000万元专项资金以股权的方式投资11家农业设施龙头企业相关工作。

【项目资金支持】2017年，中央财政支持供销社综合改革专项资金增资宁夏供销集团3500万元，以股权形式投入宁夏昊鑫现代农业开发有限公司，实施"银川市永宁县10万亩优质水稻产业融合项目"；争取并落实2017年总社农业综合开发资金2500万元，用于现代农业社会化服务建设；争取并落实2017年度总社基层组织发展专项资金项目2个，扶持资金100万元，用于新型基层组织建设。

【资金互助试点】2017年，借鉴浙江省合作社发展模式，逐步扩大资金互助试点范围，指导盐池县裕丰昌滩羊养殖合作社、中宁县健商堂枸杞合作社、彭阳县汇丰农产品联合社内部开展资金互助业务，已达到提升发展层次。3个试点合作社为农民社员开展融资借款8586万元，入户社员3541户，辐射带动农户16000户，有效缓解农民融资难题，增加入社农民收入。

【农村电子商务】2017年，自治区供销合作社与自治区扶贫办签订电商扶贫战略合作协议，制定《全区电商扶贫农村电子商务服务站建设方案》，共同推进农村电商服务站和宁夏扶贫特产馆及配套信息化管理系统建设。围绕服务地方特色优势产业，创新打造"互联网+供销社+龙头企业+合作社+农户"的农产品电商营销模式，开展净菜加工、同城配送、农超直销和与"供销e家"全国大平台的对接，促进了当地特色农产品的产销对接。新建电商扶贫服务站120个，开展电商创业人才培训300人次。

（赵紫宇）

粮食业

【概况】2017年，全区粮食供需平衡，市场稳定。跻身全国"优质粮食工程"重点支持省份，争取中央财政引导性资金1亿元。成立宁夏大米产业联盟、宁夏亚麻籽油产业联盟及宁夏粮食行业协会玉米分会，选评全区粮油产品参加全国"中国好粮油"产品评选。粮食安全省长责任制首次国考被评定为优秀等次，位列西北首位，受到国家粮食局通报表扬。改善粮食流通基础设施建设，争取中央和自治区财政投资3.7亿元，累计维修改造73.7万吨仓容，提升了粮食流通能力。自治区粮食局获全国粮食流通统计先进单位。形成区、市、县三级粮食应急储备全覆盖。适应军队改革需要，撤并军粮供应站。加强粮食行业专业人才培养，开展"大练兵""大比武"活动。

【粮食购销】2017年，全年完成粮食收购174.9万吨，区外采购200.3万吨，同比增加88.7万吨。全年实现粮食销售298.7万吨，其中销往区外166.8万吨，同比增加5.9万吨。截至年底，全区粮食库存162.7万吨，较上年同期下降45.2万吨。全年收购夏粮小麦9.8万吨，均价高于上年0.1元/斤，收购水稻62.3万吨，均价高于上年0.1元/斤，收购玉米97万吨，均价高于上年0.08元/斤，收购拉动农民增收3亿元。全年组织粮食交易36场（次），成交数量33.21万吨，其中国家临储分贷分还、定向玉米及中储粮包干玉米销售异地成交27.3万吨，宁夏临储小麦成交2.97万吨，地方储备稻谷、小麦成交2.3万吨，银川、吴忠市级储备小麦、稻谷和大豆成交0.64万吨，实现了市级储备粮首次进场交易。

【产业品牌】2017年，推进粮油产品品牌建设。4月27日，自治区粮食局组建"宁夏大米产业联盟"，宁夏储备粮管理有限公司、宁夏兴唐米业集团有限公司、宁夏昊王米业集团有限公司、宁夏农垦沙湖农业开发股份有限公司、中粮米业（宁夏）有限公司、中航郑飞塞外香食品有限公司、宁夏法福来食品股份有限公司等7家企业成为"宁夏大米产业联盟"首批成员单位。实施"优质粮食工程"。6月，自治区粮食局被国家财政部、国家粮食局确定为2017年"优质粮食工程"重点支持省区，自治区粮食局确定永宁县、青铜峡市、平罗县为优质粮食工程试点示范县。组建"宁夏亚麻籽油产业联盟"和宁夏粮食行业协会玉米分会。9—12月，先后在深圳、上海、西安等地举办宁夏大米推介会，签订9.54亿余元的大米订单。全区粮油企业现有品牌130个，其中中国驰名商标5个，分别是"兴唐""塞外香""法福来""嘉禾雪""厚生记"，宁夏著名商标68个，普通商标57个，累计获得各种品牌及产品质量奖励683个。

【粮食流通服务管理】2017年，全区完成粮食订单任务130.2万吨，占计划的118%，订单履约率104.5%。其中优质粮比例达到80%以上。5月，出台《关于稳妥推进"粮食银行"健康发展的指导意见》，截至年底，永宁昊鑫粮食银行已建成12个营业网点，开展代储、代烘干、代保管、代加工、代销售的五代业务，吸引储户500多户，累计开展代理业务14万吨，兴唐米业"粮食银行"年内正式启动，实现"农企"双赢。建设粮食产后服务体系。出台《关于推进粮食产后服务中心建设试点方案》，法福来和兴拓公司挂牌成立2家粮食产后服务中心，全区共建成8家粮食产后服务中心。出台《"大农户"科学储粮仓建设项目管理暂行办法》，安排建设容量50~300吨具有通风降水功能的储粮仓36套并进行推广。

【质量监管】2017年，全区各级粮食行政管理部门出动检查人员1237人（次），开展粮食流通执法督查检查337次，检查粮食经营企业2602家次，累计行政处罚、处理情况71例，责令改正58例，警告10例，暂停粮食收购资格2例，罚款1例，注销粮食收购许可162例，案件办结率100%，全区无一重大涉粮案件发生。推进粮食质量安全检验监测能力项目建设，完成中央投资812.8万元，为宁夏国家粮食质量监测中心和固原国家粮食质量监测站采购配置仪器设备26台（套），并投入使用。筹集资金为宁夏储备粮管理有限公司11个储备库及兴唐米业、昊王米业、塞外香、法福来、金双禾等自治区粮食产业化龙头加工企业配置32台重金属和真菌毒素快速检测设备，满足企业在收购现场开展快速检测。投资建成宁夏粮食质量安全溯源监测平台，实现粮食质量安全问题的追根溯源。做好新收获粮食质量安全监测预警和粮食质量调查、品质测报工作，获得监测数据近3000个，采集农户样品820份，监测结果显示宁夏新收获粮食质量安全状况良好。全区粮食库存质量抽查结果显示，样品总体质量达标率96.3%，品质宜存率100%，食品安全指标合格率100%。

【基础设施建设】2017年，申报粮食仓储物流重大项目，推进银川粮食物流中心项目建设，截至年底，项目招标工作全部完成，立筒仓基础完成70%。完成银川库物流中心项目区内110KV高压线迁移工作。争取中央预算内投资补助资金588万元，扶持宁夏法福来食品科技有限公司1.5万吨和宁夏贺兰县广银米业粮食银行4万吨仓储设施项目建成并投入试运。新建中卫储备库5万吨仓储设施项目。6月，下达第三批“危仓老库”维修改造计划，改善粮食购销企业仓储设施条件，提升粮食流通保障能力，维护区域粮食安全。抢抓国家实施“粮安工程”和新增1000亿斤粮食仓容的机遇，争取中央和自治区财政投资2.76亿元，拉动社会投资4.95亿元，累计维修改造73.7万吨仓容，提升粮食流通能力。

【应急储备】2017年，建立完善从储存、加工、运输、供应等各环节的应急保障机制，区、市、县三级应急成品粮2.2万吨，应急食用植物油1.1万吨，应急加工企业53家，应急承储企业66家，应急运输车辆324台，应急供应网点300家，实现全区所有乡镇、社区全覆盖。9月7日，自治区粮食局在中卫市组织开展粮食质量事故与应急供应演练，完善粮食供应应急预案，提升应急处置的针对性和实用性。12月，出台《关于进一步完善粮食应急保障体系建设的指导意见》，对各市、县（区）进一步强化粮食应急工作提出具体要求。

【储备粮管理】2017年，开展绿色储粮、安全储粮，储备粮“一符四无粮仓”巩固率达到100%，储粮损耗控制在1.5%以内。下达自治区储备粮轮换任务总量14.8万吨，其中小麦9.8万吨、稻谷5万吨，年底全部完成。贸易粮（含定向收储）经营首次突破60万吨（定向收储38.7万吨），合作企业40余家。贸易玉米收购50.78万吨，销售22.4万吨（含2016年收购部分），现库存45.66万吨。其中，定向收储玉米21.5万吨，小麦3.26万吨，稻谷6.87万吨。完成10万吨跨省移库小麦的发运、接收工作，与中储库达成6∶4接收比例，取消监管费等优惠政策，每年可增加营业收入500万元以上。全年宁储粮公司实现利润882万元。

【爱粮节粮】2017年，如期完成2017年“世界粮食日”“爱粮节粮宣传周”“粮食科技活动周”活动。7月1日，国家粮食局和自治区人民政府在银川共同举办2017年“全国食品安全宣传周·粮食质量安全宣传日”主会场活动。国家粮食局局长张务锋、副局长卢景波、宁夏回族自治区政府副主席马顺清及各省、自治区、直辖市及新疆生产建设兵团粮食局主要负责同志参加活动。自治区粮食局在全区中小学开展“爱粮说”爱粮节粮征文活动。制作“爱粮节粮”公益广告片《贵重》，陆续在宁夏电视台公共频道、五个市及县级电视台投放播出。在全国率先开展粮食安全“五进”活动，推进粮食安全进党校、进社区、进学校、进机关、进企业，构建全社会国家粮食安全观。

【军粮管理】2017年，根据国家军粮办“以大代小”“以强代弱”“以合代撤”要求，结合实际，制定自治区军粮供应体制改革实施方案，取消同心县军粮供应站军粮供应资格，合并中卫市、中宁县军粮供应站军粮业务，提升军粮保障能力。做好军粮定点加工企业推送工作，与新疆军粮供应管理处积极协调，推荐塞外香等4家军粮定点加工企业参加新疆军粮定点加工企业招标，其中3家中标，1家备选。全区军供站承储区、市、县三级应急成品粮油储备5500吨，其中应急成品粮5000吨、食用植物油500吨。

（樊宗贤　王忠艳）

烟草专卖

【概况】2017年，全区销售卷烟24.51万箱，同比增长0.4%；实现销售收入69.38亿元，同比增长5.1%；实现税利16.95亿元，同比增长4.9%；实现税金11.24亿元，同比增长5.4%。实现三项费用率5.7%，同比提高0.13个百分点。开展区市两级精益改善课题42个，参与科技创新170人次，2个QC小组获行业三等奖；银川市局（公司）在行业首批标准化示范企业复验中被评为“优秀”，“基于数理统计的绩效评价系统”项目获国家发明专利。

【品牌培育】2017年，推行品牌培育管理标准，引入培育适销品牌（规格），开展旅游定制烟客户扩展、陈列竞赛等活动，工商零共育品牌合力凸显。重点品牌销售21.12万箱，集中度86.6%，高于行业平均水平1.59个百分点；低焦油卷烟销售6.25万箱，比重25.6%，高于行业平均水平10.5个百分点；细支卷烟销售1.94万箱，比重7.9%，高于行业平均水平2.9个百分点。“塞上好江南”“赛江南”两款旅游定制烟销售良好，实现销量1154箱，毛利贡献1469万元。卷烟单箱销售收入2.83万元，同比增长4.7%。

【零售终端建设】2017年，推行终端建设管理标准，召开全区零售终端建设推进会；应用“线上+线下”服务模式，落实标准化服务、个性化服务、亲情式服务和增值性服务“四项服务”标准，“限大扶小、推动终端均衡发展”工作在大连网建现场会作了经验交流。截至年底，全区现代终端比重18.9%，客户毛利率14.5%；客户满意度95.1分，继续保持全国烟草行业第一。

【现代物流建设】2017年，推进物流配送中心非法人实体化建设，上线运行物流综合管控系统，推动物流设备升级改造，强化成本核算管控，深化精益物流建设，优化物流网络，提升运作效率，物流从业人员同比减少10人，人均分拣量同比增长420箱，单车配送量同比增长126箱，主要物流运行指标处于可控范围内。

【专卖管理监督】2017年，坚持将“互联网+物流寄递”领域涉烟违法行为作为打假重点，会同公安厅、交通运输厅、邮政管理局制定《严厉打击物流寄递环节涉烟违法行为工作规定》，推动联合执法常态化制度化。突出“多查案、查大案”，开展“卷烟市场保卫战”系列专项行动、“查案竞赛”活动。开展违规卖烟大户专项治理，加大真烟非法流通治理力度，营造依法规范经营的良好环境。制定实施零售许可负面清单，降低市场准入门槛，推行行政许可“五日办结制”，“放管服”改革取得积极进展。全年依法查处各类涉烟违法案件4157起，同比增长45.4%；查处案值5万元以上案件140起，同比增长41.4%；查获真烟694.36万支，同比下降32.9%；查获假烟610.79万支，同比增长151.4%；破获国标网络案件2起，追究刑事责任16人；“卷烟市场保卫战”专项行动受到国家局通报表彰；市场净化率持续保持在98%以上；行政许可“五日办结率”达到90%以上。

【精益管理】2017年，制定落实《创新型企业建设实施方案》，推进体系转版、交叉评审和标准制订修订；召开企业管理银川现场会，总结银川市公司定额标准体系建设经验；建立分层分级指标体系，强化对标信息系统应用；开展重点精益改善课题研究和群众性创新活动，完善“四维五纵六横”精益管理架构。

（汪创业）

NINGXIA YEARBOOK

住房和城乡建设

ZHUFANGHECHENGXIANGJIANSHE

编辑◎贾虎林

综　述

【概况】2017年，自治区住房城乡建设部门围绕推进新型城镇化建设，狠抓房地产、建筑业和市政公用事业“三个业态”，履行规划、建设、管理、运营四项职能，实施规划引领、提质扩容、城乡安居、美丽乡村、绿色建筑、质量安全“六大工程”，各项工作取得进展。

【规划引领】2017年，制定《关于加强城市混合用地规划利用的通知》，指导试点市县推进城市总体规划与空间规划衔接融合，出台《宁夏回族自治区实施〈城市设计管理办法〉细则》，制定《关于全面推行城市设计工作的指导意见》和《宁夏回族自治区城市设计编制导则》，编制《宁夏特色风貌规划》和管控图则。开展城乡规划专项督查，对全区22个开发区用地规模进行审核，划定历史街区5处、历史建筑45处，查处违法建设21.8万平方米。

【城乡建设】2017年，编制《自治区“十三五”新型城镇化规划》，实施城镇化重点项目335个，完成投资360亿元，全区城镇化率提高1.7%。推进城市地下综合管廊建设，出台《宁夏回族自治区城镇地下管线管理条例》，银川市制定《银川市地下综合管廊管理条例》，开工建设综合管廊项目5个12.1公里。推进固原市海绵城市试点建设，开工海绵城市建设项目150个、完成投资12.4亿元。推进城市“双修”工作，银川市、中卫市被住建部列为国家城市“双修”(生态修复、城市修复)工作试点，固原市、永宁县成功创建国家园林城市(县城)，同心县通过自治区园林县城考评。开工建设美丽小城镇25个、美丽村庄125个，确定首批10个自治区级特色小镇，镇北堡镇、泾河源镇等7个小镇进入国家特色小镇行列。完成10个特色产业示范村庄规划编制，起草印发《宁夏推进以“两处理、两改造”为重点的新一轮农村环境综合整治实施方案》，完成全区农村生活污水处理及改厕3.1万户。

【城市管理】2017年，在全国率先完成自治区级城管综合执法机构设置，全区28个市、县(区)(含宁东)全部完成城市综合执法机构设置。制定《推进宁夏住房城乡建设领域智慧化暨“住建云”建设实施意见(2017—2020)》，建成银川、灵武、平罗等8个市县数字化城管系统，提升城管指挥中心和“12319”城市服务热线水平。在全区推广具有绿色出行、休闲健身、人文景观功能的城市慢行系统825公里。完善居民自治、社区代管和专业物业服务三位一体的物业服务机制，全区住宅小区物业服务覆盖率达到68%以上。

【住房保障】2017年，改造城镇棚户区住房5.3万套、农村危窑危房3.7万户，新增公租房实物配租3.4万套，实施老旧小区改造580万平方米。完成房地产开发投资652.8亿元，新建商品房销售1021.4万平方米，住房公积金缴存总额689亿元。

【建筑产业】2017年，推行标准化设计、工厂化生产、装配式施工、一体化装修、信息化管理、智能化应用等新型建造方式，举办全国装配式关键技术和推广培训班。区内建筑企业完成建筑业总产值549亿元，实施绿色建筑198万平方米，装配式建筑项目31.8万平方米，5家企业创建自治区级建筑产业化基地。

(赵建明)

城乡规划

【概况】2017年，完善空间战略规划编制体系，简化规划审批程序、提高行政审批效率，加强规划实施监督管理，维护规划的严肃性、权威性。推行城市设计制度，印发《宁夏回族自治区实施〈城市设计管理办法〉细则》《宁夏回族自治区特色风貌规划》。开展历史文化街区划定和历史建筑确定工作，完成历史建筑公布公开任务，指导各市编制历史建筑保护专项规划。

【空间规划改革试点】2017年，出台空间规划编制指引、用地分类标准、资源环境承载能力评价方法、国土空间开发适宜性评价方法、用地差异处理意见、三区三线划定技术规程、空间管控指标体系、开发强度测算方法、自治区、市、县协同编制规划指南9个技术规程及审查审批暂行办法，形成一套系统的空间规划编制技术规程。5月基本完成自治区空间规划编制，形成了“1+6+1”(1个数据中心、6个应用系统、1个门户网站）的信息平台总体建设框架等一批试点成果。5月25日，自治区十一届人大常委会第三十一次会议表决通过新修订的《宁夏回族自治区空间规划条例》，为开展空间规划(多规合一)试点工作提供了法律保障。8月29日，中央全面深化改革领导小组第38次会议审议通过《宁夏回族自治区关于空间规划(多规合一)试点工作情况的报告》，会议指出中央授权宁夏开展“多规合一”试点。

【城乡规划编制】2017年，制定全区统一的空间规划编制技术标准，编制《宁夏回族自治区空间规划》；试点市、县完成自治区空间规划改革试点各项任务，编制空间规划，划定城镇空间和城镇开发边界线。优化完善《宁夏城镇体系规划》，构建以区域中心城市为核心载体，以地区中心城市、县域中心城市和镇为支撑的结构合理、优势互补、功能完善、特色鲜明、空间优化的新型城镇体系。

【城乡规划实施管理】2017年，开展利用卫星遥感监测系统辅助城乡规划监察工作，借助自治区规委办空间规划信息平台建设，将城乡规划管理作为单项纳入空间规划信息平台建设中，实现城乡规划信息平台与空间规划(多规合一)信息平台的共建共享。开展现场普查和田野调查，完成住房城乡建设部确定的历史文化街区划定和历史建筑确定及公布公开工作。制定《加强清真寺建筑建设管理的意见》，编制下发《宁夏中式清真寺建筑设计方案推广图集》1000册。完成全区信用评定管理细则修订工作，对90家勘察设计企业、6家施工图审查机构及其从业人员信用记录进行录入审核，将勘察设计企业诚信记录与市场准入、项目招标投标资质管理相结合，严格实施市场准入和清出。及时公开公示城乡规划、勘察设计行业管理政策法规制度、技术标准规范、行业阶段性监督检查通报、重点工作进展等，营造政务公开良好环境。加大规划管控，维护规划的权威性和严肃性。按照住房城乡建设部要求，制定《宁夏回族自治区城市建成区违法建设专项治理工作五年行动实施方案》，7个设市城市完成存量违法建设摸底调查，建立5年分期查处台账和“存量违法建设递减、新增违法建设‘零容忍’”的工作机制，专项治理取得良好成效。截至年底，全区共查处新增违法用地14.1万平方米，查处新增违法建设建筑面积25.6万平方米；查处存量违法建设建筑约22.6万平方米，完成查处总量的63.6%，超额完成住建部规定的50%目标任务。

【城市设计】2017年，依据住建部《城市设计管理办法》，制定下发《宁夏回族自治区实施〈城市设计管理办法〉细则》和《〈细则〉解读》，明确城市设计的审批主体、审批程序、公示公开、监督管理、设计成果运用，指导全区各城市开展城市设计管理工作。编制完成《宁夏特色风貌规划》，将《宁夏特色风貌规划》作为编制城市设计的技术依据，明确《宁夏特色风貌规划》指导地位，构建“自治区特色风貌规划—市县总体城市设计—区段城市设计—地块城市设计”的编制管理体系。通过《宁夏特色风貌规划》，明确全区风貌建设目标，保护与传承优秀历史文化，保护与彰显区域景观资源与山水格局。指导各城市依托不同的环境条件形成各具特色的城市风貌，引领提升全文化建设和环境建设水平，促进旅游产业和其他产业发展，实现经济社会可持续发展。指导银川市积极开展城市设计试点，编制《银川市全国城市设计试点城市实施方案》，启动老城复兴、城市修补、历史遗存保护利用、重要交通枢纽规划建设等城市设计项目，推进“大气山水，精致空间”的城市设计目标的实现。

【城市双修】2017年，印发《关于落实〈住房和城乡建设部关于加强生态修复城市修补工作的指导意见〉的通知》。推动银川市、中卫市申报并成功入选全国第二批、第三批“城市双修”试点。制定实施生态修复、城市修补行动计划，推进银川市、中卫市“城市双修”试点工作。召开全区城市“双修”现场推进会，观摩学习中卫市水生态修复、特色风貌街区改造、沙漠湿地生态环境治理、工业废弃厂房利用等项目，交流总结试点城市先进经验和主要做法，提高各市、县对开展“城市双修”工作的认识。银川市启动《银川市生态修复城市修补总体规划》编制工作，开展兴庆区东部带状休闲公园1、2号地块的规划设计和建设工作；推进银川“东热西送”项目建设，完成10个小微公园的规划与建设工作，兴庆区建宝湖路游园；金凤区建长城路游园、六盘山路游园、通达北街游园；西夏区建政通路游园、红井巷游园、学院东路游园、学院西路游园、同心北街游园、黄河西路游园，总建设面积约155188平方米。推动全区实施城市“双修”项目210个，总投资450亿元，改善城市生态环境，提升城市服务功能。中卫市开展评估，编制《中卫市生态修复城市修补总体规划》，在全区“城市双修”工作现场推进会的基础上，召开辖区“两县两区”工作动员会，利用新闻媒体广泛宣传动员；截至年底，按照《中卫市城市双修工作实施方案》确定的109项重点中，建设项目已开工98项，开工率90%，已竣工61项，完工率56%，完成总投资53.6亿元。通过实施城市“双修”，切实改善城市生态环境面貌，提升城市服务功能。

（赵建明）

新型城镇化建设和城市管理

【概况】2017年，定期召开自治区推进新型城镇化工作领导小组会议、成员单位联席会议，研究解决重大问题，统筹谋划城镇化工作和改革重点。编制完成《自治区新型城镇化“十三五”规划》，明确目标任务和工作重点，制定《加快推进新型城镇化建设行动方案》，对各市、县（区）和自治区发展改革委等9个部门贯彻自治区城市工作和城镇化工作情况进行订单式督查。自治区财政下达8亿元专项资金继续支持中南部城市和产业园区道路、桥涵、集中供热、城市公厕、生态公园、防洪排涝体系、城市水体综合治理、生态修复、海绵城市建设，推动实施重点建设项目400多个。全年全区常住城镇化率达到58%，比上年提高1.7%。

【户籍制度改革】2017年，推动“零门槛”落户政策落地生根，确保户籍改革红利最大限度惠及于民。推广居民身份证异地受理、挂失申报和丢失招领三项便民措施，制定《宁夏公安机关违规办理户口登记责任追究办法》，推动解决宁夏无户人员落户工作。5个地级市全部出台户籍制度改革具体方案，银川市大幅放宽城区落户条件，有固定住所、连续工作满两年并缴纳社保的即可申请登记常住户口；石嘴山市、吴忠市、固原市、中卫市市区，以及县级市市区和建制镇全面放开落户限制。出台《宁夏回族自治区居住证管理办法》，明确居住证持有人应享有的就业、教育、医疗、养老、住房保障等基本公共服务内容，在已建成运行的宁夏流动人口综合服务管理信息平台基础上，配套建设全区居住证管理系统。

【“人地钱”三挂钩制度】2017年，自治区政府印发《关于实施支持农业转移人口市民化若干财政政策的通知》，分类确定市民化基本公共服务标准，完善公共服务体系和自治区财政转移支付方式，建立财政性转移支付资金分配同农业转移人口市民化相挂钩机制。自治区财政厅制定《自治区财政农业转移人口市民化奖励资金管理办法》，建立对农业转移人口市民化奖励机制，全年下达市县农业转移人口市民化奖励资金1亿元，较上年增长73%。自治区国土资源厅制定《宁夏回族自治区城镇建设用地同增加规模同吸纳农业转移人口落户数量挂钩机制的实施细则》，合理安排土地利用计划指标，保障农业转移人口在城镇落户的合理用地需求。从政策层面已初步建立完成“人地钱”三挂钩机制。

【城镇化试点】2017年，银川市、盐池县、红果子镇国家第三批新型城镇化综合试点地区及时印发试点实施方案，推动试点开展有序工作。银川市试点工作项目化，计划投资建设城镇化重大项目50个，并通过壮大产业基金规模、实施PPP投融资模式、规范政府债务管理三项财政措施，保障各项试点任务顺利推进。盐池县建成自治区级创业孵化基地1个、县级创业孵化基地2个，入住企业446家，为进城农民提供就业机会，为返乡农民工创业提供平台。红果子镇紧紧围绕特色小城镇建设，2017年涉及主导产业类建设项目投资1.7亿元，强化地区特色产业发展和配套设施建设，着力推动产城融合，增强人口聚集和就近就地城镇化能力。编印自治区新型城镇化领域试点地区典型经验材料，总结形成平罗县农村土地改革、泾源县小城镇建设、同心县农民工返乡创业、吴忠市PPP投融资项目等4个试点典型经验，供各市县交流借鉴。组织清华大学同衡规划院等专业机构，对固原市第一批国家新型城镇化综合试点开展评估，形成“探索贫困地区因地制宜脱贫致富发展经验”，并在国家新型城镇化综合试点西部地区经验交流会上进行交流。自治区推进新型城镇化领导小组办公室联合宁夏社科院等单位，对平罗县、宁东镇第二批国家新型城镇化综合试点开展评估，分别在农村土地改革和城市环境监测体制机制建设等领域形成工作经验。

【投融资体制改革】2017年，印发《关于深化投融资体制改革的实施意见》《关于进一步推进政府和社会资本合作模式（PPP）的实施意见》。修订公布政府核准的投资项目目录，落实企业投资项目核准备案规定，公示2017年PPP项目。畅通投资项目融资渠道，加大项目融资担保和贷款的帮扶，争取中央资金支持，发展直接融资。通过深入发挥投资在线审批监管平台的作用，建立“多规合一”并联审批；建立项目审批首问负责制，加强项目前期工作协调；通过规范中介机构和行业组织，落实民间投资平等待遇，降低企业实施项目的成本。加大PPP培训力度，4月，邀请国家发改委以及相关权威PPP方面专家，举办宁夏政府和社会资本合作PPP模式专题培训班，培训人员300余人。

【产城融合】2017年，推动中宁县工业园区和石空镇产城融合示范区试点建设，邀请中科院对中宁县产城融合示范区建设及产业发展情况进行调研指导，石空镇、园区办委托专业机构先后编制《石空镇城镇建设规划》《中宁新材料经济循环区产业转型升级规划》《中卫、中宁工业园区相向发展规划》《工业园区基础设施建设规划》，继续编制《园区概念性总体规划》《光伏产业发展规划》《基础设施规划》《产业布局规划》等专项规划。中宁县委托北京中联环景观规划设计咨询有限公司将示范区建设纳入全县城市风貌规划范围进行设计规划。全年谋划实施产业项目14个(包括续建项目)，完成投资139837万元；规划建设基础设施配套项目9个（包括续建项目），完成投资58464万元。石空镇被纳入全区首批重点培育的自治区级特色小镇。

【地下综合管廊建设】2017年，贯彻落实《自治区人民政府办公厅关于推进城市地下综合管廊建设的实施意见》，持续推进城市地下综合管廊建设。公布实施《宁夏回族自治区城镇地下管线管理条例》。五个市和宁东管委会全部编制完成城市地下综合管廊建设专项规划。上年项目全部复工，形成廊体36.1公里，完成投资42.9亿元；2017年开工综合管廊项目共12.1公里，完成投资11.1亿元。

【海绵城市建设】2017年，印发《自治区人民政府办公厅关于加快推进海绵城市建设的实施意见》，推进海绵城市建设。固原市、银川市、中卫市、泾源县、西吉县、红寺堡区等地编制完成海绵城市建设专项规划。委托自治区气象局气候中心修编完成银川市、固原市暴雨强度公式，通过专家技术审查。固原市完成海绵城市建设试点项目57个，完成投资20.8亿元，通过住房城乡建设部绩效评价。

【城市供热领域突出问题专项治理】2017年，制定《宁夏回族自治区供热质量综合评价办法》，开展全区供热领域突出问题专项整治行动，2016—2017年度供暖期工作顺利进行。开展全区清洁供热调查工作，召开全区推进城市供热燃煤锅炉治理实施清洁供暖技术现场观摩会，引导各地合理采用清洁能源热源，实施供热系统节能技术改造，银川西夏热电厂二期、“东热西送”等重点集中供热工程有序推进。治理城市燃煤小锅炉，全区淘汰每小时10蒸吨以下燃煤锅炉247台。

【水及大气污染防治】2017年，推进城市污水处理厂提标改造，对污水处理厂提标改造进展缓慢的市县进行会议督办，完成提标改造污水处理厂33座。建立黑臭水体整治进度信息每季度上报和每半年向社会公布制度，对列入住房城乡建设部、环保部重点挂牌督办项目实行整治进度月报制，对列入国家36个重点城市的银川市整治情况实行周上报、月分析、季通报制度，对进展缓慢的城市约谈主管领导、现场督查、挂牌督办。全区排查上报的13个黑臭水体整治项目已完成12个。

【市容环卫规范化管理】2017年，制定《自治区城市环卫保洁和垃圾处理规范化管理考核办法》，开展全区城市环卫保洁和垃圾处理规范化管理考核。印发《关于进一步加强城市生活垃圾分类 促进焚烧处理工作的实施意见》，明确推进垃圾分类工作的任务和时间表，开展建成运行的生活垃圾填埋场和焚烧厂评价整改工作。加大城市道路扬尘治理，制定《宁夏回族自治区道路清洗保洁机械化作业规程(试行)》《宁夏回族自治区城市道路清扫保洁标准(试行)》，自治区投入1亿元环保专项资金支持各地采购一批环卫机械化清扫保洁车辆，全区城市道路适宜机扫面积不断增加，机械化清扫率达到64%。开展全区“关爱环卫工人”活动。

【城市创建活动】2017年，修订印发《自治区节水型城市申报与考核办法》及标准，制定创建国家节水型城市工作方案，明确提出宁夏创建节水型城市工作目标。吴忠市、固原市、中卫市、石嘴山市编制完成创建自治区节水型城市工作方案，启动创建自治区节水型城市工作。组织专家完成对固原市、永宁县创园工作的现场核查以及同心县的综合评审工作，固原市、永宁县被住房城乡建设部命名为国家园林城市(县城)，同心县通过自治区园林县城创建考核，被自治区政府命名表彰为自治区园林城市。

【园林绿化】2017年，落实住建部《全国城镇园林绿化“十三五”发展规划》和《宁夏城市基础设施建设“十三五”规划》要求，督促、指导各市县编制修编《城市绿地系统规划》，按照“300米见绿、500米成园”要求，加快建设街头绿地、小微游园等绿地，推进老旧公园提质改造，提升存量绿地品质和功能。开展公园日常管理及安全监管专项检查，促进公园规范管理。各地参照新修订的《国家园林城市

（县城、镇）申报评审办法》及系列标准，修订《自治区园林城市（县城、镇）申报与评审办法》。印发《关于做好城市园林绿化企业资质取消有关工作的通知》，明确资质取消后园林绿化工程招投标的衔接工作，提出促进现有园林绿化企业健康发展的优惠政策及强化城市园林绿化市场监管的工作措施。开展市民休闲森林公园观摩交流活动，召开工作推进会，全区26个市民休闲森林公园全部建成，建设总规模13.8万亩。

【法治建设】2017年，出台《自治区城镇地下管线管理条例》，开展《自治区绿色建筑发展条例》《自治区市容环境卫生管理条例》（修订）等立法调研，对《自治区防震减灾条例》等12件立法草案提出修改意见，完善住房城乡建设法制体系。制定《住建厅规范性文件制定审查和备案办法》，全面加强规范性文件监督管理。制定规范性文件15件，均按时限向社会公布并备案。完成涉及生态文明建设和环境保护、“以审计结果作为政府投资建设项目竣工结算依据”和“放管服”改革涉及的规章、规范性文件清理工作；对289件规范性文件进行清理，保留272件、废止17件。开展建设法治政府示范创建活动，申报法治政府示范创建项目，因示范创建成效突出，自治区住建厅在全区法治政府建设电视电话会议上作了经验交流发言，并被自治区法治政府建设办公室授牌为法治政府示范创建单位。开展“七五”普法，制定《全面落实“谁执法谁普法”普法责任制实施意见》，明确住建系统普法责任清单，有效强化主体责任。制定《全区住建系统关于全面推行法律顾问制度和公职律师制度实施意见》《住建厅法律咨询顾问工作规则》和《住建厅行政应诉工作规定》，通过购买社会服务，自治区住建厅机关及9个厅属单位均聘请社会律师担任法律顾问，6家律所16名律师为自治区住建厅开展法律咨询顾问服务。开展《自治区城镇地下管线管理条例》《城市管理执法办法》宣贯工作，通过设立宣传点，悬挂宣传横幅，发放宣传资料10000余份和单行本2000余册。加大法治典型宣传力度，向自治区依法治区领导小组办公室报送的“自治区城市管理执法监督局挂牌成立”被评为全区“十大法治新闻”，自治区工程建设标准化中心主任冯克玉被评为全区“百名法治模范”。

【城市执法体制改革】2017年，印发《关于规范城市管理综合执法机构设置的意见》《行政处罚全过程记录实施办法》《行政监督检查全过程记录实施办法》和《推行行政执法全过程记录制度实施方案》《全区城市管理执法人员着装管理规定》等文件，完善政策支持体系。截至年底，自治区本级及27个市、县（区）和宁东管委会均设立城市管理执法机构，制定完成权责清单，5个地级市及13个县（市）整合完成数字化平台。培训领导干部和一线执法人员3000余人，执法人员持证上岗率达到80%。执法制式服装基本换发到位，配备各类执法车辆116部，应急车辆8台，无人机5架，执法记录仪3503套。银川市、石嘴山市、吴忠市、中卫市相继成立以市长为主任、副市长为副主任，各有关职能部门为成员的城市综合管理委员会，组织领导、统筹协调、监督检查、综合考评全市城市管理和综合执法工作。各市县逐步建立城市管理综合执法（监督）部门与公安、检察、审判等司法机关信息共享、案情通报、案件移交等制度，加强行政执法与司法的衔接。2017年，全区各级住房城乡建设主管部门对违法违规行为共立案879件，结案782件，结案率为89%。共处罚金2063.4万元，拆除违法建筑5.6万平方米，行政处罚当事人自行履行663件，移交司法机关2件。

【城市管理】2017年，推行网格化管理，建立居民自治和门前三包相结合的管理机制，规范秩序、改善环境、完善设施，引导群众参与环境保护。通过实行“以克论净·深度清洁”模式实现保洁由粗放型向精细化管理转变，创新治理方式，发挥现代信息技术的优势，建设智慧城管，提高城市管理服务水平。

（赵建明）

美丽乡村建设

【概况】2017年，按照《宁夏美丽乡村建设实施方案》要求，编制完成5个县域乡村建设规划和20个村庄规划试点；建成20个美丽小城镇、100个美丽村庄；启动10个特色小镇、10个特色产业示范村庄规划建设；实施农村生活污水处理及改厕3万户；完成农村危窑危房改造2.21万户。

【村庄布局规划】2017年，贯彻住房城乡建设部《关于改革创新、全面有效推进乡村规划工作的指导意见》，推进县域乡村建设规划和村庄分类建设规划编制试点，编制完成《宁夏村庄布局规划（2015—2030年）》和《宁夏村庄布局规划总报告·调整名录·图册》，建立完善乡村规划逐级评审和实施评估制度，提升美丽乡村、特色小镇、特色产业示范村庄规划编制质量，引领带动乡村建设。

【美丽小城镇及美丽乡村建设】2017年，以打造定位准确、功能完善、特色鲜明、辐射带动强的美丽宜居示范镇为目标，抓好规划引领、农房改造、收入倍增、基础配套、环境整治、生态建设、服务提升、文明创建八大工程。提前组织各县(市、区)申报项目，开展规划编制等前期工作。共收集美丽小城镇建设项目43个，美丽村庄建设项目223个。经现场核查和筛选，确定26个小城镇、126个村庄列入2017年全区美丽乡村建设计划。全年建设美丽小城镇25个，完成投资10.3亿元，建设美丽村庄127个，完成投资13亿元。按照《住房城乡建设部关于开展绿色村庄创建工作的指导意见》要求，制定宁夏绿色村庄建设标准，推荐并认定一批绿色村庄，宁夏共认定89个村庄为第一批绿色村庄。

【特色村镇】2017年，印发《关于加快特色小镇建设的若干意见》，高标准高质量搞好特色小镇的顶层设计。以首批确定的10个自治区级特色小镇培育建设为抓手，指导各市、县(区)建立了覆盖全域、分级培育的特色小镇创建体系。委托全国市长研修学院在浙江举办宁夏特色小镇规划建设专题培训班，指导自治区级特色小镇引进国内外高层次设计单位开展规划编制。指导推荐7个小镇申报申报第二批全国特色小镇，5个小城镇(银川兴庆区掌政镇、永宁县闽宁镇、吴忠利通区金银滩镇、石嘴山惠农区红果子镇、吴忠同心县韦州镇)入选第二批全国特色小镇。与帮建部门密切协作，加快10个特色产业示范村庄规划建设。完成特色小镇年中督查和年底绩效评价10个自治区级特色小镇和2个特色产业示范村已完成自治区下达投资计划，特色小镇完成投资29.4亿元，住建厅负责帮扶的2个特色产业示范村总投资2380万。

【农村危窑危房改造】2017年，国家下达宁夏农村危房改造任务1.2万户，补助资金1.8亿元。自治区下达改造任务2.2万户，拨付补助资金4.2亿元(含中央资金)，截至年底，全区农村危窑危房改造开工31192户，完成投资25亿元。从住房城乡建设厅、国土资源厅、交通运输厅、扶贫办等部门抽调16名干部和工程技术人员组成督导组，派驻各县(区)专门督导美丽乡村建设和农村危窑危房改造工作，开展政策宣传，负责技术指导，把控工程质量。加强对村镇规划建设管理员业务培训，聘请专家和技术人员送政策、技术下基层，抓好农村工匠技术培训。

【农村人居环境整治】2017年，自治区政府办公厅印发《宁夏新一轮农村人居环境综合整治行动方案》，推进全国农村生活污水治理试点省(区)建设工作，开展以“两处理、两改造”(污水处理、垃圾处理、改厨改厕)为重点的新一轮农村环境综合整治。通过建立项目库的方式，对农村垃圾、污水处埋和村容村貌整治等重点工作内容进行科学设计策划，合理安排建设整治时序，确定年度建设计划，通过专家规划评审后实施建设。召开全区农村环境综合整治现场推进会，总结经验，部署统筹开展垃圾处理、污水治理、改厕、改厨等9项重点工程，带动全区农村人居环境改善。申报农村生活污水处理及改厕3.7万户，下达计划任务3万户，实施水冲式厕所改造32542户。

(赵建明)

房地产业与市场

【概况】2017年，全区房地产开发投资652.8亿元，同比下降10.3%，房地产投资占固定资产投资比重由上年的19%下降到17.1%；其中，住宅投资387.8亿元，同比下降10.9%；住宅投资占房地产开发投资的比重为59.4%。商品房屋施工面积6836.7万平方米，同比下降3.8%；其中住宅施工面积4346.9万平方米，同比下降4.6%。全区房地产开发新开工面积1187.6万平方米，同比下降14.6%，其中住宅815.2万平方米，同比下降6.9%。全区新建商品房销售面积1021.4万平方米，同比增长5.7%，其中住宅销售870.3万平方米，同比增长4.8%；待售面积1036.7万平方米，同比下降16.9%。

【房地产市场调控】2017年，围绕严控住房建设规模和土地供应总量、推动“两房”深度融合、扶持住房租赁市场发展、支持企业转型升级、构建多元化住房供应体系、履行政府主体责任等内容，加大房地产市场调控，合理引导市场预期，自治区政府出台关于化解房地产市场去库存的实施意见等相关政策，确保房地产市场平稳健康发展。

【房地产去库存】2017年，全区各市、县(区)积极落实自治区人民政府《关于加快培育和发展住房租赁市场的实施意见》和化解房地产库存的若干意见，以推进房地产业供给侧结构性改革为重点，多措并举，分类施策。截至年底，全区商品房去库存周期为12.2个月，住宅去库存周期6.6个月，保持在合理区间。

【房地产市场风险防控】2017年，开展国有土地房屋征收、房地产领域非法集资、房地产中介违法经营、规范房地产企业行为维护房地产市场秩序等专项整治活动，分别印发了整治工作方案。

【老旧住宅小区整治改造】2017年，按照自治区2014—2017年实施2600万平方米老旧小区改造任务要求，落实2017年全区500万平方米改造任务，年初印发《关于下达2017年全区老旧住宅小区整治改造计划的通知》,各市县落实地方主体责任,全区完成老旧住宅小区整治改造580万平方米。对上年全区改造的500万平方米老旧住宅小区进行验收,于6月底前将奖补资金3325万元拨付至各有关市、县,保证全年目标任务顺利完成。

【物业服务管理】2017年,落实自治区"全面推行标准化物业服务,推动物业服务提标扩面,2020年全区物业服务覆盖率提高到70%以上"的决策部署,按照《推进全区物业服务标准化建设实施方案》要求,推行标准化物业服务,开展物业服务企业管理标准化、合同文本标准化等6项标准化工作,推行居民自治、社区代管和专业物业服务三位一体的物业服务机制,初步形成以信用体系建设为重点的物业服务市场监管新机制。

(赵建明)

住房保障

【概况】2017年,全区共开工建设城镇棚户区改造住房503432套,开工率为100%;新增低收入住房保障家庭租赁补贴0.2万户,占年度计划的113.9%;完成投资74.1亿元,占年度计划的154.4%;基本建成6万套,占年度计划的137.5%;公共租赁住房累计分配入住17.5万套。对18.9万多户城市中低收入住房困难家庭实施住房保障。

【棚户区改造】2017年,贯彻落实国家和自治区房地产去库存政策,在推进棚户区改造开工的基础上,因城、因地分类施策推行棚改货币化安置力度,年度棚改货币化安置达到70%以上,鼓励有条件地区100%货币化安置。截至年底,全区有棚改计划的17个市、县(区)和宁东,有15个100%实行了棚改货币化安置,比上年扩大4个;全区棚改货币化安置率达到80.6%,比上年同期提高32.9个百分点,超额完成年初确定的70%货币化安置计划目标;推进棚改货币化安置,棚改居民共购买商品住房1.9万套,比上年同期增加5200套,对房地产去库存发挥积极作用。加大资金协调争取力度。全区共争取到中央保障性安居工程专项补助资金27.9亿元,自治区财政安排棚改补助资金3.2亿元,全区城镇棚户区改造住房套均补助5.2万元,为历年来最高。召开全区住房保障工作现场观摩推动会,邀请国开行宁夏分行和农发行宁夏分行解读棚改贷款政策,提高市、县工作人员政策水平和业务能力。截至年底,国开行宁夏分行已审批授信棚改贷款75.8亿元,发放贷款39.3亿元;农发行已审批授信棚改贷款114.3亿元,发放贷款57.9亿元,为推动年度棚改计划完成提供了资金支持。

【公共租赁住房分配】2017年,制定印发《关于进一步做好保障性安居工程分配入住有关工作的通知》,要求公租房存量大、申请人员少或现有保障对象不能满足分配需求的市、县(区),要结合当地公租房存量和待保障人群增量,按需逐步放宽准入条件。对在城镇、新区、园区建设并已达到交付使用条件,因保障对象达不到预期、申请人员少的公共租赁住房,可将公共租赁住房闲置房源调整为劳务移民、生态移民、棚户区改造、农村危房改造安置住房等,将原已安排的中央、自治区补助资金,报请自治区发展改革委或财政厅同意后,统筹用于当地公共租赁住房建设或租赁补贴发放。开展公租房建设状况调查摸底,将全区因配套基础设施不全尚未分配入住公租房3.5万套报送住建部、财政部,共争取国家专项补助资金3.2亿元,将补助资金分解下达各地,并在9月中旬开展联合督查,督促加快公租房配套基础设施建设和补助资金支付,对达到入住条件的加快分配入住。截至年底,全区公共租赁住房累计分配17.5万套,年内新增分配4万套,超额完成自治区政府工作报告中确定的新增分配2万套目标和住建厅工作要点中要求的累计分配入住17万套任务。

【住房保障档案管理】2017年,住房保障档案是住房保障基础管理的重要内容。为真实反映住房保障管理工作全过程的原始记录,发挥好住房保障档案服务民生、服务群众的根本职能,对历史负责、为现实服务、为未来着想,使住房保障工作由重建设向建管并重转变,开展住房保障档案规范化管理活动,以试点引路,加强工作指导,召开全区住房保障暨档案规范化管理观摩推进,银川市、青铜峡市、平罗县和同心县被授予全区住房保障档案规范化管理示范单位,实现年初既定的改革工作目标。宁夏推行的住房保障档案规范化管理工作经验,被第527期《城乡建设》和第149期《档案博览》刊载,并被住建部办公厅推向全国学习借鉴。

(赵建明)

建筑业与质量安全

【概况】2017年,全区共有监管建筑工程项目3910个、在建单体项目6351个,总面积5112万平米。新开工建设项目1130个,单体工程2820项、建筑面积1920万平米。完成建筑业总产值549.2亿元,同比增加7.4%。全区共有在册建筑施工企业1875家,其中施工总承包企业1253家,专业承包企业622家。全区施工企业中,特级资质企业1家,一级企业45家,二级企业753家。外省进宁建筑施工企业1820家,其中特级161家,一级1050家。监理企业59家,其中甲级资质22家,乙级资质27家,丙级资质10家。区外进宁监理企业211家;工程招标代理机构299家,其中,区内机构82家,区外进宁机构217家;工程质量检测机构76家,工程造价咨询企业233家,园林绿化企业341家。完成建筑业产值1780.7亿元,其中区内施工企业完成549.2亿元,同比增加7.4%。全区建筑业实现增加值484.41亿元,同比增加11.6%,占自治区国民生产总值的14%。

【建筑行业诚信体系建设】2017年,推进宁夏建筑市场监管服务系统建设,完善全区建筑工程项目管理、质量安全监督、建筑业诚信体系等信息化平台建设。以建筑企业数据库、从业人员数据库、工程项目数据库"三库一平台"为核心的"宁夏建筑市场监管平台",将企业管理、人员管理、诚信管理、工程项目管理纳入统一的业务平台中,实现宁夏数据与国家住建部系统和区内公共信用信息系统间的互通互联,实现市场与现场的两场联动。修订印发宁夏建筑业信用体系管理办法和建筑施工企业良好业绩认定标准,提升监管效益。

【工程建设项目审批管理】2017年,修订《宁夏建筑工程施工许可管理办法》,简化施工许可必要程序,对房屋建筑和市政工程建设项目施工许可前置条件除工程规划、施工图设计、图纸审查、招标投标、合同备案、建设资金到位率、质量安全报监外不许其他环节搭车,实施施工许可与工程招投标并联审批减少审批环节;严格落实属地管理和谁发证谁监管的原则,使工程建设项目处于合法开工和监控状态。建立绿色审批通道,对政府重点工程特事快办。清理法律法规之外的施工许可搭车收费,减少建设工程施工许可证发放的前置条件。

【评选骨干龙头建筑企业】2017年初,首次在宁夏开展了全区建筑企业骨干龙头企业评选,评选出宁夏建工集团等宁夏建筑业20强施工企业,按照良好业绩给予企业一次性加500分、优先列入自治区工程总承包企业名录等奖励,社会反响良好。

【建筑业改革】2017年,起草《关于促进建筑业持续健康发展的实施意见》。宁夏的改革实施意见从扶持行业做大做强、优化发展环境、完善工程建设组织模式、强化工程质量安全管理、加强人才队伍建设6个部分21条内容方面,提出全面深化建筑业供给侧结构性改革和"放管服"改革,优化建筑市场发展环境,解决全区建筑业改革发展方面瓶颈问题的政策措施。

【安全生产】2017年,按照"管行业必须管安全、管业务必须管安全、管生产经营必须管安全"的要求,把建筑领域质量安全监管贯穿于城乡规划、设计、建设、管理和生产经营活动全过程。梳理明确住房城乡建设领域城乡规划、工程建设、市政设施、房产开发、老旧房屋、物业管理、农村建筑等安全生产监管内容,通过建立分部门、分单位安全生产责任落实清单的方式,厘清边界、明确要求,把住建系统安全生产具体任务落实到具体处室和各地住建部门,在自治区和各市、县全部成立质量安全监管机构。狠抓房屋建筑、市政工程安全生产,确保建设领域安全生产形势总体稳定受控。2017年全区发生建筑安全生产事故7起,死亡8人,控制在自治区安委会下达的指标范围内,全年未发生较大及以上安全生产事故,也没有发生工程质量事故,质量安全总体形势稳定受控。

【招投标管理】2017年,出台《关于进一步加强全区房屋建筑与市政基础设施工程招投标监管的意见》,修订完善《招标投标活动投诉处理办法》和《招标文件示范文本》,推进招投标监管制度化。修订完善《宁夏房建和市政工程招标投标评标办法》,取消"合理造价区间随机抽取中标人"的评标办法。加大诚信在招投标活动中的权重,将企业综合信用得分由原来的6分提高到10分。根据自治区"一网三平台"建设要求,推进电子招投标系统和电子监管系统建设,推进招投标监管科学化。诚信建设,出台《宁夏建筑市场招标代理机构信用评定管理细则》,健全完善企业诚信评价体系,加强诚信评价结果在招投标过程的应用,促进建筑业市场良性发展,推进招投标监管常态化。

【专项整治】2017年,全区工程建设领域专项整治行动在持续抓好严格履行基本建设程序、打击恶意欠薪讨薪等突出问题整治的基础上,提建设项目基本建设程序履行率、交付使用项目竣工验收备案率和按时结算率、政府投资项目工程款按合同约定支付率、农民工工资保证金收缴率和工资支付率六项主要指标水平,整顿规范工程项目建设活动和市场秩序,构建长效监管机制。整治行动向矛盾纠纷集中的违法建设治理、规划容积率管控、住宅限高、延期交房、质量投诉、物业纠纷、房屋征收补偿、供暖供气等方面延伸,解决群众关心关注的突出问题,推进宁夏建设行业健康发展。全年共排查在建工程项目1563项,排查存在各类问题的工程项目1001项，查出各类问题823处，已整改问题443处；检查企业27家，对192家企业和66名人员扣分进行诚信扣分，下发整改通知书788份、停工通知书427份，实施行政处罚26起，清理办结各类信访案件256起。对问题涉事企业等责任主体分别给予责令停工整顿、限期整改、通报曝光、扣减信用分值等处理。在《宁夏日报》和政府相关网站曝光4个批次27个典型案例。

【安全文明标准化工地和鲁班奖】2017年，全区共有7个工程项目获得国家“AAA级安全文明标准化工地”称号。24项工法荣获自治区级工法。76项工程被评为自治区“建安杯”安全文明标准化示范工程。开展建筑施工安全文明标准化工地创建工作，全区148个工地获得自治区级安全文明标准化工地称号。23项工程荣获“西夏杯”优质工程奖，3家检测机构获建设工程质量检测AAA级信用机构。银川河东机场T3航站楼项目工程获得2017年度中国建设工程鲁班奖。

（赵建明）

建筑节能与科技

【概况】2017年，全区节能标准执行率达到100%。出台《宁夏关于大力发展装配式建筑的实施意见》《宁夏绿色建筑示范项目资金管理暂行办法》，新建绿色建筑198万平方米，新增节能建筑1881万平方米，全年新建续建装配式建筑31.8万平方米，培育建筑产业现代化基地5家，首家装配式混凝土构件(PC)项目顺利投产。全区新型墙材应用比例达到88%以上。制定《宁夏加快新型智慧城市建设的实施意见》，建立省级公共建筑能耗监测平台和宁夏建筑市场监管与服务系统。制定《关于加快建设领域科技创新的实施方案》，银川绿地中心等4个项目入选住建部2017年科学技术项目计划，在平罗等5个县(市)推广太阳能与空气源热泵综合采暖技术。

【建筑节能】2017年，开展全区建筑节能、绿色建筑、装配式建筑实施情况专项检查，督促指导各地严格执行建筑节能标准，对历年既有居住建筑节能改造任务完成情况进行核查验收和整改落实，提高全区新建建筑节能整体水平，节能标准执行率达到100%。

【装配式建筑】2017年，出台《宁夏关于大力发展装配式建筑的实施意见》《宁夏绿色建筑示范项目资金管理暂行办法》，明确发展目标、重点任务和激励政策，为装配式建筑发展提供政策指引。针对全区装配式建筑发展短板，加大产业基地建设的引导和培育，宁夏建筑工业装配产业化有限公司等5家企业获得自治区建筑产业化基地，首家装配式混凝土构件(PC)项目顺利投产。全年新建续建装配式建筑31.8万平方米。协调自治区财政落实扶持资金，开展项目认定审查，向3个产业化基地和8个已建成示范项目兑现奖补资金。完成《宁夏装配式建筑发展研究报告》。召开全区装配式建筑地方标准体系研讨会，举办全国装配式建筑培训班，引导有关部门和从业人员转变观念、提高业务能力，共同推进宁夏装配式建筑发展。

【绿色建筑和建材】2017年，制订《绿色建筑设计标准》，完善宁夏绿色建筑发展中缺乏法规和技术依据等问题，起草完成《宁夏绿色建筑发展条例》初稿。严格落实在政府投资工程和大型公建、上规模居住区开发项目全面推行绿色建筑标准的要求，开发宁夏建筑节能与绿色建筑信息统计系统软件。全年共实施绿色建筑198万平方米，超额完成目标任务；银川恒大御景半岛住宅小区等3个项目60.6万平方米建筑获得绿色建筑评价标识；向中房东城人家等8个获得绿色建筑评价标识项目兑现奖补资金。制定印发《宁夏绿色建材评价标识管理办法（暂行）》，完成宁夏建筑科学研究院有限公司等6家绿色建材评价机构备案核查，受理预拌混凝土、预拌砂浆、砌体材料3类建材7家企业申报绿色建材，为第一批绿色建材目录的发布奠定基础。完成两批共37家新型墙体材料生产企业认定及复审工作，新增新型墙材产能5.9亿标砖，淘汰落后产能2.6亿标砖，新型墙体材料的应用比例达到88%。

【建筑科技】2017年，制定出台《关于加快建设领域科技创新的实施方案》。结合宁夏实际，开展建设科技示范项目申报，12个项目确定为2017年自治区建设科技计划项目，银川绿地中心等4个项目入选住建部2017年科学技术项目计划。联合住建部科技产业化中心完成6个住宅小区2A级住宅性能认定初审、终审工作。在可再生能源应用试点示范基础上，开展农村地区太阳能与空气源热泵综合采暖技术课题研究，推动试点示范经验形成科研成果，探索建立宁夏建筑科技成果转化的成功途径和创新模式。

【新技术试点示范及推广应用】2017年，审定批准可再生能源应用示范项目15项，核拨项目补助资金，对历年下达的示范任务进行核查验收。在平罗等5个县、市的乡镇政府、村部推广太阳能与空气源热泵综合采暖技术。推广应用安全耐久、节能环保的绿色建材产品，印发《关于推广应用高性能混凝土的通知》《关于推进高强成型钢筋加工配送工作的通知》《关于大力推广EPS模块建筑节能体系的通知》等文件，全年组织鉴定验收新产品6项，推广新技术31项。

【智慧城市建设】2017年，起草并印发《宁夏加快新型智慧城市建设的实施意见》，将智慧住建纳入自治区信息化重点建设内容。制定出台《推进宁夏住房和城乡建设领域智慧化暨"住建云"建设实施意见(2017—2020)》，为科学有序推进宁夏住建领域信息化建设和智慧化发展提供顶层设计。编制完成《"住建云"二期建设方案》《宁夏住建厅大数据平台建设建议书》，争取信息化项目和资金，推动智慧住建项目落地。配合自治区电信管理局开展全区光纤到户国家标准执行情况联合检查以及国家督查组对宁夏的督查。与中国电信宁夏分公司签订框架合作协议，启动基于自治区政务外网的OA系统提升工作。完成"公共建筑能耗监测系统"测评和验收，对自治区住建厅信息系统进行安全等保测评和摸查审计，提出调整方案，确保了各系统运行的连续性和准确性。

【工程标准】2017年，以重点工作需求为导向，围绕住建领域重点任务，开展《2017年度宁夏工程建设地方标准的制修订项目计划》的征集、论证、下达工作，绿色建筑设计、海绵城市建设、城市综合管廊建设、装配式建筑施工技术等13项地方标准列入当年制修订计划。积极开展地方标准制修订工作，及时发布工程建设地方标准，全年审定发布《建筑节能门窗工程技术规程》《SMC改性沥青路面施工技术规程》《外墙外保温系统及专用材料检验标准》《住宅区通信配套设施设计标准》《EPS模块节能建筑应用技术标准》《农村污水处理工程技术规程》6项地方标准。完成《建筑工程安全管理规程》《建筑工程资料管理规程》《绿色建筑设计标准》《复合保温板系统应用技术规程》4项地方标准的审定工作。

【工程定额】2017年，修订完成《自治区建设工程施工合同备案管理办法》。为贯彻落实《住房城乡建设部关于加强和改善工程造价监管的意见》及《建设工程定额管理办法》，制定《关于进一步加强我区建设工程定额管理的意见》。为满足城市地下综合管廊工程计价需要，及时测算发布相关工程补充定额。结合宁夏实际测算发布的《关于调整增加2013宁夏建设工程费用定额工伤保险等费用的通知》，调整了工伤保险费、安全文明施工费，增加扬尘污染防治费和现场监控费。

(赵建明)

住房公积金管理

【概况】2017年，全区归集住房公积金95.3亿元，同比增长11.7%；提取住房公积金74.5亿元，同比增长10.5%；发放住房公积金个人贷款66.9亿元，同比增长3.6%。截至年底，全区住房公积金实缴人数53.7万人，累计归集住房公积金689亿元，累计提取住房公积金424.4亿元，累计发放住房公积金个人贷款24.7万笔、450.7亿元，住房公积金个人贷率达81.9%，使用率达93%。截至12月底，结余资金47.8亿元，同比下降24.4%，使用率93%，同比增长3.7%，住房公积金贷款支持购房244.5万平米，约占商品住宅销售总面积的28%(不含提取购房)。

【信息平台建设】2017年，全区各设区的城市接入全国住房公积金异地转移接续平台，实现"账随人走、钱随账走"，达到"让信息多跑路、群众少跑腿"的目标。召开全区"双贯标"(贯彻基础数据标准、接入全国住房公积金结算平台)工作推进会，强化全过程指导，通过流程优化再造，管理服务水平得到有效提升，全区6个住房公积金管理中心年内全部完成"双贯标"并通过住建部验收，宁夏成为全国第二家全部通过验收的省区。优化全区住房公积金综合服务平台系统功能。牵头全国省级住房公积金综合服务平台课题研究，承接课题研究启动会和全国手机公积金建设工作座谈会，全区住房公积金行业信息化建设得到各界认可。

【风险防控】2017年，围绕12个风险类型、34个风险点，开展全区住房公积金廉政风险防控专项检查，督导各住房公积金管理中心针对存在问题限期整改，修订完善内控机制。

【公积金信息公开】2017年4月底，全区各城市全部完成上年住房公积金年度报告信息披露，通过报纸、电视、网站等媒体全面公开，接受社会监督。建立长效机制，及时公开住房公积金信息，按月公示全区住房公积金运行动态，并开展"3·15消费者权益日""12·4法制宣传日"、主题活动日。

(赵建明)

NINGXIA YEARBOOK

环境和资源

HUANJINGHEZIYUAN

编辑◎马　静

国土资源管理和保护

【概况】2017年，全区供应建设用地1468宗12.09万亩，划拨土地685宗8.31万亩，出让土地783宗3.79万亩，成交价款75.72亿元。全区成交矿业权108宗，成交价款4.59亿元。

【建设用地审批】2017年，国务院和自治区人民政府审批建设用地468批次（宗）6.94万亩（其中，国务院审批1308.1亩、自治区审批6.81万亩）。按占用土地类型划分：转用农用地4.15万亩（耕地2.18万亩），占总批准用地60%；使用未利用地1.63万亩，占24%；使用建设用地1.16万亩，占16%。按拟建设项目类型划分：城镇村镇建设用地2.48万亩，占35.7%；交通项目2.03万亩，占29.2%；工业项目1.98万亩，占28.5%；水利项目2972.22亩，占4.3%；能源项目576.93亩，占0.8%，其他项目（军事及殡葬等）1046.2亩，占1.5%。

【扶贫攻坚】2017年，支持贫困地区用好用活城乡建设用地增减挂钩政策，将实施易地搬迁的村庄纳入增减挂钩试点范围，经自治区政府批准，海原、西吉县增减挂钩项目2个，解决了两县338户1432人的搬迁安置用地问题。安排高标准农田建设补助资金1.46亿元，助推贫困县区精准脱贫。安排第八批、第九批地勘基金2538万元，组织实施富硒土地质量调查项目，公布实施《宁夏富硒农产品标准》《宁夏富硒土壤标准》，打造宁夏“富硒”特色产业品牌。将闽宁镇生态移民聚集区供水安全示范工程列入自治区第六批地勘基金项目，编制《闽宁镇生态移民聚集区供水水源地勘探报告》，向闽宁镇水厂提供6眼探采井资料，为缓解当地生产生活用水发挥了数据支撑作用。实施西吉县、隆德县“旱改水”项目，改造旱地4000余亩。

【国土管理法治化】2017年，推进国土资源“不见面”审批进度，完成区、市、县同一事项、同一名称、同一编码、同一标准“三级四同”行政审批及公共服务事项录。将《宁夏地质环境保护条例》列入地方性法规调研论证类立法计划，将土地、矿政和测绘审查会议议题纳入合法审查范围，全年共审查（备案）国土资源法规、规范性文件112件、合同35份，提升了国土资源依法行政工作质量和水平。借助“6·25全国土地日”“8·29测绘法宣传日”等重大节假日，开展主题宣传教育活动，国土资源厅被自治区表彰为法治政府建设示范创建单位。

【国土管理改革创新】2017年，推进平罗县农村土地制度改革三项试点工作，指导平罗县制定出台宅基地流转、农村集体经营性建设用地入市、集体土地征收以及土地增值收益调节金征收管理使用分配等33项配套制度，编制5个行政村土地利用规划，经验做法两次在全国会议上交流发言。指导中卫、吴忠、固原市加快推进建设用地履约保证金、工业用地分期发证、改革工业用地供应方式三项试点工作，制定试点工作实施细则等配套制度，中卫市已收取履约保证金3590.68万元，吴忠市实施分期发证4本，固原市按20年和40年期挂牌出让工业用地30宗。

【规划调控】2017年，出台《自治区建设项目用地预审管理实施细则》，自治区国土部门、联合发改委、公安厅等部门印发《自治区城镇建设用地增加规模同吸纳农业转移人口落户数量挂钩机制实施细则》，修订完善《宁夏回族自治区土地利用总体规划实施细则》。全年完成国家下达4.93万亩新增建设用地计划指标，计划执行率100%。审核上报建设项目用地预审69件10.3万亩，争取国土资源部下达宁夏2030年建设用地总规模569.55万亩（比2020年增加57.55万亩），耕地保有量1748万亩。完成全区土地利用总体规划调整完善工作。5月中旬，全区矿产资源规划成果通过国土部批准。银川、石嘴山、吴忠、固原、中卫等5市及灵武、青铜峡、中宁3县（市）矿产资源规划编制工作初步完成。配合自治区空间规划编制和生态保护红线划定工作，提供各类土地利用成果。6月，国土资源部批准通过自治区和银川市规划成果。12月底，自治区、市、县、乡四级土地利用总体规划数据库全部汇交上报国土资源部。

【耕地保护】2017年，制定全区年度耕地保护责任目标考核办法，自治区政府与五个市及自治区农垦集团公司签订了2017年度耕地保护目标责任书，年底结合耕地保护责任目标考核，自治区政府授予吴忠市、石嘴山市、自治区农垦集团公司一等奖。制定并提请自治区党委政府出台《关于切实加强耕地保护和改进占补平衡的实施意见》，验收通过石嘴山、吴忠、固原、永宁、平罗、红寺堡、西吉、中宁和海原等12个已竣工占补平衡项目，新增耕地4.17万亩。加大土地整治工作力度，建立高标准农田建设联席会议制度，下达高标准农田建设工程项目预算资金2.44亿元，建设规模14万亩。"十二五"生态移民土地整治项目圆满收官，共投资5.58亿元，实施子项目32个，建设规模34.44万亩。完成永久基本农田划定工作。1月，国土资源部、农业部下达宁夏永久基本农田划定方案通过论证审核意见，划定永久基本农田1400.23万亩，全区22个市、县（区）永久基本农田划定工作全部通过验收，数据库均通过国土资源部质检，并纳入国土资源"一张图"审批管理系统。

【地籍管理】2017年，根据2016年度土地变更调查数据统计，全区农用地5719.31万亩，变更调查工作内业抽查差错率2.1%、外业核查综合差错率0.6%，通过国家级内外业抽样检查。制定《宁夏第三次土地调查筹备工作方案》，成立自治区第三次土地调查筹备工作机构。5月，盐池县被国土资源部作为开展三次土地调查新技术试点工作县，推进农垦土地确权工作，将农垦职工房屋确权登记颁证纳入全区"房地一体"确权颁证工作范围，全区农垦土地确权登记率超过92%。与林业厅联合编制《宁夏回族自治区自然资源统一确权登记（湿地产权确权）试点实施方案》《自治区湿地产权确权登记成果比对分析工作方案》，完成吴忠市湿地资源确权登记、哈巴湖湿地自然保护区全要素确权登记工作。

【节约集约用地】2017年，加大闲置土地处置力度，实行市、县供地率月统计、季通报制度，印发《关于构建闲置土地预防和处置长效机制的通知》，通过土地市场动态监测监管系统共清理处置闲置土地284宗2.43万亩。国家土地督察西安局2017年土地例行督察反馈的124宗7166.35亩闲置土地，除被法院查封及涉法涉诉的6宗外，已处置到位73宗3455.66亩。编制自治区城镇低效用地再开发《标准制定技术要求》《专项规划编制技术规定（试行）》。联合自治区发改委印发《关于落实"十三五"单位国内生产总值建设用地使用面积下降目标的实施意见》，盘活利用城镇低效用地。编制《宁夏回族自治区工业项目建设用地定额指标（2016年版）》，核减超过用地定额标准、达不到自治区规定投资强度和容积率要求项目用地，全年共核减建设用地1443.3亩。组织对全区4个国家级开发区和5个城市开展建设用地节约集约利用更新评价，评价成果上报国土资源部审定。

【土地征收】2017年，开展征地信息公开工作，开发宁夏征地信息公开查询系统，录入土地征收有关相关信息，方便征地农民查询和接受社会监督。开展银川至西安高铁和吴忠至中卫城际铁路项目建设用地征地工作，向吴忠城际铁路移交建设用地8798.73亩，拨付补偿资金5.3亿元；向银西铁路交付建设用地14002.32亩，拨付补偿资金9.55亿元。开展西气东输三线中靖联络线管道工程建设征地工作，向项目施工单位提供管线临时用地9450亩，压气站、阀室等永久建设用地70亩，拨付临时用地补偿资金0.8亿元，确保项目在宁夏境内全部完工。严格征地补偿资金专户、专账管理，先后向沿线市、县（区）国土资源部门拨付两条铁路和一条输气管道征地补偿资金15.6亿元。

【土地储备】2017年，完成惠安堡补充耕地指标948.6公顷，协议出让自治区级耕地占补平衡指标358.61公顷，上缴自治区财政出让收益2974.54万元。完成冯记沟项目成本核算，上缴自治区财政181.28万元。调整征地补偿标准，开展征地补偿标准分布图移动终端应用报备工作，与固原市政府签订协议移交储备土地448.73亩。

【执法监察】2017年，建立国土公安联合执法长效机制，银川市、石嘴山市和固原市、青铜峡、隆德县、泾源县等17个国土资源部门与当地公安部门成立联合执法办公室。推进执法监察队伍实现属地化管理，10月11日起，各支队和辖区队分别移交属地管理。加大加密昼夜巡查、节假日巡查、易发高发领域重点巡查频次，全年共开展动态巡查3252次，发现并制止违法行为1946起，证据保存盗采设备182台，违法行为发现率和制止率均在90%以上。6月，查处宁夏地球物理地球化学勘查院、宁夏人民教育出版社有限公司等4宗测绘违法案件，收缴罚没款40.8万元。重点督促石嘴山市、固原市、灵武市等国土局对林利、大峰等18家煤矿无证开采、越界开采案件进行立案查处，全年共查处各类国土资源违法案件642宗，结案618宗，收缴罚没款1758万元，拆除违法占地上的各类建(构)筑物32万平方米。通过采取分片包干、实地督导、公开挂牌督办和定期通报等措施，全区违法占用耕地面积占新增建设用地占用耕地面积的比例下降为4.3%，违法占地宗数和面积同比减少21.7%、4.1%。5月12日至12月31日，从全区各支队调集执法人员，在贺兰山保护区腹地开展集中执法，共出动人员3238人(次)，车辆866台(次)，巡查529次，发现制止违法行为28起，立案查处4宗，下达《责令停止违法行为通知书》28份，证据保存违法开采设备20台，封堵道路5条，炸封盗采洞口25个，治安拘留3人，督促矿山企业拆除房屋1772间，执法监察局被国土资源部评为全国国土资源执法监察工作先进集体。

（韩　科）

矿产资源管理

【地质勘查】2017年，自治区境内开展(包括续作)地质及相关项目89个，投入资金13693.07万元。其中，中央财政5165.16万元，占37.7%；地方财政4873.47万元，占35.6%；社会资金3654.44万元，占26.7%。资金投向方面，矿产勘查3174.42万元，占23.2%，基础性地质调查4692.53万元，占34.3%，地质环境与地质灾害调查评价3114.16万元，占22.8%，地质科技及其他2711.96万元，占19.8%。组织实施自治区地勘基金项目，开展工作的5个第七批地勘基金项目，2个已完成野外工作任务，其余3个项目进展顺利。安排部署第八批地勘基金项目7个，资金预算约3686.28万元。分别为永宁县幅、梧桐树幅、横山堡幅(宁夏境内)1:5万综合地质调查；灵武县幅、磁窑堡幅1:5万综合地质调查；宁夏灵武市富硒土地质量调查；石嘴山地区富硒土地质量地球化学调查与评价；宁夏中卫市卫宁北山石墨矿调查评价；宁夏固原市炭山矿区油页岩调查；宁夏中卫市张大井水泥用石灰岩矿普查。项目已全部开工。筛选论证第九批自治区地勘基金项目共4个，预算资金约2258万元。

【探矿权管理】2017年，办理探矿权56宗，其中，探矿权新立9宗，变更、延续25宗，保留9宗，注销13宗。经自治区资委会批准，办理宁东地区双马一井、双马二井、红柳井田3个探矿权整合变更登记手续，国土部授权全区整合发证的矿业权全部办理完毕。协调贺兰山自然保护区内探矿权人主动有序退出，位于保护区的8个探矿权已注销7个。组织中石油长庆油田公司、中石化胜利油田公司签署6宗涉及非油气资源与油气资源重叠矿业权安全生产协议，从生态保护红线评价区中调出12个已设探矿权，矿业权人勘查信息公示工作全面完成，排名全国第一位。公开挂牌出让、转让盐池县萌城石梁北部石灰岩矿普查、中卫市香山冶金用石英岩矿普查、宁夏固原市原州区硝口—上店子北部岩盐勘探3宗探矿权，探矿权价款及出让收益9150万元全部上缴国库。

【采矿权管理】2017年，办理(审核)采矿权延续、变更、划定矿区范围报件29件，下发《停采通知书》8件，审查矿产资源开发利用方案10件。推进贺兰山自然保护区内采矿权退出及煤炭去产能工作，协助21家矿山企业完成采矿权注销手续，完成贺兰山自然保护区内采矿权剩余资源储量核算工作。开展自然保护区内矿业权清理工作和自治区“绿盾2017”自然保护区清理整治专项行动工作，逐一清查贺兰山、白芨滩、罗山、哈巴湖、云雾山、火石寨丹霞地貌、六盘山、沙坡头和南华山共9个国家级自然保护区内的矿业权设置情况，推进完成自然保护区矿山关闭退出和采矿权注销工作。

【资源储量管理】2017年，煤炭查明资源储量新增34670千吨（内蕴经济资源量），铜矿查明资源储量增加495吨，铅矿查明资源储量增加370.02吨，锌矿查明资源储量减少37.47吨；围绕自治区重点建设项目，完成银川至昆明高速公路、包银高铁等153个建设项目压覆重要矿产资源的核查工作；开展宁夏矿产资源开发利用水平调查评估试点工作，确定实地核查矿山73个，根据实地核查矿山的分布情况划分石嘴山、宁东、吴忠、中卫中宁、盐池和固原6个核查片区。完成石嘴山、中卫中宁、固原片区以及宁东和吴忠片区部分共计42个矿山的实地核查工作，占实地核查矿山总数的57.5%。

【矿业开发整治】2017年，组织开展安全隐患排查整治、全区煤矿超层越界开采专项检查及打非治违等专项行动，规范矿业开发秩序。共开展执法检查1131

次，出动执法检查人员6587人（次），车辆2271台（次），检查矿山企业单位和场所865家（处）；累计打击不按开发利用方案开采行为55起，越界开采54起，无证开采201起，下发责令停产整顿通知406份；实施关闭取缔330家（处），暂扣采矿许可证18家，吊销采矿许可证26家，罚没款1169.17万元。

【矿业权市场建设】2017年，严格执行国土资源部和自治区矿产资源评估及有偿使用制度，推进国家关于矿业权出让制度、矿产资源权益金制度改革。全区共成交矿业权108宗，涉及矿种为砂石土及石膏。矿业权成交价款4.59亿元，溢价2.5亿元。其中成交采矿权105宗，成交价款2.42亿元，溢价1.33亿元；成交探矿权3宗，成交价款2.18亿元，溢价1.17亿元。

【地质灾害防治】2017年，修订完善《宁夏回族自治区突发地质灾害应急预案》，自治区财政投入资金1100万元，补助市、县地质灾害防范工作经费，开展汛期地质灾害应急处置演练，启动自治区级地质灾害应急指挥系统建设。国土资源厅本级开展巡查排查100余人（次），实地巡查重要地质灾害隐患点260余处，联合自治区气象局发布地质灾害气象预报21次（二级预警4次、三级预警17次），开展应急演练43次，提升基层地质灾害防治能力。全年全区发生地质灾害6起（崩塌2起、泥石流2起、地裂缝2起），造成直接经济损失约30万元，无人员伤亡。落实地质灾害危险性评估工作制度，出台《自治区建设用地审查报批实施细则》，将地质灾害危险性评估报告作为建设项目用地报批的必备条件，为保障项目建设安全发挥了重要作用。

【矿山地质环境治理】2017年，联合中国地质大学（武汉）研究起草《宁夏回族自治区地质环境保护条例（草案）》。投入8579万元，实施贺兰山东麓平罗县崇岗砂石矿区、银川河东国际机场周边、盐池县冯记沟砂石矿区3个区域的生态环境恢复治理工程。完成宁夏全区矿山地质环境详细调查，并将成果上报国土资源部。组织实施自治区矿山地质环境恢复、综合治理规划和五个地级市、青铜峡市、盐池县规划编制工作，12月底完成自治区级治理规划编制任务。全年矿山企业共缴存矿山环境恢复治理保证金6358.66万元。坚决打好贺兰山生态环境保卫战，建立与石嘴山市、银川市协调协作机制，完成143处整治点的关停退出、环境整治，以及158处整治点土地权属信息摸排和建档工作，注销国土资源厅发证采矿权19个，公告注销1个。研究制定《贺兰山国家级自然保护区矿山企业矿山环境治理和生态恢复保证金提取使用意见》，先后为3家矿山企业退还采矿权价款458.92万元，10家矿山企业提取保证金2510.2万元。组织执法监察6个支队80%的骨干人驻贺兰山自然保护区，共出动人员4077人（次），车辆1071台（次），发现制止违法行为36起，扣押违法开采设备30台，炸封盗采洞口25个，严厉打击贺兰山自然保护区偷采盗采违法行为。

（韩　科）

测绘地理信息管理

【概况】2017年，全区投入测绘地理信息项目经费4450万元。完成全区28个宁夏卫星导航连续运行基准站网（NXCORS）“北斗”升级工作。更新“天地图·宁夏”和宁夏地理空间基础信息共享库数据内容。完成宁夏第一次地理国（区）情普查的验收工作，“天地图·宁夏”被国家测绘地理信息局评定为5星级省级节点。完成银川市、石嘴山市等11个市、县（区）数字城市地理空间框架建设项目。9月22日，自治区政府新闻办公室召开宁夏第一次地理国（区）情普查公报新闻发布会，向社会正式发布历时三年完成的宁夏第一次地理国（区）情普查成果。完成银川市、石嘴山市及吴忠市部分区域11个市、县（区）基础性地理国情监测任务。开展5个地级市地理国情动态监测工作。印发《自治区国土资源厅测绘业务随机抽查工作细则》《自治区国土资源厅测绘业务随机抽查事项清单》，对30多家乙级以下（含乙级）测绘单位开展“测绘资质巡查、测绘质量检查、地图管理监督检查”抽查工作。全年共受理办结新申请、升级资质单位23家，增加专业范围5家、资质降级1家，注销资质1家。截至年底，全区共有测绘资质单位149家，其中甲级3家，乙级27家，丙级65家，丁级54家。

【基础测绘】2017年，建成由28个基准站和1个数控中心组成的“宁夏北斗CORS系统”，推动了国产导航卫星的应用。宁夏卫星导航连续运行基准站网（NXCORS）系统用户数达到200多家，网络RTK使用终端数量1000个以上，平均每天在线RTK终端约有60个。为国土、地矿、农牧、市政、住建、水利、电力、地质、交通等行业实时提供高精度空间定位、高精度静态解算数据、大地水准面精化数据等服务。为宁夏电力公司银川供电分公司电表更新改造工程，提供了约8万个新式电表坐标信息，为自治区文物考古工作提供有关明长城、秦长城260幅地图资料数据格式转换服务。完成银川市、石嘴山市等6个市、县（区）

"数字城市"地理空间框架建设项目,组织实施泾源、彭阳2个县"数字城市"地理空间框架建设。

【遥感影像应用】2017年,自治区政府办公厅印发《宁夏回族自治区遥感影像资料管理规定(试行)》,对全区遥感影像的采购、加工处理、保管、提供、使用、公开出版、登载、展示等做了具体规定。宁夏遥感影像数据中心梳理、入库宁夏境内各时期影像近20种,数据量近40TB。开发建设的分布式数据查询平台和分发系统,可实现全区遥感影像的集中统一管理和高效分发服务。

【质量管理】2017年,组织对全区30家乙级以下(含乙级)资质单位测绘地理信息成果产品质量开展监督抽查工作。组织编制新型基础测绘质检技术方案;完成11个县(区)2017年度基础性地理国情监测和5个地级市、贺兰山东麓葡萄产业区地理国情动态监测质量检验;完成2016年度7个地理国情专题监测项目复查检验;完成"数字银川""数字泾源"基础地理信息数据成果质量检验。实施各类基础测绘成果检验4项,全年共出具质量检验报告72份。全年共检定GPS接收机、全站仪、经纬仪、水准仪、钢卷尺等各类测绘仪器共计1937台(件)。

【地理国情普查】2017年,召开宁夏第一次地理国(区)情普查领导小组成员联络员会议,议定了地理国情普查公报发布内容。4月12日,邀请国家测绘地理信息局有关专家和领导小组成员共同完成宁夏第一次地理国(区)情普查的验收。9月22日,自治区人民政府新闻办公室召开宁夏第一次地理国(区)情普查公报新闻发布会,向社会正式发布历时3年完成的宁夏第一次地理国(区)情普查成果。

【地理国情监测】2017年,开展银川市、石嘴山市及吴忠市部分区域11个市、县(区)约2万平方千米的基础性地理国情监测工作,完成方案编制、技术设计和培训;完成正射影像的生产和基础性地理国情监测任务。开展5个地级市地理国情动态监测工作,将宁东能源化工基地和银川市滨河新区纳入城市边界监测专题,实现动态监测。与自治区葡萄产业发展局合作开展贺兰山东麓葡萄产业区的动态监测。为党政领导干部自然资源资产离任审计工作提供地理国情普查、监测成果服务。利用国情普查数据服务"多规合一"试点工作。

【宣传与服务】2017年,联合自治区新闻出版广电局及银川新闻网等新闻媒体开展版图意识宣传教育"进媒体"活动及"问题地图"专项行动培训,组织部分事业单位到银川市第八中学、红寺堡区柳泉乡羊坊滩村小学开展国家版图意识宣传教育"进校园"活动,就国家版图意识与地图相关知识同学校师生进行讲座交流。全年为自治区党委、政府提供应急图件3000多幅,为自治区水利、交通等部门拼接了宁夏水系图,编制了全区交通图等图件。

【全覆盖排查整治"问题地图"专项行动】2017年8月,邀请自治区网信办、自治区政府办公厅、自治区国家保密局等相关单位领导与银川市国土资源局(测绘地理信息局)等单位共80多人集中收看全国全覆盖排查整治"问题地图"专项行动电视电话会议。宁夏国土资源厅成立宁夏全覆盖排查整治"问题地图"专项行动领导小组,印发了《关于开展全覆盖排查整治"问题地图"专项行动的通知》。领导小组各成员单位和各市、县(区)国土资源局根据要求均成立相应工作机构,制定了具体工作方案,抽调专人开展专项行动工作。自治区政府办公厅印发文件至各市、县(区)政府及自治区人民政府各部门,要求就政府网站登载"问题地图"进行排查,全面覆盖了全区在运行的274家政府网站;自治区新闻出版广电局邀请国土资源厅专业人员对本系统专项行动责任人进行培训,对所属各出版社登载使用地图情况进行排查;自治区工商行政管理局印发《关于开展全覆盖排查整治"问题地图"专项行动的工作通知》,要求全区各级工商和市场监管部门做好排查。全区工商和市场监管部门组织人员对书店、报刊亭、文具用品商店、影像图书市场、复印印刷企业、旅游景区和网络经销商进行排查。银川等五市组织人员集中对全市各种展会展馆、博物馆、车站、新华书店等场所进行清查。9月,国家全履盖排查整治"问题地图"专项行动领导小组第八巡查组,对宁夏全覆盖排查整治"问题地图"专项行动进行巡查并予以肯定。

【"天地图"建设与应用】2017年,利用卫星遥感影像、基础测绘、地理国情监测数据、"数字城市"地理空间框架成果数据,以及各相关部门的专题数据,及时更新宁夏地理空间框架数据。优化更新了"天地图·宁夏"和宁夏地理空间基础信息共享库数据内容,为自治区经济和信息化委员会等21个部门和单位提供地理信息共享服务,并在第十五届ESRI中国用户大会上作为优秀案例向全国用户进行展示。在国土资源部召开的国土空间基础信息平台建设研讨会上,宁夏国土资源厅被选为代表进行交流发言。"天地图·宁夏"被国家测绘地理信息局评定为五星级省级节点。全年共审核各类公开版地图、电子地图、书刊插图等230多幅,发放审图号20个。

【成果汇总与服务】2017年，共接收合格测绘、土地、地质各类资料322档，数据量5.4TB。为自治区内外规划、交通、水利、国土、环保、农业等部门和单位提供各类纸质地形图1061幅，控制点成果411个，遥感影像数据9.38TB，地理信息数据5.31TB。

【测量标志管理】2017年，排查处理泾源县测量标志保护隐患1起，完成银川市大连路2个GPS C级点和“NXCORS泾源站”的迁建工作，厅直属有关事业单位和工程建设方签订了三方协议。完成全区测量标志保护情况摸底调查工作，建立全区测量标志保护现状台账，为编制2018年全区测量标志普查维护项目预算提供相关依据。按时向22个市、县（区）核拨了2017年测量标志保护经费51万元。完成2017年度全区测量标志巡查工作。

【应急测绘保障服务】2017年，编制完成了兼顾应急测绘、地质灾害应急和应急会商三大功能的总体实施方案，方案包含固定翼无人机航空应急测绘系统、应急前线勘测系统、资源共享平台、数据资源存储管理系统、应急指挥中心和快速处理六大系统建设内容。完成应急指挥中心场地建设和设备采购公开招标工作。

（韩 科）

生态修复与建设

【造林绿化】2017年，依托三北防护林、天然林保护、退耕还林等国家重大林业工程，大规模推进国土绿化行动，制定《落实生态立区战略 大规模推进国土绿化行动方案》，启动实施六盘山重点生态功能区降水量400毫米以上区域造林绿化工程和引黄灌区平原绿洲生态区绿网提升工程。全年全区共完成营造林面积107.6万亩，完成率为107.6%，其中人工造林54万亩，退耕还林14.3万亩，封山育林28.6万亩，退化林分改造10.7万亩。完成未成林补植补造60.8万亩，全民义务植树1000万株。

【天然林保护工程】2017年，完成天保工程12万亩公益林建设任务，中央预算内投资2560万元，完成天保工程区10.9万亩中幼林抚育任务，下达抚育资金1308万元。5703名国有林场在职职工社会“五险”政策得到落实。下达天保工程管护资金9372万元，森林生态效益补偿基金9936万元。全区1530.8万亩天保工程公益林和892.8万亩补偿基金公益林得到有效保护。

【生态移民迁出区生态修复】2017年，完成生态移民迁出区人工生态修复66.77万亩，其中林业工程22.11万亩，草地建设和保护工程44.66万亩。林业工程完成造林22.11万亩，完成率100%，其中人工造林10.51万亩，中幼林抚育11.6万亩；草地建设和保护工程45.48万亩，完成率101.8%，其中人工种草26.05万亩，补播改良19.43万亩。自2014年至2017年，对生态移民迁出区1272万亩土地，通过封禁自然恢复和人工造林种草等措施修复生态。完成生态移民迁出区生态修复320万亩，占人工生态修复总任务的60.5%，移民迁出区植被覆盖度比2012年提高25个百分点，达到56%，生态修复示范区建设取得阶段性成效。

【防沙治沙综合示范区建设】2017年，在内蒙古鄂尔多斯市举办的《联合国防治荒漠化公约》第十三次缔约国大会上，向国内外宣传介绍宁夏防沙治沙经验；配合国家林业局三北局在盐池、灵武召开了三北工程精准治沙和灌木平茬复壮试点工作现场会。按照《国家沙化土地封禁保护区管理办法》的要求，配合国家林业局专家检查组对全区5个沙化封禁保护项目进行了自查和核查。以国家三北五期工程为依托，加快盐池、同心、沙坡头和灵武全国防沙治沙示范县建设，全年治理荒漠化土地90万亩。

【市民休闲森林公园】2017年，建成13个市民休闲森林公园，完成投资6.7亿元，占计划的130%。全区共建成25个市民休闲森林公园，占计划任务的118%，完成投资43.68亿元。建设规模13.84万亩，其中森林资源面积7.1万亩，建设游步道7861公里，辐射群众50万人。

【湿地保护与恢复】2017年，出台《宁夏湿地保护修复制度实施工作方案》，科学划定全区湿地保护红线，争取国家、自治区两级6200万元资金在宁夏开展生态效益补偿、退耕还湿、保护奖励试点等湿地恢复工作，受益项目区涉及全区10多个国家和自治区级重要湿地。新建了阅海、鸣翠湖国家湿地公园实时监控系统，配合国家林业局完成了青铜峡库区、固原清水河、中宁天湖国家湿地公园的挂牌验收和银川黄河外滩国家湿地公园试点验收工作。引导国家湿地公园搞好总体规划，开展湿地“四水经济”、湿地生态旅游。

【退耕还林还草工程】2017年，完成整地2.6万亩、造林1.7万亩，委托自治区林调院对全区2015年度实施的20万亩退耕地还林进行省级核查验收，核实面积合格率98.8%。及时兑现退耕还林中央政策补助资金5.08亿元。争取自治区出台退耕地还生态林国家补助政策，对第一轮退耕地还生态林国家补助政策到期后继续按20元/亩的标准给予补助；同时提高新一轮退耕还林补助标准，在中央补助基础上自治区财政再增加300元/亩，全年落实自治区财政追加退耕还林政策补助资金4920万元。完成2017年度三北工程建设任务，造林43万亩、退化林分改造12万亩、兑现资金1.24亿元。

（黄　维）

环境保护

【概况】2017年，出台《关于推进生态立区战略的实施意见》《宁夏回族自治区"十三五"环境保护规划》《宁夏回族自治区"绿盾2017"自然保护区清理整治专项行动方案》等一系列重要政策措施。编制完成《宁夏回族自治区生态保护红线划定方案》并获国务院批准。二氧化硫、氮氧化物、化学需氧量、氨氮总量减排完成国家下达的考核任务。全区环境空气质量优良天数比例达到76.4%，可吸入颗粒物(PM10)年均浓度为106微克/立方米，细颗粒物(PM2.5)年均浓度为42微克/立方米；剔除沙尘天气影响后，可吸入颗粒物(PM10)年均浓度为90微克/立方米，细颗粒物(PM2.5)年均浓度为39微克/立方米，完成了国家《大气污染行动计划》"十三五"约束性指标年度考核任务。地表水达到或好于Ⅲ类水体比例为73.3%，黄河干流宁夏段首次实现出入境均达到Ⅱ类优水质的历史性突破。颁布实施《宁夏回族自治区大气污染防治条例》，修订《宁夏回族自治区六盘山、贺兰山、罗山国家级自然保护区条例》《宁夏回族自治区自然保护区管理办法》。启动编制恶臭污染物排放地方标准。有序推进环保机构垂改工作。推行环境污染责任保险，全区共投保21家，新增投保企业17家。建立绿色金融发展合作机制，自治区环境保护厅与中国人民银行银川中心支行签署《关于加强环保信息共享协作 推动区域绿色金融发展合作备忘录》，共享企业环境违法信息，助推绿色金融发展，首批742条环境行政处罚信息已通报金融机构。

【生态立区战略】2017年11月13日，宁夏回族自治区党委、政府在银川市召开实施生态立区战略推进会，印发《关于推进生态立区战略的实施意见》(以下简称《意见》)，《意见》共28条，内容包括打造沿黄经济带、实施生态保护修复、环境污染防治攻坚、推进体制机制改革、加强管控和督查、强化组织保障等6个方面。《意见》提出，要全力打造生态优先、产城融合、人水和谐的沿黄生态经济带。推动产业结构绿色转型，严格产业项目准入，杜绝新增高耗水、高耗能高污染项目；大力推广节水技术和产品，5个地级市建成国家节水型城市；倡导推行绿色生活方式，推广新能源汽车；发挥民间团体和志愿者队伍作用，探索社会共治促进生态环境治理的新模式；加快建设绿色城乡，推广绿色建材，发展装配式建筑，新建建筑执行一星级以上绿色建筑标准。到2020年绿色建筑比例达到50%以上；90%的村庄实现生活垃圾减量化、资源化、无害化治理，农村自来水普及率达到85%以上，燃气入户率达到30%左右。《意见》要求，实施山水林田湖草一体化生态保护和修复工程。《意见》提出，利用三至五年时间基本解决大气、水、土壤环境突出问题，环境空气质量优良天数比例达到80%，地表水国控断面三类及以上水质比例达到73.3%，受污染耕地安全利用率达到98%以上；消除重污染天气和劣五类水体。到2020年，完成清洁取暖改造，原煤散烧全部清零；严禁秸秆焚烧，推进秸秆资源化利用；重点对用永宁、贺兰等县区的医药、生物发酵、农药、染料中间体等行业企业实行全过程管控，对异味污染突出、群众反映强烈的限期、限产整改，严格按照中央环保督察反馈意见整改时限要求关停治理效果不明显的企业。严控农业面源污染，到2020年，全区化肥使用量不超过105万吨/年，农药使用量不超过2800吨/年。《意见》明确，要建立和完善生态文明机制体制。建立决策实施追踪制度，全面评估决策执行对生态环境影响，建立领导干部任期生态文明建设责任制，落实生态环境保护"党政同责、一岗双责"；对区域环境质量恶化，出现重大生态破坏事件的实行"一票否决"，对造成生态环境和资源严重破坏的实行终身追责；推进环境污染强制责任保险、排污权有偿使用和交易、碳排放权交易；建立排污者依法纳税、第三方治理与排污许可证制度有机结合的污染治理新机制。《意见》提出，要加强生态环境保护管控和督查。到2020年国土空间开发强度不高于6.6%；制定促进绿色消费、低碳出行、生活垃圾分类回收等方面政策措施；健全环境保护督察组织机构，完善工作机制；建立领导干部干预生态环境保护执法登记制度；完善生态环境信息定期通报和突发环境事件信息发布制度，鼓励群众监督举报损害生态环境的行为。《意见》提出，宁夏回族自治区将成立生态立区战略实施领导小组，统筹协调生态立区战略实施中的重大事项；加强生态文明建设的党政人才、专业技术人才、产业人才、基层实用人才队伍建设；加大财政投入，统筹整合专项资金，稳定增加生态环境保护建设资金；建立生态保护监管和资源环境承载能力监测预警平台。

【环境保护督察】2017年，自治区党委、政府主要领导分别主持召开党委常委会议和政府常务会议、环保督察整改工作领导小组会议、政府专题会议22次，研究部署整改工作任务。自治区纪委、监察厅牵头对中央第八环境保护督察组移交的生态责任追究案件进行了查办，并向社会公开。对照《宁夏回族自治区贯彻落实中央环境保护督察组督察反馈意见整改工作考核验收办法（试行）》有关要求，建立整改进展定期调度通报机制，组织召开整改验收培训会、调阅整改资料档案、现场督导检查企业、整改点位等方式，共发现各类问题128个，推进反馈意见整改销号工作。自治区环保部门强化环境监察执法，全年全区各级环保部门累计实施行政处罚758件，罚没款金额8921.82万元，查封扣押70件，限产停产102起，移送行政拘留案件33件，移送涉嫌环境污染犯罪11件。自治区宣传部门先后将整改方案和督察组移交的生态破坏案件责任追究情况在自治区人民政府网站、宁夏电视台、《宁夏日报》公开发布。截至年底，完成整改问题24个，剩余1个在积极推进，完成率95.8%。大气方面，通过整改和实施2017年冬季大气污染防治攻坚行动，全区空气环境质量得到改善，优良天数同比增加。全区5个地级市全部划定高污染燃料禁燃区，加大用煤单位煤质检测力度；落实建筑工地6个100%抑尘措施，加大城市建成区机械化清扫保洁力度和频次；针对制药及生物发酵企业恶臭扰民问题，对宁夏伊品生物科技股份有限公司、宁夏泰瑞制药股份有限公司、宁夏启元药业有限公司3家企业实施停产整治。截至年底，共关停小火电机组11台，累计淘汰燃煤锅炉1640台、黄标车老旧车4.7万辆，完成509座加油站油气回收改造任务。水方面，落实国家“水十条”和自治区水专项行动，监测数据显示，全区黄河干流Ⅱ类水质断面比例从2016年的66.7%上升到2017年的100%。重点入黄排水沟沿线12个工业聚集区已全部建成污水处理设施或依托城镇污水处理厂集中处理污水；固原市44户万吨以下马铃薯淀粉加工企业已全部拆除或停产；53个工业企业直接入黄排水沟排污口，已取缔封堵40个。通过关停河道采砂场、清除违章建筑和河道垃圾，取缔非法排污口、提升改造污水处理厂、建设人工湿地和氧化塘等措施，加大清水河（固原段）、葫芦河、渝河、茹河、沙湖治理力度，与2016年相比，2017年茹河水质由Ⅴ类提升至Ⅲ类，渝河水质由劣Ⅴ类提升至Ⅳ类，葫芦河水质由Ⅴ类提升至Ⅳ类，沙湖水质由劣Ⅴ类提升为Ⅴ类。自然保护区方面，成立自治区“绿盾2017”自然保护区清理整治专项行动领导小组，对中央环保督察反馈意见问题清单所涉及的自然保护区问题和“绿盾2017”国家级自然保护区监督检查专项行动自查出的问题，逐个制定整治方案，有序分步推进。

【政务信息及环境信访】2017年，通过宁夏环境保护网发布政务动态信息10737条，日均访问量达3500多次，回应公众关注热点或重大舆情54次。宁夏环境保护网顺利通过国家版权局软件正版化检查考核。全区“12369”环保举报热线共受理群众环境污染投诉4091件，同比上升36.1%。其中，环境噪声污染投诉2459件，占总投诉的60.1%，同比上升40.4%；大气环境污染投诉1400件，占总投诉的34.2%，同比上升34.2%；水环境污染投诉160件，占总投诉的3.9%，同比上升15.1%；固体废物污染投诉33件，占总投诉的0.8%，同比下降15.4%；电磁辐射污染投诉12件，占总投诉的0.3%，同比下降25%；其他污染投诉27件，占总投诉的0.7%，同比上升42.1%。按环境污染投诉行政区域划分，自治区“12369”环保举报热线共受理环境污染投诉88件，占总投诉的2.2%，同比下降32.3%；银川市受理环境污染投诉2756件，占总投诉的67.4%，同比上升79%；石嘴山市受理环境污染投诉353件，占总投诉的8.6%，同比下降7.1%；吴忠市受理环境污染投诉579件，占总投诉的14.2%，同比上升18.4%；固原市受理环境污染投诉154件，占总投诉的3.8%，同比下降16.3%；中卫市受理环境污染投诉161件，占总投诉的3.9%，同比下降42.9%。通过全国“12369”环保举报管理平台，宁夏共接到微信举报、网络举报、电话举报投诉1316件，办结1083件、办理中23件、不予受理210件，银川市接到环境污染投诉1037件，占总投诉的78.8%；石嘴山市接到环境污染投诉95件，占总投诉的7.2%；吴忠市接到环境污染投诉77件，占总投诉的5.9%；固原市接到环境污染投诉44件，占总投诉的3.3%；中卫市接到环境污染投诉44件，占总投诉的3.3%；宁东环保局接到环境污染投诉19件，占总投诉的1.4%。全年共编发《宁夏环保舆情动态》32期。编制“环保厅零点行动”“宁夏‘绿盾2017’”“大气攻坚行动”等9个舆情专报。全年办理答复有关环保的建议提案55件。

【大气污染防治条例颁布】2017年9月28日，宁夏回族自治区第十一届人民代表大会常务委员会第33次会议通过《宁夏回族自治区大气污染防治条例》（以下简称《条例》),并于2017年11月1日颁布实施。《条例》共8章56条,是宁夏回族自治区现有唯一一部大气污染防治领域的单行法规。

【规划与财务】2017年,印发实施《宁夏回族自治区环境保护“十三五”规划》,明确“十三五”的五年中全区环保工作的总体要求、奋斗目标和工作重点,是指导全区环境保护工作的纲领性文件。制定《空间规划(多规合一)建设项目行政审批改革试点方案》《关于建立宁夏空间规划(多规合一)利益补偿制度的意见》《宁夏回族自治区空间规划三区三线划定技术规程》《宁夏回族自治区空间规划条例》《宁夏资源环境承载力评价方法》和《宁夏空间规划开发强度测算方法》等办法规程,并编制《宁夏空间规划》“环境污染治理”章节。全年全区争取到环保资金9.96亿元,其中,自治区环保专项资金7.08亿元,中央环保专项资金2.88亿元。2017年中央下达宁夏国家重点生态功能区转移支付资金15.51亿元,同比增长9.4%。建立全区环境保护项目库和“十三五”项目储备库。

【环境影响评价】2017年,强化各地落实自治区人民政府《关于加快开展工业园区规划环境影响评价工作的通知》的相关工作要求,建立定期调度推进机制,有效推动工业园区依法落实规划环评要求。全区32个工业园区规划环评执行率达到87%。国家环保部受理并审查石嘴山高新技术开发区、石嘴山经济技术开发区规划环评报告书,完成了青铜峡嘉宝轻纺工业园区规划修编环评报告书的审查。跟踪推进环保部审批的自治区重点建设项目,新建中卫至兰州高铁项目于5月获得环保部批复。全年共审批了宁夏甘肃鄂尔多斯盆地西缘南部惠安油田产能建设工程、省道308线郑记堡至石沟驿段公路等4个重点项目环评,涉及总投资约142.1亿元。完成了中石油宁夏石化公司500万吨/年炼油改造工程等7个项目的环保验收,吴忠热电厂等3个火电企业烟气污染防治设施和银川河东国际机场三期扩建项目中的T3航站楼及配套工程的先期验收。全区统一实施排污许可制管理,发布了火电、造纸和钢铁、水泥及石化工业企业等申领排污许可证相关事项的通告,根据《固定污染源排污许可分类管理名录(2017版)》排查排污许可证核发相关企业,建立工作清单,督促企业在规定的时限内通过国家统一的排污许可证管理信息平台申领排污许可证。完成全区火电(含自备电厂)、钢铁、造纸、水泥等14个行业119家企业排污许可证核发工作。开展环评审批信息联网报送工作,自1月起,区、市、县三级建设项目环评审批、验收信息,通过建设项目环评审批数据管理系统(宁夏)实时报送环保部,全区各级环保部门年内共向环保部实时报送1237个项目环评审批信息、167个验收项目的审批信息。

【大气环境管理】自2017年11月1日起,《宁夏回族自治区大气污染防治条例》开始施行。完善自治区大气污染防治督查考核机制,建立月调度、季督查、半年核查和年终考核制度。启动冬季大气污染防治攻坚行动,先后向空气质量恶化、重点任务推进缓慢的相关地市下发预警函18份、督办函30份、问责建议函1份。11月27日,自治区政府大气污染防治工作组下派全区。5个地级市先后首次发布重污染天气预警以及城市建成区烟花爆竹燃放管控措施、机动车限行措施。全年共淘汰燃煤锅炉1640台。下发《关于加强城市建成区煤质管控的通告》,开展2017年冬季煤质管控专项行动,抽检煤质合格率68.8%。建成22个封闭配煤中心,取缔无照经营煤炭企业9家;建立市、县、乡、村四级秸秆焚烧联防联控责任体系,着火点数量同比下降83.8%。完成超低排放改造火电机组11台370万千瓦,655座加油站完成油气回收改造。完成石化行业2家企业挥发性有机物排查整治试点。建成自治区机动车排污监管平台,全区45家检测机构实现国家、自治区、地市三级联网。淘汰黄标车和老旧车47233辆。督促落实建筑工地6个100%扬尘控制措施,城市道路机械化清扫率达到64%,比上年提高了18个百分点。落实秸秆、垃圾禁烧责任制,60多名干部先后被问责。强化餐饮油烟治理,减少面源污染。石嘴山市大武口区发生一起人为喷淋干扰环境监测事件,相关责任人被处分。

【水环境管理】2017年,全区水环境质量例行监测断面(点位)共62个。其中地表水(包括黄河干流、支流和湖泊水)28个;13条主要入黄排水沟水质总体为重度污染,劣Ⅴ类重度污染水质断面所占比例有所下降;黄河干流宁夏段监测断面6个国控断面均为Ⅱ类优水质,所占比例为100%,水质总体有所好转。与2007年相比,平罗黄河大桥、麻黄沟断面水质类别均由Ⅲ类提高为Ⅱ类,水质有所好转;其余4个断面水质类别无明显变化。全区监测的8个沿黄重要湖库水质总体为轻度污染。应监测的9条黄河支流水质总体为轻度污染,劣Ⅴ类重度污染水质断面所占比例有所下降。全区监测的15个地表水国家考核断面(点位)中,符合考核目标的断面13个,所占比例为86.7%,其中,清水河三营断面为劣V水质,沙湖为V水质,水质类别未达到考核目标要求。全区共有39个县级及以上饮用水水源地,其中国家考核的11个城市集中式饮用水水源地中5个水源地个别项目存在超标现象,其余水源地监测项目均达到饮用水水质标准。全区排查的5个地级市建成区中有黑臭水体13条,其中银川市9条。制定《清水河流域综合治理规划》,全面开展沿岸控源截污和人工湿地建设。按照住建部、环保部效果评估和公众满意度调查,截至年底有12条黑臭水体整治达到不黑不臭年度整治目标。封堵涉水工业企业直排口45个。除宁夏同心县同德慈善产业园外,其余30个省级及以上工业园区全部建成或依托城镇污水处理厂集中处理污水并安装自动在线监控装置。全区36座城镇污水处理厂33座完成提标改造。在全区13条重点入黄排水沟适宜地段,已建成投运人工湿地的重点入黄排水沟6条。全区22个县(市、区)全部完成畜禽禁养区划定,划定畜禽养殖禁养区254个1万多平方公里,依法关闭或搬迁禁养区内养殖场(小区)共33家。全区水污染防治顺利通过国家考核。完成2899个加油站当中1142个双层罐及地下防渗设施改造工作,完成比率39.4%。完成5家企业清洁生产改造。

【自然生态保护】2017年,完成9类159处禁止开发区及保护地基础资料的收集、整理、完善和数字化成图工作;科学评估、识别确定全区生态功能极重要区域和生态环境极敏感脆弱区域,并采用空间规划双评价方法进行相互校核,确保科学划定生态保护红线。开展9个重点领域生态保护红线方案专题研究,先后召开12次专家审查会、咨询会、论证会等,绘制了近900张不同区域生态保护红线范围分布图,100余套生态保护红线划定图册,对提出的1200多个问题逐一研究解决,形成了四类22项成果。全面部署开展"绿盾2017"自然保护区清理整治专项行动,取得了阶段性成效。重点排查保护区采矿、采砂、工矿企业和保护区核心区、缓冲区内旅游开发、风电开发等生态环境影响活动,以及2013年以来新增和规模明显扩大的人类活动。专项行动中,对2016年中央环保督察反馈自然保护区问题,抓好整改落实。对"绿盾2017"国家级自然保护区专项行动遥感监测反馈的重点核查问题整改到位。部署全区12个县(区)开展国家重点生态功能区县域生态环境质量考核工作。

【土壤环境管理】2017年,全面启动土壤污染详查,自治区政府印发《宁夏回族自治区土壤污染状况详查工作实施方案》,成立自治区土壤污染状况详查工作领导小组。5个地级市、22个县(区)全部印发《土壤污染状况详查工作实施方案》。自治区政府与5个地级市政府及宁东能源化工基地管委会签订《土壤污染防治目标责任书》。制定并印发《宁夏回族自治区土壤环境保护和综合治理规划(2016—2020)》,确定宁夏土壤环境保护和综合治理的目标、主要任务、政策措施、重点工程和保障机制。完成全区土壤污染状况详查重点污染源企业遥感位置核实工作,全区22个县(区)的重点污染源企业遥感位置核实工作数据通过国家审核。举办全区农用地土壤污染状况详查点位核实、样品采集流转制备保存技术培训。全区共布设农用地点位3036个,涵盖全区所有县域,点位类型包括表层土壤点位3026个、深层土壤点位4个和农用产品协同土壤样点761个,共详查单元319个,筛选土壤问题突出区点位97个,在717个重点污染源周边布设详查点位。开展确定7家全区土壤污染状况详查分析测试实验室。组织实施利通区、贺兰县污灌区土壤污染修复治理项目。确定公布土壤污染重点监控企业107家。组织开展首批疑似污染地块名录的建立工作,确定了3块区内首批疑似污染地块,并完成系统信息录入。

【环境执法】2017年,推进中央环保督察整改,约谈了6个地方政府、8个环保部门、45家问题企业。对各地各有关部门整改任务落实、自治区领导包抓重点环境问题推进整改和转办件"回头看"防反弹等工作开展情况进行2次督查,调阅资料档案1500余份,现场检查企业、整改点位280余个,指出发现各类问题128个;对贺兰山、白芨滩、哈巴湖、沙坡头等自然保护区生态环境综合整治工作进行专项督查;开展现场督查、督办,召开整改推进会、座谈会等工作会议22场,研究解决问题40多个。建立月调度工作机制,共下发通报9期,通报22个方面122个具体问题,提出整改要求35条,中央环保督察反馈的24个问题基本完成整改23个,办结转交的群众投诉案件473件。全年全区出动执法人员17600余人(次),检查企业近6600余家(次),立案查处环境违法案件815件,行政处罚758起,罚款金额8922万元,是2016年的3倍。其中按日计罚10起,查封扣押43家,限产停产88家,移送拘留28起,移送涉嫌环境犯罪10起。先后两次召开恶臭治理专题推进会议,对恶臭治理工作进行现场督办,对永宁县3家制药及生物发酵企业实施停产整治。完成工业企业直接入黄排污口取缔工作,共取缔直排口9个,封堵涉水企业排污口13个,完成北河子沟沿线屠宰场、豆腐加工作坊排污口的取缔，排查纳污坑塘3处。全年全区共征收排污费2.8亿元。

【环境监测】2017年，印发《宁夏回族自治区生态环境监测网络建设工作方案》，组织全区社会化环境监测服务机构进行调研，制定《宁夏区控环境空气质量监测城市站社会化运维实施方案》，推进全区生态环境监测网络建设，完成全区22个县级环境空气质量自动监测站升级改造工作，实现环境空气质量新标准县级全覆盖。印发《2017年全区环境监测方案》和《2017年全区环境监测工作要点》，确定了2017年国控和区控重点污染源企业名单。编发《全区环境质量状况及分析》《环境质量专报》16期。在全国率先完成国家地表水事权上收采测分离工作。印发《宁夏自治区人民政府关于开展第二次全国污染源普查的通知》《宁夏自治区人民政府办公厅关于印发〈第二次全国污染源普查工作实施方案〉的通知》，设立自治区分管主席任组长的全区第二次污染源普查领导小组及其办公室，各市县也成立了普查机构。编印《宁夏环境质量月报》12期。编制完成《2016年宁夏回族自治区环境状况公报》《2016年宁夏环境统计年报》《2016年宁夏环境质量报告书》及各类环境质量分析图表材料和“十三五”水、气、土方面的环保规划等各类环境质量综合分析报告。完成全年地表水环境监测网质控考核、全区重点污染源监督性监测质量抽查考核及涉及水质、空气、土壤三大类共90项（次）的质控考核。完成2016年生态遥感解译及2017年全区生态遥感监测数据质量检查工作。完成全区22个市县区高分遥感影像的质量检查工作；完成全区165个生态野外核查点位的核查和信息采集。开展石嘴山市、吴忠市和固原市环境监测站2017年持证上岗考核及全区15个市县级监测站空气自动站监测人员持证上岗考核。筹备建设了宁夏环境监测中心站门户网站。

【辐射环境安全监管】2017年，开展放射源安全检查专项行动，对全区59家涉源单位1258枚在用放射源和66家工程检测公司开展全面排查，对14家涉源单位存在的30个问题提出整改要求，对24家违法使用含有放射源仪器的工程检测公司进行依法查处，收贮5家停产或工艺改造企业闲置放射源29枚。完成辐射安全许可和转让审批53家次，备案42家次；完成23个辐射类建设项目的环评审批，29个竣工环境保护验收，3个技术审查项目，所有审批项目审批时限内办结率100%。将宁夏核与辐射安全中心“辐射安全许可，放射性同伴素转让审批”等行政职能剥离划归自治区环境保护厅环境影响评价处（核与辐射环境管理处）。取消辐射类建设项目竣工环境保护验收调查、监测和废旧放射源收贮等行政事业性收费项目，停止委托监测、个人剂量监测、环评验收监测等所有经营性收费项目。完成第二次全国污染源普查伴生放射性矿普查年度任务，对全区8个行业、15类矿产资源610家企业开展污染源普查初测，初测任务完成率100%。对90家核技术利用单位和29家异地使用放射源单位进行监督检查。依法查处32家核技术利用单位70余个问题，开展春节“两会”“十一”、十九大等重要时期的专项安全检查。对2013年以来通过环评审批的151个电磁辐射类项目进行梳理，对“久拖不验、久试不验”建设项目和重大变更“未批先建”建设项目开展了专项清查整治。完成辐射环境检测机构计量认证复审和增扩项，已具备47个监测项目的分析能力。开展4个辐射环境自动站连续γ辐射空气吸收剂量率监测，完成监测样品采集、测定及黄河水、饮用水的采集和测量分析，对全区土壤点的采样和γ核素进行测定。全年共采集水、气、土壤、生物样品170个，完成30个国控监测点位、29个监测项目的监测分析任务，自主完成150个监测样品的分析测量，按时报送全年的国控点监测数据，辐射环境自动监测站数据获取率持续全国领先，环保部通报的2016年辐射环境自动监测站数据获取率宁夏位居全国首位。开展全区集中式饮用水源地放射性水平调查与评价工作，完成21家地级以上城市集中式生活饮用水水源地、市场销售瓶装水及桶装水在本行政区的水源采样及核素分析。全年共妥善处置辐射类信访投诉12起。全年共安全收贮21家核技术利用单位98枚废旧、闲置放射源，收贮70公斤放射性废物，妥善处置达到清洁解控水平的500公斤放射性医疗废物。

【固体危险废物安全监管】2017年，公布全区固体废物重点监管企业43家，开展全区工业固体废物网上申报工作，强化工业固体废物贮存处置场排查及规范化管理督察工作。全区规模较大的32个工业园区中，一般工业固体废物年产生量超过100万吨的园区有11个，其中5个园区贮存处置场建成投运、1个在建、1个停建、1个规划设计中，3个未建。推进危险废物规范化管理工作，公布国控危险废物重点监管企业11家，自治区控危险废物重点监管企业80家。危险废物网上申报登记企业184家。在全区60家重点监管源企业208个监控点位安装监控设施，其中30家企业专网已链接并完成调试，实现危险废物24小时视频监管。对全区99家涉危企业危险废物规范化管理工作进行专项考核，达标67家，基本达标21家，不达标5家，总体抽查合格率为87.8%。检查涉危险废物企业280余家（次），发现问题800余个，下达现场记录260余份，下达整改通报函12份，移交属地环保部门查处环境违法行为24件。依法取消危险废物区内转移审批，简化危险废物转移和经营许可证审批，印发了《宁夏回族自治区危险废物经营许可证审查实施细则》《关于进一步加强和规范危险废物转移管理有关工作的通知》，优化危险废物省外转移审核程序。全年共发放危险废物经营许可证34家，批准转出危险废物22件，转移量1.86万吨；批准转入危险废物77件，转移量13.02万吨。全面落实医疗废物安全处置工作，强化5市医疗废物集中处置单元无害化处置情况的监管。开展全区5家废铅酸蓄电池回收体系建设试点单位的现场检查工作。对31家涉重金属排放企业进行全面检查。开展了废弃危险化学品排查工作。加大对非法拆解废弃电器电子产品行为的查处力度，规范企业拆解处理活动。安排部署全区再生资源利用专项检查工作。举办全区环保部门固体废物管理人员及重点监管企业人员培训班。培训全区固体危险废物环境监管人员和从业人员共700人（次）。

【环境宣传教育】2017年，举办"六·五"环境日系列宣传活动。开展"我为环保做贡献"绿色承诺签名、百名儿童环保绘画、环保公众开放日等活动，发放环保宣传资料13万册、宣传品7万个。举办环保大讲堂25期，组织放映环保科普电影500场。开展全区环保摄影大赛。全年接待区内外新闻媒体采访60余次，编发环境新闻通报60期。全年共刊发新闻稿件1600余条（篇）。全年共宣传报道中央环保督察整改新闻900多条。在全区大气污染攻坚行动期间，在各类媒体推出300余篇曝光稿件。协调宁夏日报以"坚决打赢污染防治攻坚战"为主题，在"塞上论坛"推出10篇环保时评文章。"宁夏环境保护"微信平台，累计推送环保信息1200余条，其中环保动态原创作品400条，关注人数达到6400余人，新增4000多人，阅读量41万人（次）。

【环境应急】2017年，严格落实24小时值班制度和突发环境事件预情接报及信息报送工作。全年全区共发生突发环境事件11起。完成自治区十二次党代会、中阿博览会及十九大期间的环境应急、舆情监控、网络安全24小时值班等工作。开展全区突发环境事件风险隐患排查和治理及督查工作。确定重点风险源企业332家，发现风险隐患30家，其中短期治理的风险隐患已整改19家，11家中长期治理的隐患已列入整改工作计划中；199家国控企业实现在线监控。完成所有工业园区和重点企业风险评估、突发环境事件应急预案备案工作。完成2次环境事件应急演练。修订印发《宁夏回族自治区突发环境事件应急预案》《宁夏回族自治区重污染天气应急预案》。各地级市人民政府重新修订重污染大气应急预案。

（崔万杰）

NINGXIA YEARBOOK

旅游 体育

LVYOU TIYU

编辑◎霍丽娜

旅　游

全域旅游

【概况】2017年，全区旅游要素稳步发展，A级景区73家（其中AAAAA级4家、AAAA级17家、AAA级34家），星级旅游饭店98家（其中四星级33家、三星级60家），旅行社135家（其中出境组团社25家、赴台资质旅行社5家），乡村旅游示范点312家，自驾车营地13家，旅游商品研发基地28家，持证导游人数3501人，旅游直接从业人员7万余人，带动社会就业28万人。全区开工建设旅游项目234个，完成投资175亿元，项目开工数和完成投资分别同比增长36.1%、36.3%。全区财政性旅游投资4.6亿元，撬动社会投资170亿元，带动了商贸、餐饮、住宿、运输等行业发展。全区42家景区联合推出"宁夏旅游惠民一卡通"重大旅游惠民措施，宁夏人花199元可在一年内无限次畅游家乡美景。组织全区30家3A级以上景区推出"金色九月半价游宁夏"主题活动，成为国内首个对全国游客实施门票半价优惠的省区。以"冬游宁夏·享受阳光"为主题，全行业联合组成冬季旅游促销团赴40多个省区市开展促销活动，推出滑雪滑冰、文化体验、美食夜市等100多项冬季特色旅游活动，发放冬季旅游护照60万本，全面带火了宁夏冬季旅游，"一年皆宜旅游"新形象凸显。全年全区人均年出游4.5次。截至年底，接待游客突破3000万人次大关，旅游总收入达到278亿元。两项指标10年内首次双双实现20%以上增长，旅游总收入占全区地区生产总值的的比重超过8%，旅游业进入自治区战略性支柱产业行列。

【顶层设计】2017年，召开了全域旅游发展推进会，出台《关于加快全域旅游示范区建设的意见》，明确全域旅游发展的路线和责任，完成《宁夏全域旅游发展总体规划》及五项子规划的编制工作，确立"一业融五化"的发展思路和"打造千亿级旅游产业"的发展目标。启动《宁夏东部环线旅游发展规划》《宁夏乡村旅游指南》编制工作。自治区旅游发展委员会指导中卫市、固原市、西夏区、永宁县、平罗县、青铜峡市、泾源县、同心县、盐池县等全域旅游示范市、县创建工作，落实2亿元创建补贴资金。新修订《宁夏回族自治区旅游条例》，为全域旅游发展提供了法律保障。

【全域旅游创建】2017年，自治区出台《自治区人民政府关于加快全域旅游发展的意见》，打造宁夏旅游"东部旅游环线风景大道"。安排专项资金2120万元，建设21个旅游驿站，沿S202省道加快开发建设宁夏旅游闭合环绕线路，拉长旅游产业链，带动370公里沿线旅游资源开发。启动宁夏全域旅游干线公路标志牌更新工程，提升宁夏境内高速公路和普通干线公路旅游标志。推进中卫市、西夏区、永宁县、平罗县、青铜峡市、泾源县全域旅游示范县区重点改革试点工作。

【旅游精品化措施】2017年，六盘山长征景区、青铜峡大峡谷、盐州古城历史文化旅游区创建国家5A旅游景区进展顺利，中卫腾格里金沙岛创建国家级旅游休闲度假区，全区9家旅游景区创建国家4A级旅游景区。支持张裕摩塞尔十五世酒庄、西夏王玉泉国际酒庄、志辉源石酒庄、巴格斯酒庄等多家酒庄开发葡萄酒特色旅游产品，整合推出葡萄酒观光休闲之旅、品评体验之旅等多种旅游项目，让游客"跟着葡萄酒去旅行"。联合旅行社、旅游景区，推出15条精品旅游线路产品，其中3条红色旅游线路已纳入全国红色旅游发展规划。首次联合甘肃、内蒙古、陕西等省推出了丝绸之路联线旅游项目。

【旅游项目投资】2017年，争取国家资金支持六盘山范家峡森林公园、彭阳县茹河瀑布风景区、盐池县哈巴湖旅游景区、西吉县党家岔震湖景区建设。宁夏26个重点项目入选全国优选旅游项目名录。西夏陵申报世界文化遗产基础设施建设工程、贺兰山东麓瑞信葡萄生态旅游项目、天山海世界·黄河明珠建设项目、中卫丝路沙坡头南岸半岛旅游项目、三沙源国际生态文化旅游及休闲度假园项目5个旅游项目入选自治区2017年重点建设项目名单。截至10月，完成项目投资38亿元。中卫市旅游新镇、固原市游客集散中心的建设、六盘山周沟滑雪场项目工程等已建成投入运营，东部环线21个旅游驿站开工建设，固原市8条208公里旅游环线及综合配套设施工程、盐池花马湖房车汽车旅游度假营地、腾格里金沙岛度假区、六盘山长征景区、青铜峡大峡谷等景区创建国家AAAAA旅游景区、中卫腾格里金沙岛创建国家级度假区等精品项目稳步实施。

【乡村旅游建设】2017年，持续打造“望得见山、看得见水、记得住乡愁”的乡村旅游，自治区旅游发展委员会与各相关厅局合力打造10个特色产业示范村，抓好乡村旅游连片整村推进，西吉县龙王坝村被农业部确定为“中国最美休闲乡村”。闽宁镇原隆村被评为中国乡村旅游创客示范基地。自治区加大对首批10个省级特色旅游小镇的支持，指导西夏区镇北堡镇、永宁县闽宁镇、同心县韦州镇、泾源县泾河源镇文化旅游特色小镇按照AAAAA级景区建设。实施宁夏旅游民宿智能化服务，正式上线运营“宁夏乡里约”网站和手机客户端。200多户农家乐入驻“宁夏乡里约”网站，为游客提供餐饮、住宿、采摘、节事活动预定等服务。推动建设自治区智慧旅游系统和“丝路风情网站”，为全区三星级以上农家乐、乡村旅游点、有条件的旅游扶贫重点村通过微博、微信等新媒体进行在线宣传和推销销售。六盘山滑雪场项目、泾源县老龙潭景区提升工程项目等一批旅游扶贫项目完工。评选开展十大旅游扶贫重点村，乡村旅游扶贫百名模范户、乡村旅游千名致富带头人等活动，乡村旅游建设成为推动全域旅游发展的“加速器”。

【宁夏六景区年接待量超百万人次】2017年，宁夏有6家景区年接待量超百万人次，分别是镇北堡西部影城、沙坡头旅游区、青铜峡黄河生态园、瑞信快乐小镇、水洞沟旅游区。年接待量超过50万人(次)的景区(点)有8家，分别是沙湖旅游区、六盘山红军长征景区、北武当生态旅游区、黄沙古渡生态旅游区、贺兰山岩画、中国枸杞馆、黄河楼、彭阳茹河瀑布；年接待量超过30万人次的景区(点)有10家，分别是西夏陵、银川黄河军事文化博览园、西夏风情园、宁夏园艺产业园、银川文化城、奇石山文化旅游区、盐池革命烈士纪念园、六盘山景区开发公司(老龙潭、胭脂峡)、须弥山旅游区、腾格里沙漠湿地·金沙岛旅游区。

【石嘴山市出台奖励办法促进全域旅游发展】2017年12月27日，石嘴山市召开《促进旅游业发展奖励办法(试行)》新闻发布会并公布，为进一步加快推进全域旅游发展。《石嘴山市促进旅游业发展奖励办法(试行)》提出，石嘴山市新建并评星定级的饭店、景区最高可一次性奖励200万元；明确了针对旅游包机、航班切位、旅游专列、旅游住宿等根据游客人数对旅行社最高奖励6万元，并根据情况可重复享受奖励；明确了游客享受免门票等优惠政策与条件；明确了申报程序、奖励审核及监督管理等相关细则。同时，针对旅行社违反相关法规、扰乱市场秩序等行为规定了具体处罚措施。《石嘴山市促进旅游业发展奖励办法（试行）》的出台和实施，是石嘴山市通过发展旅游业促进老工业城市转型发展的具体举措。

（秦志龙）

产业开发

【项目建设】2017年，安排3.6万元支持旅游项目建设。编制完成《宁夏全域旅游项目指南》，西夏陵申报世界文化遗产基础设施建设工程等5个旅游项目入选自治区2017年重点建设项目名单，天山海世界·黄河明珠等26个旅游项目入选全国优选旅游项目名录。旅游综合体、景区基础设施、旅游交通设施配套、旅游新业态等成为财政投资的重点领域，休闲度假、葡萄酒庄体验、自驾车房车营地、乡村旅游等成为社会资本的热点投向。东部环线风景道建设启动，21座旅游驿站基本建成。灵州古城历史文化旅游区、盐州古城历史文化旅游区和悦游银川、天山海世界·黄河明珠、银川长城神秘西夏文创园等项目开工建设。中卫市旅游新镇、固原市游客集散中心、六盘山周沟滑雪场等项目建成投运。固原市8条208公里旅游环线及综合配套设施工程、盐池花马湖房车旅游度假营地、六盘山长征景区等精品项目稳步推进。泾源县20公里旅游服务带建设项目取得新成效。

【产业融合】2017年，推动“旅游+”工程，华夏河图禾乐村、凤凰花溪谷等农业旅游项目备受青睐；宁夏伊利乳业工业旅游景区、红山河工业旅游观光园等进入国家 A 级景区行列；“悦游银川”“北疆天歌”“烽火西夏”“黄河拜水盛典”等文化旅游项目相继推出；盐池长城关旅游区荣获国家通用航空旅游示范单位，沙坡头旅游区荣获国家体育旅游示范单位；檀溪谷温泉旅游度假区、沙漠温泉旅游度假区等旅游新业态丰富了冬季旅游产品体系；完善银川大阅城宁夏夜市，加快建设固原九龙国际旅游观光夜市，创建十大特色旅游街区；组织全区 42 家景区联合推出“宁夏旅游惠民一卡通”“旅游+社保”“旅游+OTA”等旅游新模式；开展“八闽亲人宁夏游”、“金色五月免费游宁夏”、“金色九月半价游宁夏”、冬季景区半价游、“5·19 中国旅游日”系列旅游惠民措施。打造“工业+”旅游融合新模式，在第二届全国工业旅游创新大会上，宁夏有 26 家工业旅游企业入选《全国工业旅游单位名录》。

【旅游产业创新】2017 年，在推动《月上贺兰》《西夏盛典》等文化特色剧目进景区之外，继续在银川市推出“悦游银川”、在水洞沟推出“北疆天歌”、在吴忠市推出“黄河拜水盛典”等文化旅游产品。一批国家级自然保护区、国家湿地公园创建为国家 A 级以上旅游景区。新成立 6 家宁夏旅游商品研发中心，研发出多个系列的旅游商品。申珠民间彩陶工艺品系列、西夏沙画一带一路系列等旅游商品先后在全国旅游商品大赛上获奖。枸杞系列、精品羊绒系列等旅游商品成为游客必购首选。

（秦志龙）

宣传与交流

【宣传讲好宁夏故事】2017 年，自治区推出“南有海南，北有宁夏”“去宁夏，给心灵放个假”等旅游宣传口号，提升“塞上江南·神奇宁夏”的美誉度、知名度和影响力。制定出台“引客入宁”以奖代补管理办法，加大旅游包机、旅游专列、入宁旅游、市场拓展和冬季旅游项目奖励。整合全区旅游宣传资源，与北京、陕西、甘肃、内蒙古等 30 多个主要客源地合作开展宣传促销活动，激发游客来宁热情。联合甘肃、内蒙古、陕西推出了丝绸之路连线产品，与海南省联合举办“沙与海的对话”主题活动。引进新疆吐鲁番盛典文化演艺公司并投资 9000 万元，开发《沙坡头盛典》大型演艺节目、黄河帆船演艺等剧目。拍摄《宁夏微旅行》《寻爱》等宁夏旅游微电影，通过影视手段展示宁夏旅游资源。与宁夏广播电视台合作创办宁夏首个专业旅游广播频道 FM103.7，成为与区外媒体宣传资源互换的重要载体，宁夏旅游资讯以广播形式 24 小时覆盖自治区大部分地区。加强“两微一网”宣传，宁夏两微阅读量超过 300 万人（次），宁夏旅游微信在中国旅游微信影响力排行榜前十，宁夏旅游官方账号在海外社交媒体脸书的粉丝突破 10 万人。赴国内 30 多个主要客源地开展 70 余场宣传促销活动，组织宁夏旅游走出去，赴东南亚等重点境外客源市场和港澳台开展宣传推广。开展“华夏文明·薪火相传”台湾青年赴大陆研学旅游活动，围绕共建“一带一路”倡议，大力开拓入境旅游市场。

【智慧旅游建设】2017 年，宁夏智慧旅游运行监测管理服务平台实现部门数据横向共享、主要景区和宁夏智慧旅游系统的数据对接。在杭州举办的 2017 中国“互联网+”数字峰会上，自治区智慧旅游运行服务监测管理服务平台荣获 2016 互联网+优秀案例提名奖，是全国旅游行业唯一入选案例。

【信息安全探讨与大数据交流会】2017 年 12 月 1 日，第三届宁夏智慧景区技术交流会在银川举行。银川市体育旅游局、固原市旅游发展委员会、盐池旅游局等旅游主管单位，沙湖、水洞沟、贺兰山岩画、青铜峡黄河大峡谷等景区代表共同把脉智慧景区建设。会议的主题是旅游景区信息安全探讨与大数据交流，与会代表探讨了智慧景区建设在技术方面的需求与实践，分别就景区信息安全管理、智慧景区无线 WiFi 的建设、宁夏旅游智慧景区大数据榜单、智慧旅游电子商务平台营销策略进行专题发言。

（秦志龙）

管理与服务

【概况】2017 年，自治区开展金牌导游（讲解员）、百名旅游服务之星等培训和评选活动，培训旅游从业人员 5395 余人（次）。在第三届全国导游大赛上，宁夏导游员荣获第三届全国导游大赛银奖（成为西北五省区 6 个单位唯一获奖选手）。在 AAAAA 和 AAAA 景区设立志愿服务驿站。年内，自治区深入实施“十百千万”工程，完成十佳旅行社、十佳旅游饭店创建评选活动，宁夏智慧旅游运行监测管理服务平台实现了部门数据横向共享、主要景区和宁夏智慧旅游系统的数据对接，率先完成 AAAA 级以上景区数据介入全国旅游数据网。开展 专项整治行动，全年无重大旅游安全生产事故、无重大旅游责任投诉、无重大旅游服务质量问题，全区旅游市场秩序总体稳定。

【宁夏旅游公共服务培训班】2017 年 11 月 14—15 日，自治区旅游发展委员会利用宁夏“旅游云”远程会商系统组织举办宁夏旅游公共服务培训班，培训班设区旅游委授课中心，5 个市级分会场 150 余人参加培训。培训班从提高全区旅游行政主管部门和旅游企业公共服务能力，加快推进旅游公共服务体系建设为着力点，邀请区内从事旅游公共服务研究的专家进行授课，课程涵盖了旅游金融服务、旅游营销大数据应用、旅游公共服务体系建设等内容。

（秦志龙）

宁夏十大旅游新闻

【全域旅游部署】2017年6月6—9日，中国共产党宁夏回族自治区第十二次代表大会在银川召开，石泰峰书记在党代会报告中提出："加快全域旅游示范区建设，把旅游业融入经济社会发展全局，推进旅游向全景、全业、全时、全民的全域旅游转变，建设一批精品旅游景区，优化旅游综合配套服务，创新多形式、多业态、多元化商业模式，发展休闲旅游、体验旅游、康养旅游，吸引游客、留住游客，打造西部独具特色的旅游目的地。"旅游业从支柱型产业，到融入经济社会发展全局，是自治区党委对全域旅游发展做出的新部署、指明的新方向、确立的新目标。

【全域旅游发展推进会召开】2017年11月27日，自治区召开全域旅游发展推进会。会议全面部署学习贯彻党的十九大精神，落实自治区第十二次党代会决策，印发了自治区党委、政府《关于加快全域旅游示范区建设意见》，明确提出了加快形成推动全域旅游发展强大合力，坚定不移走好全域旅游发展的新路子，全力以赴打造国家全域旅游示范区。自治区党委书记石泰峰出席会议并讲话。自治区党委副书记、自治区主席咸辉主持会议，自治区领导纪峥、赵永清、王儒贵、蔡国英、王和山等出席会议。会上，印发了自治区党委、政府《关于加快全域旅游示范区建设意见》，自治区副主席王和山对《意见》进行了说明。自治区旅游发展委员会主任徐晓平，自治区住房城乡建设厅副厅长、人防办主任张吉胜，银川市代市长杨玉经，固原市市长马汉成，盐池县委书记滑志敏代表单位分别作了发言。自治区人大、政府、政协秘书长；区直各部委办厅局、人民团体、直属事业单位、中央驻宁各单位、各大型企业主要负责人；各市、县（区）党委或政府主要负责人、政府分管负责人、旅游委（局）主要负责人；旅游发展委主任、副主任，委机关各处室（单位）主要负责人；全区AAAA级以上旅游景区、四星级饭店、出境组团社、四星级以上农家乐、旅游新业态企业主要负责人等300多人参加了会议。

【新修订的《宁夏回族自治区旅游条例》实施】2017年11月1日，新修订的《宁夏回族自治区旅游条例》正式实施。2007年3月颁布实施的《宁夏回族自治区旅游条例》，对规范宁夏旅游市场秩序、提高旅游服务质量、保障旅游者和旅游经营者合法权益、优化旅游发展环境、促进宁夏旅游业持续快速健康发展发挥了重要的作用。随着旅游业转型升级以及全域旅游发展的加快推进，宁夏旅游业发展中出现了一系列新情况和新问题，为强化政府统筹促进旅游发展的职能，全面规范旅游市场秩序，保护和合理开发利用旅游资源，维护旅游者和旅游经营者的合法权益，促进宁夏旅游业可持续发展，宁夏结合实际，提请自治区人大研究修订了《宁夏回族自治区旅游条例》。9月28日，宁夏回族自治区第十一届人大常委会第三十三次会议全票表决通过了新修订的《宁夏回族自治区旅游条例》。《条例》根据当前旅游形势和宁夏实际，坚持统筹全域旅游创建发展，增加了促进旅游业包括旅游新业态发展等有关内容。《条例》确立了全域旅游发展模式，要求旅游规划、土地供应计划以及旅游交通线路要紧紧围绕全域旅游创建需要，为宁夏全域旅游创建发展提供有力保障。在旅游规划中，划定开发红线，明确利用自然保护区、森林公园、湿地等自然资源开发旅游项目的，应当符合有关法律法规的规定，并保护自然资源生物多样性和生态系统完整性，保证资源的可持续利用；利用历史、文化、建筑等人文资源开发旅游项目，应当保持其特色、传统格局和历史风貌；利用工业、农业、体育等社会资源开发旅游项目，应当保持其内容与环境、景观、设施的协调统一。在促进产业方面，着重对县级以上人民政府在产业统筹和协调职能方面进行了细化，对加强旅游业组织领导和建立健全综合协调机制做出明确要求。

【"十三五"全域旅游发展规划出台】2017年2月25日，自治区人民政府出台"十三五"全域旅游发展规划，提出按照"全景、全业、全时、全民"的全域旅游发展模式全面发展旅游产业。规划对未来五年旅游业发展目标、战略绘制蓝本，提出转型升级，推进全域旅游建设，构架出三大休闲度假产品、十大专项旅游精品、三大冬季旅游新产品的全域旅游发展产品体系。

【中国—阿拉伯国家旅行商大会在银川举行】2017年9月4日，由国家旅游局、埃及旅游部和宁夏回族自治区人民政府共同主办的2017中国—阿拉伯国家旅行商大会在银川开幕。来自埃及、马来西亚、阿联酋、法国等21个国家和地区以及国内14个省市区的230位旅游部门官员、专家学者、知名旅行商等旅游业界人士参加。从全域旅游建设和旅游品牌营销，到构建宁夏旅游产品升级和开发运营机制，从境内外旅游宣传推广合作、旅游互访和旅游信息交流共享，到国内大型旅游集团、大型旅行社旅游合作协议，扩大了宁夏与“一带一路”沿线国家和地区的双向旅游往来规模，拓宽入境旅游渠道，加快境外游客赴宁旅游增长速度。

【旅游“厕所革命”获国家级奖项】2017年，自治区首创实施“五有一无”旅游厕所革命模式，补助新建改建旅游厕所401座。建设厕所185座、AAAAA级旅游景区第三卫生间全部达标。5月26日，国家旅游局在浙江义乌召开第四次全国厕所革命推进大会。会上，宁夏与吉林、山东等旅游发展委获厕所革命·综合推进先进单位奖。港中旅（宁夏）沙坡头景区、西夏陵景区也因管理机制创新、宣传丰富多彩拿下奖牌。12月1日，自治区党委书记石泰峰批示：习近平总书记两次就“厕所革命”作出重要指示，充分体现了对百姓民生、城乡文明的高度关切，为推动宁夏全域旅游发展，推进乡村振兴战略提供了指南。厕所问题不是小事情。要深入领会、坚决贯彻落实总书记重要指示精神，以“厕所革命”为契机，从小处着眼、实处入手，进一步优化旅游发展环境。要把“厕所革命”作为基础工程、文明工程、民生工程来抓，加强各类软硬件建设，并逐步从景区向全域扩展、从数量到质量提升。要结合实施乡村振兴战略，推动“厕所革命”向乡村延伸，加快乡村厕所改造。要补短板、强弱项，一个问题一个问题解决，不断满足人民群众对美好生活的需求。

【旅游惠民一卡通正式发行】2017年5月19日是中国旅游日，宁夏旅游正式发行“旅游惠民一卡通”。所有宁夏人持身份证办卡，只需要花费199元即可享受长达一年无限次的惠游沙湖、沙坡头等42家景区。为了充分体现全域旅游、惠及全民，宁夏旅游发展委员会协调组织，宁夏旅游投资集团有限公司负责具体运营，以“为民、惠民、便民”宗旨，推出了“旅游惠民一卡通”，成为加快宁夏旅游从门票经济向产业经济转型，推动全域旅游发展的又一重大举措。这张卡也是全国省（区）域级第一张旅游惠民卡。

【“沙与海”在宁夏对话】2017年7月25日，“沙与海的对话”活动在宁夏中卫市正式启动。活动由自治区人民政府、海南省人民政府主办，自治区旅游发展委员会、海南省旅游发展委员会承办，在推动两省旅游事业的交流与合作，实现两地旅游业的客源互送、市场互动，为两地旅游市场注入新活力的同时，共建新的旅游发展机遇。双方决定，“沙与海的对话”活动隔年分别在两地举办。“冬天可以去海南，夏天一定来宁夏”。

【银川获评全国首批十大“中国旅游休闲示范城市”】2017年8月3日，国家旅游局召开第三届全国全域旅游推进大会。会上，银川市获得全国首批十大“中国旅游休闲示范城市”，成为西北地区唯一入选城市。9月1日，第九届中国花卉博览会在银川开幕，历时37天、主展区面积达5800亩，吸引游客160万人，打开全域旅游的银川视角。银川花卉博览会、灵武热气球节等一批观赏性、参与性、体验性极强的融合型节事活动的举办，在旅游市场营销、城市休闲产品打造、产业融合发展方面树立起典型，也为城市休闲环境与服务设施完善提出新的要求，逐渐支撑起宁夏城市休闲板块，为宁夏旅游的全域发展组建了全新的要素。

【全区十大特色产业示范村建设运营】2017年4月14日，宁夏十大特色产业示范村建设开工仪式暨工作推进会在贺兰县常信乡四十里店村召开，标志着产业融合打造乡村休闲旅游成为宁夏发展全域旅游的重要引擎。宁夏文化旅游资源丰富，特色产业优势明显，发展乡村旅游得天独厚。打造特色产业示范村是实施乡村振兴战略的重要举措，也是农村发展全域旅游的重要抓手。

（秦志龙）

体　育

群众体育

【管理与服务】2017年，自治区体育局修改完善了《宁夏回族自治区体育类组织评估实施细则（试行）》，聘请第三方对37家自治区级体育社会组织进行评估，评出星级体育社会组织30家，其中5星级3家，4星级7家，3星级8家，2星级8家，1星级4家。开展宁夏全民健身活动状况调查并发布公报。调查显示，《宁夏全民健身计划（2011—2015年）》实施以来，全区城乡居民体育锻炼的意识增强；参加体育锻炼的人数增加，特别是乡村居民提高明显；城乡居民参加体育锻炼的组织形式呈现多元化趋势，参加体育锻炼项目呈现多样化特点。8月15日，2017香港赛马会助力全民健身公益系列活动——全国社会体育指导员健身技能培训（宁夏站）在宁夏体育馆开班。活动以“相约动起来·健康中国人”为主题，对各市、县（区）、高等院校、体育社会组织130余人进行太极扇和广场舞规定套路教学培训。3月，自治区开展体育科技惠民服务月活动，共为466人免费进行运动损伤诊疗以及骨密度等15项体质测试，并发放科学健身知识宣传手册。4月11

日，“健康宁夏·塞上行”暨“三送五进”（送知识、送指导、送服务，国民体质测定进机关、进社区、进企业、进农村、进学校）活动启动，并在全区开展了体育科技服务和科学健身大讲堂等活动。

【全民健身】2017年年初，自治区举办全国新年登高健身活动（宁夏分会场），17个省、市、区的1000多名登山爱好者在贺兰山滚钟口风景区参加了成年业余登山组和家庭亲子组登山比赛；举办元旦健身跑活动，4000余名健身爱好者参加了竞赛组、慢跑组和骑行组的比赛。3月31日，历时91天的宁夏2017年迎新春全民健身季活动结束，活动以“健身促健康、幸福你我他”为目标，全区27个市、县（区）和27个自治区级协会开展了334项赛事活动，引导带动110万群众参与。宁夏第三届全民健身节历时3个多月，共开展活动364项，参与群众达70多万人次。宁夏体育局对表现突出的市、县（区）体育部门，社会体育组织和最美社会体育指导员进行了表彰奖励。6月10日，“全民健身挑战日——健康宁夏动起来”在贺兰县和平罗县两地同时举行，活动以全民健身、全民挑战的形式，在贺兰、平罗两地之间开展了参与体育健身活动的“数据较量”，两县共有26428人参与，同时也启动了宁夏第三届全民健身节。6月18日，全球绿鞋行动“宁夏站”——“毅行50里，品味贺兰山”全民健身活动在西夏区贺兰山东麓举行，活动主题为“毅行北纬38度，品味贺兰山精髓”，分毅行50里、毅行25里、毅行10里3个组别，近两千人参与。8月8日，为庆祝第九个“全民健身日”，宁夏各地举办90多场系列活动。宁夏全民健身日展示活动和全国棋牌项目万人同赛宁夏分会场活动作为宁夏的两个主要活动，分别在宁夏体育馆和宁夏亲水体育中心举行。

【运动赛事】2017年7月16日，全国群众登山健身大会宁夏六盘山全国登山赛暨第四届“走好新长征路”宁夏六盘山登山节开赛，大会分竞赛组和健身组，全国20个省、市（区）200名专业运动员和2000多名健身爱好者参加。9月16—20日，宁夏区直机关职工球类运动会在宁夏亲水体育中心举办，运动会设篮球、五人制足球、气排球、毽球、乒乓球、羽毛球六个大项，共有73个厅局、2400多人参加。9月24—25日，2017宁夏科技体育嘉年华系列赛事——宁夏航空模型公开赛、宁夏车辆模型公开赛在贺兰县举办，活动主要内容为动力三角翼和热气球飞行体验，航空模型飞行表演，热气球、动力伞、动力三角翼趣味比赛等。9月24—28日，2017年“棋牌项目西部行”走进宁夏活动在红寺堡、西夏区等地举办，聂卫平、华以刚、蒋川、牛钟林等棋牌高手与宁夏棋牌爱好者进行交流，并举办棋牌项目进校园、进福利院，国际象棋、国际跳棋教练员培训班等活动。9月28日，首届全区大漠健身运动大赛在中卫市沙坡头景区开幕，设置沙漠足球、沙漠软式排球、沙漠拔河、沙漠毽球、拉沙舟、沙漠定向6个项目，全区24支代表队425名运动员参赛。12月31日，宁夏冰雪健身挑战季在银川市鸣翠湖景区拉开序幕。宁夏作为2017—2018年欢乐冰雪·健康中国全国群众冬季运动推广普及系列活动3个主会场之一，活动分别设置雪上项目和冰上项目，横跨整个冬季，覆盖宁夏5个地级市22个县（市、区）。

【参加全国群众体育活动】2017年5月22—25日，2017中国国家职业健身教练专业大会在上海举行，宁夏职鉴泰穆健身队和宁夏职鉴活力健身队分别获得团体挑战赛团体进取奖，李晓娟获得个人挑战赛二等奖。9月26—28日，2017年全国社会体育指导员交流展示大赛在兰州举行，宁夏代表队获得团体总分二等奖，孙永强获得知识测试一等奖。11月11—12日，第四届国际交互绳大赛在上海举行，银川市西夏区第八小学“炫彩西夏”花样跳绳队代表宁夏参赛，获得2个冠军、1个季军。11月22—27日，2017年全国纸飞机嘉年华暨“放飞梦想”全国纸飞机通讯赛总决赛在广州举行，宁夏代表队获得4个团体一等奖、19个个人一等奖。

（杨旭军）

竞技体育

【足球运动】2017年，以征战中乙联赛的宁夏山屿海足球队为班底的银川队通过预选赛，获得第十三届全国运动会男子足球城市组决赛资格，并最终获得全国第四名。宁夏山屿海足球队还获得2017年中国足球协会乙级联赛常规赛北区冠军。

【跨界跨项选材】2017年3月23日，宁夏体育局跨界跨项选材工作领导小组在宁夏体育运动学校进行越野滑雪、冰球、速度滑冰、高山滑雪、雪车、钢架雪车6个冬季项目跨界跨项选材初选测试，61名运动员参加测试。9月22日，进行攀岩、冲浪、滑板、小轮车4个奥运项目的跨界跨项选材初选测试，131名运动员参加测试。

【环青海湖国际公路自行车赛（宁夏赛段）】2017年7月29日，第十六届环青海湖国际公路自行车赛在中卫市落幕，大赛以“绿色 人文 和谐”为主题，在青海、甘肃、宁夏三省区的协作下，22支车队154名车手参加了历时14天、13个赛段、3347公里的比赛。7月28日，举行的第12赛段银川绕圈赛赛段全长105公里。7月29日收官战中卫绕圈赛全程111公里。宁夏体彩LIVALL车队派出7名车手参加比赛。

【吴忠国际马拉松赛】2017年9月9日，第六届宁夏黄河金岸（吴忠）国际马拉松赛在吴忠市举行，赛事以“绿色转型新吴忠·梦想启程马拉松”为主题，设男女全程马拉松、男女半程马拉松和迷你马拉松3个竞赛项目，来自国内外的2813名专业选手和14000名业余运动员参赛。

【银川国际马拉松赛】2017年5月29日，“丝绸之路”宁夏银川国际马拉松赛在银川贺兰山体育场开跑，比赛以“相约母亲河·共筑丝路梦”为主题，设男女全程马拉松、男女半程马拉松和迷你马拉松三个竞赛项目，21000名选手参赛。

【“一带一路”四国篮球邀请赛】2017年7月25—29日，2017年“一带一路”四国篮球邀请赛分别在中宁、金凤区举办，中国国奥队、美国职业联队、伊朗国家队和卡塔尔国家队4支队伍进行了8场比赛，中国国奥队获得冠军。

【亚太大学生五人制足球暨拉拉操锦标赛】2017年9月18—25日，2017亚太大学生五人制足球暨拉拉操锦标赛在灵武市举行，来自中国、阿曼、哈萨克斯坦、马来西亚、蒙古国、伊朗等9个国家和地区的9支五人制足球队和4支拉拉操队参加了比赛，伊朗代表队获得五人制足球比赛冠军，北京体育大学代表队获得拉拉操比赛冠军。

【全国沙滩排球巡回赛（吴忠站）】2017年6月1—4日，2017年全国沙滩排球巡回赛（吴忠站）在吴忠市滨河体育运动公园沙排场举行，比赛以“丝路回乡 激情沙排”为主题，来自全国的35支男子代表队和32支女子代表队参赛。

【全运会篮球男子成年组预赛】2017年4月23—29日，第十三届全国运动会男子篮球成年组预赛（中宁赛区）在中宁县举行，山东、江苏、福建、新疆、四川、广西、河北7支球队参赛，争夺两个全运会决赛资格和两个附加赛资格。

【国际标准舞世界积分赛（中国站）】2017年8月2—3日，宁夏第三届舞蹈艺术节WDC国际标准舞世界积分赛（中国站）暨全国青少年国际标准舞锦标赛在宁夏体育馆举办，38个国家和地区的裁判和选手参加。

【田径比赛】2017年2月23—24日，全国室内锦标赛（第二站）在南京市举行，宁夏运动员李连军获得男子1500米银牌。4月3—5日，全国田径大奖赛系列赛（淮安站）在淮安市举行，宁夏运动员孙振雷获得男子5000米银牌。

【游泳比赛】2017年2月17—20日，全国游泳春季锦标赛在渭南市举行，宁夏运动员罗思获得女子200米仰泳金牌。4月10—17日，全国游泳冠军赛暨全运会预选赛在青岛市举行，宁夏运动员许丹露获得女子400米混合泳铜牌。

【摔跤比赛】2017年10月28—30日，全国男子自由式摔跤冠军赛在淄博市举行，宁夏运动员武伟获得74公斤级金牌，斯仁宁布获得57公斤级铜牌，宁夏队获得团体第三名。

【武术比赛】2017年10月17—20日，全国武术套路冠军赛在保定市举行，宁夏运动员杜兴雨、黄世杰、张跃武获得男子三人对练金牌。

【攀岩比赛】2017年9月22—24日，第十届全国青年攀岩锦标赛在保定市举行，宁夏运动员田沛阳获得女子A组标准赛道速度赛金牌和攀石赛铜牌。

（杨旭军）

青少年体育

【青少年业余训练体系】2017年，自治区加强青少年业余训练体系建设，扶持5个高水平后备人才基地、5所重点业余体校、13个青少年体育俱乐部和11所体育传统项目学校；举办了8期初级教练员、裁判员培训班，培训615人次；开展寒假大集训，抽调全区各市、县（区）的176名青少年运动员参加12天的集训。

【国家高水平体育后备人才基地】2017年，宁夏体育运动学校、银川市体育运动学校、石嘴山市体育运动学校被国家体育总局命名为国家高水平体育后备人才基地（2017—2020）。

【全区青少年锦标赛】2017年7月、8月，举办全区青少年锦标赛，来自全区各市县的4585名运动员和教练员参加了田径、射击、武术、摔跤、举重、游泳、足球、篮球、排球、乒乓球、羽毛球、跆拳道12个大项的比赛，107人次达到国家二级运动员等级标准。

【青少年足球运动】2017年，建立了U系列青少年足球锦标赛平台，组队参加多项全国青少年足球比赛，获得全国青少年U12精英赛二等奖，全国青少年U11、U12冠军杯赛二等奖，全国青少年校园足球联赛高中组西北赛区第四名、全国第十一名，全国青少年足球超级联赛西部校园组第一名、全国第四名，“我爱足球”北二陕西赛区娃娃组一等奖。指导盐池县承办陕、甘、宁革命老区青少年足球联赛，8支队伍的220运动员参加了U13和U15两个组别的比赛。联合教育厅举办校园足球联赛，设初中组、高中组、大学组三个组别，共计44支代表队的856名运动员参加了120余场比赛。

【青少年阳光体育活动】2017年，组队参加全国青少年冬季阳光体育大会、体育传统项目学校联赛、青少年俱乐部联赛、青少年户外体育活动营地等赛事活动，获得4个一等奖、6个二等奖、5个三等奖。与教育厅联合举办全区中学生田径、足球、排球、篮球、乒乓球、羽毛球等项目联赛，首次举办全区青少年网球比赛。承接全国青少年科学健身普及活动（宁夏站），举办科学健身大讲堂，特色体育项目展演，阳光体育特色学校授牌，科学健身读物捐赠等活动。

【全国青少年航空航天模型锦标赛】2017年8月2—11日，全国青少年航空航天模型锦标赛暨红寺堡区第四届航空旅游节在红寺堡区罗山飞行营地举行，全国24个省市区的89支代表队、818名运动员参加了线操纵特技、遥控电动绕标竞速、电动线操纵空战等四大类37个航空竞技项目的比赛。

（杨旭军）

体育产业与文化建设

【体育产业发展】2017年11月23日，自治区体育局和自治区统计局联合发布《2015年宁夏体育产业规模及增加值数据公告》。经核算，2015年宁夏体育产业总产出（总规模）为17.11亿元，增加值9.37亿元，占同期全区生产总值比重0.3%。自治区出台《宁夏体育产业基地管理暂行办法》，培育体育产业基地，开展自治区体育产业示范基地、体育产业示范单位、体育产业示范项目等体育产业基地创建工作，促进体育产业发展。自治区继续推动体育、旅游、文化等产业的融合发展，开发体育旅游产业，宁夏沙坡头旅游景区被评为"国家体育产业基地"创建单位，全国大漠健身运动大赛被评为国家体育旅游精品赛事。自治区组团参加2017中国体育文化博览会·中国体育旅游博览会，宁夏8个项目入选2017中国体育旅游精品项目。5月26—30日，2017中国（西部）体育休闲健康产业博览会在宁夏会展中心举办，46个体育协会，国内外近百家企业200多个品牌参展。启动建设宁夏青少年足球训练基地和体育科技监测中心项目，亲水攀岩馆项目，滑板（轮滑）运动场地项目，三项工程按计划有序开展。

【宁夏体育产业协会成立】2017年3月28日，宁夏体育产业协会在银川成立，该协会是由全区从事体育产业的企业单位、体育产业专家和体育产品经营者自愿参加，具有法人资格的联合性、全区性、非营利性的社团组织。

【体育场馆免费低收费开放】2017年，自治区财政厅、教育厅、体育局联合印发《宁夏中小型体育场馆和学校体育设施向社会开放补助资金管理办法》，对考评符合条件的37个中小型体育场馆给予了补助。自治区体育局争取到财政部和国家体育总局大型体育场馆免费低收费开放补助资金1088万元，专项用于宁夏体育馆、宁夏亲水体育中心、银川市体育馆、贺兰山体育场、宁夏体育场、中卫市体育馆等全区9个大型体育场（馆）及37所中小型体育场馆免费低收费开放。

【体育扶贫工程】2017年，筹集资金2265.5万元，与自治区党委宣传部、文化厅、新闻出版广电局等部门协调配合，为六盘山连片特殊困难地区和国家扶贫开发工作重点县的9个县（区）606个贫困村建设综合文化体育服务中心，配置体育健身器材。

【规范管理】2017年，自治区体育局注重体育事业的规范管理和积极引导，出台了《宁夏关于加快发展健身休闲产业的实施意见》《宁夏体育产业基地管理暂行办法》《宁夏"一地一品"全民健身品牌赛事活动评选办法及考评细则》《宁夏体育竞赛参判员管理办法》等政策性文件，完善了《自治区体育类社会组织评估实施细则》。

【文化活动】2017年，宁夏体育局立足宁夏特色和体育工作发展情况，开展续修《宁夏体育志（1998—2017）》工作，筹建宁夏体育博物馆，举办"精彩体育 活力宁夏"书法、美术展，编辑制作《向着梦想启航》宁夏体育宣传片，在《宁夏日报》刊发"数字里的宁夏体育五年之变"专版，在《宁夏画报》刊发专题"图说宁夏体育五年之变"。

（杨旭军）

宁夏十大体育新闻

【第十三届全国运动会宁夏代表团总成绩超越上届】在2017年8月27日至9月8日举行的第十三届全国运动会上，宁夏代表团70名运动员参加了竞技体育11个大项40个小项的比赛，15人参加了群众体育7个项目的比赛，获得4银、2铜和14个前八名，总成绩超越上届。其中许丹露获游泳女子400米混合泳银牌，罗思获游泳女子200米仰泳银牌，马成娜获田径女子青少年组4×100米接力银牌，夏晓斌获男子规定吴式太极拳45式银牌，武伟获国际式摔跤男子自由式74公斤级铜牌，田沛阳获攀岩女子速度标准模式铜牌。

【宁夏体育职业学院挂牌成立】2017年10月19日，宁夏体育职业学院挂牌成立，成为宁夏第一所体育类高等专科职业院校，开设运动训练、体育教育、社会体育、体育运营与管理、体育保健和康复五大专业与田径、射击、举重等12个运动项目，并建15个校外实训基地。

【宁夏足球队伍时隔30年后重返全运会

赛场】2017年,以2017年中国足球协会乙级联赛常规赛北区冠军宁夏山屿海足球队为班底的银川队，闯进第十三届全国运动会男子足球城市组决赛，获得第四名。这是宁夏的足球队伍时隔30年后重返全运会赛场。

【全国青少年“未来之星”阳光体育大会在宁夏举办】2017年8月8日，全国青少年“未来之星”阳光体育大会在银川举办，张宁、陈中等7位体育明星与全国34支代表队的1700余名青少年和青少年工作者一同参与了青少年体育竞赛、运动乐园、体育科技、奥林匹克文化等交流活动。宁夏体育局被组委会授予“特别贡献奖”,宁夏代表队获得3个一等奖、1个三等奖和体育道德风尚奖。

【ITF国际男子网球巡回赛等国际体育赛事进入宁夏】2017年7月17—23日，ITF国际男子网球巡回赛(银川站)比赛在宁夏体育馆网球场举行，赛事级别为ITF男子2.5万美金级别赛事,这也是宁夏首次引进国际职业网球赛事，并进行网络视频直播。15个国家和地区的70名选手参赛，赛事免费对外开放。举办WDC国际标准舞世界积分赛(中国站)、亚太大学生五人制足球暨拉拉操锦标赛、“一带一路”四国篮球邀请赛、“丝绸之路”宁夏银川国际马拉松赛等国际体育赛事。

【全区基本公共体育服务体系建设成效明显】2017年，自治区体育局指导扶持同心、平罗、红寺堡等8个县区开展第三批公共体育服务体系示范县创建工作，召开宁夏基本公共体育服务体系建设暨运动休闲特色小镇工作培训会。全区基本公共体育服务体系建设全面铺开,全区96%的乡镇建成了农民体育健身工程，行政村农民健身工程在全覆盖的基础上有50%以上实现提档升级，全区人均公共体育场地面积超过2.15平方米。首次公布《宁夏全民健身活动状况调查公报》。

【宁夏体育彩票销售再创新高】2017年，宁夏体育彩票销售总额11.6亿元，同比增长14.7%,继2016年首破10亿元大关后,再创新高。宁夏彩民中得6注500万元以上体彩大奖。其中有16人合中614万元大奖1注并公开露面领奖，这是自治区中奖者首次公开露面领取500万元以上大奖。

【宁夏体育拓展“互联网+”模式】2017年,自治区体育局大力拓展“互联网+体育”发展模式,建设宁夏智慧体育云应用系统,通过互联网提供体育场馆预约、国民体质监测预约、运动伤病诊疗康复预约、体育资讯发布、运动项目约战等便民服务,实现了体育的线上和线下融合发展。

【宁夏获全国体育系统先进表彰】8月28日,在全国群众体育先进及体育系统先进表彰大会上,宁夏体育局群体处、中宁县教育体育局获得全国体育系统先进集体称号，郭凤红获得全国体育系统先进工作者称号，宁夏还有33个集体、31名个人分别获2013—2016年度全国群众体育先进单位和2013—2016年度全国群众体育先进个人称号。

【宁夏广场舞在全国大赛获奖】2017年，全区各地广泛开展广场舞活动,举办“谁是舞王”中国广场舞民间争霸赛宁夏赛区选拔赛和交通银行“沃德杯”广场舞大赛宁夏赛区总决赛,宁夏凯韵舞蹈团获得“谁是舞王”中国广场舞民间争霸赛全国第五名和交通银行“沃德杯”广场舞大赛全国总决赛“最红心齐舞”，宁夏沈殷虎舞蹈团和宁夏峡光舞蹈队分别获得2017年全国广场舞大赛总决赛三等奖。

（杨旭军）

综 述

【概况】2017年，宁夏共有各级各类学校2854所。普通高等学校19所，其中本科院校7所(宁夏大学、宁夏医科大学、宁夏师范学院、宁夏理工学院、中国矿业大学银川学院、宁夏大学新华学院、银川能源学院)，高职(专科)学院11所(宁夏民族职业技术学院、宁夏工业职业学院、宁夏职业技术学院、宁夏工商职业技术学院、宁夏财经职业技术学院、宁夏警官职业学院、宁夏建设职业技术学院、宁夏葡萄酒与防沙治沙职业技术学院、宁夏幼儿师范高等专科学校、宁夏艺术职业学院、宁夏体育职业学院)，部委本科院校1所(北方民族大学)；成人高校1所(宁夏广播电视大学)；中等职业学校28所(普通中专13所、成人中专2所、职业高中13所)；普通中学310所，其中高级中学63所，初级中学247所；小学1353所；幼儿园1130所；特殊教育学校13所。各级各类学校在校生1472733人，其中，普通高等学校在校生126392人，成人高等学校26398人；中等职业学校74742人，其中，普通中专43845人，成人中专2333人，职业高中28564人；普通中学428017人，其中高中148837人，初中279180人；小学581350人；幼儿园230515人；特殊教育(含中小学随班就读)5319人。宁夏专任教师数88145人。其中，普通高等学校8196人，成人高等学校76人，中等职业学校2752人(普通中专1277人，成人中专71人，职业高中1404人)普通中学31075人(高中10904人，初中19369人)，小学34239人，幼儿园11410人，特殊教育397人。宁夏普通中小学专职教师学历合格率分别为：小学99.9%，初中99.9%，高中98.5%。学前教育毛入园率为77.9%，比上年提高6.5个百分点，高出全国平均水平0.54个百分点，首次超过全国平均水平。义务教育普及成果得到有效巩固：小学六年巩固率94.5%，初中三年巩固率93.2%，小学学龄儿童净入学率达到99.9%，初中阶段毛入学率达到104.5%。高中阶段毛入学率达到91.4%，高于全国平均水平3.85个百分点。高等教育毛入学率达到43.2%，高于全国平均水平0.45个百分点。

【党的建设】2017年，推进“两学一做”学习教育常态化制度化。自治区教育工委、教育厅领导班子讲专题党课17人(次)，全系统党组织书记共讲党课3000余场(次)。规范中心组学习、政治学习等制度，开展大调研、大宣讲、大督查。各级各类学校建设103个党建示范点，“七一”前全系统共表彰“优秀党建示范点”50个，“共产党员示范岗”152个。以基层服务型党组织建设为载体，创新党建工作内容、方式，立项建设“五星级服务型党组织”50个。推进“两管一推优”“三建四关心”“党性分析制度”“党员联系学生制度”“师德建设”等五项制度的落实。以党建引领校园文化建设，加强对课堂、讲坛、研讨会、报告会、讲座和社团的管理。利用新媒体开展党建工作。推行“互联网+党建”微党课，制作党员教育电视片20余部、“支部风采”展示作品30余份、“三会一课”典型案例100余篇。构建了自治区、市、县(区)教育工委(教育局)、学校四级培训网络，形成以区外知名高校和本区高校、区内外红色教育基地、党校及国家教育行政学院网络培训为平台的培养架构。先后举办高校领导干部、市县(区)工委领导干部、中小学书记、大学生新党员、教师党员骨干、党建研究骨干、统战工作干部等网络培训示范班等，实现党务干部和党员培训全覆盖。推进党建项目化管理，加强党建科学研究，涌现出“匠心筑梦”“筑梦工匠”“金种子工程”“塞上堡垒”“1251宿舍服务模式”

等一批党建特色品牌；下发《党建课题研究指南》，面向宁夏教育系统征集初选课题350项，立项104个。研究制订《关于加强中小学校党的建设工作的实施意见》，在完善中小学校党建工作管理体制和运行机制、明确管理主体、规范隶属关系、健全党组织参与决策和监督、建立监督问责机制等方面进行创新；研究制定《关于加强民办学校党的建设的意见》，坚持和加强党对民办学校的领导。印发《自治区党委 人民政府关于加强和改进高校思想政治工作的意见》，创新高校教职工和大学生思想政治工作的内容方式，提出融合教育与引导、加强网络思想政治工作等措施。

【教育发展规划和教育现代化推进工程】2017年，自治区人民政府印发《宁夏回族自治区教育事业发展“十三五”规划》，启动《宁夏学校布局规划(2015—2030)》编制修订工作，印发《宁夏教育综合改革方案》，举办《关于深化教育体制机制改革的意见》专题辅导培训班。民办教育分类改革，起草《自治区人民政府关于促进民办教育发展的实施意见(试行)》《宁夏回族自治区民办学校分类登记实施办法(试行)》，先后举办3期民办教育专题培训班；先后对宁夏民办教育培训机构和语言类培训机构进行集中摸排清查整治活动，对无证民办教育培训机构进行严肃整治；委托第三方对宁夏25所民办中小学和中等职业学校开展财务审计，规范民办学校的财务管理；充分发挥《民办教育管理信息系统》作用，向社会提供网上查询服务，为社会公众、学生、家长提供及时、准确的民办教育信息。编制完成《宁夏高中阶段教育普及攻坚工程学校建设规划》。实施教育现代化推进工程，安排中央投资3.17亿元，新改扩建校舍面积18.6万平方米，体育运动场1万平方米，推动宁夏工商职业技术学院机电一体化岗位专业技能实训基地项目、宁夏建设职业技术学院市政工程岗位专业技能实训基地项目和银川一中综合楼建设项目实施，推动银川二十一小学湖畔分校教学综合楼建设前期准备。

【招生计划宏观调控与管理】2017年，强化管理，建立起高等教育招生计划管理“能上能下，动态调整”机制，对于报到率过低和师资、办学条件不达标的高校，控制其招生规模，所调减计划向报到率高、基本办学条件达标高校倾斜；加强高校的外省生源计划管理，控制报到率较低省份的生源计划，确保民办高校报到率有效提高；严格普通高中招生计划管理，按照普职规模大体相当的要求，引导各地合理编制普通高中和中职学校招生计划，加强普通高中计划和学籍的挂钩管理，有效控制普通高中超计划招生行为。提高高校录取水平。普通高校招生计划总量36489人，其中本科17190人，分别比上年增加了3241人和602人，高考录取率达到84.8%。全年国家安排宁夏全日制研究生计划1776人，比上年增加9.2%，高于全国平均水平。其中，全日制硕士研究生计划比上年增加130人，增长8.4%，全日制博士研究生计划比上年增加20人，增长27.8%，区内研究生规模不断增加。推进高职分类考试招生改革，全年高职分类考试招生报名人数5292人，比上年增加1276人，增长31.8%，录取4329人，比上年增加917人，增长26.9%。完善招生政策，提高贫困地区和贫困人口入学机会，全年安排专项计划（国家专项和地方专项）共计402人，其中，地方专项计划142人，比上年增加14人，增长10.9%。高职分类考试招生向建档立卡贫困家庭学生倾斜，采取政策兜底，618名建档立卡贫困家庭学生被全部录取。

【教育督导】2017年，完善督导工作机制和制度。制定《宁夏回族自治区落实〈对省级人民政府履行教育职责的评价办法〉的实施方案》，明确七个方面的评价内容，基本涵盖了各级人民政府应履行的教育职责；制定《宁夏回族自治区中小学(幼儿园)安全工作专项督导实施方案(试行)》，督促宁夏各地各部门认真做好中小学(幼儿园)安全管理工作，专题研究部署宁夏中小学校安全工作，细化安全工作措施夯实安全工作基础；印发《自治区教育厅贯彻落实〈国务院办公厅关于加快中西部教育发展的指导意见〉实施方案》，内容包括实现县域内义务教育均衡发展、大力发展职业教育、加快普及高中阶段教育等7个方面59项重点任务。认真组织开展专项督导工作。先后开展了春季、秋季开学检查，确保开学工作平衡有序和安全稳定；开展宁夏中小学教学仪器设备图书管理使用专项督导，首次制定了《宁夏回族自治区中小学教学仪器设备图书管理使用专项督导实施方案(试行)》；根据教育部等3部委《关于印发全面改善贫困地区义务教育薄弱学校基本办学条件底线要求的通知》，开展改善贫困地区义务教育薄弱学校基本办学条件专项督导工作。开展2017年基础教育质量监测工作。根据《国务院教育督导委员会办公室关于开展2017年全国义务教育阶段学生科学学习质量、德育状况监测的通知》(国教督2017〕22号)精神，宁夏银川市西夏区、贺兰县、灵武市、青铜峡市、同心县、彭阳县作为样本县(区)，参加2017年国家义务教育质量监测工作。5月25日，6个样本县(区)

共有77所小学2136名四年级学生，44所中学1422名八年级学生参加了科学、德育的监测；共有77名小学校长、422名四年级教师、43名中学校长、678名八年级老师参加了国家义务教育质量监测网络问卷调查。加强宁夏督学管理工作。下发《自治区人民政府教育督导室关于规范中小学责任督学公告牌有关事宜的通知》，规范宁夏各中小学挂牌督导创新县工作；加强宁夏督学队伍的建设，9月，在辽宁省大连市举办一期宁夏督学专题培训班。继续分批选派县（市、区）督导干部参加国家教育行政学院的督导专项培训；组织各地推荐上报兼职督学人选，建立自治区教育督导专家库。

【教育法规】2017年，按照《自治区教育工委 教育厅关于贯彻落实宁夏回族自治区法治政府建设实施方案（2016—2020年）》的规定，开展教育法治工作调研，编制教育地方立法规划。其中，规划制定立法项目3个，修订立法项目2个。完善规范性文件管理制度，强化合法性审查、备案和清理等各项工作。对原《自治区教育厅行政规范性文件备案管理办法》进行修订，统一自治区招生委员会及其办公室制发的规范性文件归口自治区政府和教育厅，统一合法性审核归口法规处，统一备案，统一清理；全年对委厅机关、直属事业单位提交的25份重要文件进行了合法性审查；对1980—2017年自治区教育工委、教育厅、政府教育督导室、自治区招委会、宁夏教育考试院印发的或者与其他部门联合印发的文件进行梳理，在2200多件文件里筛选出487件规范性文件，废止262件，拟废止5件，已修订1件，拟修改6件，保留213件。对自治区党委、人大、政府或政府办公厅印发的教育规范性文件进行梳理，筛选规范性文件23个，建议废止11件、拟修改3件、保留9件。组织对教育厅证照和服务事项进行梳理，编制核定全区教育系统政务服务事项指导目录，并制作了自治区教育厅权力责任清单范围内证照事项清理规范意见；根据《自治区人民政府办公厅关于进一步规范政务服务事项的通知》要求，对现有的政务服务事项进行全面梳理、调整和确认，修改了教育厅政务服务事项，汇总形成了覆盖自治区、市、县（区）三级教育系统政务服务事项指导目录，已送自治区编办、法制办审核；根据《自治区政府办公厅关于开展全区政府部门权力清单统一规范工作的通知》要求，对标《中央制定地方实施行政许可事项汇总清单》，编制了《自治区教育系统权力清单指导目录》，报自治区编办审核。贯彻落实“七五”普法规划，深入推进“法治进机关”“法治进校园”。制定教育厅普法责任制清单，组织开展机关和直属单位“法治进机关和进单位”活动，通过青少年法治教育基地建设、法治课教师培训、青少年法治宣传教育实践基地建设、编写以案释法案例读本、“法治进校园”全区巡讲活动和“学宪法讲宪法”活动等，全面推进青少年“七五”普法。

【学校安全管理】2017年4月和8月，先后召开全区学校安全工作会议，对春季、秋季学期学校安全工作进行部署。5月，举办校长培训班，就《国务院办公厅关于加强中小学幼儿园安全防控体系建设的意见》进行学习研讨，制定贯彻落实措施。依托宁夏学校安全教育平台，狠抓了安全教育课堂教学、专题教育的落实，共有1335所学校、21381名教师和835493名学生通过平台开展和参加安全教育。学校安全教育授课参与率和学生完成率较上年同期分别增长55.6%、72.3%；先后开展以学生防溺水、交通安全、学生欺凌与暴力、消防安全、食品安全、传染病防控6个专项治理工作；推进学校安全公共安全保障行动，结合民生、改薄项目，筹措施资金8081.2万元，对165项重大隐患进行治理，夯实了校园安全防范基础。按照教育部和自治区安全委员会的部署，先后开展危险化学品安全综合治理、电气火灾综合治理、校车安全排查整治、学校食堂食品安全专项行动、护校安园专项行动、校园及周边治安综合治理等工作。

【学校体育】2017年，加快普及校园足球运动项目，在小学低年级开展足球游戏活动，从小学高年级起将“快乐足球、放飞梦想”确定为宁夏青少年校园足球发展的主题；实施引智计划，3年来分别从英国、德国、西班牙、荷兰、阿根廷等国家聘请11名外籍教练到全区中小学校开展教学和训练工作；选拔优秀体育教师赴国外培训，分5批共24名教师参加青少年足球专项培训，组织40名小学生赴英国开展足球培训和交流活动；加强特色学校建设，共有3批199所学校被教育部命名为全国青少年校园足球特色学校，石嘴山市大武口区、灵武市、银川市兴庆区等3个县（市、区）依次被命名为全国青少年校园足球特色县区；开展规范的校园足球竞赛活动，全年全区学校及教育行政部门举办足球比赛达1.5万场以上；组织优秀队伍参加全国青少年校园足球联赛、U系列足球联赛、选拔性竞赛和运动足球竞赛，全年共60支代表队参加全国各类竞赛活动；承办全国青少年校园足球联赛高中组西北区决赛、全国大学生五人制足球比赛暨大学生啦啦操比赛和亚太地区第三届五人制足球比赛和首届大学生啦啦操比赛；加大校园足球师资培训力度，举办五市校园足球教练培训班、校园足球健美操、拉拉操专项培训班13场，培训教师1000人(次)以上。宁夏运动员在第十三届全国学生运动会中共获得积分23分，是历届学生运动会获得积分最高的一次，科学论文获得二等奖共3篇、获得三等奖共10篇，宁夏代表团在本届全国学生体育运动会荣获“体育道德风尚奖”和“优秀组织奖”；加大学校体育设施向社会开放力度，年初，印发《宁夏中小型体育场馆和学校体育设施向社会开放补助资金管理办法的通知》《关于切实做好学校体育设施向社会开放指导意见的通知》，全区共计492所学校体育场地设施向社会开放。在第十三届全国学生运动会期间，在教育部召开的全国学校体育工作座谈会和全国学校体育场馆向社会开放座谈会上，宁夏作为开展体育场馆开放工作做得较好的七个地区之一进行了现场交流发言。

【学校艺术教育】2017年，开展戏曲进校园工作。印发《自治区“戏剧进校园”工作推进方案》《关于扎实开展2017年度“戏曲进校园” 演出活动的通知》，确定了181所学校为“戏曲进校园”试点学校，并先后由宁夏京剧院安排在高校演出8场、在中小学演出46场，宁夏秦腔剧院安排在高校演出17场，在中小学演出133场，演出覆盖全区。开展各类艺术展演活动。先后启动全区高等学校艺术展演活动，全区共有设置艺术类院系或专业的6所高校参加，近3000名大学生参加、近万名师生观看了展演活动；以交响音乐会和歌舞晚会形式，组织银川市中学生管弦乐团演出5场，组织银川市高级中学演出5场；宁夏话剧团面向全区农村边远小学生演出国家艺术基金资助项目、宁夏原创儿童剧《菲亚、飞呀》60场；国家话剧院在本科院校演出音乐剧《你若离开我便浪迹天涯》4场；陕西儿童艺术剧院儿童剧《春天里的童话》在宁演出15场，另有3名国家级教授在全区进行9场高雅艺术专题讲座。举办了全区第五届大学生艺术展演，共有15所高校参与，收到艺术表演类作品99个，艺术作品共收到368件，收到高校艺术教育科研论文47篇。建立艺术工作坊9间。组织开展中华优秀文化艺术传承学校创建活动。下发《关于在全区中小学开展中华优秀文化艺术传承学校创建活动的通知》，开展命名为“传承的力量”的学校体育艺术教育弘扬中华优秀传统文化节目征集活动，组织遴选了100个优秀节目报送教育部体育卫生与艺术教育司。

【学校卫生与健康教育】2017年，以禁毒教育活动为重点，继续做好学校毒品预防教育工作，持续大力推进青少年毒品预防教育“6·27”工程，下发《关于加强全区高校毒品预防教育工作的通知》和《关于开展学校毒品预防教育工作督查的通知》，先后开展全区中小学生毒品预防教育才艺大赛和毒品预防教育优秀课件评选、大学生禁毒知识辩论赛、全区禁毒知识竞赛等活动，其中全区中小学生毒品预防教育才艺大赛共收到159个作品，经组织专家评选，18个优秀作品进入总决赛；根据全区学校食品安全及传染病防控工作部署，在卫生部门的具体指导下，下发《关于传染性疾病预防工作的紧急通知》，及时督促各学校落实食品安全和饮用水安全管理制度，按照规定严格食品的采购、贮存、加工、供应、留样以及清洁消毒和人员管理等重要环节的安全管理。

【国防教育】2017年，教育部门与宁夏军区协商，调整各校施训方案，完成全区学生军训工作。先后分2批(次)选派高职学院和本科学院的11名主要负责人分别到空军指挥学院和国防大学研修，探讨改进新形势下学校国防教育和学生军事训练工作的组织领导及对策措施。在全区各级各类学校进行了国防教育特色学校的遴选工作，从55所院校中评选出28所国防教育特色学校推荐上级教育部。组织全区学生军事训练营活动，参加全国第四届学生军事训练营，在5个科目比赛中宁夏获得4个一等奖、1个二等奖、1个三等奖，总分921分、全国第三名。

【国际合作与交流】2017年，全面推进教育对外开放工作。印发《自治区教育厅关于2017年贯彻落实〈教育部宁夏回族自治区人民政府开展“一带一路”教育行动合作备忘录〉的通知》，重点围绕实施高等学校国际化水平提升工程等具体工作任务，选派各类国家公派出国留学80余人，争取教育部“贫困连片地区英语培训项目”、“千名中西部大学校长海外研修计划”第四期在宁夏的实施；立项资助宁夏大学等8所高校的35名本科生、研究生国外访学和参加联合培养项目，首次组织实施高校一流学科建设负责人和一线教学骨干分别赴美国和英国研修项目，两项目共派出科研人员和教师40人；立项资助30个宁夏中小学国际人文交流项目，扩大中小学人文交流规模；组织实施中小学“塞上名师名校长工程”第五批赴美国乔治梅森大学培训和中小学校长赴美国加州大学研修；在石嘴山市举办美国英语学会中小学暑期英语培训班；扩大“一带一路”沿线国家留学生接收规模，增加自治区人民政府来华留学奖学金额度，新接收“丝绸之路”沿线国家留学生近150多人，高校长短期留学生在校规模达到720人，聘请外籍教师77人。实施教育部《推进共建“一带一路”教育行动》，重点支持宁夏大学迪拜孔子学院建设，宁夏大学和北方民族大学分别在摩洛哥和乌克兰申报设立孔子课堂和中国文化中心工作；宁夏大学中国阿拉伯国家研究院向中央办公厅提交6份阿拉伯国家研究专报，编辑出版15期世界阿拉伯国家研究动态期刊，举办了第十五届中国外交学会年会，同时选派130名阿语专业本科生赴埃及、摩洛哥开展人才联合培养；宁夏大学完成教育部“中阿旱区特色资源与环境治理国际合作联合实验室”和教育部中摩“一带一路”研究中心，北方民族大学完成教育部卡塔尔、巴基斯坦、乌兹别克国别研究中心立项建设工作；宁夏职业技术学院完成了接收中国阿曼杜古姆产业园第一批38名阿曼籍员工来校留学工作；完成了中阿博览会埃及主宾国接待任务。扩大对外交流渠道，加强对外交流和密切往来。组织了教育厅赴美国、法国、英国、摩洛哥以及澳大利亚和新西兰教育工作出访团，组织自治区教育厅直属高校瑞士、新加坡、德国等出访团组，就加强宁夏高等教育中外合作办学、人才联合培养以及基础教育创新创造教育试点工作进行深入交流与合作；宁夏财经职业技术学院财经专业骨干教师组团赴新加坡南阳理工大学研修；接待摩洛哥、突尼斯、马来西亚、英国、美国、澳大利亚等国大学代表来宁夏的考察和交流；发挥交流协会作用，为宁夏大学、宁夏师范学院、宁夏能源学院、宁夏理工学院以及中小学建立了对外合作与交流关系，促进了学生互换和人文交流活动的开展。

【教育考试】提升管理水平。2017年，强化安全保密管理，先后制定《宁夏国家教育考试安全保障工作方案》，全面细化安全保密工作管理措施。严肃考风考纪，先后组织开展了“作弊器材及违规中介整治”“净化网络环境”“净化考点周边环境”等专项整治活动。做好残疾考生参加高考的保障服务工作，全年共有11名残疾考生报名参加高考。继续推进信息化建设。制订了23个信息安全管理制度，逐步完善宁夏教育考试院信息系统安全管理体系，加强了信息管理规范化工作；整合宁夏教育考试招生综合管理服务系统，报备宁夏国家教育考试网上巡查及防范无线电信号作弊系统为信息安全等级保护二级系统；初步梳理了宁夏国家教育考试综合管理和统一指挥平台建设模式，将考试院远程异地灾备中心建设在宁夏大学中卫校区，部分县区完成自建国家教育考试标准化考点和保密室的规划、迁建，完成六级网上巡查的互联互通，完成教育考试命审题及题库建设软件的测试和初步验收。实施高校招生“阳光工程”，做到信息公开，确保阳光招生更阳光，热情做好群众来信来访工作，共接访230余人(次)，比上年减少了270人(次)；电话咨询1500余人(次)，比上年减少了2100人(次)；连续五年实现高校招生录取“零点招”“零补录”、连续九年“零投诉”的管理目标；开展“评卷开放日”“录取开放日”活动，邀请媒体记者和学生、家长代表到现场探访报道。学业水平考试管理。制定《宁夏普通高中学生考籍注册管理办法》，规范了宁夏普通高中学业水平考试考籍注册范围、注册办法和考籍异动管理办法以及社会考生考籍管理办法；严格执行在宁夏普通高中学校就读并取得国家普通高中学籍的普通高中学生可注册宁夏普通高中学生学籍考试的规定，简化办事程序，2017年通过与教育厅普通高中学籍库比对，更正学生基本信息1930条，确保了报名、考试的顺利进行；建立宁夏普通高中学业水平考试实验操作测试题库，印发《关于做好2017年5月普通高中学业水平实验操作测试工作的通知》，统一标准和要求，统一印制试题和评分表。推进普通中专招生计划管理改革，完成2017年普通中专招生集中录取工作。推进考试招生制度改革。首次调整艺术类专业统考办法：音乐学类和舞蹈学类考场全部安排在标准化考场进行，音乐学类评委与考生物理隔离，互不见面；美术与设计学类专业的素描、速写、色彩3个科目的考试答题纸幅面均调整为8开，各科目统考阅卷的分档、评阅及成绩合成采用网上阅卷模式进行；规范了音乐学类声乐科目、器乐科目考试演唱曲目和伴奏方式；音乐学类视唱、声乐、器乐3个科目考试的评分采用网上打分的方式进行；加强评委管理，实行现场封闭管理制度。体育类专业术科省级100米、800米全部采用电子计时；铅球、立定跳项目首次采用远红外电子测距，采取现场实时报成绩。首次调整艺术专业招生志愿设置和投档录取模式：调整志愿设置。本科艺术类(不含独立学院和民办高校)由原来一个批次调整为一个批次3个段进行；实施平行志愿投档录取。B段院校艺术类专业招生实行平行志愿投档录取模式改革试点。使用综合分成绩排序，遵循考生志愿，分文理科，按照艺术专业大类平行志愿投档录取；调整投档规则。本科艺术类A段按照考生填报的院校志愿，将高考总分分别达到宁夏艺术各类文化课最低录取控制分数线，且艺术统考成绩合格（不含戏剧与影视学类）的考生档案，全部投放给院校，由院校依据本校《招生简章》中向社会公布的录取规则择优录取；本科艺术类B段实行平行志愿投档录取模式；本科艺术类C段、独立学院和民办高校艺术本科专业、高职（专科）院校艺术专业按照考生填报的院校志愿进行录取。全国艺术类176所（艺术文105所、艺术理71所）院校按照音乐学、舞蹈学、美术与设计学、戏剧与影视学4大类在宁夏招收本科艺术生。计划招收1113名，实际录取1363名，计划完成率122.5%。推进高职院校分类考试改革。按照《宁夏回族自治区高职院校分类考试招生改革实施方案（试行）》，继续实施区属高职院校分类考试招生改革试点工作。职业技能试点院校专业从上年3个院校5个专业增加到9个院校17个专业，涵盖18个专业大类中的医药卫生类、政法类、建筑类等。进行职业技能测试的试点专业招生实行"文化素质+职业技能"的考试成绩录取，没有进行职业技能测试试点的院校或专业仍然按自治区统一组织的文化基础考试成绩录取。全年参加职业技能测试录取596人，比上年多录139人。依照《自治区教育厅关于印发〈宁夏教育精准扶贫行动方案（2016—2020年的通知）〉》精神，在高职分类考试面向中职考生招生、录取中首次对建档立卡贫困家庭的考生单列计划、单独投档录取。全年共录取建档立卡贫困户中职考生618名，占高职院校录取中职生的13.6%。

【学生资助】2017年，宁夏各学段资助学生48.84万人（次），各级财政累计安排学生资助资金6.75亿元（不含国家生源地信用助学贷款，义务教育阶段只含寄宿生生活补助）。落实好高等教育资助政策。全年发放国家奖助学金等2亿元，资助学生12万人（次）（不含生源地信用助学贷款）。其中：研究生阶段国家奖学金发放181万元，获奖学生88人，资助比例为2.2%；国家助学金发放2654.6万元，资助学生4016人。本专科阶段（含预科），国家奖学金发放93.6万元，获奖学生117人，资助比例为0.1%；国家励志奖学金发放1463.5万元，获奖学生2927人，资助比例为2.8%；国家助学金发放8483万元，资助学生28279人，资助比例为27.2%。宁夏高等职业学院建档立卡贫困家庭及农林师范专业学生学费减免：下达资金2490.18万元，享受减免学生11858人。国家助学贷款风险补偿金3000万元，资助学生73000余人。国家助学贷款贴息2500万元。落实好中等职业教育资助政策。共发放1.85亿元，资助学生10.41万人（次）。其中：助学金发放4637.4万元，资助学生22887人，资助比例为50%；发放12923.8万元，免除64619人学费，资助比例为100%；山区九县中职"两免一补"政策（除住宿费、书本费、增补生活费）：发放939万元，资助学生16693人。落实好普通高中学校资助政策。共发放1.1亿元，资助学生7万人（次）。其中：国家助学金发放8972.4万元，资助学生44862人，资助比例为30%；建档立卡贫困户等家庭经济困难学生免学费2080.56万元，资助学生26104人，资助比例为18%。落实好义务教育阶段资助政策。义务教育寄宿学生生活补助发放1.13亿元，资助学生11.57万人。落实好学前教育资助政策。共下达资金0.57亿元，资助幼儿7.73万人（次）。其中：学前两年资助金发放2512.7万元，资助幼儿50249人；学前教育建档立卡家庭经济困难儿童和残疾儿童"一免一补"政策：发放资金3250.08万元，资助幼儿27084人。完善资助政策体系。下发《关于做好学前教育建档立卡家庭经济困难儿童和残疾儿童"一免一补"资助工作的通知》，从2017年春季学期起，在实施现行学前教育资助政策的基础上，对宁夏所有经县级以上教育行政部门审批设立的幼儿园在园建档立卡贫困家庭户适龄儿童（含农村残疾儿童）实施"一免一补"资助政策，按1500元/生·年的标准免除保教费，900元/生·年的标准补助伙食费，两项政策不重复享受；6月30日，下发《关于做好宁夏高等职业学院建档立卡经济困难家庭及农林师范专业学生学费减免工作的通知》，从2017年秋季学期起，对宁夏高等职业学校（含民办院校）生源为宁夏籍建档立卡贫困户家庭学生以及农、林、师范专业学生实施学费减免政策，标准为每生每年4200元，由各学校按学年和政策标准直接减免相关学费，部分学校的部分专业按照物价部门核准的收费标准高于财政补助标准的，可向学生收取差额部分学费；印发《关于进一步提高博士生国家助学金资助标准的通知》，从2017年春季学期起，将宁夏纳入全国研究生招生计划内的全日制博士生（有固定工资收入的除外）国家助学金资助标准从每生每年10000元提高到了每生每年15000元。提标扩面加大投入，提高资助保障水平。从2017年秋季学期起，宁夏预科生可享受相应教育阶段的国家助学金，资助标准为每生每年平均3000元；2017年国家生源地助学贷款宁夏共签订有效合同71924个，贷款金额达4.45亿元，比上年增加了1900多万元。其中首贷人数达26381人，比上年增加了1728人，解决了高校家庭经济困难学生入学难的问题，做到了应贷尽贷；从2017年春季学期起，将固原地区所属中职学校学生免除住宿费、书本费、增补生活费资助范围扩大到了山区9县；继续做好高校新生入学工作，通过“绿色通道”入学22908人（包括家庭经济困难新生14804人），缓交学费及住宿费13859.84万元；为5637人本专科新生发放生活补贴，计386.74万元，为161人发放生活用品、11.8万元。配合做好社会捐资助学工作。中国教育发展基金会“普通高校家庭经济困难新生入学资助项目”向宁夏分配资金93.75万元，宁夏实际发放路费103.45万元（含地方自筹9.7万元），资助学生1551人。

【教育信息化和数字化】2017年，加强互联网“校校通”“班班通”和“人人通”建设。宁夏各级各类学校全部实现以不同方式接入互联网的目标，中小学83.5%的教学班配备了网络多媒体教学设备，100%的中小学校开通了学校网络空间，97%的中小学教师开通个人网络学习空间，65%的中小学学生开通网络学习空间。各地教育部门和学校加大教师的网络学习空间应用培训力度，共开展培训19场，培训一线教师4423人。宁夏“教育云”服务能力不断提升。已累计引入学科网等资源近500万条，年更新近30万条，扩大了优质教育资源覆盖面；依托遴选出的11名名师开展名师网络工作室的建设和应用工作，以“名师带徒，结队帮扶”为主要培养形式，建设实体与网络相结合的新型工作室，工作室团队骨干成员已达334人，开展线上线下教研活动24次，覆盖一线教师3000多人，积累名师资源1000多件，展示教研成果上百个；以青铜峡市和兴庆区为试点对象，依托宁夏“教育云”开展网络教研服务活动，通过构建常态化、综合性的网络教研运行机制，利用网络教研平台开展跟进式指导服务，已为两县（区）开展应用培训3次，覆盖教师300多人，协助开展教研活动80多次，覆盖教师1800多人，积累教研资源近千条；以吴忠市和泾源县为试点对象，依托宁夏“教育云”开展在线课堂应用活动，以“强校带弱校、一校带多校”的模式，推动优质资源共享，落实教育精准扶贫，缓解薄弱学校部分学科教学能力不足、无法开足开齐课程的压力。试点县（区）已实现近100所中小学结成发展共同体，实施了近500堂的网络互动课，汇聚近1000条优质教学课例。以项目促创新。2017年，通过“家园共育”百所示范幼儿园项目、“教育云规模化学科应用支持服务模式研究”项目、中国教育发展基金会—戴尔“互联创未来”项目等，覆盖幼儿园、中、小学和职业院校，涵盖项目学校27所，班级120多个，派发学习空间账号2000余个，分发基础教育系列资源50套，为项目学校配发笔记本电脑100台、争取专项支持资金120万元；完成国家教育资源公共服务平台规模化应用试点工作，申报国家级教育信息技术研究课题30项，立项17项。以技术培训促融合。首次在教育部信息技术国培基地——四川师范大学举办信息技术与教育教学融合创新发展培训班，全区80余名分管教育信息化工作的负责人与骨干教师参加学习；组织近百名中小学和职业院校校长、各级各类学校的骨干教师参加教育部举办的“网络学习空间人人通”专项培训，培训教师500余人（次），开展机器人竞赛专项培训200余人（次）。以赛事活动促应用。举办第十八届全区教育教学信息化大奖赛、第八届“中国移动‘和教育’杯”全区教育技术论文活动，共有2万人次参与了竞赛活动；开展第十八届全国中小学电脑制作活动，共收到2266件作品，33支机器人代表队参加，有22个作品和10支代表队获全国比赛一、二、三等奖；在全国中小学生微视频征集展播活动中，征集作品1432件，95件作品获奖。两项活动均获“优秀组织奖”。

【教育装备】2017年，编制《宁夏中小学教育技术装备标准》，完善了中小学教育技术装备功能，促进教育装备更好地服务于教育教学和新课程改革。组织宁夏各市、县（区）教育局负责教育装备的局长和教育装备管理人员30多人赴江苏省海门市参加由教育部组织的“新形势下进一步做好普通中小学装备工作”培训班。9月，举办宁夏“百标”学校实验教师管理使用水平提升培训班，140余人参加培训。开展实验教学说课活动，经各地学校、县级和市级教育行政部门层层遴选，共推荐上报优秀作品52件，组织评出实验教学课程一等奖12名，二等奖14名，三等奖16名。在兴庆区、西吉县开展3次实验教师培训。学生用品管理形成新规范。下发《关于明确作业本费和军训费政策问题的通知》，明确规定作业本价格由市场调节，具体价格须由各市、县（区）教育行政部门或学校采取公开投标方式确定；先后对银川市兴庆区、永宁县，石嘴山市平罗县、惠农区，中卫市中宁县、沙坡头区，固原市原州区和吴忠市利通区共8个县（市、区）的15所学校幼儿园。8家学生用品生产服务企业进行实地检查，确保学生用品质量。印发《宁夏回族自治区学生校服、卧具采购合同》，合同条款就学生校服、卧具的数量、质量、价格、款式、颜色、生产厂家、检验验收、反商业贿赂等都有明确规定，以保障采购的学生校服、卧具的质量。11月召开宁夏2017年度学生用品管理工作会议。

【校园风险管理】2017年，在全国范围内率先推行教职员工校方责任保险和校园方无过失责任保险，率先在职业院校和大中专学校推行实习责任保险，率先提高校责险的保费标准和理赔限额；规范校园风险管理承保服务工作，下发《自治区教育厅办公室关于进一步规范教育保险工作的通知》；强化校园风险管理人员培训工作，先后在宁夏财经职业技术学院、宁夏工商职业技术学院、宁夏旅游学校和兴庆区、贺兰县、惠农区、平罗县举办校园风险管理人员培训班；开展学校风险防控宣传教育工作，与北京联合保险经纪有限公司宁夏分公司合作，向各市、县（区）教育局印发了500本保险工作手册、2224套校园消防挂图、3500本校园风险管理手册等；校方责任保险逐步向高校延伸，北方民族大学、宁夏交通学校投保高校校园方责任保险，中国矿业大学银川学院已投保高校实习生责任保险。

【高校毕业生就业创业】2017年，搭建跨区域、跨行业、跨类别的毕业生就业双选平台，开展校级就业双选洽谈活动20场次；配合国家教育部、人力资源和社会保障部、商务部、国资委、工业和信息化部等有关部门开展的面向2017届高校毕业生的以“战略性新兴产业”“信息技术行业”“电子商务行业”“国家级经济技术开发区”“京津冀地区”“民营企业招聘周”等为主题的毕业生网上“双选”活动；实施“农村教师特岗计划”“西部计划”“大学生村官”“三支一扶”等一批基层就业项目；开展2017年毕业生就业状况问卷调查，5500名研究生、本专科毕业生参与调查；开展2017年大学生自主创业统计工作，了解各高校大学生自主创业、基层就业和自谋职业的有关情况；开展2017年宁夏高校就业工作机构及就业师资课程状况调查；配合教育部全国就业中心开展宁夏第二届高校大学生就业创业优秀论文评选活动，并评选出优秀研究论文2篇推荐参评全国论文评选活动。加强就业指导服务体系建设，提升就业指导水平和服务能力。下发《关于做好宁夏普通高等学校未就业毕业生统计服务工作的通知》；推广使用大学生学业与职业发展平台，涵盖毕业生就业去向比较集中的110个典型职业，提供超过400个鲜活生动的职业案例和100个职业微视频；组织宁夏高校毕业生就业指导授课教师及工作人员98人（次）参加教育部在青岛、西安、长沙、云南等地举办的全国高校毕业生就业创业指导教师培训交流研讨活动；开展2017年宁夏高校毕业生就业《报到证》办理培训，完成18所高校3.38万毕业生的生源信息和就业信息统计整理工作，向2017年宁夏高等院校毕业生无偿发放就业《报到证》共3.1万份；加强就业困难毕业生帮扶，为宁夏各高校9886名家庭经济困难毕业生申请求职创业补贴988.6万元；引入第三方评价机构，依托专业的调查平台进行分析，撰写年度就业质量分析报告，为高校教育教学改革、学籍制度和学生培养质量提供信息反馈。发布《2017届宁夏高校毕业生生源信息册》，分析宁夏18所普通高校的毕业生的总体情况，发布宁夏普通高校就业进展情况，下发《自治区教育厅关于2017年宁夏普通高校毕业生初次就业状况的通报》。向自治区党委办公厅、政府办公厅报送毕业生就业创业基本情况、相关统计数据，存在的问题和建议等情况。组织宁夏高校参加国务院召开的2017年普通高等学校毕业生就业创业工作电视电话会议、教育部召开的2017年全国普通高校毕业生就业创业工作网络视频会议、军委国防动员部和教育部联合召开的全国大学生征兵工作网络视频会议。

【教育科学研究】2017年，做好全国教育科学规划2017年度课题申报工作，报送58项课题参加全国教育科学规划项目年度评审，其中1项课题获批国家社科基金项目，突破近十年来宁夏中小学及高等院校等教育学口无国家级社科项目的历史；做好宁夏哲学社会科学（教育学）规划项目2017年度报工作，共有23项立项；完成2017年度宁夏哲学社会科学（教育学）规划项目的结题鉴定申请，共完成基础教育和高等教育的规划项目12项；组建由宁夏教育科学研究所和宁夏大学、宁夏医科大学、宁夏理工学院等多个院所组成的“宁夏高等教育内涵发展”课题组，联合申报获得宁夏高校科研基金项目资助20万元；开展“宁夏第十三届基础教育科研成果”评奖活动，有514项目成果参加了自治区级评选，30项获一等奖，69项获二等奖，104项获三等奖。2017年，完成《中国教育年鉴》（2017）“宁夏教育年鉴”篇的编纂工作；完成《宁夏年鉴》教育专题篇的撰写工作；完成《2018年宁夏社会蓝皮书》教育专题篇的撰写任务。

【教育教学刊物】2017年，宁夏教育科学研究所、宁夏教育学会完成《宁夏教育科研》4期的全年编辑、刊印与赠阅工作，共计刊发论文160余篇，50余万字。及时宣传党和国家关于教育的方针政策，传播全国各省区教育改革和发展信息，全年报道总量44个页码，8.8万字；第4期、第11期出版职业教育专刊，每期80页码，16万字；就普及学前教育、均衡发展义务教育、促进教育内涵发展等自治区教育中心工作进行专题报道，全年报道总量40个页码，8万字；加大力度报道教师队伍建设工作，全年报道总量63个页码12.6万字；加强德育工作研究，全年报道总量22个页码4.4万字；加强教育管理研究，全年报道总量58个页码11.6万字；强化教学研究，全年报道总量420个页码84万字。

【电视宣传】2017年，派出多支摄制组深入全区各地教学一线，拍摄了21部系列专题纪录片，以"砥砺奋进的五年"为栏目专题，全景展示全区教育事业五年来全面发展的生动实践和巨大成就；聚焦教育发展的主题主线，抓住教育工作重要节点（如教育工作会议、高校党建会议、中考高考、教师节等）、重大改革（如高校双一流建设、基础教育均衡公平发展、职教转型发展、创新教师队伍建设、教育精准扶贫等）、热点难点（如高校招生改革、校园安全、师德师风、创新创业、贫困资助等），精心设计谋划，开展专题或集中宣传，引导社会舆论；中国教育电视台就宁夏的乡村教师支持计划、校园足球、教育信息化、教育精准扶贫、高招改革、庆祝教师节等内容进行采访报道；组织策划了"家书"征集征文、美极了我的校——校园四季美景视频征集、最美校歌征集、宁夏青少年春晚、全区首届青少年朗诵大赛、读家生活平安相伴等学生、教师广泛参与的大型活动；在第二十二届中国教育电视优秀节目评选中，有10件作品分别获得新闻类、专题类、栏目类、形象设计类、主持人类、新媒体类奖项；在宁夏广播电视奖评选中，宁夏教育电视台获电视新闻类一等奖1个，三等奖2个，社教类二等奖1个、三等奖2个。

【农村义务教育学生营养改善计划】2017年，稳步实施农村义务教育学生营养改善计划，惠及学生26万人，连续六年实现食品安全和资金安全"零事故"。专项膳食资金及时到位，分两批及时下达全年膳食资金和教师陪餐资金24202.18万元，确保每学期各地各学校按时开餐，确保计划稳步实施，确保食品安全和资金运行安全。加强对各县（区）计划实施情况进行的监督检查，重点对实施范围内各学校食堂落实各项食品安全制度及资金使用情况进行检查，督促各地不断提升工作水平和供餐质量。4月，财政部委托宁夏专员办对宁夏营养改善计划实施情况进行绩效评价，被评定为优秀等次。5月，全国政协副主席韩启德率全国政协调研组到宁夏调研学校餐食管理工作，对宁夏的营养改善计划实施情况予以充分肯定。6月，在中国发展研究基金会在北京召开全国学生营养改善计划国际研讨会上，从100个国家试点县中评选出20名"阳光校餐"工作优秀县，宁夏同心县、海原县、彭阳县、原州区获此殊荣，从9229所实施学校中评选出20所"阳光校餐"优秀学校，宁夏有8所学校榜上有名。

【教育精准扶贫】2017年，完善宁夏教育精准扶贫工作机制。在上年构建教育精准扶贫模式基础上，以《宁夏教育精准扶贫"十三五"行动方案》为引领，下发《自治区教育厅关于留守儿童教育工作实施方案》《自治区高校结对帮扶贫困县助力脱贫工作实施方案》《关于职业教育助推精准脱贫工作实施方案》和《闽宁职业教育协作助力脱贫攻坚工作实施方案》。推动完善学生资助政策，将农村义务教育学生营养改善计划实施范围扩大到小学附设学前班幼儿，建立建档立卡贫困家庭普通本科在校生奖学金制度，保障贫困家庭学生安心入学；召开2017年宁夏打赢教育脱贫攻坚战推进会。

（卢光辉）

基础教育

【概况】2017年，宁夏基础教育发展水平显著提升，教育资源保障能力不断提升，扩大普惠幼儿园覆盖面，开展政府购买学前教育服务，普惠性学前教育资源覆盖面快速扩大。持续实施六盘山连片特困区义务教育均衡发展攻坚计划，义务教育均衡发展扎实推进，抓好改善农村义务教育薄弱学校办学条件建设项目，坚持资源配置向山区各贫困县和义务教育均衡验收县贫困地区倾斜，2017年以县为单位全部通过自治区义务教育均衡发展评估验收，隆德县、泾源县、彭阳县、海原县4县顺利通过国家督导检查组义务教育均衡发展评估验收。提升高中阶段教育普及水平，高中阶段毛入学率达到91.4%，高于全国平均水平3.85个百分点；全面推进县域内城乡义务教育一体化改革发展工作，启动"基础教育质量先进县"创建工作。组织开展中小学创新素养试点工作，加强义务教育阶段作业管理。

【学前教育】2017年，编制学前教育三期行动计划。根据教育部《关于实施第三期学前教育行动计划的意见》精神，结合宁夏实际，编制《宁夏第三期学前教育行动计划（2017—2020年）》，按照"广覆盖、保基本、有质量"的要求，围绕质量提升和规模扩张的中心任务，科学规划学前教育发展，重点完善村级幼儿园布局，建立学前教育成本分担机制和幼儿园教师配备和工资待遇保障机制，完善幼儿园保教质量评估体系，规范办园行为，基本消除“小学化”现象，提升学前3年入园率。做好幼儿园建设项目。2017年自治区预算安排及时下达资金41950万元，安排新建、改建、增设幼儿园220所，项目实施完成后，可新增幼儿学位2.3万个，220所幼儿园全部开工建设，开工率为100%，其中，187所幼儿园已竣工，竣工率为85%。开展政府购买学前教育服务，扩大普惠幼儿园覆盖面。印发《关于做好2017年政府购买学前教育服务工作的通知》，下达资金2000万元，审核购买93所民办幼儿园，补助25000名幼儿保教费。组织专家对各县（市、区）申报的100多所民办幼儿园进行普惠性认定，宁夏普惠性幼儿园达到710所，占到宁夏幼儿园总数的80%以上。规范幼儿园保教行为。印发《宁夏幼儿园一日卫生保健工作流程细则》《宁夏幼儿园一日保育工作流程细则》，在利通区开展幼儿园一日活动流程规范化管理试点工作，切实规范幼儿园保育和卫生保健工作。以“游戏——点亮快乐童年”为主题，开展全国第六个学前教育宣传月活动。邀请虞永平教授解读《3~6岁儿童学习与发展指南》，300名园长、骨干教师参加培训。

【义务教育均衡发展】2017年，推进义务教育均衡发展工作。按照自治区政府推进义务教育均衡发展规划部署，10月，隆德县、泾源县、彭阳县、海原县4县顺利通过了国家督导检查组的评估验收；红寺堡区、同心县、西吉县3县（区）进行省级评估验收，至此，宁夏以县为单位全部通过自治区义务教育均衡发展县的评估验收，按时完成规划目标任务。制定消除大班额专项规划。按照《教育部办公厅关于做好消除大班额专项规划有关工作的通知》要求，在组织各县（市、区）制定消除大班额专项规划基础上，编制《宁夏回族自治区消除义务教育阶段学校大班额专项规划（2017—2020年）》，细化量化年度工作目标，明确消除大班额的时间表和路线图，2017年按照目标任务完成2个县（区）消除大班额和13个县（市、区）消除超大班额的工作任务。做好农村留守儿童关爱工作。根据《国务院关于加强农村留守儿童关爱保护工作的意见》精神，配合自治区政协完成农村留守儿童调研活动，形成《宁夏农村留守儿童情况自查报告》上报教育部。印发《关于开展农村留守儿童摸底排查工作的通知》，组织各地对农村留守儿童数量规模、结构状况及家庭组成、生活照料、教育就学情况进行全面摸底，为完善宁夏建立留守儿童关爱工作机制提供政策依据。

【特殊教育】2017年，编制第二期特殊教育提升计划。根据教育部《第二期特殊教育提升计划（2017—2020年）》精神，研究制定了《宁夏第二期特殊教育提升计划（2017—2020年）》。提升特殊教育办学条件。向教育部上报规划建设项目324个，下达自治区特殊教育专项资金1220万元，建成4所医教结合项目学校，改善4所特殊教育学校的办学条件。安排随班就读资源教室建设资金100万元。投入900万元，依托自治区特殊教育学校挂牌成立了自治区首所残疾人职业教育中心。规范特殊教育教学管理。对自治区残联提供的763名未入学残联儿童个人信息逐一进行摸底核查，全部安排就学，并将残联康复中心学前及义务教育阶段残疾儿童纳入教育管理，进行注册学籍管理。印发《自治区教育厅办公室关于学习贯彻三类特殊教育学校义务教育课程标准的通知》，组织各特殊教育学校认真学习教育部印发的盲校、聋校、培智学校义务教育课程标准，准确把握课程标准的理念。

【中小学德育和校外活动场所建设】2017年，开展文明校园创建活动。根据《自治区教育厅 自治区文明办关于开展文明校园创建活动的通知》《宁夏回族自治区“文明校园”实施方案》，对宁夏18所中小学校申报文明校园创建材料进行审核，由宁夏文明单位过渡到文明校园；向教育部申报5所中小学为全国文明学校。抓好研学旅行活动。研究制定了《自治区教育厅等11部门关于推进中小学生研学旅行实施意见》，组织中小学校开展研学旅行活动，推动全面实施素质教育。加强青少年校外活动场所建设。对宁夏26所青少年校外活动场所进行全面摸底调查，同意支持宁夏校外活动场所20个（增加3个综合性示范基地）；下拨2016年度中央专项彩票公益金支持宁夏校外活动保障和能力提升项目资金647万元；举办2016年度中央专项彩票公益金支持校外活动保障和能力提升项目资金使用与管理培训班，规范项目资金的管理和使用。

【中小学校信息化建设】2017年，确定23所学校为2017年度项目学校，宁夏信息化示范学校总数达到66所；优化信息化应用示范校项目建设方案评审方式，规范项目建设方案管理；加快示范校的项目建设验收进程。先后完成2016年度的银川唐徕回中、海原五小等12所项目学校的建设验收工作。规范教育信息化应用示范学校的评估和管理。制定《宁夏中小学信息化应用示范学校评估方案》，确定兴庆区第十八小学等5所学校为宁夏中小学教育信息化应用示范学校。不断完善教育信息化建设达标县的评估工作流程，先后完成惠农区、金凤区和青铜峡市3个县（市）区的评估验收工作，教育信息化达标县也由上年的4个县区增加到了7个。教育部第一批教育信息化试点项目验收评估专家组推选宁夏盐池县第五小学的信息化应用案例进入《教育部第一批教育信息化试点优秀案例集》，向全国宣传推广。

【中小学创新素养教育】2017年，在宁夏范围内遴选12个县（市、区）的85所中小学（幼儿园）开展创新素养教育实验试点工作，召开试点工作推进会，邀请上海市和浙江省专家作创新素养教育专题辅导，组织观摩银川市二十一小学和银川市第一幼儿园创新素养教育工作开展情况；分别赴上海、浙江和江苏三省（市）考察学习当地教育部门及中小学校开展创新素养教育先进经验和典型案例，并在上海市举办中小学（幼儿园）创新素养教育培训班；印发《教育厅办公室关于开展宁夏中小学（幼儿园）创新素养教育教学成果评比活动的通知》，向各地中小学校（幼儿园）征集案例、实践创新项目、我的创客故事和论文1300篇（个），充分调动全体教师参与创新素养教育的积极性和主动性。

【基础教育质量先进县创建】2017年，在完成县域内实现义务教育基本均衡发展的基础上，全面启动"基础教育质量先进县"创建工作，自治区印发《宁夏基础教育质量先进县创建工作方案》。创建工作重点围绕组织领导、教育管理、队伍建设、质量水平、条件保障和经费投入6个方面建立健全工作机制，提升管理水平和教育教学质量。

【义务教育阶段作业管理】2017年，印发《自治区教育厅办公室关于进一步加强义务教育阶段学校作业管理的实施意见》，要求义务教育阶段中小学校和教师以学科课程标准要求为依据，准确把握作业的性质和功能，通过加强作业的布置与管理，落实作业的批改与反馈，强化作业的控制与检查。

（卢光辉）

职业教育与成人教育

【概况】2017年，宁夏所有的县（市、区）都建成本县的县级职教中心，中南部地区中职学校（职教中心）的基础能力建设不断加强；宁夏现代职业技能公共实训中心运行情况良好，宁夏职教园区公共实训中心共享机制成效初显；举办2017年宁夏职业院校技能大赛等，展示宁夏职业院校师生良好的职业素养和技能水平，展现宁夏加强职业院校内涵建设、推进职业教育教学改革创新所取得的丰硕成果。

【中南部地区中职学校（职教中心）基础能力建设】2017年，通过中西部职业教育振兴计划、中职基础能力建设、示范校建设、实训基地建设、产教融合项目建设等，集中力量扶持贫困地区职业学校达标建设。盐池县、彭阳县新建县级职教中心，同心县、红寺堡区开工建设县级职教中心，至此宁夏所有的县都建成本县的县级职教中心。

【职业教育合作交流】2017年，加大闽宁职业教育协作力度。制定《闽宁职业教育协作助力脱贫攻坚工作实施方案》，两地共同实施闽宁职业院校协作全覆盖行动、闽宁中职招生协作兜底行动、支持职业院校全面参与闽宁劳务协作等项目和工作，闽宁两地教育行政部门于3月、6月分别在成都、西宁、福州分批次组织全区29所高等、中等职业学校与福建职业院校进行"一对一"对接，签订结对帮扶协议，共确定58个专业由福建职业院校对宁夏帮扶与宁夏共建，实现闽宁高职院校、中职学校结对帮扶全覆盖。巩固津宁职业教育合作成果。落实《天津宁夏职业教育合作办学补充协议书》，完善教师双向交流机制、培训机制及培养机制，深化教学资源共享合作、科研合作及课程合作。继续培养中等职业教育免费师范生，在2015—2016年，天津市教育委员会为宁夏培养100名中等职业教育免费师范生的基础上，从2017开始继续合作培养中等职业教育免费师范生，自治区教育厅按照每名学生一年12000元的标准落实中等职业教育免费师范生教育费用，共计240万元。深化与中国台湾地区职业教育交流。搭建海峡两岸职业院校合作平台，举办海峡两岸（宁夏）职业教育发展对接会，全区已有19所职业院校与台湾5所职业院校签订交流合作协议，访学交流、交换生、师资培训等交流机制逐步建立。按照自治区党委2017年第6次常委会议和全区对台工作专题会议部署，10月，组织25所高、中职院校110多人与台湾的31所职业院校开展合作办学对接活动，各学校共签订174份合作办学协议，涉及专业建设、教师培训、互学互访等多项内容。

【宁夏现代职业技能公共实训中心建设】2017年，宁夏现代电子信息、现代煤化工、清真烹饪工艺与营养、现代农业、现代商贸、现代物流、枸杞加工与保鲜、现代装备制造、现代建筑技术公共实训中心等9个实训中心已建成并投入使用，各公共实训中心运行情况良好；继续按照自治区重大项目建设推进程序，加紧推进现代葡萄与葡萄酒、现代纺织2个项目建设。6月22日，自治区人民政府第96次常务会议原则通过了现代葡萄与葡萄酒、现代纺织职业技能公共实训中心建设方案，已启动实施，土建部分进入设计招标阶段，设备采购方案于11月专家论证会通过后进入招标采购阶段。

【职教园区资源开放共享】2017年，为加快构建宁夏现代职业技能公共实训中心资源共享及自治区职业教育园区优质师资资源共享机制，落实《宁夏现代职业技能公共实训中心资源共享运营管理办法（试行）》和《自治区职业教育园区师资共享管理办法（试行）》，自治区职业教育园区管委会在广泛征求各方面意见的基础上，形成《宁夏职教园区教师资源共享实施细则（试行）》和《中国（宁夏）现代职业技能公共实训中心共享运行保障实施细则（暂行）》，已由自治区教育厅、财政厅、发改委、人社厅4部门联合发文并实施。召开职教园区共享理事会会议，分享园区内各院校实训资源和教师资源共享的好的做法好经验，对做好资源共享工作做了安排部署。6月，由自治区教育厅、发改委、财政厅、人社厅、职教园区管委会组成考核组对职教园区教师资源共享及9个公共实训中心运行情况进行绩效考核，按照优秀、良好、合格等级分别核拨了教师资源共享和公共实训中心奖补资金。

【宁夏职业院校技能大赛】2017年，由自治区教育厅、财政厅、人力资源和社会保障厅联合举办全区职业院校技能大赛，来自区内37所职业院校、区外5所职业院校的2000余名学生参加了比赛。通过区赛选拔98支代表队，257名选手参加全国职业院校技能大赛，共获得团体一等奖1项、三等奖13项，个人二等奖2项、三等奖8项的历史最好成绩。为助力“中国制造2025”和“一带一路”建设，加快培育具有专业技能与工匠精神的高素质智能制造人才，宁夏职业技术学院成功承办全国机械行业“机器人装调与智能加工单元应用技能大赛”及“外研社杯“（宁夏赛区）高职院校英语写作大赛选拔赛。宁夏职业技术学院在2017金砖国家技能发展与技术创新大赛暨首届3D打印与智能制造技能大赛中获得团体一等奖，取得宁夏职业教育在国际大赛中的最好成绩。

【职业院校建设】2017年，自治区教育厅印发《宁夏高等职业院校内部质量保证体系诊断与改进实施方案（试行）》《宁夏高等职业院校内部质量保证体系诊断与改进操作规程（试行）》《宁夏中等职业学校教学工作诊断与改进实施方案》等文件，组织各职业院校全面推进教学工作诊断与改进制度建设。6月，召开全区职业院校教学工作诊断与改进工作推进会，对全区职业院校教学诊断改进工作进行梳理总结和安排部署。组织实施现代职业教育质量提升计划项目，印发《关于建立完善以改革和绩效为导向的生均拨款制度加快发展现代高等职业教育的意见》和《关于建立完善中等职业学校生均拨款制度的指导意见》，各市县和职业学校科学合理编制项目建设五年规划和年度计划，完善自治区项目库，统筹安排上级资金和本级财政投入，成立第三方评价机构参与的项目评审专家组提出建议，每年根据轻重缓急科学合理安排项目建设，分年度、分批推进，不断提高资金使用效益和事业发展成效。开展现代职业教育质量提升计划，对中央专项资金实施督查，聘请第三方评价机构对项目资金进行评价。深化校企合作、产教融合，开展职业教育现代学徒制推进工作，宁夏职业技术学院、中卫市职业技术学校被教育部确定为现代学徒制试点单位，2017年，组织5所职业院校成功申报第二批国家现代学徒制试点单位。

【贫困地区职业院校管理人员培训】2017年，根据《自治区教育厅关于宁夏教育精准扶贫行动方案（2016—2020年）责任分工的通知》精神，在充分总结上年贫困地区职业院校管理人员挂职培训工作经验基础上，确定全年选派人员到发达省区培训学习方案。经过多方了解和对比，最终决定由同济大学职业技术教育学院承办、上海景格职业技术学校协办宁夏回族自治区贫困地区暨职业院校教学管理干部综合能力提升培训班，7月2—9日，进行对固原市农业学校等7所贫困地区职业学校以及宁夏中职学校教学管理人员的能力提升培训项目，学员对培训组织和授课内容满意度达99%。还举办了公共实训中心管理人员和实训教师，职业院校管理人员能力提升等相关培训班。

【北京职业教育博览会】2017年，5月5—7日，首届全国职业教育博览会暨中华职业教育社百年历史图片展在北京中国国际展览中心举办。宁夏职业教育园区管委会在北京国际展览中心布展90平方米，组织宁夏职业技术学院、宁夏工商职业技术学院、宁夏民族职业技术学院和中卫职业技术学校等单位参加博览会。参展院校以创新发展为主线，以文字、图片、展板、宣传片、教学作品及职业技能展示、表演等形式，展示宁夏近年来的职业教育创新办学模式、人才培养模式、教育教学成果、服务地方经济社会发展和精准扶贫等方面内容，全方位展示了宁夏职业教育风貌。

（卢光辉）

高等教育

【概况】2017年,完成宁夏体育职业学院的设校、宁夏司法警官职业学院的更名评估审批及报备工作。建立自治区高等学校设置专家评议委员会,编制完成《宁夏回族自治区高等学校设置“十三五”规划》,并由自治区人民政府报教育部备案,对宁夏现有18所高校逐一明确办学定位、服务面向、学科专业布局和发展规模,同时提出“十三五”时期高等教育布局调整任务。实施高等教育办学条件与教学服务能力第三方评估,对宁夏区属普通高等院校办学情况进行全面的评估,摸清了区内各高校办学基本情况,实现教育综合评价与“大数据”教学状态数据常态化管理相结合的动态监测,为完善高等学校“数据库”和质量监控保障体系提供设计框架,同时为教育事业发展第三方评估积累富贵经验。以“双一流”建设为契机,重点建设两类16个与自治区经济社会发展紧密对接的一流学科,重点支持宁夏大学建设西部一流大学;推进《自治区深化高等学校创新创业教育改革实施方案》全面落实,加大本科高校向应用型转变发展力度,加强“双师型”教师队伍建设,引进企业高级工程师担任学校兼职教师,解决学校“双师型”教师短缺问题;通过本科教学质量提升工程、科技创新水平提升工程、研究生教育质量提升工程、教师队伍能力提升工程等重大工程,高等教育内涵式发展取得新进展。

【西部一流大学和一流学科建设】2017年,召开“双一流”建设启动大会,教育行政部门与建设高校签订了“双一流”建设责任书,制定“双一流”建设任务推进表;自治区教育厅财政等部门经过遴选,将18个发展基础较好、与自治区产业发展紧密对接的学科纳入“一流学科”建设范围,每年统筹安排1.33亿元资金予以支持建设;宁夏大学编制了《西部一流大学建设实施方案》,明确一流大学建设的具体目标、路径和措施;印发了《自治区一流学科建设管理实施办法》,编制《自治区一流学科建设任务书》,明确18个学科的建设目标、任务及考核办管理办法;加大博士硕士学位点申报审核力度,组织高校共申报新增1个博士授予单位、1个硕士授予单位、13个一级学科博士点和30个一级学科硕士点,推动硕博点在“一流”建设学科全覆盖;制定《自治区高等教育领域简政放权放管结合优化服务的实施意见》,推进高校在编制及岗位管理、进人用人、职称评审、薪酬分配等方面拥有更大办学自主权,破解高校在“双一流”建设中反映较多的难点问题。

【高等学校创新创业教育改革】2017年,推进《自治区深化高等学校创新创业教育改革实施方案》全面落实,持续支持宁夏高校建设一批创新创业学院或创客空间,重点推进30个大学生校外实践基地建设,立项建设500项大学生创新创业训练计划项目和30项教师创新创业教育改革研究项目,遴选建设8个创新创业教育试点学院(系)。组建校内外、专兼职相结合的宁夏高校创新创业教育导师人才库,选聘130名以社会导师为主的创新创业指导教师队伍。组建由高校、行业企业和投融资机构联合发起的宁夏高校创新创业教育服务联盟,举办宁夏高校第一期创新创业教育导师教学能力提升培训班。组织宁夏高校开展宁夏第四届大学生数学建模竞赛、第三届大学生机械创新设计大赛、第三届大学生广告艺术大赛、第三届大学生计算机设计大赛等15项大学生学科竞赛;重点组织宁夏第三届“互联网+”大学生创新创业大赛暨全国选拔赛,宁夏17所高校2256个项目、9307人(次)报名参赛,覆盖宁夏高校近8%的学生,参赛比例位于全国前列,在教育部举办的大赛推进会上被点名表扬并介绍经验。树立示范典型,组织高校参评国家创新创业教育示范高校遴选,北方民族大学被确定为国家首批深化创新创业教育改革示范校,宁夏大学被确定为第二批示范院校以及全国50所创新创业典型经验高校。

【本科高校转型发展】2017年,先后在区内举办4期转型发展专题研讨班,并组织宁夏转型试点高校赴重庆科技学院进行现场专题学习,宁夏师范学院、银川能源学院等转型试点高校也自行组织多次外出学习培训。强化应用型专业建设,通过政策引导和项目支持,推动转型试点高校大力改造现有专业,调整专业方向,使其更加符合应用型专业建设要求,聘请企业和用人单位的高管积极参与学校专业建设和指导,建立与地方行业企业协调相通的专业评价体系;按照应用型人才培养目标要求,引导宁夏“5+5”转型试点单位调整现有人才培养方案,重新制定符合应用型人才培养目标的学习考核评价指标体系。组织出版一批应用型教材,先后编写并出版《管理学原理与实务》《基础会计原理与实务》《商务英语》等18本符合本区院校专业发展需求的应用型本科教材;支持搭建产教融合平台,支持相关高校与企业、行业深度融合搭建产学研用共享平台,银川能源学院通过与中兴通讯、福埃沃电梯合作,成立中兴通讯工程学院、福埃沃电梯学院;宁夏大学新华学院成立“创新创业+供应链学院”，并与智慧宫文化产业集团有限公司共同合作培养阿语商贸专门人才；中国矿业大学银川学院与宁夏煤炭质量检测中心成立宁夏煤炭高效清洁利用技术创新中心；宁夏理工学院与山东济南时代试金有限公司共建校企合作实验室，解决高校转型发展的“产学研用”一体化问题；加强“双师型”教师队伍建设，出台“双师型”教师认定及管理办法、实践锻炼管理办法等措施，强化“双师型”教师队伍建设。引进企业高级工程师担任学校兼职教师，解决学校“双师型”教师短缺问题。

【本科教学质量提升工程】2017 年，加强 39 个“十三五”重点建设专业（群）的过程管理，召开重点专业（群）建设中期研讨会，随机抽查 8 个专业的阶段性建设情况；举办高校专业建设与教学质量提升专题培训班，邀请教育部专家对重点专业建设骨干进行业务能力培训；统计并公布宁夏高校专业布点情况和初次就业率较低专业，健全以就业为导向的专业建设监测体系和专业预警、退出机制；启动开展宁夏本科专业试点评估工作，建立宁夏高校同类专业动态调整退出机制；启动开展 2017 年新增专业申报工作，并对今后高校专业的设置、管理、考核做出制度性安排；宁夏高校开展了 8 项重大教改项目和 90 项青年教师教改项目，围绕重点专业年度进展安排设立 202 个重点专业教学改革项目，推动教学改革不断深化；启动开展 4 年一次的宁夏高等教育教学成果奖申报评定工作；以实施“卓越计划”为契机，创新高校工学、法学、新闻传播学、农林、医学领域人才培养机制，做好卓越工程师和卓越医生教育培养计划人才培养进展情况调查；印发《宁夏高校本科教学审核评估实施方案》，对宁夏 5 所本科高校参加教育部审核评估作出全面安排，通过审核评估突出学校内涵建设和特色发展；继续落实本科教学大检查制度，上半年重点对宁夏 5 个国家级和 17 个自治区级实验教学示范中心进行了抽查，同时启动了国家级实验教学示范中心的年度考核工作。

【科技创新水平提升工程】2017 年，全面梳理宁夏立项建设的 43 个“十三五”重点学科和优势特色学科建设工作，剔除与“双一流”建设重复的学科，调整优化学科建设范围；开展宁夏高校科学研究项目评审立项工作，通过网络共评审立项 300 项，其中一般项目 220 项、服务地方经济社会发展项目 40 项、优秀青年教师培育基金项目 40 项；实施 2017 年宁夏高校英语研究专项项目申报评审工作，评审立项 12 个“英语研究专项”项目；继续支持 13 个自治区级科技创新平台建设，推动高校与地区、科研院所和行业企业协同创新和成果转化，增强科技创新服务地方经济社会发展的能力；组织“牛、羊重要传染病防控关键技术研究”教育部创新团队的验收工作，并成功进入 2017 年教育部“创新团队发展计划”滚动支持名单。召开宁夏高校科研平台建设现场会暨中期检查会议。

【研究生教育质量提升工程】2017 年，按照国务院学位办部署要求，3 次召开会议研究部署授权审核工作，并经专家组评议、自治区政府学位委员会研究确定，推荐申报新增 1 个博士授予单位、1 个硕士授予单位、13 个博士点、30 个硕士点；通过实施研究生教育创新计划项目，引导和支持高校加大对现有学位点建设力度，共立项支持学位点建设项目 19 个、“研究生示范课程”和“研究生产学研示范基地”建设项目 31 个，对教育部研究生课程改革试点项目以及对开展授予具有研究生毕业同等学力人员硕士、博士学位工作进行专项调研和抽查。通过调整论文抽检的方式和评议专家组成结构，委托教育部学位中心随机抽查宁夏高校 185 篇研究生毕业论文，并重点对 11 篇“存在问题论文”和“存有不合格意见论文”进行宁夏通报和处理。同时评选出 60 篇自治区优秀硕士毕业论文。

【教师队伍能力提升工程】2017 年，全面贯彻落实《关于加强高等院校人才工作的实施意见》，先后组织实施高等学校“特聘教授岗位计划”，遴选聘请区内外 19 名高层次人才为自治区高等学校“特聘教授”；开展 2017 年度高校青年骨干教师国内访问学者计划，支持 33 名教师到国内一流大学、研究机构研修学习 1 年；实施校企合作“双导师互聘计划”，从高校和企业选聘 30 对合作体共 60 人担任“兼职教授”和“技术顾问”；开展“双师型教师实践锻炼计划”，资助支持 100 名青年教师到行业企业开展实践锻炼；继续实施“高等学校与法律实务部门人员互聘计划”，从高校遴选 5 名法律专业教师到法院等实务部门任职，从检察院等部门遴选 3 人到高校任教；继续实施“高等学校与新闻单位从业人员互聘交流计划”，分别从高校和新闻单位遴选 4 名工作人员实施互聘；加强管理人才学习培训，组织宁夏高校一流学科建设负责人赴美国开展为期 15 天的考察学习，组团 20 人赴英国开展高校教学管理高级研修班；遴选了第一、二批“自治区教学名师”，支持 21 位教学名师建立“名师工作室”；组建宁夏高校教师教学发展联盟，举办首届宁夏高校教师教学能力提升研讨会,200余名骨干教师参加培训;推动高校把使用马克思理论研究和建设工程(简称"马工程")重点教材统一纳入哲学社会科学专业人才培养方案和相关课程教学计划,选派10名骨干教师参加教育部"马工程"重点教材示范培训班。

【开放办学】2017年,落实自治区政府与中国人民大学、北京师范大学、兰州大学战略合作框架协议。区内4所高校和12个一流学科与中国人民大学、北京师范大学、兰州大学对接落实具体合作事项,部分高校间签署合作备忘录。区内有关高校与浙江大学、南京大学、河海大学、南京师范大学、南京医科大学、南京旅游职业学院等国内名校进行对接,围绕宁夏"双一流"建设达成多项合作事项。宁夏10个一流学科建设负责人赴浙江大学具体对接落实"学科对口支援"工作,签订学科对口支援合作备忘录。建立闽宁本科高校合作机制,即为落实闽宁教育合作协议,区内4所本科高校分别与福建4所本科高校建立结对合作关系、签署合作协议,并明确和细化双方高校间51条具体合作事项,同时两省区教育厅就设立专项经费支持闽宁本科高校合作、把闽宁本科高校合作情况纳入双方高校绩效评价指标体系、单列指标定向录取宁夏高校优秀青年人才到结对高校攻读博士学位、建立两省区定期沟通交流和督促落实机制等方面达成一致意见,联合印发《关于开展闽宁本科高校结对合作工作的通知》。加强东西部高校对口支援工作。新增宁夏师范学院进入教育部东西部对口支援建设高校行列,确定由华东师范大学对口支援宁夏师范学院,新增浙江工业大学对口支援宁夏理工学院。

(卢光辉)

民族教育

【概况】2017年,全区共有各级各类少数民族在校生641009人,占全区在校生总数的43.5%,其中普通高等学校45033人,占35.6%;成人高等学校在校生7465人,占28.3%;中等职业学校在校生27022人,占36.2%;普通中学在校生181518人,占42.4%;小学在校生284751人,占49%;幼儿园在园93137人,占40.4%;特殊教育在校生2083人,占39.2%。2018年国家下达宁夏"少数民族骨干"硕士研究生计划205名。截至11月20日,共有721名考生报名,其中少数民族636名、汉族85名,男生307名、女生414名,报考比例达到1:3.52。

【二期"百标工程"】2017年,自治区"百所回民中小学标准化建设工程"(简称"百标工程"办公室对2017年申报的学校进行考察和评审,经自治区"百所回民中小学标准化建设工程"领导小组审定,确定贺兰县逸挥基金回民中学、银川唐徕回民中学南校区(银川市第二十六中学)为2017年度"百标工程"项目学校;组织专家对2016年"百标工程"项目学校进行验收,并抽查评估15所二期"百标工程"项目学校;11月20—22日,召开二期"百标工程"项目总结暨民族中小学校内涵发展现场会。总结推广二期"百标工程"项目实施经验,促进民族中小学内涵发展;组织历年的"百标工程"项目学校开展民族教育研究课题的申报工作,收集民族教育研究课题139项,组织专家评审出优秀等次36项。

【民族团结教育】2017年,自治区教育厅向各地、各学校转发自治区民委《关于2017年全区民族团结进步创建活动的安排意见》,并就继续做好民族团结进步宣传教育工作提出了指导意见;推荐宁夏长庆小学、宁夏大学化工学院为第七批全区民族团结示范校。

(卢光辉)

教师管理

【师德师风建设】2017年,加强和表彰奖励。将乡村教师思想政治和师德教育纳入"国培计划"等,作为必修课程,贯穿教师培养培训全过程。督查落实《中小学教师"六不准"》《中小学教师忌语》等,完善校长、教师与学生谈话监督制度。落实在乡村学校从教20年、30年以上教师荣誉制度。开展乡村教师培训疗养,完成2017年100名培训疗养任务。启动宁夏第二批20名"塞上名师"、2017年240名自治区骨干培养对象和25名乡村教学名师评选工作。推选国家"万人计划"教学名师候选人10名,石嘴山市实验中学教师陈霞成功入选,实现宁夏该项目人选零的突破。推选了2名全国教书育人楷模候选人,启动了第十二届宋庆龄幼儿奖5名候选人推选和寻找"最美教师"工作。开展了2017年优秀教师表彰奖励工作,在教师节期间表彰了300余名宁夏教育系统各级各类学校优秀教师。提高教师培训的针对性和实效性。推进中小学幼儿园教师全员岗位继续教育培养培训机制改革,采取网络信息化学习模式,开发网络学习平台。

【教师招聘】2017年,继续实施"特岗计划",共招聘特岗教师1086人,2014年聘用的2051名考核合格特岗教师正式录用为全额拨款事业单位工作人员;实施了2017年地方免费师范生招录工作,招录"一专多能"地方免费师范生300名。

【教师培训】2017年，深入实施“国培计划”，新增西夏区、灵武市、利通区、盐池县、沙坡头区、固原市原州区6个培育性示范县（市、区），宁夏达到14个，培训教师达4.2万人次；实施音乐、体育、美术、科学、法治课、心理健康等小学科教师专题培训，开展特殊教育教师和教育财务管理人员培训，培训教师达3000余人。组织宁夏100名中小学教师，赴上海开展素质教育创新能力提升培训。开展“乐高项目”教师创新素养培训，项目学校30名培训者和3000名教师分别参加集中和网络学习；举办幼儿园园长任职和能力提升培训，100名幼儿园园长参加任职培训和高级研修，300名幼儿园园长和教师参加专业能力提升培训。围绕高考改革，组织宁夏各级教研员100人、普通高中校长和教务主任130人，分两个班次赴上海、浙江开展专题研修。召开宁夏中小学教师信息化能力提升工程现场推进会。举办第一届宁夏中小学青年教师教学竞赛，选派3名优胜人员参加全国比赛，取得二等奖、2人取得三等奖，其中1人被推荐为自治区“五一劳动奖章”候选人。7月下旬，自治区党委组织部，在清华大学举办宁夏教育系统管理者高端研修班。

【教师职称评定】2017年，推进《宁夏回族自治区关于深化中小学教师职称制度改革的实施意见》，下放高校中高级职称以及中小学高级教师评审权限：高教系列教师职称评审将正高级职称评审权限下放到宁夏大学、宁夏医科大学和北方民族大学3所高校，副高级职称评审权限下放到具备条件的其他本科院校。按照属地管理原则，向各地市下放中小教系列副高级及以下职称评审权限，向银川市各县（区、市）下放中级职称评审权限。

【教师资格考试与定期注册】2017年，推进中小学幼儿园教师资格考试改革与定期注册，修订了《宁夏回族自治区中小学教师资格定期注册实施细则（试行）》，率先在全国解决了“低证高聘”“无证”“假证”等问题处理的政策空白，其中，认定高校教师资格669人、中小学幼儿园教师资格7504人。推进年度教师资格注册，2017年扩大10个县（区），补发教师资格证184人，换发教师资格证3278人，修改备注教师资格3014人，为建立“国标省考县聘校用”的教师准入和管理制度奠定基础。

【“一师一优课一课一名师”活动】2017年，研究制定《宁夏回族自治区2016—2017年“一师一优课一课一名师”活动方案》，对上年度“一师一优课一课一名师”活动中12个优秀组织单位、354名部级优课教师和828节自治区级优课进行表彰奖励；2017年宁夏共晒课69000节（2015年16400节，2016年39019节），晒课教师实现了中小学任课教师全覆盖，比上年提高39个百分点。参与晒课的学校不仅有普通学校，还有特殊教育学校。学科除了覆盖常规的文化课外，重点突出综合实践、体育艺术、通用技术、心理健康、小学科学等薄弱学科；2017年度产生自治区优课1874节，获得部级优课355节，参与率位居全国第二，优课率位居全国第二，被国家此项活动组织单位授予先进集体。

【闽宁教育合作】2017年，认真落实闽宁教育协作联席会议制度，在师资培训、教育资源共享、改善宁南山区学校办学条件、捐资助学、职业教育招生办学等领域开展交流与合作，福建对口帮扶宁夏固原农校和闽宁镇3所学校。福建30名教师来宁支教，宁夏选派20名中小学校长赴闽挂职锻炼。

【语言文字规范化建设】2017年，落实《宁夏回族自治区贯彻落实国家中长期语言文字事业改革和发展纲要实施方案》，推进语言文字标准化建设，先后举办宁夏中小学幼儿园教师语言文字规范标准培训班，其中，开展中小学幼儿园教师普通话升级培训100人；开展普通话计算机辅助测试，测试0.7万人；开展宁夏语言文字督导评估工作和全国第二十一届“推普周”活动。推进语言文字保护工程，先后完成3000个发音数据采集。开展中小学幼儿园教师基本功竞赛活动，推动宁夏中小学幼儿园教师开展钢笔字、毛笔字、粉笔字和信息化能力大练兵，并于9月组织自治区级“三字一化”（见前述）现场决赛。自治区教育厅与《新消息报》等单位联合举办首届宁夏诗词大会和青少年朗诵大赛。开展宁夏书法教师和中华文化传承教育培训，培训中小学教师200名。开展宁夏大中小学生书法大赛活动，收集各类书法作品40000余件；实施书法家进校园活动，23所学校50000余名学生参加活动。

（卢光辉）

科技创新

【概况】2017 年，全区 R&D 投入强度达到 1%，增幅 0.1%。区域综合创新能力上升至全国第二十二位，科技进步贡献率突破 50%。全年全区在煤化工、新材料、先进装备制造、农业“1+4”特色产业、生态环保、医疗卫生等重点领域，共实施重点研发项目 205 项，启动和推进实施 17 个重大科技项目，攻克一批重大技术瓶颈。铸造砂型 3D 打印设备、工程机械铝镁合金关键零部件、新型功能材料用高温高真空烧结炉等多项技术打破国外技术垄断，铸造用工业级 3D 打印设备实现产业化应用。培育小麦、水稻、枸杞新品种 13 个，应用生物技术成果攻克压砂瓜土壤连作障碍，初步建立分子辅助育种体系。推广常见多发病防治等先进成果 100 余项。

【沿黄科技创新改革试验区建设启动】2017 年，包括宁夏科技资源最富集、产业特色最鲜明的银川、石嘴山、吴忠、中卫四市和宁东能源化工基地（简称“4+1”主体）在内的国家和自治区高新区、能源化工基地为核心，在经济的核心地带、产业的关键领域先行先试，大胆探索，建设创新发展的先导区，叠加放大各种科技创新政策效应，促进宁夏产业结构调整和经济优化升级。自治区政府印发《宁夏沿黄科技创新改革试验区建设总体方案》，“4+1”建设主体分别制定出台实施方案，在 8 月 18 日首届“科技支宁”东西部合作推进会暨宁夏沿黄科技创新改革试验区启动会上正式启动实施试验区建设工作。沿黄试验区建设被国务院纳入《“十三五”国家科技创新规划》，首批沿黄试验区重大科技项目已经下达实施。

【创新态势】2017 年，银川市启动实施“科技强市”战略，与北京经济技术开发区、北京中关村签订合作协议，启动建设北京经开区银川飞地工业园和银川中关村创新创业科技园。石嘴山市制定科技创新“双倍增”行动计划，建设石嘴山科技园，首批引进人才团队 21 个、博士 85 人。吴忠市推进吴忠国家农业高新区、自治区高新区创建工作，与西北农林科技大学、杨凌国家农业高新技术示范区、南京高新技术开发区开展“一对一”结对共建。固原市组织实施“121”工程（培育 100 家科技型中小企业，引进培养 200 名高端技术人才，建成 1 个国家现代生态农业科技示范园区），并围绕菌草、小杂粮、中药材等优势产业，引进中国农科院、中国中医科学院、福建省农科院等优质创新资源，建立产学研创新平台。中卫市启动军民融合创新示范区建设，引进卫星遥感、北斗导航、天地一体化信息网络系统建设以及达天飞艇等一批军民融合项目，建成“火冰”新型环保灭火剂（器）生产基地。

【科技支持政策】2017 年，自治区出台《关于推进创新驱动战略的实施意见》（简称创新驱动“30 条”），实施 30 条含金量高、可操作性的政策措施。将科技成果转化和技术交易纳入后补助范围，下达 225 个后补助项目，引导企业投入研发资金 6.57 亿万元。推进科技金融深度融合，支持 230 家科技企业获得银行贷款 17.6 亿元；启动科技保险试点工作，对 12 家企业开展科技保险，累计承保额度超过 5000 万元。

（马 鹏）

【工业科技创新】2017 年，聚焦煤化工、新材料、装备制造、军民融合等领域技术需求和产业发展技术瓶颈，实施工业科技项目 100 多项，其中实施重大科技项目 3 项、重点研发项目 11 项，取得科技成果。铸造砂型 3D 打印设备、新型功能材料用高温高真空烧结炉等设备打破了国外技术垄断,改变相关技术领域长期依赖进口的局面。实施中国标准动车组铝合金枕梁研制、天地一体化无线电信号监测关键技术研究、载重飞艇&平流层飞艇研发等一批重大科技项目,引领带动宁夏相关产业向价值链中高端攀升。新认定国家高新技术企业45家、自治区科技型中小企业143家,遴选62家企业进行自治区科技小巨人企业培育,全区高新技术企业达到95家,自治区科技型中小企业达到534家。吴忠金积工业园区、中卫工业园区培育创建自治区高新区,石嘴山、中卫两个农业科技园区获批为国家级农业科技园区,银川经济技术开发区跻身国家双创区域性示范基地。获批8家国家科技企业孵化器和众创空间、20家国家级“星创天地”,新认定13家自治区级孵化器和众创空间。举办第二届宁夏创新创业大赛,7家企业在全国创新创业总决赛中获得优胜奖。自治区科技厅与科协联合举办了首届创新方法应用大赛。

【农业科技创新】2017年,安排资金8500多万元用于研发农业优势特色产业,实施科技项目39项,关键技术研发取得重要进展,稳定支持实施农业育种项目。建成小麦、水稻、枸杞、葡萄等一批种质资源圃和滩羊、奶牛、肉羊育种核心群,培育小麦、水稻、枸杞新品种13个;分子育种成效初显,发现与滩羊二毛卷曲度、毛色、多胎性状相关基因,滩湖杂交一代繁殖率达178%,较滩羊繁殖率提高50%以上;筛选与奶牛产奶、抗病性状相关基因6个,奶牛选育群体生产寿命提高0.25胎(次)。推进枸杞智能采摘、优质葡萄与葡萄酒生产、设施蔬菜健康生产等装备和技术研发重大项目实施。启动实施智慧农业、优质牛羊肉加工、枸杞鲜果保鲜、特色果蔬绿色贮藏等重大、重点项目。在奶牛养殖、设施园艺等领域建立一批农业物联网集成示范样板。应用生物技术攻克压砂瓜土壤连作障碍取得重要进展。中部干旱带高效节水特色农业试点项目形成的八种农机节水农艺综合生产技术模式全面推广。首批认定自治区农业高新技术企业2家。设立中药材专家工作站5个,制定中药材年度主推技术和主推品种,邀请国内专家来宁指导产业发展。全区科研院所、高等院校、企业、园区与东部地区合作主体对接洽谈。签约农业科技合作项目25项,启动实施20项,结对共建园区3个,引进人才团队6个。宁夏农业物联网工程中心与中科院、中国农科院、浙江大学合作共建宁夏智慧农业技术协同创新中心,宁夏中青农业科技有限公司与山东农业大学、山东农科院、中国农科院等合作共建宁夏瓜菜产业技术协同创新中心获批建设。实施科技扶贫指导员“百人团”工程和国家“三区”人才支持计划,组织277名科技人员围绕重点贫困村发展需求,持续开展技术示范推广与培训指导。通过培育示范户、建立示范基地,推广新品种、新技术、新装备、新模式100多项,培训农民1万余人(次)。陈卫民、秦小军等一批科技扶贫典型,被《中国科技财富》等杂志宣传报道。盐池县科技创新模式被《中国农村科技》杂志誉为“西部贫困地区的科技之光”。制定出台《宁夏现代农业科技创新示范区建设总体方案(2018—2022年)》。

【社会发展科技创新】2017年,启动自治区临床医学研究中心建设工作。自治区科技厅、卫生计生委制定发布《宁夏回族自治区临床医学研究中心建设与管理试行办法》,启动自治区首批临床医学研究中心的申报和认定工作。首批确定心血管疾病、神经系统疾病、慢性肾病、代谢性疾病等6个疾病领域的自治区临床医学研究中心。加强自治区科技惠民计划组织管理。启动2013—2015年自治区科技惠民计划项目的绩效评价工作。采取数据材料统计汇总与专家现场核查相结合的方法对75项自治区科技惠民计划项目进行绩效评价。自治区科技惠民计划项目慢病规范化干预技术在青铜峡市4镇45个村医疗卫生机构的推广应用,项目区高血压患者规范管理率达到96.6%,血压控制率90%;糖尿病患者规范管理率93.4%。在泾源县海子流域进行的生态恢复与重建技术集成和示范,形成坝、池、新能源提水体系为一体的水资源联合调度模式,可向下游提供符合灌溉标准水质的水量15万立方米/年,土壤侵蚀模数由3500t/km2·a降低至1200t/km2·a,区域森林覆盖度由15.9%增加至53%。加强国家科技支撑计划项目的组织管理和申报。“十二五”跨省区国家科技计划项目“典型盐碱地改良技术与工程示范”“基层及少数民族地区高发疾病防治适宜技术研究及示范”通过科技部验收。中卫市申报国家重点研发计划“西北典型区生活节水与污水再生利用技术研发与示范”项目。组织实施东西部科技合作项目。围绕农业面源污染防治、宁东工业废水减排、电力安全输送、沙湖水生态治理等重点领域组织凝练一批项目作为东西部科技合作重大项目。争取设立科技专项,提升宁夏生物医药产业创新能力。自治区科技厅、财政厅、食品药品监督管理局联合制定发布《自治区仿制药一致性评价奖补资金管理暂行规定》，规范仿制药一致性评价奖补专项资金使用，对 14 个品种下达先期奖补资金 280 万元。联合相关省区举办首届全国沙产业创新创业大赛。宁夏医科大学总医院“苦甘组合”治疗皮肤病研发团队获得优秀创新奖。

（马　鹏　杜子威　赵双象　张海东）

【科技特派员创业式扶贫】2017 年，将贫困县扶贫项目纳入科技特派员专项管理，从 1000 万科技特派员专项资金中拨出 25%用于帮助贫困村特色产业发展，并选择宁南地区作为试点，由宁夏大学专家对农户开展特色种养殖培训。11 月 15—16 日，宁夏科技特派员创业指导服务中心举办全区科技特派员设施农业科技成果观摩培训班，全区 70 名科技特派员及相关人员参加培训。先后观摩国家农业科技园区　　贺兰园艺产业园、宁夏大学、北方民族大学、宁夏农科院等高校设施农业新品种、新技术示范，以及宁夏水科院试验站的旱作节水高效技术、青岛昌盛日电银川光伏农业产业园星创天地。对新技术新成果如何落地转化等相关问题有一定的了解并得到启示。截至年底，宁夏科技特派员扶贫范围已涵盖中南部山区 158 个乡镇、493 个村、5 个科技园区和 58 个农业合作社，引进新品种、设备达 723 项，示范推广的新技术达 462 项，开展种植业、养殖业等各类培训班 1683 期，培育科技示范户 2435 户，培训农户 45635 人(次)。

【宁夏瓜菜产业技术协同创新中心组建】2017 年，宁夏瓜菜技术协同创新中心获批组建，成为全区首批 2 家协同创新中心之一。中心将以宁夏产业的发展需求为基础，以提升企业技术创新能力为目标，联合山东农大、山东农科院、中国农科院、宁夏大学等知名科研院所和高校，建立多团队协同、多技术集成的研发及成果转化平台，协同推进瓜菜产业自主研发和成果转化，促进宁夏瓜菜产业科技创新转型发展。组建期间，采取边组建边运行的方式，完善协同创新运行机制，促进产学研用结合，提高研发能力，为宁夏瓜菜产业发展和成果转化提供有力科技支撑。自治区科技厅给予 500 万元专项经费支持。

【餐厨废弃物资源化利用】2017 年，银川保绿特生物技术有限公司承担的自治区科技惠民计划“城市餐厨废弃物集中无害化处理再利用技术示范”项目通过验收。该项目针对银川市三区两县及吴忠市缺乏餐厨剩余物科学安全处理利用的问题，开展城市餐厨废弃物集中无害化处理再利用技术集成示范。项目实施以来，组建自治区餐厨废弃物综合利用技术创新中心、宁夏餐厨废弃物综合利用实验室，建立餐厨废弃物成果转化基地；项目完善餐厨废弃物收运体系，建立银川市餐厨废弃物收运处理管理信息平台，实现餐厨剩余物处理全程监控、高效利用；引进发酵加工技术 1 套，引进生产设备 1 套，无害化处理率达到 98%，利用率由 10%提高到 24%，综合处理效益由 10%提高到 25%；研发示范微生物发酵蛋白新产品 1 个，制定企业标准 1 套；年处理量约为 58000 吨。项目惠及银川市的三区两县及吴忠市 100 万人口、餐厅 9860 家，覆盖率达到 96%。项目的实施，从源头开始遏制餐厨垃圾无序管理、随意排放、污染环境的现状，通过综合利用废弃资源，推动餐厨废弃物资源化利用，推动银川乃至周边地区餐厨安全卫生环境建设及资源化产业延伸。

（杨　云）

科技合作

【东西部科技合作】2017 年，建立东西部科技合作机制。4 月 28 日，科技部和自治区政府联合向北京、天津、江苏、浙江、福建、山东 6 省(市)和中国科学院、中国工程院、中国农科院、西北农林科技大学 4 所院校(简称“6+4”合作主体)印发《关于推动宁夏与东部有关省(市)科技合作的通知》，提出宁夏与东部有关省(市)建立科技合作长效机制。自治区科技厅与“6+4”合作主体就人才引进培养、科技项目联合攻关、创新平台和“双创”载体共建、科技园区结对共建、科技型企业引进培育等开展深入合作，借助东部优势科技资源提升宁夏创新能力。7 月 25 日，自治区领导石泰峰、咸辉赴京与科技部达成推进宁夏与东部科技合作的一致意见。8 月 18 日，联合科技部在银川召开“科技支宁”东西部合作推进会，自治区政府与 6 省市和中科院西安分院、中国农科院、西北农林科技大学签署政府间科技合作协议，确定每年召开“科技支宁”东西部合作推进会，每年对接签约一批东西部科技合作项目。成立“科技支宁”东西部合作协调领导小组。自治区有关企业、院所与来自东部有关省市和院校的企业、科研机构签定 104 个项目的合作协议(其中科研项目 65 项、共建创新平台 28 项、共建双创载体 5 项、共建园区 6 项)，柔性引进创新团队 12 个。2017 年，首批实施 50 个科研项目和 8 个创新平台共建项目，支持科研项目经费 9005 万元，平台建设经费 1400 万元。

【国际科技合作】2017 年，组织宁夏大学、宁夏农科院等有国际科技合作基础和渠道的单位申报战略性国际科技创新合作项目 14 项，政府间国际科技创新合作项目 3 项，国家国际科技合作基地项目 1 项。争取中日青少年科技交流计划（樱花计划）”项目 3 项，发展中国家技术培训班 1 项。组织“农业物联网技术及其应用国际培训班”，对来自埃及、苏丹、摩洛哥等国家的科研技术人员培训。组织 6 个团组 19 人（次）赴澳大利亚、新西兰、日本、埃及、摩洛哥等国开展科技对接洽谈。完成“工程机械铝镁合金关键零部件合作研究项目”等 3 个国家国际科技合作专项项目验收工作，通过国家国际科技合作专项的实施，提升企业技术创新能力和产品的市场竞争力。伊品生物与法国诺华赛公司合作的新型氨基酸分离纯化工艺“色谱分离+超滤”技术大幅提升色氨酸提取收率，打破国外技术的垄断。维尔铸造与美国卡特彼勒公司合作研发的大型精密铝镁合金铸件实现规模化生产，公司镁合金零部件产值达 1.3 亿元/年。神华宁煤、吴忠仪表、共享铸钢等一批企业与国外机构建立联合研发平台，形成合作关系。

【院区科技合作】2017 年，考察学习广东、浙江东南沿海发达省份与中科院合作建设产业技术研究院等新型创新平台的经验和措施，与中科院西安分院和银川市政府多次沟通，拟定《宁夏中科院产业技术研究院建设方案》。组织与中科院相关院所、团队召开各类科技合作对接会 6 场（次），对接项目 32 项，9 个对接项目已列入 2017 年东西部科技合作项目立项实施。通过对接沟通，神华宁煤、农业物联网中心、宁夏大学等单位与中科院化学所、山西煤化所、重庆绿色智能院、合肥智能所等相关院所共建“煤炭清洁高效利用工程技术研究中心”“智能工业设计中心”“宁夏智慧农业技术协同创新中心”等一批联合研发中心（实验室）。6 月 5 日，与中国科学院大学合作举办科技特派员专题研讨班，宁夏科技特派员 50 多人参加为期 10 天的培训。与中科院联合开展 2017“西部之光”高层次人才培养项目 20 项，累计为宁夏培养高层次创新人才 100 余人。

（周东芝）

【轻合金材料国际科技合作】2017 年，国家国际科技合作计划项目管理办公室委托自治区科技厅组织有关专家，对宁夏维尔铸造有限责任公司等单位承担的国家国际科技合作专项“工程机械铝镁合金关键零部件合作研究”进行验收，该项目在国家国际科技合作专项的支持下，由宁夏维尔铸造有限责任公司与美国卡特彼勒公司、西安交通大学合作开展的大型工程机械铝镁合金关键零部件的研究。项目历时 4 年，开展超纯净铝镁合金液的精炼技术、合金化学成分与配料技术、结构设计、仿真分析、模具设计、热处理等研究，解决工程铝镁合金超纯净、热处理易变形等技术难点，研制出几十种规格的铝镁合金铸件。申请国家专利 7 项、授权 4 项、发表论文 4 篇。实现工程机械铝镁合金关键零部件的国产化，形成 6000 吨/年的设计生产能力，项目累计向美国卡特彼勒公司提供 2.4 亿的供货。项目的实施，提高宁夏企业的产品竞争力，打破我国大型工程机械关键零部件技术落后和被国外垄断的局面。

（杨　云）

科研规划与管理

【科技计划管理改革】2017 年，全区加快推进科技计划管理信息平台建设。在启动宁夏科技管理信息系统一、二期建设基础上，进行系统的后续开发和完善，主要包括科技计划项目的项目立项、中期管理和验收管理等阶段的各功能模块的开发及本地化实施。制定《宁夏自然科学基金管理暂行办法》《宁夏回族自治区重点研发科技计划管理暂行办法》《宁夏回族自治区技术创新引导计划管理暂行办法》《宁夏回族自治区基础条件建设计划管理暂行办法》。成立自治区科技厅重大科技项目管理办公室，明确重大项目管理的主要职责和工作要求。结合全区经济、社会、科技发展战略和规划以及区域创新重点任务，面向各市、科研院所、高校、企业等征集需求，加强顶层设计，凝练一批科技需求项目。全年共实施各类科技计划项目 1110 项，支持经费 34476 万元。完善《科技厅加强争取国家有关部委科技计划项目工作办法》，建立争取国家各类项目和激励政策台账制，实行定期督查落实，促进该项工作及时开展。加快推进技术市场建设。在 5 个地级市和 4 所高校、院所建设 9 个宁夏技术转移公共服务平台分站点，与浙江科技大市场建立长期战略合作关系，努力推动成果转化。全年实现技术交易 7.15 亿元，交易额同比增长 38.3%。

【科研投入与经费管理】2017 年，将科技成果转化和技术交易纳入后补助范围，下达225个后补助项目，引导企业投入研发资金6.57亿元，全社会R&D投入总额达到35亿元。完善R&D投入统计联席、联训、联审三级联动机制，加强R&D统计各部门间的联系沟通，客观、全面、真实反映全区R&D经费投入状况。建立由科技厅、统计局、教育厅、财政厅、发改委、经信委、农牧厅、地税局、国税局等部门及五市科技局、统计局为成员的联席会议制度，并组织召开第一次部门联席会议，落实国家创新调查制度实施办法，联络各相关部门开展重大问题调研和督办等，加强并牵头组织开展创新能力检测和评价活动。对全区规模以上研发企业的投入情况进行摸底和调查，并对5个地级市R&D经费投入情况进行督查。先后20多次赴科技部、中科院等对接，获批国家各类项目资金1.37亿元。

【科技金融结合】2017年，开展科技金融专项补贴工作。全年下达两批科技金融专项补贴项目，财政投入2000万元，对138家企业的成果转化或产业化项目进行贷款利息、知识产权质押评估费、科技保险保费补贴，撬动金融资本15.2亿元，缓解科技型中小微企业融资难，降低科技型中小微企业融资成本。推进风险补偿专项资金贷款。先后5次召开合作银行和试点单位协调推进会，协调解决贷款过程中存在的问题。委托第三方对风险补偿专项资金试点工作进行效果评估。全年累计研究通过117家(次)科技小微企业贷款项目、拟贷金额38050万元，已经贷款92家(次)、贷款金额24050万元。推进科技保险试点。举行科技保险试点框架合作协议签约仪式，分别与人保财险宁夏分公司、阳光财险宁夏分公司签定科技保险试点工作框架合作协议。联合市县科技管理部门、合作保险机构，分别在五市举办6场科技保险培训暨对接会，对各市县(区)科技管理部门和部分高新技术企业、科技型中小企业、科技型中小微企业融资需求库入库企业负责人及相关工作人员进行培训，培训企业520家、培训人员近600人。合作保险公司对12家企业开展贷款保险、关键研发人员责任险、产品质量保证保险，累计承保额度5000多万元。完成2018年科技型中小微企业融资需求项目入库工作。在5个地级市召开2018年科技型中小微企业融资需求项目对接会，确定164个项目进入科技型中小微企业融资需求库，意向融资总额达18.4亿。

【科技基础条件资源】2017年，全区科技基础条件资源中，国家级科研基地22个，省部级科研基地90个，科研仪器74364台/套，原值合计17.49亿元，其中50万元以上大型科研仪器306台套，原值合计3.92亿元，年度服务机时6.71万小时，总收入35.35亿元；科学数据库1个，总数据量0.88TB；生物种质资源库8个，资源保藏种类1489种，保藏数量合计8.84万份/株；标本库9个，标本保藏总量23.69万号；固定资产260.69亿元，科研用房面积96.24万立方米。

（马 鹏 何 徽 马俊理）

科技成果

【概况】2017年，宁夏科技成果产出保持良好态势。从成果类型上看，应用技术类成果依然占有较高比重，占登记成果总量的66%；基础研究类成果大幅增加，同比提升4个百分点。从成果项目来源上看，国家科技计划、地方基金及地方计划所占比重均有不同程度的增长，其中，地方计划比上年增加5.5%。从成果评价方式上看，验收类成果明显增加，由上年的26.1%增加到38%。从成果完成单位来看，科研机构、大专院校及医疗卫生机构完成的成果数量，与上年相比分别增长1.6%、1.9%和5.4%，企业成果数量所占比重有所下降，减少7.3%。此外，176项应用技术类成果主要分布在农林牧渔业、制造业、卫生与社会工作领域，累计占全部应用技术成果的72.7%；应用技术类成果的经费来源仍然以地方投入和自有资金为主，分别占57.2%和31.9%；应用技术成果中产业化应用项目、处于成熟应用阶段的项目及达到国内先进水平的项目占比较高，分别为44.9%、61.9%、30.1%。以上数据表明，随着创新驱动战略的实施及科技体制改革的深入推进，2017年地方财政科技投入明显增加，基础类研究成果及验收方式登记成果所占比重大幅增长，成果产出水平迈上新台阶。

【成果项目】2017年，宁夏共登记科技成果267项。其中应用技术成果176项，占总数的66%；基础理论成果71项，占总数的27%；软科学成果20项，占总数的7%。所登记的267项科技成果中，属于国家科技计划的项目共31项，占总数的12%；部门计划15项，占总数的6%；地方计划79项，占总数的29%；地方基金34项，占总数的13%；国际合作1项，占总数的0.4%；横向委托6项，占总数的2%；自选项目98项，占总数的37%；其他3项，占总数的1%。267项科技成果项目的评价方式中，由自治区科技厅组织的科技计划验收100项，占总数的38%；由宁夏科技成果管理中心组织的计划外成果鉴定 35 项，占总数的 13%；评审 10 项，占总数的 4%；机构评价 105 项，占总数的 39%；由自治区农作物品种审定委员会审定的农作物品种行业准入 17 项，占总数 6%。按完成单位分类，267 项成果中由企业完成的 93 项，占总数 35%；科研机构完成的 56 项（科研机构转制型企业完成的 4 项），占总数 21%；、大专院校完成的 51 项，占总数 19%；医疗机构完成的 48 项，占总数 18%；其他单位完成的 19 项，占总数 7%。

【应用技术成果】2017 年，宁夏登记的 267 项科技成果中，应用技术成果 176 项，其中农、林、牧、渔业 68 项，占比 38.6%；采矿业 9 项，占比 5.1%；制造业 34 项，占比 19.3%；电力、燃气及水的生产和供应业 22 项，占比 12.5%；建筑业 3 项，占比 1.7%；信息传输、软件和信息技术服务业 6 项，占比 3.4%；科学研究和技术服务业 6 项，占比 3.4%；卫生和社会工作 26 项，占比 14.8%；文化及公共管理 2 项，占比 1.1%。全年科技成果经费的实际投入总额为 167798 万元，其中，国家投入 6031 万元，占 3.6%；部门投入 3902 万元，占 2.3%；地方投入 95998 万元，占 57.2%；基金投入 653 万元，占 0.4%；自有资金 53587 万元，占 31.9%；银行贷款 4536 万元，占 2.7%；国外资金 26 万元，占 0.02%；其他方面的投入 3065 万元，占 1.8%。176 项应用技术成果中，产业化应用项目 79 项，占全部应用技术成果的 44.9%；小批量或小范围应用项目 66 项，占全部应用技术成果的 37.5%；试用项目 20 项，占全部应用技术成果的 11.4%；未应用的 11 项，占全部应用技术成果的 6.3%。176 项应用技术成果中，处于成熟应用阶段的项目 109 项，占全部应用技术成果的 61.9%；处于中期阶段的项目 38 项，占 21.6%；处于初期阶段的项目 29 项，占 16.5%。176 项应用技术成果中，达到国际领先水平的项目 9 项，占全部应用技术成果的 5.1%，达到国际先进水平的项目 16 项，占全部应用技术成果的 9.1%；达到国内领先水平的项目 53 项，占 30.1%；国内一般水平的成果 6 项，占 3.4%；未评价的项目 39 项，占 22.2%。176 项应用技术成果中，有 58 项已产生经济效益。共取得净利润 2699588 万元、实交税金 32985 万元、出口创汇 1029 万元、节约资金 55024 万元。

（何　徽）

专利管理

【概况】2017 年，宁夏共申请专利 8754 件，同比增长 39.5%，其中申请发明专利 2561 件，同比增长 2%；共获授权专利 4243 件，同比增长 58.5%，其中授权发明专利 657 件，同比增长 17.3%。截至年底，宁夏共有有效发明专利 2215 件，比上年同期增加 535 件，增长 31.8%；万人有效发明专利拥有量达到 3.3 件，比上年增长 31.5%。5 个地级市中，银川市有效发明 1448 件，万人有效发明专利拥有量达到 6.65 件；石嘴山市有效发明 358 件，万人有效发明专利拥有量达到 4.52 件；吴忠市、中卫市和固原市有效发明专利分别为 223 件、163 件和 23 件，万人有效发明专利拥有量分别为 1.61 件、1.42 件和 0.19 件。神华宁煤“一种旋流干煤粉气化炉”荣获第十九届中国发明专利金奖，4 家企业的 4 项发明专利获得优秀奖。出台《宁夏回族自治区知识产权补助资金管理暂行办法》，对发明专利授权、PCT 申请补助资金 572.5 万元。

【知识产权示范企业和优势企业】2017 年，银川市经济技术开发区、吴忠市金积工业园区入选国家知识产权试点园区。获批 1 家国家级知识产权示范企业、7 家国家级知识产权优势企业。对 21 家国家知识产权优势企业、部分自治区知识产权试点企业补助资金 352.5 万元。组织 20 家企业开展贯标工作，选定 5 家贯标咨询辅导机构开展企业咨询辅导工作。

【知识产权保护】2017 年，开展中国（宁夏）知识产权保护中心”申请成立前期调研。促使银川市知识产权局在市级综合行政执法改革中继续保留专利行政执法权。开展知识产权执法维权“护航”“雷霆”专项行动，重点开展对食品药品、环境保护、安全生产、高新技术等重点领域的专利执法活动。全年办理专利侵权纠纷案件 49 件，假冒专利案件 15 件。加强互联网领域侵权假冒治理，开展电子商务领域专利执法维权“闪电”专项行动，与中国电子商务领域专利执法维权协作调度（浙江）中心合作，办理电商侵权投诉案件 170 件。进驻展会开展知识产权维权服务 3 次，现场受理知识产权举报投诉，现场解答知识产权咨询 60 余人（次），发放宣传资料 500 余份。完成知识产权诚信管理系统的硬件设施安装等工作。

【知识产权运用和服务】2017 年，宁夏知识产权运用实现新突破，神华宁煤400 万吨/年煤炭间接液化项目中的核心技术神宁炉，已在世界单体规模最大的煤制油项目示范运行 28 台，与美国、印度等外国企业和国内企业签订技术许可协议23台，累计产生经济效益3.9亿元，是宁夏具有自主知识产权专利技术实施运用的典型。开展专利技术成果转化及推广应用项目征集工作，面向全区企业、高校、科研院所征集117家145个专利技术项目，项目数量同比增长269%，经专家评审，对10个项目进行资助共计100万元。制定《自治区专利运营试点企业培育方案》，培育3家专利运营试点企业。扩展质押融资新模式，推进担保机构与专利项目对接，部分中小企业获得担保机构贷款，全年宁夏知识产权质押融资额达到2.34亿元，其中担保机构贷款0.24亿元。委托2家区内知识产权服务机构作为贯标咨询辅导机构，为贯标推广企业开展辅导服务。引进一家外省区专利代理服务机构在宁夏设立分支机构。设立专利信息分析项目，支持银川长征专利代理事务所、合天律师事务所等4家机构与启元药业、奔牛集团、泰瑞制药、天纵泓光等多家企业签订专利文献信息分析课题合作研究协议，形成6个专利信息分析课题报告。首次在发改委高新技术领域重大项目评审中引入知识产权评议，对6个重点项目进行专利信息分析并形成评议报告。专利信息帮扶项目深入展开，为共享集团开展铸造领域3D打印技术专利信息分析。新一代专利检索和分析系统及海量专利信息资源被列入自治区科研条件建设项目，为宁夏各类主体提供专利信息检索服务。

【知识产权人才培养和宣传】2017年，全年举办培训班7期。银川唐徕回中入选全国第三批中小学知识产权教育试点学校。出台《全区中小学知识产权教育试点工作方案》，培育自治区中小学知识产权教育5家示范、10家试点学校。全区专利专员企业243家，人数增至346人。选派10余人(次)参加全国专利行政执法上岗培训。基本建成自治区知识产权人才库。创新宣传形式，举办“小小发明为生活添彩”青少年未来信活动。开通宁夏知识产权微信公众号，宣传周期间精准推送20万次。

【专利代办】2017年，代办专利申请2961件，收费11960笔、612万元。专利实施许可合同备案3件，出具专利登记簿副本55件，专利费用减缴备案2005件。提升代办处对外服务的水平和能力，完成专利缴费信息网上补充及管理系统操作，升级开通专利收费远程票据打印系统，完成专利网上缴费远程票据递送系统升级更新。拓展银川代办处业务范围，开辟专利权质押登记宣传和办理登记服务，办理6件专利权质押登记。全年业务质量实现零差错。

（苏　翔）

地震预报

【概况】2017年，宁夏及邻区(35°00′~40°40′N，103°30′~107°40′E)共发生ML2.0以上地震111次，其中ML2.0~2.9级地震88次，ML3.0~3.9级地震20次，ML4.0~4.9级地震1次，ML5.0~5.9级地震2次。最大地震为6月3日内蒙古阿拉善左旗ML5.4级地震，次大地震为9月2日固原ML5.0级地震。全年宁夏境内共发生ML2.0级以上地震57次，其中ML2.0~2.9级地震48次，ML3.0~3.9级地震7次，ML4.0~4.9级地震1次，ML5.0~5.9级地震1次。最大地震为9月2日固原ML5.0级地震，次大地震为4月25日海原ML4.0级地震。全年弱震活动频次虽然较低，但强度高于2016年度。弱震活动空间上主要集中于以往地震多发的区域，如宁夏石嘴山以北至内蒙古阿拉善左旗、海原活动断裂带周围等。海原活动断裂周围小震活动继2015年2月以来持续活跃。下半年宁夏及邻区地震活动较为活跃，上半年则相对偏弱。全年宁夏及邻区发生3次显著的地震事件，分别为4月25日海原震群事件、6月3日内蒙古阿拉善左旗中南部ML5.4级地震、9月2日固原ML5.0级显著地震，显示宁夏南部及邻区地震活动强度升高。

【重大项目建设】2017年，“十三五”规划国家重点项目涉及宁夏的各项工作顺利推进，完成国家地震烈度速报与预警工程宁夏分项目中37个基准站、53个基本站、270个一般站和78个地震预警信息接收终端的野外勘察和初步设计调查资料的收集、整理和上报工作。实施中卫市沙坡头区活断层探测与地震危险性评价项目。宁夏实现全国首个地震活动断层探测工作地级市全覆盖。对固原、海原、西吉、灵武等台站进行供电、防雷、观测场地等维修改造，银川基准台小口子地震台综合观测楼重建项目、北塔地磁台迁建及固原双井子流体台建设项目已审批立项。

【地震监测预测】2017年，根据年度地震趋势判定意见，自治区地震局组织编制方案并实施震情监视和短临跟踪工作，把握重点地区、特殊时段和显著性地震后的地震形势。保障全区25个台点72套仪器设备正常工作，强化测震、强震、前兆观测系统运行管理，及时处置仪器故障，定期对全区各观测点进行巡检，提升地震监测资料质量。完成区内103次地震速报工作，完成310条地震记录分析编目工作。发送地震速报短信息72000余条。完成182次台站仪器标定。完成全区48个强震动台网14400余次远程检查和2500余次远程系统测试工作。完成陆态网络和背景场项目的运维、台站优化改造及台站灾损恢复等任务的绩效评估。对宁夏现有台网布局进行精简调整,新增前兆观测手段。协办全国前兆台网数据跟踪分析工作会议、西北地区流体学科会议及西北地区片区强震动观测技术会议,完成年度全区防震减灾优秀成果评审。在年度全国地震监测预报工作质量评比中,宁夏16个测项获得全国前三名,100项获得优秀。对全区、市、县级地震部门进行震情跟踪分析及会商制度改革培训。全年共召开各类震情跟踪分析会商100次,其中周震情监视例会51次,月会商12次,紧急和加密会商37次,其中10次是在宁夏及邻区发生ML3.0级以上显著地震后召开的,并进行震后趋势判定。应对和跟踪4月25日海原ML4.0级震群事件、6月3日内蒙古阿拉善左旗ML5.4级地震、9月2日固原ML5.0级地震等8次有感地震。

【震害防御】2017年,落实地震安全性评价改革部署,停止地震安全性评价行政许可审批。推进城市活断层探测及成果应用工作,完成固原市地震活动断层探测、银川滨河新区核心城区活动断层探测与断层活动性鉴定以及中卫工业园区地震小区划项目,通过中国地震局验收,项目成果为目标区的土地利用和城市建设规划、减轻地震灾害、保障经济社会的可持续发展提供科学依据;推进中卫活动断层探测工作,完成浅层地震勘探和部分钻探工作;银川市出台地方法规《关于在银川市活动断层避让带内建设绿色公园带的决定》推动活断层成果应用,降低城市地震灾害风险的做法,在全区、全国都具有典型的示范作用。委托防灾科技学院在四川汶川开展宁夏市县防震减灾培训。进一步完善地震宏观观测网、地震灾情速报网、地震知识宣传网和乡(镇、场)防震减灾助理员的"三网一员"群测群防体系;完成固原市地震局固原市防震减灾宣教能力建设、中卫市海原县地震科普阵地建设两个重点监视防御区基层防震减灾基础能力建设项目。加强示范工程建设工作,全年共创建8个国家地震安全示范社区,1个国家防震减灾科普教育基地。

【应急救援】2017年,加强地震应急检查,部署全区开展地震应急准备和风险隐患排查工作,组织自治区相关部门对固原市、石嘴山市开展地震应急准备工作实地督查,制定应急准备专项应对工作方案、年度现场出队方案、地震灾评科考设备轮值方案等,完成地震应急准备工作调研、地震灾害预评估和应急处置报告。加强协作联动工作,由政府应急办、武警和消防救援队开展年度协作区联演联训活动,派遣5名工作队员参加新疆精河6.6级地震现场工作。加强地震应急应对工作,完成固原4.6级地震等多次区内外地震应对工作,完成固原地震现场灾情调查、烈度评定、舆情应对等各项工作。由自治区政府办公厅印发《宁夏回族自治区地震应急预案》,推进自治区抗震救灾指挥部成员单位、各设区市政府开展预案修订工作,部分市县(区)政府、指挥部成员单位修订完成本级地震应急预案。开展自治区地震应急管理工作培训,更新抗震救灾指挥部成员单位联络员信息,建立自治区地震应急管理专家库。培训消防救援队1次,送出去培训武警和消防救援骨干队员2批次、12人(次),宁夏消防总队调集5支轻型、1支重型地震救援队,52辆消防车、400名官兵,开展地震救援实战拉动演练1次。统一部署对市县"5·12"地震应急演练和宣传活动,全年开展地震应急演练1200余场(次)。开展全区地震应急避难场所建设调研,石嘴山市应急避难场所网格化项目通过验收。完成地震应急基础数据收集和灾情速报员信息更新工作。制定应急响应时刻表、震后第一时间产品任务分解表,提高震后应急响应时效。组建地震应急指挥、地震应急遥感、地震灾害评估3个学科组。编制完成《宁夏地震救援技能提升和应急避险服务工程》《宁夏智慧地震全媒体综合信息服务云平台》等"十三五"规划项目建议书。与浙江省地震局签署手机热力图值班系统服务合作协议。全年开展地震应急工作培训3期。

【防灾减灾宣传】2017年,建成区、市、县三级防震减灾宣传网络,利用防灾减灾宣传活动周,法制宣传日,科技宣传周等活动,开展防震减灾宣传活动,提高公民防震避险意识及自救互救能力。在海原县举办《海原大地震》科普连环画系列丛书首发仪式。配合"平安中国"活动,做好防灾宣导系列公益活动,开展"平安校园""平安社区""平安乡村"等主题宣传活动,开展"进乡村,进社区"公益宣传,与宁夏新天地农村数字电影院线有限公司合作,在其农村、社区电影放映点播放防震减灾宣传公益广告,播放场次990场,受众89719人。在宁夏电视台连续播放防震减灾宣传广告《科学减灾 依法应对》,以沙画艺术形式为载体,融入宁夏地震历史,向公众宣传科学防震知识。利用微博、微信等新媒体,开展形式多样的宣传工作。

【地震科技】2017年，自治区自然基金课题《基于物联网的大数据整合在宁夏地震应急信息交换中的应用研究》验收通过。《基于b值空间扫描分析黄河断裂灵武段强震危险性》《强破坏性地震对银川市的影响及其灾害损失预评估》《基于层次分析法的宁夏高烈度区中小学地震应急避难场所减灾能力研究》3项自治区自然基金课题获批。2017年，自治区地震局承担的在研科研项目合计28项,总经费289.82万元。

（沙曼曼）

气象测报

【概况】2017年，全区平均气温为9.6℃,较常年偏高1.1℃,是1997年以来连续第21个偏高年,也是1961年以来并列第二高值。四季气温均偏高,冬季为有气象记录以来最暖冬季,春、夏、秋季较常年偏高0.9℃、0.9℃、1℃。各地年平均气温6.7~11.6℃，较常年偏高0.1~1.8℃,其中,惠农、银川、永宁、吴忠及中宁偏高1.5℃以上。全年全区平均降水量为323.4毫米，比常年偏多21%,为连续第七个偏多年。各地降水量163.8~662.1毫米，惠农和平罗接近常年略偏少,引黄灌区其他地区及南部山区偏多20%以下,其余地区偏多20%以上,其中大武口、海原偏多最明显,分别偏多50%和47%。全年全区平均日照时数为2556小时，偏少278小时,创1961年以来新低。各地日照时数2056~3244小时,与常年相比,永宁以北大部、中宁及中卫偏多18~247小时，其他大部地区偏少56~308小时。

【主要气象灾害及重大天气气候事件】2017年，全区气象灾害造成6人死亡，237万人、43.6万公顷农作物受灾,3.5万公顷绝收,1280余户房屋倒塌及严重损坏,直接经济损失约12.2亿元,略少于2016年(12.97亿元)。其中干旱灾害造成的损失最大，为7.9亿元；暴雨洪涝灾害损失次之，为1.8亿元；冰雹灾害损失0.92亿元。具体表现在以下几个方面。年初气象干旱严重。2016年10月28日至2017年2月19日,110多天无区域性有效降水，造成严重气象干旱,其中海原及盐池为特旱。2月,出现罕见暴雪,日降雪量之大、强度之强创历史极值。2月20—21日,全区普降大到暴雪,全区平均降水量9.6毫米,较2月全月降水量偏多2.2倍。石炭井、平罗、陶乐、贺兰、利通区、盐池、隆德等地创1961年以来冬季日降水量极值。3月,降水异常偏多,南部山区创新高。全区平均降水量为14.7毫米,较常年同期偏多1倍,其中南部山区平均降水量为28.4毫米,偏多1.1倍,创1961年以来同期新高。6月,暴雨、冰雹天气频发,灾害严重。全区暴雨、冰雹灾害多发,共出现暴雨近200站次、大暴雨2站(次)、冰雹20余站(次),多地遭受冰雹、雷雨大风灾害袭击。其中6月3—5日,全区普降中到大雨,部分地区暴雨、大暴雨，是2003年以来历史同期范围最广、量级最大的一次降水过程。7月，出现有气象记录以来影响范围最大、强度最强、持续时间最长的高温天气过程。7月7—21日，全区出现历史最强高温过程,11—12日，高温过程达到高峰,最高气温不断刷新历史记录,宁夏最高气温首次突破40℃,利通区最高达41℃,创宁夏最高气温新高;此次高温过程历时2周，高温持续日数最长达8天,刷新宁夏历史高温持续日数纪录(7天)。8月下旬,中南部出现罕见持续低温连阴雨。过程持续时间之长、降水量之大、气温之低历史罕见。韦州、麻黄山、同心、海原、西吉、隆德及六盘山连续降水日数均达到10天，位列历史同期第一位。中北部部分地区初雪之早创1961年以来历史之最。10月8—10日,全区出现雨雪性天气,平均降水量为28.2毫米，石炭井降水量突破1981年建站以来10月,降水量历史极值。此次初雪出现时间早,中北部为有气象记录以来最早初雪。12月,气温月内波动明显。上中旬引黄灌区、中部干旱带、南部山区平均气温均较常年偏低,但下旬气温偏高幅度在2.0℃以上，其中中部干旱带平均气温偏高达到3.4℃,为1961年以来同期第四高值。

【气象防灾减灾】2017年，完成政府部门气象灾害预警信息服务对象信息更新和备案工作,将其列入决策气象服务手机用户群,及时发送气象预报预警信息。开展多灾种预警服务需求和方式的核查备案,出台有关突发灾害性天气预警服务的基本标准规范。完成并通过自治区政府正式印发《宁夏回族自治区气象灾害应急预案》,强化预报预警、先期处置和部门联动等工作职责。《宁夏突发事件预警信息发布系统建设项目可行性研究报告》通过专家论证。先后11次向全区、市、县政府发文或明传发电,要求各市、县(区)人民政府提前采取应对措施、切实减小气象灾害带来的损失。在西北干旱区首次开展城市暴雨强度公式修编工作，服务银川“城市双修”、固原“海绵城市”建设。开展气象灾害风险普查和暴雨灾害风险区划。推动气象安全生产工作，试点建设大风、暴雨山洪灾害风险分级管控和隐患排查治理双重预防机制。强化气象防灾减灾社会化管理，深化部门合作与联动，组织召开26个部门参加的2017年气象灾害预警服务联络员会议。做好监测预报预警和服务工作，针对干旱、大风、沙尘、冰雹、暴雨、高温、寒潮等重大灾害性、关键性、转折性天气启动应急响应16次。自治区人工影响天气与气象灾害防御指挥部办公室先后11次印发气象防灾减灾明传电报和紧急通知，部署灾害性天气的防范应对工作。全年，宁夏气象台发布各类灾害性天气预警信号124次，指导地市级气象台发布预警信息416次，联合国土、水利部门会商并发布山洪地质灾害气象风险预警21次。预警信号准确率较过去三年较明显提高，其中暴雨83.9%、暴雪90%、大风87.1%、霾100%、雷电73.1%、冰雹58.3%。

【"2·20"全区暴雪预报】2017年，针对"2·20"全区暴雪天气过程，提前一周做出精准预报，及时向自治区政府进行汇报。20日夜间，自治区政府按照《宁夏回族自治区气象灾害应急预案》有关规定和主管部门会商建议，连夜启动暴雪灾害Ⅱ级应急响应，并随即下发紧急通知，迅速动员和组织各地、各部门做好暴雪天气应对工作，全面落实防灾减灾责任制，做好综合防灾减灾有关工作。21日上午，自治区主席咸辉率相关单位的主要负责同志专程到宁夏气象局慰问干部职工并现场指导灾害防御工作。咸辉主席等领导在20日的《气象信息专报》均作批示，提前就人工增雪和防范应对工作进行安排。自治区政府办公厅2月21日以明传电报形式下发《关于做好暴雪天气应对工作的通知》，明确了暴雪天气应对的具体要求。

【人工影响天气】2017年，优化完善人影（即"人工影响天气"）业务体制机制，规范人影作业组织和装备弹药安全管理；初步建成六盘山地形云试验基地，开展人影作业指标、云水特征、效果检验等方面的研究工作，提升人影科技支撑能力；完成区、市、县三级人影综合业务系统的开发，提高全区各市、县部署应用，人影业务现代化水平；开展人影能力建设，提升人影作业保障能力。针对年内48次利于开展人工增雨（雪）天气过程，组织实施飞机增雨作业18架次，飞行作业时间63小时56分钟，使用碘化银烟条582根；组织实施火箭增雨作业391点次，发射火箭弹1818枚，地面火箭和飞机累计增雨（雪）作业影响面积达84.8万平方公里，累计增加降水12.3亿吨。针对27次可能出现冰雹的强对流天气组织开展高炮火箭防雹作业，累计开展地面防雹作业177点（次），发射人雨弹2189发，火箭弹305枚，防雹保护面积累计达2.2万平方公里。

【气象服务】气象助力精准扶贫工作。2017年，制定年度气象助力精准脱贫目标责任书；印发《宁夏2017年气象助力精准扶贫工作要点》，宁夏气象局被列为自治区扶贫开发领导小组成员单位，将气象扶贫工作纳入政府效能、脱贫攻坚和农村工作三大考核以及督查体系，并建立第三方评估机制，推动气象助力精准脱贫各项任务落实。气象部门与自治区扶贫办联合印发《关于共同做好贫困地区气象信息服务工作的通知》，服务全国气象助力精准脱贫示范区建设。完善贫困地区多灾种、全方位、立体式的综合监测网，提高农业农村气象灾害防御能力；开发支撑山洪地质灾害预警业务的短临预报格点产品，建立区市县一体的山洪地质灾害短时临近预报预警制度；促进气象助力精准扶贫手机APP版本升级和上架应用，并将气象助力精准扶贫手机APP的覆盖率纳入对县（区）政府2017年的年度考核；完成气象助力精准扶贫对象数据库建设，在各市、县国突发布系统中建立扶贫对象用户群，向贫困户精准推送气象灾害预警信息。持续推进"闽宁气象扶贫模式"建设。建成"三个网络"，即贺兰山东麓综合气象灾害监测网、智慧农业气象物联网和人工影响天气作业网，同时深化协同创新，气象部门与宁夏大学、农科院和葡萄酒庄等联合建设酿酒葡萄气象实验室和野外试验示范基地，服务贺兰山东麓酿酒葡萄品牌建设，改善服务供给，开展基于位置的预报预警和"一户一号"直通式服务。保障特色优势产业发展。聚焦产业扶贫，探索建立"分布式布局、集约化发展、全链条服务"的特色优势产业气象服务众创模式，自治区农业优势特色产业综合气象服务中心及葡萄、枸杞、马铃薯、粮食气象服务4个分中心已组建运行，分类开展特色产业全链条气象服务。并获评"全国气象部门创新工作"。枸杞气象服务中心被农业部、中国气象局认定为中国十大特色农业气象服务中心之一。公众气象服务。召开气象信息通报会8次，发布新闻通稿31篇。在国家级新闻媒体播出视频新闻稿件36篇（次）、自治区新闻媒体播出332篇（次），中国气象频道播发视频新闻97条。气象信息网、财政支农网、农网信息、内联网新闻、中国兴农网上传天气预报预警及服务信息4733条；中国天气网宁夏省级站用户总浏览量18778万次。利用微博推出"春播"、防灾减灾等专题，开展微博直播互动，微博粉丝比上年增加2%。手机短信向公众发布预报预警信息736条，4023.81万人(次)。通过语音12121系统录入天气预报、生活指数、旅游预报、农业气象等信息共2664条，“12121”电话拔打量99.49万次；官方微博发布信息7000余条，阅读数58万人(次)，粉丝数达17.5万人；传真服务8921次。全年气象服务公众总体满意度90.8分，位列全国第六名。举办全区气象部门开展气象服务创新大赛，并将4个获奖作品推荐参加中国气象局气象服务创新大赛初赛，其中2个作品获得优秀奖。举办首届宁夏公众气象服务微信创意竞赛。调整服务产品8种，取消19种。建立微博微信气象服务工作通报制度。决策气象服务。修订和完善年度决策气象服务方案；召开全区决策气象服务会商35次。向自治区党政决策部门共报送《气象信息专报》64期、《专题服务》5期和各类会议材料42期；通过手机短信向自治区级决策层发送气象信息623条，93542人(次)，向各市县级决策层发送气象灾害预警信息774条、119196人(次)，获自治区党政领导在决策气象服务材料上批示50余次。重大社会活动保障。做好自治区“两会”、春运、第九届中国花卉博览会等重大活动气象服务工作。应急保障气象服务。启动应急响应16次。联合国土部门发布地质灾害预警21次，联合水利部门发布山洪气象风险预警4次；全区各地市、县气象部门联合水利、国土部门发布山洪、地质灾害气象风险预警150次。联合环保部门做好空气污染防治工作，11月初至年底，启动非常规气象预报服务工作机制，做好大气污染防治攻坚战气象服务。气象为农服务。推进为农服务两个体系建设。组织专家对《宁夏农业气象服务体系和农村气象灾害防御体系建设初步设计》方案进行论证、完善，方案通过发改委批复后，对项目任务进行分工分解落实。气象部门与农牧厅联合印发《自治区农牧厅 宁夏气象局关于联合推进气象信息进村入户的通知》，要求各市县局加强与当地农牧部门的合作和联动，做好气象信息应用及人员培训等工作。推进农业供给侧结构性改革，加快培育农业农村发展新动能，编制气象为农社会化综合服务试点方案，提升农业全产业链社会化服务水平。在全区4个县(区)实施“三农”服务专项。贺兰县通过中国气象局标准化农业气象服务县的认证；西吉县红耀乡、石嘴山市惠农区庙台乡、吴忠市利通区金积镇3个乡镇通过中国气象局标准化农村气象灾害防御乡镇的认证。

【综合气象观测与网络】2017年，银川CA新一代天气雷达正式纳入组网业务运行。农田小气候及实景观测系统项目完成招投标并启动建设。完成33个国家地面天气站建设。全区26个国家级台站降水现象仪投入业务试运行。贺兰、青铜峡国家一般气象站于12月1日正式开始无人值守试点。探测中心完成整体业务搬迁。建成区级综合测试维修平台。完成温度、湿度、气压、风、雨量、综合和电子7个省级计量检定实验室建设。完成1项宁夏地方标准《数字式温湿度表校准规范》。地面观测质量保持稳定，数据传输及时率和技术装备可用性全部达标，6类业务质量全国排名第一。CIMISS业务化稳步推进，国家站和区域站数据传输频次调整为5分钟，新一代天气雷达PUP传输产品增加至36种，实现标准数据格式(BUFR)消息传输。

【气象预报预测】2017年，推进智能格点预报业务体系建设，优化业务布局和分工，形成区级业务单位制作“预报一张网”“服务一张网”，市、县气象局开展应用服务的“两级布局、一级集约”的扁平化和无缝隙预报业务体系。重大天气过程预报预警及时，预报预警质量稳中有升。年内，全区出现重大天气过程19次。其中，暴雨、冰雹、雷电、暴雪、大风、大雾、高温、霜冻等灾害性天气过程18次。重大天气过程预报评分90.9分，比上年同期提高2个百分点。24小时晴雨准确率居全国第五，一般性降水订正技巧居全国第三。大雾、冰雹预警信号准确率较上年提高6%。组织参加第十二届全国气象行业职业技能竞赛暨第六届全国气象行业天气预报职业技能竞赛，宁夏气象局获优秀组织奖，1人获个人全能优秀奖。

【气象科技创新】2017年，将自筹科技经费统一归口中国气象局旱区特色农业气象灾害监测预警与风险管理重点实验室管理，设立指令性项目、开放研究项目、青年培养项目。自筹科研项目经费较上年增加93%。印发《宁夏气象局科技成果转化管理办法（试行）》，修订《宁夏气象局科研项目管理办法》《中国气象局旱区特色农业气象灾害监测预警与风险管理重点实验室科研项目管理办法》和《重点实验室科技奖励办法》。批复《宁夏气象科研所改革方案》。9月，中国气象局旱区特色农业气象重点实验室顺利通过建设期验收，正式纳入中国气象局重点开放实验室管理序列。开展重点实验室2015—2016年度科技奖励评审。邀请20名区外专家来宁讲学。年内，获批国家自然科学基金1项、省部级科研项目5项，获得软件著作权2项，西北地区东部降水气候预测系统等33项科技成果投入业务应用，27项科技成果在中国气象局登记；发表科技论文120篇，其中核心期刊21篇；7篇科技论文获第十四届宁夏自然科学优秀学术论文奖。2人入选"自治区级学术技术带头人后备人选"。1人获宁夏最美科技人。

【气象法治建设】2017年，《宁夏回族自治区气候资源开发利用和保护办法》正式颁布实施。修订《宁夏回族自治区人工影响天气管理办法》和《宁夏回族自治区人工影响天气作业安全管理办法》。19个县（区）均将气象灾害防御等职责纳入乡镇权责清单。区、市、县三级气象行政审批及公共服务事项全部纳入"宁夏政务服务网"办理，90%的事项实现"不见面"审批。出台全国行业标准1项、地方标准5项。办理各类行政许可361件，开展行政执法检查408次。

【气象机构与队伍建设】2017年，宁夏气象部门高层次人才比例稳定增加。5人获得气象正高级职称任职资格，4人被评为自治区青年拔尖人才培养工程自治区级学术技术带头人后备人选，3人被评为自治区青年拔尖人才培养工程自治区优秀青年后备骨干人选，引进博士1人，硕士11人。副研级以上高工占比18%，本科学历以上占比91.3%。大气科学类专业322人，占职工总数的49.2%。选派1名处级干部到中国气象局应急减灾与公共服务司挂职交流一年；安排2人到北京市气象局参加第九批东西部对口交流。安排10名科级及以下干部挂职交流，选派3名干部专职开展第二轮扶贫开发驻村工作。制定印发《宁夏气象部门领导干部联系人才工作办法》《宁夏气象部门专业技术人员交流锻炼工作管理办法》《宁夏气象部门新入职人员培养导师制度》《宁夏气象部门职工离职审批规定》《宁夏气象局鼓励干部改革创新干事创业容错纠错实施办法（试行）》、督促各市局出台《基层业务一线骨干培养办法》。

（王文娟　官景得　张冰）

社科规划

【国家社科基金项目】2017 年，宁夏获得国家社科基金各类项目 47 项，宁夏大学胡玉冰教授的《〈朔方文库〉编纂》被列为 2017 年度国家社科基金重大项目；宁夏大学彭向前研究员的《俄藏西夏历日文献整理研究》入选 2017 年度《国家哲学社会科学成果文库》。其余项目中重点项目 2 项，一般项目 18 项，青年项目 7 项，西部项目 18 项；按照单位分布情况为：宁夏大学 24 项，北方民族大学 12 项，宁夏医科大学 4 项，宁夏社会科学院 3 项，自治区党校 2 项；学科分类分布情况为：民族问题研究 11 项，中国历史 4 项，社会学 3 项，体育学 3 项，中国文学 3 项，国际问题研究 3 项，马列·科社 2 项，法学 2 项，人口学 2 项，语言学 2 项，图书馆、情报与文献学 2 项，应用经济 2 项，统计学 1 项，宗教学 2 项，哲学 1 项，外国文学 1 项，管理学 1 项。

【自治区社科规划项目】2017 年，全年批准年度项目 75 项，艺术学项目 13 项，教育学项目 23 项，委托项目 9 项，共 120 项。

【2017 年国家社科基金项目立项一览表】

序号	课题名称	负责人	工作单位	项目类别
1	《朔方文库》编纂	胡玉冰	宁夏大学	重大项目
2	俄藏西夏历日文献整理研究	彭向前	宁夏大学	成果文库
3	宁夏佑啟堂藏西夏文献研究	段玉泉	宁夏大学	重点项目
4	西夏文草书《孝经传》研究	彭向前	宁夏大学	重点项目
5	习近平总书记思想政治教育观研究	钱容德	宁夏大学	一般项目
6	社会治理视域下行业协会市场监管法治研究	张　驰	宁夏大学	一般项目
7	离婚纠纷解决机制研究	朱蓓予	宁夏大学	一般项目
8	精准帮扶视野下西北民族地区农村小规模学校发展研究	马晓凤	宁夏大学	一般项目
9	精准扶贫视域下西北民族地区农村人力资源开发减贫机制研究	马金龙	宁夏大学	一般项目
10	以宁夏为例的西北民族地区精准扶贫对策研究	藏志勇	宁夏大学	一般项目
11	生态移民安置方式变革效应与实施经验教训研究	王仲梅	宁夏大学	一般项目
12	美国对“一带一路”倡议的网络话语及我国的应对策略研究	姜克银	宁夏大学	一般项目
13	伊战后伊拉克重建问题研究	王　卓	宁夏大学	一般项目
14	宁夏家庭语言生活状况调查研究	杨晓宇	宁夏大学	一般项目
15	宁夏佛教、道教汉文文献整理与研究	丁峰山	宁夏大学	一般项目
16	甘宁青地区少数民族地区传统生态价值观及其现代意义的社会学研究	马国栋	宁夏医科大学	一般项目
17	回医药汤瓶八诊疗法论治体系的整理研究	贺晓慧	宁夏医科大学	一般项目
18	黄河重要水源涵养区跨区域协同保护与补偿问题研究	宗　鑫	北方民族大学	一般项目
19	新形势下我国通货膨胀动态机制的结构突变检测及推断研究	王小刚	北方民族大学	一般项目
20	甘宁青少数民族生态移民社会关系重构与文化心理认同研究	束锡红	北方民族大学	一般项目
21	基于国际功能、残疾和健康分类模型的我国西部地区残疾青少年体力活动模式研究	齐　静	北方民族大学	一般项目

续表

序号	课题名称	负责人	工作单位	项目类别
22	传统集市在西北民族地区农村精准扶贫中的驱动机制研究	丁生忠	宁夏社会科学院	一般项目
23	新型城镇化进程中的宁夏民族互嵌式社区建构研究	王丽宏	宁夏大学	青年项目
24	西夏制度源流考论	高　仁	宁夏大学	青年项目
25	“儒学化”转向与金元医学知识的建构研究	张园园	宁夏大学	青年项目
26	西北地区神秘膜拜团体的现状及其社会治理研究	王　雨	自治区党校	青年项目
27	回族新文化运动研究	苏　涛	宁夏大学	青年项目
28	西北民族地区畜牧业适度规模经营与精准扶贫协同发展机制研究	尹春阳	北方民族大学	青年项目
29	宁夏回族传统体育跨文化传播研究	虎晓东	宁夏大学	青年项目
30	卢梭“道德人”理论研究	尹　强	宁夏大学	西部项目
31	基于生态系统脆弱性视角的西北民族地区工业化演进、模式转型及路径选择机制研究	王雅俊	宁夏大学	西部项目
32	“一带一路”背景下推进中国与阿拉伯国家贸易投资便利化问题研究	杨韶艳	宁夏大学	西部项目
33	唐宋时期河套地区城市发展与生态变迁研究	保宏彪	宁夏社会科学院	西部项目
34	西北回族地区红军长征遗址、文物及其保护研究	刘　伟	宁夏社会科学院	西部项目
35	抗日战争时期日本在华推行伊斯兰教工作策略研究	马　茜	自治区党校	西部项目
36	回族口头文学资料整理及其数据库建设与研究	钟亚军	宁夏大学	西部项目
37	非裔美国黑人文学中的伏都教美学研究	胡笑瑛	宁夏大学	西部项目
38	“丝绸之路经济带”对外贸易中的语言经济价值研究	周　震	宁夏大学	西部项目
39	宁夏留守儿童行为习惯对健康水平的影响及干预研究	何　颖	宁夏医科大学	西部项目
40	基于大数据思维的药品安全治理研究	张文学	宁夏医科大学	西部项目
41	红军东征西征时期党的思想政治工作研究	杨红星	北方民族大学	西部项目
42	城乡媒介文化再生产研究	叶　非	北方民族大学	西部项目
43	西部少数民族地区精准扶贫、脱贫的微型金融视角研究	张正斌	北方民族大学	西部项目
44	“互联网+”背景下西北民族地区现代农业发展对策研究	王金云	北方民族大学	西部项目
45	当代回族文学史料整理与研究	海晓红	北方民族大学	西部项目
46	宁夏民族传统体育与非物质文化遗产研究	王　平	北方民族大学	西部项目
47	宁夏段丝绸之路档案文献遗产目录数据库建设研究	陈　瑜	北方民族大学	西部项目

【2017 年自治区社科规划项目立项一览表】

序号	项目名称	主持人	所在单位	项目类别
1	双因素理论视角下宁夏引进海外高层次人才机制研究	任怡莲	宁夏农科院	重点项目
2	将宁夏城市空置商品房改造为养老社区的研究	王　娟	自治区党校	重点项目
3	宁夏贫困地区“脱贫摘帽”后产业可持续发展研究	王广金	宁夏大学	重点项目
4	新编修家谱的文化价值研究	张进海	宁夏社科院	重点项目
5	宁夏乡贤文化研究	薛正昌	宁夏社科院	重点项目
6	金融扶贫示范区建设背景下“盐池模式”的作用机制及推广路径研究	仇娟东	宁夏大学	一般项目
7	以“反梯度”战略促进宁夏产业转型升级的研究	沈国琴	银川市委党校	一般项目
8	精准扶贫视角下宁夏生态移民可持续生计研究	朱　琳	北方民族大学	一般项目
9	宁夏构筑西部生态安全屏障问题及对策研究	吴　月	宁夏社科院	一般项目
10	宁夏休闲农业发展研究	吴素芳	自治区党校	一般项目
11	全域旅游视角下宁夏贺兰山东麓葡萄酒旅游发展研究	毛凤玲	宁夏大学	一般项目
12	“一带一路”战略下的宁夏开放格局调整研究	眭　睦	宁夏医科大学	一般项目
13	宁夏精准扶贫项目绩效评价	李　霞	宁夏社科院	一般项目
14	宁夏对外直接投资对产业升级的影响研究	石　荣	宁夏大学	一般项目
15	基于经济集聚的宁夏区域协调发展问题研究	常瑞祥	宁夏大学	青年项目

续表

序号	项目名称	主持人	所在单位	项目类别
16	宁夏城市贫困问题实证分析研究	王愿如	宁夏社科院	青年项目
17	宁夏环境税收政策效应与实施路径研究	胡菲菲	宁夏财经职业技术学院	青年项目
18	宁夏中部干旱风沙区生态补偿体制与机制研究	许　昊	宁夏大学	青年项目
19	宁夏中小企业成长性评价及影响因素研究——基于新三板上市公司的调查	程小琴	北方民族大学	一般项目
20	供需失衡下宁夏公立医院医患矛盾的化解机制研究	王俏荔	宁夏医科大学	一般项目
21	宁夏农产品物流成本优化路径及对策研究	雷　萍	北方民族大学	一般项目
22	宁夏中小企业降本减负政策实施成效评估研究	马金花	北方民族大学	一般项目
23	“全域旅游”背景下宁夏发展乡村旅游的模式及对策研究	刘志鹏	自治区党校	一般项目
24	宁夏精准扶贫绩效评价体系及社会监督机制研究	李学文	北方民族大学	一般项目
25	创新驱动下的宁夏企业激励机制研究——基于相对绩效平价理论的扩展	蒋玉娟	北方民族大学	一般项目
26	不确定环境下行业营销风险指数评估与预警研究——以宁夏食品行业为例	李　键	宁夏大学	一般项目
27	宁夏教育信息化精准扶贫的策略与保障机制研究	贾　巍	宁夏大学	一般项目
28	基于社交媒体的宁夏全域旅游品牌营销影响力评估研究	康凌翔	宁夏大学	一般项目
29	宁夏公立医院法人治理结构改革实施现状及对策研究	苏　源	宁夏医科大学	青年项目
30	“互联网+”背景下宁夏公立医院医疗服务发展策略研究	徐川川	宁夏医科大学	青年项目
31	宁夏和谐劳动关系构建机制研究	肖进成	北方民族大学	一般项目
32	“乡村教师支持计划”背景下西北民族地区乡村教师教育能力的建构与提升研究	曹二磊	宁夏大学	一般项目
33	宁夏六盘山区精准扶贫与农村妇女反贫困研究	江晓红	宁夏大学	一般项目
34	宁夏地区公民亲环境行为的现状、影响因素及提升策略	茹学萍	宁夏大学	一般项目
35	宁夏推进优质教育扩面问题研究	卢光辉	自治区教育科学研究所	一般项目
36	“一带一路”战略与民族地区社会治理研究——以宁夏为例	石　媛	宁夏社会主义学院	一般项目
37	群际接触：宁夏和谐融洽群际关系建立的有效路径研究	关　荐	宁夏大学	一般项目
38	新型城镇化背景下农民工就业问题研究	黄竹梅	宁夏工商职业技术学院	一般项目
39	宁夏农村专业合作组织模式及功能的实证研究	王雪梅	宁夏大学	一般项目
40	宁夏中小学特岗教师培训体系构建研究	郝振君	宁夏大学	一般项目
41	宁夏农民工随迁子女融合教育问题研究	孟　筱	自治区党校	一般项目
42	宁夏非物质文化遗产生产性保护研究	陈　晶	宁夏医科大学	一般项目
43	法治视野下宁夏教育安全问题研究	梁旭红	北方民族大学	一般项目
44	社会转型期西海固地区农村纠纷解决机制实证研究	马树同	宁夏师范学院	青年项目
45	宁夏地区发行绿色金融债券可行性研究	马学荣	宁夏职业技术学院	青年项目
46	宋夏关系与北宋时期的西北边疆治理研究	郭艳华	北方民族大学	一般项目
47	唐代内迁民族家族谱系研究	王　东	北方民族大学	一般项目
48	宁夏高校大学生中华文化认同培育机制研究	谭月娥	北方民族大学	一般项目
49	宁夏提高宗教工作法治化水平研究	杨红娟	宁夏司法警官职业学院	一般项目
50	新中国成立以来宁夏回族人口分布的时空格局演变及动力机制研究	马明德	北方民族大学	一般项目
51	宁夏民族团结网络舆情的引导策略研究	何佳洁	宁夏医科大学	青年项目
52	伊斯兰教中国化的实践路径研究	李　楠	宁夏大学	青年项目
53	宁夏高校思想政治教育“实践育人”路径研究	马　越	宁夏大学	一般项目
54	六盘山红色基因的传承与育人研究	贾立勤	宁夏医科大学	一般项目
55	以高校学生社团活动为载体的思政教育研究	马　健	宁夏民族职业技术学院	一般项目
56	改革开放以来我国社会主义制度优越性理论发展的研究	朱国明	宁夏医科大学	一般项目
57	宁夏农民主流意识形态认同状况调查研究	马忠莲	自治区党校	一般项目
58	宁夏长征历史记忆中的民族精神生成研究	韩建夫	北方民族大学	一般项目
59	自媒体时代宁夏高校社会主义意识形态建设研究	徐晓美	北方民族大学	一般项目
60	“微时代”大学生思想政治教育中人文关怀研究	牛银凤	宁夏医科大学	一般项目
61	宁夏大学生社会责任感现状及其培育机制研究	张振霞	宁夏大学	一般项目

续表

序号	项目名称	主持人	所在单位	项目类别
62	新媒体背景下宁夏主流媒体舆论引导效果研究	谢明辉	宁夏大学	一般项目
63	“一带一路”战略背景下提升宁夏对阿拉伯国家传播力研究	白　楠	宁夏大学	一般项目
64	全域旅游视野下的宁夏城市旅游文化创意设计研究	纪光耀	宁夏大学	青年项目
65	宁夏发展跨境电子商务中外语类人才培养模式研究	赵宝山	北方民族大学	一般项目
66	宁夏“互联网 +”背景下跨文化语言教育生态化研究	艾晓燕	宁夏大学	一般项目
67	宁夏形象与外宣翻译策略研究	田　莎	宁夏大学	青年项目
68	当代宁夏文学社会空间构造研究	于凤艳	宁夏大学	一般项目
69	“一带一路”视域下的马来西亚华文女性文学研究	刘　征	宁夏医科大学	一般项目
70	宁夏古代文学与地理空间景观的互动影响研究	梁　艳	宁夏大学	青年项目
71	美国新英格兰地区文学传统之嬗变研究	李丽波	宁夏大学	一般项目
72	六十年来宁夏图书馆事业发展研究	屈冠军	北方民族大学	一般项目
73	“健康中国 2030”背景下高校体育服务地方模式研究	曾锡银	宁夏大学	一般项目
74	宁夏全域旅游文化读本——以地方志资源为视角	霍丽娜	宁夏社科院	一般项目
75	明清时期宁夏学校教育研究	马　静	宁夏社科院	青年项目
76	“一带一路”背景下宁夏花儿剧创作路向研究	马恒辉	宁夏师范学院	艺术学
77	宁夏文化精准扶贫——乡村综合文化服务中心建设调查与研究	季　妍	宁夏文化馆	艺术学
78	宁夏当代民族器乐作品创编与演奏的研究	何　皎	北方民族大学	艺术学
79	图说丝绸之路音乐文化视域下的宁夏民间音乐研究	马晓红	宁夏师范学院	艺术学
80	六盘山红色革命历史题材美术创作与红色文化传承现状研究	冯　巢	宁夏师范学院	艺术学
81	宁夏境内西夏文化遗产研究	张红英	宁夏文物保护中心	艺术学
82	宁夏文化艺术人才人文素养调查研究	邱彩红	宁夏艺术职业学院	艺术学
83	在“一带一路”背景下本土音乐在宁夏高校音乐专业教育中传承的研究	马润涛	北方民族大学	艺术学
84	西夏要典《番汉和时掌中珠》中音乐词条研究	赵宏伟	北方民族大学	艺术学
85	文化产业视野下宁夏岩画保护与开发研究	李　军	宁夏民族职业技术学院	艺术学
86	宁夏丝绸之路上的艺术研究	母少娟	自治区博物馆	艺术学
87	六盘山区传统民间美术吉祥图案研究	张　悦	银川市第十六中学	艺术学
88	宁夏国有文艺院团体制改革后发展现状研究	高　阳	红寺堡文化馆	艺术学
89	宁夏高等教育竞争力比较与“双一流建设”政策研究	周福盛	宁夏大学	教育学
90	六盘山集中连片特困地区教育精准扶贫政策实效性研究	张桂玲	宁夏师范学院	教育学
91	加强高校思想政治教育实效性研究	马宇峰	北方民族大学	教育学
92	提升中小学生综合素质的有效机制研究	马恒燕	银川市第二十一小学	教育学
93	宁夏适应二孩政策背景下学前教育资源配置的前瞻研究	马　娥	宁夏大学	教育学
94	中小学教师专业发展研究	李秀霞	银川二中	教育学
95	现代技术支持学习环境下自主学习成效实证研究	任现增	北方民族大学	教育学
96	农村小学全科教师的素质结构及其职前专业发展研究	邱芳婷	宁夏师范学院	教育学
97	关于高中学生语文学科核心素养转化路径研究	丁梅荣	宁夏育才中学	教育学
98	学前教师在职培训提高研究	张勇超	银川市第七幼儿园	教育学
99	基于学生需求的微辅导的研究与实践——以银川市为例	张永宏	银川一中	教育学
100	宁夏中小学开设“时事新闻课”的创新探索	杨荣斌	北方民族大学	教育学
101	新教材背景下的幼小衔接教育策略研究	孔玲芳	银川市第五幼儿园	教育学
102	小学低年级识字教学有效性策略研究	遇　旻	银川市实验小学	教育学
103	“互联网 +”背景下高职院校创新创业教育课程教学设计与实践研究	程文香	宁夏工商职业技术学院	教育学
104	基于核心素养课程观银川市中小学特色课程体系建设现状及对策研究	董建德	银川市教科所	教育学
105	宁夏特殊教育一生一案个别化教育研究	吕淑娟	宁夏特殊教育学校	教育学
106	小学生学科核心素养转化路径研究	陈　宫	兴庆区第十六小学	教育学
107	区域教学名师示范带动作用研究	张　磊	宁夏教育杂志社	教育学

续表

序号	项目名称	主持人	所在单位	项目类别
108	宁夏特殊教育职业教育现状调查研究	马　芳	宁夏师范学院	教育学
109	高校青年教师职业满意度研究	施　璇	宁夏财经职业技术学院	教育学
110	转型背景下高校教师教学质量评价机制研究	温海燕	中国矿业大学银川学院	教育学
111	宁夏高等职业教育国际化发展研究	纳　嵘	宁夏职业技术学院	教育学

（白　超）

新型智库建设

【概况】2017年，宁夏贯彻中央《关于加强中国特色新型智库建设的意见》和自治区《加强宁夏新型智库建设的实施办法》，制定一系列配套文件，启动新型智库建设工程。自治区党委宣传部将“新型智库建设工程”列为2017年宣传思想文化工作十大工程之一。自治区党委宣传部组织召开宁夏新型智库建设工作推进会，将逐步构建起以思想理论建设智库、民族团结进步工作智库、融入“一带一路”建设智库、经济发展战略智库、公共政策智库、科技创新智库六类智库为核心的宁夏特色智库体系。宁夏社会科学院、自治区党校（行政学院）、宁夏大学被自治区党委宣传部列为第一批自治区级重点培育智库。并结合自身特点，开展新型智库建设工作。

【自治区党委宣传部】2017年，组织发布宁夏新型智库课题第一批选题，并征集选题申报材料123份，从中评审出30项申报材料列为2017年宁夏新型智库课题。自治区教育工委、教育厅启动实施高校特色新型智库立项建设工作，建设周期为3年，给予每个高校智库每年15万元经费支持。自治区党委统战部、政研室等单位推出了一批有价值、高质量的研究成果，发挥了创新理论、咨政建言、服务社会的作用。

【宁夏社会科学院】2017年，宁夏社会科学院（以下简称“宁夏社科院）制定和实施“加强新型智库建设的意见”“学科建设管理办法”等，先后与自治区团委、旅游委、总工会等部门合作开展现实问题研究，组织力量以宁夏经济社会各领域发展态势与未来趋势的分析和预测为主要内容，编纂《宁夏智库丛书》以及系列蓝皮书。全年上报《呈阅件》《决策咨询》共14期，其中自治区党政领导肯定性批示4篇。《宁夏深化供给侧结构性改革研究》等调研报告获得自治区主要领导肯定性批示。先后向自治区推荐法律顾问、塞上文化名家、享受自治区特殊津贴等人才10余人；获得自治区智库人才培养经费90多万元；被自治区确定为重点培育支持的三大智库之一。中央《关于实施中华优秀传统文化传承发展工程的意见》出台后，宁夏社科院设立了中华优秀传统文化研究院。自治区第十二次党代会之后，宁夏社科院重新整合研究中心，围绕自治区三大战略设立宁夏创新驱动战略研究中心、宁夏脱贫富民战略研究中心、宁夏生态立区战略研究中心。成立宁夏第三方评估中心等非实体研究机构。6月19—23日，在上海社科院举办智库与创新工程专题培训班。

【宁夏大学】2017年，宁夏大学中国阿拉伯国家研究院在中国社会科学评价研究院主办的第四届全国人文社会科学评价高峰论坛上入选“中国智库综合评价核心智库”榜单，参评此次高校智库A类——211高校经济领域的智库共41家，入选智库仅为14家。阿拉伯研究院构建了阿拉伯大数据平台，完成了基础库、动态数据库、学术成果库和外文库一期项目，购置纸质图书10000余册，是国内高校在本专业领域有较大影响力的对阿大数据平台。编辑出版学术月刊《世界阿拉伯研究动态》（内部发行），启动“一带一路”国别概览（中东16国）项目和“阿拉伯研究文库”“区域重大现实问题研究”图书出版工作。承办“中阿经贸论坛理论研讨会”“中阿大学校长论坛–学者研讨会”，创办召开“中阿智库对话——贺兰山论坛”等大型国际学术研讨会，国内外专家学者近300余人参会。宁夏大学回族研究院着眼于国家“一带一路”战略和自治区经济社会发展重大需求，对回族经济、社会、历史和文化开展研究，凝练出民族自治地方社会建设、民族伦理与民族地区公共管理、民族文化与社会发展、民族社区发展研究等特色方向，推出了一批在全国有重要影响的研究成果。

【自治区党校】加强机构和制度建设，成立宁夏党校、行政学院决策咨询委员会和决策咨询部（研究室），出台《关于建设高端智库的实施意见》《教研人员开展调查研究的规定》《教研人员蹲点调研暂行办法》等系列制度。

【宁夏社会主义学院】注重加强智库交流，举办全国民族宗教研究知名专家宁夏行活动，邀请22位区外在民族宗教研究领域有较深造诣的全国知名专家学者到宁夏调研考察。联合中国民族学学会在中央社会主义学院共同举办民族地区社会治理理论与实践创新高端论坛。10月28日,经中国民族学学会正式批复同意,在宁夏社会主义学院成立中国民族学学会民族地区社会治理理论与实践创新研究中心(基地)。这是宁夏社会主义学院首次获全国性学术团体研究基地,也是全国唯一一家。

(黄 鑫)

社科研究

宁夏社会科学院

【科研项目】2017年,获准立项国家社科基金项目3项、宁夏社科规划项目7项,宁夏新型智库第一批课题项目6项。围绕自治区供给侧结构性改革、产业转型升级,精准扶贫、监察体制改革与反腐倡廉建设等,确立了40多项院级重大现实问题研究课题。

【科研成果】2017年,出版学术专著、编著29部,发表学术论文、调研报告245篇。在《宁夏日报》等报刊发表宣传理论文章64篇,编报《呈阅件》《决策咨询》21期。宁夏首部通志《宁夏通志》(25卷)完成编纂出版。出版发行《西夏文字揭要》《驼铃悠韵萧关道》《宁夏地方历史文化论丛》(第二辑),《宁夏政报1930—1949》被国家民国文献保护中心列为2017年国家图书馆民国文献整理项目。《宁夏社会科学》正式入选南京大学CSSCI来源期刊,《回族研究》继续保持北大中文核心期刊和全国民族类核心期刊称号。张廉、李保平受聘为自治区党委法律顾问。文化研究所牛学智研究员获第二届"茅盾文学新人奖";宁夏社科院科研处处长郑彦卿编审、社会学法学研究所李保平研究员被评为宁夏第二批"塞上文化名家";西夏研究院副研究员魏淑霞、综合经济研究所助理研究员田晓娟入选2017年自治区青年拔尖人才培养工程。

【学术交流活动】2017年2月21日至3月1日,宁夏社科院农村经济研究所协同自治区发改委经济研究中心赴甘肃省就"甘宁协同打造文化旅游长廊、特色农产品协同发展、精准扶贫、水资源开发利用、甘宁蒙构建腾格里沙漠生态屏障"等进行调研。3月2日,中国社会科学院法学研究所副所长、研究员、中国社科院研究生院法学系教授、博士生导师莫纪宏到宁夏社科院,作"民族宗教事务法治化及宪法保障"专题讲座。5月3—8日,社会学法学研究所、农村经济研究所与中国社会科学院社会学研究所、北方民族大学社会学与民族学研究所联合开展宁夏"绿色扶贫"专题调研。3月29日至5月17日,社会学法学研究所、农村经济研究所协助完成中国社会科学院宁夏调研基地项目"精准扶贫精准脱贫百村调研"第一阶段调研工作。5月21—24日,农村经济研究所科研人员在河南郑州参加深入推进农业供给侧结构性改革研讨会暨第十三届全国社科农经协作网络大会。6月30日,举办学习贯彻自治区第十二次党代会精神理论研讨会,与会专家学者围绕创新驱动、脱贫富民、生态立区、法治宁夏建设、对外开放等,联系实际,多方位、多角度地谈了对第十二次党代会报告的学习认识,并针对有关问题提出了对策建议。7月20日,在习近平总书记东西部扶贫协作座谈会重要讲话发表一周年之际,宁夏社会科学院与中国社会科学院社会学研究所合办精准扶贫宁夏论坛。7月21日,中国社会科学院社会学研究所所长陈光金研究员、社会学所党委书记孙壮志研究员分别做了题为"经济新常态下中国社会发展模式转型:从数量导向到质量导向"和"一带一路的战略内涵"学术报告。9月6—8日,农村经济研究所陪同中国社会科学院民族学与人类学研究所赴闽宁镇国情调研基地进行国情调研,此次调研主题为闽宁镇产业园区产业扶贫与技能培训。9月18日,广西社会科学院社会学研究所所长周可达一行6人到宁夏社科院调研。9月23日,宁夏社科院与中国社会科学院当代中国研究所、中华人民共和国国史学会共同在银川举办新中国治国理政历史经验——第十七届国史学术年会,研讨新中国治国理政历史经验。11月1日,宁夏社科院文化学科在宁夏文化馆建立群众文化调研基地。12月4—8日,举办学习贯彻党的十九大精神集中培训班。12月15日,召开学习弘扬"红船精神"理论研讨会。12月22日,宁夏社会科学院与北方民族大学、宁夏社会学会联合主办2017宁夏老龄事业发展论坛,与会专家学者分别就宁夏老龄事业和产业发展、宁夏社区居家养老模式、我国老年人再就业影响因素、宁夏养老服务人才队伍建设与培养、银北地区农村互助养老模式、第四次宁夏城乡老年人生活状况抽样调查成果等专题进行主题发言。全年先后有科研人员参加第七届中国地方志学术年会、第十八届全国皮书年会、中国民族史学会第二十次学术研讨会、第二十六次全国回族学研讨会等学术会议。

【宁夏系列蓝皮书新闻发布会】2017年1月7日,宁夏社会科学院2017宁夏系列蓝皮书新闻发布会在银川举行。自治区党委宣传部副部长彭生选应邀出席会议并讲话。宁夏社科院党组书记张进海介绍了宁夏社科院2016年科研工作和新型智库建设情况。综合经济研究所副所长杨巧红、社会学法学研究所所长李保平、文化研究所所长鲁忠慧、农村经济研究所所长李文庆分别介绍了各卷蓝皮书的主要内容及特点。2017系列蓝皮书不仅从理论研究的角度探讨剖析宁夏经济、社会、文化、法治建设等热点问题,同时还对未来的发展趋势进行预测分析与对策研究,力求从多个领域对宁夏建设相关问题进行深入探讨。新增的《宁夏法治蓝皮书》力求系统展现全区法治建设、发展的总体状况以及宁夏在推进法治建设中的探索、成效和面临的问题等情况,对全区法治状况进行分析研究。

(黄　鑫)

宁夏大学

【科研项目】2017年,宁夏大学获准立项国家社会科学基金项目25项,在全国排名第五十九位,西北高校排名第三位,“211工程”三期高校排名第一位。其中,重大项目1项、重点项目2项、一般项目11项、青年项目5项、西部项目6项,立项率达21%。宁夏社科规划项目立项29项。宁夏新型智库第一批课题项目6项。以宁夏大学胡玉冰教授为首席专家的《〈朔方文库〉编纂》立项为2017年度国家社科基金重大项目,至此,宁夏大学共承担国家社科基金重大项目4项。

【科研成果】2017年,共出版学术专著74部,教材18篇。西夏学研究院彭向前《俄藏西夏历日文献整理研究》入选2017年哲学社会科学文库。以宁夏大学“长江学者”杜建录教授为首席专家的“西夏学国际一流团队建设”获准立项2017年宁夏第二批人才项目,资助经费100万元。该项目将围绕《西夏通志》《西夏文大词典》《西夏多元文化及其历史地位》等一批国家级重大项目和中俄西夏学联合研究项目,产出一批高水平成果,培育具有国际视野,引领国际西夏学发展的一流团队。

【学术交流活动】2017年5月12日,与外交学院联合主办“中国特色大国外交:新成就、新挑战、新趋势”——第十五届全国外交学学科建设年会。与会专家学者围绕“外交学研究和学科建设的新动向与新理念”“中国特色大国外交的理论发展和实践特点”“中国特色大国外交建设面临的机遇与挑战”“中国特色大国外交研究对于外交学学科发展的意义”等重要议题进行研讨。8月5日,与《哲学分析》编辑部联合主办第十六届《哲学分析》论坛—“人类命运共同体”的哲学反思学术研讨会。与会学者围绕“人类命运共同体”主题,从人类命运共同体话语体系构建的哲学思考、人类命运共同体的正义维度、人文科学与人工智能时代的分野与命运、马克思主义视野中的人类命运共同体、警惕人类命运共同体中的价值两极、苏格拉底的普遍正义与正义的一般定义、中国传统哲学中的“天下、民族与国家”、信息文明的内涵及时代价值等视角展开讨论。8月11—12日,与中国少数民族哲学及社会思想史学会联合主办中国少数民族哲学及社会思想史学会2017年年会暨“五大发展理念”与中国少数民族哲学学术研讨会,以“五大发展理念”与中国少数民族哲学为主题,就“五大发展理念”与民族地区精准扶贫、与民族地区“一带一路”建设、与少数民族文化契合性研究,创新、协调、绿色、开放、共享与民族哲学思想文化的关系研究等议题展开研讨。8月16日,宁夏大学西夏学研究院与阿拉善盟文广局联合举办第五届西夏学国际学术论坛暨黑水城历史文化研讨会。与会专家学者就西夏语言文字研究、西夏历史文化研究、西夏文化考古研究、黑水城文献与历史文化研究主题进行专题讨论。10月13日,与日本岛根大学联合主办第十五届宁夏大学·岛根大学国际学术研讨会。围绕“大数据背景下中日两国科技和人文社会科学等领域研究”会议主题,胡玉冰教授等3位学者分别作了古籍文献研究、语言语境关系、电商与精准扶贫等领域的主题报告。在人文社会科学和自然科学两个学术交流分会场,与会学者分别就文学、经济学、社会学、数学和能源等领域的研究成果进行学术交流。10月14日,与中国经济学年会秘书处共同主办第十七届中国经济学年会。美国西北大学经济与金融学教授DeanKarlan做题为《用经济VS贫穷,让世界更美好》的演讲,提出市场对经济的作用,并基于福利经济学的视野,阐述了市场失灵时的优化决策问题。澳大利亚国立大学经济与商业学院经济研究所教授孟昕做题为《性别差异对竞争意愿的影响作用:基于制度和文化的视角》的演讲,对中国劳动力市场上的性别差异对竞争意愿的影响进行分析。她认为劳动力市场中性别差距与竞争倾向关系密切,同时指出文化和社会规范等也会对个人竞争意愿产生影响。哥伦比亚大学商学院及外交与公共政策学院终身讲席教授魏尚进在题为《从产业链视角重审中美贸易对美国就业的影响》的演讲中阐述了关于“美中贸易的影响”“美国本土劳动力市场的就业情况”“实际工资”的相关认识。山东大学经济研究院院长黄少安做题为《基于阶段性的中国基本经济问题的认识》的演讲,对中国经济发展阶段的基本经济问题进行了阐述。参会者围绕发展经济学、国际经济学、公共经济学等相关领域专题和热点问题展开研讨。年会期间举办了经济学教学科研人才交流及出版社经济管理类图书展等活动。10月28日，由中国区域科学协会区域经济专业委员会主办，宁夏大学新农村发展研究院、中国人民大学区域与城市经济研究所承办，宁夏社会科学院综合经济研究所等单位协办的“2017年脱贫富民与可持续发展学术研讨会”在宁夏大学召开。

（史晓娟）

北方民族大学

【科研项目】2017年，获准立项国家社科基金项目12项，宁夏社科规划项目22项；宁夏新型智库第一批课题项目4项，3项研究报告被列为自治区第十二次党代会课题；中国法学会后期资助项目立项1项。

【科研成果】2017年，马海龙等著《智慧旅游》、杨保军著《产业集群战略营销》、田敏著《契约型农产品交易关系稳定性研究:基于渠道治理过程的视角》先后出版。2篇调研报告获2016年度全国民族工作优秀调研报告二等奖，1篇调研报告获2016年度全国民族工作优秀调研报告三等奖。材料科学与工程学院刘利盟副教授入选国家级学术技术带头人后备人选，国际合作交流处马少娟教授入选自治区级学术技术带头人后备人选，商学院陈明讲师入选自治区优秀青年后备骨干人选。

【学术交流活动】2017年7月，教育部国际合作与交流司公布2017年度国别和区域研究中心备案名单，北方民族大学“乌兹别克斯坦研究中心”“卡塔尔研究中心”“巴基斯坦研究中心”获批备案。3月9日，与中国社会科学院社会学所联合主办“2017生态移民精准扶贫与后续发展”学术研讨会，与会学者分析了现阶段反贫困工作，讨论了移民村的村民生活，搬迁对象的选择，移民村的产业发展、社会保障、生态保护与搬迁人口受益、贫困人口的社会治理等方面存在的问题，对各地区精准扶贫及生态移民调研实施情况、移民迁移意愿、易地移民安置，以及自发移民管理制度改革等方面的热点及前沿问题进行了交流和探讨，提出了相应的政策思路和措施建议。7月2日，2017年宁夏社会科学学术年会社会学分会—“社会保障事业发展与宁夏小康社会建设”学术研讨会在北方民族大学召开。8月26—28日，由中国社会科学院政法学部、台湾“中国边政学会”主办，中国社会科学院中国边疆研究所协办、北方民族大学回族学研究院承办的“一带一路:历史视野与现实展望”海峡两岸学术研讨会召开，与会者围绕少数民族参与“一带一路”、边疆地区与沿边国家经济带建设的形势与举措、近代海外对“丝绸之路”的认识、古代少数民族所建立政权的政治、经济、文化的特质与分析等议题报告分享了各自的研究成果并展开积极探讨。12月15日，主办西北少数民族社会发展研究与民族学学科建设研讨会，分别就民族地区民族院校重大科研项目的策划申报、科研团队建设、人才引进及培养、对外学术交流与合作、服务地方经济社会等方面做了交流。12月22日，北方民族大学与宁夏社会科学院、宁夏社会学会联合主办2017宁夏老龄事业发展论坛，论坛分析了宁夏老龄事业面临的形势和任务，探讨建构老龄事业发展的政策体系和社会环境所要解决的重大实践问题和理论问题，提出了促进宁夏老龄事业发展、建设养老服务体系的对策建议。

（周炳伟）

宁夏师范学院

【科研项目】2017年，获立全国教育科学“十三五”规划课题1项。获立省部级、地厅级和宁夏社科项目42项，其中宁夏社科规划项目1项，宁夏社科规划艺术学项目3项、教育学项目3项。获立宁夏高校项目30项，其中优秀青年教师培育基金项目4项，服务地方经济社会发展项目4项，一般项目22项。宁夏高等学校“英语研究专项”项目2项，自治区法学会项目1项，宁夏社会科学院重大现实问题研究课题2项。固原丝路文化论坛获批宁夏社科联人才项目。

【科研成果】2017年，倪万军著《叙述的困境:宁夏文学观察》、许艺著《说谎者》、邱双成著《当代中国民法与民事纠纷热点问题研究》、李雅珺著《高等院校图书馆文献资源建设理论》等先后出版。6篇论文获得第十九届宁夏文化艺术研讨会优秀论文。刘衍青《那彦成与固原城——兼述〈重修固原州城碑记〉的文学与文献价值》获“陇山文化”论坛二等奖。4月27日，宁夏师范学院“学人文库”第五辑6部著作发行仪式暨第五届人文社科专题研讨会在银川举行。

【学术交流活动】2017年，宁夏师范学院先后承办首届“西北五省(区)教师教育研讨会”“固原市第四届基础教育研究论坛”“固原市高效课堂试点学校前期评估总结会”等学术会议。“今朝学术大讲堂”“知行大讲堂”“道德讲堂”共邀请北京师范大学朱旭东教授、北京航空航天大学沈旭昆教授、宁夏大学西夏学研究院院长“长江学者”杜建录教授、天津大学孙立群教授、中国科学院计算技术研究所王兆其研究员等110多位境内外专家学者莅临讲学交流。全年共有82名教师、137名学生赴新加坡、马来西亚等国家

(地区)的15所高校访学交流。有5名教师应邀赴希腊、台湾、香港参加国际学术交流活动。邀请美国、马来西亚、台湾3名学者来校开展学术交流。全年选派487名教师赴国(境)内外高校访学进修。

(伏振兴)

自治区党校

【科研项目】2017年,获准立项国家社科基金项目2项,宁夏社科规划项目7项;宁夏新型智库第一批课题项目4项。全国党校系统重点调研课题3项;国家行政学院科研合作课题3项;党校(行政学院)调研咨询课题10项;党校(行政学院)委托课题3项;党校(行政学院)学习宣传贯彻党的十九大精神专项课题17项。

【科研成果】2017年,共在刊物、报纸发表理论宣传文章75篇。其中《光明日报》2篇、《学习时报》6篇、《共产党人》11篇、《宁夏日报》56篇。资助出版《我国行政和解制度研究》《农业生物多样性利用和农民选择空间塑造研究——以贵州花边村为例》2部学术著作。编印《科研参考》8期。3项成果获全国党校系统第十一届优秀科研成果奖,5项成果获全国行政学院系统第四届优秀科研成果奖。

【学术交流活动】2017年,举办全区党校、行政学院学习贯彻自治区第十二次党代会精神推进会暨理论研讨会,65篇征文分别获得一、二、三等奖和优秀奖,6个单位被评为优秀组织奖,来自全区各市县党校、行政学院分管科研的副校长和获奖论文代表共100余人参加了研讨会。举办全区党校、行政学院系统学习宣传贯彻党的十九大精神推进会暨理论研讨会,有53篇征文分别获得一、二、三等奖和优秀奖,4个单位被评为优秀组织奖。

(刘志鹏)

学术园地

【《宁夏社会科学》】《宁夏社会科学》系由宁夏社会科学院主管、主办,宁夏社会科学院期刊中心编辑出版的人文社会科学学术期刊,宁夏唯一的综合类中文社会科学引文索引(CSSCI)来源期刊。1982年创刊,双月刊,截至2017年底,共出版205期。《宁夏社会科学》秉承"学术性、原创性、开放性,突出地方特色和民族特色"的出版方针,重视特色栏目的策划,体现期刊的个性化特征。为庆祝宁夏第十二次党代会胜利召开,6月出版特刊,收录37篇论文,设"庆祝宁夏回族自治区第十二次党代会胜利召开""发展战略研究""精准扶贫研究""产业经济""旅游研究""文化研究""生态建设""专题探讨"8个栏目,主要围绕宁夏发展战略探讨宁夏经济、社会、文化、生态等各领域的发展问题。建立期刊中心网站,设立二维码标识。采取专家匿名审稿制,杜绝采用低质量稿件。在技术环节上严格执行编排规范,提高编校质量,建立专家库,聘请区内外相关学科领域专家为刊物审读文稿。全年来稿12109篇,出版期刊6期,刊载学术文章236篇,约273.8万字,15篇文章被《新华文摘》《中国社会科学文摘》《高等学校文科学术文摘》等全文转载或论点摘编。

(张东祥)

【《回族研究》】《回族研究》由宁夏社会科学院主管、主办,国内唯一公开出版的研究回族及回族理论与现实问题的综合性学术刊物,是中文社会科学引文索引(CSSCI)(2017—2018)民族学与文化学类拟收录扩展版来源期刊。全年共刊发学术理论文章92篇100余万字。所刊论文中,国家级课题21项,省部级课题15项,高校资助课题7项。《回族研究》继续被中国社科院评为中国民族学类中文核心期刊,并入选中国人民大学"复印报刊资料"重要转载来源期刊(2016年版),入选2017《中国学术期刊影响因子年报》统计源期刊。

(和 侃)

【《宁夏大学学报》】《宁夏大学学报(人文社会科学版)》是由宁夏大学主办的人文社会科学学术理论性期刊。1979年创刊,双月刊。至2017年12月已出版39卷203期,主要开设"西夏研究""教育研究""语言文字研究"等栏目。《宁夏大学学报》人文社会科学版入选2017年《中国学术期刊影响因子年报》统计源期刊。被评定为"中国人文社会科学综合评价AMI"扩展期刊、宁夏回族自治区优秀期刊。宁夏大学学术期刊中心配合传统出版单位数字化转型,采用期刊协同采编系统,收稿件1758份,出版250万字,刊发稿件212篇。所发论文多篇被《新华文摘》、中国人民大学报刊复印资料、《全国报刊索引·社会科学版》等复印、转载、摘编、索引。被中国核心期刊(遴选)数据库和中国社会科学期刊精品数据库收录。2017年,开设了"宁夏文艺研究"专栏,刊发稿件15篇。针对出版中存在的疑难汉字、古文字、西夏字等技术难点,学报编辑部开发了专门字库,实现了10万汉字与9万古文字及32种国际通用外文的混合录入、排版、输出,提高了刊物的文字处理能力和水平。全年,社会科学版刊登全国各地作者关于语言文字研究的文章40多篇,培育一批卓有成就的本土专家和中青年学者。

(王 涛)

【《图书馆理论与实践》】《图书馆理论与

实践》是由宁夏图书馆学会、宁夏图书馆主办的图书馆学、情报学、文献学、信息学专业刊物，是全国中文核心期刊。其前身是《宁夏图书馆通讯》，创刊于1979年12月，1986年经宁夏回族自治区党委宣传部批准，更名为《图书馆理论与实践》。2017年，来稿3353篇，刊发学术理论文章281篇，9篇论文被《中国人民大学报刊复印资料》全文转载。刊物设有“学术探讨·工作研究”“综合评述”“信息管理与信息学”“图书馆数字化技术平台”“区域图书馆事业”“知识组织系统研究与《中图法》信息”“全国图书馆学情报学精选文摘”等栏目。

（李金瓯）

【《西夏研究》】《西夏研究》是2010年经国家新闻出版总署批准，由宁夏社会科学院主管主办、面向国内外公开发行的中文综合性学术期刊。刊物分设“西夏历史”“西夏文化”“西夏语言文字”“西夏文物考古”“西北史地和西夏文献”等栏目，主要刊登西夏历史地理文化、西夏语言文字、西夏文献整理研究、宋辽金元史研究、北方边疆民族史研究、文物考古等与人文社会科学研究相关的多样性研究成果，力求凸显西夏研究前沿成果。2017年，共发表学术论文78篇。拥有博士学位和副研究员以上职称的作者数量直线上升，基本涵盖了西夏学界的主要研究人员。稿件涉及西夏语言文字、西夏文物考古与文献考释、西夏法律与社会经济、西北历史地理文化、宋元史论和书评等多方面内容。

（保宏彪）

【《北方民族大学学报》】《北方民族大学学报》（哲学社会科学版）是北方民族大学主办的学术理论刊物，创刊于1989年，1998年经国家新闻出版总署批准公开出版。先后3次入选CSSCI来源期刊，在国内学术界影响不断增强。2017年1月，第五届《中国学术期刊评价研究报告（武大版（2017—2018））》发布，《北方民族大学学报》（哲学社会科学版）再度入选“RCCSE中国核心学术期刊（A-）”。全年共接收投稿4800多篇，编辑出版6期学报，刊发学术论文稿179篇130余万字。其中国家社科基金项目50余项，省部级90多项，教授、博士（生）论文占全部稿件的95%以上。被人大复印资料等文献全文转载12篇。刊物设“城镇化与乡土中国”“扶贫理论与中国经验”“医学人类学之地方经验”“流动人口与社会治理”“边疆研究”“中华民族命运共同体”“民族医疗与地方性知识”“一带一路”等专题栏目。7月28—30日，与《民族研究》编辑部、《构筑各民族共有精神家园的理论与实践研究》课题组共同主办了“构筑各民族共有精神家园暨加强期刊民族理论与政治学科建设”学术研讨会。

（杨德亮）

【《宁夏师范学院学报》】《宁夏师范学院学报》（原《固原师专学报》）是宁夏师范学院主管、主办的综合性学术期刊。创刊于1980年，先后获“首届全国百强社科学报”“第二届全国优秀社科学报”“中国北方优秀期刊”称号。截至2017年12月，共出版38卷194期。全年共收到来稿、约稿2000余篇，出版6期，刊发稿件182篇（社会科学142篇，自然科学40篇），其中，硕士、博士稿件采用130余篇，各类基金资助项目文章103篇。加强“宁夏作家作品研究”“固原历史文化研究”“教师教育研究”“基础教育研究”等特色栏目的建设，突出了学校和学报的地方性、师范性特征。为了保证充足的稿源，学报补充完善了“重点作者信息库”；为了挖掘校内优质稿件，扩大校内作者队伍，突出办刊特色，向校内博士和各类基金项目负责人约稿。

（王文娟）

【《宁夏党校学报》】《宁夏党校学报》是由中共宁夏回族自治区委员会党校、宁夏行政学院主办的刊物。1999年创刊，双月刊，原名《长河求索》。主要向主体班学员、参加党校学历教育的学员发放并且与全国各地的期刊进行刊物交流，是自治区宣传马克思主义中国化最新成果的主要阵地之一。2017年，共出刊6期，发表各类稿件124篇约125万字。主要设有“马克思主义中国化的理论与实践”“党的建设”“公共管理”“哲学与文化”“法治与社会”“经济研究”等栏目。全年专题策划了“学习贯彻十九大精神”“宁夏第十二次党代会”“本刊特稿”等特色栏目，积极与区内外专家约稿、组稿。加快转变学术期刊出版理念，重视期刊网络系统建设，加强与中国知网、龙源期刊网、中教数据库、超星期刊等出版平台的合作，实现数字期刊优先出版。

（任德靖）

艺术创作交流

【精品剧(节)目创演】2017年,启动实施自治区60大庆文艺创作工程。组织创排秦腔《王贵与李香香》、交响组曲《家乡的花儿》、京剧《花漫一碗泉》等8部剧目;自治区60大庆文艺晚会前期策划有序推进,《煤海丹心》《筑坝塞上》《守望者》等献礼剧目加紧创排;《宁之夏》等首批献礼歌曲在区内媒体推广宣传;征集"中国梦·宁夏情"自治区成立60周年主题美术作品100余幅。6个艺术项目获2017年国家艺术基金资助,扶持资金1000万元。组织创排学习贯彻宣传自治区第十二次党代会精神文艺节目在全区巡演。实施宁夏戏曲振兴计划,举办第二届"中国梦·塞上情"梅花贺新春活动,扶持《镜子》《警钟》等小型戏曲作品创作,印发《宁夏"戏曲进校园"实施方案》,"戏曲进校园"演出585场。实施艺术精品传播计划。秦腔《王贵与李香香》、舞剧《花儿》、京剧《庄妃》和儿童剧《菲亚·飞呀》参加第十五届中国戏剧节展演,京剧《庄妃》参加第八届中国京剧节展演、舞剧《花儿》参加第十五届深圳文博会优秀剧目展演,交响乐《家乡的花儿》参演第五届中国西部交响乐周。

【文化交流合作】2017年,实施部省对口合作交流项目。组织文艺团组赴坦桑尼亚和贝宁两国开展"中国风·欢乐颂"宁夏风情文艺展演、"古风秦韵"中国秦腔艺术展演、"神韵宁夏·醉美非遗"中国宁夏传统工艺展演、美术培训等文化交流活动。开展中非合作计划。组织宁夏文艺团组赴南非、莱索托开展"中国风·欢乐颂"宁夏风情文艺演出,中国驻莱索托使馆专门致电文化部、外交部、自治区政府给予高度赞誉。参与"欢乐春节"访演。组织全区文艺团组在欧盟4国9个城市开展"欢乐春节·神奇宁夏"访问展演17场。举办第十五届中国戏剧节,是宁夏首次主办的规模最大、时间最长、参展剧目最多的国家级艺术盛会,全国19个省(市、区)22个剧种27台优秀剧目,在银川、石嘴山、吴忠市展演。举办第三届宁夏舞蹈节"中传锦绣杯"WDC国际标准舞世界积分赛(中国站)和全国青少年国际标准舞锦标赛,37个国家的选手来宁参赛,让世界目光聚焦宁夏,展示宁夏魅力。举办第十五届中国西部民歌(花儿)歌会、第四届西北音乐节、第二届宁夏少数民族文艺调演等活动。推动精品剧目巡演。话剧《回民干娘》《喊叫水村移民纪事》《铁杆庄稼》扶贫主题三部曲于2月6日至4月28日在西北地区4省区巡演12场、秦腔现代剧《花儿声声》《狗儿爷涅槃》于2月18日至3月12日和11月17日至12月18日在黄河流域9省区巡演11场、舞蹈诗《九州花儿美》于3月31日至4月16日在苏浙沪长江三角洲地区巡演9场;宁夏杂技团赴台湾地区演出25场。开展沪宁两地戏剧界获"梅花奖""白玉兰奖"的艺术家"深入基层 扎根人民"活动,邀请江苏省淮剧团现实题材精品剧目《小镇》到宁夏交流演出,举办江苏国画院副院长杨耀宁"再造自然"杨耀宁山水画作品展。

【第十五届中国戏剧节】2017年6月18日至7月5日,由中国文联、中国戏剧家协会主办,宁夏文化厅、宁夏文联、银川市人民政府、石嘴山市人民政府、吴忠市人民政府承办的第十五届中国戏剧节在银川市、石嘴山市、吴忠市三地举行。戏剧节汇聚了来自全国各地的27台优秀剧目,涵盖了昆剧、京剧、越剧、豫剧、黄梅戏以及话剧、儿童剧等22个剧种及戏剧样式。期间共举办8场点评会,针对参演的27台剧目,戏剧界专家与院团深入交流,从剧本叙事、演员表演、灯光舞美等多方面逐一点评;举办国际传统戏剧论坛首届会议，来自近20个国家和地区的30余位中外戏剧专家、学者深入探讨了传统文化的传承发展经验。

【第十五届中国西部民歌（花儿）歌会】2017年10月25—27日，第十五届中国西部民歌（花儿）歌会在银川市阅海湾水上公园举办。来自西部12个省（市、自治区）的12支代表队十余个少数民族200余名演员参赛，126位歌手、75个节目参加评比，最终评选出10个金奖、20个银奖以及15个铜奖。其中：宁夏代表队王展翔，广西代表队王静芳、徐丽珠等7人组合，重庆市代表队秦娟、苏斌等8人组合，四川省代表队王晟培、何丽婷、廖伟组合，贵州省代表队邱宵、刘敏组合，云南省代表队鲁国花，陕西省代表队王香云，甘肃省代表队安江铁穆尔，青海省代表队吴玉兰，新疆代表队奴日买买提·吾甫获得金奖。宁夏代表队马汉东、新疆代表队马良玉获得花儿传唱特别奖。宁夏代表队韩敬泽、汪荣等6人组合以及新疆代表队艾力·买买提、木尼古丽·赛买提等4人组合获得花儿传唱新人奖。陕西省文化厅、甘肃省文化厅、新疆维吾尔自治区文化厅等13个单位获得组织工作奖。

（张　斌）

公共文化服务

【完善配套政策】2017年，自治区党委宣传部、文化厅出台《宁夏回族自治区“十三五”文化脱贫行动计划实施方案》《宁夏文化扶贫工程贫困地区村综合文化服务中心项目实施方案》《宁夏文化扶贫工程贫困地区村综合文化服务中心项目建设管理使用办法》；自治区文化厅印发《关于推进县级公共文化馆图书馆总分馆制建设的实施方案》等文件，强化配套政策支撑。

【国家公共文化服务体系示范区（项目）创建】2017年，吴忠市推进第三批国家公共文化服务体系示范区创建工作。截至年底，已实现设施网络体系基本覆盖城乡、服务保障体系基本普惠全民、文化供给体系呈现丰富多样、文化传播体系实现信息共享、组织支撑体系更加协同有力、服务保障体系日臻完善。积极探索公共文化服务的新模式、新思路、新方法、新举措，形成了30项具有一定示范意义和推广价值的创新工作和特色亮点，并设计了“吴忠市特色公共文化产品生产与推广机制研究”课题，系统梳理地方特色文化资源，探寻把地方特色文化资源转化为公共文化产品的方法、形式、路径和举措，示范区创建工作受到文化部督导组好评。固原市实施公共文化服务进移民新村示范创建项目，以首批25个移民新村为重点，以共建共享为目的，实施文化帮扶措施，培育发展了一批特色文化富民产业，带动群众增收致富成效显著。中卫市大力实施“民办公助”民族文艺团体惠民服务示范项目，扶持发展专业团体4个、业余文艺团队86个，建成中卫中波实验台和中卫市体育公园，新建10个农村电影室内固定放映点和3个图书馆分馆，在全区率先成立文化馆议事会和图书馆理事会，推进文化馆、歌舞团融合发展，采取PPP模式建成中卫市数字巨幕影厅；以海原县为试点，在全市推广乡镇文化站“公建民营公助”管理运行模式，属全区首例。

【文化民生实事】2017年，自治区民生计划确定由文化厅牵头负责的3件实事全面完成。包括建成贫困地区606个村综合文化服务中心，完成555个村综合文化服务中心基础设施建设；组织“送戏下乡”惠民文艺演出1988场，实现全区所有乡镇、街道全覆盖；开展广场群众文化演出1815场等。

【群众文化活动】2017年6—8月，举办第四届“欢乐宁夏”全区群众文艺会演，共演出96场，参演节目1000余件，观众累计达20多万人次。9月26—30日，举办“春雨工程”全国文化志愿者宁夏行活动。上海市文化部门编排了一台具有地方特色的文艺节目，在银川市、盐池县、平罗县各演出一场。在宁夏文化馆举办海南优秀美术书法摄影作品展览。2017年元旦、春节期间，在全区组织开展“欢乐宁夏过大年”系列群众文化活动271项，音乐、舞蹈、戏剧、曲艺、社火、民俗、展览等群众文化活动精彩纷呈，惠及群众300多万人（次）；创新举办“新春乐”全区第十三届社火大赛暨元宵节巡演活动，《人民日报》头版刊发宁夏社火巡演图片及文字报道。

【文化设施建设】2017年，宁夏美术馆项目于8月29日开工，项目选址在大连路以北、万寿路以东、银川市民大厅南侧。固原市文化馆、图书馆、丝路文化展示馆进入内外装修，隆德县文化馆、图书馆，红寺堡区文化馆完成主体工程。全面建成利通区上桥镇、板桥乡、古城镇，同心县田老庄乡，西吉县兴平乡、吉强镇、白崖乡、新营乡，隆德县山河乡，沙坡头区兴仁镇等10个标准化乡镇综合文化站。扶持村综合文化服务中心、农民文化大院、民间文艺团队186个。

（张　斌）

文化产业和市场

【园区基地建设】2017年，银川iBi育成中心创建国家级文化产业示范园区通过专家组评审答辩，岩羊青年文化创意产业园、吴忠文化创意园等园区建设有序推进。扶持剪纸、刺绣等非遗项目产业化发展，推进海原非物质文化遗产创意基地、西吉马兰回乡刺绣示范园等园区发展。新评选命名自治区文化产业示范基地7家、示范户10家。

【产业培育】2017年，壮大骨干企业，黄河出版传媒集团有限公司、宁夏报业传媒集团有限公司、宁夏广电传媒集团有限公司、宁夏电影集团有限公司、宁夏文化产业投融资有限公司、宁夏演艺集团有限公司6家国有文化企业成为全区文化产业发展的领军企业。上报国家文化产业项目20个，镇北堡特色葡萄文化小镇等10个特色文化产业项目获得中央文化资金支持。利用自治区文化产业发展专项资金对6家国有文化企业、52家中小微文化企业进行扶持培育。截至年底，全区文化产业单位发展到1.2万个，从业人员6.5万人，规模以上文化企业达到99家，文化产业增加值达到74.36亿元。全区累计有国家级文化产业试验园区1个、文化产业示范基地6个；自治区级文化产业示范园区4个、示范基地41个、示范户56个，特色文化产业村镇5个。

【产业融合】2017年，提升《西夏盛典》等旅游演艺剧目品质，文艺剧目、非遗项目进景区，以文化推动全域旅游发展。加快贺兰山东麓葡萄文化长廊建设，培育特色文化小镇，宁夏枸杞文化小镇入选首批中国起源地文化产业示范基地。创新文化与科技融合，宁夏秒银互联网科技有限公司自主研发手机广告精准分配平台。

【产业平台发展】2017年，宁夏明道文化发展有限公司、宁夏飞通信息科技有限公司争创国家动漫企业，宁夏智慧宫文化传媒公司等4家企业与台湾仁创投资股份有限公司合作开发文化创意产品。2月17日至6月20日，举办宁夏博物馆文创产品设计大赛，共征集参赛作品包括设计图与实物263件套，经组委会整理、初选，有224件(套)作品入围，并进行线上线下展示、投票和专家评审，最终评选出奖项26个。8月9日至9月20日，举办首届银川文化艺术创意节，包括“2017首届中国·银川文化艺术创意产品设计大赛”“文化艺术创意产业高峰论坛”“文化艺术创意项目路演”和“投融资洽谈圆桌会议及项目签约会”等6项活动，路演现场达成签约合作企业7家，签约项目合同资金过亿元，协议资金达17亿元；文化艺术创意产品设计大赛征集作品千余件，精选五百余件进行现场展览展示，评选获奖作品45件。9月23—25日，举办首届宁夏动漫节，参展企业46家，设置COSPLAY动漫游戏赛事、动漫巡展、动漫展会3个模块，来自全国的知名COSER评委嘉宾魔导士、青行灯、镜初、大鹿、小叉叉、子皓和本地古风唱见羲华、COSER丹帝，以及2017国漫中国COSPLAY超级盛典金奖得主D剧团、GS-13等顶尖团队现场表演。组织宁夏文创产品参加北京第十二届文博会、第十届海峡两岸文博会等。

【文化市场经营】2017年，推进文化娱乐行业、互联网上网服务行业转型升级，落实文化娱乐行业、互联网上网服务行业转型升级实施方案，确定文化娱乐行业转型升级示范店18家、互联网上网服务行业转型升示范店30家，提升文化市场经营单位的经营管理水平。宁夏大剧院运营两年多来累计演出400场，其中：引进国内著名剧目演出130场，惠民演出104场，商业演出166场，受益群众达40万人次。银川市开展国家首批文化消费试点城市工作，创造了“政府补贴、企业让利、大众受惠”模式，受到文化部通报表扬。

【文化市场监管】2017年，自治区党委办公厅、自治区人民政府办公厅印发《关于进一步深化文化市场综合执法改革的实施意见》；自治区文化厅出台《文化市场经营场所分级管理评定办法（试行）》《文化市场“双随机一公开”实施细则》《推进安全生产领域改革发展实施细则》《关于规范全区文化系统安全生产(消防安全)“一户一档”监管工作的指导意见》《文化市场黑名单管理工作实施细则(试行)》。开展行政审批培训、执法业务培训，提高综合执法能力；采取暗访抽查、交叉执法检查、以案施训等方式规范行政执法，与河南省实施综合执法案卷评查对口交流协作项目，推进文物法人违法三年整治行动。中卫文物保护作业案案卷被文化部评为全国文化市场重大案件规范案卷。在党的十九大、党代会、“两会”等重要时段节点实施文化市场专项整治行动。全年全区共出动执法人员6.3万余人次，检查经营单位2.5万余家次，受理群众举报296件，回复296件，立案调查128件，结案128件，责令整改19家次，行政罚款52.6万余元，取缔非法出版物经营单位5家，收缴非法出版物1.5万余册(张)，互联网上网服务营业场所统一监管系统共屏蔽非法网页游戏20600次、非法网站891651次，过滤网络黑名单音乐7636次。

（张　斌）

文化遗产保护传承

【文物保护】2017年，自治区政府印发《关于进一步加强文物工作的实施意见》，召开全区文物工作会议，推进文物保护工作。完成全区第一次全国可移动文物普查工作,完成《宁夏长城保护总体规划大纲》编制,划定公布自治区文物保护单位保护范围和建设控制地带。推进明长城中卫姚滩段、战国秦长城原州区长城梁段等重点区段长城加固保护及将台堡革命旧址等革命文物保护工程。开展鸽子山考古发掘及贺兰山古代遗址考古调查和彭阳红河流域考古调查工作,鸽子山遗址考古入选2016年全国十大考古新发现。完成彭阳红河流域早期秦文化考古发掘,召开彭阳姚河塬商周遗址专家论证会。完成西夏陵申遗资料申报、陪葬墓加固保护和环境整治,完成西夏陵国家考古遗址公园挂牌考核评定工作,西夏陵列入第三批国家考古遗址公园。编制固原北朝隋唐墓地保护规划,实施北朝隋唐墓地遗址M1401展示工程。

【博物馆建设】2017年,实施西夏博物馆迁建等基础设施建设和西夏陵展示利用工程,完成固原博物馆展览提升,固原博物馆"千年固原 丝路华章"荣获第十四届"全国博物馆十大陈列展览精品"奖。积极筹备宁夏博物馆"朔色长天"宁夏通史展陈提升项目。全区博物馆推出和引进地方特色展览40多个。

【非遗保护传承】2017年,实施中国非遗传承人群普及培训计划,举办回族乐器、秦腔、贺兰砚培训班3期,培训非遗传承人180名。公布第四批自治区级非遗代表性项目31项,命名第四批自治区级非遗代表性传承人33名、第六批自治区非遗项目保护传承基地10个,撤销基地5个。争取国家非遗保护专项资金,实施花儿、宁夏小曲等3个重点保护项目。资助一批优秀保护传承基地(点)和代表性传承人,对7名国家级和20名自治区级代表性传承人传承技艺实施抢救性保护。

(张 斌)

公共文化设施

图书馆

【概况】2017年,全区共有公共图书馆26个,从业人员565人,总藏书量721.28万册,其中:图书489.84万册,古籍5.73万册;全年图书总流通465.2万人(次),书刊文献外借1985.58万人(次);举办各类讲座320次,展览161个,培训班178个,受益读者23.2万人(次);全区图书馆网站访问量105.17万页(次);流动服务书刊借阅60.16万人(次)、借阅95.48万册(次)。

【宁夏图书馆】2017年,办理读者证10555张,接待读者153万多人(次),文献流通册次105万多册(次),数字资源阅读50万人次,在线咨询回复41083人(次),上传附件41083件。接待专项咨询课题374项,提供参考文献3055册(份)。为参加自治区"两会"的代表、委员提供《资政参考》;每月编印两期《读讯》,向自治区党政领导推荐新书好书。举办展览14场(次)、讲座25场(次),阅读推广活动50场(次);利用网络平台开展网上"对春联""猜灯谜""有奖竞答""推送资源展播"等活动。为青铜峡市邵岗镇同福村移民小学等单位赠送图书、期刊各3000余册;和希望小学联合举办"爱心传递"活动;向宁夏残联等单位赠送期刊1600余册;常态化为农民工提供购票和农闲时节送书上门服务。完成宁夏数字文化网(共享工程宁夏分中心主站)页面设计和部署工作,加载宁夏分中心近年建设的数字资源。申报立项2018年地方特色资源建设项目《宁夏长城系列专题片》《精准扶贫——塞上江南多媒体库(一期)》。完成数字支撑平台(云平台)三期建设。完成9个乡镇综合文化站、17个街道社区(数字文化驿站)公共数字文化服务项目提档升级工作。申报立项2018年9个乡镇、18个数字文化驿站公共数字文化提档升级项目。完成4个基层图书馆数字图书推广工程互联互通建设项目。完成地方图书数字化(1万页)、图书馆公开课资源建设(100节)、图书馆自建资源元数据仓储(2000条)、唯一标识符注册与维护(2000条)4个项目的数字资源联合建设。审核完成全区20家市县图书馆、文博单位及高校图书馆的古籍普查登记与数据审校。承办由文化部主办的"民国时期文献宣传推广——宁夏站"培训班。举办民国时期文献展暨庆祝中国共产党成立96周年展览。完成220万元图书的采购、编目与流通,采购图书9958种/40498册,编目数据13146种/40756册,审校9925种/33124册,修改有问题数据693条;接受社会赠书1288种/3009册,发放收藏证255个。完成数字资源、34000册图书清理剔旧工作。新建民盟宁夏委员会等4个一卡通服务网点;与自治区总工会合作,改建、新建银川市政务服务系统等10个服务网点,开通自治区政协分馆。举办全国图书馆决策咨询服务业务培训班、"春雨工程·网络书香"阅读推广活动暨宁夏公共数字文化建设培训班、视障文化服务与阅读推广培训班等,现场培训700余人(次)。通过国家数字文化网数字学习港网络培训5000余人。承办全国联合编目中心2017年年会。完成12期《图书馆理论与实践》核心期刊的编辑、出版、发行工作。完成《2016年中国图书馆年鉴·宁夏卷》撰写工作。完成第七届宁夏图书馆学会的换届选举;召开西北五省(区)图书馆第四次峰会暨西北五省(区)图书馆馆长、图书馆学会秘书长联席会议。

（宁夏图书馆）

【银川市图书馆】截至2017年底，馆藏总量达96.2万册，注册读者5.35万人，全年到馆读者57.3万人（次），书刊外借31.2万册（次），订阅报刊杂志1300种，中文报纸80余种。全年共获国家级、省、市级各类奖励11项。2015年初，银川市图书馆数字图书馆建成，实现了以银川市图书馆为总馆，兴庆区、金凤区、西夏区图书馆及全市22个街道中心图书馆为分馆的银川市公共图书馆总、分馆服务体系之间图书通借通还、资源共享。截至年底，银川市公共图书馆总、分馆持证读者近10万个。搭建市民学习中心、移动图书馆，微信公众平台及银川市公共文化数字服务平台，为公众提供了一个足不出户、随时随地的公共文化服务平台。“百家图书流通点”覆盖全市，惠及大众。截至年底，共在银川市三区两县一市的农村、社区、军营、学校、企业特殊场所等地建立118个“百家图书流通服务点”，定期为各图书流通点免费配送图书。发挥图书馆的社会教育职能，开展读者服务活动，全年举办“书香银川·百姓讲堂”讲座44场、其他各类读者活动89场，其中“银川读书日”“你买书·我买单”“4·23世界读书日”“共享阳光·爱心助盲”“共享读书乐”“暑期荣誉小馆员”“亲子趣多多”“青少年创客大赛”“银图影院”“春节系列文化活动”等多项品牌读者服务活动，深受广大读者欢迎。创新推出“城市阅读岛”项目和“阳光宝贝教育课堂”系列活动。在全市20个公共服务场所（医院、银行、商场、市民服务大厅等）建立了“城市阅读岛”，并负责配送书、报、刊资源数字阅读设备，重点打造“阳光宝贝教育课堂”亲子系列活动，为家长科学有效教育孩子提供了一个学习和交流的平台。

（银川市图书馆）

【石嘴山市图书馆】2017年，全年不闭馆，节假日不休息，每周服务时间超过56小时。24小时自助借还机共接待读者1474人（次），借阅图书2233册（次），实现“阅读零门槛，知识不打烊”。共办理借书卡1947余张，外借部接待读者31372人（次），共58583册（次）；老年人阅览室接待读者21540人（次），共118757册（次）；少儿阅览室接待读者44730人（次），共45517册（次）；公共电子阅览室为读者提供免费资料检索，接待上网读者2424人（次），免费播放电影48场（次）。总计接待读者122508人（次），流通图书238437册（次）。完成大武口区图书馆总分馆的建设任务及手机图书馆、百链云图书馆、读秀知识库等图书馆数字化建设。完成市图书馆维修改造项目编制工作。开展假期“小小志愿者”招募活动。加大环境卫生整治力度，以实际行动弘扬志愿者“学习雷锋 奉献他人 提升自己”的志愿服务精神，取得了明显效果。

（石嘴山市图书馆）

【吴忠市图书馆】2017年元旦、春节期间举办年俗楹联展、正月十五大型猜谜晚会等活动；首次举办的“三阶魔方速拧”“英语沙龙”“我们的节日——端午读书”“阅读存折”等少儿系列活动和亲子阅览室的折纸、剪纸和讲绘本等低幼儿童活动，吸引了大批读者关注，得到家长一致好评；利用微信分别建立“少儿读者群”和“亲子阅览群”，吸引成员近400人；上架少儿、成人新书万余册。投入70余万元改造图书馆内部功能区，为读者营造舒适的阅读环境。启动图书馆总分馆制。调整开放时间，取消周二上午闭馆时间，每周对外开放达到70个小时，延长自学室对外开放时间。全年共接待读者172498人（次），同比增长60%，借还图书342628册（次），同比增长53%，新办读者证3366个。开展第六次全国图书馆评估定级工作。组建吴忠市图书馆理事会，举办“恒业枫林湾”吴忠市首届中小学生硬笔书法大赛，首次实现阅读活动市场化运作。利用“全民阅读 书香吴忠”暨“4·23”世界读书日活动，举办20余项全民阅读活动。购置图书流动车一辆，开展流动图书车服务活动254次，服务读者6万余人（次）。开展“送书下乡”活动，对40个流动图书室调换书刊近万册。举办首届“吴忠市聚焦阅读”摄影、微视频大赛，承办“国风家训·诗韵端午”经典诗篇诵读展演活动。完成为民办实事工作，安装大屏读报机10台和电子书借阅机10台。购置数字图书设备，开设“少儿数字体验区”，购置了VR体验设备、“3D立体书”、电子学习机等数字设备，得到少儿（低幼）读者和家长的一致好评。开设成人“音视听休闲区”，设置VR体验设备、平板电脑、电纸书成人数字体验区，为读者提供了多样化、人性化的服务。

（吴忠市图书馆）

【中卫市图书馆】2017年，接待到馆读者38万人（次），持证读者13123人；纸本图书借阅254396册（次），借阅人次173367人；电子图书下载量197521册；移动图书馆访问量达2801832次，门户网站访问量达486981人（次）；读秀知识库访问量达746人（次）；编目加工书目数据20094条。延长各阅览室的借还书时间，如报刊阅览室、图书借阅室实现每天开放达8.5小时，受到读者的广泛欢迎。与新华书店联合举办以“全民阅读·悦读中卫”为主题的“4·23世界读书日”

系列活动。组织20多名残疾人走进图书馆,为他们进行阅读设施培训,帮助他们享受图书馆的温暖,获得知识的力量。开展“文化惠民 送书下乡”活动,在宣和镇海和村建立“惠民书屋”,赠送图书1150册,阅览桌椅2套,书架6个,在中卫市戒毒所和南长滩村建立“流动图书服务点”,提供图书借阅和定期图书更换服务。全年开展送书下乡活动10次,累计送书达7000余册。开展首届“乡村读书节”活动,与新华书店联手,为沙坡头区部分农家书屋、留守儿童代表、现场群众捐赠各类书籍1000余册;为“刘德厚家庭图书室”赠送期刊492册,配备书柜1个,聘任“倡导全民阅读,打造书香中卫”阅读推广义务宣传员,夯实了基层图书室的图书藏量和基础设施。开展“书香中卫”网络作文大赛。加强数字图书馆建设,提高数字资源使用率。已拥有中国知网期刊数据库、万方数据知识服务平台、超星数字图书馆、超星读秀文献检索服务平台等4个数据资源库,馆内无线网全覆盖。开展数字资源联合建设工作,根据国家数字图书馆推广工程的安排,完成2017年数字资源联合建设项目招标和2018年项目申报工作。制定中卫市特色数据库建设计划,并向国家图书馆上报地方特色文献专题资源库3个。争取中央补足地方公共文化服务体系建设专项资金空调设备维修及设施设备采购项目经费500万元。优化文献资源结构,加大电子图书的购买力度。市财政增加购书经费30万元,全年共采购纸本图书13367册,5360种,征订期刊267种,报纸95种,购买电子图书4万册,电子资源存储达11.7TB。纸本图书和期刊报纸全部加工上架流通。整合馆藏布局,改善读者借阅环境。对存放40多年的1920余种报纸进行移架整理。对电子阅览室设备改造升级,新购置桌面云26台、服务一体机2台,22寸液晶显示器26台、防火墙网关1台,并配备教学、影视、数字图书等资源。完成视障阅览室建设,填补了中卫市公共图书馆为视障群体提供专门阅读服务场所的空白。开展第六次全国县级以上公共图书馆评估定级工作。每月定期通过微信和网站等形式向读者推出一期“新书导读”,年推荐新书10期、约120多种图书。成立中卫市作家著作馆,打造作家著作馆文化长廊。启动“书香中卫”大讲堂,全年开展活动10期,惠及读者1500余名。先后与宁夏大学中卫校区、中卫市职业技术学校授牌签约,成立中卫市图书馆宁夏大学中卫校区分馆、中卫市图书馆职业技术学校分馆,实现资源共建共享,成为公共图书馆和高校图书馆合作的典范。与全国56家地市级图书馆一起加入全国地市级图书馆联盟。举办“书香中卫 朗读有你”活动5期,参与人数达600余人。

(中卫市图书馆)

【宁夏社会科学院图书馆】2017年,图书馆共采购图书2545种、2782册,采购码洋为858595元。投入30余万元购买《俄藏黑水城文献》《嘉业堂丛书》《中国古代社会生活史料》等一批珍贵图书。截至年底,全馆藏平装图书48946种、83298册。馆藏古籍线装书657种,馆藏文渊阁版《四库全书》等。宁夏社科院被列入首批自治区政府办公自动化试点单位。院图书管理系统升级为7.0版本。保证网站、网络安全稳定运行及维护更新工作。对院网站进行改版,对部分栏目重新设计。购买网络防火墙等相关设备,保证院网站和院网络在自治区十二次党代会及党的十九大期间安全运行。制定相关管理办法,确保网络安全稳定运行,全年共收到政府网管部门关于保证网络安全的相关文件58份,通过自治区公安和网管部门的安全测试。加大数字化资源建设,拓宽图书文献资源服务范围。在已有《中国学术期刊(网络版)》数据库的基础上,增加购买硕士论文库等特色资源数据库。对全院100台电脑进行正版系统安装、调试工作,通过国家版权局验收。2017年申报第一编《政报类文献》20卷获得国家民国文献保护中心立项。申报的国家档案局重点专题开发项目《宁夏老照片》获国家档案局立项。

【宁夏大学图书馆】特色工作。2017年,在完善图书馆全开放建设工作的基础上,对怀远校区、文萃校区269张传统阅览桌改造成带插座及带灯光的多功能阅览桌。以图书馆为背景,为毕业生拍纪念照;举办2017届毕业生座谈会暨毕业纪念册发放仪式;举办毕业生讲“毕业季我和图书馆的故事”的活动。依托图书馆微信公众平台开展入馆及馆情教育,推介馆藏新书和数字化资源,宣传图书馆的数据库及移动阅读平台,开设好书推荐、微阅读、新书放送等栏目。图书馆微信公众号的关注人数已达9500人。邀请院系师生代表参加以“集思广益、共谋发展”为主题的读者座谈会;组织“数字阅读之星”评比活动;举行期刊大放送及书展活动;在金凤校区举办“佳作赏析”和“经典朗读”活动;举办“阅读伴我成长”征文比赛,在微信平台陆续推送获奖作品;举办“读书与成长”主题报告会;参与万方数据杯“镜头下的传统文化”微视频大赛;举行宁夏大学第二届3E英语口语比赛颁奖典礼;为交流、分享学习经验,激发知识创作热情,在图书馆职工及全校学生中分别进行超星·云舟专题创作技巧的培训与比赛。在图书采购方面，加大校内专家学者参与现场采购的范围和力度，采购数据及时通过微信群与师生分享，提高图书采购的质量；直接从本地出版社采购新书，缩短新书上架周期。做好文科分馆的人员配备、技术支持、数据录入、书库布局、书架拆装、图书搬运等工作。文献资源建设。全年招标采购纸本图书总金额313万元，预定图书18173种52160册；编目加工、典藏入库中文图书25169种66434册，编目加工、典藏入库学位论文852种852册。为新闻学院建库图书3512册并入文科馆。订购文科专款图书118种118册。全年续订数据库63个，新增12个数据库及工具平台，数据库累计量达到87个，电子文献资源建设总经费1100余万元。开通试用数据库26个。收藏2017年宁夏大学研究生学位论文862册，电子版841份。累积馆藏学位论文7877册；宁夏大学教师著作累计收藏743种。读者服务工作。截至11月30日，读者借书106350册，还书108725册。全年共接待读者约17万余人(次)，提供22.8万余机时。其中，寒暑假期间两校区共接待读者3402人(次)，上机时间4514机时。为三批次"一卡通"(共计127张)开通借阅功能。其中中卫校区化工专业学生77人，第17批中央来宁博士服务团26人，复旦大学在读硕博研究生赴宁实习团24人。CASHL开世览文新增用户11人、提出文献申请54人；CALIS文献服务系统新增用户57人、文献申请236篇，满足率83.5%。信息素养培训工作。对全校2017级所有本科生进行了"科学利用图书馆"讲座32场；对2017级800余名研究生举办2场"科学利用文献信息资源"入学教育讲座。为70余教师举办"学术征程从这里起航——学术资源和深层利用"讲座。从3月开始，每两周业务学习进行1~2场业务培训讲座，组织相关数据库商举行包括超星学习通、畅想之星电子书、Note Express使用培训等。为数统学院、信息工程学院、新华学院、葡萄酒学院等学院学生开设文献检索课和公共选修课。学科服务。为马克思主义学院、外国语学院教师推广移动知网、超星学习通等服务平台。全年为全校师生出具论文查收报告196份，查证论文894篇，查引报告4份，共查被引论文2074条；首次尝试与人事处合作进行引进人才评估，查证论文64篇。利用CSCD、CSSCI、SCI、CPCI、EI等数据库分析2012—2016宁夏8所本科院校科研产出状况，形成《宁夏高校科学研究与社会服务状况与对策研究》报告，统计分析包括高校专利数据、申请国家自然科学基金、哲学社会科学基金项目情况。技术保障工作。配合学校网管中心的网络实名认证工作，将全馆各类上网设备的联网方式进行规划并做出相应的调整。完成电子阅览室管理系统向虚拟机迁移工作及文萃校区132个电子阅览座位电源和网络信息点改造工作。

【北方民族大学图书馆】2017年，北方民族大学图书馆设7个书库、7个阅览室、1个特色学科成果展厅和1个研究生自主学习空间，可提供阅览座位2290个。实行藏、借、阅、检索、咨询一体化服务。馆内设有办公室、文献建设部、流通服务部、阅览部、信息技术部、学科咨询服务部、民族文献研究部等机构。文献资源建设。截至年底，馆藏纸质文献总量155万余册，电子文献总量161.35万册，中文数据库32个，外文数据库12个，全年征订中文期刊1449种，报纸93种，完成2016年过刊装订5128册。纸质文献资源采购方面，完成2017年两个标段纸质图书的招标采购工作，购置图书8万册；完成2018年报刊的招标采购，购置报纸87种，期刊1431种。电子资源采购方面，完成25家中文电子资源的公开招标、询价和续订采购工作，购置"国研网一带一路数据库"、引进了数据库统计分析软件、改版升级图书馆网站。完成2017年7种外文电子资源的续订工作。读者服务工作。截至12月31日，自助借书86004册，人工借书4770册；自助还书98351册，人工还书4835册，寒暑假期间累计开放18次。完成二线书库近40万册图书加贴电子标签、定位工作，以及密集书架的安装、现刊阅览室与报纸阅览室的整合、三四楼书库改造等工作。密集书架建成后，藏书布局更加合理。4—6月，完成4659名2013级本科毕业生论文相似性检测及161名应届研究生毕业论文盲审、答辩论文的检测及论文提交工作，同时下载汇总检测结果报告。6月，图书馆通过智慧校园离校平台完成2017届及往届近5000名毕业生"一卡通"中图书资源的清还及注销，使2017届毕业生离校手续的办理有序完成。9月，对2017级新生共有126个班5400人展开新生入馆教育。截至12月31日，受各学院教师委托，学科咨询服务部已累计完成论文查收查引报告235项，为校内教师的科研成果鉴定、职称评定、奖项评定等提供了翔实科学的参考信息。举办活动，拓展图书馆的服务内容。4月、5月，举办包括校园阅读推广活动创意项目征集、南开大学徐建华教授读书报告会、图书馆馆藏文献资源检索比赛、超期违规免罚、传统文化专题书展、国学经典书目导读、读书交流、年度"悦读之星"评选表彰、数据库利用培训讲座、百科知识竞赛等“世界读书日”系列活动，推动校园阅读推广活动纵深发展。9—10月，举办包括“传承发展·自信担当”专题书展、南京大学徐雁教授“最是书香能致远——阅读选择与幸福追求”专题讲座、主题征文比赛、读书分享会、微信推送国学经典等内容的第四届“礼敬中华优秀传统文化”系列活动。加大馆藏电子资源的宣传与推介，邀请SCI、中国知网、超星、万方、畅想之星等数据库商来校，开展“一小时讲座”活动，共举办20场信息素养培训专题系列讲座和专题资源推介与利用讲座。创新性开展志愿者服务工作，4月，向全校学生发布“书香志愿者”招募通知，吸引大批热爱图书馆工作、热爱公益事业学生的积极参与。12月，开展2017年优秀“书香志愿者”的评选及表彰奖励活动，激发高校青年志愿者的服务热情，倡导健康文明的新风。社会化服务。购置第三批759种、813册、价值15928.1元的少儿类经典图书，于12月配送至北方民族大学西夏区第九小学图书流动站。馆际协作与交流。分批次派多位老师赴北京、贵州、上海、天津、西安、江苏、河南、澳门等地参加各类图书馆业务培训。科研及业务培训。图书馆科研项目获批国家社会科学基金项目和宁夏哲学社会科学基金项目各1项，为鼓励馆内教师积极开展科学研究，5月，启动图书馆馆内科研项目的申报工作，6项课题通过立项。分别邀请宁夏大学人文学院院长胡玉冰教授、南开大学徐建华教授、南京大学徐雁教授来馆做培训讲座。

【宁夏医科大学图书馆】文献资源建设。2017年，完成生均3册图书办学指标的采购与加工任务。完成122万元纸本图书的采购，完成中外文图书5万余册图书的编目、加工、典藏工作。续订中国知网、Sring_link、BMJ等7个数字资源，新增24小时医学频道、超星移动图书馆等6个数据库，数字资源的投入占全部资源经费的60%。读者服务工作。实体图书馆15小时/天开放，平均每天到馆约3000人（次），全年内阅读约10万册（次）。数字资源24小时/每天开放，随时满足读者检索、阅览、打印及下载的需要。办理2013级毕业生离校手续2000余人次，办理新读者注册2350人次。修改设置借阅证及电子阅览帐户密码3000多人（次）。存包柜借还千余人（次），借书79013册（次），还书78261册（次）。组织42个班次的新生参加普及性的“入馆教育”。对研究生、教师及医师开展各类数字资源利用培训共计22场（次），其中到医院培训5场。帮助读者掌握利用图书馆及现代化学习手段，提高了数据库的使用率。利用易瑞远程服务系统，超星发现系统、医知网及“宁医大文献传递QQ群”，为读者提供中外文文献传递服务。馆员协助传递量2000余篇，读者自助传递期刊论文12071篇，电子书36606页。完成科技查新122项，完成查收122人次 ，年度SCI收录检索统计10次，出具检索证明10项。成立阅读推广功能党小组，开展阅读分享、赠书、图书漂流、专题书展等活动，表彰2016年度“优秀读者”和“优秀协管员”。通过图书馆大屏幕、网站为读者推荐新书、介绍馆藏数字资源、播放视频资源、转报医学最新研究动态及新闻等。基础设施建设与业务管理。落实图书馆馆舍、基础设施与各服务系统软硬件的日常维护，完善两校区馆藏、借、阅、自习一体的全开架自助借还服务模式，加强了对各阅览室的管理，保障实体图书馆98小时/周开放、节假日不休，依托校园网络保证数字资源24小时/每天开放。对双怡校区图书馆阅览空间进行改造，将各楼层空间充分利用起来，增加60张阅览桌，新增1个书库；雁湖校区逸夫图书馆增加30张讨论桌。以“愿服务、懂服务、会服务”为主题，开展部门业务学习和9次馆员学术讲座，参加各类业务培训及学术会议25人(次)。

【宁夏师范学院图书馆】文献信息资源建设。完成2017年纸质图书和2018年期刊的采购和征订工作。2017年纸质图书采购经费260万元，码洋346.67万元。参加全国大型馆配会进行书目数据采集工作4次，现场采购图书1次。采集书目数据共14000余种，整理图书书目14万条，初步筛选通过OA发布数目信息共5次，供各院系和科研单位的筛选，收集有效数据6800种。通过政府招标、零星采购、接受捐赠等形式共新进纸本图书17664种、45515册。采用招标形式征订多种类期刊。82万元电子资源采购经费采购了超星读秀中文图书统一搜索平台、超星发现检索平台、3E英语智慧学习云数据库；续订了中国知网数据库、库克音频图书馆数据库、万方中小学图书馆数据库、万方创新助手、美国探索教育视频资源服务平台、超星蔚秀报告厅数据库等10种电子资源和资源检索平台，新购电子图书10万种。完成自习区阅览桌椅和存包柜的购置工作，更换阅览桌椅40套(160个座位)，存包柜8组(存包位192个)。利用微信等网络平台宣传推介，举办“全民阅读、价值阅读”专题活动。利用微信平台和网络，推送新书介绍、工作动态、美文欣赏等内容；坚持开展“每周一电影”活动并使之常态化，全年共播放电影20场(次)。指导“书生联盟”开展阅读推广、书香校园建设活动。4月10日，组织读者参与第一届甘青宁CNKI知识发现大赛；4月19日，举办“走近春天”经典诗文朗诵大赛；4月25日，在第22个“世界读书日”，与自治区团委、固原市新华书店联合举办“读书引领人生，书香溢满校园”图书展示暨经典美文朗读活动；4月26日，组织学生参加“第二届宁夏高校在线英语口语联赛”；6月21—24日，由国家图书馆、中国图书馆学会、宁夏文化厅主办，宁夏图书馆学会、宁夏回族自治区图书馆承办，宁夏师范学院图书馆协办的“民国时期文献保护计划宣传推广——宁夏站启动仪式在宁夏师范学院举行；9月26日至10月10日，举办“遇见文字与声音之美”朗读活动；10月11日，邀请专家召开“数字资源利用培训会”；12月，举行“借阅达人”评选活动。读者服务工作。截至11月，进馆人数达165639人(次)。书库接待读者52032人（次）；借出图书39236册，还书37749册；现刊阅览室接待读者47000人(次)；CNKI数据库访问量2302481人(次)；书生电子图书访问量1428人（次）；超星电子图书访问量30808人（次）；蔚秀报告厅使用流量13060G；学术报告厅安排各类活动约300场(次)。档案、校史室工作。截至11月，各单位移交文书档案2260件(盒)、出版物6期、会计档案347本(册)(凭证323本、帐表类24本)、各学院2017年毕业生照片38张(含电子版)；整理室藏不规范各类档案526盒；提供利用文书及财务档案等2673卷(份)；校史展厅接待参观15场(次)、360多人。

（张玉梅）

文化馆

【概况】2017年，全区共有文化馆26个，从业人员645人。组织品牌文化活动60个，文艺服务活动4786次，惠及群众296.11万余人(次)。举办培训班823期，培训人员6.26万人(次)；举办展览188个，参观人员25.54万人(次)；组织公益性讲座149次，参加人员2.68万人(次)。利用流动舞台车演出334场(次)，惠及观众16.45万人(次)。

【宁夏文化馆】2017年，组织开展15个门类公益免费培训班，培训基层群众文艺骨干890人，机关、社团文艺骨干3645人，培训社会群众950人，馆办团队常年培训1200人；开展公益展览21场次，观众达11.6万人次。打造品牌文化活动，提升全区公共文化服务质量。打造新春乐·全区社火大赛暨元宵节主场巡演、迎新春·全区首届群众书法绘画摄影大赛及获奖作品巡展、“欢乐宁夏”全区文艺会演、第十五届中国西部民歌(花儿)歌会、组织实施文化民生计划——“清凉宁夏”区直机关企事业单位示范性广场文化活动演出等品牌文化活动。多渠道宣传，扩大公共文化服务影响。9月4—10日，在中央文化管理干部学院昌黎校区联合举办全区群众文艺创作人才培训班。根据文化部《关于开展2018年中央补助地方公共数字文化建设专项资金申报工作(第一批)的通知》要求，申报《山花儿艺术文化专题片》《非遗进校园系列——剪纸》《红军长征胜利会师专题片》《宁夏黄河文化专题片》《宁夏贫困地区农村留守儿童艺术普及专题片》《宁夏贫困地区村综合文化服务中心乡土人才数字技能培训项目专题片》6项地方特色文化专题资源建设项目和“宁夏公共云平台建设”、“进村入户”专题资源建设“2018年度‘百姓大舞台’品牌活动”及“文化共享工程、公共电子阅览室和全民艺术普及培训与服务推广项目”，已经通过文化部审核，获批7项。

（宁夏文化馆）

【银川市文化艺术馆】2017年，获得奖项40项，其中集体奖13项，个人奖27项。完善馆内公共文化服务设施，推进公共文化服务，全年共接待全国10个省15个市等2000余人学习参观。与宁夏特殊教育学校挂牌成立“美术教育基地”；剧场接待各类演出活动45场(次)；免费向20余支社会民间文艺团队提供排练场地，接待排练8000余人次。全年组织各类群众文化活动465场，举办玉皇阁广场文艺演187场，美丽乡村文化大集、传统文化进校园、全区群众文艺汇演、百团文艺锦标赛、毗领地区文艺演出等主题演出135场；“文化银川·喜迎新春”送戏下乡、“敬老月”慰问演出及主题节日等节庆演出83场；“相约星期五·曲艺乐翻天”“周末梨园大戏台”、扶贫攻坚舞台剧《圆梦》巡演等“花开四季·文化惠民”品牌文化活动60场。加强对社会民间文艺团队的指导、管理，组织召开社会民间文艺团体会议6次，对57支团队进行创新节目评审、开展第二届百团文艺锦标赛，共组织演出46场。贺兰山艺术节暨葡萄酒文化节演出、十强歌手嗨歌会、2017首届中国银川互联网开幕式等活动。先后举办扩声技术、宁夏小曲、贺兰砚制作技艺、社会文艺骨干及文化志愿者培训、暑期少儿免费培训、书法美术长效培训、随手拍“手机摄影”等培训班10期，招生800余名，培训100班（次）、5000人(次)；组织创排4套广场民族健身舞，制作并免费发放教学光盘500盘。长期开设声乐公开课，招收学员120余名；组建开设馆办老年大学舞蹈班，招收学员36名；馆办团队参加各类文艺演出100余场次，广场舞、合唱分别荣获“欢乐宁夏”全区群众文艺会演一等奖；合唱节目《宁夏之歌》于9月21—24日赴湖南株洲参加全国文化系统老年大学规范化建设试点工作经验交流活动。先后举办2017银川年俗非遗大集、塞上风物系列非遗展、第四届非遗博览会、“2017中国·银川黄河文化艺术节”黄河九省区非遗博览会，第十五届花儿歌会等大型非遗展示展演活动20场(次)，60余名传承人参展，展示项目70个，作品千余幅，观众1万余人(次)；组织剪纸馆传承人交流、培训10场(次)，参与人员162人(次)；传承人进福利院、社区开展培训活动4期，培训人员500多人。全年新申报自治区级传承人5人、传承基地2个，银川市第四批市级传承人34人。编辑出版发行《银川市非物质文化遗产项目图典》，出版发行《宁夏小曲(第一辑)》及宁夏小曲光盘(第一辑)。先后举办“母女情深”樊俊娥母女油画展、王心悟个人油画展、银川市“欢庆十九大最美银川情”摄影展、“美术、书法、摄影培训班”结业展等美术书画展览4次，展出作品500余幅，观众4000余人(次)；承办“2017中国·银川黄河文化艺术节”黄河九省区摄影展，征集作品900幅，展出作品120幅。加强档案管理，做好艺术档案的归档整理；及时更新发布微信公众平台及网站信息，发布信息100余条；向上级部门报送文化工作信息70余篇。

（银川市文化艺术馆）

【石嘴山市文化馆】2017年，开展丰富多彩的群众文化活动。完成惠民文化活动153场，其中完成广场文化艺术节演出42场，“我为乡亲送戏来”文化下基层演出76场，戏曲进校园活动15场，市文化艺术中心各类公益性演出20场（包括6场第十五届中国戏剧节石嘴山分会场演出）。举办各类展览、比赛活动4场，包括“迎新春”全市书法绘画摄影获奖作品展、全市戏曲票友大赛、“欢乐宁夏”全区群众优秀文艺节目汇演、全市“幸福舞步”广场舞大赛。加大免费开放力度。“百姓健康舞”免费培训2期，参与培训学员1550人(次)。完成文化大讲堂10期，培训学员790余人。市民文化艺术培训学校寒暑期共开设2期免费培训班，招收学员达520余人。举办传统文化进机关暨旗袍文化免费培训班、瑜伽、摄影、“全健排舞”等免费培训班，培训学员达358人。开展非物质文化遗产保护工作。完成第六批市级非遗项目、传承人、传承基地的申报工作。申报了高尚忠、杨汝清两名自治区级非物质文化遗产代表性传承人，石嘴山市第十五中学(剪纸)和石嘴山市惠农区回民学校(回族木球)两个自治区级非物质文化遗产传承保护基地。开展非遗传承人进校园、文化和自然遗产日主题宣传及全市“非物质文化遗产保护”专题讲座活动。完成宁夏非物质文化遗产系类丛书《石嘴山民间故事》《石嘴山民间歌谣》《石嘴山民间谚语》《石嘴山民间歇后语故事》《石嘴山民间剪纸》的印刷出版。完成数字文化馆二期工程建设，优化服务系统功能，为4个社区配送公共文化一体机。开展基层文化帮扶。与平罗县陶乐镇红翔新村、惠农区屯园社区、大武口区长兴街道办事处、朝阳街道办事处怡心社区、长胜街道办事处及大武口丽日社区等6个帮扶点签订帮扶协议，落实帮扶工作。将2016年度国家艺术基金资助小型舞蹈剧目作品《串铃声声》及近年来石嘴山市创作的优秀文艺作品整合成为一台文艺演出，在全市部队、乡镇、社区、广场等地开展“喜迎十九大”石嘴山市《丝路抒怀》优秀节目巡演暨国家艺术基金2016小型资助项目《串铃声声》巡演活动41场，惠及观众3万余人。

（石嘴山市文化馆）

【吴忠市文化馆】2017年，吴忠市文化馆创建了全国文明单位。女子群舞《美咂啦》荣获“欢乐宁夏”全区群众文艺会演展演一等奖，第二届全区少数民族文艺调演表演一等奖，舞蹈《圆梦的喜悦》荣获第二届全区百姓艺术健康舞蹈展演表演一等奖，舞蹈《塞上花儿心中的歌》应邀于11月20日参加了中央电视台三套《舞蹈世界》特别节目的录制，并荣获CCTV综艺频道“舞蹈世界——舞蹈全民星奖”。《吴忠市人民政府关于加强非物质文化遗产保护工作的实施意见》出台，全面启动民间优秀传统文化的保护利用工作，公布了吴忠市级第五批非物质文化遗产代表项目、第四批非物质文化遗产代表性传承人。“滨河百姓大舞台”广场文化活动累计完成演出70场(次)，文化馆剧场及多功能厅承接各类活动72场(次)，全年完成“送戏下乡”演出240场(次)，举办各类大型展览展示活动10余场、各门类免费艺术培训16期，待各级领导、社会团体及群众免费参观达4万人(次)。

（吴忠市文化馆）

【固原市群艺馆】2017年，开展各项群众文化活动。共举办各类文艺演出活动40余场，完成送戏下乡演出50场，“戏曲进校园”演出活动10场，进行“三区”人才培训辅导，举办各项文艺演出及大赛活动，受益群众达20万人(次)以上。开展全民文化普及。先后举办全市广场舞培训班、文化大院及移民新村文艺骨干培训班、市级文化大院及移民新村文艺骨干培训班，对辖区内文化大院、移民新村文艺骨干进行广场舞、秦腔表演、曲艺创作等门类的辅导培训。加强非遗保护传承。4月29—31日，举办固原市非遗传承人培训班。组织传承人赴隆德县职中进行剪纸、原州区三营中学花儿教唱、原州区八小刺绣学习、泾源县三小回族踏脚学习等非遗进校园活动。6月6日，在固原博物馆广场举办固原市2017年“文化和自然遗产日”宣传展示活动。组织非遗传承人赴甘肃临夏回族自治州、山西太原市进行非遗项目的考察学习。组织各传承基地向自治区非遗中心申报区级传承基地。固原大原古建筑传承基地及木板雕花技艺传承基地被自治区文化厅批准为区级传承人基地。11月上旬，举办了“喜迎十九大，巧手剪乾坤”为主题的固原市传承人剪纸大赛，并在固原博物馆举办全市剪纸作品展览。文艺创作演出。创编舞蹈《凤舞六盘》《金鸡报春》等节目并参加固原市春晚演出及团拜会。6月9日，大型花儿音舞诗《红旗漫卷六盘山》在宁夏大剧院首演。创作反映移风易俗的现代眉户剧《三桃花开》，在全市送戏下乡演出。

（固原市群艺馆）

【中卫市文化馆】2017年，承担广场文艺演出150场（次），开展文化惠民工程演出1034场（次），举办送文艺进社区、军营3场次，开展“戏曲进校园”活动20场（次），举办“百姓健康舞”推广普及培训班4期，举办各类文艺培训班不少于30期，艺术展览5期以上。参加“新春乐”第十三届全区社火调演、“欢乐宁夏”全区群众文艺会演；承办“石嘴山银行杯”全市群众广场舞大赛、“美丽中卫”全区首届原创小品大赛；配合主办“浪漫沙都·醉美中卫”——全国朗诵名家走进中卫活动、全市离退休干部诗歌散文朗诵暨歌咏比赛。承办全区“三区”人才支持计划摄影创作培训班、第二届中卫市“文化遗产”摄影大赛并举办展览活动；参加“圆梦西部·书画传情——喜迎十九大·五省六市书画联展”活动、“庆祝十九大”榆林·中卫书法美术作品联展、“丝路明珠·中卫”全国书画大赛作品展，第三届迎新春·全区群众书法绘画摄影大赛、“美丽中卫”全区摄影艺术大赛、首届宁夏“秘境边关·魅力中卫”摄影大赛、“时代梦想·巾帼风采”宁夏第四届妇女摄影作品展、庆“六一”全区少儿绘画剪纸艺术大赛，“中国梦·劳动美”全市职工文体活动。参加第十五届中国西部民歌（花儿）歌会、宁夏首届非物质文化遗产博览会、“塞上工匠·宁夏传统工艺竞技精品展”、宁夏剪纸创意大赛等活动；承办宁夏第十二个“文化和自然遗产日”宣传展示主会场活动，申报第六批自治区级非遗代表性项目保护传承基地2处，公布市级第三批非遗项目21项和代表性传承人70名，主办中卫非物质文化遗产代表性传承人培训班，开展“花儿唱响中卫大地”活动。参加全国、自治区举办的大型赛事或评先评优，市文化馆共获得第七批“宁夏社会科学普及教育基地”等市厅级以上集体奖项称号12个。选派专业技术人员参加全国文化干部素质能力提升工程——宁夏群众文艺创作人才培训班、全国数字文化馆建设培训班、全国公共文化巡讲·西北五省区文化人才暨春雨工程大讲堂；全区宣传思想文化系统专技人员继续教育培训班、全区群文骨干培训班、全区公共电子阅览室管理服务人员培训班、全区舞台艺术创作人才培训班、全区“三区”人才支持计划摄影创作培训班；全市旅游经济与滨河城市建设专题培训班、全市学习宣传贯彻党的十九大精神专题培训班。参加全区第十三届“新春乐”社火调演；举办全市“正月十五”社火展演、舞龙大赛、戏曲专场等系列文化活动；举办庆“七一”纪念建党96周年活动。主办“欢乐中卫”群众文艺汇演并举行获奖作品展演暨颁奖仪式、“欢乐中卫”全市群众广场舞选拔赛；全市非物质文化遗产图片展与非遗代表性项目技艺展、文化遗产保护摄影展、“欢乐宁夏”文艺节目巡演等活动。承办全区2017年“文化和自然遗产日”宣传展示主会场活动；申报第六批自治区级非遗代表性项目保护传承基地，命名第三批市级非物质文化遗产项目名录及代表性传承人名单；完成对全市非遗代表性项目及传承人的普查回访。完成市文化馆主题分馆——中卫黄河奇石馆与中卫美术馆的选定。建立市文化馆网站（数字云平台）。编校《中卫市非物质文化遗产集萃》《中卫民间故事》等书籍画册。开放多功能活动厅、展厅、练歌房等排练场地。设立市文化馆音舞戏中心、美书影中心、文艺创研中心等组织。

（中卫市文化馆）

博物馆

【概况】2017年，全区共有各类博物馆75家，其中文化部门管理的博物馆38家，行业博物馆23家，民办博物馆14家。国家一级博物馆2家、三级博物馆3家。全区文博单位从业人员1220人，其中：专业技术人员399人，高级职称90人，中级职称150人。全区有馆藏文物387188件/套，其中一级文物367件/套，二、三级文物12644件/套。全年新征集文物7210件/套，新修文物415件/套。基本陈列153个，举办临时展览94个，参观人数960.68万人（次），其中青少年观众177.38万人（次）。全区博物馆推出和引进地方特色展览40多个。

【宁夏博物馆】2017年,引进《玲珑神致冰玉匠心——明清德华瓷器精品展》等20项展览;输出《丝绸之路上的神秘王国——西夏文物精品展》等7项展览;举办《大夏寻踪——西夏文物精品展》《墨彩天成——徐悲鸿作品展》等5项原创展览;参与创办《天府之国与丝绸之路文物特展》《长安丝路东西风》2项展览。全年接待观众人数452819人,实现零投诉。开展“六进”活动40余次,举办文化体验专题活动28场,组织志愿者培训6次,社会各界志愿者达430人。获《中国故事——全国博物馆优秀讲解案例展示推介活动》优秀奖,区直机关“实干兴宁创佳绩 喜迎党的十九大”演讲比赛优秀奖。全年无文物安全、消防事故发生。对新征的5978件文物进行消毒、修复、除菌、去霉、加固等维护。馆藏文物全部建立电子版和纸质版总账和分类账,实行分类管理,文物资产管理安全规范。保护修复文物73套122件,完成国家重点保护修复项目“馆藏西夏塔龛千佛图唐卡”“馆藏西夏朱漆彩绘木座椅”的结项验收。加强文物人才培养和专业技术队伍建设,完善《宁夏博物馆职工继续再教育制度》,鼓励专业技术人才继续深造,2人考取西夏学和博物馆学在职研究生,其中1人列入国家文物局2017年高层次文博行业人才提升名单。举办“文博大讲堂”“全国博物馆安全技术及管理培训班”和“全区文博专业人员文物鉴定培训班”。参与“宁夏专题文献和文书档案资料整理与研究”课题研究。宁夏社科(艺术类)课题《宁夏丝绸之路上的艺术研究》获得立项。出版《丝绸之路——大西北遗珍》《墨彩天成——徐悲鸿书画精品集》等七本图录专著。建立宁夏博物馆文创产业部和文创产品中心,举办2017宁夏博物馆文创产品设计大赛,面向全国征集文创设计作品263件(套),评选出一批文创作品开发生产。配合《西夏文物精品展》在沈阳故宫博物院的展出,签署《西夏文物展》文创产品销售合作协议,联合开发西夏元素文创产品。参加在台湾举办的第八届海峡两岸文化创意产业展。加强宁夏历史文化研究阐释和宣传普及力度,推进《朔色长天——宁夏通史陈列》《宁夏民俗陈列》的展览改造提升项目。建设覆盖全馆的无线网络,运行宁夏博物馆App移动应用平台,筹建智慧博物馆项目。博物馆网站微信全年发布新闻资讯128条,《中国文物报》、光明网、腾讯等报刊网络媒体转发刊登宁夏博物馆报道近百次。

(宁夏博物馆)

【宁夏固原博物馆】2017年,举办“丝绸之路 千年固原”主题论坛,召开《中国灵武窑》项目研讨会。完成国家级课题《宁夏西海固地区西夏遗址调查研究》野外调查的前期准备工作。编辑出版《丝绸之路暨秦汉时期固原区域文化国际学术会议论文集》《青铜之路——固原两周时期青铜文化》《固原出土丝路文物线图艺术》。在《文物天地》杂志刊发“宁夏固原博物馆”专期(总第315期),馆员发表文章11篇。新展览“千年固原·丝路华章”获得第十四届(2016年度)全国博物馆十大陈列展览精品奖。联合固原市委宣传部等单位完成“迎新春2017宁夏师范学院美术学院油画作品展”等临时展览12项。推出“青铜之路——宁夏固原春秋战国时期北方青铜文化特展”赴中国文字博物馆、新疆维吾尔自治区博物馆、新疆哈密市博物馆、浙江海盐县博物馆等地巡回展出。全年馆内外接待人数659887人(次),其中馆内接待137906人(次),外展及社会教育活动521981人(次)。组织讲解员赴北京参加“中国故事——全国博物馆优秀讲解案例展示推介活动”全国总决赛,获得“优秀讲解员”称号;赴广州参加全国科普讲解竞赛总决赛获得优秀奖。在寨科乡北淌村开展“学雷锋、送温暖、关爱农村儿童”社会服务活动;在原州区十三小学开展《固原历史名人和文化遗迹》主题宣讲课;赴固原市8672部队进行八一慰问演出活动。面向学生开展爱国主义教育活动15次,新招募志愿者35人。开展“迎鸡年新春·送吉庆春联”“博物馆里找生肖”“鸡年说鸡”故事会活动;配合《走进西域——新疆丝绸之路文物精品展》开展“小小丝路探险家”“我心中的丝绸之路”教育活动;在暑假期间举办小小讲解员夏令营活动,共招收小小讲解员14名;配合《灯影的魅力——大连现代博物馆藏辽宁皮影艺术展》,开展“我来做皮影”教育活动;配合常州博物馆《蝶舞翩跹——名蝶精粹与蝶文化展》开展《宝宝蝴蝶秀》《咏蝶诗词朗诵会》《蝶舞翩跹绘画活动》和《最美蝴蝶自拍集合》4项活动。开展“5·18世界博物馆日”、“6·10世界文化遗产日”宣传活动。

(固原博物馆)

【石嘴山市博物馆】2017年,接待参观人数14万余人(次),接待区内外团体人数4000余人。开展“我们的节日”系列主题活动,在春节、元宵节、清明节、端午节等传统节日开展丰富多彩的活动,宣传优秀传统文化;全年共出版4期《博物馆之友》刊物;举办第四届寒假“小小文化志愿者走进石嘴山市博物馆”和第五届暑假“小小讲解员”主题实践活动,共培训优秀小小讲解员22名,参与志愿服务活动20余场，累计接待观众3万余人。策划举办《光辉的历程——一大到十八大图片展》。推出“方圆世界——钱币拓片展”，集中展示了100余张历代钱币拓片。引进国家级展览《亘古天书——中国岩画艺术展》《金鸡报晓——鸡文物图片联展》。《石嘴山市博物馆预防性保护方案》通过国家文物局审核批复，下达专项资金。打破传统固定展览模式，借助公交车这一载体，开展“让石嘴山市博物馆展览行驶在公交线上”主题活动，已分别在主要站台、公交线上进行展出。

（石嘴山市博物馆）

【吴忠市博物馆】2017年，推进免费开放工作。确保博物馆免费开放时间每天达到9小时以上，每周开放时间达到54小时，每年免费开放时间不低于300天，实行错时工作制，节假日正常开馆。与吴忠老年大学联合举办《丹青歌盛世 翰墨传真情——迎新春书法绘画摄影展》，展出130多幅老年大学书画爱好者的作品。与宁夏邮政集团联合举办《凤(文物)》邮票全国首发式活动，赠送展品36部101框。开展“走进博物馆、了解吴忠历史、保护文化遗产”主题实践活动，主动联系机关事业单位、社区、学校、企业、部队等部门组织人员到博物馆参观学习，接受科普知识、爱国主义教育。发挥志愿者服务基地作用，先后在博物馆创建了学雷锋志愿者服务基地和文明旅游志愿服务站，招募志愿者35名。购置便民雨伞，配放了便民药箱、纯净水、藤椅、茶几、报纸期刊供参观者使用。与宁夏义工联合会联合开展“发扬雷锋精神，弘扬传统美德”活动；与利宁社区开展“结对子、种文化”活动；积极参与市区街道路段环境卫生整治工作等服务。与中宁中旅、港青旅、旅游百事通等区内各大旅行社合作，开展研学旅行、亲子游、一日游等活动。全年接待参观者47610人(次)。与网易、吴忠市联合举办“5·18国际博物馆日”主题宣传活动。以“让文物活起来，讲好吴忠故事”为主题，开展进社区、学校、企业、部队“四进”活动。

（吴忠市博物馆）

【中卫市博物馆】2017年，推进免费开放工作，拓展服务项目，提升服务功能，确保年免费开放时间符合国家规定。举办了“5·18国际博物馆日”主题宣传系列活动。利用馆藏历史文物，有计划地开展各种形式的文物法律法规和文物知识宣传活动。积极搭建网络宣传载体，研究确定中卫市博物馆网站建设的首页、主页及各个板块内容安排及设计。开展部分陶器修复、砖雕清理、修复加固工作，清理修复陶器、砖雕40件。加强博物馆后院摆放石刻的保护管理，安装了枪式监控设备和围栏。

（中卫市博物馆）

NINGXIA YEARBOOK

出版传媒

CHUBANCHUANMEI

编辑◎张万静

图书出版

【概况】2017年,全区出版图书3663种,5000多万册。音像出版物10种、15000套,电子出版物1种、1200套。全年印制教材240种,810多万册,覆盖全区中小学。《宁夏画报》《丝路视野》等5种刊物出版82期,发行70余万册。2017年,黄河出版传媒集团公司资产总计13.05亿元,比上年同期11.87亿元增长9.9%;净资产总计8.29亿元,比上年同期7.84亿元增长5.7%。集团公司完成合并营业收入5.06亿元,实现利润总额4716万元。集团教材中心完成收入4764万元,毛利1904万元。宁夏人民出版社实现营业收入1072万元,同比增长11.9%,完成预结利润111万元,同比增长8.8%;阳光出版社实现营业收入1216万元,完成预结利润310万元,同比增长2.7%;宁夏教育出版社实现营业收入7977万元,完成预结利润1026万元,同比增长13.6%。数字公司实现营业收入240万元,同比增长21.8%,完成预结利润151万元,同比增长10.2%;期刊传媒公司实现营业收入191万元,同比增长11.1%,完成预结利润85万元,同比增长26.9%;宁夏画报实业公司实现营业收入569万元,同比增长8.4%,完成预结利润145万元;电子音像出版社实现营业收入482万元,完成预结利润20万元。新华书店集团(不含银川市店)实现合并收入2.6亿元,完成预结利润1454万元,同比增长9.2%;教育书刊发行公司实现营业收入4542万元,同比增长4.8%,完成预结利润1118万元,同比增长1.9%;黄河书刊发行公司实现营业收入92万元。黄河文化实业公司实现营业收入3265万元,完成预结利润53万元;瑞达安泰新能源公司实现营业收入895万元,同比增长6.8%,完成预结利润29万元;众源安泰保安服务公司实现营业收入1027万元。

（王佐红）

【精品成果创作】2017年,宁版图书《中国品格丛书》《中华民族歌》《隐形将军》《砥砺奋进的五年(2012—2016)》《为梦想插上多彩的翅膀》等一批图书获得好评。《大漠寻星人》荣获第十届全国优秀儿童文学奖;《〈鹖冠子〉研究》获2016年全国优秀古籍图书奖二等奖;《埋土防寒区酿酒葡萄标准化栽培》等16种图书获第二十五届中国西部地区优秀科技图书奖;《社会主义核心价值体系融入党的建设方法途径研究》等22种图书获北方十五省(市、自治区)哲学社会科学优秀图书奖,《地方教育出版企业融合发展SWOT定量性研究》获北方十五省、市、自治区哲学社会科学优秀论文奖;《宁夏文化史话》等20种图书获第十九届北方十五省、市优秀文艺图书奖。

【图书发行】2017年,发行《中国共产党党章》50.9万册;《党的十九大文件汇编》3.9万册;《党的十九大报告辅导读本》8.5万册;《党的十九大报告》(单行本)25.2万册。按照自治区党委宣传部通知要求,做好《习近平谈治国理政》第二卷发行工作,共发行2.2万册。新华书店集团积极参加各类招标项目,免费教材招投标中标码洋1.6亿元,一般图书招投标中标码洋2341万元。圆满完成春秋季教材教辅发行工作,新华书店集团发行教材码洋1.5亿元,教辅码洋4145万元,教育书刊发行公司发行教材教辅码洋5039万元。扩大一般图书销售,销售码洋2942.53万元。继续推进基层图书网点"进校园、进乡村"工程,在宁夏医科大学建设完成"丝驿书苑"校园书店。全区新华书店系统开展"喜迎十九大专题图书展"及节日图书促销活动。助推全民阅读,定期组织开展了卫生科技图书下乡、流动售书活动。延伸销售渠道，坚持发展网络平台营销，利用微信公众平台宣传图书信息，推动线上线下营销互动，收到良好效果。中卫市读客书苑获全国“最美新华书店”称号。

【数字化建设】2017 年，《黄河数字图书馆应用工程》项目已完成建设并向社会推广。建设完成《出版数字化转型升级工程》项目。《特色文化资源媒体融合与MPR 国家标准产业应用》已成功搭建MPR 出版物内容生产与投递平台。《中国阿拉伯版权信息交流平台（中英阿三文）》通过项目验收。推出大型复合出版物《会说话的名著》，实现了经典阅读、素质教育和数字化出版的相融合。自主研发《有声有色的水利科普读物》，将原创和数字复合出版进行一体化设计，推动了复合数字图书出版的步伐。加强集团网站管理使用。多家子公司微书城、微店销售盈利稳步增长，新华书店集团在全区各连锁门店安装网络支付设备。

【对外贸易】2017 年，落实“2015 年中阿出版合作论坛”各出版单位与外方出版社签署的版权输出（引进）协议。积极拓展国际市场，版权贸易实现新突破，《中国经典传统故事动漫丛书（30 种）》《大漠寻星人》等 4 种图书中文版版权输出至巴基斯坦并翻译成乌尔都语，在南亚五国出版发行，实现了集团版权输出又一语种突破。《实用汉语基础高级阅读与写作》等 7 种图书实物输出至巴基斯坦，并走进巴基斯坦中文课堂。与巴中环球文化互联有限公司签订《中国经典传统故事动漫丛书（30 种）》电子音像制品购买合同，实现了集团电子音像制品输出国外零的突破。《灰袍子》获“第二届出版走出去优秀作品”荣誉称号。扩大交流合作，与宁夏智慧宫文化传媒有限公司合作成立对外专项出版公司。有序推进与巴基斯坦巴中环球文化互联有限公司、宁夏真呐中巴文化发展有限公司开展文化交流、文化贸易与文化合作。推进与海峡出版集团、福建人民出版社出版业战略合作。

【项目建设】2017 年，获得各类项目资金2736 万元，实现项目工作新突破。其中，数字出版方面，《中国回族民间音乐媒体出版工程》获得自治区 2017 年文化产业发展专项资金 40 万元。实体书店建设方面，宁夏新华书店集团同心、盐池等 6 家新华书店提升改造建设项目共获得中央和自治区“‘十三五’时期文化旅游提升工程”预算内投资项目资金 2160 万元。“宁夏智慧书城（银川店）”“宁夏师范学院‘墨香书屋’”“中卫读客书苑”“丝驿书苑品牌高校连锁人文书店”4 个项目获得 2017 年文化产业发展专项资金共计450 万元。图书出版方面，《西夏佛教序跋题记研究》等 2 个项目共获得 2017 年国家出版基金项目资金 34 万元。版权输出方面，《灰袍子》获得图书版权输出奖励计划（二期）资金支持 2 万元。人才培养方面，“黄河出版传媒集团中青年骨干人才培养工程”获得 2017 年第一批自治区人才项目专项资金 50 万元。与此同时，“宁夏农村出版物发行连锁网点全覆盖”等 4 个项目入选国家新闻出版广电总局 2017 年“新闻出版改革发展项目库”。

【图书选题、书（版）号审读管理】2017年，黄河出版传媒集团共向各出版社核发图书书号 1469 个，核发电子音像出版物版号 14 个。其中，向国家新闻出版广电总局上报重大选题 15 件，向自治区民委等部报送民族宗教类选题 30 件。同时，为提高出版质量，开展“2012—2017年度辞书专项检查”“教辅类、科技类图书计量单位检查”和“2017 年度本版图书质量抽查”，共检查宁版图书 126 种约1000 万字。全年共审批图书选题 2953种，其中宁夏人民出版社 665 种，宁夏人民教育出版社 809 种，阳光出版社 1479种；电子音像出版选题 32 种。向总局上报重大选题 15 件，向自治区民委等部门报送民族宗教类选题 30 件。从国家出版基金成果中精选出 286 种 3343 册图书捐赠宁夏大学、宁夏师范学院。赠送的图书涉及社会科学、自然科学、工程技术、医疗卫生、文学艺术以及民族古籍文献等多个领域，具有突出的学术价值和文化价值。其中包括《中国共产党的九十年》《中国特色社会主义史》《火印》等优秀主题出版物；《中国回族文学通史》《中国“花儿”源流史稿》等代表当前哲学社会科学领域最新研究水平的学术精品；《大飞机出版工程》《剑桥科学史》等反映自然科学和工程技术领域前沿成果的科技著作；《杜甫全集校注》《中国传统民间印染技艺》等整理和保护优秀文化遗产、具有重要文化积累价值的文化精品。自治区新闻出版广电局共争取国家各类项目资金支持 1 亿元。

【扫黄打非】2017 年，宁夏共出动执法人员 7000 余人，检查各类书店、报刊亭、音像店、印刷复制企业 2000 余家，签订《出版物、音像、印刷场所经营管理责任书》900 余份；删除各类有害信息 40000 余条；查处违法网络主体 12 家。发放各类宣传册 20000 余份/册。

【参加第二十六届全国图书交易博览会】2017 年 7 月 28—30 日，由国家新闻出版广电总局和内蒙古自治区人民政府共同主办的第二十六届全国图书交易博览会（简称书博会）在包头市国际会展中心隆重举行。宁夏代表团263人参加书博会。宁夏代表团在主会场共设立了8个国际标准展位，在分会场乌兰察布市设立了110平方米的展区。银川市文广局组织6家民营书商在乌海分会场设立16个展位展销图书。黄河出版传媒集团组织所辖出版发行单位35人参加书博会，300多种1000余册图书参展。在包头主会场，宁夏人民教育出版社推出少儿国学类新产品《晨读晚诵小古文》系列丛书。邀请《晨读晚诵小古文》主编刘燕及银川实验小学学生身着古装进行现场展演，让受众从中感受传统文化的韵味和丰富的内涵。阳光出版社与河南、山西和内蒙古出版单位达成了合作意向。黄河出版传媒集团等单位向韬奋基金会捐赠近年来出版的社科、少儿、教育和文艺类图书711种1422册，码洋5万余元。

（王佐红）

广播影视

【概况】2017年，共审批图书出版选题3291种、电子音像出版选题21种，上报重大选题7件、民族宗教类选题5件，申请书号2101个，核发图书书号1053个、电子音像出版物版号11个。审查电影剧本16部、电视剧本4部，其中通过国家新闻出版广电总局备案公示电影13部、电视剧3部。对直管的83家出版物印刷企业进行了年检，81家通过年检，2家缓检；对全区98家出版物发行（批发）单位进行年度核验，23家新华书店、6家本版出版物发行（批发）单位、67家社会办出版物批发单位通过年度核验，2家社会办出版物批发单位暂缓年度核验；对全区90家广播电视节目制作经营机构进行年检，合格80家，不合格10家；对全区1638个新闻记者证进行年度核验，通过1623人，15人未通过；登记著作权作品350件。驻自治区政务服务中心窗口共受理行政许可事项1527件，累计办结1532项，即日办结1500件，提前办结1532件，办结率为100%，无超期未办事项。

【安全播出】2017年，全区加大安全播出投入，改造升级指挥调度系统和预警信息发布系统，强化安全播出管理和监测能力，组织开展全区广播电视安全生产保障大检查和隐患排查，对网络信息安全进行定级备案，做好党的十九大、自治区第十二次党代会、元旦、春节、全国“两会”、“一带一路”国际合作高峰论坛、金砖国家领导人第九次会晤等广播电视安全保障工作，实现广播电视安全播出“零事故”。

【审读审看】2017年，图书出版主要以民族宗教类出版物专项检查、“三审三校”制度执行情况专项检查、“问题地图”专项检查和两批次图书编校质量检查为抓手，组织专业人员完成2009年以来涉及民族宗教类出版物的400余种样书、样盘的审读、审听、审看，确认269个品种为涉民族宗教类出版物。全年撰写报刊审读报告300余篇，编辑出版《宁夏报刊审读》11期。对61家印刷复制企业、发行单位进行专项检查，7家因违规经营受到行政处罚。查处违规广告18次，下发行政告知书18份，停播违规广告38次，约谈播出机构3家。

【版权执法】2017年，组织开展“4·26世界知识产权日”系列宣传活动，印制宣传海报2000套6000张，开展2017知识产权宣传进高校活动，分别在宁夏大学、北方民族大学举办“版权保护及维权”知识讲座，通过现场回答版权问题咨询、发放版权知识小册子、播放《版权追踪》公益宣传片等多种形式，宣传版权知识，扩大宣传影响。盐池县国产软件应用试点工作顺利通过国家验收，工作经验在全国软件正版化工作会议上推广。先后查处《今日西吉》《西吉大城小事》微信公众号网络侵权案，石嘴山市夏德晓复印店未经著作权人许可复制其作品案，博学书店侵犯著作权案，《征战天下》网游侵权案。查办国家版权局挂牌督办的“8·14”软件侵权案、“7·11”未经著作权人许可复制发行其作品案。

【扫黄打非】2017年，全区持续开展“净网”“秋风”“护苗”“固边”“清源”五大专项行动，开展“扫黄打非”进基层工作，全区共出动执法人员6200多人次，检查各类书店、报刊亭、音像店、印刷复制企业1640余家次，签订《出版物、音像、印刷场所经营管理责任书》900余份；查处假冒网站1家、违法网络经营主体12家，清理各类网络有害信息3万余条；销毁各类侵权盗版及非法出版物4.5万余册（盘），立案查处印刷发行非法出版物及利用网络传播淫秽物品案件11起，其中2起申请全国“扫黄打非”办公室挂牌督办。

【影视精品创作】2017年，投资6亿元的大型东方魔幻电影《阿修罗》正抓紧后期制作，电影剧本《这一道沟 那一道梁》入选国家优秀剧本扶持项目，并于9月开机拍摄；联合国内知名影视制作机构共同打造的8集大型纪录片《六盘山》、30集电视剧《灵州盛会》剧本创作基本完成，即将进入拍摄阶段。

【打造品牌栏目】2017年，精心打造《美丽中国/宁夏故事》，持续支持《解码一带一路》《权威发布》《经典诵读》等电视品牌栏目和《中华奇石》等期刊，栏目期刊影响力持续扩大。开展广播电视公益广告大赛、优秀网络视听节目征集评选活动，有力推动了网络剧、微电影、网络视听节目的创作生产。

【民生实事】2017年，确定为“农村电影提质增效年”，印发了《农村电影提质增效年工作方案》，分级开展了农村电影标准化放映培训，层层签订目标责任书，逐级建立台账，将农村电影放映任务和责任落实到人。先后在全区开展以“百年小康路 长征再启程”“迎接党的十九大 共圆小康中国梦”等为主题的放映活动，农村电影放映有序推进。全年共放映公益电影43256场，观众411.44万人次，完成全年放映任务的108.1%，连续九年提前超额完成自治区党委、政府下达的民生实事任务。

【基础设施和项目建设】2017年，以项目建设为抓手，加快推进公共文化服务便利化、标准化、均等化，着力构建现代公共文化服务体系。高标准完成贫困地区村综合文化服务中心广播器材配置工作。争取国家财政投入1432万元，高标准、高质量完成了716个贫困村综合文化服务中心广播器材配置工作。推进中央广播电视节目无线数字化覆盖工程。充分利用现有无线发射台站，增配数字广播电视发射机，更新改造节目源、天馈线等配套系统，投入3348万元，实施中央广播电视节目无线数字化覆盖一期、二期工程，建成45个发射台站，实现中央和地方15套电视节目、15套广播节目的无线数字化覆盖，为城乡居民提供更高质量的无线数字广播电视公共服务。改善贫困地区县级广播电视播出机构制播能力。投资800万元，实施了西吉、隆德、彭阳、红寺堡广播电视播出机构制播能力建设项目，县级广播电视制播能力得到有效提升。加快实体书店建设。联合自治区党委宣传部、发改委、财政厅等11个部委厅局印发《关于推进实体书店发展的实施意见》。投资1350万元，实施了同心、盐池、西吉新华书店改扩建工程。全面完成贫困家庭“户户通”卫星接收设备安装。多方筹资160万元，为4070户贫困家庭免费安装“户户通”卫星接收设备，实现了全区广播电视精准扶贫精准脱贫摘帽销号。2017年，筛选、论证、储备入库项目69个，计划投资392.58亿元。11个项目入选国家新闻出版广电改革发展项目库，32个项目申报国家新闻出版广电总局文化产业项目，申报金额12.78亿元。其中《广电网络与新闻出版业务融合技术应用》等10个项目获国家文化产业发展专项资金扶持1760万元，占全区获得中央文化产业发展专项资金的65%。全年累计争取国家各类专项资金1.14亿元。

【产业发展】2017年，投资4000万元推进广电产业发展，其中投资1500万元实施宁夏智慧家庭云平台项目一期建设，完成家庭云一期云电视平台建设；投资2500万元完成全区BOSS用户管理系统、计费认证系统、GIS地理资源管理系统建设。全区包装印刷业年销售收入超过10亿元，实现总利润1亿元。出版业持续发展，出版新书和重印图书近3000种，实现销售收入1865万元。

【优秀作品创作】2017年，51集电视剧《灵与肉》被列为党的十九大展播剧目。与中央电视台对接合作，将西吉、海原、盐池、同心4县确定为央视科教频道纪录片品牌栏目《中国影像方志》第一批拍摄对象，拍摄4集（每县1集）电视纪录片。邀请央视相关频道，在宁夏采访报道，以纪录片、风光片等方式形成《走进宁夏》。

【公益宣传】2017年，承办全国电视剧内容管理工作会议，承办全国软件正版化工作会议，举办首届“宁夏乡村读书节”、宁夏城乡电子阅报屏建设签约仪式。联合银川市政府举办了中国银川首届互联网电影节、联合自治区葡萄酒局举办了贺兰山东麓葡萄酒电影电视艺术节。全区报刊刊发公益广告915条（次）。全区各级播出机构新创公益广告4832条，制作时长3256分钟，播出18.44万（次），播出时长17.3万分钟。

（牛雅红）

报　业

【新闻宣传】2017年，宁夏日报报业集团坚持纸媒网媒共同发力、网上网下协同推进，主题宣传、成就宣传、亮点宣传等精彩纷呈。精心组织开展了党的十九大、全国和自治区两会、自治区第十二次党代会、中阿博览会等系列宣传报道战役，实施了“聚焦十九大·新征程再出发”“深度聚焦党代会·深化拓展走转改”等大型主题采访活动，开展了海外华文媒体宁夏行、全国主流网络媒体宁夏行、聚焦精准扶贫全国主流媒体宁夏行、长江稻奋奖获得者宁夏行、法治镜头拍宁夏等宣传活动。大力推进时政新闻改革，宁夏日报的会议报道和领导活动稿件锐减70%。坚持开门办报办刊办网办端，着力推进注册通讯员、评论员队伍建设，媒体的信源渠道进一步拓宽。新闻舆论工作多次受到中宣部的通报表扬和自治区领导的高度评价。

【媒体融合】2017年，在全国两会报道中，宁报集团新媒体方阵与平面媒体两翼齐飞，纸媒、网媒共同发力的传播新格局。3月,《宁夏日报》客户端成功上线,进入测试阶段。宁报集团新闻客户端的运行,是宁夏日报报业集团在推动报、网、端全面深度融合,巩固壮大主流舆论阵地方面取得的重大成果。截至年底,宁夏日报客户端在内容运营、产品开发、用户推广、平台建设方面进展顺利,实现了产品点击量超过10万次的突破;融媒体智能传播服务平台建设如期建成,"中央厨房"在党的十九大召开前投入使用。

【报业经营】2017年,宁报集团实现总收入3.5亿元,与上年相比下降3%;实现利润3455万元,增长1%。狠抓项目的储备、申报、立项和落地工作,共申报项目41个,争取各类项目资金4050万元,与上年相比增长13%。创新广告经营模式,实施"版面+活动"计划,实现版面外创收近1300万元。积极拓展物流配送业务,收入同比增长11%。宁夏文化创意数字产业园建成并投入使用,印刷公司成功搬迁,实现了经营平稳过渡。加快培育新业态,数字印刷、展会活动等新业务不断拓展,新业务收入占总收入比重进一步提升,优化了产业结构。坚持把社会效益放在首位,全年刊发公益广告161个版、1400余条,营造了崇德向善的良好氛围。举办了第九届中国西部(银川)房·车博览会、中国国际房车旅游大会等20多个活动,承办第十四届深圳文化产业博览会宁夏展区设计搭建及相关服务工作,展会收入超过1000万元。

【服务社会】2017年,宁报集团坚持把社会效益放在首位。《宁夏日报》一年就刊发公益广告160余幅。举办"百孝之星""宁夏慈善榜"、马云乡村教师奖评选、新年送新衣等公益活动,在全社会营造向上向善的浓厚氛围。举办首届全国百名镇长"贺兰山论剑"暨中国特色小镇媒体推进大会、全国省级法治报驻地记者工作交流会暨平安宁夏采访周、全国网络媒体宁夏行等大型采访活动,提升了宁夏的知名度、美誉度。发挥主流媒体服务功能,举办2017国际教育发展高峰论坛暨宁夏第二届出国留学咨询会、第三届宁夏高考招生咨询会、元旦健身跑、宁夏日报老年书画班、新消息报新年音乐会等活动。承办第十三届中国深圳国际文化产业博览会宁夏展区设计搭建及相关服务工作。

【报业改革】2017年,广告经营模式创新初见成效。探索"版面+"经营模式,组织策划实施"双十佳"评选、"百孝之星"等20多项活动。发行物流业务升级扩容初见成效。发挥发行网络优势,探索股份制合作,大力拓展物流配送业务。印刷扩大产能初见成效。文化数字创意园建成投用,办公及生产条件得以改善,完成印刷技术改造升级工作,积极拓展商务印刷、绿色环保印刷和档案数字化业务。加强新业务、新项目的统筹规划和实施,拓展产业发展新空间。小贷公司适应市场需要,调整经营策略,推出消费贷和工薪贷产品,微贷投放业务开端良好。物业公司建立"引进来、走出去"的活动模式,实施第二届中国国际房车旅游大会,发展内蒙阿拉善、甘肃碌曲等外省区业务。旅游公司在创新传统旅游业务的同时,发挥文化优势,承办"全国卫视看宁夏""全国百佳媒体聚焦宁夏"等活动,有效扩展业务经营,实现扭亏为盈。完善项目基础工作,提高申报质量。多渠道、宽领域争取项目,全年共收集整理各类项目69个,涉及媒体融合、技术改造、现代服务业、专业展会等多个领域,落实各类项目资金超过4000万元。发行物流集团公司策划申报的服务业信息化建设项目获得自治区发改委项目资金支持,为提升发行物流产业层次奠定了良好基础。发挥展会品牌优势,新项目活动的比重达到50%以上,基本形成全链条式展会业务构架。突出报业特色,荣获"全国优秀展览会奖"和"中国十佳专业展览会"两项殊荣。

【表彰奖励】2017年,宁报集团在自治区效能目标管理考核中被评为优秀等次,被授予自治区文明单位称号。一件作品获第二十七届中国新闻奖唯一版面一等奖,30多篇稿件获全国各类好新闻奖。宁夏报业传媒集团公司获2016—2017自治区级"守合同重信用"荣誉称号,发行物流集团荣获2016—2017年度全国自办发行先进单位和全国省级党报发行先进单位;印刷公司被评为自治区"工人先锋号"和"青年文明岗"。举办的"百孝之星" 表彰评选获中国报业新媒体优秀创新项目奖,中国西部(银川)房·车博览会获"全国优秀展览会奖"和"中国十佳专业展览会"两项殊荣;承办的第十三届深圳文博会,被授予"优秀组织奖"和"优秀展示奖"称号。宁夏报业传媒集团公司在文化体制改革取得的成绩还被中宣部收录《坚持把社会效益放在首位,实现"两个效益"相统一案例选编》之中,成为全区唯一入选的区属文化企业。

(张　丽)

【银川日报】2017年,报社从业人员112人,其中采编人员73人,约占从业总人数的65.1%;持有记者证人员59人,约占从业总人数的52.6%;大学本科以上学历人员96人,约占从业总人数的85.7%;中级以上职称人员46人,约占从业总人数的41%;副高级以上职称人员16人,约占从业总人数的14.2%;高级职称人员3人,约占从业总人数的2.6%。

2017年报社年度出版期数330期，平均期印数2.8万份，平均期发行量2.8万份。总印数930万份，比上年同期减少11万份，下降1.2%；年总印张18650千印张，比上年同期减少70千印张，下降0.4%；刊登公益广告95个页码。年度经营总收入867万元，比上年同期增加36万元，上涨4.2%。其中发行收入415万元，比上年同期增加11万元，上涨2.7%；纳税额26万元，比上年同期增加17.3万元，上涨66.5%。2017年报社广告收入452万元，比上年同期增加125万元，上涨27.6%，占单位总收入的52.1%。银川市坚持“绿色、高端、和谐、宜居”城市发展理念，在贯彻落实自治区第十二次党代会各项目标任务上走在前作表率。为做好市委市政府中心工作宣传报道，打响新闻报道攻坚战，报社加强策划、精心组织，确保中心工作报道计划、重大主题宣传按时按质按量完成。截至12月31日，重大主题宣传报道栏目“贯彻落实自治区第十二次党代会精神 实现绿色高端和谐宜居发展”刊发稿件120篇；“打造优美环境 建设幸福城市”刊发82篇、“建设美好城市 人人争当‘银川眼’”刊发53篇；“丝路明珠 美丽银川 十大中国旅游休闲示范城市”栏目刊发稿件14篇。其他主题宣传报道，如“最美银川人”、“社会主义核心价值观”、“学党章党规 学系列讲话 做合格党员”等分别为70篇、30篇、28篇。

【石嘴山日报】2017年，报社从业人员77人，其中采编人员57人，约占从业总人数的74%；持有记者证人员57人，约占从业总人数的74%；大学本科以上学历人员59人，约占从业总人数的76.6%；中级以上职称人员15人，约占从业总人数的19.4%；副高级以上职称人员2人，约占从业总人数的2.5%；高级职称人员1人，约占从业总人数的1.2%。2017年报社年度出版期数252期，平均期印数1.45万份，平均期发行量1.45万份。总印数365万份，与上年同期持平；年总印张7308千印张，与上年同期持平；刊登公益广告60个页码。年度经营总收入1261万元，比上年同期减少100万元，下降7.9%。其中发行收入551万元，比上年同期减少31万元，下降5.6%；纳税额50万元，比上年同期减少21万元，下降42%。2017年报社广告收入240万元，比上年同期减少28万元，下降11.6%，占期刊单位总收入的19%。石嘴山日报社做强做精新闻报道，提升新闻舆论引导水平。组织了贺兰山清理整治、重点项目建设、产业民生生态转型、“六城联创”、脱贫攻坚等重大宣传战役，强力营造推进工作落实的舆论氛围；改进重大会议报道方式，报纸、新媒体开设了“欢庆党的十九大”“十九大时光”“领航中国”“砥砺奋进的五年”“振奋精神 实干兴宁 深入学习贯彻自治区第十二次党代会精神”“喜迎市第十次党代会· 我这五年”等栏目，采用数据、图片、漫画等形式，多角度宽领域对中央和自治区、市党委政府重大决策部署进行深度解读，全面报道。深入践行“走转改”，精心组织“行进中国·精彩故事”“新春走基层”》《践行社会主义核心价值观》等主题采访活动，记者深入企业、农村、社区，用笔和镜头记录最真实、最生动的基层故事，反映最纯真、最普通的百姓生活，唱响了主旋律，弘扬了正能量。组织开展以创建名专栏、名专刊、名专题、名评论、名作品，争夺全国新闻奖、宁夏新闻奖为主要内容的“五创双争”活动，打造“民间守艺人”、“智慧城市诠释石嘴山市民新生活”、电影《槐秋》新闻发布会纪实、《平罗棚改“房票”安置换来双赢局面》《挚爱在心 大孝于行——第六届全国道德模范白琴的孝老爱亲故事》等一批优秀本土新闻宣传品牌。《沙湖映贺兰 活力石嘴山》《山里人“转身记”》《惠农区积分制“搅活”党员日常管理一池“春风”》《为了每一个残疾孩子的幸福》等数件报纸、网络新闻作品获宁夏新闻奖等各级各类新闻奖奖项。开设《问政回音壁》《热线》《民生》等版面和专栏，助推解决了一批重点民生问题。2017年，石嘴山市新闻传媒中心获“中国城市党报经营创新十强”称号。

【吴忠日报】2017年，报社从业人员80人，其中采编人员55人，约占从业总人数的68%；持有记者证人员56人，约占从业总人数的70%；大学本科以上学历人员58人，约占从业总人数的72%；中级以上职称人员24人，约占从业总人数的31%；副高级以上职称人员5人，约占从业总人数的6%。报纸开设“盯项目促发展”“脱贫攻坚 奔向小康”“不文明行为曝光台”“5189000”便民服务台等重点栏目，深入开展“好记者走基层，弘扬主旋律”“最美吴忠人”等系列主题采访活动，用身边的人讲身边的事，推出一批感动吴忠系列人物，累计刊登稿件200余篇。不断加强和改进民生新闻报道内容及方式，根据群众关心的热点等先后推出周末版选题策划30余个。坚持以核心价值观为引领，定期在重要版面刊登各类公益广告。2017年，《吴忠日报》刊发各类公益广告65个整版。此外，还加大公共场所电子屏公益广告滚动播放频次，并在市区部分街路牌连续制作发布创城、创卫、核心价值观等公益广告内容300余幅(次)。9月10日，《吴忠日报》全新改版，由每周出版5期四开版改为每周出版5期对开版，报纸版面以报道时政、经济、县(市、区)新闻及社会新闻、舆论监督报道和提供大众生活、文化、健康、国内、国际新闻等为主，突出新闻性、权威性、指导性、贴近性、可读性。

【固原日报】2017年，报社年度出版期数261期，平均期印数1.2万份，平均期发行量1.2万份。总印数323万份，比上年同期增加6万份，上涨1.8%；年总印张3230千印张，比上年同期增加60千印张，上涨1.8%；刊登公益广告36个页码。年度经营总收入1619万元，比上年同期增加336万元，上涨20.7%。其中发行收入250万元，比上年同期增加100万元，上涨40%；纳税额20万元，比上年同期减少5万元，下降25%。2017年报社广告收入344万元，比上年同期增加34万元，上涨9.8%，占单位总收入的21%。2017年，报社注重新闻策划，围绕中心，做大做强重大主题和重大活动报道。继续从强化新闻策划机制上下功夫，对阶段性重点、热点新闻进行分类梳理，对重大主题、重大活动、重要会议进行宣传策划，并报市委宣传部审核把关，努力使新闻宣传有深度、有新意、有特色、有影响。围绕中心，为固原市脱贫致富奔小康凝聚正能量。通过开设“走好新的长征路打赢脱贫攻坚战”“冬季大轮训 提振精气神”“脱贫攻坚典型与经验总结”等栏目，形成了宣传声势，为全市脱贫攻坚的扎实推进营造了良好舆论氛围，目前已刊发各类稿件500余篇幅。围绕旧城改造，开设“聚集旧城改造”栏目及子栏目，安排两名记者专门跟踪报道旧城改造工作动态、亮点和成效。围绕闽宁协作21年，开设“闽宁协作—山海相连”“闽宁使者”栏目，派出两名记者赴福建采访，真情讲述了闽宁协作21年来发生在固原大地上的喜人变化和动人故事，拉近了两省区间的距离，为第21次闽宁联席会营造了氛围。开设“两个带头人风采”“六盘儿女一家亲”“县域经济看亮点”等栏目，突出报道全市党的建设、生态建设、特色产业、民族团结等工作，既有亮点，又有成效，向外传播了“固原好故事”和“固原好声音”。在纸张、字体、版式上全面与《人民日报》对标。通过开设“新春走基层新年新愿”“行进中国精彩故事”“平凡人感动事”“民生实事连连看”“百姓生活”“固原地名趣谈”等接地气的栏目，让基层群众登上报纸的重要版面，提升宣传的感染力。策划《五河流域看发展》系列报道，以新闻的视角聚焦脱贫攻坚过程中的亮点、特色，充分报道了各县区在脱贫攻坚中的好经验、好做法、好典型意义，助力全市脱贫攻坚顺利推进。

【中卫日报】2017年，报社从业人员116人，其中采编人员85人，约占从业总人数的73%；持有记者证人员57人，约占从业总人数的49%；大学本科以上学历人员107人，约占从业总人数的92%；中级以上职称人员23人，约占从业总人数的19.8%；副高级以上职称人员3人，约占从业总人数的2.5%；高级职称人员1人，约占从业总人数的0.8%。2017年报社年度出版期数241期，平均期印数1.35万份，平均期发行量1.27万份。总印数325万份，比上年同期减少246万份，下降1.2%；年总印张6507千印张，比上年同期增加3087千印张，上涨47%；刊登公益广告24个页码。年度经营总收入1222万元，比上年同期增加423万元，上涨34.6%。其中发行收入390万元，比上年同期增加180万元，上涨46%；纳税额35万元，比上年同期增加10万元，上涨28.5%。2017年报社广告收入480万元，比上年同期增加56万元，上涨11.6%，占单位总收入的39%。2017年推出了“党代表风采录”“中卫英才榜”“深度聚焦党代会 深化拓展走转改”“深化走转改 见证新发展”“推动移风易俗 树立文明新风”等重点栏目40多个，全方位报道经济社会各项事业发展亮点重点；全年开展脱贫攻坚、环保整治、两学一做常态化制度化等重点报道6次以上；围绕重要节事活动，共出版专刊特刊7次12期，对大漠黄河国际旅游节、环湖赛、亚洲旅游小姐比赛、首届全区大漠健身运动大赛等活动进行了全方位多角度多形式的报道，为中卫市各项事业发展提供了强有力的舆论支撑。2017年，《中卫日报》刊发的5件作品获宁夏新闻奖，其中特别奖1件；8件作品获得全国农民报好新闻作品奖；两名美编设计的作品获得首届宁夏科普作品传播与创作大赛三等奖和优秀奖。11月，《中卫日报》获评“中国地市报党报媒体融合十强”，成为西北唯一一家获此奖项的媒体。为适应新形势、新任务的需要，进一步提高新闻宣传水平，落实好贴近实际、贴近生活、贴近群众的“三贴近”要求，在保证时政、经济等要闻宣传报道和读者需求的前提下，《吴忠日报》由每周出版5期72个小版(四开版)改为每周出版5期32个大版(对开版)，即周一、周五每天出4版，周二至周四出8版。

(徐科军)

NINGXIA YEARBOOK

卫生和计划生育

WEISHENGHEJIHUASHENGYU

编辑◎贾虎林

医药卫生体制改革

【概况】2017年,自治区卫生计生系统落实"大卫生、大健康"工作理念,以健康宁夏建设为主线,深入推进医药卫生体制改革,完善基层卫生和公共卫生服务体系,提高医疗质量、改善医疗服务、优化医疗资源,落实"全面两孩"政策,中医药事业发展加快,对外卫生交流合作取得重大成果,爱国卫生工作、党建暨党风行风建设扎实推进,人民健康水平持续提高,促进了全区经济社会发展。全区人均预期寿命提高到74.99岁;孕产妇死亡率、婴儿死亡率、五岁以下儿童死亡率分别下降到19.1/10万、6.7‰、8.8‰,人口自然增长率控制9‰以内,主要健康指标位列西部第六;全年卫生总费用占GDP的比重为7.8%,高于6.2%的全国平均水平;个人卫生支出占比从2011年36.7%下降到32.9%,下降了3.8个百分点。

【省级综合医改试点】2017年,全区公立医院医疗费用增幅7.2%,药占比(不含中药饮片)34.4%,百元医疗收入(不含药品收入)消耗的卫生材料32.8元,医疗服务收入占比23.2%。自治区、市、县(市、区)三级成立医改领导小组,医疗、医保、医药工作归口一位政府领导分管。自治区政府与各市、县签订医改责任书,纳入绩效考核。自治区召开两次医改领导小组会议和全区综合医改工作会议、医联体建设推进会议、宁夏医改媒体沟通会、新闻发布会等。自治区人大对综合医改专题督查、询问。《自治区人民政府办公厅关于印发"十三五"深化医药卫生体制改革规划和贯彻落实进一步推广深化医药卫生体制改革经验实施意见的通知》《自治区人民政府办公厅转发自治区编办关于公立医院实行人员总量管理意见的通知》《自治区人民政府办公厅关于建立现代医院管理制度的实施意见》《自治区人民政府办公厅印发关于推进全区医疗联合体建设和发展实施方案的通知》《自治区人民政府办公厅关于支持社会力量提供多层次多样化医疗服务的实施意见》等配套文件印发实施。自治区医改办举办3期医改政策培训班,开展3次医改专项督查。自治区卫生计生委建立了"委领导包市、处长包县"的包抓责任制。

【公立医院改革】2017年,全区二级以上公立医院全部取消药品加成。建立公立医院人事编制管理新制度,公立医院人员编制管理实行总量控制、备案管理,编制总量4.2万。银川、吴忠、石嘴山3市共28家公立医院纳入国家薪酬改革试点。推进医疗服务价格改革"分类管理",自治区6家三级甲等公立医疗机构5大类65个医疗服务项目实行市场调节价管理,自治区内三甲医院实行按病种收付费。自治区、市、县(区)成立了公立医院管理委员会及工作机构;自治区召开两次委员会会议,委托第三方对全区55家公立医院实施绩效考核。

【分级诊疗制度建设】2017年,自治区组建医疗集团、医联体、远程诊疗、专科联盟4种形式的医联体,全区100%的三级医院、90%的三级专科医院、63.5%的社区卫生服务机构、35%的乡镇卫生院纳入医联体范围。三级药品目录全部下沉二级医疗机构,150种非基本药物下沉到乡村和社区医疗卫生机构。全区县域内就诊率84%。

【医保支付制度改革】2017年,自治区出台"三医联动"改革实施意见,血友病、结核病新增为自治区门诊大病。吴忠、中卫、固原3市推行总额包干预付制度,银川、石嘴山两市实行住院医疗费用总额控制下的按病种分值付费制度,盐池县列入公立医院综合改革第二批国家级示范县。吴忠市人民医院选择107个病种创新实施单病种付费改革。全区基本医疗保险参保率达96%以上，城镇职工、城乡居民基本医疗保险政策范围内住院报销比例分别为76%、72.7%，城乡居民基本医保财政人均补助标准提高至502元。宁夏与全国31个省份和新疆生产建设兵团近6000家跨省就医定点医疗机构实现异地就医联网结算。

【药品供应保障】2017年，实行药品采购"两票制"，推行药品集中采购，完成招标、谈判和挂网采购类药品7382个品种、11794个品规的集中采购。与陕西、四川、内蒙古签署医用耗材数据共建共享合作协议，建立高值医用耗材跨省区采购机制，完成13个类别高值医用耗材阳光挂网采购，挂网产品共计24465个。

（武旭红）

疾病防控和妇幼保健

【传染病防控】2017年，处置传染病突发事件11起。流行性出血热、手足口病、流感、严重急性呼吸道感染病例监测任务完成率100%。全区法定传染病报告率为527.53/10万。狂犬病疫情持续保持平稳。

【预防接种】2017年，接种第一类12种疫苗239.11万剂(次)，第二类疫苗24种45.36万剂(次)，应急接种997余人，预防性接种14586余人；启动实施脊髓灰质炎二价疫苗替代三价疫苗接种工作；急性迟缓性麻痹病例报告发病率达到1.41/10万。

【项目建设】2017年，与上海市精神卫生中心签订为期五年的精神卫生合作项目，高血压、Ⅱ型糖尿病患者规范管理率均在80%以上。脑卒中高危人群筛查与防治新技术干预8791人。巩固全区癫痫治疗管理全覆盖成果，在治癫痫患者5243例。实施儿童口腔疾病综合干预项目，完成29986名儿童的窝沟封闭治疗，总牙数达到97606颗，完好率达到90%以上。

【公共卫生】2017年，筛查布病高危人群2.16万人，确诊布病患者1742例。包虫病筛查11.1万人，新筛查出患者165人，免费药物治疗1132人，手术补助治疗99例，家犬驱虫40.9万只。制定《宁夏碘缺乏病监测方案》，监测覆盖率达到100%，合格碘盐食用率达到80.2%；完成了覆盖9个县区、27个村的饮水型地方性氟中毒监测，覆盖3个县区、5个村的饮水型地方性砷中毒监测，5个村饮茶型氟中毒监测，监测任务完成率100%。制定《关于加强全区农民工尘肺病防治工作的意见》，实施职业性放射性疾病监测和职业健康风险评估以及医疗卫生机构医用辐射防护监测项目。完成饮用水水质卫生监测工作，监测水样2189份。在6个县(区)20个监测点开展农村环境卫生监测项目，完成率100%。在南部山区7个县区开展农村义务教育学生营养改善计划及营养健康状况监测项目。

【妇幼健康优质服务示范工程】2017年，落实自治区民生实事，为南部山区9县妇幼健康服务机构配备价值1800万元设备。指导各级妇幼健康机构规范设置四大业务部门。开展妇幼保健机构等级评审。联系、落实和北京大学第一医院合作签约工作。继续实施妇幼健康优质服务示范工程，创建全国示范县1个、全区示范县3个。实施妇幼健康行动计划，开展儿童营养改善、母婴阻断、增补叶酸、"两癌"检查等项目，64万妇女儿童受益。推进出生缺陷综合防治，批准成立自治区出生缺陷综合干预中心，落实出生缺陷三级预防措施，实施新生儿先天性疾病筛查和救治，开展残疾预防综合试验区创建工作。

【危重孕产妇和新生儿救治】2017年，出台《关于加强危重孕产妇和新生儿救治工作方案》，印发危重孕产妇和新生儿救治中心建设标准，成立危重孕产妇和新生儿救治中心各23家。实施高危孕产妇专案管理、妊娠风险五色管理。实施新生儿安全项目，国家人口计生委新生儿复苏第三周期项目，与香港儿科医学院基金会签订合作协议，开展新生儿窒息复苏培训工作。

【妇幼健康服务】2017年，完善妇女儿童保健服务内容，印发《关于加强生育全程基本医疗保健服务的实施意见》，在全区推广使用全国统一的母子健康手册，组织制定全区《早产儿保健工作实施方案》，提高早产儿生存质量水平。推进银川市、石嘴山市儿童医院和吴忠市、红寺堡、同心、隆德、西吉、海原等县妇幼健康服务中心建设。提高妇产科、儿科专科疑难病症诊治能力，为南部山区9县配备价值1800万元的四维彩超、母婴监护仪、胎心监护仪、听力筛查仪等设备。实施妇幼健康行动计划，全年全区共有5万多名农村孕产妇得到住院分娩补助，6万多名农村适龄妇女免费服用叶酸，6万多名适龄男女接受免费婚检补助，逐步形成生育全程基本医疗保健服务链条。

【地方病防控】碘缺乏病防控。2017年，在全区22个县(市、区)110个乡(镇、街道办事处)进行碘盐监测，有效监测率为100%；在6600份盐样中，非碘盐470份，碘盐6130份，合格碘盐5295份。非碘盐率为7.1%，碘盐覆盖率为92.9%，碘盐合格率为86.4%，合格碘盐食用率为80.2%。碘盐中位数为23.7mg/kg。合格碘盐食用率以省为单位未达到消除标准。以县为单位，金凤区、西夏区、永宁县、贺兰县、大武口区、惠农区、利通区、同心县、盐池县、红寺堡区、原州区、西吉县、沙坡头区、海原县未达到90%以上的要求。在永宁县、贺兰县、惠农区、同心县、红寺堡区、原州区、隆德县和沙坡头区8个县(市、区)开展学生甲状腺B超检查，共检查8~10岁学生甲状腺容积1600名，甲状腺肿大率为0.8%，达到甲肿率<5%的消除标准；在金凤区、西夏区、永宁县等15个县开展学生和孕妇尿碘检测，采集学生尿样3000份，孕妇尿样1500份。8~10岁学生尿碘中位数为179.7ug/L，其中<50ug/L的样品数占5.6%。按照100~299ug/L的标准判定，达到适宜水平。孕妇尿碘中位数为133.2ug/L，未达到150~250ug/L的适宜水平。生活饮用水水碘调查。在全区22个县(市、区)242个乡(镇、街道办事处)。共采集水源水样1048份，水碘中位数为6.6ug/L，范围为0~97.8ug/L。对乡级调查发现水碘中位数大于10ug/L以上的乡，以行政村(居委会)为单位开展调查，共调查兴庆区等19个县(市、区)的75个乡(镇、街道办事处)的727个行政村(居委会)，共采集水源水样1169份，水碘中位数为14.5ug/L，范围为0~97.4ug/L。乡级调查结果水碘中位数为6.6ug/L，根据饮用水碘含量小于10ug/L的标准即可判定为外环境缺碘，可以得出结论：宁夏绝大部分地区为缺碘地区。地方性氟中毒监测。在灵武市、利通区、青铜峡市、盐池县、同心县、彭阳县、西吉县、沙坡头区、海原县9个县(市、区)27个自然村开展饮水型地方性氟中毒监测。在26个改水村，共监测21个改水工程，其中19个正常运转，2个间歇运转；19个工程水氟含量合格，2个水氟含量超标。在1个未改水村，水氟含量为1.44mg/L。在改水工程正常运转且水氟含量合格的自然村，8~12岁儿童氟斑牙检出率为6%，氟斑牙指数为0.1。在2个改水工程水氟超标或非正常运转的监测村，8~12岁儿童氟斑牙检出率为14.3%，氟斑牙指数为0.3。未改水监测村，8~12岁儿童氟斑牙检出率为15.9%，氟斑牙指数为0.34。在原州区5个自然村开展饮茶型地方性氟中毒监测。监测点居民饮用砖茶的含量合格率为100%，人日均通过饮茶摄入的氟含量可达0.01mg；5个村饮水氟含量范围在0.57~1.73mg/L之间，超标村数1个；检查8~12岁儿童90人，氟斑牙人数13人，氟斑牙检出率为14.4%，氟斑牙指数为0.3。在贺兰县、平罗县、青铜峡市3个县(市)的5个自然村开展饮水型地方性砷中毒监测。监测4个改水工程，全部正常运转且水砷含量全部合格。共检出砷中毒患者10人，检出率为7.1%，无新发病例。2017年，共向学生及群众发放地方病健康教育宣传材料16万多份；广电部门配合卫生计生部门在媒体宣传地方病防治知识共77次；制作宣传栏416期，张贴宣传标语1622条，开展宣传咨询活动378次，培训一级目标人群数5万余人。

【慢性病防控】死因监测。2017年，全区男性、女性主要死因均为慢性非传染性疾病，占所有死因的84.4%。报告病例死因顺位前五位分别是循环系统疾病、肿瘤、呼吸系统疾病、损伤和中毒以及内分泌、营养和代谢疾病。报告循环系统疾病中，前三位分别是急性心肌梗死（占36.3%）、脑出血(占21.2%)和脑梗死(占16.7%)，合计占循环系统疾病的74.3%。肿瘤死亡以恶性肿瘤(99.8%)为主，死因顺位前三位分别是肺癌（22.4%）、胃癌(21.8%)和肝癌(14.8%)，共计占恶性肿瘤死亡数的59%。损伤和中毒死亡病例前三位分别是行人与机动车发生的交通事故(21.7%)、意外跌落(12.1%)和机动车与机动车辆交通事故(8%)，合计占损伤和中毒死亡的41.8%。伤害监测。2017年，宁夏2个伤害监测点共报告伤害病例42178例，男女性别比为1.68：1，年龄主要集中在25~44岁组，占35.6%；初中文化程度最多，占34.9%；职业以商业服务业人员居多，占29.3%。报告伤害病例各月份均有发生，以1—2月发生相对较少，3—12月相对较多，其中9月出现一个小高峰；发生伤害的地点以公路/街道居首位，占35.4%。在伤害原因构成中，前三位依次为跌倒/坠落、交通伤害和钝器伤，分别占38.8%、26.4%和12.1%。伤害性质主要为挫伤/擦伤，占45.3%。伤害部位以四肢和头部多见，分别占48.7%和32.1%。伤害严重程度以轻度居多，占69.8%。2017年，在银川市(兴庆区、金凤区、西夏区、贺兰县)、石嘴山市(大武口区、平罗县、惠农区)、中卫市(沙坡头区、中宁县)、固原市原州区、吴忠市青铜峡市等11个县(区)开展肿瘤随访登记项目。覆盖面积约2.6万平方公里，占全区总面积的39%；覆盖人口351万，占全区总人口的52%。年度各登记点共报告恶性肿瘤及中枢神经系统良性或良恶性不明的肿瘤（以下简称恶性肿瘤）病例9839例，比2016年增加6.8%。其中，新发病例6535例，死亡病例3304例；报告发病率和死亡率分别是183.5/10万和92.8/10万。报告恶性肿瘤发病前五位分别是肺癌、乳腺癌、胃癌、肝癌和结直肠癌，占全部恶性肿瘤发病的57.2%。报告死亡前五位分别是肺癌、胃癌、肝癌、结直肠癌、食管癌，占全部恶性肿瘤死亡的67.7%。宁夏儿童与乳母营养监测。2017年宁夏疾控中心组织利通区、同心县和平罗县三个监测点开展儿童与乳母营养健康监测。监测内容包括询问调查、体格测量、实验室检测和膳食调查四部分。三个监测点共调查0~5岁儿童840名,6~17岁儿童青少年840名,乳母300名,任务完成率均达到100%,问卷调查和身体测量数据的录入均已完成。共完成血红蛋白检测1980份,任务完成率100%;共采集尿样835份,任务完成率99.4%,达到国家项目工作要求。其余血样和尿样按照国家要求均交由第三方检验公司进行血清维生素A、维生素D、锌、铁蛋白、转铁蛋白受体、高敏-C反应蛋白、维生素B12、叶酸、空腹血糖、血脂4项白蛋白、总蛋白的检测,并进行尿钠、碘、微量白蛋白和肌酐的尿样检测。宁夏心脑血管疾病监测。2017年,在银川市兴庆区开展中央补助地方心脑血管疾病发病登记工作,覆盖人口约73万,占全区总人口的11%。兴庆区共有39家医疗机构(包括省级、地市级、县区级医疗机构和基层医疗机构)通过国家重点慢性病监测系统进行心脑血管事件病例网络报告。截至2017年底,共报告心脑血管事件报告卡2995例,报告发病率为406.7/10万,年度任务完成率203.3%(2995/1473),其中,报告脑卒中2256例(75.3%),急性心梗642例(21.4%),心脏性猝死97例(3.3%)。

(武旭红)

医政管理

【概况】2017年,完成第二批5所二级综合医院评审工作。委托国家医院管理研究所对全区9所三级综合医院开展现场复审评价。完成医师资格考试考生资格审查、实践技能和全国统一笔试的考试工作,综合笔试通过率55.1%。实行医师执业区域注册,促进医师有序流动和多机构执业。取消第二、三类医疗技术准入审批,对15个限制类医疗技术实行备案管理,明确医疗机构的主体责任。开展对7所医院巡查工作,实现全区大型三级医院和委属医院巡查全覆盖。

【医政改革】2017年,结合当地疾病谱和医疗服务能力,制定了县级医院200种和基层医疗机构65种分级诊疗病种目录,完善分级诊疗政策体系。建成6个医疗集团、6个专科联盟、14个城市医共体、23个县域医共体。开展医疗机构、医师和护士注册"放管服"改革,全面实施电子化注册管理,电子化注册率已分别达到90.2%、76.3%、82.8%。自治区政府下发《支持社会力量提供多层次多样化医疗服务的实施意见》。

【医疗质量】2017年,对全区114家医疗机构开展医疗质量督查,对23个自治区级质控中心进行考核,提升质控专业水平。发展优质整体护理,2家医院、5个病区、11名护士受到国家卫生计生委通报表扬。深化改善医疗服务行动,二级以上医院预约诊疗全面实施,三级医院移动支付逐步开展,县级医院全部实行"先住院后付费"诊疗服务,"三长一短"就诊现象有效改善。广泛开展无偿献血公益活动,涌现出全国无偿献血先进个人10名、先进集体5个,保持核酸检测全覆盖,确保血液质量安全。开展打击涉医违法犯罪专项行动和医疗安全专项整顿。医疗纠纷预防与处置"三调解一保险"形成长效工作机制,调解成功率达85%,结案率为90%。

【医疗培训与救治】2017年,开展第二批县级综合医院重点专科申报遴选工作,确定重点专科10个。启动第一批15名儿科医生和第二批20名精神科医生转岗培训工作。充分发挥医联体优势,加强县级医院骨干医师培养。组织自治区以外军地21所医院支援中南部8县(区)14所县级医院;自治区内7所三级医院支援中南部6县(区)9所县级医院;深化京宁帮扶合作,培训骨干医师60名。自治区、市、县三级拨付救助资金700万元。处置各类重大公共突发事件医疗救治116起。承办韩红基金会大型义诊公益活动,共捐建、捐赠设施、设备总金额1500万元,义诊患者1.1万多人次,开展手术160多例。

(武旭红)

卫生应急和服务

【应急处置和能力建设】2017年,落实24小时应急值守和信息报送制度,处置了青铜峡婴幼儿食源性疾病、西夏区润承画室学员腹泻、海原曹洼重型货车交通事故等116起突发事件。全区共报告突发公共卫生事件12起,报告病例256例,无死亡,均为一般事件。开展中东呼吸综合征防控工作,保障了2984名赴沙特朝觐人员健康安全。修订《宁夏回族自治区突发公共卫生事件应急预案》和《宁夏回族自治区突发公共事件医疗卫生救援应急预案》,制定2017年度县乡卫生应急能力培训项目管理方案,培训鼠疫防控乡、村两级医生共计215人次。联合自治区总工会举办全区卫生应急技能竞赛,80余家医疗卫生单位700余人参加县级初赛、220余人参加市级复赛、54人参加自治区级决赛。选拔出9名队员组成宁夏代表队,赴京参加全国复决赛,获全国卫生应急技能竞赛团体优秀奖。

【鼠疫防控】制定印发《2017年宁夏鼠疫防控项目管理方案》,组织自治区疾病预防控制中心对全区9个鼠疫监测点开展工作督导和蹲点指导，督促各地强化鼠疫防控知识宣传教育。开展鼠疫防控工作绩效考核，盐池县柳杨堡鼠疫监测点考核为优秀。

【国家救援】2017年，筹备国家紧急医学救援队伍(宁夏)项目建设，争取600万元建设资金，组建一支由50人组成的国家紧急医学救援队(宁夏)，并制定《国家紧急医学救援队伍(宁夏)建设方案》和《国家紧急医学救援队伍(宁夏)建设管理方案》。

【应急信息化建设】2017年，加强应急指挥决策系统运行和管理，对发现的问题及时督促中标企业协调解决，保障应急指挥决策系统平稳有序运行。加强全区"120"一体化急救网络平台运行和管理，印发《院前医疗急救救护车管理制度》等8个相关工作规范，推进了"120"一体化运行进程。银川"120"调度员利用全区"120"一体化指挥调度平台医疗优先分级调度系统(MPDS)，成功指导2例在家分娩产妇。

(武旭红)

基层卫生和爱国卫生

【基层卫生综合改革】2017年，自治区在农村地区建立以"县级医疗机构为龙头、乡镇卫生院为枢纽、村卫生室为基础"的县乡村医疗卫生一体化管理模式，全区所有村卫生室均纳入乡村一体化管理，76家乡镇卫生院纳入县乡一体化管理范围。在城市地区构建"综合医院——社区卫生服务中心——社区卫生服务站"管理一体化的医疗服务联合体，全区有116家社区卫生服务机构与综合医院建立了医联体，占社区卫生服务机构总数的63.5%。制定印发《自治区卫生计生委扎实推进家庭医生签约服务工作实施方案(试行)》和《宁夏家庭医生签约服务工作指南》，以乡镇卫生院、村卫生室、城市社区卫生服务机构为主体组建家庭医生服务团队，主要对老年人、儿童、孕产妇、残疾人、贫困人群及高血压、糖尿病、结核病、严重精神障碍患者等重点人群，开展家庭医生签约服务。全区已组建家庭医生团队1634个，常住人口签约签约覆盖率32.7%，重点人群签约覆盖率达到61.5%。

【基层卫生服务】2017年，开展建设群众满意的基层医疗卫生机构活动，在全区继续创建400家群众满意基层医疗卫生机构，其中：乡镇卫生院70家、村卫生室300家、城市社区卫生机构30家，推动全区基层医疗卫生机构硬件和内涵建设，有33家乡镇卫生院申报国家级群众满意乡镇卫生院，2家社区卫生服务中心申报国家优质示范社区卫生服务中心。将基层医疗卫生机构基本药物制度补助项目与满意机构创建相结合，依托中央和自治区项目补助资金支持，推进开展"满意机构创建"活动。实施"千名医师下基层"对口支援活动，从全区所有二级以上综合医院、专科医院和专业公共卫生机构中选派1000名中级以上专业人员对口支援11家县级公立综合医院、7家中医院、212家乡镇卫生院和185家城市社区卫生服务机构，确保每个基层医疗卫生机构能拥有2名以上对口支援人员。推进职业化乡村医生队伍建设，建立健全乡村医生准入退出财政保障机制，60岁以上村医全部退出岗位，乡村医生退养问题全面解决。加强基层卫生机构设备配置，安排资金5400万元，为132家一般卫生院配置了95台DR、24台CR、15台500MAX光机，确保全区乡镇卫生院实现了心电、影像远程会诊系统全覆盖。争取宁夏燕宝慈善基金会350余万元善款，为中南部山区及银川市240家基层医疗卫生机构捐赠960台"和合治疗仪"。配合做好韩红爱心慈善基金会"百人援宁"活动，为中南部贫困地区乡镇卫生院配备30辆救护车、30辆医疗巡诊车，在10家偏远乡镇中心卫生院建立"韩红爱心·乡镇急救室"并配备急救设备。

【基本公共卫生服务】2017年，将人均基本公共卫生服务项目经费提高到50元，项目扩大至14大类54项，建立基本公共卫生服务进展情况监测报表制度和督导考核工作制度，逐级落实责任。对2016年度全区基本公共卫生服务项目落实情况进行绩效考核。举办全区《国家基本公共卫生服务规范(第三版)》暨项目统计调查制度培训班，提高基本公共卫生服务质量水平。全区居民健康档案纸质建档人数累计达到602万人，电子建档人数累计达到594万人，电子建档率为89.8%；全区完成65岁以上老年人健康管理40.4万人，老年人健康管理率为81.1%；完成重性精神疾病管理人数2万人，管理率达到95.5%；居民高血压管理人数38.7万人，高血压患者健康管理率达到34.4%，规范管理率达到83.2%，高血压患者血压控制率为75%；居民糖尿病管理人数10万人，糖尿病患者健康管理率达到39.6%，规范管理率达到82.9%，糖尿病患者血糖控制率为70.4%，随访管理结核病患者人数2036人。

【"爱国卫生日"活动】2017年，建立自治区"爱国卫生日"活动制度，每月最后一个周五，组织发动全区干部职工、城乡居民、学校师生、部队官兵等，在全区同步开展城乡环境卫生集中整治。由各地爱卫办组织，对公共区域一些薄弱地段和长期遗留的难点脏点进行集中整治。全年共组织开展活动12次，参加人数138万人(次)。

【城乡环境卫生综合治理】2017年，实施城乡环境卫生整洁行动，开工建设美丽小城镇29个、美丽村庄138个、农村危窑危房改造3.18万户。在全区30个村庄开展农村生活污水处理及改厕试点工作。启动“蓝天碧水·绿色城乡”专项行动，治理水、大气、土壤污染。制定印发《自治区“厕所革命·决胜小康”专项行动计划》，明确“十三五”期间城乡公厕、旅游公厕和农村户厕建设目标。各地结合扶贫移民开发、美丽乡村建设、全域旅游等项目，统筹推进卫生厕所建设，全年共新建农村卫生户厕2.05万座、旅游公厕150个。

【卫生城镇创建】2017年，银川市巩固国家卫生城市成果受到全国爱卫会表彰。吴忠市和石嘴山市通过国家卫生城市暗访评估，吴忠市通过国家级现场综合评审。贺兰县和彭阳县通过国家卫生县城复审。石嘴山市、大武口区、中宁县、永宁县、灵武市、隆德县、泾源县通过自治区卫生城市(县城/区)复审。全区已创建国家卫生城市4个、国家卫生县城3个，创建自治区卫生城市7个、自治区卫生县城(区)14个。

【健康城市建设】2017年，召开全区健康城市健康村镇建设启动工作会议，印发《宁夏健康城市健康村镇建设实施方案(2016—2020年)》，提出宁夏“十三五”期间健康城市、健康村镇建设工作目标，确定在银川、青铜峡、盐池等7个城市(县城)开展首批自治区级健康城市、健康村镇建设试点工作。银川市被列入国家级健康城市首批试点城市，并在上海召开的第九届全球健康促进大会健康城市市长论坛上作了交流发言。各市、县(区)在电视台开办了卫生健康栏目，利用报刊栏、广告牌、公共场所LED屏以及车载电视、手机短信、“大喇叭村村响”、“百场万人”基层宣讲、“三下乡”服务、在宁夏科技馆建立健康教育展区等形式，开展健康生活方式宣传教育。以“合理膳食、食品安全、三减三建、迈向健康”为主题，组织健康宣传咨询活动共300多场次，发放宣传品180万份。投入6400万元加强全区体育公共服务基础设施建设，人均公共体育场地面积达2.2平方米。开展迎新春全民健身季、第三届全民健身节活动和科技体育嘉年华等群众体育赛事，共举办活动1000多项次，经常性锻炼人数达到200万人以上。将健康产业列入全区卫生与健康事业发展的重要内容，联合相关部门出台《关于促进健康旅游发展的实施意见》，加强对健康服务机构的政策宣传、咨询和业务指导，营造良好的健康产业发展氛围。全区健康产业机构(企业)累计达到2335个，总产值达到97.1亿元。结合“全国爱国卫生月”“世界卫生日”“世界无烟日”及每月一次的自治区“爱国卫生日”活动，充分利用电视、广播、报纸、网络、微信等传播媒介加强健康知识宣传。4月7日，结合“世界卫生日”，5个地级市同步开展“清洁家园、灭蚊防病”春季爱国卫生运动专题现场活动。加强无烟场所建设和健康促进县(区)、健康医院、戒烟门诊、无烟草广告城市(县城)创建工作。银川市出台地方控烟法规，公共场所全面禁烟。完善全区公共健身基础设施建设，开展全国新年登山大会、百乡千村农民体育月等近700项丰富多彩、形式多样的全民健身活动。开展送知识送指导送服务，体质检测进机关、进社区、进企业、进学校的“三送四进”活动，开展体育社会组织送技术和服务到基层、进校园活动，加强全民健身科学研究和科学指导。

【病媒生物防制】2017年，制定印发新版《宁夏病媒生物监测方案》，开展病媒生物密度监测和抗药性监测。下发灭蚊、防鼠防蝇、空间喷雾操作技术指南，举办病媒生物防制骨干技术培训班。坚持环境卫生治理与药物消杀相结合，利用春季病媒生物繁衍之际和夏秋季高发季节，集中开展病媒生物集中消杀活动。

(武旭红)

中医药

【中医药法宣传】2017年，全区举办《中医药法》培训班10场次，培训700余人次。举办全区《中医药法》知识竞赛，10家机构共86人参加比赛，10人获奖。开展全区《中医药法》宣传月活动，全区累计义诊5000余人(次)，发放《中医药法》宣传等各类宣传彩页约10万份。在宁夏卫视开通《养生有道》中医大讲堂栏目，每周播出一期，邀请区内外专家讲解中医政策法规。

【中医药服务】2017年，实施基层中医药服务能力提升工程“十三五”行动计划，实现全区18家中医医院“治未病”中心的全覆盖，开展5个地市级中医医院国医堂和中医药文化宣传教育基地建设，成立8个中医质控、监测中心，开展18家中医医院感染专项督查。4家单位及15名个人获全国少数民族医药工作表现突出的集体及个人。盐池县、西吉县等4个县区通过了全国基层中医药工作先进单位创建和复审。2家综合医院通过了中医药工作示范单位的复审。完成全区4家二级中医医院等级评审工作。

【中医药项目】2017年，举办年度中医药项目推进培训班，开展2016年中央中医药专项绩效自评和第三方评价工作。基层中医馆健康信息平台建设项目推进顺利，宁夏中医药数据中心基本建设完成。全区 19 个国家级重点专科通过考核验收。自治区中医医院、银川市中医医院列入国家中医药传承创新备选项目库，银川市中医医院迁建项目已完成选址和用地审批手续。“三区一镇”中药资源普查工作正式启动。

【人才建设】2017 年，注重中医药传承，邢世瑞等 3 人获“全国名中医”称号，石学敏院士宁夏针灸学工作站、武维屏名老中医宁夏传承工作站挂牌成立。实施中医药传承与创新“百千万”人才工程，第六批全国师承、第四批全国中医优才、全国中医基层优才和基层名中医工作室项目顺利实施。第三批自治区师承、第五批和第六批自治区中医优才、自治区第二批基层中医优才项目和中医住院医师规范化培训师资培训项目正式启动。完成全区 65 名传统医学师承和确有专长人员考核考试。

【中医药文化交流】2017 年，加大中医药文化交流，启动中医药健康文化推进行动，培养自治区巡讲专家 100 余人，开展中医药文化巡讲 20 余次，发放养生保健手册 5 万余册。举办第五届北京中医药专家宁夏行活动，制作电视纪实片宣传京宁中医药合作五年成绩，与北京中医管理局签订《“三优三平台”工程协议书》和重点专科对口支援协议。

（武旭红）

合作交流和人才管理

【京宁中医药合作】2017 年，继续推进京宁医疗卫生精准帮扶与技术合作，安排 39 名技术骨干和管理干部赴京进修挂职。安排 130 名各专业专业技术人员赴北京、上海、天津、福建、甘肃等地学习培训。举办京宁中医药合作三优三平台建设暨第五届北京中医药专家宁夏行活动，促进京宁中医药合作。

【中外合作】2017 年，第 21 批援贝宁医疗队完成援外任务，选派第 22 批医疗队赴贝宁开展工作。参与“一带一路”建设，协办“新丝路新思路——‘一带一路’医院合作论坛”，推进中阿医院合作，探索“互联网+医疗”模式。开展中英医疗领域相关专家交流，沟通社区医疗、家庭签约医生、公立医院改革、分级诊疗等合作事宜。筛选 10 名医疗专家赴德国进修培训。

【港台交流】2017 年，组织 28 名市级以上医疗机构主管院长、护理部主任赴香港学习，促进香港护理模式的推广应用。举办第二届海峡两岸医院管理研讨会等相关活动，交流两岸公共卫生及卫生改革进展和经验。

【卫生计生宣传】2017 年，制定下发《关于做好全区医改宣传工作的通知》《关于在全区卫生计生系统开展“十个一”系列宣传活动的通知》，组织媒体记者深入基层挖掘，报道医改成果、健康扶贫“政府兜底、一站式结算”等好的做法，全年主流媒体刊发稿件 1187 篇。

【表彰先进】2017 年，按照中央文明办、国家卫生委评选上报“中国好医生中国好护士”工作要求，每月上报 2 名宁夏卫生计生先进人物，向全国各界隆重推介系统内模范人物。卫生部门和自治区党委宣传部、宁夏广播电视台在全区开展“最美医生”评选表彰活动，全区共表彰 10 名最美医生。

【人才管理】2017 年，出台有关卫生计生人才和科技发展规划。印发省级公立医院薪酬制度改革试点工作实施意见，在银川、石嘴山和吴忠市开展试点，推动建立符合公立医院特点的薪酬制度。协调出台公立医院实行人员总量管理意见，建立健全机构编制和人事薪酬管理联动机制。提出为备案人员参照机关事业单位职工建立职业年金制度，缴纳住房公积金，实现同工同酬同待遇。出台《宁夏回族自治区基层卫生专业技术人员高级专业技术资格评审条件》，取消对论文、外语、计算机等的要求，下放评审权限。在银川市和石嘴山市试点下放副高级职称评审权限。推行高级职称考评结合，将业务能力考试合格成绩有效期调整为三年。组织直属单位和各级卫生计生行政部门积极申报自治区人才项目，获得自治区人才专项资金支持 420 万元。开展农村订单定向医学生招聘考试和就业安置，为乡镇卫生院专项招聘订单定向医学生 82 名。新增国家卫生计生突出贡献中青年专家 1 名、自治区“塞上名医”3 名、享受自治区政府特殊津贴专家 9 名、自治区青年拔尖人才培养工程人选 35 名，评选自治区第二批“塞上名医”20 名。完成年度职称考试评审和护士执业资格考试工作，3882 人获得卫生系列中初级职称资格，2110 人取得护士执业资格，817 人取得卫生、计划生育系列高级职称，135 人取得基层高级职称。

（武旭红）

人口与计划生育

【概况】截至 2017 年年底，全区常住人口 681.8 万人，与上年末的 674.9 万人相比，人口总量净增加 6.9 万人，同比增长 1%。全区人口自然增长率为 8.7‰，与上年相比回落 0.3‰。全区出生政策符合率提升至 94.1%以上，与上年的 93.1%相比，上升了 1%。全区出生人口性别比为 106.9，稳定在正常值范围。全区流动人口总量为 41.5 万人，比上年增加 1.1%。

【人口发展态势】2017年，全区总人口继续增长的特征没有发生改变，但增速放缓。“十五”期间年均增长1.5%，“十一五”期间年均增长1.2%，“十二五”期间年均增长1.1%，“十三五”的前两年年均增长1%。死亡率持续在低位运行。出生人口中，二孩比重超过四成，2017年首次超过一孩。全区常住人口中，银川市占32.6%；石嘴山市占11.8%；吴忠市占20.6%；固原市占18%；中卫市占17%，人口分布继续由南部山区向北部川区转移，增幅呈南低北高的态势。银川市、吴忠市、石嘴山市、固原市、中卫市人口分别比上年增长1.6%、1.1%、1%、0.6%和0.3%。县、市（区）人口增速最高的金凤区增长4.9%，最低的海原县下降1%。城镇化率稳步提高，全区城镇化率58%，与上相比，城镇化率提高1.7%。老年人口增速加快，65岁及以上人口比重提高0.8个百分点。

【计生服务管理】2017年，加强出生人口监测，开展生育状况抽样调查，分析预测人口变动趋势和对全区人口发展影响。实施全面“两孩”政策以来，全区全面两孩生育登记2.6万人，已生育2.2万人（其中2016年1万人，2017年1.2万人）。印发《关于加快推进母婴设施建设的指导意见》，推动公共场所和用人单位标准化母婴设施建设。实行一、二孩生育登记服务及再生育审批网上办理，截至年底，全区共办理网上生育登记服务12万条。印发《关于网上办理生育登记（审批）服务有关事项的通知》，确保生育津贴报销制度有效衔接。建立“在线咨询、网上办理，快递送达”运行机制，落实“最多跑一次”便民措施，生育登记服务满意度达96%，较上年增长3%。建立动态调整、按需分配的计划生育投入保障机制，下拨生育登记服务专项补助资金139万元，解决乡、村两级经费不足的问题。落实计划生育奖扶政策，兑现各类奖扶资金超过1亿元。开展创建幸福家庭活动，举办创建幸福家庭活动专题研修班，评选首批“自治区幸福家庭”，石嘴山市、吴忠市被国家评为创建幸福家庭活动示范市。新家庭计划、科学育儿、青少年健康发展等试点工作取得积极进展。印发《医养结合分工实施方案》《医养结合机构审批通知》等文件，推进医疗卫生和养老服务融合发展。

【流动人口服务】2017年，开展流动人口健康教育和促进行动，提升流动人口健康素养水平，全区评选出健康促进示范企业5家，示范学校7所，健康家庭35户。开展流动人口健康服务年活动，推进“6+1”流动人口健康服务活动。以“支部+协会”“协会+支部+商会（商圈）”等形式，建立流动人口计生协24个，基本实现了流动人口计生协全覆盖。

（武旭红）

监督执法和信息化建设

【重点监督检查】2017年，编制《宁夏查办卫生计生违法案件三年行动方案（2017—2019年）》，印发《2017年全区卫生计生综合监督工作要点》，制定《2017年全区卫生计生重点监督抽检工作实施方案》，采用“双随机”模式组织开展公共场所等10项重点监督检查，并自选动作组织开展放射诊疗等3个专项整治工作。全区共查处各类违法案件1383件，罚款金额178.7万元，没收违法所得11万元，比上年分别增长了32.5%、65.4%和2.9%。国家“双随机”重点监督抽检任务完成率为90.6%，完结率为99.8%。在兴庆区、金凤区、中卫市开展二次供水储水设施清洗消毒业主（机构）监督试点工作。共立案处罚12家，罚款2.06万元。完成涉及饮用水卫生安全产品、公共场所、生活饮用水卫生、学校卫生等国家监督抽检工作，圆满完成中阿博览会、第九届中国西部房车博览会等重大活动卫生安全保障任务。

【医疗机构监督检查】2017年，完成87家医疗机构和1家临床用血医疗机构“双随机”国家重点监督抽检任务，对7家医疗机构罚款1.9万元。完成两轮医疗机构依法执业综合检查，共立案处罚252件，罚款金额55.7万元，吊销医疗机构许可证件1件，暂停执业1件。查处无证行医126件，罚款金额32.4万元，分别比上年提高10.5%和16.8%。在国内及区内主流媒体上实名发布“2016年度宁夏卫生计生十大典型案例”。开展严厉打击非法医疗美容专项行动。共检查医疗机构121家、生活美容场所1509家、生活美容培训机构1家，取缔7家，立案查处26家，罚款金额6.1万元，没收违法所得1.5万元。对宁夏医科大学总医院医师让患者到民营医院检查问题进行调查，责成宁医大总院终止与慈济医院的管理关系，将部分公职人员违规持股、违反行业作风等问题移交宁夏医科大学调查处理。开展传染病防治、餐饮具集中消毒单位、消毒产品国家监督抽检工作，对1929家医疗卫生机构的预防接种、疫情报告、消毒隔离制度、医疗废物处置及病原微生物实验室生物安全管理等进行专项监督检查，共立案110件，罚款16.18万元。对5家检查不合格的餐饮具集中消毒单位立案处罚共计罚款1.4万元。开展放射诊疗专项监督检查，立案处罚25家，共计罚款7.85万元。开展职业卫生和放射卫生国家监督抽检工作，开展农村基层远程会诊系统建设摸底调研及放射诊疗规范化管理工作，对连续三年未进行职业病网络报告的职业健康体检机构责令属地监督机构进行行政处罚。对8家计划生育技术服务机构进行“双随机”监督抽检，监督检查计划生育技术服务机构197家，案例处罚5起，罚款2.5万元。联合自治区政法委等11部门开展查处违法违规应用人类辅助生殖技术专项行动。经检查，宁夏没有发现违法违规开展人类辅助生殖技术的行为。督促各市、县(区)卫生计生行政部门明确同级卫生计生监督机构计划生育监督职责工作，全区计划生育监督执法队伍基本建立。

【法律实施检查】2017年，开展《传染病防治法》《传染病防治法实施办法》等5部法律法规落实情况监督检查工作。将43家医疗机构移交属地卫生计生行政部门监管。组织自治区监督局对宁东地区卫生计生监督执法工作进行督导和现场培训，对已经查处的无证行医场所进行回访，对新发现的2家无证行医场所进行了取缔。

【2017年卫生计生监督执法十大典型案例】2017年全区卫生计生监督执法十大典型案例分别是：银川市兴庆区妥丽丽非法行医案；固原市原州区古兆珍非法行医案；中宁县健民医院未取得《母婴保健技术服务执业许可证》从事终止妊娠手术案；西吉县人民医院《放射诊疗许可证》未校验从事放射诊疗工作案；银川市兴庆区妙和手穴灸堂石油城店(逯涛)未取得《医疗机构执业许可证》擅自开展诊疗活动案；固原市中医院未取得《计划生育技术服务机构执业许可证》从事计划生育技术服务案；海原县韩洪芝非法行医案；平罗县李冠霞按摩店未取得《医疗机构执业许可证》从事诊疗活动案；宁夏水投红寺堡水务有限公司未取得《卫生许可证》擅自为辖区居民供水案；中卫市第六感美容美发店经营者李赟娟不能提供有效《公共场所卫生许可证》和健康证从事经营活动案。

【卫生监督机构建设】2017年，21家卫生监督所完成建设并入住，1家卫生监督所正在建设。修订《宁夏卫生计生监督协管评估标准》，开展全区卫生计生监督协管示范县创建工作。印发《2017年全区卫生计生监督培训工作实施方案》，监督员网络培训人均学时达到75.76学时，超额完成国家规定的人均30学时任务，位居全国第一。

【卫生健康信息化建设】2017年，“卫生云”全民健康信息平台已实现区、市、县互联互通。对接完成区内24家二三级综合医院，汇聚医院电子病历数据260多万条，医院和基层卫生机构健康档案数据1400多万条，各类实时指标数据2900多万条，PACS&LIS(影像和生化检验)数据20多万条。通过自治区共享交换平台实现了与其他厅局信息的交换，共享公安厅人口库信息270多万条，人社厅医保报销数据6000多万条。中卫市实现了基层乡镇卫生院和市县医院间电子病历、健康档案等信息的共享调阅，以及儿童免疫规划、居民健康档案等系统间的信息交换共享。居民健康档案和基层卫生信息管理系统已覆盖全区所有市县基层卫生机构，对全区40万例高血压患者，10万例糖尿病患者等慢病患者进行了规范化管理与健康指导。建立“国家—自治区—市—县—乡”五级远程医疗服务体系，实现了乡镇及主要二三级医院全覆盖，已对接13家国家级医疗单位，覆盖全区7家自治区级医院、22家市县综合医院、196家乡镇卫生院，实现远程会诊、远程门诊、远程影像、远程心电、远程超声、远程病理、远程查房、远程教育等多种远程医疗应用。印发《宁夏远程医疗服务管理办法(试行)》等13项政策，开展各类远程诊疗1万多例，参加远程教育人员达到4000多人(次)。

【“卫生专网”建设】2017年，依托自治区电子政务外网搭建“卫生专网”，实现医疗卫生信息服务网络全覆盖。联合自治区信建办、人社厅和各电信公司推进全区网络建设工作，已连通各级公立医疗卫生机构近千家。

【免疫规划互联网+应用】2017年，儿童免疫规划系统已录入126万条儿童信息，将全区400多个预防接种单位、95家产科医院连接为一个整体，实现对流动儿童的动态管理、预防接种的主动监测和全区40个冷库、30辆冷藏车疫苗流通安全的全过程实时监控，保障疫苗安全。“金苗宝”手机APP已有1万多家长使用。

【“120”急救网络体系建设】2017年，建成1个区中心，5个地级市中心、34个急救分站、123辆救护车覆盖全区的急救网络指挥体系。率先在全国以云技术为手段，实现以省为单位的“120”网络管理一体化。可通过云端实时了解全区突发事件应急医疗救援动态和资源现状，指导全区开展应急救援工作。

【健康卡发行】2017年，卫生部门与人民银行银川分行、银川市卫计委、银川市智慧城市一卡通支付有限公司、相关商业银行合作在银川市发行宁夏居民健康卡，实现了和市民卡功能的融合，可以提供医疗健康、公交出行、金融应用等多项公共服务。已累计发卡11000多张。

【健康扶贫信息化】2017年，会同自治区人社厅、扶贫办、民政厅建设宁夏健康扶贫医疗保障“一站式”结算平台，平台已上线运行。

(武旭红)

民族宗教

MINZUZONGJIAO

NINGXIA YEARBOOK

编辑◎黄 鑫

综 述

【概况】2017年,自治区民委(宗教局)围绕"打造全国民族团结进步示范区,各项工作取得新进展。民族团结进步创建。贯彻落实《宁夏回族自治区民族团结进步创建活动"十三五"规划》,推进"585"创建行动计划。实行第三方测评机制,评选命名第七批全区民族团结进步创建活动示范单位。民族团结进步宣传教育。配合国家民委做好"中央媒体民族地区走基层"采访报道活动,在自治区主要媒体开设民族团结进步宣传专栏,开展"同心共筑中国梦"民族团结进步创建系列报道,组织民族团结月活动,通过开展针对不同群体的系列活动,提高民族团结宣传教育的吸引力、感染力和影响力。在服务发展和改善民生方面。国家民委拨付少数民族发展资金11141万元,将资金下达到脱贫攻坚重点县,由各地统筹整合使用。实施全区统战系统"助力脱贫攻坚行动",投入资金5484万元,重点支持同心、西吉、海原、原州区4个县(区)贫困村脱贫销号。城市民族工作。发挥监督检查职能作用,落实党的民族政策,保障各民族群众的合法权益。修订《宁夏回族自治区清真食品管理条例》,依法加强清真食品管理,做好"清真食品准营证"的审批、使用和管理。宗教事务管理。学习宣传贯彻国务院新修订的《宗教事务条例》,以宗教工作"三支队伍"为重点,通过举办培训班、召开座谈会等形式,抓好学习贯彻。学习贯彻全区宗教工作会议精神,制定《贯彻落实全区宗教工作会议精神重点任务分工方案》。依法管理宗教活动场所、宗教活动和宗教教职人员。宗教界人士的服务引导。坚持我国宗教中国化方向,支持伊协举办践行社会主义核心价值观文化交流活动,组织编写指导性卧尔兹,开展"三学一做"主题教育活动等,指导各宗教团体开展伊斯兰教解经、佛教讲经说法、道教玄门讲经、天主教中国化神学研讨、基督教神学思想建设等活动。推进国旗、社会主义核心价值观入报建刊、文化书屋"四进"宗教场所活动。加强宗教界人士培训教育,分层次举办中青年宗教教职人员、重点宗教活动场所管委会主任、宗教界代表人士研修班等培训,累计培训1000多人(次),探索培养宗教界高层次人才,开办首期伊斯兰教界人士在职研究生班。

【全区民族宗教局长会议】2017年2月13日在银川召开。会议传达学习国家民委委员全体会议、全国民委主任会议和全国宗教局长会议精神以及自治区党委、政府决策部署,总结2016年工作,安排部署2017年工作。吴忠市、大武口区、西吉县民族宗教局交流工作经验。通报表扬2016年度全区民族宗教系统优秀调研报告、信息工作先进集体、先进个人。

【法治建设】法治政府建设。2017年,制定《2017年自治区民委(宗教局)法治建设实施方案》,安排部署立法、履行职能、完善制度、行政执法等工作。开展法治政府示范单位创建工作,将少数民族流动人口服务管理工作和依法管理宗教事务确定为创建项目,通过自治区法制办考核验收,并在全区法治政府示范单位创建工作推进会上交流经验。法治宣传教育。按照《全区民族宗教系统第七个五年法治宣传教育规划》》要求,先后举办法治宣传教育,民族区域自治法、法治政府建设专题辅导讲座,增强了机关干部适应新时代民族宗教工作法治化发展要求的能力。组织参加全国民族政策法规知识有奖竞答活动,全区各级民族宗教部门和在校师生近5万人参与答题活动。依法行政制度建设。推进"双随机、一公开"工作,公开双随机抽查事项清单,完善民族宗教事务随机抽查对象名录和执法检查人员名录。健全依法行政制度，制定“双随机、一公开”工作细则，行政复议工作制度、行政调解工作制度、执法公示工作制度，明确随机抽查、行政复议、行政调解、执法公示工作程序，为开展依法行政提供重要制度保障。梳理行政职权，完善规范权力清单，制定全区民族宗教系统权力清单指导目录。

【专题培训】2017年2月14—16日，全区民族宗教工作能力提升研讨班在银川举办，培训班围绕“民族团结进步创建”“全区宗教工作会议精神解读”“舆情信息工作”等6个专题，邀请国家民委、国家宗教局、自治区党委办公厅、政府办公厅相关部门负责同志专题讲解，全区100余人参加。2月21—27日，第二期宁夏少数民族县处级干部培训班在中央民族干部学院举办，培训班围绕“五大发展理念解读”、推进“十三五”脱贫攻坚和供给侧改革等专题，邀请中央党校、国家行政学院教授和国务院扶贫开发领导小组咨询委员会等部委领导授课，全区44名少数民族中青年干部参加培训。12月19—21日，自治区民委（宗教局）举办专题培训班，围绕学习贯彻习近平新时代中国特色社会主义思想、党的十九大精神、国务院新修订的《宗教事务条例》《宁夏回族自治区清真食品管理条例》等主题，邀请国家民委、国家宗教局相关部门负责同志进行授课，全区140多名干部参加。

（王　倩）

民族事务

【民族工作联席会议】2017年5月16日，自治区党委常委、统战部部长马廷礼主持召开自治区民族工作联席会议，传达学习中共中央政治局常委、全国政协主席俞正声到宁视察讲话精神，听取全区民族团结进步创建工作情况汇报，研究第七批全区民族团结进步创建活动示范单位评选事宜。自治区副主席马力出席会议。会议强调，要结合学习贯彻习近平总书记系列重要讲话和中央有关民族宗教工作会议精神，深入学习领会俞正声主席来宁视察重要讲话精神，持续推进党的民族宗教理论政策下基层“百场万人”大宣讲活动，抓好分层次的传达学习，突出党政领导干部、民族宗教工作干部和宗教界代表人士，切实把中央的决策部署和俞正声主席的指示要求落到实处。要对宁夏贯彻党的民族工作方针、政策整体情况进行分析研究，提出具体意见建议，为自治区党委、政府科学决策提供依据。要持续深化民族团结进步创建活动，完善示范单位测评指标体系，建立第三方测评工作机制，推动民族团结进步创建活动示范单位评选工作制度化、规范化，积极营造全社会共同关注、支持、参与民族团结进步创建活动的良好氛围。

【民族团结进步创建】2017年，注重顶层设计，完善《全区民族团结进步创建工作考核细则》和全区民族团结进步创建活动示范单位测评指标体系。发挥典型示范带动作用，组织有关专家学者，深入全区122个拟命名的民族团结进步创建活动示范单位，评选命名100个全区第七批民族团结进步创建活动示范单位。固原市原州区、彭阳县、银川市金凤区等8个单位被国家民委命名为第五批全国民族团结进步创建示范区（单位），创建工作覆盖面得到新提升。贯彻落实《宁夏回族自治区民族团结进步创建活动“十三五”规划》，推进“585”创建行动计划（建立健全考核评价、典型引领等五项机制，实施民族团结育苗、和谐寺观教堂创建等八项工程，实现中华民族共同体意识进一步增强等五项目标）。9月26日，自治区第十一届人民代表大会常务委员会第33次会议听取和审议全区民族团结进步创建工作情况，民委主任丁卫东受自治区人民政府委托，向自治区人大常委会作专题报告，全体委员对全区民族团结进步创建工作给予了充分肯定，并对做好民族团结进步创建工作提出意见建议。

【民族团结宣传教育】2017年，开展全区党的民族宗教理论政策下基层“百场万人”大宣讲活动。在《宁夏日报》、宁夏新闻网、新华网宁夏频道等媒体开设民族团结进步宣传专栏，开展“同心共筑中国梦”民族团结进步创建系列报道，拍摄了反映民族团结的微电影、微视频。4—9月，自治区民委、教育厅、文明办、共青团宁夏区委、宁夏日报报业集团联合组织开展以“中华民族一家亲·同心共筑中国梦”为主题的中小学民族团结才艺表演比赛活动，78个节目参加初赛，20个节目进入决赛，反映了各民族兄弟相互帮助的感人故事，歌颂了身边民族团结模范人物和先进事迹，激发了中小学生热爱家乡、热爱伟大祖国、热爱中华民族的情怀。石嘴山市第二十六小学、银川一中等4所学校选送的节目获一等奖，吴忠市利通区盛元小学、中卫市第四中学等6所学校选送的节目获二等奖，吴忠市利通区第九小学、银川市西夏区兴泾回民中学等10所学校选送的节目获三等奖。8月28日，2017年民族团结月启动仪式在银川举行，自治区党委常委、统战部部长白尚成宣布2017年全区民族团结月活动正式启动，自治区副主席马力代表自治区党委、政府致辞，自治区有关部门和银川市四套班子分管领导，荣获银川市民族团结进步创建活动示范单位、民族团结教育基地、和谐寺观教堂的负责人和银川市各族各界群众参加启动仪式。期间，各地开展民族宗教领域矛盾纠纷大排查大调处工作，组织对全区各地民族团结月活动开展情况和民族宗教领域矛盾纠纷排查情况进行督查，各地民族宗教工作部门主要负责人带头开展走访活动，倾听意见建议，掌握社情民意，排查化解矛盾纠纷，为党的十九大胜利召开营造良好氛围。6—9月，举办全区“民族团结一家亲，同心共筑中国梦”暑期系列活动，活动组织专题报告会，参观宁东能源化工基地、银川舰军事博物馆等地，开展“中华民族一家亲 同心共筑中国梦”主题团日和文艺联欢等活动。来自全区18所高校、5个地级市和直属学校的36名大学生、24名中职学生和40名中学生参加暑期“同心营”活动。暑假期间，围绕青少年思想引领和民族团结教育工作，在全区持续开展“闽宁少年手拉手”夏令营、民族团结进步典型事迹宣讲、民族团结话剧“大篷车”、全区少先队“中华民族歌”展演等活动，教育引导各族青少年在相互了解、相互帮助、相互学习、相互欣赏中，增强中华民族共同体意识，牢固树立正确的祖国观、历史观、民族观。

【中央媒体民族地区走基层活动】2017年11月9—11日，国家民委组织的“中央媒体民族地区走基层”活动走进宁夏，来自新华社、《光明日报》等中央主要新闻媒体以及国家民委所属的《中国民族报》《中国民族》《民族画报》的记者先后赴银川、吴忠市的机关、学校、企业、社区、乡村、家庭，通过座谈交流、集中采访和个别访谈等形式，对宁夏民族团结亮点特色工作和典型经验进行实地采访，共刊发稿件20余篇，中央媒体记者纷纷感赞宁夏民族团结工作亮点突出、成效显著，将通过多种形式和渠道，把宁夏在民族团结、脱贫攻坚、优质教育扶贫扶智、各族群众创业培训、美丽乡村建设等方面取得的好经验、好做法向全国宣传推广。11月9日，自治区党委常委、统战部部长、银川市市长白尚成会见了中央媒体采访组。

【全区民族团结进步暨和谐寺观教堂创建观摩会】2017年7月24—26日，自治区召开全区民族团结进步暨和谐寺观教堂创建互观互检现场观摩会，会议分两个阶段进行，7月24—26日，参会人员分两组深入全区5个地级市16个县（区）的37个民族团结进步创建示范点、和谐寺观教堂创建示范点观摩交流；7月26日，在吴忠市召开经验交流会，银川、石嘴山等五个地级市交流民族团结进步、和谐寺观教堂创建经验，自治区党委常委、统战部部长、银川市市长白尚成主持会议，自治区副主席马力讲话。自治区有关部门负责人，各市、县（区）党委、政府分管领导和党委统战部、民族宗教局负责人共140余人参加会议。会议强调，要完善顶层设计，统筹推进，紧紧围绕打造全国民族团结进步示范区，把创建工作纳入经济社会发展的总体要求中来安排部署。要坚持问题导向，突出重点，认真学习领会党的民族政策和宗教工作基本方针，着力做好民族宗教领域突出问题专项治理工作，始终从政治的高度分析解决问题。要整合社会资源，全力推进，加强组织领导，调动各部门协同参与创建工作的积极性，形成推动创建工作的强大合力。要善于运用网络等新技术，广泛动员和吸引全社会力量，为创建工作献计出力，为创建工作搭台造势，形成人人参与民族团结创建，人人争当民族团结模范的良好氛围。

【少数民族发展资金管理】2017年，中央下拨少数民族发展资金11141万元，比上年增加1761万元，增幅达19%。自治区民委与财政厅、扶贫办，按照“管总量不管结构、管任务不管项目、管监督不管实施”的原则，将2017年中央财政提前下达宁夏少数民族发展资金指标重点投入9个贫困县，并明确少数民族发展资金属于统筹整合范围，由贫困县（区）根据本地脱贫攻坚规划和报经自治区扶贫开发领导小组备案的资金统筹整合方案统筹整合使用。10月17—24日，自治区民委会同自治区纪委派驻民委纪检组对全区2014年至2017年少数民族发展资金管理使用情况进行专项督查，督查组采取点面结合重点抽查的方式，对各地2014年以来少数民族发展资金项目申报、审批、拨付、实施和管理等进行检查。

【民贸民品企业管理】2017年，自治区财政厅牵头制定《宁夏回族自治区民族贸易和民族特需商品生产贷款贴息专项资金管理办法》，明确了设立省级民贸民品财政专项资金、扩大承贷金融机构范围、贷款贴息率、年度贴息额封顶结算等事宜，并对贴息资金的监督与管理作出规定，明确监管职责。3月21—23日，国家民委调研组深入银川、灵武、吴忠等地民贸民品企业，了解企业生产经营、享受贷款贴息政策情况，并召开座谈会，围绕民贸民品贷款贴息、制定贴息资金分配管理办法、“十三五”民族特需商品定点生产企业认定等工作，与宁夏、甘肃、青海3省区民委和人民银行银川中心支行的有关人员进行交流，听取意见建议。

【城市民族工作】2017年,学习贯彻全国城市民族工作会议精神,坚持城市民族工作法治化建设,建立健全城市民族工作管理综合协调机制,推进民族工作进社区,探索建立少数民族流动人口服务管理双向对接管理机制。银川市被国家民委命名为全国少数民族流动人口服务管理试点示范城市。9月12日,在全国少数民族进城务工人员语言文化政策教育服务工作现场经验交流会上,自治区民委与北京市民委签署《在京务工经商少数民族群众服务管理工作协议书》,并与河北、内蒙、四川等省区(市)座谈交流做好在京少数民族群众务工经商服务管理工作的意见和措施,协议书明确,宁夏与北京两地民委将按照"服务为先,融合为先,流入地为主,流出地配合"的原则,建立工作机制,加强对在京宁夏少数民族群众的宣传教育等7个方面工作的协作配合机制。

【清真食品管理】2017年,自治区民委会同自治区党委统战部、自治区政府法制办修订完善《宁夏回族自治区清真食品管理条例》,经自治区人民政府第105次常务会讨论通过并提请人大常委会审议,于2017年11月30日由自治区十一届人大常委会第三十四次会议修订通过,自2018年1月1日起正式施行。该条例指导各地严把清真食品准入关,从源头上加强《清真食品准营证》的审批、使用和管理。

【第二届全区少数民族文艺调演】2017年8月23—28日,由自治区政府主办,自治区民委、文化厅承办的第二届全区少数民族文艺调演在银川举办,调演期间,来自全区5个地级市和宁夏大学、北方民族大学等12支代表队800多名演员参演,由歌舞、小品、器乐等40个节目组成,以"展示民族文化风采,促进民族团结进步"为主题,充分展示全区各民族文化艺术魅力,以及近年来全区少数民族文艺创作新成果,推动少数民族优秀传统文化创造性转化和创新性发展,增强全区各族群众对中华文化的认同和自信。8月28日,在宁夏大剧院举行第二届宁夏少数民族文艺调演颁奖晚会。

【民族教育条例实施情况执法检查】2017年6月14—16日,自治区人大常委会组成执法检查组,由自治区人大常委会副主任王儒贵带队,对全区贯彻实施《宁夏回族自治区民族教育条例》(以下简称《条例》)进行执法检查。检查组针对《条例》执行情况深入银川市、石嘴山市、吴忠市、固原市和中卫市部分县(区)的学校进行检查。6月16日下午,自治区人大召开专题座谈会,听取自治区人民政府关于贯彻落实《条例》执行情况的专题汇报,教育厅、发改委、财政厅、民委、人力资源和社会保障厅、银川市等单位结合工作职责对贯彻落实《条例》情况作了工作报告,检查组对检查情况进行通报。自治区人大副主任王儒贵充分肯定了全区民族教育取得的成效,并对做好民族教育工作提出了具体要求。7月25日,自治区人大常委会召开第三十二次会议,审议通过了《宁夏回族自治区民族教育条例》贯彻实施情况的报告。

【"中华民族一家亲"文化下基层活动】2017年7月17—28日,国家民委主办的"中华民族一家亲"文化下基层活动走进宁夏,分别深入银川市、红寺堡区、彭阳县开展送戏、送医、送书活动。7月18—19日,中央民族歌舞团分别在宁夏大剧院、红寺堡区广场进行慰问演出。7月17—28日,清华大学第一附属医院专家组在红寺堡区医院、彭阳县医院开展义诊和医疗讲座,并与当地医院建立交流合作、人才培养机制。国家民委向红寺堡区四中、燕宝基金小学,彭阳县新集中学、红河镇文沟小学等4所学校及有关单位赠送价值40万元的图书、报刊、杂志。"中华民族一家亲"文化下基层活动,是国家民委按照中央关于服务基层、服务群众的要求,面向边远民族地区基层群众开展的一项活动,包括送戏、送书、送报刊、送医等。

(王　倩)

宗教事务

【专题调研】2017年5月25—27日,国家宗教事务局局长王作安带领中央统一战线工作领导小组第八调研检查组到宁夏,就宁夏贯彻落实中央关于统一战线一系列重大决策部署、特别是习近平总书记关于统一战线的系列重要讲话精神进行实地调研检查。调研检查组一行先后深入吴忠、银川等地的部分宗教活动场所、宗教团体、宗教院校以及企业、社区了解情况,并与部分基层干部、宗教界人士、专家学者交流,听取意见建议。自治区党委常委、统战部部长马廷礼,自治区副主席马力,自治区党委秘书长参加有关活动。5月27日,王作安在银川主持召开专题汇报会并代表调研检查组反馈意见。自治区党委副书记姜志刚作表态发言,自治区党委常委、统战部部长马廷礼汇报了宁夏贯彻落实中央关于宗教工作重大决策部署情况。自治区党委书记石泰峰会见了王作安一行。

【学习宣传《宗教事务条例》】2017年,新修订的《宗教事务条例》颁布后,自治区宗教局通过召开专题会议、组织培训班等形式,先后组织机关全体干部、五大宗教团体和全区各地民族宗教工作部门负责人，全文学习新修订的《条例》和解读材料，研究学习宣传贯彻的具体举措。要求全区各级民族宗教干部要认真研读《条例》全文，学深悟透，深刻领会精神实质，同时指导各宗教团体、宗教活动场所扎实开展学习宣传，通过宣传栏、微信等媒体，加大宣传力度，不断扩大学习宣传的覆盖面。

【贯彻落实全区宗教工作会议精神】2017年，制定《贯彻落实全区宗教工作会议精神重点任务分工方案》，明确各部门(单位)职责及工作措施。1月11日，自治区成立全区宗教工作会议精神宣讲团，自治区宗教局局长丁卫东任团长，宣讲团深入全区各地广泛宣传会议精神，各级累计组织宣讲300余场，3万多名干部群众参加培训。2月23—24日，自治区宗教局在宁夏社会主义学院举办全区宗教工作会议精神专题学习班。自治区佛教道教协会、天主教基督教“两会”副秘书长以上人员和重点宗教活动场所主要负责人近60人参加学习。5月2日，自治区党委统战部召开贯彻落实全区宗教工作会议精神及统一战线重点工作推进情况督查工作动员大会，自治区党委常委、统战部长马廷礼主持会议。5月3日，自治区宗教局局长丁卫东和副局长李文明、陈建龙分别赴固原、吴忠、石嘴山市，对全区宗教工作会议精神贯彻落实及统一战线重点工作推进情况进行督查。

【甘宁两省区宗教工作联席会议】2017年9月29日，甘肃、宁夏2017年度宗教工作联席会议在固原市召开。自治区党委常委、统战部部长白尚成，甘肃省委常委、统战部部长马廷礼出席会议。中央统战部、国家宗教局有关人员到会指导。会议总结了两省（区）宗教工作取得的成绩，审议通过了新修订的《甘肃、宁夏两省区宗教事务管理协作办法》，协商安排了协作事宜。

【宗教活动及场所管理】2017年，指导各地认真执行《宁夏回族自治区宗教活动安全管理暂行办法》，建立健全宗教活动安全管理协调联动机制、宗教活动现场服务保障机制、宗教突发事件应急处置机制、安全管理重大失误责任追究机制等，做到“四到位”，即政府履行安全管理责任到位、有关部门监管服务到位、宗教活动场所落实主体责任到位、安全保障应急措施到位，做好大型宗教活动的申报审批和服务管理工作，确保宗教活动规范有序进行。自治区宗教管理部门指导自治区道教协会制定《关于进一步规范道教法事活动的通知》，规范道教教务法事活动，引领道教教职人员依法依规开展宗教活动。严格申报审批程序，加大建筑风格规划引导管控，抓好宗教活动场所建设安全管理意见的落实，确保翻建、扩建宗教活动场所的建设质量安全。开展宗教活动场所统一社会信用代码赋码和《宗教活动场所登记证》换发工作。自治区住建厅编制《宁夏中式清真寺建筑设计方案推广图册》，引导采用中式建筑风格。对全区佛教、道教、天主教、基督教活动场所基本情况进行全面调查，摸清底数。

【宗教教职人员管理】2017年，做好道教、天主教教职人员证书颁发工作。指导自治区伊协制定《宁夏回族自治区阿訇日常行为守则(试行)》，明确了“十不准”行为底线。自治区道教协会制定《关于换发道教教职人员证书工作方案》，多次召开专题会议研究解决工作中存在的问题，于11月10日在吴忠市举行道教教职人员证书颁发资格考试，为符合条件的教职人员颁发资格证书。完成银川市、固原市、石嘴山市、吴忠市共352名道教教职人员资格审核及证书打印发放工作，完成天主教全部教职人员资格审核及证书打印工作。

【朝觐工作】2017年，坚持朝觐网上排队报名制度，将朝觐名额全部分配到各县(区)，指导各地做好资格审查、带队人员选派等工作，加大朝觐人员资格审核工作力度，积极与组织、扶贫、民政等部门协调加强资格复核工作。7月21日，自治区政府召开朝觐安全工作专题会议，自治区副主席马力出席会议并讲话，对朝觐安全防范工作进行部署。7月12—18日，自治区宗教局、伊协分别在银川、石嘴山、吴忠、固原四市和灵武市、海原县、同心县开展朝觐行前培训，讲解朝觐政策、朝觐程序、外事知识、境外安全常识、卫生防疫及朝觐期间需要注意的事项等。7月24日，自治区宗教局、伊协组织召开朝觐带队工作人员培训会，自治区公安厅、卫计委、海关、检验检疫局等朝觐工作小组成员单位的相关人员参加会议。8月1—5日，全区2976名朝觐人员在河东机场分乘九架包机赴沙特，期间采取多种措施应对高温酷暑、中东呼吸综合征疫情等风险，确保朝觐人员生命安全，组织开展“祝福祖国，献礼十九大”即兴演讲比赛、“朝觐是爱国之旅，文明之旅”、“我与国旗合影”等主题教育活动，9月6—15日，朝觐人员陆续安全回国。

【和谐寺观教堂创建活动】2017年，推动宗教活动场所严格依法依规办事，自觉在政策法规和教义教规允许的范围内开展活动。开展社会主义核心价值观、国旗、报刊、文化书屋“四进”宗教活动场所，向全区创建和谐寺观教堂先进集体和部分重点宗教活动场所赠订500份《华兴时报》和300份《中国宗教》《宁夏法制报》。向国家宗教局报送第三届创建全国和谐寺观教堂先进集体和先进个人相关材料和图片，在《中国宗教》杂志上广泛宣传。

【宗教界自身建设】2017年，制定宗教团体换届工作方案，组成考察组，分别赴各市、县(区)、宗教活动场所听取意见，组织统战、宗教、公安等部门进行审查，严把政治关，自治区佛教、基督教、天主教3个团体完成换届工作。指导各宗教团体健全分工负责制度，制定《全区佛教道教天主教基督教团体考核办法》，完善团体考核及负责人述职考评制度。引入第三方财务机构对团体建立统一财务代管机制，加强宗教团体规范化管理。指导自治区伊协强化自身建设，发挥伊协解经主体作用，坚持伊斯兰教中国化方向，建立解经新模式，引导伊斯兰教界以社会主义核心价值观为引领，对教义教规作出与中华优秀传统文化相契合、与中华传统美德相融合的阐释。在佛教界开展以“弘扬人间佛教思想”为主题的讲经说法活动，组织道教团体参加玄门讲经活动，组织天主教开展民主办教、基督教开展神学思想研讨活动，引导宗教与社会主义社会相适应。

【宗教工作教育培训】2017年2月22日，自治区党委统一战线工作领导小组召开第4次会议，审议并原则通过《2017年度全区宗教界人士教育培训工作方案》。自治区宗教局会同自治区党委统战部、宁夏社会主义学院等单位，采取集中办班、在职学历教育等形式，先后举办重点宗教活动场所管委会主任培训班、全区乡镇民族宗教专干培训班、佛教道教天主教基督教代表人士及重点场所负责人培训班、伊斯兰教界人士研修班等，逐步提高宗教教职人员的政策理论水平。自治区党委统战部、宗教局指导宁夏社会主义学院、宁夏伊斯兰教经学院多次召开论证会，研究制定相关培养方案，报国家宗教事务局批准，创办宁夏伊斯兰教界人士在职研究生班，严格按照公开、公平、公正原则，经过笔试、面试、组织考察和公示等程序，最终确定了20名学员，学制3年。8月21日，首届宁夏伊斯兰教界人士在职研究生班开学典礼在银川举行。联合北京师范大学开设宗教教职人员函授大专班，招生1期40名教职人员。办好宗教教职人员全日制本科班和大专班，在宁夏伊斯兰教经学院开设本科班7个、专科班1个，培养青年教职人员237名。指导帮助市、县(区)开展宗教教职人员函授大专班和本科班学历教育，全年共开设3个本科班、7个专科班。推荐1名佛教教职人员参加中央统战部联合中国人民大学举办的第4期宗教研究生班。推荐1名道教教职人员参加武当山道学院本科学历教育班。推荐2名基督教教职人员参加东北神学院举办的中专、大专学历教育。

（王　倩　王　蕾）

佛　教

【换届工作】2017年12月26—27日，自治区佛教协会在银川市召开第五次代表会议，修改通过了《宁夏回族自治区佛教协会章程》，选举产生了自治区佛教协会新一届领导班子，释耀正当选宁夏佛教协会会长。为做好会议筹备工作，自治区佛教协会先后召开会长办公会议、常务理事会议，确定代表分配方案，提出新一届理事会理事建议名单，并抽调人员，与自治区党委统战部、自治区宗教局组成联合考察小组，分别赴各市统战、宗教部门和佛教协会、佛教场所，与各地佛教协会、佛教场所负责人进行座谈交流，充分听取意见建议，确保换届工作顺利开展。指导石嘴山市佛教协会召开第三次代表会议，听取并审议通过《石嘴山市佛协第二届理事会工作报告》《石嘴山市佛教协会章程》，选举产生第三届理事会及领导班子。指导吴忠市佛教协会召开第一次代表会议，会议审议通过筹备工作报告、《吴忠市佛教协会章程》，选举产生了吴忠市佛教协会第一届理事会理事和领导班子，自治区佛协副会长吕维新居士致辞，副会长果真法师作题为《大势至菩萨念佛圆通章》大意的授课。

【公益慈善活动】2017年，银川市、固原市、中卫市、吴忠市佛教协会分别举行助残扶贫的公益慈善活动。石嘴山市佛教协会组织银善寺、迎光寺、普善寺、圆丰寺、观音寺等，在石嘴山市两区一县开展公益慈善送温暖活动，总计捐面粉1500斤、大米1500斤、现金3000元，受益户30户。春节期间，红寺堡区兴缘寺赴红寺堡镇中圈塘村，新庄集乡白墩村、菊花台村开展慈善济困送温暖活动，为困难群众送去衣物2000余件及5000元生活慰问品。

【弘法讲经活动】2017年12月28日，自治区佛教协会在海宝塔寺举办自治区佛教协会第六届讲经说法活动，围绕“弘扬人间佛教”主题，12名法师结合佛教经典、践行社会主义核心价值观等内容讲经说法，100多名僧俗接受了爱国爱教、自觉走与社会主义社会相适应道路的宣传教育。

【教职人员培训】2017年5月19日，自治区佛教协会召开会长办公会议，学习中国佛教协会《汉传佛教教职人员资格认定办法》。石嘴山市、中卫市佛教协会分别举办教职人员培训班，进行了佛教历史、教理教义等内容的培训，提升佛教教职人员的佛学水平。推荐1名佛教教职人员参加由中央统战部联合中国人民大学举办的第四期宗教研究生班。

【引导信众正信正行】2017年，办好《会务通讯》会刊，通过会刊和信息报送等形式，向主管部门和全区佛教界报告宁夏佛教动态，向佛教界传递党和国家宗教政策精神，普及政策法规知识，反映佛教界群众诉求，支持和引导佛教界进行佛教中国化和人间佛教思想阐释活动，印制《般若波罗蜜多心经浅释》《三时系念佛事》等佛教内部读本。

【宗教活动】2017年4月8—11日（农历三月十二至三月十五），青铜峡市牛首山举行传统庙会，来自周边地区及邻近省区的信教群众和游客约10万人、约7000车辆参加了庙会活动。5月3日（农历四月初八）佛诞节期间，银川海宝塔寺、灵武马鞍山甘露寺、惠农区银善寺、中宁县石空大佛寺等大小寺院均举行1~3天规模不等的庙会活动，大量佛教徒和群众前往祈福或参观。9月5日（农历七月十五）“盂兰盆节”，银川海宝塔寺、马鞍山甘露寺，石嘴山北武当寿佛寺、银善寺等佛教场所以祭奠亡灵、祈福消灾为主要内容，举行2~5天的传统庙会活动。继续在全区佛教寺院开展文明敬香宣传，禁止在寺院内烧高香。联合自治区宗教局、自治区农牧厅渔业渔政管理局等部门在银川市举办以“关爱生命、保护环境、科学放生”为主题的放生（增殖放流）示范活动，活动为全区佛教界放生（增殖放流）活动提供指导和示范，将正确的放生理念、科学合理的放生行为，推广到全区佛教界，规范全区佛教界放生（增殖放流）活动。

【参与社会事务】2017年11月14—16日，自治区佛教协会一行5人赴江苏无锡灵山参加以“学习贯彻党的十九大精神，贯彻落实新修订的《宗教事务条例》”为主题的中国佛教协会第九届理事会第二次会议，并参加以“弘扬人间佛教思想，建设当代佛教文化”为主题的纪念赵朴初居士诞辰110周年暨中国佛教文化研究所成立30周年活动。

（王　倩）

道　教

【教职人员管理与培训】2017年，制定印发《关于做好我区道教教职人员申领工作的通知》，认真审核各地申报资料，完成银川市71人、石嘴山市45人、固原市104人的证书发放工作。组织吴忠道教协会发证考试，共有96人参加，76人通过考试。截至年底，全区共发证352本。按照《宁夏回族自治区道教正一派传度活动办法》规定，提前对申请传度人员进行资格审查批复，6月11—12日，自治区道教协会在中卫市龙宫庙举行正一派第四届传度活动，活动严格按照道教正一派传度仪轨举办，共传度88人。组织参加正一派授箓活动。全年中国道教协会分配宁夏授箓名额15名，12人通过审核。12月10日，自治区道教协会在银川集中举办宁夏参加2017年内地正一派初授箓活动人员培训班，按照中国道教协会下发的箓坛考核范围内容进行授箓常识、礼仪等培训，并组织考试。12月11—16日，自治区道教协会组织12名道教教职人员赴江西龙虎山，参加中国道教协会举办的2017年内地正一派初授箓活动。推荐4名全真派道长参加中国道教协会在青岛崂山太清宫举行的为期一个月的传戒活动。推选人员参加国家宗教局、中国道教协会和自治区宗教局举办的各类培训班，分别与银川、石嘴山等5个地级市道教协会联合举办五期培训班，围绕道教学识、道风建设等方面进行培训，共培训400余人（次）。

【玄门讲经活动】2017年8月13—14日，自治区道教协会在平罗县玉皇阁举办主题为“遵道守分、福集寿臻”的第五届玄门讲经活动，12名道长讲经弘道，40余抄经作品参加展出，期间还进行了道教音乐、武术表演。印制《宁夏道教协会第五届玄门讲经活动专刊》发放给全区各级协会及道教活动场所参考学习。11月15—19日，自治区道教协会组织团体负责人参加中国道教协会在西安市举办的第二届道教文化艺术周暨第九届玄门讲经活动，自治区道教协会推荐的张波道长获得玄门讲经第六名，报送的四幅书画作品获得道教文化艺术展优秀奖。

【吴忠市道教协会成立】2017年8月9日，吴忠市道教协会第一次代表会议在吴忠市利通区召开，吴忠市委、政府等部门领导出席会议，自治区宗教局业务处室负责人，自治区道教协会、各市县（区）道教协会负责人莅会祝贺。吴忠市所辖县（区）60名道教界代表参加会议。

【上善慈善基金支持】2017年，在中国道教协会成立60周年之际，经国家宗教局批准，中国道教协会上善慈善基金正式成立，主要用于开展社会公益慈善事业和支持推动老少边穷地区道教事业发展，已筹集到善款2000余万元，首批资助全国10所道观和112名生活困难道长。自治区道教协会积极争取中国道教协会上善慈善基金支持，银川市威仪堡玉皇庙和王诚全等9名60岁以上生活困难老道长获得资助，其中宗教活动场所获得20万元资助，生活困难道长每人每月获得300元生活补助。

（张学成）

伊斯兰教

【全区伊斯兰教协会负责人会议】2017年1月16日，全区伊斯兰教协会负责人会议在银川召开，会议就2016年伊协工作开展情况和2017年重点任务进行讨论，各地伊协负责人作了交流发言。会议强调，2017年自治区伊协将重点做好四项工作，一是启动修订宁夏回族自治区清真寺民主管理实施办法等“三个办法”的前期调研工作；二是开展全区伊斯兰教教职人员资格证书清理工作，完善教职人员考核机制，建立退出机制；三是参与自治区伊斯兰教人才培养行动计划，改善伊斯兰教人才培养模式；四是加强信息调研工作，开展伊斯兰教事务管理调研，为自治区党委政府决策提供参考依据。

【学习贯彻会议精神】2017年10月18日，自治区伊协组织部分在银常委、委员和全体工作人员集中收看十九大开幕式直播，要求将学习、宣传、贯彻好十九大精神作为重点工作，在伊斯兰教界人士中营造良好学习氛围，广泛开展宣传工作。10月19日，自治区伊协召开全区伊斯兰教界学习十九大精神座谈会，自治区伊协部分副会长、委员和阿訇代表40余人参加座谈。先后召开自治区伊协八届二次和八届三次常委（扩大）会议和会长会议、全区伊协负责人会议，传达学习习近平总书记重要讲话精神和俞正声主席到宁视察讲话精神，研究部署了贯彻落实全国、全区宗教工作会议精神的措施办法。12月11日，举办贯彻全区宗教工作会议学习培训班，自治区伊协常委、市县伊协负责人共70余人参加，培训班邀请自治区宗教局、宁夏大学、宁夏社科院等单位领导、专家授课，突出理论与实践相结合，促进全国、全区宗教工作会议精神的贯彻落实。

【解经工作】2017年，以宣扬社会主义核心价值观为主题，编辑出版第5辑、第6辑《宁夏新编卧尔兹演讲集》，免费赠阅全区各级伊协和清真寺，供教职人员、穆斯林群众学习参考。组织人员撰写以爱国、和平、中道、包容等不同主题的20篇必讲“卧尔兹”，编辑《主麻日卧尔兹演讲规范篇目》书籍，印发6000册，下发全区各市、县（区）伊协、清真寺，指导各清真寺阿訇通过必讲篇目和自主选择相结合的方式讲好主麻日“卧尔兹”。安排20余名伊协常委和骨干阿訇，分别从社会主义核心价值观、清真寺建筑风格、穆斯林服饰、清真的定义等20个方面进行专题解经，编写“卧尔兹”，引导他们积极维护团结和睦的良好环境。在斋月前夕，向全区各清真寺和穆斯林印发《关于欢度文明安全团结祥和的斋月倡议书》，提出清真寺不使用高音喇叭、注意食品卫生，穆斯林统一到清真寺集体礼拜，经营性餐厅不设“乜贴箱”等四项倡议。

【伊斯兰教界文化交流活动】2017年4月14—16日，自治区伊斯兰教协会在银川举办以《古兰经》诵读、“卧尔兹”演讲和阿文书法比赛为主要内容的全区伊斯兰教界践行社会主义核心价值观文化交流，自治区伊协常委、各市县（区）伊协及800多名穆斯林群众参加活动。来自全区各地16名《古兰经》诵读选手、20名“卧尔兹”演讲选手和60位阿拉伯文书法创作者的38幅书法作品参加比赛。经自治区伊协推荐，获得《古兰经》诵读一等奖的选手马兵，代表宁夏参加全国第十二届《古兰经》诵读比赛，获男子组一等奖。

【全区“卧尔兹”巡回演讲活动】2017年10月26—31日，自治区伊协在全区开展了为期一周的“卧尔兹”巡回演讲活动，宣传党的十九大精神、自治区第十二次党代会精神以及全国、全区宗教工作会议精神。活动由自治区伊协5名副会长带队，组织36名阿訇分五组赴各市、县（区）的22座清真寺，进行卧尔兹演讲44场（次），演讲内容以爱国爱教、团结和谐、尊重知识、发展经济、和睦邻居、坚守中道、移风易俗等为主。

【教职人员培训】2017年，在全区伊斯兰教教职人员中组织开展以“学中华优秀传统文化、学民族宗教政策法规、学伊斯兰教经典教义，争做促进民族团结、社会和谐的好阿訇”为主题的主题教育活动。自治区伊协联合原州区、红寺堡和同心县伊协，共同举办了3期阿訇解经培训班，620余名当地阿訇和乡镇民族宗教专干参加培训，邀请区内外高校专家教授，重点围绕学习贯彻全国全区宗教工作会议精神、社会主义核心价值观、伊斯兰教教派格局和中道思想、伊斯兰教中国化等方面讲解授课。5月19—21日，自治区伊协举办自治区伊斯兰教协会第八届委员会新任委员培训班，传达俞正声主席到宁夏视察讲话精神，从怎样做好伊协委员，怎样看待社会主义核心价值观与穆斯林价值观的关系，怎样讲好新“卧尔兹”，怎样引导信教群众倡导宽容反对极端等方面进行辅导，教育引导新任委员要在信教群众中发挥好的示范引领作用，切实履行好伊协委员职能。

【教职人员管理】2017年，创新教职人员资格认定方式，建立"考试+培训+考核"的认定程序，对考试通过的阿訇集中培训考核，考核合格后颁发资格证书。3月4—31日，自治区伊协联合宁夏社会主义学院，对2016年资格考试通过的493名阿訇分5期进行集中培训，传达全区宗教工作会议精神，以理解把握党的宗教工作方针政策为主要学习目标，围绕"如何做一名合格阿訇""依法加强宗教事务的管理""伊斯兰教中道思想"为主题进行培训，提高了新认定资格阿訇的理论和教务水平。

【《宁夏回族自治区阿訇日常行为守则(试行)》】2017年5月18日，经自治区伊协八届三次常委会议讨论通过，自治区伊协出台《宁夏回族自治区阿訇日常行为守则(试行)》。该《行为守则》共8条，从8个方面对全区阿訇日常行为做出了具体的规范和要求，主要包括：爱国爱教，学法遵法守法，坚持伊斯兰教中国化方向，弘扬伊斯兰教中道、和平、和谐的思想理念，维护团结稳定，提高自身素养等内容。要求全区伊斯兰教教职人员要加强自律意识和法治意识，自觉践行"爱国爱教、凝心聚力"等日常行为规范，坚守阿訇日常行为底线，加强全区伊斯兰教教职人员队伍建设。

【朝觐组织服务】2017年，全区共有2976人赴沙特朝觐，178人进行春季和斋月副朝。自治区伊协在中国伊协和自治区宗教局的指导下，精心组织、热情服务，各项活动平安、有序、规范，实现了文明朝觐、平安朝觐、有序朝觐的工作目标。严格朝觐物品采购发放。继续实行朝觐物品、药品、保险等公开集中采购工作。在5个地级市及灵武、同心等7个朝觐培训点对朝觐人员进行行前培训，开展爱国主义教育，讲解朝觐知识、出国常识、卫生防疫知识等，进行安全和防渗透教育；及时高效办理和分拣朝觐护照工作，做好统送统接工作，保障朝觐人员有序顺利出入境。境外期间，坚持人性化服务，制度化管理，专业化保障，认真做好各项组织、服务、管理工作，实现"平安朝觐、文明朝觐"目标。

（谢建国）

天主教

【自身建设】2017年11月24—25日，自治区天主教第五次代表会议在银川举行，会议总结了过去六年自治区天主教爱国会和教务委员会(以下简称"两会")的工作，研究提出了今后五年的奋斗目标和工作任务，修改通过了"两会"《章程》，选举产生了自治区天主教"两会"新一届领导班子。自治区副主席马力接见了新当选的新一届"两会"领导班子成员。

【教育培训】2017年，围绕爱国爱教、党的宗教方针政策、法律法规、神学思想中国化、规范化等内容举办各类培训。组织神长教友参加各级统战、宗教部门组织的培训、学习、外出参观等活动。组织参加全区宗教工作会议精神专题学习班、宁夏宗教团体骨干人员培训班、2017年重点宗教活动场所管委会主任培训班(佛道天基)、宗教团体负责人学习新修订《宗教事务条例》专题班、宗教团体负责人十九大精神专题学习班、佛教道教天主教基督教代表人士及重点场所负责人培训班、宗教界学习十九大精神报告会，学习党的十九大精神、中华传统文化、宗教理论与政策、全区宗教工作会议精神、新修订的《宗教事务条例》等内容。11月3日，宁夏天主教"两会"联合银川市天主教"两会"在宁夏社会主义学院举办十九大精神研读学习班，来自全区46名神长教友、修女参加了学习培训。

【第五届天主教中国化神学论坛】2017年11月21—22日在银川举办。自治区副主席马力出席会议并致欢迎词，国家宗教局副局长陈宗荣出席开幕式并讲话，自治区政协副主席田成江出席会议，中国天主教爱国会主席、主教团副主席房兴耀主教致开幕词，中国天主教主教团主席、爱国会副主席马英林主教主持开幕式，论坛还邀请中国伊斯兰教协会会长杨发明参加对话交流，来自"一会一团"(天主教爱国会和天主教主教团)及天主教多个教区的教牧代表、神学院校和相关机构的专家、学者共计130余人参加了论坛。

【宗教活动】2017年10月13日，自治区天主教在银川市天主堂举行李晶主教晋牧十年暨王翔、李谋晋铎庆典答谢会，来自山西、陕西、四川、贵州、内蒙等地的10多位主教和近800位神长教友参加庆典活动。12月24—26日，天主教各教堂举行圣诞节庆祝活动。

（王　倩）

基督教

【加强团体建设】2017年，组织自治区基督教"两会"(即基督教协会和基督教爱国运动委员会)班子成员收看党的十九大开幕式盛况，学习习近平新时代中国特色社会主义思想和党的十九大精神，引导宗教界树立"四个意识"，坚定"四个自信"，建设政治上可信、作风上民主、工作上高效的新时代宗教团体领导班子。积极组织宗教团体、宗教教职人员认真学习领会新修订的《宗教事务条例》，开展社会主义核心价值观和中华传统文化教育，全年举办教职人员教育培训3期，通过座谈交流、教育培训等形式，加强依法开展宗教活动的自觉性，积极引导基督教与社会主义社会相适应。

【全区基督教第四次代表会议】2017年7月28日，全区基督教第四次代表会议在银川召开，会议听取自治区基督教第三届“两会”工作报告，选举产生新一届自治区基督教“两会”领导班子，为坚持宗教中国化方向，提高基督教事务法治化水平奠定了组织基础。自治区党委常委、统战部部长白尚成会见了新一届自治区基督教“两会”领导班子成员。会议召开前，自治区基督教“两会”初步拟定换届工作及人事安排考核意见，成立筹备工作小组，充分听取信教群众、宗教教职人员、宗教活动场所及属地统战、宗教部门的意见，形成代表会议有关事项及人事安排工作意见，报请自治区党委统战部和自治区宗教局批准。

【团体和宗教场所制度建设】2017年，推进团体、主要教堂规范化管理和以“和谐”为主题的教育实践活动。指导各主要宗教活动场所按照创建“和谐寺观教堂”有关标准，建立健全、分解细化管理制度，落实《主任会长会议制度》《场所民主管理制度》《财务公示制度》《重大事项集体讨论制度》《大型宗教活动申报审批制度》等，推行《自治区佛教道教天主教基督教团体考核办法(试行)》，按照考核标准履行团体四项、班子成员五项工作要求，深化团体规范化建设。推行教职人员调配使用制度，针对有关主要教堂教职人员配备及在教务管理工作中存在的问题，对有关教堂主要教职人员进行调配轮岗。制定实行第三方财务审计和财务管理托管制度，规范财务账目和经费支出管理。

【教育培训与神学思想建设】2017年，为提高教职人员的思想道德修养和教风建设，安排20名中青年教职人员参加中央统战部、国家宗教局、基督教全国两会等国家级的教育培训；组织全区50余名基督教教职人员和教堂主要负责人参加社会主义学院学习教育培训班，基督教教职人员年度教育培训达到全覆盖。11月，自治区基督教“两会”在平罗教会举办60余人参加的神学思想建设研讨会，12名人员撰写神学论文并进行演讲交流，为银川、石嘴山、中卫市基督教两会举办义工培训班，受教育人员达200余人。

（王响钟）

市情概览

SHIQINGGAILAN

NINGXIA YEARBOOK

编辑◎张万静

银川市

【概况】银川市为宁夏回族自治区首府，辖三区两县一市：兴庆区、金凤区、西夏区、永宁县、贺兰县、灵武市。全市辖25个街道办事处、20个镇、6个乡和247个居民委会、285个村民委员会。区划总面积9025.38平方公里。2017年，全市实现地区生产总值1803.17亿元，按可比价格计算，同比增长8%。分产业看，第一产业实现增加值61.38亿元，同比增长4.2%；第二产业实现增加值908.6亿元，同比增长6.5%；第三产业实现增加值833.18亿元，同比增长10.1%。三次产业结构为3.4:50.4:46.2，对经济增长的贡献率分别为2%、41.7%、56.3%。按常住人口计算，全市人均地区生产总值81656元，比上年增长6.5%。2017年，银川市总人口222.54万人，比上年末增加3.4万人。其中回族人口57.34万人，占总人口的比重为25.8%。城镇人口171.56万人，乡村人口51万人；男性110.1万人，女性112.44万人。人口出生率为12.6‰，死亡率为4.1‰，人口自然增长率为8.5‰。

【农业与农村经济】2017年，银川市完成农林牧渔业总产值122.64亿元，按可比价格计算，比上年增长4.6%。其中农业产值77.51亿元，增长3.2%；林业产值0.89亿元，下降17.9%；畜牧业产值28.07亿元，增长7.2%；渔业产值8.57亿元，增长11.8%；农林牧渔服务业产值7.6亿元，增长6%。全年粮食作物播种面积10.47万公顷，比上年增长0.7%；其中小麦播种面积1.73万公顷，下降0.7%。蔬菜播种面积3.45万公顷，园林水果播种面积2.83万公顷。全年粮食产量84.23万吨，增长0.8%；其中小麦产量9.69万吨，下降0.5%。蔬菜产量175.48万吨，增长4.9%。园林水果产量30.22万吨，增长0.6%。肉类产量5.24万吨，增长1.8%，其中猪肉产量1.53万吨，增长3%；牛肉产量1.65万吨，增长1.2%；羊肉产量1.51万吨，增长1.1%。年末大牲畜总头数20.07万头，生猪存栏15.95万头，羊只存栏数65.4万只，家禽数284.59万只。禽蛋产量2.66万吨，增长21.2%。牛奶产量49.25万吨，增长4.4%。水产品产量7.72万吨，增长4.8%。全年农村用电量3.02亿千瓦时，下降14.6%。农用化肥施用量（按实物量计算）23.59万吨，增长0.9%。

【工业经济】2017年，银川市实现全部工业增加值同比增长8.5%。规模以上工业增加值增长8.5%，在规模以上工业增加值中，轻工业增加值下降1.1%；重工业增加值增长10.4%。分经济类型看，国有企业增加值增长31.9%；股份制企业增加值增长9.8%；外商及港澳台商投资企业增加值下降5.2%。全市规模以上非公有制工业企业增加值增长1%。全年规模以上工业中，电力、热力的生产和供应业增加值比上年增长17%；石油加工、炼焦业增加值增长12.1%；煤炭开采和洗业增长7.5%；化学原料及化学制品制造业增长10.9%；纺织业下降7.9%。六大高耗能行业增加值增长12.6%，占规模以上工业增加值比重为61.4%；高技术产业增加值增长30.1%，占规模以上工业增加值比重为5.4%；战略性新兴产业增加值增长28.3%。全年规模以上工业企业实现销售产值2026.29亿元，比上年增长20.7%，工业产品销售率为96.7%。工业企业主营业务收入1905.31亿元，比上年增长12.5%；主营业务成本1518.28亿元，增长12.3%。实现利润总额70.28亿元，增长4.8%。工业品出口交货值67.24亿元，亏损企业亏损82.22亿元，企业亏损面22.2%，应收账款283.43亿元，资产负债率67.5%。非公有工业实现主营业务收入1126.29亿元，增长

17.8%；利润总额 66.1 亿元，增长 42.7%。

【建筑业】2017 年，银川市具有资质等级建筑业企业 509 个，实现建筑业总产值 373.52 亿元，增长 5.9%。其中国有及国有控股企业实现产值 123.83 亿元，下降 4.9%；建筑装修装饰业实现产值 7.82 亿元，增长 37.3%。房屋建筑施工面积 1497.65 万平方米，下降 18.9%；房屋建筑竣工面积 354.44 万平方米，下降 46.4%。具有资质等级的建筑企业实现利润总额 11.22 亿元，增长 17.8%；实现税金总额 16.22 亿元，下降 15.7%。

【固定资产投资】2017 年，银川市完成全社会固定资产投资 1719.05 亿元，比上年增长 1.4%。其中基本建设投资 1035.11 亿元，下降 7.8%；更新改造投资 140.21 亿元，增长 267.6%。分投资主体看，国有经济投资 733.21 亿元，下降 11.8%；非国有经济投资 985.84 亿元，增长 14.1%。从投资结构看，第一产业投资 63.42 亿元，比上年增长 122.7%；第二产业投资 602.88 亿元，下降 12.6%，其中工业投资 600.22 亿元，下降 12.9%。第三产业投资 1052.75 亿元，增长 7.8%。施工项目计划总投资 7502.61 亿元，增长17.2%。完成房地产开发投资 402.82 亿元，比上年下降 15.2%，其中住宅开发投资 240.25 亿元，下降 13.6%。商品房施工面积 4144.19 万平方米，下降 3%，其中住宅施工面积 2561.24 万平方米，下降 3.4%。商品房销售面积 595.22 万平方米，增长 5.4%，其中住宅销售面积 519.99 万平方米，增长 5.5%。商品房待售面积 655.9 万平方米，下降 9.3%，其中住宅待售面积 294.13 万平方米，下降 27.3%。全年商品房销售额 308.16 亿元，增长 13.9%，其中住宅销售额 254.39 亿元，增长 16%。

【国内贸易】2017 年，银川市实现社会消费品零售总额 562.31 亿元，比上年增长 9.4%。分城乡看，城镇消费品零售额 546.59 亿元，增长 9.1%；乡村消费品零售额 15.72 亿元，增长 20.4%。分行业看，批发零售业零售额 506.47 亿元，增长 9%；住宿餐饮业零售额 55.84 亿元，增长 12.4%。分经济类型看，国有经济实现零售额 5.16 亿元，下降 6.5%；集体经济实现零售额 4.20 亿元，增长 8.7%；股份制经济实现零售额 177.77 亿元，增长 9.1%；私营经济实现零售额 142.84 亿元，增长 0.8%；个体经济实现零售额 218.26 亿元，增长 15.9%；其他各种经济实现零售额 14.08 亿元，增长 19.9%。在限额以上批发和零售业零售额中，粮油、食品、饮料及烟酒类增长 13.6%；服装鞋帽针纺织品类增长 2.5%；家用电器和音像器材类增长 6.4%；金银珠宝类下降 2.4%；石油及制品类增长 15%；通讯器材类下降 13.2%；体育娱乐用品类增长 39.4%；汽车类下降 0.2%。重点商品交易市场成交额 224.88 亿元，增长 20.7%，其中亿元以上商品交易市场成交额 220.39 亿元，增长 22%。

【对外经济】2017 年，银川市实现进出口总额 270.62 亿元，比上年增长 65.6%。其中出口总额 195.99 亿元，增长 49.7%；进口总额 74.64 亿元，增长 129.8%。全年签订利用外资项目 21 个；合同外资金额 24.61 亿美元，比上年增长 675.6%；实际利用外资 0.31 亿美元，下降 13.8%。

【财政金融】2017 年，银川市完成地方财政收入 224.5 亿元，比上年增长 3.5%。公共财政预算收入 177.46 亿元，增长 9.3%，其中税收收入 105.44 亿元，增长 10.5%，税收占公共财政预算收入的比重为 59.4%。全年完成地方财政支出 392.49 亿元，下降 1.2%。公共财政预算支出 341.83 亿元，增长 3.3%；公共安全支出下降 18.6%；教育支出增长 11.9%；科学技术支出增长 66%；社会保障和就业支出增长 6.8%；医疗卫生与计划生育支出增长 11.8%；节能环保支出增长 72.9%；城乡社区支出下降 5.7%。全市金融机构人民币各项存款余额 3587.23 亿元，比上年末增长 7.3%，其中住户存款 1496.94 亿元，增长 7.6%。人民币各项贷款余额 4460.31 亿元，比上年末增长 9.4%，其中中长期贷款 3027.73 亿元，增长 9.9%，短期贷款 1171.85 亿元，增长 13.3%。全年实现保费收入 94.54 亿元，增长 20.7%。其中财产险保费收入 31.48 亿元，增长 16.5%；人身险保费收入 63.06 亿元，增长 23%。全年支付各项赔款及给付额 26.6 亿元，增长 9.4%。其中财产险赔款 14.15 亿元，人身险赔款及给付 12.46 亿元，分别增长 2.3% 和 18.7%。

【城建环保】2017 年，银川市城市建成区绿化覆盖面积 7086.1 公顷；年末建成区园林绿地面积 7085.85 公顷，其中建成区公园绿地面积 2322.12 公顷。全市公共汽车线路达到 147 条，公共汽车运营车辆数 2202 辆；公交标准运营车辆 2754.5 标台；每万人拥有公交车辆 12.38 标台。全年城市空气质量优良天数 237 天，占总天数的 64.8%。区域噪声平均值 53 分贝，交通干线噪声平均值 67.4 分贝。城市饮用水源水质达标率 90%，黄河银川段水质达到 II 类。全年完成工业企业环境污染治理项目 112 个，投入资金 27.65 亿元。

【生态建设】2017 年，银川市立足于科技创新专项，推动生态立区战略实施。全市实施的 29 个重点项目中，涉及生态和民生领域的项目达 7 个，安排资金总额 750 万元，占全部资金近 20%。其中泰瑞制药实施的“生物发酵制药异味污染控制集成技术与系统优化研究项目”，由企业委托中国科学院环境中心进行，是银川市通过科技创新手段解决异味排放问题的一项具体举措。完成异味污染特征解析和治理措施现状评估，完善异味控制技术规程与评价标准、帮助企业完善异味治理技术方法，实现达标排放，出台符合新时代环保需求的行业和地方标准。

【交通邮电和安全生产】2017 年，银川市铁路客运量 401.6 万人(次)，下降 1.8%，铁路客运周转量 26.7 亿人公里，下降 1.8%，铁路货运量 347.45 万吨，下降 9.9%，铁路货运周转量 18.33 亿吨公里，下降 9.9%。公路客运量 2862 万人(次)，下降 17.7%，公路客运周转量 27.73 亿人公里，下降 11%，公路货运量 0.78 亿吨，下降 11.2%，公路货运周转量 103.25 亿吨公里，下降 8.9%。民航客运量 351.66 万人(次)，增长 37.4%，民航客运周转量 50.65 亿人公里，增长 35.5%，民航货运量 1.6 万吨，增长 26.6%，民航货运周转量 2466.42 万吨公里，增长 21.1%。全市各种民用汽车保有量 75.88 万辆，增长 14.1%，私人汽车保有量 69.67 万辆，增长 14.9%。全年完成邮电业营业收入总量 34.71 亿元。其中，邮政业营业收入 2.04 亿元，电信业营业收入 32.67 亿元。快递业务营业收入 5.16 亿元，增长 11.6%。全年订销报刊 2752.85 万份，下降 0.1%；完成邮政函件业务 682 万件，增长 6.2%。年末本地固定电话用户 29.79 万户，下降 23.5%；移动电话用户 415.31 万户，增长 6.3%；计算机互联网用户 68.33 万户，增长 8.1%。2017 年，银川市发生各类生产安全事故 113 起，死亡 35 人。亿元 GDP 生产安全事故死亡人数为 0.02 人；营运车辆万车死亡人数为 2.64 人。

【科学技术】2017 年，银川市实施各类科技计划项目 114 项。全年申请专利 4372 件，增长 24.6%。全市新增高新技术企业 10 家、自治区级科技型中小企业 70 家，全市高新技术企业达到 64 家、科技型中小企业达到 273 家，分别占全区的 70% 以上和 50%以上。新增自治区产业技术协同创新中心 3 家。国家级众创空间备案 6 家，自治区级众创空间认定 9 家，市级众创空间认定 3 家。新认定自治区临床医学研究中心 6 家。在西北地区率先设立“科技板”。7 月，银川市科技局与宁夏股权托管交易中心合作，设立为全市科技型中小企业量身打造的区域性股权交易板块“科技板”。通过设立“科技板”，重点展示科技型企业核心竞争力和科技成果转化的市场前景，引导资本与科技融合，全年挂牌企业达到 24 家。全国专利信息实务人才选拔工作由国家知识产权局组织。银川市生产力促进中心 5 名专利信息工作者成功入选，并进入全国专利信息实务人才库。创新科技扶贫模式，推进脱贫富民战略实施，银川市科技局探索“科技创新项目+龙头企业+壮大村集体经济”科技扶贫模式，通过支持农业龙头企业在建档立卡贫困户所在村实施科技创新项目，并将部分项目资金“让渡”给村集体，使村集体成为龙头企业的股东，以企业分红方式壮大村集体经济，实施龙头企业加快发展和村集体经济不断壮大。共实施科技扶贫项目 3 个，安排项目资金 200 万元，涉及建档立卡贫困户近 800 多户，贫困人口 4000 多人。项目实施期内每年给村集体(农户)增加现金收入 16 万元。

【教育事业】2017 年，银川市有研究生培养单位 3 个，招生 2247 人，增长 27.7%；在学研究生 5278 人，增长 16.3%；毕业生 1539 人，增长 2.1%。普通高等院校 17 所，招生 3.09 万人，比上年增长 11.4%；在校生 10.16 万人，毕业生 2.69 万人，分别增长 2.8%和 7.2%。成人高校 1 所，招生 950 人，下降 47.5%；在校生 3336 人，下降 12.1%；毕业生 1371 人，下降 9.5%。中等职业学校 14 所，招生 1.17 万人，下降 16.6%；在校生 3.83 万人，下降 7.6%；毕业生 1.25 万人，增长 2.5%。普通高中学校 24 所，招生 1.84 万人，增长 3.1%；在校生 5.49 万人，下降 0.2%；毕业生 1.83 万人，下降 0.1%。初中学校 54 所，招生 2.66 万人，增长 3.7%；在校生 7.55 万人，增长 1.5%；毕业生 2.45 万人，增长 0.9%。普通小学 194 所，招生 3.09 万人，增长 5.4%；在校生 17.36 万人，增长 3.6%；毕业生 2.63 万人，增长 3.2%。特殊教育学校 3 所，招生 155 人，在校生 513 人。幼儿园 323 所，在园幼儿 7.55 万人，增长 10.5%。学前 3 年毛入园率达到 106.1%，小学六年巩固率达到 107.4%，初中三年巩固率达到 96.8%。资助困难学生 27325 人(次)。

【文化事业】2017 年，银川市拥有艺术表演团体 5 个，文化馆 8 个，公共图书馆 8 个，博物馆 9 个(其中 7 个国有行业博物馆)，全国重点文物保护单位 11 处。广播电台 5 座，电视台 6 座，广播综合人口覆盖率、电视综合人口覆盖率均达到 100%，有线广播电视用户 59.45 万户。全年地方出版报纸 19 种、期刊 37 种、图书 3909 种。出版物市场共检查书报刊经营单位 742 家(次)，音像电子出版物经营单位91家(次),印刷企业87家(次),打字复印店75家（次），查处非法出版物3207册,收缴非法音像制品1894盘,立案查处15家(次)。开展“书香银川·百姓讲堂”44场,“你买书·我买单” 活动16周(次),“图书交换与捐赠”、爱心助盲、亲子阅读等活动44场。举办“宁夏(银川)首届塞上乡村读书节”,开展“乡村讲堂”“全城微阅读大赛”“农民手机摄影大赛”“阅读之星评比”“经典诵读” 等形式新颖的阅读活动，营造浓厚的全民阅读氛围。开展 “第六次公共图书馆评估定级”工作,坚持以评促建,初步评估国家一级图书馆2个、二级图书馆2个。推进银川市与三区、22个街道的中心图书馆、120个流通服务点共同进行的总分馆体系建设,全年读者办证量、借阅量创历年新高。新建基层综合文化服务中心30个、城市阅读岛20个、示范性农民文化大院20个、广场民族健身舞推广点20个。通过“大舞台、人讲台、大展台”等服务形式,对接满足群众文化需求,共完成送戏下乡演出1168场,广场文化演出1065场,送图书20.7万册次,举办非遗手工技艺、秦腔文武乐、广场民族健身舞、传统器乐等各类培训100班次,培训人员6960人(次),公益电影放映10691场,观影人数120万人(次),举办各类美术展览18场。邀请陕西、新疆、甘肃、内蒙古等省份来银开展区域文化联动项目46场,《月上贺兰》完成国内巡演19场,大型安全教育方言舞台剧《平安是福》完成国内巡演6场。举办银川对话——2017中国·英国版画作品联展、第五届阿拉伯国家舞台技术人员研修班培训等国际交流活动。鼓励银川文化“走出去”,银川艺术剧院受文化部委派，代表中国赴欧洲参加“欢乐春节”文化展演,在法国、葡萄牙、比利时、德国4个国家10个城市演出17场;完善保护手段,探索联合保护长城新模式，建立宁蒙毗邻地区长城保护工作联席会议制度，受到国家文物局的好评。国家文物局安排玉皇阁安防工程、海宝塔保护修缮工程和五虎墩长城抢险加固工程项目资金476万元。开展文物安全大检查、长征主题纪念设施遗址普查、不可移动文物保护情况摸底调查工作，获全区第一个全国可移动文物普查先进集体荣誉；强化监管手段,文化市场持续健康有序发展,全年共检查各类文化经营场所6989家(次),出动执法人员20976人(次),立案调查61件,办理“12345”督办件132件,销毁非法出版物35000多份。11月19日,由银川市人民政府、宁夏回族自治区新闻出版广电局联合主办，银川市文化新闻出版广电局、宁夏明道文化发展有限公司、中知影(北京)国际影视文化传媒有限公司承办的2017首届中国银川互联网电影节在银川市文化馆开幕，电影节召开一系列相关论坛活动，包括互联网影视产业链发展论坛、互联网影视内容趋势论坛、中国知识管理联盟峰会、中国影视知识管理联盟成立大会、互联网播出平台与知识管理论坛、影视制作与知识管理论坛等活动。

【医疗卫生】2017年,银川市有卫生机构1027个,其中医院和卫生院109个(医院70个)。卫生机构床位16675张,其中医院、卫生院床位15726张。卫生技术人员23603人，其中执业医师及执业助理医师8990人,注册护士10763人。疾病预防控制中心8个，卫生技术人员373人；妇幼保健机构5个，卫生技术人员1291人;乡镇卫生院39个,床位数665张,卫生技术人员799人。卫生监督检验机构8个,卫生技术人员156人。全市已认定医疗保险定点医疗机构417个,定点零售药店1114个。全市儿童免疫规划接种率达到99.8%。

【体育事业】2017年,银川市获全国冠军9个,获得金牌9块,银牌6块,铜牌7块。银川市人民政府获2017年全国青少年“未来之星”阳光体育大会组委会特别贡献奖。9月,获全国群众体育先进单位等国家级体育。银川体育馆、贺兰山体育场、湖滨体育馆、湖滨体育场继续实施限时免费和低收费政策，累计接待体育锻炼群众122.8万人次。全市累计安装室外健身器材1601件,智能健身路径176件,健身驿站10套,维修更换156件,新建笼式足球场2112平方米,多功能运动场5168平方米，维修笼式运动场3000平方米,健身步道1300平方米,新铺健身步道22.2公里。5月29日,举办2017“丝绸之路”宁夏·银川国际马拉松赛。比赛设全程马拉松(42.195公里)、半程马拉松(21.0975公里)和迷你马拉松(5公里）三个项目。本次赛事报名总人数21000人。参赛选手来自41个国家和地区。赛事由中央电视台体育频道全程直播2小时30分钟，收视率超8000万人(次)。第十五届环青海湖国际公路自行车赛(银川段)于7月28日在银川市举行,有来自世界五大洲的23支队伍330人参赛。2017全国青少年“未来之星”阳光体育大会于8月8—12日在银川市举行,有来自全国34个省(市)、自治区及特别行政区共1400人参加活动(包括青少年运动员900人,官员、教练员及裁判员500人)，全国34个省区市派代表队参加。该赛事是国家体育总局、教育部、共青团中央联合主办的国家级规格最高的青少年体育活动。

【旅游业】2017年，银川市接待国内游客1283.9万人次，增长47.7%；接待入境游客4.58万人(次)，增长27.6%。国内旅游收入149.53亿元，增长43.8%；旅游外汇收入2580.96万美元，下降9.4%。共有旅行社110家，其中国际社25家，国内社85家。旅游星级饭店42家，其中四星级15家，三星级27家。8月3日，国家旅游局在西安召开的第三届全域旅游推进大会上，银川市获“中国旅游休闲示范城市”荣誉称号。

【人民生活】2017年，银川市城镇居民人均可支配收入32981元，比上年增加2503元，增长8.2%。城镇居民人均消费性支出23125元，增长1%。城镇居民恩格尔系数28.8%。全市农村居民人均可支配收入13087元，比上年增加1050.3元，增长8.7%。农村居民人均生活消费支出11507.3元，增长4%。农村居民恩格尔系数30.8%。移民地区农村居民人均可支配收入10510元，同比增长12.2%；生态移民地区农村居民人均可支配收入7327.83元，同比增长9.7%。全年居民消费价格比上年上涨1.7%，其中其他用品和服务上涨2.3%，衣着类上涨1.7%，医疗保健上涨6.3%，教育文化和娱乐类上涨2.7%，居住类上涨3%，生活用品及服务类上涨2.1%，交通和通信类上涨2.9%。工业生产者出厂价格指数上涨12.3%，工业生产者购进价格指数上涨13.4%，新建住宅价格指数上涨2.5%，商品零售价格指数上涨1.5%。

【劳动就业和社会保障】2017年，银川市新增就业人数6.06万人，年末登记失业率3.6%，同比下降0.1%。银川市参加基本养老保险112.08万人，比上年增长8.3%，其中参加城镇职工基本养老保险83.39万人，参加城乡居民养老保险28.69万人。参加失业保险49.78万人。参加基本医疗保险176.96万人，其中参加城乡居民基本医疗保险104.24万人，参加城镇职工基本医疗保险72.72万人。全市拥有中心敬老院、敬老院、老年公寓32个，共有床位6595张；收养性社会福利单位1个，床位数150张，收养各类人员65人。全市享受政府最低生活保障人数为1.54万人，发放城镇居民最低生活保障金0.74亿元；农村享受最低保障人数2.4万人，发放农村最低生活保障金0.91亿元。发放城乡医疗救助金3079.47万元，接受城乡医疗救助6.73万人次。城镇建立各种社区服务设施1031个，其中市民服务中心25个。全年销售社会福利彩票6055万元，筹集社会公益资金1211万元，直接接受社会捐赠231万元。

【扶贫工作】2017年，银川市有建档立卡贫困人口4249户19521人，贫困发生率3.7%，低于全国(4.5%)0.8个百分点；完成1个贫困村和8216名建档立卡贫困人口脱贫退出任务。全市厅级、处级、第一书记、驻村工作队、帮扶责任人1700余人次深入扶贫点开展工作。各帮扶单位投入帮扶资金及物品款合人民币500余万元，发挥部门优势争取各类项目资金约3694万元左右，捐赠计算机、复印机2台，垃圾清运车2辆；捐助衣物300余件、图书1万余册、米面15吨、食用油300余公斤。召开座谈会11场(次)，举办各类培训班、咨询班29场2030人(次)，义诊8场750人(次)。由银川市扶贫办、银川市文广局共同举办的扶贫攻坚原创舞台剧《圆梦》巡回演出7场(次)、科普大篷车进移民村7场(次)、新闻媒体宣传报道20余次。走访560余户贫困家庭、孤寡老人、优抚对象和残疾人。坚持长效可持续发展，实施“公司+合作社+基地+农户”利益联合体模式，推进产业化精准扶贫。全市申报各类扶贫项目60余个，计划总投资超过20亿元，向绿色产业、高端产业发展，广泛覆盖移民地区，其中新建奶牛养殖园区4个，新建肉牛养殖园区3个，设施农业产业园9个，引进新品种、特色产业17个。争取自治区闽宁协作发展资金、扶贫资金、扶贫产业担保基金1.2亿元，发展扶贫产业，把产业发展作为移民群众最稳定、最主要、最可靠的收入来源。易地扶贫搬迁工程安置宁南山区移民2390户10081人，占全区县外移民安置总任务的21.9%，涉及4个县(市)区5个移民安置点。兴庆、金凤、贺兰、灵武等易地扶贫搬迁安置点完成建设任务，贺兰县、灵武市完成搬迁任务，金凤区润丰村搬迁群众314户1323人，截至年底，全市累计完成搬迁1403户6339人。

【法治建设】2017年，银川市法院共受理各类案件92084件，同比上升14.6%，结案78458件，审限内结案率99.1%。市中级法院受理各类案件10416件，同比上升15%，结案7922件，审限内结案率98.1%。受理刑事案件4313件，审限内结案率98.6%，其中银川市中级法院受理1268件，审限内结案率97.8%。受理民商事案件54338件，审限内结案率99.2%，其中市中级法院受理5945件，审限内结案率98.1%。推动民事纠纷多元化解，民事案件调撤率54.4%。受理行政案件1397件，审限内结案率97.6%，其中银川市中级法院受理828件，审限内结案率96.6%。坚持行政案件集中管辖和跨域审理，确保行政案件独立审判，保护行政相对人合法权益。推进落实行政机关负责人出庭应诉制度，应诉率同比提高

7.7%。受理执行案件30736件，执结标的额103.33亿元，其中银川市中级法院受理1828件，执结标的额30.44亿元。法院受理申诉和申请再审案件211件，启动再审程序130件，审结108件，其中改判和发回重审51件。坚持每周“院庭长接待日”制度，将涉法涉诉信访依法导入诉讼程序，信访化解率80%。推行减刑假释案件立案网上公示和开庭审理，从严把握职务犯罪、黑社会性质组织犯罪、金融犯罪等案件的减刑假释，审理减刑、假释案件595件。成立宁夏首个环境资源保护法庭——西夏区法院贺兰山环境资源保护法庭，为“生态立市”提供司法保障。设立城管、交通等巡回法庭，快速审理城市管理和涉及民生案件。加强审判流程、裁判文书、执行信息和庭审“四大公开平台”建设。网上直播庭审48次，裁判文书上网53629份，上网率100%。举办“走近法院、走进法庭”开放活动70场次。

【精神文明建设】2017年，银川市以推进社会主义核心价值观建设为根本，推进文明城市建设。开展第五届“最美银川人”评选活动，将好家庭好家教好家风、移风易俗典范、乡村贤达人士、凤城美德少年等纳入评选范围，从全市申报的927人、21个集体中，评选出个人63人、集体6个。开发宁夏首个“互联网+志愿服务”工作的网络平台，全市开展志愿服务活动3.6万次，服务总时长达6.15万小时，参与总人次达23.4万人(次)，已注册志愿者25.5万人，拥有志愿服务组织990个。发动市民争做“银川眼”，开展不文明行为“随手拍”，共收到市民举报有效视频4610条并全部在媒体上曝光。开展“文明车”奖励活动，已有1900余辆车被确认为“文明车”。开展移风易俗，推行文明单位负面清单管理制度，强化文明单位、文明校园、文明家庭、文明村镇常态化创建与管理。

【改革发展】2017年，银川市56项改革任务全面落实。供给侧结构性改革取得实效，淘汰落后产能10万吨，万元GDP能耗下降5%，待售商品房去化周期缩短至12个月，降低企业电力、税费、制度性交易等成本9亿多元。“放管服”改革持续深化，实现证照电子化和网上审批100%，“不见面”审批事项达到80%，审批时限提速88%，审管互动、监管联动日趋成熟，新增企业、注册资本分别增长13.4%和3.9%。金融改革效果显著，25支产业基金撬动346亿元社会资本投入实体经济，西部担保公司担保额突破240亿元，通联资本公司成功发行全区首单境外债券3亿美元，创设西北首家股权科技板，金融业增加值占三产比重达到26%。农业农村改革步伐加快，农村土地承包确权通过自治区验收，土地股份经营、陆基生态渔场等新模式助推农村经济发展。公立医院改革得到国务院肯定。国资国企、文化教育、社会保障等领域改革稳步推进。“两园三区”开放平台加快建设。中关村双创园引进创新型企业24家，银川·中关村创新中心挂牌运营；丝路经济园引进总部经济、金融商贸等高轻新项目20个；经开区与北京经开区共建“一带一路”国际产业园，引进石墨烯等高端项目6个；滨河新区现代纺织、大数据、生命健康等产业集聚发展；综保区国际快件、裘皮集散、棉花外发加工等功能不断拓展，通关时间压缩70%。开放通道更加畅通。新增国内国际航线13条，旅客吞吐量突破800万人(次)。月牙湖通航机场开航运营。开通银川至德黑兰国际货运班列，出口货值4200万美元。对外经贸合作取得新进展。引进外资20.51亿美元。设立驻沙特(吉达)经贸联络处，中沙产能合作进入实质性阶段。加强与京津冀、长三角地区及全国工商联会员单位合作交流，招商引资到位资金突破600亿元。

【人居环境】2017年，银川市坚持城乡统筹，加快生态文明建设，出台“生态立市三年行动计划”，编制新型城镇化、海绵城市等各类规划35项，空间规划、“城市双修”、城市设计等国家级改革试点推进。闽宁镇、掌政镇被评为全国第二批特色小城镇。高铁、公路、综合交通枢纽、地下综合管廊、“东热西送”等重点项目加快实施，新建改建城市道路(街巷)38条，改造棚户区7021套、老旧小区352万平方米、城市积水点19处，北京路、贺兰山路沿线违规“住改商”整改率达到75%。垃圾资源化利用率达到70%。智慧交通、智慧政务等智能化服务更加便民，银川入围国际标准化组织ISO智慧城市标准试点。城乡环境综合治理“九大行动”推进，中央环保督察反馈问题抓紧整改，贺兰山东麓国家级自然保护区年度整治任务全面完成，转入生态修复、完善管理阶段。出台大气治理10条，建成全区首个大气监测超级站，改造淘汰燃煤锅炉599台，清查整治散乱污企业461家，更新新能源公交车500辆，投放共享单车3万辆，淘汰黄标车、老旧车辆1.5万辆，空气质量下滑势头得到有效遏制。开展冬季大气污染防治攻坚战，冬季优良天数达标率首次突破75%。788名河长领责护河，第七、九污水处理厂建成，第二、四、五污水处理厂完成提标改造，完成9条城市黑臭水体年度治理任务，整治湖泊湿地6800亩，全国水生态文明城市试点通过国家验收，提名国际湿地城市认证。实施生态绿化项目52个，造林5万亩，花博园和10个小微公园建成投用，人均公园面积、湿地面积分别达到16.52平方米和240平方米，居西部省会城市首位。举办第九届中国花卉博览会、TMF全球智慧城市峰会、亚洲都市景观奖颁奖礼等重大节会。

【城市荣誉】2017年，银川市坚持“绿色、高端、和谐、宜居”城市发展理念，通过第五届全国文明城市测评，三度蝉联“全国文明城市”，第八次获评“全国双拥模范城市”，入选首批十大“中国旅游休闲示范城市”，喜获“全国幸福城市”“中国领军智慧城市”等多项国家级殊荣。

（刘丽娟）

【兴庆区】兴庆区行政区域划分为月牙湖、通贵2个乡，大新、掌政2个镇和凤凰北街、前进街、胜利街、玉皇阁北街、富宁街、文化街、解放西街、丽景街、新华街、中山南街、银古路11个街道、燕鸽湖管委会。辖36个行政村、309个村民小组、11个街道、1个管委会和90个社区。2017年，兴庆区常住人口653814人，出生8704人，政策内出生总数8579人，人口出生率13.4‰，出生政策符合率98.6%，人口性别比为107，均在区、市下达指标以内。兴庆区全员人口信息系统常住人口完整率为97.6%，已婚育龄妇女信息录入逻辑关系准确率为97.5%。完成计划生育保险摸底汇总工作，奖励扶助、特别扶助、自治区抚慰金、独生子女保健费、医保补贴、“少生快富工程”提前奖励扶助等审核申报工作全部完成，政策符合率及惠民政策配套资金落实率均达100%。全年完成地区生产总值510亿元，同比增长9%。全社会固定资产投资176亿元(剔除滨河新区)，同比增长11%；地方一般公共预算收入13.2亿元，可比增长8.5%；社会消费品零售总额271亿元，同比增长9%；城镇居民人均可支配收入35566元，同比增长8.5%；农村居民人均可支配收入14770元，同比增长8.6%，全面小康社会总体实现程度达96.5%，地区生产总值、社会消费品零售总额、城镇居民人均可支配收入绝对值和第三产业增加值均位居自治区22个县(市)区第一。规模以上工业增加值同比增长12%。全年农作物总播种面积19.3万亩，比上年增加3.1万亩，粮食作物面积18.63万亩。花卉产业集聚发展。落实花卉种植总面积7011亩，实现产值1.5亿元。

（张　玲）

【金凤区】金凤区辖丰登镇、良田镇两镇和上海西路、北京中路、黄河东路、长城中路、满城北街5个街道办事处。2017年，辖区共有46个社区，24个行政村。常住人口32.31万人，其中城镇人口28.22万人，农村人口4.1万人；城镇人口占比87%，性别比为95.63；汉族23.51万人，回族8.8万人；出生率16.3‰，死亡率3.8‰，人口自然增长率12.5‰。全年实现地区生产总值217.86亿元，同比增长5%；完成规模以上工业增加值31.4亿元，同比下降1.3%；完成全社会固定资产投资351.79亿元，同比增长9.2%；完成社会消费品零售总额81.35亿元，同比增长10%；实现地方公共财政收入6.42亿元，同比增长16.7%；实现城镇居民人均可支配收入35560元，同比增长8.6%；完成农村居民人均可支配收入11629元，同比增长8.2%。共有41家规模以上工业企业（移交银川市经济开发区后金凤区直接管理的规模以上企业为13家)，全年完成工业增加值31.4亿元，同比下降1.3%。引进科技型企业8家，获批科技专项21个，争取科技项目专项资金828万元，辖区国家级高新技术企业达到17家。万元GDP能耗下降4.1%。实现第二产业增加值105.62亿元，同比增长0.9%。农作物种植面积4.15万亩，其中小麦播种0.25万亩，玉米3.47万亩，水稻0.4万亩，其他农作物0.03万亩；蔬菜种植1.63万亩，其中，设施瓜菜0.86万亩，露地瓜菜0.77万亩。奶牛存栏0.77万头；黄牛、生猪、羊和家禽饲养量分别达到1.35万头、1.65万头、2.38万只和16.61万只；适水产业面积2.63万亩，设施养虾2.05万平米。累计培育农民专业合作社68家、家庭农场24个。建立农企对接标志性施肥方7000亩，落实测土配方施肥试验点4个；建设完成金凤区现代农业(瓜菜)一二三产业融合发展试点项目现已完成绿色瓜菜基地建设1000亩；农业多元化综合服务中心建设1500平方米；基地市场建设3820平方米。打造设施农业产业园区14个，标准化规模化养殖场7个；引进龙头企业20家，其中，国家级龙头企业1家，自治区级龙头企业6家，银川市级龙头企业13家。实现第一产业增加值3.43亿元，同比增长3.6%。

（蔡建军）

【西夏区】西夏区总面积为1129.3平方公里，下辖兴泾、镇北堡2个镇，西花园路、北京西路、文昌路、朔方路、怀远路、宁华路、贺兰山西路7个街道办事处。截至年底，西夏区有122408户416674人，出生人口4937人，出生率12‰；政策内出生4832人，出生政策符合率97.9%；自然增长率8.5‰；2017年，完成地区生产总值338.8亿元，同比增长5%；完成全社会固定资产投资186.47亿元，同比增长10.7%；完成地方一般公共预算收入 5.67 亿元，同口径增长 10.9%；实现社会消费品零售总额 26.72 亿元，同比增长 9.9%；城镇和农村常住居民人均可支配收入分别达到 26985 元和 10975 元，分别增长 8%和 8.5%。西夏区 75 家规模以上工业企业完成工业总产值 423.12 亿元，同比上升 11.2%，完成增加值 121.44 亿元。西夏区实施重点工业项目 15 个，其中新建项目 4 个，续建项目 6 个，技改项目 5 个，年度计划总投资 35 亿元。2017 年，西夏区抢抓国家实施“一带一路”战略机遇，开通银川至德黑兰国际货运专列，吸引了国内最大的互联网物流平台公司“运满满”、全球领先的现代工业仓储物流集团普洛斯落户银川公铁物流园。2017 年，西夏区实施重点项目 76 个，完成投资 128 亿元，同比增长 28%。银西高铁银川吴忠客运专线下工程全面完工，重点项目投资占全社会固定资产投资比重达 70%。西夏区全年招商引资目标任务 83 亿元，截至年底，共实施招商引资在建项目 65 个，签约项目 39 个，签约资金 404.92 亿元，已实现到位资金 85.4 亿元，占年度目标任务计划的 102.89%。积极推进银川中关村创新创业科技园项目，9 月 30 日，银川市人民政府与中关村管委会、中关村发展集团签署战略合作框架协议，12 月 20 日正式揭牌运营，引入企业包括百度、清华紫光、东华软件等企业。同时中关村创新中心与创新创业科技园以中心+科技园的模式形成科技创新综合体，并以强大的科技吸附力集聚科技创新类企业入园。2017 年全国工商联创新发展大会上，西夏区共签订项目 31 个，其中合同项目 18 个，签约金额 160.73 亿元，完成目标任务 160 亿元的 100.5%。落地实施项目 18 个，到位资金 38.73 亿元。全年种植酿酒葡萄 1000 亩，完成 1311.19亩，葡萄基地总面积达到 3.64 万亩。支持各酒庄大力实施一二三产业融合发展，落实扶持资金 1000 万元。相继组织辖区 20 多家酒庄参加自治区第三届贺兰山东麓葡萄春耕展藤活动、首届银川春季农业嘉年华西夏区分会场推介活动暨志辉源石酒庄首届海棠节、镇北堡温泉小镇第二届国际美食文化节、2017 中国（银川）国际葡萄酒品鉴大会、贺兰山东麓葡萄酒文化节和葡萄酒自酿节等活动。打造一批以休闲农业、中国葡萄酒文化、西夏风情、运动休闲、巴士旅游、中式园林和德中文化交融等为特色的旅游接待酒庄，产区年接待游客 12 万人（次）以上，推进一二三产业融合发展和特色葡萄文化产业带的形成，产业核心带动作用日益凸显。西夏区积极承办 2017 贺兰山文化艺术节暨葡萄酒文化节、2017 西北地区第四届银川非物质文化遗产博览会等文化活动。4 月 7 日，西夏区摘得“中国贺兰砚之乡”桂冠，使西夏区有了自己的“中国品牌”，推动旅游+文化+贺兰砚融合发展，促进开发具有地方特色和民族特色的贺兰砚旅游纪念品，延长旅游产业链，带动西夏区社会经济发展。

（杨学秀）

【永宁县】永宁县总面积 934.06 平方公里，下辖杨和、李俊、望远、望洪、闽宁 5 个镇，胜利乡，杨和街道办事处，黄羊滩、玉泉营 2 个区属农场，22 个社区居委会，66 个村民委员会。2017 年，全县总人口 24.19 万人，比上年末增加 1926 人，其中汉族 189265 人，占总人口的 78.3%。回族 51063 人，占总人口的 21.1%。其他少数民族 1528 人，占总人口的 0.6%；城镇人口 134665 人，乡村人口 107191 人，城镇化率 55.7%。全年实现地区生产总值 135.94 亿元，按可比价格计算，同比增长 4.5%；全社会固定资产投资 134.77 亿元，下降 21.9%；规模以上工业增加值 32.2 亿元，增长 1.8%；地方财政一般公共预算收入 12.66 亿元，同口径增长 10.5%；社会消费品零售总额 20.22 亿元，增长 9%；城镇居民人均可支配收入 29211 元，增长 8.4%；农村居民人均可支配收入 12855 元，增长 8.3%。累计争取项目资金 17.3 亿元，实施招商引资项目 55 个，到位资金 85.54 亿元，增长 10.81%。全面小康实现程度由 78.6%提升至 86.3%，第三产业增加值 45.93 亿元，增长 6.7%。实施闽宁商贸汽车物流园、望远陆丰建材物流园（二期）等项目，完成投资 3.5 亿元，全县物流市场实现交易额 180.28 亿元，增长 12.5%。新培育发展电商企业 10 家，实施“淘翼夏·永宁放心菜直供”项目，建立网订店取的新型电商业态，在银川市发展社区便利店 52 家，覆盖 3 万多个家庭，实现线上销售 712.64 万元，带动就业和创业 60 余人。县域经济发展的内生动力和综合竞争力持续提升。全年规模以上工业累计完成产值 145.35 亿元（含电力返还），同比下降 5.1%。全县农林牧渔总产值 29.08 亿元，增长 4%。供外蔬菜、永宁大米、酿酒葡萄、设施农业、鲜食果品、特色养殖等产业融合发展。裕稻丰获得中国十大有机大米金奖，农产品定性抽检合格率 99%以上，获得首批宁夏“好粮油”示范县称号。全年接待游客 300.27 万人次，实现旅游收入 1.07 亿元，分别增长 152.1%和 97.7%，获评 2017 年度中国十大品质休闲县市。推进垃圾分类处理工作，探索建立城乡生活垃圾“户分类、县收集转运”的高效处理模式，被国家住建部评为全国首批开展农村生活垃圾分类和资源化利用示范县。

（姚梦莹）

【贺兰县】贺兰县国土面积1197.57平方公里，下辖习岗、立岗、金贵、洪广4个镇，常信1个乡，京星、南梁台子2个农牧场，宁夏原种场、暖泉农场2个区属农场，习岗街道办事处1个，13个社区居委会，65个村民委员会。全年实现地区生产总值127.71亿元，比上年增长6%。其中第一产业增加值17.49亿元，增长4.4%；第二产业增加值62.95亿元，增长4.9%；第三产业增加值47.28亿元，增长8.8%。按常住人口计算，人均地区生产总值48942元。三次产业构成由上年12.2:56.4:31.4调整为13.7:49.3:37。完成全社会固定资产投资215.14亿元，比上年增长3.9%。完成地方公共财政预算收入11.06亿元，同口径下降19.3%，其中税收收入7.75亿元，同比下降12.2 %。完成地方财政支出42.07亿元，同比增长15.1%，公共财政预算支出32.84亿元，增长1.8 %。实现社会消费品零售总额143.93亿元，比上年增长8.2%。城镇居民人均可支配收入18375.5元，比上年增长7.8 %；农村居民人均可支配收入13668.1元，比上年增长8.8%。全县总人口260941人。全年全县实现农业总产值35.4亿元，同比增长8.5%。发展有机水稻1000公顷（1.5万亩），稻渔立体种养266.67公顷（4000亩）。全年全县实现规模以上工业总产值190亿元，同比增长7%。2017年，贺兰县在全区率先成立县级行政审批服务局，102项行政审批及98项公共服务事项集中办理。推进“互联网+政务服务”，审批环节、办结时限压缩65%，投资项目在线审批量居全区第一。

（吴学良）

【灵武市】灵武市总面积4010平方公里，下辖东塔、郝家桥、崇兴、马家滩、临河、宁东（在灵武境内，归宁东管委会管辖）6镇，梧桐树、白土岗2个乡，城区街道办事处。15个社区居民委员会（不含宁东镇，含灵武农场2个），70个村民委员会，2个区属农林场（灵武农场、宁夏仁存渡护岸林场），4个市属农林场（宁夏灵武园艺试验场、大泉林场、北沙窝林场、灵武市良种繁育示范场），1个国家级自然保护区（宁夏灵武白芨滩国家级自然保护区），中央属及区属（场）矿企事业单位主要集中在宁东镇，银川综合保税区坐落于灵武辖区。2017年，全年实现地区生产总值435.7亿元，增长11.2%，；全社会固定资产投资517.4亿元，下降5.1%；地方一般公共财政预算收入30.3亿元，同口径增长33.8%（市属9.2亿元，同口径增长8.6%）；社会消费品零售总额17.3亿元，同比增长9.9%；城镇居民人均可支配收入30624元，同比增长8.1%；农村居民人均可支配收入13659元，同比增长8.9%。综合实力从2016年的89位跃居全国科学发展百强县（市）第85位，中国工业百强县（市）由2016年的81位跃升至69位。中国中小城市投资潜力百强县（市）由2016年的41位跃升至34位。中国中小城市新型城镇化质量百强县（市）由2016年的的100位跃升至97位。中国宁夏灵武长枣保护和传承项目获2017年亚洲都市景观奖。2017年，全市总人口302120人（按计生口径统计），人口出生率10.9‰，人口自然增长率7.8‰。全年全市（含宁东）规模以上工业累计实现产值1202亿元，同比增长32.4%；全市（含宁东）规模以上工业实现增加值349亿元以上，同比增长16.4%。全市建设工业项目（不含宁东和综保区）60个，完成固定资产投资35.86亿元，完成年度目标任务的100.3%。中银绒业、东义镁业列入2017年第一批电力直接交易准入用户，每年可为两家企业节省成本1500万元。累计向上级争取工业项目资金6889.7万元。全市共实施招商引资项目18个，总投资239.2亿元，到位资金94.11亿元，完成83亿元目标任务的113.4%。全年投入农业发展资金40389万元，其中招商引资28600万元，兑现农业支持保护资金2305.7万元，农机购置补贴747.6万元，争取其他项目资金8735.7万元。粮食总产达到1.7亿公斤，较上年增产570.65万公斤，增长3.5%，实现14年连增。持续推进村镇建设，总投资9283万元，整治美丽村庄14个。2017年，灵武市有贫困村14个，建档立卡贫困户1781户7467人，已脱贫983户3740人，完成除3个生态移民村外的其他11个贫困村全部脱贫。全年完成人工造林1.33万亩、退化林分改造1万亩、未成林地补植补造2万亩，生态林补植补造13.26万亩，提升改造城区21处公共绿地，改造绿地面积3657亩。实施“碧水蓝天·美丽城乡”、自然保护区“绿盾2017”、非煤矿山整治“零点行动”及污染防治十大专项行动。

（马伟东）

石嘴山市

【概况】石嘴山市总面积5310平方公里，下辖大武口区、惠农区和平罗县。2017年底，全市总人口79.5万，其中城镇人口占74.4%。全市常住人口802978人，比上年的795133人净增7845人，增长1%。其中乡村人口198785人，比上年的203480减少4695人，降低2.3%。全市城镇人口 604193 人，比 2016 年的 591653 人净增 12540 人，城镇化率达 75.2%，比上年提高 0.83 个百分点。其中:大武口区城镇化率 90%,比上年下降 3 个百分点,惠农区 84%,与上年持平,平罗县 53.3%，比上年提高 5.41 个百分点。全年实现地区生产总值 580 亿元,增长 7%；完成固定资产投资 550 亿元,增长 8%左右；一般公共预算收入 22.8 亿元,可比增长 4%;城乡居民人均可支配收入分别达到 28050 元、12840 元,增长 8%和 8.5%。

【农业与农村经济】2017 年,全市实现农业增加值 28.94 亿元,增长 4.6%。农民人均可支配收入达到 12880 元，增长 8.9%。建成各类制种示范园区 23 个,全市繁(制)种面积达 15.2 万亩。建成优质水稻示范基地 10 万亩,建设粮食绿色增产模式攻关示范区、水稻品质提升综合示范区等 9 个,优质粮食面积达到 63.25 万亩。建成露地瓜菜标准化生产核心区 1 万亩,建设永久性蔬菜基地 4 个,建立外销蔬菜基地 2 万亩，瓜菜种植面积达到 38.62 万亩。建成高标准规模化养殖场 10 个,全市牛羊饲养量达到 307 万头(只),其中羊只饲养量 285 万只,肉牛饲养量 19 万头,奶牛存栏 3 万头,饲草种植面积达到 14 万亩。建成国家级水产健康示范场 20 个,开展设施渔业养殖基地建设项目 4 个,水产养殖面积稳定在 20 万亩。生态水产业完成各类名特优新品种养殖 3.2 万亩，精养池塘面积 5.52 万亩,改造标准化池塘 6300 亩,以渔治碱、稻渔综合种养 2300 亩。全市规模以上农产品加工企业达到 360 家，培育自治区级龙头企业 16 家,市级龙头企业 33 家,建成 14 个农产品初加工项目,全市农产品加工业实现产值 33.11 亿元，同比增长 8%,实现销售收入 28.9 亿元,同比增长 11.2%，农产品加工转化率达到 70.8%。全市休闲农业发展到 71 家,培育全国五星级休闲农业示范点 2 个，四星级 4 个,三星级 7 个。在全区建成第一个市级农产品质量追溯平台并投入使用,建成乐牧高仁肉牛养殖物联网技术应用示范基地、新农村鱼种场水产养殖物联网技术应用示范点、西园合作社瓜菜产业物联网建设项目等 28 个农业物联网项目,引进塞上农夫、优品网、伊牧云等互联网企业，带动全市优质特色农产品线上销售。基本实现村级电商服务站全覆盖,全市农村电商企业达到 53 家。率先在全区完成农村土地确权颁证工作,全市土地确权面积 128.79 万亩,农村土地流转面积 58.9 万亩，流转费 2.95 亿元;建成了 3 个县级农村产权交易中心,累计办理农村“三权”抵押贷款 2.05 万笔 10.16 亿元。在全区率先开展农民“三权”自愿有偿永久退出机制试点工作,退出承包地农户 2056 户，退出承包耕地 1.13 万亩、宅基地 71.96 万平方米,交易金额 2.47 亿元。5 个试点村 6238 人完成村集体经济组织成员身份界定和村集体资产清产核资工作,5 个村开展农村集体权能改革试点,10 个村开展土地股份合作试点。新培育各类农业经营主体 84 家,总数达到 3396 家,带动全市 5.5 万农户开展规模经营、标准化生产。

【工业经济】2017 年,全市实现规模以上工业增加值同比增长 7%。全市工业生产平稳增长,217 户规模以上工业企业完成产值 789.3 亿元,增长 31.6%。累计增产企业达 138 户,增产面 63.6%,完成产值 699.9 亿元，净增产值 229.4 亿元,拉动工业总产值增长 38.2 个百分点。全市重点监测的 10 个行业中有 8 个行业增加值保持增长,纺织行业增长 30.3%、装备制造行业增长 26.1%、电石化工行业增长 23.3%、冶金行业增长 15.9%、新能源行业增长 13.9%。增加值同比下降的行业分别是：生物医药行业增速同比下降 0.8%、煤炭开采与洗选行业下降 17.3%。经济增长点集中发力,全市增长点企业完成产值 402.8 亿元，净增产值 167.7 亿元，增量超年度目标任务 79.7 亿元,占全部增量的 88.6%。大地循环、申银特钢、晟晏实业、中色东方、日盛高新等骨干企业受项目投产推动增产过亿元,净增产值 148.7 亿元,其中产值增长超 10 亿元企业 4 户，超 20 亿元企业 2 户,超 30 亿元企业 1 户;杉杉能源、金晶科技、盈氟金和、东明化工、腾晖光伏、吉泰特种合金等 12 户入规企业累计贡献产值 16.3 亿元。企业效益提升明显,1—11 月,全市规模以上工业企业实现主营业务收入 730 亿元,同比增长 30.5%;实现利润 65.9 亿元,同比增长 28.3%;实现税金 19.3 亿元,同比增长 49.6%。网络经济产业园建成运营,入驻企业 25 家。出台支持金融产业发展“17 条”,设立新光新经济产业投资基金，科技金融广场建成开业,入驻企业 18 家,实现交易额 30 亿元。

【服务业】2017 年，石嘴山市 59 家规模以上服务业企业完成营业收入 27.41 亿元,增长 26.9%。从行业大类看,装卸搬运和运输代理业、卫生、道路运输业、水上运输业等 10 个行业营业收入保持增长。其中装卸搬运和运输代理业增速最快，完成营业收入 0. 67 亿元，增长 4.9 倍;卫生、道路运输业、水上运输业、教育、仓储业增速较快,营业收入分别完成 0.23 亿元、11.06 亿元、0.64 亿元、0.15 亿元、2.13 亿元，分别增长 70.5%、61.8%、

47.7%、45.6%、43.4%。物业管理业、邮政业、居民服务业、商务服务业增速平稳,分别为6.2%、4.5%、2.1%、0.7%。4个行业营业收入下降,其中公共设施管理业下降71.6%,专业技术服务业下降26%,广播电视和卫星传输服务业下降1.1%,广播、电视、电影和影视录音制作业下降0.9%。服务业增加值增长8.5%。与阿里巴巴共建互联网城市,淘宝大学宁夏培训基地落户石嘴山市。与自治区食药监局共建大健康产业园,西北健康谷挂牌运营。大沙湖旅游区运营体制改革方案和开发规划得到自治区的肯定和支持,中华奇石山、北武当生态旅游区成功创建国家4A级景区,全市接待游客320万人次、旅游收入23亿元,分别增长12%和18%。文化创意产业园、黄河国际数字电影小镇、"煤城记忆·汉唐九街"特色街区建设加快推进。保税物流中心(B型)完成主体工程,曹妃甸港设立石嘴山内陆港,惠农陆路口岸发运各类货物592万吨,增长25%。

【转型升级】2017年,全市出台开发区转型升级三年行动计划、企业亩产效益综合评价办法等32项政策措施。开展"双百"大会战、"无冬闲"活动,114个重点项目完成投资241亿元,重大产业、工业技改、高新技术产业投资分别增长11.5%、17%、21%,民间投资保持较好增长势头,投资结构不断优化。实施54个传统产业改造提升项目,兼并重组企业12家,处置"僵尸企业"41家,清理闲置土地7975亩,淘汰落后产能6.3万吨,退出煤炭产能525万吨;杉杉能源正极电池材料等项目建成投产,新材料、先进装备制造等新兴产业增速加快,规上工业增加值增长7%。实施企业成长培育计划,完成个转企58家、小升规19家,在"新三板"挂牌2家、区域性股交中心挂牌26家。农业供给侧结构性改革深入推进,国家农业科技园区通过验收,农作物制种等优势特色产业带动作用明显,农业生产保持稳定,增加值增长4.5%。全年争取各类资金60.3亿元,增长19.3%;成功列入全国首批老工业城市和资源型城市产业转型升级示范区,老工业基地调整改造工作得到国务院通报表扬。

【创新能力】2017年,实施科技创新"双倍增"三年行动计划,新增高新技术企业8家、科技型中小企业30家、国家级创新创业孵化器6家,万人有效发明专利拥有量达到4.5件,增长47%,增幅居全区第一,R&D投入占GDP比重达到1.15%。建成石嘴山科技园,入驻科研平台及服务机构28家。出台支持创新创业"15条",新增各类市场主体11400户、小微企业2610户。加大招才引智力度,引进高层次人才110名、科技创新团队4个。新申请注册商标270件,新创建农产品品牌4个,"惠农枸杞"成功注册国家地理标志证明商标。以改革促创新,开展"最多跑一次"改革,推行并联审批、网上审批、模拟审批,政府投资项目、企业投资项目办理时限分别压缩23个和29个工作日。完成空间规划(多规合一)改革试点,农村土地制度改革三项试点工作得到国家部委肯定,城市公立医院综合改革经验在全国推广。

【开放合作和对外贸易】2017年,推进东西部合作交流,与杭州、金华、绍兴、苏州等城市签订友好合作协议,在产业合作、干部交流等方面达成20多项合作事项。与江浙企业和商会达成17项合作协议,计划投资170亿元。设立环渤海、长三角、珠三角3支专业招商队伍,选派干部13人到江浙地区挂职。创新"三包三带"方式,开展精准招商,实际到位资金445亿元,增长10%。对外经济稳步扩大,全年全市实现进出口总额36.63亿元,同比增长63.4%。其中进口总额11.75亿元,同比增长74.4%;出口总额24.88亿元,同比增长58.7%。进口增速较快,全市矿石原材料进口额高达7.72亿元,占比全市进口总额的65.7%;全市设备进口总额达到3.52亿元,占比全市进口总额的30%。在出口方面重点行业出口大幅增长,有色金属制品出口总额约为4.47亿元,同比增长18%;冶金行业出口总额约为3.14亿元,约占全市出口总额的13%;氰胺化工产品出口总额4.62亿元,约占全市出口总额的18%;活性炭类产品出口总额约为1.02亿元,约占全市出口总额的4%;农化产品及医药类产品出口总额约为4.43亿元,约占全市出口总额的18%;宁夏神州轮胎有限公司的出口拉动全市出口额迅猛增长,出口额高达4.39亿元,约占全市出口总额的18%。

【重点项目建设】2017年,全市安排重点建设项目114个,截至11月底,除国电大武口热电联产建设项目未开工外,其他项目均开工建设,开工率达99.1%,累计完成投资228亿元,完成年度投资计划的94.6%。列入自治区2017年重点建设项目8个,累计完成投资61.5亿元,完成年度投资计划的92.5%。全市商贸及服务业项目完成投资27.7亿元,完成年度投资计划的104.3%;民生及社会事业项目完成投资24亿元,完成年度投资计划的101.8%;工业项目完成投资113.8亿元,完成年度投资计划的98.2%;农林水及生态项目完成投资21.4亿元,完成年度投资计划的93.5%;交通及基础设施项目完成投资41.1亿元,完成年度投资计划的 88.3%。按县区划分，大武口区承担市级重点项目 24 个，开工 23 个，开工率 95.8%，年度计划投资 55.4 亿元，累计完成投资 48.9 亿元，完成年度投资计划的 88.3%；惠农区承担市级重点项目 27 个，全部开工，年度计划投资 55.9 亿元，累计完成投资 55.3 亿元，完成年度投资计划的 98.9%；平罗县承担市级重点项目 33 个，全部开工，年度计划投资 62 亿元，累计完成投资 67.7 亿元，完成年度投资计划的 109.2%；市直部门及企业承担市级重点项目 30 个，全部开工，年度计划投资 67.7 亿元，累计完成投资 56.1 亿元，完成年度投资计划的 82.8%。

【生态保护】2017 年，整改完成中央环保督察反馈问题 23 个。贺兰山清理整治点 118 个，修复治理面积近 5 万亩，保护区内所有企业及保护区外围 93 家储煤场、洗煤厂关闭退出。淘汰燃煤锅炉 377 台，超低排放改造火电机组 4 台，淘汰小火电机组 11 台，空气质量优良天数达 254 天，增加 18 天。全面推行河长制，完成沙湖与星海湖水系连通工程，取缔入黄排污口 7 个，提标改造城镇污水处理厂 6 座，实施水污染防治项目 39 个，沙湖和星海湖水质由劣 V 类提高到 V 类，黄河石嘴山段Ⅲ类水质达标率为 100%。深入开展城乡环境综合整治，新增营造林面积 2.7 万亩、生态公园 2 个。

【城乡建设】2017 年，创建全国文明城市、国家卫生城市。启动“城市双修”十大工程，改造棚户区住宅 6303 套、老旧住宅小区 108 万平方米，建设城市地下综合管廊 4.7 公里。出台房地产去库存、高校毕业生落户购房补贴政策，销售商品房 74.4 万平方米，房地产去库存成效明显，人口外流得到改善。启动特色田园小镇、田园乡村建设，加快推进新型城镇化，共同缔造美丽家园。红果子镇列入全国特色小镇，陶乐镇庙庙湖村列入全国美丽宜居村庄。

【民生事业】2017 年，加大民生投入力度，民生支出占财政支出的 75%，十件民生实事全面完成。脱贫攻坚扎实推进，3009 名建档立卡贫困人口实现脱贫，完成 324 户 1590 人易地搬迁安置任务。大力促进就业创业，新增城镇就业 2.3 万人，城镇登记失业率控制在 3.8%。基础教育各项指标均居全区前列，成立浙江师范大学石嘴山教师培训中心，宁夏理工学院与浙江工业大学开展合作办学，星海中学建成投入使用。互联网医联体上线运营，在全区率先开展家庭医生签约服务，公共卫生服务水平不断提高。全面放开养老服务市场，提前实现“十三五”每千名老人拥有机构养老床位目标。开展“广场文化艺术节”等演出 465 场（次），承办第十五届中国戏剧节演出 6 场（次），举办环星海湖绿色骑行节等系列赛事，丰富群众文化体育生活。开展食用农产品市场准入试点活动，餐饮行业“4D”管理经验在全区推广。启用智慧城市指挥中心暨“12345”便民服务中心，安全事故死亡人数、环保投诉、刑事发案、信访总量分别下降 23.3%、13.9%、19.3%、12%。全面贯彻落实党的民族宗教政策，促进民族团结、宗教和顺。

【脱贫攻坚】2017 年，脱贫攻坚工作开展顺利。四项脱贫计划稳步实施。产业发展扶持资金已兑现 665 万元，发展庭院种植 2000 户，庭院养殖 1178 户，祥瑞合作社食用菌项目积极推广。举办手工编织、服装加工等培训班 12 期 1500 人（次），输出建档立卡贫困户劳动力 3045 人。72 户建档立卡贫困户实现自主创业，带动就业 126 人。将 3382 名建档立卡贫困人口纳入政策性兜底范畴，共发放低保、高龄、五保、残疾等各类补贴资金及养老保险 680 万元。“五个助力”行动有效开展。共计投资 3000 万元，建设乡村道路 5.2 公里，国土整治 20000 亩，扩建改造黄土梁扬水站及输水渠道，信息畅通工程全覆盖。发放扶贫贷款 1230 户 5733 万元，互助资金借款 876 户 813.5 万元，“扶贫保”实现全覆盖。为学生 971 人发放教育补助资金 100 余万元，发放助学贷款 3 万余元。累计投入帮扶物资约 1329 万元，为贫困户发展产业和孤残病老等弱势人员提供生活保障。在 3 个贫困村开展文化、科技、卫生、法律培训 30 余场（次）。基层组织建设推进。加大对三个贫困村两委班子成员的培训力度，选调优秀干部 6 人脱产担任贫困村第一书记、副书记和书记助理，储备后备村干部 14 人，农村优秀青年 28 人；将庙庙湖、红瑞村村级办公经费由 3 万元/年增加到 9 万元/年，村民小组组长（区长）补贴由 100 元/月增加到 200 元/月。

【旅游设施建设】2017 年，重点推进实施平罗县全域旅游西线景观廊道建设一期、中华奇石山文化旅游区二期、庙庙湖生态旅游区三期、沙湖旅游区、五七干校改造提升等基础设施建设项目，实施游船、客运码头、景观桥、木栈道、生态停车场、卫生间、自驾车环形路、游客中心、给排水系统等基础设施建设工程。同时，实施 A 级景区提升计划，全力推动北武当生态旅游景区、中华奇石山文化旅游区创建国家 AAAA 级旅游景区，重点从旅游交通、游览服务设施、旅游安全、卫生管理、邮电通信、旅游购物、综合管理等 8 个方面对景区进行全面改造和提升。

在城市主要街区、景区新建改建旅游厕所43座，极大改善了市民和游客如厕环境。完善旅游交通标识，在石银高速、京藏高速出入口、城市通往各景区的主要旅游交通道路沿线，新增旅游标识牌41块，基本实现所有AA级以上景区旅游交通标识标牌全覆盖。同时，加大资金争取力度，积极对接自治区相关厅局，申报重点基础设施建设项目，争取并落实沙湖——星海湖水系配套旅游项目、“厕所革命”等专项资金368万元，拟到位旅游厕所奖补资金150万元，旅游专项资金900万元，为旅游基础设施建设提供资金保障。

【贺兰山清理整治】2017年5月10日，石嘴山市开始进行贺兰山自然保护区清理整治攻坚战，市清理整治指挥部进驻保护区现场办公，一点一策制定治理方案，倒排工期、挂图作战，先后召开28次指挥部办公会议，就工程治理、赔偿奖励、资金管理等具体事项，定标准、定方案、定措施，有计划、有步骤地快速推进各阶段工作。截至年底，石嘴山市牵头负责的第一批118个整治点已整治完毕113个，其中自治区专家组已验收108个。自治区“绿盾2017”专项行动9月移交增加的20个治理点。在推进整治工作中，石嘴山市自加压力，对保护区外围93个洗煤厂、储煤场进行清理整治，已全部拆除了生产生活设施设备，现场整治正在推进中；对不在整治任务范围内的3处无主渣堆和6处跨保护区企业进行了全面治理，均已完工。自整治工作开展以来，石嘴山市累计投入人力5.8万人次、机械3.2万台次，拆除建筑物(构筑物)32万平方米、机械设备2888台(套)，转运土石方量3300万立方米，完成整治面积4.8万亩，播撒草种4000公斤。同时，石嘴山市开展了打击非法开采加工矿产资源专项行动，会同自治区国土厅、林业厅启动联合执法，共组织执法巡查1550余次，制止违法行为为98起，填封炸封盗采井洞56个；在重点区域、关键路段设置视频监控10个，路卡、限高杆49处，标识牌81个，围栏35公里，保护区内偷挖盗采频发现象得到遏制。

（朱军荣）

【大武口区】2017年，大武口区完成地区生产总值215.81亿元，增长6.8%；固定资产投资增长8.8%；地方公共财政预算收入2.76亿元，可比增长6%；规模以上工业增加值增长4.8%；社会消费品零售总额达50.15亿元，增长8.8%；城镇和农村居民人均可支配收入分别达31365元、11185元，分别增长8.7%和9%。荣获第五届全国文明城市、全国卫生城市、全国首批健康促进区等国家级荣誉称号；荣获星级和谐社区创建工作先进区、食品安全先进县(区)、第七批民族团结进步创建活动示范单位等自治区级荣誉称号，经济社会发展迈出坚实步伐。出台工业转型升级和结构调整三年行动纲要，对辖区70%规模以上企业实施技术改造，工业技改投资增长12%，中色东方、天地奔牛等骨干企业实现恢复性增长。聚焦发展特色优势产业，装备制造、新材料、现代纺织产业产值分别增长49.7%、26.6%和45.5%，产业集群发展优势逐步形成。新增规模以上企业8家，新增产值8.8亿元。新培育国家级高新技术企业3家，自治区级科技型中小企业6家，每万人有效发明专利拥有量8.4件，R&D经费占GDP比重达到1.4%，科技创新支撑作用持续增强。加快农村一二三产业融合发展，国家农业科技水产园区通过科技部验收，庭院经济、采摘观光、花卉育苗等特色农业发展势头良好，农业增加值增长5%。大力开展“百日推进、百日攻坚”活动，重点项目、工业技改、高新技术产业投资分别增长12%、15%和17%，房地产投资下降66.5%，投资结构不断优化。化解过剩产能240万吨，全社会综合能源消费量和单位GDP能耗分别下降1.2%和6.5%，以占全市7%的能耗完成全市41%的GDP。

（马小为）

【惠农区】惠农区辖6个街道办事处(育才路、南街、中街、北街、河滨街、火车站)、3个镇(红果子、尾闸、园艺)、3个乡(燕子墩、礼和、庙台)，共38个行政村、42个居委会，区域面积1254平方公里。截至2017年底，惠农区户籍人口数为172226人，城镇人口数为116147人，城市化率83%。年内出生人口1614人，死亡1181人，自然增长人数433人。2017年，惠农区地区生产总值完成161.3亿元，增长7.2%，增速比上年提高0.6个百分点。其中，第一产业增加值6.1亿元，增长4.2%，增速比上年提高1个百分；第二产业增加值106.7亿元，增长6.7%，增速比上年提高0.9个百分；第三产业增加值48.5亿元，增长8.6%，比上年放缓0.3个百分点。三次产业比重为:3.8∶66.1∶30.1。规模以上工业增加值增长6.8%；固定资产投资完成171.8亿元，增长6.2%；社会消费品零售总额完成35.1亿元，增长8.5%；公共财政预算收入完成18062万元，同口径同比下降23.61%；城乡居民人均可支配收入实现25056元和12857元，分别增长8.4%和8.5%。农林牧渔业增加值完成63161万元，增长4.2%，比上年提高1个百分点。其中农业增加值46049.5万元，增长4.3%；林业增加值569.5万元，下降

04%；牧业增加12954.8万元，增长5%；渔业增加值1320.4万元，下降4.8%农林牧渔服务业增加值22669万元，增长4.3%。

（樊月凤）

【平罗县】2017年，平罗县实现地区生产总值169.8亿元，增长7.8%；规模以上工业增加值增长8.7%；固定资产投资178.6亿元，增长8%；社会消费品零售总额26亿元，增长9%；一般公共财政预算收入8亿元，同口径增长10.5%，位居全国中小城市投资潜力百强县第74位。约束性指标有效下降。万元GDP综合能耗同比下降3.2%以上，新增能源消费量同比下降70%。落实民生实事10件，全年民生支出24.5亿元，增长8.3%，占一般公共财政支出的75%。城乡居民人均可支配收入分别达到24558元和13257元，增长8%和8.7%；贫困群众人均收入增长11.9%，增速高于农村居民收入3.2个百分点。全县总人口312536人，其中，少数民族人口120005人。

（周　阳）

吴忠市

【概况】吴忠市位于宁夏回族自治区中部，南接固原市，北连银川市，东部与陕西省榆林地区毗邻，东北、西北与内蒙古伊克昭盟、阿拉善左旗相连，东南、西南与甘肃省庆阳、白银地区接壤。全市总面积2.07万平方公里，占宁夏回族自治区的31.2%。现辖利通区、红寺堡区、青铜峡市、盐池县、同心县5个县（市、区）。2017年，全年实现地区生产总值508.1亿元，增长8%；全社会固定资产投资798.8亿元，增长8.2%；一般公共预算收入32.7亿元，同口径增长10%；一般公共预算支出200.1亿元，增长10.2%；社会消费品零售总额112.7亿元，增长9.7%；城镇居民人均可支配收入25364元，增长8.6%，农村居民人均可支配收入突破万元大关，达到10912元，增长9.8%。年末全市常住人口137.32万人，比上年增加2.03万人；其中，城镇人口63万人，增加3.87万人。城镇化率45.9%，比上年提高2.17个百分点。年末户籍总人口140.41万人，比上年减少31001人。全市农业人口90.15万人，非农业人口50.25万人。人口出生率为13.8‰，死亡率为4.1‰，人口自然增长率为9.7‰。

【农业与农村经济】2017年，现代农业稳步发展。粮食产量达到97.7万吨，冬麦后复种水稻“一年两熟制”试点成功。新增瓜菜、枸杞、黄花等特色种植20.8万亩。奶牛存栏22.1万头，养殖规模化率达到96%。肉牛、肉羊饲养量分别达到43万头、640万只。富硒农业种植面积达到11万亩。组建亚麻籽油等产业联盟。新增农业产业化龙头企业35家、家庭农场105家、合作社93家。下马关等5座中部干旱带水库建成运行。利通区被评为国家农产品质量安全县，青铜峡市被确定为国家优质粮食工程试点县和现代农业可持续发展试验示范区，吴忠国家农业科技园区被认定为国家有机食品生产基地建设示范区。“盐池滩羊”进入首批中国特色农产品优势区名单，塞外香等5个品牌被评为宁夏特色优质农产品品牌。金沙湾、汇达、红粉佳荣、贺兰芳华等4家酒庄被评为自治区五级列级酒庄，维加妮等11家酒庄的15款葡萄酒获得国际葡萄酒大赛金奖。

【工业经济】2017年，实施工业转型升级、创新驱动、消费拉动经济增长等19项行动计划，兑现各类奖补资金2亿元，争取自治区“降成本30条”惠企政策资金2.4亿元。推进中国自动化产业基地、大坝电厂四期等重大项目，200个市级重点项目开工197个，完成投资462亿元。帮扶可可美生物公司等25家重点企业，解决各类困难问题75个。实施PPP项目12个，总投资33亿元，撬动社会资本30亿元，吴忠市被国家发改委、住建部列为重大市政工程领域PPP创新工作重点城市。装备制造业实现产值40亿元。纺纱产能达到70万锭。风光电建成并网发电706.6万千瓦，占全区网总发电的48.1%。实施勤昌轴承自动化生产线等技术改造项目15个，淘汰水泥、造纸等落后产能69.1万吨。太阳镁业等3家企业被评为国家两化融合贯标试点企业。落实低成本化园区改造项目23个，完成投资6.6亿元。新增规模以上企业55户，规模以上工业增加值增长10.4%。万元GDP能耗下降1.5%，单位工业增加值能耗下降7%。

【第三产业】2017年，第三产业加快发展。万达广场加快建设，茶茗文化街、光耀小吃街等特色街区建成运营。获批创建国家电子商务示范市，电商交易额达到11.5亿元。新建改建养老服务机构12个，全区首家公建民营养老服务机构投入运营。房地产销售面积163.8万平方米，增长8.4%，库存下降25.8%。举办第十届国际葡萄与葡萄酒学术研讨会、盐池航空嘉年华、红寺堡全国青少年航空航天模型锦标赛等节会活动。上桥镇牛家坊村、叶盛镇被评为第七批全国一村一品示范村镇。中华黄河楼成功创建为国家AAAA级景区。全年接待游客675.3万人，实现旅游收入38.15亿元，同比分别增长20%、30%。

【城乡建设】2017年，实施城乡建设项目

164 个，完成投资 143 亿元。加快利通区和青铜峡市同城建设步伐，积极融入银川都市圈建设。全力配合银西高铁、吴忠至中卫城际铁路和京藏高速改扩建 3 个重大项目建设，青铜峡至银川正源街快速通道、国道 344 线吴忠至灵武段公路开工建设。加快黄河文体会展中心建设，建成地下综合管廊 6.2 公里，市区热电联产集中供热面积达到 1436 万平方米，综合改造老旧小区 60 个。建成城市道路 52 公里、农村公路 480 公里。实施棚户区改造 13195 套，建设美丽小城镇 6 个，美丽村庄示范点 35 个，改造农村危房 8596 户，农村改厕治污 8340 户。金银滩镇、韦州镇被列为全国第二批特色小镇。光纤覆盖所有行政村，全国电信普遍服务试点工作现场交流会在吴忠市召开。城镇新建绿色建筑比重达到 30%，街道清扫机械化作业覆盖面达到 85%以上。实施农村环境综合治理行动计划，农村人居环境改善。

【环境保护与生态建设】2017 年，启动国家森林城市创建工作，全市完成营造林 30.16 万亩，森林覆盖率 16%，城市建成区绿地率、绿化覆盖率、人均公园绿地面积分别达到 40.7%、41.9%和 20.1 平方米。深入开展“蓝天碧水·绿色城乡”和“绿盾 2017”自然保护区清理整治专项行动，中央第八环保督察组反馈问题得到切实整改。加大环保执法力度，实施行政处罚 181 件。市区集中供热管网覆盖范围内 20 蒸吨以下燃煤锅炉全部淘汰，淘汰黄标车 1655 辆、老旧车 5206 辆，空气质量优良天数达到 292 天，比上年增加 12 天。在全区率先推行河长制，市县乡村四级河长实现全覆盖，845 名各级河长到位履责。加快推进清水沟、南干沟水环境综合治理，水质基本达到四类标准。完成 9 个生活污水处理厂、7 个工业园区污水处理厂提标改造工程。全力确保黄河水质安全，封堵取缔 23 家企业排污口，黄河吴忠段保持 II 类优水质。中科国通生活垃圾焚烧发电项目建成运营。划定永久基本农田 361 万亩、禁养区 60 个 1417 平方公里。

【社会事业】2017 年，高质量办结 10 件民生实事。脱贫销号 59 个村，减少贫困人口 48206 人，盐池县脱贫摘帽通过自治区先期评估。整合投入扶贫资金 62.5 亿元，设立各类扶贫产业担保基金 6.82 亿元，累计发放扶贫小额信贷 18.53 亿元，建档立卡贫困人口家庭意外伤害保险和大病补充医疗保险免费全覆盖，建档立卡户大病保险起付线由 8400 元调低到 3000 元，大病救助上限由 8 万元调高到 16 万元。全面完成“十三五”易地搬迁住房建设任务，搬迁 1530 户 6386 人。同心县“扶贫车间”经验在全国交流，红寺堡“壹加壹”获中国畜牧产业扶贫优秀模式。发放创业担保贷款 1.3 亿元、农村妇女创业担保贷款 18 亿元。新增城镇就业 1.4 万人，城镇登记失业率 3.5%，农村劳动力转移就业 21.5 万人。城乡低保提标扩面，城乡居民基础养老金标准从每人每月 150 元提高到 170 元。残疾人、红十字、慈善等事业健康发展。投资 6.5 亿元，新建、改扩建学校（幼儿园）102 所，营养改善惠及 7.1 万名学生。职业教育提质扩面，产教融合深入推进。红寺堡区、同心县顺利通过自治区义务教育均衡发展验收。全市高考一二本上线率达到 36%，中考平均分同比提高 22.6 分。市人民医院新院全面投入使用，法人治理结构和人事薪酬制度全面建立，与国内 17 家知名医院、医疗团队和知名专家签订合作协议。全面落实分级诊疗制度，公立医院药品加成全部取消。建成标准化村卫生室 47 所、社区卫生服务站 8 所。普通人群、重点人群家庭医生签约服务覆盖率分别达到 39.9%和 73.1%。创建为国家卫生城市、全国幸福家庭活动示范市。盐池县医改工作受到国务院表扬。人口计划生育、妇幼保健、疾病预防等工作得到加强。公共文化和全民健身活动蓬勃开展，新建贫困地区村级综合文化服务中心 132 个，开展文化惠民演出 655 场，举办吴忠市第四届运动会，红寺堡体育馆、盐池全民健身中心建成运行。国家公共文化服务体系示范区创建工作推进，中期评估位列西部地区前列。引黄古灌区成功列入世界灌溉工程遗产名录，鸽子山遗址入选全国十大考古新发现。推出《锦鸡岭》等一批文艺精品力作。创建全国文明单位 5 个、文明村镇 4 个、文明校园 1 个，朱玉国等 3 人获全国道德模范提名奖。涌现出脱贫攻坚优秀共产党员李进祯等一批先进典型。

【改革开放】2017 年，顺利完成空间规划（多规合一）改革试点。在全区率先启动市辖区综合执法改革，组建吴忠市综合执法监督局和利通区、红寺堡区综合执法局。积极推进“不见面、马上办”审批服务，建成太阳山、下马关政务服务中心，12345 便民服务中心挂牌运行，群众办事更加便捷。吴忠市“互联网+政务服务”工作经验在全国交流，市公共资源交易中心被评为全国十佳公共资源交易中心。清理规范行政事业性收费 25 项，获批外商投资企业核准登记权，工商注册便利化受到国务院表扬。新增市场主体 7770 户，增长 8.6%，总数达到 98333 户，民营经济占比达到 51.6%。利通区被列为全国第二批村集体资产股份权能改革试点县。市属国有企业资产总额达到

159亿元、实现利润3994万元、完成融资41.78亿元,分别增长25%、2倍和1.6倍。新增驰名商标1件、地理标志证明商标1件，吴忠市获全国十大地理标志商标精准扶贫典型市。国投(宁夏)互联网小额贷款公司在吴忠注册成立，嘉泽新能源成为宁夏14年来首家A股上市企业。建成公交车智能调度系统,新购新能源公交车30辆。吴忠市被确定为国家知识产权试点城市，金积工业园区被确定为国家知识产权试点园区。鑫浩源生物科技等3家企业被认定为国家级高新技术企业。新增国家知识产权优势企业3家,自治区科技型中小企业26家、自治区技术创新中心3家、自治区企业“双创”平台2家。吴忠仪表被认定为国家级国际科技合作基地、全国制造业信息化示范企业。佳能创科化工等33家企业被认定为自治区“专精特新”中小企业,夏进制箱包装等27家企业被认定为“专精特新”示范企业。建立吴忠国家农业科技园区蔬菜产业和设施园艺，君星坊公司亚麻籽产品，青铜峡菲斯克汽车轴承等4个院士工作站。设立青少年市长创新奖,5个单位、18名个人受到表彰奖励。建成运营重庆等20个优质特色产品展示展销中心,总数达到35个,销售额突破1亿元。进出口总额达到6.46亿元,同比增长84.5%。成功举办第六届宁夏黄河金岸(吴忠)国际马拉松赛、全国沙滩排球巡回赛(吴忠站)等体育赛事。

【利通区】利通区是吴忠市政治、经济、文化中心,辖区总面积1384平方公里,辖8镇、4乡,100个行政村、3个农场、21个城镇社区。2017年，全区常住总人口414781人。其中,城镇人口265404人,乡村人口149377人，户籍总人口410885人，其中城镇人口214202人，农业人口196683人。全年全区地区生产总值达189.5亿元,增长7.8%;全年完成工业总产值201.7亿元,同比增长9.8%,完成农林牧渔业总产值36.5亿元，同比增长4.9%。实现社会消费品零售总额57.3亿元,同比增长9.7%。 公共财政预算收入2.8亿元,同口径增长15.6%。完成固定资产投资182.1亿元,同比增长6%。实现社会消费品零售总额57.3亿元，同比增长9.7%。城镇居民人均可支配收入27386.7元,同比增长8.2%。农村居民人均可支配收入13675.4元,同比增长8.7%。实施园区空间扩展和改造提升工程，依托工业“一区四园”平台,高标准建设“百亿”现代纺织产业园和特色装备制造园，累计引进企业168家,建成运营135家,提供就业岗位6000多个。启动实施纺织园区二期和特色装备制造园基础设施建设工程,恒丰产业升级二期、恒丰瑞斯特服饰加工、骅泰专用汽车制造等重点工业项目扎实推进。统筹安排工业发展资金6800万元，为45家企业降低运行成本6000余万元。轻重工业比70:30。现代纺织园荣获“2016年中国纺织服装行业精锐榜十大产业园区”,跻身全国纺织工业“第一方阵”。宁夏恒丰集团成功入选2017年宁夏百强企业名单。规模以上企业研发(R&D)经费总投入1.33亿元,投入强度达0.7%，获得发明专利17项、实用新型专利44项、科技成果转化6项。落实自治区降成本30条,兑现奖励补助资金458.9万元。完成万元GDP综合能耗下降任务，单位工业增加值能耗同比下降17.8%。全年实现工业增加值117.5亿元，同比增长8.3%。实现农业增加值17.6亿元,同比增长5%。实现第三产业增加值54.4亿元,同比增长7.9%。全年公共财政投入民生和社会事业领域的资金达9.11亿元，占公共财政预算支出的89%。城乡居民基本医疗保险、养老保险参保缴费人数分别达到31.21万人和10.89万人，分别完成目标任务的102%和108%。

(胡建东)

【青铜峡市】青铜峡市位于宁夏平原中部,行政区域面积2525平方公里。辖8个镇(峡口镇、青铜峡镇、大坝镇、小坝镇、瞿靖镇、邵岗镇、陈袁滩镇、叶盛镇)、1个街道(裕民街道办事处)、3个农林场(国营连湖农场、树新林场、良种繁殖场)，共21个城镇社区、86个村、512个村民小组。2017年,全市实现地区生产总值150.4亿元,增长6.2%；地方一般公共预算收入7.95亿元，增长11.2%；全社会固定资产投资136亿元，增长13.2%;社会消费品零售总额22.5亿元,增长9.4%；城镇和农村常住居民人均可支配收入分别达到25547元、13135元,增长8.1%、9.1%。农业实施优质大米提升工程,种植富硒水稻4万亩,青铜峡大米地理标志证明商标获得国家工商总局批准,塞外香牌珍珠大米获评“中国十大好吃米饭”。新增酿酒葡萄5200亩,种植总面积达到10.9万亩,新建续建玉鸽等酒庄10个,维加妮等4家企业7款葡萄酒荣获国际优质葡萄酒挑战赛大奖。建成标准化肉驴养殖场3个，肉驴饲养量达到1.5万头,生猪、肉牛、奶牛、家禽等养殖业稳步发展。建成国家级现代农业示范基地1个、自治区级示范基地2个，农业产业化龙头企业达到32家,入选首批国家农业可持续发展实验示范区，叶盛镇被评为第七批全国“一村一品”示范镇。第一产业实现增加值17.6亿元,增长4.2%。服务业依托“黄河岸边、稻花香里、贺兰山下”三大旅游板块,全力推进国家全域旅游示范市、黄河大峡谷AAAAA景区“双创”工作。采取PPP模式撬动社会资本12.4亿元,实施滨河大道改造提升等黄河金岸文化旅游带项目10个。引黄古灌区列入“世界灌溉工程遗产名录”,举办红红火火过大年、申遗万人签名暨黄河拜水盛典大型实景演出、“中国梦·宁夏情·黄河颂”申遗成功晚会等节庆活动。全年接待游客300.5万人次,实现旅游综合收入13.8亿元。

（乔才山）

【同心县】同心县地处宁夏中部干旱带核心区,为宁夏回族自治区吴忠市所辖,县域总面积4662.16平方公里,境内自然条件、生态环境相对恶劣,丘陵、沟壑、山地、沙漠等地貌类型占总面积的65.4%,现辖豫海镇、河西镇、韦州镇、下马关镇、豫旺镇、王团镇、丁塘镇、田老庄乡、马高庄乡、张家塬乡、兴隆乡和石狮管委会12个乡镇(管委会),154个行政村,5个居委会,总人口39.85万人,其中农业人口28.46万人,占71.5%,回族人口34.16万人,占85.8%。2017年,全县完成地区生产总值61亿元,增长10%;规模以上工业增加值20亿元,增长16%;完成全社会固定资产投资107亿元,增长15%;完成地方公共财政预算收入2.3亿元,可比口径增长17%;地方公共财政预算支出51.7亿元,增长22.7%;实现社会消费品零售总额13.6亿元,增长10%;城镇居民人均可支配收入2.2万元,增长9%;农村居民人均可支配收入8200元,增长11%;贫困村农民人均可支配收入达到7400元,增长13%;减贫人口20906人,小康综合指数提高。全年获项目资金56.05亿元,完成吴忠市下达任务的107.5%;招商引资到位资金80亿元,分别完成区、市下达任务的107.6%和105.3%。2017年全县新增有机枸杞0.8万亩,累计发展13万亩;优质中药材6.5万亩,累计发展35万亩;文冠果6万亩,累计发展11万亩。发展酿酒葡萄1万亩、油用牡丹1.4万亩、肉牛38万头、羊190万只、黑毛驴1万头。发展多种形式适度规模经营,全年新增专业合作社62家,累计培育694家,辐射带动农户46495户,统一组织销售农产品达到10.63亿元;新增家庭农场35家,累计培育107家;发展农业产业化重点龙头企业21家、休闲农业企业34家,初步形成了产加销一体、一二三产业融合发展格局。

（姜国权）

【红寺堡区】2017年,完成地区生产总值19.34亿元,增长9.1%。其中:第一产业完成4.73亿元,增长4.9%,对GDP贡献率为15.3%,拉动经济增长1.4个百分点;第二产业完成9.04亿元,增长14.5%,对GDP贡献率为67.9%,拉动经济增长6.2个百分点;第三产业完成5.57亿元,增长5.2%,对GDP贡献率为16.8%,拉动经济增长1.5个百分点。三次产业结构比为24.5:46.7:28.8。全年完成农林牧渔业总产值9.48亿元,增长4.8%,完成增加值4.94亿元,增长4.8%。完成规模以上工业总产值13.8亿元,实现增加值4.9亿元,同比增长18.5%,增速较上年同期提高3.5个百分点。全年完成全社会固定资产投资86.9亿元,增长12.9%,连续20个月保持两位数增长。全年服务业完成增加值5.57亿元,增长5.2%。全年实现社会消费品零售总额6.19亿元,同比增长8%。从总量看,绝对值占全市总量的5.5%。全年完成地方财政一般公共预算收入2.04亿元,同口径增长28.4%,完成地方财政一般公共预算支出完成28.15亿元,增长18.5%,全年实现城镇居民人均可支配收入21195元,增长9.2%;农村居民人均可支配收入7896元,增长11.5%。

（王晓玲）

【盐池县】盐池县总面积8661.3平方公里,是宁夏面积最大的县。全县辖4乡、4镇、100个村、1个街道办事处、11个社区。截至2017年末,全县户籍人口总户数67557户,比上年增加1375户,总人口172583人,比上年增加800人。总人口中,按性别分,男性88187人,占总人口的51.1%,女性84396人,占总人口的48.9%,人口性别比为104.5(以女性为100);按户口分,城镇人口26879人,乡村人口145704人。以回族为主的少数民族人口4234人,占总人口的2.5%,其中回族人口3728人,占总人口的2.2%。境内有石油、煤炭、石灰岩、石膏、石英砂、砂砾石、池盐、芒硝、铜、铁等16种矿产,其中已探明石油储量4500万吨,煤炭储量81亿吨,石膏4.5亿立方米,白云岩3.2亿立方米,石灰石11亿立方米。全县可利用草原714万亩,耕地134万亩,是优质小杂粮集中产地。皮毛、食盐、甘草素称盐池“三宝”。全年完成地区生产总值85.53亿元,增长10.1%;完成固定资产投资187.5亿元,增长10.8%;实现社会消费品零售总额13.56亿元,增长10.3%;县级一般公共预算收入7.19亿元,同口径增长3.2%;城镇和农村居民人均可支配收入分别达到24677元和9549元,增长8.8%和11.9%。全县上争资金和招商引资考核连续六年位居全市第一。全年实施工业项目24个,完成投资81.2亿元,新增规模以上企业7家,实现规模以上工业增加值40亿元,增长

20%，工业增加值占地区生产总值的比重达50%以上，对经济增长的贡献率达75%。安排专项资金500万元，争取扶持资金1226.4万元，落实信贷资金11.9亿元，帮助中小企业解难题、促发展。全年全县实现农林牧渔业总产值14.42亿元，增长4.4%，增速较上年同期回落了0.5个百分点；实现农林牧渔业增加值6.88亿元，增长4.1%。

（盐池县志办）

固原市

【概况】固原市位于宁夏南部，东与甘肃庆阳市、平凉市为邻，南与平凉市相连，西与白银市分界，北与宁夏中卫市、吴忠市接壤。辖1个市辖区、4个县和1个国家农业科技园区（固原国家农业科技园区），62个乡镇891个行政村，3个街道38个居委会。全年实现生产总值270.09亿元，剔除物价因素，实际比上年增长7.6%。其中，第一产业增加值51.01亿元，增长4.2%；第二产业增加值74.08亿元，增长9.5%；第三产业增加值144.99亿元，增长8%。经济结构由上年的20.5:25.5:54转变为2017年的18.9:27.4:53.7，第一产业比重下降1.6个百分点，第二产业比重提高1.9个百分点，第三产业比重下降0.3个百分点。按常住人口计算，人均生产总值达到22061元，同比增长7.8%。年末城镇登记失业率为3.8%，全市居民消费价格比上年上涨1.9%；商品零售价格上涨2%；固定资产投资价格上涨5.9%；建筑安装工程价格上涨7.6%；新建住宅销售价格上涨2.4%；房屋租赁价格上涨1.6%；工业品出厂价格上涨16.3%；生产者购进价格上涨20%。全市实现地方财政收入26.53亿元，比上年增长17.9%，其中：一般公共预算收入16.68亿元，增长5.7%，政府性基金收入9.85亿元，增长46.6%。一般公共预算收入中，税收收入10.07亿元，增长0.8%，非税收入6.61亿元，增长14.1%。地方财政总支出240.52亿元，增长11.3%，其中一般公共预算支出226亿元，增长8.1%。教育支出39.16亿元，科学技术支出0.68亿元，节能环保支出13.54亿元，农林水支出49.81亿元，社会保障和就业支出26.6亿元。年末全市总户数为46.46万户，户籍总人口150.58万人，其中：男77.53万人，女73.05万人，城镇人口36.36万人，乡村人口114.22万人，回族人口71.16万人，占总人口的47.3%。据人口抽样调查，年末全市常住总户数为36.19万户，常住总人口为122.82万人，其中：城镇人口44.59万人，乡村人口78.23万人，城镇化率为36.3%，人口出生率为15.1‰，死亡率为4.8‰，人口自然增长率为10.2‰，出生政策符合率为92.6%。

【农业与农村经济】2017年，实现农林牧渔业总产值115.04亿元，剔除物价因素，实际比上年增长4.2%，其中：农业产值71.17亿元，林业产值5.71亿元，牧业产值31.51亿元，渔业产值0.15亿元，农林牧渔服务业产值6.5亿元。实现农林牧渔业及农林牧渔服务业增加值55.17亿元，增长4.2%。全市粮食播种面积354.27万亩，比上年减少3.86万亩，下降1.1%。其中：夏粮面积为82.14万亩，减少3.76万亩，下降4.4%；秋粮面积为272.14万亩，减少0.1万亩。全市粮食总产量70.51万吨，比上年减少5.4%。其中：夏粮产量10.34万吨，减少11.2%；秋粮产量60.17万吨，减少4.3%。全市猪、牛、羊存栏分别为14.05万头、44.77万头、94.4万只，分别比上年减少1.5%、增长2.3%和减少8.9%；出栏猪、牛、羊分别为18.49万头、32.49万头、114.3万只，分别减少3.2%、增长2.5%和1%；家禽存栏172.56万只，增长7%，出栏219.3万只，增长19.1%；肉类总产量达到8.86万吨，增长2.3%。其中：猪肉产量1.44万吨，减少2.4%；牛肉产量4.99万吨，增长3%；羊肉产量1.99万吨，增长1.6%；禽肉产量0.43万吨，增长14.1%。全市年末拥有农业机械总动力124.64万千瓦，比上年增长3.6%，拥有大中小型拖拉机4.84万台，增长2.5%；拖拉机配套农具7.49万台，增长3.6%。农业机械耕作面积461.75万亩，增长5.9%；机播面积334.89万亩，增长1.8%；机电灌溉面积59.86万亩，增长0.8%；机械植保面积63.57万亩，增长3.6%；机械收获面积270.82万亩，增长4.7%。固原国家农业科技园区通过科技部验收。新建肉牛养殖园区10个、示范村20个。推广马铃薯主食化品种2万亩；新发展冷凉蔬菜2.8万亩。创建杂粮、油料标准化生产基地20个。发展红梅杏、枸杞等特色经济林6.6万亩，养殖中蜂5.2万群。固原马铃薯、胡麻油、黄牛，彭阳红梅杏、朝那鸡5个产品获国家地理标志认证，“五谷六盘”杂粮等13个产品获宁夏名牌称号。

【工业和建筑业】2017年，完成工业增加值37.62亿元，剔除物价因素，实际比上年增长9.3%。其中：规模以上工业增加值19.34亿元，增长13.5%；规模以下工业增加值18.28亿元，增长5.1%。规模以上工业中，轻工业完成增加值1.9亿元，减少5.1%；重工业完成增加值17.44亿元，增长18.6%。按经济类型分，国有及国有控股工业完成增加值13.89亿元，增长13.5%；非公有制工业完成增加值

5.45 亿元,增长 13%,其中私营企业完成增加值 3.09 亿元,减少 13.2%。全市 54 家规模以上工业企业中(不包括热电厂),亏损企业 10 家,亏损面为 18.5%,亏损额 2258 万元,比上年减少 31.3%,完成主营业务收入 46.52 亿元,增长 52.6%,实现利润总额 7.62 亿元,增长 2.9 倍,实现税金总额 2.55 亿元。年末全市 6 个工业园区入园企业达到 138 家,其中规模以上企业 39 家,完成园区基础设施投资 2.8 亿元,园区工业总产值达到 49.47 亿元,实现主营业务收入 48.95 亿元,实现利润 7.89 亿元,上缴税金 3.5 亿元。全市能源消耗总量为 192.01 万吨标准煤,比上年增长 11.5%;单位 GDP 能耗同比增长 3.6%。其中规模以上工业能耗 52.21 万吨标准煤,同比增长 61.7%,单位工业增加值能耗同比增长 42.5%。王洼煤矿 600 万吨改扩建项目基本完工,金昱元盐化工一期建成试车,融信华创西吉风力发电项目一期并网发电,六盘山绿色中药材资源开发及交易市场、山东红帆智能供变电系统和云轨支架项目落地,宁夏丰源 20 万锭纺纱项目开工建设,填补了固原市纺织产业空白。全市具有资质等级的建筑企业 42 个,实现建筑业总产值 38.38 亿元,比上年增长 29.8%。房屋建筑施工面积 173.8 万平方米,增长 33.7%,房屋建筑竣工面积 115.02 万平方米,增长 86.2%。培育"专精特新"企业 22 家、示范企业 14 家。

【第三产业】2017 年,完成第三产业增加值 144.99 亿元,增长 8%。培育电商扶贫示范村 5 个、龙头企业 5 家、经销企业 30 家,京东—固原扶贫馆开馆运营,农产品线上销售突破 1 亿元;设立特色农产品外埠窗口 2 个。餐饮住宿业发展良好。金融保险业恢复性增长,据人民银行统计,全市金融机构各项存款余额 517.97 亿元,比上年增长 13.8%,其中:住户存款余额 259.79 亿元,增长 20.2%,非金融企业各项存款余额 95.7 亿元,增长 23.6;各项贷款余额 359.48 亿元,增长 35.8%,住户贷款余额 181.26 亿元,增长 19.9%,非金融企业及机关团体各项贷款余额 178.22 亿元,增长 56.8%。据保险业协会统计,全市各类保险保费收入 11.36 亿元,比上年增长 37.9%,其中:财产险收入 6.34 亿元,增长 59.7%,人寿险收入 5.02 亿元,增长 30.4%;保险赔付支出 4.45 亿元,增长 27.5%,其中:财产险赔付支出 3.34 亿元,增长 59%,人寿险赔付支出 1.11 亿元,增长 23.3%;保险赔付率为 39.2%,其中:财产险赔付率 52.6%,人寿险赔付率 22.2%。与工商银行、建设银行等签订了 400 亿元信贷协议,国投、国开行授信市扶贫开发投融资公司 10 亿元,年末金融机构存贷款余额分别达到 560 亿元和 458 亿元,贷存比 81.8%,较年初提高 12 个百分点。

【城乡建设和招商引资】城镇化率达到 36.3%。把市区旧城改造与海绵城市建设有机结合、整体推进,博物馆等 9 个片区 200 万平方米棚改全部开工建设,清水河两岸等 150 万平方米棚改拆迁工作进展顺利;海绵化改造小区 90 个 323 万平方米,建成古城墙遗址公园一期。进一步理顺城市管理体制,开启环境卫生"以克论净·深度保洁"模式,成功创建国家园林城市和自治区文明城市。泾源 20 公里旅游服务带和隆德渝河、彭阳茹河综合治理成为美丽固原的新亮点。集中实施了张易、将台、观庄、兴盛、城阳等 10 个美丽小城镇和三十里铺、西坪、新庄、杨岭、高庄等 55 个美丽村庄建设。习近平总书记视察过的将台、杨岭和姚磨发生喜人变化,实现了百姓安居、环境改善、城乡变美。宁夏中南部城乡饮水安全工程项目区全部通水,泾河源镇等 7 处抗旱应急水源工程建成投用,新建李渠等水库 6 座,改造提升寺口子等水库 6 座,解决了隆德县城应急饮水困难。新增高效节水灌溉面积 5 万亩,累计达到 61.8 万亩。新建 4G 基站 1092 座,行政村光纤到户覆盖率 100%。全市共实施招商引资项目 197 个,实际到位资金 203.3 亿元,同比增长 20%。其中:原州区项目 24 个 30.05 亿元,西吉县项目 32 个 28.24 亿元,隆德县项目 38 个 26.18 亿元,泾源县项目 23 个 25.67 亿元,彭阳县项目 30 个 27.46 亿元,开发区项目 32 个 30.15 亿元。

【交通、邮电和旅游】2017 年,全市境内等级公路里程达到 8899 公里。按技术等级分,高速公路 265 公里,一级公路 107 公里,二级公路 653 公里,三级公路 1734 公里,四级公路 6140 公里。按行政等级分:国道 741 公里(其中国家高速公路 157 公里),省道 673 公里(其中地方高速公路 108 公里),县道 142 公里,乡道 1978 公里,村道 5153 公里,专用公路 212 公里。年末民用车辆拥有量达到 23.09 万辆,其中:载客汽车 11.23 万辆,载货汽车 3.42 万辆,其他汽车 0.63 万辆,摩托车 2.55 万辆,拖拉机 4.84 万辆,挂车 0.42 万辆。全市营运车辆 2.44 万辆,非营运车辆 15.8 万辆。全年完成公路货运量 5570 万吨,比上年减少10.3%,货物周转量 94.6 亿吨公里,减少 17.3%;完成公路客运量 976 万人,减少 14.5%,客运周转量 13.1 亿人公里,减少 13.8%。全年铁路发送旅客 35.9 万人次,减少 4.3%;铁路发送货物量 331.93 万吨,增长 127.6%;民用航空客运量 15.72 万吨,货运量 64 吨。全市公共交通运营车辆 409 辆，出租汽车 3285 辆，旅游客运 39 辆。实施了一批交通、水利、信息化等城乡基础设施项目，支撑经济社会发展。三条对外通道 S25 线泾河源至华亭、S60 线西吉至会宁、G327 线沟圈至彭阳全面开建，新建农村公路 522 公里，开通固原—福州航线。固原市入选全国第一批公交都市建设城市，原州区获全国首批“四好农村路”示范县，西吉县入选全国城乡交通运输一体化示范县。新建 4G 基站 1092 座，行政村光纤到户覆盖率 100%。全市完成邮电业务总收入 8.61 亿元，比上年增长 11.1%，拥有固定电话 4.3 万部，移动电话 106.87 万部，宽带用户达 18.76 万户，全市电话普及率 91 部/百人。全市共有旅游景点 24 个，拥有 AAAA 级旅游景点 5 个，AAA 级旅游景点 3 个，AA 级 1 个。全市有 24 个注册旅行社，注册导游 29 人。全年共接待国内游客 492.68 万人（次），接待海外游客 6123 人（次）；接待国内游客总收入 30.77 亿元，实现旅游外汇收入 454.57 万美元。农家乐接待游客 217.94 万人（次），总收入 10113.61 万元。以创建自治区全域旅游示范市为目标，加快 14 条旅游专线及综合配套服务设施建设，完成茹河瀑布等景区改造提升。大店、龙王坝、新和、新月、阳洼等 13 个旅游示范村特色初显，乡村游、生态游持续升温，全年接待游客 490 万人次，旅游社会收入 29.1 亿元，分别增长 18%和 19%。固原市荣获最美中国“全域旅游创建典范城市”，泾源县获全国十佳生态旅游城市。

【生态建设】2017 年，全市环境空气有效监测天数 365 天，其中优良天数 330 天，占有效监测天数的 90.4%（扣除沙尘天气影响后，优良天数占比 95.7%），居全区第一。固原城区声环境功能区噪声均达标，区域环境噪声共检测 126 个网格，区域噪声等级处于“好”的 76 个、“较好”的 41 个、“一般”的 7 个，“差”的 2 个。建立市域内生态补偿机制；实施六盘山重点生态功能区 400 毫米降水线以上区域造林绿化工程，完成新一轮退耕还林 5.3 万亩，共造林 67.6 万亩，森林覆盖率提高 2.3 个百分点，达到 25.1%。治理水土流失面积 320 平方公里。清水河国家湿地公园通过国家林业局验收。开展蓝天、碧水、净土和“绿盾 2017”专项行动，依法关停河道采矿厂、洗砂厂、砖厂等 136 处，淘汰万吨以下马铃薯淀粉加工企业 34 家；拆除自然保护区违规建筑 81 万平方米，恢复植被 199 万平方米，完成了六盘山国际旅游度假区项目生态环境综合整治。全面推行河长制，从源头、河道、流域系统治理五河，市县城区污水处理厂改造提标和工业园区污水处理厂正式投运，三营、神林等 6 个乡镇污水处理厂开建，泾河水质稳定在Ⅱ类，葫芦河、渝河、茹河稳定在Ⅳ类以上，渝河治理模式被环保部总结为“渝河经验”。铁腕防治扬尘、烟尘，淘汰 20 蒸吨以下燃煤锅炉 132 台、黄标车 1568 辆，影响空气质量的主要污染物 PM10 进一步下降。

【扶贫开发】2017 年，实施精准扶贫，销号贫困村 200 个、减贫 9.4 万人，贫困发生率下降到 8%。精准识别贫困人口 18.8 万人。培育“有土”富民产业，实施“5·30”及其倍增计划，6.2 万建档立卡户从事种植和养殖业；扶持“离土”创业增收，培训农村劳动力 5.4 万人，劳务收入支撑建档立卡户收入增长 13%。对标补齐短板，新修村道 3044 公里，通路率 95%；完成 15 项农村饮水安全工程，通水新增 2.3 万户，自来水入户率 94.5%；改造危房危窑 1.93 万户，完成 140.2%；3.24 万人搬进了温暖的新家。放大“产业+扶贫+财政+金融”模式，将担保基金和风险补偿基金从 12.5 亿元提高到 18.3 亿元，为 7.9 万贫困户贷款 33.8 亿元，户均 4.3 万元，覆盖率 80.1%，“扶贫保”实现贫困人口全覆盖。“蔡川模式”在中央电视台新闻联播报道。建立市级领导带队明察暗访等机制，开展脱贫工作作风不实暨扶贫领域专项资金监督检查行动，整改完成扶贫领域 120 个问题；建立“有进有出”的动态管理机制，清退 10326 人，补录 12086 人；以正向激励促更多的贫困户主动脱贫。建立 5 亿元担保基金，已放大担保贷款 21.1 亿元，扶持农村“两个带头人”增强带动能力，全国、全区经验交流现场会在固原召开，中央、自治区媒体进行了集中报道。

【社会事业】2017 年，国家、自治区拨付科技项目资金 49 项 1390.19 万元，安排市级科技项目 82 项 830 万元。全年组织实施国家、自治区、市科技项目 145 项。全市共组织专利申请 154 件，专利授权量 42 件。彭阳县生产的食用菌荣获第十一届中国国际有机食品博览会暨 BioFach China“2017 产品金奖”。全市拥有普通高等院校 1 所，招生 2071 人，在校生 7037 人，毕业生 1538 人。普通中学 69 所，招生 3.11 万人，在校生 9.15 万人，毕业生 3.14 万人。中等职业教育学校 5 所，在校生 1.18 万人。小学 502 所，招生 1.96 万人，在校生 11.94 万人，毕业生 2.25 万人。特殊教育学校 3 所，在校生 301 人。幼儿园 408 所，在园幼儿 4.73 万人。学龄儿童入学率 100%。在全区率先出台教育填平补齐政策，实现农村学生各个学段全程资助。新建改建幼儿园 147 所，改造薄弱学校 234 所，原州区、隆德县、泾源县、彭阳县义务教育均衡发展通过国家评估认定，西吉县通过自治区验收。实施“名师、名校、名校长”培育工程，创新推出教师职称评定“地方粮票”，命名首批“六盘名师”，尊师重教氛围更浓。全年共举办了30多项文化活动。开展第五届广场舞大赛、第九届“花儿漫六盘”青年歌手大奖赛、第四届秦腔大赛、第五届小戏小品大赛、“夏季送你一首诗”暨“夏青杯”朗诵比赛等7项文艺赛事活动。选送综艺类、广场舞等20多个节目参加2017年“欢乐宁夏”全区群众文艺汇演活动，荣获了优秀组织奖。组织实施村级文化活动室建设项目389个，建成了806个村级综合文化服务中心，确定25个市级文化大院。开展文化科技卫生“三下乡”活动，完成送戏下乡演出345场（次），广场文艺演出252场（次），农村放映电影12014多场（次）。全年共制作播出各类广播节目5000多小时，制播新闻365档2160条，专题40期，开设系列报道35个，制作播出市委政府主题宣传片、公益广告35部。在中央电视台播发新闻8条、宁夏电视台播发新闻240余条、宁夏广播各频率播发新闻547条。建设完成了5个社区多功能运动场，安装健身路径45套，篮球架70套，建成老年门球场2个、体育公园1个。举办2017年全国群众登山健身大会宁夏六盘山全国登山赛暨第四届宁夏六盘山登山节。参加2017年全国青少年“未来之星”阳光体育大会全区青少年锦标赛，取得第一名13个、第二名6个、第三名13个；参加全区2017年“沙波头”杯全区大漠健身运动大赛，取得拉沙舟二等奖；参加全区青少年锦标赛，获得体育道德风尚奖；参加第三届全民健身节暨宁夏社会体育指导员技能交流展示大赛，取得广场舞优胜奖；参加“2017年陕甘川宁第二十六届中国西部商品交易会”羽毛球和游泳比赛，取得3个单项第一名和10个单项奖。推进农村低保制度与扶贫开发政策有效衔接，提高贫困人口保障覆盖面。市养老综合服务中心主体竣工，建成老年活动中心5个、农村敬老院7个、老饭桌20个。建成5个创业孵化园、5条创业示范街，发放创业担保贷款10.3亿元，创业带动就业9549人，新增城镇就业10045人；转移就业31.97万人，创收60亿元。全市卫生机构1124个（包括村卫生室），实有床位6744张。卫生技术人员6676人，其中：医生2513人，护士2674人。孕产妇死亡率24.18/10万，新生儿死亡率5.1‰，传染病发病率476.15/10万，农村卫生厕所普及率70.5%。出台提高农村居民医疗保障水平和建立重特大疾病补充医疗保险政策，农村居民年度内住院医疗费用个人负担比例由23.5%控制到10%以内、建档立卡贫困户自付费用累计不超过5000元，重特大疾病年度最高救助限额由8万元提高到16万元。综合医改和城市公立医院改革稳步推进，市医院迁址运行良好，综合医院上等级创建活动有序推进；实施医疗人才“双优”工程，建立京宁、闽宁、沪宁合作机制和县乡医联体39个，基层诊疗量从83%提高到96%，逐步扭转群众“不管大小病都跑大医院”的传统就医格局。“五险合一”经办体制改革基本完成，实现了与全国31个省份7443家医疗机构联网结算。推进“七五”普法和法治政府建设，在全区率先打造“一村一法律顾问”援助品牌。成功破获特大电信网络诈骗案，受到公安部和自治区党委、政府充分肯定。原州区被评为全国平安建设先进县，头营镇圆德村等10个单位入选第五届全国文明单位，宁夏师范学院入选第一届全国文明校园；王黎君荣获第六届全国道德模范提名奖。启动“拥护核心感党恩、同心携手奔小康”民族团结进步创建主题活动，原州区、彭阳县被命名为全国民族团结进步创建示范区；坚持宗教中国化方向，依法加强宗教事务管理和专项治理，民族团结、宗教和顺、社会稳定的良好局面不断巩固。

【姚河塬商周遗址入围2017年度全国十大考古新发现】该遗址位于彭阳红河流域东部的塬地，约占整个塬地的三分之一，面积60余万平方米。2017年4月，经考古钻探发现有墓葬、马坑、车马坑、祭祀遗坑、铸铜作坊、制陶作坊、池渠系统、路网、壕沟等遗迹。墓葬区处于遗址的北侧，是一处居葬合一类型的遗址，并发掘墓葬10座，可分为大、中、小三种，墓葬中出土了青铜车、玉器、陶器等。从出土的陶片、青铜车马器、鼎、觯残件、陶范等判断，该遗址代从商代晚期延续到西周中期。墓葬均发现牛、羊、马等头骨、肩胛骨殉牲、墓室底部有腰坑殉狗，具有殷遗民的特征。大量陶范的发现证明该遗址有铸铜作坊，遗址级别很高。遗址中还发现了较多的商时期的刘家文化遗存，这是以往发现的遗址中所未见的。遗址出土的遗物以及北方地区文化、寺洼文化等不同类型的遗物，说明在商周时期以该遗址为代表的彭阳地区，以及宁夏南部地区与不同区域都有较广泛的交流和联系。姚河塬商周遗址的发现，佐证了至少在西周早期，周王朝已对陇山（六盘山）东西两侧进行着有效的控制与管理，统治足迹越过了六盘山，把六盘山地区的建制史从西汉提至西周早期，提前了近1000年。此论断，可以与文献中周宣王“料民于大原”相印证。

【原州区】原州区总面积2739平方公里，耕地面积158万亩。辖7镇4乡3个街道办事处，153个行政村，35个居委会。2017年，实现地区生产总值117.66亿元，按可比价格计算，同比增长8%。其中：第一产业实现增加值15.04亿元，增长4%；第二产业实现增加值32.36亿元，增长9.7%；第三产业实现增加值70.26亿元，增长8.2%。完成地方财政收入2.42亿元，同比下降3.5%。完成全社会固定资产投资171.68亿元，同比增长6.2%。实现社会消费品零售总额35.18亿元，同比增长10.4%。农村居民人均可支配收入8960.73元，同比增长11%。城镇居民人均可支配收入26258.3元，同比增长8.7%。2017年末，户籍总人口为46.48万人，比上年增加0.47万人。其中：女性22.96万人，男性23.52万人，分别占总人口的49.4%和50.6%；乡村人口29万人，占总人口的62.4%；城镇人口17.48万人，占总人口的37.6%；回族人口22.61万人，占总人口的48.7%。人口出生率15.9‰，同比下降0.8个千分点；死亡率4.4‰，同比下降0.2个千分点；人口自然增长率为11.6‰，同比下降0.5个千分点。实施“少生快富”工程28例，较上年下降90.7%。

【西吉县】西吉县总面积3130平方公里，辖3镇16乡。2017年全县实现地区生产总值61.5亿元，比上年增长7.8%。其中：第一产业增加值15.1亿元，第二产业增加值14.57亿元，第三产业增加值31.83亿元，人均地区生产总值17723元，全年全县一般公共预算收入1.68亿元，增长32.4%。全县一般公共预算支出51.23亿元，增长14.3%。全年累计完成固定资产投资82.04亿元，同比增长15.2%。实现社会消费品零售总额16.28亿元。年末金融机构各项存款余额为101.37亿元，同比增加13.37亿元，增长15.2%；各项贷款余额为45.35亿元，同比增加10.07亿元，增长28.5%。全县城镇居民人均可支配收入23240元，同比增加1829元，增长8.5%；农村居民人均可支配收入8404元，同比增加835元，增长11%。年末全县户籍总人口495768人。其中：城镇人口72066人，乡村人口423702人，汉族人口203841人，占总人口的41.1%，回族人口291751人，占总人口的58.8%。年末全县常住人口347376人。其中，城镇人口88164人，乡村人口259212人。全年完成62个贫困村销号、3.43万人脱贫，贫困发生率下降到11.5%。完成农业总产值33.24亿元。全县播种农作物219.8万亩，粮食种植面积161.1万亩，粮食总产量为284933吨，同比增长5.3%。全年猪牛羊禽等肉产量25534吨，比上年增长12.2%。马铃薯最高单产6246.98公斤，创全区最高纪录。成功举办宁夏(西吉)马铃薯产业高峰论坛，“西吉马铃薯”获“2017最受消费者喜爱的中国农产品区域公用品牌”称号。全年实现工业增加值43282万元。全年争取资金44.54亿元，落实项目148个18.42亿元，开工建设500万元以上重点项目112个，列入固原市22个重点项目全部开工，完成投资61.5亿元。

【隆德县】隆德县总面积985平方公里，辖3镇10乡1个街道办事处，123个行政村委会、居民委员会。2017年，地区生产总值250126万元，比上年增长10.8%，其中：第一产业52593万元，增长2.3%；第二产业74974万元，增长16.1%；工业28924万元，增长19.6%；建筑业46050万元，增长14%；第三产业122559万元，增长11.7%。完成财政一般预算收入1.03亿元，比上年下降19.7%；财政一般预算支出28.9亿元，增长13.4%。全县金融机构人民币各项存款余额53.73亿元，比上年增长8.4%，人民币各项贷款余额24.32亿元，增长19.8%，金融机构存贷比为45.3%，比上年提高4.4个百分点。城镇居民人均可支配收入21732元，增长8.4%；实现农村居民人均可支配收入8305元，增长11.3%。完成全社会固定资产投资62.55亿元，比上年增长17.5%，其中：县内500万元以上项目完成投资53.37亿元，增长22.4%；自治区部门投资9.18亿元，下降4.6%。完成房地产开发投资3.81亿元，增长155.8%；商品房销售面积10.97万平方米，增长55.1%；商品房销售额4.07亿元，增长66.8%。实现社会消费品零售总额6.47亿元，比上年增长7.9%。其中批发零售贸易业3.58亿元，增长22.6%；住宿业925万元，减少2.4%。零售业1.85亿元，减少13.8%，餐饮业9453万元，增长13.4%。全年城乡集市贸易成交额3.02亿元，增长7.8%；电子商务交易额935万元，增加43.8%。其中：农产品网络交易额203万元，增长35.3%。截至年底，全县总人口17.54万人。其中：回族人口2.27万人，乡村人口13.24万人，城镇人口4.3万人；男性9.1万人，女性8.44人，人口出生率为12.6‰，死亡率为5.7‰，自然增长率为6.9‰。常住人口15.63万人。人口密度178.1人/平方公里。

【泾源县】泾源县位于宁夏回族自治区最南端，地处六盘山东麓，因泾河发源于此而得名。全县共辖3镇4乡，即六盘山镇、香水镇、泾河源镇、大湾乡、新民乡、兴盛乡、黄花乡，共辖2个居民委员会，94个行政村。2017年，实现地区生产总值15.97亿元，增长2.7%。第二产业完成增加值4.3亿元,增长5.2%;第三产业完成增加值8.06亿元,增长5.4%。地方公共财政预算收入1.51亿元,增长10.6%;地方公共财政预算支出21.4亿元,增长12%。人民币存贷款余额分别达到37.6亿元和19.2亿元,增长12%和20%。全社会固定资产投资56.12亿元,增长15.1%。实现社会消费品零售总额4.44亿元,增长9.3%。税收收入全年完成1.02亿元,增长17.5%。城镇居民人均可支配收入22918元,增长8.3%;农村居民人均可支配收入7842元,增长11.5%。年末,全县户籍户数33678户,户籍人口118332人。其中城镇人口12352人,乡村人口105980人。口出生率为8.8‰;死亡率为4.6‰;人口自然增长率为10.9‰,出生政策符合率96.3%。2017年,泾源县完成34个贫困村脱贫销号,减贫人口2176户9452人,贫困发生率下降到4.6%。全年地区农林牧渔业总产值8.34亿元,增长3.8%。全年实施重点项目50个43亿元,增长15%。

【彭阳县】彭阳县总面积2528.65平方公里,辖4镇8乡。2017年,实现地区生产总值49.95亿元,增长8.8%;地方一般公共财政预算收入2.4亿元,同口径增长9.8%,其中税收收入1.79万元,增长31.7%;全社会固定资产投资67.47亿元,增长13.3%;社会消费品零售总额8.74亿元,增长10.1%;城镇居民人均可支配收入23345.04元,比上年增加1733.42元,增长8%,城镇居民恩格尔系数为29.8%;农村居民人均可支配收入7890.11元,比上年增加929.13元,增长10.8%,农村居民恩格尔系数为34.3%。户籍户数82275户,户籍总人口251481人,其中城镇户籍人口62260人,占户籍人口的24.8%;乡村户籍人口189221人,占户籍人口的75.2%。汉族人口173775人,占户籍人口的69.1%,回族人口77578人,占户籍人口的30.9%,其他少数民族128人,占户籍人口的0.1%,人口密度99.3人/平方公里。全县常住人口196997人,人口出生率为14.7‰,死亡率为5.2‰,人口自然增长率为9.4‰。2017年,销号贫困村58个、减贫1.92万人,贫困发生率由9.6%降低至2.6%。整合涉农资金7.86亿元,实施整村推进项目58个。全年实现农林牧渔业总产值27.01亿元,比上年增长3.6%。其中农业总产值15.77亿元,林业总产值2.2亿元,牧业总产值8.3亿元,农林牧渔服务业总产值0.8亿元,农林牧渔业增加值13.4亿元。全年粮食播种面积50553公顷,总产量达170923吨。实现园林水果种植面积10229公顷,园林水果产量达51887吨。全年开工建设重点项目76个,落实招商引资项目29个,完成社会资本投资27亿元,占比达41%。改造薄弱学校37所,新(改)建幼儿园16所。成功创建全国基本公共体育服务体系示范县,获全国阳光校餐示范县、2013—2016年度全国群众体育先进单位。

(李　强)

中卫市

【概况】中卫市地处宁夏回族自治区中西部、黄河前套之首,“东阻大河、西接沙山”,是宁夏、内蒙古、甘肃3省区的交界点,也是黄河自流灌溉第一地。中卫市辖沙坡头区、中宁县、海原县和海兴开发区,共40个乡镇,443个行政村,33个居民委员会,总面积17391.3平方公里。2017年末,全市总户数39.20万户,户籍总人口121.42万人,其中:男性62.2万人,女性59.22万人。据人口抽样调查,全市常住人口115.38万人,比上年末增加1.21万人,其中城镇常住人口46万人,占常住人口比重(即城镇化率)39.9%,比上年末提高0.8个百分点。回族人口40.38万人,占常住人口比重35%。全年出生人口1.68万人,出生率14.6‰;死亡人口0.54万人,死亡率4.7‰;自然增长率9.8‰。2017年,全市实现地区生产总值374.14亿元,比上年增长7.5%左右。全市三次产业结构为14.1:44.7:41.2,对经济增长的贡献率为8.9%、42.3%和48.8%。全社会固定资产投资362亿元,与上年持平;地方财政一般公共预算收入23.9亿元,同口径增长14.5%;社会消费品零售总额72.8亿元,比上年增长10.6%;城镇、农村常住居民人均可支配收入分别达到25278元和9377元,比上年增长8.6%和8.7%。

【第三产业云计算和军民融合产业】2017年,美国亚马逊云计算中卫合作项目正式上线运营,奇虎360数据中心投入运营,中国移动数据中心即将投用,美利云数据中心二期、炫云数据中心等项目开工建设,国家旅游局、中国残疾人福利基金会、风云气象卫星等数据中心落户中卫。以PPP合作模式建设“12345”政务服务热线和“以克论净”环卫云、智慧医疗云、“多规合一”信息平台等云应用项目。启动军民融合创新示范区建设,西部军民两用飞艇基地、高分辨率对地观测系统宁夏应用中心等项目加快推进。“天地一体化无线电信号监测关键技术研究”项目列入自治区重大科技专项。云计算和军民融合产业及配套项目累计完成投资33.6亿元。沙坡头南岸半岛生土度假村、沙坡头游客中心、沙坡头盛典演艺等项目进展顺利,完成旅游投资12.5亿元。建成"云天中卫"产业创新中心,开发中卫网景游戏"冬日威胁",新建乡村旅游点7个。举办大漠黄河国际旅游节、中国全域旅游暨文旅特色小镇创新高峰论坛等重大节事活动。游客接待人次和旅游收入分别比上年增长24%和26%。中卫—欧洲、中卫—俄罗斯国际班列开行,并实现常态化。沙坡头机场航线增至6条,实现旅客吞吐量15.9万人(次),增长55%。中卫综合物流园区、中卫铁路口岸建设顺利推进,中宁国际陆港投入运营,天元锰业保税仓库通过验收,实现进出口额14.8亿元,增长27.7%。新建农村公路302公里。全市房地产开发投资58.22亿,比上年下降2.3%,商品房销售面积84.84万平方米,增长10.4%,其中,住宅销售面积69.97万平方米,增长5.3%。商品房销售额31.93亿元,增长11.7%。全市商品房待售面积93.93万平方米,比上年减少6.1万平方米,下降6.1%。其中,住宅待销售面积52.19万平方米,减少7.99万平方米,下降13.3%。

【现代农业】2017年,新建高效节水灌溉6.5万亩,粮食总产量6.7亿公斤。建设硒砂瓜品质品牌保护示范区40万亩,产值达15.2亿元。种植富硒苹果14.8万亩。建成万头奶牛养殖场3个、永久性蔬菜基地1万亩。培育市级农业产业化龙头企业20家、农业合作社15家,农产品加工总产值增长5.2%。2017年,全市实现农林牧渔业总产值103.44亿元,同比增长4.7%,增速比2016年提高0.3个百分点。其中农业总产值72.85亿元,增长2.7%;林业产值1.13亿元,下降7.5%;畜牧业产值23.28亿元,增长11.4%;渔业产值2.87亿元,增长11.7%;农林牧渔服务业产值3.31亿元,增长5.4%。

【工业经济】2017年,4家50MW光伏电站并网发电,宁钢60万吨高速线材、利安隆抗氧化剂、利丰年产300万件民族服饰等项目建成投产,中化锂电池新材料、江苏振发新能源组件等项目开工建设。培育认定"专精特新"中小企业26家,淘汰煤炭、钢铁、电石等落后产能85万吨,取缔"地条钢"生产企业4家。全年全市规模以上工业增加值比上年增长8.2%,增速比全区平均水平低0.4个百分点,比全国高1.6个百分点,比上年提高3.7个百分点。分轻重工业看,轻工业增加值比上年增长4.8%,占全市规模以上工业的比重由上年同期的11.8%下降至10.8%。重工业增加值比上年增长8.7%,占国模以上工业的比重为89.2%。分经济类型看,国有控股工业企业增加值增长5.9%;非公有工业增加值增长10.8%。分行业看,占比最大的电力、热力生产供应业增长8.9%,占比第二的有色金属冶炼和压延加工业增长15.1%,占比第三的化学原料和化学制品制造业增长18%。其次,黑色金属冶炼和压延加工业增长7.7%,非金属矿物制品业下降5.8%,电气机械和器材制造业下降18.8%,食品制造业下降0.9%,酒、饮料和精制茶制造业增长6.7%,造纸和纸制品业增长34.8%,农副食品加工业下降20.2%。

【居民消费】2017年,全市实现社会消费品零售总额73.07亿元,比上年增长11%,增速比上年提高2.3个百分点。按经营单位所在地分,城镇消费品零售额62.78亿元,增长12.5%;乡村消费品零售额10.29亿元,增长2.3%。按消费类型分,批发业零售额19.49亿元,增长11.4%;零售业零售额43.69亿元,增长11.4%;住宿业零售额0.56亿元,增长11.1%;餐饮业零售额9.32亿元,增长7.9%。全市居民消费价格总水平(CPI)比上年上涨1.8%,八大类商品和服务项目价格全部呈上涨态势,医疗保健类上涨5.2%,生活用品及服务类上涨2.2%,衣着类上涨2.1%,教育文化和娱乐类上涨1.8%,交通和通信类上涨1.7%,居住类上涨1.1%,食品烟酒类上涨0.6%,其他用品和服务类上涨2.4%;全市服务项目价格上涨1.8%;商品零售价格上涨2.1%。

【生态建设】2017年,出台"生态立市16条",实施"蓝天碧水·绿色城乡"专项行动,淘汰燃煤锅炉157台、黄标车1208辆,完成自治区下达任务的188.6%和115%,工业热气和城市供暖实现集中供应。全面建立四级"河长制"工作体系,综合整治黄河支流、入黄排水沟和城市黑臭水体,工业园区中水回用项目建成试运行,中卫市第一、第二污水处理厂提标升级改造等项目投入运营,黄河中卫段III类良好水质以上断面达100%。坚决整改中央第八环保督察组反馈问题,腾格里沙漠污染后续治理、沙坡头和南华山2个国家级自然保护区综合整治取得扎实成效。实施黄河卫宁过境段水生态治理与保护、水源涵养林、生态经济林、城市绿化等生态工程,完成人工造林26.4万亩,森林覆盖率达12.9%。新建、续建道路26条,铺设供热主管网27.2公里,累计建设公共租赁住房3.9万套,分配入住2.7万套,改造棚户区住房1.1万套、老旧小区31个。巩固提升城市深度保洁成果,"以克论净·深度清洁"项目被住房和城乡建设部评为中国人居环境范例奖。开工建设美丽小城镇6个,整治美丽村庄43个,改造农村危房1.03万户。沙坡头区迎水桥镇姚滩村入选全国改善人居环境示范村。

【扶贫攻坚】2017年,出台"脱贫富民28

条”,大力实施“五项脱贫行动计划”,年内脱贫销号41个村,减贫3.93万人,贫困发生率从11.1%下降到7.9%。对建档立卡户实行动态管理,新识别贫困户1275户4760人。创新“华润基础母牛银行”“飞牛飞羊”金融扶贫模式,累计引进基础母牛1.7万头,赊销1.4万头,惠及群众5930户。设立2.4亿元扶贫产业担保基金,出台建档立卡贫困户“扶贫保”等政策,累计发放扶贫小额信贷11.9亿元,覆盖率达74%,户均贷款4.1万元。全市村级互助资金运行规模8000万元,1.05万农户受益。统筹推进移民搬迁工作,新建或回购移民住房2476套,搬迁安置移民8475人。加强与福建漳州对口扶贫协作,海原闽宁纺织工业园建成投用。

【民生事业】2017年,坚持将70%以上的财力用于改善民生,12件民生实事全部办结。深化大众创业、万众创新,出台支持鼓励创新创业优惠政策,发放创业担保贷款1.5亿元,培育孵化基地7个,新增城镇就业8219人,转移农村劳动力15.5万人,城镇登记失业率控制在3.3%。沙坡头区、中宁县和海原县城乡居民基础养老金分别提高20元、35元和15元。优先发展教育,新改扩建幼儿园33所,学前三年教育毛入园率达82.6%。改造义务教育薄弱学校31所2.6万平方米,海原县义务教育均衡发展工作顺利通过国家评估认定。建成市人民医院医技楼、市疾病预防控制中心大楼,迁建市中医医院、海原县中医医院等,建设60所标准化村卫生室。启动家庭医生签约服务和跨省异地就医结算。全面实施两孩政策,人口自然增长率9.3‰,出生政策符合率95.2%。沙坡头区成为自治区级妇幼健康优质服务示范区。深入实施文化惠民工程和文化“六进”活动,在全区率先推行乡镇综合文化站“公建民营公助”管理运行模式,132个村级综合文化服务中心、市民健身步道等项目建成投用。举办十六届环青海湖国际公路自行车赛中卫赛段、首届全区大漠健身运动大赛等体育赛事。市文化体育新闻出版广电局被评为全国群众体育先进单位。

【财政金融】2017年,全市完成地方财政收入33.33亿元,同口径增长10.9%,增速比上年提高5.4个百分点;其中:公共财政预算收入24亿元,同口径增长15%,增速比上年提高8个百分点。地方财政支出168.75亿元,同口径增长10.8%;其中:公共财政预算支出156.69亿元,同口径增长9.6%。全市金融机构人民币存款余额506.92亿元,比上年增长7%。其中,住户存款余额259.82亿元,增长12.4%;非金融企业存款133.36亿元,增长2.8%。全市金融机构人民币贷款余额455.29亿元,比上年增长13.9%。其中,中长期贷款余额157.93亿元,增长5.6%;短期贷款余额270.82亿元,增长50.5%。

【改革开放】2017年,市委确定的76项改革任务顺利推进。深化“放管服”改革,全面实行告知承诺制,精简证照事权421项,推进实体政务大厅与网上办事大厅融合发展,60%的行政审批实现“不见面、马上办”“最多跑一次”目标。加快“三十三证合一”等商事制度改革,新登记企业3126户,增长12%。完成农村土地承包经营权确权登记颁证,县(区)均成立农村产权流转交易中心,农村产权抵押贷款规模达1.85亿元。深化投融资体制改革,吸引社会资本150亿元投入基础设施建设。加快工业园区电力体制改革,整合中卫工业园区电力设施,40家工业企业累计直接交易电量134.6亿千瓦时,降低成本3亿元。加快城市综合执法管理体制改革,将市城市建设监察支队整建制划转沙坡头区。稳步推进公立医院改革,全面取消公立医院药品加成,全年减轻患者医药负担3500万元。深入开展“项目建设年”“招商引资年”活动,推进全国工商联十一届十次常委会和中阿博览会签约项目落实,组织开展冬季招商引资大会战,全年招商引资到位资金304亿元。

【沙坡头区】沙坡头区位于宁夏回族自治区中西部,东邻中宁县,南与同心县、海原县及甘肃省靖远县交汇,西接甘肃省景泰县,北邻内蒙古自治区阿拉善左旗,为中卫市政府驻地,是中卫市政治、经济、文化中心。辖10镇1乡,共有167个行政村、15个城镇社区,区域总面积6651.47平方公里。2017年末,沙坡头区常住总人口为410611人,其中:少数民族28839人,占总人口的7%;农村人口181983人,占总人口的44.3%;城镇人口228628人,城镇化率55.7%。全年新生婴儿5330人,人口出生率为13.1‰;出生婴儿性别比105.68;死亡2356人,死亡率为5.8‰;人口自然增长率为7.3‰。2017年,实现地区生产总值171.69亿元,增长7.9%;全社会固定资产投资150.54亿元,增长0.6%;全社会消费品零售总额39.99亿元,增长10.3%;城乡常住居民人均可支配收入分别为26488元和11249元,分别增长8.8%和8.4%;三次产业结构比由2016年的14.8:37.4:47.8调整为2017年的13.5:38.7:47.8。开展“项目建设年”和“招商引资年”活动,共实施项目113个,完成投资95亿元;招商引资签约项目64个,到位资金45亿元;争取上级项目140个、资金8.9亿元。

(李福祥　黄建兵)

【中宁县】中宁县是"中国枸杞之乡"辖区总面积4165.89平方公里。2017年增设太阳梁乡，全县辖6镇6乡，129个行政村、12个城镇社区。2017年，全县实现地区生产总值150.1亿元，增长7.6%；完成固定资产投资117.9亿元，同比下降7%；社会消费品零售总额23亿元，增长14.2%；金融机构各项人民币存款余额174.8亿元，贷款余额199.7亿元。城镇居民人均可支配收入25293元，增长9.3%；农村居民人均可支配收入11245.1元，增长8.6%。中宁县入围第一批国家良好农业规范(GAP)认证示范县。全年全县财政总收入完成578298万元，其中：地方一般公共预算收入完成151587万元，完成年度预算的101.1%，同口径增长34.5%；专项转移支付收入实现134749万元，同口径增长17%；一般转移支付收入实现184527万元，同口径增长19.1%。全县财政总支出完成563663万元，完成变动预算的97.5%，同比增长14%，其中：一般公共预算支出完成455368万元，完成变动预算的97.5%，同比增长20.5%；政府性基金支出完成54253万元，完成变动预算的94.9%，同比增长19.2%；债务还本支出54042万元，同比下降24.9%。投入32.32亿元改善民生，较上年增长14.7%，15项民生实事完成年度任务。全年全县培育高新技术企业2家、自治区级科技型中小企业12家，规模以上企业总数44家，天元锰业、锦宁铝镁等5家企业被确定为自治区工业龙头企业。签约招商项目30个，意向投资574.7亿元，促成华融集团、江苏亨通与天元锰业设立锰产业基金，招商引资到位资金146.66亿元，超额完成年度目标任务。新增耕地4920亩，改造低洼盐碱地4.8万亩，新推广高效节水灌溉8700亩，打造无公害农产品安全示范基地100万亩，有效改善农田水利设施45万亩。全县落实农作物播种面积126.26万亩(不含农场)，农作物良种覆盖率达100%。粮食总产量达2.92亿公斤，同比增长0.7%；硒砂瓜总产量44.8万吨，产值达5.3亿元。在鸣沙、徐套等主产区建设5个硒砂瓜品质品牌保护核心展示区共计10万亩，创建4个硒砂瓜老砂地地力提升示范片共计5110亩，建立2个优新品种实验示范区共计800亩。全县外贸企业进出口总额达15.47亿元，是上年同期的1.97倍，占全市的73%。制定枸杞产业发展扶持政策，全面推行"规模经营、标准种植、节水灌溉、配方施肥、统防统治、设施烘干"六个全覆盖。实施源乡、中杞、杞源祥等枸杞基地续扩建项目，在徐套、喊叫水、太阳梁移民地区发展枸杞产业，引进合作社、企业新植枸杞3525亩，全县新植枸杞14915.4亩，完成任务的298.3%，成活率达95%以上。全县建成千亩以上标准化枸杞示范园区13个，建成舟塔乡整乡推进标准化枸杞示范园区1个。深化院地(企)合作，新建天津杞源堂枸杞创新研究院，生产出枸杞糖肽、泡腾片等深加工产品，"中宁枸杞"甄品溯源监管服务系统投入运营，实现种植、加工、销售全产业链可追溯。实施"百城千店"计划，推进线上线下联合营销，枸杞产业综合产值达39.7亿元，中宁枸杞成为唯一入选国家道地中药材标准认证的枸杞品种，实现品牌价值161.56亿元，位列全国农业区域品牌价值榜第四位。全县有机枸杞认证、GAP认证、出口质量安全示范区面积分别达2482.5亩、61000亩、45000亩。

（朱宁霞）

【海原县】海原县地处宁夏中部干旱带，东连宁夏同心县、原州区，南接宁夏西吉县，西邻甘肃靖远、会宁两县，北临沙坡头区和中宁县，是集干旱山区、革命老区、回族聚居区和贫困地区为一体的传统农牧业大县，是国务院确定的六盘山集中连片特殊困难地区重点贫困县之一。全县国土总面积6463平方公里，其中耕地面积229万亩。2017年，辖17个乡镇、1个管委会、1个街道办事处、1个自然保护区，8个社区、168个行政村，总人口45.18万，其中回族人口占70.9%。2017年实现地区生产总值52.52亿元，增长6.1%；社会固定资产投资78.1亿元，增长12.1%；地方公共财政预算收入2.2亿元，增长9.8%；社会消费品零售总额10.19亿元，增长7.8%；城镇和农村常住居民人均可支配收入分别为22342元和7600元，分别增长8.5%和10.6%。全县完成农作物种植206.04万亩，同比增长1.3%。工业经济稳步增长。通过招商引资渠道，全年共签约招商引资项目64个86.06亿元，落地开工项目46个。振发新能集团落地海兴区，华润西华山风电、中科嘉业光伏扶贫、闽宁纺织工业园一期项目建成投产。创建全国电子商务进农村综合示范县，成立海原上市挂牌企业育成中心，吸引区内外拟上市企业。落实自治区"降成本30条"，减免涉企收费。全年实现工业增加值8.93亿元，增长3.2%。

（李瑞东）

全国“五一劳动奖章”获得者

【侯金知】女，1985年10月出生，中共党员，大学本科，银川市公安局金凤区分局上海西路派出所民警。她运用“互联网+”的理念创新警务工作“微服务”模式，建立小区、学校、出租屋等17个微信群和11个QQ群，并自制“二维码”警民联系卡，实现实时服务、实时咨询、实时管控、实时宣传。利用“1+1+N”式微巡逻，让违法犯罪无立足之地，实实在在地拉近了社区民警与居民的距离，成为社区居民的“自家人”，真正做到了人民公安为人民，守卫一方平安。2010年、2011年连续荣获银川市优秀人民警察称号，2015年荣获银川市公安局优秀社区民警和银川市“三八红旗手”称号，2016年先后荣获“最美银川人”、银川市优秀共产党员等荣誉称号，荣立个人三等功一次，被公安部授予二级英雄模范。2017年5月，获得全国“五一劳动奖章”。

【朱　磊】1981年4月出生，中共党员，硕士，人民日报社宁夏分社采编中心主任，主任记者。他长期扎根在新闻一线，走遍了宁夏的山川沟壑，采写了数以百计宣传宁夏经济社会发展的稿件，参与采写的《宁夏：全力逆转荒漠化》《闽宁合作拔穷根》等稿件，得到自治区领导的肯定和批示。他带领分社的同志与人民网宁夏频道的采编人员一起策划、采写稿件，打造形式多样化、内容精细化的采编平台。2015年以来，他发表在报纸和人民网以及报社“两微一端”上的稿件多达245篇，两次进入全国记者考核前十名。先后获中宣部走基层先进个人、人民日报社优秀共产党员、宁夏优秀新闻工作者、宣传银川先进个人等称号。2017年5月，获得全国“五一劳动奖章”。

【李　荣】回族，1980年3月出生，中共党员，大学本科，中国铁塔股份有限公司宁夏分公司职工。他专业技术过硬，富有创新精神，推行模块化管理以降低成本，创造了一年单塔造价下降3万多元，年节约投资2000多万元的突出业绩。由他牵头组织开展的各类项目审核1000多项，累计节约工程投资600多万元。2016年，他组织开展的创新项目4类19项，牵头实施的“大漠风情园”“绿博园综合覆盖”项目分别获得国家行业协会年度全国通信行业节能管理创新先进单位、2016年度全国通信网络优化先进单位称号，取得了全国“区域经理”认证考试全国第三名的好成绩，2015年、2016年被评为宁夏铁塔公司先进工作者。2017年5月，获得全国“五一劳动奖章”。

【樊　杨】女，1970年8月出生，无党派人士，博士，自治区人民医院妇产科主任，主任医师。2009年作为访问学者赴美国佛吉尼亚东部医学院妇产科进修学习。在她从医的23年里，凭着对医疗事业的热爱和追求，以过硬的专业技术和高尚医德，为宁夏及周边地区妇科肿瘤患者手术万余人次，开展新技术新业务达10多项，多次荣获自治区和国家科技进步奖，研究成果在国内外权威刊物上发表近50余篇，其中SCI文章多篇。2009年被授予宁夏“十大杰出青年”称号，2011年入选宁夏“313人才工程”，2015年荣获第三届“最美银川人”称号，被大家亲切的称为健康使者。2017年5月，获得全国“五一劳动奖章”。

【黄　莉】女，1969年9月出生，中共党员，大学本科，银川市兴庆区回民第二小学校长，小学高级教师。自2011年担任兴庆区回民第二小学校长以来，她把教育改革和校园文化建设作为首要任务，推进博雅校园文化建设，开展艺术课程整合改革，打造了基于微课的"博雅4A智慧课堂"模型。致力于自治区级数字化校园建设和融合信息化课程改革，探索出多校区桥式管理模式的新校园管理方法，并多次参加全国性教学大赛，曾获全国小学信息技术优质课展评活动优秀指导教师、自治区教育信息化工作先进个人、银川市优秀教育工作者等荣誉称号，多篇论文在《宁夏教育》《中国教育信息化》上刊登。2017年5月，获得全国"五一劳动奖章"。

【马生龙】回族，1985年2月出生，中共党员，大学本科，宁夏中宁县锦宁铝镁新材料有限公司车间主任。2009年大学毕业后，便来到刚刚筹建的中宁县锦宁铝镁新材料有限公司，在茫茫的戈壁滩上，面对恶劣的工作环境，他克服生活上的困难，扎根在基层一线，把钻研技术和管理作为己任，经过多年探索，钻研出一套切实可行的操作办法和规范，为公司实现高产、高质、低耗作出了贡献。他为人坦诚厚道，工作扎实肯干，通过竞聘先后任生产班副班长、班长、车间主任助理、碳素生产技术部经理助理、成型车间主任等职。2013年荣获中宁县劳动模范荣誉称号。2017年5月，获得全国"五一劳动奖章"。

【宇恒星】1975年7月出生，中共党员，博士，宁夏如意科技时尚产业有限公司董事长，工程技术应用研究员。他始终专注于科技创新，承担并完成国家科技部科技支撑计划3项、国家火炬计划1项。带领公司完成在宁夏生态纺织产业示范园、银川滨河新区和银川综合保税区的三大产业园区建设工程，打造形成涉及智能纺纱、高端面料、个性化服装定制以及能源配套、科研教育等多位一体的现代智慧型纺织产业链，建设形成全国第一个国家数字化智能纺纱科技示范基地。2015年荣获全国纺织产业转移园区建设突出贡献奖，2016年荣获自治区"五一劳动奖章"，2017年荣获宁夏十佳优秀企业家荣誉称号。2017年5月，获得全国"五一劳动奖章"。

（张明鹏）

全国"三八红旗手"

【马金莲】民盟固原市委会办公室主任、秘书长。宁夏西吉县人，宁夏作家协会会员。2000年开始文学创作，作品以中短篇小说为主。曾在《十月》《民族文学》《作品》《散文诗》《朔方》《回族文学》《黄河文学》《六盘山》《飞天》《花城》《芒种》《天涯》《中国民族》《文艺报》等报刊杂志发表文学作品近一百万字，部分作品被《小说选刊》《小说月报》《新华文摘》《作品与争鸣》《北京文学中篇小说月报》《中华文学选刊》等转载，多篇作品入选全国性年度文学选本，《碎媳妇》被译为英文。代表作品有小说《掌灯猴》《春风》《父亲的雪》《老人与窑》《糜子》《永远的农事》《鲜花与蛇》《夜空》等。中篇小说《长河》获2013年度中篇小说评选第一名，被誉为当代《呼兰河传》。出版中短篇小说作品集《父亲的雪》《碎媳妇》。长篇小说《马兰花开》获第十三届精神文明建设"五个一工程"奖。2017年3月，被评为全国"三八红旗手"。

【赵耐香】银川市金凤区长城中路街道长城花园社区党总支书记兼居委会主任。刚任社区书记那年冬天多大雪天气，气候寒冷，社区办公大楼因欠费停暖，老年人不能活动，排练厅的大姐们不能排练，瑜伽室不能练身，工作人员只能每人手抱一个暖水袋为居民办事。经过她多次协调，供热公司同意在欠费的情况下供暖。夏天下暴雨时，她曾在凌晨到社区岩棉厂家属院带领大伙齐心协力，挖沟、挑槽、疏通水道，配合消防官兵奋战18个小时，化解危机。她带领党员创办"俏夕阳餐桌"，供30多位老人就餐。新华西街道路畅通和正源街BRT拓宽工程，需要动迁银凤小区3栋楼116户居民。她挨家入户动员，宣传拆迁修路的重要性，她积极帮助居民联系房源，帮助空巢独居老人搬家，为居民准备"爱心整理袋"，慢慢地居民的态度发生了转变，纷纷配合了搬迁。情系社区，心系居民，让党放心，让群众满意，是赵耐香人生的奋斗目标和永远的追求。在她和班子成员、社区党员的努力下，长城花园社区先后被评为全国和谐社区、全国自强健身示范点、全国妇女健身示范点、全国综合减灾示范社区、全国充分就业社区、自治区先进基层党组织、自治区精神文明先进单位、自治区民族团结示范社区、自治区充分就业星级社区、自治区巾帼文明岗等60多个奖项。2017年3月，被评为全国"三八红旗手"。

【秦凤霞】吴忠仪表有限责任公司副总经理、党委副书记、工会主席。自担任副总经理后，在管理方面从建章立制入手，建立了WRP内部核算管理系统和"OBO"生产管理体系，理顺管理环节、整合管理资源、发挥管理效益。在人力资源方面按照人尽其才，才尽其用的思路，完善薪酬激励机制，推行全员绩效考核，规范企业用工行为、用工形式，调动了员工的工作积极性和创造性，提高了公司整体工作效率。同时，依托公司博士后工作站、院士工作站、“人才高地”招才引智，破解技术难题，推进技术创新、技术进步，为公司培养了一批技术、管理人才和学科带头人。在督察考核方面推行内部市场收购制，建立自主经营、独立核算、自负盈亏的市场模式，让每个部门和员工都能感受到竞争的压力，形成自我加压、自我发展的动力。在质量管理方面实行“一标两检”，提高员工的质量意识。在安全文明生产方面实行三级管理，定期进行安全普查、排查，开展车间(班组)安全生产标准化达标工作，规范员工行为，控制了各类事故的发生。在设备动力方面化为小单元核算，指标层层分解，落实到人，控制了各项费用，最大限度发挥设备效率。在招标方面将全部的进出物资和技改项目纳入招标范围，控制生产费用，降低生产成本，防止腐败现象的发生。在党群方面营造创新发展的文化范围，关心关爱职工的工作和生活，构建和谐企业，为公司发展凝神聚力。2017 年 3 月，被评为全国“三八红旗手”。

【马晓华】固原市妇联党组书记、妇联主席。自任职以来，在全市妇联中组织开展了月嫂(育婴师)、种养殖技术、刺绣、编织等各类实用技能培训和科技服务活动。争取到“全国巾帼创业示范基地”“@她创业计划”“自治区村妇代会创收基地”等妇女创业扶持项目 6 个、资金 169.2 万元。联合公、检、法、司等部门开展“百万妇女学法律”、“两规划”宣传、“三八”维权周、“关爱儿童、反对拐卖”和“珍爱生命、远离毒品”等法律宣传活动 168 场次，印制发放妇女儿童合法权益的宣传品 10 万多份，举办妇联干部法律知识培训班、妇女法律知识培训班。每年推荐优秀中青年女干部参加清华、北大及深圳市委党校研修班培训。调动全市各级妇联组织开展以“寻找最美家庭”“邻里守望·姐妹相助”“移风易俗、树立文明乡风”等为主题的“家”字系列活动。争取并组织实施“妇女两癌救助”“母亲邮包”“母亲健康快车”等 15 个公益项目，募集资金、物资价值 1475.4 万元。协调商协会、企业成立妇女组织，建立妇委会 343 个，创全国巾帼农业科技示范基地 3 个、自治区级“示范妇女之家”40 个、自治区村妇代会创收基地 21 个，构筑起了广大妇女儿童的温馨家园。她本人先后荣获全国妇女创先争优先进个人、自治区农村妇女创业小额担保贷款工作先进个人，固原市劳务产业发展先进个人、人口和计划生育先进工作者。2017 年 3 月，被评为全国“三八红旗手”。

【方　敏】宁夏电投银川热电有限公司热控专责工程师。方敏长期坚守在企业生产一线，从事热电厂热力系统控制专业工作，凭着刻苦钻研、乐于奉献、脚踏实地的工作作风和敬业精神，成长为企业专业技术带头人和技术能手。2015 年，根据国家环保烟气排放新标准，公司实施对二期 3 台锅炉脱硫系统进行改造，该项目从招标到要求完工的时间仅为 4 个月，方敏从前期热控部分技术协议的编写、签订，到系统 168 试运，对热控专业全程监督、配合，而在安装 6 台改造引风机时，由于改造厂家工作失误，未设计引风机控制部分，面临着供暖设备不能正常启动而影响向部分地区供暖的后果。她利用“十一”长假，加班加点拿出了从电缆型号到控制方案的设计，从单体调试到成套启动，从电缆的拉放位置到控制系统的接线通道，从设备的组态方案到保护定值，她都仔细监督核对，跑上跑下、细心指导施工人员攻克技术难题，确保改造万无一失，最终，改造任务如期完成，确保了供暖工作的开展。一期 DCS 控制系统改造是 2016 年度公司的一项重大工程，在项目的实施过程中，改造厂家对原系统逻辑组态不了解，组态编写困难。在工作量大、工期紧迫的情况下，方敏担任起控制逻辑“翻译”的工作，一点一点将方案讲解给技术人员。在整个工程改造期间，方敏连续工作近 1 个月，消除了由于设备停产老化，无备品、备件造成生产停运的重大安全隐患。2017 年 3 月，被评为全国“三八红旗手”。

（张明鹏）

新闻人物

【第二十八届中国戏剧梅花奖得主韦小兵】韦小兵，宁夏演艺集团秦腔剧院演员队副队长，二级演员，主工秦腔铜锤花脸。2002 年，由甘肃省庄浪县秦腔剧团调入银川市秦腔剧团工作。从艺多年来先后成功地塑造了《铡美案》中的包文拯、《忠保国》中的杨延昭、《斩单童》中的单童、《五台会兄》中的杨五朗、《下河东》中的赵匡胤等。2004 年 2 月领衔主演的折子戏《包公赔情》在宁夏第一届青年戏曲折子戏比赛中获表演一等奖；2005 年 9 月，近代剧《死水微澜》在宁夏第一届艺术节上获一等奖。曾获第二届黄河流域戏曲红梅竞赛金奖、第七届中国西北五省区秦腔艺术节优秀表演奖、首届宁夏青年戏曲大赛表演一等奖、宁夏首届秦腔艺术节表演一等奖、宁夏第八次文学艺术表演一等奖等。2017 年 5 月，在第二十八届中国戏剧梅花奖比赛中，凭《卧虎令》董宣一角的出色表演，荣获梅花奖。为宁夏戏剧战线再度添得“梅花”，成为秦腔界第一位获此殊荣的花脸演员。

【全国向上向善好青年纳振东】纳振东，吴忠市地方海事局职工。2011 年 7 月 12 日，纳振东和好友李潇路遇歹徒抢劫孕妇，两人挺身而出。在关系到生命安危与追凶惩恶的抉择时刻，他们选择了后者，任鲜血一路抛洒。两位英雄的事迹经媒体播报后，受到社会各界广泛关注和赞许。纳振东为回报社会关爱，将 10 万元社会捐款捐赠给吴忠市见义勇为基金会。2012 年 3 月 6 日纳振东参加王兰花爱心小组，组织青年志愿者和爱心人士进企业、进学校、进社区、进机关，开展活动 10 多场次；定期举办道德讲堂讲座；慰问贫困家庭和模范 30 人次，发放的慰问金及物资达 20 多万元。2016 年，纳振东还发起成立了吴忠市利通区中青年社会工作服务中心，组织开展助残、就业服务、社区服务、养老服务等；先后获得全国见义勇为模范群体、第十一届中国青年志愿者优秀个人奖、第八届宁夏青年五四奖章、感动宁夏 2011 年度十大人物、见义勇为道德模范等荣誉。2017 年 1 月，被团中央评为中国青年志愿者先进个人。5 月，在“全国向上向善好青年”评选活动中，获得“崇义友善”类“全国向上向善好青年”。

【全国向上向善好青年邢纪国】邢纪国，中国致公党党员，中国改革报宁夏记者站记者。2009 年以来，邢纪国经常深入宁夏南部贫困山区采访，多次倡导和组织“百名专家牵手西部宁夏献爱心”等系列公益活动。资助弱势群体、特困家庭，帮助残疾人学技能、找出路，解决生活难的问题；协助北京市致公党在宁夏设立基地和制定产业扶贫计划，积极带领各族群众脱贫。他带动社会力量，累计为宁夏贫困地区捐款捐物达 1.28 亿元，诊治病人 1900 余例，跟踪救助孤儿 65 名。先后荣获宁夏慈善突出贡献奖、宁夏第四届助人为乐道德模范、致公党中央扶贫开发先进个人等荣誉称号。5 月，在“全国向上向善好青年”评选活动中，获得“崇义友善”类“全国向上向善好青年”。

【全国优秀司法警察白永胜】白永胜，生前系同心县人民法院法警大队大队长。1986 年 8 月参加对越自卫反击战负伤并荣立个人二等功。1996 年调入同心法院工作，先后担任过书记员、司法警察大队副大队长、政委、大队长等职务。他带领司法警察严格细致做好警务工作，从未发生一起安全事故，为保障审判执行工作做出了贡献。曾获全国司法警察先进个人，多次被评为区（市、县）先进个人、优秀公务员、优秀共产党员，被最高人民法院、自治区高级人民法院分别通报表扬 1 次。2015 年，被最高人民法院授予全国优秀司法警察荣誉称号。他所带领的法警大队因工作业绩突出先后荣获全区法院先进集体、全区法院体能达标先进集体等多项荣誉。2016 年 11 月，他在工作岗位上突发心脏病，经抢救无效因公牺牲，享年 51 岁。2017 年 1 月，被宁夏高级人民法院追记个人一等功。2017 年 3 月，被最高人民法院追授为全国优秀司法警察。《人民法院报》《宁夏日报》头版头条分别以《金色法徽 铁血卫士——追记全国优秀司法警察、宁夏同心县人民法院法警队长白永胜》《甘居平凡写忠诚——追记全国优秀司法警察、同心县人民法院法警队队长白永胜》为题，对其先进事迹作出长篇通讯报道，在社会各界和全国法院引起强烈反响。

【全国见义勇为模范马永海】马永海，同心县韦州镇旧庄村村民、韦州镇泽忠宾馆保安。2014 年 6 月 26 日，同心县韦州镇永盛食府老板苏玉平带着儿子苏彦峰在泽忠宾馆院内维修下水道，两人在下水道内先后被沼气所伤失去知觉，宾馆供货人苏文明发现后进入下水道救援，出现眩晕，开始大声呼救。呼救声被宾馆门卫马永海听到，他跑上前发现了井下神志不清的苏文明，有矿工经历的马永海知道是地沟散发的沼气伤了人，他跳下下水井，先把苏文明拉了回来。接着跑回屋子拎了一条湿毛巾捂住口鼻，又跳下水井，走了六七米发现了已失去意识苏彦峰，他使劲全身力气将苏彦峰一点一点挪到了井口。这时马永海已经严重缺氧，耳朵轰鸣，手脚开始发抖了，但他咬着牙，再次走进了地沟道，在地沟末端找到了苏玉平，用尽全身的力气把苏玉平拉起来背上，一步一步向前挪，在离井口不到 3 米的地方，由于吸入毒气过多，体力透支，栽倒晕了过去，守在井口的群众随即将 4 人送往医院，经救治陆续康复。2016 年 10 月 2 日，马永海因车祸离开人世。2017 年 4 月 24 日，第十三届全国见义勇为英雄模范表彰大会在北京召开，同心县韦州镇旧庄村村民马永海获全国见义勇为模范称号。

【第六届全国道德模范白琴】白琴，1976 年出生，平罗县陶乐镇施家台子村村民。白琴的父亲因抑郁突发精神疾病，年幼的白琴和母亲，还有年迈的爷爷奶奶都生活在暴力之中。最终，母亲含泪抛下 6 岁的白琴和刚满 2 岁的小女儿，远远地“躲”开了这个家。白琴守着有精神疾病的父亲和年迈的爷爷奶奶，照顾着年幼的妹妹。4年后，母亲选择了离婚，10岁的白琴毅然选择了照顾爷爷奶奶。父母离异后，白琴一边上学一边帮助爷爷奶奶耕种家里5亩地。初中毕业后，白琴放弃了委培上师范的机会，选择了回家务农。1998年，白琴带着年迈的爷爷奶奶和施家台子村的呼天堂结婚了。为挣钱贴补家用，婚后呼天堂外出打工，白琴在家操持家务。因为过度操劳，加上长期营养不良，白琴落下了习惯性流产的毛病，但她依旧精心照顾着爷爷、奶奶、公公和父亲。白琴结婚后，为父亲送吃送喝，拆拆洗洗，收拾住所，日复一日，年复一年，从未间断。2005年爷爷因病去世，94岁高龄的奶奶在白琴的照料下，但依旧精神矍铄。19年前，22岁的农家姑娘白琴"带着爷爷奶奶出嫁"，成了十里八乡的"名人"，她孝老爱亲的故事感动着周围的每一个人，2017年11月被授予第六届全国孝老爱亲道德模范荣誉称号。

【"孝老爱亲好人"白志军】白志军，吴忠市红寺堡区柳泉乡甜水河村村民。1965年出生于泾源县一个农民家庭，两个姑妈都是先天性残疾，其中，小姑妈白春平患有先天性聋哑和精神病。1989年，他的爷爷、奶奶相继去世，父母也已年迈，24岁的他义无反顾地承担起赡养两个姑妈和父母的重担。1998年，他将4个老人都接到了自己家里，由妻子专门负责照顾老人的生活起居，他外出打工，挣钱养家。1999年，大姑妈被他的三叔接到新疆照料。2005年，他带着父母和小姑移民搬迁到吴忠市红寺堡区柳泉乡甜水河村。2016年6月，他翻修房子前，考虑到姑妈看不见，只能靠摸来辨别身边的环境，他把姑妈所有东西的摆放位置都拍了照片。房子修好了，再按照片上的样子，原封不动地摆回去。27年如一日，白志军和妻子像对待小孩一样，悉心照顾着白春平。2017年12月，中央文明办发布"中国好人榜"，白志军被评为"孝老爱亲好人"，是宁夏唯一的上榜者。

【最美孝心少年柯原】柯原，中宁县大战场镇宽口井中石油希望学校春雷女童合唱团学生。柯原一家，原住在海原县一个贫穷的山村，2012年移民搬迁到中宁县大战场镇宽口井村。母亲马保花凭借会做凉皮的手艺，在村里开了一家凉皮店。没上过一天学的马保花，深知没文化不行，柯原就成了妈妈的"老师"，她不但教会了妈妈认字写字，还教妈妈学拼音。在教母亲识字，帮助其实现读书识字梦想的同时，柯原还是一个勤快爱劳动的女孩子。每天放学，她就早早回家，提前把晚饭做好，再帮忙准备第二天做凉皮所需要的东西，才去写作业。有时，爸爸妈妈担心干活会影响女儿的学习，不让柯原干太多家务，但柯原以优秀的学习成绩告诉父母，干家务不但不影响学习，还会激励她更好地学习。每当暑假，当城里的孩子为上学习班烦恼时，柯原只能在枸杞园里帮爸爸妈妈摘枸杞。在家里是乖孩子，在学校柯原尊重老师，团结同学，乐于助人，是老师眼中的得力助手、同学心中的好榜样。2017年10月29日晚，中央电视台2017"寻找最美孝心少年"大型公益活动颁奖典礼在央视综合频道、少儿频道同步播出。评选受奖的十位"最美孝心少年"中，柯原榜上有名。

【2017年度十大正能量人物侯双喜】侯双喜，银川市金凤区紫阳社区保姆。她原本是一位农民，2015年初，经人介绍成为石茂珍老人的保姆，工资是每个月3000元，但需要伺候两个病人：一个是雇主石茂珍老人，老人被查出肺癌，以及脑梗、糖尿病、风湿病等各种并发症。另外一个就是石茂珍老人瘫痪在床的儿子石富民。石富民因患有遗传性供给失调疾病，不仅丧失了基本的生活自理能力，而且无法正常语言表达，吃饭穿衣以及大小便完全需要人照顾。在侯双喜的悉心照料下，石茂珍老人和儿子石富民的病情都有了好转，侯双喜保姆一做就是近三年。前两年，石茂珍老人还能每个月按时给侯双喜发工资，但近一年来，石茂珍老人每个月仅有的3000多元退休工资几乎全被用来看病吃药，没有了积蓄，根本拿不出一分钱给侯双喜发工资。但侯双喜依然不离不弃，每天悉心地照顾着石茂珍老人和她瘫痪在床的儿子。侯双喜说，不给钱她也会帮助老人照顾她儿子的。如果实在没有办法了，她把石茂珍老人和她儿子带回农村老家里伺候着。2018年1月10日，阿里巴巴天天正能量首届年度正能量人物评选结果出炉。侯双喜照顾绝症母子的故事，在50个正能量故事中名列前茅，获得2017年度十大正能量人物奖项。

（张明鹏）

逝世人物

【吴家麟】1926年出生，福建省福州市人，宁夏大学教授，原宁夏大学校长，新中国宪法学泰斗。1947年9月至1951年7月在北京大学法律系学习，着重研究宪法学；1951年9月至1951年12月在中国人民大学法律系研究生班学习；1951年12月至1961年底在中国人民大学法律系执教；1954年出版《宪法基本知识讲座》一书,在全国引起较大反响。1961年来到宁夏工作,先在中宁县中学教书,后调宁夏大学政治系任教员。1976年中国人民大学拟调他回校,但他决定留下来继续为宁夏的发展作贡献。1979年12月至1983年10月,在宁夏大学担任副校长职务;1983年11月至1989年12月在宁夏大学担任校长职务。他参与编写《中国大百科全书法学卷》,任该卷宪法、行政法副主编。他撰写的《宪法基本知识》是新中国第一本宣传宪法的著作,他主编的《宪法学》是许多国内高校法律系本科班和研究生的首选书目。他还著有《法律逻辑学》《故事里的逻辑》《审案破案与逻辑》《与中学生趣谈逻辑》等,发表论文近百篇。1984年被评为国家有突出贡献的中青年专家;1985年获自治区有突出贡献科技人员一等奖;1993年享受国务院政府特殊津贴。曾任自治区政协第四届委员会常委,自治区人大常委会法制委员会副主任,兼任中国政治学会理事、中国法学会理事、中国宪法学研究会副总干事、宁夏法学会和宁夏高等教育学会名誉会长、宁夏写作协会会长等职。1989年被评为全国优秀归侨(侨眷)知识分子。1992年3月退休,担任宁夏大学特聘教授,返回家乡福州市定居。2017年5月3日,因病去世,享年91岁。

【夏　森】1930年出生,宁夏贺兰县人。1949年9月参加革命,先后在贺兰县、银川女子中学(今银川九中前身)任教。1952年加入中国共产党,任银川女中团支部书记、教育主任。1955年,被甘肃省人民政府评为社会主义建设积极分子。1956年,先后任平罗中学校长、党支部书记。1960年,被评为全国先进工作者,出席全国文教群英会。1975年调宁夏大学工作,历任宁夏大学副校长、党委副书记、党委书记。1991年,被评为全国高校优秀思想政治工作者,其事迹在《人民日报》《中国高等教育》《宁夏日报》《共产党人》及宁夏电视台等新闻媒体报道。在他任职期间,学校先后多次荣获省部级以上奖励。2000年离休,2017年5月29日在海南省海口市去世,享年87岁

【沈达人】1928年8月出生于江苏吴县。1951年7月,在江苏省常州市地方国营新毅纺织厂参加工作,先后任技术员、计划科科员、计划科副科长、车间副主任、生产办公室主任。1954年9月,加入中国共产党。1958年,任常州市地方国营新毅纺织厂副厂长。1960年,任常州市纺织工业局人事秘书科科长。1961年,任常州市纺织工业局副局长。1968年,任常州市纺织工业系统革委会副主任,常州市纺织工业局革委会主任、党委书记、局长。1977年9月,任常州市委常委、市委副书记、市革委会副主任。1980年9月,任常州市委副书记、市长。1981年8月,任常州市委书记。1983年3月,任江苏省委副书记、政法委书记。1986年12月,任宁夏回族自治区党委书记。1989年12月,任江苏省委书记。1993年4月,任江苏省委书记、省人大常委会主任、党组书记。1993年9月,任江苏省人大常委会主任、党组书记。2004年8月退休。是中国共产党第十二次、十三次、十四次、十五次全国代表大会代表,中国共产党第十三届、十四届中央委员会委员,第八届、九届全国人民代表大会代表。在担任宁夏回族自治区党委书记期间,认真贯彻党的民族政策,广泛深入调查研究,寻找宁夏脱贫致富之路,加大对外开放和改革力度,注重加强与东部沿海经济发达省市的经济协作,实施"移民吊庄"政策,积极发展煤炭就地坑口发电,推动了宁夏经济社会发展。2017年8月2日,在南京逝世,享年90岁。

【郭永成】1925年1月28日出生,陕西省靖边县人,1941年初参加工作,1942年7月1日加入中国共产党。1941年2月至1945年7月,在陕甘宁边区第三师范、三边师范、三边公学学习;1945年8月至1946年9月,在三边公学中学部任干事;1946年9月至1949年9月,任三边公学、三边干校教务处干事;1949年10月至1954年11月,任宁夏省干校副科长、副处长、副教育长;1954年12月至1956年2月,任银川地委干校副校长;1956年3至1958年7月,任银川地委宣传部长、地委委员,兼文化部部长、共青团委书记、讲师团团长;1958年8月至1961年8月,任自治区党委宣传部理论处处长;1961年9月至1965年7月,在中央党校理论班学习;1965年8月至1968年10月,任自治区党委宣传部干部;1968年11月至1970年11月,任宁夏京剧团、宁夏话剧团革委会主任、党支部书记;1970年12月至1972年5月,任宁夏电子仪器厂革委会副主任;1972年6月至1977年5月,任宁夏党校、干部学校党的核心小组成员、教研室副主任;1977年6月至1978年11月,任宁夏党校党的核心小组成员、副校长;1978年12月至1984年9月,任宁夏党校副校长、党委委员;1983年7月,被选为自治区党委第五届委员会委员、学习委员会副主任;1983年10月至1987年2月,任宁夏党校校长;1987年3月至1993年5月,任自治区

政协常委；1993年12月离休，享受副省级医疗待遇。2017年9月9日在银川去世，享年93岁。

【李　迅】1927年出生，河北省藁城县人。1942年10月在河北冀中三分区任地下交通员，1943年7月加入中国共产党。1943年9月，在冀中地区城工部武工队任文化教员、党支部委员。1947年12月参加冀中地区土地改革，1948年11月参加解放太原战役，接收太原供销社财产。1949年9月，在中华全国供销总社任办公室主任。1958年5月，到宁夏回族自治区商业厅任政治部主任。1962年1月，任自治区供销社副主任、主任。1976年12月，任自治区商业厅党组书记、厅长。1989年10月，在自治区人大常委会任常委。2010年4月享受自治区副省级医疗待遇。1994年10月离休。2017年9月20日在银川去世，享年90岁。

（张明鹏）

人物名录

【中共宁夏回族自治区第十二届党委常委名录】

石泰峰　自治区党委书记，自治区人大常委会党组书记、主任

咸　辉　自治区党委副书记，自治区主席、自治区政府党组书记

姜志刚　自治区党委副书记兼自治区党委党校校长

徐广国　银川市委书记

张超超　自治区副主席、自治区政府党组副书记，宁东能源化工基地党工委书记、管委会主任

马顺清　自治区副主席

许传智　自治区纪委书记

纪　峥　固原市委书记

盛荣华　自治区党委组织部部长

赵永清　自治区党委宣传部部长

白尚成　银川市委副书记、市长，银川综合保税区党工委书记、管委会主任

张　柱　中卫市委书记、市人大常委会主任

【宁夏回族自治区出席中国共产党第十九次代表大会代表名录】

马中贵　回族，银川市殡仪馆整容组组长

马廷礼　回族，自治区党委常委、统战部部长

马志宏　回族，固原市委常委、西吉县委书记

马顺清　回族，自治区副主席

王彦兰　女，回族，海原县公安局交警大队车管所所长

王彦翠　女，固原市妇幼保健院院长

石泰峰　自治区党委书记

白尚成　回族，银川市市长

朱玉国　盐池县王乐井乡曾记畔村党支部书记

许传智　自治区党委常委、纪委书记

纪　峥　自治区党委常委、秘书长

杜建录　宁夏大学西夏学研究院院长

李金英　女，回族，自治区高级人民法院党组副书记、副院长、审判员、审判委员会委员

李泽峰　自治区党委组织部常务副部长

何　健　中卫市市委书记

何桂琴　女，回族，固原市回民中学副校长，高级教师

沈左权　吴忠市委书记

张　柱　自治区党委常委、固原市委书记

张庆黎　全国政协副主席兼秘书长

张超超　自治区党委常委、自治区副主席

陈美荣　女，回族，石嘴山市大武口区人民法院立案庭庭长

赵　亮　国网宁夏电力有限公司董事长、党委书记

赵永清　自治区党委常委、宣传部部长

胡文慧　女，宁夏银行股份有限公司计划财务部总经理

咸　辉　女，回族，自治区主席

侯　艳　女，宁夏演艺集团秦腔剧院有限公司副总经理，国家一级演员

姜志刚　自治区党委副书记、银川市委书记

盛荣华　自治区党委常委、组织部部长

彭　凡　宁夏科协副主席、共享集团股份有限公司董事长

彭友东　石嘴山市委书记

【第六届全国道德模范提名奖】

刘在环　中卫市沙坡头区常乐中学退休教师

王黎君　固原经济开发区润泽粮油有限公司经理

周　红　女，宁夏广播电视台经济频率策划部监制

马永海　回族，生前系同心县韦州镇泽忠宾馆保安

李相文　固原市西吉县震湖乡苏堡村村民

杨步红　女，银川市金凤区湖畔佳苑体育彩票销售站负责人

马忠斌　回族，同心县国家税务局预旺税务所退休干部

朱玉国　盐池县王乐井乡曾记畔村党支部书记

魏耀华　女，贺兰县金贵镇雄英村村民

【全国社会治安综合治理先进工作者】

张　剑　石嘴山市公安局惠农区分局治安管理大队大队长

李春生　泾源县委政法委副书记、秘书

长、综治办主任

杨宝文 永宁县委副书记、政法委书记、综治委主任

【自治区"五一劳动奖章"】

黄　莉 银川市兴庆区回民第二小学校长

程二兵 银川市西夏区城市管理综合执法局文昌路综合执法中队中队长

王绍龙 银川市环境卫生管理处副主任

纳卫华 永宁县农业技术推广服务中心果树站站长

包俊华 银川市妇幼保健院生殖中心主任

苏秀金 宁夏中银绒业股份有限公司挡车工

苗　奎 宁夏杞浓枸杞产业股份有限公司车间主任

赵　虎 宁夏银川大河数控机床有限公司机床电气主管设计师

韩　娜 宁夏恒达纺织科技股份有限公司细纱车间值车工

马彦珍 宁夏蓝白黑活性炭有限公司双氰胺分厂厂长

王会平 惠农区黄河湿地保护林场护林员

苏绍琴 石嘴山市人民百货商场有限责任公司商管部经理

杜　莹 贝利特化学股份有限公司工程技术员

王继国 宁夏天地奔牛实业集团有限公司刮板机研究所副所长

朱红霞 平罗中学教师

戴　平 吴忠市大地建筑安装工程有限公司总经理

吴艳蓉 吴忠市人民医院心内科护士长

王德功 吴忠中学教师

吴立军 宁夏伊利乳业有限责任公司车间主任

马　丽 吴忠市利通区环境卫生管理中心业务科副科长

王怀新 宁夏塞上阳光太阳能有限公司研发部主任

丁保林 吴忠市天翔汽车销售客运有限公司驾驶员

马春霞 宁夏红山河食品股份有限公司包装工

殷建宝 固原市民族职业技术学院农林科科长

张鲁军 固原市人民医院神经内科主任

杨小红 固原市精英集团机动车驾驶员培训学校会计

范　霞 宁夏国圣食品有限公司工会主席

于　凡 泾源县旅游开发服务有限公司导游

张　熙 中卫市地方税务局局长

王兴有 中卫市人民医院肿瘤科主任

宋艳娟 宁夏誉成云创数据投资有限公司运维主管

张瑞红 宁夏杞芽食品科技有限公司生产部经理

杨成鹏 海原县成鹏养殖专业合作社负责人

马生龙 中宁县锦宁铝镁新材料有限公司车间主任

葛向东 宁夏回族自治区财政厅行政政法处处长

樊　杨 宁夏回族自治区人民医院妇产科主任

李　媛 宁夏国土资源执法监察局（总队)副主任科员

王　伟 宁夏回族自治区统计局主任科员

周志铭 宁夏回族自治区人民政府办公厅政务公开办公室(公报室)副主任

刘志军 宁夏回族自治区农村经济经营管理站站长

陈　冰 宁夏工商职业技术学院基础课教学部副主任

文　琦 宁夏大学资源环境学院教师

朱　磊 人民日报社宁夏分社采编中心主任

侯金知 银川市公安局金凤区分局上海西路派出所民警

陈宁都 宁夏农垦集团暖泉农场有限公司技术员

雷光新 银川城建集团工程有限公司董事长

杨鹏辉 宁夏第四建筑工程有限责任公司第三分公司砖瓦砌筑工班班长

杨小军 宁夏兴唐米业集团公司生产管理部第二车间班长

李延群 中国华电集团公司宁夏分公司副总经理

王　飞 华能宁夏大坝发电有限责任公司焊工

蔡力宏 神华宁煤集团煤制油化工工程建设指挥部总指挥

杨森忠 中铝宁夏能源集团王洼煤业公司王洼煤矿综采队队长

李怀仓 宁夏煤田地质局第二勘查院测绘所所长

赵海燕 中国石油长庆油田第三采油厂五里湾一区 ZJ18 井区南七转站站长

李　荣 中国铁塔宁夏公司职工

汪花花 兰州铁路局银川车务段工长

张学伟 宁夏黄河农村商业银行西吉农商行兴隆支行客户经理

俞惠明 宁夏西夏王葡萄酒业有限公司首席酿酒师

刘小红　宁夏正大会计师事务所部门经理
金政伟　宁东基地管委会循环经济研究院院长

【自治区政府特殊津贴人选】

马　旭　宁夏师范学院数学与计算机科学学院教授
马占陆　宁夏公路建设管理局正高级工程师
马红炜　自治区中医医院主任医师
马良宏　宁夏医科大学总医院主任医师
马建军　宁夏文物保护中心研究馆员
王　健　宁夏日报报业集团报业发展研究部高级记者
王　骋　银川六中高级教师
王永宏　宁夏农林科学院农作物研究所研究员
王学朋　吴忠仪表有限责任公司高级工程师
王晓川　金凤区第三小学高级教师
戈朝晖　宁夏医科大学心脑血管病医院骨科主任医师
邓宏兴　青铜峡铝业分公司成型二车间高级技师(技能人才)
田海波　宁夏广播电视台新闻中心高级记者
冯希文　自治区煤田地质局高级工程师
刘　京　宁夏演艺集团京剧院有限公司一级演员
刘庆华　宁夏天地奔牛实业集团公司高级工程师
刘志远　国网宁夏检修公司正高级工程师
李　喆　自治区党校公共管理教研部教授
李保平　宁夏社会科学院法学社会学研究所研究员
杨再明　吴忠市利通区汉渠学校高级教师
杨国启　中色(宁夏)东方集团有限公司正高级工程师
余建强　宁夏医科大学药学院教授
沐朝阳　银川市妇幼保健院产科主任医师
迟永伟　永宁县农业技术推广服务中心研究员
张　权　固原市种子工作站研究员
张存智　宁夏职业技术学院教授
张慧萍　宁夏医科大学总医院主任医师
陈光华　石嘴山市第三中学高级教师
陈彦香　银川市第一人民医院新生儿科主任医师
罗春桃　神华宁煤集团煤制油化工研发中心正高级工程师
赵　玮　宁夏园艺技术推广站研究员
段鹏举　中卫新闻传媒集团高级编辑
洪　龙　宁夏畜牧工作站研究员
顾培明　宁夏大学化学化工学院教授
曹川健　宁夏森林病虫防治检疫总站正高级工程师
盛迅伦　自治区人民医院眼科医院主任医师
逯海龙　自治区食品药品审评查验中心主任药师
蔺晓林　银川一中高级教师
翟　文　神华宁煤集团枣泉煤矿高级工程师
樊　杨　自治区人民医院妇产科主任医师

【国家级学术技术带头人后备人选】

王　林　神华宁夏煤业集团煤化工分公司工程师
王小立　国网宁夏电力公司调控中心高级工程师
唐钟雪　共享铸钢有限公司高级工程师
张学锋　宁夏矩晶源晶体科技有限公司高级工程师
杨旭英　宁夏吴忠市好运电焊机有限公司副教授
周林成　兰州大学中卫高新技术研究院副教授
刘利盟　北方民族大学副教授
钟艳霞　宁夏大学教授
赵文霞　宁夏师范学院副教授
付雪艳　宁夏医科大学教授
马立燕　宁夏医科大学总医院主任医师
杨少奇　宁夏医科大学总医院主任医师
刘怀荣　银川市第一人民医院副主任医师
周翔鱼　石嘴山市第一人民医院副主任医师
王占军　宁夏农林科学院荒漠化治理研究所副研究员
脱征军　宁夏畜牧工作站高级畜牧师
顾靖超　宁夏水利科学研究院高级工程师
宋永红　西吉县农业技术推广服务中心高级农艺师
刘建华　宁夏日报报业集团高级编辑
魏淑霞　宁夏社会科学院副研究员

【自治区级学术技术带头人后备人选】

白掌军　中色(宁夏)东方集团公司高级工程师
陈学清　中色(宁夏)东方集团公司高级工程师
孙鸿睿　宁夏土地勘测规划院高级工程师
张　磊　自治区气象科学研究所高级工程师
郭　飞　国网宁夏电力公司高级工程师
项　丽　国网宁夏电力公司电力调度控制中心高级工程师
解永旭　中色(宁夏)东方集团公司高级工程师

白国庆　宁夏电投西夏热电有限公司高级工程师
李红英　宁夏气象科学研究所高级工程师
金　成　宁夏路桥工程股份有限公司高级工程师
王进会　人民银行银川中心支行经济师
李艳萍　宁夏五行科技有限公司高级工程师
黄建斌　宁夏天地奔牛实业集团有限公司正高职高级工程师
宁靖华　宁夏青龙管业股份有限公司高级工程师
黄绵松　宁夏首创海绵城市建设发展有限公司高级工程师
南　一　宁夏医科大学教授
张雪艳　宁夏大学副教授
马少娟　北方民族大学教授
马　杰　宁夏职业技术学院教授
冯　敏　宁夏师范学院副编审
曹芳玲　宁夏葡萄酒与防沙治沙职业技术学院副教授
卢光辉　自治区教育科学研究所高级教师
王　浩　宁夏医科大学副教授
马　楠　银川市第二中学高级教师
刘会娟　石嘴山市第九中学高级教师
齐　娟　隆德县第二小学高级教师
詹光平　中卫中学高级教师
马　军　自治区人民医院主任医师
马学平　自治区疾病预防控制中心副主任技师
王　琴　宁夏医科大学总医院副主任医师
李　芳　宁夏医科大学总医院主任医师
马　锋　自治区人民医院副主任医师
卢冠军　宁夏医科大学总医院主任医师
王庆锋　自治区人民医院副主任医师
冯亚宏　自治区中医医院副主任医师
孙　萍　石嘴山市第二人民医院副主任医师
杨海涛　吴忠市人民医院主任医师
郑改琴　隆德县人民医院副主任医师
马　青　宁夏农林科学院动物科学研究所副研究员
郭成瑾　宁夏农林科学院植物保护研究所副研究员
李知新　宁夏动物疾病预防控制中心高级兽医师
贾永华　宁夏农林科学院种质资源研究所副研究员
杜　杰　自治区草原工作站高级畜牧师
马　虎　宁夏农产品质量安全中心高级工程师
阮仕立　宁夏张裕摩塞尔十五世酒庄有限公司高级工程师
孟　刚　宁夏伊品生物科技有限公司工程师
冶爱军　宁夏红枸杞产业集团有限公司工程师
王翰霖　银川市农业技术推广服务中心高级农艺师
刘学军　青铜峡市动物疾病预防控制中心研究员
周　磊　吴忠市畜牧水产技术推广服务中心高级畜牧师
呼延钦　盐池县扶贫开发办公室正高职高级工程师
张志亮　彭阳县农业技术推广服务中心高级农艺师
赵　洋　中卫沙坡头全国科普教育基地副研究员
何月红　中宁县枸杞产业发展服务局高级工程师
陈大志　宁夏广播电视台主任记者
石　峰　宁夏文联舞蹈家协会一级演员
杨海军　黄河出版传媒集团副编审
贾德荣　自治区党校教授
胡冬梅　银川新闻传媒集团主任记者
江　红　石嘴山日报社主任编辑

【自治区优秀青年后备骨干人选】

耿天翔　国网宁夏电力公司调控中心高级工程师
韦　鹏　国网宁夏电力公司检修公司高级工程师
马术梅　自治区发改委经济研究中心助理研究员
马　宁　宁夏气象信息中心高级工程师
朱学辉　宁夏电力投资集团有限公司工程师
邵　建　宁夏气象台高级工程师
李秀广　国网宁夏电力公司电力科学研究院工程师
李明涛　宁夏地质调查院工程师
高攀亮　宁夏中科天际防雷股份有限公司高级工程师
扈广麒　共享装备股份有限公司工程师
张宏凯　宁夏共享化工有限公司工程师
谢余才　宁夏银星能源光伏发电设备制造有限公司工程师
赵　甫　宁夏宏安信息传媒有限公司工程师
高志国　宁夏如意科技时尚产业有限公司副总经理
周保宇　宁夏冰核科技有限公司高级工程师
朱永年　宁夏天地奔牛实业集团有限公司工程师
罗旭东　宁夏天地西北煤机有限公司工程师
马洪明　吴忠市保障性住房服务中心工程师
周建伟　吴忠市水务局黄河管理所高级工程师

杜宏娟　吴忠市气象局高级工程师
赵燕妮　宁夏电通物联网科技股份有限公司信息系统项目管理师
陈凤娟　兰州大学中卫高新技术研究院副教授
汤雷雷　中卫市云计算产业发展领导小组办公室软件设计师
张鹏程　宁夏清源水利工程研究有限公司工程师
王松磊　宁夏大学讲师
陈　明　北方民族大学讲师
段　言　宁夏职业技术学院讲师
赵雪芬　宁夏大学新华学院副教授
刘雄飞　中国矿业大学银川学院讲师
王　艳　银川二十一小学一级教师
张勇超　银川市第七幼儿园高级教师
莫　妮　银川唐徕回民中学一级教师
孙秀梅　银川市实验小学高级教师
李冬梅　石嘴山市第十五中学一级教师
钱　愚　大武口区教学研究室一级教师
李晓娟　吴忠市红寺堡区回民中学一级教师
张　欣　吴忠第四中学一级教师
马　俊　同心县教育局一级教师
王维柱　彭阳县红河镇初级中学一级教师
晁　恒　彭阳县第一中学一级教师
张立成　隆德县第二中学一级教师
龚天宝　中卫中学高级教师
赵利华　中卫一中一级教师
马晓东　自治区中医医院副主任医师
王艳阳　宁夏医科大学总医院肿瘤医院副主任医师
吴忠兰　自治区疾病预防控制中心主管技师
王利霞　自治区妇幼保健院副主任医师
马江涛　自治区疾病预防控制中心副主任技师
马永剑　自治区人民医院主治医师
孙　伟　自治区疾病预防控制中心副主任医师
金　锐　银川市妇幼保健院主治医师
刘永杰　银川市妇幼保健院副主任医师
黄　列　银川市第一人民医院主治医师
齐雁超　石嘴山市第二人民医院副主任医师
程东仙　石嘴山市中医医院副主任医师
马晓珉　石嘴山市第一人民医院副主任医师
马晓东　同心县中医医院主治医师
张兴旺　青铜峡市人民医院副主任医师
张丽芬　吴忠市人民医院主治医师
徐万忠　固原市人民医院副主任医师
黄凤丽　中卫市人民医院副主任医师
孙宁宇　中卫市中医医院主治医师
刘　杰　海原县中医医院副主任医师
朱　强　宁夏林业研究院股份有限公司助理研究员
邵怀峰　宁夏畜牧工作站畜牧师
马吉锋　宁夏农林科学院动物科学研究所助理研究员
温学萍　自治区园艺推广站工程师
冯海萍　宁夏农林科学院种质资源研究所助理研究员
李瑞鹏　宁夏葡萄产业发展局工程师
赵　健　宁夏农林科学院农作物研究所副研究员
苏　龙　酩悦轩尼诗夏桐(宁夏)酒庄有限公司园艺师
翟　昊　宁夏湿地保护管理中心高级工程师
王娅丽　宁夏林业研究院股份有限公司副研究员
马　龙　银川市农业综合执法大队兽医师
魏爱英　宁夏伊品生物科技股份有限公司工程师
张玉彦　宁夏智宏生物科技有限公司质量研发部部长
冯晓容　银川市林业(园林)技术推广站高级工程师
肖自斌　银川市兴庆区农业技术推广中心农艺师
郭小炜　宁夏伊品生物科技股份有限公司工程师
吴夏蕊　宁夏绿峰源农业科技有限公司农艺师
刘　刚　石嘴山市农业技术推广服务中心农艺师
何淑彬　吴忠市农业技术推广服务中心高级工程师
王必强　泾源县香水畜牧兽医工作站高级兽医师
张　虎　彭阳县动物疾病预防控制中心高级兽医师
赵万余　固原市畜牧技术推广服务中心畜牧师
苏建国　西吉县农业技术推广服务中心高级农艺师
杨　智　西吉县马铃薯产业服务中心农艺师
张海涛　西吉县王民农牧技术服务中心兽医师
杨荣华　中宁县农业技术推广服务中心农艺师
张　丽　中宁县农业技术推广服务中心农艺师
于　翔　宁夏日报报业集团主任记者
马　强　宁夏文物考古研究所馆员
冶进海　宁夏广播电视台编辑
田晓娟　宁夏社会科学院助理研究员
张铁军　自治区党校副教授
马晓芳　宁夏日报报业集团记者
马宗英　宁夏明道文化发展有限公司经济师
艾哈迈德·赛义德·苏莱曼(白鑫)　宁夏

智慧宫文化传媒有限公司

魏　军　宁夏君临天下影视传媒有限公司讲师

吴莎莎　石嘴山市委党校讲师

【首批自治区院士后备人才】

马玉山　吴忠仪表有限责任公司正高职高级工程师

田军仓　宁夏大学教授

姚　敏　神华宁夏煤业集团公司正高职高级工程师

曹有龙　宁夏农林科学院枸杞工程技术研究所研究员

彭　凡　共享集团股份有限公司正高职高级工程师

【塞上技能大师】

马慧斌　宁夏工商职业技术学院教师

牛　军　宁夏吴忠市好运电焊机有限公司高级技术顾问

田　乐　宁夏电力建设工程公司焊接高级技师、焊接班副班长

刘　杰　神华宁煤集团煤制油化工安装检修分公司焊接高级技师

杨泽华　宁夏西北骏马电机制造股份有限公司职工

苟长元　酒钢集团石嘴山钢铁有限公司机修厂车工

罗秉亮　宁夏红枸杞产业集团公司酿酒师

王　磊　中铝宁夏银星能源股份有限公司中宁分公司风力发电运行检修员

尹相国　宁夏电力公司检修公司变电检修中心保护自动化四班班长

刘会忠　宁夏英力特化工股份有限公司检修分公司运行保障车间焊工

刘胜利　宁夏西部创业实业股份有限公司工电段信号车间副主任

杜　亮　宁夏青铜峡水泥股份有限公司二分厂副厂长

时国栋　石嘴山发电有限公司集控运行班组长

张起龙　中色(宁夏)东方集团有限公司铍材研究所机加工技师

陈松虎　宁夏银川大河数控机床有限公司生产技术指导、加工中心操作技师

徐红川　石嘴山市星泽燃气有限公司平罗分公司抢险维修班班长

【自治区技术能手】

王志林　神华宁夏煤业集团有限责任公司清水营煤矿机电队职工

王晓雨　宁夏夏进乳业集团公司技术部部长

李国栋　宁夏储备粮石嘴山储备库综合科科长

李雪辉　宁夏新东方职业技能培训学校教师

初保卫　中石油宁夏石化安检公司合成班班长、QC 质量管理小组组长

罗文华　宁夏香山酒业职工

段晓彬　红寺堡扬水管理处检修队电气班班长

庞　波　华能宁夏大坝发电有限责任公司生产技术部锅炉专责

柳　军　青铜峡铝业发电有限责任公司发电运行部电气专责兼发电分工会主席

丁学军　贺兰县精通达农机作业有限公司维修主任

王兆国　中银绒业电脑横机挡车工

王培军　中色(宁夏)东方集团有限公司职工

石　瑞　宁夏共享磨具有限公司模型工

石占军　宁夏路桥设备租赁维修公司德基 4000 型沥青拌合站机长

朱　军　宁夏工商职业技术学院教师

杜小平　宁夏青铜峡水泥股份有限公司质量部部长

何春保　西北机械技师学院教师

张卫红　中石油宁夏石化公司催化裂化技能专家

张耘溢　国网宁夏电力公司检修公司变电检修中心检试班班长

高武生　石嘴山市皓泰热力有限公司职工

赵莹莹　宁夏旅游学校烹饪工艺与营养专业教师

雍保玲　宁夏中卫职业技术学校教师

王新伟　宁夏水利电力工程学校教师

王　飞　华能宁夏大坝发电有限责任公司检修部焊工班高压焊工

刘文江　石嘴山市环达市政工程有限公司职工

余海军　共享装备股份有限公司第三铸造工厂铸工

沈俊江　宁夏盐环定扬水管理处机电检修队队长

张建勇　自治区畜牧工作站职工

路　松　银川油库副主任

魏　鹏　宁夏艺术职业学院美术系副教授兼党支部副书记

【自治区第二批“塞上名医”】

夏鹤春　宁夏医科大学总医院副院长、神经外科主任医师

徐　仙　宁夏医科大学总医院生殖医学中心科主任、主任医师

马雅玲　宁夏医科大学总医院眼科主任、主任医师

武永利　宁夏医科大学总医院中医骨伤科主任、主任医师

樊　杨　自治区人民医院妇产科主任、主任医师

牛东生　自治区人民医院总院骨一科主

任、主任医师
哈少平　自治区人民医院眼科主任、主任医师
李培润　自治区中医医院中医主任医师
丁永国　自治区第三人民医院疼痛科主任、中医副主任医师
杨　荣　自治区第五人民医院眼科主任、副主任医师
雍生满　自治区宁安医院精神病六科主任、主任医师
马　科　宁夏医科大学附属回医中医医院院长、中医主任医师
陈彦香　银川市第一人民医院新生儿科主任、主任医师
党毓起　银川市中医医院内分泌科主任医师
顾　洁　银川市妇幼保健院副院长、儿科主任医师
包俊华　银川市妇幼保健院生殖中心主任、主任医师
段　强　石嘴山市第一人民医院副院长、神经外科主任、主任医师
吴胜军　石嘴山市第一人民医院神经内科主任医师
王　洪　吴忠市利通区胜利镇社区卫生服务中心主任、骨科主任医师
陈志军　固原市人民医院骨二科主任、主任医师

【首届宁夏创新争先奖章】

田军仓　宁夏大学教授
孙　涛　宁夏医科大学教授
曹有龙　宁夏枸杞工程研究所研究员
鲁　玮　卧龙电气银川变压器公司正高职高级工程师
翟　文　神华宁煤枣泉煤矿高级工程师

【首届宁夏创新争先奖状】

王小宁　宁夏维尔铸造有限责任公司高级工程师
王振海　宁夏医科大学总医院主任医师
刘　轶　宁夏共享装备公司工程师
刘庆华　宁夏天地奔牛公司工程师
刘志远　国网宁夏电力公司正高职高级工程师
孙兆军　宁夏大学教授
李永华　女，宁夏林业研究院公司研究员
张　蓉　女，宁夏植物保护研究所研究员
张军翔　宁夏大学教授
张秀霞　女，北方民族大学教授
郑亚莉　女，宁夏人民医院主任医师
胡　蓉　女，宁夏医科大学总医院主任医师
袁　炜　神华宁夏煤制油化工研发中心高级工程师
夏鹤春　宁夏医科大学总医院主任医师
蔡进军　宁夏荒漠化治理研究所副研究员

【第二批“塞上文化名家”】

周　宏　宁夏日报报业集团时政部主任、高级记者
王　健　宁夏日报报业集团发展研究部主任、高级记者
李　军　宁夏广播电视台卫视频道副总监、主任记者
贾晓帆　银川新闻传媒集团大型活动部文艺编导、制片人、高级编辑
许新霞　中央人民广播电台宁夏记者站高级记者
曹　健　新华社宁夏分社常务副总编、主任记者
张学东　自治区文联《朔方》编辑部副主编、一级作家
屈连英　宁夏演艺集团秦腔剧院艺术总监、一级演员
韦小兵　宁夏演艺集团秦腔剧院演员队队长、二级演员
袁　靖　宁夏演艺集团京剧院乐队队长、二级演奏员
陈丽云　宁夏演艺集团歌舞剧院院长、一级演员
宋　琰　自治区文联书法家协会秘书长、二级美术师
王文清　泾源县文化馆干部、研究馆员
吴　灵　吴忠市文化馆馆长、研究馆员
张　韬　银川市文化艺术馆文化活动部主任、副研究馆员
杨　浣　宁夏大学人文学院副院长、研究员
郑彦卿　宁夏社会科学院历史研究院院长、编审
李　喆　宁夏党校公共管理教研部主任、教授
薛正斌　宁夏师范学院教师教育研究中心副主任、教授
李保平　宁夏社会科学院社会学法学研究所所长、研究员
李　斌　宁夏大学马克思主义学院院长、教授
王丛霞　宁夏党校哲学教研部主任、教授
吴月霞　黄河出版传媒集团宁夏人民出版社社长、编审

【第十一届“宁夏青年五四奖章”获得者】

王　峰　神华宁夏煤业集团汝箕沟无烟煤分公司通讯维修工
孔　洁　银川市第一幼儿园教师
石　杨　宁夏儿童福利院专职社工
田　帅　宁夏昊善社会工作发展服务中心总干事
白希忠　宁夏石嘴山市西北骏马公司职工
邢纪国　中国改革报宁夏记者站记者
杜　龙　武警宁夏总队训练基地蓝军分队代理排长
李东梅　宁夏日报报业集团时政新闻部副主任
何生平　国家电投宁夏青铜峡能源铝业

宁东铝业分公司电解三车间设备工程师
何金武 自治区党委办公厅综合二处副处长
陈晓燕 惠农区杞红枸杞专业合作社理事长
周　浩 平罗县红崖子乡党委书记
保金涛 宁夏医科大学总医院急诊科护士
侯金知 银川市公安局金凤分局上海西路派出所民警
勉力义 同心县公安局禁毒大队大队长
徐利岗 宁夏水利科学研究院灌溉试验站站长
高　静 宁夏体育运动训练管理中心武术队运动员兼教练员
黄金刚 中国石油宁夏石化公司炼油厂三联合车间主任
摆世虎 隆德县串河养牛专业合作社理事长

【2017 年百名法治模范】

马文才 自治区党委办公厅法规处处长
王兆元 自治区高级人民法院副院长
潘　明 自治区森林公安局法制处主任科员
吴跃霞 女，江泰保险经纪宁夏分公司总经理
张　弛 宁夏大学政法学院法律系主任
周晓军 宁夏党校法学教研部主任
包晓荣 女，自治区政府法制办行政法规处副处长
王　磊 宁夏公安厅法制总队行政复议支队支队长
石晓丽 女，自治区保密局宣教法规处主任科员
刘昌明 自治区工商行政管理局企业注册处处长
冯克玉 宁夏工程建设标准管理中心主任
王秀春 自治区农牧厅农经与法规处干部
王运霞 女，宁夏国土资源厅法规处副处长
袁　敏 公安厅高速公路交警支队法制宣传科科长
顾嘉宁 青铜峡市粮食局科员
杨金平 灵武市道路运输管理所所长
何文波 银川市中级人民法院刑二庭副庭长
纪银凤 女，贺兰县人民法院副院长
卓宝林 银川市兴庆区北区国税局政策法规科科长
胡建勋 银川市地方税务局局长
王红燕 女，银川市人民政府法制办行政复议处副处长
韩　刚 西夏区政府办公室副主任、法制办主任
薛　荪 宁夏医科大学总医院保卫科科长
郝占伏 银川市贺兰县安监局干部
董建民 贺兰县教育体育局综合办公室副主任
张学信 贺兰县人民检察院检察长
杨占明 灵武市司法局副主任科员
保文静 女，宁夏言成律师事务所律师
王兴东 宁夏灵武白芨滩国家级自然保护区管理局局长
刘建安 银川市公安局法制支队支队长
刘希刚 灵武市审计局局长
吕正芳 女，永宁县法制办主任
马凤花 女，西夏区西花园路街道燕宝社区支部书记
马丽娟 女，黄河东路街道新苑社区党总支部书记
马晓梅 女，银川市清真食品管理办公室副主任
沈　才 金凤区劳动人事争议仲裁院仲裁员
王建荣 银川市金凤区公安分局局长
曹丹辉 女，银川市实验中学副校长
刘文兵 银川市检察院控告申诉检察处处长
张永忠 永宁县城乡管理综合执法局局长
杨　璟 石嘴山市地税局直属征收管理局局长
郭永红 石嘴山市纪委常委
何　静 女，石嘴山市人民检察院公诉处副处长
张　莉 女，隆湖扶贫经济开发区国家税务局副局长
闫雪萍 女，宁夏石诚律师事务所律师
马清华 石嘴山市大武口区司法局锦林司法所所长
杨连成 惠农区法院红果子法庭审判员
陈学升 石嘴山市第四中学校长
蒋红梅 女，惠农区育才路街道新建路社区主任
安韶娟 女，平罗县城关六小校长
杨　彦 女，平罗县司法局副局长
顾海涛 平罗县公安局城关派出所副所长
姬晓娟 女，吴忠市中级法院刑一庭审判员
李清军 吴忠市国税局政策法规科科长
吴艳虹 女，吴忠市纪委监察局案件审理室副主任
郝　振 吴忠市公安局禁毒分局综合科科长
杨建民 吴忠市劳动监察支队支队长
顾　明 吴忠市利通区分局金积派出所社区民警
李国强 吴忠市利通区上桥镇党委书记
徐嘉寅 吴忠市利通区农业执法大队支部书记
杨丽红 女，吴忠市红寺堡区人民检察院侦监科科长
安世锋 吴忠市红寺堡区公安分局交通管理大队大队长

文永刚　吴忠市红寺堡区司法局大河司法所专职人民调解员
杨彦龙　吴忠市同心县公安局法制大队大队长
周　海　吴忠市同心县人民法院民事审判庭审判员
周　燕　女,同心县司法局科员
李尚智　吴忠青铜峡市大坝司法所专职人民调解员
黄学东　吴忠青铜峡市人民法院审委会委员、审判监督庭庭长
沈云霞　女，吴忠青铜峡市小坝镇党委书记
刘　婧　女，吴忠市盐池县人民法院刑庭庭长、审判委员会委员
郑　荣　固原市国税局局长
马俊长　固原市信访局接访科长
李晅宁　固原市人大法制委综合办主任
李　静　女，固原市公安局开发区分局法制大队大队长
崔来生　固原市隆德县人民政府法制办公室主任
戴世明　固原市隆德县观庄司法所司法助理员
马占山　固原市西吉县法院民一庭庭长
王　剑　固原市西吉县国土局副局长
陈志明　固原市西吉县兴隆镇公易村村民
李维勇　固原市彭阳县公安局白阳派出所副所长
张庚红　固原市彭阳县检察院公诉科长
海　鹏　固原市彭阳县交岔乡麻地沟清真寺教长
郭　磊　固原市泾源县政法委办公室主任
贾建军　固原市泾源县司法局黄花司法所所长
禹　军　固原市泾源县公安局刑事侦查大队教导员
李　珍　女，固原市原州区北环路社区主任
邓明星　固原市第三中学校长
程广锦　固原市原州区彭堡镇姚磨村村委会主任
徐青山　中卫市中级人民法院民三庭庭长
杨　莉　女,中卫市检察院党组成员、检查委员会专职委员
周兆良　女，中卫市公安局警务监督部法制支队支队长
张海霞　女,中卫市新闻传媒集团秘书
赵春玲　女，中卫市沙坡头区光明社区卫生服务站站长
刘　征　中宁县白马乡白马村调委会主任
张　浩　中宁县市场监管局城镇监管所所长
王雪杉　沙坡头区柔远镇党委副书记
宋敬超　沙坡头区镇罗镇综治办主任
秦　红　女,中宁县检察院公诉科副科长
穆鹏东　海原县公安局李旺派出所所长
王　华　女,海原县司法局宣教股股长

【2017 年全区十大法治人物】

马凤花　女，西夏区西花园路街道燕宝社区支部书记
马占山　固原市西吉县法院民一庭庭长
王雪杉　沙坡头区柔远镇党委副书记
吕正芳　女,永宁县法制办主任
闫雪萍　女,宁夏石诚律师事务所律师
李尚智　吴忠青铜峡市大坝司法所专职人民调解员
杨　莉　女,中卫市检察院党组成员、检察委员会专职委员
郑　荣　固原市国税局局长
潘　明　自治区森林公安局法制处主任科员
郭永红　石嘴山市纪委常委

【第一届自治区文明家庭】

魏克熹家庭　银川市兴庆区景墨社区
李玉忠家庭　银川市金凤区长城花园社区
马彦海家庭　银川市西夏区恩和社区
毛顺林家庭　永宁县李俊镇李庄村
袁丕成家庭　贺兰县习岗街道太阳城社区
温玉波家庭　石嘴山市大武口区蓝山社区
马建军家庭　石嘴山市大武口区万盛社区
洪　亮家庭　石嘴山市惠农区陶瓷社区
白　琴家庭　平罗县陶乐镇施家台子村
金红英家庭　吴忠市利通区胜利镇永昌社区
张亚朴家庭　吴忠市利通区胜利镇中华社区
李少军家庭　吴忠市利通区金星镇金花园社区
谢海平家庭　青铜峡市瞿靖镇蒋顶村
周得奉家庭　盐池县王乐井乡石山子村
王永红家庭　固原市原州区什里社区
司继祥家庭　西吉县吉强镇万崖村
咸国平家庭　隆德县城关镇中关村
王佑民家庭　彭阳县白阳镇政府街居委会
刘在环家庭　中卫市沙坡头区常乐镇大路街村
马建忠家庭　中卫市沙坡头区文昌镇蔡桥路社区
杨　烨家庭　中宁县枸杞花园东苑社区
石成勇家庭　中宁县石空镇关帝村
丁国栋家庭　银川市金凤区紫园社区
张永祥家庭　银川市兴庆区高台社区
池淑文家庭　银川市兴庆区阳澄社区
朱莉华家庭　银川市西夏区长城须琦社区
孙玉琼家庭　银川市金凤区林湖左岸社区
马晓莉家庭　同心县豫海镇新华社区
韩允洲家庭　银川市西夏区花半里社区
钱秀梅家庭　银川市西夏区平吉堡社区

（张明鹏）

集体名录

【全国"三八红旗集体"单位】

宁夏石嘴山市就业创业贷款担保中心

中卫市地方税务局办税服务厅

宁夏国税 12366 纳税服务热线

【全国工人先锋号】

宁夏大地循环发展股份有限公司 PVA 分公司合成车间

吴忠仪表有限责任公司朗盛公司精铸部压蜡班组

宁夏伊源牧业有限公司技术部

宁夏天元锰业有限公司电解金属锰二厂质检部

宁夏质量技术监督局计量测试院长度和电学室

宁夏回族自治区人民检察院反贪污贿赂局侦查一处

宁夏电力建设工程公司汽机本体班

【第五届全国文明单位】

银川市国家税务局

银川市道路运输管理局

国网宁夏电力公司银川供电公司

银川市兴庆区人民检察院

银川市永宁县人民法院

银川市金凤区长城中路街道宝湖社区

石嘴山市中级人民法院

石嘴山市人民检察院

中共石嘴山市委宣传部

固原市西吉县人民法院

石嘴山市大武口区朝阳街道东胜社区

石嘴山市惠农区南街街道矿务局社区

石嘴山市平罗县国家税务局

宁夏秦汉渠管理处

吴忠市利通区国家税务局

吴忠市文化馆

银川市审计局

吴忠市同心县财政局

国家电投集团黄河上游水电开发有限责任公司宁电分公司

固原市隆德县国家税务局

固原市道路运输管理局

固原市原州区古雁街道办事处东海园社区

固原市西吉县人民检察院

固原市泾源县道路运输管理所

固原市彭阳县水务局

中国人民银行中卫市中心支行

中卫市中级人民法院

中卫市沙坡头区滨河镇中山社区

宁夏储备物资管理局五三六处

中卫市中宁县地方税务局

中卫市海原县卫生和计划生育局

宁夏回族自治区公安厅(机关)

银川海关

宁夏回族自治区政府机关事务管理局(机关)

中共宁夏回族自治区纪律检查委员会(监察厅)(机关)

宁夏回族自治区税务干部学校

宁夏回族自治区银川市中医医院

宁夏回族自治区彭阳县国家税务局

【全国社会治安综合治理先进集体】

盐池县社会治安综合治理委员会

银川市西夏区西花园路街道燕宝社区居民委员会

中卫市沙坡头区柔远镇党委、政府

【第五届全国文明村镇】

贺兰县金贵镇银河村

贺兰县洪广镇金沙村

灵武市崇兴镇中渠村

石嘴山市惠农区庙台乡静安村

平罗县宝丰镇宝丰村

吴忠市利通区胜利镇

青铜峡市邵岗镇沙湖村

盐池县青山乡古峰庄村

同心县丁塘镇新华村

固原市原州区头营镇圆德村

泾源县六盘山镇大庄村

彭阳县古城镇任河村

中卫市沙坡头区常乐镇

中卫市沙坡头区滨河镇南关村

中宁县余丁乡永兴村

海原县关桥乡麻春村

【第一届全国文明校园】

宁夏师范学院

石嘴山市第三中学

中卫市第一中学

吴忠市利通区第一小学

【自治区"五一劳动奖状"】

百瑞源枸杞股份有限公司

宁夏吉元冶金集团有限公司

宁夏中航郑飞塞外香清真食品有限公司

固原市政务服务中心

宁夏钢铁(集团)有限责任公司

宁夏回族自治区劳动保障监察总队

宁夏长庆高级中学

宁夏广播电视台罗山电视调频转播台

宁夏银川女子强制隔离戒毒所

宁夏恒丰纺织科技股份有限公司

中国石化宁夏石油分公司

西部机场集团宁夏机场有限公司

中国人寿保险股份有限公司宁夏分公司

宁夏盛天彩数字科技股份有限公司

宁夏宁东能源化工基地国家税务局

【自治区工人先锋号】

宁夏宝丰能源集团股份有限公司聚丙烯车间三班

宁夏宝塔石化集团设计院

宁夏哈纳斯燃气集团有限公司管网运行部西夏所

宁夏伊品生物科技股份有限公司动力部检修车间

宁夏隆基宁光仪表有限公司检验班
银川市绿化一处机运管理站
宁夏大地循环发展股份有限公司 PVA 分公司合成车间
宁夏新日恒力钢丝绳股份有限公司二分厂拉丝甲班
宁夏日盛实业有限公司 AC 车间维修班
宁夏银晨太阳能科技有限公司清理包装组
石嘴山市大武口区绿化队绿篱修剪班
吴忠仪表有限责任公司朗盛公司精铸部压蜡班组
吴忠市医疗保险事务管理中心政务服务窗口
宁夏白浪包装股份有限公司印刷班组
申能吴忠热电有限责任公司工程建设项目部
宁夏太阳镁业有限公司机电设备部电仪科
西吉县勇兴三粉加工有限公司方便粉丝生产班
隆德县六盘山雪娟苗木专业合作社种苗基地
宁夏伊源牧业有限公司技术部
彭阳县世纪公交有限责任公司安全股
中国移动宁夏公司中卫分公司数据中心项目组
中卫市沐沙畜牧科技有限公司三场挤奶班
宁夏天元锰业有限公司电解金属锰二厂质检部
宁夏华创风能有限公司风力发电机设备组装车间
宁夏质量技术监督局计量测试院长度和电学室
宁夏回族自治区药品检验所中药室
银川海关驻机场办事处
宁夏报业传媒印刷有限公司轮印中心
宁夏回族自治区人民检察院反贪污贿赂局侦查一处
宁夏回族自治区交通科学研究所宁夏公路工程质量检测中心检测三室
宁夏昊王米业集团有限公司粮食技术研发中心
宁夏电力建设工程公司汽机本体班
宁夏电投西夏热电有限公司发电部
宁夏大唐国际大坝发电有限责任公司维护部电气班
宝塔实业股份有限公司锻造车间
中国石油长庆油田分公司第九采油厂罗庞塬采油作业区刘三增压站
中国邮政集团公司石嘴山市分公司平罗邮政分公司农村电商运营中心
宁夏西部创业实业股份有限公司车务段配煤中心车站
南京证券股份有限公司宁夏分公司银川民族北街证券营业部
宁夏水洞沟旅游开发有限公司观光车组

【首届宁夏创新争先奖牌】

吴忠仪表公司高端控制阀研发团队
宁煤集团煤制油化工聚烯烃产品研发团队
宁夏眼科临床医学研究中心
宁夏地质矿产资源勘查开发创新团队
宁夏科技馆

（张明鹏）

索 引

说明：

1. 本索引以主题分析方法为主，按主题词首字汉语拼音字母顺序排列。
2. 主题词后的数字表示内容所在的页码，数字后面的 a、b、c 表示该页自左至右的栏别。
3. 为便于读者检索，在宁夏的企事业单位和在宁夏发生的事件名称前的“宁夏”二字，除易产生歧义者外均予省略

X

Y

Z